中国语言文学文库·学人文库　吴承学　彭玉平　主编

闽南方言语法比较研究

施其生　著

中山大学出版社
·广州·

版权所有　翻印必究

图书在版编目（CIP）数据

闽南方言语法比较研究/施其生著. —广州：中山大学出版社，2023.4
（中国语言文学文库/ 吴承学，彭玉平主编. 学人文库）
ISBN 978-7-306-06463-9

Ⅰ.①闽… Ⅱ.①施… Ⅲ.①闽南话—语法—对比研究 Ⅳ.①H177.2

中国版本图书馆 CIP 数据核字（2018）第 231608 号

出 版 人：	王天琪
策划编辑：	嵇春霞
责任编辑：	梁俏茹
封面设计：	曾 斌
版式设计：	曾 斌
责任校对：	林梅清
责任技编：	靳晓虹
出版发行：	中山大学出版社
电　　话：	编辑部 020-84110771，84113349，84111997，84110779，84110776
	发行部 020-84111998，84111981，84111160
地　　址：	广州市新港西路 135 号
邮　　编：	510275　传　真：020-84036565
网　　址：	http://www.zsup.com.cn　E-mail：zdcbs@mail.sysu.edu.cn
印 刷 者：	广州市友盛彩印有限公司
规　　格：	787mm×1092mm　1/16　35.75 印张　678 千字
版次印次：	2023 年 4 月第 1 版　2023 年 4 月第 1 次印刷
定　　价：	98.00 元

如发现本书因印装质量影响阅读，请与出版社发行部联系调换。

序

  闽南方言历史悠久，分布地域广阔，内部差异又大，早已成为国内外语言学家关注的研究对象。早期留下来的主要是一些地方韵书，记录了字音，注释了字义；西人东来之后，编过一些字典、词典和供外国人学习用的注音读物。现代汉语方言学兴起之后，从语音调查开始，进行音韵发展过程的研究，逐渐也编了不少闽南方言词典，并开始对若干与普通话不同的语法特点进行了一些调查，发表过一些有关语法特征的论著。但是，至今为止，关于闽南方言语法的研究专著并不多，大概只是就一个点的描写或某个语法特点的分析，进行全面的调查和理论上的探讨的都还说不上。

  十几年前，施其生教授带着他所指导的几届博士生，在通行闽南方言的4个省区奔走多年，选取了11个重要方言点进行实地调查，用精心设计的700条语法例句，收集各地口语中的常见说法，每个句子除用汉字记录外，全部逐字记音；还对其中7个点做了若干专题的调查。在获得大量翔实的材料之后，他陆续就某些专题写出了一批有分量的论文，发表在重要的学术刊物上。同时构建了一个既兼顾概貌又突出特点、既能揭示共性又能展示地域差异的框架，在反复细致加以核对、甄别的基础上，对所得海量语料进行梳理、比较、分析和归纳，写成了这部《闽南方言语法比较研究》。这是他在广泛深入调查研究的基础上经过打磨、雕琢而成的精品。

  汉语方言的调查研究从北京大学成立"歌谣研究会"算起，已经有百年历史。由于汉语方言之间语音差别大，调查方言自然必须从记录和分析语音开始。这一分析就引起了研究传统汉语音韵的学者的浓厚兴趣，方言语音材料成了比较研究汉语语音史的有力依据。20世纪五六十年代之后，在推广普通话的过程中，比较方言和普通话语音异同的方法，曾经帮助过方言区的人学习标准音。这就是汉语方言学长期关注语音的调查和比较分析的原因。后来，方言词汇的分歧也引起学者们的注意，他们陆续编出了许多方言词典。不同方言之间，多音词语的各种复杂的连读音变（变调、轻声、儿化、变声、变韵）又掀起一波调查研究的热潮。随着普通话的不断普及，共同语的虚词和句式大量涌入方言并且被用来替换方言语法规则，加上方言口语历来就没有书面记录可考，这就造成了一种误解，以为汉语的方言之间在语法方面的差异并不大。这就是汉语方言语法的调查研究起步晚的原因。

其生兄在方言语法研究上捷足先登，并在闽南话语法的研究上做出了重要贡献，这并不是偶然的。他出生于汕头，在中山大学上学以后很快就掌握了粤语，达到娴熟使用的水平；后来，又曾长期在山西教书和生活，对北方方言有很好的语感。对于一个语言学家来说，精通多种方言是取得语言研究成功的重要条件，而语法的系统深入研究尤其需要良好的语感。汉语方言学者中，能同时对两种系属的方言都进行系统、深入的研究的，施其生教授是少见的一个，他对粤语广州话和闽语汕头话都有全面深入的研究成果，无疑得益于同时精通这两种方言。

20 世纪 90 年代之后，他积极加入了由一批中青年学者组织的"东南方言比较研究"团队，这个"小分队"的成员其母语均为东南地区方言，因志趣相投走到一起。鉴于方言语法研究尚未引起关注，这个团队决定开展东南方言语法的比较研究，每年选取一个重要的课题，制定统一的调查提纲，集中开两三天的会议，比较各方言的异同，共同进行理论上的分析；在取得共识之后，再回去修改自己的文章，编成一个语法专题的论文集。经过十年的努力，大家都兴奋地体会到，汉语方言的语法并不是差别不大，而是我们知之甚少，很值得深入发掘。施其生教授自始至终积极参与这个团队的研究，在每次会议上，他都认真准备，发表高质量的论文，在讨论中贡献自己的心得，成为此项研究的中坚力量。

经由汉语语法大师朱德熙先生振臂高呼和身体力行，方言语法的研究逐渐成了汉语方言研究的热点。不但在国内连年有大大小小的研讨会，在美国华盛顿大学任教的余霭芹教授也大力呼应，组织有关学者，制定调查表格，开展比较研究。施其生教授就是积极参加者之一。后来，他又在国家社科基金项目的支持之下把闽南方言语法的研究继续深入下去。他前后带过的博士生，也按照他的思路和逐渐总结出来的理论，研究自己母语的语法现象，写成的博士论文大多已经公开出版，研究对象包括中原官话、胶辽官话、江淮官话、晋语等官话方言，以及客、湘、粤等南方方言。由于他的精心指导和弟子们的刻苦钻研，这些方言语法专著的被引用率很高。作为指导者，他自己也从中得到收益，不断提炼已有的理论，后期发表的《汉语方言中的"使然""非使然"》《汉语方言中词组的形态》《汉语方言中语言成分的同质兼并》等，均包含着来自广阔视野、立足于方言事实、又经深入探究所得的新见，这些新见有不少刷新了某些传统的语法观念，对汉语语法研究"从实际出发"、走适合汉语特点的路、为世界的语法研究做出中国人的贡献，有一定的启发和推动作用。一个语言学专项研究要获得重大突破，需要同行的广泛切磋和同门的薪火相传。施其生教授研究方言语法的成功，再次证明了这一点。

本书不但是闽南方言语法研究的最大规模的新成果，也是同类著作中学术价值最高的。其主要优点表现在如下四个方面。

第一，创立了一个崭新而细致的语法调查提纲。汉语方言的语法调查，不像字音调查那样，可以拿方言间的"最大公约数"——广韵系统做依据；也很难像词汇调查那样，选取最常用、构词能力最强的核心词、基本词作为调查条目。在汉语方言尚未进行大规模的调查和比较研究之前，对于词语结构方法以及句子的类型和构式，哪些是最重要的，哪些是大同小异的，哪些是纷繁复杂的，都还很不明朗。施其生教授认为，一种大方言的比较语法调查大纲如果只以普通话例句出条，往往无法得到方言最有价值的语法特点。因为很多方言说法是普通话无法准确对译的，方言语法的一些范畴、意义也常常与普通话参差而对不齐，从普通话出发，有些方言特点根本无从发现，发音人也会受普通话例句的限制或误导，而忽略方言独特的说法。但是普通话又是"共同语""参照系"，普通话例句还得有。最好是从前期各地已知的方言特点出发，以相关方言的说法出条，辅以等义或近义的普通话句译。调查时，时刻以方言特点的有无及具体表现为询问目的而不采取"翻译"普通话的做法。为此他挖空心思设计了一个语法要点的系统，自纲至目加以编码，将700个左右的条目统入其中，每条均有普通话参考例句以及前期收集的各种方言说法。不惮篇幅庞大，但求能有效地挖到活方言的独特说法。为尽量"网罗"方言特点，编写大纲之前，他不但从自己多年来对母语的调查所得中筛选提取，从闽南方言已有论著中筛选提取，还旁及粤语、客家话，吸收用得着的东西。当然其间还时时离不开以普通话语法作为参照系进行比较，加以定夺取舍。实践证明，要想一步到位制定适用于全国方言的调查提纲是不可能的，拿一个点或一个小区的调查去确定调查提纲，也难以适用于大区域的调查。施其生教授就一个二级区进行比较研究，用上述办法来制定一个合用的调查大纲，这是个好经验。待到若干大区都有了合用的调查大纲，就可能制定出适合全国通用的调查提纲。

第二，所设的调查点有代表性，记录的语料十分扎实。全书的语法例句都能全文标注国际音标，这对于如实地保存方言语料、提供进一步的比较研究是非常重要的。时下有的方言语法的记录材料，只有汉字的标注。方言词语的用字历来缺乏规范，记录的人如果不是很讲究，同音字、俗字、本字随手取用，并未加说明，这对于不熟悉该方言的外人，不但阅读困难，想做方言词汇和虚成分的本源考订也是无从进行的。闽南方言普遍都有多音词的连读变调，有时不同的变调还和语法结构相关，没有全文标音，就很难使所记语料得到验证。本书为全部例句标音的做法，实在可以作为方言语法专著的样板，尤其是对于语音变异复杂、词汇用字特殊的南方方言，有更加重要的参考价值。

第三，本书十分注重方言之间的内外比较，通过对齐的语料的比较，既能从与别的方言的比较中发现本方言的特点，也能看出本区之内不同方言的异同。例如"有字句"（"有"可以用于谓词之前）就是闽粤方言共有的、其他方言没有或少见的，但是闽语和粤语之间又有不同，闽语之中也有差异；又如"量名"结构可以表定指（个人好机灵：这个人很机灵/那个人很机灵），这是潮汕闽语和粤语共有的，在其他闽南话中就没有。可见只有经过大面积的内外比较，才能真正了解一个方言区或者一个方言点的个性特征。研究一种语言的终极目标应该是明确它与其他语言的相同之处和它的独特之点。就这一点说，调查和描写只是基础的工作，只有进行了内外的比较和分析，才真正是研究的开始。本书的比较研究也堪称范本，相信它将会给其他方言的语法比较研究提供许多有益的启发。

第四，本书的作者不但能长期坚持艰苦的实地调查，也能认真细致地对大量的语料进行比较分析，在分析研究的过程中还有一种难得的理论思维习惯，善于发现特征，对特征性的事实进行概括。这种理论探讨的思辨精神对于中国学者来说是很可贵的。语言研究的首要任务当然在于调查实情、罗列事实，然而绝不能止步于描写事实，而应该能够通过比较分析，认清惯常的现象和特异的事实，并且善于表述其殊异的状况和性质，从而在理论上建立新的概念和范畴。施其生教授就具备了这种追求真理的科学精神。例如，闽南话的"有字句"，有人曾认为是表示"过去式"或"完成体"的，施其生教授则通过语义的分析和"情态"义的类聚比较，认定了闽南话的"有"是"表肯定"的助动词，这说得很透彻。又如他第一次提出，汕头话的重叠式有"动词短语"的重叠，用来表示对状况的一种描写性的形容，其具体格式还相当多样。具体例子有，无钱使无钱使（没多少钱用了），爱落雨爱落雨（快要下雨的样子），生菇生菇（像是发霉的样子），无人探听无人探听（似乎没什么人理睬）。并指出其语法功能在用作谓语和补语之外，还可以用为主语、宾语和用来修饰名词性成分。像这样进行意义、功能和分布的全面分析，为特定的语言现象建立一个语法范畴，就很有说服力了。可以说，本书努力地创建了闽南方言语法的一个具有创新性的分析框架，理论上有很多创新，整个框架很适合汉语方言的实际，因此，对后来的研究者是富有启发性的。

汉语方言语法的研究方兴未艾，道路漫长，前景广阔，愿同行们共同努力。

戊戌年初夏

目 录

引 论 ·· 1
    一、调查点分布 ·· 2
    二、各点发音合作人简况 ··· 2
    三、各点音系 ··· 4
    四、体例说明 ··· 25

第一章　闽南方言实词语法特点 ·· 27
    第一节　闽南方言的助动词 ··· 28
    第二节　闽南方言的"形量"式形容词 ·· 59
    第三节　闽南方言中的"量名"组合 ··· 72
    第四节　闽南方言的人称代词 ··· 90
    第五节　闽南方言的指示代词 ··· 103
    第六节　闽南方言的疑问代词 ··· 165

第二章　闽南方言的虚词 ·· 201
    第一节　闽南方言的副词 ·· 202
    第二节　闽南方言的介词 ·· 262
    第三节　闽南方言的助词 ·· 310
    第四节　闽南方言的连词 ·· 332

第三章　闽南方言的重叠 ·· 351
    第一节　闽南方言形容词的重叠 ·· 352
    第二节　闽南方言名词和名词短语的重叠 ·· 371
    第三节　闽南方言动词和动词短语的重叠 ·· 383
    第四节　闽南方言方位词的重叠 ·· 402

第四章　闽南方言量词的小称和数量词的小量……407
　　第一节　量词小称……408
　　第二节　数量词的小量形……413

第五章　闽南方言的体貌……419
　　第一节　闽南方言表实现体貌的"了"……420
　　第二节　闽南方言的持续体貌……439
　　第三节　闽南方言的经历体貌……465

第六章　闽南方言的句式特点……475
　　第一节　闽南方言的比较句……476
　　第二节　闽南方言的处置句……489
　　第三节　闽南方言的"有VP"句……504
　　第四节　闽南方言的"讲"字句及言说义动词的语法化……515
　　第五节　闽南方言的中性问句……537

后　记……559

引 论

一、调查点分布

本研究对 11 个地点进行了全面的调查,分别是:泉州、厦门(市区)、台中、漳州、汕头(市区)、揭阳(榕城)、海丰(海城)、遂溪、雷州(海康)、文昌(文城)、三亚(崖城)。个别项目还调查了晋江、安溪、宜兰、饶平、潮安、汕尾、海口等地。这些调查点从地理和语言情况可分为 4 个片区。

1. 闽南-台湾片

泉州、晋江、安溪、厦门(市区)、宜兰、台中、漳州。

2. 粤东片

饶平、汕头(市区)、潮安、揭阳(榕城)、汕尾、海丰(海城)。

3. 雷州片

遂溪、雷州(海康)。

4. 海南片

海口、文昌(文城)、三亚(崖城)。

二、各点发音合作人简况

1. 泉州

张火山,男,调查时 75 岁,1933 年生,在泉州出生长大。父母都是泉州人。大专学历。1951—1983 年曾在晋江工作一段时间。退休教师。

2. 厦门

(1) 张嘉龄,男,调查时 25 岁,1981 年生于厦门市,在思明区长大。父母都是思明区人。爷爷奶奶也是思明区人。外公是漳州东山县人,在厦门出生长大。外婆也是厦门人。家庭对话 95% 以上使用闽南语。在北京生活过 4 年。硕士研究生学历。

(2) 王妮娜,女,调查时 25 岁,1981 年生于厦门鼓浪屿,10 岁以后到厦门思明区。父亲在鼓浪屿出生长大,母亲在大同路出生长大。爷爷是晋江人,十几岁到厦门。奶奶、外公、外婆是厦门岛内人。从小跟父母和爷爷奶奶一起生活。硕士研究生学历。

(3) 洪春治,女,1954 年出生于厦门市思明区,从小在厦门本地长大,无长时间在外居住。父母亲也自小在厦门生活,家庭语言为厦门方言。文化程度高中。

(4) 方建福,男,调查时 60 岁左右。在厦门市思明区出生长大,年青时曾有段时间在福建晋江当兵。文化程度高中。

3. **台中**

廖郁雯，女，1972 年生，出生于台中市，8 岁起一直在台中县居住。在台北念过两年大学，2003 年起到日本。父亲、母亲均为台中市人，后来搬到台中县。台中市与台中县距离只有 10 分钟车程，语言没有差别。文化程度博士研究生。

4. **漳州**

（1）张泗沂，男，调查时 63 岁，在漳州芗城区出生，没有在外地生活过，不会说其他地方的话，市区口音。父母都是漳州本地人。文化程度高中。

（2）徐宝华，女，调查时 60 岁，出生于漳州博爱西道，没有在外面长时间生活。不会其他方言，市区口音。父母都是漳州本地人。文化程度高中。民办教师。

5. **汕头**

（1）朱苏英，女，调查时 85 岁，文盲，籍贯潮阳，出生地潮阳，22 岁移居汕头市区并常住至今，未曾长期离开汕头市。

（2）柳楚婵，女，调查时 51 岁，籍贯达濠，出生地汕头市区，未曾长期离开汕头市。文化程度大专。

（3）郑婧敏，女，调查时 23 岁，籍贯潮阳，出生地汕头市区，19 岁到广州上学，此前未曾长期离开汕头市。文化程度硕士研究生。

（4）陈子哲，男，调查时 23 岁，籍贯潮州，出生地汕头市区，19 岁到广州上学，此前未曾长期离开汕头市。文化程度大学本科。

6. **揭阳**

谢琳琳，女，1980 年出生于揭阳榕城，从小在榕城长大，父母都是揭阳人。18 岁后到广州上大学。文化程度硕士研究生。

7. **海丰**

（1）谢立群，男，1970 年出生于海丰鲘门，高中在海丰（海城）就读，大学本科文化程度。大学毕业后在海丰县城工作至今。父母皆为鲘门本地人。

（2）许宇航，1974 年 11 月出生于海丰（海城）。中小学在海城就读，后有三年在广州读中专，毕业后在海城工作至今。父母皆为海城本地人。

8. **遂溪**

吴妹，女，1970 年出生于遂溪，教师。硕士研究生在读。

9. **雷州**

（1）李麟佑，1934 年出生于雷州（海康）。在雷城长大，1957 年到广州上学，在广州待过三年，会说一点广州话。父母也是雷州人，家里说雷州话。

小时候念过私塾，老师说的是雷州话。学历大学本科。

（2）邓宗凯，1936年出生于雷州（海康）。小学、初中在雷城上学，教学语言是雷州话；高中在高州上学，教学语言是粤语，会说广州话，但不常说。在武汉上大学等，待了七年，曾学会武汉话。父母都是雷城人，在家都说雷州话。学历大学本科。

（3）蔡山桂，1937年出生于雷州（海康），父母都是雷州人。1959年起曾在湖北生活过十几年。学历小学。

10. 文昌

黄明奉，男，调查时72岁，退休高中语文教师。在文城出生长大，没有长期离开文城。父母都是文城人。学历大专。

11. 三亚

陈如康，男，1985年出生于崖城水南。从小说海南闽语。父亲是东方市人，母亲是崖城人，家里说海南闽语。小时候曾在东方市住过一年，调查时在海口上学近一年。

三、各点音系

为方便比较，各音系中所列变调，采用前变调和后变调的概念处理。凡在连调组中因后面的语音条件而变的称为前变调，因前面的语音条件而变的称为后变调。

前变调包括两种情况：一种是处于一个连调组的本调音节之前，因后面将出现本调音节而变，变调音节与本调音节可以相邻也可以被其他前变调音节隔开。例如汕头话"去过上海 [khɯ$^{213-55}$ kue$^{213-55}$ siaŋ$^{25-31}$ hai^{52}]"中"去""过""上"三个字的变调。另一种是处于特定的调类或调值之前，如揭阳话阴上调在 A 类调值（33、35、213、22、2，即阴平、阳上、阴去、阳去和阴入的单字调以及变同上述单字调的前变调）之前时变 24；在 B 类调值（55、42、5，即阳平、阴上和阴入的单字调以及变同上述单字调的前变调）之前时变 35。

后变调也包括两种情况：一种是处于一个连调组的本调音节之后，因前面有本调音节而变，变调音节与本调音节可以相邻也可以被其他后变调音节隔开。如汕头话"徛起来 khia^{35} khi$^{52-213}$ lai$^{55-31}$"的"起 khi$^{52-213}$"和"来 lai$^{55-31}$"。另一种是处于特定的调类或调值之后，如揭阳话阴上调在阴上、阴去、阴入的前变调 B（35、53、5）之后从 42 变 21。

按照我们关于前变调和后变调的概念，北京话上声、去声和"一、七、

八、不"的变调属前变调,轻声则归后变调,闽南-台湾片本调音节前的变调归前变调,轻声则归后变调。因为轻声也有音高,例句中一律标出调查者听到的实际音高。

(一) 泉州音系

1. 声母(14个)

p 布肥杯分步　　ph 破拍盆妇芳　　b (m) 尾文买米
t 刀端地猪茶　　th 天读彻抽他　　　　　　　　　　　l (n) 女拉日迹
ts 食酒正煮贼　　tsh 厂手千猜贼　　　　　　　　s 山死时心说
k 金支哥悬猴　　kh 去徛看吼客　　g (ŋ) 我牛月外　　h 发鱼兄好耳
ø 爱幼有野红

说明:①b 和 m、l 和 n、g 和 ŋ 为音位变体,当 b、l、g 与鼻化韵相拼时,分别变成 m (ᵐb)、n、ŋ(ŋg);②l 的音色有时近似闪音 ɾ。

2. 韵母(87个)

a 巴骹差　　ɔ 布雨都　　o 无婆好　　e 礼牙下　　ɤ 尾皮火　　ɯ 鱼猪女　　i 比味脾　　u 久牛句
ai 排屎事　　au 头老吼　　iu 树珠秋　　ui 开位非
ia 车写鹅　　ua 纸带破　　io 票少小　　ue 买花配
uai 拐坏　　iau 条鸟
ã 那骂三　　ɔ̃ 冒恶可~　　ẽ☐l　　ĩ 米边病
ãi 乃迈　　iũ 箱唱羊　　ũi 悬前横
iã 且件兄　　uã 麻山泉
uãi 弯~俊　　iãu 猫鸟
am 凡南　　ɤm 森参
iam 盐欠针嫌　　im 啉心
an 等毯趁　　in 品面因　　un 本斤拳
ian 免天　　uan 赚款
aŋ 翁帮江　　ɔŋ 王通~知　　iŋ 灯筐用
iaŋ 凉橙　　uaŋ 风　　iɔŋ 中常
m̩ 梅姆　　ŋ̍ 长问黄
ap 合十夹　　ip 入急
iap 粒业
at 力节 㧎~　　it 日蜀责　　ut 掘不秃
iat 切灭　　uat 斡发
　　　　　　　ɔk 扩国福
iak 局熟　　iɔk 足弱

aʔ 拍踏百　　ɔʔ 呕　　　oʔ 桌薄　　eʔ 册伯仄　　ɤʔ 月说郭　　ɯʔ 乞　　iʔ 铁碟缺　　uʔ 跤~骹,破脚
auʔ 笃坚硬　　iuʔ □₂　　uiʔ 刮挖
iaʔ 掠食　　　uaʔ 割活　　ioʔ 借药　　ueʔ 截拔
iauʔ 悄
m̩ʔ □₃　　　　ŋ̍ʔ □₄
ãʔ 旸遥人　　　ɔ̃ʔ 膜　　　ẽʔ □₅　　　ɯ̃ʔ 物~件　　ĩʔ 闪捏
ãiʔ □₆　　　　ãuʔ □₇　　iũʔ □₈　　ũiʔ 蟳草~
iãʔ □₉
uãiʔ □₁₀　　　iãuʔ □₁₁

注：

□₁ [hẽ³³]，叹词，表示应诺。

□₂ [kiuʔ⁵]，抽缩。

□₃ [hm̩ʔ⁵]，使劲打。

□₄ [sŋ̍ʔ⁵³]，勒。

□₅ [hẽʔ⁵]，~过力，用力过度。

□₆ [tãiʔ⁵]，一~仔，一点儿。

□₇ [gãuʔ⁵]，晃动。

□₈ [hiũʔ²⁴]，心里痒痒。

□₉ [liãʔ⁵]，目珠~起来，眼睛睁开。

□₁₀ [khuãiʔ²⁴]，咬吃。

□₁₁ [giãuʔ²⁴]，蠕动。

说明：① o 舌位较高，唇较展；ɤ 舌位偏央；ɯ 在一些常用字（如"在""去"等字）中有自由变体 ɨ。② e 的实际音值为 ⁱe，im 的实际音值为 iᵒm，iŋ 的实际音值为 iᵒŋ，ian 实际音值为 ien。

3. 声调

（1）单字调（8个）

阴平　33　拖亲
阳平　24　河弟新凝
阴上　55　可窍
阳上　22　下舞座
阴去　41　对浸做
阳去　41　顺大阵
阴入　55　答落
阳入　24　合立

(2) 前变调

阴平　不变
阳平　22
阴上　24
阳上　不变
阴去　55
阳去　22
阴入　在55调（句中实际调值，不管是否经变调）之前，一律变44；
　　　其他声调前，收 –p、-t、-k 的变22，收 –ʔ 的不变。
阳入　22

(3) 后变调

更像轻声，调值飘忽不定，各调类无固定的后变调调值，可以是下面各种：55/41/31/21。

说明：阴入微降。

（二）厦门（市区）音系

1. 声母（17个）

p 悲补边驳　　ph 披谱朴　　b 米某免木　　m 棉毛马膜
t 猪堵颠毒　　th 耻土天托　　　　　　　　n 泥怒耐两　　　　　　　　　l 离炉连鹿
ts 兹祖战作　　tsh 刺楚戳　　　　　　　　　　　　　　　　　s 丝所仙束
k 基古坚国　　kh 欺苦坚　　g 疑我颜　　ŋ 硬吴雅藕　　h 稀虎掀福
ø 衣乌安越

2. 韵母（79个）

a 阿霞绞霸　　ɔ 乌图鼓布　　o 窝婆左告　　e 锅爬体架　　i 衣脾止气　　u 淤牛主句
ai 哀牌海拜　　au 欧头狗炮　　iu 忧球酒秀　　ui 威雷水贵
ia 爷邪者寄　　ua 蛙磨纸挂　　io 腰桥少钓　　ue 挨陪改细
uai 歪准拐快　　iau 邀条缴照
ã 馅篮敢担　　ɔ̃ 吴毛我误　　ẽ 婴妹蜢骂　　ĩ 圆年扁见
ãi 影呈饼镜　　ãu 藕闹毛貌　　iũ 羊场两酱　　ũi 梅煤每惯
iã 影呈饼镜　　uã 安寒赶半
iãu 猫鸟爪　　uãi 关悬横县
am 庵参斩淡　　im 邀条缴照
iam 阉潜闪欠
an 安难罕赞　　in 因神紧镇　　un 恩群准顿

ian 烟禅免战   uan 弯权婉算
aŋ 翁铜港送   ɔŋ 翁狂党谤   iŋ 英灵景政
iaŋ 央凉双漳港   iɔŋ 央强浆向港
m̩ 梅媒姆怀   ŋ̍ 黄长管饭
ap 压答十   ip 揖湿及
iap 叶接涉
at 遏结达   it 一必实   ut 忽卒滑
iat 谒节烈   uat 越决劣
ak 沃角木   ɔk 恶国毒   ik 益革白
iak 逼□₁   iɔk 约足俗
aʔ 鸭甲蜡   ɔʔ □₂   oʔ 学桌薄   eʔ 呃格月   iʔ 缺滴舌   uʔ 托□₃
auʔ 雹□₄   iuʔ □₅   uiʔ 划血拔
iaʔ 壁锡屐   uaʔ 活割辣   ioʔ 药惜石   ueʔ 狭八节
iauʔ 娞□₆   uaiʔ □₇
ãʔ 跛喝   ẽʔ 嚇   ĩʔ 闪
iãʔ □₈   uẽʔ 夹
uãiʔ □₉
m̩ʔ 默   ŋ̍ʔ □₁₀

注：

□₁ [siak³²]，跌，摔。

□₂ [ɔʔ³²]，呕吐。

□₃ [khuʔ⁵]，久煮。

□₄ [kauʔ³²]，裹。

□₅ [tiuʔ³²]，抽搐地发痛。

□₆ [tsiauʔ³²]，静。

□₇ [tsuaiʔ⁵]，扭伤。

□₈ [hiãʔ³²]，手拿着。

□₉ [uãiʔ⁵]，扭伤。

□₁₀ [sŋ̍ʔ³²]，紧束。

说明：① o 舌位较高，唇较展，接近于 [ɘ]；② iŋ 的实际音值为 ieŋ，ian 实际音值为 ien。

3. 声调

(1) 单字调 (7个)

阴平 55 猪真东

阳平 24 池秦同

上声　53　抵诊董
阴去　21　智进栋
阳去　22　治尽洞
阴入　32　滴质督
阳入　5　　碟直独

(2) 变调

阴平　前变调　22
　　　后变调　21
阳平　前变调　22
　　　后变调　21
上声　前变调　44
　　　后变调　21
阴去　前变调　53
　　　后变调　21
阳去　前变调　21
　　　后变调　21
阴入　前变调　收 –p、–t、–k 的变5，收 –ʔ 的变53。
　　　后变调　21
阳入　前变调　21
　　　后变调　21

(三) 台中音系

1. 声母 (17个)

p 边布步放　　ph 破被曝　　　b 面目问尾　　m 门物望免
t 甜袋刀猪　　th 天太铁头　　　　　　　　　n 两猫脑若　　　　　　　l 来路侬汝
ts 走坐查真　　tsh 厝漆饲　　　　　　　　　　　　　　　　　　　s 心细衫所
k 经角枯局　　kh 去开裤　　g 原眼五月　　ŋ 硬　　　　　　　h 风粉法兄
ø 红黄话亚

2. 韵母 (68个)

a 饱阿柴查　　o 无好刀锁　　ɔ 步雨肚五　　e 坐短爬买　　i 味米去鱼　　u 妇唇有输　　ɯ 哥师
ai 知排来爱　　au 走猴草　　iu 收周幼休　　ui 惠腿雷水
ia 骑车野　　　ua 砂纸带　　io 票小表　　　ue 皮尾煤
uai 怪　　　　iau 宵晓鸟

ã 胆担三衫　　ẽ 病平醒生　ĩ 边天院辫
iũ 箱羊想厂
iã 兄听影惊　　uã 欢搬寒
uāi 横
am 斩南敢　　　ɔm □₁　　　　im 心林
iam 针盐欠嫌
an 等鲜山　　　en 电仙汕　　in 轻民紧前　un 薰分顺
ian □₂　　　　uan 款弯拳
aŋ 港方葱　　　ɔŋ 讲拢童　　iŋ 千闲肯钉　ɯŋ 问饭算
iaŋ 双凉　　　 uaŋ 汪　　　　ioŋ 中乡勇
m̩ 唔
　　　　　　　ŋ̍ 黄方 北~
ap 鸽十　　　　ɔp □₃　　　　ip 入湿
iap 贴业接
at 贼虱踢漆　　et 别切　　　　it 蜀毕七色　ut 出术
iat 洁　　　　 uat 發决雪
ak 角北学　　　ɔk 服塑　　　　ik 熟极竹叔
iɔk 足局育
aʔ 拍鸭踏　　　oʔ 桌学落　　　eʔ 白八客　　iʔ 铁乞
iaʔ 食壁隻①　　uaʔ 割　　　　 ioʔ 药歇借　　ueʔ 月划血
ãʔ □₄
uãiʔ □₅
ŋ̍ʔ □₆

注：

□₁ [kɔm²¹]，砸。

□₂ [lian²⁴]，~□ [kian⁵³]，龙眼。

□₃ [hɔp²]，用手掌或物体向下猛扣，以鼓动气流。

□₄ [hãʔ²]，用微曲的手掌打。

□₅ [huãiʔ³]，来回转动。

□₆ [hŋ̍ʔ²]，用棍棒猛力打。

说明：iŋ 的实际音值为 iᵉŋ，ian 实际音值为 ien。

3. 声调

（1）单字调（7个）

阴平　44　猪真安惊风

---

① 闽南方言中，"隻"（量词）与"只"（指示词）不同音，为避免混淆，本书闽南方言中凡量词一律用繁体字"隻"。

阳平 24 鱼门无凉柴
上声 53 火水粉汝我
阴去 21 破放菜世去
阳去 22 用是帽两袋
阴入 2 铁雪法色角
阳入 3 十六物落月

(2) 变调
阴平 前变调 22
阳平 前变调 22
上声 前变调 44
阴去 前变调 53
阳去 前变调 21
阴入 前变调 5
阳入 前变调 2

(四) 漳州音系

1. 声母 （18个）
p 帮拼朋夫　　ph 编袍芳　　b 木眉舞　　　　m 命微妈
t 多桃振知　　th 抽拖酏　　　　　　　　　n 两脑　　　　　　　　l 罗忍愈侬
ts 尖谢痒水　tsh 雀秋笑　dz 尿儿字爪　　　　　s 私液使
k 枝见枯行　　kh 柿齿吸　g 牙我阎　　ŋ 硬雅　　h 夫晓云岁
Ø 荣案玩

2. 韵母 （75个）
a 柴早家茄　　e 梨买短　　ɛ 钗茶下　　o 无保波　　ɔ 布雨某　　i 比尾鼠　　u 此夫父
ai 眉带大　　au 毒包昼　　ue 皮杯吹　　io 表尿茄　　iu 珠周　　ui 屁季堆
ia 骑遮靴　　ua 纸带沙箩
iau 数标鸟　　uai 怪
ã 坦谈他　　ẽ 平生　　õ 火　　ĩ 鼻添甜
ãi 指　　ũi 饭断方
iã 艾团兵　　uã 半单横　　iõ 腔　　iũ 伤酏
uãi 拐县冤
am 淋谈饮　　ɔm 参　　im 熊林今
iam 针店尖

an 等丹闽   in 品恋   un 分盾
ian 鞭千贬   uan 般反
aŋ 冬江方   ɔŋ 墓风   iŋ 胸升前筐
iaŋ 腔良姜   iɔŋ 宫用
m̩ 唔   n̩ 嗯   ŋ̍ 央
ap 十答押   ip 立入
iap 涉帖汁
at 力插栗   it 鲫脊一   ut 脱核忽
iat 别跌   uat 挖泼
ak 木学北   ɔk 谷驳霍   ik 叔逼笛
iak 弱药   iɔk 绿鐲
aʔ 拍截鸭   eʔ 八切狭   ɛʔ 百裂   oʔ 择桌薄   iʔ 鳖滴   uʔ 托
auʔ 雹   iaʔ 食掠隻   uaʔ 刮抹   ueʔ 挖月血   ioʔ 脚尺
ãʔ 吓   ɛ̃ʔ 歇   ĩʔ 闪
iãʔ 吓
iãuʔ □₁
m̩ʔ 默

注：
□₁ [giãuʔ¹²¹]，～□ [siau¹³]，吝啬。

3. 声调

（1）单字调（7个）

阴平 34   拖拉亚
阳平 13   何傻跳凝
上声 52   可跑震
阴去 21   破操伞
阳去 22   下大炎
阴入 32   答厕合
阳入 121   合入折

（2）变调

阴平 前变调 22
      后变调 21
阳平 前变调 22
      后变调 21
上声 前变调 44/34

　　　　　　后变调　21
　　阴去　前变调　52
　　　　　　后变调　21
　　阳去　前变调　21
　　　　　　后变调　21
　　阴入　前变调　收 -p、-t、-k 的变 5，收 -ʔ 的变 52。
　　阳入　前变调　收 -p、-t、-k 的变 32，收 -ʔ 的变 21。

(五) 汕头 (市区) 音系

1. 声母 (18 个)

p 布拼枇夫妇　　　ph 博飘皮芳浮　　b 眉瘫无　　　　m 门晚
t 灯跳逃鹿池　　　th 太调酬翅　　　　　　　　　　　n 年量肉　　　　l 兰流阅
ts 精谢知薯　　　　tsh 秋墙仇陈　　　dz 字尿而　　　　　　　　　　　　　　　s 心邪蝇示
k 见支券行　　　　kh 溪齿奇呼　　　g 吴牛袜　　　　ŋ 言迎艾牡　　h 化夫颜雨
Ø 案厦也

2. 韵母 (89 个)

a 炒把　　　　　o 刀胎无母　　　e 爬厕债　　　　ɯ 雌猪　　　　　i 诗比米　　　　u 龟图久
ai 才眉　　　　　au 刘包　　　　　oi 买易　　　　　ou 雨靠够　　　　iu 梳周　　　　　ui 雷屁
ia 骑姐靴　　　　io 票茄　　　　　ua 我沙带徙　　ue 话瓜课皮
iau 妖数　　　　uai 怪
ã 胆　　　　　　õ □₁　　　　　　ẽ 病劲　　　　　　　　　　　　　ĩ 辫鼻挤钳
ãi 彩　　　　　　ãu 好爱~　　　　õi 指第门~闲蚕　õu 虎否　　　　　ĩu 休　　　　　　ũi 县匪
iã 兄艾冰团　　　iõ 羊钓腔　　　　uã 官抓惰旷　　uẽ 横关果
iãu 翱奇怪　　　uãi 楼芒果
am 三暗叹　　　　om □₂　　　　　　im 熊恩林淹
iam 盐蝉参
aŋ 诞东邦等　　　oŋ 童宏轰　　　　eŋ 英龙窗筐　　ɯŋ 近转长缸　　　iŋ 民蝇先　　　uŋ 春饭
iaŋ 仙章映贬　　　uaŋ 汪风凡端　　　ioŋ 勇永
m̩ 唔　　　　　　ŋ̍ 黄央
ap 十答　　　　　op □₃　　　　　　ip 湿
iap 粒捏涉
āp □₄
ak 虱木学实　　　　ok 服握莫没　　　ek 叔绿遥列　　ɯk 乞~食　　　　　ik 七浙鲫　　　uk 出脱
iak 洁热掠壁　　　uak 法获伐蜀　　　iok 育约克质
aʔ 辣拍鸭　　　　oʔ 雪桌学托　　　eʔ 百积历　　　ɯʔ □₅　　　　　　iʔ 铁滴接　　　uʔ 嗯吮吸

auʔ 乐(音)~落   oiʔ 八笠夹   iuʔ □₆
iaʔ 益勺揭食   ioʔ 药尺页   uaʔ 活宿   ueʔ 血郭划
iauʔ 雀
ãʔ □₇   ẽʔ 扼嚇□₈   ĩʔ □₉
ãiʔ □₁₀   ãuʔ □₁₁   õiʔ □₁₂   ĩuʔ □₁₃
iãʔ □₁₄
iãuʔ □₁₅   uãiʔ □₁₆
m̩ʔ □₁₇   ŋ̍ʔ □₁₈

注：

□₁ [õ²¹³]，面~~，形容脸发胖臃肿的样子。

□₂ [hom²¹³]，砸。

□₃ [hop⁵]，~风，闲聊。

□₄ [ãp⁵]，投契。

□₅ [thɯʔ²]，用力蹭。

□₆ [piuʔ²]，冒。

□₇ [ãʔ²]，用微曲的手掌打。

□₈ [hẽʔ⁵]，因向往某事而兴奋。

□₉ [khĩʔ⁵]，粘。

□₁₀ [hãiʔ⁵]，□[hĩʔ²]~，比喻有毛病。

□₁₁ [hãuʔ²]，张大口咬。

□₁₂ [hõiʔ²]，面~~，脸憔悴消瘦的样子。

□₁₃ [ĩuʔ²]，极小。

□₁₄ [hiãʔ²]，掀开。

□₁₅ [hiãuʔ²]，前后来回摇动。

□₁₆ [huãiʔ⁵]，来回转动。

□₁₇ [hm̩ʔ²]，用棍棒猛力打。

□₁₈ [ŋ̍ʔ⁵]，睡。

3. 声调

（1）单字调（8个）

阴平 33   高开婚安
阳平 55   陈扶鹅云
阴上 52   古口好暖
阳上 25   近厚网岸

阴去　213　　对抗汉爱
阳去　31　　 共害漏用
阴入　2　　　急曲黑尺
阳入　5　　　月局合读

(2) 变调

阴平　前变调　33（不变）
　　　后变调　31
阳平　前变调　31
　　　后变调　31
阴上　前变调　24
　　　后变调　213
阳上　前变调　31
　　　后变调　31
阴去　前变调　55
　　　后变调　31
阳去　前变调　31（不变）
　　　后变调　31（不变）
阴入　前变调　5
　　　后变调　2（不变）
阳入　前变调　2
　　　后变调　2

（六）揭阳（榕城）音系

1. 声母（18个）

p 布拼枇夫　　 ph 博飘皮芳浮　　b 眉痱无　　　 m 门晚
t 灯逃鹿池　　 th 跳太调醜翅　　　　　　　　　 n 年娘肉　　　　　　　　　　　　l 兰流阅
ts 精谢知薯　　tsh 秋墙仇秦　　 dz 字尿而允　　　　　　　　　　　　　　　 s 心邪蝇示
k 见券惊机　　 kh 溪齿奇苦　　　g 吴牛月　　　ŋ 言迎艾　　　　　　　　　h 化夫雨贤
ø 案也蛙

2. 韵母（84个）

a 炒把　　　　　o 刀胎无母　　　e 爬厕债　　　ɯ 雌猪　　　　　i 诗比米　　　　u 龟久途
ai 才眉西归　　　au 刘包　　　　 oi 买矮　　　　ou 雨靠够　　　 iu 梳周流　　　 ui 雷屁
ia 骑者靴　　　　io 票茄　　　　　　　　　　　 ua 我沙带徙　　 ue 话瓜课皮
iau 妖数　　　　 uai 怪

ã 胆   õ □₁   ē 病劲   ĩ 辫鼻挤钳
ãi 彩间还匪   ãu 好爱~   õi 看训   õu 虎否   ĩu 休   ũi 县
iã 兄艾冰囝   iõ 羊钓腔   uã 官惰旷   uẽ 横关
iãu □₂   uãi 楋芒果
am 三暗探   om □₃   im 熊林音
iam 盐蝉尖
aŋ 诞东等毯   oŋ 童轰   eŋ 近英龙民   ɯŋ 转长缸刺劲   uŋ 春饭
iaŋ 仙章敏映变 uaŋ 汪风凡端   ueŋ 永宏   ioŋ 勇穷凶
m̩ 姆   ŋ̍ 黄央
ap 十答   op □₄   ip 湿吸立
iap 粒捏涉
ak 虱木学辖   ok 服握国没   ek 叔绿逼七   uk 出脱
iak 洁热若即   uak 法伐蜀   uek 获或   iok 育克
aʔ 拍鸭合   oʔ 雪桌学托   eʔ 百绩历   ɯʔ □₅   iʔ 铁滴接   uʔ 喂吮吸
auʔ 乐音~落   oiʔ 八笠截   iuʔ □₆
iaʔ 益勺揭食   ioʔ 药尺页   uaʔ 活宿   ueʔ 血郭划
iauʔ □₇
ẽʔ 赫   ĩʔ □₈
ãiʔ □₉   ãuʔ □₁₀   õiʔ □₁₁   ĩuʔ □₁₂
iãʔ □₁₃
iãuʔ □₁₄   uãiʔ □₁₅

注：

□₁ [õ²¹³]，面~~，形容脸发胖臃肿的样子。

□₂ [iãu³⁵]，揭，翻。

□₃ [kom²¹³]，挥拳横击。

□₄ [kop⁵]，水波拍击。

□₅ [tshɯʔ²]，向前趴下，且着地时受摩擦。

□₆ [piuʔ²]，冒。

□₇ [iauʔ²]，翻。

□₈ [hĩʔ²]，攘。

□₉ [hãiʔ⁵]，□ [hĩʔ²] ~，比喻有毛病。

□₁₀ [hãuʔ⁵]，（莲藕之类）咬下去不面，比较脆的感觉。

□₁₁ [hõiʔ²]，面~~，脸憔悴消瘦的样子。

□₁₂ [ĩuʔ²]，极小。

□₁₃ [hiãʔ²]，掀开。

□₁₄ [hiãuʔ²]，前后来回摇动。

□₁₅ [huãiʔ²]，来回转动。

3. 声调

（1）单字调（8个）

阴平　33　高开婚安

阳平　55　陈扶鹅云

阴上　42　古口好暖

阳上　35　近厚网岸

阴去　213　对抗汉爱

阳去　22　共害漏用

阴入　2　急曲黑尺

阳入　5　月局合读

（2）变调

阴平　前变调　33（不变）

　　　后变调　22（变同阳去单字调）

阳平　前变调　22（变同阳去单字调）

　　　后变调　22（变同阳去单字调）

阴上　前变调　A 24，在 A 类调值之前；

　　　　　　　B 35（变同阳上单字调），在 B 类调值之前

　　　后变调　A 213（变同阴去单字调），在同一个连调组的本调音节之后；

　　　　　　　B 21 在前变调 B 之后，即阴上、阴去、阴入的前变调 B 35、53、5 之后

阳上　前变调　21

　　　后变调　21

阴去　前变调　A 42（变同阴上单字调），在 A 类调值之前；

　　　　　　　B 53，在 B 类调值之前

　　　后变调　21

阳去　前变调　21

　　　后变调　21

阴入　前变调　A 3，在 A 类调值之前；

　　　　　　　B 5（变同阳入单字调），在 B 类调值之前

　　　后变调　2（不变）

阳入　前变调　2（变同阴入单字调）

后变调 2（变同阴入单字调）

说明：①A 类调值为：33、35、213、22、2。即阴平、阳上、阴去、阳去和阴入的单字调以及变同上述单字调的前变调。②B 类调值为：55、42、5。即阳平、阴上和阳入的单字调以及变同上述单字调的前变调。

（七）海丰（海城）音系

1. 声母（18 个）

p 盘步布富　　ph 怕被帆　　b 梅买木无　m 门美妙没
t 灯道同猪　　th 太啼彻澄　　　　　　　n 年怒聂肉　　　　　l 兰路吕裂
ts 精知庄书　　tsh 从痴崇昌　z 而绕日愉　　　　　　　　s 心邪生蝇
k 见跪旗猴　　kh 溪去俭　　g 吴疑外月　ŋ 言硬岸危　　　　　h 化非河云
Ø 案约话余

2. 韵母（70 个）

a 炒　　　o 刀　　　e 爬　　　i 诗　　　u 龟
ai 才　　 au 刘　　 oi 体　　 ou 补　　 ei 买　　 iu 梳　　 ui 雷
ia 骑　　 ua 我　　 io 票　　 ue 杯
iau 朝　　uai 怪
ã 胆　　　õ 耗　　　ẽ 病　　　ĩ 椅
ãi 爱　　 õi 褪　　 ũi 算队
iã 且兄　 uã 丹　　 iõ 枪
uãi 悬
am 三　　 om 森　　 im 心
iam 盐　　uam 凡
in 禀宾　 un 船
aŋ 诞　　 oŋ 童　　 eŋ 灯　　 iŋ 进英
iaŋ 厂　　uaŋ 团方　ioŋ 中王　ueŋ 恒
m̩ 唔　　　ŋ̍ 央
ap 十　　 op 撮　　 ip 立
iap 粒　　uap 法
it 失　　 ut 骨
ak 贼虱　 ok 服　　 ek 刻　　 ik 七食
iak 跃洁　uak 罚　　iok 育
aʔ 鸭　　 oʔ 桌　　 eʔ 雪　　 iʔ 铁　　 uʔ □₁

ueʔ 划
iaʔ 掠　　uaʔ 活　　ioʔ 借
iauʔ 跃

注：

□₁ [tuʔ³]，用棍棒敲击。

3. 声调

（1）单字调（8个）

阴平　44　高开
阳平　55　穷寒
阴上　52　古口
阳上　25　社有
阴去　213　过四
阳去　21　步外
阴入　3　甲接
阳入　4　腊叶

（2）变调

阴平　前变调　33
　　　后变调　21
阳平　前变调　22
　　　后变调　21
阴上　前变调　213
　　　后变调　213
阳上　前变调　33
　　　后变调　31
阴去　前变调　55
　　　后变调　31
阳去　前变调　33
　　　后变调　21 或 33
阴入　前变调　4
　　　后变调　2
阳入　前变调　3
　　　后变调　2

(八) 遂溪音系

1. 声母 (17个)

p 布步盘　　ph 怕皮帆　　v 梅无非月　　m 门美望没
t 猪大多等　　th 天台抽退　　　　　　　n 女怒冷　　　　　l 兰路裂阅
ts 精剂庄书　　tsh 车初辞　　z 而绕闰
k 古行九哥　　kh 去徛求　　g 吴疑牛　　ŋ 言硬危午　　h 化符鱼肉
Ø 案约话余

2. 韵母 (52个)

a 炒　　　o 刀　　　e 爬　　　u 鱼龟　　i 诗　　　ɯ 雌
ai 才　　　au 刘　　　oi 买梳　　eu 雨五　　ui 雷　　iu 秋妖
ia 骑　　　ua 我　　　io 腰　　　ue 话
iau 票　　　uai 怪
am 暗　　　em 心
ãi 闲　　　ãu 好爱~　　ẽu 虎　　ũi 畏
iam 盐
an 安　　　un 春　　　in 真
ien 近
aŋ 诞　　　oŋ 童　　　uŋ 棍　　　iŋ 英
uaŋ 方　　　iaŋ 厂　　　ioŋ 熊　　　ieŋ 凳
m̩ 唔
ap 十　　　ip 湿
iap 粒
at 贼　　　ut 出
iet 七得
ak 虱　　　ok 服　　　uk 拂　　　ik 鲫
iak 蜀　　　uak 法　　　iok 跃　　　iek 日

3. 声调

(1) 单字调 (7个)

阴平　24　高开婚
阳平　22　穷寒鹅
阴上　41　古口好
阳上　55　是舅铁弟两

去声　214　四爱份示
阴入　54　忽鲫
阳入　3　十日
（2）前变调
阴平　33　有时不变
阳平　33　有时不变
阴上　24　有时不变
阳上　33　有时不变
去声　55　有时不变
阴入　3　有时不变
阳入　54　有时不变

（九）雷州（海康）音系

1. 声母（17个）

p 比肥布补　　ph 皮否铺　　b 无我牛反　　m 马骂门毛
t 猪大多等　　th 天台抽退　　　　　　　　n 女软侬闹　　　　　　　　　l 路雷来罗
ts 钱左者积　　tsh 车尺初　　z 右如遇任　　　　　　　　　　　　s 死相三师
k 古行九哥　　kh 去求轻　　　　　　　　 ŋ 牙外鹅五　　h 鱼好耳年
Ø 爱幼有矮

2. 韵母（47个）

a 巴骸饱拍　　o 刀好毛落糖　　e 茶坐病客　　i 比死耳变　　u 久有去句
ai 败西害来　　au 包头遘后　　oi 矮卖细八　　eu 雨路布肚　　iu 周酒幼右　　ui 水几昏本
ia 车行名食　　ua 大纸半热　　io 少烧想石　　ie 夜射借椰　　ue 飞过妹月
uai 快坏拐悬　　iau 条票笑小
am 三甘惨淡　　em 参森沉　　im 甚心林金
iam 钳念店盐
aŋ 板间侬送　　oŋ 公空龙东　　eŋ 冰凭等　　iŋ 天斤丁京　　uŋ 春阵本分
iaŋ 种两王厂　　uaŋ 弯番风柱　　ioŋ 用雄　　ieŋ 面银镇轻
m̩ 唔姆茅　　　ŋ̩ 哼
ap 十答插鸭　　ep 撮镊　　　　ip 竹入叔习
iap 接夹粒业
ak 节凿刻北　　ok 局木福毒　　ek 黑则克德　　ik 毕识戚益　　uk 出突骨屈
iak 蜀鹿绿浴　　uak 活发没刷　　iok 鳄学约削　　iek 日乞结笔　　uek 国或

3. 声调

（1）单字调（8个）

阴平 24 猪三天大份
阳平 22 床河侬鹅
阴上 42 女好古我
阳上 33 是坐雨石
阴去 21 爱大用
阳去 553 电做伯哥舌市
阴入 5 急出七得百
阳入 2 月入六药读舌

(2) 前变调
阴平 33
阳平 33
阴上 在平声字和上声字前有时变为44调
阳上 42
阴去 在阳去、阴入前不变调，其他变44调
阳去 24
阴入 不变
阳入 5

（十）文昌（文城）音系

1. 声母（18个）

ɓ 布盘放　b 米无买　m 名望门　ɸ（ph）法拍
t 心知山　ɗ 东茶猪　d 汝　n 猫南软　　　　　　　　　　l 来耳蕊
tʃ 曾责上　　　　　　　　　　　　ʃ 猜沈蓄　　ʤ（ʒ）尿儿
k 支哥猴　　　　　g 鹅牛月　ŋ 眼岸五　x 品替趁　ɦ 年岁河
ø 安盒兄

说明：ɸ 和 ph 为音位变体，ʤ 和 ʒ 为音位变体。

2. 韵母（54个）

a 差饱拍担踏　　o 无肠逃　　e 事代爬坐猛　i 比居米边物　u 耳木~夫妇膜
ai 使前大麦　　　au 包流　　　oi 买八惜笠　　ou 布扣　　　iu 鼠周　　　ui 屁算黄问
ia 骑佳食命　　　io 票茄箱脚　　　　　　　　ua 纸带盘割　ue 皮关横划
iau 数算~鸟愁　　uai 帅歪悬
am 饮贪凡　　　　om □₁
iam 针　　　　　　iom 心
an 等弹子~钉毯　un 卷分

ien 现~在 身今　　uan 款川联
aŋ 蜂港崩方　　oŋ 冯讲朋生小~ eŋ 京冰
iaŋ 胸窗香　　uaŋ 风闩光　　ioŋ 熊
ap 鸽　　　　op □₂
iap 涩贴　　　iop 立摄
at 贼达踢漆法　ut 滑核骨
iet 得设七捷　　uat 发没
ak 沃角北塌　　ok 竹握国乐快~ ek 色浙碧疾
iak 熟乐音~约　uak 逐啄郭　　iok 肉
aʔ 拍　　　　oʔ 桌学　　　eʔ 白　　　iʔ 铁
iaʔ 食壁　　　uaʔ 拔　　　oiʔ 八　　　ioʔ 药　　　ueʔ 月

注：

□₁ [tom³⁴]，蹲。

□₂ [nop⁵]，凹下去。

说明：喉塞韵尾处在弱化中，不少字有喉塞或无喉塞两可。无喉塞时声调多念作高去或阳去。

3. **声调**

（1）单字调（8个）

阴平　34　拖雷华大骂

阳平　22　河日

上声　31　火我

阴去　21　破骗现责职~

阳去　42　校用栋坐月食

高去① 53　八做惠姐杜哥

阴入　5　鸽急七合~作

阳入　3　读十六肉物

（2）变调

阴平　前变调　42

阳平　前变调　11

上声　前变调　33

阴去　前变调　55

阳去　前变调　11

高去　前变调　53（不变）

---

① 下文发圈法标调用"□。"表示，如 di。。

阴入　前变调　5
阳入　前变调　3

(十一) 三亚 (崖城) 音系

1. 声母 (18个)

	ph 芳鼻	ɓ 比步	v 我买	m 母骂
t 是茶	th 动头	ɗ 弟厂	n 娘南	l 路里
ts 坐上	tsh 出车	z 用日		s 师丝
k 急关	kh 起客		ŋ 硬误	h 兄血
∅ 话有				

2. 韵母 (41个)

a 胆我　　　o 刀床无望　　e 茶冷猛　　i 伊年事　　u 猪去有
ai 前十来　　au 遘包走　　oi 矮底买鸡　ou 五粗乌雨　iu 树游修　ui 开水问王
io 车定行听　ie 借票疼向正　uo 大话过搬
iau 交条　　uai 坏拐悬
en 肯信瘾成　in 银身斤先　un 船孙顺
uan 全乱选广
aŋ 板单帮共　oŋ 讲中样公　eŋ 片嫌清电　iŋ 心林明颈
iaŋ 双撞常　ioŋ 用　　　　uaŋ 风算
aʔ 鸭拍角目　oʔ 作学局　　eʔ 白百决吓　iʔ 铁得乞接　uʔ 出忽
aiʔ 塞合　　oiʔ 八洁　　　ouʔ 粥
iaʔ 竹浴肉　ioʔ 蜀石　　　uiʔ 出　　　uoʔ 月啜擦足
iauʔ 挈　　uaiʔ 发

3. 声调

单字调 (8个)

阴平　33　声
阳平　22　来
阴上　31　我
阳上　42　是
阴去　24　去
阳去　45　望
阴入　45　出
阳入　42　粒

说明：阴入、阳入都可读为33。

四、体例说明

(1) 行文中的"( )"中是注释性文字,例句中的"( )"表示括号中的成分可说可不说。

(2) "/"表示"或者"。前后的成分可以自由换说的,字与音均用"/"表示"或者",如泉州"里面/里头 [lai^{22} bin^{41}/lai^{22} thau^{24}]";一字多音的,只写一字而标两个音,中间加"/",如海丰"遘 [kau$^{213-55}$/a$^{213-55}$]"、文昌"汝买票啦无咧 [le$^{22/42}$]"。

(3) "<□□>"表示合音,即括号中两个字说成一个音节。如揭阳"<只样> [tsiõ^{213}]"。

(4) 音标中上标的数字表示调值,"-"前是单字调,"-"后是变调。有些无法确认单字调的,若可确认为变调,则在"-"后标出变调;若无法确认为变调,则标为单字调。有些地方有二次变调,则依次标出单字调、第一次变调和第二次变调,如厦门"在咧 [ti$^{22-21}$ leʔ$^{32-53-44}$]";二次变调加括号表示可作二次变调也可只变一次,如厦门"为 [ui$^{22-21(-53)}$]"。

第一章 闽南方言实词语法特点

第一节　闽南方言的助动词

助动词在语义上主要用于表示情态，句法功能和动词一样是动词性的，常作句子的谓语，但和一般动词的不同之处主要有两点：一是不带体貌词尾，二是一般要带宾语而且所带的宾语必须是谓词性的。普通话界定助动词的标准中还有可用肯定否定相叠的方式表示疑问一条。闽南方言由于大部分地区的反复问句属于"VP + neg"（"去不"）或"K + VP"（"可去"）型，助动词很少构成肯定否定相叠的格式，但是可以从反复问格式中常见的肯定词和否定词的前后对举来判断助动词，因为副词不会出现这样的对举。

闽南方言除海南片外，肯定和否定常常不直接以述语为内容，而以对情态的肯定否定为内容，通过肯定或否定述语的情态而否定述语，因此助动词的使用特别频繁。比较下面句子里的普通话说法和闽南方言说法可以看到这种特点。

（1）你去不去？

泉州　汝卜去啊唔去？

厦门　①汝卜去（啊）唔？②汝卜去啊唔去？

台中　①汝卜去无爱去？②汝敢卜去？

漳州　①汝卜去啊唔？②汝敢卜去？

汕头　①你爱去（啊）唔/嫑？②你□[khaʔ$^{2-5}$]爱去？

揭阳　汝爱去（啊）嫑？

海丰　汝卜去唔？

（2）他来了没有？

泉州　伊有来无？

厦门　①伊有来（啊）无？②伊有来啊无来？

台中　伊敢有来（啊）？

漳州　①伊有来啊无？②伊敢有来（啊）无？

汕头　①伊□[khaʔ$^{2-5}$]有来？②伊有来（啊）无？

揭阳　伊有来（啊）无？

海丰　伊有来（了）无？

遂溪　①伊有来无？②伊有无有来？

雷州　①伊有来无？②伊有来孬？

（3）他高不高兴？

泉州　伊<u>有</u>欢喜啊<u>无</u>欢喜？

厦门　①伊<u>有</u>欢喜（啊）<u>无</u>？②伊<u>解</u>欢喜（啊）<u>＜无解＞</u>？

台中　伊<u>有</u>欢喜<u>无</u>？

漳州　①伊敢<u>有</u>欢喜？②伊<u>有</u>欢喜<u>无</u>？

汕头　伊<u>解</u>欢喜<u>＜无解＞</u>？

揭阳　伊<u>解</u>欢喜<u>＜无解＞</u>？

海丰　伊<u>解</u>欢喜<u>＜无解＞</u>？

遂溪　伊<u>有</u>欢喜<u>无</u>？

雷州　①伊<u>有无</u>欢喜？②伊<u>有</u>欢喜<u>无</u>？

（4）饭熟不熟？

泉州　饭<u>有</u>熟<u>未</u>？

厦门　①饭<u>有</u>熟（啊）<u>无</u>？②饭<u>解</u>熟（啊）<u>＜无解＞</u>？

漳州　①饭<u>有</u>熟<u>无</u>？②饭敢<u>有</u>熟？

汕头　撮饭<u>解</u>熟<u>＜无解＞</u>？

揭阳　块饭<u>解</u>熟<u>＜无解＞</u>？

海丰　饭<u>解</u>熟<u>＜无解＞</u>？

遂溪　阿饭<u>有</u>熟<u>无</u>？

雷州　阿糜<u>有</u>熟<u>无</u>（熟）？

（5）这种花香不香？

泉州　＜即样＞个花<u>有</u>芳啊<u>无</u>芳？

厦门　①即款花<u>有</u>芳（啊）<u>无</u>？②即款花<u>解</u>芳（啊）<u>＜无解＞</u>？

台中　①即种花<u>有</u>芳<u>无</u>？②即种花敢<u>有</u>芳？

漳州　①即落仔花敢<u>有</u>芳？②即落仔花敢<u>解</u>芳？③即落仔花<u>有</u>芳啊<u>无</u>？④即落仔花<u>解</u>芳啊<u>＜无解＞</u>？

汕头　①者花<u>解</u>芳啊<u>＜无解＞</u>？②者花口［khaʔ²⁻⁵］<u>解</u>芳？

揭阳　者花<u>解</u>芳啊<u>＜无解＞</u>？

海丰　只项花<u>解</u>芳<u>＜无解＞</u>？

遂溪　若种花<u>有</u>芳<u>无</u>？

雷州　①这种花<u>有</u>芳<u>无</u>？②这种花<u>有</u>芳<u>无</u>芳？

（6）你打算不打算去？

泉州　汝<u>有</u>拍算<u>卜</u>去<u>无</u>？

厦门　汝<u>有</u>拍算<u>卜</u>去（啊）<u>无</u>？

台中　汝敢（<u>有</u>）拍算<u>卜</u>去？

漳州　①汝敢有拍算卜去？②汝有拍算卜去啊无？
汕头　①汝□［khaʔ²⁻⁵］有拍算爱去？②汝□［khaʔ²⁻⁵］有拍算爱去（啊）无？
揭阳　汝有拍算去啊无？
海丰　汝（有）拍算去无？
遂溪　汝有安倒去无？

闽南方言助动词的形式有其共同的特色，各地也有一些差异，以下分类叙述。

一、表示主观能力的助动词

（一）肯定主观能力

肯定主观能力，普通话用"会/能"，闽南方言各地普遍用"解"，雷州片和海南片多用"八"，有时也用"解"。各地所用形式如下。

泉州、晋江、安溪：解 ᶜe
厦门、台中、漳州：解 e²
汕头、揭阳：解 ᶜoi
海丰：解 ᶜei
遂溪：八 pak₃/解 ᶜoi
雷州：八 pak₃/解 oi²
文昌：八 ɓat₃/解 oi²
三亚：八 vaiʔ₃

（二）否定主观能力

否定主观能力，普通话用"不会"，闽南方言用"无解"或"无八"，各地的具体形式如下。

泉州：无解₅boᶜe、＜无解＞ᶜbue、＜无解＞解ᶜbueᶜe
晋江、安溪：＜无解＞ᶜbue
厦门：＜无解＞bue²
台中、漳州：＜无解＞be²
汕头、揭阳：＜无解＞ᶜboi

海丰：＜无解＞⁵bei

遂溪：无八₅vo pak₂/无解₅vo ⁵oi

雷州：无八₅bo pak₂/无解₅bo oi²

文昌：无解₅bo oi²

三亚：无八₅vo vaiʔ₂

"无解"除雷州片和海南片外，其余地方多简缩为一个合音词"＜无解＞"。合音后的"＜无解＞"语感上已经成了一个单纯词，因此有些地方如泉州又用它来否定"解"，说成"＜无解＞解"。意义上"＜无解＞解"的两个"解"因同质而兼并为一个①，因此意义上"＜无解＞解"仍等于"＜无解＞"或"无解"。其演变过程如下所示：

无解 —合音→ ＜无解＞ ——→（＜无解＞+解）——→ ＜无解＞解

音：$bo^{24-22} e^{22}$ ——→ bue^{22} ——→ ($bue^{22} + e^{22}$) ——→ $bue^{22} e^{22}$

义：AB ——→ AB ——→ (AB + B) ——→ AB

(A=否定，B=会)

"解""八"都是闽南方言的特征词，"解""八"作动词，义为"知晓""懂得""认识"。"解"在近代白话中已发展出表示主观能力或客观可能的助动词用法②，却只留在闽语等少数方言中。"八"作动词用，是"懂得""认识"的意思。"解""八"演变为表示主观能力助动词，其理据和普通话的"会"一样，但助动词"会"在现代方言里广泛存在，"解"作为助动词在官话和其他方言中已极少见，却仍留在闽语中。

下面是例句。

(7) 只会说，不会做。

泉州 ①（若/孤单）解说，＜无解＞（解）做/无解做。（$nã^{22}/kɔ^{33} tan^{33}$）$e^{22} sɤʔ^{55}$，＜bue^{22}＞(e^{22}) $tsue^{41}$/$bo^{24-22} e^{22} tsue^{41}$. ②（若/孤单）解说，＜无解＞晓做。($nã^{22}/kɔ^{33} tan^{33}$) $e^{22} sɤʔ^{55}$，＜bue^{22}＞$hiau^{55-24} tsue^{41}$. ③解说，＜无解＞做。$e^{22} sɤʔ^{55}$，＜bue^{22}＞$tsue^{41}$.

晋江 孤单解说，＜无解＞晓做。$kɔ^{33} tan^{33} e^{41-22} seʔ^5$，＜$bue^{22}$＞$hiau^{55-24}$

---

① 同质语义兼并指演变过程中两个语义成分因同质而兼并为一个，其载体（语音形式）仍保留两个语音成分（可以是两个音节，也可以是其合音）。详见施其生《汉语方言中语言成分的同质兼并》，载《语言研究》2009年第2期。

② 参见陈泽平《福州方言研究》，福建人民出版社1998年版，第175页。

tsue⁴¹.

安溪 只<u>解</u>说，<u>＜无解＞</u>做。tsi⁴⁴¹⁻⁴⁴ e²² sə?³¹，＜bue²²＞ tsuei²¹².

厦门 ①只<u>解</u>晓讲，<u>＜无解＞</u>晓做。tsi⁵³⁻⁴⁴ e²²⁻²¹ hiau⁵³⁻⁴⁴ kɔŋ⁵³，＜bue²²⁻²¹＞ hiau⁵³⁻⁴⁴ tsue²¹. ②干焦<u>解</u>晓讲，<u>＜无解＞</u>晓做。kan⁴⁴⁻²² ta⁴⁴⁻²² e²²⁻²¹ hiau⁵³⁻⁴⁴ kɔŋ⁵³，＜bue²²⁻²¹＞ hiau⁵³⁻⁴⁴ tsue²¹. ③<u>解</u>晓讲＜呢尔＞，<u>＜无解＞</u>晓做。e²²⁻²¹ hiau⁵³⁻⁴⁴ kɔŋ⁵³ ＜niã²²＞，＜bue²²⁻²¹＞ hiau⁵³⁻⁴⁴ tsue²¹. ④讲<u>解</u>＜呢尔＞，做<u>＜无解＞</u>啦。kɔŋ⁵³ e²² ＜niã²²＞，tsue²¹＜bue²²＞ la²¹.

台中 只（<u>解</u>）晓讲，<u>＜无解＞</u>晓做。tsi⁵³⁻⁴⁴（e²²⁻²¹）hiau⁵³⁻⁴⁴ kɔŋ⁵³，＜be²²⁻²¹＞ hiau⁵³⁻⁴⁴ tso²¹.

漳州 ＜干若＞/干若<u>解</u>晓讲，<u>＜无解＞</u>晓做。＜kã²²＞/kan³⁴⁻²² na³⁴ e²²⁻²¹ hiau⁵²⁻³⁴ kɔŋ⁵²，＜be²²⁻²¹＞ hiau⁵²⁻³⁴ tso²¹.

汕头 ①<u>解</u>晓呾，唔晓做。oi²⁵⁻³¹ hiau⁵²⁻²⁴ tã²¹³，m̩²⁵⁻³¹ hiau⁵²⁻²⁴ tso²¹³. ②<u>解</u>呾<u>＜无解＞</u>做。oi²⁵⁻³¹ tã²¹³ ＜boi²⁵⁻³¹＞ tso²¹³. ③清<u>解</u>呾定，<u>＜无解＞</u>做。tsheŋ³³ oi²⁵⁻³¹ tã²¹³ tiã³¹，＜boi²⁵⁻³¹＞ tso²¹³.

揭阳 ①呾□［le³³］<u>解</u>，做□［le³³］<u>＜无解＞</u>。tã²¹³ le³³ oi³⁵，tso²¹³ le³³ ＜boi³⁵＞. ②□［nia⁴²⁻²⁴］<u>解</u>呾，<u>＜无解＞</u>做。nia⁴²⁻²⁴ oi³⁵⁻²¹ tã²¹³，＜boi³⁵⁻²¹＞ tso²¹³.

海丰 <u>解</u>讲<u>＜无解＞</u>做。ei²⁵⁻³³ kɔŋ⁵² ＜bei²⁵⁻²³＞ tsɔ²¹³.

遂溪 但<u>八</u>/<u>解</u>讲，<u>无八</u>/<u>无解</u>做。na²⁴ pak⁵⁴/oi⁵⁵⁻³³ ko⁴¹，vo²² pak⁵⁴/vo²² oi⁵⁵⁻³³ tso⁵⁵.

雷州 但<u>八</u>/<u>解</u>讲，<u>无八</u>/<u>无解</u>做。na²⁴ pak⁵/oi⁵⁵³ ko⁴，bo²² pak⁵/bo²² oi⁵⁵³⁻³³ tso⁵⁵³.

文昌 ①但八讲，<u>无解</u>做。na⁴² ɓat⁵⁻³ kɔŋ³¹，bo²²⁻¹¹ oi⁴²⁻¹¹ to⁵³. ②但<u>解</u>讲，无<u>解</u>做。na⁴² oi⁴²⁻¹¹ kɔŋ³¹，bo²²⁻¹¹ oi⁴²⁻¹¹ to⁵³.

三亚 （只）八讲无八做。（tsi³¹）vai?⁴⁵ kɔŋ³¹ vo²² vai?⁴⁵ to?⁴⁵.

(8) 那里头有两个人看样子不大会游泳。

泉州 ①迄里面/头有两个侬看款<u>＜无解＞</u>甚<u>解</u>晓得泅。hit⁵⁵ lai²² bin⁴¹/thau²⁴ u²² lŋ̍²² e²⁴⁻²² laŋ²⁴ khuã⁴¹⁻⁵⁵ khuan⁵⁵ ＜bue²²＞ siã²⁴ e²⁴⁻⁵⁵ hiau⁵⁵⁻²⁴ le?⁵⁵ siu²⁴. ②迄里面/头有两个侬看款（是）<u>＜无解＞</u>甚<u>解</u>晓得泅。hit⁵⁵ lai²² bin⁴¹/thau²⁴ u²² lŋ̍²² e²⁴⁻²² laŋ²⁴ khuã⁴¹⁻⁵⁵ khuan⁵⁵（si²²）＜bue²²＞ siã²⁴ e²⁴⁻⁵⁵ hiau⁵⁵⁻²⁴ le?⁵⁵ siu²⁴.

厦门 □［hia²⁴］里面有两个侬简若<u>＜无解＞</u>甚物<u>解</u>晓泅（呃）。hia²⁴ lai²¹⁻²² bin²² u²²⁻²¹ nŋ̍²² e²⁴⁻²² laŋ²⁴ kan⁵³⁻²² nã⁵³⁻⁴⁴ ＜bue²²⁻²¹＞ sim⁵³⁻⁴⁴ mi?⁵ e²²⁻²¹ hiau⁵³⁻⁴⁴ siu²⁴（e²¹）.

台中 迄里面个两个侬看起来<u>＜无解＞</u>晓游。hit²⁻⁵ lai²²⁻²¹ bin²² hit²⁻⁵ nŋ̍²²⁻²¹

e^{24} laŋ^{24} khuã^{21} khi$^{53-21}$ lai$^{24-21}$ <be$^{22-21}$> hiau$^{53-44}$ iu^{24}.

漳州 迄边头有两个侬看着<无解>晓泅。hit$^{32-5}$ pin$^{34-22}$ thau$^{13-22}$ u$^{22-21}$ no$^{22-21}$ kɔ$^{52-34}$ laŋ^{24} khuã$^{21-52}$ tioʔ$^{121-21}$ <be$^{22-21}$> hiau$^{52-34}$ siu$^{22-21}$.

汕头 许底有两侬睇款无□［mĩʔ$^{2-5}$］解泅（吟）。hɯ$^{52-24}$ toi^{52} u$^{25-31}$ no$^{25-31}$ naŋ$^{55-31}$ tõi$^{52-24}$ khuan^{52} bo$^{55-31}$ mĩʔ$^{2-5}$ oi$^{25-31}$ siu^{55}（ne^{31}）.

揭阳 许底有两侬睇着无□［mẽʔ$^{2-3}$］解泅。hio$^{42-35}$ toi$^{42-21}$ u$^{35-21}$ no$^{35-21}$ naŋ$^{55-22}$ thõi$^{42-24}$ tioʔ$^{5-2}$ bo$^{55-22}$ mẽʔ$^{2-3}$ oi$^{35-21}$ siu$^{55-22}$.

海丰 ①许里底有两个侬睇□［hia$^{52-213}$］形无□［mĩ$^{213-55}$］解泅。hi^{52} la$^{25-33}$ tei^{52} u$^{25-33}$ nɔ$^{25-33}$ kai$^{55-22}$ naŋ$^{55-22}$ the$^{52-213}$ hia$^{52-213}$ heŋ^{55} bɔ$^{55-22}$ mĩ$^{213-55}$ e$^{25-33}$ siu^{55}。②许里底有两个侬睇□［hia$^{52-213}$］形无□［mĩ$^{213-55}$］解泅水。hi^{52} la$^{25-33}$ tei^{52} u$^{25-33}$ nɔ$^{25-33}$ kai$^{55-22}$ naŋ$^{55-22}$ the$^{52-213}$ hia$^{52-213}$ heŋ^{55} bɔ$^{55-22}$ mĩ$^{213-55}$ e$^{25-33}$ siu$^{55-22}$ tsui^{52}.

遂溪 许里有两个侬望伊相图就是无活八泅水。ha^{55} li^{41} u^{33} no^{33} kai^{22} naŋ^{22} o^{24} i^{24} sio$^{24-33}$ thu^{22} tsiu$^{55-33}$ si$^{55-33}$ vo^{22} ua^{33} pak^{54} siu^{22} tsui^{41}.

雷州 许里有两个侬望架势无八泅水。ha^{553} li^{41} u^{33} no$^{33-42}$ kai$^{22-33}$ naŋ^{22} o^{21} ke$^{21-44}$ le^{21} bo$^{22-33}$ pak^{5} siu$^{22-33}$ tsui^{42}.

文昌 许里有两个侬望样□［ʃi^{34}］无八□［ɓoŋ^{42}］□［ɦiak^{3}］。ɓo$^{21-55}$ lai^{42} u^{42} no^{42} kai$^{22-11}$ naŋ^{22} mo^{34} io$^{34-42}$ ʃi^{34} bo$^{22-11}$ ɓat^{5} ɓoŋ^{42} ɦiak^{3}.

三亚 那里头有两个侬望起来（好像）无（□［miʔ$^{45-44}$］）八游水。aʔ^{45} lai^{42} thau^{22} u$^{42-44}$ no^{42} kai^{22} naŋ^{22} mo^{33} khi^{31} lai^{22}（hɔ^{31} tiaŋ^{24}）vo^{22}（miʔ$^{45-44}$）vaiʔ^{45} iu^{22} tsui^{31}.

二、表示主观意愿的助动词

肯定主观意愿，普通话用"要"，闽南方言各地所用的形式和普通话不同，先看例句。

(9) 爷爷不要别人扶，硬要自己走。

泉州 引公唔免侬牵，强强卜家己行。in$^{55-24}$ kɔŋ^{33} m̩$^{41-22}$ bian^{24} laŋ$^{24-22}$ khan^{33}，kiɔŋ$^{24-22}$ kiɔŋ$^{24-22}$ bɤʔ^{55} kai^{22} ki^{22} kiã^{24}.

厦门 安公唔互别侬插，硬卜家己行。an$^{53-44}$ kɔŋ^{44} m̩$^{22-21}$ hɔ$^{22-21}$ pat$^{5-21}$ laŋ^{24} tshaʔ^{2}，ŋĩ$^{22-21}$ beʔ$^{32-5}$ ka$^{44-22}$ ki$^{22-21}$ kiã^{24}.

台中 阿公唔免侬扶，硬卜家己行。a$^{44-22}$ kɔŋ^{44} m̩$^{22-21}$ men$^{53-44}$ laŋ$^{24-22}$ hu^{24}，ŋe$^{22-21}$ beʔ$^{2-5}$ ka$^{44-22}$ ki^{21} kiã^{24}.

漳州 阿公唔互侬□［khaŋ^{34}］，硬卜家己行。a$^{34-22}$ kɔŋ^{34} m̩$^{22-21}$ hɔ^{22}

laŋ¹³⁻²² khaŋ³⁴，ŋe²²⁻²¹ beʔ³²⁻⁵ ka³⁴⁻²² ki¹³⁻²² kia¹³。

汕头 阿公嬡依扶，硬爱家己行。a³³ koŋ³³ mai²¹³⁻⁵⁵ naŋ⁵⁵⁻³¹ hu⁵⁵，ŋe³¹ ãi²¹³⁻⁵⁵ ka³³ ki³¹ kiã⁵⁵。

揭阳 阿公嬡依扶，硬爱家己行。a³³ koŋ³³ mai²¹³⁻⁴² naŋ⁵⁵⁻²² hu⁵⁵，ŋe²²⁻²¹ ãi²¹³⁻⁴² ka³³ ti²²⁻²¹ kiã⁵⁵。

海丰 阿公唔肯依扶，死苦爱家己行。a⁴⁴⁻³³ kɔŋ⁴⁴ m̩²⁵⁻³³ khian⁵²⁻²¹³ naŋ⁵⁵⁻²² hu⁵⁵，si⁵²⁻²¹³ khɔu⁵² ãi²¹³⁻⁵⁵ ka⁴⁴⁻³³ ki²¹ kiã⁵⁵。

遂溪 阿公无讨□［ko⁵⁵］依挎，硬爱家己行。a²⁴⁻³³ koŋ²⁴ vo²² tho⁴¹ ko⁵⁵ naŋ²² hua²⁴，ŋe⁵⁵⁻³³ ai²¹⁴ ka²⁴⁻³³ ki⁴¹⁻²⁴ kia²²。

雷州 呢公无讨别依挎，定/硬讨/爱家己行。ni⁵⁵³ koŋ²⁴ bo²²⁻³³ tho⁴² ko³³ naŋ²² hua²⁴，tiŋ⁵⁵³/ŋe³³ tho⁴²/ai²¹ ka²⁴⁻³³ ki²¹ kia²²。

文昌 公无要依扶，硬卜单己/家己行。koŋ³⁴ bo²²⁻¹¹ io⁵³ naŋ³⁴ xou³⁴，ŋe⁴² beʔ⁵ ɗaŋ³⁴⁻⁴² ki³⁴/ka³⁴⁻⁴² ki³⁴ kia²²。

三亚 阿公无□［ioʔ⁴⁵］/乞依□［maʔ⁴⁵］/牵，硬要家己行。a⁴⁵ koŋ³³ vo²² ioʔ⁴⁵/khi⁴⁵ naŋ²² maʔ⁴⁵/khaŋ³³，ŋe⁴² iau²⁴ ka³³ ki³¹ kio²²。

（10）你买不买鱼？

泉州 ①汝卜买鱼啊唔？lɯ⁵⁵ bɤʔ⁵⁵ bue⁵⁵⁻²⁴ hɯ²⁴ a⁵⁵⁻²⁴ m̩⁴¹？②鱼汝卜买唔？hɯ²⁴ lɯ⁵⁵ bɤʔ⁵⁵ bue⁵⁵ m̩⁴¹⁻²¹？③汝卜买鱼唔？lɯ⁵⁵ bɤʔ⁵⁵ bue⁵⁵⁻²⁴ hɯ²⁴ m̩⁴¹⁻²¹？④汝卜买鱼啊唔买鱼？lɯ⁵⁵ bɤʔ⁵⁵ bue⁵⁵⁻²⁴ hɯ²⁴ a⁵⁵⁻²⁴ m̩⁴¹⁻²² bue⁵⁵⁻²⁴ hɯ²⁴？

厦门 ①汝卜买鱼唔/无？li⁵³⁻⁴⁴ beʔ³²⁻⁵³ bue⁵³⁻⁴⁴ hi²⁴ m̩²²⁻²¹/bo²⁴⁻²¹？②汝卜买鱼啊唔买？li⁵³⁻⁴⁴ beʔ³²⁻⁵ bue⁵³⁻⁴⁴ hi²⁴ a⁴⁴ m̩²²⁻²¹ bue⁵³？③汝卜买鱼啊唔/无？li⁵³⁻⁴⁴ beʔ³²⁻⁵ bue⁵³⁻⁴⁴ hi²⁴ a⁴⁴ m̩²²/bo²⁴⁻²¹？④汝有卜买鱼啊无？li⁵³⁻⁴⁴ u²²⁻²¹ beʔ³²⁻⁵ bue⁵³⁻⁴⁴ hi²⁴ a⁴⁴ bo²⁴？

台中 ①汝卜买鱼啊无？li⁵³⁻⁴⁴ beʔ²⁻⁵ be⁵³⁻⁴⁴ hi²⁴ a⁵³ bo²⁴⁻²¹？②汝敢卜买鱼？li⁵³⁻⁴⁴ kam⁵³⁻⁴⁴ beʔ²⁻⁵ be⁵³⁻⁴⁴ hi²⁴？

漳州 ①汝敢卜买鱼仔？li⁵² kã⁵²⁻³⁴ beʔ³⁴⁻⁵ be⁵²⁻³⁴ hi¹³⁻²² a⁵²？②汝买鱼仔唔？li⁵²⁻³⁴ be⁵²⁻³⁴ hi¹³⁻²² a⁵² m̩²²？③汝买鱼啊唔买？li⁵²⁻³⁴ be⁵²⁻³⁴ hi¹³⁻²² a³⁴⁻²² m̩²²⁻²¹ be⁵²？④汝买唔买鱼？li⁵² be⁵² m̩²²⁻²¹ be⁵² hi¹³？

汕头 ①汝爱买鱼（啊）嬡？lɯ⁵² ãi²¹³⁻⁵⁵ boi⁵²⁻²⁴ hɯ⁵⁵（a³³）mai²¹³？②汝□［khaʔ²⁻⁵］爱买鱼（啊）嬡？lɯ⁵² khaʔ²⁻⁵ ãi²¹³⁻⁵⁵ boi⁵²⁻²⁴ hɯ⁵⁵（a³³）mai²¹³？③汝□［khaʔ²⁻⁵］爱买鱼？lɯ⁵² khaʔ²⁻⁵ ãi²¹³⁻⁵⁵ boi⁵²⁻²⁴ hɯ⁵⁵？④汝爱买鱼爱（啊）嬡？lɯ⁵² ãi²¹³⁻⁵⁵ boi⁵²⁻²⁴ hɯ⁵⁵ ãi²¹³（a³³）mai²¹³？

揭阳 ①汝爱买鱼啊嬡？lɯ⁴²⁻⁵³ ãi²¹³⁻⁴² boi⁴²⁻³⁵ hɯ⁵⁵ a³³ mai²¹³？②汝爱买鱼

么？lɯ⁴²⁻⁵³ ãi²¹³⁻⁴² boi⁴²⁻³⁵ hɯ⁵⁵ me²¹？③汝爱买鱼爱啊嫑？lɯ⁴²⁻⁵³ ãi²¹³⁻⁴² boi⁴²⁻³⁵ hɯ⁵⁵ ãi²¹³ a³³ mai²¹³？④汝爱买鱼爱么？lɯ⁴²⁻⁵³ ãi²¹³⁻⁴² boi⁴²⁻³⁵ hɯ⁵⁵ ãi²¹³ me²¹？

海丰 汝卜买鱼唔？li⁵² bueʔ³⁻⁴ be⁵²⁻²¹³hi⁵⁵ m²⁵？

遂溪 ①汝买鱼无？lu⁴¹ voi⁴¹ hu²² vo²²？②汝买无买鱼？lu⁴¹ voi⁴¹ vo²² voi⁴¹ hu²²？③汝爱无爱买鱼？lu⁴¹ ai²¹⁴ vo²² ai²¹⁴ voi⁴¹ hu²²？④汝爱买鱼无？lu⁴¹ ai²¹⁴ voi⁴¹ hu²² vo²²？⑤汝有爱买鱼无？lu⁴¹ u⁵⁵ ai²¹⁴ voi⁴¹ hu²² vo²²？

雷州 ①汝买无买鱼？lu⁴² boi⁴² bo²²⁻³³ boi⁴²⁻⁴⁴ hu²²？②汝买鱼无？lu⁴² boi⁴²⁻⁴⁴ hu²² bo²²？

文昌 ①汝买无买鱼？du³¹ boi³¹⁻³³ bo²²⁻¹¹ boi³¹⁻³³ ɦu²²？②汝买鱼无？du³¹ boi³¹⁻³³ ɦu²² bo²²？

三亚 ①汝买无买鱼？lu³¹ voi³¹ vo²² voi³¹ hu²²？②汝买鱼无？lu³¹ voi³¹ hu²² vo²²？

从例句中可见，表示主观意愿的助动词因地域不同而有差异，分布范围最广的是"卜"。"卜"除了整个闽南－台湾片，还见于粤东片的海丰和海南片的文昌。"卜"只是一个音近字，并非本字，真正的语源仍有待探讨。另一个形式是"爱"，"爱"作助动词而表示主观意愿，现在主要见于广东境内的闽南方言，如粤东的潮州片和粤西的雷州片。此外，雷州片还用"讨"。这三个词被用作表示主观意愿的助动词并表现出地域差异，应是闽南方言自身演变的结果。因为如果不局限于一地，我们可以看到这三个词在各地都有接近表示主观意愿的用法，如"卜""爱""讨"还表示"将要"或"几乎要"，而且这些用法的分布地域往往超出其表示主观意愿的地域。例如，潮汕方言现在虽不用"讨"表示主观意愿，但可说"□［hek⁵⁻²］遘讨死"（累得要死），"讨"是"几乎要"的意思，和表示主观意愿的"要"意思很接近；再如台中、海丰现在不用"爱"表主观意愿，但"爱"可用作表示客观要求的"要"，而且承徐睿渊博士告知，厦门现在虽不用"爱"表示主观意愿，但过去是可以的。在 1873 年完成的《厦英大辞典》里"爱"的释义是"to wish, to desire, to like; apt to; to have a tendency to"，如"爱吐"指"having a tendency to vomit from some special cause, sick and squeamish"。与"爱"同义的还有"爱卜"。如此则在更早的闽南方言里表示主观意愿的"爱"可能有更大的使用范围，有些地方如厦门"爱"逐渐退出而由"卜"占据。广东闽南方言中与福建相邻的饶平至今仍用"卜"，而其他地方已经普遍用"爱"，恐怕与周围的粤方言和客家方言中动词"爱"普遍表示"要"的外部条件有些关系。

语料中，三亚还出现"要［iau²⁴］"，疑为较书面化的新派说法①，非闽南方言原本所有。

"卜"不接受单纯否定词"唔（伓）［ᵉm̩］"的否定，因此没有完全对应的否定形式②，否定的时候就用相当于普通话"不"的副词，闽南－台湾片和粤东片用"唔（伓）［ᵉm̩］"，雷州片、海南片用"无"。

"爱"则有完全对应的否定形式"［maiˀ］"，歌册（潮州民间唱本）和潮剧戏文多写成"勿"，是训读，我们用方言自造字"嫑"。无论写成什么，"［maiˀ］"都是一个无字可写的合音词，其前身应是由一个否定词加上"爱"构成的词组。这个否定词是"无"还是"唔"，语音上都可说通。

唔 ᵉm̩ + 爱 ãiˀ ──→ mãiˀ （音素加合）

无 ᵉbo + 爱 ãiˀ ──→ mãiˀ （音素加合兼声母被鼻化韵同化）

细察之，则此合音词应为"唔爱"的合音。潮汕话里否定词"唔"和"无"是不同义的，前者表示对意愿的否定，后者表示对存在的否定，其区别相当于普通话的"不"和"没"，例如"我唔去"（我不去）不等于"我无去"（我没去）。潮汕话还有"无爱"和"有爱"，表示没有某种意愿，"无爱"与"有爱"才是一对。

"<唔爱>"（嫑）与其肯定形式作动词时意义和用法完全对称。如例（9）前半句的"嫑"是动词，仍是对主观意愿的否定。作助动词用时，若为对举，如例（10）用于中性问格式中与"爱"前后对举表示疑问。再如说"阿公嫑扶，爱家己行"（爷爷不要扶，要自己走），仍可表示对主观意愿的否定而与"爱"相对；但是单独用于谓词性成分前，例如说"阿公嫑去"（爷爷别去），"嫑"的意思就会变成"别"，是表示劝阻或禁止，不再和"爱"相对。这种情形和普通话的"不要"有些类似，看来，用"不"之类的单纯否定词表示主观意愿的否定是语言中的普遍现象，它使得"卜"没有完全对应的否定形式，也使得"爱"在典型的助动词用法中发生意义的偏移。③

---

① 三亚发音人是个大学生。

② 有"无卜"，是对主观意愿客观存在的否定，即无此主观意愿的意思，接近普通话的"没想"，不是"卜"的单纯否定。

③ 徐睿渊博士告知，现代厦门方言也有"爱"的否定形式"<唔爱>［mai²¹］"，意思也是"别"，用于祈使句，如说"<唔爱>去啊"（别去了）。《厦英大辞典》的释义是：not to wish; indisposed (of mind or body); I don't want it.

三、表示主观接受的助动词

表示对主观接受的肯定或否定,普通话用"肯"或"不肯"。闽南方言有三种情况。

(一) 用"肯"

1. 闽南－台湾片的"漳州腔"
漳州、台中:肯ᶜkhiŋ

2. 粤东片海丰、雷州片、海南片
海丰:肯ᶜkhiaŋ
遂溪、雷州:肯ᶜkhieŋ
文昌:肯ᶜxien
三亚:肯ᶜkhen

(二) 用"好 [hãuˀ]"

汕头、揭阳:好 hãuˀ

"好 [hãuˀ]"在粤东片潮汕话作动词义为"喜好""嗜好",如说"好食酒"(喜欢喝酒),作助动词引申为"肯"。

以上两个助动词的否定式都是在前面加一个相当于普通话"不"的单纯否定词"唔(怀)[ᶜm]"或"无",说成"唔肯""无肯""无好 [hãuˀ]"等。

(三) 没有专用的助动词

闽南－台湾片"漳州腔"外的其他地方,如泉州、晋江、安溪、厦门等地,情貌系统中没有"主观接受"的位置,只能以别的情态如"客观可能""主观意愿"等来表达,例句中常用"解""卜"之类的助动词翻译普通话的"肯"。

下面是例句。

(11) 补他两百块,老头儿肯不肯把墙脚往里头挪一挪?

泉州 ①（加）补（度）伊两百箍，即个老伙仔解将墙骹向里面小安呢 徛蜀下？（ke²²）pɔ⁵⁵⁻²⁴ （thɔ⁴¹⁻²²）i³³ lŋ'²² paʔ⁵⁵ khɔ³³, tsit⁵⁵ e²⁴⁻²² lau²² hɤ⁵⁵ a⁵⁵ e²² tsiɔŋ³³ tshiũ²⁴⁻²² kha³³ hiɔŋ⁴¹⁻⁵⁵ lai²² bin⁴¹⁻²⁴ sio⁵⁵⁻²⁴ an³³ nẽ⁵⁵ sua⁵⁵ tsit²⁴⁻²² e²⁴⁻²¹? ②补伊两百箍，即个老伙仔解将墙骹向里面安呢（小）徛蜀下？pɔ⁵⁵⁻²⁴ i³³ lŋ'²² paʔ⁵⁵ khɔ³³, tsit⁵⁵ e²⁴⁻²² lau²² hɤ⁵⁵ a⁵⁵ e²² tsiɔŋ³³ tshi ũ²⁴⁻²² kha³³ hiɔŋ⁴¹⁻⁵⁵ lai²² bin⁴¹⁻²⁴ an³³ nẽ³⁵（sio⁵⁵⁻²⁴）sua⁵⁵ tsit²⁴⁻²² e²⁴⁻²¹?

晋江 贴两百箍度伊，即个老岁仔解说将墙骹徛□［khaʔ⁵］入去□［bue³³⁻⁰］？tiap⁵ lŋ'³³⁻²² paʔ⁵ khɔ³³ thɔ³³ i³³⁻⁰, tsit⁵ ge²⁴⁻²² lau³³⁻²² he⁴¹⁻⁵⁵ a⁵⁵ e²² seʔ⁵ tsiɔŋ³³ tshiũ²⁴⁻²² kha³³ sua⁵⁵ khaʔ⁵ lip²⁴ khi⁴¹ bue³³⁻⁰?

安溪 补伊两百箍，迄个老岁仔解（说）将墙骹向里面煞入□［buei²²］？pɔ⁴⁴¹⁻⁴⁴ i²³⁻²² nŋ'²² paʔ³¹⁻³² kho²³, hit³¹⁻³ gi²⁵⁻²² lau²² hɯ²¹²⁻⁴¹ a⁴⁴¹ e²² (səʔ³¹⁻³²) tsiɔŋ²³⁻²² tshiũ²⁵⁻²² kha²³⁻²² hiɔŋ²¹²⁻⁴¹ lai²²⁻⁵ bin²⁵ sua³¹⁻³² lip⁵⁻² buei²²?

厦门 贴伊两百箍，迄个老伙仔解讲卜合墙骹向里面徛蜀下无？thiap³²⁻⁵ i⁴⁴⁻²² nŋ'²²⁻²¹ paʔ³²⁻⁵³ khɔ⁴⁴, hit³²⁻⁵ e²⁴⁻²² lau²²⁻²¹ he⁵³⁻⁴⁴ a⁵³ e²²⁻²¹ kɔŋ⁵³⁻⁴⁴ beʔ³²⁻⁵ kaʔ⁵⁻¹ tshiũ²⁴⁻²² kha⁴⁴ hiɔŋ²¹⁻⁵³ lai²¹⁻²¹ bin²² sua⁵³ tsit⁵⁻²¹ e²²⁻²¹ bo²⁴⁻²¹?

台中 贴伊两百箍，迄个老猴唔知肯讲合壁骹往里面徛蜀下无？thiap²⁻⁵ i⁴⁴⁻²² nŋ'²²⁻²¹ paʔ²⁻⁵ khɔ⁴⁴, hit²⁻⁵ e²⁴⁻²² lau²²⁻²¹ kau²⁴ m̩²²⁻²¹ tsai⁴⁴⁻²² khiŋ⁵³⁻⁴⁴ kɔŋ⁵³⁻⁴⁴ kaʔ³⁻² piaʔ²⁻⁵ kha⁴⁴ ɔŋ⁵³⁻⁴⁴ lai²²⁻²¹ bin²² sua⁵³ tsit³⁻² e²²⁻²¹ bɔ²¹?

漳州 补伊两百箍，老伙仔敢解肯（讲）合墙骹往里面仔摸＜蜀下＞？pɔ⁵²⁻³⁴ i³⁴⁻²² no²²⁻²¹ peʔ³²⁻⁵² khɔ³⁴, lau²²⁻²¹ hue⁵²⁻³⁴ a⁵² kã⁵²⁻³⁴ e²²⁻²¹ khiŋ⁵²⁻³⁴ (kɔŋ⁵²⁻³⁴) kaʔ¹²¹⁻²¹ tshiɔ̃¹³⁻²² kha³⁴⁻²² ɔŋ⁵²⁻³⁴ lai²²⁻²¹ bin²²⁻²¹ a⁵² kiu⁵²⁻³⁴ <tsɛ²¹>?

汕头 贴伊两百银，阿老伯□［khaʔ²⁻⁵］好呾个墙□［tsek²⁻⁵］入滴囝？thiap²⁻⁵ i³³ no²⁵⁻³¹ peʔ²⁻⁵ ŋɯŋ⁵⁵, a³³ lau²⁵⁻³¹ peʔ khaʔ²⁻⁵ hãu²¹³⁻⁵⁵ tã²¹³⁻⁵⁵ kai⁵⁵⁻³¹ tshiõ⁵⁵ tsek²⁻⁵ zip⁵ tiʔ² kiã⁵²⁻²¹³?

揭阳 贴伊两百银，阿老伯好呾个墙（个伊）□［tsek²⁻⁵］入滴囝么？thiap²⁻³ i³³ no³⁵⁻²¹ peʔ²⁻⁵ ŋeŋ⁵⁵, a³³ lau³⁵⁻²¹ peʔ hãu²¹³⁻⁴² tã²¹³⁻⁴² kai⁵⁵⁻²² tshiõ⁵⁵ (kai⁵⁵⁻²² i³³) tsek²⁻⁵ zip⁵ tiʔ²⁻³ kiã⁴²⁻²¹³ me³³⁻²¹?

海丰 补伊两百银，老侬家肯唔肯将伊家己个墙骹徛入蜀下。pou⁵²⁻²¹³ i⁴⁴⁻³³ nɔ²⁵⁻³³ peʔ³⁻⁴ ŋin⁵⁵, lau²⁵⁻³³ naŋ⁵⁵⁻²² ke⁴⁴⁻³³ khiaŋ⁵²⁻²¹³ m̩²⁵⁻³³ khiaŋ⁵²⁻²¹³ tsiaŋ⁴⁴⁻³³ i²⁴⁻³³ ka³⁴⁻³³ ki⁵²⁻²¹³ e⁵⁵⁻²² tshiõ⁵⁵⁻²² kha⁴⁴⁻³³ sua⁵²⁻²¹³ zip⁴⁻³ tsit⁴⁻³ e²⁵?

遂溪 补两百钱乞伊，许老头肯无肯将阿墙骹向里□［suaŋ³³］□［suaŋ³³］? peu⁴¹ no⁵⁵⁻³³ peʔ⁵⁵ tsi²² khi⁵⁵ i²⁴, ha⁵⁵ lau⁵⁵ thau²² kieŋ⁴¹⁻²⁴ vo²² kieŋ⁴¹ tsiaŋ²⁴ a²⁴⁻³³ tshio²² kha²⁴ hio²⁴ li⁴¹ suaŋ³³ suaŋ⁴¹?

雷州 补两百银乞伊，阿老个肯无肯将阿墙脚向里蹲阿蹲？peu⁴² no³³ peʔ⁵⁵³

ŋieŋ²² khi⁵⁵³ i²⁴, a⁵⁵ lau⁴²⁻⁴⁴ kai²²⁻³³ khieŋ⁴² bo²²⁻³³ khieŋ⁴² tsiaŋ²⁴ a⁵⁵ tshio²²⁻³³ kio⁵⁵³ hio²¹ li⁴² tsaŋ⁴² a⁵⁵ tsaŋ⁴²？

文昌 补伊两百银，妳老肯无肯□〔ɓue⁴²〕墙骹徙到许里滴？ɓou³¹ i³⁴ no⁴²⁻¹¹ ɓe⁴² ŋieŋ²², bo²¹⁻⁵⁵ lau⁴² xien³¹⁻³³ bo²²⁻¹¹ xien³¹ ɓue⁴² ʃio²²⁻¹¹ xa³⁴ tua³¹ kau²¹ ɦo²¹⁻⁵⁵ lai⁴²⁻¹¹ ɗi⁵³？

三亚 穧乞伊两百银，那枚老头肯无肯□〔ɓui⁴²〕墙骹往/向里面挪蜀挪？ɗoiʔ⁴⁵ khiʔ⁴⁵ i³³ no⁴² ɓeʔ⁴⁵ ŋin²², aʔ⁴⁵⁻⁴⁴ mo⁴⁵ lau⁴² thau²² khen³¹ vo²² khen³¹ ɓui⁴² tshio²² kha³³ uaŋ³¹/hie²⁴ lai⁴² min³³ nuo²² ioʔ³³ nuo²²？

（12）他不肯卖了，不信你去问问他。

泉州 ①伊唔卖啰，唔信汝去问伊唉。i³³ m̩⁴¹⁻²² bue⁴¹ lɔ²¹, m̩⁴¹⁻²² sin⁴¹ lɯ⁵⁵ khɯ⁴¹⁻⁵⁵ bŋ̍⁴¹⁻²² i³³ bai⁴¹。②伊唔卖啰，唔信汝去问伊。i³³ m̩⁴¹⁻²² bue⁴¹ lɔ²¹, m̩⁴¹⁻²² sin⁴¹ lɯ⁵⁵ khɯ⁴¹⁻⁵⁵ bŋ̍⁴¹ i³³⁻²¹。③伊唔卖啰，唔信汝去问伊蜀下。i³³ m̩⁴¹⁻²² bue⁴¹ lɔ²¹, m̩⁴¹⁻²² sin⁴¹ lɯ⁵⁵ khɯ⁴¹⁻⁵⁵ bŋ̍⁴¹ i³³⁻²¹ tsit²⁴⁻²² e⁴¹⁻²¹。

厦门 伊无卜卖/伊唔卖啊，唔信汝去问伊看唛个。i⁴⁴⁻²² bo²⁴⁻²² beʔ³²⁻⁵³ bue²²/i⁴⁴⁻²² m̩²²⁻²¹ bue²² a²¹, m̩²²⁻²¹ sin²¹ li⁵³⁻⁴⁴ khi²¹⁻⁵³ m̩ŋ̍²²⁻²¹ i⁴⁴⁻²² khuã²¹⁻⁵³ mai²² e²¹。

台中 伊唔肯卖啦，唔信汝去问伊啊。i⁴⁴⁻²² m̩²²⁻²¹ khiŋ⁵³⁻⁴⁴ be²² la²¹, m̩²²⁻²¹ sin²¹ li⁵³⁻⁴⁴ khi²¹⁻⁵³ bŋ̍²² i⁴⁴⁻²² a²¹。

漳州 伊唔肯卖，唔信汝去问伊＜蜀下＞。i³⁴ m̩²²⁻²¹ khaŋ⁵²⁻³⁴ be²², m̩²²⁻²¹ siŋ²¹ li⁵²⁻³⁴ khi²¹⁻⁵² muĩ²²⁻²¹ i³⁴⁻²²＜tsɛ²¹＞。

汕头 伊唔好卖了，唔相信汝去问伊睇。i³³ m̩²⁵⁻³¹ hãu²¹³⁻⁵⁵ boi³¹ ou⁵²⁻²¹³, m̩²⁵⁻³¹ sio³³ siaŋ²¹³ lɯ⁵² khɯ²¹³⁻⁵⁵ muŋ³¹ i³³ tõi⁵²。

揭阳 伊唔好卖了，唔相信汝去问伊睇。i³³ m̩³⁵⁻²¹ hãu²¹³⁻⁴² boi²² au⁴²⁻²¹³, m̩³⁵⁻²¹ siaŋ³³ seŋ²¹³ lɯ⁴²⁻⁵³ khɯ²¹³⁻⁴² muŋ²²⁻²¹ i³³ thõi⁴²。

海丰 伊唔肯卖了，唔＜相信＞汝去问伊下仔。i⁴⁴ m̩²⁵⁻³³ khiaŋ⁵²⁻²¹³ be²¹ liau⁵²⁻²¹³, m̩²⁵⁻³³＜siaŋ²⁵＞li⁵² khi²¹³⁻⁵⁵ muĩ²¹⁻³³ i⁴⁴ e²⁵⁻³³ ã⁵²⁻²¹³。

遂溪 伊无肯卖啦，无信汝去问问伊。i²⁴ vo²² kien⁴¹ voi²⁴ la⁴¹, vo²² sien²¹⁴ lu⁴¹ hu²¹⁴⁻⁵⁵ mui²⁴ mui²⁴ i²⁴。

雷州 伊无肯卖啦，无信汝去问伊。i²⁴ bo²²⁻³³ khieŋ⁴² boi²⁴ la⁴², bo²²⁻³³ sieŋ²¹ lu⁴² khu²¹⁻⁴⁴ mui²⁴ i²⁴。

文昌 ①伊无肯卖啦，无信汝去问伊。i³⁴ bo²²⁻¹¹ xien³¹⁻³³ boi³⁴ la²¹, bo²²⁻¹¹ tien²¹ du³¹⁻³³ xu²¹⁻⁵⁵ mui³⁴ i³⁴。②伊无肯卖啦，无信汝去问伊＜蜀下＞/问伊蜀下/问伊蜀问。i³⁴ bo²²⁻¹¹ xien³¹⁻³³ boi³⁴ la²¹, bo²²⁻¹¹ tien²¹ du³¹⁻³³ xu²¹⁻⁵⁵ mui³⁴ i³⁴

<ʥie³⁴> /mui³⁴ i³⁴⁻⁴² ʥiak³⁻²¹ e³⁴/mui³⁴ i³⁴ ʥiak³⁻²¹ mui³⁴.

三亚 伊无肯卖（了），无信汝去问问伊（蜀下）/问蜀问伊/问蜀下伊。i³³ vo²² khen³¹ voi³³（liau³¹），vo²² ten²⁴ lu³¹ hu²⁴ mui³³ mui³³ i³³（ioʔ³³ e³³）/mui³³ ioʔ³³ mui³³ i³³/mui³³ ioʔ³³ e³³ i³³.

四、表示主观勇气的助动词

肯定主观勇气，普通话用"敢"，闽南方言和普通话一样。否定形式，普通话加一个单纯否定的副词，说成"不敢"，闽南方言也是加一个单纯否定的副词，雷州片、海南片说成"无敢"，其余地区说成"唔敢"。

下面是例句。

（13）我哪里敢打他？

泉州 我哪/怎仔敢拍伊？gua⁵⁵ nã⁵⁵/tsiũ⁴¹⁻⁵⁵ ã⁵⁵ kã⁵⁵⁻²⁴ phaʔ⁵⁵ i³³？

厦门 ①我哪/敢/□［kaʔ³²⁻⁵］敢拍伊？gua⁵³⁻⁴⁴ nã⁵³⁻⁴⁴/kam⁵³⁻⁴⁴/kaʔ³²⁻⁵ kã⁵³⁻⁴⁴ phaʔ³² i⁴⁴⁻²¹？②我（卜）倒敢拍伊？gua⁵³⁻⁴⁴（beʔ³²⁻⁵）to⁵³ kã⁵³⁻⁴⁴ phaʔ³² i⁴⁴⁻²¹？③我甚乜时阵/底时敢拍伊？gua⁵³⁻⁴⁴ sim⁵³⁻⁴⁴ mi⁵ si²⁴⁻²² tsun²²/ti²²⁻²¹ si²⁴ kã⁵³⁻⁴⁴ phaʔ³² i⁴⁴⁻²¹？

台中 我哪解敢拍伊？ua⁵³⁻⁴⁴ na⁵³⁻⁴⁴ e²²⁻²¹ kã⁵³⁻⁴⁴ phaʔ² i⁴⁴⁻²¹？

漳州 ①我哪敢合伊拍？gua⁵² na⁵²⁻³⁴ kã⁵²⁻³⁴ kaʔ¹²¹⁻²¹ i³⁴⁻²² phaʔ³²？②我倒啰仔敢合伊拍？gua⁵² ta⁵²⁻³⁴ loʔ¹²¹⁻²¹ a⁵² kã⁵²⁻³⁴ kaʔ¹²¹⁻²¹ i³⁴⁻²² phaʔ³²？

汕头 ①我在得敢拍伊？ua⁵² tsai²⁵⁻³¹ tik²⁻⁵ kã⁵²⁻²⁴ phaʔ² i³³⁻³¹？②我□［kaʔ²⁻⁵］敢拍伊？ua⁵² kaʔ²⁻⁵ kã⁵²⁻²⁴ phaʔ² i³³⁻³¹？③我地□［ko²¹³⁻⁵⁵］敢拍伊？ua⁵² ti³¹ ko²¹³⁻⁵⁵ kã⁵²⁻²⁴ phaʔ² i³³⁻³¹？④我地□［tiaŋ³³］时敢拍伊？ua⁵² ti³¹ tiaŋ³³ si⁵⁵⁻³¹ kã⁵²⁻²⁴ paʔ² i³³⁻³¹？

揭阳 我在得敢拍伊？ua⁴²⁻⁵³ tai³⁵⁻²¹ tek²⁻³ kã⁴²⁻²⁴ phak²⁻³ i³³？

海丰 ①我在得敢拍伊？ua⁵² tsai²⁵⁻³³ tit³⁻⁴ kã⁵²⁻²¹³ phaʔ³⁻⁴ i⁴⁴？②我（地）□［te²¹³⁻⁵⁵］敢拍伊？ua⁵²（ti²¹⁻³³）te²¹³⁻⁵⁵ kã⁵²⁻²¹³ phaʔ³⁻⁴ i⁴⁴？③我做呢敢拍伊？ua⁵² tsɔ²¹³⁻⁵⁵ ni⁵⁵⁻²² kã⁵²⁻²¹³ phaʔ³⁻⁴ i⁴⁴？

雷州 ①我做（做）敢拍伊（咧）？ba⁴² tso⁵⁵³（tso⁵⁵³）ka⁴² pha⁵⁵³ i²⁴（le³³）？②我地迹敢拍伊（咧）？ba⁴² ti²⁴ tsia⁵⁵³ ka⁴² pha⁵⁵³ i²⁴（le³³）？

遂溪 我做（做）/地乃敢拍伊？va⁴¹ tso⁵⁵（tso⁵⁵）/ti²⁴ nai⁵⁵ ka⁴¹ pha⁵⁵ i²⁴？

文昌 我□［ɗe²¹］卜敢拍伊？gua³¹ ɗe²¹ ɓeʔ⁵ ka³¹⁻³³ xa⁵³ i³⁴？

三亚 我怎〈地样〉项敢拍伊？va³¹ ɗan²² <ɗio³³> ɦo³³ ka³¹ phaʔ⁴⁵ i³³？

（14）狗肉不敢吃就吃别的。

泉州 狗肉唔敢食就食別物/別項/別款/别种。kau$^{55-24}$ hiak^{55} m̩$^{41-22}$ kã$^{55-24}$ tsiaʔ^{24} tsiu$^{41-22}$ tsiaʔ$^{24-22}$ pat$^{24-22}$ mĩ^{55}/pat$^{24-22}$ haŋ^{22}/pat$^{24-22}$ khuan^{55}/pat$^{24-22}$ tsiɔŋ^{55}.

厦门 狗肉唔敢食着食別項。kau$^{53-44}$ baʔ^{32} m̩$^{22-21}$ kã$^{53-44}$ tsiaʔ^{5} tioʔ$^{5-21}$ tsiaʔ$^{5-21}$ pat$^{5-21}$ haŋ^{22}.

台中 狗肉唔敢食着食別個。kau$^{53-44}$ baʔ^{3} m̩$^{22-21}$ kã$^{53-44}$ tsiaʔ^{3} tioʔ$^{3-2}$ tsiaʔ$^{3-2}$ pat$^{3-2}$ e^{24}.

漳州 狗肉唔敢食，食別乜仔。kau$^{52-34}$ baʔ$^{121-32}$ m̩$^{22-21}$ kã$^{52-34}$ tsiaʔ^{121}, tsiaʔ$^{121-21}$ pat$^{121-21}$ miʔ^{121} a$^{52-21}$.

汕头 狗肉唔敢食哩食別個。kau$^{52-24}$ nek^{5} m̩$^{25-31}$ kã$^{52-24}$ tsiaʔ^{5} li^{33} tsiaʔ$^{5-2}$ pak$^{5-2}$ kai^{55}.

揭阳 狗肉唔敢食□［le^{33}］食別□［meʔ$^{2-3}$］個/別物。kau$^{42-35}$ nek^{5} m̩$^{35-21}$ kã$^{42-35}$ tsiaʔ^{5} le^{33} tsiaʔ$^{5-2}$ pak$^{2-3}$ meʔ$^{2-5}$ kai^{55}/ pak$^{2-3}$ mueʔ^{5}.

海丰 狗肉唔敢食就食別項。kau$^{52-213}$ niɔk^{4} m̩$^{25-33}$ kã$^{52-213}$ tsiaʔ^{4} tsu$^{25-33}$ tsiaʔ$^{4-3}$ pak$^{4-3}$ haŋ^{25}.

遂溪 狗肉无敢食就食□［ko^{55}］样。kau^{41} hiep^{54} vo^{22} ka^{41} tsia^{33} tsiu^{55} tsia^{33} ko^{55} io^{24}.

雷州 狗肉无敢食就食□［ko$^{33-42}$］個。kau$^{42-44}$ hip^{2} bo$^{22-33}$ ka^{42} tsia$^{33-42}$ tsiu^{33} tsia$^{33-42}$ ko$^{33-42}$ kai^{22}.

文昌 狗肉无敢食，味食別個是。kau$^{31-33}$ iok^{3} bo$^{22-11}$ ka$^{31-33}$ ʧia^{42}, ɓi$^{31-33}$ ʧia^{42} bat^{3} kai^{22} ti$^{42-21}$.

三亚 狗肉无敢喫就喫別個。kau^{31} hiaʔ^{42} vo^{22} ka^{31} khai^{31} tsiu^{42} khai^{31} ɓaiʔ^{42} kai^{22}.

五、表示客观可能的助动词

肯定客观可能，普通话用"会"，和表示主观能力的助动词同形，闽南方言也用表示主观能力的助动词兼表客观可能，但一般用"解"，不再用"八"。

否定的形式均为"无解"，只是闽南–台湾片和粤东片多合音为"＜无解＞"，雷州片、海南片不合音，仍保持两个音节的"无解"，泉州还见到在"＜无解＞"之后再加一个"解"的说法，是同义兼并机制作用下的产物。前文谈表示主观能力的助动词时已作解释，此处不赘。

各地具体形式如下。

地点	肯定	否定
泉州	解 ᶜe	无解 bo ᶜe、<无解> ᶜbue、<无解>解 bue ᶜe
晋江、安溪	解 ᶜe	<无解> ᶜbue
厦门	解 e²	<无解> bue²
台中、漳州	解 e²	<无解> be²
汕头、揭阳	解 ᶜoi	<无解> ᶜboi
海丰	解 ᶜei	<无解> ᶜbei
遂溪	解 ᶜoi	无解 ᶜvo ᶜoi
雷州、文昌	解 oi²	无解 bo oi²
三亚	解 ᶜoi	无解 ᶜvo ᶜoi

下面是例句。

(15) 儿子头脑好像挺清醒的嘛，怎么会去干这种事？

泉州 囝仔个头壳野精气/精灵，怎仔/干仔哪解去创<即样>个事？ kan$^{55-24}$ ã^{55} ai$^{24-22}$ thau$^{24-22}$ khak^{55} ia$^{55-24}$ tsiŋ^{33} tsi^{24}/tsiŋ^{33} liŋ^{24}, tsiɯ$^{41-55}$ ã^{55}/kan^{41} ã$^{55-21}$ nã^{55} e$^{24-22}$ khɯ$^{41-55}$ tshɔŋ$^{41-55}$ <tsiɔŋ$^{55-24}$> o^{22} tai^{41}?

厦门 ①恁囝头壳真清醒，怎样解去做即款事志？ lin$^{53-44}$ kiã^{53} thau$^{24-22}$ khak^{32} tsin$^{44-22}$ tshiŋ$^{44-22}$ tshĩ^{53}, tsãi$^{53-44}$ iũ$^{22-21}$ e$^{22-21}$ khi$^{21-53}$ tsue$^{21-53}$ tsit$^{32-5}$ khuan$^{53-44}$ tai$^{22-21}$ tsi^{21}? ②恁囝头脑真清醒，怎样解/哪解去做即款事志？ lin$^{53-44}$ kiã^{53} thau$^{24-22}$ nau^{53} tsin$^{44-22}$ tshiŋ$^{44-22}$ tshĩ^{53}, tsãi$^{53-44}$ iũ$^{22-21}$ e$^{22-21}$/na$^{53-44}$ e$^{22-21}$ khi$^{21-53}$ tsue$^{21-53}$ tsit$^{32-5}$ khuan$^{53-44}$ tai$^{22-21}$ tsi^{21}?

台中 后生个头壳清醒清醒嘛，哪解去做即种事志？ hau$^{22-21}$ sẽ^{44} e$^{24-22}$ thau$^{24-22}$ khak^{32} tshiŋ$^{44-22}$ tshẽ$^{53-44}$ tshiŋ^{44} tshẽ^{53} ma^{21}, na$^{53-44}$ e$^{22-21}$ khi$^{21-53}$ tso$^{21-53}$ tsit$^{2-5}$ tsiɔŋ$^{53-44}$ tai$^{22-21}$ tsi^{21}?

漳州 后生头脑清醒清醒着，安怎解去做即落仔事志？ hau$^{22-21}$ sẽ$^{34-22}$ thau$^{13-22}$ nau^{52} tshiŋ$^{34-22}$ tshẽ$^{52-34}$ tshiŋ$^{34-22}$ tshẽ^{52} tio?^{121}, an$^{34-22}$ tsuã$^{52-34}$ e$^{22-21}$ khi$^{21-52}$ tso$^{21-52}$ tsit$^{32-5}$ lo?$^{121-21}$ a^{52} tai$^{22-21}$ tsi^{21}?

汕头 个囝灵精灵精哩，做呢解去做者事？ kai$^{55-31}$ kiã^{52} leŋ$^{55-31}$ tseŋ^{33} leŋ$^{55-31}$ tseŋ^{33} li^{33}, tso$^{213-55}$ ni$^{55-31}$ oi$^{25-31}$ khɯ$^{213-55}$ tso$^{213-55}$ tsia$^{52-24}$ sɯ^{31}?

揭阳 个囝灵精灵精吟，做呢解去做者事？ kai$^{55-22}$ kiã$^{42-53}$ leŋ$^{55-22}$ tseŋ^{33} leŋ$^{55-22}$ tseŋ^{33} ne$^{42-213}$, tso$^{213-42}$ ni$^{55-22}$ oi$^{35-21}$ khɯ$^{213-42}$ tso$^{213-42}$ tsia$^{42-24}$ sɯ^{22}?

海丰 个囝精灵精灵，做解去做者事啊？ kai$^{55-22}$ kiã^{52} tseŋ$^{44-33}$ leŋ$^{55-22}$ tseŋ^{44} leŋ^{55}, tso$^{213-55}$ e$^{25-33}$ khi$^{213-55}$ tso$^{213-55}$ tsia^{52} su^{21} a^{33}?

遂溪 □[nuŋ^{55}]囝个头脑真精，做□[mi^{55}]去做若种事呢？ nuŋ^{55}

kia⁴¹ a²² thau²² nau⁴¹ tsin²⁴⁻³³ tsiŋ²⁴, tso⁵⁵ mi⁵⁵ hu²¹⁴⁻⁵⁵ tso⁵⁵ ia⁵⁵ tsiaŋ⁴¹ su⁵⁵ ne²²?

雷州 这侬囝头脑真/甚灵活，做<u>能</u>做这种事呢？zia⁵⁵³ noŋ⁴²⁻⁴⁴ kia⁴²/noŋ⁴² kia⁴²⁻⁵⁵ thau²²⁻³³ nau⁴² tsieŋ²⁴⁻³³/sim³³ liŋ²⁴⁻³³ huak⁵, tso⁵⁵³ neŋ²² tso⁵⁵³ zia⁵⁵³ tsiaŋ⁴² su⁵⁵³ ne²²?

文昌 我孥/囝个头脑八，知做<u>解</u>去做这个事？gua³¹⁻³³ noŋ³¹/kia³¹ kai²²⁻¹¹ xau²²⁻¹¹ nau³¹ ɓat⁵, tai³⁴ to⁵³ oi⁴² xu²¹ to?⁵ ʥiak⁵ kai²²⁻¹¹ ʃe⁴²?

三亚 囝头脑好像挺清醒个嘛，做□［mi?⁴⁵］（<u>解</u>）去做（即）种事（□［niu⁴²］）？kio³¹ thau²² nau³¹ ho³¹ tian²⁴ theŋ³¹ tsheŋ³³ tshe³¹ kai²² ma³¹, to?⁴⁵ mi?⁴⁵（oi⁴²）hu²⁴ to⁴⁵（i?⁴⁵）tsiaŋ³¹ tshi⁴²（niu⁴²）?

（16）他也许会来。

泉州 伊无办/欠采/敢/□［a?²⁴⁻²²］敢<u>解</u>来。i³³ bo²⁴⁻²² pan⁴¹⁻⁵⁵/khiam⁵⁵⁻²⁴ tshai⁵⁵/kã⁵⁵⁻²⁴/a?²⁴⁻²² kã⁵⁵⁻²⁴ e²² lai²⁴.

厦门 ①伊可能<u>解</u>来。i⁴⁴⁻²² kho⁵³⁻⁴⁴ liŋ²⁴ e²²⁻²¹ lai²⁴. ②伊无一定/无定着<u>解</u>来。i⁴⁴⁻²² bo²⁴⁻²² it³²⁻⁵ tiŋ²²⁻²¹/bo²⁴⁻²² tiã²²⁻²¹ tio?⁵⁻²¹ e²²⁻²¹ lai²⁴.

台中 （缺）

漳州 伊有□［sia⁵²⁻³⁴］/忝□［tsai⁵²⁻³⁴］<u>解</u>来。i³⁴ u²²⁻²¹ sia⁵²⁻³⁴/thian⁵²⁻³⁴ tsai⁵²⁻³⁴ e²²⁻²¹ lai¹³⁻²².

汕头 伊无定着<u>解</u>来。i³³ bo⁵⁵⁻³¹ tiã³¹ tio?⁵⁻² oi²⁵⁻³¹ lai⁵⁵.

揭阳 伊□［u⁴²⁻²⁴］得有来。i³³ u⁴²⁻²⁴ tek²⁻³ u³⁵⁻²¹ lai⁵⁵.

海丰 伊无定着<u>解</u>来。i⁴⁴ bɔ⁵⁵⁻²² tiã²¹⁻³³ tio?⁴⁻³ ei²⁵⁻³³ lai⁵⁵.

遂溪 伊野敢<u>解</u>来。i²⁴ ia⁴¹⁻²⁴ kã⁴¹ oi⁵⁵⁻³³ lai²².

雷州 伊也敢<u>解</u>来。i²⁴ ia²⁴ ka⁴² oi⁵⁵³ lai²².

文昌 ①（阿是）伊卜来。(a³¹⁻³³ ti⁴²⁻¹¹) i³⁴ ɓe⁵³ lai²². ②伊阿是卜来。i³⁴ ʔa³¹⁻³³ ti⁴²⁻¹¹ ɓe⁵³ lai²².

三亚 伊可能/大概<u>解</u>来。i³³ kho³¹ neŋ²²/ɗuo³³ khai²⁴ oi⁴² lai²².

（17）那时当小贩，一不小心就会被警察抓起来。

泉州 ①迄个时节做小贩，蜀下无小心就<u>解</u>度警察掠起来/起个/去。hit⁵⁵ ge²⁴⁻²² si²⁴⁻²² tsue?⁵⁵ tsue⁴¹⁻⁵⁵ sio⁵⁵⁻²⁴ huan⁴¹, tsit²⁴⁻²² e⁴¹⁻⁵⁵ bo²⁴⁻²² sio⁵⁵⁻²⁴ sim³³ tsiu⁴¹⁻²² e²² thɔ⁴¹⁻²² kiŋ⁵⁵ tshat⁵⁵ lia?²⁴ khi⁵⁵⁻⁴¹ lai²⁴⁻²¹/khi⁵⁵⁻⁴¹ e²⁴⁻²¹/khɯ⁴¹. ②迄阵嘞做小贩，蜀下无小心就<u>解</u>度警察掠起来/起个/去。hit⁵⁵ tsun⁴¹ lɤ?⁵⁵⁻⁴⁴ tsue⁴¹⁻⁵⁵ sio⁵⁵⁻²⁴ huan⁴¹, tsit²⁴⁻²² e⁴¹⁻⁵⁵ bo²⁴⁻²² sio⁵⁵⁻²⁴ sim³³ tsiu⁴¹⁻²² e²² thɔ⁴¹⁻²² kiŋ⁵⁵ tshat⁵⁵ lia?²⁴ khi⁵⁵⁻⁴¹ lai²⁴⁻²¹/khi⁵⁵⁻⁴¹ e²⁴⁻²¹/khɯ⁴¹.

厦门 迄阵做贩囝，小无细腻着<u>解</u>互警察掠去。hit³²⁻⁵ tsun²² tsue²¹⁻⁵³ huan²¹⁻⁵³⁻⁴⁴ a⁵³, sio⁵³⁻⁴⁴ bo²⁴⁻²² sue²¹⁻⁵³ li²² tio?⁵⁻²¹ e²²⁻²¹ hɔ²²⁻²¹ kiŋ²¹⁻⁵³ tshat³² lia$\mathrm{?}^5$ khi^{21}。

台中 ①迄时阵走牌担无小心着<u>解</u>乞互警察掠起来。hit$^{2-5}$ si$^{24-22}$ tsun^{22} tsau$^{53-44}$ pai$^{24-22}$ tã^{44} bo$^{24-22}$ sio$^{53-44}$ sim^{44} tio$\mathrm{?}^{3-2}$ e$^{22-21}$ khi$\mathrm{?}^{2-5}$ hɔ$^{22-21}$ ken$^{21-53}$ tshat^2 lia$\mathrm{?}^3$ khi$^{53-21}$ lai$^{24-21}$。②迄时阵走牌担无小心着<u>解</u>互警察掠起来。hit$^{2-5}$ si$^{24-22}$ tsun^{22} tsau$^{53-44}$ pai$^{24-22}$ tã^{44} bo$^{24-22}$ sio$^{53-44}$ sim^{44} tio$\mathrm{?}^{3-2}$ e$^{22-21}$ hɔ$^{22-21}$ ken$^{21-53}$ tshat^2 lia$\mathrm{?}^3$ khi$^{53-21}$ lai$^{24-21}$。

漳州 迄□〔tia$^{22-21}$〕仔做贩仔，<蜀下>无相细咯<u>解</u>互警察掠去。hit$^{32-5}$ tia$^{22-21}$ a^{52} tso$^{21-52}$ huaŋ$^{21-44}$ a^{52}，<tsɛ^{21}> bo$^{13-21}$ siaŋ$^{34-22}$ se$^{21-52}$ lo$\mathrm{?}^{121-21}$ e$^{22-21}$ hɔ$^{33-21}$ kiŋ$^{52-34}$ tshak$^{32-5}$ lia$\mathrm{?}^{121}$ khi^{21}。

汕头 许阵做小贩，蜀下唔知关就着分警察掠。huɯ$^{52-24}$ tsuŋ^{55} tso$^{213-55}$ siau$^{52-24}$ huaŋ^{213}，tsek$^{5-2}$ e$^{25-31}$ m̩$^{25-31}$ tsai^{33} kuan^{33} tsiu$^{25-31}$ tio$\mathrm{?}^{5-21}$ puŋ^{33} keŋ^{31} tshak^2 lia$\mathrm{?}^5$。

揭阳 许□〔tiaŋ$^{55-22}$〕时做小贩，蜀唔知关就着乞警察掠。huɯ$^{42-24}$ tiaŋ$^{55-22}$ si^{55} tso$^{213-42}$ siau$^{42-24}$ huaŋ^{213}，tsek$^{5-2}$ m̩$^{35-21}$ tsai^{33} kuan^{33} tsiu$^{35-21}$ tio$\mathrm{?}^{5-2}$ khe$\mathrm{?}^{2-3}$ keŋ$^{22-21}$ tshak^2 lia$\mathrm{?}^5$。

海丰 许个时暑做贩仔，蜀下唔注意就<u>解</u>互警察掠起来。hi^{52} a$^{55-22}$ si$^{55-22}$ su^{52} tsɔ$^{213-55}$ huaŋ$^{213-55}$ ã^{52}，tsit$^{4-3}$ e^{25} m̩$^{25-31}$ tsu$^{213-55}$ i^{213} tsu$^{25-33}$ e$^{25-33}$ kɔ$^{21-33}$ kiŋ$^{52-213}$ tshak$^{4-3}$ lia$\mathrm{?}^{4-3}$ khi^{52} lai$^{55-21}$。

遂溪 □〔ho^{55}〕候做生意团，蜀无小心就乞警察掠去。ho^{55} hau^{214} tso^{55} seŋ$^{24-33}$ i^{214} kia^{41}，iak^3 vo^{22} siau^{41} siem^{24} tsiu^{55} khi^{55} kiŋ^{41} tshak^{54} lia^{33} hu^{214}。

雷州 许时做生意团，蜀无谨慎就<u>解</u>乞阿警察掠起来。ho^{553} si^{22} tso^{553} seŋ$^{24-33}$ i^{21} kia^{42}，iek$^{2-5}$ bo$^{22-33}$ kieŋ$^{42-44}$ sim^{24} tsiu^{33} oi^{553} khi^{553} a^{55} kiŋ^{42} tshak^5 lia$^{33-42}$ khi^{42} lai^{22}。

文昌 许候做生意团，蜀无细心，就□〔io$\mathrm{?}^{53}$〕警察掠落。ɦo$^{21-55}$ ɦau^{34} to^{53} teŋ^{34} i$^{21-55}$ kia^{31}，dʑia（k）^{21} bo$^{22-11}$ toi$^{21-55}$ tiom^{34}，tʃiu$^{42-11}$ io$\mathrm{?}^{53}$ kiŋ^{31} ʃat^5 lia^{42} lok$^{5-3}$。

三亚 那时做生意，(蜀)无细心就乞警察掠起来。a$\mathrm{?}^{45}$ ti^{22} tso$\mathrm{?}^{45}$ te^{33} zi^{24}，(zio$\mathrm{?}^{33}$) vo^{22} toi^{24} tiŋ^{33} tsiu^{42} khi$\mathrm{?}^{45}$ keŋ^{31} tshai^{45} zio$\mathrm{?}^{42}$ khi^{31} lai^{22}。

(18) 内蒙古春天会不会和我们这里一样，有时一下雨就下个一二十天不停？

泉州 ①内蒙古春天合伯即搭<u>有</u>相像<u>无</u>，有时蜀下落雨就落去一二十日都/野<无解>停？lue$^{41-22}$ bɔŋ$^{24-22}$ kɔ^{55} tshun^{33} thĩ^{33} kap^{55}/ka$\mathrm{?}^{55}$ lan^{55} tsit$^{55-44}$ ta$\mathrm{?}^{55}$ u^{22} sã^{33} saŋ^{24} bo$^{24-41}$，u^{22} si^{24} tsit$^{24-22}$ e^{41} lo$\mathrm{?}^{24-22}$ hɔ^{55} tsiu$^{41-22}$ lo$\mathrm{?}^{24-22}$ khɯ$^{41-22}$ it^{55} lɯ^{22} tsap$^{24-22}$ lit^{24} tɔ^{33}/iã$^{55-24}$ <bue^{22}> thiŋ^{24}？②内蒙古春天合伯即搭<u>解</u>相像

<无解>，有时蜀下落雨就落去一二十日都/野<无解>停？lue⁴¹⁻²² bɔŋ²⁴⁻²² kɔ⁵⁵ tshun³³ thĩ³³ kap⁵⁵/kaʔ⁵⁵ lan⁵⁵ tsit⁵⁵⁻⁴⁴ taʔ⁵⁵ e²² sa³³ saŋ²⁴ <bue²²⁻⁴¹>，u²² si²⁴ tsit²⁴⁻²² eʔ⁴¹ loʔ²⁴⁻²² hɔ⁵⁵ tsiu⁴¹⁻²² loʔ²⁴⁻²² khɯ⁴¹⁻²² it⁵⁵ lɯ²² tsap²⁴⁻²² lit²⁴ tɔ³³/iã⁵⁵⁻²⁴ <bue²²> thiŋ²⁴？③内蒙古春天解合伓即搭相像<无解>，有时蜀下落雨就落去一二十日都/野<无解>停？lue⁴¹⁻²² bɔŋ²⁴⁻²² kɔ⁵⁵ tshun³³ thĩ³³ e²² kapʔ⁵⁵ lan⁵⁵ tsit⁵⁵⁻⁴⁴ taʔ⁵⁵ sa³³ saŋ²⁴ <bue²²⁻⁴¹>，u²² si²⁴ tsit²⁴⁻²² eʔ⁴¹ loʔ²⁴⁻²² hɔ⁵⁵ tsiu⁴¹⁻²² loʔ²⁴⁻²² khɯ⁴¹⁻²² it⁵⁵ lɯ²² tsap²⁴⁻²² lit²⁴ tɔ³³/iã⁵⁵⁻²⁴ <bue²²> thiŋ²⁴？

晋江 内蒙古春天合伓即搭<u>有</u>相同无，□［kioʔ⁵］有时蜀下落雨就落去一二十日都<无解>停？lai⁴¹⁻²² bɔŋ²⁴⁻²² kɔ⁵⁵ tshun³³ thĩ³³ kap⁵⁵ lan⁵⁵ tsit⁵⁵⁻⁴⁴ taʔ⁵⁵ u²² sa³³ saŋ²⁴ bo²⁴⁻⁰，kioʔ⁵ u⁵⁵⁻²² si²⁴⁻²² tsit²⁴⁻² eʔ¹ loʔ²⁴⁻² hɔ³³ tsiu⁴¹⁻²² loʔ²⁴⁻² khi⁴¹⁻²² it⁵ li⁴¹ tsap²⁴⁻² lit²⁴ tɔ³³ <bue³³⁻²²> thiŋ²⁴？

安溪 内蒙古春天<u>解</u>（说）□［kiau²²］伓□［tsia⁴⁴¹］像<无解>，有时蜀落雨就落一二十工<无解>停？nai²² muŋ²⁵⁻²² ko⁴⁴¹ tshun²³⁻²² thĩ²³ e²² (səʔ³¹⁻³²) kiau²² lan⁴⁴¹⁻⁴⁴ tsia⁴⁴¹ saŋ²⁵ <bue²²⁻²¹>，u²² si²⁵⁻²² tsit⁵⁻² loʔ⁵⁻² ho tsiu²² loʔ⁵⁻² it³¹⁻³ li²² tsap⁵⁻² kaŋ²³ <bue²²> thiŋ²⁵？

厦门 内蒙古个春天有/<u>解</u>讲合伓□［tsia²⁴］<相同><无解>，有时蜀落雨着落遘一二十日无停个？lai²²⁻²¹ bɔŋ²⁴⁻²²⁻²⁴ kɔ⁵³ e²⁴⁻²² tshun⁴⁴⁻²² thĩ⁴⁴ u²²⁻²¹/e²²⁻²¹ kɔŋ⁵³⁻⁴⁴ kaʔ³²⁻⁵ lan⁵³⁻⁴⁴ tsia²⁴ <siaŋ²⁴> <bo²⁴⁻²¹>，u²²⁻²¹ si²⁴⁻²² tsit⁵⁻²¹ loʔ⁵⁻²¹ hɔ²² tioʔ⁵⁻²¹ loʔ⁵⁻²¹ ka²¹⁻⁵³⁻⁴⁴ it³²⁻⁵ li²²⁻²¹ tsap⁵⁻²¹ lit⁵ bo²⁴⁻²² thiŋ²⁴ e²⁴⁻²¹？

台中 内蒙古个春天敢<u>解</u>讲咸伓□［tsia⁴⁴］共款，有时蜀落雨着落一二十工着落<无解>停？lai²²⁻²¹ mɔŋ²⁴⁻²² kɔ⁵³ e²⁴⁻²² tshun⁴⁴⁻²² thĩ⁴⁴ kam⁵³⁻⁴⁴ e²²⁻²¹ kɔŋ⁵³⁻⁴⁴ ham²⁴⁻²² lan⁵³⁻⁴⁴ tsia⁴⁴ kaŋ²²⁻²¹ khuan⁵³，u²²⁻²¹ si²⁴ tsit³⁻² loʔ³⁻² hɔ² tioʔ³⁻² loʔ³⁻² it²⁻⁵ li²²⁻²¹ tsap³⁻² kaŋ⁴⁴ tsit³⁻² loʔ³⁻² <be²²⁻²¹> thiŋ²⁴？

漳州 ①内蒙古春天<u>解</u><无解>解（讲）共伓遮共□［ho²²］，有时蜀下落雨就落一<二十>日□［be²²⁻²¹］停？lai²²⁻²¹ bɔŋ¹³⁻²² kɔ⁵² tshun³⁴⁻²² thĩ³⁴ e²²⁻²¹ <be²²⁻²¹> e²² (kɔŋ⁵²⁻³⁴) kaʔ³²⁻⁵ lan⁵²⁻³⁴ tsia⁵²⁻³⁴ kaŋ²²⁻²¹ ho²²，u²²⁻²¹ si¹³⁻²² tsit¹²¹⁻³² e²² loʔ¹²¹⁻²¹ hɔ²² tsiu²²⁻²¹ loʔ¹²¹⁻²¹ it³²⁻⁵ <ziap¹²¹⁻³²> zit¹²¹ be²²⁻²¹ thiŋ¹³？②内蒙古春天共伓遮<u>有</u>共啊无，有时蜀下落雨就落一<二十>日□［be²²⁻²¹］停？lai²²⁻²¹ bɔŋ¹³⁻²² kɔ⁵² tshun³⁴⁻²² thĩ³⁴ kaʔ³²⁻⁵ lan⁵²⁻³⁴ tsia⁵²⁻³⁴ u²²⁻²¹ kaŋ²²⁻²¹ a³⁴⁻²² bo¹³，u²²⁻²¹ si¹³⁻²² tsit¹²¹⁻³² e²² loʔ¹²¹⁻²¹ hɔ²² tsiu²²⁻²¹ loʔ¹²¹⁻²¹ it³²⁻⁵ <ziap¹²¹⁻³²> zit¹²¹ be²²⁻²¹ thiŋ¹³？

汕头 内蒙古春天时□［khaʔ²⁻⁵］<u>解</u>咀合俺只块平样<无解>，零下□［hia⁵²⁻²⁴］雨蜀落落着够日唔歇？lai²⁵⁻³¹ muŋ⁵⁵⁻³¹ kou⁵² tshun³³ thĩ³³ si⁵⁵ khaʔ²⁻⁵ oi²⁵⁻³¹ tã²¹³⁻⁵⁵ kaʔ⁵⁻² naŋ⁵²⁻²⁴ tsi⁵²⁻²⁴ ko²¹³ pẽ⁵⁵⁻³¹ iõ³¹ <boi³⁵⁻³¹>，laŋ⁵⁵⁻³¹

e²⁵⁻³¹ hia⁵²⁻²⁴ hou²⁵ tsek⁵⁻² loʔ⁵ loʔ⁵⁻² tioʔ⁵ kau²¹³⁻⁵⁵ zik⁵ m̩²⁵⁻³¹ hiaʔ²？

揭阳 内蒙古春天时<u>解</u><<u>无解</u>>（咀）个俺□［tsio⁴²⁻²⁴］平样，零下雨蜀落落着通日<无解>歇？lai³⁵⁻²¹ muŋ⁵⁵⁻²² kou⁴² tshuŋ³³ thĩ³³ si⁵⁵ oi²⁵⁻²¹ <boi³⁵⁻²¹>（tã²¹³⁻⁴²） kai⁵⁵⁻²² naŋ⁴²⁻²⁴ tsio⁴²⁻²⁴ pẽ⁵⁵⁻²² iõ²², laŋ⁵⁵⁻²² e³⁵⁻²¹ hou³⁵ tsek⁵⁻² loʔ⁵ loʔ⁵⁻² tioʔ⁵ thaŋ²¹³⁻⁴² zek⁵⁻² <boi³⁵⁻²¹> hiaʔ²？

海丰 内蒙古春天<u>解</u><<u>无解</u>>捞俺只蜀样，蜀下落雨就落一<二十>日无歇？lai²⁵⁻³³ mɔŋ⁵⁵⁻²² kɔ⁵² tshun⁴⁴⁻³³ thĩe²⁵⁻³³ e²⁵⁻³³ <bei³⁵⁻³³> lau⁴⁴⁻³³ naŋ³¹ tsi⁵² tsit⁴⁻³ iõ²¹³, tsit⁴⁻³ e²⁵⁻³³ lɔʔ⁴⁻³ hou²⁵ tsu²⁵⁻³³ loʔ⁴⁻³ it³⁻⁴ <tsiap⁴⁻³> zit⁴⁻³ bɔ⁵⁵⁻²² hiaʔ²⁴？

遂溪 内蒙古春天<u>觧无解</u>共俫若乃若态，□［sak⁵⁴］候落雨就落十几二十日无停？lai⁵⁵ muŋ²² ku⁴¹ tshun²⁴ thi²⁴ oi⁵⁵⁻³³ bo²⁴ oi⁵⁵⁻³³ kaŋ²⁴ naŋ⁴² ia⁵⁵ nai⁵⁵ io⁵⁵ thoi⁴¹, sak⁵⁴ hau⁵⁴ lo³³ heu³³ tsiu⁵⁵⁻³³ lo³³ tsap³ kui⁴¹ i²⁴ tsap³ iet³ vo²² tiŋ²²？

雷州 内蒙古阿春天<u>觧无解</u>共俫□［zie⁴²］囝蜀样/相同，有时落雨就落个十二十日无过？nui⁵⁵³ muŋ⁴² ku⁴² a⁵⁵ tshun²⁴ thi⁴² oi⁵⁵³ bo²²⁻³³ oi⁵⁵³ kaŋ⁵⁵³⁻²⁴ naŋ⁴² zie⁴² kia⁴²⁻²¹ ziek² io²⁴/sio²⁴⁻³³ taŋ²², u³³ si²²⁻³³ lo³³ heu³³ tsiu³³⁻⁴² lo³³⁻⁴² kai²²⁻³³ tsap² zi²²⁻³³ tsap² ziek² bo²²⁻³³ kue²¹？

文昌 内蒙古春天<u>觧无解</u>共俫若里若样，有时蜀落雨就落到一二十日都不停？lai⁴² moŋ²²⁻¹¹ kou⁴² ʃun³⁴ xi³⁴ oi⁴² bo²²⁻¹¹ oi⁴² kaŋ³⁴ nan²¹ ʥia²¹⁻⁵⁵ lai³⁴ ʥia²¹ io³⁴, u⁴² ti²²⁻¹¹ ʥia(k)²¹ lo⁴²⁻¹¹ fiou⁴² tʃiu⁴²⁻¹¹ lo⁴² kau²¹⁻⁵⁵ iet⁵ ʥi³⁴⁻⁴² tap³⁻²¹ ʥiet³ ɗou³⁴⁻⁴² bo²²⁻¹¹ xeŋ²²？

三亚 内蒙古个春天<u>觧无解</u>（讲）共俫侬即路蜀样，有时蜀落雨就落十几二十天？nai⁴² moŋ²² kou³¹ kai²² tshun³³ thi³³ oi³³ vo²² oi⁴² (koŋ³¹) kaŋ³³ man³¹ naŋ²² iʔ⁴⁵ lou³³ io³³ io³³, u⁴² ti²² io³³ loʔ³³ hou⁴² tsiu⁴² loʔ³³ tai⁴² kui³¹ zi³³ tsaiʔ³³ thi³³？

六、表示客观要求的助动词

（一）表示肯定客观要求的助动词

肯定客观要求，普通话用副词"得［tei²¹⁴］""必须"和助动词"要""用得着"等。闽南方言依地域而异：从闽南－台湾片至粤东片的潮汕话肯定的说法多用"着"，海丰和雷州片多用"爱"，台中是二者的交叉混杂形式，用"着爱"或"爱"；海南片则用"□［ʃamˀ］"或"要"，此外雷州还用

"欠"和"得"。具体见下。

1. 闽南-台湾片、粤东片潮汕话

泉州、厦门、漳州、汕头、揭阳：着 tioʔ₂

台中：着爱 tioʔ₂ aiˀ、爱 aiˀ

2. 海丰、雷州片

海丰、遂溪：爱 ãiˀ

雷州：爱 aiˀ、欠 khiamˀ、得 tiek₂

3. 海南片

文昌：□ʃamˀ

三亚：要 iauˀ

下面是例句。

(19) 我得去理理发了。

泉州 ①我着去剪头毛（啰）。gua^{55} tioʔ$^{24-22}$ khɯ$^{41-55}$ tsian$^{55-24}$ thau$^{24-22}$ bŋ$^{'24}$ (lɔʔ^{41}). ②我着去剃蜀下头（啰）。gua^{55} tioʔ$^{24-22}$ khɯ$^{41-55}$ thiˀ^{55} tsit$^{24-22}$ e$^{41-21}$ thau^{24} (lɔʔ^{41}). ③我着去梳梳头毛啰。gua^{55} tioʔ$^{24-22}$ khɯ$^{41-55}$ sue^{33} sue^{33} thau$^{24-22}$ bŋ$^{'24}$ lɔʔ^{41}. ④我着去洗洗头啰。gua^{55} tioʔ$^{24-22}$ khɯ$^{41-55}$ sue$^{55-24}$ sue$^{55-24}$ thau^{24} lɔʔ^{41}.

厦门 我着去铰头毛啊/铰蜀下头毛啊。gua$^{53-44}$ tioʔ$^{5-21}$ khi$^{21-53}$ ka$^{44-22}$ thau$^{24-22}$ mŋ$^{'24}$ a^{21}/ ka$^{44-22}$ tsit$^{5-21}$ e$^{22-21}$ thau$^{24-22}$ mŋ$^{'24}$ a^{21}.

台中 我着爱去剃□[tsia^{24}]头。ua$^{53-44}$ tioʔ$^{3-2}$ ai$^{21-53}$ khi$^{21-53}$ thi$^{21-53}$ tsia^{24} thau^{24}.

漳州 我着去剃头＜蜀下＞。gua^{52} tioʔ$^{121-21}$ khi$^{21-52}$ thi$^{21-52}$ thau^{13} ＜tsɛ^{21}＞.

汕头 我着来去剃下头了。ua^{52} tioʔ$^{5-2}$ lai$^{52-24}$ khɯ$^{213-55}$ thi$^{213-55}$ e$^{25-31}$ thau^{55} ou$^{52-213}$.

揭阳 我着来[lai$^{42-24}$]（去）剃下头了。ua$^{42-53}$ tioʔ$^{5-2}$ lai$^{42-24}$ (khɯ$^{213-42}$) thi$^{213-42}$ e$^{35-21}$ thau^{55} au$^{42-213}$.

海丰 我爱来去剃蜀下头。ua^{52} aĩ$^{213-55}$ lai$^{55-22}$ khi$^{213-55}$ thi$^{213-55}$ tsit$^{4-3}$ e$^{25-33}$ thau^{55}.

遂溪 我爱去飞飞/飞飞囝头毛哪。va^{41} ai^{214} hu^{214} pue^{24} pue^{24}/pue^{24} pue^{24} kia^{41} thau^{22} mo^{22} na^{41}.

雷州 我欠去飞毛。ba^{42} khiam^{21} khu$^{21-33}$ pue$^{24-33}$ mo^{22}.

文昌　我□［ʃam²¹⁻⁵⁵］去铰毛啦。gua³¹ ʃam²¹⁻⁵⁵ xu²¹⁻⁵⁵ ka³¹ mo³⁴ la³³.

三亚　我要去铰（铰）头毛啰。va³¹ iau²⁴⁻²² hu²⁴ ka³³（ka³³）thau²² mau²² lo⁴².

（20）你得帮帮弟弟呀！

泉州　汝<u>着</u>扎扎恁小弟哟！lɯ⁵⁵ tioʔ²⁴⁻²² tsaʔ⁵⁵ tsaʔ⁵⁵ lin⁵⁵⁻²⁴ sio⁵⁵⁻²⁴ ti⁴¹⁻²² iɔ²¹！

厦门　汝<u>着</u>合恁小弟扎气啊！li⁵³⁻⁴⁴ tioʔ⁵⁻²¹/toʔ⁵⁻²¹ kaʔ⁵⁻²¹ lin⁵³⁻⁴⁴ sio⁵³⁻⁴⁴ ti²² tsaʔ³²⁻⁵³ khui²¹ a²¹！

台中　汝<u>着</u>爱合恁弟弟斠三工啊！li⁵³⁻⁴⁴ tioʔ³⁻² ai²¹⁻⁵³ kaʔ³⁻² lin⁵³⁻⁴⁴ ti⁴⁴ ti²¹ tau²¹⁻⁵³ sã⁴⁴⁻²² kaŋ⁴⁴ a²¹！

漳州　汝<u>着</u>帮帮小弟！li⁵² loʔ¹²¹⁻²¹ paŋ³⁴⁻²² paŋ³⁴⁻²² sio⁵²⁻³⁴ ti²²！

汕头　汝么<u>着</u>相辅个阿弟！lɯ⁵² mo³³ tioʔ⁵⁻² siõ³³ hu²⁵⁻³¹ kai⁵⁵⁻³¹ a³³ ti²⁵！

揭阳　汝么<u>着</u>相辅阿弟！lɯ⁴²⁻⁵³ mo³³ tioʔ⁵⁻² siõ³³ hu³⁵⁻²¹ a³³ ti³⁵！

海丰　你爱帮（恁）阿弟！li⁵² ãi²¹³⁻⁵⁵ paŋ⁴⁴⁻³³（niŋ⁵²⁻²¹³）a⁴⁴⁻³³ thai²¹！

遂溪　汝爱帮帮老弟哦！lu⁴¹ ai²¹⁴ paŋ²⁴ paŋ²⁴ lau⁴¹ ti⁵⁵ o⁵⁵！

雷州　汝爱帮帮老弟啊！lu⁴² ai²¹⁻⁴⁴ paŋ²⁴⁻³³ paŋ²⁴ lau³³ ti⁴² a³³！

文昌　汝□［ʃam²¹⁻⁵⁵］帮（枚）老弟（啦）！du³¹ ʃam²¹⁻⁵⁵ ɓaŋ³⁴（mo⁴²⁻¹¹）lau⁴²⁻¹¹ ɗi⁵³（la⁵⁵）！

三亚　汝要帮帮老弟啊！lu³¹ iau²⁴ ɓaŋ³³ ɓaŋ³³ lau³¹ ɗi⁴² a²⁴！

（21）你的手得捏着才行。

泉州　①汝个手<u>着</u>捏着□［tsiaʔ⁵⁵］解做。lɯ⁵⁵ e²⁴⁻²² tshiu⁵⁵ tioʔ²⁴⁻²² nĩ²⁴ tioʔ²⁴⁻⁵³ tsiaʔ⁵⁵ e²² tsue⁴¹⁻³¹．②汝个手<u>着</u>捏咧□［tsiaʔ⁵⁵］解做。lɯ⁵⁵ e²⁴⁻²² tshiu⁵⁵ tioʔ²⁴⁻²² nĩ²⁴ lɤ(ʔ)⁵⁵⁻⁵³ tsiaʔ⁵⁵ e²² tsue⁴¹⁻³¹．

厦门　汝个手<u>着</u>捏咧/捏牢□［tsiaʔ³²⁻⁵］解使。li⁵³⁻⁴⁴ e²⁴⁻²² tshiu⁵³ toʔ⁵⁻²¹/tioʔ⁵⁻²¹ niʔ⁵ e³²⁻²¹/niʔ⁵ tiau²⁴⁻²¹ tsiaʔ³²⁻⁵ e²²⁻²¹ sai⁵³．

台中　汝个手<u>着</u>爱□［tẽ²²］□［tsiat²⁻⁵］解用哩。li⁵³⁻⁴⁴ e²² tshiu⁵³ tioʔ³⁻² ai²¹⁻⁵³ tẽ²² tsiat²⁻⁵ e²²⁻²¹ ioŋ²² li²¹．

漳州　汝手□［tẽ³³］□［hɛ̃³⁴⁻³³］/牢甲解使。li⁵² tshiu⁵² tẽ²² hɛ̃³⁴⁻²²/tiau¹³⁻²² kaʔ³²⁻⁵² e²²⁻²¹ sai⁵²．

汕头　汝个手么<u>着</u>□［tẽ²⁵］放块正好。lɯ⁵² kai⁵⁵⁻³¹ tshiu⁵² me³³ tioʔ⁵⁻² tẽ²⁵ paŋ²¹³⁻³¹ ko²¹³⁻³¹ tsiã²¹³⁻⁵⁵ ho⁵²．

揭阳　汝个手么<u>着</u>□［tẽ³⁵］放块正好。lɯ⁴² kai⁵⁵⁻²² tshiu⁴²⁻⁵³ mo³³ tioʔ⁵⁻² tẽ³⁵ paŋ²¹³⁻²¹ ko²¹³⁻²¹ tsiã²¹³⁻⁵³ ho⁴²⁻²¹．

海丰　汝个手爱□［khiu⁵⁵⁻²²］□［nin⁵²］正解做得。li⁵² e⁵⁵⁻²² tshiu⁵²

aĩ²¹³⁻⁵⁵ khiu⁵⁵⁻²² nin⁵² tsiã²¹³⁻⁵⁵ e²⁵⁻³³ tsɔ²¹³ tiet⁴⁻³。

遂溪 汝对手爱搕倒那得。lu⁴¹ tui²¹⁴⁻⁵⁵ tshiu⁴¹ ai²¹⁴ khok³ to⁴¹ na⁵⁵ tiet⁵。

雷州 汝个手<u>得</u>□ [te³³] 倒但得。lu⁴²⁻⁴⁴ e²²⁻³³ tshiu⁴² tiek⁵ te³³ to⁴¹⁻²¹ na⁵⁵³⁻³³ tiek⁵。

文昌 汝枚手□ [ʃam²¹⁻⁵⁵] 捏□ [lo⁻³³]，但作得。du³¹ mo⁴²⁻¹¹ ʃiu³¹ ʃam²¹⁻⁵⁵ ɗe⁴² lo⁻³³，na⁴²⁻¹¹ toʔ⁵ ɗiet³。

三亚 汝个手<u>要</u>捏着乃可以。lu³¹ kai²² tshiu³¹ iau²⁴ neʔ⁴² ɗo⁴² aʔ⁴⁵ kho³¹ zi²²。

（22）我得还你多少钱？

泉州 我<u>着</u>还汝偌稠钱？gua⁵⁵ tioʔ²⁴⁻²² huan²⁴⁻²² lɯ⁵⁵⁻²⁴ lua²² tsue⁴¹⁻²² tsĩ²⁴？

厦门 我<u>着</u>还汝偌稠钱？gua⁵³⁻⁴⁴ tioʔ⁵⁻²¹ hiŋ²⁴⁻²² li⁵³⁻⁴⁴ lua²²⁻²¹ tsue²²⁻²¹ tsĩ²⁴？

台中 ①我<u>爱</u>还汝偌稠钱？ua⁵³⁻⁴⁴ ai²¹⁻⁵³ hiŋ²⁴⁻²² li⁵³⁻⁴⁴ ua²²⁻²¹ tse²²⁻²¹ tsĩ²⁴？②我爱偌稠钱还汝？ua⁵³⁻⁴⁴ ai²¹⁻⁵³ ua²²⁻²¹ tse²²⁻²¹ tsĩ²⁴ hiŋ²⁴⁻²² li⁵³？

漳州 我夭<u>着</u>还汝偌稠镭？gua⁵² iau⁵²⁻³⁴ tioʔ¹²¹⁻²¹ hiŋ¹³⁻²² li⁵²⁻³⁴ lua²²⁻²¹ tse²²⁻²¹ lui³⁴？

汕头 我<u>着</u>还汝若稠钱？ua⁵² tioʔ⁵⁻² hõi⁵⁵⁻³¹ lɯ⁵²⁻²⁴ zioʔ⁵⁻² tsoi³¹ tsĩ⁵⁵？

揭阳 我<u>着</u>还汝若稠银？ua⁴²⁻⁵³ tioʔ⁵⁻² hã⁴²⁻²⁴ lɯ⁴²⁻²⁴ zioʔ⁵⁻² tsoi²²⁻²¹ ŋeŋ⁵⁵？

海丰 我<u>爱</u>还汝几稠钱？ua⁵² ãi²¹³⁻⁵⁵ hãi⁵⁵⁻²² li⁵² kɔ⁵²⁻²¹³ tsei²¹⁻³³ tsĩ⁵⁵？

遂溪 ①我<u>爱</u>还汝偌稠钱？va⁴¹ ai²¹⁴ huaŋ²² lu⁴¹ ua⁵⁵⁻³³ tsoi²⁴⁻³³ tsi²²？②我爱还偌稠钱汝？va⁴¹ ai²¹⁴ huaŋ²² ua⁵⁵⁻³³ tsoi²⁴⁻³³ tsi²² lu⁴¹？

雷州 我<u>欠</u>还汝偌稠钱？ba⁴² khiam²¹ huaŋ²²⁻³³ lu⁴² ua⁵⁵³ tsoi²⁴⁻³³ tsi²²？

文昌 我□ [ʃam²¹⁻⁵⁵] 还汝偌稠钱？gua³¹ ʃam²¹⁻⁵⁵ ɦuan²² du³¹ ua⁴²⁻¹¹ ɗoi³⁴ tʃi²²？

三亚 我<u>要</u>还汝几稠钱/还几稠钱乞汝？va³¹ iau²⁴ huaŋ²² lu³¹ kui³¹ tsoi³³ tsi²²/huaŋ²² kui³¹ tsoi³³ tsi²² khiʔ⁴⁵ lu³¹？

（二）表示否定客观要求的助动词

表示客观要求的助动词，其否定形式大多不像其他助动词一样和肯定形式对称，因为其构成大多不是在原有的肯定助动词上加单纯否定词，而是另用反义词，或把否定词加在别的助动词上。反义词从闽南-台湾片至粤东片也有很大的一致性，都用"免"（"唔免"），雷州片遂溪用粤西粤语的"无使"，雷州用"无爱"，海南片则用"无用"。各地形式如下：

1. 闽南 – 台湾片、 粤东片潮汕话
泉州、厦门、漳州：唔免 m̩² ˚bian
台中：唔免 m̩² men
汕头、揭阳、海丰：免 ˚miaŋ

2. 雷州片
遂溪：无使 ˌbo ˚sai
雷州：无爱 ˌbo aiˀ

3. 海南片
文昌：无用 ˌbo ʤioŋˀ
三亚：嫑用 voiˀ ˚ioŋ

"唔免"比"免"多了个否定语素"唔"，但是整体意义仍等于"免"，是同义兼并机制作用的结果。

形式：免 ⟶ （唔＋免） $\xrightarrow{\text{同义兼并}}$ 唔免
语义：AB ⟶ （A＋AB） $\xrightarrow{\text{同义兼并}}$ AB （A＝否定，B＝客观要求）

下面是例句。
(23) 你用不着为我担忧。
泉州 汝唔免替我担忧/烦好/擘腹。lɯ⁵⁵ m̩⁴¹⁻²² bian⁵⁵⁻²⁴ thue⁴¹⁻⁵⁵ gua⁵⁵ tam³³ iu³³/huan²⁴⁻²² ho⁵⁵/peʔ⁵⁵ pak⁵⁵.
厦门 汝唔免替/合我担心。li⁵³⁻⁴⁴ m̩²²⁻²¹ bian⁵³⁻⁴⁴ thue²¹⁻⁵³/kaʔ³²⁻²¹ gua⁵³⁻⁴⁴ tam⁴⁴⁻²² sim⁴⁴.
台中 汝唔免为我担心。li⁵³⁻⁴⁴ m̩²²⁻²¹ men⁵³⁻⁴⁴ ui²²⁻²¹ gua⁵³⁻⁴⁴ tan⁴⁴⁻²² sim⁴⁴.
漳州 ①汝嫑合我烦恼。li⁵² mai⁵² kaʔ¹²¹⁻²¹ gua⁵²⁻⁴⁴ huan¹³⁻²² lo⁵². ②汝唔免替我烦恼。li⁵² m̩³³⁻²¹ bian⁵² the²¹⁻⁵² gua⁵²⁻⁴⁴ huan¹³⁻³³ lo⁵².
汕头 汝免合我烦恼。lɯ⁵² miaŋ⁵²⁻²⁴ kaʔ⁵⁻² ua⁵²⁻²⁴ huaŋ⁵⁵⁻³¹ lo⁵².
揭阳 汝免个我烦恼。lɯ⁴²⁻⁵³ meŋ⁴²⁻²⁴ kai⁵⁵⁻²² ua⁴²⁻²⁴ huaŋ⁵⁵⁻²² lo⁴².
海丰 ①汝免拉/合/替我操心/烦恼。li⁵² miaŋ⁵²⁻²¹³ la⁴⁴/ka⁴⁴⁻³³/thei²¹³⁻⁵⁵ ua⁵² tshau⁴⁴⁻³³ sim⁴⁴/huaŋ⁵⁵⁻²² lɔ⁵². ②汝免操心我。li⁵² miaŋ⁵²⁻²¹³ tshau⁴⁴⁻³³ sim⁴⁴ ua⁵²⁻²¹³.
遂溪 汝无使共我条挂阿穇。lu⁴¹ bo²² sai³¹ kaŋ²⁴⁻³³ va⁴¹ tiau²² khua²¹⁴ a²⁴⁻³³

tsoi²⁴.

雷州 汝无爱忧挂我。lu⁴² bo²²⁻³³ ai²¹ tiau²² khua²¹ ba⁴².

文昌 汝无用替我挂心／担心。du³¹ bo²²⁻¹¹ ʥioŋ⁴² xoi²¹ gua³¹ kua²¹⁻⁵⁵ tiom³⁴／ɗan³⁴⁻⁴² tiom³⁴.

三亚 汝嫒用为我担忧。lu³¹ voi²⁴ ioŋ⁴² vui²⁴ va³¹ ɗaŋ³³ iu³³.

七、表示客观容许的助动词

客观容许，如果细分，还有"可以""能够""得以"等的不同。这些情态虽有差别但是常常交叉，不能截然分开。闽南方言这类情态的表示形式常有多个，各词有所侧重但用法和意义上又互相交叉。横向比较时更难以细别，这里只好一起罗列，细微的区别通过例句体现。

肯定或否定客观容许，普通话用"可以""能"，此外还有"能够""得以"等。"得以"多用于书面，口语多用能性补语（如"去得了""去不了"）表示。"可以"没有否定式。"能够"也可以省说为"能"，因此"能""不能"几乎可以表示这一情态里面的各种意义。

闽南方言除较边远的雷州片和海南片，口语中都不说"可以""能""能够"，而是另用一套助动词。离闽南方言源头较远的海丰话，以及雷州片和海南片的闽南方言，在表示"能够"时，更多地采用闽南方言而不用粤语常用的表达方式：不用助动词，而是在动词后加一个能性补语"得"，如说"来得"。这一带缺乏表示"能够"的助动词，例中有时用"能"，可能是从普通话吸收过来而非从闽南方言传承而来。各地常见的助动词如下。

泉州：解 ᶜe、有法通 ᶜu huat˳ ˳thaŋ、解得通 ᶜe lit˳ ˳thaŋ、解通 ᶜe ˳thaŋ
厦门：解 e²、解使 e² ˳sai、解用咧 e² ˳iŋ e?、有法通 u² huat˳ ˳thaŋ
台中：解用 e² ˳ŋi
漳州：解 e²、有法 u² huak˳
汕头、揭阳：好 ᶜho、有变 ᶜu piaŋ²
海丰：好 ᶜhɔ、＜解用＞ eŋ²¹
遂溪、雷州、文昌：能 ˳neŋ
三亚：能 ˳neŋ、可以 ᶜkho ˳i

下面是例句，前两例偏于表示"可以"，后两例偏于表示"能够"，各地用词有所不同但是又有交叉。

（24）你怎么可以两句话听着不顺耳就发脾气？

泉州 ①汝怎仔/干仔哪解侬说两句话汝听无顺耳就发脾气？lɯ^{55} tsiũ$^{41-55}$ ã^{55}/kan^{41} ã$^{55-21}$ nã^{55} e^{22} laŋ$^{24-22}$ sɤʔ^{55} lŋ^{22} ku$^{41-55}$ ue^{41} lɯ^{55} tiã^{33} bo$^{24-22}$ sun$^{41-22}$ hi^{22} tsiu$^{41-22}$ huat^{55} phi$^{24-22}$ khi^{41}？②汝怎仔/干仔哪解侬说两句话唔中汝听就发脾气？lɯ^{55} tsiũ$^{41-55}$ ã^{55}/kan^{41} ã$^{55-21}$ nã^{55} e^{22} laŋ$^{24-22}$ sɤʔ^{55} lŋ^{22} ku$^{41-55}$ ueʔ m$^{41-22}$ tiŋ$^{41-55}$ lɯ$^{55-24}$ tiã^{33} tsiu$^{41-22}$ huat^{55} phi$^{24-22}$ khi^{41}？

厦门 汝敢解/解用咧/解使（讲）两句话听<无解>落着发脾气？li$^{53-44}$ kan$^{53-44}$ e$^{22-21}$/e$^{22-21}$ iŋ$^{22-21}$ eʔ$^{32-5}$/e$^{22-21}$ sai$^{53-44}$（koŋ$^{53-44}$）nŋ$^{22-21}$ ku$^{21-53}$ ue^{22} thiã$^{44-22}$ <bue$^{24-22}$> loʔ^{5} tioʔ$^{5-21}$ huat$^{32-5}$ phi$^{24-22}$ khi^{21}？

台中 汝哪解用讲两句话听无顺眼着发脾气？li$^{53-44}$ na$^{53-44}$ e$^{22-21}$ ioŋ^{24} koŋ$^{53-44}$ nŋ$^{22-21}$ ku$^{21-53}$ ue^{22} thiã$^{44-22}$ bo$^{24-22}$ sun$^{22-21}$ gan^{53} tioʔ$^{3-2}$ huat$^{2-5}$ phi$^{24-22}$ khi^{21}？

漳州 汝安怎解（讲）两句话听<无解>顺耳着发脾气啊？li^{52} an$^{34-22}$ tsuã$^{52-34}$ e$^{22-21}$（koŋ$^{52-34}$）no$^{22-21}$ ku$^{21-52}$ uaʔ thiã$^{34-22}$ <be$^{22-21}$> sun$^{21-52}$ hi^{22} loʔ$^{121-21}$ huak$^{32-5}$ phi$^{13-21}$ khiʔ a^{21}？

汕头 汝做好［ho?$^{52-24}$］咀两句话听着□［ke?$^{5-2}$］耳就浮性？lɯ^{52} tso$^{213-55}$ hoʔ$^{52-24}$ tã$^{213-55}$ no$^{25-31}$ ku$^{213-55}$ ue^{31} thiã^{33} tioʔ^{5} keʔ$^{5-2}$ hĩ^{25} tsiu$^{25-31}$ phu$^{55-31}$ sẽ^{213}？

揭阳 汝做好［ho$^{42-24}$］咀两句话听着□［ke?$^{5-2}$］耳就气？lɯ^{42} tso$^{213-42}$ ho$^{42-24}$ tã$^{213-42}$ no$^{35-21}$ ku$^{213-42}$ ue^{22} thiã^{33} tioʔ^{5} keʔ$^{5-2}$ hĩ^{35} tsu$^{35-21}$ khiʔ^{213}？

海丰 汝做呢样好［hɔ?$^{52-213}$］听两句唔顺耳个话就发癖性？li^{52} tsɔ$^{213-55}$ nĩ$^{55-22}$ iɔ̃^{213} hɔʔ$^{52-213}$ thiã$^{44-33}$ nɔ$^{25-33}$ ku$^{213-55}$ m$^{25-33}$ sun$^{213-55}$ hĩ^{25} a$^{55-22}$ ue^{21} tsu$^{25-33}$ huak$^{3-4}$ phiaʔ$^{3-4}$ seŋ^{213}？

遂溪 汝做乜两句话听倒无顺耳就发狗獍？lu^{41} tso^{55} mi^{55} no$^{55-33}$ ku$^{214-55}$ ue^{24} thia^{24} to^{41} vo^{22} sun$^{55-33}$ hi^{55} tsiu$^{55-33}$ huak^{54} kau^{41} ŋaŋ^{55}？

雷州 汝做能两句话听着无顺耳就发狗獍？lu^{42} tso^{553} neŋ^{22} no$^{33-42}$ ku$^{21-44}$ ue^{24} thia^{24} to^{42} bo$^{22-33}$ suŋ^{33} hi^{33} tsiu^{33} huak^{5} kau^{42} naŋ^{553}？

文昌 汝知作两句话听着无入耳味发屎火？du^{31} tai^{34} toʔ^{5} no^{42} ku$^{21-55}$ fiue^{34} xia^{34} ɗo^{5} bo$^{22-11}$ ʥiop$^{3-21}$ fii^{42} bi$^{34-42}$ uat$^{5-3}$ ɗe$^{31-33}$ fiue^{31}？

三亚 汝做乜讲两句话听无顺耳就发脾气/发火呢？lu^{32} toʔ^{45} miʔ^{45} koŋ^{33} no^{42} ku^{24} vuo^{33} thio^{42} vo^{22} toŋ^{33} hi^{42} tsiu^{42} huaiʔ^{45} phi^{22} khui^{24}/huaiʔ^{45} huo^{31} ni^{45}？

(25) 别的人能相信，这种人怎么能相信？

泉州 别个侬解相信个，<即样>个/即种/即款侬卜怎仔相信？pat$^{24-22}$ e$^{24-22}$ laŋ$^{24-22}$ siɔŋ^{33} sin^{41} e^{21}，<tsiɔŋ$^{55-24}$> o^{24}/tsit^{55} tsiɔŋ$^{55-24}$/tsit^{55} khuan$^{55-24}$ laŋ^{24} bɤʔ^{55} tsiũ$^{41-55}$ ã^{55} siɔŋ^{33} sin^{41}？

厦门 别侬解/解使/解用咧相信个，即款/种侬敢解/解使/解用咧相信？

pat$^{5-21}$ laŋ^{24} e$^{22-21}$/e$^{22-21}$ sai$^{53-44}$/ e$^{22-21}$ iŋ$^{22-21}$ e$^{32-5}$ sioŋ$^{44-22}$ sin^{21} e$^{24-22}$，tsit$^{32-5}$ khuan$^{53-44}$/tsioŋ$^{53-44}$ laŋ^{24} kan$^{53-44}$ e$^{22-21}$/e$^{22-21}$ sai$^{53-44}$/ e$^{22-21}$ iŋ$^{22-21}$ e$^{32-5}$ sioŋ$^{44-22}$ sin^{21}？

台中 别个侬<u>解用</u>相信，即种侬哪<u>解用</u>相信？pat$^{3-2}$ e$^{24-22}$ laŋ^{24} e$^{22-21}$ ioŋ^{24} sioŋ$^{44-22}$ sin^{21}，tsit$^{2-5}$ tsioŋ$^{53-44}$ laŋ^{24} na$^{53-44}$ e$^{22-21}$ ioŋ^{24} sioŋ$^{44-22}$ sin^{21}？

漳州 别侬<u>解</u>相信，即种侬安哪<u>解</u>互侬相信？pat$^{121-21}$ laŋ$^{13-22}$ e$^{22-21}$ siaŋ$^{34-22}$ sin^{21}，tsit$^{32-5}$ tsiŋ$^{52-34}$ laŋ$^{13-22}$ an$^{34-22}$ na$^{52-34}$ e$^{22-21}$ hɔ$^{22-21}$ laŋ$^{13-22}$ siaŋ$^{34-22}$ sin^{21}？

汕头 别□［mĩʔ$^{2-5}$］侬<u>好</u>相信，者（起）侬做<u>好</u>相信？pak$^{5-2}$ mĩʔ$^{2-5}$ naŋ^{55} ho$^{52-24}$ siaŋ^{33} siŋ^{213}，tsia$^{52-24}$（khi$^{52-24}$）naŋ^{55} tso$^{213-55}$ ho$^{52-24}$ siaŋ^{33} siŋ^{213}？

揭阳 别□［mẽʔ$^{2-5}$］侬<u>好</u>相信，只款侬做<u>好</u>相信？pak$^{2-3}$ mẽʔ$^{2-5}$ naŋ^{55} ho$^{42-24}$ siaŋ^{33} seŋ^{213}，tsi$^{42-24}$ khuan$^{42-35}$ naŋ^{55} tso$^{213-42}$ ho$^{42-24}$ siaŋ^{33} seŋ^{213}？

海丰 别项侬<<u>解用</u>>相信（得），只项侬/<只项>仔侬做呢<<u>解用</u>>相信得？paʔ$^{4-3}$ haŋ$^{25-33}$ naŋ^{55} <eŋ^{21}> sĩɔ$^{44-33}$ siaŋ^{25}（tit^{3}），tsi^{52} haŋ$^{25-33}$ naŋ$^{55(-22)}$/<tsiaŋ^{52}> ã$^{52-213}$ naŋ$^{55-22}$ tso$^{213-55}$ ni$^{55-22}$ <eŋ^{21}> sĩɔ$^{44-33}$ siaŋ^{25} tit^{3}？

遂溪 □［ko^{55}］侬<u>能</u>相信，□［ia^{55}］种侬做□［mi^{55}］<u>能</u>相信？ko^{55} naŋ^{22} neŋ^{22} siaŋ$^{24-33}$ sien^{214}，ia^{55} tsiaŋ^{41} naŋ^{22} tso^{55} mi^{55} neŋ^{22} siaŋ$^{24-33}$ sien^{214}？

雷州 □［ko$^{33-42}$］侬<u>能</u>相信，□［zia^{553}］种侬做□［mi^{553}］<u>能</u>相信呢？ko$^{33-42}$ naŋ^{22} neŋ$^{22-33}$ siaŋ$^{24-33}$ sin^{21}，zia^{553} tsiaŋ^{42} naŋ^{22} tso$^{553-33}$ mi^{553} neŋ^{22} siaŋ$^{24-33}$ sin^{21} ne^{33}？

文昌 别（个）侬相信<u>作得</u>，□［ɓia^{21}］个侬<u>知</u>作相信呢？ɓat$^{3-21}$（kai$^{22-11}$）naŋ^{22} tio$^{34-42}$ tien^{21} toʔ^{5} ɗiet^{5}，ɓia^{21} kai$^{22-11}$ naŋ^{22} tai^{34} toʔ^{53} tio$^{34-42}$ tien^{21} ne^{55}？

三亚 别个/枚侬能相信，即种侬作□［miʔ^{45}］能相信？ɓaiʔ^{42} kai^{22}/mo^{45} naŋ^{22} neŋ^{22} tioŋ^{33} ten^{24}，iʔ^{45} tsiaŋ^{31} naŋ^{22} toʔ^{45} miʔ^{45} neŋ^{22} tioŋ^{33} ten^{24}？

（26）裤子破成那样还能穿吗？

泉州 ①裤破遘安呢/<迄样>个/迄款野<u>解</u>颂得是唔？khɔ^{41} phua$^{41-55}$ a^{55}/kau$^{41-55}$/kaʔ^{55} an$^{33-24}$ nẽ^{55}/<hiɔŋ$^{55-24}$> o^{55}/hit$^{55-44}$ khuan^{55} iã$^{55-24}$ e^{22} tshiŋ$^{41-22}$ lit$^{55-21}$ si^{22} m̩$^{41-21}$？②裤破遘安呢/<迄样>个/迄款野<u>解</u>颂得<无解>？khɔ^{41} phua$^{41-55}$ a^{55}/kau$^{41-55}$/kaʔ^{55} an$^{33-24}$ nẽ^{55}/<hiɔŋ$^{55-24}$> o^{55}/hit$^{55-44}$ khuan^{55} iã$^{55-24}$ e^{22} tshiŋ$^{41-22}$ lit$^{55-21}$ <bue^{22}>？

厦门 裤破遘安呢各<u>有法</u>通颂（吗）？khɔ^{21} phua$^{21-53}$ a$^{21-53-44}$ an^{44} nĩ^{44} koʔ$^{32-53}$ u$^{22-21}$ huat$^{32-5}$ thaŋ$^{44-22}$ tshiŋ^{22}（ma^{44}）？

台中 裤破遘安呢哪<u>解用</u>颂哩？khɔ^{21} phua$^{21-53}$ kaʔ$^{2-5}$ an$^{44-22}$ ne$^{44-22}$ na$^{53-44}$

e^{22-21} $ioŋ^{24-22}$ $tshiŋ^{22}$ li^{21}?

漳州 ①裤破成安呢仔卜安哪颂？$khɔ^{21-44}$ $phua^{21-52}$ $tsiã^{13-22}$ an^{34-22} ne^{34} a^{52} $beʔ^{32-5}$ an^{34-22} na^{34-22} $tshiŋ^{22}$？②裤仔破遘安呢仔卜安哪颂？$khɔ^{21-44}$ a^{52} $phua^{21-52}$ $kaʔ^{32-5}$ an^{34-22} ne^{34} a^{52} $beʔ^{32-5}$ an^{34-22} na^{34-22} $tshiŋ^{22}$？③裤仔破遘安呢仔敢<u>解</u>颂个？$khɔ^{21-44}$ a^{52} $phua^{21-52}$ $kaʔ^{32-5}$ an^{34-22} ne^{34} a^{52} $kã^{52-34}$ e^{22-21} $tshiŋ^{22-21}$ e^{13-22}？④裤仔破遘安呢仔<u>解</u>颂啊＜无解＞？$khɔ^{21-44}$ a^{52} $phua^{21-52}$ $kaʔ^{32-5}$ an^{34-22} ne^{34} a^{52} e^{22-21} $tshiŋ^{22}$ a^{34-22} ＜be^{22}＞？

汕头 条裤破遘＜许样＞生还<u>好</u>颂？$tiau^{55-31}$ $khou^{213}$ $phua^{213-55}$ kau^{213-55} ＜$hiõ^{213-55}$＞ $sẽ^{33}$ $huã^{52-24}$ ho^{52-24} $tsheŋ^{31}$？

揭阳 条裤破遘＜许样＞□［$hẽ^{33}$］还<u>好</u>颂？$tiau^{55-22}$ $khou^{213-42}$ $phua^{213-42}$ kau^{213-42} ＜$hiõ^{213-42}$＞ $hẽ^{33}$ $huã^{42-24}$ ho^{42-24} $tsheŋ^{22}$？

海丰 条裤破遘/阿＜许样＞生还＜<u>解用</u>＞颂得（咪）？$tiau^{55-22}$ $khɔu^{213}$ $phuã^{213-55}$ kau^{213-55}/a^{213-55} ＜$hiɔ̃^{213}$＞ $sẽ^{44}$ $huã^{52-213}$ ＜$eŋ^{21}$＞ $tshiɔŋ^{21-33}$ tit^{3}（mi^{55}）？

遂溪 裤烂成□［ho^{55}］样野<u>能</u>颂吗？$kheu^{214}$ nua^{24} $tsia^{22}$ ho^{55} io^{24} ia^{41-24} $neŋ^{22}$ $tshiaŋ^{24}$ ma^{55}？

雷州 裤破成□［zio^{553}］样子/□［ha^{553}］样野<u>能</u>颂吗？$kheu^{21}$ $phua^{21}$ $tsia^{22-33}$ zio^{553} $ziaŋ^{33}$ tsu^{42}/ha^{553} io^{24} ia^{42} $neŋ^{22}$ $tshiaŋ^{553-24}$ ma^{33}？

文昌 裤□［$ɓe^{42}$］□［$ʥia^{21}$］□［$ɦio^{21-55}$］种，知作颂？xou^{21} $ɓe^{42}$ $ʥia^{21}$ $ɦio^{21-55}$ $ʧiaŋ^{31}$, tai^{34} $toʔ^{5}$ $ʃiaŋ^{24}$？

三亚 裤破成种样还<u>可以</u>颂吗？$khou^{24}$ $phuo^{24}$ $tsio^{22}$ $taŋ^{24}$ io^{33} hai^{22} kho^{31} i^{22} $tshiaŋ^{33}$ $maʔ^{45}$？

(27)（明天）你能不能来？

泉州 ①明仔日汝<u>解</u>来＜无解＞？bin^{24-22} a^{55-24} lit^{24} $lɯ^{55}$ e^{22} lai^{24} ＜bue^{22-41}＞？②明仔日汝<u>解</u>来阿＜无解＞来？bin^{24-22} a^{55-24} lit^{24} $lɯ^{55}$ e^{22} lai^{24} a^{55-24} ＜bue^{22}＞ lai^{24}？③明仔日汝<u>有法通</u>来无？bin^{24-22} a^{55-24} lit^{24} $lɯ^{55}$ u^{22} $huat^{55}$ $thaŋ^{33}$ lai^{24} bo^{24-41}？④明仔日汝<u>有法通</u>来阿无？bin^{24-22} a^{55-24} lit^{24} $lɯ^{55}$ u^{22} $huat^{55}$ $thaŋ^{33}$ lai^{24} a^{55-24} bo^{24}？⑤明仔日汝<u>解得通</u>来＜无解＞？bin^{24-22} a^{55-24} lit^{24} $lɯ^{55}$ e^{22} lit^{55} $thaŋ^{33}$ lai^{24} ＜bue^{22-41}＞？⑥明仔日汝<u>解通</u>来＜无解＞？bin^{24-22} a^{55-24} lit^{24} $lɯ^{55}$ e^{22} $thaŋ^{33}$ lai^{24} ＜bue^{22-41}＞？

厦门 ①明仔载汝<u>有法通</u>来（啊）无？$mĩ^{24-22}$ a^{53-44} $tsai^{21}$ li^{53-44} u^{22-21} $huat^{32-5}$ $thaŋ^{44-22}$ lai^{24}（a^{44}）$bo^{24(-21)}$？②明仔载汝<u>解</u>来＜无解＞？$mĩ^{24-22}$ a^{53-44} $tsai^{21}$ li^{53-44} e^{22-21} lai^{24} ＜bue^{22-21}＞？

台中 ①明仔载汝<u>解用</u>来无？mi^{24-22} a^{53-44} $tsai^{21}$ li^{53-44} e^{22-21} $ioŋ^{24}$ lai^{24}

bo$^{24-21}$？②明仔载汝敢解用来（无）？ mi$^{24-22}$ a$^{53-44}$ tsai^{21} li$^{53-44}$ kam$^{53-44}$ e$^{22-21}$ ioŋ^{24} lai^{24}（bo$^{24-21}$）？

漳州 ①明仔载汝敢解闲来？ mi$^{13-22}$ a$^{52-44}$ tsai^{21} li^{52} kã$^{52-34}$ e$^{22-21}$ hian^{13} lai$^{13-22}$？②明仔载汝解（闲）来（啊）＜无解＞？ mi$^{13-22}$ a$^{52-44}$ tsai^{21} li^{52} e$^{22-21}$（hian^{13}）lai^{13}（a$^{34-22}$）＜be^{22}＞？③明仔载汝敢有法来？ mi$^{13-22}$ a$^{52-44}$ tsai^{21} li^{52} kã$^{52-34}$ u$^{22-21}$ huak$^{32-5}$ lai$^{13-22}$？④明仔载汝有法来啊无？ mi$^{13-22}$ a$^{52-44}$ tsai^{21} li^{52} u$^{22-21}$ huak$^{32-5}$ lai^{13} a$^{34-22}$ bo^{13}？

汕头 ①汝有变来（有）（啊）无？ lɯ^{52} u$^{25-31}$ piaŋ$^{213-55}$ lai^{55}（u^{25}）（a^{33}）bo^{55}？②汝□［khaʔ$^{2-5}$］有变来？ lɯ^{52} khaʔ$^{2-5}$ u$^{25-31}$ piaŋ$^{213-55}$ lai^{55}？③汝□［khaʔ$^{2-5}$］有变来（有）（啊）无？ lɯ^{52} khaʔ$^{2-5}$ u$^{25-31}$ piaŋ$^{213-55}$ lai^{55}（u^{25}）（a^{33}）bo^{55}？④汝□［khaʔ$^{2-5}$］有变来（啊）无？ lɯ^{52} khaʔ$^{2-5}$ u$^{25-31}$ piaŋ$^{213-55}$ lai^{55}（a^{33}）bo^{55}？

揭阳 ①汝有变来无？ lɯ$^{42-53}$ u$^{35-21}$ piaŋ$^{213-53}$ lai^{55} bo$^{55-21}$？②汝有变来啊无？ lɯ$^{42-53}$ u$^{35-21}$ piaŋ$^{213-53}$ lai^{55} a^{33} bo^{55}？

海丰 ①汝解来得＜无解＞？ li^{52} e$^{25-33}$ lai^{55} tit$^{4-3}$＜bei^{25}＞？②汝解＜无解＞来得？ li^{52} e$^{25-33}$＜bei$^{25-33}$＞ lai^{55} tit^{4}？

遂溪 ①＜明仔＞日汝来无来得？ ＜me^{41}＞ iet^{3} lu^{41} lai^{22} vo^{22} lai^{22} tiet^{54}？②＜明仔＞日汝来得无？ ＜me^{41}＞ iet^{3} lu^{41} lai^{22} tiet^{54} vo^{22}？③＜明仔＞日汝有来得无？ ＜me^{41}＞ iet^{3} lu^{41} u^{55} lai^{22} tiet^{54} vo^{22}？④＜明仔＞日汝有无有来得？ ＜me^{41}＞ iet^{3} lu^{41} u^{55} vo^{22} u^{55} lai^{22} tiet^{54}？⑤＜明仔＞日汝来得无来得？ ＜me^{41}＞ iet^{3} lu^{41} lai^{22} tiet^{54} vo^{22} lai^{22} tiet^{54}？

雷州 ①幸早汝来得无来得？ hiŋ^{553} tsa^{42} lu^{42} lai$^{22-33}$ tiek^{5} bo$^{22-33}$ lai^{22} tiek^{5}？②幸早汝来无来得？ hiŋ^{553} tsa^{42} lu^{42} lai$^{22-33}$ bo$^{22-33}$ lai^{22} tiek^{5}？③幸早汝来得无？ hiŋ^{553} tsa^{42} lu$^{42-44}$ lai$^{22-33}$ tiek^{5} bo^{22}？④幸早汝能来无？ hiŋ^{553} tsa^{42} lu^{42} neŋ$^{22-33}$ lai$^{22-33}$ bo^{22}？⑤幸早汝能无能来？ hiŋ^{553} tsa^{42} lu^{42} neŋ$^{22-33}$ bo$^{22-33}$ neŋ$^{22-33}$ lai^{22}？

文昌 ①现旦汝能/卜来无？ ɦien$^{42-11}$ nua^{21} du^{31} neŋ^{22}/ɓe^{5} lai^{22} bo^{22}？②现旦汝能无能来？ ɦien$^{42-11}$ nua^{21} du^{31} neŋ^{22} bo$^{22-11}$ neŋ^{22} lai^{22}？

三亚 ①汝能无能来？ lu^{31} neŋ^{22} vo^{22} neŋ^{22} lai^{22}？②汝能来无？ lu^{31} neŋ^{22} lai^{22} vo^{22}？③汝可以来无？ lu^{31} kho^{31} zi^{22} lai^{22} vo^{22}？④汝可无可以来？ lu^{31} kho^{31} vo^{22} kho^{31} zi^{22} lai^{22}？

八、表示客观存在的助动词

闽粤客等方言中的情态系统里普遍有对客观存在的肯定与否定，如说

"我有买票",是肯定"买票"作为一种客观事实存在,"我无买票"是否定"买票"这个事实的客观存在。

  闽南方言除海南片外,也有这一情态。其表现形式是在动词性成分前面加一套助动词。当 VP 的核心为动作动词时,闽南-台湾片、粤东片、雷州片全都用"有"肯定 VP 的客观存在,否定的形式则用"无"。当 VP 为以形容词、心理活动动词为核心的状态述语时,也可以用这类助动词构成"有 VP""无 VP"来肯定或否定某种状态是不是存在的事实。不过 VP 前面的助动词再也不是各地一律用"有/无",而是有一定的地域差异。闽南-台湾片主要用"有/无",除泉州外,也可以用"解/＜无解＞",粤东片只用"解/＜无解＞",雷州片和泉州一样只用"有/无"。具体情况因本书第六章第三节"闽南方言的'有 VP'句"一节有详述,此处不再重复,下面各举两例以见梗概。

  (28)你买了票没有?——我买了票了。

  泉州 ①汝买票未?——我买啰。lɯ^{55} bue$^{55-24}$ phio^{41} bɤ$^{41-21}$?——gua^{55} bue^{55} lɔ^{21}。②汝有买票无?——我有买啰。lɯ^{55} u^{22} bue$^{55-24}$ phio^{41} bo$^{24-21}$?——gua^{55} u^{22} bue^{55} lɔ^{21}。③汝有买票无?——我 有 买票。lɯ^{55} u^{22} bue$^{55-24}$ phio^{41} bo$^{24-21}$?——gua^{55} u^{22} bue$^{55-24}$ phio^{41}.

  厦门 汝有买票无?——我买了啊/我有买啊。li$^{53-44}$ u$^{22-21}$ bue$^{53-44}$ phio^{21} bo$^{24-21}$?——gua$^{53-44}$ bue$^{53-44}$ liau^{53} a^{21}/gua$^{53-44}$ u$^{22-21}$ bue^{53} a^{21}.

  台中 汝有买票无?——我有买票。li$^{53-44}$ u$^{22-21}$ be$^{53-44}$ phio^{21} bo^{24}?——ua$^{53-44}$ u$^{22-21}$ be$^{53-44}$ phio^{21}.

  漳州 ①汝敢有买票(无)?——我有买票。li^{52} kã$^{52-34}$ u$^{22-21}$ be$^{52-34}$ phio^{21} (bo^{13})?——gua^{52} u$^{22-21}$ be$^{52-34}$ phio^{21}。②汝买票啊无?——我有买票。li^{52} u$^{22-21}$ be$^{52-34}$ phio^{21} a$^{34-22}$ bo^{13}?——gua^{52} u$^{22-21}$ be$^{52-34}$ phio^{21}.

  汕头 ①汝 有 买 票 无?——我 有 买 票。lɯ^{52} u$^{25-31}$ boi$^{52-24}$ phio^{213} bo^{55}?——ua^{52} u$^{25-31}$ boi$^{52-24}$ phio^{213}。②汝有买票无?——有。lɯ^{52} u$^{25-31}$ boi$^{52-24}$ phio^{213} bo^{55}?—u^{25}.

  揭阳 ①汝有买票无?——我 有 买 票。lɯ$^{42-53}$ u$^{35-21}$ boi$^{42-24}$ phio^{213} bo$^{55-22}$?——ua^{42} u$^{35-21}$ boi$^{42-24}$ phio^{213}。②汝有买票无?——有。lɯ$^{42-53}$ u$^{35-21}$ boi$^{42-21}$ phio^{213} bo$^{55-21}$?——u^{35}.

  海丰 汝有买票无啊?——我(咧)买票啰/我买了。li^{52} u$^{25-33}$ be$^{52-213}$ phio^{213} bɔ$^{55-22}$ a^{33}?——ua^{52} (le^{21}) be$^{52-213}$ phio^{213} lɔ^{33}/ua^{52} be$^{52-213}$ liau$^{52-213}$.

  遂溪 汝有买票无?——我有买票啦。lu^{41} u^{55} voi^{41} phiau^{214} vo^{22}?——va^{41} u^{55} voi^{41} phiau^{214} la^{41}.

  雷州 汝有买票嚼(咧)?——我买票啦。lu^{42} u^{33} boi^{42} phiau^{21} meŋ^{553}

（le³³）？——ba⁴² boi⁴² phiau²¹ la³¹．

文昌 汝买票啦无（咧）？——我买（去）啦。du³¹⁻³³ boi³¹⁻³³ ɸio²¹ la²¹ bo²²（le²²/⁴²）？——gua³¹ boi³¹（xu²¹）la²¹．

三亚 汝买票去无/买（着/啰）票未？——我买（了/着/啰）票了。lu³¹ voi³¹ phie²⁴ hu²⁴ vo²²/voi³¹（ɗo³¹/lo³¹）phie²⁴ voi³³？——va³¹ voi³¹（liau³¹/ɗo³¹/lo³¹）phie²⁴ liau⁴²．

（29）你们养鸡没有？

泉州 恁有饲鸡无？lin⁵⁵ u²² tshi⁴¹⁻²² kue³³ bo²⁴⁻⁴¹？

厦门 恁有饲鸡无？lin⁵³⁻⁴⁴ u²²⁻²¹ tshi²²⁻²¹ kue⁴⁴ bo²⁴⁻²¹？

台中 恁有饲鸡无？lin⁵³⁻⁴⁴ u²²⁻²¹ tshi²²⁻²¹ ke⁴⁴ bo²⁴⁻²¹？

漳州 ①恁敢有饲鸡仔？lin⁵² ka⁵²⁻³⁴ u²²⁻²¹ tshi²²⁻²¹ ke³⁴ a⁵²？②恁有饲鸡无？lin⁵² u²²⁻²¹ tshi²²⁻²¹ ke³⁴ bo¹³？③恁饲鸡仔无？lin⁵² tshi²²⁻²¹ ke³⁴ a⁵² bo¹³？

汕头 恁有饲鸡无？niŋ⁵² u²⁵⁻³¹ tshi³¹ koi³³ bo⁵⁵⁻³¹？

揭阳 恁有饲鸡无？neŋ⁴²⁻⁵³ u³⁵⁻²¹ tshi²²⁻²¹ koi³³ bo⁵⁵⁻²¹？

海丰 恁有饲鸡无啊？nin⁵² u²⁵⁻³³ tshi²¹³⁻⁵⁵ kei⁴⁴ bo⁵⁵⁻²² a³³？

遂溪 汝群有饲鸡无？lu⁴¹ kuŋ²² u⁵⁵ tshi²¹⁴ koi²⁴ vo²²？

雷州 汝阿众有饲鸡嬷？lu⁴²⁻⁴⁴ a⁵⁵ thaŋ²¹ u³³⁻⁴² tshi²¹⁻⁴⁴ koi²⁴ meŋ⁵⁵³？

文昌 汝蜀家饲鸡无？du³¹ ʥiak³⁻²¹ ke³⁴ ʃi¹⁻⁵⁵ koi³⁴ bo²²？

三亚 汝侬饲鸡去无？lu³¹ naŋ²² tshi³³ koi³³ hu²⁴ vo²²？

（30）这种花香不香？

泉州 ①＜即样＞个花芳啊无芳？＜tsiɔŋ⁵⁵⁻²⁴＞ɔ⁵⁵ hue³³ phaŋ³³ a⁵⁵⁻²⁴ bo²⁴⁻²² phaŋ³³？②＜即样＞个花有芳啊无芳？＜tsiɔŋ⁵⁵⁻²⁴＞ɔ⁵⁵ hue³³ u²² phaŋ³³ a⁵⁵⁻²⁴ bo²⁴⁻²² phaŋ³³？③＜即样＞个花有芳无？＜tsiɔŋ⁵⁵⁻²⁴＞ɔ⁵⁵ hue³³ u²² phaŋ³³ bo²⁴⁻³¹？

厦门 ①即款花有芳无？tsit³²⁻⁵ khuan⁵³⁻⁴⁴ hue⁴⁴ u²²⁻²¹ phaŋ⁴⁴ bo²⁴⁻²¹？②即款花解芳＜无解＞？tsit³²⁻⁵ khuan⁵³⁻⁴⁴ hue⁴⁴ e²²⁻²¹ phaŋ⁴⁴＜bue²²⁻²¹＞？

台中 ①即种花芳无芳？tsit²⁻⁵ tsiɔŋ⁵³⁻⁴⁴ hue⁴⁴ phaŋ⁴⁴ bo²⁴⁻²² phaŋ⁴⁴？②即种花有芳无？tsit²⁻⁵ tsiɔŋ⁵³⁻⁴⁴ hue⁴⁴ u²²⁻²¹ phaŋ⁴⁴ bo²⁴⁻²¹？③即种花敢有芳？tsit²⁻⁵ tsiɔŋ⁵³⁻⁴⁴ hue⁴⁴ kam⁵³⁻⁴⁴ u²²⁻²¹ phaŋ⁴⁴？④即种花敢有芳无？tsit²⁻⁵ tsiɔŋ⁵³⁻⁴⁴ hue⁴⁴ kam⁵³⁻⁴⁴ u²²⁻²¹ phaŋ⁴⁴ bo²⁴⁻²¹？

漳州 ①即落仔花敢有芳？tsit³²⁻⁵ loʔ¹²¹⁻²¹ a⁵² hua³⁴ kã⁵²⁻³⁴ u²²⁻²¹ phaŋ³⁴？②即落仔花敢解芳？tsit³²⁻⁵ loʔ¹²¹⁻²¹ a⁵² hua³⁴ kã⁵²⁻³⁴ e²²⁻²¹ phaŋ³⁴？③即落仔花有芳啊无？tsit³²⁻⁵ loʔ¹²¹⁻²¹ a⁵² hua³⁴ u²²⁻²¹ phaŋ³⁴ a³⁴⁻²² bo¹³？④即落仔花解芳啊＜无解＞？tsit³²⁻⁵ loʔ¹²¹⁻²¹ a⁵² hua³⁴ e²²⁻²¹ phaŋ³⁴ a³⁴⁻²²＜be²²⁻²¹＞？

汕头　①者花解芳啊＜无解＞？tsia$^{52-24}$ hue^{33} oi$^{25-31}$ phaŋ^{33} a^{33} ＜boi^{25}＞？②者花□［khaʔ$^{2-5}$］解芳？tsia$^{52-24}$ hue^{33} khaʔ$^{2-5}$ oi$^{25-31}$ phaŋ^{33}？③者花□［khaʔ$^{2-5}$］解芳（啊）＜无解＞？tsia$^{52-24}$ hue^{33} khaʔ$^{2-5}$ oi$^{25-31}$ phaŋ^{33}（a^{33}）＜boi^{25}＞？④者花□［khaʔ$^{2-5}$］解芳解（啊）＜无解＞？tsia$^{52-24}$ hue^{33} khaʔ$^{2-5}$ oi$^{25-31}$ phaŋ^{33} oi^{25}（a^{33}）＜boi^{25}＞？

揭阳　者花解芳啊＜无解＞？tsia$^{42-24}$ hue^{33} oi$^{35-21}$ phaŋ^{33} a^{33} ＜boi^{35}＞？

海丰　只项花解芳＜无解＞？tsi^{52} haŋ$^{25-33}$ hue^{44} ei$^{25-33}$ phaŋ$^{44-33}$ ＜bei^{25}＞？

雷州　①这种花芳无？zia^{553} tsiaŋ^{42} hue^{24} phaŋ^{24} bo$^{22-33}$？②这种花芳无芳？zia^{553} tsiaŋ^{42} hue^{24} phaŋ^{24} bo$^{22-33}$ phaŋ$^{24-21}$？③这种花有芳无？zia^{553} tsiaŋ^{42} hue^{24} u$^{33-42}$ phaŋ^{24} bo$^{22-33}$？④这种花有芳无芳？zia^{553} tsiaŋ^{42} hue^{24} u$^{33-42}$ phaŋ^{24} bo$^{22-33}$ phaŋ$^{24-21}$？

遂溪　若种花有芳无？ia^{55} tsiaŋ^{41} hue^{24} u^{55} phaŋ^{24} vo^{22}？

文昌　①这个花芳无芳？dʑia$^{21-55}$ kai$^{22-11}$ fiue^{34} ɸaŋ^{34} bo$^{22-11}$ ɸaŋ^{34}？②这个花芳无（咧）？dʑia$^{21-55}$ kai$^{22-11}$ fiue^{34} ɸaŋ^{34} bo^{22}（le^{22}）？

三亚　①即种花芳无？iʔ^{45} tsiaŋ^{31} huo^{33} phaŋ^{33} vo^{22}？②即种花芳无芳？iʔ^{45} tsiaŋ^{31} huo^{33} phaŋ^{33} vo^{22} phaŋ^{33}？

（31）他高不高兴？

泉州　①伊欢喜啊无欢喜？i^{33} huã^{33} hi$^{55-24}$ a$^{55-24}$ bo$^{24-22}$ huã^{33} hi^{55}？②伊有欢喜啊无欢喜？i^{33} u^{22} huã^{33} hi^{55} a$^{55-24}$ bo$^{24-22}$ huã^{33} hi^{55}？③伊有欢喜无？i^{33} u^{22} huã^{33} hi^{55} bo$^{24-31}$？

厦门　①伊有欢喜？i$^{44-22}$ u$^{22-21}$ huã$^{44-22}$ hi^{53} bo$^{24-21}$？②伊解欢喜＜无解＞？i$^{44-22}$ e$^{22-21}$ huã$^{44-22}$ hi^{53} ＜bue$^{22-21}$＞？

台中　①伊有欢喜无？i$^{44-22}$ u$^{22-21}$ huã$^{44-22}$ hi^{53} bo$^{24-21}$？②伊欢喜无？i$^{44-22}$ huã$^{44-22}$ hi^{53} bo$^{24-21}$？

漳州　①伊敢有欢喜？i$^{34-22}$ kã$^{52-34}$ u$^{22-21}$ huã$^{34-22}$ hi^{52}？②伊有欢喜无？i$^{34-22}$ u$^{22-21}$ huã$^{34-22}$ hi^{52} bo^{13}？

汕头　伊解欢喜＜无解＞？i^{33} oi$^{25-31}$ huã^{33} hi^{52} ＜boi$^{25-31}$＞？

揭阳　伊解欢喜＜无解＞？i^{33} oi$^{35-21}$ huã^{33} hi^{42} ＜boi$^{35-21}$＞？

海丰　伊解欢喜＜无解＞？i^{44} e$^{25-33}$ huã$^{44-33}$ hi^{52} ＜bei^{25}＞？

遂溪　伊有欢喜无？i^{24} u^{55} hua$^{24-33}$ hi^{41} vo^{22}？

雷州　①伊欢喜无欢喜？i^{24} huaŋ$^{24-33}$ hi^{42} bo$^{22-33}$ huaŋ$^{24-33}$ hi^{42}？②伊有无欢喜？i^{24} u$^{33-42}$ bo$^{22-33}$ huaŋ$^{24-33}$ hi^{42}？③伊有欢喜无？i^{24} u$^{33-42}$ huaŋ$^{24-33}$ hi^{42} bo^{22}？

文昌　伊冲无冲/欢喜无欢喜？i^{34} ʃoŋ^{34} bo$^{22-11}$ ʃoŋ^{34}/xua$^{34-42}$ xi^{31} bo$^{22-11}$ xua$^{34-42}$ xi^{31}？

三亚 ①伊高无高兴？i³³ kau³³ vo²² kau³³ heŋ²⁴？②伊有高兴无？i³³ u⁴² kau³³ heŋ²⁴ vo²²？③伊高兴无？i³³ kau³³ heŋ²⁴ vo²²？

参考文献

[1] 陈泽平. 福州方言研究 [M]. 福州：福建人民出版社，1998.
[2] 施其生. 论"有"字句 [J]. 语言研究，1996（1）.
[3] 施其生. 汉语方言中语言成分的同质兼并 [J]. 语言研究，2009（2）.

第二节 闽南方言的"形量"式形容词

一、"形量"式形容词

形容词和量词组合，一般构成一个前偏后正的偏正式词组，语法功能基本上和中心成分——量词相同，常常和数词、指示词再组合，所成的结构和一般的"数量结构""指数量结构"一样，可直接限制名词或单独作主宾语。例如普通话：

他一人就吃了三<u>大</u>碗面。
小娟切了一<u>小</u>块姜，在锅里擦了擦。
这一<u>大</u>缸水够我们家用三天的了。
五十几度的高粱酒，小李一连喝了三<u>大</u>杯。

像这样用法的"形+量"词组，闽南方言也有。但是闽南方言还有一类"形量"组合，功能完全和量词不同而和形容词相同。

（一）作谓语

下面是例句。
（1）这颗大，那颗小。

泉州 即粒<u>大粒</u>，迄粒<u>细粒</u>。tsit⁵⁵ liap²⁴ tua⁴¹⁻²² liap²⁴，hit⁵⁵ liap²⁴ sue⁴¹⁻⁵⁵ liap²⁴。

厦门 即粒<u>大粒</u>，迄粒<u>细粒</u>。tsit³²⁻⁵ liap⁵ tua²²⁻²¹ liap⁵，hit³²⁻⁵ liap⁵ sue²¹⁻⁵³

liap^5.

台中 即粒大粒，迄粒细粒。tsit$^{2-5}$ liap^3 tua$^{22-21}$ liap^3，hit$^{2-5}$ liap^3 se$^{21-53}$ liap^3.

漳州 即粒大粒，迄粒细粒。tsit$^{32-5}$ liap$^{121-21}$ tua$^{22-21}$ liap^{121}，hit$^{32-5}$ liap$^{121-21}$ se$^{21-52}$ liap^{121}.

汕头 只粒大粒，许粒细粒。tsi^{52} liap$^{5-2}$ tua^{31} liap^5，hɯ^{52} liap$^{5-2}$ soi$^{213-55}$ liap^5.

揭阳 只粒大粒，许粒细粒。tsi$^{42-53}$ liap$^{5-2}$ tua$^{22-21}$ liap^5，hɯ$^{42-53}$ liap$^{5-2}$ soi$^{213-52}$ liap^5.

海丰 只粒大粒，许粒细粒。tsi^{52} liap$^{4-3}$ tua$^{21-33}$ liap^4，hi^{52} liap$^{4-3}$ sei$^{213-55}$ liap^4.

遂溪 若个大个/大粒，许个细个/细粒。ia^{55} kai^{22} tua^{24} kai^{22}/ tua^{24} liap^3，ha^{55} kai^{22} soi$^{214-24}$ kai^{22}/ soi$^{214-24}$ liap^3.

雷州 这粒大粒，许粒细粒。zia^{553} liap^2 tua$^{24-33}$ liap^2，ha^{553} liap^2 soi$^{553-24}$ liap^2.

文昌 这粒大粒，许粒挈粒。ʥia$^{21-55}$ liap^3 tua$^{34-42}$ liap^3，fio$^{21-55}$ liap^3 niau$^{53-42}$ liap^3.

三亚 即颗大颗，那颗细颗。iʔ^{45} khuo^{33} ɗuo^{33} khuo^{33}，a^{45} khuo^{33} toi^{24} khuo^{33}.

（2）这个番薯真大。

泉州 即块番薯诚/野大。tsit$^{55-44}$ tɤ$^{41-55}$ han^{33}/an^{33} tsɯ^{24} tsiã$^{24-22}$ ia$^{55-24}$ tua$^{41-22}$.

厦门 ①即个番薯诚大股。tsit$^{32-5}$ e$^{24-22}$ han$^{44-22}$ tsu^{24} tsiã$^{24-22}$ tua$^{22-21}$ kɔ^{53}. ②即条番薯真大条。tsit$^{32-5}$ tiau$^{24-22}$ han$^{44-22}$ tsu^{24} tsin$^{44-22}$ tua$^{22-21}$ tiau^{24}.

台中 即粒番薯足大粒个。tsit$^{2-5}$ liap^3 han$^{44-22}$ tsi^{24} tsiɔk$^{21-5}$ tua$^{22-21}$ liap^3 e$^{24-22}$.

漳州 即粒番薯囗［se$^{34-22}$］大粒。tsit$^{32-5}$ le^{13} huan$^{34-22}$ tsi$^{13-22}$ se$^{34-22}$ tua$^{22-21}$ liap^{121}.

汕头 个番薯过大个。kai$^{55-31}$ huaŋ^{33} tsɯ^{55} kue$^{213-55}$ tua^{31} kai^{55}.

揭阳 个番薯过大个。kai$^{55-22}$ huaŋ^{33} tsɯ^{55} kue$^{213-42}$ tua$^{22-21}$ kai^{55}.

海丰 只个番薯好大个。tsi^{52} kai$^{55-22}$ haŋ^{44} tsi^{55} hɔ^{52} tua$^{21-33}$ kai^{55}.

雷州 这个番薯真大个。zia^{553} kai$^{22-33}$ huaŋ$^{24-33}$ tsu^{22} tsieŋ$^{24-33}$ tua$^{24-33}$ kai^{22}.

遂溪 若个番薯真是大个。ia^{55} kai^{22} huaŋ$^{24-33}$ tsu^{22} tsiŋ^{24} si$^{55-33}$ tua^{24} kai^{22}.

文昌 这枚番薯但顾大个/大枚。ʥia$^{21-55}$ mo$^{42-11}$ xun^{42} tu^{22} na$^{42-11}$ ku$^{21-55}$

ɗua³⁴⁻⁴² kai²²/ɗua³⁴⁻⁴² mo⁴².

三亚 即枚番薯真<u>大个</u>。iʔ⁴⁵ mo⁴⁵ aŋ³³ tsu³¹ tseŋ³³ ɗuo³³ kai²².

（3）非洲象当然比亚洲象大了。

泉州 非洲象当然比亚洲象恰<u>大隻</u>。hui³³ tsiu³³ tshiũ²² tɔŋ³³ lian²⁴⁻²² pi⁵⁵⁻²⁴ a³³ tsiu³³ tshiũ²² kha⁵⁵ tua⁴¹⁻²² tsiaʔ⁵⁵.

厦门 非洲象当然比亚洲象<u>大隻</u>。hui⁴⁴⁻²² tsiu⁴⁴⁻²² tshiũ²² tɔŋ⁴⁴⁻²² lian²⁴ pi⁵³⁻⁴⁴ a⁴⁴⁻²² tsiu⁴⁴ tshiũ²² tua²²⁻²¹ tsiaʔ³².

台中 非洲象当然比亚洲象恰<u>大隻</u>。hui⁴⁴⁻²² tsiu⁴⁴ tshiũ²² tɔŋ⁴⁴⁻²² len²⁴ pi⁵³⁻⁴⁴ a⁴⁴⁻²² tsiu⁴⁴ tshiũ²² khaʔ²⁻⁵ tua²²⁻²¹ tsiaʔ².

漳州 非洲象定着比亚洲象恰<u>大隻</u>。hui³⁴⁻²² tsiu³⁴⁻²² tshiɔ̃²² tiã²²⁻²¹ tioʔ¹²¹⁻²¹ pi⁵²⁻³⁴ a³⁴⁻²² tsiu³⁴⁻²² tshiɔ̃²² khaʔ³²⁻⁵ tua²²⁻²¹ tsiaʔ³².

汕头 非洲象硬虎<u>大隻</u>过亚洲象喏。hui³³ tsiu³³ tshiɔ̃²⁵ ŋẽ²⁵⁻³¹ hõu⁵² tua³¹ tsiaʔ² kue²¹³⁻³¹ a³³⁻³¹ tsiu³³⁻³¹ tshiɔ̃²⁵⁻³¹ nõ³¹.

揭阳 非洲象硬虎<u>大隻</u>过亚洲个。hui³³ tsiu³³ tshiɔ̃³⁵ ŋẽ²²⁻²¹ hõu⁴²⁻²⁴ tua²²⁻²¹ tsiaʔ²⁻³ kue²¹³⁻⁴² a³³ siu³³ kai⁵⁵⁻²².

海丰 ①非洲象当然<u>大隻</u>过亚洲象啰。hui⁴⁴⁻³³ tsiu⁴⁴⁻³³ tshiɔ̃²¹³ taŋ⁴⁴⁻³³ ziaŋ⁵⁵ tua²¹⁻³³ tsiaʔ³ kue²¹³ a⁴⁴⁻³³ tsiu⁴⁴⁻³³ tshiɔ̃²¹³ lɔ³³。②非洲象当然比亚洲象<u>大隻</u>啰。hui⁴⁴⁻³³ tsiu⁴⁴⁻³³ tshiɔ̃²¹³ taŋ⁴⁴⁻³³ ziaŋ⁵⁵ pi⁵²⁻²¹³ a⁴⁴⁻³³ tsiu⁴⁴⁻³³ tshiɔ̃²¹³ tua²¹⁻³³ tsiaʔ³ lɔ³³.

雷州 ①非洲象<u>大个</u>过亚洲象。bi²⁴ tsiu²⁴⁻³³ tshio³³ tua²⁴⁻³³ kai²²⁻³³ kue²¹ ia⁵⁵³ tsiu²⁴⁻³³ tshio³³。②非洲象比亚洲象<u>大个</u>。bi²⁴ tsiu²⁴⁻³³ tshio³³ pi⁴²⁻⁴⁴ ia⁵⁵³ tsiu²⁴⁻³³ tshoi³³ tua²⁴⁻³³ kai²².

遂溪 非洲象<u>大个</u>过亚洲象。vi²⁴ tsiu²⁴ tshio⁵⁵ tua²⁴ kai²² kue²¹⁴ ia⁵⁵ tsiu²⁴ tsio⁵⁵.

文昌 ①非洲象当然比亚洲象<u>大个</u>/<u>大枚</u>/<u>大隻</u>。xui³⁴ tɕiu³⁴⁻⁴² ʃio⁴² ɗaŋ³⁴⁻⁴² ʥien²² pi³² a³⁴ tɕiu³⁴⁻⁴² ʃio ɗua³⁴⁻⁴² kai²²/ɗua³⁴⁻⁴² mo⁴²/ɗua³⁴⁻⁴² tɕiaʔ⁵。②非洲象<u>大</u>/<u>大个</u>/<u>大枚</u>/<u>大隻</u>过亚洲象。xui³⁴ tɕiu³⁴⁻⁴² ʃio⁴² ɗua³⁴/ ɗua³⁴⁻⁴² kai²²/ɗua³⁴⁻⁴² mo⁴²/ɗua³⁴⁻⁴² tɕiaʔ⁵ kue²¹ a³⁴ tɕiu³⁴⁻⁴² ʃio⁴².

三亚 非洲象当然比亚洲象<u>大条</u>/<u>大个</u>。voi³³ tsiu³³ tshio⁴² ɗaŋ³³ zeŋ²² ɓi³¹ a³³ tsiu³³ tshio⁴² ɗuo³³ tiau²²/ɗuo³³ kai²².

除闽南-台湾片外，其他地方作谓语的形容词有时可带一个程度补语，这种"形量"组合也是可以的①。

（4）北方来的圆白菜大得多。

汕头　北头来个高丽大个□［hoʔ²⁻⁵］穄。pak²⁻⁵ thau⁵⁵ lai⁵⁵ kai⁵⁵⁻³¹ ko³³ le²⁵ tua³¹ kai⁵⁵⁻³¹ hoʔ²⁻⁵ tsoi³¹.

揭阳　北方来个高丽大个□［hoʔ²⁻³］穄［tsoi²²］。pak²⁻³ hŋ³³ lai⁵⁵⁻²² kai⁵⁵⁻²² ko³³ le³⁵ tua²²⁻²¹ kai⁵⁵⁻²² hoʔ²⁻³ tsoi²².

海丰　北方来个椰菜大个（得）穄。pak³⁻⁴ hŋ⁴⁴/huaŋ⁴⁴ lai⁵⁵ kai⁵⁵⁻²² ia⁵⁵⁻²² tshai²¹³ tua²¹⁻³³ kai⁵⁵⁻²²（tit³⁻⁴）tsei²¹.

雷州　北方来个椰子菜大个/大丛得穄。pak⁵ huaŋ²⁴ lai²²⁻³³ kai²²⁻³³ io²²⁻³³ tsi⁴²⁻⁴⁴ tshai²¹ tua²⁴⁻²² kai²²/tua²⁴⁻²² tsaŋ²² tik⁵ tsoi²⁴.

遂溪　北方来个椰子菜大丛得穄。pak⁵⁴ huaŋ²⁴ lai²² a²²⁻³³ ie²² tsi⁴¹ tshai²¹⁴ tua²⁴ tsaŋ²² tik⁵⁴ tsoi²⁴.

文昌　北方个椰子菜大个。pak⁵ xoŋ³⁴⁻⁴² kai²²⁻¹¹ ɦia²²⁻¹¹ tʃi³¹⁻³³ ʃai²¹ ɗua³⁴⁻⁴² kai²².

三亚　北方来个椰子菜大个穄。ɓa⁴⁵ vaŋ³³ lai²² kai²² io³¹ tsi²² tshai²⁴ ɗuo³³ kai²² tsoi³³.

（二）作补语

下面是例句。

（5）这些粉丝做得比较细。

泉州　□［tsuai⁵⁵⁻²⁴］个冬粉做咧恰幼条。tsuai⁵⁵⁻²⁴ e²⁴⁻²² taŋ³³ hun⁵⁵ tsue⁴¹⁻²² le²² khaʔ⁵⁵ iu⁴¹⁻⁵⁵ tiau²⁴.

厦门　□［tsia²⁴］（个）冬粉做咧恰幼条。tsia²⁴（e²⁴⁻²²）taŋ⁴⁴⁻²² hun⁵³ tsue²¹⁻⁵³ leʔ³²⁻⁵ khaʔ³²⁻⁵ iu²¹⁻⁵³ tiau²⁴.

台中　□［tsia⁵³］个粉丝做咧恰幼条。tsia⁵³ e²⁴⁻²² hun⁵³⁻⁴⁴ si⁴⁴ tso²¹⁻⁵³ le⁴⁴ khaʔ²⁻⁵ iu²¹⁻⁵³ tiau²⁴.

漳州　□［tsiaʔ³²⁻⁵²］个粉丝做了恰幼条。tsiaʔ³²⁻⁵² e¹³⁻²² hun⁵²⁻³⁴ si³⁴ tso²¹⁻⁵² liau⁵² khaʔ³²⁻⁵ iu²¹⁻⁵² tiau¹³.

汕头　只撮粉签做来（解）□［iau⁵²⁻²⁴］幼条。tsi⁵²⁻²⁴ tshoʔ²⁻⁵ huŋ⁵²⁻²⁴ tshiam³³ tso²¹³⁻⁵⁵ lai⁵⁵（oi²⁵⁻³¹）iau⁵²⁻²⁴ ĩu²¹³⁻⁵⁵ tiau⁵⁵.

---

①　闽南-台湾片因为形容词后一般不带程度补语，作补语的"形+量"后也不用程度补语，如例（4）泉州说成"北方来个高丽菜加野大粒"。

揭阳 只撮粉签做来（解）□［iau$^{42-24}$］/□［liau$^{42-24}$］细条。tsi$^{42-24}$ tsho?$^{2-3}$ huŋ$^{42-24}$ tshiam^{33} tso$^{213-52}$ lai^{55}（oi$^{35-21}$）iau$^{42-24}$/liau$^{42-24}$ soi$^{213-53}$ tiau^{55}.

海丰 只乃粉丝做得卡细条/幼条。tsi^{52} nai^{55} hun$^{52-213}$ si^{44} tsɔ$^{213-55}$ tit$^{3-4}$ kha?$^{3-4}$ sei$^{213-55}$ tiau^{55}/iu$^{213-55}$ tiau^{55}.

雷州 这乃粉团做得比较细条/呢条。zia^{553} nai^{553} huŋ$^{42-44}$ kia^{42} tso$^{21-44}$ tiek^{5} pi^{42} kiau^{21} soi$^{21-44}$ tiau^{22}/ni^{553} tiau^{22}.

遂溪 若乃粉团做倒比较细条/呢条。ia^{55} nai^{55} huŋ^{41} kia^{41} tso^{55} to^{41} pi^{41} kiau^{24} soi$^{214-24}$ tiau^{22}/ni^{55} tiau^{22}.

文昌 这□［ɖe$^{34-42}$］粉丝但顾幼条。ʥiak$^{21-55}$ ɖe$^{34-42}$ fiun$^{31-33}$ ti^{34} na$^{42-11}$ ku$^{21-55}$ iu^{31} ɗiau^{22}.

三亚 即穪刺粉做得比较幼条。i?^{33} tsoi^{33} tshi^{24} hun^{31} tso^{45} ɗi?^{45} 6i^{31} kiau^{24} iu^{24} ɗiau^{22}.

（三）作定语

一般的数量结构在名词前作定语时不能加结构助词，形容词可以，这种"形量"组合通常要加结构助词。下面是例句。

（6）大的鱼肉比较粗。

泉州 ①大尾个鱼肉恰粗。tua$^{41-22}$ bɤ$^{55-24}$ e$^{24-22}$/ɤ$^{24-22}$ hɯ^{24} hiak^{24} kha?^{55} tshɔ^{33}。②大隻鱼个肉恰粗。tua$^{41-22}$ tsia?^{55} hɯ^{24} e$^{24-22}$ hiak^{24} kha?^{55} tshɔ^{33}.

厦门 大隻鱼□［ba?^{32}］恰粗。tua$^{22-21}$ tsia?$^{32-53}$ hi$^{24-22}$ ba?^{32} kha?$^{32-5}$ tshɔ^{44}.

台中 大尾个鱼□［ba?^{2}］恰老。tua$^{22-21}$ bue^{53} e$^{24-22}$ hi^{24} ba?^{2} kha?$^{2-5}$ lau^{22}.

漳州 大尾 鱼 仔 □［ba?^{21}］恰 粗。tua$^{22-21}$ bue^{52} hi$^{13-22}$ a^{52} ba?^{21} kha?$^{32-5}$ tshɔ^{34}.

汕头 大条/大尾个鱼，肉解□［iau$^{52-24}$］粗。tua^{31} tiau^{55}/tua^{31} bue^{52} kai$^{55-31}$ hɯ$^{55-31}$，nek^{5} oi$^{25-31}$ iau$^{52-24}$ tshou^{33}.

揭阳 大条个鱼，肉（解）□［iau$^{42-24}$］/□［liau$^{42-24}$］粗。tua$^{22-21}$ tiau^{55} kai$^{55-22}$ hɯ^{55}，nek^{5}（oi$^{35-21}$）iau$^{42-24}$/liau$^{42-24}$ tshou^{33}.

海丰 大条个鱼，□［ba?^{3}］恰粗。tua$^{21-33}$ tiau^{55} kai$^{55-22}$ hi$^{55-22}$，ba?^{3} kha?$^{3-4}$ tshou^{44}.

雷州 大个个鱼，阿肉比较粗。tua$^{24-33}$ kai$^{22-33}$ kai$^{22-33}$ hu^{22}，a^{55} hip^{2} pi^{42} kiau$^{21-44}$ tsheu^{24}.

遂溪 大条鱼个肉，比较粗。tua^{24} tiau^{22} hu^{22} a$^{22-33}$ hiep^{3}，pi^{41} kiau^{24} tsheu^{24}.

文昌 大枚/大隻/大条个鱼肉粗。ɗua$^{34-42}$ mo^{42}/ɗua$^{34-42}$ tɕia$ʔ^5$/ɗua$^{34-42}$ tiau^{22} kai$^{22-11}$ fiu^{22} iok$^{3-1}$ ʃou^{34}.

三亚 大条个鱼肉比较粗。ɗuo^{33} tiau^{22} kai^{22} hu^{22} hia$ʔ^{42}$ ɓi^{31} kiau^{24} tshou^{33}.

(四) 作主语

形容词在一定的句法条件下可直接作主语，这种"形量"组合也可以。下面是例句。

(7) 粒儿大不好吗？

泉州 ①恰大粒唔好□［hẽ^{41}］？kha$ʔ^{55}$ tua$^{41-22}$ liap^{24} m̩$^{41-22}$ ho^{55} hẽ^{41}？②恰大粒哪解无好啊？kha$ʔ^{55}$ tua$^{41-22}$ liap^{24} nã^{55} e$^{41-22}$ bo$^{24-22}$ ho^{55} a^{31}？

厦门 大粒有甚乜无好？tua$^{22-21}$ liap^5 u$^{22-21}$ sim$^{53-44}$ mĩ$ʔ^{2-5}$ bo$^{24-22}$ ho^{53}？

台中 大粒无好吗？tua$^{22-21}$ liap^3 bo$^{24-22}$ ho^{53} ma^{44}？

漳州 ①大粒敢无恰好？tua$^{22-21}$ liap$^{121-21}$ kã$^{52-34}$ bo$^{13-22}$ ka$ʔ^{32-5}$ ho^{52}？②大粒无恰好□［hɛ^{31}］？tua$^{22-21}$ liap$^{121-21}$ bo$^{13-22}$ ka$ʔ^{32-5}$ ho^{52} hɛ^{31}？

汕头 ①大粒未是唔孬？tua^{31} liap^5 bue^{31} si$^{2-31}$ m̩$^{25-31}$ mo^{52}？②大粒无用□［hẽ^{31}］？tua^{31} liap^5 bo$^{55-31}$ eŋ^{31} hẽ^{31}？

揭阳 大粒＜无解＞是孬？tua$^{22-21}$ liap^5 ＜boi$^{35-21}$＞ si$^{35-21}$ mo$^{42-53}$？

海丰 大粒唔孬啊？tua$^{21-33}$ liap^4 m̩$^{25-33}$ mɔ^{52} a^{33}？

雷州 大粒无好□［he^{33}］/呢？tua^{24} liap^2 bo$^{22-33}$ ho^{42} he^{33}/no^{55}？

遂溪 大粒无好么？tua^{24} liap^3 bo^{22} ho^{41} mo^{41}？

文昌 大粒无使？ɗua^{34} liap^5 bo$^{22-11}$ ʃai^{31}？

三亚 大粒无好吗？ɗuo^{33} le$ʔ^{33}$ vo^{22} ho^{31} ma$ʔ^{45}$？

二、重叠式"形量"形容词

闽南方言的形容词可以重叠，双音节形容词有"ABAB"和"AABB"等重叠形式，"形量"组合有"ABAB"和"AAB"两种形式。形容词重叠式的语法性质变成状态形容词，在句中常作补语、谓语和定语，语义上描状性较强，并伴随一定的程度减弱或增强的意义。这种"形量"组合也一样，不过重叠形式通常是"ABAB"和"AAB"。"ABAB"式描状性较强，多作补语，偶或作谓语；"AAB"式程度较强，可作谓语、补语和定语。

(一)"ABAB"式或"AAB"式重叠作补语

下面是例句。

(8) 他爱人长得小巧玲珑的。

泉州 伊个爱人生遘细粒细粒。i³³ e²⁴⁻²² ai⁴¹⁻⁵⁵ lin²⁴ sĩ³³ ã⁵⁵⁻²⁴ sue⁴¹⁻⁵⁵ liap²⁴⁻²² sue⁴¹⁻⁵⁵ liap²⁴.

厦门 ①侬某生遘细粒细粒。in⁴⁴⁻²² bɔ⁵³ sĩ⁴⁴⁻²² a²¹⁻⁵³⁻⁴⁴ sue²¹⁻⁵³ liap⁵⁻²¹ sue²¹⁻⁵³ liap⁵. ②侬某生遘细细粒。in⁴⁴⁻²² bɔ⁵³ sĩ⁴⁴⁻²² a²¹⁻⁵³⁻⁴⁴ sue²¹⁻⁵³ sue²¹⁻⁵³ liap⁵.

台中 伊个某生着细粒籽细粒籽。i⁴⁴⁻²² e²⁴⁻²² bɔ⁵³ sẽ⁴⁴⁻²² tioʔ³ se²¹⁻⁵³ liap³⁻² tsi⁵³⁻⁴⁴ se²¹⁻⁵³ liap³⁻² tsi⁵³.

漳州 ①侬某生做细粒籽细粒籽。in³⁴⁻²² bo⁵² sẽ³⁴⁻²² tso²¹⁻⁵² se²¹⁻⁵² liap¹²¹⁻²¹ tsi⁵²⁻³⁴ se²¹⁻⁵² liap¹²¹⁻²¹ tsi⁵². ②侬某生做细细个仔。in³⁴⁻²² bo⁵² sẽ³⁴⁻²² tso²¹⁻⁵² se²¹⁻⁵² se²¹⁻⁵² kɔ²¹ a⁵².

汕头 ①伊阿老生来细粒细粒(呤)。i³³ a³³ lau²⁵ sẽ³³ lai⁵⁵ soi²¹³⁻⁵⁵ liap⁵⁻² soi²¹³⁻⁵⁵ liap⁵ (nẽ³¹). ②伊阿老生来细细粒(呤)。i³³ a³³ lau²⁵ sẽ³³ lai⁵⁵ soi²¹³⁻⁵⁵ soi²¹³⁻⁵⁵ liap⁵ (nẽ³¹).

揭阳 ①伊阿老生来细粒细粒。i³³ a³³ lau³⁵ sẽ³³ lai⁵⁵ soi²¹³⁻⁴² liap⁵⁻² soi²¹³⁻⁴² liap⁵. ②伊阿老生来细细粒。i³³ a³³ lau³⁵ sẽ³³ lai⁵⁵ soi²¹³⁻⁴² soi²¹³⁻⁴² liap⁵.

海丰 伊个某生来细粒细粒(仔)。i⁴⁴⁻³³ ai⁵⁵⁻²² bɔu⁵² sẽ⁴⁴⁻³³ lai⁵⁵ sei²¹³⁻⁵⁵ liap⁴⁻³ sei²¹³⁻⁵⁵ liap⁴ (ã⁵²⁻²¹³).

雷州 伊个嫜/老婆生得□[ni⁵⁵³]个□[ni⁵⁵³]个。i²⁴ kai²²⁻³³ niaŋ²⁴/lau⁴²⁻⁴⁴ pho²² se²⁴ tik⁵ ni⁵⁵³ kai²² ni⁵⁵³ kai²²⁻²¹.

遂溪 ①伊老婆生倒呢个呢个□[kiaʔ³¹]。i²⁴ lau⁴¹ pho²² se²⁴ to⁴ ni⁵⁵ kai²² ni⁵⁵ kai²² kiaʔ³¹. ②伊老婆生倒呢呢个□[kiaʔ³¹]。i²⁴ lau⁴¹ pho²² se²⁴ to⁴² ni⁵⁵ ni⁵⁵ kai²² kiaʔ³¹.

文昌 伊老婆挈粒。i³⁴ lau⁴²⁻¹¹ ɸo²² niau⁵³⁻⁴² liap³.

三亚 伊个爱侬生得挈个挈个(个)。i³³ kai²² ai²⁴ naŋ²² te³³ ɗiʔ⁴⁵ niauʔ⁴⁵ kai²² niauʔ⁴⁵ kai²² (kai²²).

(二)"AAB"式或"ABAB"式重叠作谓语

下面是例句。

(9) 那棵树很大。

泉州 迄丛树<u>大大丛</u>。hit^{55} tsaŋ$^{24-22}$ tshiu^{41} tua$^{41-22}$ tua$^{41-22}$ tsaŋ^{24}.

厦门 迄丛树囝<u>大大丛</u>。hit$^{32-5}$ tsaŋ$^{24-22}$ tshiu$^{22-21}$ a^{53} tua$^{22-21}$ tua$^{22-21}$ tsaŋ^{24}.

台中 迄丛树仔真<u>大丛</u>。hit$^{2-5}$ tsaŋ$^{24-22}$ tshiu^{22} a^{53} tsin$^{44-22}$ tua$^{22-21}$ tsaŋ^{24}.

漳州 迄丛树<u>大大丛</u>。hit$^{32-5}$ tsaŋ$^{13-22}$ tshiu^{22} tua$^{22-21}$ tua$^{22-21}$ tsaŋ^{13}.

汕头 丛树<u>大大丛</u>。tsaŋ$^{55-31}$ tshiu^{31} tua^{31} tua^{31} tsaŋ^{55}.

揭阳 丛树<u>大大丛</u>。tsaŋ$^{55-22}$ tshiu^{22} tua$^{22-21}$ tua$^{22-21}$ tsaŋ^{55}.

海丰 许丛树<u>大大丛</u>。hi^{52} tsaŋ$^{55-22}$ tshiu^{21} tua$^{21-33}$ tua$^{21-33}$ tsaŋ^{55}.

雷州 许丛树<u>大大丛</u>。ha^{553} tsaŋ$^{22-33}$ tshiu$^{553-24}$ tua$^{24-33}$ tua^{24} tsaŋ^{22}.

遂溪 许丛树<u>大大丛</u>。ha^{55} tsaŋ^{22} tshiu^{24} tua$^{24-33}$ tua$^{24-33}$ tsaŋ^{22}.

文昌 这丛树<u>大大丛</u>。ʥia$^{21-55}$ taŋ$^{22-11}$ ʃiu^{34} ɖua$^{34-42}$ ɖua$^{34-42}$ taŋ^{22}.

三亚 那棵树很大。aʔ^{45} khuo^{33} tshiu^{45} heŋ^{31} ɖuo^{33}.

(10) 这种西红柿个儿小小的。

泉州 即种柑仔得（个粒）<u>细细粒</u>。tsit^{55} tsiɔŋ$^{55-24}$ kam^{33} ã$^{55-24}$ tit^{55}（e$^{24-22}$ liap^{24}）sue$^{41-55}$ sue$^{41-55}$ liap^{24}.

厦门 ①即款臭柿囝<u>细粒细粒</u>。tsit$^{32-5}$ khuan$^{53-44}$ tshau$^{21-53}$ khi$^{22-21}$ a^{53} sue$^{21-53}$ liap$^{5-21}$ sue$^{21-53}$ liap^5. ②即款臭柿囝<u>细细粒</u>。tsit$^{32-5}$ khuan$^{53-44}$ tshau$^{21-53}$ khi$^{22-21}$ a^{53} sue$^{21-53}$ sue$^{21-53}$ liap^5.

台中 ①即种他吗度<u>细粒细粒</u>。tsit$^{2-5}$ tsiɔŋ$^{53-44}$ tha$^{44-22}$ ma^{44} tɔ^{21} se$^{21-53}$ liap$^{3-2}$ se$^{21-53}$ liap^3. ②即种他吗度<u>细细粒</u>仔。tsit$^{2-5}$ tsiɔŋ$^{53-44}$ tha$^{44-22}$ ma^{44} tɔ^{21} se$^{21-53}$ se$^{21-53}$ liap^3 a^{53}.

漳州 ①即种臭柿仔<u>细粒细粒</u>。tsit$^{32-5}$ tsiŋ$^{52-34}$ tshau$^{21-52}$ khi$^{22-21}$ a^{52} se$^{21-52}$ liap$^{121-21}$ se$^{21-52}$ liap^{121}. ②即种臭柿仔<u>细细粒</u>仔。（更小）tsit$^{32-5}$ tsiŋ$^{52-34}$ tshau$^{21-52}$ khi$^{33-21}$ a^{52} se$^{21-52}$ se$^{21-52}$ liap$^{121-21}$ a^{52}.

汕头 ①者番茄<u>细粒细粒</u>。tsia$^{52-24}$ huaŋ^{33} kio^{55} soi$^{213-55}$ liap$^{5-2}$ soi$^{213-55}$ liap^5. ②者番茄<u>细细粒</u>。（更小）tsia$^{52-24}$ huaŋ^{33} kio^{55} soi$^{213-55}$ soi$^{213-55}$ liap^5.

揭阳 者番茄<u>细粒细粒</u>。tsia$^{42-24}$ huaŋ^{33} kio^{55} soi$^{213-42}$ liap$^{5-2}$ soi$^{213-53}$ liap^5.

海丰 只项番茄<u>细细个</u>（仔）。tsi^{52} haŋ$^{25-33}$ huaŋ$^{44-33}$ kiɔ^{55} se$^{213-55}$ se$^{213-55}$ kai$^{55-22}$（ã^{52}）.

雷州 这种番茄<u>细细个</u>。zia^{553} tsiaŋ^{42} huaŋ$^{24-33}$ kio^{22} soi$^{21-44}$ soi^{21} kai$^{22(-55)}$.

遂溪 若种番茄<u>细细个</u>/<u>细细粒</u>/<u>细粒细粒</u>。ia^{55} tsiaŋ^{41} huaŋ$^{24-33}$ kio^{22} soi$^{214-55}$ soi$^{214-55}$ kai^{22}/soi$^{214-55}$ soi$^{214-55}$ liap^3/soi$^{214-55}$ liap^3 soi$^{214-55}$ liap^3.

文昌 这种西红柿<u>孥孥个</u>。ʥia$^{21-55}$ tʃiaŋ^{31} tai$^{34-42}$ aŋ$^{22-11}$ ʃi^{42} niau$^{53-42}$ niau$^{53-42}$ kai^{22}.

三亚　即种西红柿筿筿个/筿个筿个。i?⁴⁵ tsiaŋ³¹ tai³³ aŋ²² tshi²⁴ niau?⁴⁵ niau?⁴⁵ kai²²/niau?⁴⁵ kai²² niau?⁴⁵ kai²².

(三)"AAB"重叠式加结构助词"个"作定语

下面是例句。

(11) 买了一斤很细的粉丝。

泉州　买了蜀斤幼幼条个冬粉。bue⁵⁵⁻²⁴ liau⁵⁵ tsit²⁴⁻²² kun³³ iu⁴¹⁻⁵⁵ iu⁴¹⁻⁵⁵ tiau²⁴ e²⁴⁻²² taŋ³³ hun⁵⁵.

厦门　买蜀斤真幼个冬粉。bue⁵³⁻⁴⁴ tsit⁵⁻²¹ kun⁴⁴⁻²² tsin⁴⁴⁻²² iu²¹ e²⁴⁻²² taŋ⁴⁴⁻²² hun⁵³.

台中　买蜀斤足幼个粉丝。be⁵³⁻⁴⁴ tsit³⁻² kin⁴⁴ tsiɔk²⁻⁵ iu²¹⁻⁴⁴ e²⁴⁻²² taŋ⁴⁴⁻²² hun⁵³.

漳州　买了蜀斤幼幼条个粉丝。be⁵²⁻³⁴ liau⁵² tsit¹²¹⁻²¹ kiŋ³⁴ iu²¹⁻⁵² iu²¹⁻⁵² tiau¹³ e¹³⁻²² hun⁵²⁻³⁴ si³⁴.

汕头　买了蜀斤细细条个粉签。boi⁵²⁻²⁴ liau⁵²⁻²⁴ tsek⁵⁻² kɯŋ³³ soi²¹³⁻⁵⁵ soi²¹³⁻⁵⁵ tiau⁵⁵ kai⁵⁵⁻³¹ huŋ⁵²⁻²⁴ tshiam³³.

揭阳　买了蜀斤细细条个粉签。boi⁴²⁻²⁴ liau⁴²⁻²⁴ tsek⁵⁻² keŋ³³ soi²¹³⁻⁴² soi²¹³⁻⁴² tiau⁵⁵ kai⁵⁵⁻²² huŋ⁴²⁻²⁴ tshiam³³.

海丰　买了斤细细条个粉丝。be⁵²⁻²¹³ liau⁵²⁻²¹³ kin⁴⁴⁻³³ se²¹³⁻⁵⁵ se²¹³⁻⁵⁵ tiau⁵⁵ ai⁵⁵⁻²² hun⁵²⁻²¹³ si³⁴.

雷州　买了(蜀)斤呢呢条个粉团。boi⁴²⁻⁴⁴ liau⁴²⁻⁴⁴ (iek²⁻⁵) kiŋ²⁴ ni⁵⁵³⁻²⁴ ni⁵⁵³ tiau²² kai²²⁻³³ huŋ⁴²⁻⁴⁴ kia⁴².

遂溪　买斤呢呢条粉团。voi⁴¹ kien²⁴ ni⁵⁵ ni⁵⁵ tiau²² huŋ⁴¹ kia⁴¹.

文昌　买了蜀斤筿筿条个粉丝。boi³¹ liau³¹ ʤiak³⁻¹ kien³⁴ niau⁵³⁻⁴² niau⁵³ tiau²² kai²²⁻¹¹ ɦun³¹⁻³³ ti³⁴.

三亚　买了蜀斤幼幼条个刺粉。voi³¹ liau³¹ zio?³³ keŋ³³ iu²⁴⁻²² iu²⁴ ɗiau²² kai²² tshi²⁴ hun³¹.

(四) 其他"形量"组合词汇

这种性质的"形量"组合在粤方言和客家方言中也普遍存在，但是一般只限于相当于普通话"大"和"小"的形容词素。闽南方言所用的形容词素有扩大化的倾向，不少地方还可用"长、短、粗、幼(细)、□[₋tsau/₋tsiau]

(匀)、薄、瘠(瘦)"等形容词素和量词组合,不过这些词素都与量词素的选择有更严的限制,从这点上说,所组成的"形量"组合词汇性更强。上述例句中已可见到还有"挈条"(文昌),"挈个"(文昌、三亚),"幼条"(泉州、厦门、台中、漳州、三亚)等,下面再举一些例子。

(12) 西洋参比较小,短短的,人参比较长。

泉州 西洋参恰细粒,<u>短节短节</u>,人参恰<u>长条</u>。se³³ iɔŋ²⁴⁻²² sɤm³³ khaʔ⁵⁵ sue⁴¹⁻²² liap²⁴, tɤ⁵⁵⁻²⁴ tsat⁵⁵ tɤ⁵⁵⁻²⁴ tsat⁵⁵, lin²⁴ sɤm³³ khaʔ⁵⁵ tŋ²⁴⁻²² tiau²⁴.

厦门 洋参恰细粒,<u>短节短节</u>,人参恰<u>长条</u>。iũ²⁴⁻²² sɔŋ⁴⁴ khaʔ³²⁻⁵ sue²¹⁻⁵³ liap⁵, te⁵³⁻⁴⁴ tsat³²⁻⁵ te⁵³⁻⁴⁴ tsat³², lin²⁴⁻²² sɔŋ⁴⁴ khaʔ³²⁻⁵ tŋ²⁴⁻²² tiau²⁴.

台中 ①洋参恰细粒,<u>短节</u>,人参恰<u>长条</u>。iũ²⁴⁻²² siŋ⁴⁴ khaʔ²⁻⁵ se²¹⁻⁵³ liap³, te⁵³⁻⁴⁴ tsak², lin²⁴⁻²² siŋ⁴⁴ khaʔ²⁻⁵ tŋ²⁴⁻²² tiau²⁴. ②洋参恰<u>短节短节</u>,人参恰长条。iũ²⁴⁻²² siŋ⁴⁴ khaʔ²⁻⁵ te⁵³⁻⁴⁴ tsak² te⁵³⁻⁴⁴ tsak², lin²⁴⁻²² siŋ⁴⁴ khaʔ²⁻⁵ tŋ²⁴⁻²² tiau²⁴.

漳州 西洋参恰细粒,<u>短节短节</u>,人参恰<u>长条</u>。se³⁴⁻²² iɔ̃¹³⁻²² som³⁴ khaʔ³²⁻⁵ se²¹⁻⁵² liap¹²¹⁻²¹, te⁵²⁻³⁴ tsat³²⁻⁵ te⁵²⁻³⁴ tsat³²⁻⁵, zin¹³⁻²² som³⁴ khaʔ³²⁻⁵ tŋ¹³⁻²² tiau¹³.

汕头 洋参(解)□[iau⁵²⁻²⁴]细粒,<u>短节短节</u>,人参(解)□[iau⁵²⁻²⁴]<u>长条</u>。iõ⁵⁵⁻³¹ siam³³ (oi²⁵⁻³¹) iau⁵²⁻²⁴ soi²¹³⁻⁵⁵ liap⁵, to⁵²⁻²⁴ tsak²⁻⁵ to⁵²⁻²⁴ tsak², ziŋ⁵⁵⁻³¹ siam³³ (oi²⁵⁻³¹) iau⁵²⁻²⁴ tɯŋ⁵⁵⁻³¹ tiau⁵⁵.

揭阳 洋参(解)□[iau⁴²⁻²⁴]/□[liau⁴²⁻²⁴]细粒,<u>短节短节</u>,人参(解)□[iau⁴²⁻²⁴]/□[liau⁴²⁻²⁴]<u>长条</u>。ĩo⁵⁵⁻²² sim³³ (oi³⁵⁻²¹) iau⁴²⁻²⁴/liau⁴²⁻²⁴ soi²¹³⁻⁵³ liap⁵, to⁴²⁻²⁴ tsak²⁻³ to⁴²⁻²⁴ tsak², zeŋ⁵⁵⁻²² sim³³ (oi³⁵⁻²¹) iau⁴²⁻²⁴/liau⁴²⁻²⁴ tɯŋ⁵⁵⁻²² tiau⁵⁵.

海丰 西洋参恰细条,<u>短节短节</u>,人参恰<u>长条</u>。sai⁴⁴⁻³³ iɔ̃⁵⁵⁻²² sɔm⁴⁴ khaʔ³⁻⁴ sei²¹³⁻⁵⁵ tiau⁵⁵, tie⁵²⁻²⁵ tsak³⁻⁴ tie⁵²⁻²⁵ tsak³, zin⁵⁵⁻²² sɔm⁴⁴ khaʔ³⁻⁴ twŋ⁵⁵⁻²² tiau⁵⁵.

雷州 西洋参比较细/□[ni⁵⁵],<u>短节短节</u>,人参(比)较长。sai²⁴⁻³³ io²² sem²⁴ pi⁴² kiau²¹⁻⁴⁴ soi²¹/ni⁵⁵, te⁴²⁻⁴⁴ tsak⁵ te⁴² tsak⁵⁻², zieŋ²²⁻³³ sem²⁴ (pi⁴²) kiau²¹⁻⁴⁴ to²².

遂溪 西洋参比较细条,<u>短节短节</u>,人参比较<u>长条</u>。sai²⁴⁻³³ io²² tsham²⁴ pi⁴¹ kiau²⁴ soi²¹⁴⁻²⁴ tiau²², te⁴¹ tsiet⁵⁴ te⁴¹ tsiet⁵⁴, naŋ²² tsham²⁴ pi⁴¹ kiau²⁴ to²² tiau²².

文昌 西洋参挈条,<u>短节</u>,人参长条。tai³⁴⁻⁴² io²²⁻¹¹ ʃam³⁴ niau⁵³⁻⁴² tiau²², ɗe³¹⁻³³ tat⁵, naŋ²²⁻¹¹ ʃam³⁴ to²²⁻¹¹ ɗiau²².

三亚 西洋参比较细条,<u>短条短条</u>/<u>短短条</u>,人参比较<u>长条</u>。tai³³ io²² tshaŋ^{33} 6i^{31} kiau^{24} toi^{24} ɗiau^{22}，ɗe^{31} ɗiau^{22} ɗe^{31} ɗiau^{22}/ɗe^{31} ɗe^{31} ɗiau^{22}，naŋ^{22} tshaŋ^{33} 6i^{31} kiau^{24} ɗo^{22} ɗiau^{22}.

（13）这袋花生米粒儿比较均匀。

泉州 即袋地豆恰□［tsau$^{24-22}$］粒。tsit$^{55-44}$ tɤ$^{41-55}$ thɔ$^{41-22}$ tau^{41} khaʔ^{55} tsau$^{24-22}$ liap^{24}.

厦门 即袋<落花>生恰□［tsiau$^{24-22}$］粒。tsit$^{32-5}$ te$^{22-21}$ <lua^{22}> siŋ^{44} khaʔ$^{32-5}$ tsiau$^{24-22}$ liap^5.

台中 即袋涂豆粒恰□［tsiau^{24}］。tsit$^{2-5}$ te^{22} thɔ$^{24-22}$ tau^{22} liap^3 khaʔ$^{2-5}$ tsiau^{24}.

漳州 即袋仔<落花>生恰□［tsiau$^{13-22}$］粒。tsit$^{32-5}$ te$^{21-44}$ a^{52} <lua$^{34-22}$> siŋ^{34} khaʔ$^{32-5}$ tsiau$^{13-22}$ liap^{121}.

汕头 只袋地豆仁（觖）□［iau$^{53-24}$］□［tsau$^{55-31}$］粒。tsi$^{52-24}$ to^{31} ti^{31} tau^{31} ziŋ^{55}（oi$^{25-31}$）iau$^{53-24}$ tsau$^{55-31}$ liap^5.

揭阳 只袋地豆（觖）□［iau$^{42-24}$］/□［liau$^{42-24}$］□［tsau$^{55-22}$］粒。tsi$^{42-24}$ to$^{22-21}$ ti$^{22-21}$ tau^{22}（oi$^{35-21}$）iau$^{42-24}$/liau$^{42-24}$ tsau$^{55-22}$ liap^5.

海丰 只袋地豆米恰□［tsiau$^{55-22}$］粒/粒恰□［tsiau^{55}］。tsi^{52} te$^{21-33}$ ti^{21} tau^{21} bi^{52} khaʔ$^{3-4}$ tsiau$^{55-22}$ liap^4/liap^4 khaʔ$^{3-4}$ tsiau^{55}.

雷州 这袋番豆仁比较平□［tsiau^{22}］。zia^{553} te^{24} huaŋ$^{24-33}$ tau$^{24-33}$ zien^{22} pi^{42} kiau$^{21-44}$ pe^{22} tsiau^{22}.

遂溪 若袋番豆仁□［tsiau^{22}］粒□［tsiau^{22}］粒。ia^{55} te^{24} huaŋ$^{24-33}$ tau^{55} ien^{22} tsiau^{22} liap^3 tsiau^{22} liap^3.

文昌 这袋番豆仁但顾平□［ʧiau^{22}］。ʤiak$^{21-55}$ ɗe^{34} fiun^{34} ɗau$^{34-42}$ ʤien^{22} na$^{42-11}$ ku$^{21-55}$ 6e$^{22-11}$ ʧiau^{22}.

三亚 即袋番豆米比较平大。iʔ^{45} te^{33} huaŋ^{33} tau^{33} vi^{31} 6i^{31} kiau^{24} 6e^{22} ɗuo^{33}.

此外还有"薄片（身子瘦薄貌）"见于屯昌、文昌、漳州、台中，"瘠片（身子瘦薄）""弱个（身形瘦弱貌）"见于屯昌，"瘠条（瘦长貌）"见于汕头、海丰，"矮丛"见于汕头等地。

综上所述，这种"形量"组合和闽南方言一般的形容词在语法功能上基本一致，不过组合功能上和一般形容词有一点不同之处，就是修饰名词时搭配上有限制，比如"大粒"只能用于描述论"粒"的事物，相应的主语、中心语等只能是西红柿之类和"粒"搭配的名词，"大丛棵"只能用于论"丛棵"的事物，相应的主语、中心语等只能是树、菜之类的名词。这种限制并非语法功能上的本质区别，而是语义搭配所使然。

语义上，这种"形量"组合的重心在前面的形素上，后面的量素已经不表示单位，但是量素原有的形象色彩仍留在词中，例如"大条"比"大"多了个"条状"的形象色彩,"大丛^棵"多了个"丛^棵状"的形象色彩。所以虽然也是表示"大",但"大条"和"大"意义并不相等,和"大块""大粒""大丛""大双"等的意义也不相同。

在词汇性上,这种"形量"组合和典型的形容词仍有两点重要的差异。第一,可以靠类推生成,例如可以由"大"加上各种个体量词、集体量词、借用量词,随时造出"大个""大条""大尾""大双""大瓶""大车"等,这和一般的合成词需要逐个约定俗成有所不同。第二,其词汇意义可凭成分的词汇义和"形+量"这种组合的语法义类推得知,例如"大尾"就是"论'尾'的事物大","大份"就是"论'份'的事物量大","短节"就是"论'节'的事物短","长条"是"论'条'的事物长","幼条"是"论'条'的事物幼(细)","□[₅tsau]粒"是"论'粒'的事物□[₅tsau](匀称)",等等。不像一般的形容词具有每个词特定的、约定俗成的专用词义。

如果要给这种"形量"组合定性,我们认为无论从结构的紧密程度看还是从语法功能看,这种组合都更像一个形容词。这种"形量"组合无疑是从本节开头提到的"形+量"词组发展而来的。但"形+量"词组一定分布在"数+形+量"的框架中,还是一种临时组合,无论从意义上看还是从语法性质上看,都是一种以量词为中心的名词性偏正词组。本节所论的这种"形量"组合已经摆脱了数量结构的框架,意义上、结构上的中心都转移到前面的形容词素上,用法基本和性质形容词相同,就语法功能而言已经基本上是一种形容词,可以称之为"形量"式形容词。只不过这种形容词仍可凭成分的词汇义和"形素+量素"这种组合的语法义类推出其整体的意义,和典型的合成词仍有一点差距。和一般的形容词相比,此类形容词在构词法上比较特殊,是一种前正后偏式的合成词,和汉语句法普遍的前偏后正式构造似乎是"异类"。汉语中有一类"名量"后附式合成词,如"纸张""船只"之类,也是前正后偏式的,但闽南方言中的这类"形量"式形容词在词素间的结构关系及构词理据上还是和"名量"后附式合成词不相同。看来有必要在构词法中另立一类,并将其看作闽南方言形容词的一个小类。

我们还观察到,有少量的这种"形量"已经进一步发展为典型的合成词——有了专门的固定词义,不能凭成分的词汇义和组合的语法义推知其整体意义,其与名词的搭配不再受量名搭配习惯的局限,语法性质上和一般的形容词完全相同。例如汕头话的"大粒"除了"论'粒'的事物大",还可以用来表示"官儿大",说"伊阿父□[hoʔ²]大粒"意思就是"他父亲官儿很大"。类似的意义专门化现象在广州方言里还可以见到更多的例子,例如:"大镬"除了"论'镬'的事物大",还可以表示"娄子大",如说"今次认真大镬喇（这回可真出了大娄子啦）"；"大个"除了"论'个'的事物大"，还可以表示"大（已长大）"，如说"大个我要开飞机（长大了我要开飞机）"；"细个"除了"论'个'的事物小"，还可以表示"小（未长大）"，如说"晬阵时仲细个，唔生性（那时还小，不懂事）"。

　　"形量"式形容词也见于粤语等南方方言，纵观汉语方言的情况，追寻其演变的线索，最早出现的应是作为词组的"形＋量"——一种处在"数＋形＋量"（数量结构的扩展式）框架中的临时组合。这种组合因其构造比一般组合紧密而容易凝聚，逐渐形成一种构词倾向，向词的方向演变。这个环节的关键首先在于摆脱数词。普通话的形容词"大"和"小"也可以和量词组合，但多数只停留于词组阶段，如说：

　　他从烟盒上撕下一小片纸。
　　两人索性（一）大碗（一）大碗地喝起来。
　　王大明咚咚咚几大步跨到窗前。

　　这种用法的"形＋量"，仍离不开和数词的组合，意义重心也仍在量词上，但是下面的用法，已经开始摆脱数词：

　　大步迈向明天。
　　他小步跑到老太太跟前，贴近耳边说了几句话。
　　大批难民从那边涌了过来。
　　山里常有小股土匪出没。

　　上面例子中的"大步/小步""大批/小批""大股/小股"之类，已经脱离了"数＋形＋量"的框架，语法功能上有些接近形容词，但形容词的许多一般用法还不具备，可以说，这是一种介于词组和词之间的组合。

　　进一步的发展，是语义上由以量词为中心向以形容词为中心转移，功能上产生类似形容词的用法，获得相当的独立性而彻底脱离"数＋形＋量"的框架，这就是本节所论的这种"形量"组合——一种基本上是，但仍不够典型的形容词。再进一步，有些"形量"组合在交际中使用日久而引申出专门的词汇义，成为必须在词典里一一注释的典型的合成词，如汕头话的"大粒"、广州话的"大镬"之类。

　　在广州方言等方言里，这类词中的形容词素还仅限于"大"和"细（小）"，闽南方言则有扩大化之势，体现出这种造词法在闽南方言中更为活跃。

参考文献

施其生. 广州方言的"形+量"组合 [J]. 语言科学, 2009 (5).

第三节 闽南方言中的"量名"组合

单个量词(前面没有数词或指代词)和名词直接组合的情况,普通话和许多汉语方言里都有。例如普通话"家里来了个客人"的"个客人"。但是这种"量+名"组合都是"一+量+名"的省略,可以补出"一"来,实际上是数量结构"一+量"和名词组合,而不是量词和名词直接组合,所以都是无定的,通常用于宾语位置。

闽南方言中,粤东片、雷州片和海南片的单个量词普遍可以不和数词或指示词结合而直接和名词组合,所形成的"量名"组合如"个箱""双鞋""撮书(些书)"等可以自由地用作主语、处置介词的宾语,甚至一般的宾语,指称的事物都是有定的,类似于一个"指量名"组合。

闽南片和台湾片则是另一种情况,其"量名"组合和普通话一样,是"蜀+量+名"省略了"蜀(一)",如果要表示有定的指称,一定要有近指或远指代词构成"指量名"组合。

本节讨论的是前一种情况,即有定的"量名"组合,下文"'量名'组合"均指这种不加指示词却指称有定事物的"量+名"。

下面列举各种用法的"量名"组合加以分析。

一、主语位置上的"量名"组合

粤东、雷州、海南各地,"量名"组合常用作主语①。下面是例句。

(1) 这/那双鞋一只大一只小。

汕头　双鞋隻大隻细。saŋ^{33} oi^{55} tsiaʔ$^{2-5}$ tua^{31} tsiaʔ$^{2-5}$ soi^{213}.

揭阳　双鞋骹大骹细。saŋ^{33} oi^{55} kha^{33} tua^{22} kha^{33} soi^{213}.

海丰　双鞋骹大骹细。saŋ$^{44-33}$ ei^{55} kha$^{44-33}$ tua$^{25-33}$ kha$^{44-33}$ sei^{213}.

遂溪　对鞋爿大爿细。tui$^{214-55}$ oi^{22} pai^{22} tua^{24} pai^{22} soi^{214}.

雷州　□[zia^{553}]/许双鞋骹大骹细/爿大爿细。zia^{553}/ha^{553} siaŋ$^{24-33}$ oi^{22}

---

① 有些句子在个别地方没记录到用"量名"组合,但是可以从其他例句中发现其存在,下同。

kha$^{24-33}$ tua^{24} kha$^{24-33}$ soi^{21}/pai$^{22-33}$ tua^{24} pai$^{22-33}$ soi^{21}。

文昌 （□[ʤia$^{21-55}$]）双鞋骹大骹孥。（ʤia$^{21-55}$）tiaŋ^{21} oi^{22} xa$^{34-42}$ ɗua^{34} xa$^{34-42}$ niau^{53}.

三亚 即/那双鞋蜀骹大蜀骹细。iʔ^{45}/aʔ^{45} tiaŋ^{33} oi^{22} zioʔ^{33} kha^{33} ɗuo^{33} zioʔ^{33} kha^{33} toi^{24}.

（2）这猫的两条腿怎么一瘸一拐的？

汕头 ①只隻猫双骹做呢拐阿拐？tsi$^{52-24}$ tsiaʔ$^{2-5}$ ŋiau^{33} saŋ^{33} kha^{33} tso$^{213-55}$ ni$^{55-31}$ kuai$^{52-24}$ a^{33} kuai^{52}？②隻猫双骹做呢拐阿拐？tsiaʔ$^{2-5}$ ŋiau^{33} saŋ^{33} kha^{33} tso$^{213-55}$ ni$^{55-31}$ kuai$^{52-24}$ a^{33} kuai^{52}？

揭阳 ①只隻猫双骹做呢拐阿拐？tsi$^{42-24}$ tsiaʔ$^{2-3}$ ŋiau^{33} saŋ^{33} kha^{33} tso$^{213-42}$ ni$^{55-22}$ kuai$^{42-24}$ a^{33} kuai^{42}？②隻猫双骹做呢拐阿拐？tsiaʔ$^{2-3}$ ŋiau^{33} saŋ^{33} kha^{33} tso$^{213-42}$ ni$^{55-22}$ kuai$^{42-24}$ a^{33} kuai^{42}？

海丰 ①只隻猫双骹知（做）呢样□[lɔ$^{52-213}$/tɔ$^{52-213}$]摆□[lɔ$^{52-213}$/tɔ$^{52-213}$]摆？tsi^{52} tsiaʔ$^{3-4}$ ŋiau$^{44-33}$ saŋ$^{44-33}$ kha^{44} tsai$^{44-33}$（tsɔ$^{213-55}$）ni$^{55-22}$ iɔ̃$^{21-33}$ lɔ$^{52-213}$/tɔ$^{52-213}$ pai^{52} lɔ$^{52-213}$/tɔ$^{52-213}$ pai^{52}？②隻猫双骹知（做）呢样□[lɔ$^{52-213}$/tɔ$^{52-213}$]摆□[lɔ$^{52-213}$/tɔ$^{52-213}$]摆？tsiaʔ$^{3-4}$ ŋiau$^{44-33}$ saŋ$^{44-33}$ kha^{44} tsai$^{44-33}$（tsɔ$^{213-55}$）ni$^{55-22}$ iɔ̃$^{21-33}$ lɔ$^{52-213}$/tɔ$^{52-213}$ pai^{52} lɔ$^{52-213}$/tɔ$^{52-213}$ pai^{52}？

遂溪 ①若个猫两爿骹做乜物跛跛？ia^{55} kai$^{22-33}$ va^{22} no^{33} pai^{22} kha^{24} tso^{55} mi^{55} mi^{33} pai^{55} pai^{55}？②个猫两爿骹做乜物跛跛？kai$^{22-33}$ va^{22} no^{33} pai^{22} kha^{24} tso^{55} mi^{55} mi^{33} pai^{55} pai^{55}？

雷州 □[zia^{553}]猫两爿骹做乜□[ne$^{553-33}$]□[ne^{553}]/瘸瘸□[hŋ^{33}]？zia^{553} ba^{22} no^{33} pai$^{22-33}$ kha^{24} tso^{553} mi^{553} ne$^{553-33}$ ne^{553}/khue$^{22-33}$ khue^{22} hŋ^{33}？

文昌 ①□[ʤia$^{21-55}$]枚猫两爿骹知作瘸去啊？ʤia$^{21-55}$ mo$^{42-11}$ niau^{34} no$^{42-11}$ ɓai$^{22-11}$ xa^{34} tai^{34} toʔ^{5} xue$^{22-11}$ xu^{21} a^{11}？②隻猫枚骹知作瘸去啊？tɕia^{42} niau^{34} mo$^{42-11}$ xa^{34} tai^{34} toʔ^{5} xue$^{22-11}$ xu^{21} a^{11}？

三亚 ①即枚猫个两条骹作乜蜀拐蜀拐个呢样？iʔ^{45} mo^{45} miau^{33} kai^{22} no^{42} ɗiau^{22} kha^{33} toʔ^{45} miʔ^{45} zioʔ^{33} kuai^{31} zioʔ^{33} kuai^{31} kai^{22} niʔ^{45} oŋ^{24}？②枚猫个两条骹作乜蜀拐蜀拐个呢样？mo^{34} miau^{33} kai^{22} no^{42} ɗiau^{22} kha^{33} toʔ^{45} miʔ^{45} zioʔ^{33} kuai^{31} zioʔ^{33} kuai^{31} kai^{22} niʔ^{45} oŋ^{24}？

（3）那只鸟飞走了。

汕头 ①许隻鸟分/乞伊飞走去了。hɯ$^{52-24}$ tsiaʔ$^{2-5}$ tsiau^{52} puŋ^{33}/khiʔ$^{2-5}$ i^{33} pue^{33} tsau^{52} khɯ$^{213-31}$ ou$^{52-213}$. ②隻鸟分/乞伊飞走去了。tsiaʔ$^{2-5}$ tsiau^{52} puŋ^{33}/khiʔ$^{2-5}$ i^{33} pue^{33} tsau^{52} khɯ$^{213-31}$ ou$^{52-213}$.

揭阳 ①许隻鸟（乞伊）飞走去了。hɯ$^{42-35}$ tsiaʔ$^{2-5}$ tsiau$^{42-21}$（kheʔ$^{2-3}$ i^{33}）pue^{33} tsau^{42} khɯ$^{213-21}$ au$^{42-213}$。②隻鸟（乞伊）飞走去了。tsiaʔ$^{2-5}$ tsiau$^{42-21}$（kheʔ$^{2-3}$ i^{33}）pue^{33} tsau^{42} khɯ$^{213-21}$ au$^{42-213}$。

遂溪 许个鸟飞去啦。ha^{55} kai$^{22-33}$ tsiau^{41} pue^{24} hu^{21} la^{33}。

海丰 ①许隻鸟飞走（了去哦）。hi^{52} tsiaʔ$^{3-4}$ tsiau^{52} pue$^{44-33}$ tsau^{52}（liau$^{52-21}$ khi$^{213-21}$ ɔ^{21}）。②隻鸟飞走（了去哦）。tsiaʔ$^{3-4}$ tsiau^{52} pue$^{44-33}$ tsau^{52}（liau$^{52-21}$ khi$^{213-21}$ ɔ^{21}）。

雷州 许个鸟飞去啦。ha^{553} kai$^{22-33}$ tsiau^{42} pue^{24} khu^{21} la^{33}。

文昌 ①许隻鸟飞去啦。ɦo$^{21-55}$ tʃia^{42} tʃiau^{31} ɓue^{34} xu^{21} lak^{3}。②隻鸟飞去啦。tʃia^{42} tʃiau^{31} ɓue^{34} xu^{21} lak^{3}。

三亚 □［aʔ^{45}］枚鸟飞走了。aʔ^{45} mo^{45} tsiau^{31} ɓuo^{33} tsau^{31} liau^{42}。

（4）这些书全卖了吧！

汕头 ①只撮书拢卖掉！tsi$^{52-24}$ tshoʔ$^{2-5}$ tsɯ^{33} loŋ$^{52-24}$ boi^{31} tiau^{31}！②撮书拢卖掉！tshoʔ$^{2-5}$ tsɯ^{33} loŋ$^{52-24}$ boi^{31} tiau^{31}！

揭阳 ①只块书拢卖掉！tsi$^{42-24}$ ko$^{213-42}$ tsɯ^{33} noŋ$^{42-24}$ boi$^{22-21}$ tiau^{22}！②块书拢卖掉！ko$^{213-42}$ tsɯ^{33} noŋ$^{42-24}$ boi$^{22-21}$ tiau^{22}！

海丰 乃（仔）册拉/左卖了过！nai$^{213-55}$（ã$^{52-213}$）tsheʔ^{3} la$^{44-33}$/tsɔ^{52} be$^{21-33}$ liau$^{52-213}$ kue$^{213-33}$/khue$^{213-33}$！

遂溪 若里册蜀下卖去咯！ia^{55} li^{41} tshe^{55} tse^{41} e^{24} voi^{24} hu$^{214-21}$ lo^{41}！

雷州 □［zia^{553}］乃书总下卖了/去啦！zia^{553} nai^{553} tsu^{24} tsoŋ^{42} e^{24} boi^{24} liau^{42}/khu^{21} la^{55}！

文昌 □［dʒia$^{21-55}$］穧书卖了去啦！dʒia$^{21-55}$ ɗoi$^{34-42}$ tu^{34} boi^{34} liau^{31} xu^{21} lak^{3}！

三亚 即穧书全卖了吧！iʔ^{45} ɗoi^{33} tsu^{33} tshuan^{22} voi^{33} liau^{31} ɓa^{42}！

普通话和许多汉语方言是不用"只鸟""些书"之类作主语的，要指称某个特指的有定事物，普通话有四种说法，可以没有量词，但是一定要有指示词——"这只鸟""那只鸟""这鸟""那鸟"。

从指示系统看，普通话这种模式是二分的，指示时一定要分出远指和近指来。至于事物的单位，则可以忽略。

但是以上地方的闽南方言，是三种说法，可以没有指示词，但是一定要有量词，如汕头的"只隻鸟""许隻鸟""隻鸟"。

闽南方言中，"隻鸟"之类的"量名"组合，成了指示系统里与远指、近指并列的第三种指称，表示的是不分远近的指示。从指示系统看，这种模式是三分的，可以有远指、近指和不分远近的指示，至于事物的单位，是一定要指明的。观察上文例（1）—例（4）可以看到这个特点。

闽南片和台湾片是完全不同的指称模式，和普通话一样，例（1）—例（4）名词前只能是"指+量"而不能是单个的不分远近的量词。

（1）这/那双鞋一只大一只小。

泉州　即/迄双鞋蜀骹大蜀骹细。tsit^{55}/hit^{55} san^{33} ue^{24} tsit$^{24-22}$ kha^{33} tua^{41} tsit$^{24-22}$ kha^{33} sue^{41}.

厦门　即/迄双鞋蜀骹大蜀骹细。tsit$^{32-5}$/hit$^{32-5}$ siaŋ$^{44-22}$ ue^{24} tsit$^{5-21}$ kha$^{44-22}$ tua^{22} tsit$^{5-21}$ kha$^{44-22}$ sue^{21}.

台中　即/迄双鞋蜀骹大蜀骹细。tsit$^{2-5}$/hit$^{2-5}$ siaŋ^{44} e^{24} tsit$^{3-2}$ kha^{44} tua^{22} tsit$^{3-2}$ kha^{44} se^{21}.

漳州　即/迄双鞋仔蜀骹大蜀骹细。tsit$^{32-5}$/hit$^{32-5}$ siaŋ$^{34-22}$ e^{13} a^{42} tsit$^{121-21}$ kha$^{34-22}$ tua^{22} tsit$^{121-21}$ kha$^{34-22}$ se^{21}.

（2）这猫的两条腿怎么一瘸一拐的？

泉州　即隻猫仔（个）两双骹怎仔/哪解□［kaʔ^{55}］□［luʔ^{55}］咧□［luʔ^{55}］咧？tsit^{55} kha^{33} niãu^{33} a^{55}（e$^{24-22}$）ŋ̍^{22} san^{33} kha^{33} tsiũ$^{41-55}$ ã^{55}/nã^{55} e^{24} kaʔ^{55} luʔ^{55} lɤ$^{55-21}$ luʔ^{55} lɤ$^{55-21}$？

厦门　即隻猫两□［tsaŋ^{44}］骹按怎蜀摆蜀摆个？tsit$^{32-5}$ tsiaʔ$^{32-53}$ niau^{44} nŋ$^{22-21}$ tsaŋ$^{24-22}$ kha^{44} an$^{21-53}$ tsuã^{53} tsit$^{5-21}$ pai$^{53-44}$ tsit$^{5-21}$ pai^{53} e$^{24-21}$？

台中　即隻猫仔个两骹腿哪解摆下摆下？tsit$^{2-5}$ tsiaʔ$^{2-5}$ niãu$^{44-22}$ a^{53} e$^{24-22}$ nŋ$^{22-21}$ kha$^{44-22}$ thui^{53} na$^{53-44}$ e$^{22-21}$ pai^{53} e$^{22-21}$ pai^{53} e$^{22-21}$？

漳州　即隻猫个两支骹安哪拐啊拐/摆啊摆？tsit$^{32-5}$ tsiaʔ$^{32-52}$ niau^{34} e$^{13-22}$ no$^{22-21}$ ki$^{34-22}$ kha^{34} an$^{34-22}$ na$^{52-34}$ kuai^{52} a^{21} kuai^{52}/pai$^{52-34}$ a^{21} pai^{52}？

（3）那只鸟飞走了。

泉州　迄隻鸟（仔）飞去啰。hit$^{55-44}$ tsiaʔ^{55} tsiau^{55}（a^{55}）pɤ^{33} khɯ^{41} lɔ^{21}.

厦门　迄隻鸟仔飞去啊。hit$^{32-5}$ tsiaʔ$^{32-53}$ tsiau$^{53-44}$ a^{53} pe^{44} khi^{21} a^{21}.

台中　迄隻鸟仔飞走啊。hit$^{2-5}$ tsiaʔ$^{2-5}$ tsiau$^{53-44}$ a^{53} pue$^{44-22}$ tsau^{53} a^{21}.

漳州　迄隻鸟仔飞去啊。hit$^{32-5}$ tsiaʔ$^{32-52}$ tsiau$^{52-34}$ a^{52} pue^{34} khi^{21} a^{21}.

（4）这些书全卖了吧！

泉州　□［tsuai$^{55-24}$］个册拢总卖啰！tsuai$^{55-24}$ e$^{24-22}$ tsheʔ^{55} lɔŋ$^{55-24}$ tsɔŋ^{55} bue^{41} lɔ^{21}！

厦门　□［tsia^{24}］册全卖煞吧！tsia^{24} tsheʔ^{32} tsuan$^{24-22}$ bue$^{22-21}$ sak^{32} pa^{21}！

台中　□［tsia$^{53-44}$］个册全部卖阿啦！tsia$^{53-44}$ e$^{24-22}$ tsheʔ^{2} tsuan$^{24-22}$ pɔ^{22} be^{22} a^{21} la^{21}！

漳州　□［tsiaʔ$^{32-52}$］个册拢拢卖！tsiaʔ$^{32-52}$ e$^{13-22}$ tshɛʔ$^{32-52}$ lɔŋ$^{52-34}$

lɔŋ⁵²⁻³⁴ be⁵²！

普通话和汉语方言里如果在主语位置光用一个名词，例如，说"鸟怕人"，"鸟"可以是泛指的鸟类，也可以是某只有定的鸟或某群有定的鸟，没有标记，这些都只能通过语境来规定。在上述地区的闽南方言里，虽然也可以说成"鸟惊人"，但是和普通话一样，是泛指还是特指，是什么单位的事物，都可因语境而异。更常用的说法，是在前面再加一个量词，构成"量名"组合，说成"隻鸟惊人"或"撮鸟惊人"。"量名"组合不但明确了特定性，还明确了事物的单位如论"个""双""群""些"等的不同。例如，说"隻鸟惊人"是指某一只对话双方已知的鸟怕人，"撮鸟惊人"是说某一群对话双方已知的鸟怕人。下面例（5）、例（6），普通话是单用一个名词（如"箱子"）作主语，靠语境规定主语的特指性，也没有表现出主语的单位，而在粤东、雷州、海南各片的闽南方言，却常说成"量名"组合（如汕头"个箱"），本身具有特指性，而且主语的单位是明确的。

（5）箱子这么重，你怎么行？

汕头 个箱□［tsiõ²¹³⁻⁵⁵］重，汝做有变？kai⁵⁵⁻³¹ siõ³³ tsiõ²¹³⁻⁵⁵ taŋ²⁵，lɯ⁵² tso²¹³⁻⁵⁵ u²⁵⁻³¹ piaŋ²¹³？

揭阳 个箱□［tsiõ²¹³⁻⁴²］重，汝做有变？kai⁵⁵⁻²² siõ³³ tsiõ²¹³⁻⁴² taŋ³⁵，lɯ⁴²⁻⁵³ tso²¹³⁻⁴² u²²⁻²¹ piaŋ²¹³？

海丰 个箱＜许样＞呢重，你做呢样擤？kai⁵⁵⁻²² siã⁴⁴⁻³³ ＜hiã⁵²＞ ni⁵⁵⁻²² taŋ²⁵，li⁵² tso²¹³⁻⁵⁵ ni⁵⁵⁻²² iɔ²¹ mɔŋ²⁵？

遂溪 个箱若重，汝做做得啊？kai²² sio²⁴ io⁵⁵ taŋ⁵⁵，lu⁴¹ tso⁵⁵ tso⁵⁵ tiet⁵ a³³？

雷州 箱团若重，汝（做）做能（啊）？sio²⁴⁻³³ kia⁴² zio⁵⁵³ taŋ³³，lu⁴²（tso⁵⁵³⁻³³）tso⁵⁵³ neŋ²²（a³³）？

文昌 枚/个箱这作重，汝知作做？mo⁴²⁻¹¹/kai²²⁻¹¹ tio³⁴ ɗia²¹ toʔ⁴³ ɗaŋ⁴²，du³¹ tai³⁴ toʔ⁵ to⁵³？

三亚 枚箱团种样重，汝怎着可以？mo⁴⁵ tio³³ kio³¹ taŋ²⁴ io³³ taŋ⁴²，lu³¹ ɗan²² ɗioʔ³³ khoi³¹ zi²²？

（6）肚子好疼啊！

汕头 ①肚疼死！tou⁵² thiã²¹³⁻⁵⁵ si⁵²！②个肚疼死！kai⁵⁵⁻³¹ tou⁵² thiã²¹³⁻⁵⁵ si⁵²！

揭阳 ①肚疼死！tou⁴²⁻⁵³ thiã²¹³⁻⁵³ si⁴²⁻²¹！②个肚疼死！kai⁵⁵⁻²² tou⁴²⁻⁵³ thiã²¹³⁻⁵³ si⁴²⁻²¹！

海丰 ①肚疼遘死了去！tou⁵² thiã²¹³⁻⁵⁵ kau²¹³⁻⁵⁵/a²¹³⁻⁵⁵ si⁵² liau⁵²⁻²¹³ khi²¹³⁻²¹！②个肚疼遘死了去！kai⁵⁵⁻²² tou⁵² thiã²¹³⁻⁵⁵ kau²¹³⁻⁵⁵/a²¹³⁻⁵⁵ si⁵² liau$^{52-213}$ khi$^{213-21}$！

遂溪 ①肚好疼哦！teu^{41} ho^{41} thia^{24} o^{41}！②阿个肚好疼哦！a^{55} kai^{22} teu^{41} ho^{41} thia^{24} o^{41}！

雷州 肚总疼死去哦！teu^{42} tsoŋ^{42} thia^{21} si^{42} khu^{21} o^{33}！

文昌 ①肚但顾疼啊！dou$^{31-33}$ na$^{42-11}$ ku$^{21-55}$ xia^{22} a^{31}！②<u>个肚</u>但顾疼啊！kai$^{22-11}$ dou$^{31-33}$ na$^{42-11}$ ku$^{21-55}$ xia^{22} a^{31}！

三亚 ①肚好疼啊/疼死了！dou^{31} ho^{31} thio^{24} a^{42}/thio^{24} ti^{31} liau^{42}！②<u>枚肚</u>好疼啊/疼死了！mo^{45} dou^{31} ho^{31} thio^{24} a^{42}/thio^{24} ti^{31} liau^{42}！

闽南-台湾片则明显和上述地区不同，由于不使用"量名"组合，例（5）、例（6）的主语不能说成"骹箱"之类，一般都说成"箱仔"。即使要明确单位，也只能在名词的前面加上"指+量"，如泉州说成"即骹箱仔"，和普通话是同样的模式。

（5）箱子这么重，你怎么行？

泉州 ①箱仔□［tsua$ʔ^{55-44}$］重，汝哪（徛/□［kua^{22}］）有法咧？siũ^{33} ã^{55} tsuaʔ$^{55-44}$ taŋ^{22}，lɯ^{55} nã$^{55-41}$（kia^{22}/kua^{22}）u^{22} huat^{55} lɤ^{21}？②即骹箱仔□［tsuaʔ$^{55-44}$］重，汝哪（徛/□［kua^{22}］）有法咧？tsit^{55} kha^{33} siũ^{33} ã^{55} tsuaʔ$^{55-44}$ taŋ^{22}，lɯ^{55} nã$^{55-41}$（kia^{22}/kua^{22}）u^{22} huat^{55} lɤ^{21}？

厦门 ①箱仔□［hia$ʔ^{32-53}$］呢重，汝卜倒□［kuã$^{22-21}$］有法？siũ$^{44-22}$ a^{53} hiaʔ$^{32-53}$ ni$^{24-22-24}$ taŋ^{22}，li$^{53-44}$ beʔ$^{32-53}$ to^{53} kuã$^{22-21}$ u$^{22-21}$ huat^{32}？②即个箱仔□［hiaʔ$^{32-53}$］呢重，汝卜倒□［kuã$^{22-21}$］有法？tsit$^{32-5}$ e$^{24-22}$ siũ$^{44-22}$ a^{53} hiaʔ$^{32-53}$ ni$^{24-22-24}$ taŋ^{22}，li$^{53-44}$ beʔ$^{32-53}$ to^{53} kuã$^{22-21}$ u$^{22-21}$ huat^{32}？

台中 箱仔□［tsiat$^{2-5}$］重汝哪有法度？siũ$^{44-22}$ a^{53} tsiat$^{2-5}$ taŋ^{22} li$^{53-44}$ na$^{53-44}$ u$^{22-21}$ huat$^{2-5}$ tɔ^{22}？

漳州 ①箱仔□［tsiaʔ$^{32-52}$］（呢尔）重，汝敢有法？siõ$^{34-22}$ a^{52} tsiaʔ$^{32-52}$（ni$^{13-22}$ a^{44}）taŋ^{22}，li^{52} kã$^{52-34}$ u$^{22-21}$ huak^{32}？②即个箱仔□［tsiaʔ$^{32-52}$］（呢尔）重，汝敢有法？tsit$^{32-5}$ e$^{13-22}$ siõ$^{34-22}$ a^{52} tsiaʔ$^{32-52}$（ni$^{13-22}$ a^{44}）taŋ^{22}，li^{52} kã$^{52-34}$ u$^{22-21}$ huak^{32}？

（6）肚子好疼啊！

泉州 腹肚诚疼哦！pak^{55} tɔ^{55} tsiã$^{24-22}$ thiã^{41} ɔ^{21}！

厦门 腹肚诚疼！pat$^{32-5}$ tɔ^{53} tsiã$^{24-22}$ thiã^{21}！

台中 腹肚足疼呃！pat$^{2-5}$ tɔ^{53} tsiɔk$^{2-5}$ thiã^{21} e^{21}！

漳州 腹肚疼遘卜死啊！pak$^{32-5}$ tɔ^{52} tiã$^{13-22}$ kaʔ$^{32-5}$ beʔ$^{32-5}$ si^{52} a^{21}！

二、处置介词后的"量名"组合

(一) 不定量词的"量名"组合

汉语处置介词后面的"介宾"和主语位置上的名词一样,通常是有定的。在闽南方言中,粤东片、雷州片和海南片也常常在这个位置使用"量名"组合,表示一种不分远近的有定的指称,并且有量词明确表示其单位,下面略举两例以见一斑,例(7)中可看到不定量词所构成的"量名"组合。

(7) 弟弟把饭全倒给鸡吃了。

汕头 阿弟对<u>撮饭</u>拢合伊倒分鸡食去。a^{33} ti^{25} tui^{213-55} $tsho\mathrm{?}^{2-5}$ $pu\eta^{31}$ $lo\eta^{52-24}$ $ka\mathrm{?}^{5-2}$ i^{33} to^{213-55} $pu\eta^{33}$ koi^{33} $tsia\mathrm{?}^5$ $kh\mathrm{u\!u}^{213-31}$.

揭阳 阿弟趁<u>撮饭</u>拢个伊倒乞鸡食去。a^{33} ti^{35} $than^{213-42}$ $tsho\mathrm{?}^{2-3}$ $pu\eta^{22}$ $no\eta^{42-24}$ kai^{55-22} i^{33} to^{213-42} $khe\mathrm{?}^{2-3}$ koi^{33} $tsia\mathrm{?}^5$ $kh\mathrm{u\!u}^{213-21}$.

海丰 阿弟捞<u>乃仔饭</u>(合/拉伊)左哦倒乞鸡食了去。a^{44-33} $thai^{21}$ lau^{44-33} nai^{213-55} $\tilde{a}^{52-213}$ $p\tilde{u}i^{21}$ ($ka\mathrm{?}^{4-3}$/la^{44-33} i^{44-33}) $ts\mathrm{o}^{213-55}$ o^{21} to^{52} kho^{44-33} kei^{44-33} $tsia\mathrm{?}^{4-3}$ $liau^{52-213}$ khi^{213-55}.

遂溪 老弟蜀下掠阿<u>碗饭</u>倒乞阿个鸡食去。lau^{41} ti^{55} tse^{41} e^{24} lia^{33} a^{55} ua^{41} pui^{24} to^{41} khi^{55} a^{55} kai^{24} koi^{24} $tsia^{33}$ hu^{214-21}.

雷州 老弟掠阿<u>糜总</u>(下)倒乞阿鸡食啦。lau^{42-44} ti^{33} lia^{33} a^{55} mue^{22} $tso\eta^{42-44}$ (e^{24}) to^{21} khi^{553} a^{55} koi^{24} $tsia^{33}$ la^{33}.

文昌 ①老弟□[$\mathrm{\text{ɓ}ue}^{42}$]<u>碗糜</u>作下倒□[$ti(\mathrm{?})^{55}$]鸡食去啦。lau^{42-11} $\mathrm{\text{ɗ}i}^{53}$ $\mathrm{\text{ɓ}ue}^{42}$ ua^{31-33} mue^{34} to^{55} e^{34} $\mathrm{\text{ɗ}o}^{31}$ $ti(\mathrm{?})^{55}$ koi^{34} $\mathrm{tɕ}ia^{42}$ xu^{21} la^{21}. ②老弟□[$\mathrm{\text{ɓ}ue}^{42}$]<u>糜</u>作下倒□[$ti(\mathrm{?})^{55}$]鸡食去啦。lau^{42-11} $\mathrm{\text{ɗ}i}^{53}$ $\mathrm{\text{ɓ}ue}^{42}$ mue^{34} to^{55} e^{34} $\mathrm{\text{ɗ}o}^{31}$ $ti(\mathrm{?})^{55}$ koi^{34} $\mathrm{tɕ}ia^{42}$ xu^{21} la^{21}.

三亚 老弟□[$\mathrm{\text{ɓ}ui}^{42}$]<u>糜</u>全倒乞鸡喫了。lau^{31} $\mathrm{\text{ɗ}i}^{42}$ $\mathrm{\text{ɓ}ui}^{42}$ muo^{22} $tshuan^{22}$ $\mathrm{\text{ɗ}o}^{24}$ $khi\mathrm{?}^{45}$ koi^{33} $khai^{31}$ $liau^{42}$.

(8) 那阵风把房顶掀掉了一角。

汕头 阵风对<u>个厝顶</u>掀掉蜀角去。$tsu\eta^{55-31}$ $hua\eta^{33}$ $than^{213-55}$ kai^{55-31} $tshu^{213-55}$ $te\eta^{52}$ $hia\eta^{33}$ $tiau^{31}$ $tsek^{5-2}$ kak^{2-5} $kh\mathrm{u\!u}^{213-31}$.

揭阳 阵风趁<u>个厝顶</u>□[$hiak^{2-3}$]掉蜀角去。$tsu\eta^{55-22}$ $hua\eta^{33}$ $than^{213-42}$ kai^{55-22} $tshu^{213-53}$ $te\eta^{42-21}$ $hiak^{2-3}$ $tiau^{22}$ $tsek^{5-2}$ kak^{2-3} $kh\mathrm{u\!u}^{213-21}$.

海丰 阵风捞/拉<u>个厝尾顶</u>掀了个角去。$tsun^{21-33}$ $ho\eta^{44}$ lau^{44-33}/la^{44-33}

kai$^{55-22}$ tshu$^{213-55}$ bue$^{52-213}$ teŋ^{52} hiaŋ$^{44-33}$ liau$^{52-213}$ kai$^{55-22}$ kak^3 khi$^{213-31}$.

遂溪 许阵风掠阿个厝顶拂个角去。ha^{55} tsuŋ^{33} huaŋ^{24} lia^{33} a^{55} kai^{22} tshu$^{214-55}$ tiŋ^{41} puk^{54} kai^{22} kak^{54} hu$^{214-21}$.

雷州 许阵风拂去阿厝顶蜀个角。ha^{553} tsuŋ$^{33-42}$ huaŋ^{24} puk^5 khu^{21} a^{55} tshu$^{21-44}$ tiŋ^{42} ziak^2 kai$^{22-33}$ kak^5.

文昌 许阵风□［ɓue^{42}］间厝顶攞蜀角。ɦo$^{21-55}$ tun$^{34-42}$ ɦuaŋ^{34} ɓue^{42} kan$^{34-42}$ ʃu$^{21-55}$ ɖeŋ^{31} li^{53} ʥiak$^{3-21}$ kak^5.

三亚 那阵风□［ɓui^{42}］厝顶嗌/掀落搁蜀爿。aʔ^{45} tsin^{24} huaŋ^{33} ɓui^{42} tshu^{24} ɖeŋ^{31} ɓun^{22}/tiŋ^{33} laʔ^{45} kaʔ^{42} io^{33} ɓai^{22}.

（二）指定量词的"量名"组合

闽南－台湾片的情况不同，或者只用名词，或者要用"指＋量＋名"。

(7) 弟弟把饭全倒给鸡吃了。

泉州 小弟将饭拢总倒度鸡食啰。sio$^{55-24}$ ti^{22} tsioŋ^{33} pŋ^{41} lɔŋ$^{55-24}$ tsoŋ^{55} to$^{41-55}$ thɔ$^{41-31}$ kue^{33} tsiaʔ$^{24-22}$ lɔ^{41}.

厦门 小弟合饭全部倒互鸡食。sio$^{53-44}$ ti^{22} kaʔ$^{5-21}$ pŋ^{22} tsuan$^{24-22}$ pɔ$^{22-21}$ to$^{21-53}$ hɔ$^{22-21}$ kue^{44} tsiaʔ^5.

台中 小弟合饭全部倒互鸡食。sio$^{53-44}$ ti^{21} kaʔ$^{3-2}$ pŋ^{22} tsuan$^{24-22}$ pɔ^{22} to$^{21-53}$ hɔ$^{22-21}$ ke^{44} tsiaʔ^3.

漳州 小弟合饭拢倒互鸡仔食。sio$^{52-34}$ ti^{22} kaʔ$^{121-21}$ puĩ^{22} lɔŋ$^{52-34}$ to^{52} hɔ^{22} ke^{34} a$^{52-44}$ tsiaʔ^{121}.

(8) 那阵风把房顶掀掉了一角。

泉州 迄阵风将厝顶掀去蜀角。hit$^{55-44}$ tin^{55} huaŋ^{33} tsioŋ^{33} tshu$^{41-55}$ tiŋ^{55} hian^{33} khɯ$^{41-55}$ tsit$^{24-22}$ kak^{55}.

厦门 迄阵风合厝盖/顶掀煞蜀角。hit$^{32-5}$ tsun$^{22-21}$ hɔŋ^{44} kaʔ$^{5-21}$ tshu$^{21-53}$ kua^{21}/tiŋ^{53} hian$^{44-22}$ sak$^{32-5}$ tsit$^{5-21}$ kak^{32}.

台中 迄阵风合厝顶掀掉蜀角。hit$^{2-5}$ tsun$^{24-22}$ hoŋ^{44} kaʔ$^{3-2}$ tshu$^{21-53}$ tiŋ^{53} hen$^{44-22}$ tiau$^{22-21}$ tsit$^{3-2}$ kak^2.

漳州 迄阵风合厝顶掀蜀角去。hit$^{32-5}$ tin$^{22-21}$ hɔŋ^{34} kaʔ$^{121-21}$ tshu$^{21-52}$ tiŋ^{52} hian$^{34-22}$ tsit$^{121-21}$ kak^{32} khɛ^{52}.

三、宾语位置上的"量名"组合

普通话和许多汉语方言，宾语位置上的名词如果不加限定词，通常是无定的。闽南方言中上述有"量名"组合的地方,"量+名"出现在宾语位置上时,除了"一+量+名"的省略(例如说"出去买隻鸡"),还可以是本节所说的有定的"量名"组合,这时表示的是一个有定的对象。普通话则常常要把有定的受事对象放在"把"的宾语的地位上来表示。比较下面例子中方言和普通话的说法。

(9) 你把猫踩了!

汕头 汝踏着隻猫了! lɯ^{52} ta$ʔ^{5-2}$ tio$ʔ^{5-2}$ tsia$ʔ^{2-5}$ ŋiau^{33} ou$^{52-213}$!

揭阳 汝踏着隻猫了! lɯ$^{42-53}$ ta$ʔ^{5-2}$ tio$ʔ^{5-2}$ tsia$ʔ^{2-3}$ ŋiau^{33} au$^{42-213}$!

海丰 你踏着隻猫! li^{52} ta$ʔ^{4-3}$ tio$ʔ^{4-3}$ tsia$ʔ^{3-4}$ ŋiau$^{44-33}$!

遂溪 汝踏着个猫啦! lu^{41} ta^{33} to^{33} kai^{22} va^{22} la^{41}!

雷州 汝踏着猫啦! lu^{42} ta$^{33-42}$ to^{42} ba^{22} la^{31}!

文昌 汝踏着隻猫! du^{31} ɗa^{42} ɗio^{42} tɕia^{42} niau^{34}!

三亚 汝口[ɓui$^{42-44}$] 枚猫踏了! lu^{31} ɓui$^{42-44}$ mo^{45} miau^{33} ɗa^{42} liau^{42}!

由于"量名"宾语的普遍使用,这些地方表示对某一对象的处置虽然也可以和普通话一样采用带处置介词的句式,但是也可以用"量名"组合作一般宾语的句式来表示。从下面例(10)中可以看到,普通话要用处置介词的处置句,在上述地方,处置对象以介宾出现还是以主语、一般宾语出现都可以,而且多用"量名"组合来指称,因为如前所述,这种"量名"组合是一种不分远近的指称,和"指量名"在语义的定指性和句法功能方面是一样的,其特征符合处置对象需要定指的要求。

(10) 把房子卖掉,不就有钱了吗?

汕头 ①卖掉间厝,么就有钱了? boi^{31} tiau^{31} kõi^{33} tshu^{213}, mo^{33} tsiu$^{25-31}$ u$^{25-31}$ tsĩ^{55} ou$^{52-213}$? ②间厝卖掉,么就有钱了? kõi^{33} tshu^{213} boi^{31} tiau^{31}, mo^{33} tsiu$^{25-31}$ u$^{25-31}$ tsĩ^{55} ou$^{52-213}$? ③对间厝(合伊)卖掉,么就有钱了? tui$^{213-55}$ kõi^{33} tshu^{213} (ka$ʔ^{2-5}$ i^{33}) boi^{31} tiau^{31}, mo^{33} tsiu$^{25-31}$ u$^{25-31}$ tsĩ^{55} ou$^{52-213}$?

揭阳 ①卖掉间厝,么就有钱了? boi$^{22-21}$ tiau$^{22-21}$ kãi^{33} tshu^{213}, mo^{33} tsu$^{35-21}$ u$^{35-21}$ tsĩ^{55} au$^{42-213}$? ②间厝卖掉,么就有钱了? kãi^{33} tshu^{213} boi$^{22-21}$ tiau$^{22-21}$, mo^{33} tsu$^{35-21}$ u$^{35-21}$ tsĩ^{55} au$^{42-213}$? ③趁间厝(个伊)卖掉,么就有钱了? thaŋ$^{213-42}$ kãi^{33} tshu^{213} (kai$^{55-22}$ i^{33}) boi$^{22-21}$ tiau$^{22-21}$, mo^{33} tsu$^{35-21}$ u$^{35-21}$ tsĩ^{55} au$^{42-213}$?

海丰 间厝卖了/掉,吗就有钱啰/哦? kãi$^{44-33}$ tshu^{213} be$^{21-33}$ liau$^{52-213}$/tiau^{21}, ma$^{44-33}$ tsu$^{25-33}$ u$^{25-33}$ tsĩ^{55} lɔ^{33}/ɔ^{33}?

遂溪 掠座厝卖去无就有钱咯? lia^{33} tse^{33} tshu^{214} voi^{24} hu^{214} bo^{22} tsiu^{55} u$^{55-33}$ tsi^{22} lo^{55}?

雷州 掠阿厝卖去无是就有钱啦吗？lia^{33} a^{55} tshu^{21} boi^{24} khu^{21} bo$^{22-33}$ si^{33} tsiu^{33} u^{33} tsi^{22} la^{55} ma^{33}？

文昌 ①□［ɦue^{42}］间厝卖去，无是有钱吗？ɦue^{42} kan$^{34-42}$ ʃu^{21} boi^{34} xu$^{21-55}$，bo$^{22-11}$ ti^{42} u$^{42-11}$ tʃi^{22} ma^{55}？②□［ɦue^{42}］厝卖去，无是有钱吗？ɦue^{42} ʃu^{21} boi^{34} xu$^{21-55}$，bo$^{22-11}$ ti^{42} u$^{42-11}$ tʃi^{22} ma^{55}？

三亚 ①□［ɦui^{42}］厝卖落搁，无就有钱了吗？ɦui^{42} tshu^{24} voi^{33} la^{45} kaʔ^{42}，vo^{22} tsiu^{42} u^{42} tsi^{22} liau^{42} maʔ^{45}？②□［ɦui^{42}］即间厝卖落搁，无就有钱了吗？ɦui^{42} iʔ^{45} kan^{33} tshu^{24} voi^{33} la^{45} kaʔ^{42}，vo^{22} tsiu^{42} u^{42} tsi^{22} liau^{42} maʔ^{45}？

而在闽南-台湾片，情形就有些不一样了。由于不用"量名"组合，在不需要特别强调远近的指别时，很难以一般宾语表示处置对象，通常的说法，是让处置对象作处置介词的宾语，或者让处置对象作主语，只有这两个句法能满足处置对象必须有定的要求。例（9）、例（10），在福建片和台湾片一般有如下说法。

(9) 你把猫踩了！

泉州 汝将猫踩着啰！lɯ^{55} tsiɔŋ^{33} niãu^{33} taʔ$^{24-22}$ tioʔ^{55} lɔ^{21}！

厦门 ①汝合猫仔踏着啊！li$^{53-44}$ kaʔ$^{5-21}$ niau$^{44-22}$ a^{53} taʔ^{5} tioʔ$^{5-21}$ a^{21}！②汝踏着猫仔啊！li$^{53-44}$ taʔ$^{5-21}$ tioʔ$^{5-21}$ niau$^{44-22}$ a^{53} a^{21}！

台中 ①汝合猫仔踏着啊！li$^{53-44}$ kaʔ$^{3-2}$ niãu$^{44-22}$ a^{53} taʔ$^{3-2}$ tioʔ$^{3-2}$ a^{21}！②汝踏着猫仔啊！li$^{53-44}$ taʔ$^{3-2}$ tioʔ$^{3-2}$ niau$^{44-22}$ a^{53} a^{21}！

漳州 汝合猫仔踏着啊啦！li^{52} kaʔ$^{121-21}$ niau^{34} a^{52} taʔ$^{121-21}$ tioʔ^{121} a^{21} la^{21}！

(10) 把房子卖掉，不就有钱了吗？

泉州 ①将厝卖煞，唔就有钱啰（吗）？tsiɔŋ^{33} tshu^{41} bue$^{41-22}$ saʔ^{55}，m̩$^{41-22}$ tsiu$^{41-22}$ u^{22} tsĩ^{24} lɔ^{41}（ma^{21}）？②厝卖了唔就有钱啰？tshu^{41} bue$^{41-22}$ liau^{55} m̩$^{41-22}$ tsiu$^{41-22}$ u^{22} tsĩ^{24} lɔ^{21}？

厦门 ①厝卖煞，唔着有钱啊？tshu^{21} bue^{22} sak^{32}，m̩$^{22-21}$ tioʔ$^{5-21}$ u$^{22-21}$ tsĩ^{24} a^{21}？②合厝卖煞，唔着有钱啊？kaʔ$^{5-21}$ tshu^{21} bue^{22} sak^{32}，m̩$^{22-21}$ tioʔ$^{5-21}$ u$^{22-21}$ tsĩ^{24} a^{21}？

台中 ①合厝卖掉唔着有钱啊。kaʔ$^{3-2}$ tshu^{21} be^{22} tiau$^{22-44}$ m̩$^{22-21}$ tioʔ$^{3-2}$ u$^{22-21}$ tsĩ^{24} a^{24}.②厝卖掉唔着有钱啊。tshu^{21} be^{22} tiau$^{22-44}$ m̩$^{22-21}$ tioʔ$^{3-2}$ u^{22} tsĩ^{24} a^{24}.

漳州 合厝卖去，伯着有镭啊。kaʔ$^{121-21}$ tshu$^{21-52}$ be^{22} khi^{21}，lan^{52} loʔ$^{121-21}$ u$^{22-21}$ lui^{34} a^{21}.

四、领属语之后的"量名"组合

粤东片、雷州片、海南片的"量名"组合，还常常出现在一个领属语之后，例如把普通话"你的手"说成"汝隻手"或"汝双手"，把"我的书"说成"我本书"或"我撮书"。请看下面例句。

(11) 你的手得捏着才行。

汕头 ①汝个手么着□[tẽ²⁵]放块正好。lɯ⁵² kai⁵⁵⁻³¹ tshiu⁵² mo³³ tioʔ⁵⁻² tẽ²⁵ paŋ²¹³⁻³¹ ko²¹³⁻³¹ tsiã²¹³⁻⁵⁵ ho⁵². ②汝隻手么着□[tẽ²⁵]放块正好。lɯ⁵² tsiaʔ²⁻⁵ tshiu⁵² mo³³ tioʔ⁵⁻² tẽ²⁵ paŋ²¹³⁻³¹ ko²¹³⁻³¹ tsiã²¹³⁻⁵⁵ ho⁵². ③汝双手么着□[tẽ²⁵]放块正好。lɯ⁵² saŋ³³ tshiu⁵² mo³³ tioʔ⁵⁻² tẽ²⁵ paŋ²¹³⁻³¹ ko²¹³⁻³¹ tsiã²¹³⁻⁵⁵ ho⁵².

揭阳 ①汝个手么着□[tẽ³⁵]放块正好。lɯ⁴²⁻⁵³ kai⁵⁵⁻²² tshiu⁴²⁻⁵³ mo³³ tioʔ⁵⁻² tẽ³⁵ paŋ²¹³⁻²¹ ko²¹³⁻²¹ tsiã²¹³⁻⁵³ ho⁴²⁻²¹. ②汝隻手么着□[tẽ³⁵]放块正好。lɯ⁴²⁻⁵³ tsiaʔ²⁻³ tshiu⁴²⁻⁵³ mo³³ tioʔ⁵⁻² tẽ³⁵ paŋ²¹³⁻²¹ ko²¹³⁻²¹ tsiã²¹³⁻⁵³ ho⁴²⁻²¹. ③汝双手么着□[tẽ³⁵]放块正好。lɯ⁴²⁻⁵³ saŋ³³ tshiu⁴²⁻⁵³ mo³³ tioʔ⁵⁻² tẽ³⁵ paŋ²¹³⁻²¹ ko²¹³⁻²¹ tsiã²¹³⁻⁵³ ho⁴²⁻²¹.

海丰 ①你个手爱□[tẽ²⁵⁻³³]□[niŋ⁵²]正解得。li⁵² ai⁵⁵⁻²² tshiu⁵² ãi²¹³⁻⁵⁵ tẽ²⁵⁻³³ niŋ⁵² tsiã²¹³⁻⁵⁵ e²⁵ tit³. ②你双手爱□[tẽ²⁵⁻³³]□[niŋ⁵²]正解得。li⁵² tsiaʔ³⁻⁴ tshiu⁵² ãi²¹³⁻⁵⁵ tẽ²⁵⁻³³ niŋ⁵² tsiã²¹³⁻⁵⁵ e²⁵ tit³. ③你隻手爱□[tẽ²⁵⁻³³]□[niŋ⁵²]正解得。li⁵² saŋ⁴⁴⁻³³ tshiu⁵² ãi²¹³⁻⁵⁵ tẽ²⁵⁻³³ niŋ⁵² tsiã²¹³⁻⁵⁵ e²⁵ tit³.

遂溪 汝对手爱搞倒那得。lu⁴¹ tui²¹⁴⁻⁵⁵ tshiu⁴¹ ai²¹⁴ khok³ to⁴¹ na⁵⁵ tiet⁵.

雷州 汝个手爱搞着但得。lu⁴² kai²²⁻³³ tshiu⁴² ai²¹⁻⁴⁴ khok² to²¹ na⁵⁵³⁻³³ tiek⁵.

文昌 汝枚手参□[ɗe⁴²]□[lo²²]，但作得。du³¹ mo⁴²⁻¹¹ ʃiu³¹ ʃam³¹⁻³³ ɗe⁴² lo²², na⁴²⁻¹¹ toʔ⁵ ɗiet³.

三亚 汝个手要捏着才可以。lu³¹ kai²² tshiu³¹ iau²⁴ neʔ⁴² ɗo³³ tshai²² kho³¹ zi²².

(12) 他的自行车不见了。

汕头 ①伊个骹车（乞/分伊）唔见去。i³³ kai⁵⁵⁻³¹/tsiaʔ²⁻⁵ kha³³ tshia³³（khiʔ²⁻⁵/puŋ³³ i³³）m̩²⁵⁻³¹ kĩ²¹³ khɯ²¹³⁻³¹. ②伊隻骹车（乞/分伊）唔见去。i³³ tsiaʔ²⁻⁵ kha³³ tshia³³（khiʔ²⁻⁵/puŋ³³ i³³）m̩²⁵⁻³¹ kĩ²¹³ khɯ²¹³⁻³¹.

揭阳 ①伊个骹车（乞伊）唔见去。i³³ kai⁵⁵⁻²² kha³³ tshia³³（kheʔ²⁻³ i³³）m̩²⁵⁻²¹ kiaŋ²¹³/kĩ²¹³ khɯ²¹³⁻²¹. ②伊隻骹车（乞伊）唔见去。i³³ tsiaʔ²⁻³ kha³³ tshia³³（kheʔ²⁻³ i³³） m̩²⁵⁻²¹ kiaŋ²¹³/kĩ²¹³ khɯ²¹³⁻²¹.

海丰 ①伊个骹车唔见了／去。i⁴⁴⁻³³ kai⁵⁵⁻²² kha⁴⁴⁻³³ tshia⁴⁴⁻³³ m̩²⁵⁻³³ kĩ²¹³ liau⁵²⁻⁵⁵/khi²¹³⁻³¹. ②伊辆骹车唔见了／去。i⁴⁴⁻³³ niɔ̃⁵⁵⁻²² kha⁴⁴⁻³³ tshia⁴⁴⁻³³ m̩²⁵⁻³³ kĩ²¹³ liau⁵²⁻⁵⁵/khi²¹³⁻³¹.

遂溪 伊部单车无见啦。i²⁴ peu³³ taŋ²⁴⁻³³ tshia²⁴ bo²² ki²¹⁴ la⁴¹.

雷州 伊个单车无见啦。i²⁴ kai²²⁻³³ taŋ²⁴⁻³³ tshia²⁴ bo²²⁻³³ ki²¹ la³³.

文昌 伊个骹车无见去啦。i³⁴ ke²²⁻¹¹ xa³⁴⁻⁴² ʃia³⁴ bo²²⁻¹¹ ki²¹ xu²¹⁻⁵⁵ la⁵⁵.

三亚 伊个骹车无见了。i³³ ai²² kha³³ tshio³³ vo²² ki²⁴ liau⁴².

(13) 你的学生在哪里？

汕头 ①汝个学生在地块？lɯ⁵² kai⁵⁵⁻³¹ hak⁵⁻² seŋ³³ to²⁵⁻³¹ ti³¹ ko²¹³？②汝撮学生在地块？lɯ⁵² tshoʔ²⁻⁵ hak⁵⁻² seŋ³³ to²⁵⁻³¹ ti³¹ ko²¹³？

揭阳 ①汝个学生在地块？lɯ⁴²⁻⁵³ kai⁵⁵⁻²² hak⁵⁻² seŋ³³ to³⁵⁻²¹ ti²²⁻²¹ ko²¹³？②汝撮学生在地块？lɯ⁴²⁻⁵³ tshoʔ²⁻³ hak⁵⁻² seŋ³³ to³⁵⁻²¹ ti²²⁻²¹ ko²¹³？

海丰 你个学生着地□［te²¹³］？li⁵² kai⁵⁵⁻²² hak⁴⁻³ seŋ⁴⁴ tiɔʔ⁴⁻³/tɔʔ⁴⁻³ ti²¹⁻³³ te²¹³？

遂溪 汝帮学生在底乃啊？lu⁴¹⁻²⁴ paŋ²⁴ o⁵⁵ se²⁴ tu³³ ti⁴¹⁻²⁴ nai⁵⁵ a²¹？

雷州 汝个学生在□［te²¹］啊？lu⁴² kai²²⁻³³ o³³⁻⁴² se²⁴ tu³³ te²¹ a³³？

文昌 汝穚学生在□［ɖe²¹³］咧？du³¹ ɖoi²² oʔ⁴²⁻¹¹ te³⁴ ɖu⁴² ɖe²¹³ le⁵⁵？

三亚 汝个学生在底□［ɖio³³］？lu³¹ kai²² oʔ³³ te³³ ɖu⁴² ɖi³³ ɖio³³？

(14) 老黄的鞋不见了一只。

汕头 ①阿老黄个鞋唔见了一隻。a³³ lau⁵²⁻²⁴ ŋ̍⁵⁵ kai⁵⁵⁻³¹ oi⁵⁵ m̩²⁵⁻³¹ kĩ²¹³⁻⁵⁵ liau⁵²⁻²⁴ tsek⁵⁻² tsiaʔ². ②阿老黄双鞋唔见了一隻。a³³ lau⁵²⁻²⁴ ŋ̍⁵⁵ saŋ³³ oi⁵⁵ m̩²⁵⁻³¹ kĩ²¹³⁻⁵⁵ liau⁵²⁻²⁴ tsek⁵⁻² tsiaʔ².

揭阳 ①阿老黄个鞋唔见（了）蜀骹。a³³ lau³⁵⁻²¹ ŋ̍⁵⁵ kai⁵⁵⁻²² oi⁵⁵ m̩³⁵⁻²¹ kĩ²¹³⁻⁴² (liau⁴²⁻²⁴) tsek⁵⁻² kha³³. ②阿老黄双鞋唔见（了）蜀骹。a³³ lau³⁵⁻²¹ ŋ̍⁵⁵ saŋ³³ oi⁵⁵ m̩³⁵⁻²¹ kĩ²¹³⁻⁴² (liau⁴²⁻²⁴) tsek⁵⁻² kha³³.

海丰 ①老黄个鞋唔见了一骹。lau²⁵⁻³³ ũi⁵⁵ kai⁵⁵⁻²² ei⁵⁵ m̩²⁵⁻³³ kĩ²¹³⁻⁵⁵ liau⁵² tsit⁴⁻³ kha⁴⁴. ②老黄双鞋唔见了一骹。lau²⁵⁻³³ ũi⁵⁵ saŋ⁴⁴⁻³³ ei⁵⁵ m̩²⁵⁻³³ kĩ²¹³⁻⁵⁵ liau⁵² tsit⁴⁻³ kha⁴⁴.

遂溪 老黄对鞋无见骹啦。lau⁵⁵⁻³³ ui²² tui²¹⁴⁻⁵⁵ oi²² bo²² ki²¹⁴ kha²⁴ la⁴¹.

雷州 老黄个鞋无见了蜀骹。lau³³⁻⁴² ui²² kai²²⁻³³ oi²² bo²²⁻³³ ki²¹ liau⁴² ziak⁵ kha²⁴.

文昌 ①老黄个鞋，无知处蜀骹去。lau⁴²⁻¹¹ ui²² kai²²⁻¹¹ oi²², bo²²⁻¹¹

tai$^{34-42}$ ɗe^{21} ʥiak$^{3-21}$ xa^{34} xu$^{21-55}$. ②老黄双鞋，无知处蜀骹去。lau$^{42-11}$ ui^{22} tiaŋ$^{34-42}$ oi^{22}, bo$^{22-11}$ tai$^{34-42}$ ɗe^{21} ʥiak$^{3-21}$ xa^{34} xu$^{21-55}$.

三亚 老黄个鞋无见了蜀骹。lau^{31} ui^{22} kai^{22} oi^{22} vo^{22} ki^{24} liau^{42} ioʔ^{33} kha^{33}.

（15）汽车撞了学校的门。

汕头 ①隻汽车撞着学校个门。tsiaʔ$^{2-5}$ khi$^{213-55}$ tshia^{33} tsuaŋ$^{25-31}$ tioʔ$^{5-2}$ hak$^{5-2}$ hau^{25} kai$^{55-31}$ muŋ^{55}. ②隻汽车撞着学校片门。tsiaʔ$^{2-5}$ khi$^{213-55}$ tshia^{33} tsuaŋ$^{25-31}$ tioʔ$^{5-2}$ hak$^{5-2}$ hau^{25} phĩ$^{213-55}$ muŋ^{55}.

揭阳 隻汽车撞着学校片门。tsiaʔ$^{2-3}$ khi$^{213-42}$ tshia^{33} tsuaŋ$^{35-21}$ tioʔ$^{5-2}$ hak$^{5-2}$ hau^{35} phĩ$^{213-53}$ muŋ^{55}.

海丰 ①汽车撞了学校个门。khi$^{213-55}$ tshia^{44} tsiɔŋ$^{55-22}$ liau$^{52-213}$ hak^{3} hau^{25} kai$^{55-22}$ mũi^{55}. ②汽车撞了学校爿门。khi$^{213-55}$ tshia^{44} tsiɔŋ$^{55-22}$ liau$^{52-213}$ hak^{3} hau^{25} pãi$^{55-22}$ mũi^{55}.

遂溪 汽车碰倒学校□［khuak^{3}］门。khi$^{214-55}$ tshia^{24} phoŋ^{214} to$^{41-24}$ o^{55} hiau^{33} khuak^{3} mui^{22}.

雷州 ①汽车碰着学校个门头。khi$^{21-44}$ tshia^{24} phoŋ^{21} to$^{21-44}$ o$^{33-42}$ hiau^{33} kai$^{22-33}$ mui$^{22-33}$ thau^{24}. ②汽车碰着学校阿门头。khi$^{21-44}$ tshia^{24} phoŋ^{21} to$^{21-44}$ o$^{33-42}$ hiau^{33} a^{55} mui$^{22-33}$ thau^{24}.

文昌 车碰学校个门。ʃia^{34} ɸoŋ^{21} o(ʔ)$^{42-11}$ iau^{42} kai$^{22-11}$ mui^{22}.

三亚 ①汽车撞了学校个门。khui^{24} tshio^{33} tsiaŋ^{24} liau^{42} oʔ^{33} hiau^{42} kai^{22} mui^{22}. ②枚汽车撞了学校枚门。mo^{45} khui^{24} tshio^{33} tsiaŋ^{24} liau^{42} oʔ^{33} hiau^{42} mo^{45} mui^{22}.

上面例子中，"量名"组合和领属语中间不用结构助词"个"（的）而直接组合。有时领属语也可以是"量名"组合，这就会构成一个由多重"量名"组合结合而成的偏正词组，例如下例把"我的小猫的尾巴"说成"我隻猫团条尾"，如果是"我的小猫的尾巴的毛"，还可以说成"我隻猫团条尾撮毛"。

（16）你干吗故意染黑了我的小猫的尾巴？

汕头 ①汝做呢专染乌我个猫团个尾？lɯ^{52} tso$^{213-55}$ ni^{55} tsuaŋ^{33} ni$^{52-24}$ ou^{33} ua$^{52-24}$ kai$^{55-31}$ ŋiau^{33} kiã^{52} kai$^{55-31}$ bue^{52}？②汝做呢专染乌我隻猫团条尾？lɯ^{52} tso$^{213-55}$ ni^{55} tsuaŋ^{33} ni$^{52-24}$ ou^{33} ua$^{52-24}$ tsiaʔ$^{2-5}$ ŋiau^{33} kiã^{52} tiau$^{55-31}$ bue^{52}？

揭阳 ①汝做呢专染乌我个猫团个尾？lɯ$^{42-53}$ tso$^{213-42}$ ni$^{55-22}$ tsuaŋ^{33} ni$^{42-24}$ ou^{33} ua$^{42-24}$ kai$^{55-22}$ ŋiau^{33} kiã$^{42-53}$ kai$^{55-22}$ bue$^{42-53}$？②汝做呢专染乌我隻猫团条尾？lɯ^{52} tso$^{213-55}$ ni^{55} tsuaŋ^{33} ni$^{52-24}$ ou^{33} ua$^{52-24}$ tsiaʔ$^{2-5}$ ŋiau^{33} kiã^{52} tiau$^{55-22}$ bue^{52}？

海丰 ①汝（知）做呢（样）专条染乌我个猫仔个尾？li^{52}（tsai$^{44-33}$ tsɔ$^{213-55}$ ni$^{55-22}$（iɔ̃$^{21-33}$）tsuaŋ$^{44-33}$ thiau^{55} ni$^{52-213}$ ɔu^{44} ua^{52} kai$^{55-22}$ ŋiau^{44} ã^{52}

kai$^{55-22}$ bue^{52}？②汝（知）做呢（样）专条捞我隻猫仔个尾染乌？li^{52}（tsai$^{44-33}$）tsɔ$^{213-55}$ ni$^{55-22}$（iõ$^{21-33}$）tsuaŋ$^{44-33}$ thiau^{55} lau$^{44-33}$ ua^{52} tsiaʔ^{3} ŋiau^{44} ã^{52} kai$^{55-22}$ bue^{52} ni^{52} ɔu^{44}？

遂溪 汝做乜爱染乌我个猫囝条尾？lu^{41} to^{55} mi^{55} ai^{214} iam^{41} eu^{24} va$^{41-24}$ kai^{22} va^{22} kia$^{41-24}$ tiau^{22} ve^{41}？

雷州 汝做乜爱染乌我个猫囝个尾呢？lu$^{42-44}$ tso$^{553-33}$ mi^{553} ai^{21} ziam^{42} eu^{24} ba^{42} kai$^{22-33}$ ba^{22} kia^{42} kai$^{22-33}$ bue^{42} hŋ^{21}？

文昌 ①汝做乜放工做我个猫囝个尾乌去？du^{31} toʔ^{5} miʔ^{53} 6aŋ$^{21-55}$ kaŋ^{34} to^{53} gua^{31} kai$^{22-11}$ niau$^{34-42}$ kia^{31} kai$^{22-11}$ bue^{31} ou^{34} xu$^{21-55}$？②汝做乜放工做我枚猫囝枚尾乌去？du^{31} toʔ^{5} miʔ^{53} 6aŋ$^{21-55}$ kaŋ^{34} to^{53} gua^{31} mo$^{42-11}$ niau$^{34-42}$ kia^{31} mo$^{42-11}$ bue^{31} ou^{34} xu$^{21-55}$？

三亚 ①汝做乜放工涂乌我个猫囝个尾巴？lu^{31} toʔ^{45} miʔ^{45} 6aŋ^{24} kan^{44} thu^{22} ou^{33} va^{31} kai^{22} miau^{33} kio^{31} kai^{22} vuo^{31} 6a^{33}？②汝做乜放工涂乌我枚猫囝个尾巴？lu^{31} toʔ^{45} miʔ^{45} 6aŋ^{24} kan^{44} thu^{22} ou^{33} va^{31} mo^{45} miau^{33} kio^{31} kai^{22} vuo^{31} 6a^{33}？

如果简单地拿普通话类比，会以为以上面例子中的那些量词有结构助词的作用，因为它翻成普通话要说成"的"。这显然是不对的，闽南方言的这些地方有自己的语法系统，"量名"组合在其系统中是一种和"指量名"有类聚关系的组合，其中的量词在功能上和定指语义上与"指示词+量词"相同而与结构助词毫无共同之处。在上面的例子中，凡有①、②两种说法的，无论是结构上还是意义上都有所不同。在结构上，②中的量词属下，而①中的结构助词属上；在意义上，②中的量词含有定指和特定的单位意义，①中的结构助词只有一种标志偏正结构的意义。

下面的例子里，普通话在领属语后面用了"指量名"组合，远指或近指指别词必不可少，但是在闽南方言的这些地方却常常说成不分远近的"量名"组合。

(17) 你的那些学生在哪里？

汕头 ①汝许撮学生伫地块？lɯ^{52} hɯ$^{52-24}$ tshoʔ$^{2-5}$ hak$^{5-2}$ seŋ^{33} to$^{25-31}$ ti^{31} ko^{213}？②汝撮学生伫地块？lɯ^{52} tshoʔ$^{2-5}$ hak$^{5-2}$ seŋ^{33} to$^{25-31}$ ti^{31} ko^{213}？

揭阳 ①汝许撮学生伫地块？lɯ$^{42-53}$ hɯ$^{42-24}$ tshoʔ$^{2-3}$ hak$^{5-2}$ seŋ^{33} to$^{22-21}$ ti$^{35-21}$ ko^{213}？②汝撮学生伫地块？lɯ$^{42-53}$ tshoʔ$^{2-3}$ hak$^{5-2}$ seŋ^{33} to$^{22-21}$ ti$^{35-21}$ ko^{213}？

海丰 汝乃（仔）学生著地块？li^{52} nai$^{213-55}$（ã$^{52-213}$）hak$^{4-3}$ seŋ^{44} tiɔʔ$^{4-3}$/tɔʔ$^{4-3}$ ti$^{21-33}$ te^{213}？

遂溪 汝帮学生伫□［te^{24}］啊？lu^{41} paŋ$^{24-33}$ o^{55} se^{24} tu^{33} te^{24} a^{41}？

雷州 汝帮学生伫□［te^{21}］啊？lu^{42} paŋ$^{24-33}$ o$^{33-42}$ se^{24} tu^{33} te^{21} a^{33}？

文昌 汝穧学生仔□［ɗe²¹³］咧？du³¹ ɗoi³⁴ o?⁴²⁻¹¹ te³⁴ ɗu⁴² ɗe²¹³ le⁵⁵？

三亚 汝个□［a?⁴⁵］穧学生仔地□［ɗio³³］？lu³¹ kai²² a?⁴⁵ ɗoi³³ o?³³ te³³ ɗu⁴² ɗi³³ ɗio³³？

(18) 汽车撞了学校那道门。

汕头 隻汽车撞着学校<u>片门</u>。tsia?²⁻⁵ khi²¹³⁻⁵⁵ tshia³³ tsuaŋ²⁵⁻³¹ tio?⁵⁻² hak⁵⁻² hau²⁵ phĩ²¹³⁻⁵⁵ muŋ⁵⁵.

揭阳 隻汽车撞着学校<u>片门</u>。tsia?²⁻³ khi²¹³⁻⁴² tshia³³ tsuaŋ³⁵⁻²¹ tio?⁵⁻² hak⁵⁻² hau³⁵ phĩ²¹³⁻⁵³ muŋ⁵⁵.

海丰 汽车撞着学校(许)<u>爿</u>/(许)<u>个</u>门。khi²¹³⁻⁵⁵ tshia⁴⁴ tsiɔŋ⁵⁵⁻²² tiɔ?⁴⁻³ hak³ hau²⁵ (hi⁵²) pãi⁵⁵⁻²²/(hi⁵²) kai⁵⁵⁻²² mũi⁵⁵.

遂溪 汽车碰倒学校许□［khuak³］门。khi²¹⁴⁻⁵⁵ tshia²⁴ phoŋ²¹⁴ to⁴¹⁻²⁴ o⁵⁵ hiau³³ ha⁵⁵ khuak³ mui²².

雷州 汽车碰着学校（许）<u>爿门头</u>。khi²¹⁻⁴⁴ tshia²⁴ phoŋ²¹ to²¹⁻⁴⁴ o³³⁻⁴² hiau³³（ha⁵⁵³）pai²²⁻³³ mui²²⁻³³ thau²².

文昌 车碰学校许枚门。ʃia³⁴ ɸoŋ²¹ o(?)⁴²⁻¹¹ iau⁴² ɦo²¹⁻⁵⁵ mo⁴²⁻¹¹ mui²².

三亚 （架/枚）汽车撞了学校那爿/道门。(ke²⁴⁻²²/mo⁴⁵) khui²⁴ tshio³³ tsiaŋ²⁴ liau⁴² o?³³ hiau⁴² a?⁴⁵ ɓai²²/ɗau²⁴ mui²².

(19) 汽车撞了学校的那道门。

汕头 隻汽车撞着学校许片门。tsia?²⁻⁵ khi²¹³⁻⁵⁵ tshia³³ tsuaŋ²⁵⁻³¹ tio?⁵⁻² hak⁵⁻² hau²⁵ hɯ⁵²⁻²⁴ phĩ²¹³⁻⁵⁵ muŋ⁵⁵.

揭阳 隻汽车撞着学校许片门。tsia?²⁻³ khi²¹³⁻⁴² tshia³³ tsuaŋ³⁵⁻²¹ tio?⁵⁻² hak⁵⁻² hau³⁵ hɯ⁴²⁻²⁴ phĩ²¹³⁻⁵³ muŋ⁵⁵.

海丰 汽车撞着学校个许爿/许个门。khi²¹³⁻⁵⁵ tshia⁴⁴ tsiɔŋ⁵⁵⁻²² tiɔ?⁴⁻³ hak⁴⁻² hau²⁵ kai⁵⁵⁻²² hi⁵² pãi⁵⁵⁻²²/hi⁵² kai⁵⁵⁻²² mũi⁵⁵.

遂溪 汽车碰倒学校个许□［khuak³］门。khi²¹⁴⁻⁵⁵ tshia²⁴ phoŋ²¹⁴ to⁴¹⁻²⁴ o⁵⁵ hiau³³ kai²² ha⁵⁵ khuak³ mui²².

雷州 汽车碰着学校（许）爿/（许）个门头。khi²¹⁻⁴⁴ tshia²⁴ phoŋ²¹ to²¹⁻⁴⁴ o³³⁻⁴² hiau³³（ha⁵⁵³）pai²²⁻³³/（ha⁵⁵³）kai²²⁻³³ mui²²⁻³³ thau²³.

文昌 ①车碰学校许枚门。ʃia³⁴ ɸoŋ²¹ o(?)⁴²⁻¹¹ iau⁴² ɦo²¹⁻⁵⁵ mo⁴²⁻¹¹ mui²². ②车碰学校个门。ʃia³⁴ ɸoŋ²¹ o(?)⁴²⁻¹¹ iau⁴² kai²²⁻¹¹ mui²².

三亚 <u>（架/枚）</u>汽车撞了学校（个）□［a?⁴⁵］爿门。(ke²⁴⁻²²/mo⁴⁵) khui²⁴ tshio³³ tsiaŋ²⁴ liau⁴² o?³³ hiau⁴² (kai²²) a?⁴⁵ ɓai²² mui²³.

和普通话比较，可看出普通话中，"学校的门""学校的这/那道门""学校这/那道门"都可以说成"学校片门"之类，可见方言"学校片门"和普通话这三种句子意义上都接近；但是，这几种句子与方言并不完全相等：方言"学校片门"比普通话"学校的门"多了[＋定指]和[＋单位]，比"学校的这/那道门""学校这/那道门"少了[＋近/远]。此外，普通话"指量名"组合和领属语之间可以加结构助词，而这些方言的"量名"与领属语之间不能加结构助词。

闽南－台湾片的情况和上述地区的不同而与普通话相同，从下面的语料中可以看得很清楚。

(11) 你的手得捏着才行。

泉州 ①汝个手着捏咧□[tsiaʔ⁵⁵]解做。lɯ⁵⁵ e²⁴⁻²² tshiu⁵⁵ tioʔ²⁴⁻²² nĩ²⁴ lɤʔ⁵⁵⁻⁴¹ tsiaʔ⁵⁵ e²² tsue⁴¹⁻³¹. ②汝归双手着捏咧□[tsiaʔ⁵⁵]解做。lɯ⁵⁵ kui³³ saŋ³³ tshiu⁵⁵ tioʔ²⁴⁻²² nĩ²⁴ lɤʔ⁵⁵⁻⁴¹ tsiaʔ⁵⁵ e²² tsue⁴¹⁻³¹.

厦门 汝个手着捏牢甲解使。li⁵³⁻⁴⁴ e²⁴⁻²² tshiu⁵³ tioʔ⁵⁻²¹ niʔ⁵ tiau²⁴⁻²¹ kaʔ³²⁻⁵ e²²⁻²¹ sai⁵³.

台中 汝个手着爱□[tẽ²²⁻²¹]着□[tsiaʔ²⁻⁵]解用哩。li⁵³⁻⁴⁴ e²⁴⁻²² tshiu⁵³ tioʔ³⁻² ai²¹⁻⁵³ tẽ²²⁻²¹ tioʔ³⁻² tsiaʔ²⁻⁵ e²²⁻²¹ iɔŋ²² li²¹.

漳州 汝手□[tẽ²²]□[hɛ̃³⁴⁻²²]/牢甲解使。li⁵² tshiu⁵² tẽ²² hɛ̃³⁴⁻²²/tiau¹³⁻²² kaʔ³²⁻⁵² e²²⁻²¹ sai⁵².

(12) 他的自行车不见了。

泉州 伊个骹踏车无咧/去啰。i³³ e²⁴⁻²² kha³³ taʔ²⁴⁻²² tshia³³ bo²⁴ lɤʔ⁴¹/khɯ⁴¹ lɔ²¹.

厦门 ①伊迄把骹踏车＜拍唔＞见啊。i⁴⁴⁻²² hit³²⁻⁵ pe⁵³⁻⁴⁴ kha⁴⁴⁻²² taʔ⁵⁻²¹ tshia⁴⁴ ＜phaŋ²¹⁻⁵³＞ kĩ²¹ a²¹. ②伊个骹踏车＜拍唔＞见啊。i⁴⁴⁻²² e²⁴⁻²² kha⁴⁴⁻²² taʔ⁵⁻²¹ tshia⁴⁴ ＜phaŋ²¹⁻⁵³＞ kĩ²¹ a²¹.

台中 ①伊个骹踏车无去啊。i⁴⁴⁻²² e²⁴⁻²² kha⁴⁴⁻²² taʔ³⁻² tshia⁴⁴ bo²⁴ khi²¹ a²¹. ②伊个骹踏车＜拍唔＞见啊。i⁴⁴⁻²² e²⁴⁻²² kha⁴⁴⁻²² taʔ³⁻² tshia⁴⁴ ＜phaŋ⁵³＞ ken²¹ a²¹.

漳州 伊个骹踏车＜拍唔＞去啊。i³⁴⁻²² e¹³⁻²² kha³⁴⁻²² taʔ¹²¹⁻²¹ tshia³⁴ ＜phaŋ²¹⁻⁵²＞ khi²¹ a²¹.

(13) 你的学生在哪里？

泉州 汝个学生伫倒落？lɯ⁵⁵ e²⁴⁻²² hak²⁴⁻²² sŋ³³ tɯ²² to⁵⁵⁻²⁴ lɔʔ⁵⁵?

厦门 汝个学生伫倒落？li⁵³⁻⁴⁴ e²⁴⁻²² hak⁵⁻²¹ siŋ⁴⁴ ti²²⁻²¹ to⁵³⁻⁴⁴ lɔʔ⁵?

台中 汝个学生仔伫倒位？li⁵³⁻⁴⁴ e²⁴⁻²² hak³⁻² siŋ⁴⁴⁻²² a⁵³ ti²²⁻²¹ to⁵³⁻⁴⁴ ui²²?

漳州 汝个学生仔伫倒落仔？li⁵²⁻³⁴ e¹³⁻²² hak¹²¹⁻³² siŋ³⁴ a⁵² ti²²⁻²¹ taʔ³²⁻⁵² lo¹³⁻²² a⁵²?

(14) 老黄的鞋不见了一只。

泉州 老黄个鞋蜀骹仔无去/无看见啰。lau$^{55-24}$ ŋ^{24} e$^{24-22}$ ue^{24} tsit$^{24-22}$ kha^{33} a^{55} bo$^{24-22}$ khɯ^{41}/bo$^{24-22}$ khuã^{41} kĩ$^{41-22}$ lɔ^{21}.

厦门 老黄个鞋<拍唔>见蜀骹啊。lau$^{53-44}$ ŋ^{24} e$^{24-22}$ ue^{24} <phaŋ$^{21-53}$> kĩ$^{21-53}$ tsit$^{5-21}$ kha^{44} a^{21}.

台中 黄生个鞋仔蜀骹无去啊。ŋ^{24} sen$^{44-22}$ e$^{24-22}$ e^{24} a^{53} tsit$^{3-2}$ kha^{44} bo^{24} khi^{21} a^{21}.

漳州 阿老黄个鞋仔<拍唔>去蜀骹。a$^{34-22}$ lau$^{53-34}$ uĩ$^{13-22}$ e$^{13-22}$ e$^{13-22}$ a^{52} <phaŋ$^{21-52}$> khi$^{21-52}$ tsit$^{121-21}$ kha^{34}.

(15) 汽车撞了学校的门。

泉州 汽车撞咧/着/了学堂个门。khi$^{41-55}$ tshia^{33} lɔŋ$^{41-55}$ le^{55}/tioʔ$^{24-22}$/liau^{55} oʔ$^{24-22}$ tŋ^{24} e$^{24-22}$ bŋ^{24}.

厦门 汽车□[kɔŋ$^{21-53}$]着学堂个门。khi$^{21-53}$ tshia^{44} kɔŋ$^{21-53}$ tioʔ$^{5-21}$ oʔ$^{5-21}$ tŋ^{24} e$^{24-22}$ mŋ^{24}.

台中 车拼着学校个门。tshia^{44} lɔŋ$^{21-53}$ tioʔ$^{3-2}$ hak$^{3-2}$ hau$^{22-21}$ e$^{24-22}$ mŋ^{24}.

漳州 汽车□[tshai$^{21-52}$]着学堂个门。khi$^{21-52}$ tshia^{34} tshai$^{21-52}$ tioʔ$^{121-21}$ oʔ$^{121-21}$ tŋ$^{13-22}$ e$^{13-22}$ mui^{13}.

(16) 你干吗故意染黑了我的小猫的尾巴?

泉州 汝干仔哪将我个猫仔个尾挑工安呢涂乌去啰? lɯ^{55} kan^{41} ã$^{55-21}$ nã^{55} tsiɔŋ^{33} gua^{55} e$^{24-22}$ niãu^{55} e$^{24-22}$ bɤ^{55} thiau^{33} kaŋ^{33} an^{33} nẽ^{33} thɔ$^{24-22}$ ɔ^{33} khɯ^{41} lɔ^{21}?

厦门 汝安怎挑□[ti$^{22-21}$]用我小猫个尾巴染乌去? li$^{53-44}$ an$^{44-22}$ tsuã^{53} thiau$^{44-22}$ ti$^{22-21}$ iŋ$^{22-21}$ gua$^{53-44}$ siau$^{53-44}$ niau$^{44-22}$ e$^{24-22}$ be$^{53-44}$ pa^{44} ni$^{53-44}$ ɔ^{44} khi^{21}?

台中 汝为甚乜故意合我个猫仔个尾染□[hia^{53}]乌? li$^{53-44}$ ui$^{24-22}$ siã$^{53-44}$ mĩʔ^3 kɔ$^{21-53}$ i$^{21-53}$ kaʔ^3 ua^{53} e$^{24-22}$ niãu$^{44-22}$ a^{53} e$^{24-22}$ bue^{53} ni$^{53-44}$ hia^{53} ɔ^{44}?

漳州 汝安哪故意合我猫仔个尾创遘乌乌? li^{52} an$^{34-22}$ na$^{52-34}$ kɔ$^{21-52}$ i$^{21-55}$ kaʔ$^{121-21}$ gua$^{52-34}$ niau$^{34-22}$ a$^{42-44}$ e$^{13-22}$ bue^{52} tshɔŋ$^{21-52}$ kau$^{21-55}$ ɔ$^{34-22}$ ɔ^{34}?

(17) 你的那些学生在哪里?

泉州 汝个□[huai$^{55-24}$]学生伫倒落? lɯ^{55} e$^{24-22}$ huai$^{55-24}$ hak$^{24-22}$ sŋ^{33} tɯ^{22} to$^{55-24}$ loʔ^{55}?

厦门 汝个□[hia^{24}]学生伫倒落? li^{53} e$^{24-22}$ hia^{24} hak$^{5-21}$ siŋ^{44} ti$^{22-21}$ to$^{53-44}$ loʔ^5?

台中 汝□[hia$^{53-44}$]个学生仔伫倒位? li$^{53-44}$ hia$^{53-44}$ e$^{24-22}$ hak$^{3-2}$ siŋ$^{44-22}$ a^{53} ti$^{22-21}$ to$^{53-44}$ ui^{22}?

漳州 汝□[hiaʔ$^{32-52}$]学生仔伫倒落仔? li$^{52-34}$ hiaʔ$^{32-52}$ hak$^{121-32}$ siŋ^{34} a^{52}

ti$^{22-21}$ taʔ^{32-52} lo$^{13-22}$ a^{52}?

(18) 汽车撞了学校那道门。

泉州 汽车撞咧/着/了学堂迄个门。khi$^{41-55}$ tshia^{33} lɔŋ$^{41-55}$ le^{55}/tioʔ$^{24-22}$/liau^{55} oʔ$^{24-22}$ tŋ^{24} hit^{55} ge$^{24-22}$ bŋ^{24}.

厦门 汽车□［kɔŋ$^{21-53}$］着学堂迄道门。khi$^{21-53}$ tshia^{44} kɔŋ$^{21-53}$ tioʔ$^{5-21}$ oʔ$^{5-21}$ tŋ^{24} hit$^{32-5}$ to$^{22-21}$ mŋ^{24}.

台中 车拚着学校个迄片门。tshia^{44} lɔŋ$^{21-53}$ tioʔ$^{3-2}$ hak$^{3-2}$ hau$^{22-21}$ e$^{24-22}$ hit$^{2-5}$ phĩ$^{21-53}$ mŋ^{24}.

漳州 汽车□［tshai$^{21-52}$］着学堂迄个门。khi$^{21-52}$ tshia^{34} tshai$^{21-52}$ tioʔ$^{121-21}$ oʔ$^{121-21}$ tŋ^{13} hit$^{32-5}$ e$^{13-22}$ mui^{13}.

(19) 汽车撞了学校的那道门。

泉州 汽车撞咧/着/了学堂个迄个门。khi$^{41-55}$ tshia^{33} lɔŋ$^{41-55}$ le^{55}/tioʔ$^{24-22}$/liau^{55} oʔ$^{24-22}$ tŋ^{24} e$^{24-22}$ hit^{55} ge$^{24-22}$ bŋ^{24}.

厦门 汽车□［kɔŋ^{21}］着学堂个迄道门。khi$^{21-53}$ tshia^{44} kɔŋ$^{21-53}$ tioʔ$^{5-21}$ oʔ$^{5-21}$ tŋ^{24} e$^{24-22}$ hit$^{32-5}$ to$^{22-21}$ mŋ^{24}.

台中 车拚着学校个迄爿门。tshia^{44} lɔŋ$^{21-53}$ tioʔ$^{3-2}$ hak$^{3-2}$ hau$^{22-21}$ e$^{24-22}$ hit$^{2-5}$ phĩ$^{21-53}$ mŋ^{24}.

漳州 汽车□［tshai$^{21-52}$］着学堂个迄个门。khi$^{21-52}$ tshia^{34} tshai$^{21-52}$ tioʔ$^{121-21}$ oʔ$^{121-21}$ tŋ^{13} e$^{13-22}$ hit$^{32-5}$ e$^{13-22}$ mui^{13}.

如上所述，有定的"量名"组合，在闽南-台湾片为"无"，从粤东至海南则为"有"，这种差别，似乎只是关系到量词与指示词、量词与名词在组合关系上的差别。其实，这些差别只是表面的现象，更深层的差别，在于两大区域在指称系统上属于不同的类型。闽南-台湾片和普通话一样，其有定的特指是重远近指别而不重单位；粤东至海南则和粤语一样，是重单位不重远近的指别。①

参考文献

施其生. 广州方言的"量+名"组合［M］//方言论稿. 广州：广东人民出版社，1996：85.

---

① 参见施其生《方言论稿》，广东人民出版社1996年版，第85页。

第四节　闽南方言的人称代词

一、三身代词

（一）单数三身代词

单数三身代词，普通话分别说成"我、你、他（她、它）"，闽南方言各地说法非常一致，都是"我、汝、伊"。

1. 第一人称：我

泉州、厦门、漳州、文昌：[˚gua]

台中、汕头、揭阳、海丰：[˚ua]

雷州：[˚ba]

三亚、遂溪：[˚va]

2. 第二人称：汝

厦门、台中、漳州、海丰：[˚li]

泉州、汕头、揭阳：[˚lɯ]

遂溪、雷州、三亚：[˚lu]

文昌：[˚du]

3. 第三人称：伊

各地都是 [˚i]。

下面是例句。

（1）他的事你别来问我。

泉州　伊个事/事志汝唔免来问我。i^{33} e^{24-22} tai^{41}/tai^{41-22} tsi^{41} $lɯ^{55}$ m^{41-22} $bian^{55-24}$ lai^{24-22} $bŋ^{41}$ gua^{55-21}.

厦门　伊个事志汝嫒来问我。i^{44-22} e^{24-22} tai^{22-21} tsi^{21} li^{53-44} mai^{21-53} lai^{24-22} $mŋ^{22}$ gua^{53-21}.

台中　伊个事志汝嫒来问我。i^{44-22} e^{24-22} tai^{22-21} tsi^{21} li^{53-44} mai^{21-53} lai^{24-22}

bŋ$^{22-21}$ ua^{53}.

漳州 伊个事志＜唔通＞来问我。i^{34} e$^{13-22}$ tai$^{22-21}$ tsi^{21} ＜baŋ^{22}＞ lai$^{13-22}$ mui^{21} gua^{31}.

汕头 伊个事汝嫒来问我。i^{33} kai$^{55-31}$ sɯ^{31} lɯ^{52} mai$^{213-55}$ lai$^{55-31}$ muŋ^{31} ua$^{52-213}$.

揭阳 伊个事汝嫒来问我。i^{33} kai$^{55-22}$ sɯ^{22} lɯ$^{42-53}$ mai$^{213-42}$ lai$^{55-22}$ muŋ^{22} ua$^{42-213}$.

海丰 伊个事汝嫒/免来问我。i$^{44-33}$ kai$^{44-22}$ su^{25} li^{52} mai$^{213-55}$/miaŋ$^{52-213}$ lai$^{55-22}$ mui^{21} ua$^{52-213}$.

遂溪 伊事汝无使来问我。i^{24} su^{55} lu^{41} bo^{22} sai^{41} lai^{22} mui^{24} va^{41}.

雷州 伊个事汝无爱来问我。i^{24} kai$^{22-33}$ su^{553} lu^{42} bo$^{22-33}$ ai^{21} lai^{22} mui^{24} ba^{42}.

文昌 伊个事汝无用问我。i^{34} kai$^{22-11}$ ʃe^{42} du^{31} bo$^{22-11}$ ʤioŋ^{42} mui^{34} gua^{31}.

三亚 伊个事汝嫒来问我。i^{33} kai^{22} tshi^{42} lu^{31} vei^{24} lai^{22} mui^{33} va^{31}.

(二) 复数三身代词

闽南方言的复数三身代词，各地的形式略有差异，有加以讨论的必要。先看其在各地的表现。

1. 第一人称复数

第一人称复数有排除式和包括式之分。

排除式是把听话方排除在说话者一方之外，闽南－台湾片和粤东片用同一个语素，习惯上都写作"阮"，这只是历来沿用的借用字，其语源下文再讨论。

泉州、厦门、漳州：阮［˚gun］

台中：阮［˚un］

汕头、揭阳、海丰：阮［˚uaŋ］

雷州片和海南片都在单数的"我"后面加一个含有人众意义的成分。

遂溪：我群［˚va ˳kuŋ］

雷州：我阿众［˚ba ˳a ˳thaŋ］

文昌：我侬家［˚gua ˳na ˳ke］

三亚：我侬［˚va ˳naŋ］

包括式把听话方也包括在说话者一方中，整个闽南方言都用到一个语素，发音因各地音系的差异而有 [ˢlan] [ˢnan] [ˢman] [ˢnaŋ] 等的不同，各地习惯用字有几种写法，或自创方言字"伯""俫"，或借用北方人称代词用字"俺"，但都不是本字。

闽南-台湾片和粤东片一般只用这个语素，各地说法如下。

泉州、厦门、台中、漳州：伯 [ˢlan]

汕头、揭阳、海丰：俺 [ˢnaŋ]

雷州片和海南片还可以在后面加一个含有人众意义的语素。

遂溪：俫（群）[ˢnaŋ ˌkuŋ]

雷州：俫（侬）[ˢnaŋ ˌnaŋ]

海口：俫（侬）[ˢnan ˌnaŋ] / 俫（蜀家）[ˢnan ʤiak₂ ˌke]

三亚：俫（侬）[ˢman ˌnaŋ]

2. 第二人称复数

第二人称复数的构成与第一人称复数排除式的构成情况一样，闽南-台湾片和粤东片用同一个语素，习惯上都写作"恁"，也是历来沿用的借用字。

泉州、厦门、台中、漳州：恁 [ˢlin]

汕头、海丰：恁 [ˢniŋ]

揭阳：恁 [ˢneŋ]

雷州片和海南片则在单数的"汝"后面加一个含有人众意义的成分，这个成分和第一人称复数排除式完全相同。

遂溪：汝群 [ˢlu ˌkuŋ]

雷州：汝阿众 [ˢlu ˌa thaŋˀ]

文昌：汝侬家 [ˢɗu ˌna ˌke]

三亚：汝侬 [ˢlu ˌnaŋ]

3. 第三人称复数

第三人称复数的构成，在闽南-台湾片，以及雷州片和海南片，其构成方式和第一人称复数排除式的情况平行。闽南-台湾片都说"個 [ˌin]"，"個"是个自造的方言形声字。

雷州片和海南片则在单数的"伊"后面加一个含有人众意义的成分，这个成分和第一人称复数排除式完全相同。

遂溪：伊群 [ˌi ˌkuŋ]

雷州：伊阿众 [₋i ₋a thaŋ˧]
文昌：伊蜀家 [₋i ʤiak₋ ke]
三亚：伊侬 [₋i ₋naŋ]

粤东片很多地方不再跟闽南-台湾片一个模式，而是跟雷州片、海南片一个模式，是在第三人称单数"伊"的后面加一个"侬"。①

汕头、揭阳、海丰：伊侬 [₋i ₋naŋ]

下面是各地三身代词复数使用情况的例句。
(2) 这些是我们的，不是你们的。

泉州 □ [tsuai$^{55-24}$]（个）是阮个，唔是恁个。tsuai$^{55-24}$（e^{24}）si^{22} gun^{55} e^{24}，m̩$^{41-22}$ si^{22} lin^{55} e^{24}.

厦门 □ [tsia^{24}] 是阮个，唔是恁个。tsia^{24} si$^{22-21}$ gun$^{53-44}$ e^{24}，m̩$^{22-21}$ si$^{22-21}$ lin$^{53-44}$ e^{24}.

台中 □ [tsia$^{53-44}$] 个是阮个，唔是恁个。tsia$^{53-44}$ e$^{24-22}$ si$^{22-21}$ un$^{53-44}$ e^{24}，m̩$^{22-21}$ si$^{22-21}$ lin$^{53-44}$ e^{24}.

漳州 □ [tsiaʔ$^{32-52}$]（个）是阮个，唔是恁个。tsiaʔ$^{32-52}$（e^{13}）si$^{22-21}$ gun$^{52-34}$ e^{13}，m̩$^{22-21}$ si$^{22-21}$ lin$^{52-34}$ e^{13}.

汕头 只撮是阮个，唔是恁个。tsi$^{52-24}$ tshoʔ^2 si$^{25-31}$ uaŋ^{52} kai$^{55-31}$，m̩$^{25-31}$ si$^{25-31}$ niŋ^{52} kai$^{55-31}$.

揭阳 只块是阮个，唔是恁个。tsio$^{42-24}$ ko^{213} si$^{35-21}$ uaŋ$^{42-35}$ kai^{55}，m̩$^{35-21}$ si$^{35-21}$ neŋ^{42} kai$^{55-22}$.

海丰 只乃（仔）是阮个，唔是恁个。tsi^{52} nai$^{55-22}$（ã$^{52-213}$）si$^{25-33}$ uaŋ^{52} kai$^{55-21}$，m̩$^{25-33}$ si$^{25-33}$ niŋ^{52} kai$^{55-21}$.

遂溪 若乃是我群个，无是汝群个。ia^{55} nai^{55} si^{55} va$^{41-24}$ kuŋ^{22} kai^{55}，vo^{22} si^{55} lu$^{41-24}$ kuŋ^{22} kai^{22}.

雷州 这乃是我阿众个，无是汝阿众个。zia^{553} nai^{553} si^{33} ba$^{42-44}$ a$^{24-33}$ thaŋ^{21} kai^{22}，bo$^{22-33}$ si^{44} lu$^{42-44}$ a$^{24-33}$ thaŋ^{21} kai^{22}.

文昌 这滴是我侬家个，无是汝侬家个。ʤia$^{21-55}$ di^{53} ti^{42} gua^{31} na$^{22-11}$ ke^{34} kai^{22}，bo$^{22-11}$ ti^{42} du^{31} na$^{22-11}$ ke^{34} kai^{22}.

三亚 即穧是我侬个，无是汝侬个。iʔ^{45} ɗoi^{33} ti^{42} va^{31} naŋ^{22} kai^{22}，vo^{22} ti^{42}

---

① 据调查，粤东片也有一些地方如潮州等地和闽南、福建片一样用单音词"伲"。

lu^{31} naŋ^{22} kai^{22}.

（3）咱们别理他们。

泉州　伓（□［tsuai$^{55-24}$］）唔免插個（□［huai$^{55-24}$］）。lan^{55} (tsuai$^{55-24}$) m$^{41-22}$ bian^{24} tshap^{55} in^{33} (huai$^{55-24}$).

厦门　伓嫒□［tshap^{32}］個。lan$^{53-44}$ mai$^{21-53}$ tshap^{32} in$^{44-21}$.

台中　伓嫒□［tshap^{2}］個。lan$^{53-44}$ mai$^{21-53}$ tshap^{2} in$^{44-22}$.

漳州　伓嫒插管個。lan^{52} mai^{52} tshat$^{32-5}$ kuan$^{52-34}$ in^{34}.

汕头　俺嫒睬伊侬。naŋ^{52} mai$^{213-55}$ tshai^{52} i$^{33-31}$ naŋ$^{55-31}$.

揭阳　俺嫒睬伊侬。naŋ$^{42-53}$ mai$^{213-53}$ tshai$^{42-21}$ i$^{33-22}$ naŋ$^{55-22}$.

海丰　俺嫒去睬伊侬。naŋ^{52} mai$^{213-55}$ khi$^{213-55}$ tshai^{52} i$^{44-33}$ naŋ$^{55-21}$.

遂溪　俫（群）无理伊群。naŋ$^{41-24}$ (kuŋ^{22}) bo^{22} li^{41} i^{24} kuŋ^{22}.

雷州　俫（侬）无理伊阿众。naŋ^{42} (naŋ^{22}) bo$^{22-33}$ li^{42} i$^{24-33}$ a$^{24-33}$ than^{21}.

文昌　俫（侬/蜀家）不用理/查伊蜀家/伊侬。nan^{31} (naŋ^{22}/ʥiak$^{3-1}$ ke^{34}) bo$^{22-11}$ ʥioŋ^{42} li^{31}/ʃa^{22} i^{34} ʥiak$^{3-1}$ ke^{34}/ i^{34} naŋ^{22}.

三亚　俫（侬）嫒理伊侬。man^{31} (naŋ^{22}) vei^{24} li^{42} i^{33} naŋ^{22}.

4. 三身代词的语源

三身代词是基本词中的核心词，其语源在闽南方言内部有相当大的共同性，与姐妹方言相比则显示出其特点，这里有必要加以讨论。

确定词的本源，往往需要考求其本字。为防一孔之见，考求本字时最好是把视线放到较大的地域，找到各地尤其是同属一系的方言的同源成分，看看有没有一个音义均合的字。闽南方言三身代词单数为"我、汝、伊"，这三个字在各地音义均合。有些地方如潮汕地区，民间把第二人称单数代词写作"你"，把"你"字就读为"[˚lɯ]"或"[˚lu]"，虽义合，但是泥母字"你"的语音无法在闽南方言的其他地方都说得通，倒是"汝"到处可以说通，因此"汝"是本字无疑。闽南方言三身代词单数的语源是"我、汝、伊"应可定论。

但是表示三身代词复数的核心语素，写成"阮""伓""俺""俫""恁""個"等都不是本字，"伓""俫""個"是自造的方言字，"阮""俺""恁"只是借用近音字，义也不合。综合比较闽南方言各地的情况，第一人称复数排除式（"阮"）、第二人称复数（"恁"）、第三人称复数（"個"）可以肯定是单数三身代词"我、汝、伊"分别加"侬"而后合音形成的语素，本来就没字可写。其合音的模式，都是丢掉了"侬[naŋ]"的韵母和声调，只留下其声母[n]，作了前面的韵尾，在[-n]并入[-ŋ]尾的粤东片再变成[-ŋ]尾。

A. 第一人称复数（排除式）：

我+侬　ᶜ(g)ua+₌naŋ→ᶜ(g)uan→ᶜ(g)un（闽南－台湾片）

我+侬　ᶜua+₌naŋ→ᶜuan→ᶜuan（粤东片）

我+侬/侬家/阿众/群（雷州片、海南片）

B. 第二人称复数：

汝+侬　ᶜli+₌naŋ→ᶜlin（闽南－台湾片）

汝+侬　ᶜli+₌naŋ→ᶜlin→ᶜnin→ᶜniŋ（粤东片）①

汝+侬/侬家/阿众/群（雷州片、海南片）

C. 第三人称复数：

伊+侬　₌i+₌naŋ→₌in（闽南－台湾片、粤东片部分点）

伊+侬　₌i+₌naŋ→₌in→₌iŋ（粤东片部分点）

伊+侬/蜀家/阿众/群（粤东片部分点、雷州片、海南片）

雷州片、海南片三个人称均未发生合音，闽南－台湾片都走完单音节化的过程，粤东片有的地方走得比较快，三个人称均已完成单音化过程，有的地方略慢一步，第三人称仍保留合音前的说法。三个人称复数的构成机制是相同的，都是由单数加一个表示人或人众意义的成分形成复数人称，三个人称的音变机制也相同，都是合音，合音中丢掉了"侬"的韵母和声调，然后各地或者因为音系的变化而有进一步的音变。三个人称的演变过程是平行的，但是各地的演变速度不平衡，三个人称的进度也不平衡，各地的差异正好是过程的投影，各地不同的形式，都可以从上列过程的某个环节中找到。

第一人称复数包括式在闽南方言有一个同源词（各写成"伯""俺""侪"），其语源不明。从其韵尾看，应该像普通话的"咱"一样，是一个加有复数词尾的合音词，但是加词尾前的语素不是来自单数三身代词。闽南方言的这个词很可能是一个未知的词素 x 加"侬"的合音。其中含有的"侬"已经含有人众意义，何以雷州片和海南片还可以在后面加一个含有人众意义的语素如"侬""群""蜀家"等，可以用同质语义兼并来解释。其机制正如普通话的"咱"中本已含有"们"，后来却又再加"们"而说成"咱们"。②

---

① 日母在粤东闽语中今读 n 的不少，如"染软瓤让肉"等。又泉州和粤东片的大部分地方今"汝"读为"［-ɯ/-u］"，第二人称复数合音形式却为"［-in/-iŋ］"，可推断其合音完成于这些地方遇摄合口三等从 u/ɯ 变 i 之后。

② 同质语义兼并指演变过程中两个语义成分因同质而兼并为一个，其载体（语音形式）仍保留两个语音成分（可以是两个音节，也可以是其合音）。详见施其生《汉语方言中语言成分的同质兼并》，载《语言研究》2009 年第 2 期。

二、其他人称代词

（一）反身代词（自己）

相当于普通话"自己"的反身代词，闽南各地相当一致，除文昌也可说"单己"，其余均说"家己"。

泉州、厦门、台中、漳州、汕头、海丰：家己 [₋ka ki²]
揭阳：家己 [₋ka ti²]
遂溪、雷州：家己 [₋ka ki²]
文昌：家己 [₋ka˛ki] /单己 [₋ɗaŋ ₋ki]
三亚：家己 [₋ka ˚ki]

下面是例句。
(4) 爷爷不要别人扶，硬要自己走。

泉州 引公唔免侬牵，强强卜家己行。in$^{55-24}$ kɔŋ^{33} m̩$^{41-22}$ bian^{24} laŋ$^{24-22}$ khan^{33}, kiɔŋ$^{24-22}$ kiɔŋ$^{24-22}$ bɤʔ^{55} kai^{33} ki$^{41-22}$ kiã^{24}.

厦门 安公唔互别侬/侬插牢，硬卜家己行。an$^{53-44}$ kɔŋ^{44} m̩$^{22-21}$ hɔ$^{22-21}$ pat$^{5-21}$ laŋ^{24}/laŋ$^{24-22}$ tshaʔ^{32} tiau$^{24-21}$, ŋĩ$^{22-21}$ beʔ$^{32-53}$ kai$^{44-22}$ ki$^{22-21}$ kiã^{24}.

台中 阿公唔免侬扶，硬卜家己行。a$^{44-22}$ kɔŋ^{44} m̩$^{22-21}$ men$^{53-44}$ laŋ$^{24-22}$ hu^{24}, ŋe$^{22-21}$ beʔ$^{2-5}$ ka$^{44-22}$ ki^{21} kiã^{24}.

漳州 阿公唔互侬牵，硬卜家己行。a$^{34-22}$ kɔŋ^{34} m̩$^{22-21}$ hɔ^{22} laŋ$^{13-22}$ khan^{34}, ŋe$^{22-21}$ beʔ$^{32-5}$ ka$^{34-22}$ ki^{22} kiã^{13}.

汕头 阿公嫒侬扶，硬爱家己行。a^{33} koŋ^{33} mai$^{213-55}$ naŋ$^{55-31}$ hu^{55}, ŋe^{31} ãi$^{213-55}$ ka^{33} ki^{31} kiã^{55}.

揭阳 阿公嫒侬扶，硬爱家己行。a^{33} koŋ^{33} mai$^{213-42}$ naŋ$^{55-22}$ hu^{55}, ŋe$^{22-21}$ ãi$^{213-42}$ ka^{33} ti^{22} kiã^{55}.

海丰 阿公唔肯侬扶，死苦爱家己行。a$^{44-33}$ kɔŋ^{44} m̩$^{25-33}$ khiaŋ$^{52-213}$ naŋ$^{55-22}$ hu^{55}, si$^{52-213}$ khou^{52} ãi$^{213-55}$ ka$^{44-33}$ ki^{21} kiã^{55}.

遂溪 阿公无讨□ [ko^{55}] 侬挎，硬爱家己行。a$^{24-33}$ kɔŋ^{24} vo^{22} tho^{41} ko^{55} naŋ^{22} hua^{24}, ŋe$^{55-33}$ ai^{214} ka$^{24-33}$ ki^{214} kia^{22}.

雷州 呢公无讨别侬挎，定/硬讨/爱家己行。ni^{553} kɔŋ^{24} bo$^{22-33}$ tho^{42} ko^{33} naŋ^{22} hua^{24}, tiŋ^{553}/ŋe^{33} tho^{42}/ai^{21} ka$^{24-33}$ ki^{21} kia^{22}.

文昌 公无要侬扶，硬卜单己/家己行。koŋ³⁴ bo²²⁻¹¹ io⁵³ naŋ²² xou³⁴, ŋe⁴² beʔ⁵ ɗaŋ³⁴⁻⁴² ki³⁴/ka³⁴⁻⁴² ki³⁴ kia²²。

三亚 阿公无口［ioʔ⁴⁵］/乞侬口［maʔ⁴⁵］/牵，硬要家己行。a³³ koŋ³³ vo²² ioʔ⁴⁵/khiʔ⁴⁵ naŋ²² maʔ⁴⁵/khaŋ³³, ŋe⁴² iau²⁴ ka³³ ki³¹ kio²²。

（二）别人、人家

普通话的"别人"，闽南方言除了雷州片说成"口侬 [ko²₋naŋ]"其余都说"别侬"。各地形式如下。

闽南 – 台湾片：别侬 [pat₂ ₋laŋ]
粤东片：别侬 [pak₂ ₋naŋ]
雷州片：口侬 [ko²₋naŋ]
文昌：别侬 [ɓat₂ ₋naŋ]
三亚：别侬 [₋ɓai ₋naŋ]

下面是例句。

(5) 别人有我没有，叫我怎么不生气？

泉州 别侬有我无，卜怎仔叫我口［bue²²］受气？ pat²⁴⁻²² laŋ²⁴ u²² gua⁵⁵ bo²⁴, bɤʔ⁵⁵ tsiũ⁴¹⁻⁵⁵ ã⁵⁵ kio⁴¹⁻⁵⁵ gua⁵⁵ bue²² siu⁴¹⁻²² khi⁴¹？

厦门 别侬有我无，叫我安怎唔受气？ pat⁵⁻²¹ laŋ²⁴ u²² gua⁵³ bo²⁴, kio²¹⁻⁵³ gua⁵³⁻⁴⁴ an²¹⁻⁵³ tsuã⁵³ m̩²²⁻²¹ siu²²⁻²¹ khi²¹？

台中 别侬有我无，叫我哪解口［be²²⁻²¹］受气咧？ pat³⁻² laŋ²⁴⁻²² u²² ua⁵³⁻⁴⁴ bo²⁴, kio²¹⁻⁵³ ua⁵³⁻⁴⁴ na⁵³⁻⁴⁴ e²²⁻²¹ be²²⁻²¹ siu²²⁻²¹ khi²¹ le²¹？

漳州 别侬有我无，我着口［be²²⁻²¹］欢喜啊？ pat¹²¹⁻²¹ laŋ¹³⁻²² u²² gua⁵² bo¹³, gua⁵² loʔ¹²¹⁻²¹ be²²⁻²¹ hua³⁴⁻²² hi⁵² a²¹？

汕头 别侬有我无，叫我媛气？ pak⁵⁻² naŋ⁵⁵ u²⁵ ua⁵² bo⁵⁵, kio²¹³⁻⁵⁵ ua⁵²⁻²⁴ mai²¹³⁻⁵⁵ khi²¹³？

揭阳 别侬有我无，叫我媛气？ pak⁵⁻² naŋ⁵⁵ u³⁵ ua⁴²⁻⁵³ bo⁵⁵, kio²¹³⁻⁴² ua⁴²⁻²⁴ mai²¹³⁻⁴² khi²¹³？

海丰 别侬有我无，我知做/阿呢样唔感啊/蓄心啊？ pak⁴⁻³ naŋ⁵⁵⁻²² u²⁵ ua⁵² bɔ⁵⁵, ua⁵² tsai⁴⁴ tsɔ²¹³⁻⁵⁵/a²¹³⁻⁵⁵ ni⁵⁵⁻²² iɔ²¹⁻³³ m̩²⁵⁻³³ tsheʔ³ a³¹/hiɔk³⁻⁴ sim⁴⁴ a³¹？

遂溪 口［ko⁵⁵］侬有我无有，我做乜无用气呢？ ko⁵⁵ naŋ²² u⁵⁵ va⁴¹ bo²² u⁵⁵, va⁴¹ tso⁵⁵ mi⁵⁵ bo²² iŋ⁵⁵ khi²¹⁴ no⁵⁵？

雷州　□［ko³³⁻⁴²］侬有我无（有），我做乜无瘾气呢？ko³³⁻⁴² naŋ²²⁻³³ u³³⁻⁴² ba⁴² bo²²⁻³³（u³³⁻⁴²），ba⁴² tso⁵⁵³⁻³³ mi⁵⁵³ bo²²⁻³³ ziɛŋ²¹⁻⁴⁴ khi²¹ nɛ²¹？

文昌　别侬有我无有，知做要我无发屎火？ɓat³⁻¹ naŋ²² u⁴² gua³¹ bo²²⁻¹¹ u⁴², tai³⁴ to⁵³ io⁵³ gua³¹ bo²²⁻¹¹ uat⁵ de³¹⁻³³ fiue³¹？

三亚　别侬有我无有，喊我难着无生气？ɓai⁴² naŋ²² u⁴² va³¹ vo²² u⁴², haŋ²⁴ va³¹ nan²² ɗioʔ³³ vo²² te³³ khui²⁴？

普通话的"人家"，闽南方言各地均说"侬［˻laŋ/˻naŋ］"，"侬家"的说法也有所渗入。

（6）人家有我没有，叫我怎么不生气？

泉州　侬有我无，卜怎仔叫我□［bue²²］受气？laŋ²⁴⁻²² u²² gua⁵⁵ bo²⁴, bɤʔ⁵⁵ tsiũ⁴¹⁻⁵⁵ ã⁵⁵ kio⁴¹⁻⁵⁵ gua⁵⁵ bue²² siu⁴¹⁻²² khi⁴¹？

厦门　侬有我无，叫我安怎唔受气？laŋ²⁴⁻²² u²² gua⁵³ bo²⁴, kio²¹⁻⁵³ gua⁵³⁻⁴⁴ an²¹⁻⁵³ tsuã⁵³ m̩²²⁻²¹ siu²²⁻²¹ khi²¹？

台中　侬有我无，叫我哪解□［be²²⁻²¹］受气咧？laŋ²⁴⁻²² u²² ua⁵³⁻⁴⁴ bo²⁴, kio²¹⁻⁵³ ua⁵³⁻⁴⁴ na⁵³⁻⁴⁴ e²²⁻²¹ be²²⁻²¹ siu²²⁻²¹ khi²¹ le²¹？

漳州　侬有我无，我着□［be²²⁻²¹］欢喜啊？laŋ¹³⁻²² u²² gua⁵² bo¹³, gua⁵² loʔ¹²¹⁻²¹ be²²⁻²¹ hua³⁴⁻²² hi⁵² a²¹？

汕头　侬有我无，叫我媛气？naŋ⁵⁵⁻³¹ u²⁵ ua⁵² bo⁵⁵, kio²¹³⁻⁵⁵ ua⁵²⁻²⁴ mai²¹³⁻⁵⁵ khi²¹³？

揭阳　侬有我无，叫我媛气？naŋ⁵⁵⁻²² u³⁵ ua⁴²⁻⁵³ bo⁵⁵, kio²¹³⁻⁴² ua⁴²⁻²⁴ mai²¹³⁻⁴² khi²¹³？

海丰　侬有我无，我知做/阿呢样唔憾啊/蓄心啊？naŋ⁵⁵⁻²² u²⁵ ua⁵² bɔ⁵⁵, ua⁵² tsai⁴⁴ tsɔ²¹³⁻⁵⁵/a²¹³⁻⁵⁵ ni⁵⁵⁻²² iɔ̃²¹⁻³³ m̩²⁵⁻³³ tshe³ a³¹/hiɔk³⁻⁴ sim⁴⁴ a³¹？

遂溪　侬有我无有，我做乜无用气呢？naŋ²² u⁵⁵⁻³³ va⁴¹ bo²² u⁵⁵, va⁴¹ tso⁵⁵ mi⁵⁵ bo²² iŋ⁵⁵ khi²¹⁴ no⁵⁵？

雷州　侬有我无（有），我做乜无瘾气呢？naŋ²²⁻³³ u³³⁻⁴² ba⁴² bo²²⁻³³（u³³⁻⁴²），ba⁴² tso⁵⁵³⁻³³ mi⁵⁵³ bo²²⁻³³ ziɛŋ²¹⁻⁴⁴ khi²¹ nɛ²¹？

文昌　侬/侬家有我无有，知做要我无发屎火？naŋ²²/naŋ²²⁻¹¹ ke³⁴ u⁴² gua³¹ bo²²⁻¹¹ u⁴², tai³⁴ to⁵³ io⁵³ gua³¹ bo²²⁻¹¹ uat⁵ de³¹⁻³³ fiue³¹？

三亚　侬有我无有，喊我难着无生气？naŋ²² u⁴² va³¹ vo²² u⁴², haŋ²⁴ va³¹ nan²² ɗioʔ³³ vo²² te³³ khui²⁴？

普通话的"别人"和"人家"在意义和用法上有交叉，闽南方言里也是。当都指称某人或某些人以外的其他人时，句中可以互换或连用。上面所举各句，都是两个词可以互换或连用的，下面这句是可以看出各地常常互换和连用的实际记录。

（7）这件事别人还不知道呢。

泉州 即项事志<u>别侬</u>/<u>侬野</u>/野各唔知影呢。tsit^{55} haŋ^{22} tai$^{41-22}$ tsi^{41} pat$^{24-22}$ laŋ^{24}/laŋ$^{24-22}$ iã$^{55-24}$/iã$^{55-24}$ keʔ^{55} m$^{41-22}$ tsai^{33} iã^{55} nĩ^{21}.

厦门 即件事志<u>侬别侬</u>/<u>侬</u>/<u>别侬</u>各唔知影咧。tsit$^{32-5}$ kiã$^{22-21}$ tai$^{22-21}$ tsi^{21} laŋ$^{24-22}$ pat$^{5-21}$ laŋ^{24}/laŋ$^{24-22}$/pat$^{5-21}$ laŋ^{24} koʔ$^{32-53}$ m$^{22-21}$ tsai$^{44-22}$ iã^{53} le^{21}.

台中 即件事志<u>别侬</u>野各唔知咧。tsit$^{2-5}$ kiã$^{24-22}$ tai$^{22-21}$ tsi^{21} pat$^{3-2}$ laŋ^{24} iã$^{53-44}$ koʔ$^{2-5}$ m$^{22-21}$ tsai^{44} le^{21}.

漳州 即件事志<u>侬</u>/<u>别侬</u>兲唔知影。tsit$^{32-5}$ kiã$^{33-21}$ tai$^{33-21}$ tsi^{21} laŋ$^{13-33}$/pat$^{121-21}$ laŋ$^{13-33}$ a$^{52-34}$ m$^{33-21}$ tsai$^{34-33}$ iã^{52}.

汕头 只件事<u>侬</u>/<u>别侬</u>/<u>侬别侬</u>还唔知在。tsi$^{52-24}$ kiã$^{25-31}$ sɯ^{31} naŋ$^{55-31}$/pak$^{5-2}$ naŋ^{55}/naŋ$^{55-31}$ pak$^{5-2}$ naŋ^{55} huã$^{52-24}$ m$^{25-31}$ tsai^{22} to$^{25-31}$.

揭阳 只件事<u>侬</u>/<u>别侬</u>/<u>侬别侬</u>还唔知在。tsi$^{42-24}$ kiã$^{35-21}$ sɯ^{22} naŋ$^{55-22}$/pak$^{5-2}$ naŋ^{55}/naŋ$^{55-22}$ pak$^{5-2}$ naŋ^{55} hã$^{42-24}$ m$^{35-21}$ tsai^{33} to$^{35-21}$.

海丰 只件事<u>侬</u>/<u>别侬</u>/<u>侬别侬</u>还唔知。tsi^{52} kiã$^{25-33}$ su^{25} naŋ$^{55-22}$/pak$^{4-3}$ naŋ^{55}/naŋ$^{55-22}$ pak$^{4-3}$ naŋ^{55} huã$^{52-213}$ m$^{25-33}$ tsai^{44}.

遂溪 若件事□［ko^{41}］侬野赠知在。ia^{55} kien$^{55-33}$ su^{55} ko^{41} naŋ^{22} ia^{41} meŋ$^{22-33}$ tsai^{24} tu^{41}.

雷州 这桩事<u>侬</u>/□［ko$^{33-42}$］侬野赠知在。zia^{553} tsuan$^{24-33}$ su^{553} naŋ$^{22-33}$/ko$^{33-42}$ naŋ$^{22-33}$ ia^{42} meŋ^{553} tsai^{24} tu^{33}.

文昌 这件事<u>别侬</u>无知咧。ʥiak^5 kien$^{42-11}$ ʃe^{42} ɓat$^{3-1}$ naŋ^{22} bo$^{22-11}$ tai^{34} le^{21}.

三亚 即件事<u>侬</u>/<u>别侬</u>还无八（噜）。iʔ^{45} ken^{42} tshi^{42} naŋ^{22}/ɓai^{42} naŋ^{22} hai^{22} voʔ^{22} vaiʔ^{45}（lu^{42}）.

（三）大家

　　普通话的"大家""大伙儿"，在闽南方言各片的说法颇有差异。闽南-台湾片用"逐个［tak̚₂ ₋e］"（泉州、厦门、台中）或"逐家［tak̚₂ ₋ke］"（漳州），泉州还可在"逐个"后面加"侬"，透露出"逐个"早期是"逐个侬"。粤东片说成"大家（伙）"，加"伙"的较土；或用表示"众人"的"摄侬/块侬"代替。雷州片说"穧家［₋tsoi ₋ke］"，海南片说"大家［₋ɗua/₋ɗuo ₋ke］"，也常用表示"众人"的"众侬［ʨiaŋ² ₋naŋ］""穧侬［₋toi ₋naŋ］""一穧侬［iʔ² ₋ɗoi ₋naŋ］"等代替。整体观之，表示"大家"的人称代词在闽南方言中专有化的程度还不高，还没有完全从表示"众人"的说法中独立出来。
下面是例句。

(8) 大伙儿跟我走！

泉州　逐个（侬）缀我行！tak$^{24-22}$ e$^{24-22}$（laŋ^{24}）tui$^{41-55}$ gua^{55} kiã^{24}！

厦门　逐个缀/邀/合我行！tak$^{5-21}$ e$^{24-22}$ te$^{21-53}$/kiau$^{44-22}$/kaʔ$^{32-53}$ gua$^{53-44}$ kiã^{24}！

台中　逐个缀我行！tak$^{3-2}$ e^{24} tue$^{21-53}$ ua$^{53-44}$ kiã^{24}！

漳州　逐家缀我行！tak$^{121-21}$ ke$^{34-22}$ tue$^{21-52}$ gua$^{52-34}$ kiã^{13}！

汕头　大家伙缀我行！tai$^{25-31}$ ke^{33} hue$^{52-213}$ tue$^{213-55}$ ua$^{52-24}$ kiã^{55}！

揭阳　大家缀我行！tai$^{35-21}$ ke^{33} tue$^{213-53}$ ua$^{42-24}$ kiã^{55}！

海丰　大家缀我行/去！tai$^{25-33}$ ke^{44} tui$^{213-55}$ ua^{52} kiã^{55}/khi^{213}！

遂溪　穧家跟我去！tsoi$^{24-33}$ ke^{24} kien^{24} va^{41} hu^{214}！

雷州　穧家共我去（啦）！tsoi$^{24-33}$ ke^{24} kaŋ$^{553-24}$ ba^{42} khu^{21}（la^{55}）！

文昌　大家/众侬/穧侬共我去！ɗua^{34} ke^{34}/tɕiaŋ$^{21-55}$ naŋ^{22}/toi$^{34-42}$ naŋ^{22} kaŋ$^{34-42}$ gua$^{31-33}$ xu^{21}！

三亚　大家共我去！ɗuo^{33} ke^{33} kaŋ^{33} va^{31} hu^{24}！

和普通话的"大家"一样，闽南方言这些词常常和复数的三身代词连用复指。

(9) 你们大伙儿商量一下。

泉州　恁（□[tsuai$^{55-24}$]）逐个人拍算/商量蜀下。lin^{55}（tsuai$^{55-24}$）tak$^{24-22}$ e$^{24-22}$ laŋ^{24} phaʔ^{55} sŋ^{41}/siɔŋ^{33} liɔŋ^{24} tsit^{55} e$^{41-21}$.

厦门　恁逐家商量蜀下。lin$^{53-44}$ tak$^{5-21}$ ke$^{44-22}$ siɔŋ$^{44-22}$ liɔŋ^{24} tsit$^{5-21}$ e$^{22-21}$.

台中　恁逐个参详蜀下。lin$^{53-44}$ tak$^{3-2}$ e^{24} tsham$^{44-22}$ siɔŋ^{24} tsit$^{3-2}$ e^{22}.

漳州　恁逐家思量<蜀下>。lin$^{53-34}$ tak$^{121-21}$ ke$^{34-22}$ su$^{34-22}$ nio^{13}<tsɛ^{21}>.

汕头　恁撮侬/恁大家伙参详蜀下。niŋ^{52} tshoʔ$^{2-5}$ naŋ^{55}/niŋ^{52} tai$^{25-31}$ ke^{33} hue$^{52-213}$ tsham^{33} siaŋ^{55} tsek$^{5-2}$ e$^{25-31}$.

揭阳　恁大家参详蜀下。neŋ$^{42-53}$ tai$^{22-21}$ ke^{33} tsham^{33} siaŋ^{55} tsek$^{5-2}$ e$^{35-21}$.

海丰　恁大家侬/恁乃侬拍算（蜀）下。niŋ^{52} tai$^{25-33}$ ke$^{44-33}$ naŋ^{55}/niŋ^{52} nai^{55} naŋ^{55} phaʔ$^{3-4}$ sũi^{213}（tsit$^{4-3}$）e^{25}.

遂溪　汝群穧家告量团。lu$^{41-24}$ kuŋ^{22} tsoi$^{24-33}$ ke^{24} kau$^{214-55}$ nio^{22} kiaʔ^{3}.

雷州　汝阿众穧家告量蜀下。lu$^{42-44}$ a^{55} thaŋ^{21} tsoi$^{24-33}$ ke^{24} kau$^{21-44}$ lio^{22} ziek$^{2-5}$ e^{24}.

文昌　汝蜀家/汝侬家商量<蜀下>。du^{31} ʥiak$^{3-1}$ ke^{34}/du^{31} na$^{22-11}$ ke^{34} ʃa$^{34-42}$ tiaŋ^{34}<ʥie^{34}>.

三亚　汝侬大家/一穧侬商量蜀下。lu^{31} naŋ^{22} ɗuo^{33} ke^{33}/iʔ^{45} ɗoi^{33} naŋ^{22}

taŋ³³ liaŋ²² ioʔ³³ e³³.

（10）咱们大家都有份儿。

泉州 俏逐个都有份。lan⁵⁵ tak²⁴⁻²² e²⁴ tɔ³³ u²² hun⁴¹.

厦门 俏逐家拢有份。lan⁵³⁻⁴⁴ tak⁵⁻²¹ ke⁴⁴⁻²² lɔŋ⁵³⁻⁴⁴ u²²⁻²¹ hun²².

台中 俏逐个拢有份。lan⁵³⁻⁴⁴ tak³⁻² e²⁴ lɔŋ⁵³⁻⁴⁴ u²²⁻²¹ hun²².

漳州 俏（□[tsiaʔ³²⁻⁵²]个）逐家拢有份。lan⁵²⁻³⁴（tsiaʔ³²⁻⁵² e¹³⁻²²）tak¹²¹⁻²¹ ke³⁴⁻²² lɔŋ⁵²⁻³⁴ u²²⁻²¹ hun²².

汕头 俺撮侬/俺大家（伙）拢有份。naŋ⁵² tshoʔ²⁻⁵ naŋ⁵⁵/naŋ⁵² tai²⁵⁻³¹ ke³³（hue⁵²⁻²¹³）lɔŋ⁵²⁻²⁴ u²⁵⁻³¹ huŋ³¹.

揭阳 俺大家拢有份。naŋ⁴²⁻⁵³ tai³⁵⁻²¹ ke³³ nɔŋ⁴²⁻²⁴ u³⁵⁻²¹ huŋ²².

海丰 俺大家（侬）/乃侬左有份。naŋ⁵² tai²⁵⁻³³ ke⁴⁴⁻³³（naŋ⁵⁵）/nai⁵⁵ naŋ⁵⁵ tsɔ⁵² u²⁵⁻³³ hun²¹.

遂溪 俫群穧家都有份。naŋ⁴¹⁻²⁴ kuŋ²² tsoi²⁴⁻³³ ke²⁴ teu²⁴ u⁵⁵ huŋ²⁴.

雷州 俫侬穧家都有阿份。naŋ⁴² naŋ²² tsoi²⁴⁻³³ ke²⁴ teu²⁴ u³³⁻⁴² a⁵⁵ huŋ²⁴.

文昌 俫蜀家＜底侬＞都有份。nan³¹ ʥiak³⁻¹ ke³⁴ ＜ɗiaŋ⁴²＞ ɗou³⁴ u⁴²⁻¹¹ xun⁴².

三亚 俫侬（大家/一穧侬）都有份。man³¹ naŋ²²（ɗuo³³ ke³³/iʔ⁴⁵ ɗoi³³ naŋ²²）ɗou³³ u⁴² hun³³.

（11）我们大家都没戴草帽。

泉州 俏逐个都无戴草帽。lan⁵⁵ tak²⁴⁻²² e²⁴ tɔ³³ bo²⁴⁻²² ti⁴¹⁻⁵⁵ tshau⁵⁵⁻²⁴ bo⁴¹.

厦门 阮逐家拢无戴草帽。gun⁵³⁻⁴⁴ tak⁵⁻²¹ ke⁴⁴⁻²² lɔŋ⁵³⁻⁴⁴ bo²⁴⁻²² tua²¹⁻⁵³ tshau⁵³⁻⁴⁴ bo²².

台中 俏逐个拢无戴草帽仔。lan⁵³⁻⁴⁴ tak³⁻² e²⁴ lɔŋ⁵³⁻⁴⁴ bo²⁴⁻²² ti²¹⁻⁵³ tshau⁵³⁻⁴⁴ bo²² a⁵³.

漳州 俏（□[tsiaʔ³²⁻⁵²]个）逐家拢无戴草笠仔。lan⁵²⁻³⁴（tsiaʔ³²⁻⁵² e¹³⁻²²）tak¹²¹⁻²¹ ke³⁴⁻²² lɔŋ⁵²⁻³⁴ bo¹³⁻²² ti²¹⁻⁵² tshau⁵²⁻³⁴ le³⁴ a⁵².

汕头 阮撮侬拢无戴草帽。uaŋ⁵² tshoʔ²⁻⁵ naŋ⁵⁵ lɔŋ⁵²⁻²⁴ bo⁵⁵⁻³¹ ti²¹³⁻⁵⁵ tshau⁵²⁻²⁴ bo³¹.

揭阳 阮群侬拢无戴草帽。uaŋ⁴²⁻⁵³ khuŋ⁵⁵⁻²² naŋ⁵⁵ lɔŋ⁴²⁻²⁴ bo⁵⁵⁻²² ti²¹³⁻⁴² tshau⁴²⁻²⁴ bo²².

海丰 阮大家（侬）/乃侬左无戴草帽。uaŋ⁵² tai²⁵⁻³³ ke⁴⁴⁻³³（naŋ⁵⁵）/nai⁵⁵ naŋ⁵⁵ tsɔ⁵² bo⁵⁵⁻²² ti²¹³⁻⁵⁵ tshau⁵² bɔ²¹.

遂溪 我群穧家都无戴草帽。va⁴¹⁻²⁴ kuŋ²² tsoi²⁴⁻³³ ke²⁴ teu²⁴ bo²² ti²¹⁴ tshau⁴¹ mau⁵⁵.

雷州 㑚侬䜃家都无戴草帽。naŋ⁴² naŋ²² tsoi²⁴⁻³³ ke²⁴ teu²⁴ bo²²⁻³³ ti²¹ tshau⁴²⁻⁴⁴ mau³³.

文昌 㑚蜀家/㑚䜃侬/㑚众侬<底侬>都无戴草笠。nan³¹ ʥiak³⁻¹ ke³⁴/ nan³¹ toi³⁴⁻⁴² naŋ²²/ nan³¹ tʃiaŋ²¹⁻⁵⁵ naŋ²² <ɗiaŋ⁴²> ɗou³⁴ bo²²⁻¹¹ ɗi⁴²⁻¹¹ ʃau³¹⁻³³ loi⁴².

三亚 㑚侬大家/一䜃侬都无戴草帽。man³¹ naŋ²² ɗuo³³ ke³³/i ʔ⁴⁵ ɗoi³³ naŋ²² ɗou³³ vo²² ɗuo²⁴ tshau³¹ mau²⁴.

三、闽南方言人称代词表

表1-1为闽南方言人称代词情况汇总。

表1-1 闽南方言人称代词

指代类型		泉州	厦门	台中	漳州	汕头	揭阳	海丰	雷州	遂溪	文昌	三亚
第一人称单数		我 ₍gua	我 ₍gua	我 ₍ua	我 ₍gua	我 ₍ua	我 ₍ua	我 ₍ua	我 ₍ba	我 ₍va	我 ₍gua	我 ₍va
第二人称单数		汝 ₍lɯ	汝 ₍li	汝 ₍li	汝 ₍li	汝 ₍lɯ	汝 ₍lɯ	汝 ₍li	汝 ₍lu	汝 ₍lu	汝 ₍du	汝 ₍lu
第三人称单数		伊 ₍i	伊 ₍i	伊 ₍i	伊 ₍i	伊 ₍i	伊 ₍i	伊 ₍i	伊 ₍i	伊 ₍i	伊 ₍i	伊 ₍i
第一人称复数	排除式	阮 ₍gun	阮 ₍gun	阮 ₍un	阮 ₍gun	阮 ₍uaŋ	阮 ₍uaŋ	阮 ₍uaŋ	我阿众 ₍ba ₍a than	我群 ₍va ₍kuŋ	我侬家 ₍gua ₍na ₍ke	我侬 ₍va ₍naŋ
	包括式	伯 ₍lan	伯 ₍lan	伯 ₍lan	伯 ₍lan	俺 ₍naŋ	俺 ₍naŋ	俺 ₍naŋ	㑚(侬) ₍nan(₍naŋ)/㑚(群)(₍kuŋ)	㑚(侬) ₍nan(₍naŋ)	㑚(侬) ₍nan(₍naŋ)/㑚(蜀家) ₍nan(ʥiak₂ ₍ke)	㑚(侬) ₍man (₍naŋ)
第二人称复数		恁 ₍lin	恁 ₍lin	恁 ₍lin	恁 ₍lin	恁 ₍niŋ	恁 ₍neŋ	恁 ₍niŋ	汝阿众 ₍lu ₍a than	汝群 ₍lu ₍kuŋ	汝侬家 ₍du ₍na ₍ke	汝侬 ₍lu ₍naŋ
第三人称复数		偲 ₍in	偲 ₍in	偲 ₍in	偲 ₍in	伊侬 ₍i ₍naŋ	伊侬 ₍i ₍naŋ	伊侬 ₍i ₍naŋ	伊阿众 ₍i ₍a than	伊群 ₍i ₍kuŋ	伊侬 ₍i ₍naŋ/伊蜀家 ₍i ʥiak₂ ₍ke	伊侬 ₍i ₍naŋ
自己		家己 ₍kai ki²	家己 ₍ka ki²	家己 ₍ka ki²	家己 ₍ka ki²	家己 ₍ka ki²	家己 ₍ka ki²	家己 ₍ka ki²	家己 ₍ka ki²	家己 ₍ka ki²	家己 ₍ka ₍ki/单己 ₍ɗaŋ ₍ki	家己 ₍ka ₍ki

续表 1-1

指代类型	泉州	厦门	台中	漳州	汕头	揭阳	海丰	雷州	遂溪	文昌	三亚
别人	别侬 pat₂ ₋laŋ	别侬 pat₂ ₋laŋ	别侬 pat₂ ₋laŋ	别侬 pat₂ ₋laŋ	别侬 pak₂ ₋naŋ	别侬 pak₂ ₋naŋ	别侬 pak₂ ₋naŋ	□侬 koʔ² ₋naŋ	□侬 koʔ² ₋naŋ	别侬 ɓat₂ ₋naŋ	别侬 ˤɓai ₋naŋ
人家	侬 ₋laŋ	侬 ₋laŋ	侬 ₋laŋ	侬 ₋naŋ	侬 ₋naŋ	侬 ₋naŋ	侬 ₋naŋ	侬 ₋naŋ	侬 ₋naŋ	侬 ₋naŋ	侬 ₋naŋ
大家	逐个（侬）tak₂ ₋e (₋laŋ)	逐个 tak₂ ₋e/ 逐家 tak₂ ke	逐个 tak₂ ₋e	逐家 tak₂ ₋ke	大家（伙）ˤtai ke (ˤhue)	大家 ˤtai ke	大家 ˤtai ke	穚家 ˤtsoi ke	穚家 ˤtsoi ke	大家 ₋dua ₋ke/ 众侬 tɕiaŋ² ₋naŋ/ 穚侬 ₋toi ₋naŋ	大家 ₋duo ₋ke/一穚侬 iʔ⁴⁵ ɗoi³³ naŋ²²

注：表中合音字从俗写。

参考文献

［1］李如龙. 闽南方言的代词［M］//李如龙，张双庆. 代词. 广州：暨南大学出版社，1999.
［2］钱奠香. 屯昌方言的代词［M］//李如龙，张双庆. 代词. 广州：暨南大学出版社，1999.
［3］施其生. 汕头方言的人称代词［J］. 方言，1993（3）.
［4］施其生. 汉语方言中语言成分的同质兼并［J］. 语言研究，2009（2）.

第五节　闽南方言的指示代词

一、指代人或事物的指示代词

指人和事物的指示代词，在语义上，一方面可分为远指近指等，另一方面可分为指个体与指类；在用法上，则可分为指别与称代。这些区别并非所有的方言都有，普通话的"这"和"那"，既可指别也可称代个体，如"这个杯子很好看"是指别个体，"这是你的房间"是称代个体。需要指别或称代的时候，要用"这""那"加上表示量词"种""类"等。

指别类：这类纸适合画水彩画。

称代类：那种是进口香蕉。（针对某两种水果）

"这类""那种"等并非专用的指示代词,就指示代词"这""那"本身来说,实际上是对"类""种"的个体加以指别,仍是在指别个体,本身并没有指类的语义。当把上面两句话说成"这纸适合画水彩画""那是进口香蕉"的时候,"这""那"当作指个体或指类来理解都可以,而且指别和称代都用同一形式。所以普通话在对人或事物进行指示的时候,没有专用的指类代词,指别和称代也没有不同的形式可以区分。

闽南方言指人和事物的指示代词在系统上有一些特点,有些地方有专门指类的代词,不需要表类量词"种"等就可以指类,并且指别类与称代类也有不同的形式。

但是闽南方言的内部还是有差异,一方面是各地所用的词不一样,另一方面是上述语义上的分别在不同地方也有或分或不分的差别,由此又造成用法上的不同,使得语法上的组合功能出现差异,形成各方言系统上的不同个性。

(一) 指代人或事物个体的代词

闽南方言指人或事物的指示代词不像普通话的"这""那"可以直接和普通名词结合,而是先要和数量词结合,形成"指量"结构或"指数量"结构后才能限制名词①,只有方位处所词和一些表时量、处所的名词可以不通过量词而和这类指示代词结合。

1. 与量词或数量词结合

下面是例句。

(1) 这根铁丝净锈,被子还是晾在那根绳子上好。

泉州 即支铁丝计(生)銎,被仔啊是曝嘞迄条绳仔顶恰好。tsit^{55} ki^{33} thiʔ^{55} si^{33} ke^{41}(sī^{33}) san^{33}, pɤ^{22} a^{55} a$^{55-24}$ si^{22} phak$^{24-22}$ lɤ^{55} hit^{55} tiau$^{24-22}$ soʔ^{55} a^{55} tiŋ^{55} khaʔ^{55} ho^{55}.

厦门 即支铁丝拢是銎,被仔啊是/各是啊各是曝咧迄支索仔恰好。tsit$^{32-5}$ ki$^{44-22}$ thiʔ$^{32-5}$ si^{44} lɔŋ$^{53-44}$ si$^{22-21}$ sian^{44}, phe$^{22-21}$ a^{53} a^{44} si$^{22-21}$/koʔ$^{32-5}$ si$^{22-21}$/a^{44} koʔ$^{32-5}$ si$^{22-21}$ phak$^{5-21}$ eʔ$^{32-5}$ hit$^{32-5}$ tiau$^{24-22}$ soʔ$^{32-5}$ a^{53} khaʔ$^{32-5}$ ho^{53}.

台中 即条铁线生銎啊,被单也是曝仒迄条索仔面顶恰好。tsit$^{2-5}$ tiau$^{24-22}$ thiʔ$^{2-5}$ suã^{21} sẽ$^{44-22}$ san^{44} a^{44}, phue$^{22-21}$ tuã^{44} ia$^{22-21}$ si$^{22-21}$ phaʔ$^{3-2}$ ti$^{22-21}$ hit$^{2-5}$ tiau$^{24-22}$ soʔ$^{2-5}$ a^{53} bin$^{22-21}$ tiŋ^{53} khaʔ$^{2-5}$ ho^{53}.

漳州 即条铁线拢生銎,被夭是晾咧迄条索仔着好啊。tsit$^{32-5}$ tiau$^{13-22}$

---

① "指量"结构如普通话的"这个"实际上是省略了数词"一",也是一种"指数量"结构。

thi$^{32-52}$ suã^{21} lɔŋ$^{52-34}$ sẽ$^{34-22}$ sian^{34}, phue^{22} a$^{52-34}$ si$^{22-21}$ ne$^{13-22}$ e$^{13-22}$ hit$^{32-5}$ tiau$^{13-22}$ sɔʔ$^{32-5}$ a^{52} lɔʔ$^{121-21}$ ho^{52} a^{21}.

汕头 只条亚铅净銹，领被晾放许条索块好。tsi$^{52-24}$ tiau$^{55-31}$ a^{33} iaŋ^{55} tseŋ^{31} saŋ^{33}, nia$^{52-24}$ phue^{25} ne$^{55-31}$ paŋ$^{213-55}$ hɯ^{52} tiau$^{55-31}$ sok^{2} ko$^{213-31}$ ho$^{52-213}$.

揭阳 只条亚铅拢净銹，领被晾放许条索块好。tsi$^{42-24}$ tiau$^{55-22}$ a^{33} eŋ^{55} nɔŋ$^{42-24}$ tseŋ$^{22-21}$ siaŋ^{33}, nia$^{42-24}$ phue^{35} ne$^{55-22}$ paŋ$^{213-42}$ hɯ$^{42-24}$ tiau$^{55-22}$ sɔʔ^{2} ko$^{213-21}$ ho$^{42-213}$.

海丰 只条铅线净是銹，(番) 被还是晾着许条索仔好。tsi^{52} tiau$^{55-22}$ iaŋ^{55} suã^{213} tseŋ$^{25-33}$ si$^{25-33}$ saŋ^{44}, (huaŋ$^{44-33}$) phue^{25} huã$^{52-213}$ si$^{25-33}$ nẽ$^{55-22}$ tiɔʔ$^{4-3}$ hi^{52} tiau$^{55-22}$ sɔʔ$^{3-4}$ ã^{52} hɔ^{52}.

遂溪 □ [ia^{55}] 条铁丝蜀下生銹啦，阿被囝那晾仔许条索囝上好。ia^{55} tiau^{22} thi^{55} si^{24} tse^{55} e^{24} se$^{24-33}$ saŋ^{24} la^{41}, a^{55} phue$^{55-33}$ kia^{41} na^{24} ne^{22} tu^{33} ha^{55} tiau^{22} so^{55} kia^{41} tsio^{24} ho^{41}.

雷州 □ [zia^{553}] 条铁丝总下生銹啦，阿被（囝）但晾仔许条索囝上好。zia^{553} tiau^{22} thi^{553} sua^{21} tsoŋ$^{42-44}$ e$^{24-33}$ se$^{24-33}$ saŋ^{24} la^{42}, a^{55} pue^{22} (kia^{42}) na^{24} la^{24} tu$^{33-42}$ ha^{553} tiau^{22} so^{553} kia^{42} tsio^{33} ho^{42}.

文昌 □ [ʤia$^{21-55}$] 支铁丝总但銹，□ [ɓue^{42}] 被晾去许支索上好。ʤia$^{21-55}$ ki^{34} xi$^{31-33}$ te$^{34-42}$ toŋ^{31} na$^{42-11}$ taŋ^{34}, ɓue^{42} øue^{42} le$^{22-11}$ xu$^{1-55}$ ɦo$^{21-55}$ ki$^{34-42}$ to^{53} tʃio^{42} ɦo^{31}.

三亚 □ [iʔ^{45}] 支铁索掠掠是但銹，被还是曝去□ [haʔ^{45}] 支索上好。iʔ^{45} ki^{33} thiʔ^{45} tuoʔ^{45} lioʔ^{33} lioʔ^{33} ti^{42} ɗa^{33} taŋ^{33}, phuo^{42} hai^{22} ti^{42} phaʔ^{33} hu$^{24-31}$ haʔ^{45} ki^{33} tuoʔ^{45} tsio^{33} ho^{31}.

2. 直接限制方位词

下面是例句。

(2) 我进里头看看，你们暂且在外头等一等。

泉州 我入去迄里面/里头看看，恁且蹲外面等蜀下。gua^{55} liap$^{24-22}$ khɯ$^{41-55}$ hit^{55} lai^{22} bin$^{41-22}$/lai^{22} thau^{24} kuã$^{41-55}$ kuã^{41}, lin^{55} siã$^{55-24}$ tua$^{41-55}$ gua$^{41-22}$ bin$^{41-22}$ tan^{55} tsit$^{24-22}$ e$^{41-21}$.

厦门 ①我入去(迄) 里面看喽下，恁且店外口小等蜀下。gua$^{53-44}$ lip$^{5-21}$ khi$^{21-53}$ (hit$^{32-5}$) lai$^{22-21}$ bin^{22} khuã$^{21-53}$ mai^{22} e$^{22-21}$, lin$^{53-44}$ tshiã$^{53-44}$ tiam$^{21-53}$ gua$^{22-21}$ khau^{53} sio$^{53-44}$ tan^{53} tsit$^{5-21}$ e$^{22-21}$. ②我入去(迄) 里面看喽下，恁且小店外口等蜀下。gua$^{53-44}$ lip$^{5-21}$ khi$^{21-53}$ (hit$^{32-5}$) lai$^{22-21}$ bin^{22} khuã$^{21-53}$ mai^{22} e$^{22-21}$, lin$^{53-44}$ tshiã$^{53-44}$ sio$^{53-44}$ tiam$^{21-53}$ gua$^{22-21}$ khau^{53} tan^{53} tsit$^{5-21}$ e$^{22-21}$.

台中 我入来迄里面看看下，恁暂时□ [tam$^{22-21}$] 外口等我。ua$^{53-44}$

lip$^{3-2}$ lai$^{24-22}$ hit$^{2-5}$ lai$^{22-21}$ bin^{22} khuã$^{21-53}$ khuã^{21} e^{22}，lin$^{53-44}$ tsiam$^{22-21}$ si^{24} tam$^{22-21}$ gua$^{22-21}$ khau^{53} tan^{53} ua$^{53-21}$。

漳州 我入去迄里面仔看看蜀下，恁囗［sã$^{52-34}$］/囗［tshiã$^{52-34}$］/囗［siã$^{52-34}$］蹛/待(迄)外口暂时听候＜蜀下＞。gua^{52} zip$^{121-32}$ khi$^{21-52}$ hit$^{32-5}$ lai$^{22-21}$ bin^{22} a^{52} khuã$^{21-52}$ khuã$^{21-52}$ tsit$^{121-21}$ ε^{22}，lin^{52} sã$^{52-34}$/tshiã$^{52-34}$/siã$^{52-34}$ tua$^{21-52}$/tai$^{52-34}$（hit$^{32-5}$）gua$^{22-21}$ kau^{52} tsiam$^{22-21}$ si^{24} thiŋ$^{21-52}$ hau^{22}＜tsε^{21}＞。

汕头 我入去许里睇一下，恁囗［na^{31}］只囗且等。ua^{52} zip$^{5-2}$ khɯ$^{213-55}$ hɯ$^{52-24}$ lai$^{55-31}$ tõi^{52} tsek$^{5-2}$ e$^{25-31}$，niŋ^{52} na^{31} tsi$^{52-24}$ khau^{52} tshiã$^{52-24}$ taŋ^{52}。

揭阳 我入去许/＜许块＞里睇蜀下，恁且来许/＜许块＞外等下。ua$^{42-53}$ zip$^{5-2}$ khɯ$^{213-42}$ hɯ$^{42-24}$/＜hio$^{42-24}$＞ lai^{35} thoi^{42} tsek$^{5-2}$ e$^{35-21}$，neŋ$^{42-53}$ tshia$^{42-24}$ lai$^{55-22}$ hɯ$^{42-24}$＜hio$^{42-24}$＞ gua^{35} taŋ^{42} e$^{35-21}$。

海丰 我入去许里底看下，恁着只外口等霎仔。ua^{52} zip$^{4-3}$ khi$^{213-55}$ hi^{52} la$^{25-33}$ tei^{52} thei^{52} ã$^{25-21}$，niŋ^{52} tiɔ$^{4-3}$ tsi^{52} gua$^{21-33}$ hau^{52} taŋ^{52} siap^{3} ã$^{52-21}$。

遂溪 我入去许里面望望，汝群仝囗［pak^{54}］路等缝囝。va^{41} ip^{3} hu^{214} ha^{55} li^{41} mien^{24} o^{24} o^{24}，lu^{41} kuŋ^{22} tu^{33} pak^{54} leu^{24} taŋ^{41} phaŋ^{22} kia^{41}。

雷州 我入去阿里望望，汝阿众那仝阿外面等等（阿迫囝）。ba^{42} zip^{2} khu^{21} a^{55} li^{42} o$^{21-44}$ o^{21}，lu^{42} a^{55} thaŋ^{21} na^{24} tu^{33} a^{55} bua^{24} mieŋ^{24} taŋ^{42} taŋ^{42}（a^{55} phe^{553} kia^{42}）。

文昌 我入去许里望，汝蜀家暂仝囗［ʥiak$^{3-21}$］外等蜀下/＜蜀下＞。gua^{31} ʥiop$^{3-1}$ xu^{21} fio$^{21-55}$ lai^{42} mo^{34}，du^{31} ʥiak$^{3-21}$ ke^{34} ʧiam^{42} ɗu$^{42-11}$ ʥiak$^{3-21}$ gua^{42} ɗan^{31} ʥiak$^{3-1}$ e^{34}/＜ʥie^{34}＞。

三亚 我落里面（去）望（蜀）望，汝侬暂时仝＜囗［aʔ^{45}］＞外面等蜀下。va^{31} loʔ$^{42/33}$ lai^{42} miŋ$^{42/33}$（hu^{24}）mo^{33}（io$^{?33}$）mo^{33}，lu^{31}/nu^{31} naŋ^{22} tsaŋ^{45} ti^{22} ɗu^{42}（aʔ^{45}）vuo^{33} miŋ^{33} ɗaŋ^{31} zioʔ^{33} e^{33}。

（3）春城在下边儿接水。

泉州 春城囗［tɯʔ^{55}/tɯ^{22}］迄下面咧接/盛水。tshun^{33} siã^{24} tɯʔ^{55}/tɯ^{22} hit^{55} e^{22} bin$^{41-24}$ le^{55} tsiʔ$^{55-22}$/siŋ$^{24-22}$ tsui^{55}。

厦门 春城仝(迄)下底咧承水。tshun$^{44-22}$ siã^{24} ti$^{22-21}$（hit$^{32-5}$）e$^{22-21}$ tue^{53} leʔ$^{32-53-44}$ tsiap$^{32-5}$ tsui^{53}。

台中 春城仝迄下面接水。tshun$^{44-22}$ siã^{24} ti$^{22-21}$ hit$^{2-5}$ e$^{22-21}$ bin^{22} tsiap$^{2-5}$ tsui^{53}。

漳州 春城蹛下面/迄下面/迄位仔接水。tshun$^{34-22}$ sia^{13} tua$^{21-52}$ ε$^{22-21}$ bin^{22}/hit$^{32-5}$ ε$^{22-21}$ bin^{22}/hit$^{32-5}$ ui$^{22-21}$ a^{52} tsiap$^{32-5}$ tsui^{52}。

汕头 阿春城仝许下爿承水。a^{33} tshuŋ^{33} siã^{55} to$^{25-31}$ hɯ$^{52-24}$ e$^{25-31}$ põi^{55}

siŋ$^{55-31}$ tsui^{52}.

揭阳 阿春城仜许/<许块>下爿承水。a^{33} tshuŋ^{33} siã^{55} to$^{35-21}$ hɯ$^{42-24}$/<hio$^{42-24}$> e$^{35-21}$ pãi^{55} seŋ$^{55-22}$ sui^{42}.

海丰 春城着许骸下盛水。tshun$^{44-33}$ siã^{55} tioʔ$^{4-3}$ hi^{52} kha$^{44-33}$ e$^{25-33}$ seŋ$^{55-22}$ tsui^{52}.

遂溪 春城仜许下面接水。tshuŋ^{24} sia^{22} tu^{33} ha^{55} e^{55} mien^{24} tsiap tsui^{41}.

雷州 春城仜许下爿接水。tsuŋ$^{24-33}$ sia^{22} tu^{33} ha^{553} e$^{24-21}$ pai^{22} tsi^{553} tsui^{42}.

文昌 春城仜许下接水。ʃun$^{34-42}$ tia^{22} ɗu$^{42-11}$ ɦio$^{21-55}$ e^{42} tʃi$^{53-42}$ tui^{31}.

三亚 春城仜（□［aʔ^{45}］）下面接水。tshun^{33} tio^{22} ɗu$^{24-22}$（aʔ^{45}）e^{33} miŋ^{33} tsiʔ^{45} tsui^{31}/tui^{31}.

（4）上头有人。

泉州 迄顶头/顶面有侬。hit^{55} tiŋ$^{55-24}$ thau^{24}/tiŋ$^{55-24}$ bin^{41} u^{22} laŋ^{24}.

厦门 （迄）顶头有侬。（hit$^{32-5}$）tiŋ$^{53-44}$ thau^{24} u$^{22-21}$ laŋ^{24}.

台中 迄顶头有侬。hit$^{2-5}$ tiŋ$^{53-44}$ thau$^{24-22}$ u$^{22-21}$ laŋ^{24}.

漳州 迄 面顶/面顶仔 有侬。hit$^{32-5}$ bin$^{22-21}$ tiŋ^{52}/bin$^{22-21}$ tiŋ^{52} a$^{52-44}$ u$^{22-21}$ laŋ^{22}.

汕头 许顶有侬。hɯ$^{52-24}$ teŋ^{52} u$^{25-31}$ naŋ^{55}.

揭阳 许/<许块>顶有侬。hɯ$^{42-35}$/<hio$^{42-35}$> teŋ$^{42-21}$ u$^{35-21}$ naŋ^{55}.

海丰 许（个）上顶有侬。hi^{52}（e$^{55-22}$）tsiɔ̃$^{25-33}$ teŋ^{52} u$^{25-33}$ naŋ^{55}.

遂溪 许顶有侬。ha^{55} tiŋ^{41} u^{55} naŋ^{22}.

雷州 许上面有侬。ha^{553} tsio$^{24-33}$ mieŋ$^{24-33}$ u$^{33-55}$ naŋ^{22}.

文昌 □［ʥia$^{21-55}$］上有侬。ʥia$^{21-55}$ tʃio^{42} u$^{42-11}$ naŋ^{22}.

三亚 （□［aʔ^{45}］）上头/上面有侬。（aʔ^{45}）tsio^{42} thau^{22}/tsio^{42} min^{33} u^{42} naŋ^{22}.

（5）到外头来晒太阳吧。

泉州 遘即外头/外面来曝日头。kau^{55} tsit^{55} gua$^{41-22}$ thau^{24}/gua$^{41-22}$ bin^{41} lai$^{24-22}$ phak$^{24-22}$ lit$^{24-22}$ thau^{24}.

厦门 来（即/□［tsia^{24}］）外头曝日。lai$^{24-22}$（tsit$^{32-5}$/tsia^{24}）gua$^{22-21}$ khau^{53} phak$^{5-21}$ lit^{5}.

台中 店 即 外口 曝曝 下。tiam$^{22-21}$ tsit$^{2-5}$ gua$^{22-21}$ khau^{53} phak$^{3-2}$ phak^{3} e$^{22-21}$.

漳州 来（迄/□［tsia^{34}］）外口仔曝日头。lai^{13}（hit$^{32-5}$/tsia^{34}）gua$^{22-21}$ khau^{52} a$^{52-44}$ phak$^{32-5}$ tsit$^{121-21}$ thau^{13}.

汕头 出来跲口（爿）曝日。tshuk$^{2-5}$ lai$^{55-31}$ tsi$^{52-24}$ khau^{52}（põi^{55}）

phak$^{5-2}$ zik^5.

揭阳　出来只/<只块>外(爿)曝日。tshuk$^{2-3}$ lai$^{55-22}$ tsi$^{42-24}$/<tsio$^{42-24}$> gua$^{35-21}$（pāi^{55}）phak$^{5-2}$ zek^5.

海丰　遘(只)外口来/来(只)外口曝日头。kau$^{213-55}$（tsi^{52}）gua$^{21-33}$ hau^{52} lai$^{55-22}$/lai$^{55-22}$（tsi^{52}）gua$^{21-33}$ hau^{52} phak$^{4-3}$ zit$^{4-3}$ thau^{55}.

遂溪　遘□[ia^{55}]路来曝曝日头。kau$^{214-55}$ ia^{55} leu^{214} lai^{22} phak$^{54-3}$ phak^{54} it^3 thau^{22}.

雷州　遘□[zia^{553}]外面来曝日头。kau^{21} zia^{553} bua$^{24-33}$ mieŋ^{24} lai^{22} pak^2 ziek$^{2-5}$ thau^{22}.

文昌　遘□[ʤia$^{21-55}$]外来曝日头。kau^{21} ʤia$^{21-55}$ gua^{34} lai^{22} ɸak^5 ʤia$^{22-11}$ xau^{22}.

三亚　遘外面(来)曝日头。kau^{24} vuo^{33} min^{33}（lai^{22}）pha^{42}/pha^{33} ziʔ^{33} thau^{22}.

(6) 那里头有什么？

泉州　迄里/里面/里头有甚□[mĩʔ^{55}]？hit^{55} lai^{221}/lai^{22} bin^4/lai^{22} thau^{24} u^{22} siam$^{24-22}$ mĩʔ^{55}？

厦门　迄里面有甚物？hit$^{32-5}$ lai$^{22-21}$ bin^{22} u$^{22-21}$ sim$^{53-44}$ miʔ^5？

台中　①迄里面有甚物？hit$^{2-5}$ lai$^{22-21}$ bin^{22} u$^{22-21}$ siã$^{53-44}$ mĩʔ^3？②迄里面有甚？hit$^{2-5}$ lai$^{22-21}$ bin^{22} u$^{22-21}$ siã^{53}？

漳州　①□[hia$^{34-44}$]□[tɛ^{21}]仔有甚□[mĩʔ$^{121-32}$]？hia$^{34-44}$ tɛ^{21} a$^{52-44}$ u$^{22-21}$ sim$^{52-34}$ miʔ$^{121-32}$？②□[hia$^{34-44}$]□[tɛ^{21}]仔有□[na^{34}]物件？hia$^{34-44}$ tɛ^{21} a$^{52-44}$ u$^{22-21}$ na^{34} miʔ$^{121-21}$ kia^{22}？

汕头　许底有□[mĩʔ$^{2-5}$]个？hɯ$^{52-24}$ toi^{52} u$^{25-31}$ mĩʔ$^{2-5}$ kai^{55}？

揭阳　许/<许块>底有□[mẽʔ$^{2-5}$]个？hɯ$^{42-35}$/<hio$^{42-35}$> toi$^{42-21}$ u$^{35-21}$ mẽʔ$^{2-5}$ kai^{55}？

遂溪　许里面有□[mi^{55}]物？ha^{55} li^{41} mien^{24} u^{55} mi^{55} mi^{33}？

海丰　许里底有□[mĩ$^{213-55}$]个？hi^{52} la$^{25-33}$ tei^{52} u$^{25-33}$ mĩ$^{213-55}$ kai$^{55(-213)}$？

雷州　许里面有□[mi^{553}]物？ha$^{553-33}$ li^{42} mieŋ^{24} u^{33} mi^{553} mi^{33}？

文昌　许里有□[mi^{53}]？ɦo$^{21-55}$ lai$^{42-11}$ u$^{42-11}$ mi^{53}？

三亚　□[aʔ^{45}]里面有□[miʔ^{45}]物/□[miʔ^{45}]？aʔ^{45} lai^{42} min^{33} u$^{42-44}$ miʔ^{45} mi^{42}/miʔ^{45}？

(7) 往左拐有一所邮局。

泉州　按迄倒手爿拐/斡蜀下就有蜀间邮电局。an$^{41-55}$ hit^{55} to$^{41-55}$ tshiu$^{55-24}$ puĩ^{24} kuai^{55}/uat^{55} tsit$^{24-22}$ e$^{41-21}$ tsiu$^{41-22}$ u^{22} tsit$^{24-22}$ kuĩ^{33} iu$^{24-22}$ tian$^{41-22}$ kiak^{24}.

厦门 斡对/向倒手爿有蜀间邮电局。uat$^{32-5}$ tui$^{21-53}$/hioŋ$^{21-53}$ to$^{21-53}$ tshiu$^{53-44}$ piŋ^{24} u$^{22-21}$ tsit$^{5-21}$ kin$^{44-22}$ iu$^{24-22}$ tian$^{22-21}$ kik^5.

台中 ①尉倒面斡过有蜀间邮局。ui$^{21-53}$ to$^{21-53}$ bin^{22} uat^3 kue^{21} u$^{22-21}$ tsit$^{3-2}$ kin$^{44-22}$ iu$^{24-22}$ kiɔk^3. ②尉倒手面斡过有蜀间邮局。ui$^{21-53}$ to$^{21-53}$ tshiu$^{53-44}$ bin^{22} uat^3 kue^{21} u$^{22-21}$ tsit$^{3-2}$ kin$^{44-22}$ iu$^{24-22}$ kiɔk^3.

漳州 往(□［tsia^{34}］)倒手边有蜀间邮局。uan$^{52-34}$ (tsia^{34}) to^{52} tshiu$^{52-34}$ pian^{34} u$^{22-21}$ tsit$^{121-21}$ kan$^{34-21}$ iu$^{13-22}$ kiok^{121}.

汕头 弯对许倒手爿有间邮局。uaŋ^{33} tui$^{213-55}$ hɯ$^{52-24}$ to$^{213-55}$ tshiu$^{52-24}$ põi^{55} u$^{25-31}$ kõi^{33} iu$^{55-31}$ kek^5.

揭阳 弯对许/<许块>倒手爿有间邮局。uaŋ^{33} tui$^{213-42}$ hɯ$^{42-24}$/<hio$^{42-24}$> to$^{213-42}$ tshiu$^{42-24}$ pãi^{55} u$^{35-21}$ kãi^{33} iu$^{55-22}$ kek^5.

海丰 弯对(许)倒手爿有蜀个邮局。uaŋ$^{44-33}$ tui$^{213-55}$ (hi^{52}) tɔ$^{213-55}$ tshiu$^{52-213}$ pãi^{55} u$^{25-33}$ tsit$^{4-3}$ kãi$^{55-22}$ iu$^{55-22}$ kiɔk^4.

遂溪 ①向许左爿弯有间邮局。hio$^{55-33}$ ha^{55} tso^{41} phi^{24} uaŋ^{24} u^{55} kai^{24} iu^{22} kok^3. ②向左许爿弯有间邮局。hio$^{55-33}$ tso^{41} ha^{55} phi^{24} uaŋ^{24} u^{55} kai^{24} iu^{22} kok^3.

雷州 向许□［ŋuai^{22}］手许爿弯有阿间邮局。hioŋ^{21} ha^{553} ŋuai^{22} tshiu^{42} ha^{553} pai^{22} uaŋ^{24} u$^{33-42}$ a^{55} kaŋ^{24} ziu$^{22-33}$ khok^2.

文昌 向左斡有一枚邮局。ɦio$^{21-55}$ to^{31} uat^5 u^{42} ʥiak$^{3-1}$ mo$^{42-11}$ ʥiu$^{22-11}$ kok^5.

三亚 趁左拐/趁左手边去有蜀所邮电局。thaŋ^{24} tso^{31} kuai^{31}/thaŋ^{24} tso^{31} tshiu^{31} 6i^{33} hu^{24} u^{42} zioʔ^{33} to^{31} iu^{22} tin^{24} khoʔ^{42}.

3. 直接限制某些时量、处所名词

下面是例句。

(8) 我十五岁那年初中毕业。

泉州 我十五岁迄年初中毕业。gua^{55} tsap$^{24-22}$ go$^{55-24}$ hɤ^{41} hit^{55} nĩ^{24} tshɔ^{33} tioŋ^{33} pit$^{55-22}$ giap^{24}.

厦门 我十五岁迄年初中毕业。gua$^{53-44}$ tsap$^{5-21}$ gɔ$^{22-21}$ he^{21} hit$^{21-5}$ nĩ^{24} tshɔ$^{44-22}$ tioŋ^{44} pit$^{5-21}$ giap^5.

台中 (缺)

漳州 我十五岁迄年初中毕业。gua$^{52-34}$ tsap$^{121-32}$ gɔ$^{22-21}$ he$^{21-52}$ hit$^{32-5}$ ni$^{13-22}$ tshɛ$^{34-22}$ tioŋ$^{34-22}$ pit$^{121-32}$ ŋiap^{121}.

汕头 我十五岁许年初中毕业。ua^{52} tsap$^{5-2}$ ŋou$^{25-31}$ hue^{213} hɯ$^{52-24}$ ni^{55} tsho^{33} toŋ^{33} pik$^{5-2}$ ŋiap^5.

揭阳 我十五岁许年初中毕业。ua$^{42-53}$ tsap$^{5-2}$ ŋou$^{35-21}$ hue^{213} hɯ$^{42-35}$ ni^{55}

tsho³³ toŋ³³ piak⁵⁻² ŋiap⁵.

海丰　我十五岁许年初中毕业。ua⁵² tsap⁴ ŋu²⁵⁻³³ hue²¹³ hi⁵² ni⁵⁵ tsho⁴⁴⁻³³ tiɔŋ⁴⁴ pit⁴⁻³ giap⁴.

遂溪　我十五岁许年初中毕业。va⁴¹ tsap³ ŋeu⁵⁵ hue²¹⁴⁻²¹ ha⁵⁵ hi²² tsho²⁴ tsoŋ²⁴ pik⁵⁴ ŋiap³.

雷州　我十五岁许年初中毕业。ba⁴² tsap² ŋeu³³⁻⁴² hue²¹ ha⁵⁵³ hi²²⁻³³ tsho²⁴⁻³³ tsoŋ²⁴ pik⁵ ŋiap².

文昌　我十五岁许年初中毕业。gua³¹ tap³⁻¹ ŋou⁴² ɦue²¹ ɦo²¹⁻⁵⁵ ɦi²² ʃo³⁴⁻⁴² toŋ³⁴ ɓiet³⁻¹ ŋiap³.

三亚　我十五岁□[aʔ⁴⁵]年初中毕业。va³¹ tai⁴² ŋou⁴² huo²⁴ aʔ⁴⁵ hi²² tshoi³³ tsoŋ³³ ɓiʔ⁴⁵ ŋe⁴².

（9）那天下大雨，没来几个人。

泉州　迄日落大雨，来无几个侬。hit⁵⁵ lit²⁴ loʔ²⁴⁻²² tua⁴¹⁻²² hɔ²², lai²⁴⁻²² bo²⁴⁻²² kui⁵⁵⁻²⁴ e²⁴⁻²² laŋ²⁴.

厦门　迄日落大雨，来无几个侬。hit²¹⁻⁵ lit⁵ loʔ⁵⁻²¹ tua²²⁻²¹ hɔ²², lai²⁴⁻²² bo²⁴⁻²² kui⁵³⁻⁴⁴ e²⁴⁻²² laŋ²⁴.

台中　迄工落大雨，无来几个侬。hit²⁻⁵ kaŋ⁴⁴ loʔ³⁻² tua²²⁻²¹ hɔ²², bo²⁴⁻²² lai²⁴⁻²² kui⁵³⁻⁴⁴ e²⁴⁻²² laŋ²⁴.

漳州　迄日落大雨，无来几个侬。hit³²⁻⁵ zit¹²¹⁻³² loʔ¹²¹⁻²¹ tua²²⁻²¹ hɔ²², bo¹³⁻²² lai¹³⁻²² kui⁵²⁻³⁴ kɔ²¹⁻⁵² laŋ²².

汕头　许日落大雨，来无几个侬。hɯ⁵²⁻²⁴ zik⁵⁻² loʔ⁵⁻² tua³¹ hou²⁵, lai⁵⁵⁻³¹ bo⁵⁵⁻³¹ kua⁵²⁻²⁴ kai⁵⁵⁻³¹ naŋ⁵⁵.

揭阳　许日落大雨，来无几个侬。hɯ⁴²⁻³⁵ zek⁵ loʔ⁵⁻² tua²²⁻²¹ hou³⁵, lai⁵⁵⁻³¹ bo⁵⁵⁻²² kui⁴²⁻²⁴ kai⁵⁵⁻²² naŋ⁵⁵.

海丰　迄日落大雨，来无几个侬。hi⁵² zit⁴ lɔʔ⁴⁻³ tua²¹⁻³³ hɔu²⁵, lai⁵⁵⁻²² bɔ⁵⁵⁻²² kua⁵²⁻²¹³ kai⁵⁵⁻²² naŋ⁵⁵.

遂溪　许日落大雨，无来若稽侬。ha⁵⁵ iet³ lo³³ tua²⁴ heu²², bo²² lai²² ua⁵⁵ tsoi²⁴⁻³³ naŋ²².

雷州　许日落大雨，无来几个侬。ha⁵⁵³ ziek² lo³³ tua²⁴ heu³³⁻⁴² , bo²²⁻³³ lai²²⁻³³ kui⁴²⁻⁴⁴ kai²²⁻³³ naŋ²².

文昌　许日落雨大，都无几枚侬来。ɦo²¹⁻⁵⁵ ʤiet³ lo²²⁻¹¹ ɦou⁴² ɗua³⁴ ɗou³⁴⁻⁴² bo²²⁻¹¹ kui³¹⁻³³ mo⁴²⁻¹¹ naŋ²²⁻¹¹ lai²².

三亚　□[a⁴⁵] 天/□[a⁴⁵] 日落大雨，无来几个侬。a⁴⁵ thi³³/a⁴⁵ zi⁴² loʔ³³ ɗuo³³ hou⁴², vo²²⁻³¹ lai²² kui³¹⁻³¹ kai²² naŋ²².

（10）这星期我没空。

泉州　即礼拜我无闲。tsit^{55} le$^{55-24}$ pai^{41} ua^{55} bo$^{24-22}$ ũi^{24}.

厦门　即礼拜我无闲。tsit$^{32-5}$ le$^{53-44}$ pai^{21} gua$^{53-44}$ bo$^{24-22}$ iŋ^{24}.

台中　即礼拜我无闲。tsit$^{2-5}$ le$^{53-44}$ pai^{21} ua^{53} bo$^{24-22}$ iŋ^{24}.

漳州　即礼拜我无闲。tsit$^{32-5}$ le$^{52-34}$ pai^{21} gua^{52} bo$^{13-22}$ iŋ^{22}.

汕头　只星期我唔闲。tsi$^{52-24}$ tshe^{33} khi^{55} ua^{52} m̩$^{25-31}$ õi^{55}.

揭阳　只个星期我唔闲。tsi$^{42-24}$ kai$^{55-22}$ tshe^{33} khi^{55} ua$^{42-53}$ m̩$^{35-21}$ ãi^{55}.

海丰　只个星期我无闲。tsi^{52} kai$^{55-22}$ tshe^{33} khi^{55} ua^{52} bɔ$^{55-22}$ ãi^{55}.

遂溪　□［ia^{55}］个星期我无得闲。ia^{55} kai^{22} siŋ$^{24-33}$ khi^{22} va^{41} bo^{22} tik^{54} ai^{22}.

雷州　□［zia^{553}］星期我无闲。zia^{553} siŋ$^{24-33}$ khi^{24} ba^{42} bo$^{22-33}$ ai^{22}.

文昌　□［ʥia$^{21-55}$］枚礼拜我无闲。ʥia$^{21-55}$ mo^{42} loi^{31} ɓai^{21} gua^{31} bo$^{22-11}$ ai^{22}.

三亚　（即）枚星期我无（有）闲。（iʔ^{45}）mo^{45} tshe^{33} khi^{22} va^{31} vo^{22}（u^{42}）ai^{22}.

（11）林盛一家搬到中山路住去了。

泉州　林盛蜀家搬遘中山路（迄搭）去徛啰。lim$^{24-22}$ siŋ^{41} tsit$^{24-22}$ ke^{33} puã^{33} kau$^{41-55}$ tiɔŋ^{33} suã^{33} lɔ^{41}（hit$^{55-22}$ taʔ^{55}）khɯ$^{41-55}$ khia^{22} lɔ^{21}.

厦门　林盛蜀家搬去中山路徛。lim$^{24-22}$ siŋ^{21} tsit$^{5-21}$ ke^{44} puã$^{44-22}$ khi$^{21-53}$ tiɔŋ$^{44-22}$ san$^{44-22}$ lɔ^{22} khia^{22}.

台中　林盛蜀家搬去中山路蹛。lim$^{24-22}$ siã^{22} tsit$^{3-2}$ ke^{44} puã^{44} khi$^{21-53}$ tiɔŋ$^{44-22}$ san$^{44-22}$ lɔ^{22} tua^{21}.

漳州　林盛蜀家搬遘中山路去徛啦。lim$^{13-22}$ siŋ^{21} tsit$^{121-21}$ ke^{34} puã$^{34-22}$ kau$^{21-52}$ tiɔŋ$^{34-22}$ sam$^{34-22}$ lɔ$^{22-21}$ khi$^{21-52}$ khia^{13} la^{21}.

汕头　阿林盛家侬搬去许中山路徛起了。a^{33} lim$^{55-31}$ seŋ^{25} ke^{33} naŋ^{55} puã^{33} khɯ$^{213-55}$ hɯ$^{52-24}$ toŋ^{33} suã^{33} lou^{31} kia$^{25-31}$ khi^{52} ou^{31}.

揭阳　阿林盛家侬搬去许/＜许块＞中山路徛起了。a^{33} lim$^{55-22}$ seŋ^{35} ke^{33} naŋ^{55} puã^{33} khɯ$^{213-42}$ hɯ$^{42-24}$/＜hio$^{42-24}$＞ toŋ^{33} suã^{33} lou^{22} khia$^{35-21}$ khi^{42} au$^{42-213}$.

海丰　林盛蜀家搬遘许中山路去扎咯。lim^{55} seŋ^{25} tsit$^{4-3}$ ke^{44} puã$^{44-33}$ kau$^{213-55}$ hi^{52} tiɔŋ^{44} suã^{44} lou^{21} khi$^{213-55}$ tsap^{3} lɔ^{31}.

遂溪　林盛蜀家搬遘(许)中山路住去啦。lim^{22} siŋ^{214} ik^{54} ke^{24} pua^{24} kau^{214}（ha^{55}）tsoŋ$^{24-33}$ sua^{24} leu^{24} tiu^{24} hu$^{214-21}$ la^{41}.

雷州　林盛蜀家搬遘(许)中山路徛去了/啦。lim^{22} siŋ^{33} ziak^{5} ke^{24} pua^{24} kau^{21}（ha^{553}）tsoŋ$^{24-33}$ san$^{24-33}$ leu^{24} khia$^{33-42}$ khu^{21} liau^{42}/la^{31}.

文昌　林盛厝搬去中山路徛啦。liom^{22} teŋ^{42} ʃu^{21} pua$^{34-42}$ xu^{21} toŋ$^{34-42}$ tan^{34}

lou⁴² xia⁴² la²¹.

三亚 陈康（蜀）厝搬遘/去中山路（□［aʔ⁴⁵］路）倚去了。tsheŋ²² khaŋ³³（zioʔ³³）tshu²⁴ ɓuo³³ kau²⁴/hu²⁴ tsoŋ³³ tuo³³ lou³³（aʔ⁴⁵ lou³³）khio⁴² hu²⁴ liau⁴².

（12）我在广州有个亲戚。

泉州 我伫广州（迄搭）有蜀个亲情。gua⁵⁵ tɯ²² kŋ⁵⁵⁻²⁴ tsiu²⁴⁻³³（hit⁵⁵⁻²² taʔ⁵⁵）u²² tsit²⁴⁻²² ge²⁴⁻²² tshin³³ tsiã²⁴.

厦门 我伫（咧）广州有蜀个亲情。gua⁵³⁻⁴⁴ ti²²⁻²¹（e⁴⁴）kŋ⁵³⁻⁴⁴ tsiu⁴⁴ u²²⁻²¹ tsit⁵⁻²¹ e²⁴⁻²² tshin⁴⁴⁻²² tsiã²⁴.

台中 我伫广州有蜀个亲情。ua⁵³⁻⁴⁴ ti²¹ kŋ⁵³⁻⁴⁴ tsiu⁴⁴ u²²⁻²¹ tsit³⁻² e²⁴⁻²² tshin⁴⁴ tsiã²⁴.

漳州 我伫广州有蜀个亲情。gua⁵² ti²²⁻²¹ kuĩ⁵²⁻³⁴ tsiu³⁴ u²²⁻²¹ tsit¹²¹⁻²¹ le¹³⁻²² tsin³⁴⁻²² tsiã¹³.

汕头 阮伫许广州有个亲情。uaŋ⁵² to²⁵⁻³¹ hɯ⁵²⁻²⁴ kɯŋ⁵²⁻²⁴ tsiu³³ u²⁵⁻³¹ kai⁵⁵⁻³¹ tshiŋ³³ tsiã⁵⁵.

揭阳 阮伫许/<许块>广州有个亲情。uaŋ⁴²⁻⁵² to³⁵⁻²¹ hɯ⁴²⁻²⁴/<hio⁴²⁻²⁴> kɯŋ⁴²⁻²⁴ tsiu³³ u³⁵⁻²¹ kai⁵⁵⁻²² tsheŋ³³ tsiã⁵⁵.

海丰 我着许广州有个亲情。ua⁵² tɔʔ⁴⁻³/tioʔ⁴⁻³ hi⁵² kũi⁵²⁻²¹³ tsiu⁴⁴ u²⁵⁻³³ kai⁵⁵⁻²² tshin⁴⁴⁻³³ tsiã⁵⁵.

遂溪 我伫广州有个亲情。va⁴¹ tu⁵⁵ kuan⁴¹ tsiu²⁴ u⁵⁵ kai²² tshin²⁴⁻³³ tsia²².

雷州 我伫许广州有个亲情。ba⁴²⁻⁴⁴ tu³³ ha⁵⁵³ kuan⁴² tsiu²⁴ u³³ kai²²⁻³³ tshiŋ²⁴⁻³³ tsia²².

文昌 我有一个亲情伫广州。gua³¹ u⁴² ʥiak³⁻¹ kai²²⁻²¹ ʃien³⁴⁻⁴² ʧia⁴² ɗu⁴² kuaŋ³¹⁻³³ ʧiu³⁴.

三亚 我伫广州有个亲情。va³¹ ɗu⁴² kuan³¹ tsiu³³ u⁴² kai²² tsheŋ³³ tshi²².

4. 闽南方言各地指别人或事物个体的指示代词

从上面的语料中，可以看到闽南方言各地指别人或事物个体的指示代词所用形式如下。

（1）闽南-台湾片

	泉州	厦门	台中	漳州
近指	即 tsit₃	即 tsit₃	即 tsit₃	即 tsit₃/□ ₌tsia
远指	迄 hit₃	迄 hit₃	迄 hit₃	迄 hit₃/□ ₌hia

（2）粤东片

	汕头	揭阳	海丰
近指	只 ᶜtsi	只 ᶜtsi	只 ᶜtsi
远指	许 ᶜhɯ	许 ᶜhɯ	许 ᶜhi

（3）雷州片、海南片

	雷州	遂溪	文昌	三亚
近指	□zia²	□ᶜia	□ʥia²	□iʔ₃
远指	许 ha²	许 ᶜha	许 fio²	□fiaʔ₃/aʔ₃

三个系列的形式虽然有差异，但是近指都是舌音声母（ts、z、ʥ、j 等），远指都是喉音声母，应该有同源关系。其语源及历史变化可参考李如龙《闽南方言的代词》①。

(二) 指代人或事物类别的代词

指代人或事物的类，普通话用"这、那"加上"类"义的量词如"种""类"等，说成"这种/那种""这类/那类。"这种/那种""这类/那类"里头的指示代词"这、那"指代的是以"种/类"为单位的个体，依然是指代个体的代词，而"这种/那种""这类/那类"只是临时的指量结构，不是专用的指类代词。这种表达方式闽南方言也用。但是闽南方言中，还有一类代词是专门用来指类的。这包括两种情况，一种是在形式上已经完全看不出是一个指代词和一个"类"义量词的组合的，如汕头的"者""者起""者个""者起个"，厦门的"[hio⁻⁵³]"（<迄落>），海丰的"[tsiaŋ⁵² ã⁵²]"（<只项>仔）；一种是形式上仍可看出是一个指代词和一个"类"义量词的组合，但已经凝固为词，有特定的"指类"专门词义，其中原先的"类"义量词已经失去量词的性质而成为一个词素，例如很多地方的"即款/只款""即项/只项"中的"款""项"已经失去量词性质，"即款/只款""即项/只项"已经不是临时组合，从不能说"三款鱼""五项侬"却能说"只款鱼""即项侬"便可以看出来。

指类代词可用于指别，也可用于称代，在有些地方这两种用法有不同的形式。下面分别列举有关语料，只划出专门用于指代人或事物类别的代词。

---

① 参见李如龙、张双庆《代词》，暨南大学出版社 1999 年版。

1. 用于指别

指类代词用于指别的,语法上总是充当名词性成分的修饰语。

(13) 这种花是什么花?

泉州 即种/即款花是甚乇花? tsit^{55} tsiɔŋ$^{55-24}$/tsit^{55} khuan$^{55-24}$ hue^{33} si^{22} siã$^{24/24-22}$ mĩʔ^{55} hue^{33}?

厦门 即种/即款/<即落>/即落花是甚乇花? tsit$^{32-5}$ tsiɔŋ$^{53-44}$/tsit$^{32-5}$ khuan$^{53-44}$/<tsio^{-53}>/tsit$^{32-5}$ lo^{-22} hue^{44} si$^{22-21}$ sim$^{53-44}$ miʔ^{5} hue^{44}?

台中 即种/即个花是甚乇花? tsit$^{2-5}$ tsiɔŋ$^{53-44}$/tsit$^{2-5}$ e$^{24-22}$ hue^{44} si$^{22-21}$ siã$^{53-44}$ mĩʔ^{3} hue^{44}?

漳州 即种/即款/□[tsia^{-53}]/即落花是甚乇花? tsit$^{32-5}$ tsiŋ$^{52-34}$/tsit$^{32-5}$ kuan$^{52-34}$/tsia^{-53}/tsit$^{32-5}$ lo$^{22-21}$ hua$^{34-22}$ si$^{22-21}$ sin$^{21-52}$ miʔ$^{121-32}$ hua^{34}?

汕头 者(起)花介乇花? tsia$^{52-24}$ (khi$^{52-24}$) hue^{33} kai$^{213-55}$ mĩʔ$^{2-5}$ hue^{33}?

揭阳 只款花介乇花? tsi$^{42-24}$ khuaŋ$^{42-24}$ hue^{33} kai^{55} mẽʔ$^{2-3}$ hue^{33}?

海丰 只项花/者花是乇个花? tsi^{52} haŋ$^{25-33}$ hue$^{44-33}$/tsia^{52} hue$^{44-33}$ si$^{25-33}$ mĩ^{213} kai$^{55-22}$ hue^{44}?

遂溪 □[ia^{55}]种/□[ia^{55}]花是□[mi^{55}]花? ia^{55} tsiaŋ^{41}/ia^{55} hue^{24} si^{55} mi^{55} hue^{24}?

雷州 □[zia^{553}]个/□[zia^{553}]种花是□[mi^{553}](物)花? zia^{553} kai$^{22-33}$/zia^{553} tshiaŋ^{42} hue^{24} si^{33} mi^{553}(mi^{33}) hue^{24}?

文昌 □[ʤia$^{21-55}$]种花是□[miʔ^{53}]花? ʤia$^{21-55}$ tʃiaŋ$^{31-33}$ fiue^{34} ti$^{42-11}$ miʔ^{53} fiue^{34}?

三亚 即个花是□[miʔ^{45}](物)花? iʔ^{45} kai^{22} huo^{33} ti^{42} miʔ^{45}(mi^{42}) huo^{33}?

(14) 没那号事。

泉州 无迄项/迄款事。bo$^{24-22}$ hit^{55} haŋ^{22}/hit^{55} khuan$^{55-24}$ tai^{41}.

厦门 无迄种/迄款/<迄落>/迄落事志。bo$^{24-22}$ hit$^{32-5}$ tsiɔŋ$^{53-44}$/hit$^{32-5}$ khuan$^{53-44}$/<hio^{-53}>/hit$^{32-5}$ lo^{-22} tai$^{22-21}$ tsi^{21}.

台中 无迄个事志。bo$^{24-22}$ hit$^{2-5}$ e$^{24-22}$ tai$^{22-21}$ tsi^{21}.

漳州 无迄/迄款/□[hia^{53}]/迄落事志。bo$^{13-22}$ hit$^{32-5}$/hit$^{32-5}$ kuan$^{52-34}$/hia^{53}/hit$^{32-5}$ lo$^{22-21}$ tai$^{22-21}$ tsi^{21}.

汕头 无□[hia$^{52-24}$](起)事。bo$^{55-31}$ hia$^{52-24}$(khi$^{52-24}$) sɯ^{31}.

揭阳 无□[hia$^{42-24}$]事。bo$^{55-22}$ hia$^{42-24}$ sɯ^{22}.

海丰 ①无□[hia$^{52-213}$]事。bɔ$^{55-22}$ hia$^{52-213}$ su^{25}. ②无许项事。bɔ$^{55-22}$

hi^{52} haŋ$^{25-33}$ su^{25}.

遂溪　无许事。bo^{22} ha^{55} su^{55}.

雷州　无许个事。bo$^{22-33}$ ha^{553} kai$^{22-33}$ su^{553}.

文昌　①无许个事。bo$^{22-11}$ fio$^{21-55}$ kai$^{22-11}$ ʃe^{42}. ②无许种事。bo$^{22-11}$ fio$^{21-55}$ tɕiaŋ$^{31-33}$ ʃe^{42}.

三亚　①无有□［aʔ^{45}］个事。vo^{22} u^{42} aʔ^{45} kai^{22} tshi^{42}. ②无有□［aʔ^{45}］件/种/枚事。vo^{22} u^{42} aʔ^{45} ken$^{42-44}$/tɕiaŋ^{31}/mo^{45} tshi^{42}.

（15）别的人能相信，这种人怎么能相信？

泉州　别个侬解相信个，＜即样＞个/即种/即款侬卜怎仔相信？pat$^{24-22}$ e$^{24-22}$ laŋ^{24} e$^{24-22}$ sioŋ^{33} sin^{41} e^{21},＜tsioŋ$^{55-24}$＞o^{24}/tsit^{55} tsioŋ$^{55-24}$/tsit^{55} khuan$^{55-24}$ laŋ^{24} bɤʔ^{55} tsiũ$^{41-55}$ ã^{55} sioŋ^{33} sin^{41}?

厦门　别侬解使相信，即款/即种/＜即落＞/即落侬敢解使相信？pat$^{5-21}$ laŋ^{24} e$^{22-21}$ sai$^{53-44}$ sioŋ$^{44-22}$ sin^{21}, tsit$^{32-5}$ khuan$^{53-44}$/tsit$^{32-5}$ tsioŋ$^{53-44}$/＜tsio^{-53}＞/tsit$^{32-5}$ lo^{-22} laŋ^{24} kan$^{53-44}$ e$^{22-21}$ sai$^{53-44}$ sioŋ$^{44-22}$ sin^{21}?

台中　别个侬解用相信，即种/即个侬哪解用相信？pat$^{3-2}$ e$^{24-22}$ laŋ^{24} e$^{22-21}$ ioŋ^{24} sioŋ$^{44-22}$ sin^{21}, tsit$^{2-5}$ tsioŋ$^{53-44}$/tsit$^{2-5}$ e$^{24-22}$ laŋ^{24} na$^{53-44}$ e$^{22-21}$ ioŋ^{24} sioŋ$^{44-22}$ sin^{21}?

漳州　别侬解相信，即种/□［tɕia^{-52}］/即落侬安哪解互侬相信？pat$^{121-21}$ laŋ$^{13-22}$ e$^{22-21}$ siaŋ$^{34-22}$ sin^{21}, tsit$^{32-5}$ tsiŋ$^{52-34}$/tɕia^{-52}/tsit$^{32-5}$ lo$^{22-21}$ laŋ$^{13-22}$ an$^{34-22}$ na$^{52-34}$ e$^{22-21}$ hɔ$^{22-21}$ laŋ$^{13-22}$ siaŋ$^{34-22}$ sin^{21}?

汕头　别□［mĩʔ$^{2-5}$］侬好相信，者（起）侬做好相信？pak$^{5-2}$ mĩʔ$^{2-5}$ naŋ^{55} ho$^{52-24}$ siaŋ^{33} siŋ^{213}, tsia$^{52-24}$（khi$^{52-24}$）naŋ^{55} tso$^{213-55}$ ho$^{52-24}$ siaŋ^{33} siŋ^{213}?

揭阳　别□［mẽʔ$^{2-5}$］侬好相信，只款侬做好相信？pak$^{2-3}$ mẽʔ$^{2-5}$ naŋ^{55} ho$^{42-24}$ siaŋ^{33} seŋ^{213}, tsi$^{42-24}$ khuaŋ$^{42-35}$ naŋ^{55} tso$^{213-42}$ ho$^{42-24}$ siaŋ^{33} seŋ^{213}?

海丰　别项侬＜解能＞相信（得），只项侬/＜只项＞仔侬做呢＜解能＞相信得？paʔ$^{4-3}$ haŋ$^{25-33}$ naŋ^{55}＜eŋ^{21}＞sĩ$^{44-33}$ siaŋ^{25}（tit^{3}）, tsi^{52} haŋ$^{25-33}$ naŋ$^{55(-22)}$/＜tsiaŋ^{52}＞ã$^{52-213}$ naŋ$^{55-22}$ tsɔ$^{213-55}$ ni$^{55-22}$＜eŋ^{21}＞sĩ$^{44-33}$ siaŋ^{25} tit^{3}?

遂溪　□［ko^{55}］侬能相信，□［ia^{55}］种侬做□［mi^{55}］能相信？ko^{55} naŋ^{22} neŋ^{22} siaŋ$^{24-33}$ sien^{214}, ia^{55} tsiaŋ^{41} naŋ^{22} tso^{55} mi^{55} neŋ^{22} siaŋ$^{24-33}$ sien^{214}?

雷州　□［ko$^{33-42}$］侬能相信，□［zia^{553}］种侬做乜能相信呢？ko$^{33-42}$ naŋ^{22} neŋ$^{22-33}$ siaŋ$^{24-33}$ siŋ^{21}, zia^{553} tsiaŋ^{42} naŋ^{22} tso$^{553-33}$ mi^{553} neŋ^{22} siaŋ$^{24-33}$ siŋ^{21} ne^{33}?

文昌　别（个）侬相信作得，□［ʥia^{21}］个侬知作相信呢？ɓat$^{3-21}$（kai$^{22-11}$）naŋ^{22} tio$^{34-42}$ tien^{21} toʔ^{5} ɗiet^{5}, ʥia^{21} kai$^{22-11}$ naŋ^{22} tai^{34} toʔ^{53} tio$^{34-42}$

tien²¹ ne⁵⁵?

三亚 别个/枚侬能相信，即种侬作□［miʔ⁴⁵］能相信？ɓai ʔ⁴² kai²²/mo⁴⁵ naŋ²² neŋ²² tioŋ³³ ten²⁴，iʔ⁴⁵ tsiaŋ³¹ naŋ²² toʔ⁴⁵ miʔ⁴⁵ neŋ²² tioŋ³³ ten²⁴？

（16）电这种东西不懂就别乱搞。

泉州 ①电即种/即项物件不就＜唔通＞/唔通乱创。tian⁴¹ tsit⁵⁵ tsiɔŋ⁵⁵⁻²⁴/tsit⁵⁵ haŋ²² mũʔ²⁴⁻²² kiã²² pat⁵⁵ tsiu⁴¹⁻²²＜maŋ³³＞/m̩⁴¹⁻²² thaŋ³³ luan⁴¹⁻²² tshɔŋ⁴¹。②电即种/即项物件□［bue²²］晓得就＜唔通＞/唔通乱创。tian⁴¹ tsit⁵⁵ tsiɔŋ⁵⁵⁻²⁴/tsit⁵⁵ haŋ²² mũʔ²⁴⁻²² kiã²² bue²² hiau⁵⁵ lit²⁴⁻⁴¹ tsiu⁴¹⁻²²＜maŋ³³＞/m̩⁴¹⁻²² thaŋ³³ luan⁴¹⁻²² tshɔŋ⁴¹。

厦门 电即种/即款/＜即落＞/即落物件□［bue²²⁻²¹］晓就/着嫒乱动/创。tian²² tsit³²⁻⁵ tsiɔŋ⁵³⁻⁴⁴/tsit³²⁻⁵ khuan⁵³⁻⁴⁴/＜tsio⁻⁵³＞/tsit³²⁻⁵ lo⁻²² miʔ⁵⁻²¹ kiã²² bue²²⁻²¹ hiau⁵³ tsiu²²⁻²¹/tioʔ⁵⁻²¹ mai²¹⁻⁵³ luan²²⁻²¹ taŋ²²/tshɔŋ²¹。

台中 电即种/即个物件唔八着嫒乱创。ten²² tsit²⁻⁵ tsiɔŋ⁵³⁻⁴⁴/tsit²⁻⁵ e²⁴⁻²² mĩʔ³⁻² kiã²² m̩²²⁻²¹ bat² tioʔ³⁻² mai²¹⁻⁵³ luan²²⁻²¹ tshɔŋ²¹。

漳州 电即项/□［tsia⁻⁵³］/即落物件唔八□［ban¹³⁻²²］□［lam¹³⁻²²］□［su⁵²⁻³⁴］创/撵。tian²² tsit³²⁻⁵ haŋ²²/tsia⁻⁵³/tsit³²⁻⁵ loʔ²²⁻²¹ miʔ¹²¹⁻²¹ kiã²² m̩²²⁻²¹ bak⁵ ban¹³⁻²² lam¹³⁻²² su⁵²⁻³⁴ tshɔŋ²¹/mɔŋ³⁴。

汕头 者（起）电唔晓就孬散物。tsia⁵²⁻²⁴（khi⁵²⁻²⁴）tiaŋ²⁵ m̩²⁵⁻³¹ hiau⁵² tsiu²⁵⁻³¹ mo⁵²⁻²⁴ suã²¹³⁻⁵⁵ mueʔ⁵。

揭阳 者电唔晓就孬散物。tsia⁴²⁻²⁴ tiaŋ³⁵ m̩³⁵⁻²¹ hiau⁴²⁻⁵³ tsu³⁵⁻²¹ mo⁴²⁻²⁴ suã²¹³⁻⁵³ mueʔ⁵。

海丰 电者/只项零细唔八就嫒四散撵。tiaŋ²⁵ tsia⁵²/tsi⁵²⁻²¹³ haŋ²⁵⁻³³ naŋ⁵⁻²² sei²¹³ m̩²⁵⁻³³ pak³ tsu²⁵⁻³³ mai²¹³⁻⁵⁵ si²¹³⁻⁵⁵ suã²¹³⁻⁵⁵ mɔŋ²⁵。

遂溪 电□［ioŋ⁵⁵］物汝无八就无使乱动。tien⁵⁵ ioŋ⁵⁵ mi³³ lu⁴¹ bo²² pak⁵ tsiu⁵⁵ bo²² sai⁴¹ luaŋ⁵⁵ thaŋ⁵⁵。

雷州 电□［zia⁵⁵³］个物汝无八就无爱乱懵拚/懵懵拚。tieŋ²² zia⁵⁵³ kai²²⁻³³ mi³³⁻⁴² lu³³ bo²²⁻³³ pak⁵ tsiu³³ bo²²⁻³³ ai²¹ luan³³ mɔŋ⁴² laŋ²⁴/mɔŋ⁴²⁻⁴⁴ mɔŋ⁴² laŋ²⁴。

文昌 电（□［ʥia²¹⁻⁵⁵］）个物无八就无用做。ɗien⁵³（ʥia²¹⁻⁵⁵）kai²²⁻¹¹ miʔ⁵³ bo²²⁻¹¹ ɓat⁵ tʃiu⁴²⁻¹¹ bo²²⁻¹¹ ʥioŋ⁴² to⁵³。

三亚 电即种个/枚物无八就嫒（用）乱作。ɗen²⁴⁻²² iʔ⁴⁵ tsiaŋ³¹ kai²²/mo⁴⁵ mi⁴² vo²² vaiʔ⁴⁵ tsiu⁴² vei²²（zioŋ⁴²）luan⁴² toʔ⁴⁵/tsoʔ⁴⁵。

（17）儿子打母亲这种事是没人说好的。

泉州 囝拍老母即种/即项/即款事是无人会说好个。kã^{55} phaʔ^{55} lau$^{55-24}$ bu^{55} tsit^{55} tsiɔŋ$^{55-24}$/ tsit^{55} haŋ^{22}/ tsit^{55} khuan$^{55-24}$ tai^{41} si^{22} bo$^{24-22}$ laŋ$^{24-22}$ e^{22} sɤʔ^{55} ho^{55} e^{31}.

厦门 ①囝儿拍老母即种/即款/<即落>/即落事志是无侬讲好个。kiã$^{53-44}$ li^{24} phaʔ$^{32-53}$ lau$^{22-21}$ bu^{53} tsit$^{32-5}$ tsiɔŋ$^{53-44}$/tsit$^{32-5}$ khuan$^{53-44}$/<tsio^{-53}>/ tsit$^{32-5}$ lo^{-22} tai$^{22-21}$ tsi^{21} si$^{22-21}$ bo$^{24-22}$ laŋ$^{24-22}$ kɔŋ$^{53-44}$ ho^{53} e^{21}. ②即种/即款/即落囝儿拍老母个事志是无侬讲好个。tsit$^{32-5}$ tsiɔŋ$^{53-44}$/tsit$^{32-5}$ khuan$^{53-44}$/tsit$^{32-5}$ lo^{-22} kiã$^{53-44}$ li^{24} phaʔ$^{32-53}$ lau$^{22-21}$ bu^{53} e$^{24-22}$ tai$^{22-21}$ tsi^{21} si$^{22-21}$ bo$^{24-22}$ laŋ$^{24-22}$ kɔŋ$^{53-44}$ ho^{53} e^{21}.

台中 后生拍妈妈即种/即个事志是无侬讲好个。hau$^{22-21}$ sẽ^{44} phaʔ$^{2-5}$ ma^{44} ma^{21} tsit$^{2-5}$ tsiɔŋ$^{53-44}$/tsit$^{2-5}$ e$^{24-22}$ tai$^{22-21}$ tsi^{21} si$^{22-21}$ bo$^{24-22}$ laŋ$^{24-22}$ kɔŋ$^{53-44}$ ho^{53} e^{21}.

漳州 后生拍老母即种/项/□［tsia^{-53}］/即落事志无人解讲好。hau$^{22-21}$ sẽ$^{34-34}$ phaʔ$^{32-52}$ lau$^{22-21}$ bu^{52} tsit$^{32-5}$ tsiŋ$^{52-34}$/haŋ$^{22-21}$/tsia^{-53}/tsit$^{32-5}$ lo$^{22-21}$ tai$^{22-21}$ tsi^{21} bo$^{13-22}$ laŋ$^{13-22}$ e$^{22-21}$ kɔŋ$^{52-34}$ ho^{52}.

汕头 者（起）囝拍母介无侬咀好个。tsia$^{52-24}$（khi$^{52-24}$）kiã^{52} phak$^{2-5}$ bo^{52} kai$^{213-55}$ bo$^{55-31}$ naŋ$^{55-31}$ tã$^{213-55}$ ho^{52} kai$^{55-31}$.

揭阳 者（起）囝拍母介无侬咀好。tsia$^{42-35}$（khi$^{42-21}$）kiã$^{42-53}$ phak$^{2-5}$ ãi^{42} kai^{55} bo^{55} naŋ$^{55-22}$ tã$^{213-53}$ ho$^{42-21}$.

海丰 ①囝拍母者事是无侬讲好个。kiã^{52} phaʔ$^{3-4}$ bɔ^{52} tsia^{52} su^{25} si$^{25-33}$ bɔ$^{55-22}$ naŋ$^{55-22}$ kɔŋ$^{52-213}$ hɔ^{52} ai$^{55-21}$. ②囝拍母只项事是无侬讲好个。kiã^{52} phaʔ$^{3-4}$ bɔ^{52} tsi^{52} haŋ$^{25-33}$ su^{25} si$^{25-33}$ bɔ$^{55-22}$ naŋ$^{55-22}$ kɔŋ$^{52-213}$ hɔ^{52} ai$^{55-21}$.

遂溪 囝拍母□［ioŋ^{55}］事是无侬讲好个。kia^{41} pha^{55} mai^{41} ioŋ^{55} su^{55} si^{55} bɔ^{22} naŋ^{22} ko^{41} ho^{41} kai^{22}.

雷州 囝拍奶□［zia^{553}］个事是无侬讲好个。kia^{42} pha^{553} ne^{42} zia^{553} kai$^{22-33}$ su^{553} si^{33} bo$^{22-33}$ naŋ^{22} ko^{42} ho^{42} kai^{22}.

文昌 ①囝拍母□［ʥia$^{21-55}$］个事，无侬取个。kia^{31} ɸa^{42} mai^{53} ʥia$^{21-55}$ kai$^{22-11}$ ʃe^{42}，bo$^{22-11}$ naŋ$^{22-11}$ ʃi^{31} kai^{22}. ②□［ʥia$^{21-55}$］种囝拍母个事，无侬取个。ʥia$^{21-55}$ tʃiaŋ^{31} kia$^{31-33}$ ɸa^{42} mai^{53} kai$^{22-11}$ ʃe^{42}，bo$^{22-11}$ naŋ$^{22-11}$ ʃi^{31} kai^{22}.

三亚 囝拍母即种/枚事是无（有）侬讲好个。kio^{31} phaʔ^{45} mai^{31} iʔ^{45} tsiaŋ^{31}/mo^{45} tshi^{42} ti^{42} vo^{22}（u^{42}）naŋ^{22} kɔŋ^{31} ho$^{31-24}$ kai$^{22-42}$.

2. 用于称代

指类名词用于称代，语法上一般单独充当主宾语。

（18）你怎么怕这怕那的？

泉州　汝怎仔（哪）惊＜即样＞个各惊＜迄样＞个？lɯ⁵⁵ tsiũ⁴¹⁻⁵⁵ ã⁵⁵（nã）kiã³³ ＜tsiɔŋ⁵⁵⁻²⁴＞ o²⁴ koʔ⁵⁵ kiã³³ ＜hiɔŋ⁵⁵⁻²⁴＞ o²⁴？

厦门　①汝安怎＜即落＞也惊＜迄落＞也惊。li⁵³⁻⁴⁴ an²¹⁻⁵³ tsuã⁵³ ＜tsio⁻⁵³＞ a²²⁻²¹ kiã⁴⁴ ＜hio⁻⁵³＞ a²²⁻²¹ kiã⁴⁴. ②汝敢解惊即项惊迄项。li⁵³⁻⁴⁴ kan⁵³⁻⁴⁴ e²²⁻²¹ kiã⁴⁴⁻²² tsit³²⁻⁵ haŋ²² kiã⁴⁴⁻²² hit³²⁻⁵ haŋ²².

台中　汝哪解惊＜即个＞惊＜迄个＞咧？li⁵³⁻⁴⁴ na⁵³⁻⁴⁴ e²²⁻²¹ kiã⁴⁴⁻²² ＜tse⁻⁴⁴＞ kiã⁴⁴⁻²² ＜he⁻⁴⁴＞ le²¹？

漳州　汝安哪惊□［tsia⁻³⁴］惊□［hia⁻³⁴］啊？li⁵² an³⁴⁻²² na⁵²⁻³⁴ kiã³⁴⁻²² tsia⁻³⁴ kiã³⁴⁻²² hia⁻³⁴ a⁵⁵？

汕头　汝做呢惊者惊□［hia⁵²］？lɯ⁵² tso²¹³⁻⁵⁵ ni⁵⁵⁻³¹ kiã³³ tsia⁵²⁻²⁴ kiã³³ hia⁵²？

揭阳　汝做呢惊□［tsio⁴²⁻²⁴］惊□［hio⁴²］？lɯ⁴²⁻⁵³ tso²¹³⁻⁴² ni⁵⁵⁻²² kiã³³ tsio⁴²⁻²⁴ kiã³³ hio⁴²？

海丰　汝（知）做呢惊只/者惊许/□［hia⁵²］？li⁵²（tsai⁴⁴⁻³³）tsɔ²¹³⁻⁵⁵ ni⁵⁵⁻²² kiã⁴⁴ tsi⁵²/tsia⁵² kiã⁴⁴ hi⁵²/hia⁵²？

遂溪　汝做□［mi⁵⁵］物惊□［io⁵⁵］惊许？lu⁴¹ tso⁵⁵ mi⁵⁵ mi³³ kia²⁴ io⁵⁵ kia²⁴ ho⁵⁵？

雷州　汝做□［mi⁵⁵³］惊□［zie⁵⁵³］惊□［hu⁵⁵³］？lu⁴² tso⁵⁵³ mi⁵⁵³ kia²⁴ zie⁵⁵³ kia²⁴ hu⁵⁵³？

文昌　汝知作惊□［ʤia²¹］惊许？du³¹ tai³⁴ toʔ⁵ kia³⁴⁻⁴² ʤia²¹ kia³⁴⁻⁴² ɦo²¹？

三亚　汝做□［miʔ⁴⁵］惊即枚惊□［aʔ⁴⁵⁻⁴⁴］枚个呢？lu³¹ toʔ⁴⁵⁻⁴⁴ miʔ⁴⁵ kio³³ iʔ⁴⁵⁻⁴⁴ mo⁴⁵ kio³³ aʔ⁴⁵⁻⁴⁴ mo⁴⁵ ai²² ni²⁴？

(19) 这是什么？

泉州　＜即样＞个/即个/即项是甚□［mĩʔ⁵⁵］？＜tsiɔŋ⁵⁵⁻²⁴＞ o⁵⁵/tsit⁵⁵⁻⁴⁴ e²⁴⁻⁵⁵/tsit⁵⁵ haŋ²² si²² siã²⁴⁻²² mĩʔ⁵⁵？

厦门　□［tsio⁻⁵³］/即落/即款是甚物？tsio⁻⁵³/tsit³²⁻⁵ lo⁻²²/tsit³²⁻⁵ khuan⁵³⁻⁴⁴ si²²⁻²¹ siã⁵³⁻⁴⁴/sim⁵³⁻⁴⁴ mi⁵？

台中　即是甚/甚物？tsit²⁻⁵ si²²⁻²¹ siã⁵³/siã⁵³⁻⁴⁴ mĩʔ³？

漳州　即/即落是哪回仔？tsit³²⁻⁵/tsit³²⁻⁵ lo²²⁻²¹ si²²⁻²¹ na⁵²⁻³⁴ hui¹³⁻²² a⁵²？

汕头　者（起）个是□［mĩʔ²⁻⁵］个？tsia⁵²⁻²⁴（khi⁵²⁻²⁴）kai⁵⁵ si²⁵⁻³¹ mĩʔ²⁻⁵ kai⁵⁵？

揭阳　者个介□［mẽʔ²⁻⁵］个？tsia⁴²⁻²⁴ kai⁵⁵ kai⁵⁵ mẽʔ²⁻⁵ kai⁵⁵？

海丰　者是□［mĩ²¹³⁻⁵⁵］个？tsia⁵² si²⁵⁻²¹ mĩ²¹³⁻⁵⁵ kai⁵⁵⁻²⁵？

遂溪　□［ia⁵⁵］是□［mi⁵⁵］物/□［mi⁵⁵］？ia⁵⁵ si⁵⁵⁻³³ mi⁵⁵ mi³³/mi⁵⁵？

雷州　□［zia⁵⁵³］是□［mi⁵⁵³］物/［mi⁵⁵³］啊？zia⁵⁵³ si³³ mi⁵³³ mi³³/mi⁵³³ a³³？

文昌　□［dʑia²¹⁻⁵⁵］个是□［mi⁵³］？dʑia²¹⁻⁵⁵（k）ai²²⁻¹¹ ti⁴²⁻¹¹ miʔ⁵³？

三亚　（即）枚/即种是□［miʔ⁴⁵］？（iʔ⁴⁵）mo⁴⁵/iʔ⁴⁵ tsiaŋ³¹ ti⁴²⁻⁴⁴ miʔ⁴⁵？

（20）这种东西哪里有人要？

泉州　＜即样＞个物件哪/怎仔有侬卜？＜tsiɔŋ⁵⁵⁻²⁴＞o⁵⁵ mɯ̃²⁴⁻²² kiã²² nã⁵⁵/tsiũ⁴¹⁻⁵⁵ ã⁵⁵ u²² laŋ²⁴⁻²² bɤʔ⁵⁵？

厦门　①即款/＜即落＞/即落物件卜＜倒落＞有侬卜挃？tshit³²⁻⁵ khuan⁵³⁻⁴⁴/＜tsio⁻⁵³＞/tsit³²⁻⁵ lo⁻²² miʔ⁵⁻²¹ kiã²² beʔ³²⁻⁵³＜to⁵³＞u²²⁻²¹ laŋ²⁴⁻²² beʔ³²⁻⁵³ tiʔ⁵？②即款/＜即落＞/即落物件＜倒落＞有侬卜挃？tshit³²⁻⁵ khuan⁵³⁻⁴⁴/＜tsio⁵³＞/tsit³²⁻⁵ lo⁻²² miʔ⁵⁻²¹ kiã²²＜to⁵³⁻⁴⁴＞u²²⁻²¹ laŋ²⁴⁻²² beʔ³²⁻⁵ tiʔ⁵？

台中　即种/＜即个＞物件哪解有侬卜爱？tsit²⁻⁵ tsiɔŋ⁵³⁻⁴⁴/＜tse⁻⁵³＞mĩʔ³⁻² kiã²² na⁵³⁻⁴⁴ e²²⁻²¹ u²²⁻²¹ laŋ²⁴⁻²² beʔ²⁻⁵ ai²¹？

漳州　即种/＜即个＞/即落物件倒啰仔有侬卜？tsit³²⁻⁵ tsiŋ⁵²⁻³⁴/＜tsia⁻⁵²＞/tsit³²⁻⁵ lo²²⁻²¹ miʔ¹²¹⁻²¹ kiã²²⁻²¹ ta⁵²⁻³⁴ loʔ¹²¹⁻²¹ a⁵² u²²⁻²¹ laŋ¹³⁻²² bueʔ³²？

汕头　①者个在得有侬爱？tsia⁵²⁻²⁴ kai⁵⁵ tsai²⁵⁻³¹ tik²⁻⁵ u²⁵⁻³¹ naŋ⁵⁵⁻³¹ ãi²¹³？②者个□［kaʔ²⁻⁵］有侬爱？tsia⁵²⁻²⁴ kai⁵⁵ kaʔ²⁻⁵ u²⁵⁻³¹ naŋ⁵⁵⁻³¹ ãi²¹³？③者个地□［ko²¹³⁻⁵⁵］有侬爱？tsia⁵²⁻²⁴ kai⁵⁵ ti³¹ ko²¹³⁻⁵⁵ u²⁵⁻³¹ naŋ⁵⁵⁻³¹ ãi²¹³？④者个做（呢）有侬爱？tsia⁵²⁻²⁴ kai⁵⁵ tso²¹³⁻⁵⁵（ni⁵⁵⁻³¹）u²⁵⁻³¹ naŋ⁵⁵⁻³¹ ãi²¹³？

揭阳　①者个在得有侬爱？tsia⁴²⁻²⁴ kai⁵⁵ tai³⁵⁻²¹ tek²⁻³ u³⁵⁻²¹ naŋ⁵⁵⁻²² ãi²¹³？②者个地□［ko²¹³⁻⁴²］有侬爱？tsia⁴²⁻²⁴ kai⁵⁵ ti²²⁻²¹ ko²¹³⁻⁴² u³⁵⁻²¹ naŋ⁵⁵⁻²² ãi²¹³？③者个做呢有侬爱？tsia⁴²⁻³⁵ kai⁵⁵ tso²¹³⁻⁴² ni⁵⁵⁻²² u³⁵⁻²¹ naŋ⁵⁵⁻²² ãi²¹³？

海丰　①只项/者零细在得有侬爱啊？tsi⁵² haŋ²⁵⁻³³/tsia⁵² naŋ⁵⁵⁻²² sei²¹³ tsai²⁵⁻³³ tit³⁻⁴ u²⁵⁻³³ naŋ⁵⁵⁻²² ãi²¹³ a³³？②只项/者零细（地）□［te²¹³⁻⁵⁵］有侬爱啊？tsi⁵² haŋ²⁵⁻³³/tsia⁵² naŋ⁵⁵⁻²² sei²¹³（ti²¹⁻³³）te²¹³⁻⁵⁵ u²⁵⁻³³ naŋ⁵⁵⁻²² ãi²¹³ a³³？③只项/者零细（知）做呢有侬爱啊？tsi⁵² haŋ²⁵⁻³³/tsia⁵² naŋ⁵⁵⁻²² sei²¹³（tsai⁴⁴⁻³³）tsɔ²¹³⁻⁵⁵ ni⁵⁵⁻²² u²⁵⁻³³ naŋ⁵⁵⁻²² ãi²¹³ a³³？

遂溪　□［ioŋ⁵⁵］物做做/底迹/底乃有侬讨哪？ioŋ⁵⁵ mi³³ tso⁵⁵ tso⁵⁵/ti⁴¹⁻²⁴ tsia⁵⁵/ti⁴¹⁻²⁴ nai⁵⁵⁻³³ u⁵⁵⁻³³ naŋ²² tho⁴¹ na²¹？

雷州　□［zia⁵⁵³］个物做（做）/底迹有侬爱（呢）？zia⁵⁵³ kai²²⁻³³ mi³³⁻⁴² tso⁵⁵³（tso⁵⁵³）/ti²⁴ tsia⁵⁵³ u³³ naŋ²² ai²¹（ne³³）？

文昌　□［dʑia²¹⁻⁵⁵］个物□［ɖe²¹］卜有侬□［ioʔ⁵³］？dʑia²¹⁻⁵⁵ kai²²⁻¹¹ miʔ⁵³ ɖe²¹ ɓeʔ⁵ u⁴² naŋ²²⁻¹¹ ioʔ⁵³？

三亚　即种物底处/怎着（项）有依要？iʔ⁴⁵ tsiaŋ³¹ miʔ⁴² ɖi³³ ɖe²⁴/ɖan²² ɖioʔ³³（ho³³）u⁴² naŋ²² ioʔ⁴⁵？

(21) 学生斗老师，这算什么？

泉州　学生斗先生，<即样>个（卜）算甚乜？hak²⁴⁻²² sŋ̍³³ tio⁴¹⁻⁵⁵ sian³³ sī³³，<tsiɔŋ⁵⁵⁻²⁴> o⁵⁵（bɤʔ⁵⁵）sŋ̍⁴¹⁻⁵⁵ siã²⁴ mī ʔ⁵⁵？

厦门　学生斗老师，<即落>/即落算甚乜？hak⁵⁻²¹ siŋ⁴⁴ tɔ²¹⁻⁵³ lau²²⁻²¹ su⁴⁴，<tsio⁻⁵³>/tsit³²⁻⁵ lo⁻²² sŋ̍²¹⁻⁵³ siã⁵³⁻⁴⁴ mī ʔ⁵？

台中　学生□[tsŋ⁵³] 老师，<即个>算甚乜？hak³⁻² siŋ⁴⁴ tsŋ²¹⁻⁵³ lau²²⁻²¹ suɯ⁴⁴，<tse⁴⁴> sŋ²¹⁻⁵³ siã⁵³⁻⁴⁴ mĩ ʔ³？

漳州　学生仔斗先生，<即个>/即落算甚乜仔？hak¹²¹⁻²¹ siŋ³⁴ a⁵² tɔ²¹⁻⁵² sin³⁴⁻²² sẽ³⁴，<tsia³⁴>/tsit³²⁻⁵ lo²²⁻²¹ suĩ²¹⁻⁵² sin²¹⁻⁵² mi¹²¹⁻³² a⁵²？

汕头　学生斗老师，□[tsia⁵²⁻²⁴]（起）个叫做乜个？hak⁵⁻² seŋ³³ tou²¹³⁻⁵⁵ lau⁵²⁻²⁴ suɯ³³，tsia⁵²⁻²⁴（khi⁵²⁻²⁴）kai⁵⁵ kio²¹³⁻⁵⁵ tso²¹³⁻⁵⁵ mī ʔ²⁻⁵ kai⁵⁵？

揭阳　学生斗老师，□[tsia⁴²⁻²⁴] 个叫做乜个？hak⁵⁻² seŋ³³ tou²¹³⁻⁴² lau⁴²⁻²⁴ suɯ³³，tsia⁴²⁻²⁴ kai⁵⁵ kio²¹³⁻⁴² tso²¹³⁻⁴² mẽ ʔ²⁻⁵ kai⁵⁵？

海丰　学生斗老师，□[tsia⁵²] 算乜个？hak⁴⁻³ seŋ⁴⁴⁻³³ tɔu²¹³⁻⁵⁵ lau²⁵ su⁴⁴，tsia⁵² sũi²¹³⁻⁵⁵ mĩ⁵⁵ kai⁵⁵⁽⁻²⁵⁾？

遂溪　学生拍老师，□[ia⁵⁵] 算乜物？o⁵⁵ se²⁴ pha⁵⁵ lau⁴¹ su²⁴，ia⁵⁵ sui²¹⁴ mi⁵⁵ mi³³？

雷州　学生斗老师，做能□[zia⁵⁵³] 样做呢？o³³⁻⁴² se²⁴ teu²¹ lau³³⁻⁴² su²⁴，tso⁵⁵³ neŋ²² zia⁵⁵³ io²¹ tso⁵⁵³ ne³³？

文昌　学生整老师，□[ʤia²¹] 个算是/做乜？o⁴²⁻¹¹ te³⁴ teŋ³¹⁻³³ lau⁴²⁻¹¹ ʃe³⁴，ʤia²¹ kai²² tui²¹ ti⁴²⁻¹¹/to⁵³ miʔ⁵³？

三亚　学生拍老师，种样算乜物？oʔ³³ te³³ phaʔ⁴⁵ lau³¹ tshi³³，taŋ²⁴ io³³ tuaŋ²⁴⁻²² miʔ⁴⁵ mi⁴²？

(22) 到处是这种东西。

泉州　遘所在/遘择/遘搭/逐择/逐搭/（满）世界（都）是即种/<即样>个物件。kau⁴¹⁻⁵⁵ sɔ⁵⁵⁻²⁴ tsai²²/kau⁴¹⁻⁵⁵ tia⁵⁵/kau⁴¹⁻⁵⁵ taʔ⁵⁵/tak²⁴⁻²² tiaʔ⁵⁵/tak²⁴⁻²² taʔ⁵⁵/（muã⁵⁵⁻²⁴）si⁴¹⁻⁵⁵ kue⁴¹（tɔ³³）si²² tsit⁵⁵ tsiɔŋ⁵⁵⁻²⁴/<tsiɔŋ⁵⁵⁻²⁴> o⁵⁵ mɯ̃ʔ²⁴⁻²² kiã²²。

厦门　逐位/满世界拢是即种/即款/<即个>/即落物件。tak⁵⁻²¹ ui²²/muã⁵³⁻⁴⁴ si²¹⁻⁵³ kue²¹ lɔŋ⁵³⁻⁴⁴ si²²⁻²¹ tsit³²⁻⁵³ tsiɔŋ⁵³⁻⁴⁴/tsit³²⁻⁵ khuan⁵³⁻⁴⁴/<tsio⁻⁵³>/tsit³²⁻⁵ lo⁻²² miʔ⁵⁻²¹ kiã²²。

台中　□[kaʔ²⁻⁵] □[tɔ²²] 拢有即种/<即个>物件。kaʔ²⁻⁵ tɔ²²

lɔŋ$^{53-44}$ u$^{22-21}$ tsit$^{2-5}$ tsiɔŋ$^{53-44}$/＜tse^{-53}＞ mĩʔ$^{3-2}$ kiã^{24}.

漳州 遘处拢是即种/＜即个＞物件。kau$^{21-52}$ tshu^{21} lɔŋ$^{52-34}$ si$^{22-21}$ tsit$^{32-5}$ tsiŋ$^{52-34}$/＜tsia^{-52}＞ miʔ$^{121-21}$ kiã^{22}.

汕头 满地块是者个。mua$^{52-24}$ ti^{31} ko$^{213-55}$ si$^{25-31}$ tsia$^{52-24}$ kai^{55}.

揭阳 满地块是者个。mua$^{42-24}$ ti$^{22-21}$ ko$^{213-42}$ si$^{22-21}$ tsia$^{42-35}$ kai^{55}.

海丰 遘/咸地块左是只项/者零细。kau$^{213-55}$/ham$^{55-22}$ ti$^{21-33}$ te^{213} tsɔ^{52} si$^{25-21}$ tsi^{52} haŋ$^{25-21}$/tsia^{52} naŋ$^{55-22}$ sei^{213}.

遂溪 遘迹都是□［ioŋ^{55}］物/若物。kau^{214} tsia^{55} teu^{24} si^{55} ioŋ^{55} mi^{33}/io^{55} mi^{33}.

雷州 遘迹都是□［zia^{553}］个/种物。kau^{21} tsia^{553} teu$^{24-33}$ si^{33} zia^{553} kai$^{22-33}$/tsiaŋ^{42} mi^{33}.

文昌 遘处都是□［ʥia^{21}］个/样物。kau$^{21-55}$ ɗe^{21} ɗou$^{34-42}$ ti$^{42-11}$ ʥia^{21} kai$^{22-11}$/io^{53} mi^{53}.

三亚 底□［ɗio^{33}］老是即种物。ɗi^{33} ɗio^{33} lou^{31} ti^{42} iʔ^{45} tsiaŋ^{31} mi^{42}.

各地所见形式归纳如下，专用于指别的加下划单线"＿"，专用于称代的加下划双线"＝"，既可用于指别又可用于称代的不加线。

	泉州	厦门
近指	即项 tsit$_˒$ ᶜhaŋ	即款 tsit$_˒$ ᶜkhuan
	即款 tsit$_˒$ ᶜkhuan	＜即落＞tsio^{-53}
	即个 tsit$_˒$ ˳e	即落 tsit$_˒$ lo^{-22}
	＜即样＞个 tsiɔŋ$_˒$ ˳e	
远指	迄款 hit$_˒$ ᶜhaŋ	迄款 hit$_˒$ ᶜkhuan
	迄项 hit$_˒$ ᶜkhuan	＜迄落＞hio^{-53}
	＜迄样＞个 hiɔŋ$_˒$ ˳e	迄落 hit$_˒$ lo^{-22}

	汕头	揭阳
近指	者（起）ᶜtsia（ᶜkhi）	者（起）ᶜtsia（ᶜkhi）
	者（起）个 ᶜtsia（ᶜkhi）˳kai	者个 ᶜtsia ˳kai
远指	□（起）ᶜhia（ᶜkhi）	□ ᶜhia
	□（起）个ᶜhia（ᶜkhi）˳kai	□个ᶜhia ˳kai

	雷州	遂溪
近指	□个 zia² ˳kai	□ ᶜioŋ

		□zia²		□⸜ia
				□⸜io
远指		许个 ha²⸜kai		许⸜ha
		□hia²		□⸜ho

		文昌		三亚
近指		□个 dʑia²⸜kai		□个 iʔ²⸜kai
远指		许个 ɦioʔ²⸜kai		□个 aʔ²⸜kai

（三）指代范围外的人或事物的代词

此类代词指代的某一（某些）人或事物之外的人或事物，意义上还可以细分为指个体与指类，用法上也有指别与称代的不同。以下分述之。

1. 指别个体的

用于指别时，语法上一般用于"（蜀）量"之前。

（23）这把螺丝刀不好用，有没有别的？

泉州 ①即支螺丝刀无好用/野否用，有无别物？tsit⁵⁵ ki³³ lo²⁴⁻²² si³³ to³³ bo²⁴⁻²² ho⁵⁵⁻²⁴ iŋ⁴¹/ia⁵⁵⁻²⁴ phai⁵⁵⁻²⁴ iŋ⁴¹，u²² bo²⁴⁻²² pat²⁴⁻²² mĩ⁵⁵？②即支螺丝刀无好用/野否用，有别支无？tsit⁵⁵ ki³³ lo²⁴⁻²² si³³ to³³ bo²⁴⁻²² ho⁵⁵⁻²⁴ iŋ⁴¹/ia⁵⁵⁻²⁴ phai⁵⁵⁻²⁴ iŋ⁴¹，u²² pat²⁴⁻²² ki³³ bo²⁴⁻²¹？

厦门 即丛螺丝搅无好用，各有别丛无？tsit³²⁻⁵ tsaŋ²⁴⁻²² lo²⁴⁻²²⁻²⁴ si⁴⁴⁻²² ka⁵³ bo²⁴⁻²² ho⁵³⁻⁴⁴ iŋ²²，koʔ³²⁻⁵ u²²⁻²¹ pat⁵⁻²¹ tsaŋ²⁴ bo²⁴⁻²¹？

台中 即支螺丝搅无好用，敢无别支？tsit²⁻⁵ ki⁴⁴⁻²² lo²⁴⁻²² si⁴⁴⁻²² ka⁵³⁻⁴⁴ bo²⁴⁻²² ho⁵³⁻⁴⁴ iɔŋ²²，kam⁵³⁻⁴⁴ bo²⁴⁻²² pat³⁻² ki⁴⁴？

漳州 即支螺丝批无好用，夭有别支啊无？tsit³²⁻⁵ ki³⁴⁻²² lɔ¹³⁻²² si³⁴⁻²² pai¹³⁻²² bo¹³⁻²² ho⁵²⁻³⁴ iɔŋ²²，iau⁵²⁻³⁴ u²²⁻²¹ pat¹²¹⁻²¹ ki³⁴ a²²⁻²¹ bo¹³？

汕头 只支螺丝批孬用，有别支无？tsi⁵²⁻²⁴ ki³³ lo⁵⁵⁻³¹ si³³ poi³³ mo⁵²⁻²⁴ eŋ³¹，u²⁵⁻²¹ pak⁵⁻² ki³³ bo⁵⁵⁻³¹？

揭阳 只支螺丝批孬用，有别支无？tsi⁴²⁻²⁴ ki³³ lo⁵⁵⁻²² si³³ phoi³³ mo⁴²⁻²⁴ eŋ²²，u³⁵⁻²¹ pak²⁻³ ki³³ bo⁵⁵⁻²¹？

海丰 只支螺丝批唔好/孬用，有别支无？tsi⁵² ki⁴⁴⁻³³ le⁵⁵⁻²² si⁴⁴⁻³³ pei⁴⁴ m²⁵⁻³³ hɔ⁵²/mɔ⁵²⁻²¹³ iɔŋ²⁵，u²⁵⁻³³ pak⁴⁻³ ki⁴⁴ bɔ⁵⁵？

遂溪 若把螺丝笔无用得，有无有□［ko⁵⁵］把？ia⁵⁵ pe⁴¹ lo²² su²⁴⁻³³ piet⁵⁴ vo²² ioŋ⁵⁵ tiet⁵⁴，u⁵⁵ bo²² u⁵⁵ ko⁵⁵ pe⁴¹？

雷州　□［zia⁵⁵³⁻³³］把螺丝笔/批无用得，有无（有）□［ko³³⁻⁴²］把？zia⁵⁵³⁻³³ pe⁴² lo²² su²⁴⁻³³ piek⁵/phoi²⁴ bo²²⁻³³ zioŋ³³ tiek⁵，u³³⁻⁴² bo²²⁻³³（u³³⁻⁴²）ko³³⁻⁴² pe⁴²？

文昌　□［ʥia²¹⁻⁵⁵］把需故度无使得，有另蜀把无？ʥia²¹⁻⁵⁵ ɓe³¹⁻³³ ʃi³¹⁻³³ ku³¹⁻³³ ɖu⁴² bo²²⁻¹¹ tai³⁴⁻⁴² ɖiet⁵，u⁴² neŋ⁵³ ʥiak³⁻²¹ ɓe³¹ bo²²？

三亚　即把螺丝刀无好用，有无有别把？iʔ⁴⁵ ɓe³¹ lo²² si³³ ɖo³³ vo²² ho³¹ zioŋ⁴²，u⁴² vo²² u⁴² ɓaiʔ⁴² ɓe³¹？

2. 指别类

此类代词出现的句法环境和上一类相同，但是意义上是指示人或事物的一个类而非个体。

（24）螺丝刀不行，有别的工具没有？

泉州　螺丝刀□［bue²²］持哩/□［bue²²］用哩，有别□［mĩʔ⁵⁵］个/别项/别款/别种物件无？lo²⁴⁻²² si³³ to³³ bue²² ti²⁴ li⁴¹/bue²² iŋ⁴¹ li²¹，u²² pat²⁴⁻²² mĩʔ⁵⁵ e²⁴⁻²²/pat²⁴⁻²² haŋ²²/pat²⁴⁻²² khuan⁵⁵⁻²⁴/pat²⁴⁻²² tsioŋ⁵⁵⁻²⁴ mũ²⁴⁻²² kiã⁴¹⁻²² bo²⁴⁻²¹？

厦门　螺丝搅□［bue²²⁻²¹］用呃，有别款/别种工具无？lo²⁴⁻²²⁻²⁴ si⁴⁴⁻²² ka⁵³ bue²²⁻²¹ iŋ²¹ e²¹，u²¹⁻²¹ pat⁵⁻²¹ khuan⁵³⁻⁴⁴/pat⁵⁻²¹ tsioŋ⁵³⁻⁴⁴ kaŋ⁴⁴⁻²¹ ku²² bo²⁴⁻²¹？

台中　螺丝搅□［be²²⁻²¹］用哩，别个家俬敢无？lo²²⁻²¹ si⁴⁴⁻²² ka⁵³⁻⁴⁴ be²²⁻²¹ ioŋ²⁴ li²¹，pat³⁻² e²⁴⁻²² ke⁴⁴⁻²² si⁴⁴ kam⁵³⁻⁴⁴ bo²⁴？

漳州　螺丝批□［be²²⁻²¹］用个，夭有别□［miʔ³²⁻¹²¹］仔/种工具阿无？lɔ¹³⁻²² si³⁴⁻²² pai³⁴ be²²⁻²¹ ioŋ²² e²²，a⁵²⁻³⁴ u²²⁻²¹ pat¹²¹⁻²¹ miʔ³²⁻¹²¹ a³²/tsiŋ⁵²⁻³⁴ kaŋ³⁴⁻²² ki²² a²²⁻²¹ bo¹³？

汕头　螺丝批无用，□［khaʔ²⁻⁵］有别□［mĩʔ²⁻⁵］家伙？lo⁵⁵⁻³¹ si³³ poi³³ bo⁵⁵⁻³¹ eŋ³¹，khaʔ²⁻⁵ u²⁵⁻³¹ pak⁵⁻² mĩʔ²⁻⁵ ke³³ hue⁵²？

揭阳　螺丝批无用，有别□［mẽʔ²⁻³］家伙无？lo⁵⁵⁻²² si³³ phoi³³ bo⁵⁵⁻²² eŋ²²，u³⁵⁻²¹ pak²⁻³ mẽʔ²⁻³ ke³³ hue⁵² bo⁵⁵⁻²²？

海丰　螺丝批□［bei²⁵］得，有别项零细无？le⁵⁵⁻²² si⁴⁴⁻³³ pei⁴⁴ bei²⁵ tit³，u²⁵⁻³³ pak⁴⁻³ haŋ²⁵⁻³³ naŋ⁵⁵⁻²² sei²¹³ bɔ⁵⁵？

遂溪　螺丝笔无用得，有无有□［ko⁵⁵］样傢俬啊？lo²² su²⁴⁻³³ piet⁵⁴ vo²² ioŋ⁵⁵ tiet⁵⁴，u⁵⁵ bo²² u⁵⁵ ko⁵⁵ io²⁴ ke²⁴⁻³³ se²⁴ a²¹？

雷州　①（阿）螺丝笔无用得，有无有□［ko³³⁻⁴²］个傢俬（啊）？（a⁵⁵）lo²² su²⁴⁻³³ piek⁵ bo²²⁻³³ zioŋ³³ tiek⁵，u³³⁻⁴² bo²²⁻³³ u³³⁻⁴² ko³³⁻⁴² e²²⁻³³ ke²⁴⁻³³ sai²⁴（a³³）？②（阿）螺丝笔无用得，有□［ko³³⁻⁴²］个傢俬无（啊）？（a⁵⁵） lo²²⁻²⁴ su²⁴⁻³³ piek⁵ bo²²⁻³³ ziɔŋ³³ tiek⁵，u³³⁻⁴² ko³³⁻⁴² kai²²⁻³³ ke²⁴⁻³³ sai²⁴ bo²² （a³³）？

文昌 需故度无作得，有<u>别个</u>工具鲁无？ʃi³¹⁻³³ ku²¹⁻⁵⁵ ɗu⁴² bo²²⁻¹¹ to？⁵³ ɗiet⁵，u⁴²⁻¹¹ ɓat³⁻²¹ kai²²⁻¹¹ kaŋ³⁴⁻⁴² ki⁴² lu²¹ bo²²？

三亚 螺丝刀无作得，有<u>别个</u>工具无？lo²² ti³³ ɗo³³ vo²² to？⁴⁵ ɗi？⁴⁵，u⁴²⁻⁴⁴ ɓai？⁴² kai²² kaŋ³³ ki⁴² vo²²？

3. 称代类别

此类代词意义上和上一类相同，但是语法上一般单独作主宾语。

（25）螺丝刀不行，有别的没有？

泉州 螺丝刀□［bue²²］持哩/□［bue²²］用哩，有别□［mĩʔ⁵⁵］/<u>别项</u>/<u>别款</u>/别种无？lo²⁴⁻²² si³³ to³³ bue²² ti²⁴ li⁴¹/bue²² iŋ⁴¹ li²¹，u²² pat²⁴⁻²² mĩʔ⁵⁵/pat²⁴⁻²² haŋ²²/pat²⁴⁻²² khuan⁵⁵/pat²⁴⁻²² tsiɔŋ⁵⁵ bo²⁴⁻²¹？

厦门 ①螺丝搅□［bue²²⁻²¹］用呃，有<u>别项个</u>无？lo²⁴⁻²²⁻²⁴ si⁴⁴⁻²² ka⁵³ bue²²⁻²¹ iŋ²² e²¹，u²²⁻²¹ pat⁵⁻²¹ haŋ²² e²⁴⁻²¹ bo²⁴⁻²²？②螺丝搅□［bue²²⁻²¹］用呃，有<u>别项</u>无？lo²⁴⁻²²⁻²⁴ si⁴⁴⁻²² ka⁵³ bue²²⁻²¹ iŋ²² e²¹，u²²⁻²¹ pat⁵⁻²¹ haŋ²² bo²⁴⁻²²？

台中 螺丝搅□［be²²⁻²¹］用哩，<u>别个</u>敢无？lo²²⁻²¹ si⁴⁴⁻²² ka⁵³⁻⁴⁴ be²²⁻²¹ iɔŋ²⁴ li²¹，pat³⁻² e²⁴ kam⁵³⁻⁴⁴ bo²⁴？

漳州 螺丝批□［be²²⁻²¹］用个，夭有<u>别</u>□［miʔ³²⁻¹²¹］仔无？lɔ¹³⁻²² si³⁴⁻²² pai³⁴ be²²⁻²¹ iɔŋ²² e²²，a⁵²⁻³⁴ u²²⁻²¹ pat¹²¹⁻²¹ miʔ³²⁻¹²¹ a⁵²⁻²¹ bo¹³？

汕头 螺丝批无用，□［khaʔ²⁻⁵］有<u>别</u>□［mĩʔ²⁻⁵］<u>个</u>？lo⁵⁵⁻³¹ si³³ poi³³ bo⁵⁵⁻³¹ eŋ³¹，khaʔ²⁻⁵ u²⁵⁻³¹ pak⁵⁻² mĩʔ²⁻⁵ kai⁵⁵？

揭阳 螺丝批无用，有<u>别</u>□［mẽʔ²⁻⁵］<u>个</u>无？lo⁵⁵⁻²² si³³ phoi³³ bo⁵⁵⁻²² eŋ²²，u³⁵⁻²¹ pak²⁻³ mẽʔ²⁻⁵ kai⁵⁵ bo⁵⁵⁻²¹？

海丰 螺丝批□［bei²⁵］得，有<u>别项</u>无？le⁵⁵⁻²² si⁴⁴⁻³³ pei⁴⁴ bei²⁵ tit³，u²⁵⁻³³ pak⁴⁻³ haŋ²⁵ bɔ⁵⁵？

遂溪 螺丝笔无用得，有无有□［ko⁵⁵］样啊？lo²² su²⁴⁻³³ piet⁵⁴ vo²² iɔŋ⁵⁵ tiet⁵⁴，u⁵⁵ bo²² u⁵⁵ ko⁵⁵ io²⁴ a²¹？

雷州 ①（阿）螺丝笔无用得，有无有□［ko³³⁻⁴²］<u>个</u>（啊）？（a⁵⁵）lo²² su²⁴⁻³³ piek⁵ bo²²⁻³³ ziɔŋ³³ tiek⁵，u³³⁻⁴² bo²²⁻³³ u³³⁻⁴² ko³³⁻⁴² kai²²（a³³）？②（阿）螺丝笔无用得，有□［ko³³⁻⁴²］<u>个</u>无（啊）？（a⁵⁵）lo²² su²⁴⁻³³ piek⁵ bo²²⁻³³ ziɔŋ³³ tiek⁵，u³³⁻⁴² ko³³⁻⁴² kai²² bo²²（a³³）？

文昌 需故度无作得，有<u>别个</u>物鲁无？ʃi³¹⁻³³ ku²¹⁻⁵⁵ ɗu⁴² bo²²⁻¹¹ to？⁵³ ɗiet⁵，u⁴²⁻¹¹ ɓat³⁻²¹ kai²²⁻¹¹ miʔ⁵³ lu²¹ bo²²？

三亚 螺丝刀无可以/作得，有<u>别个</u>无？lo²² ti³³ ɗo³³ vo²² kho³¹ zi²²/to？⁴⁵ ɗi？⁴⁵，u⁴²⁻⁴⁴ ɓai？⁴² kai²² vo²²？

(26) 狗肉不敢吃就吃别的。

泉州 狗肉唔敢食就食别物/别项/别款/别种。kau$^{55-24}$ hiak^{24} m̩$^{41-22}$ kã$^{55-24}$ tsiaʔ^{24} tsiu$^{41-22}$ tsiaʔ$^{24-22}$ pat$^{24-22}$ mĩʔ^{55}/pat$^{24-22}$ haŋ^{22}/pat$^{24-22}$ khuan^{55}/pat$^{24-22}$ tsiɔŋ^{55}.

厦门 狗肉唔敢食着食别项。kau$^{53-44}$ baʔ^{32} m̩$^{22-21}$ kã$^{53-44}$ tsiaʔ^5 tioʔ$^{5-21}$ tsiaʔ$^{5-21}$ pat$^{5-21}$ haŋ^{22}.

台中 狗肉唔敢食着食别个。kau$^{53-44}$ baʔ^3 m̩$^{22-21}$ kã$^{53-44}$ tsiaʔ^3 tioʔ$^{3-2}$ tsiaʔ$^{3-2}$ pat$^{3-2}$ e^{24}.

漳州 狗肉唔敢食,食别乜仔。kau$^{52-34}$ baʔ$^{121-32}$ m̩$^{22-21}$ kã$^{52-34}$ tsiaʔ^{121}, tsiaʔ$^{121-21}$ pat$^{121-21}$ miʔ$^{32-121}$ a$^{52-21}$.

汕头 狗肉唔敢食哩食别个。kau$^{52-24}$ nek^5 m̩$^{25-31}$ kã$^{52-24}$ tsiaʔ^5 li^{33} tsiaʔ$^{5-2}$ pak$^{5-2}$ kai^{55}.

揭阳 狗肉唔敢食□[le^{33}]食别□[meʔ$^{2-5}$]个/别物。kau$^{42-35}$ nek^5 m̩$^{35-21}$ kã$^{42-35}$ tsiaʔ^5 le^{33} tsiaʔ$^{5-2}$ pak$^{2-3}$ meʔ$^{2-5}$ kai^{55}/pak$^{2-3}$ mueʔ^5.

海丰 狗肉唔敢食就食别项。kau$^{52-213}$ niɔk^5 m̩$^{25-33}$ kã$^{52-213}$ tsiaʔ^4 tsu$^{25-33}$ tsiaʔ$^{4-3}$ pak$^{4-3}$ haŋ^{25}.

遂溪 狗肉无敢食就食□[ko^{55}]样。kau^{41} hiep^{54} vo^{22} ka^{41} tsia^{33} tsiu^{55} tsia^{33} ko^{55} io^{24}.

雷州 狗肉无敢食就食□[ko$^{33-42}$]个。kau$^{42-44}$ hip^2 bo$^{22-33}$ ka^{42} tsia$^{33-42}$ tsiu^{33} tsia$^{33-42}$ ko$^{33-42}$ kai^{22}.

文昌 狗肉无敢食,味食别个是。kau$^{31-33}$ iok^3 bo$^{22-11}$ ka$^{31-33}$ tɕia^{42}, ɓi$^{31-33}$ tɕia^{42} bat^3 kai^{22} ti$^{42-21}$.

三亚 狗肉无肯/敢喫就喫别个。kau^{31} hiaʔ^{42} vo^{22} khen^{31}/ka^{31} khai^{31} tsiu^{42} khai^{31} ɓaiʔ^{42} kai^{22}.

以上各类代词的形式归纳如下,专用于指别的加下划单线"＿",专用于称代的加下划双线"＿",既可用于指别又可用于称代的不加线。

	泉州	厦门	台中	漳州
个体	别 pat$_₂$	别 pat$_₂$	别 pat$_₂$	别 pat$_₂$
类	别项 pat$_₂$ haŋ^2	别项 pat$_₂$ haŋ^2	别个 pat$_₂$ ₋e	别□仔 pat$_₂$ miʔ$_₂$ ₋a
	别款 pat$_₂$ ₋khuan	别项(个) pat$_₂$		
	别□个 pat$_₂$ mĩʔ$_₂$ ₋kai	haŋ^2 (₋e)		

	汕头	揭阳	海丰
个体	别 pak₂	别 pak₂	别 pak₂
类	别□pak₂mĩʔ₂	别□pak₂ meʔ₂	别项 paʔ₂ ʿhaŋ
	别（□）个 pak₂ (mĩʔ₂) ˍkai	别□个 pak₂ meʔ₂ ˍkai	
		别物 pak₂ mueʔ₂	

	雷州	遂溪	文昌	三亚
个体	□ ʿko	□ ʿko	别个 ɓat₂ ˍkai	别个 ɓat₂ ˍkai
类	□个 ʿko ˍkai	□样 ʿko ˍio	别个 ɓat₂ ˍkai	别个 ɓaiʔ₂ ˍkai

可以看出，大部分地方都用一个和普通话相同的指别语素"别"，但是雷州片用"□ʿko"。"□ʿko"就是其他闽南方言中的"□koʔ₂"，是"不同""有异"的意思，如说"□ʿko样（不一样、异样）"，在雷州片引申为指别范围外事物有其语义上的理据。潮汕话的指类代词在形式上有指别与称代之分，后者加一个语素"个"或"物"，"个"义同普通话"的"，语义上可自指一类事物，"物"是"东西"的意思，"别（□[mĩʔ₂]）个"或"别物"原来就是"别的什么东西""别的东西"的意思，凝固为词而专用以称代范围外的事物的类别，也有其语义上的理据。

（四）指代整体中的一部分人或事物的代词

指代人或事物整体中的一部分，普通话用"有的"或"有些"，闽南方言多数地方所用的形式与普通话类似。但是粤东片和海南的三亚用词素"零"是比较特殊的。

（27）这些衣服，有的是买的，有的是人家送的。

泉州 ①□［tsuai$^{55-24}$］个衫裤，<u>有个</u>是买个，<u>有个</u>是侬送个。tsuai$^{55-24}$ e$^{24-22}$ sã^{33} khɔ^{41}, u^{22} e$^{24-22}$ si^{22} bue^{55} e^{21}, u^{22} e$^{24-22}$ si^{22} laŋ$^{24-22}$ saŋ^{41} e^{21}. ②□［tsuai$^{55-24}$］个衫裤，有几领是买个，有几领是侬送个。tsuai$^{55-24}$ e$^{24-22}$ sã^{33} khɔ^{41}, u^{22} kui$^{55-24}$ niã^{55} si^{22} bue^{55} e^{21}, u^{22} kui$^{55-24}$ niã^{55} si^{22} laŋ$^{24-22}$ saŋ^{41} e^{21}.

厦门 ①□［tsia^{24}］衫<u>有个</u>/<u>有寡</u>是侬送个，<u>有个</u>/<u>有寡</u>是买个。tsia^{24} sã^{44} u^{22} e$^{24-21}$/u$^{22-21}$ kua$^{53-44}$ si$^{22-21}$ laŋ$^{24-22}$ saŋ^{21} e$^{24-21}$, u$^{22-21}$ e$^{24-21}$/u$^{22-21}$ kua$^{53-44}$ si$^{22-21}$ bue^{53} e$^{24-21}$. ②□［tsia^{24}］衫蜀寡是侬送个，蜀寡是买个。tsia^{24} sã^{44} tsit$^{5-21}$ kua$^{53-44}$ si$^{22-21}$ laŋ$^{24-22}$ saŋ^{21} e$^{24-21}$, tsit$^{5-21}$ kua$^{53-44}$ si$^{22-21}$ bue^{53} e$^{24-21}$. ③□［tsia^{24}］衫有几领是侬送个，有几领是买个。tsia^{24} sã^{44} u$^{22-21}$ kui$^{53-44}$

niã⁵³⁻⁴⁴ si²²⁻²¹ laŋ²⁴⁻²² saŋ²¹ e²⁴⁻²¹，u²²⁻²¹ kui⁵³⁻⁴⁴ niã⁵³⁻⁴⁴ si²²⁻²¹ bue⁵³ e²⁴⁻²¹。④□［tsia²⁴］衫有领团是侬送个，有领团是买个。tsia²⁴ sã⁴⁴ u²²⁻²¹ niã⁵³⁻⁴⁴ a⁵³⁻⁴⁴ si²²⁻²¹ laŋ²⁴⁻²² saŋ²¹ e²⁴⁻²¹，u²²⁻²¹ niã⁵³⁻⁴⁴ a⁵³⁻⁴⁴ si²²⁻²¹ bue⁵³ e²⁴⁻²¹。⑤□［tsia²⁴］衫有领是侬送个，有领是买个。tsia²⁴ sã⁴⁴ u²²⁻²¹ niã⁵³⁻⁴⁴ si²²⁻²¹ laŋ²⁴⁻²² saŋ²¹ e²⁴⁻²¹，u²²⁻²¹ niã⁵³⁻⁴⁴ si²²⁻²¹ bue⁵³ e²⁴⁻²¹。

台中 □［tsia⁵³⁻⁴⁴］个衫裤，<u>有个</u>是买个，<u>有个</u>是侬送个。tsia⁵³⁻⁴⁴ e²⁴⁻²² sã⁴⁴ khɔ²²，u²²⁻²¹ e²⁴⁻²² si²²⁻²¹ be⁵³ e²⁴⁻²¹，u²²⁻²¹ e²⁴⁻²² si²²⁻²¹ laŋ²⁴⁻²² saŋ²¹ e²⁴⁻²¹.

漳州 □［tsiaʔ³²⁻⁵²］个衫仔，<u>有个</u>是买个，<u>有个</u>是侬送个。tsiaʔ³²⁻⁵² e¹³⁻²² sã³⁴ a⁵²，u²²⁻²¹ e²² si²²⁻²¹ be⁵² e¹³，u²²⁻²¹ e²² si²²⁻²¹ laŋ¹³⁻²² saŋ²¹⁻⁵² e¹³.

汕头 ①只撮衫，<u>零件</u>是买个，<u>零件</u>是侬送个。tsi⁵²⁻²⁴ tshoʔ²⁻⁵ sã³³，laŋ⁵⁵⁻³¹ kiã²⁵⁻³¹ si²⁵⁻³¹ boi⁵² kai⁵⁵⁻³¹，laŋ⁵⁵⁻³¹ kiã²⁵⁻³¹ si²⁵⁻³¹ naŋ⁵⁵⁻³¹ saŋ²¹³ kai⁵⁵⁻³¹. ②只撮衫，<u>零□［lo⁵²⁻²⁴］</u>是买个，<u>零□［lo⁵²⁻²⁴］</u>是侬送个。tsi⁵²⁻²⁴ tshoʔ²⁻⁵ sã³³，laŋ⁵⁵⁻³¹ lo⁵²⁻²⁴ si²⁵⁻³¹ boi⁵² kai⁵⁵⁻³¹，laŋ⁵⁵⁻³¹ lo⁵²⁻²⁴ si²⁵⁻³¹ naŋ⁵⁵⁻³¹ saŋ²¹³ kai⁵⁵⁻³¹.

揭阳 ①只撮衫，<u>零件</u>个买个，<u>零件</u>个侬送个。tsi⁴²⁻²⁴ tshoʔ²⁻³ sã³³，laŋ⁵⁵⁻²² kiã³⁵⁻²¹ kai⁵⁵ boi⁴² kai⁵⁵⁻²²，laŋ⁵⁵⁻²² kiã³⁵⁻²¹ kai⁵⁵ naŋ⁵⁵⁻²² saŋ²¹³ kai⁵⁵⁻²². ②只撮衫，<u>零□［lo⁴²⁻²⁴］</u>个买个，<u>零□［lo⁴²⁻²⁴］</u>个侬送个。tsi⁴²⁻²⁴ tshoʔ²⁻³ sã³³，laŋ⁵⁵⁻²² lo⁴²⁻²⁴ kai⁵⁵ boi⁴² kai⁵⁵⁻²²，laŋ⁵⁵⁻²² lo⁴²⁻²⁴ kai⁵⁵ naŋ⁵⁵⁻²² saŋ²¹³ kai⁵⁵⁻²².

海丰 只乃仔衫裤，<u>有成</u>是只个，<u>有成</u>是侬送个。tsi⁵² nai⁵⁵ ã⁵²⁻²¹³ sã⁴⁴⁻³³ khou²¹³，u²⁵⁻³³ tsiã⁵⁵⁻²² si²⁵⁻³³ be⁵² ai⁵⁵⁻²¹，u²⁵⁻³³ tsiã⁵⁵⁻²² si²⁵⁻³³ naŋ⁵⁵⁻²² saŋ²¹³ ai⁵⁵⁻²¹.

遂溪 若里物颂，<u>有乃</u>是买个，<u>有乃</u>是侬送个。ia⁵⁵ li⁴¹ mi³³ tshiaŋ²⁴，u⁵⁵ nai⁵⁵ si⁵⁵ voi⁴¹ kai²²，u⁵⁵ nai⁵⁵ si⁵⁵ naŋ²² saŋ²¹⁴ kai²².

雷州 ①□［zia⁵⁵³⁻³³］乃衫裤，<u>有宁（囝）</u>是买个，<u>有宁（囝）</u>是侬送个。zia⁵⁵³⁻³³ nai⁵⁵³ sa²⁴⁻³³ kheu²¹，u³³ niŋ⁵⁵³（kia⁴²）si³³ boi⁴² bai²²，u³³ niŋ⁵⁵³（kia⁴²）si³³ naŋ²²⁻³³ saŋ²¹ kai²². ②□［zia⁵⁵³⁻³³］乃衫裤，<u>有个</u>是买个，<u>有个</u>是侬送个。zia⁵⁵³⁻³³ nai⁵⁵³ sa²⁴⁻³³ kheu²¹，u³³ kai²²⁻³³ si³³ boi⁴² bai²²，u³³ kai²²⁻³³ si³³ naŋ²²⁻³³ saŋ²¹ kai²³.

文昌 □［ɗʑia²¹⁻⁵⁵］穧衫裤，<u>有滴</u>是买个，<u>有滴</u>是侬家分个。ɗʑia²¹⁻⁵⁵ ɗoi³⁴ ta³⁴⁻⁴² xou²¹³，u⁴²⁻¹¹ ɗi⁵³ ti⁴²⁻¹¹ boi³¹ kai²²，u⁴²⁻¹¹ ɗi⁵³ ti⁴²⁻¹¹ naŋ²²⁻¹¹ ke³⁴⁻⁴² ɓun³⁴ kai²².

三亚 即穧衫裤，<u>有个</u>/<u>有呢仔</u>/<u>有乃</u>/<u>有零个</u>是侬买个，<u>有个</u>/<u>有呢仔</u>/<u>有乃</u>/<u>有零个</u>是侬送个。iʔ⁴⁵ ɗoi³³ ta³³ khou²⁴，u⁴² kai²²/u⁴²⁻⁴⁴ niʔ⁴⁵ kio³¹/u⁴² nai²⁴/u⁴² laŋ²² kai²² tiˑ⁴² naŋ²² voi³¹ kai²²，u⁴² kai²²/u⁴²⁻⁴⁴ niʔ⁴⁵ kio³¹/u⁴² nai²⁴/u⁴² laŋ²² kai²² tiˑ⁴² naŋ²² taŋ²⁴ kai²².

(28) 有的东西没什么用处，索性扔了的好。

泉州 有个物件无甚乜路用，（就）归气/索性/干脆摃煞（去啰）。u^{22} e$^{24-22}$ mũ?$^{24-22}$ kiã$^{24-22}$ bo$^{24-22}$ siã^{24} mĩ?^{55} lɔ$^{41-22}$ iŋ^{41}，(tsiu$^{41-22}$) kui^{33} khi$^{41-55}$/sa?^{55} siŋ^{41}/kan^{33} tshui^{41} kɔŋ$^{41-55}$ sa?^{55} (khɯ^{41} lɔ^{21})。

厦门 ①有个/有寡物件无甚乜路用，归气啊各是练煞。u^{22} e$^{24-21}$/u$^{22-21}$ kua$^{53-44}$ mi?$^{5-21}$ kiã^{22} bo$^{24-22}$ sim$^{53-44}$ mi?^{5} lɔ$^{22-21}$ iŋ^{22}，kui$^{44-22}$ khi^{21} a^{44} ko?$^{32-53}$ si$^{22-21}$ lian^{22} sak^{32}。②有个/有寡物件无甚乜路用，归气练煞较好。u^{22} e$^{24-21}$/u$^{22-21}$ kua$^{53-44}$ mi?$^{5-21}$ kiã^{22} bo$^{24-22}$ sim$^{53-44}$ mi?^{5} lɔ$^{22-21}$ iŋ^{22}，kui$^{44-22}$ khi^{21} lian^{22} sak^{32} kha?$^{32-5}$ ho^{53}。

台中 □[tsia$^{53-44}$]个物件无甚乜路用，归气□[tan$^{21-53}$]掉好啊。tsia$^{53-44}$ e$^{24-22}$ mĩ?$^{3-2}$ kiã^{22} bo$^{24-22}$ siã$^{53-44}$ mĩ?^{3} lɔ$^{22-21}$ iɔŋ^{22}，kui$^{44-22}$ khi^{21} tan$^{21-53}$ tiau^{22} ho^{53} a^{21}。

漳州 有个物件□[be^{22}]用个，干脆着批啊□[kaŋ^{21}]啊。u$^{22-21}$ e$^{13-22}$ mi?$^{121-21}$ kiã^{22} be^{22} iɔŋ^{22} e$^{13-22}$，kan$^{21-52}$ tshui$^{21-52}$ lɔ?$^{121-21}$ phe$^{34-22}$ a$^{34-22}$ kaŋ^{21} a^{21}。

汕头 零撮物件/零□[lo$^{53-24}$]物件无乜用合依□[kak$^{5-2}$]掉好。laŋ$^{55-31}$ tshoʔ$^{2-5}$ mueʔ$^{5-2}$ kiã$^{25-31}$/laŋ$^{55-31}$ lo$^{52-24}$ mueʔ$^{5-2}$ kiã$^{25-31}$ bo$^{55-31}$ mĩʔ$^{2-5}$ eŋ^{31} kaʔ$^{5-2}$ naŋ^{55} kakʔ$^{5-2}$ tiau^{31} ho$^{52-213}$。

揭阳 零□[lo$^{42-24}$]物件无乜用，□[leŋ$^{55-22}$]做□[kak$^{5-2}$]掉好。laŋ$^{55-22}$ lo$^{42-24}$ mueʔ$^{5-2}$ kiã^{35} bo$^{55-22}$ mẽ?$^{2-5}$ eŋ^{22}，leŋ$^{55-22}$ tso$^{213-42}$ kak$^{5-2}$ tiau^{22} ho$^{42-213}$。

海丰 零件/有成零细无（乜个）用不如/不是（捞）□[hiak$^{3-4}$]了过。laŋ$^{55-22}$ kiã$^{25-33}$/u$^{25-33}$ tsia$^{55-22}$ naŋ^{55} sei^{25} bo$^{55-22}$ (mĩ^{55} kai$^{55-22}$) iɔŋ^{25} put$^{3-4}$ zi$^{55-22}$/put$^{3-4}$ si$^{25-33}$ (lau$^{44-33}$) hiak$^{3-4}$ liau$^{52-213}$ kue^{213}。

遂溪 有乃物无用迹，就□[tep^3]伊去好啦。u^{55} nai^{55} mi^{33} vo^{22} iɔŋ^{55} tsia^{55}，tsiu^{55} tep^3 i^{24} hu$^{214-21}$ ho^{41} la^{41}。

雷州 有个物无（有）乜物用就掠伊练去好啦。u^{33} kai$^{22-3}$ mi$^{33-42}$ bo$^{22-33}$ (u^{33}) mi^{553} mi^{33} ziɔŋ^{33} tsiu^{33} lia$^{33-42}$ i^{24} lieŋ^{553} khu^{21} ho^{42} la^{31}。

文昌 有滴物无是物，干脆□[ʃio^{53}]搁去啦。u^{42} ɗi^{53} mi?^{53} bo$^{22-11}$ ti^{42} mi?^{53}，kan^{34} ʃui^{21} ʃio^{53} kak^3 xu$^{21-55}$ la^{21}。

三亚 有乃物无有乜物用就驳落搁。u^{42} nai^{24} mi^{42} vo^{22} u$^{42-44}$ mi?^{45} mi?^{33} ziɔŋ^{42} tsiu^{42} ɓo^{31} la?^{45} ka?^{42}。

(29) 荔枝的收成不稳定，有些年好，有些年不好。

泉州 ①荔枝个收成无稳定，有个年好，有个年无好/否。lũi$^{41-22}$ tsi^{33} e$^{24-22}$ siu^{33} siŋ^{24} bo$^{24-22}$ un$^{55-24}$ tiŋ^{41}，u^{22} e$^{24-22}$ nĩ^{24} ho^{55}，u^{22} e$^{24-22}$ nĩ^{24} bo$^{24-22}$

ho^{55}/phai^{55}。②荔枝个收成无稳定，有年好，有年无好/否。lũi$^{41-22}$ tsi^{33} e$^{24-22}$ siu^{33} siŋ^{24} bo$^{24-22}$ un$^{55-24}$ tiŋ^{41}，u^{22} nĩ$^{24-22}$ ho^{55}，u^{22} nĩ$^{24-22}$ bo$^{24-22}$ ho^{55}/phai^{55}。

厦门 荔枝个收成□［bue$^{22-21}$］稳定，有年（囝）好，有年（囝）无好。lai$^{22-21}$ tsi^{44} e$^{24-22}$ siu$^{44-22}$ siã^{24} bue$^{22-21}$ un$^{53-44}$ tiŋ^{22}，u$^{22-21}$ nĩ$^{24-22}$（a$^{53-44}$）ho^{53}，u$^{22-21}$ nĩ$^{24-22}$（a$^{53-44}$）bo$^{24-22}$ ho^{53}。

台中 荔枝个收成无稳定，有时好，有时□［bai^{53}］。lai$^{24-22}$ tsi^{44} e$^{24-22}$ siu$^{44-22}$ siŋ^{24} bo$^{24-22}$ un$^{53-44}$ tiŋ^{22}，u$^{22-21}$ si^{24} ho^{53}，u$^{22-21}$ si^{24} bai^{53}。

漳州 荔枝收成□［be^{22}］稳定，<u>有个年好</u>，<u>有个年□</u>［bai^{52}］。le$^{13-22}$ tsi^{34} siu$^{34-22}$ siŋ^{13} be^{22} un$^{52-34}$ tiŋ^{22}，u$^{22-21}$ e$^{13-22}$ nĩ^{13} ho^{52}，u$^{22-21}$ e$^{13-22}$ nĩ^{13} bai^{52}。

汕头 莲果个收成唔稳定，<u>零年好</u>，<u>零年孬</u>。nai$^{55-31}$ kue^{52} kai$^{55-31}$ siu^{33} seŋ^{55} m$^{25-31}$ uŋ$^{52-24}$ tiã^{31}，laŋ$^{55-31}$ ni$^{55-31}$ ho^{52}，laŋ$^{55-31}$ ni$^{55-31}$ mo^{52}。

揭阳 莲果个收成唔稳定，<u>零年好</u>，<u>零年孬</u>。nai$^{55-22}$ kuai$^{42-53}$ kai$^{55-22}$ siu^{33} seŋ^{55} m$^{35-21}$ uŋ$^{42-24}$ tiã^{22}，laŋ$^{55-22}$ ni$^{55-22}$ ho^{42}，laŋ$^{55-22}$ ni$^{55-22}$ mo^{42}。

海丰 荔果个收成唔稳定，<u>有成（仔）年好</u>，<u>有成（仔）年孬</u>。nai$^{25-33}$ kue^{52} e$^{55-22}$ siu$^{44-33}$ seŋ^{55} m$^{25-33}$ un$^{52-213}$ teŋ^{25}，u$^{25-33}$ tsiã$^{55-22}$（ã$^{52-213}$）ni$^{55-22}$ hɔ^{52}，u$^{25-33}$ tsiã$^{55-22}$（ã$^{52-213}$）ni$^{55-22}$ mɔ^{52}。

遂溪 莲□［i^{24}］个收成无稳定，<u>有□［sak^5］年好</u>，<u>有□［sak^5］年□［khiap^5］</u>。nai^{22} i^{24} a$^{22-33}$ siu$^{24-33}$ sia^{22} vo^{22} uŋ^{41} tia^{24}，u^{55} sak^5 hi^{22} ho^{41}，u^{55} sak^5 hi^{22} khiap^5。

雷州 阿毛籽个收成无稳定，<u>有宁/乃年好</u>，<u>有宁/乃年无好</u>。a^{55} mo$^{22-33}$ tsi^{42} kai$^{22-33}$ siu$^{24-33}$ tsia^{22} bo$^{22-33}$ uŋ^{42} tiŋ^{553}，u^{33} niŋ^{553}/nai^{553} hi^{22} ho^{42}，u^{33} niŋ^{553}/nai^{553} hi^{22} bo$^{22-33}$ ho^{42}。

文昌 荔枝个收成无定，<u>有滴年好</u>，<u>有滴年无好/差</u>。lai^{42} tʃi$^{34-42}$ kai$^{22-11}$ tiu$^{34-42}$ ʃeŋ^{22} bo$^{22-11}$ ɗia^{34}，u$^{42-11}$ ɗi^{53} ɦi$^{22-11}$ ɦo^{31}，u$^{42-11}$ ɗi^{53} ɦi$^{22-11}$ bo$^{22-11}$ ɦo^{31}/ʃa^{34}。

三亚 ①荔枝个收成无稳定，<u>有乃年好</u>，<u>有乃年无好</u>。lai^{33} tsi^{33} kai^{22} tiu^{33} tshen^{22} vo^{22} un^{31} ɗio^{33}，u^{42} nai^{24} hi^{22} ho^{31}，u^{42} nai^{24} hi^{22} vo^{22} ho^{31}。②荔枝个收成无稳定，<u>有零（个）年好</u>，<u>有零（个）年无好</u>。lai^{33} tsi^{33} kai^{22} tiu^{33} tshen^{22} vo^{22} un^{31} ɗio^{33}，u^{42} laŋ^{22}（kai^{22}）hi^{22} ho^{31}，laŋ^{22}（kai^{22}）hi^{22} vo^{22} ho^{33}。

各地所见形式归纳如下。

泉州	厦门	台中	漳州
有个 ʦu ɛe	有个 u² ɛe	有个 u² ɛe	有个 u² ɛe
	有寡 u² ᶜkua		

汕头　　　　　　揭阳　　　　　　海丰

零撮 ₋laŋ tshoʔ₋　零□ ₋laŋ ᶜlo　　零 ₋laŋ

零□ ₋laŋ ᶜlo　　零 ₋laŋ　　　　有成（仔）ᶜu ₋tsiã (ᶜã)

零 ₋laŋ

雷州　　　　　　遂溪　　　　　　文昌　　　　　　三亚

有宁（囝）　　　有乃 ᶜu ᶜnai　　有滴 u² ɗi⁵³　　有个 ᶜu ₋kai
ᶜu niŋ² (ᶜkia)

有个 ᶜu ₋kai　　　有□ ᶜu sak₋　　　　　　　　　有呢仔 ᶜu niʔ₋ ᶜkio

有乃 ᶜu nai²　　　　　　　　　　　　　　　　　有乃 ᶜu nai²

　　　　　　　　　　　　　　　　　　　　　　　有零（个）
　　　　　　　　　　　　　　　　　　　　　　　ᶜu ₋laŋ (₋kai)

　　和普通话的"有的""有些"一样，这类词语法上一般是直接和名词结合的，只有汕头、揭阳的"零"需要和量词组合之后才能限制名词。例如说"零件""零只"。

（五）闽南方言人或事物指示代词表

表1-2为闽南方言人或事物指示代词情况汇总。

表1-2 闽南方言人或事物指示代词

指代类型		泉州	厦门	台中	漳州	汕头	揭阳	海丰	雷州	遂溪	文昌	三亚
	近	即 tsit₅	即 tsit₅	即 tsit₅	即 tsit₅、ꞔtsia	只 ꞔtsi	只 ꞔtsi	只 ꞔtsi	ꞔzia²	□ꞔia	□ꜛdʑia	□iʔ₃
	远	迄 hit₅	迄 hit₅	迄 hit₅	迄 hit₅、ꞔhia	许 ꞔhuu	许 ꞔhuu	许 ꞔhi	许 ha²	许 ꞔha	许 ꜛfio	□ꜛhaʔ₃/aʔ₃
	远甫外	别 pat₂	别 pat₂	别 pat₂	别 pat₂	别 pak₂	别 pak₂	别 pak₂	ꞔko	□ko	□neŋ⁵³	ɓaiʔ₂
个体类	近	即项款 tsit₅ ꜛhaŋ/ꞔkhuan、即项款 tsit₅ ꜛhaŋ ꞔeˀ、即个 tsit₅ ꞔeˀ、<即样>个 ꞔtsioŋ ꞔo	即款 tsit₅ khuan、<即落>tsio²、tsit₅ lo²²、<即个>tse⁴⁴、tsit₅ eˀ²²	即款 tsit₅ ꞔeˀ、<即个>tseˀ⁴⁴	即项款 tsit₅ ꜛhaŋ/ꞔkhuan、<即个>ꞔtsia⁻⁵²、<即个>ꞔtsia⁻³⁴	只款(起)tsi (ꞔkhi)、只(起)ꞔtsia (ꞔkhi)、个 ꞔtsia ꞔkai	只款 ꞔtsi ꞔkhuaŋ、者(起)ꞔtsia (ꞔkhi)、个 ꞔtsia ꞔkai	只项 ꞔtsi ꞔhaŋ、<只项>ꞔtsiaŋ、只者 ꞔtsia	个 zia² ꞔkai、ꞔzia²	□ioŋ、ꞔia、ꞔio	□个 ꜛdʑia ꞔkai	□个 iʔ₃ ꞔkai
	远	迄项款 hit₅ ꜛhaŋ/ꞔkhuan	迄款 hit₅ ꞔkhuan、<迄落>hio⁻⁵³、落 tsit₅ lo²、<迄个>hie⁻⁴⁴、迄落 tsit₅ lo²	迄款 hit₅ ꞔkhuan、<迄个>ꞔhe	迄款 hit₅ ꞔkhuan、<迄个>ꞔhia⁻⁵²、<迄个>ꞔhia⁻³⁴	□(起)ꞔhia (ꞔkhi)、□(起)个 ꞔhia (ꞔkhi) ꞔkai	□ꞔhia、个 ꞔhia ꞔkai	许顶 ꞔhi ꞔhaŋ、ꞔhia	许个 ha² ꞔkai、□hia²	ꞔha、ho	许个 fio ꞔkai、许个 fio ꞔkai	□个 aʔ₃ ꞔkai

续表1-2

指代类型		泉州	厦门	台中	漳州	汕头	揭阳	海丰	雷州	遂溪	文昌	三亚
范围外	个体集类	别项 pat₂ haŋ²、别款 $_c$khuan、别□个 pat₂ mi?₂ $_c$kai	别项 pat₂ haŋ²、别个 pat₂ $_c$e、别项（个） pat₂ haŋ²（$_c$e）	别个 pat₂ $_c$e	别□仔 pat₂ mi?₂ ^{c}a、别□仔 pat₂ mi?₂ ^{c}a	别□个 pak₂ mi?₂、别（□）个 pak₂（mi?₂）$_c$kai	别□pak₂ me?₂、□个 pak₂ me?₂ $_c$kai、别物 pak₂ mue?₂	别项 pa?₂ haŋ	□个 ^{c}ko $_c$kai、□个 ^{c}ko $_c$kai	□样 ko $_c$io	别个 bat₂ $_c$kai	别个 6ai?₂ $_c$kai
部分	不分远近	有个 ^{c}u $_c$e	有个 u² $_c$e、募 u² ^{c}kua	有个 u² $_c$e	有个 u² $_c$e	零散 $_c$laŋ tsho?₂、零（□）$_c$laŋ ^{c}(lo)	零（□）$_c$laŋ（^{c}lo）	有成（仔）^{c}u $_c$tsiã（^{c}ã）、零 $_c$laŋ	有宁（囝）^{c}u niŋ²（^{c}kia）、有个 ^{c}u $_c$kai、有乃 ^{c}u nai²	有乃 ^{c}u nai、有 ^{c}u sak₅	有滴 u² di°	有个 ^{c}u $_c$kai、有呢 ^{c}u mi?₂、有乃 ^{c}u nai、有零（个）^{c}u $_c$laŋ（$_c$kai）

二、指代处所的指示代词

（一）指代某一特定处所的指示代词

先看例句。

(30) 那里很热，到这儿来。

泉州 <u>迄搭</u>诚热，遘<u>即搭</u>来。hit$^{55-44}$ ta?^{55} tsiã$^{24-22}$ lua?^{24}, kau$^{41-55}$ tsit$^{55-44}$ ta?^{55} lai^{24}.

厦门 ①□[hia^{24}]/<u>迄位</u>/迄□[te^{21}]真热，（过）来□[tsia^{24}]/即位/即□[te^{21}]啦。hia^{24}/hit$^{32-5}$ ui^{22}/hit$^{32-5}$ te^{21} tsin$^{44-22}$ lua?^{5}, (ke$^{21-53}$) lai$^{24-22}$ tsia^{24}/tsit$^{32-5}$ ui^{22}/tsit$^{32-5}$ te^{21} la^{21}.

台中 ①□[hia$^{53-44}$]诚热，遘□[tsia$^{53-44}$]来啊。hia$^{53-44}$ tsiã$^{24-22}$ lua?^{3}, kau$^{21-53}$ tsia$^{53-44}$ lai^{24} a^{21}. ②□[hia$^{53-44}$]诚热，来□[tsia$^{53-44}$]啦。hia$^{53-44}$ tsiã$^{24-22}$ lua?^{3}, lai$^{24-22}$ tsia$^{53-44}$ la^{21}.

漳州 □[hia^{34}]/<u>迄位仔</u>真热，过来□[tsia^{34}]/即位仔。hia^{34}/hit$^{32-5}$ ui^{22} a^{52} tsin$^{34-22}$ zua?^{121}, kue$^{21-52}$ lai$^{13-22}$ tsia^{34}/tsit$^{32-5}$ ui^{22} a^{52}.

汕头 许块热死，来<u>只块</u>。hɯ$^{52-24}$ ko$^{213-55}$ zua?$^{5-2}$ si^{52}, lai$^{55-31}$ tsi^{52} ko$^{213-31}$.

揭阳 许块热死，来<u>只块</u>。hio$^{42-24}$ ko^{213} zua?$^{5-2}$ si^{42}, lai$^{55-22}$ tsio^{42} ko$^{213-21}$.

海丰 许（搭仔）□[hia?$^{3-4}$]热，遘只（搭仔）来。hi^{52} (tap^3 ã$^{52-213}$) hia?$^{3-4}$ zua?^{4}, kau$^{213-55}$ tsi^{52} (tap^3 ã$^{52-213}$) lai$^{55-21}$.

遂溪 <u>许迹</u>/<u>许乃</u>八活热，来□[tie^{21}]<u>迹</u>/<u>若迹</u>/<u>若乃</u>。ha^{55} tsia^{55}/ha^{55} nai^{55} pak^5 ua?^{3} lua^{33}, lai^{22} tie^{21} tsia^{55}/ia^{55} tsia^{55}/ia^{55} nai^{55}.

雷州 <u>许迹</u>八活热，遘□[zia^{553}]迹来。ha^{553} tsia^{553} pak^5 ua^{553} zua^{553}, kau^{21} zia^{553} tsia^{553} lai^{22}.

文昌 许里但顾热，来□[dʒia$^{21-55}$]里。ɦio$^{21-55}$ le^{34} na$^{42-11}$ ku$^{21-55}$ dʒua^{42}, lai^{22} dʒia$^{21-55}$ le^{34}.

三亚 □[a?^{45}]路好热，来即路。a?^{45} lou^{33} ho^{31} zuo?^{33}, lai^{22} i?^{45} lou^{33}.

(31) 我们在这儿喝茶呢。

泉州 阮伫即搭（仔）嘞啉茶哩。gun^{55} tɯ^{22} tsit$^{55-44}$ ta?^{55} (a^{55}) lɤ?^{55} lim^{33} te^{24} li^{41}.

厦门 阮伫/店□[tsia^{24}]/即位/即□[te^{21}]咧啉茶。gun$^{53-44}$ ti$^{22-21}$/tiam$^{21-53}$ tsia^{24}/tsit$^{32-5}$ ui^{22}/tsit$^{32-5}$ te^{21} le$^{32-5}$ lim$^{44-22}$ te^{24}.

台中 阮伫□[tsia$^{53-44}$]啉茶咧。un$^{53-44}$ ti$^{22-21}$ tsia$^{53-44}$ lim$^{44-22}$ te^{24} le^{21}.

漳州 阮伫□〔tsia³⁴〕/即位仔咧食茶。gun⁵² ti²¹ tsia³⁴/tsit³²⁻⁵ ui²² a⁵³ li³⁴ tsiaʔ¹²¹⁻³² te¹³.

汕头 阮伫只块食茶。uaŋ⁵² to²⁵⁻³¹ tsi⁵²⁻²⁴ ko²¹³⁻⁵⁵ tsiaʔ⁵⁻² te⁵⁵.

揭阳 阮伫□〔tsio⁴²⁻²⁴〕块食茶。uaŋ⁴²⁻⁵³ to³⁵⁻²¹ tsio⁴²⁻²⁴ ko²¹³ tsiaʔ⁵⁻² te⁵⁵.

海丰 阮着只/只搭仔/只担仔/只□〔e⁴⁴⁻³³〕（□〔lɔ⁵²⁻²¹³〕）食茶。uaŋ⁵² tiɔʔ⁴⁻³ tsi⁵²/tsi⁵² tap³ ã⁵²⁻²¹³/tsi⁵² tam³³ ã⁵²⁻²¹³/tsi⁵² e⁴⁴⁻³³（lɔ⁵²⁻²¹³）tsiaʔ⁴⁻³ te⁵⁵.

遂溪 我群伫□〔tie²¹〕迹/□〔ia⁵⁵〕迹/□〔ia⁵⁵〕乃/□〔tie²¹〕啜茶。va⁴¹⁻²⁴ kuŋ²² tu³³ tie²¹ tsia⁵⁵/ia⁵⁵ tsia⁵⁵/ia⁵⁵ nai⁵⁵/tie²¹ tshue⁵⁵ te²².

雷州 俤阿众伫□〔zia⁵⁵³〕迹啜茶。naŋ⁴² a⁵⁵ thaŋ²¹ tu³³ zia⁵⁵³ tsia⁵⁵³ tshue⁵⁵³ te²⁴.

文昌 俤伫□〔ʥia²¹⁻⁵⁵〕里食茶。nan²¹⁻⁵⁵ ɗu⁴²⁻¹¹ ʥia²¹⁻⁵⁵ le³⁴ ʧia⁴²⁻¹¹ ɗe²².

三亚 我侬伫路啜茶。va³¹ naŋ²² ɗu²⁴ lou³³ tshuoʔ⁴⁵ te²².

（32）他的钱就藏在那里。

泉州 伊个钱就囥伫迄搭。i³³ e²⁴⁻²² tsĩ²⁴ tsiu⁴¹⁻²² kŋ̍⁴¹⁻⁵⁵ tɯ²² hit⁵⁵⁻⁴⁴ taʔ⁵⁵.

厦门 伊个钱着收伫□〔hia²⁴〕/迄位/迄□〔te²¹〕。i⁴⁴⁻²² e²⁴⁻²² tsĩ²⁴ tioʔ⁵⁻²¹ siu⁴⁴⁻²² ti²²⁻²¹ hia²⁴/hit³²⁻⁵ ui²²/hit³²⁻⁵ te²¹.

台中 伊个钱着□〔tshaŋ⁵³〕伫□〔hia⁵³⁻⁴⁴〕。i⁴⁴⁻²² e²⁴⁻²² tsĩ²⁴ tioʔ³⁻² tshaŋ⁵³ ti²²⁻²¹ hia⁵³⁻⁴⁴.

漳州 伊个镭着囥伫□〔hia³⁴〕/迄位仔。i³⁴⁻²² e¹³⁻²² lui¹³ loʔ¹²¹⁻²¹ khŋ²¹⁻⁵² ti²¹ hia³⁴/hit³²⁻⁵ ui²² a⁵².

汕头 伊撮钱就囥伫许块。i³³ tshoʔ²⁻⁵ tsĩ⁵⁵ tsiu²⁵⁻³¹ kɯŋ̍²¹³⁻⁵⁵ to²⁵⁻³¹ hɯ⁵²⁻²⁴ ko²¹³.

揭阳 伊撮钱就囥伫□〔hio⁴²⁻²⁴〕块。i³³ tshoʔ²⁻⁵ tsĩ⁵⁵ tsu³⁵⁻²¹ khɯŋ²¹³⁻⁴² to³⁵⁻²¹ hio⁴²⁻²⁴ ko²¹³.

海丰 伊个钱就囥着许（□〔e⁴⁴⁻³³〕）。i⁴⁴ ai⁵⁵⁻²² tsĩ⁵⁵ tsu²⁵⁻³³ khŋ̍²¹³⁻⁵⁵ tioʔ⁴⁻³ hi⁵²（e⁴⁴⁻³³）.

遂溪 伊钱囥伫许迹/许乃。i²⁴ tsi²² kho²¹⁴ tu³³ ha⁵⁵ tsia⁵⁵/ha⁵⁵ nai⁵⁵.

雷州 伊个钱就囥伫许迹。i²⁴ kai²²⁻³³ tsi²² tsiu³³⁻⁴² kho²¹ tu³³ ha⁵⁵³ tsia⁵⁵³.

文昌 伊个钱就□〔xio⁵³〕囥伫许里。i³⁴⁻⁴² kai²²⁻¹¹ ʧi²² ʧiu⁴²⁻¹¹ xio⁵³ xo²¹ ɗu⁴² fio²¹⁻⁵⁵ lai⁴².

三亚 伊个钱囥伫□〔aʔ⁴⁵〕路。i³³ kai²² tsi²² kho²⁴ ɗu⁴²⁻⁴⁴ aʔ⁴⁵ lou³³.

（33）你们什么时候回这儿来？

泉州 恁（□[tsuai²⁴]）甚乜时阵/时节斡来即搭？lin⁵⁵（tsuai²⁴）siã²⁴⁻²² mĩʔ⁵⁵ si²⁴⁻²² tsun⁴¹⁻⁵⁵/si²⁴⁻²² tsueʔ⁵⁵ uat⁵⁵ lai²⁴⁻²² tsit⁵⁵⁻⁴⁴ taʔ⁵⁵？

厦门 ①恁甚乜时阵倒来即块/□[tsia²⁴]？lin⁵³⁻⁴⁴ sim⁵³⁻⁴⁴ miʔ⁵ si²⁴⁻²² tsun²² to²¹⁻⁵³ lai²⁴⁻²² tsit³²⁻⁵ te²¹/tsia²⁴？②恁甚乜时阵倒来？lin⁵³⁻⁴⁴ sim⁵³⁻⁴⁴ miʔ⁵ si²⁴⁻²² tsun²² to²¹ lai²⁴⁻²¹？

台中 恁甚乜时阵转来□[tsia⁵³]？lin⁵³⁻⁴⁴ siã⁵³⁻⁴⁴ mĩʔ³ si²⁴⁻²² tsun²² tŋ⁵³⁻⁴⁴ lai²⁴⁻²² tsia⁵³？

漳州 恁甚乜时阵转来□[tsia³⁴]？lin⁵² sin²¹⁻⁵² miʔ¹²¹⁻³² si¹³⁻²² tsun²² tun⁵² lai¹³⁻²² tsia³⁴？

汕头 恁地□[tiaŋ³³]时转来只块？niŋ⁵² ti³¹ tiaŋ³³ si⁵⁵⁻³¹ tɯŋ⁵²⁻²⁴ lai⁵⁵⁻³¹ tsi⁵²⁻²⁴ ko²¹³？

揭阳 恁地□[tiaŋ³³]时转来□[tsio⁴²⁻²¹³]（块）？neŋ⁴²⁻⁵³ ti²²⁻²¹ tiaŋ³³ si⁵⁵⁻²² tɯŋ⁴²⁻²⁴ lai⁵⁵⁻²² tsio⁴²⁻²¹³（ko²¹³）？

海丰 恁<地样>时转来只（□[e⁴⁴⁻³³]）。niŋ⁵² <tiaŋ⁴⁴⁻³³> si⁵⁵⁻²² tũi⁵² lai⁵⁵⁻²² tsi⁵²⁻²¹³（e⁴⁴⁻³³）？

遂溪 汝群乜时候转来□[ia⁵⁵]迹唡？lu⁴¹⁻²⁴ kuŋ²² mi⁵⁵ mi³³ si²² hau²⁴ tui⁴¹ lai²² ia⁵⁵ tsia⁵⁵ le³³？

雷州 汝阿众乜候转（来）□[zia⁵⁵³]迹？lu⁴² a⁵⁵ thaŋ²¹ mie⁵⁵³ hau²⁴ tui⁴²（lai²²）zia⁵⁵³ tsia⁵⁵³？

文昌 汝□[na⁴²⁻¹¹]家□[ɗiau³⁴]转来□[ʥia²¹⁻⁵⁵]里？du³¹ na⁴²⁻¹¹ ke³⁴ ɗiau³⁴ tui³¹⁻³³ lai²²⁻¹¹ ʥia²¹⁻⁵⁵ le³⁴？

三亚 汝侬乜物时候伫来即路。lu³¹ naŋ²² miʔ⁴⁵ mi⁴² ti²² hau³³ ɗu⁴² lai²² iʔ⁴⁵ lou³³？

（34）桌子上有一把小刀，你替我拿来。

泉州 桌顶（迄搭/择）有蜀支刀仔，汝共我揭来啦/来。toʔ⁵⁵ tiŋ⁵⁵（hit⁵⁵⁻⁴⁴ taʔ⁵⁵/tiaʔ⁵⁵）u²² tsit²⁴⁻²² ki³³ to³³ a⁵⁵，lɯ⁵⁵ kaŋ⁴¹⁻²² gua⁵⁵⁻²⁴ kia²⁴⁻²² lai²⁴⁻²² lia⁴¹/lai²⁴⁻⁴¹．

厦门 桌顶（□[hia²⁴]/迄块）有蜀丛刀仔，汝合我挓过来。toʔ³²⁻⁵³ tiŋ⁵³（hia²⁴/hit³²⁻⁵ teʔ¹）u²²⁻²¹ tsit⁵⁻²¹ tsaŋ²⁴⁻²² to⁴⁴⁻²² a⁵³，li⁵³⁻⁴⁴ kaʔ⁵⁻²¹ gua⁵³⁻⁴⁴ theʔ⁵ ke²¹ lai²⁴⁻²¹．

台中 桌顶有蜀支细支个刀仔，汝合我挈来。toʔ²⁻⁵ tiŋ⁵³ u²²⁻²¹ tsit³⁻² ki¹⁰ se²¹⁻⁵³ ki⁴⁴ e²⁴⁻²² to⁴⁴⁻³⁵ a⁵³，li⁵³⁻⁴⁴ kaʔ³⁻² ua⁵³⁻⁴⁴ khe²²⁻²¹ lai²⁴⁻²²．

漳州 桌顶（迄位仔）有蜀支小刀仔，汝合我挓过来。toʔ³²⁻⁵² tiŋ⁵²（hit³²⁻⁵ ui²² a⁵²）u²²⁻²¹ tsit¹²¹ ki³⁴⁻²¹ sio⁵²⁻³⁴ to³⁴ a⁵²，li⁵² kaʔ¹²¹⁻²¹ gua⁵²⁻³⁴

the?$^{121-21}$ kue^{21} lai$^{13-21}$.

汕头 床顶(许块)有支刀囝，汝去合我挈来。tshɯŋ$^{55-31}$ teŋ^{52}（hɯ$^{52-24}$ ko^{213}）u$^{25-31}$ ki^{33} to^{33} kiã^{52}，lɯ^{52} khɯ$^{213-55}$ ka?$^{5-2}$ ua$^{52-24}$ khio?^{5} lai$^{55-31}$.

揭阳 床顶(许块)有支刀囝，汝去个我挈来。tshɯŋ$^{55-22}$ teŋ$^{42-53}$（hɯ$^{42-24}$ ko^{213}）u$^{35-21}$ ki^{33} to^{33} kiã^{42}，lɯ$^{42-53}$ khɯ$^{213-42}$ kai$^{55-22}$ ua$^{42-24}$ khio?^{5} lai$^{55-22}$.

海丰 床仔（许/许□[e$^{44-33}$]）有（蜀）支刀仔，汝捞我挈过来。tshŋ$^{55-22}$ ã^{52}（hi$^{52-213}$/hi$^{52-213}$ e$^{44-33}$）u$^{25-33}$（tsit$^{4-3}$）ki$^{44-33}$ tɔ$^{44-33}$ ã^{52}，li^{52} lau$^{44-33}$ ua^{52} khie?$^{4-3}$ kue^{213} lai$^{55-22}$.

遂溪 床囝(许)乃有把刀囝，汝帮我掠来。tsho^{22} kia^{41}（ha^{55}）nai^{55} u^{55} pe^{41} to$^{24-33}$ kia^{41}，lu^{41} paŋ^{24} va^{41} lia^{33} lai^{22}.

雷州 阿床囝许迹/阿床囝上有阿把刀囝，汝乞我掠来/汝掠来乞我。a^{55} tsho^{22} kia^{42} ha^{553} tsia^{553}/a^{55} tsho^{22} kia^{42} tsio^{33} u^{33} a^{55} pe^{42} to$^{24-33}$ kia^{42}，lu^{42} khi^{553} ba^{42} lia^{33} lai^{22}/lu^{42} lia^{33} lai^{22} khi^{553} ba^{42}.

文昌 床上有蜀把刀囝，汝替我□[io?^{53}]来/□[ɓue^{42}]来。ʃo^{22} tʃio^{34} u^{42} dʒiak$^{3-21}$ ɓe^{31} ɗo$^{34-42}$ kia^{31}，du^{31} xoi^{21} gua$^{31-33}$ io?^{53} lai^{22}/ɓue^{42} lai^{22}.

三亚 床囝上/床囝□[ha?^{45}]路有蜀把刀囝，汝替我□[ɓui^{42}]来。tsho^{22} kio^{31} tsio^{42}/tsho^{22} kio^{31} ha?^{45} lou^{33} u^{42} zio?^{33} ɓe^{31} ɗo^{33} kio^{31}，lu^{31} thoi^{24} va^{31} ɓui^{42} lai^{22}.

（35）票在林老师这儿。/票在林老师那儿。

泉州 ①票伫林先即搭/迄搭。phio^{41} tɯ^{22} lim^{24} sian^{41} tsit$^{55-44}$ ta?^{55}/hit$^{55-44}$ ta?^{55}。②票伫林先即择/迄择。phio^{41} tɯ^{22} lim^{24} sian^{41} tsit$^{55-44}$ tia?^{55}/hit$^{55-44}$ tia?^{55}.

厦门 ①票伫林生□[tsia^{24}]/□[hia^{24}]。phio^{21} ti$^{22-21}$ lim^{24} sian^{22} tsia^{24}/hia^{24}。②票伫林生即□[te^{21}]/迄□[te^{21}]。phio^{21} ti$^{22-21}$ lim^{24} sian^{22} tsit$^{32-5}$ te^{21}/hit$^{32-5}$ te^{21}.

台中 票伫林老师□[tsia$^{53-44}$]/□[hia$^{53-44}$]。phio^{21} ti$^{22-21}$ lin$^{24-22}$ lau$^{22-21}$ sɯ^{44} tsia$^{53-44}$/hia$^{53-44}$.

漳州 票伫林生□[tsia^{34}]/□[hia^{34}]。phio$^{21-52}$ ti^{21} lin^{13} sẽ$^{34-22}$ tsia^{34}/hia^{34}.

汕头 ①票伫阿林老师只块。（票在林老师这儿）phio^{213} to$^{25-31}$ a^{33} lim$^{55-31}$ lau$^{52-24}$ sɯ^{33} tsi$^{52-24}$ ko^{213}。②票伫阿林老师许块。（票在林老师那儿）phio^{213} to$^{25-31}$ a^{33} lim$^{55-31}$ lau$^{52-24}$ sɯ^{33} hɯ$^{52-24}$ ko^{213}。③票伫阿林老师块。（不分远近）phio^{213} to$^{25-31}$ a^{33} lim$^{55-31}$ lau$^{52-24}$ sɯ^{33} ko$^{213-31}$.

揭阳 ①票伫阿林老师□[tsio$^{42-24}$]块。（票在林老师这儿）phio^{213}

to$^{35-21}$ a^{33} lim$^{55-22}$ lau$^{42-24}$ su^{33} tsio$^{42-24}$ ko^{213}. ②票伫阿林老师□〔hio$^{42-24}$〕块。（票在林老师那儿）phio^{213} to$^{35-21}$ a^{33} lim$^{55-22}$ lau$^{42-24}$ su^{33} hio$^{42-24}$ ko^{213}. ③票伫阿林老师块。（不分远近）phio^{213} to$^{35-21}$ a^{33} lim$^{55-22}$ lau$^{42-24}$ su^{33} ko$^{213-21}$.

海丰 票着林老师□〔e^{44}〕/只（□〔e$^{44-33}$〕）/只搭仔/许（□〔e$^{44-33}$〕）/许搭仔。phio^{213} tioʔ$^{4-3}$ lim$^{55-22}$ lau^{25} su$^{44-33}$ e^{44}/tsi$^{52-213}$ (e$^{44-33}$) /tsi$^{52-213}$ tap^3 ã$^{52-213}$/hi$^{52-213}$ (e$^{44-33}$) /hi$^{52-213}$ tap^3 ã$^{52-213}$.

遂溪 票伫林老师□〔ia^{55}〕迹/□〔ia^{55}〕乃/许迹/许乃/乃/迹。phio$^{214-24}$ tu$^{55-33}$ lim^{22} lau^{41} su^{24} ia^{55} tsia^{55}/ia^{55} nai^{55}/ha^{55} tsia^{55}/ha^{55} nai^{55}/ nai^{55}/tsia^{55}.

雷州 票伫林老师□〔zia^{553}〕迹/许迹。phiau^{21} tu$^{33-42}$ lim^{22} lau$^{33-42}$ su^{24} zia^{553} tsia^{553}/ha^{553} tsia^{553}.

文昌 ①票伫林老师□〔ʤia$^{21-55}$〕路。（票在林老师这儿）phio^{21} ɗu^{42} liom$^{22-11}$ lau$^{42-11}$ ʃe^{34} ʤia$^{21-55}$ lau^{34}/lou^{34}. ②票伫林老师许路。（票在林老师那儿）phio^{21} ɗu^{42} liom$^{22-11}$ lau$^{42-11}$ ʃe^{34} fio$^{21-55}$ lau^{34}/lou^{34}. ③票伫林老师□〔le$^{34-55}$〕。（不分远近）phio^{21} ɗu^{42} liom$^{22-11}$ lau$^{42-11}$ ʃe^{34} le$^{34-55}$.

三亚 票伫林老师即路/□〔aʔ^{45}〕路。phie^{24} ɗu^{42} liŋ^{22} lau^{31} si^{33} iʔ^{45} lou^{33}/aʔ^{45} lou^{33}.

例句中所见形式可归纳如下。

	泉州	厦门	台中	漳州
近指	即搭（仔）tsit₃ taʔ₃(ᶜa)	□ₑtsia 即□tsit₃ teʔ	□ᶜtsia	□ₑtsia 即位仔 tsit₃ ui² ᶜa
远指	迄搭（仔）hit₃ taʔ₃(ᶜa) 迄择 hit₃ tiaʔ₃	□ₑhia 迄□hit₃ teʔ	□ᶜhia	□ₑhia 迄位仔 hit₃ ui² ᶜa

	汕头	揭阳	海丰	
近指	只块ᶜtsi koʔ <只块>ᶜtsio	<只块>块ᶜtsio koʔ	只（搭仔）ᶜtsi(tap₃ ᶜã) 只担仔ᶜtsi tam³³ ᶜã 只（□）ᶜtsi ₑe	
远指	许块ᶜhɯ koʔ	许块ᶜhio koʔ	许（搭仔）ᶜhi(tap₃ ᶜã) 许（□）ᶜhi(ₑe)	
不分远近	块 koʔ	块 koʔ	□ₑe	

	雷州	遂溪	文昌	三亚
近指	□迹 ziaᶜ tsiaᶜ	□迹 ᶜia ᶜtsia □乃 ᶜi a ᶜnai	□路 ʤiaᶜ ₑlou	即路 iʔ₃ ₑlou

远指	许迹 ha² tsia²	许迹 ʰha ʰtsia	许路 ɦoˀ ˳lou □路（h）aʔ˳ˬlou
		□（迹）tieˀ（ʰtsia）	
		许乃 ha ʰnai	
不分		乃 ʰnai	□ ˳le
远近		迹 ʰt sia	

闽南方言指代特定处所的指示代词由一个近指或远指语素加一个处所语素构成，分别表示近指和远指的处所。近指或远指语素就是本节第一部分用于指别人或事物的语素，处所语素则因地域而异，闽南－台湾片及粤东片的海丰多用"搭（仔）""□ [teˀ]""□ [tiaʔ˳]"或"位仔"等；粤东片的潮汕话用"块 [koˀ]"；雷州片多用"迹"，也用"乃 [ʰnai]"；海南片用"里"或"路"。

这些指示代词在各地多发生语音上的缩略。缩略的方式有的是合音，如厦门、台中、漳州的"□ [ˬtsia/˳tsia]" "□ [˳hia/˳hia]"估计就是"即搭仔 [tsit˳ taʔ˳ ʰa]" "迄搭仔 [hit˳ taʔ˳ ʰa]"的合音，潮汕话如汕头的"只块 [ʰtsi koˀ]"与合音词"＜只块＞ [ʰtsio]"并存使用，海丰的"即担仔"是"即搭仔"合音前先同化的产物；有的是脱落，如海丰的"只（搭仔）""许（搭仔）""只（□）[ʰtsi（˳e）]" "许（□）[ʰhi（˳e）]"都有脱落处所语素的形式"只""许"。

另一种形式的演变在同义兼并机制的作用下又加上貌似羡余的语素，如揭阳在合音的"＜只块＞"上又加一个"块"意义仍等于"只块"。

形式：只块 ʰtsi koˀ $\xrightarrow{合音}$ ＜只块＞ ʰtsio ⟶ (＜只块＞＋块 ʰtsio koˀ) $\xrightarrow{同义兼并}$ ＜只块＞块 ʰtsio koˀ

意义：　AB　　　　　　AB　　　　　　　　ABB　　　　　　　　　AB

（A＝近指，B＝处所）

如上所述，闽南方言指代处所的指示代词一般都由一个近指或远指语素加一个处所语素构成，但是在粤东片和雷州片的遂溪、海南片的文昌还可以没有近指、远指语素，只用一个处所语素指代处所，形成一种不分远近的指示，如例（35）可以用以下说法。

汕头　票伫阿林老师<u>块</u>。
揭阳　票伫阿林老师<u>块</u>。
海丰　票着林老师<u>□ [e⁴⁴]</u>。
遂溪　票伫林老师<u>乃/迹</u>。
文昌　票伫林老师<u>□ [le³⁴⁻⁵⁵]</u>。

这种不含指示语素的代词也应是处所指示词系统里的成员，也就是说，这些地方多了一套不分远近的处所指示代词。这和这些地方的指示系统格局为"远—近—不分远近"有关。与这一特点平行的现象是这些地方都有有定的"量名"组合。① 例如"这双鞋一大一小"或"那双鞋一大一小"在这些地方可以不要近指、远指语素而只用一个量词表示指示。

  汕头 双鞋<u>只</u>大<u>只</u>细。saŋ^{33} oi^{55} tsiaʔ$^{2-5}$ tua^{31} tsiaʔ$^{2-5}$ soi^{213}。
  揭阳 双鞋<u>骹</u>大<u>骹</u>细。saŋ^{33} oi^{55} kha^{33} tua^{22} kha^{33} soi^{213}。
  海丰 双鞋<u>骹</u>大<u>骹</u>细。saŋ$^{44-33}$ ei^{55} kha$^{44-33}$ tua$^{25-33}$ kha$^{44-33}$ sei^{213}。
  遂溪 对鞋<u>爿</u>大<u>爿</u>细。tui$^{214-55}$ oi^{22} pai^{22} tua^{24} pai^{22} soi^{214}。
  文昌 （□［ʤia$^{21-55}$]）双鞋<u>骹</u>大<u>骹</u>孥。（ʤia$^{21-55}$）tiaŋ^{21} oi^{22} xa$^{34-42}$ ɗua^{34} xa$^{34-42}$ niau^{53}。

（二）指代某一（某些）处所之外的其他处所的指示代词

  这类代词由一个指示范围外的语素"别"和"□ ͨko"加上一个处所语素形成，汕头的"别地块"有些特别，是中间又加了一个不确定指示用法的疑问语素"地"，意思是"别的什么地方"。各地形式如下。

泉州	厦门	台中	漳州
别搭 pat₂ taʔ₃	别位 pat₂ ui²	（缺）	别所在 pat₂ ͨsɔ tsai²
别择 pat₂ tiaʔ₃			别位仔 pat₂ ui² ͨa

汕头	揭阳	海丰	
别块 pak₂ koˀ	别块 pak₂ koˀ	别块 pak₂ teˀ	
别地块 pak₂ ti² koˀ			

雷州	遂溪	文昌	三亚
□迹 ͨko tsia²	□迹 ͨko ͨtsia	别处 ɓat₂ ɗe²	别路 ͨɓai ͨlou
	□乃 ͨko ͨnai		

下面是例句。

（36）别的地方没这种茶树。
  泉州 别个所在/别搭/别择无即种/＜即样＞个茶树。pat$^{24-22}$ e$^{24-22}$ sɔ$^{55-24}$ tsai^{22}/pat$^{24-22}$ taʔ^{55}/pat$^{24-22}$ tiaʔ^{55} bo$^{24-22}$ tsit^{55} tsiɔŋ$^{55-24}$/＜tsiɔŋ$^{55-24}$＞o$^{55/24}$ te$^{24-22}$ tshiu^{41}.
  厦门 别个所在/别位/别位所在无即种/款茶树。pat$^{5-21}$ e$^{24-22}$ sɔ$^{53-44}$

---

① 参见第一章第三节"闽南方言中的'量名'组合"。

tsai^{22}/pat$^{5-21}$ ui^{22}/ pat$^{5-21}$ ui$^{22-21}$ sɔ$^{53-44}$ tsai^{22} bo$^{24-22}$ tsit$^{32-5}$ tsiɔŋ$^{53-44}$/khuan$^{53-44}$ te$^{24-22}$ tshiu^{22}。

台中 ①别个所在无即种茶树。pat$^{3-2}$ e$^{24-22}$ sɔ$^{53-44}$ tsai^{22} bo$^{24-22}$ tsit$^{2-5}$ tsiɔŋ$^{53-44}$ te$^{24-22}$ tshiu^{22}. ②别个所在无即项茶树。pat$^{3-2}$ e$^{24-22}$ sɔ$^{53-44}$ tsai^{22} bo$^{24-22}$ tsit$^{2-5}$ haŋ$^{22-21}$ te$^{24-22}$ tshiu^{22}.

漳州 别所在无即种茶树。pat$^{121-21}$ sɔ$^{52-34}$ tsai^{22} bo$^{13-22}$ tsit$^{32-5}$ tsiŋ$^{52-34}$ te$^{13-22}$ tshiu^{22}.

汕头 别块无者茶树。pak$^{5-2}$ ko^{213} bo$^{55-31}$ tsia$^{52-24}$ te^{33} tshiu^{31}.

揭阳 别块无者茶树。pak$^{5-2}$ ko^{213} bo$^{55-22}$ tsia$^{42-24}$ te$^{55-22}$ tshiu^{22}.

海丰 别块/别个地方无只项/＜只项＞仔/者茶树。pak$^{4-3}$ te^{213}/pak$^{4-3}$ kai$^{55-22}$ ti$^{21-33}$ hŋ^{44} bɔ^{55} tsi$^{52-213}$ haŋ$^{25-33}$/＜tsiaŋ$^{52-213}$＞ ã$^{52-213}$/tsia^{52} te$^{55-22}$ tshiu$^{21-33}$.

遂溪 □[ko^{55}]乃/□[ko^{55}]迹无□[ioŋ^{55}]种/□[ioŋ^{55}]/若种/若茶树。ko^{55} nai^{55}/ko^{55} tsia^{55} vo^{22} ioŋ^{55} tsioŋ^{41}/ioŋ^{55}/ia^{55} tsiaŋ^{41}/io^{55} te^{22} tshiu^{24}.

雷州 □[ko^{33}]迹无有□[zia^{553}]个/种茶树。ko^{33} tsia^{553} bo$^{22-33}$ u^{33} zia^{553} kai$^{22-33}$/tsiaŋ^{42} te^{22} tshiu^{24}.

文昌 别处无种□[ʥia$^{21-55}$]种茶。ɓat$^{3-21}$ ɗe^{21} bo$^{22-11}$ tɕiaŋ$^{31-33}$ ʥia$^{21-55}$ tɕiaŋ$^{31-33}$ ɗe^{22}.

三亚 别个地方/别个路/别枚路无有即种茶树。ɓai^{42} kai^{22} ɗi^{31} vaŋ^{33}/ɓai^{42} kai^{22} lou^{33}/ɓai$^{42-44}$ mo^{45} lou^{33} vo^{22} u$^{42-44}$ iʔ^{45} tsiaŋ^{31} te^{22} tshiu^{24}.

(37) 台风从别处走了。

泉州 台风/风台按别搭/别择去啰。thai^{33} huaŋ^{33}/huaŋ^{33} thai^{33} an$^{41-55}$ pat$^{24-22}$ taʔ^{55}/ pat$^{24-22}$ tiaʔ^{55} khɯ^{41} lɔ^{21}.

厦门 ①风台按别位去啊。hɔŋ$^{44-22}$ tai^{44} an$^{21-53}$ pat$^{5-21}$ ui^{22} khi^{21} a^{21}. ②风台按别个所在去啊。hɔŋ$^{44-22}$ tai^{44} an$^{21-53}$ pat$^{5-21}$ e$^{24-22}$ sɔ$^{53-44}$ tsai^{22} khi^{21} a^{21}.

台中 ①台风/风台尉别个所在走啊。thai$^{24-22}$ hɔŋ^{44}/ hɔŋ$^{44-22}$ thai^{44} ui$^{21-53}$ pat$^{3-2}$ e$^{24-22}$ sɔ$^{53-44}$ tsai^{22} tsau^{53} a^{21}. ②台风/风台对别个所在走啊。thai$^{24-22}$ hɔŋ^{44}/ hɔŋ$^{44-22}$ thai^{44} tui$^{21-53}$ pat$^{3-2}$ e$^{24-22}$ sɔ$^{53-44}$ tsai^{22} tsau^{53} a^{21}.

漳州 风台对别位仔去啊。hɔŋ$^{34-22}$ thai$^{34-22}$ tui$^{21-52}$ pat$^{121-21}$ ui^{22} a^{52} khi^{21} a^{21}.

汕头 风台透对别(地)块去了。huaŋ^{33} thai^{33} thau$^{213-55}$ tui$^{213-55}$ pak$^{5-2}$ (ti^{31}) ko$^{213-55}$ khɯ^{213} ou$^{52-213}$.

揭阳 风台透对别块去了。huaŋ^{33} thai^{55} thau$^{213-42}$ tui$^{213-42}$ pak$^{2-3}$ ko^{213} khɯ^{213} au$^{42-213}$.

海丰 风台做遭别块去（了）。hɔŋ⁴⁴⁻³³ thai⁴⁴ tsɔ²¹³⁻⁵⁵ kau²¹³⁻⁵⁵ pak⁴⁻³ te⁵²⁻²¹³ khi²¹³⁻⁵⁵（liau⁵²）。

遂溪 风台共□［ko⁵⁵］迹/□［ko⁵⁵］乃去啦。huaŋ²⁴⁻³³ thai²⁴ kaŋ²¹⁴ ko⁵⁵ tsia⁵⁵/ko⁵⁵ nai⁵⁵ hu²¹⁴ la⁴¹。

雷州 阿风台通□［ko³³］迹去啦。a⁵⁵ huaŋ²⁴⁻³³ thai²⁴ thaŋ²¹ ko³³ tsia⁵⁵³ khu²¹ la³³。

文昌 风台通别处过去了。ɦuaŋ³⁴⁻⁴² hai³⁴ xan²¹⁻⁵⁵ ɓat³⁻²¹ ɗe²¹ kue²¹ xu²¹⁻⁵⁵ la²¹。

三亚 风台吹遭别个路去了/别路了。huaŋ³³ thai³³ tshui³³ kau²⁴ ɓai⁴² kai²² lou³³ hu²⁴ liau⁴²/ɓai⁴² lou³³ liau⁴²。

（三）指代所有处所的指示代词

指代所有的处所，可以用专用的处所指代词，也可以用一般处所指代词的遍指用法，下面只标出专用的指代词。

（38）浑身到处发痒。

泉州 归身逐搭/遭搭都痒。kui³³ sin³³ tak²⁴⁻²² taʔ⁵⁵/kau⁴¹⁻⁵⁵ taʔ⁵⁵ tɔ³³ tsiũ²²⁻²¹。

厦门 ①归（□［n̩ŋ²²］）（个）身躯<过过>真痒。kui⁴⁴⁻²²（n̩ŋ²²）（e²⁴⁻²²）siŋ⁴⁴⁻²² khu⁴⁴ <ke⁻⁵³> tsin⁴⁴⁻²² tsiũ²²。②归身躯逐位<过过>真痒。kui⁴⁴⁻²² siŋ⁴⁴⁻²² khu⁴⁴ tak⁵⁻²¹ ui²² <ke⁻⁵³> tsin⁴⁴⁻²² tsiũ²²。

台中 归身躯拢起痒。kui⁴⁴⁻²² sin⁴⁴⁻²² khu⁴⁴ lɔŋ⁵³⁻⁴⁴ khi⁵³⁻⁴⁴ tsiũ²²。

漳州 归身遭处拢生痒。kui³⁴⁻²² sin³⁴⁻²² kau²¹⁻⁵² tshu²¹ lɔŋ⁵²⁻³⁴ sẽ³⁴⁻²² tsiõ²²。

汕头 蜀身满（地）块痒。tsek⁵⁻² siŋ³³ mua⁵²⁻²⁴（ti³¹）ko²¹³⁻⁵⁵ tsiõ²⁵。

揭阳 蜀身满（地）块痒。tsek⁵⁻² seŋ³³ mua⁴²⁻²⁴（ti²²⁻²¹）ko²¹³⁻⁴² tsiõ³⁵。

海丰 咸身发痎。ham⁵⁵⁻²² siŋ⁴⁴ huak³⁻⁴ hai⁵⁵。

遂溪 ①全身遭迹□［ŋiap⁵⁴］。tsui²² sien²⁴ kau²¹⁴ tsia⁵⁵ ŋiap⁵⁴。②通身都□［ŋiap⁵⁴］。thoŋ²⁴ sien²⁴ tu⁵⁵ ŋiap⁵⁴。

雷州 通身遭迹痒。thoŋ²⁴⁻³³ siŋ²⁴ kau²¹ tsia⁵⁵³ tsio³³。

文昌 全身都痒。ʃuan²²⁻¹¹ tien³⁴ ɗou³⁴⁻⁴² tʃio⁴²。

三亚 全身/蜀身地路/地□［ɗio³³］/遭□［ɗe²⁴］都发痒。tshuan²² tin³³/io?³³ tin³³ ɗi³³ lou³³/ɗi³³ ɗio³³/kau²⁴⁻²² ɗe²⁴ ɗou³³ huai?⁴⁵ tsio⁴²。

（39）到处是这种东西。

泉州 遭择/逐择是<即样>个/即种物件。kau⁴¹⁻⁵⁵ tiaʔ⁵⁵/tak²⁴⁻²² tiaʔ⁵⁵ si²²

<tsiɔŋ⁵⁵⁻²⁴> o⁵⁵/tsit⁵⁵ tsiɔŋ⁵⁵⁻²⁴ mũʔ²⁴⁻²² kiã²².

厦门 ①满世界/归世界/蜀世界＜过过＞/拢是即种物件。muã⁵³⁻⁴⁴ si²¹⁻⁵³ kue²¹/kui⁴⁴⁻²² si²¹⁻⁵³ kue²¹/tsit⁵⁻²¹ si²¹⁻⁵³ kue²¹ ＜ke⁻⁵³＞/lɔŋ⁵³⁻⁴⁴ si²²⁻²¹ tsit³²⁻⁵ tsiɔŋ⁵³⁻⁴⁴ miʔ⁵⁻²¹ kiã²². ②逐位＜过过＞/拢是即种物件。tak⁵⁻²¹ ui²² ＜ke⁻⁵³＞/lɔŋ⁵³⁻⁴⁴ si²²⁻²¹ tsit³²⁻⁵ tsiɔŋ⁵³⁻⁴⁴ miʔ⁵⁻²¹ kiã²⁴.

台中 □［kaʔ²⁻⁵］□［to²²］拢即种物件。kaʔ²⁻⁵ to²² lɔŋ⁵³⁻⁴⁴ tsit²⁻⁵ tsiɔŋ⁵³⁻⁴⁴ mĩʔ³⁻² kiã²⁴.

漳州 遘处拢是即种物件。kau²¹⁻⁵² tshu²¹ lɔŋ⁵²⁻³⁴ si²²⁻²¹ tsit³²⁻⁵ tsiŋ⁵²⁻³⁴ miʔ¹²¹⁻²¹ kiã²².

汕头 满（地）块是者个。mua⁵²⁻²⁴（ti³¹）ko²¹³⁻⁵⁵ si²⁵⁻³¹ tsia⁵²⁻²⁴ kai⁵⁵.

揭阳 满（地）块拢个者个。mua⁴²⁻²⁴（ti²²⁻²¹）ko²¹³⁻⁴² noŋ⁴²⁻²⁴ kai⁵⁵ tsia⁴²⁻³⁵ kai⁵⁵.

海丰 遘（地）块/咸（地）□［te²¹³］（左）是□［tsia⁵²］/只项/＜只项＞零细。kau²¹³⁻⁵⁵（ti²¹⁻³³）te²¹³/ham⁵⁵⁻²²（ti²¹⁻³³）te²¹³（tsɔ²）si²⁵⁻³³ tsia⁵²/tsi⁵² ha²⁵/tsiaŋ⁵²⁻²¹³ naŋ⁵⁵⁻²² sei²¹³.

遂溪 ①遘迹是若种物。kau²¹⁴ tsia⁵⁵ si⁵⁵⁻⁵³ ia⁵⁵ tsiaŋ⁴¹ mi³³. ②地乃都是若物。ti²¹⁴ nai⁵⁵ teu²⁴ si⁵⁵ ia⁵⁵ mi³³.

雷州 遘迹是□［zia⁵⁵³］个/种物。kau²¹ tsia⁵⁵³ si³³ zia⁵⁵³ kai²²⁻³³/tsiaŋ⁴² mi³³.

文昌 遘□［ɗe²¹］都是□［ʥia²¹⁻⁵⁵］样/这个物。kau²¹⁻⁵⁵ ɗe²¹ ɗou³⁴⁻⁴² ti⁴²⁻¹¹ ʥia²¹⁻⁵⁵ io⁵³/ʥia²¹⁻⁵⁵ kai²²⁻¹¹ mi⁵³.

三亚 遘□［ɗe²⁴］都是即种物。kau²⁴⁻²² ɗe²⁴ ɗou³³ ti⁴²⁻⁴⁴ iʔ⁴⁵ tsiaŋ³¹ mi⁴².

各地形式归纳如下。

泉州	厦门	台中	漳州
逐搭/择 tak₂ taʔ₃/tiaʔ₃	逐位 tak₂ ui²	□□kaʔ² to²	遘处 kauˀ tshuˀ
遘搭/择 kauˀ taʔ₃/tiaʔ₃			

汕头	揭阳	海丰	
满（地）块ᶜmua（ti²）koˀ	满（地）块ᶜmua（ti²）koˀ	咸（地）块ₛham（ti²）teˀ	
		遘（地）块 kauˀ（ti²）teˀ	

雷州	遂溪	文昌	三亚
遘迹 kauˀ tsiaˀ	遘迹 kauˀ ᶜtsia	遘处 kauˀ ɗeˀ	遘处 kauˀ ɗeˀ
	地乃 tiˀ ᶜnai		

（四）闽南方言处所指示代词表

表1-2为闽南方言处所指示代词情况汇总。

表 1-3　闽南方言处所指示代词

指代类型		泉州	厦门	台中	漳州	汕头	揭阳	海丰	雷州	遂溪	文昌	三亚
处所	特定 近	即搭(仔) tsit₃ taʔ₃(ᶜa)	□ᶜtsia、即 tsit₅ teᵓ	□ᶜtsia	□ᶜtsia、即 tsiaᵓ、即 tsit₅ taiᵓ ᶜsɔ、即 位仔 uiᶻ ᶜa	只块ᶜtsi koᵓ、<只 块>ᶜtsio	<只块> ᶜtsio koᵓ	只(搭仔) ᶜtsi (tapᵓ ᶜa)、只担仔 tsi ᶜtam ᶜa、只(□) (ᶜe)	□迹 tsiaᶻ zia²	□(迹) tieᵓ (ᶜtsia)、若 迹ia ᶜtsia、若乃ia ᶜnai	□里 ᶜtɕia ᶜle	即路 iʔᵓ ᶜlou
	特定 远	迄搭(仔) hit₃ taʔ₃(ᶜa)/泛择 hit₅ tiaʔ₃	□ᶜhia、迄 hit₅ teᵓ	□ᶜhia	□ᶜhia、迄 位仔 uiᶻ ᶜa	许块 ᶜhu koᵓ、<许 块> ᶜhio	<许块> ᶜhio koᵓ	许(搭仔) (ᶜhi tapᵓ ᶜa)、许(□) ᶜhi ᶜe	许迹 ha² tsia²	许迹 ᶜha tsia、许乃 ᶜha ᶜnai	许里 ᶜho ᶜle	□路 (h) aʔᵓ ᶜlou
	不分远近	—	—	—	—	—	—	□ᶜe	—	乃ᶜnai、迹 ᶜtsia	ᶜle	—
	范围外	别搭 patᵓ taʔᵓ、别择 patᵓ tiaʔᵓ	别位 patᵓ uiᶻ	□kaʔᵓ toᵓ	别所在 patᵓ ᶜsɔ tsaiᶻ、别位仔 patᵓ uiᶻ ᶜa	别块 patᵓ koᵓ、别地 patᵓ tiᵓ koᵓ	别块 patᵓ koᵓ	别块 pakᵓ teᵓ	□迹 koᵓ tsia²	□乃 ko ᶜnai、□迹 koᵓ tsia	别处 batᵓ deᵓ	别路 ᶜbai ᶜlou
	所有 不分远近	逐搭/择 takᵓ taʔᵓ/tiaʔᵓ、逐搭择 kauᵓ taʔᵓ/tiaʔᵓ	逐位 takᵓ uiᶻ	—	遍处 kauᵓ tshuᵓ	满(地)块 ᶜmua (tiᶻ) koᵓ	满(地)块 ᶜmua (tiᶻ) koᵓ	遍(地)块 kauᵓ(tiᶻ) teᵓ、咸(地)块(tiᶻ) teᵓ	遍迹 kauᵓ tsia²	遍迹 kauᵓ tsia、地乃ti ᵓ ᶜnai	遍处 kauᵓ deᵓ	遍处 kauᵓ deᵓ

三、指代时间的指示代词

先看例句。

(40) 他这会儿还没下班呢。

泉州 伊即下/即阵/即节 野未落班呢。i^{33} tsit^{55} e^{41}/tsit^{55} tsun^{41}/tsit$^{55-44}$ tsue?^{55} iã$^{55-24}$ bɤ$^{41-22}$ lo?^{22} pan^{33} nẽ^{31}/nĩ^{31}.

厦门 伊即阵/<即阵> 各也未落班呃。i$^{44-22}$ tsit$^{32-5}$ tsun^{22}/<tsun^{53}> ko?$^{32-5}$ a$^{53-44}$ be$^{22-21}$ lo?$^{5-21}$ pan^{44} e^{21}.

台中 伊即□〔ma^{44}〕未下班咧。i$^{44-22}$ tsit$^{2-5}$ ma^{44} bue$^{22-21}$ ha$^{22-21}$ pan^{44} le^{21}.

漳州 即□〔ta$^{34-33}$〕仔伊夭未落班。tsit$^{32-5}$ ta$^{34-33}$ a^{52} i^{34} a$^{52-34}$ bue$^{22-21}$ lo?$^{121-21}$ pan^{34}.

汕头 伊只□〔tsuŋ^{55}〕还未落班仁。i^{33} tsi$^{52-24}$ tsuŋ^{55} huã$^{52-24}$ bue^{31} lok$^{5-2}$ paŋ^{33} to$^{25-31}$.

揭阳 伊只□〔tsuŋ^{55}〕还未落班仁。i^{33} tsi$^{42-24}$ tsuŋ^{55} huã$^{42-24}$ bue$^{22-21}$ lo?$^{5-2}$ paŋ^{33} to$^{35-21}$.

海丰 伊只个(时)暑还未/无落班(仁)。i^{44} tsi^{52} kai$^{55-22}$ (si$^{55-22}$) su^{52} huã$^{52-213}$ bue$^{25-33}$/bɔ$^{55-22}$ lɔ?$^{4-3}$ paŋ^{44} (tsu^{21}).

遂溪 伊若缝团赠落班。i^{24} ia^{55} phaŋ^{22} kia^{41} meŋ$^{22-33}$ lo^{33} paŋ^{24}.

雷州 伊□〔zia^{553}〕迫(团)野赠落班。i^{24} zia^{553} phe^{553} (kia^{42}) ia^{42} meŋ^{553} lo^{33} paŋ^{24}.

文昌 伊遘□〔ʤiau^{34}〕倘无落班噜。i^{34} kau$^{21-55}$ ʤiau^{34} iaŋ^{21} bo$^{22-11}$ lok$^{3-21}$ ɓan^{34} lu^{21}.

三亚 伊现旦/即时还无落班噜。i^{33} hi^{22} na^{33}/i?^{45} ti^{22} hai^{22} vo^{22} lo?^{33} ɓaŋ^{33} lu^{42}.

(41) 这瓶酒从那时候藏到现在,足足藏了十年了。

泉州 即瓶酒按迄个时阵/时节园遘即下/即阵/即节,足足园了十年啰。tsit^{55} pan$^{24-22}$ tsiu^{55} an$^{41-55}$ hit^{55} e$^{24-22}$ si$^{24-22}$ tsun$^{41-55}$/si$^{24-22}$ tsue?^{55} kŋ$^{'41-55}$ kau$^{41-55}$ tsit^{55} e$^{41-21}$/tsit^{55} tsun^{41}/tsit$^{55-44}$ tsue?^{55}, tsiɔk$^{55-44}$ tsiɔk^{55} kŋ$^{'41-55}$ liau^{55} tsap$^{24-22}$ nĩ^{24} lɔ^{41}.

厦门 即矸酒用迄阵收遘即阵/<即阵>,足足收十年啊。tsit$^{32-5}$ kan$^{44-22}$ tsiu^{53} iŋ$^{22-21}$ hit$^{32-5}$ tsun^{22} siu$^{44-22}$ kau$^{21-53}$ tsit$^{32-5}$ tsun^{22}/<tsun^{-53}>, tsiɔk$^{32-5}$ tsiɔk^{32} siu$^{44-22}$ tsap$^{5-21}$ nĩ^{24} a^{21}.

台中 即罐酒尉迄□［tan$^{44-22}$］阵□［tshaŋ$^{21-53}$］遘即□［ma^{53}］，足足□［tshaŋ$^{21-53}$］十年啊。tsit$^{2-5}$ kuan$^{21-53}$ tsiu^{53} ui$^{21-53}$ hit$^{2-5}$ tan$^{44-22}$ tsun^{22} tshaŋ$^{21-53}$ kau$^{21-53}$ tsit$^{2-5}$ ma^{53}，tsiɔk$^{2-5}$ tsiɔk^{2} tshaŋ$^{21-53}$ tsap$^{3-2}$ ni$^{24-22}$ a^{44}.

漳州 即瓶仔酒，从迄时阵园遘即时阵/即□［ta$^{34-33}$］仔，足足园有十年。tsit$^{32-5}$ paŋ$^{13-22}$ a$^{52-44}$ tsiu^{52}，tsiɔŋ$^{13-22}$ hit$^{32-5}$ si$^{13-22}$ tsun^{22} khŋ$^{21-52}$ kau$^{21-52}$ tsit$^{32-5}$ si$^{13-22}$ tsun^{22}/tsit$^{32-5}$ ta$^{34-22}$ a^{52}，tsiɔk$^{32-5}$ tsiɔk^{32} khŋ$^{21-52}$ u$^{22-21}$ tsap$^{121-21}$ ni^{13}.

汕头 樽酒同许□［tsuŋ^{55}］园遘只□［tsuŋ^{55}］，足足园有十年了。tsuŋ^{33} tsiu^{52} taŋ$^{55-31}$ hɯ$^{52-24}$ tsuŋ^{55} khɯŋ$^{213-55}$ kau$^{213-55}$ tsi$^{52-24}$ tsuŋ^{55}，tsok$^{2-5}$ tsok$^{2-5}$ khɯŋ$^{213-55}$ u$^{35-31}$ tsap$^{5-2}$ ni^{55} ou$^{52-213}$.

揭阳 樽酒同许□［tsuŋ^{55}］园遘只□［tsuŋ^{55}］，足足园有十年了。tsuŋ^{33} tsiu$^{42-53}$ taŋ$^{55-22}$ hɯ$^{42-35}$ tsuŋ^{55} khɯŋ$^{213-42}$ kau$^{213-42}$ tsi$^{:42-24}$ tsuŋ^{55}，tsok$^{2-3}$ tsok$^{2-3}$ khɯŋ$^{213-42}$ u$^{35-21}$ tsap$^{5-2}$ ni^{55} au$^{42-213}$.

海丰 只瓶酒着许个（时）暑放遘/阿咀，足足放了十年。tsi^{52} paŋ$^{55-22}$ tsiu^{52} tɔʔ$^{4-3}$/tioʔ$^{4-3}$ hi^{52} ai$^{55-22}$（si$^{55-22}$）su^{52} paŋ$^{213-55}$ kau$^{213-55}$/a$^{213-55}$ tã^{44}，tsok$^{3-4}$ tsok^{3} paŋ$^{213-55}$ liau$^{52-213}$ tsap$^{4-3}$ ni^{55}.

遂溪 若瓶酒仃许候/□［ho^{55}］候园倒现旦，整整十年啦。ia^{55} phiŋ^{22} tsiu^{41} tu$^{55-33}$ ha^{55} hau^{24}/ho^{55} hau^{3} ko^{214} to^{41} hin^{55} ta^{24}，tsiŋ^{41} tsiŋ^{41} tsap^{3} hi^{22} la^{41}.

雷州 □［zia^{553}］瓶酒通□［ho^{553}］候园遘宁旦，念念园了十年（啦）。zia^{553} paŋ$^{22-33}$ tsiu^{42} than^{21} ho^{553} hau^{24} kho^{21} kau^{21} niŋ^{553} ta^{24}，niam^{553} niam$^{553-21}$ kho^{21} liau^{42} tsap^{2} hi^{22}（la^{33}）.

文昌 □［ʥia$^{21-55}$］瓶酒通许轮放遘□［ʥia^{21}］旦，整整放十年啦。ʥia$^{21-55}$ ɓan$^{22-11}$ tʃiu^{31} xan^{21} fio$^{21-55}$ lun^{22} ɓaŋ^{21} kau$^{21-55}$ ʥia^{21} na^{34}，tʃeŋ$^{31-33}$ tʃeŋ$^{31-33}$ ɓaŋ^{31} tap$^{3-21}$ ɦi^{22} la^{21}.

三亚 即瓶酒通/从□［aʔ^{45}］时候园遘现旦，足足园了十年。iʔ^{45} phiŋ^{22} tsiu^{31} thaŋ^{24}/tshoŋ^{22} aʔ^{45} ti^{22} hau^{33} kho$^{24-22}$ kau^{24} hi^{22} na^{33}，tsou^{45} tsouʔ^{45} kho^{24} liau^{42} tai^{42} hi^{22}.

（42）我遇见他那会儿火车还没开。

泉州 我拄着伊迄节/迄下火车野未开。gua$^{55-24}$ tu^{55} tioʔ^{55} i^{33} hit$^{55-44}$ tsueʔ^{55}/hit^{55} e^{41} hɤ$^{55-24}$ tshia^{33} iã$^{55-24}$ bɤ$^{41-22}$ khui^{33}.

厦门 我拄着伊迄时/个迄个时阵火车各也未开呃。gua$^{53-44}$ tu^{53} tioʔ$^{5-21}$ i$^{44-21}$ hit$^{32-5}$ si$^{24-21}$/e$^{24-21}$ hit$^{32-5}$ e$^{22-21}$ si$^{24-22}$ tsun^{22} he$^{53-44}$ tshia^{44} koʔ$^{32-5}$ a$^{53-44}$ be$^{22-21}$ khui^{44} e^{21}.

台中 我看着伊个迄□［tan$^{44-22}$］阵火车还未开。ua$^{53-44}$ khuã$^{21-53}$ tioʔ$^{3-2}$

i⁴⁴⁻²² e²⁴⁻²² hit²⁻⁵ tan⁴⁴⁻²² tsun²² hue⁵³⁻⁴⁴ tshia⁴⁴⁻²² a⁵³⁻⁴⁴ bue²²⁻²¹ khui⁴⁴.

漳州 我□[tshin²²⁻²¹]着伊迄(个)时阵，火车夭未开。gua⁵² tshin²²⁻²¹ tioʔ¹²¹⁻²¹ i³⁴⁻²² hit³²⁻⁵ (e¹³⁻²²) si¹³⁻²² tsun²², hue⁵²⁻³⁴ tshia³⁴ a⁵²⁻³⁴ bue²²⁻²¹ khui³⁴.

汕头 我遇着伊许□[tsuŋ⁵⁵]火车还未开。ua⁵² ŋo²⁵ tioʔ⁵⁻² i³³⁻³¹ hɯ⁵²⁻²⁴ tsuŋ⁵⁵ hue⁵²⁻²⁴ tshia³³ huã⁵²⁻²⁴ bue³¹ khui³³.

揭阳 我遇着伊许下物火车还未开。ua⁴²⁻⁵³ ŋo³⁵ tioʔ⁵⁻² i³³ hɯ⁴²⁻²⁴ e³⁵⁻²¹ mueʔ⁵ hue⁴²⁻²⁴ tshia³³ huã⁴²⁻²⁴ bue²²⁻²¹ khui³³.

海丰 我堵着伊许个(时)暑火车还无/未开(伫)。ua⁵² tu⁵² tɔʔ⁴⁻³/tiɔʔ⁴⁻³ i⁴⁴ hi⁵² kai⁵⁵⁻²² (si⁵⁵⁻²²) su⁵²⁻²¹³ hue⁵²⁻²¹³ tshia⁴⁴ huã⁵²⁻²¹³ bɔ⁵⁵⁻²²/bue²⁵⁻³³ khui⁴⁴ (tsu²¹).

遂溪 我碰倒伊许候火车野嬒开。va⁴¹ phoŋ²⁴ to⁴¹ i²⁴ ha⁵⁵ hau²⁴ hue⁴¹ tshia²⁴ ia⁴¹ meŋ²²⁻³³ khui²⁴.

雷州 我碰遘/见伊□[ho⁵⁵³]候火车野嬒开。ba⁴² phoŋ⁴² kau²¹/ki²¹ i²⁴ ho⁵⁵³ hau²⁴ hue⁴² tshia²⁴ ia⁴² meŋ⁵⁵³ khui²⁴.

文昌 我撞伊许候，火车还无开。gua³¹ tuan⁴² i³⁴ ɦo²¹⁻⁵⁵ ɦiau³⁴, ɦue³¹⁻⁵³ ʃia³⁴ ɦuan²² bo²²⁻¹¹ ɦui³⁴.

三亚 我望见伊□[aʔ⁴⁵]时火车还/□[ziaŋ³¹]无开。va³¹ mo³³ ki²⁴ i³³ aʔ⁴⁵ ti²² huo³¹ tshio³³ hai²²/ziaŋ³¹ vo²² khui³³.

(43) 邻居有人开灯，这时我才知道那贼原来是我的表弟。

泉州 厝边有侬开灯，即节/即阵/即下我则知影迄个贼原来是我个表小弟。tshu⁴¹⁻⁵⁵ pĩ³³ u²² laŋ²⁴⁻²² khui³³ tiŋ³³, tsit⁵⁵⁻⁴⁴ tsueʔ⁵⁵/tsit⁵⁵ tsun⁴¹/tsit⁵⁵ e⁴¹ gua⁵⁵ tsiaʔ⁵⁵ tsai³³ iã⁵⁵⁻²⁴ hit⁵⁵ e²⁴⁻²² tshat²⁴ guan²⁴⁻²² lai²⁴ si²² gua⁵⁵ e²⁴⁻²² piau⁵⁵⁻²⁴ sio⁵⁵⁻²⁴ ti²²⁻²¹.

厦门 ①厝边有侬开火，迄阵/迄时/迄时阵/即时/即时阵我甲知影讲迄个贼团原来是阮表小弟。tshu²¹⁻⁵³ pĩ⁴⁴ u²²⁻²¹ laŋ²⁴⁻²² khui⁴⁴⁻²² he⁵³, hit³²⁻⁵ tsun²²/hit³²⁻⁵ siʔ²⁴/hit³²⁻⁵ si²⁴⁻²² tsun²²/tsit³²⁻⁵ siʔ²⁴/tsit³²⁻⁵ si²⁴⁻²² tsun²² gua⁵³⁻⁴⁴ kaʔ³²⁻⁵ tsai⁴⁴⁻²² iã⁵³⁻⁴⁴ kɔŋ⁵³ hit³²⁻⁵ e²⁴⁻²² tshat⁵⁻²¹ a⁵³ guan²⁴⁻²² lai²⁴ si²²⁻²¹ gun⁵³⁻⁴⁴ piau⁵³⁻⁴⁴ sio⁵³⁻⁴⁴ ti²².

台中 隔壁有侬开电火，即时阵我□[tsiat²⁻⁵]知影即个贼原来是我个表弟。keʔ²⁻⁵ piaʔ² u²²⁻²¹ laŋ²⁴⁻²² khui⁴⁴⁻²² ten²²⁻²¹ hue⁵³, tsit²⁻⁵ si²⁴⁻²² tsun²² ua⁵³ tsiat²⁻⁵ tsai⁴⁴⁻²² iã⁵³⁻⁴⁴ kɔŋ⁵³ tsit²⁻⁵ e²⁴⁻²² tshat³ a⁵³ guan²⁴⁻²² lai²⁴⁻²² si²²⁻²¹ ua⁵³ e²⁴⁻²² piau⁵³⁻⁴⁴ ti²².

漳州 隔壁有侬开灯，即时阵我甲知影迄贼仔原来是阮表小弟。keʔ³²⁻⁵² piaʔ³² u²²⁻²¹ laŋ¹³⁻²² khui³⁴⁻²² tian³⁴, tsit³²⁻⁵ si¹³⁻²² tsun²² gua⁵² kaʔ³²⁻⁵ tsai³⁴⁻²² iã⁵² hit$^{32-5}$ tshat$^{121-21}$ a^{52} guan$^{13-22}$ lai$^{13-22}$ si$^{22-21}$ gun$^{52-34}$ piau$^{52-34}$ sio$^{52-34}$ ti^{22}.

汕头　厝边有侬开灯,<u>只阵</u>我正知个贼么是□［uã^{33}］表弟。tshu$^{213-55}$ pĩ^{33} u$^{25-31}$ naŋ$^{55-31}$ khui^{33} teŋ^{33}, tsi^{52} tsuŋ$^{55-31}$ ua^{52} tsiã$^{213-55}$ tsai^{33} kai$^{55-31}$ tshak^{5} mo^{33} si$^{25-31}$ uã^{33} piõ$^{52-24}$ ti^{25}.

揭阳　厝边有侬开灯,<u>只阵</u>我正知个贼个么是□［uã^{33}］表弟。tshu$^{213-42}$ pĩ^{33} u$^{35-21}$ naŋ$^{55-22}$ khui^{33} teŋ^{33}, tsi^{42} tsuŋ$^{55-21}$ ua^{42} tsiã$^{213-42}$ tsai^{33} kai$^{55-22}$ tshak^{5} kai^{-55} mo^{33} si$^{35-21}$ uã^{33} piõ$^{42-24}$ ti^{25}.

海丰　厝边有侬开灯,<u>只个（时）暑</u>我正知许个/□［hia^{52}］贼原来是阮表弟。tshu$^{213-55}$ pĩ^{44} u$^{25-33}$ naŋ$^{55-22}$ khui$^{44-33}$ teŋ^{44}, tsi^{52} ai$^{55-22}$（si$^{55-22}$）su^{52} ua^{52} tsiã$^{213-55}$ tsai$^{44-33}$ hi^{35} ai$^{55-22}$/hia^{52} tshak^{4} ŋiaŋ$^{55-22}$ lai^{55} si$^{25-21}$ uaŋ$^{52-213}$ piau$^{52-213}$ thai^{21}.

遂溪　邻舍有侬开灯,□［ioŋ^{55}］候我那知贼野是我表弟。lin^{22} sia$^{41-24}$ u$^{55-33}$ naŋ^{22} khui^{24} tiŋ^{24}, ioŋ^{55} hau^{24} va^{41} na$^{24-33}$ tsai^{24} tshak^{3} ia$^{41-24}$ si^{55} va$^{41-24}$ piau^{41} ti^{55}.

雷州　阿邻舍有侬开灯,□［zio^{553}］候/□［zia^{553}］候/□［zio^{553}］时/□［zia^{553}］时我那知许贼野是我个表弟。a^{55} liŋ^{22} sia^{21} u^{33} naŋ^{22} khui$^{24-33}$ tiŋ^{24}, zio^{553} hau^{24}/zia^{553} hau^{24}/zio^{553} si^{21}/zia^{553} si^{21} ba^{42} na^{553} tsai^{24} ha^{553} tshak^{2} zia^{42} si^{33} ba^{42} kai$^{22-33}$ piau^{42} ti^{33}.

文昌　厝舷有侬开灯,□［ʤia$^{21-55}$］＜时候＞但知枚贼是我老弟。ʃu$^{21-55}$ ki^{22} u^{42} naŋ$^{22-11}$ xui$^{34-42}$ ɗeŋ^{34}, ʤia$^{21-55}$＜ɗiau^{34}＞na$^{42-11}$ tai^{34} mo$^{42-11}$ ʃat^{3} ti$^{42-11}$ gua^{31} lau$^{42-11}$ li^{31}.

三亚　邻居有侬开灯,<u>即时我乃八</u>□［aʔ$^{45-44}$］枚贼原来是我厝表弟。len^{22} ki^{33} u^{42} naŋ^{22} khui^{33} ɗeŋ^{33}, iʔ^{45} ti^{21} va^{31} aʔ$^{45-44}$ vaiʔ^{45} aʔ$^{45-44}$ mo^{45} tshaiʔ^{42} zen^{22} lai^{22} ti^{42} va^{31} tshu^{24} ɓiau^{31} ɗi^{42}.

以上例句中各地所见的形式归纳如下。

	泉州	厦门	台中	漳州
近指	即下 tsit₃ e²	即阵 tsit₃ tsun²	即□tsit₃ ₌ma	即□仔 tsit₃ ₌ta ᶜa
	即阵 tsit₃ tsun²	＜即阵＞ᶜtsun	即时阵 tsit₃ ₌si tsun²	即时阵 tsit₃ ₌si tsun²
	即节 tsit₃ tsueʔ₃	即时(阵)tsit₃ ₌si(tsun²)		
远指	迄阵 hit₃ tsun²	迄阵 hit₃ tsun²	迄□阵 hit₃ ₌tan tsun²	迄时阵 hit₃ ₌si tsun²
	迄节 tsueʔ₃	迄下 hit₃ e²		
	迄下 hit₃ e²	迄时(阵)tsit₃ ₌si(tsun²)		

	汕头	揭阳	海丰	
近指	只□ᶜtsi ₌tsuŋ	只□ᶜtsi ₌tsuŋ	只个(时)暑ᶜtsi ₌kai(₌si) ᶜsu	
远指	许□ᶜhɯ ₌tsuŋ	许□ᶜhɯ ₌tsuŋ	许个(时)暑ᶜhi ₌kai(₌si) ᶜsu	

许下物 ʰhɯ ˢe mueʔ˨

	雷州	遂溪	文昌	三亚
近指	□迫(囝)zia² pheˀ(ʿkia)	若缝囝 ˢia ʿphaŋ ʿkia	□ ʿdʒiau	即时 iʔ₃ ʿti
	□候/时 zio² ʿhau/ʿsi	□候 ˢioŋ ʿhau	□<时候> dʒia² ʿdiau	
	□候/时 zia² ʿhau/ʿsi		□旦 dʒia² ʿna	
远指	□候/时 ho² ʿhau/ʿsi	许候 ˢha ʿhau	许候 fio² ʿɦau	□时 aʔ₃ ʿti
			许轮 fio² ʿlun	□时候 aʔ₃ ʿti ʿhau

上列形式中，汕头、揭阳的"□[ʿtsuŋ]"其实也是由闽南-台湾片的"阵"变来的，文昌的"□[ʿdʒiau]"应是近指代词"□[ʿdʒia²]"与"候[ʿɦau]"的合音。

闽南方言指代时间的指示代词，各地都是在一个有"时间"意义的语素前面加上一个指别人或事物的近指或远指语素构成的。表"时间"的语素以"阵"分布的地域最广，"阵"在汉语方言中用作时间指代词的基础语素是非常普遍的现象。但是，闽南-台湾片的"时阵"，海丰以"（时）暑"，雷州片、海南片以"候"构成的时间指代词还是比较特别的。（见表 1-4）

表 1-4 闽南方言时间指示代词

指代类型		泉州	厦门	台中	漳州	汕头	揭阳	海丰	雷州	遂溪	文昌	三亚
近		即下 tsit˚ e², 即阵 tsit˚ tsuŋ²、即节 tsit˚ tsueʔ˚	即阵 tsit˚ tsuŋ²、＜即阵＞ ₋tsuŋ	即□tsit˚ ₋ma、即阵 tsit˚ ₋si tsuŋ²	即□仔 tsit˚ ₋ta ₋a、即时阵 tsit˚ ₋si tsuŋ²	只□ ₋tsi ₋tsuŋ⁵⁵	只 ₋tsi ₋tsuŋ⁵⁵	只个（时）₋tsi ₋kai 暑 ⁼hi（⁼si）⁼su	□迫（困）zia² pheʔ² (₋kia)、□候/时 zioʔ² ₋hau/ ₋si、□候时 zia² ₋hau/₋si	若缝囝 ⁼ia ₋phaŋ ⁼kia、□候 ₋ioŋ ₋hau	□＜时 ₋dʑiau、□＜时 dʑia² ₋diau	即时 iʔ˚ ₋ti
远		迄阵 hit˚ tsuŋ²、迄节 hit˚ tsueʔ˚、迄下 hit˚ e²	迄阵 hit˚ tsuŋ²、迄下 hit˚ e²、迄时（阵）hit˚ ₋si (tsuŋ²)	迄□阵 hit˚ ₋tan tsuŋ²	迄时阵 hit˚ ₋si tsuŋ²	许□ ⁼hɯ ₋tsuŋ	许 ⁼hɯ ₋tsuŋ、许下物 ⁼hɯ ⁼e mueʔ²	许个（时）⁼hi ₋kai（⁼si）⁼su	□候/时 hoʔ² ₋hau/ ⁼si	许候 ha ₋hau	许候 fo⁵ ₋hau、许轮 fo⁵ ₋lun	□时 aʔ² ₋ti、□候 aʔ² ₋hau

四、指代方式、情状的指示代词

（一）指代方式

指代方式的指示代词，语法上主要用来修饰动词性词语，看下面例句。
(44) 这么搞等于白白借钱给人做资本。

泉州　安呢创等于白白借钱度侬做本。an$^{33-24}$ ne^{55} tshɔŋ^{41} tiŋ$^{55-24}$ i$^{24-22}$ peʔ$^{24-22}$ peʔ$^{24-22}$ tsio^{55} tsĩ^{24} thɔ$^{41-22}$ laŋ$^{24-22}$ tsue$^{41-55}$ pŋ^{55}.

晋江　安呢创等于白白借钱度人去做本。an^{33} nĩ^{55} tshɔŋ^{41} tiŋ$^{55-24}$ i^{33} peʔ$^{24-2}$ peʔ$^{24-2}$ tsio^{5} tsĩ^{24} thɔ$^{41-22}$ laŋ$^{24-22}$ khi$^{41-55}$ tsue$^{41-55}$ pŋ^{55}.

安溪　□［hai^{22}］创等于（说）白白借钱□［hoŋ^{22}］人做资本。hai^{22} tshoŋ^{212} tiŋ$^{441-44}$ khɯ^{212}（səʔ$^{31-32}$）peʔ$^{5-2}$ peʔ$^{5-2}$ tsioʔ$^{31-32}$ tsĩ^{25} hoŋ^{22} naŋ$^{25-22}$ tsuei$^{212-41}$ tsɯ$^{23-22}$ pun^{441}.

厦门　安呢创等于白白借钱互侬做资本。an^{44} nĩ^{44} tshɔŋ^{21} tiŋ$^{53-44}$ i$^{24-22-24}$ peʔ$^{5-21}$ peʔ$^{5-21}$ tsio$^{32-53}$ tsĩ^{24} hɔ$^{22-21}$ laŋ$^{24-22}$ tsue$^{21-53}$ tsu$^{44-22}$ pun^{53}.

台中　安呢创等于讲白白借钱合侬做资本。a$^{44-22}$ ne$^{44-22}$ tshɔŋ^{21} tiŋ$^{53-44}$ i$^{44-22}$ kɔŋ$^{53-44}$ peʔ$^{3-2}$ peʔ^{3} tsioʔ$^{2-5}$ tsĩ^{24} haʔ$^{3-2}$ laŋ^{24} tso$^{21-53}$ tsu$^{44-22}$ pun^{53}.

漳州　即安呢仔创等于（讲）白白借镭互侬做本钱。tsit$^{32-5}$ an$^{34-22}$ ne$^{34-22}$ a$^{52-44}$ tshɔŋ^{21} tiŋ$^{52-34}$ i$^{13-22}$（kɔŋ$^{52-34}$）peʔ$^{121-21}$ peʔ^{121} tsio$^{32-52}$ lui^{34} hɔ$^{22-11}$ laŋ$^{13-22}$ tso$^{21-52}$ pun$^{52-34}$ tsĩ$^{13-21}$.

汕头　□［tsĩ$^{213-55}$］生物等于（呾）白白借钱分侬做资本。tsĩ$^{213-55}$ sẽ^{33} mueʔ^{5} teŋ$^{52-24}$ i^{33}（tã$^{213-55}$）peʔ$^{5-2}$ peʔ^{5} tsioʔ$^{2-5}$ tsĩ^{55} puŋ^{33} naŋ$^{55-31}$ tso$^{213-55}$ tsɯ^{33} puŋ^{52}.

揭阳　<只样>［tsiõ$^{213-42}$］生物等于（呾）白白借钱乞侬做资本。<tsiõ$^{213-42}$> sẽ^{33} mueʔ^{5} teŋ$^{42-24}$ i$^{55-22}$（tã$^{213-42}$）peʔ$^{5-2}$ peʔ^{5} tsioʔ$^{2-5}$ tsĩ^{55} kheʔ$^{2-3}$ naŋ$^{55-22}$ tso$^{213-42}$ tsɯ^{33} puŋ^{42}.

海丰　<只样>［tsiõ$^{213-55}$］生擤等于白白借钱乞侬做本。< tsiõ$^{213-55}$ > sẽ$^{44-33}$ mɔŋ^{25} teŋ$^{52-213}$ i^{55} peʔ$^{4-3}$ peʔ^{4} tsioʔ$^{3-4}$ tsĩ^{55} khɔ$^{44-33}$ naŋ$^{55-22}$ tso$^{213-55}$ pun^{52}.

遂溪　□［io^{55}］样做就等做是白白掠钱乞侬做本钱。io^{55} io^{24} tso^{55} tsiu$^{55-33}$ taŋ$^{41-24}$ tso^{55} si^{55} peʔ^{33} peʔ^{33} lia^{33} tsi^{22} khi^{55} naŋ^{22} tso^{55} pui^{41} tsi^{22}.

雷州　□［zio^{553}］样做（就）当于做白白掠/借（阿）钱乞侬做本钱。zio^{553} io^{24} tso^{553}（tsiu$^{33-42}$）to^{21} i$^{24-33}$ tso^{553} peʔ^{33} peʔ^{33} lia^{33}/tsio^{553}（a^{55}）tsi^{22} khi^{553}

naŋ²² tso⁵⁵³ pui⁴² tsi²².

文昌 □［ʥia²¹］作做，等于白借/□［ioʔ⁵³］钱侬做本。ʥia²¹ toʔ⁵ to⁵³，ɗeŋ³¹⁻³³ i²² ɓeʔ⁴² ʧio⁵³/ioʔ⁵³ ʧi²²⁻¹¹ naŋ²² to⁵³ ɓui³¹.

三亚 种样作等于(讲) 白白借钱乞侬做资本。taŋ²⁴ io³³ tsoʔ⁴⁵ ɗeŋ³¹ (z) i²² (koŋ³¹) ɓeʔ³³ ɓeʔ³³ tshie(ʔ)⁴⁵ tsi²² khiʔ⁴⁵/hiʔ⁴⁵ naŋ²² tsoʔ⁴⁵ tsi³³ ɓui³¹.

(45) 把韭菜拿去那样熬肯定不好吃的。

泉州 将韭菜抨去安呢煠稳当/肯定无好食个。tsioŋ³³ ku⁵⁵⁻²⁴ tshai⁴¹ thueʔ²⁴⁻²² khɯ⁴¹⁻⁵⁵ an³³ nẽ³³ suaʔ⁵⁵ un⁵⁵⁻²⁴ taŋ⁴¹⁻⁵⁵/khŋ⁵⁵⁻²⁴ tiŋ⁴¹⁻⁵⁵ bo²⁴⁻²² ho⁵⁵⁻²⁴ tsiaʔ²⁴⁻²² e²⁴⁻²¹.

厦门 （合）韭菜抨去安呢燖肯定无好食。(kaʔ⁵⁻²¹) ku⁵³⁻⁴⁴ tshai²¹ theʔ⁵⁻²¹ khi²¹⁻⁵³⁻⁴⁴ an⁴⁴ ni⁴⁴ o⁴ khiŋ⁵³⁻⁴⁴ tiŋ²²⁻²¹ bo²⁴⁻²² ho⁵³⁻⁴⁴ tsiaʔ⁵.

台中 合韭菜挈去安呢□［khɔŋ²¹］，一定是无好食。kaʔ³⁻² ku⁵³⁻⁴⁴ tshai²¹ khe²²⁻²¹ khi²¹⁻⁵³ a⁴⁴⁻²² ne⁴⁴ khɔŋ²¹, it²⁻⁵ tiŋ²²⁻²¹ si²²⁻²¹ bo²⁴⁻²² ho⁵³⁻⁴⁴ tsiaʔ³.

漳州 合韭菜抨去安呢□［hɛ³⁴⁻³³］煮，肯定无好食。kaʔ¹²¹⁻²¹ ku⁵²⁻³⁴ tshai²¹⁻⁵² theʔ¹²¹⁻²¹ khi²¹ an³⁴⁻³³ ne³⁴⁻³³ hɛ³⁴⁻³³ kun¹³, khiŋ⁵²⁻³⁴ tiŋ³³ bo¹³⁻³³ ho⁵²⁻³⁴ tsiaʔ¹²¹.

汕头 韭菜掠去＜许样＞生熬硬否孬食哩。ku⁵²⁻²⁴ tshai²¹³ liaʔ⁵⁻² khɯ²¹³⁻⁵⁵ ＜hiõ²¹³⁻⁵⁵＞ sẽ²² ŋau⁵⁵ ŋẽ²⁵⁻³¹ hõu⁵²⁻²⁴ mo⁵²⁻²⁴ tsiaʔ⁵ li²².

揭阳 韭菜挈去＜许样＞□［hẽ³³］熬硬否孬食喏。ku³³ tshai²¹³ khioʔ²⁻³ khɯ²¹³⁻⁴² ＜hiõ²¹³⁻⁴²＞ hẽ³³ ŋau⁵⁵ ŋe³⁵⁻²¹ hõu⁴²⁻²⁴ mo⁴²⁻³⁵ tsiaʔ⁵ no²¹.

海丰 捞韭菜挈去＜许样＞生熬肯定唔好/孬食（个）啦。la⁴⁴ kiu⁵²⁻²¹³ tshai²¹³ khieʔ⁴⁻³ khi²¹³ ＜hiõ²¹³⁻⁵⁵＞ sẽ⁴⁴ ŋaũ⁵⁵ kheŋ⁵²⁻¹³ teŋ²⁵⁻³³ m̩²⁵⁻³³ hɔ⁵²⁻²¹³/mo⁵²⁻²¹³ tsiaʔ⁴ (kai⁵⁵⁻²²) la³³.

遂溪 掠阿韭菜□［ho⁵⁵］样熬一定无好食。lia³³ a⁵⁵ kau⁴¹ tshai²¹⁴ ho⁵⁵ io²⁴ ŋau²² it⁵⁴ tiŋ⁵⁵⁻³³ bo²² ho⁴¹ tsia³³.

雷州 掠阿韭菜□［ho⁵⁵³］样熬定是无好食。lia³³ a⁵⁵ kau⁴² tshai²¹⁻²⁴ ho⁵⁵³ io²⁴ ŋau²² tiŋ⁵⁵³ si³³ bo²²⁻³³ ho⁴² tsia³³.

文昌 □［ɓue⁴²］韭葱许作熬，硬无好食。ɓue⁴² kau³¹⁻³³ ʃaŋ³⁴ fio²¹ toʔ⁵ ŋau²², ŋe⁴² bo²²⁻¹¹ fio³¹⁻³³ ʧia ʔ³.

三亚 □［ɓui⁴²］韭菜种样煮肯定无好喫。ɓui⁴² kau³¹ tshai²⁴ taŋ²⁴ io³³ tsou³¹ khen³¹ ɗiŋ³³ vo²² ho³¹ khai³¹.

（二）指代情状

指代情状的指示代词，语法上一般独立充当谓语、补语或主语、宾语。

（46）房子这样还能住？

泉州 ①厝安呢/＜即样＞□［o⁵⁵］/即款野解徛得是唔？tshu⁴¹ an³³⁻²⁴ nẽ⁵⁵/＜tsiɔŋ⁵⁵⁻²⁴＞o⁵⁵/tsit⁵⁵⁻⁴⁴ khuan⁵⁵ iã⁵⁵⁻²⁴ e²² khia²² lit²⁴⁻²² si²² m̩⁴¹⁻²¹？②厝安呢/＜即样＞□［o⁵⁵］野解徛得□［bue²²］？tshu⁴¹ an³³⁻²⁴ nẽ⁵⁵/＜tsiɔŋ⁵⁵⁻²⁴＞o⁵⁵ iã⁵⁵⁻²⁴ e²² khia²² lit²⁴⁻²² bue²²？

厦门 厝安呢/即款体各有＜法通＞徛？tsu²¹ an⁴⁴ nĩ⁴⁴/tsit³²⁻⁵ khuan⁵³⁻⁴⁴ the⁵³ kɔʔ³²⁻⁵ u²²⁻²¹ ＜huaŋ⁵³＞khia²²？

台中 厝安呢哪解蹛咧？tshu²¹ an⁴⁴⁻²² ne⁴⁴⁻²² na⁵³⁻⁴⁴ e²²⁻²¹ tua²¹ le²¹？

漳州 厝安呢仔卜安哪蹛？tshu²¹ an³⁴⁻²² ne³⁴ a⁵² beʔ³²⁻⁵ an³⁴⁻²² na³⁴⁻²² tua²¹？

汕头 间厝＜只样＞生还好徛？kõi³³ tshu²¹³ ＜tsiõ²¹³⁻⁵⁵＞ sẽ³³ huã⁵²⁻²⁴ ho⁵²⁻²⁴ khia²⁵？

揭阳 间厝＜只样＞生还好徛？kãi³³ tshu²¹³ ＜tsiõ²¹³⁻⁴²＞ sẽ³³ huã⁴²⁻²⁴ ho⁴²⁻²⁴ khia³⁵？

海丰 间厝＜只样＞生还＜会能＞扎得/住得？kãi⁴⁴⁻³³ tshu²¹³ ＜tsiɔ̃²¹³＞ sẽ⁴⁴ huã⁵²⁻²¹³ ＜eŋ²¹＞ tsap³ tit³/tiu²¹ tit³？

遂溪 阿厝□［io⁵⁵］样野敢住啊？a⁵⁵ tshu²¹⁴ io⁵⁵ io²⁴ ia⁴¹ kã⁴¹ tiu²⁴ a³³？

雷州 阿厝（囝）□［zia⁵⁵³］样野能徛（吗）？a⁵⁵ tshu²¹（kia⁴²）zia⁵⁵³ io²⁴ ia⁴² neŋ²² khia³³⁻⁴²（ma³³）？

文昌 厝□［ʥia²¹⁻⁵⁵］种知作徛？ʃu²¹ ʥia²¹⁻⁵⁵ tɕiaŋ³¹ tai³⁴ toʔ⁵ xia⁴²？

三亚 厝种样还能徛吗？tshu²⁴ taŋ²⁴ io³³ hai²² neŋ²² khio⁴² maʔ⁴⁵？

（47）裤子破成那样还能穿吗？

泉州 ①裤破遘安呢/＜迄样＞□［o⁵⁵］/迄款野会颂得是唔？khɔ⁴¹ phua⁴¹⁻⁵⁵ a⁵⁵/kau⁴¹⁻⁵⁵/kaʔ⁵⁵ an³³⁻²⁴ nẽ⁵⁵/＜hiɔŋ⁵⁵⁻²⁴＞o⁵⁵/hit⁵⁵⁻⁴⁴ khuan⁵⁵ iã⁵⁵⁻²⁴ e²² tshiŋ⁴¹⁻²² lit⁵⁵⁻²¹ si²² m̩⁴¹⁻²¹？②裤破遘安呢/＜迄样＞□［o⁵⁵］/迄款野会颂得□［bue²²］？khɔ⁴¹ phua⁴¹⁻⁵⁵ a⁵⁵/kau⁴¹⁻⁵⁵/kaʔ⁵⁵ an³³⁻²⁴ nẽ⁵⁵/＜hiɔŋ⁵⁵⁻²⁴＞o⁵⁵/hit⁵⁵⁻⁴⁴ khuan⁵⁵ iã⁵⁵⁻²⁴ e²² tshiŋ⁴¹⁻²² lit⁵⁵⁻²¹ bue²²？

厦门 裤破遘安呢/迄款体各有＜法通＞颂□［hẽ²¹］？khɔ²¹ phua²¹⁻⁵³ a⁴⁴ an⁴⁴ nĩ⁴⁴/hit³²⁻⁵ khuan⁵³⁻⁴⁴ the⁵³ kɔʔ³²⁻⁵³ u²²⁻²¹ ＜huaŋ⁵³＞ tshiŋ²² hẽ²¹？

台中 裤破遘安呢哪解用颂哩？khɔ²¹ phua²¹⁻⁵³ kaʔ²⁻⁵ an⁴⁴⁻²² ne⁴⁴⁻²² na⁵³⁻⁴⁴ e²²⁻²¹ iɔŋ²⁴⁻²² tshiŋ²² li²¹？

漳州 ①裤破成安呢仔卜安哪颂？khɔ²¹⁻⁴⁴ phua²¹⁻⁵² tsiã¹³⁻²² an³⁴⁻²² ne³⁴ a⁵² beʔ³²⁻⁵ an³⁴⁻²² na³⁴⁻²² tshiŋ²²？②裤仔破遘安呢仔卜安哪颂？khɔ²¹⁻⁴⁴ a⁵² phua²¹⁻⁵² kaʔ³²⁻⁵ an³⁴⁻²² ne³⁴ a⁵² beʔ³²⁻⁵ an³⁴⁻²² na³⁴⁻²² tshiŋ²²？③裤仔破遘安呢仔敢解颂个？khɔ²¹⁻⁴⁴ a⁵² phua²¹⁻⁵² kaʔ³²⁻⁵ an³⁴⁻²² ne³⁴ a⁵² kã⁵²⁻³⁴ e²²⁻²¹ tshiŋ²²⁻²¹

e$^{13-22}$？④裤仔破遘安呢仔解颂啊□［be^{22}］？khɔ$^{21-44}$ a^{52} phua$^{21-52}$ kaʔ$^{32-5}$ an$^{34-22}$ ne^{34} a^{52} e$^{22-21}$ tshiŋ^{22} a$^{34-22}$ be^{22}？⑤裤仔破遘迄落仔解颂啊□［be^{22}］？khɔ$^{21-44}$ a^{52} phua$^{21-52}$ kaʔ$^{32-5}$ hit$^{32-5}$ loʔ$^{121-21}$ a^{52} e$^{22-21}$ tshiŋ^{22} a$^{34-22}$ be^{22}？

  汕头 条裤破到＜许样＞生还好颂？tiau$^{55-31}$ khou^{213} phua$^{213-55}$ kau$^{213-55}$ ＜hiõ$^{213-55}$＞ sẽ^{33} huã$^{52-24}$ ho$^{52-24}$ tsheŋ^{31}？

  揭阳 条裤破到＜许样＞□［hẽ^{33}］还好颂？tiau$^{55-22}$ khou$^{213-42}$ phua$^{213-42}$ kau$^{213-42}$ ＜hiõ$^{213-42}$＞ hẽ^{33} huã$^{42-24}$ ho$^{42-24}$ tsheŋ^{22}？

  海丰 条裤破遘/阿＜许样＞生还＜会能＞颂得（咪）？tiau$^{55-22}$ khou^{213} phuã$^{213-55}$ kau$^{213-55}$/a$^{213-55}$ ＜hiõ^{213}＞ sẽ^{44} huã$^{52-213}$ ＜eŋ^{21}＞ tshiɔŋ$^{21-33}$ tit^{3}（mi^{55}）？

  遂溪 裤烂成□［ho^{55}］样野能颂吗？kheu^{214} nua^{24} tsia^{24} ho^{55} io^{24} ia$^{41-24}$ neŋ^{22} tshiaŋ^{24} ma^{55}？

  雷州 裤破成□［ha^{553}］样野能颂吗？kheu^{21} phua^{21} tsia$^{22-33}$ ha^{553} io^{24} ia^{42} neŋ^{22} tshiaŋ$^{553-24}$ ma^{33}？

  文昌 裤□［ɓe^{42}］□［ʥia^{21}］/□［ɸio$^{21-55}$］种，知作颂？xou^{21} ɓe^{42} ʥia^{21}/ɸio$^{21-55}$ tʃiaŋ^{31}，tai^{34} toʔ^{5} ʃiaŋ^{34}？

  三亚 裤破成种样还可以颂吗？khou^{24} phuo^{24} tsio^{22} taŋ^{24} io^{33} hai^{22} kho^{31} i^{22} tshiaŋ^{33} maʔ^{45}？

 （48）这样好。

  泉州 安呢/＜即样＞□［o^{55}］好。an$^{33-24}$ nẽ^{55}/＜tsiɔŋ$^{55-24}$＞ o^{55} ho^{55}．

  厦门 安呢好。an^{44} nĩ^{44} ho^{53}．

  台中 安呢好。an$^{44-22}$ ne$^{44-22}$ ho^{53}．

  漳州 安呢好。an$^{34-22}$ ne^{34} ho^{52}．

  汕头 ＜只样＞生好。＜siõ$^{213-55}$＞ tsẽ^{33} ho$^{52-213}$．

  揭阳 ＜只样＞生好。＜tsiõ$^{213-42}$＞ sẽ^{33} ho$^{42-213}$．

  海丰 ＜只样＞生好。＜tsiõ^{213}＞ sẽ^{44} hɔ^{52}．

  遂溪 □［ia^{55}］样/□［io^{55}］样/□［io^{55}］态好。ia^{55} io^{24}/io^{55} io^{24}/io^{55} thoi^{41} ho^{41}．

  雷州 □［zio^{553}］样/□［zio^{553}］态好。zio^{553} io^{24}/zio^{553} thoi^{21} ho^{42}．

  文昌 □［ʥia$^{21-55}$］种好。ʥia$^{21-55}$ tʃiaŋ^{31} ɸio^{31}．

  三亚 种样好/即样好。taŋ^{24} io^{33} ho^{31}/iʔ^{45} io^{33} ho^{31}．

 （49）我以为是那样呢。

  泉州 我以为/看是＜迄样＞□［o^{55}］个。gua^{55} i$^{55-24}$ ui$^{24-22}$/khuã^{41} si^{22} ＜hiɔŋ$^{55-24}$＞ o^{55} e^{41}．

  厦门 ①我各想讲是安呢哪。gua$^{53-44}$ kɔʔ$^{32-5}$ siũ$^{22-21}$ kɔŋ$^{53-44}$ si$^{22-21}$ an^{44}

nĩ^{44} nã^{21}. ②我各以为是<u>安呢</u>哪。gua$^{53-44}$ koʔ$^{32-5}$ i$^{53-44}$ ui$^{22-21}$ si$^{22-21}$ an^{44} nĩ^{44} nã^{21}.

台中 我叫是<u>安呢</u>哩。ua^{53} kio$^{21-53}$ si$^{22-21}$ an$^{44-22}$ ne^{44} li^{21}.

漳州 我以为是<u>安呢仔</u>。gua^{52} i$^{52-34}$ ui$^{22-21}$ si$^{22-21}$ an$^{34-22}$ ne^{34} a^{52}.

汕头 我□[saʔ$^{2-5}$]做<u><许样>生</u>/□[hĩ$^{213-55}$]<u>生</u>啊。ua^{52} saʔ$^{2-5}$ tso$^{213-55}$ <hiõ$^{213-55}$> sẽ^{33}/hĩ$^{213-55}$ sẽ^{33} a$^{33-31}$.

揭阳 我□[la$^{42-24}$]做□[hiõ$^{213-42}$]□[hẽ^{33}]啊。ua$^{42-53}$ la$^{42-24}$ tso$^{213-42}$ hiõ$^{213-42}$ hẽ^{33} a^{33}.

海丰 我敢做/那算是<u><许样>生</u>。ua^{52} kã$^{52-213}$ tsɔ$^{213-55}$/na$^{52-213}$ sũi$^{213-55}$ si$^{25-33}$ <hiõ^{213}> sẽ^{44}.

遂溪 我定□[kio^{33}]是□[ho^{55}]样/□[ho^{55}]态。va^{41} tia$^{55-33}$ kio^{33} si^{55} ho^{55} io^{24}/ho^{55} thoi^{41}.

雷州 我认为□[ho^{553}]态好。ba^{42} zien^{24} ui^{22} ho^{553} thoi^{21} ho^{42}.

文昌 我认为是许种咧。gua^{31} ʤien$^{42-11}$ ui$^{31-33}$ ti$^{42-11}$ ɦo$^{21-55}$ ʧian^{31} le^{31}.

三亚 我以为是种样/□[aʔ^{45}]样（呢）。va^{31} zi^{22} vui^{22} ti^{42} taŋ^{24} io^{33}/aʔ^{45} io^{33}（ne^{31}）.

（50）姑娘家怎么穿一双这样的鞋？

泉州 查某囝仔怎仔哪/干仔哪颂蜀双<u><即样>□[o^{55}]</u>（个）鞋？tsa^{33} bɔ$^{55-24}$ kan$^{55-24}$ ã^{55} tsiũ$^{41-55}$ ã^{55} nã^{55}/kan^{41} ã$^{55-21}$ nã^{55} tsiŋ$^{41-22}$ tsit$^{24-22}$ saŋ^{33} <tsiɔŋ$^{55-24}$> o^{55}（e$^{24-22}$）ue^{24}？

厦门 ①查某囝仔安怎/敢解颂蜀双安呢个鞋？tsa$^{44-22}$ bɔ$^{53-44}$ gin$^{53-44}$ a^{53} an$^{21-53}$ tsuã^{53}/kan$^{53-44}$ e$^{22-21}$ tshiŋ$^{22-21}$ tsit$^{5-21}$ siaŋ$^{44-22}$ an^{44} nĩ^{44} e$^{24-22}$ ue^{24}？②查某囝仔安怎/敢解颂蜀双<u>即款样</u>个鞋？tsa$^{44-22}$ bɔ$^{53-44}$ gin$^{53-44}$ a^{53} an$^{21-53}$ tsuã^{53}/kan$^{53-44}$ e$^{22-21}$ tshiŋ$^{22-21}$ tsit$^{5-21}$ siaŋ$^{44-22}$ tsit$^{32-5}$ khuan$^{53-44}$ iũ^{22} e$^{24-22}$ ue^{24}？③查某囝仔安怎/敢解颂蜀双即款鞋？tsa$^{44-22}$ bɔ$^{53-44}$ gin$^{53-44}$ a^{53} an$^{21-53}$ tsuã^{53}/kan$^{53-44}$ e$^{22-21}$ tshiŋ$^{22-21}$ tsit$^{5-21}$ siaŋ$^{44-22}$ tsit$^{32-5}$ khuan$^{53-44}$ ue^{24}？

台中 蜀个<查某>囝仔，哪解颂蜀双即种鞋？tsit$^{3-2}$ e$^{24-22}$ <tsau$^{53-44}$> gin^{44} a^{53}, na$^{53-44}$ e$^{22-21}$ tshiŋ$^{22-21}$ tsit$^{3-2}$ siaŋ^{44} tsit$^{2-5}$ tsiɔŋ$^{53-44}$ e^{24}？

漳州 查某囝仔安怎甲颂蜀双<u>即落仔</u>鞋仔？tsa$^{13-22}$ bo$^{52-34}$ gin$^{52-34}$ na^{52} an$^{34-22}$ tsuã^{52} kak$^{52-5}$ tshiŋ$^{34-22}$ tsit$^{121-21}$ siaŋ$^{34-22}$ tsit$^{32-5}$ loʔ$^{121-21}$ a^{52} e^{13} a^{52}？

汕头 姿娘囝侬做呢颂双<u><只样>生</u>个鞋？tsɯ^{33} niõ$^{55-31}$ kiã$^{52-24}$ naŋ^{55} tso$^{213-55}$ ni$^{55-31}$ tshen^{31} saŋ^{33} <tsiõ$^{213-55}$> sẽ^{33} kai$^{55-31}$ oi^{55}？

揭阳 姿娘囝侬做呢颂双鞋<u><只样>生</u>？tsɯ^{33} niõ$^{55-22}$ kiã$^{42-35}$ naŋ^{55} tso$^{213-42}$ ni$^{55-22}$ tshen$^{22-21}$ saŋ^{33} oi^{55} <tsiõ$^{213-42}$> sẽ^{33}？

海丰 查某囝仔侬（知）做呢样颂双＜只样＞生个鞋？tsa⁴⁴⁻³³ bou⁵²⁻²¹³ kaŋ⁵²⁻²¹³ ã⁵²⁻²¹³ naŋ⁵⁵（tsai⁴⁴⁻³³）tsɔ²¹³⁻⁵⁵ ni⁵⁵⁻²² iɔ̃²¹⁻³³ tshiɔŋ²¹⁻³³ saŋ⁴⁴⁻³³ ＜tsiɔ̃²¹³＞ sẽ⁴⁴ ai⁵⁵⁻²² ei⁵⁵？

遂溪 妹囝侬做□［mi⁵⁵］穿对□［io⁵⁵］样/□［io⁵⁵］/□［ioŋ⁵⁵］/□［io⁵⁵］态鞋？mui⁵⁵ kia⁴¹ naŋ²² tso⁵⁵ mi⁵⁵ tshiaŋ²⁴ tui²¹⁴⁻⁵⁵ io⁵⁵ io²⁴/io⁵⁵/ioŋ⁵⁵/io⁵⁵ thoi⁴¹ oi²²？

雷州 ＜查某＞囝做能颂蜀双□［zio⁵⁵³］样个鞋？＜tseu³³＞ kia⁴² tso⁵⁵³ neŋ²²⁻³³ tshiaŋ⁵⁵³⁻²⁴ ziak⁵ siaŋ²⁴⁻³³ zio⁵⁵³ io²⁴ kai²²⁻³³ oi²²？

文昌 昨嫲囝知作颂□［dʑia²¹⁻⁵⁵］种个鞋？ta³⁴⁻⁴² bou³¹ kia³¹ tai³⁴ to⁵ ʃiaŋ³⁴ dʑia²¹⁻⁵⁵ tʃiaŋ³¹ kai²²⁻¹¹ oi²²？

三亚 昨嫲囝儿做□［miʔ⁴⁵］颂种样/□［iʔ⁴⁵］样蜀双鞋？ta³³ vou³¹ kio³¹ zi²² toʔ⁴⁵ miʔ⁴⁵ tshiaŋ³³ taŋ²⁴ io³³/iʔ⁴⁵ io³³ ioʔ³³ tsiaŋ³³ oi²²？

两类代词的用法在普通话和许多方言里有交叉，普通话"这么/那么"专用于指代方式，"这样/那样"既可以指代方式，也可以指代情状。闽南方言这两类指示代词也有交叉，但是情况相反，指方式的多数也可以用来指情状，但是专用于指情状的却不能用来指方式。以下是各地的形式，加了横线的是专用于指情状的，不加的是既可以指方式也可以指情状的。

		泉州	厦门	台中	漳州
方式	近指	安呢 ₑan ₑnẽ	安呢 ₑan ₑnẽ	安呢 ₑa ₑnẽ	安呢（仔）ₑan ₑnẽ（ᶜa）
	远指	安呢 ₑan ₑnẽ	安呢 ₑan ₑnẽ	安呢 ₑa ₑnẽ	安呢（仔）ₑan ₑnẽ（ᶜa）
情状	近指	安呢 ₑan ₑnẽ	安呢 ₑan ₑnẽ	安呢 ₑan ₑnẽ	安呢（仔）ₑan ₑnẽ（ᶜa）
		＜即样＞□ ＜ᶜtsiɔŋ＞ ᶜo 即款 tsitʔ ᶜkhuan	即款体 tsitʔ khuan the		即落仔 tsitʔ loʔ₂ ᶜa
	远指	安呢 ₑan ₑnẽ	安呢 ₑan ₑnẽ	安呢 ₑan ₑnẽ	安呢（仔）ₑan ₑnẽ（ᶜa）
		＜迄样＞□ ＜ᶜhiɔŋ＞ ᶜo 迄款 hitʔ ᶜkhuan	迄款（样）hitʔ ᶜkhuan（iuʔ）		迄落仔 hitʔ loʔ₂ ᶜa

		汕头	揭阳	海丰
方式	近指	＜只样＞生＜tsiɔ̃ʔ＞ ₑsẽ □生 tsīʔ ₑsẽ	＜只样＞生＜tsiõʔ＞ ₑsẽ	＜只样＞生＜tsiɔ̃ʔ＞ ₑsẽ
	远指	＜许样＞生＜hiõʔ＞ ₑsẽ □生 hīʔ ₑsẽ	＜许样＞□＜hiõʔ＞ ₑhẽ	＜许样＞生＜hiɔ̃ʔ＞ ₑsẽ

		情状 近指	<只样>生<tsiõ²>₌sẽ	<只样>生<tsiõ²>₌sẽ	<只样>生<tsiõ²>₌sẽ
			□生 tsī²₌sẽ		
		远指	<许样>生<hiõ²>₌sẽ	<许样>□<hiõ²>₌hẽ	<许样>生<hiõ²>₌sẽ
			□生 hī²₌sẽ		

			雷州	遂溪	文昌	三亚
方式	近指		□样 zio²₌io	□样 ᶜio₌io	□作 ʥia² toʔ₌	种样 taŋ²₌io
	远指		□样 ho²₌io	□样 ᶜho₌io	□作 ɦo² toʔ₌	种样 taŋ²₌io
情状	近指		□样 zia²₌io	□样 ᶜio₌io	□种 ʥia² ᶜʧiaŋ	种样 taŋ²₌io
			□样 zio²₌io	□ ᶜioŋ		□样 iʔ²₌io
			□态₌io thoi²	□态 ᶜio ᶜthoi		
	远指		□样 ha²₌io	□样 ᶜho₌io	□种 ɦo² ᶜʧiaŋ	种样 taŋ²₌io
			□态 ho² thoi²	□态 ᶜho ᶜthoi		□样 aʔ²₌io

以上形式可归纳为表1-5。

第一章 闽南方言实词语法特点 157

表1-5 闽南方言指示代词用法比较

指代类型		泉州	厦门	台中	漳州	汕头	揭阳	海丰	雷州	遂溪	文昌	三亚
方式	近	<即样>□<ᶜtsiɔŋ>ᶜo、即款 tsit₅ ᶜkhuan	即款(体) tsit₅ ᶜkhuan ᶜthe	—	即落仔 tsit₅ loʔ₂ ᶜa	□生 tsi²ᶜsẽ、<只样>生<ᶜtsiɔ̃>ᶜsẽ	<只样>生<ᶜtsiɔ̃>ᶜsẽ	<只样>生<ᶜtsiɔ̃>ᶜsẽ	□样 zia² ᶜio	□(样) ᶜio(ᶜio)	作 ʤia² toʔ₅	—
	远	<迄样>□<ᶜhiɔŋ>ᶜo、迄款 hit₅ ᶜkhuan	迄款(样) hit₅ ᶜkhuan (iũ²)	—	迄落仔 hit₅ loʔ₂ ᶜa	<许样>生<ᶜhiɔ̃>ᶜsẽ、□生ᶜhĩ ᶜsẽ	<许样>□<ᶜhiɔ̃>ᶜhẽ	<许样>生<ᶜhiɔ̃>ᶜsẽ	□样 ho² ᶜio	□样 ᶜho ᶜio	□作 ho² toʔ₅	—
	不分远近	安呢ᶜan ᶜnẽ	安呢ᶜan ᶜnẽ	安呢ᶜa ᶜnẽ	安呢(仔) ᶜan ᶜnẽ (ᶜa)		—	—				种样 taŋ² ᶜio
情状	近			—	即落仔 tsit₅ loʔ₂ ᶜa	□生 tsi²ᶜsẽ、<只样>生<ᶜtsiɔ̃>ᶜsẽ	<只样>生<ᶜtsiɔ̃>ᶜsẽ	<只样>生<ᶜtsiɔ̃>ᶜsẽ	□样 zia² ᶜio、□样 zioʔ² ᶜio、态 ᶜio ᶜthoi	□(样) ᶜio(ᶜio)、态 ᶜio ᶜthoi	种 ʤia² ᶜtʃiaŋ	□样 iʔ₅ ᶜio
	远			安呢ᶜa ᶜnẽ	迄落仔 hit₅ loʔ₂ ᶜa	<许样>生<ᶜhiɔ̃>ᶜsẽ、□生ᶜhĩ ᶜsẽ	<许样>□<ᶜhiɔ̃>ᶜhẽ	<许样>生<ᶜhiɔ̃>ᶜsẽ	□样 ha² ᶜio、态 ho² ᶜthoi	□样 ho ᶜio、态 ho ᶜthoi	种 ho ᶜtʃiaŋ	□样 aʔ₂ ᶜio
	不分远近	安呢ᶜan ᶜnẽ	安呢ᶜan ᶜnẽ	—	安呢(仔) ᶜan ᶜnẽ (ᶜa)	—	—		—	—	—	种样 taŋ² ᶜio

从表 1-5 可看出，闽南方言指示方式与情状的指代词在系统上有四种类型：①闽南-台湾片及三亚有一个不分方式和情状，也不分远指近指的代词，又有一套只用于指代情状而不用于指代方式且区分远指近指的代词，即系统上方式与情状部分可分，情状的远近指可分可不分，但是方式完全不分远近指。① ②粤东片区分远近指，但是不区分方式与情状。③雷州片区分远近指，但是既有一套不区分方式与情状的指代词，也有一套专用于情状不用于方式的指代词，即方式与情状可分可不分。④文昌既区分方式与情状又区分远近指。上述系统上的差异如表 1-6，表中"＋"表示区分，"－"表示不区分，"＋－"表示可分可不分，"－（＋）"表示基本不区分但局部可分。

表 1-6　闽南方言指示方式与情状的代词的类型

指代类型	闽南-台湾片、三亚	粤东片	雷州片	文昌
区分方式与情状	－（＋）	－	－（＋）	＋
方式区分远近	－	＋	＋	＋
情状区分远近	＋－	＋	＋	＋

五、指代程度的指示代词

指代程度的代词，语法上总是修饰形容词或心理活动动词等具有"程度"语义特征的状态词。闽南方言这类代词在形式上有自己的特点，与普通话或邻近的客、粤方言很不一样。先看例句。

(51) 箱子这么重，你怎么行？

泉州　（即骹）箱仔□［tsuaʔ$^{55-44}$］重，汝哪（□［kia^{22}］/□［kua^{22}］）有法咧？（tsit^{55} kha^{33}）siũ^{33} ã^{55} tsuaʔ$^{55-44}$ taŋ^{22}，lɯ^{55} nã$^{55/41}$（kia^{22}/kua^{22}）u^{22} huat^{55} lɤ^{21}？

厦门　（即个）箱仔□［tsiaʔ$^{32-53}$］呢/□［tsiaʔ$^{32-53}$］重，汝卜倒（□［kuã$^{22-21}$］）有法？（tsit$^{32-5}$ e$^{24-22}$）si ũ$^{44-22}$ a^{53} tsiaʔ$^{32-53}$ ni^{-21}/tsiaʔ$^{32-53}$ taŋ^{22}，li$^{53-44}$ beʔ$^{32-5}$ to^{53}（kuã$^{22-21}$）u$^{22-21}$ huat^{32}？

台中　箱仔□［tsiat$^{2-5}$］重汝哪有法度？siũ$^{44-22}$ a^{53} tsiat$^{2-5}$ taŋ^{22} li$^{53-44}$ na$^{53-44}$ u$^{22-21}$ huat$^{2-5}$ tɔ^{22}？

---

① 台中的系统特点应与同片其他地点相同，但材料中未录得专用于指代情状的指代词，估计是调查不深入所致，有待日后补充。

漳州 （即个）箱仔□［tsiaʔ$^{32-52}$］（呢仔）重，汝敢有法？（tsit$^{32-5}$ e$^{13-22}$）siõ$^{34-22}$ a^{52} tsiaʔ$^{32-52}$（ni$^{13-22}$ a^{44}）taŋ^{22}，li^{52} kã$^{52-34}$ u$^{22-21}$ huak^{32}？

汕头 个箱□［tsiõ$^{213-55}$］重，汝做有变？kai$^{55-31}$ siõ^{33} tsiõ$^{213-55}$ taŋ^{25}，lɯ^{52} tso$^{213-55}$ u$^{25-31}$ piaŋ^{213}？

揭阳 个箱□［tsiõ$^{213-42}$］重，汝做有变？kai$^{55-22}$ siõ^{33} tsiõ$^{213-42}$ taŋ^{35}，lɯ$^{42-53}$ tso$^{213-42}$ u$^{22-21}$ piaŋ^{213}？

海丰 个箱□［tsiaʔ$^{3-4}$］呢重，你做呢样撑？kai$^{55-22}$ siɔ̃$^{44-33}$ tsiaʔ$^{3-4}$ ni$^{55-22}$ taŋ^{25}，li^{52} tsɔ$^{213-55}$ ni$^{55-22}$ iɔ̃^{21} mɔŋ^{25}？

遂溪 个箱□［io^{55}］重，汝做做得啊？kai^{22} sio^{24} io^{55} taŋ^{55}，lu^{41} tso^{55} tso^{55} tiet^{5} a^{33}？

雷州 箱团□［io^{55}］重，汝（做）做能（啊）？sio$^{24-33}$ kia^{42} io^{55} taŋ^{33}，lu^{42}（tso$^{553-33}$）tso^{553} neŋ^{22}（a^{33}）？

文昌 枚/个箱□［ʥia^{21}］作重，汝知作做？mo$^{42-11}$/kai$^{22-11}$ tio^{34} ʥia^{21} toʔ^{43} ɗaŋ^{42}，du^{31} tai^{34} toʔ^{5} to^{53}？

三亚 枚箱团种样重，汝怎着可以？mo^{45} tio^{33} kio^{31} taŋ^{24} io^{33} taŋ^{42}，lu^{31} ɗan^{22} ɗioʔ^{33} khoi^{31} zi^{22}？

（52）我没有他那么爱喝酒。

泉州 我无亲（像）伊□［huaʔ^{55}］/□［huaʔ$^{55-44}$］□［nan^{55}］爱啉酒。gua^{55} bo$^{24-22}$ tshin^{33}（tshiũ$^{41-22}$）i^{33} huaʔ^{55}/huaʔ$^{55-44}$ nan^{55} ai$^{41-55}$ lim^{33} tsiu^{55}．

厦门 我无伊□［hia$^{32-52}$］呢/□［hia$^{32-52}$］/□［hia$^{32-52}$］呢仔爱啉酒。gua$^{53-44}$ bo$^{24-22}$ i$^{44-22}$ hiaʔ$^{32-53}$ ni^{-21}/hiaʔ$^{32-53}$/hiaʔ$^{32-53}$ ni^{-21} a$^{53-44}$ ai$^{21-53}$ lim$^{44-22}$ tsiu^{53}．

台中 我无伊□［hia$^{53-44}$］呢爱啉酒。ua$^{53-44}$ bo$^{24-22}$ i^{44} hia$^{53-44}$ ni$^{24-22}$ ai$^{21-53}$ lim$^{44-22}$ tsiu^{53}．

漳州 我无伊□［hiaʔ$^{32-52}$］（呢仔）爱食酒/啉酒。gua^{52} bo$^{13-22}$ i$^{34-22}$ hiaʔ$^{32-52}$（ni$^{13-22}$ a^{44}）ai$^{21-52}$ tsia$^{121-21}$ tsiu^{52}/lim$^{13-22}$ tsiu^{52}．

汕头 我无伊□［hĩ$^{213-55}$］好食酒。ua^{52} bo$^{55-31}$ i^{33} hĩ$^{213-55}$ hãu$^{213-55}$ tsiaʔ$^{5-2}$ tsiu^{52}．

揭阳 我无伊□［hiõ$^{213-42}$］□［ŋiaŋ$^{213-42}$］食酒。ua$^{42-53}$ bo$^{55-22}$ i^{33} hiõ$^{213-42}$ ŋiaŋ$^{213-42}$ tsiaʔ$^{5-2}$ tsiu^{42}．

海丰 我无伊□［hia$^{3-4}$］爱食酒。ua^{52} bɔ$^{55-22}$ i^{44} hia$^{3-4}$ a$^{213-55}$ tsiaʔ$^{4-3}$ tsiu^{52}．

遂溪 我无有伊□［ho^{55}］瘾啜酒。va^{41} vo^{22} u^{55} i^{24} ho^{55} iŋ^{214} tshue$^{55-33}$ tsiu^{41}．

雷州 ①我无有伊□［ho^{553}］嗜啜酒。ba^{42} bo$^{22-33}$ u^{33} i^{24} ho^{553} se^{553} tshue^{553} tsiu^{42}．②我无共/像伊□［ho^{553}］嗜啜酒。ba^{42} bo$^{22-33}$ kaŋ$^{553-24}$/siaŋ^{21} i^{24} ho^{553}

se^{553} tshue^{553} tsiu^{42}.

文昌 我无平/共伊□［ɦo$^{21-55}$］作尚食酒。gua^{31} bo$^{22-21}$ xeŋ^{22}/kaŋ^{34} i^{34} ɦo$^{21-55}$ to^{2}⁵ tian^{42} tɕia$^{3-21}$ tɕiu^{31}.

三亚 我无有伊种样瘾啜酒。va^{31} vo^{22} u^{42} i^{33} taŋ^{24} io^{33} zen^{31} tshuoʔ^{45} tsiu^{31}.

（53）爷爷那么疼你，你要听他的话。

泉州 引公□［huaʔ^{55}］/□［huaʔ$^{55-44}$］□［nan^{55}］疼汝，汝着听伊个话。in$^{55-24}$ kɔŋ^{33} huaʔ^{55}/huaʔ$^{55-44}$ nan^{55} tiã^{41} lɯ$^{55-21}$, lɯ^{55} tioʔ$^{24-22}$ thiã^{33} i^{33} e$^{24-22}$ ue^{41}.

厦门 安公□［hiaʔ$^{32-53}$］呢/□［hiaʔ$^{32-53}$］/□［hiaʔ$^{32-53}$］呢仔疼汝，汝着听伊个话。an^{44} kɔŋ^{44} hiaʔ$^{32-53}$ ni^{-21}/ hiaʔ$^{32-53}$/ hiaʔ$^{32-53}$ ni^{-21} a$^{53-44}$ thiã^{21} li$^{53-2}$, li$^{53-44}$ tioʔ$^{5-21}$ thiã$^{44-22}$ i$^{44-22}$ e$^{24-22}$ ue^{22}.

台中 阿公□［tsia^{53}］呢疼汝，汝爱听伊个话。a$^{44-22}$ kɔŋ^{44} tsia^{53} ni$^{24-22}$ thiã^{21} li$^{53-21}$, li$^{53-44}$ ai$^{21-53}$ thiã$^{44-22}$ i$^{44-22}$ e$^{24-22}$ ue^{22}.

漳州 阿公□［hiaʔ$^{32-52}$］呢仔惜汝，汝着听伊个话。a$^{34-22}$ kɔŋ^{34} hiaʔ$^{32-52}$ ni$^{13-22}$ a^{44} sioʔ$^{32-52}$ li$^{52-21}$, li^{52} loʔ$^{121-21}$ thiã$^{34-22}$ i$^{34-22}$ e$^{13-22}$ ua^{22}.

汕头 阿公＜许样＞惜汝，汝么着听伊咀。a^{33} oŋ^{33}＜hiõ$^{213-55}$＞sioʔ^{2} lɯ$^{52-213}$, lɯ^{52} moʔ^{33} tioʔ$^{5-2}$ thiã^{33} i^{53} tã^{213}.

揭阳 阿公＜许样＞惜汝，汝么着听伊咀。a^{33} koŋ^{33}＜hiõ$^{213-42}$＞sioʔ^{2} lɯ$^{42-213}$, lɯ$^{42-53}$ moʔ^{33} tioʔ$^{5-2}$ thiã^{33} i^{53} tã^{213}.

海丰 阿公□［hiaʔ$^{3-4}$］（宁/嗯/呢）疼汝，汝爱听伊讲/听伊个话。a$^{44-33}$ kɔŋ^{44} hiaʔ$^{3-4}$（niŋ$^{55-22}$/ŋ$^{55-22}$/ni$^{55-22}$）thiã^{213} li$^{52-213}$, li^{52} ai$^{213-55}$ thiã$^{44-33}$ i$^{44-33}$ kɔŋ^{52}/thiã$^{44-33}$ i$^{44-33}$ ai$^{55-22}$ ue^{213}.

遂溪 阿公□［ho^{55}］□［tshoi^{55}］汝，汝爱听伊话。a$^{24-33}$ kɔŋ^{24} ho^{55} tshoi^{55} lu^{41}, lu^{41} ai^{214} thia^{24} i^{24} ue^{214}.

雷州 公公□［zio^{553}］惜汝，汝爱听伊个话。kɔŋ$^{24-33}$ kɔŋ^{24} zio^{553} tshoi^{553} lu^{42}, lu^{42} ai$^{21-44}$ thia$^{24-33}$ i^{24} kai$^{22-33}$ ue^{24}.

文昌 公许作惜汝，汝参听伊个话。kɔŋ^{34} ɦo$^{21-55}$ toʔ^{5} ʃoi^{53} du^{31}, du$^{31-33}$ ʃam$^{21-55}$ xia^{34} i^{34} kai$^{22-11}$ ɦue^{34}.

三亚 阿公种样疼汝，汝要听伊个话。a^{33} kɔŋ^{33} taŋ^{24} io^{33} thie^{24} lu^{31}, lu^{31} iau^{24} thio^{33} i^{33} kai^{22} uo^{33}.

各地所见形式梳理如下：各地指代程度的代词，多为无字可写的语素，其声母与指别人或事物的代词一样，近指一般为舌音，远指为喉音，估计都是远近指别代词与某个语素合音的产物，其本源仍待进一步的研究。代词形式有一定的地域差异，可分五类。

第一章 闽南方言实词语法特点 161

① 泉州　　　　　厦门　　　　　台中　　　　　漳州　　　　　海丰
近指　□tsuaʔ˨　　□tsiaʔ˨　　□tsiat˨　　□tsiaʔ˨　　□（宁/嗯/呢）
　　　□□　　　　□呢（仔）　□呢　　　　□（呢仔）　tsiaʔ˨（ˏniŋ/
　　　huaʔ˨ ˤnan　tsiaʔ˨ ˏni(ˤa)　tsiat˨ ˏni　tsiaʔ˨（ˏni ˤa）　ŋ̍/ˏni）
远指　□huaʔ˨　　□hiaʔ˨　　□ˤhia　　　□hiaʔ˨　　□hiaʔ˨

② 汕头　　　　　揭阳
近指　□tsiõ²/□tsī²　□tsiõ²
远指　□hiõ²/□hī²　□hiõ²

③ 雷州　　　　　遂溪
近指　□zio²　　　□ˤio
远指　□ho²　　　□ˤho

④ 文昌
近指　□作 dʑia² toʔ˨
远指　□作 fio² toʔ˨

⑤ 三亚
近指　种样 taŋ² ˏio
远指　种样 taŋ² ˏio

以上形式归纳为表1-7，可见，除三亚如粤语广州话的程度指示代词"咁"一样不分远近指，其余均如普通话的"这么""那么"，是区分远指近指的。

表1-7　闽南方言程度指示代词的远近区分

类型	泉州	厦门	台中	漳州	汕头	揭阳	海丰	雷州	遂溪	文昌	三亚
近	□tsuaʔ˨	□tsiaʔ˨	□tsiat˨	□tsiaʔ˨	□tsiõ²	□tsiõ²	□tsiaʔ˨	□zio²	□ˤio	□作 dʑia² toʔ˨	种样 taŋ² ˏio
远	□huaʔ˨	□hiaʔ˨	□ˤhia	□hiaʔ˨	□hiõ²	□hiõ²	□hiaʔ˨	□ho²	□ˤho	□作 fio² toʔ˨	种样 taŋ² ˏio

六、指代数量的指示代词

指代数量的指示代词，语法上可以修饰量词或名词，也可以独立作主语、宾语。闽南方言此类代词的形式有共性也有地域差异，先看例句。

(54) 这块布一共这么多米。

泉州 即块布拢共□[tsuaʔ⁵⁵⁻⁴⁴]稽/□[tsuaʔ⁵⁵⁻⁴⁴]□[nan⁴¹⁻⁵⁵]稽米。tsit⁵⁵⁻⁴⁴ tɤ⁴¹⁻⁵⁵ pɔ⁴¹ liɔŋ⁵⁵⁻²⁴ kiɔŋ⁴¹ tsuaʔ⁵⁵⁻⁴⁴ tsue⁴¹⁻²²/tsuaʔ⁵⁵⁻⁴⁴ nan⁴¹⁻⁵⁵ tsue⁴¹⁻²² mĩ⁵⁵.

厦门 即块布拢总□[tsiaʔ³²⁻⁵³]稽米。tsit³²⁻⁵ te²¹⁻⁵³ pɔ²¹ lɔŋ⁵³⁻⁴⁴ tsɔŋ⁵³ tsiaʔ³²⁻⁵³ tsue²²⁻²¹ biʔ⁵³.

台中 即块布总共□[tsiat²⁻⁵]稽米。tsit²⁻⁵ te²¹⁻⁵³ pɔ²¹ tsɔŋ⁵³⁻⁴⁴ kɔŋ⁵³ tsiat²⁻⁵ tse²²⁻²¹ biʔ⁵³.

漳州 即块布拢总□[tsiaʔ³²⁻⁵²]呢仔稽米。tsit³²⁻⁵ te²¹⁻⁵² pɔ²¹ lɔŋ⁵²⁻³⁴ tsɔŋ⁵² tsiaʔ³²⁻⁵² ni¹³⁻²¹ a⁴⁴ tse²²⁻²¹ biʔ⁵².

汕头 块布拢总<只样>稽米。ko²¹³⁻⁵⁵ pou²¹³ lɔŋ⁵²⁻²⁴ tsɔŋ⁵² <tsiõ²¹³⁻⁵⁵> tsoi³¹ biʔ⁵².

揭阳 块布拢总<只样>稽米。ko²¹³⁻⁴² pou²¹³ lɔŋ⁴²⁻³⁵ tsɔŋ⁴²⁻²¹ <tsiõ²¹³⁻⁴²> tsoi²² biʔ⁴².

海丰 只块布拢总□[tsiaʔ³⁻⁴]（宁/嗯/呢）稽米。tsi⁵² te²¹³⁻⁵⁵ pou²¹³ lɔŋ⁵²⁻²¹³ tsɔŋ⁵² tsiaʔ³⁻⁴ (niŋ⁵⁵⁻²²/ŋ̍⁵⁵⁻²²/ni⁵⁵⁻²²) tsei²¹⁻³³ biʔ⁵².

遂溪 □[ia⁵⁵]块布总共□[io⁵⁵]稽米。ia⁵⁵ khuak³ peu²¹⁴ tsoŋ⁴¹ kɔŋ⁵⁵ io⁵⁵ tsoi²⁴ mai⁵⁵.

雷州 □[zia⁵⁵³]□[khuak⁵]布总□[zio⁵⁵³]稽米。zia⁵⁵³ khuak⁵ peu²¹ tsɔŋ⁴² zio⁵⁵³ tsoi²⁴ mai⁵⁵³.

文昌 □[ʥia²¹⁻⁵⁵]幅布，蜀史□[ʥia²¹⁻⁵⁵]稽米。ʥia²¹⁻⁵⁵ ɓak³ ɓou²¹, ʥiak³⁻²¹ ʃe³¹ ʥia²¹⁻⁵⁵ toi³⁴ mi³⁴.

三亚 即块布蜀共有种样稽米。iʔ⁴⁵ khuai²⁴⁻²² ɓou²⁴ ioʔ³³ kɔŋ⁴² u⁴² taŋ²⁴ io³³ tsoi³³ mi²².

(55) 干那么久你才给他那么多钱？

泉州 作□[huaʔ⁵⁵]/□[huaʔ⁵⁵⁻⁴⁴]□[nan⁵⁵]久汝□[tsiaʔ⁵⁵]度伊□[huaʔ⁵⁵]/□[huaʔ⁵⁵⁻⁴⁴]□[nan⁴¹⁻⁵⁵]稽钱？tsoʔ⁵⁵ huaʔ⁵⁵/huaʔ⁵⁵⁻⁴⁴ nan⁵⁵ ku⁵⁵ lɯ⁵⁵ tsiaʔ⁵⁵ thɔ⁴¹⁻²² i³³ huaʔ⁵⁵/huaʔ⁵⁵⁻⁴⁴ nan⁴¹⁻⁵⁵ tsue⁴¹⁻²² tsĩ²⁴?

厦门 做□[hiaʔ³²⁻⁵³]（呢）久汝甲互伊□[tsiaʔ³²⁻⁵³]（呢）少钱？tsue²¹⁻⁵³ hiaʔ³²⁻⁵³ (ni²¹) ku⁵³ li⁵³⁻⁴⁴ kaʔ³²⁻⁵ hɔ²²⁻²¹ i⁴⁴⁻²² tsiaʔ³²⁻⁵³ (ni²¹) tsio⁵³⁻⁴⁴ tsĩ²⁴? ②做□[hiaʔ³²⁻⁵³]（呢）久汝□[tsaʔ³²⁻⁵]互伊迄点仔/迄淡薄仔钱？tsue²¹⁻⁵³ hiaʔ³²⁻⁵³ (ni²¹) ku⁵³ li⁵³⁻⁴⁴ tsaʔ³²⁻⁵ hɔ²²⁻²¹ i⁴⁴⁻²² hit³²⁻⁵ tiam⁵³⁻⁴⁴ a⁵³⁻⁴⁴/hit³²⁻⁵ tam²²⁻²¹ poʔ⁵⁻²¹ a⁵³⁻⁴⁴ tsĩ²⁴?

台中　做□［hiat²⁻⁵］久汝□［tsiat²⁻⁵］还伊□［tsiat²⁻⁵］穧钱？tso²¹⁻⁵³ hiat²⁻⁵ ku⁵³ li⁵³⁻⁴⁴ tsiat²⁻⁵ hai²⁴⁻²² i⁴⁴⁻²² tsiat²⁻⁵ tse²²⁻²¹ tsĩ²⁴？

漳州　做□［hiaʔ³²⁻⁵²］呢仔久，甲互伊□［hiaʔ³²⁻⁵］穧镭＜呢仔＞？tsoʔ²¹⁻⁵² hiaʔ³²⁻⁵² ni¹³⁻²² a⁴⁴ ku⁵²，kaʔ³²⁻⁵ hɔ²²⁻²¹ i⁵²⁻³⁴ hiaʔ³²⁻⁵ e²² lui³⁴＜nia²¹＞？

汕头　作＜许样＞久汝正分伊＜许样＞穧钱定？tsoʔ²⁻⁵＜hiõ²¹³⁻⁵⁵＞ku⁵² lɯ⁵² tsia²¹³⁻⁵⁵ puŋ³³ i³³＜hiõ²¹³⁻⁵⁵＞tsoi³¹ tsĩ⁵⁵ tiã³¹？

揭阳　作＜许样＞久汝正乞伊＜许样＞穧钱？tsoʔ²⁻⁵＜hiõ²¹³⁻⁵³＞ku⁴²⁻²¹ lɯ⁴²⁻⁵³ tsiã²¹³⁻⁴² kheʔ²⁻³ i³³＜hiõ²¹³⁻⁴²＞tsoi²² tsĩ⁵⁵？

海丰　做□［hiaʔ³⁻⁴］（宁）久汝正乞伊□［hiaʔ³⁻⁴］穧/□［hiaʔ³⁻⁴］宁穧钱啊？tsɔ̃²¹³⁻⁵⁵ hiaʔ³⁻⁴（ŋ⁵⁵⁻²²）ku⁵² li⁵² tsiã²¹³⁻⁵⁵ khɔ⁴⁴⁻³³ i⁴⁴ hiaʔ³⁻⁴ tsei²¹⁻³³/hiaʔ³⁻⁴ ŋ⁵⁵⁻²² tsei²¹⁻³³ tsĩ⁵⁵ a²¹？

雷州　做若久啦汝那乞伊□［zio⁵⁵³］穧钱（乞伊）？tso⁵⁵³ zio⁵⁵³ ku⁴² la⁴² lu⁴² na⁵⁵³⁻³³ khi⁵⁵³ i²⁴ zio⁵⁵³ tsoi²⁴⁻³³ tsi²²（khi⁵⁵³ i²⁴）？

遂溪　做若久汝那乞伊□［io⁵⁵］穧钱？tso⁵⁵ io⁵⁵ ku⁴¹ lu⁴¹ na²⁴⁻³³ khi⁵⁵ i²⁴ io⁵⁵ tsoi²⁴⁻³³ tsi²²？

文昌　做□［ʥia²¹］作久，汝但分伊许穧钱？to⁵³ ʥia²¹ toʔ⁵ ku³¹，du³¹ na⁴²⁻¹¹ ɓun³⁴ i³⁴ ɦio²¹⁻⁵⁵ toi³⁴⁻⁴² tʃi²²？

三亚　做种样（穧）久，汝才乞伊种样穧钱/汝才乞种样穧钱乞伊？toʔ⁴⁵ taŋ²⁴ io³³（ɗoi³³）ku³¹，lu³¹ tshai²² khi⁴² i³³ taŋ²⁴ io³³ tsoi³³ tsi²²/lu³¹ tshai²² khiʔ³³ taŋ²⁴ io³³ tsoi³³ tsi²² khi⁴² i³³？

(56) 这么多不够。

泉州　□［tsuaʔ⁵⁵⁻⁴⁴］穧/□［tsuaʔ⁵⁵⁻⁴⁴］□［nan⁴¹⁻⁵⁵/nã⁵⁵］穧无够。tsuaʔ⁵⁵⁻⁴⁴ tsue⁴¹⁻²²/tsuaʔ⁵⁵⁻⁴⁴ nan⁴¹⁻⁵⁵/nã⁵⁵ tsue⁴¹ bo²⁴⁻²² kau⁴¹.

厦门　□［tsiaʔ³²⁻⁵³］穧/□［tsiaʔ³²⁻⁵³］呢穧无够。tsiaʔ³²⁻⁵³ tsue²²/tsiaʔ³²⁻⁵³ ni⁻²¹ tsue²² bo²⁴⁻²² kau²¹.

台中　□［tsiat²⁻⁵］穧，无够。tsiat²⁻⁵ tse²²，bo²⁴⁻²² kau²¹.

漳州　□［tsiaʔ³²⁻⁵］呢仔穧夭未够。tsiaʔ³²⁻⁵ ni¹³⁻²² a⁴⁴ tse²² iau⁵²⁻³⁴ be²²⁻²¹ kau²¹.

汕头　＜只样＞穧唔够/□［la²⁵］。＜tsiõ²¹³⁻⁵⁵＞tsoi³¹ m²⁵⁻³¹ kau²¹³/la²⁵.

揭阳　＜只样＞穧□［hã⁴²⁻²⁴］唔□［la³⁵］。＜tsiõ²¹³⁻⁴²＞tsoi²² hã⁴²⁻²⁴ m³⁵⁻²¹ la³⁵.

海丰　□［tsiaʔ³⁻⁴］穧/□［tsiaʔ³⁻⁴］宁穧唔够。tsiaʔ³⁻⁴ tsei²¹⁻³³/tsiaʔ³⁻⁴ niŋ⁵⁵⁻²² tsei²¹⁻³³ m²⁵⁻³³ kau²¹³.

遂溪　□［io⁵⁵］穧无够。io⁵⁵ tsoi²⁴ bo²² kau²¹⁴.

雷州　□[zio^{553}] 穧无够。zio^{553} tsoi^{24} bo$^{22-33}$ kau^{21}.
文昌　□[ɗia$^{21-55}$] 穧无够。ɗia$^{21-55}$ toi^{34} bo$^{22-11}$ kau^{21}.
三亚　种样穧无够。taŋ^{24} io^{33} ɗoi^{33} vo^{22} kau^{24}.

(57) 你才买那么多？
泉州　汝□[tsiaʔ^{55}] 买□[huaʔ^{55}] 穧/□[huaʔ$^{55-44}$] □[nan$^{41-55}$] 穧？lɯ^{55} tsiaʔ^{55} bue$^{55-24}$ huaʔ^{55} tsue^{41}/huaʔ$^{55-44}$ nan$^{41-55}$ tsue^{41}？
厦门　汝甲买□[hiaʔ$^{32-53}$] 穧/□[hiaʔ$^{32-53}$] 呢穧？li$^{53-44}$ kaʔ$^{32-53}$ bue$^{53-44}$ hiaʔ$^{32-53}$ tsue^{22}/ hiaʔ$^{32-53}$ ni^{-21} tsue^{22}？
台中　汝□[tsiat$^{2-5}$] 买□[hiat$^{2-5}$] 穧？li$^{53-44}$ tsiat$^{2-5}$ be$^{53-44}$ hiat$^{2-5}$ tse^{22}？
漳州　汝甲买□[hiaʔ$^{32-5}$] 穧<呢仔>？li$^{52-34}$ kaʔ$^{32-5}$ be$^{52-34}$ hiaʔ$^{32-5}$ tse$^{22-21}$ <nia^{21}>？
汕头　汝正买<许样>穧定？lɯ^{52} tsiã$^{213-55}$ boi$^{52-24}$ <hiõ$^{213-55}$> tsoi^{31} tiã^{31}？
揭阳　汝正买<许样>穧定？lɯ$^{42-53}$ tsiã$^{213-42}$ boi$^{42-24}$ <hiõ$^{213-42}$> tsoi^{22} tiã^{22}？
海丰　汝正买□[hiaʔ$^{3-4}$] 穧/□[hiaʔ$^{3-4}$] 宁穧啊？li^{52} tsiã^{55} bei$^{52-213}$ hiaʔ$^{3-4}$ tsei$^{21-33}$/hiaʔ$^{3-4}$ niŋ^{21} tsei$^{21-33}$ a^{21}？
遂溪　汝那买□[io^{55}] 穧？lu^{41} na^{24} voi^{41} io^{55} tsoi^{24}？
雷州　汝那买□[zio^{553}] 穧？lu^{42} na^{24} boi^{42} zio^{553} tsoi^{24}？
文昌　汝但买许穧啊？du^{31} na$^{42-11}$ boi$^{31-33}$ fio$^{21-55}$ toi^{34} a^{42}？
三亚　汝才买种样穧？lu^{31} tshai^{22} voi^{31} taŋ^{24} io^{33} ɗoi^{33}？

语料中所见各地形式可归纳为表1-8。

表1-8　闽南方言中指代数量的指示代词的用法异同

指代类型	泉州	厦门	台中	漳州	汕头	揭阳	海丰	雷州	遂溪	文昌	三亚
近	□(□)穧 tsuaʔ (nanʔ) tsue²	□(呢)穧 tsiaʔ (₋ni) tsue²	□穧 tsiat² tse²	□(呢仔)穧 tsiaʔ (₋ni ʿa) tse²	□穧 tsiõʔ tsoiʔ	□穧 tsiõʔ tsoiʔ	□(宁/嗯/呢)穧 tsiaʔ (₋niŋ/₋ni) tsei²	□穧 zioʔ ₋tsoi	□穧 ₋io ₋tsoi	□穧 ɗia ₋toi	种样穧 taŋʔ ₋io ₋tsoi
远	□(□)穧 huaʔ (nanʔ) tsue²	□(呢)穧 hiaʔ (₋ni) tsue²	□穧 hiat² tse²	□穧 hiaʔ tseʔ	□穧 hiõʔ tsoiʔ	□穧 hiõʔ tsoiʔ	□(宁)穧 hiaʔ (₋niŋ) tsei²	□穧 fioʔ ₋toi			

从表1-8中可以看到，各地指代数量的代词的构成都是在"稽"（多）之前加上一个指示程度的语素，形式上的地域差异因而也与指程度语素的地域差异相应，请参见本节第五部分。在系统特点上，则雷州、遂溪、三亚没有远指近指之分，其余地方均有远指近指之分。

参考文献

［1］李如龙. 闽南方言的代词［M］//李如龙，张双庆. 代词. 广州：暨南大学出版社，1999.
［2］施其生. 汕头方言的指示代词［J］. 方言，1995（3）.

第六节　闽南方言的疑问代词

和指示代词、人称代词一样，闽南方言的疑问代词，与其他地域有一定的共性，也有一定的地域差异。下面分类描述。

一、问人或事物的疑问代词

问人或事物的疑问代词，在语义上，从一个角度可以分成问人还是问事物，从另一个角度可以分成问其中的个体还是问类别。此外，用于称代还是用于指别，在有的方言里也有形式上的差别。形式上的分与不分，代表了语义上的分与不分，由此造成了系统上的差异。

（一）问人的个体

普通话问人的个体时用的是"谁"，闽南方言中的这类词有一定的地域差异。先看例句。

（1）谁有钢笔？

泉州　①＜甚侬＞有钢笔？＜siaŋ^{24}＞ u^{22} kŋ^{33} pit^{55}？②＜甚侬＞仔有钢笔？＜siaŋ$^{24-22}$＞/＜siɔŋ$^{24-22}$＞ã$^{55-24}$ u^{22} kŋ^{33} pit^{55}？

厦门　①＜甚侬＞有铁笔？siaŋ^{24}/siã$^{53-44}$ u$^{22-21}$ thiʔ$^{32-53}$ pit^{32}？②甚□［miʔ$^{32-5}$］侬/□［siã$^{53-44}$］□［miʔ$^{32-5}$］侬有铁笔？sim$^{53-44}$ miʔ$^{32-5}$ laŋ^{24}/siã$^{53-44}$ miʔ$^{32-5}$ laŋ^{24} u$^{22-21}$ thiʔ$^{32-53}$ pit^{32}？③□［tsit$^{5-32}$］□［tsui^{22}］有铁笔？

tsit$^{5-32}$ tsui^{22} u$^{22-21}$ thi?$^{32-53}$ pit^{32}?

台中 □［tsia^{24}］有钢笔？tsia^{24} u$^{22-21}$ kŋ$^{21-53}$ pit^2？

漳州 （□［tsit$^{121-32}$］）□［tsua$^{13-22}$］有铁笔？（tsit$^{121-32}$）tsua$^{13-22}$ u$^{22-21}$ thi?$^{32-52}$ piek^{32}？

汕头 地侬/＜地侬＞/地＜地侬＞有钢笔？ti^{31} naŋ$^{55-31}$/＜tiaŋ$^{55-31}$＞/ti^{31}＜tiaŋ$^{55-31}$＞u$^{25-31}$ kuɯŋ$^{213-55}$ pik^2？

揭阳 地＜地侬＞有钢笔？ti$^{22-21}$＜tiaŋ$^{55-22}$＞u$^{35-21}$ kuɯŋ$^{213-42}$ pek^2？

海丰 ＜地侬＞/地＜地侬＞有水笔？＜tiaŋ$^{25-33}$＞/ti^{21}＜tiaŋ$^{25-33}$＞u$^{25-33}$ tsui$^{52-213}$ pit^3？

雷州 ＜地侬＞有钢笔啊？＜tiaŋ^{553}＞u$^{33-42}$ ko^{21} piek^5 a^{33}？

遂溪 ＜地侬＞/＜地侬＞侬有水笔啊？＜tiaŋ$^{55-33}$＞/＜tiaŋ$^{55-33}$＞naŋ^{22} u^{55} tsui^{41} piet^{54} a^{21}？

文昌 ＜地侬＞有钢笔？＜ɗiaŋ^{42}＞u^{42} ko$^{21-44}$ ɓiet^5？

三亚 □［mi?^{45}］侬/＜地侬＞有钢笔？mi?^{45} naŋ^{22}/＜ɗiaŋ^{33}＞u^{42} koŋ^{33} ɓi?^{45}？

各地所见形式可分三种类型。

① 泉州　　　　　　　　　厦门　　　　　　　　　三亚
　＜甚侬＞$_c$siaŋ　　　　甚□侬^{c}sim mi?$_c$laŋ　　□侬 mi?$_c$naŋ
　＜甚侬＞仔$_c$siaŋ ^{c}ã　□□侬^{c}siã mi?$_c$laŋ
　　　　　　　　　　　　＜甚侬＞$_c$siaŋ
　　　　　　　　　　　　＜甚侬＞^{c}siã

② 汕头　　揭阳　　　　海丰　　　遂溪　　　雷州　　　文昌　　　三亚
　＜地侬＞　地＜地侬＞　＜地侬＞　＜地侬＞　＜地侬＞　＜地侬＞　＜地侬＞
　＜$_c$tiaŋ＞　ti^2＜$_c$tiaŋ＞　＜$_c$tiaŋ＞　＜^{c}tiaŋ＞　＜tiaŋ$^?$＞　＜ɗiaŋ$^?$＞　＜$_c$ɗiaŋ＞
　地＜地侬＞　＜地侬＞　　　　　　＜地侬＞侬
　ti^2＜$_c$tiaŋ＞　＜$_c$tiaŋ＞　　　　　＜^{c}tiaŋ＞
　地侬　　　　　　　　　　　　　$_c$naŋ
　ti^2 $_c$naŋ

③ 厦门　　　　　　　　　台中　　　　　　　　　漳州
　是谁　　　　　　　　　＜谁何＞　　　　　　　（是）＜谁何＞①
　tsit$_2$ tsui^2　　　　　＜$_c$tsia＞　　　　　　（tsit$_2$）＜$_c$tsua＞

---

① "是谁""谁何"的写法来自李如龙《闽南方言语法研究》，福建人民出版社2007年版，第78－81页。

第①种由一个问人或事物类别的"甚""□［miʔ̠］"或"甚□［miʔ̠］"加上"侬"构成"甚侬""□［miʔ̠］侬""甚□［miʔ̠］侬","甚侬"又合音为"［˪siaŋ］""［˪siã］"等,或再加一个词尾"仔［˚ã］"(如泉州"［˪siaŋ ˚ã］")。厦门"□□侬［˚siã miʔ̠ ˪laŋ］"的"□［˚siã］"虽和"甚侬"的合音同音,但意义上难以解释,待考。

第②种由一个问人或事物的个体的"地"加上"侬"构成,如汕头的"地侬",构成之后又合音为［˪tiaŋ］等,合音词不但语音上减缩为单个音节,语义上也凝聚为一个特定的"谁"的意义,变成一个单音单纯词,语感上已不觉得是"地"与"侬"的组合,因此使用日久,又因同质语义兼并的机制而产生出两个似乎很奇怪的说法①,一个是前面再加"地"而成为"地＜地侬＞",意义仍等于"＜地侬＞",如粤东片的［ti² ˪tiaŋ］;一个是后面再加"侬"而说成"＜地侬＞侬",意义也是等于"＜地侬＞",如遂溪的［˚tiaŋ ˪naŋ］。前者的演变轨迹,以汕头为例,笔者在《汉语方言中语言成分的同质兼并》一文中做过考究,在汕头因为还存在一个过渡性的语音形式［ti³¹ iaŋ⁵⁵］,可以看出是一个合音与同义兼并交错进行的过程。

语素：地侬 $\xrightarrow{合音}$ □₁ ── （地＋□₁） $\xrightarrow{同义兼并}$ 地□₁ $\xrightarrow{合音}$ □₂

语音：ti³¹ naŋ⁵⁵ → tiaŋ⁵⁵ ── （ti³¹ tiaŋ⁵⁵） ── → ti³¹ tiaŋ⁵⁵ ── → ti³¹ iaŋ⁵⁵ ── → tiaŋ⁵⁵

语义：A＋B ── → A＋B ── （A＋A＋B） ── → A＋B ── → A＋B ── → A＋B

（A＝哪个，B＝人）

遂溪"＜地侬＞侬"的演变如下：

语素：地侬 $\xrightarrow{合音}$ ＜地侬＞ ── （＜地侬＞＋侬） $\xrightarrow{同义兼并}$ ＜地侬＞侬

语音：ti²⁴ naŋ²² → tiaŋ⁵⁵ ── （tiaŋ⁵⁵ naŋ²²） ── → tiaŋ⁵⁵⁻³³ naŋ²²

语义：A＋B ── → A＋B ── （A＋B＋B） ── → A＋B

（A＝哪个，B＝人）

第③种据李如龙（2007，78－81）的论证,都是由疑问语素"谁"所构成的。

(二) 问事物的个体

问事物个体的疑问代词,相当于普通话的"哪",语法上相应地要先和一

---

① 同质语义兼并指演变过程中两个语义成分因同质而兼并为一个,其载体（语音形式）仍保留两个语音成分（可以是两个音节,也可以是其合音）。详见施其生《汉语方言中语音成分的同质兼并》,载《语言研究》2009 年第 2 期。

个数量结构结合之后才能和表示事物的名词发生关系。闽南方言各地的表现形式可以分为两个系列。

① 泉州　　　　　　　　　厦门、台中、漳州
　　倒（落）^{c}to（lo$ʔ_\circ$）　　倒^{c}to
　　□$_c$tua

② 汕头　　揭阳　　海丰　　　　遂溪　　雷州　　文昌　　三亚
　　地 ti^2　地 ti^2　（地）□　地$_c$ti　地$_c$ti　地$_c$ɗi　地$_c$ɗi
　　　　　　　　　（ti^2）te^2

下面是例句。

(2) 哪一个房间是咱们的?

泉州　倒/倒落/□[tua^{24}] 蜀间/个房（间）是伩个？to$^{55-24}$/to$^{55-24}$ loʔ^{55}/tua^{24} tsit$^{24-22}$ kũi^{33}/ge$^{24-22}$ paŋ$^{24-22}$（kũi^{33}）si^{22} lan^{55} e^{24}?

厦门　倒蜀间房间是伩个个？to$^{53-44}$ tsit$^{5-21}$ kiŋ$^{44-22}$ paŋ$^{24-22}$ kiŋ^{44} si$^{22-21}$ lan$^{53-44}$ e^{24} e$^{24-21}$?

台中　①倒蜀间房间是伩个？to$^{53-44}$ tsit$^{3-2}$ kin$^{44-22}$ paŋ$^{24-22}$ kin^{44} si$^{22-21}$ lan$^{53-44}$ e^{24}? ②倒蜀个房间是伩个？to$^{53-44}$ tsit$^{3-2}$ e$^{24-22}$ paŋ$^{24-22}$ kin^{44} si$^{22-21}$ lan$^{53-44}$ e^{24}?

漳州　倒蜀间房间是伩个？ta$^{52-34}$ tsit$^{121-21}$ kan$^{34-22}$ paŋ$^{13-22}$ kian^{34} si$^{22-21}$ lan$^{52-34}$ e$^{13-21}$?

汕头　地间房是俺个？ti^{31} kõi^{33} paŋ$^{55-31}$ si$^{25-31}$ naŋ$^{52-24}$ kai^{55}?

揭阳　地间房个俺个？ti$^{22-21}$ kãi^{33} paŋ$^{55-22}$ kai^{55} naŋ^{42} kai$^{55-22}$?

海丰　（地）□[te$^{213-55}$] 个房是俺个？（ti$^{21-33}$）te$^{213-55}$ ai$^{55-22}$ paŋ^{55} si$^{25-33}$ naŋ$^{52-213}$ ai$^{55-21}$?

遂溪　地座厝是俦群个？ti^{24} tse$^{55-33}$ tshu^{214} si$^{55-33}$ naŋ$^{41-24}$ kuŋ^{22} kai^{22}?

雷州　地个厝是俦阿众个？ti^{24} kai$^{22-33}$ tshu^{21} si^{33} naŋ^{42} a^{55} thaŋ^{21} kai^{22}?

文昌　地蜀枚房是俦个？ɗi^{34} ʥiak$^{3-21}$ mo$^{42-11}$ ɓaŋ^{34} ti$^{42-11}$ nan^{31} kai^{22}?

三亚　地个/枚房是俦侬个？ɗi^{33} kai^{22}/mo^{45} ɓaŋ^{22} ti^{42} man^{31} naŋ^{22} kai^{22}?

(3) 你要哪些?

泉州　汝卜倒/□[tua^{24}] 蜀个/□[nã^{22}]？lɯ^{55} bɤʔ^{55} to$^{55-24}$/tua^{24} tsit$^{24-22}$ e$^{24-31}$/nã^{22}?

厦门　汝卜倒蜀寡？li$^{53-44}$ beʔ$^{32-5}$ to$^{53-44}$ tsit$^{5-21}$ kua^{53}?

台中　汝卜□[e^{53}] 倒几个？li$^{53-44}$ beʔ$^{2-5}$ e^{53} to$^{53-44}$ kui$^{53-44}$ e^{24}?

漳州　汝卜倒蜀寡仔？ li$^{52-34}$ beʔ$^{32-5}$ ta$^{52-34}$ tsit$^{121-21}$ gua^{52} a^{52}？
汕头　汝爱地撮？ lɯ^{52} ãi$^{213-55}$ ti^{31} tshoʔ^{2}？
揭阳　汝爱地块？ lɯ$^{42-53}$ ãi$^{213-42}$ ti$^{22-21}$ ko^{213}？
海丰　汝爱地□［te$^{213-55}$］乃啊？ li^{52} ãi$^{213-55}$ ti$^{21-33}$ te$^{213-55}$ nai^{55} a^{33}？
遂溪　汝讨地乃？ lu^{41} tho^{41} ti^{24} nai^{55}？
雷州　汝爱地宁/乃？ lu^{42} ai^{21} ti^{24} niŋ^{553}/nai^{553}？
文昌　汝□［ioʔ^{53}］地滴？ du^{31} ioʔ^{53} ɗi^{34} ɗi^{53}？
三亚　汝□［ioʔ^{33}］地稠？ lu^{31} ioʔ^{33} ɗi^{33} ɗoi^{33}？

两个系列的核心疑问语素各是"倒"和"地"，有无直接的语源关系现在还没有证据可以断定，不过它们很可能都来源于汉语史上问人或事物个体的"底"。

（三）问人或事物的类

这一类代词要求回答的是人或事物的某一个类，在语法上，用于指别的要求后面有一个名词，用于称代的一般独立充当主宾语。在有些地方例如汕头、揭阳有不同的形式区别指别和称代，其他地方通常不区分指别和称代，即同一个形式既可以限制名词也可以单独作主宾语。

1. 用于指别

（4）他是你的什么人？

泉州　伊是汝个□［siã$^{55-24}$］□［mĩʔ^{55}］侬？ i^{33} si^{22} lɯ^{55} e$^{24-22}$ siã$^{55-24}$ mĩʔ^{55} laŋ^{24}？

厦门　伊是汝个□［siã$^{53-44}$］□［miʔ$^{32-53}$］侬/□［siã$^{53-44}$］□［miʔ$^{32-53}$］侬/□［siaŋ^{24}］？ i$^{44-22}$ si$^{22-21}$ li$^{53-44}$ e$^{24-22}$ siã$^{53-44}$ miʔ$^{32-53}$ laŋ^{24}/sim$^{53-44}$ miʔ$^{32-53}$ laŋ^{24}/siaŋ^{24}？

台中　伊是汝个□［siã$^{53-44}$］□［mĩʔ$^{2-3}$］侬？ i$^{44-22}$ si$^{22-21}$ li$^{53-44}$ e$^{24-22}$ siã$^{53-44}$ mĩʔ$^{2-3}$ laŋ^{24}？

漳州　伊是汝个哪/哪货仔/甚□［miʔ$^{32-52}$］仔侬？ i$^{52-34}$ si$^{22-21}$ li$^{52-34}$ e$^{13-22}$ na$^{52-34}$/na$^{52-34}$ hue$^{21-52}$ a$^{52-44}$/sim$^{52-34}$ miʔ$^{32-52}$ a$^{52-44}$ laŋ$^{13-21}$？

汕头　伊介汝个是□［mĩʔ$^{2-5}$］侬/□［mĩʔ$^{2-5}$］侬？ i^{33} kai$^{213-55}$ lɯ$^{52-24}$ kai$^{55-31}$ si$^{25-31}$ mĩʔ$^{2-5}$ naŋ^{55}/mĩʔ$^{2-5}$ naŋ^{55}？

揭阳　伊介汝个□［mẽ$^{2-5}$］侬？ i^{33} kai^{55} lɯ$^{42-24}$ kai$^{55-22}$ mẽʔ$^{2-5}$ naŋ^{55}？

海丰　伊是汝个□［mĩ$^{213-55}$］个侬？ i^{44} si$^{25-21}$ li^{52} ai$^{55-22}$ mĩ$^{213-55}$ kai$^{55-22}$ naŋ^{55}？

遂溪　伊是汝□［mi^{55}］（物）侬啊？ i^{24} si^{55} lu^{41} mi^{55}（mi^{33}）naŋ^{22} a^{33}？

雷州　伊是汝个□［mi⁵⁵³］物/［mi⁵⁵³］侬啊？i²⁴ si³³ lu⁴² kai²²⁻³³ mi⁵³³ mi³³/mi⁵³³ naŋ²² a³³？

文昌　伊是汝□［miʔ⁵］侬？i³⁴ ti⁴²⁻¹¹ du³¹⁻³³ miʔ⁵ naŋ²²？

三亚　伊是汝□［miʔ⁴⁵］物侬/□［miʔ⁴⁵］侬？i³³ ti⁴² lu³¹ miʔ⁴⁵ miʔ³³ naŋ²²/miʔ⁴⁵ naŋ²²？

（5）什么药能治胃炎？

泉州　□［siã⁵⁵⁻²⁴］□［mĩ⁵⁵］药/倒蜀种药/□［siã⁵⁵⁻²⁴］□［mĩʔ⁵⁵］款个药解治胃炎？siã⁵⁵⁻²⁴ mĩʔ⁵⁵ ioʔ²⁴/to⁵⁵⁻²⁴ tsit⁵⁵ tsiɔŋ⁵⁵⁻²⁴ ioʔ²⁴/siã⁵⁵⁻²⁴ mĩʔ⁵⁵ khuan⁵⁵ e²⁴⁻²² ioʔ²⁴ e²² ti²² ui⁴¹⁻⁵⁵ iam⁴¹？

厦门　甚□［mĩʔ³²⁻⁵³］药有法通治胃病？sim⁵³⁻⁴⁴ mĩʔ³²⁻⁵³ ioʔ⁵ u²²⁻²¹ huat³²⁻⁵ thaŋ⁴⁴⁻²² ti²²⁻²¹ ui²²⁻²¹ pĩ²²？

台中　□［siã⁵³⁻⁴⁴］□［mĩʔ²⁻³］药囝解用治胃病？siã⁵³⁻⁴⁴ mĩʔ²⁻³ ioʔ³⁻² a⁵³ e²²⁻²¹ iɔŋ²⁴ ti²²⁻²¹ ui²²⁻²¹ pẽ²²？

漳州　哪货仔药仔解治胃炎？na⁵²⁻³⁴ hue²¹⁻⁵² a⁵² ioʔ¹²¹⁻²¹ a⁵²⁻³² e²²⁻²¹ ti²¹⁻⁵² ui¹³⁻²² iam¹³？

汕头　是□［mĩʔ²⁻⁵］/□［mĩʔ²⁻⁵］药好医胃炎？sim²⁵⁻³¹ mĩʔ²⁻⁵/mĩʔ²⁻⁵ ioʔ⁵⁻² ho⁵²⁻²⁴ ui³³ ui³¹ iam³¹？

揭阳　□［mẽʔ²⁻⁵］药好医胃炎？mẽʔ²⁻⁵ ioʔ⁵ ho⁴²⁻²⁴ ui³³ ui²²⁻²¹ iam²²？

海丰　□［mĩ²¹³⁻⁵⁵］个药＜解用＞医胃炎（得）？mĩ²¹³⁻⁵⁵ kai⁵⁵⁻²² ＜iɔʔ⁴＞ eŋ²¹ i⁴⁴ ui²¹⁻³³ iam²⁵（tit³）？

遂溪　□［mi⁵⁵］物药能医胃炎？mi⁵⁵ mi³³ io³³ neŋ²² i²⁴ ui⁵⁵⁻³³ iam²²？

雷州　□［mi⁵⁵³］物/［mi⁵⁵³］药能医胃炎？mi⁵⁵³ mi³³/mi⁵⁵³ io⁵⁵³ neŋ²²⁻³³ i²⁴ ui⁵⁵³ ziam³³？

文昌　□［miʔ⁵］药能治胃炎？miʔ⁵ ioʔ⁴² neŋ²²⁻¹¹ tʃi⁴² ui⁴²⁻¹¹ iam²⁴？

三亚　□［miʔ⁴⁵］物/□［miʔ⁴⁵］药能医胃病？miʔ⁴⁵ miʔ³³/miʔ⁴⁵ ioʔ⁴² neŋ²² i³³ hui⁴² ɓe³³？

（6）韭菜炒什么肉好？

泉州　韭菜炒□［siã⁵⁵⁻²⁴］□［mĩʔ⁵⁵］肉恰好？ku⁵⁵⁻²⁴ tshai⁴¹ tsa⁵⁵⁻²⁴ siã⁵⁵⁻²⁴ miʔ⁵⁵ hiak²⁴ kha⁵⁵ ho⁵⁵？

厦门　韭菜炒甚□［miʔ³²⁻⁵³］肉恰好？ku⁵³⁻⁴⁴ tshai²¹ tsha⁵³⁻⁴⁴ sim⁵³⁻⁴⁴ miʔ³²⁻⁵³ baʔ³² kha³²⁻⁵³ ho⁵³？

台中　韭菜炒□［siã⁵³⁻⁴⁴］□［mĩʔ²⁻³］肉好？ku⁵³⁻⁴⁴ tshai²¹ tsha⁵³⁻⁴⁴ siã⁵³⁻⁴⁴ miʔ²⁻³ baʔ² ho⁵³？

漳州　韭菜炒哪货仔肉恰好？ku⁵²⁻³⁴ tshai²¹ tsha⁵²⁻³⁴ na⁵²⁻³⁴ hue²¹⁻⁵² a⁵² baʔ¹²¹⁻³² khaʔ³²⁻⁵² ho⁵²?

汕头 韭菜炒是□［mĩʔ²⁻⁵］/□［mĩʔ²⁻⁵］肉好? ku⁵²⁻²⁴ tshai²¹³ tsha⁵²⁻²⁴ si²⁵⁻³¹ mĩʔ²⁻⁵/miʔ²⁻⁵ nek⁵⁻² ho⁵²?

揭阳 韭菜炒□［mẽʔ²⁻³］肉好? ku³³ tshai²¹³ tsha⁴²⁻²⁴ mẽʔ²⁻³ nek⁵⁻² ho⁴²?

海丰 韭菜炒□［mĩ²¹³⁻⁵⁵］个肉好? kiu⁵²⁻²¹³ tsha²¹³ tsha⁵²⁻²¹³ mĩ²¹³⁻⁵⁵ kai⁵⁵⁻²² niɔk⁴ hɔ⁵²⁻²¹³?

遂溪 韭菜炒□［mi⁵⁵］肉好嘞? kau⁴¹ tshai²¹⁴ tsha⁴¹ mi⁵⁵ hiep³ ho⁴¹ le³³?

雷州 韭菜炒□［mi⁵⁵³］物/［mi⁵⁵³］肉好啊? kau⁴² tshai²¹ tsha⁴² mi⁵⁵³ mi³³/mi⁵⁵³ hip² ho⁴² a³³?

文昌 韭菜炒□［miʔ⁵］肉好? kau³¹⁻³³ ʃai²¹ ʃa³¹⁻³³ miʔ⁵ ɦiok³ ɦio³¹?

三亚 韭菜炒□［miʔ⁴⁵］物肉/□［miʔ⁴⁵］肉好? kau³¹ tshai²⁴ tsha³¹ miʔ⁴⁵ miʔ³³ hia⁴²/miʔ⁴⁵ hia⁴² ho³¹?

例句中各地用于指别人或事物类别的疑问代词如下。

泉州	厦门	台中	漳州
□□ᶜsiam mĩʔ₂	甚□ᶜsim miʔ₂	□(□)ᶜsiã (miʔ₂)	甚□(仔)ᶜsim miʔ₂(ᶜa)
□□ᶜsiã mĩʔ₂	□□ᶜsiã miʔ₂		甚物ᶜsim miʔ₂
	甚物ᶜsim miʔ₂		哪(货仔)ᶜna (hueˀᶜa)

汕头	揭阳	海丰
是□ᶜsi mĩʔ₂(指别)	□mẽʔ₂(指别)	□个mĩˀᶜkai
□mĩʔ₂(指别)		
是□个ᶜsi mĩʔ₂ ᶜkai(称代)	□个mẽʔ₂ ᶜkai(称代)	
□个mĩʔ₂ ᶜkai(称代)		

遂溪、雷州	文昌	三亚
□mi²	□miʔ₂/mi²	□miʔ₂
□物mi² ᶜmi		□物miʔ₂ miʔ₂

吕叔湘、江蓝生（1985，129-130）谈到，"魏晋以来，通用何物一词，何物已融为一体，只有何字之用"，"是物是是何物的省缩"。按照吕、江以上所述，即"是物"的意义等于"是何"，这正与现代汕头话的"是□［miʔ₂］"在形式上和意义上完全吻合。

吕、江二先生又认为，"自从是物融合成为一个词语之后，是字受物字声母（m-）的影响，才变音为甚（-m）和什（-p）"。

上面所列闽南方言相当于普通话"什么"的疑问代词，除漳州的"哪

（货仔）"外，其构成都离不开汉语史上的"是""甚""何""物"及其变体。

"甚"在闽南方言读［ˬsim］/［ˬsim］，李如龙认为［ˬsiã］是"是何"的合音，而阴入的［miʔ˳］也是"物"。依李说，则［ˬsiam］当是"是何物"的合音。

若用 A 代表"是"，B 代表"物"，C 代表"何"，＜AB＞代表"甚"，则闽南方言各地相当于"什么"的疑问代词，其形式的构成可以转写为下列情况。

泉州	厦门	台中	漳州
＜ACB＞B	＜AB＞B	＜AC＞（B）	＜AB＞B（仔）
＜ACB＞	＜AC＞B		＜AB＞B 哪（货仔）
	＜AB＞B		
	＜AC＞B		

汕头	揭阳	海丰
AB（指别）	B（指别）	B 个
B（指别）		
AB 个（称代）	B 个（称代）	
B 个（称代）		

遂溪、雷州	文昌	三亚
B	B	B
BB		BB

共时的地域差异往往是历史演变过程的投影，各地形式的差异，常常是处于发展过程的不同环节所致，以上述各地疑问代词形式的构成来追溯，闽南方言要求指别人或事物类别的疑问代词，其语源及演变轨迹如下图所示：

① *是何物 —省缩→ *是物 —偏义→ 是物 si mi? —合音→ 基 sim —加词→ (基物 sim mi?) —偏义→ 基物 sim mi? —省缩→ 基 sim mi?
　构成：ACB　　AB　　AB　　　　　<AB>　　　<AB>B　　　　<AB>B　　　　B
　意义：是何　　是何　是何　　　　何　　　　何　　　　　　何　　　　　　何

　　　　　　　合音→ (□siam —加词→ □物 siam mi?) —偏义→ □物 ACB mi?
　　　　　　构成：　　<ACB>　　　　　　<ACB>B　　　　　　　<ACB>B
　　　　　　意义：　　何物　　　　　　　何物　　　　　　　　何

② *是何物 —合音→ □物 siã mi? —偏义→ □物 siã mi?
　构成：ACB　　　　<AC>B　　　　　　　<AC>B
　意义：是何　　　　是何　　　　　　　　何

　　　　　　—加词→ 物物 mi mi? —省缩→ 物物 mi mi
　　　　　　　　　　BB　　　　　　　　　BB
　　　　　　　　　　何　　　　　　　　　何

注：加星号"*"的是历史上曾有过的形式，加圆括号的是直接相承的两个成分之间的过渡环节，这两种成分在现今的语言中都不存在；其余均可见于现代闽南方言。

从上面的图示，我们看到在整个发展过程中，多次发生作"何"解的疑问代词与语素"物"结合而形成新的成分，随之又发生偏义，"物"义脱落而使得整个成分又只剩下"何"的意义。例如作"何"解的"是物"合音为"甚［sim］"之后，语感上就成了一个问类别的单纯词，使用者根本不觉得和语素"物"有任何关系，因此可以重新给它加上"物"而成为"甚物"，一开始这个"甚物"还是"何物"的意思，凝固为词之后，与由"甚"加上"侬"而成的"＜甚侬＞［ɕiaŋ］"（何人、谁，见本节"问人的个体"）是平行的成分，但是使用日久，"甚物"又发生偏义，失去其中的"物"义而作"何"解，又成了一个专表问类别意义的代词，即在意义上，"甚物"等同于"甚"。到了这一阶段，当要求指别事物或人的类别，语法上要求后面有一个表示事物或人的名词时，常常又要在后面再加上一个名词"物件（东西）"或"侬（人）"，说成"甚物［miʔ］物件"或"甚物［miʔ］侬"。演变链条继续往后，我们看到同样的机制和类似的过程再次出现，疑问代词作为使用频率极高的常用词，就是这样不断地变化着。

2. 用于称代

下面的句子中，问类别的疑问代词是用于称代的。我们看到其形式在多数地方都和上面用于指别的相同，也就是说，这些地方的这类疑问没有指别与称代之分。

（7）那里头有什么？

泉州 迄里/里面/里头有□［siam$^{55-24}$］□［mĩʔ^{55}］? hit^{55} lai^{221}/lai^{22} bin^4/lai^{22} thau^{24} u^{22} siam$^{55-24}$ mĩʔ^{55}?

厦门 迄里面有甚物？hit$^{32-5}$ lai$^{22-21}$ bin^{22} u$^{22-21}$ sim$^{53-44}$ miʔ^5?

台中 ①迄里面有□［siã$^{53-44}$］物？hit$^{2-5}$ lai$^{22-21}$ bin^{22} u$^{22-21}$ siã$^{53-44}$ mĩʔ^3? ②迄里面有□［siã^{53}］? hit$^{2-5}$ lai$^{22-21}$ bin^{22} u$^{22-21}$ siã^{53}?

漳州 □［hia$^{34-44}$］□［tɛ^{31}］仔有甚物？hia$^{34-44}$ tɛ^{31} a$^{52-44}$ u$^{22-21}$ sim$^{52-34}$ miʔ$^{121-32}$?

海丰 许里底有□［mi$^{213-55}$］个？hi^{52} la$^{25-33}$ tei^{52} u$^{25-33}$ mi$^{213-55}$ kai$^{55(-213)}$?

遂溪 许里面有□［mi^{55}］物？ha^{55} li^{41} mien^{24} u^{55} mi^{55} mi^{33}?

雷州 许里面有□［mi^{553}］物？ha$^{553-33}$ li^{42} mieŋ^{24} u^{33} mi^{553} mi^{33}?

文昌 许里有□［mi^{53}］? ɦo$^{21-55}$ lai$^{42-11}$ u$^{42-11}$ mi^{53}?

三亚 □［aʔ^{45}］里面有□［miʔ^{45}］物/□［miʔ^{45}］? aʔ^{45} lai^{42} min^{33} u$^{42-44}$ miʔ^{45} mi^{42}/miʔ^{45}?

（8）你猜一猜，这是什么？

泉州 汝猜蜀下，＜即样＞个/即个/即项是□［siã$^{55-24}$］□［mĩʔ^{55}］?

第一章 闽南方言实词语法特点

lɯ^{55} tshai^{33} tsit$^{24-22}$ e$^{41-21}$，＜tsiɔŋ$^{55-24}$＞ o^{55}/tsit$^{55-44}$ e$^{24-55}$/tsit^{55} haŋ^{22} si^{22} siã$^{55-24}$ mĩʔ^{55}？

厦门 汝约蜀下□［tsiet^5］是□［siã$^{53-44}$］/甚物？li$^{53-44}$ ioʔ^{32} tsit$^{5-21}$ e$^{22-21}$ tsiet^5 si$^{22-21}$ siã$^{53-44}$/sim$^{53-44}$ miʔ^5？

台中 汝约看□［mai^{21}］即是□［siã^{53}］/□［siã$^{53-44}$］物？li$^{53-44}$ ioʔ$^{2-5}$ khuã$^{21-53}$ mai^{21} tsit$^{2-5}$ si$^{22-21}$ siã^{53}/siã$^{53-44}$ mĩʔ^3？

漳州 汝约＜蜀下＞/约看仔，即是哪货仔？li$^{52-34}$ ioʔ$^{32-52}$ ＜tsɛ^{21}＞/ioʔ$^{32-52}$ khuã$^{21-44}$ a^{52}，tsit$^{32-5}$ si$^{22-21}$ na$^{52-34}$ hue$^{21-52}$ a^{52}？

海丰 汝约（蜀）仔，者是□［mi$^{213-55}$］个？li^{52} iɔʔ^3（tsit$^{4-3}$）a$^{52-213}$，tsia^{52} si$^{25-21}$ mi$^{213-55}$ kai$^{55-25}$？

遂溪 汝估估，若是□［mi^{55}］物/□［mi^{55}］？lu^{41} keu^{41} keu^{41}，ia^{55} si$^{55-33}$ mi^{55} mi^{33}/mi^{55}？

雷州 汝估估，□［zia^{553}］是□［mi^{553}］物/［mi^{553}］啊？lu^{42} keu$^{42-44}$ keu^{42}，zia^{553} si^{33} mi^{553} mi^{33}/mi^{553} a^{33}？

文昌 汝猜＜蜀下＞，□［ʤia$^{21-55}$］个是□［mi^{53}］？du^{31} ʃai^{34} ＜ʤie^{34}＞，ʤia$^{21-55}$（k）ai$^{22-11}$ ti$^{42-11}$ miʔ^{53}？

三亚 汝猜（蜀）猜/猜望/猜蜀下（望）/猜（蜀）猜望，（即）枚/即种是 □［miʔ^{45}］？lu^{31} tshai^{33}（ioʔ^{33}）tshai^{33}/tshai^{33} mo^{33}/tshai^{33} ioʔ^{33} e^{33}（mo^{33}）/tshai^{33}（ioʔ^{33}）tshai^{33} mo^{33}，（iʔ^{45}）mo^{45}/iʔ^{45} tsiaŋ^{31} ti$^{42-44}$ miʔ^{45}？

(9) 现在什么最好？

泉州 即下□［siã$^{55-24}$］□［mĩʔ^{55}］物件第一好/最好/上好？tsit^{55} e^{41} siã$^{55-24}$ mĩʔ^{55} mũʔ$^{24-22}$ kiã^{22} te^{22} it^{55} ho^{55}/tsue$^{41-55}$ ho^{55}/siɔŋ$^{24-22}$ ho^{55}？

厦门 即阵□［siã$^{53-44}$］□［mĩʔ$^{32-53}$］/甚□［mĩʔ$^{32-53}$］物件＜第一＞好？tsit$^{32-53}$ tsun^{22} siã$^{53-44}$ mĩʔ$^{32-53}$/sim$^{53-44}$ mĩʔ$^{32-53}$ miʔ$^{5-32}$ kiã^{22} ＜te^{-24}＞ ho^{53}？

台中 即□［ma^{53}］□［siã$^{53-44}$］□［mĩʔ^3］物件上好？tsit$^{2-5}$ ma^{53} siã$^{53-44}$ mĩʔ^3 mĩʔ$^{3-2}$ kiã$^{24-22}$ siɔŋ^{22} ho^{53}？

漳州 即阵仔/现在哪仔/哪货仔物件上好/第一好？tsit$^{32-5}$ tsun$^{22-21}$ a^{52}/hian$^{22-21}$ tsai^{22} na$^{52-34}$ a$^{52-44}$/na$^{52-34}$ hue$^{21-52}$ a$^{52-44}$ miʔ$^{121-21}$ kiã^{22} siaŋ$^{22-21}$ ho^{52}/te$^{22-21}$ it$^{32-5}$ ho^{52}？

海丰 咀□［mĩ$^{213-55}$］个零细最好？tã^{44} mĩ$^{213-55}$ kai$^{55-22}$ naŋ$^{55-22}$ sei^{213} tsui$^{213-55}$ hɔ^{52}？

遂溪 ①现旦□［mi^{55}］物最好？hin^{55} ta^{24} mi^{55} mi^{33} tsui^{214} ho^{41}？②现旦□［mi^{55}］最好？hin^{55} ta^{24} mi^{55} tsui^{214} ho^{41}？

雷州 ①宁旦□［mi^{553}］物最好？niŋ^{553} ta^{24} mi^{553} mi^{33} tsui$^{21-44}$ ho^{42}？②宁

旦□［mi⁵⁵³］（物）物最好？niŋ⁵⁵³ ta²⁴ mi⁵⁵³（mi³³）mi³³ tsui²¹⁻⁴⁴ ho⁴²？

文昌 □［ʥia²¹］旦□［miʔ⁵］物最好？ʥia²¹ na³⁴ miʔ⁵ miʔ³ tui²¹⁻⁵⁵ fio³¹？

三亚 现旦□［miʔ⁴⁵］物／□［miʔ⁴⁵］最好？hi²² na³³ miʔ⁴⁵ miʔ⁴²／miʔ⁴⁵ tsui²⁴ ho³¹？

但是在粤东片的汕头和揭阳，上面（4）—（6）例中用于指别的问类疑问代词"（是）□［mĩʔ˳］"或"□［mẽʔ˳］"不能用于下面的（7）—（9）例，要用"□［mĩʔ²⁻⁵］个"或"□［mẽʔ²⁻⁵］个"等；而"□［mĩʔ²⁻⁵］个"或"□［mẽʔ²⁻⁵］个"又不能用于（4）—（6）例。也就是说，在这些地方用于指别和用于称代的问类疑问代词因有不同的形式而得以区分。

（7）那里头有什么？

汕头 许底有□［mĩʔ²⁻⁵］个？hɯ⁵²⁻²⁴ toi⁵² u²⁵⁻³¹ miʔ²⁻⁵ kai⁵⁵？

揭阳 □［hio⁴²⁻³⁵］底有□［mẽʔ²⁻⁵］个？hio⁴²⁻³⁵ toi⁴²⁻²¹ u³⁵⁻²¹ meʔ²⁻⁵ kai⁵⁵？

（8）你猜一猜，这是什么？

汕头 汝约睇，者个是□［mĩʔ²⁻⁵］个。lɯ⁵² ioʔ²⁻⁵ tõi⁵²，tsia⁵²⁻²⁴ kai⁵⁵ si²⁵⁻³¹ miʔ²⁻⁵ kai⁵⁵？

揭阳 汝约睇，者个介□［mẽʔ²⁻⁵］个。lɯ⁴²⁻⁵³ ioʔ²⁻⁵ thoi⁴²⁻²¹，tsia⁴²⁻²⁴ kai⁵⁵ kai⁵⁵ meʔ²⁻⁵ kai⁵⁵？

（9）现在什么最好？

汕头 只阵是□［mĩʔ²⁻⁵］个上好？tsi⁵²⁻²⁴ tsuŋ⁵⁵ si²⁵⁻³¹ miʔ²⁻⁵ kai⁵⁵⁻³¹ siaŋ²⁵⁻³¹ ho⁵²？

揭阳 只阵□［mẽʔ²⁻³］个上好？tsi⁴²⁻³⁵ tsuŋ⁵⁵ meʔ²⁻³ kai⁵⁵⁻²² siaŋ³⁵⁻²¹ ho⁴²？

普通话里，问人的个体和类是有区别的，前者说"谁"，后者说"什么人"。"谁"和"什么人"是不同的意思："他是谁？"要求回答一个特定的人，"他是什么人？"要求回答人的类别。用"地"作疑问语素的方言也像普通话一样可以有这种区别，而在泉州和厦门，问个体的疑问代词也可由问类的疑问语素"甚（□［miʔ˳］）"加"侬"构成，这类词不排斥问类，因此问"他是谁"和"他是你的什么人"时都可以用"＜甚侬＞［˳siaŋ］"或"□［˚siã］□［miʔ˳］侬"。如果特别要问类，还可以再加上个问类的量词，例如说成"□［˚siã］□［miʔ˳］款侬"（哪种人）。

二、问处所的疑问代词

闽南方言的处所疑问代词都是由一个疑问语素和一个表处所的语素构成

的，有些进一步合音或省略而成为单音节词。所用疑问语素和处所语素多和普通话不同。下面是各地的具体形式。

1. 闽南-台湾片

疑问语素为"倒［ᶜto］"，和问个体的疑问代词一致，处所语素为"落［loʔ₂］"或"位［ui²］"。

泉州	厦门	台中	漳州
倒落 ᶜto loʔ₂	倒（落）ᶜto (loʔ₂)		倒落仔 ᶜta loʔ₂ ᶜa
	倒位 ᶜto ui²	倒位 ᶜto ui²	

2. 粤东片、雷州片、海南片

疑问语素都用"地［ti］／［ɗi］"，与闽南-台湾片的"倒"是不是同一个来源有待研究。处所语素则有"□［koᵒ］、□［teᵒ］／［ɗeᵒ］、迹［tsia²］、□［ᶜnai］、里［ᶜle］、路［ᶜlou］、□［ᶜɗio］"等。两种语素结合为一个疑问代词之后，又可以合音或省略一个语素，省略的语素如果是疑问语素，整个疑问代词就留下原有的处所语素，如海丰、遂溪的"□［teᵒ］"，文昌的"□［ɗeᵒ］"。

汕头、揭阳	海丰	遂溪	雷州	文昌	三亚
地块 ti² ko²	地□ti² teᵒ	地迹 ᶜti tsia²	地乃 ᶜti ᶜnai	□里 ɗeᵒ ᶜle	地路 ᶜɗi ᶜlou
	□teᵒ	□teᵒ	□teᵒ	□ɗeᵒ	地□ ᶜɗi ᶜɗio
					地□ ᶜɗi ɗeᵒ

下面是例句。

(10) 哪里有理发店？

泉州 倒落有剃头店？to⁵⁵⁻²⁴ loʔ⁵⁵ u²² thiʔ⁵⁵ thau²⁴⁻²² tũi⁴¹？

厦门 ①倒/倒落/倒位有剃头店？to⁵³⁻⁴⁴/ to⁵³⁻⁴⁴ loʔ³²⁻⁵³⁻⁴⁴/to⁵³⁻⁴⁴ ui²² u²²⁻²¹ thi²¹⁻⁵³ thau²⁴⁻²² tiam²¹？②甚□［miʔ³²⁻⁵²］所在有剃头店？sim⁵³⁻⁴⁴ mi³²⁻⁵² sɔ⁵³⁻⁴⁴ tsai²² u²²⁻²¹ thi²¹⁻⁵³ thau²⁴⁻²² tiam²¹？

台中 倒位有铰头毛店？to⁵³⁻⁴⁴ ui²²⁻²¹ u²²⁻²¹ ka⁴⁴⁻²² thau²⁴⁻²² mo²⁴⁻²² tiam²¹？

漳州 倒落仔有剪发仔店？ta⁵²⁻³⁴ loʔ³²⁻⁵ a⁵²⁻⁴⁴ u²²⁻²¹ tsiaŋ⁵²⁻³⁴ huak³² a⁵²⁻⁴⁴ tiam²¹？

汕头 地块有剃头铺？ti³¹ ko²¹³⁻⁵⁵ u²⁵⁻³¹ thi²¹³⁻⁵⁵ thau⁵⁵⁻³¹ phou²¹³？

揭阳 地块有剃头铺？ti²²⁻²¹ ko²¹³⁻⁴² u³⁵⁻²¹ thi²¹³⁻⁴² thau⁵⁵⁻²² phou²¹³？

海丰 （地）□［te²¹³⁻⁵⁵］有剃头铺？（ti²¹⁻³³）te²¹³⁻⁵⁵ u²⁵⁻³³ thi²¹³⁻⁵⁵ thau⁵⁵⁻²² phɔu²¹³？

雷州 地迹有车/飞毛铺/店啊？ti²⁴ tsia⁵⁵³ u³³⁻⁴² tshia²⁴⁻³³/pue²⁴⁻³³ mo²² pheu²¹/tiam²¹ a³³?

遂溪 <u>地乃</u>有飞毛迹？ti²⁴ nai⁵⁵ u⁵⁵⁻³³ pue²⁴⁻³³ mo²² tsia⁵⁵？

文昌 <u>□［ɗe²¹］里</u>有铰毛店？ɗe²¹ le³¹ u⁴² ka³¹ mo²²⁻¹¹ ɗiam²¹？

三亚 <u>地路/地□［ɗe²⁴］</u>有铰毛店？ɗi³³ lou³³/ɗi³³ ɗe²⁴ u⁴² ka³³ mau²² ɗeŋ²⁴？

(11) 你看他们大家要上哪儿去？

泉州 汝看伵□［huai⁵⁵⁻²⁴］逐个卜去<u>倒落</u>？lɯ⁵⁵ khuã⁴¹⁻⁵⁵ in³³ huai⁵⁵⁻²⁴ tak²⁴⁻²² e²⁴⁻²² bɤʔ⁵⁵ khɯ⁴¹⁻⁵⁵ to⁵⁵⁻³³ loʔ⁵⁵？

厦门 汝看伵逐个卜去<u>倒落</u>？li⁵³⁻⁴⁴ khuã²¹⁻⁵³ in⁴⁴⁻²² tak⁵⁻²¹ e²⁴⁻²² beʔ³²⁻⁵ khi²¹⁻⁵³⁻⁴⁴ to⁵³⁻⁴⁴ loʔ³²⁻⁵³？

台中 ①汝看，伵逐个卜去<u>倒位</u>？li⁵³⁻⁴⁴ khuã²¹, in⁴⁴⁻²² tak³⁻² e²⁴ beʔ²⁻⁵ khi²¹⁻⁵³ to⁵³⁻⁴⁴ ui²²？②汝看伵逐个卜去<u>倒位</u>？li⁵³⁻⁴⁴ khuã²¹⁻⁵³ in⁴⁴⁻²² tak³⁻² e²⁴ beʔ²⁻⁵ khi²¹⁻⁵³ to⁵³⁻⁴⁴ ui²²？

漳州 汝看伵逐家卜去<u>倒落仔</u>？li⁵²⁻³⁴ khuã²¹ in³⁴⁻²² tak¹²¹⁻²¹ ke³⁴⁻²² beʔ³²⁻⁵ khi²¹⁻⁵² taʔ³²⁻⁵² loʔ³²⁻⁵ a⁵²？

汕头 汝睇撮侬爱去<u>地块</u>？lɯ⁵² tõi⁵²⁻²⁴ tsho?²⁻⁵ naŋ⁵⁵ ãi²¹³⁻⁵⁵ khɯ²¹³⁻⁵⁵ ti²⁵⁻³¹ ko²¹³？

揭阳 汝睇群侬爱去<u>地块</u>？lɯ⁴²⁻⁵³ thoi⁴² khuŋ⁵⁵⁻²² naŋ⁵⁵ ãi²¹³⁻⁴² khɯ²¹³⁻⁴² ti²²⁻²¹ ko²¹³？

海丰 汝睇伊（侬）大家侬/伊（侬）乃侬爱去<u>地□［te²¹³］</u>/爱遘<u>地□［te²¹³⁻⁵⁵］</u>去？li⁵² thei⁵²⁻²¹³ i⁴⁴⁻³³（naŋ⁵⁵⁻²²）tai²⁵⁻³³ ke⁴⁴⁻³³ naŋ⁵⁵/i⁴⁴⁻³³（naŋ⁵⁵⁻²²）nai⁵⁵ naŋ⁵⁵ ãi²¹³⁻⁵⁵ khi²¹³⁻⁵⁵ ti²¹⁻³³ te²¹³/ãi²¹³⁻⁵⁵ kau²¹³⁻⁵⁵ ti²¹⁻³³ te²¹³⁻⁵⁵ khi²¹³？

雷州 汝望伊阿众爱遘<u>□［te²¹］</u>去？lu⁴²⁻⁴⁴ o²¹ i²⁴⁻³³ a⁵⁵ thaŋ²¹ ai²¹ kau²¹⁻⁴⁴ te²¹ khu²¹？

遂溪 汝望伊群穧家爱去<u>□［te²¹］</u>？lu⁴¹ o²⁴ i²⁴⁻³³ kuŋ²² tsoi²⁴⁻³³ ke²⁴ ai²¹⁴⁻⁵⁵ hu²¹⁴⁻⁵⁵ te²¹？

文昌 汝望伊侬家卜去<u>□［ɗe²¹］</u>？du³¹ mo³⁴ i³⁴ na²²⁻¹¹ ke³⁴ beʔ⁵ xu²¹⁻⁵⁵ ɗe²¹？

三亚 汝望伊侬（即穧侬要）去<u>地□［ɗio³³］</u>？lu³¹ mo³³ i³³ naŋ²²（iʔ⁴⁵ ɗoi³³ naŋ²² iau²⁴⁻²²）hu²⁴ ɗi³³ ɗio³³？

三、问时间的疑问代词

问时间的疑问代词，闽南方言各地也是由一个疑问语素和一个"时间义"

语素构成，有些再加后缀"仔"，有些发生语音上的缩略，如合音、省略等，有些又因为同质兼并的机制而再加上某一个"羡余"的语素。下面是各地所见的具体形式。

1. 闽南-台湾片

泉州	厦门	台中	漳州
底时 ti² ₌si	底时 ti² ₌si	□时 ₌taŋ ₌si	底时仔 ti² ₌si ˚a

2. 粤东片

汕头	揭阳	海丰
(地) □时（ti²）₌tiaŋ ₌si	□时 ₌tiaŋ ₌si	□时 ₌tiaŋ ₌si

3. 雷州片、海南片

遂溪	雷州	文昌	三亚
地时 ₌ti ₌si	地时 ₌ti ₌si	<地候> ₌ɗiau	□时 miʔ ₌ti
□（物）候 mi²（ˤmi）₌hau	□候 mi ₌hau		

从上面所列，可以看到各地疑问语素大多用指别个体的疑问语素"底（地）〔ti²〕／〔₌ti〕／〔₌ɗi〕"，雷州片和三亚也用指别类的疑问语素"□〔ˤmi〕／〔mi²〕"。时间义语素多用"时"，遂溪、雷州、文昌也用"候"。

下面是例句。

（12）你什么时候休息？

泉州 汝□〔siã$^{55-24}$〕□〔mĩʔ^{55}〕时节/底时休息/歇睏？ lɯ^{55} siã$^{55-24}$ mĩʔ^{55} si$^{24-22}$ tsueʔ^{55}/ti$^{41-22}$ si$^{24-22}$ hiu^{33} siak^{55}/hioʔ^{55} khun^{41}？

厦门 汝□〔siã$^{53-44}$〕□〔miʔ$^{32-52}$〕/甚□〔miʔ$^{32-52}$〕时阵/底时休息？ li^{53} siã$^{53-44}$ miʔ$^{32-52}$/sim$^{53-44}$ miʔ$^{32-52}$ si$^{24-22}$ tsun$^{24-22}$/ti$^{22-21}$ si$^{24-22}$ hiu$^{44-22}$ sik^{32}？

台中 ①汝□〔siã$^{53-44}$〕□〔mĩʔ$^{2-3}$〕时阵歇睏？ li$^{53-44}$ siã$^{53-44}$ mĩʔ$^{2-3}$ si$^{24-22}$ tsun^{22} hioʔ$^{2-5}$ khun^{21}？ ②汝□〔taŋ$^{44-22}$〕时歇睏？ li^{53} taŋ$^{44-22}$ si^{24} hioʔ$^{2-5}$ khun^{21}？

漳州 ①汝哪仔时阵休息/歇睏？ li$^{52-34}$ na$^{52-34}$ a$^{52-44}$ si$^{22-21}$ tsun^{22} hiu$^{34-22}$ siet^{32}/hɛ̃$^{32-52}$ khun^{21}？ ②汝底时仔休息/歇睏？ li$^{52-34}$ ti$^{22-21}$ si^{13} a^{52} hiu$^{34-22}$ siet^{32}/hɛ̃$^{32-52}$ khun^{21}？

汕头 汝(地)□〔tiaŋ^{33}〕时休息？ lɯ^{52}（ti^{31}）tiaŋ^{33} si$^{55-31}$ hiũ^{33} sek^{2}？

揭阳 汝□〔tiaŋ^{33}〕时休息？ lɯ$^{42-53}$ tiaŋ^{33} si$^{55-22}$ hiu^{33} sek^{2}？

海丰 汝地□〔te$^{213-55}$〕（个）时暑/□〔tiaŋ$^{44-33}$〕时休息？ li^{52} ti$^{21-33}$

te$^{213-55}$（ai$^{55-22}$）si$^{55-22}$ su$^{52-213}$／tiaŋ$^{44-33}$ si$^{55-22}$ hiu$^{44-33}$ sek^3？

雷州　汝□［mi^{553}］物候／地时歇啊？lu^{42} mi^{553} mi^{33} hau^{24}／ti^{24} si$^{22-33}$ hiã^{553} a^{33}？

遂溪　汝□［mi^{55}］候／地时休息？lu^{41} mi^{55} hau^{24}／ti$^{24-33}$ si^{22} hiu^{44} sik^{54}？

文昌　汝＜地候＞歇乏？du^{31} ＜ɗiau^{34}＞he$^{21-55}$ fiat^3？

三亚　①汝□［miʔ^{45}］时休息？lu^{31} miʔ^{45} ti^{22} hiu^{33} tiʔ^{45}？②汝□［miʔ^{45}］时候休息？lu^{31} miʔ^{45} ti^{22} hau^{33} hiu^{33} tiʔ^{45}？

粤东片的"□［ˍtiaŋ］"和台中的"□［ˍtaŋ］"有可能是"底（地）样"的合音，"□［ˍtiaŋ］时"本已含有"底（地）"，但汕头又加上一个"地"，而说成"地□［ˍtiaŋ］时"，因两个"地"语义上同质而兼并，所以"地□［ˍtiaŋ］时"与"□［ˍtiaŋ］时"相同。同样的情况还发生在遂溪，"□候［mi²ˍhau］"本已含有"□［mi²］"，又加上一个"物［ˤmi］"，而说成"□物候［mi²ˤmiˍhau］"，两个"［mi］"都是问类语素，所以"□候［mi²ˍhau］"同"□物候［mi²ˤmiˍhau］"。

四、问方式、情状的疑问代词

（一）问方式的疑问代词

先看例句。

(13) 去市政府怎么走？

泉州　去市政府怎（仔）／怎仔样行？khɯ$^{41-55}$ tshi$^{41-22}$ tsiŋ$^{41-55}$ hu^{55} tsiũ$^{41-55}$（ã^{55}）／tsiũ$^{41-55}$ ã$^{55-24}$ iũ^{41} kiã^{24}？

厦门　去市政府按怎／怎样行？khi$^{21-53-44}$ tshi$^{22-21}$ tsiŋ$^{21-53}$ hu^{53} an$^{21-53}$ tsuã^{53}／tsãi$^{53-44}$ iũ$^{22-21}$ kiã^{24}？

台中　去市政府按怎行？khi$^{21-53}$ tshi$^{22-21}$ tsiŋ$^{21-53}$ hu^{53} an$^{21-53-44}$ nuã$^{53-44}$ kiã^{24}？

漳州　去市政府按怎行？khi$^{21-52}$ tshi$^{22-21}$ tsiŋ$^{21-52}$ hu^{52} an$^{21-52-44}$ tsuã$^{52-34}$ kiã$^{13-21}$？

汕头　爱去市政府做呢行？ãi$^{213-55}$ khɯ$^{213-55}$ tshi^{31} tseŋ$^{213-55}$ hu^{52} tso$^{213-55}$ ni$^{55-31}$ kiã^{55}？

揭阳　去市政府做呢行？khɯ$^{213-42}$ tshi$^{22-21}$ tseŋ$^{213-53}$ hu$^{42-21}$ tso$^{213-42}$ ni$^{55-22}$ kiã^{55}？

海丰 去市政府（知）做呢（样）行？khi²¹³⁻⁵⁵ tshi²⁵⁻³³ tseŋ²¹³⁻⁵⁵ hu⁵²（ˬtsai⁴⁴⁻³³）tsɔ²¹³⁻⁵⁵ ni⁵⁵⁻²²（iõ²¹）kiã⁵⁵？

雷州 去阿市政府做做行啊？khu²¹ a⁵⁵ tshi³³ tsiŋ²¹⁻⁴⁴ hu⁴² tso⁵⁵³ tso⁵⁵³ kia²² a³³？

遂溪 去市政府□［mi⁵⁵］态行/做做行？hu²¹⁴ tshi⁵⁵ tsiŋ²¹⁴⁻⁵⁵ hu⁴¹ mi⁵⁵ thoi⁴¹ kia²²/tso⁵⁵ tso⁴¹ kia²²？

文昌 去市政府知作去？xu²¹ ʃi⁴² tʃeŋ²¹⁻⁵⁵ ɸu³¹ tai³⁴ toʔ⁵ xu²¹³？

三亚 去市政府怎＜地样＞项行/去？hu²⁴ tshi⁴² tseŋ²⁴ vu³¹ ɗan²² ＜ɗio³³＞ ɦo³³ kio²²/hu²⁴？

各地用于问方式的疑问代词形式如下。

1. 闽南-台湾片

泉州	厦门	台中	漳州
怎仔 tsiũ²ˬã	按怎 anˬˬtsuã	按怎 anˬˬnuã	按怎 anˬˬnuã
怎（仔）样 tsiũ²（ˬã）iũ²		怎样 tsãi iũ²	

2. 粤东片

汕头	揭阳	海丰
做呢 tso²ˬni	做呢 tso²ˬni	（知）做呢（样）(ˬtsai) tsɔ²ˬni (iõˬ)

3. 雷州片、海南片

遂溪	雷州	文昌	三亚
做做 tso² tso²	做做ˬtso ˬtso	知作ˬtai toʔ。	怎＜地样＞项ˬɗan ＜ˬɗio＞ ɦo
□态ˬmi ˬthoi			

问方式的核心疑问语素主要有三个："怎""做""作"。"做"和"作"同义经常互相换用，如汕头"做工课"和"作工课"（劳作）口语里一样。李如龙认为，"'做乜'显然是早期闽南话的说法，明清戏文中随处可见"，"汕头话的'做呢'俗写'做哖'应是次浊声母'旁转'［m→n］而成的"，"'怎样'的说法在明清戏文里也可见到，写为'偌样'……可见从'做'到'怎么、怎样'是受近现代普通话影响的结果"。他还认为，漳州、泉州、厦门各地的"按呐""按哪"和唐宋间"阿哪"的说法十分相近。①

关于早期闽南片也用"做"作为方式疑问语素的说法甚为可信，唯"呢"

---

① 参见李如龙《闽南方言语法研究》，福建人民出版社 2007 年版，第 83 页。

为"乜"的旁转之说仍需斟酌。依笔者之见,"按""呢"都是表样态的词缀,今粤东闽语方式指示词"<只样>生 [tsiõ⁼ ₋sẽ]"常常可以在前面加一个"按",说成"按<只样>生 [aŋ⁼ <tsiõ⁼> ₋sẽ]"加强样态,而"呢"在粤东闽语里还作"宽呢""宽宽呢"(慢慢地)的后缀,有加强描状性的作用。

至于遂溪的"□态 [⁼mi ⁼thoi]"、三亚的"怎<地样>项 [₋ɗan <₋ɗio> ₋ɦio]"的构成和闽语中心地带差异较大,原因仍待研究。

(二)问情状的疑问代词

问情状的疑问代词,在普通话里和问方式的疑问代词有交叉,"怎么"主要用于问方式,只有单独做谓语的时候问状况,"怎么样"既可以用于问方式,也可以用于问情状。闽南方言这两类疑问代词也有交叉,但是情况相反,问方式的疑问代词多数也可以用来问情状,但是专用于问情状的疑问代词不能用来问方式。以下加了横线的是专用于问情状的,不加的是既可以问方式也可以问情状的。

泉州	厦门	台中	漳州
怎(仔)样 tsiũ⁼(⁼ã) iũ⁼	怎样 ⁼tsãi iũ⁼		
怎仔tsiũ⁼ ⁼ã	按怎 an⁼ ⁼tsuã	按怎 an⁼ ⁼tsuã	按怎 an⁼ ⁼tsuã
			哪仔态 na ⁼a thoi⁼

汕头	揭阳	海丰	
<u>在生</u>⁼tsai ₋sẽ	<u>在生</u>⁼tsai ₋sẽ	做呢样 tsɔ⁼ ₋ni iɔ̃⁼	
□生样 mĩʔ₋ ₋sẽ iõ⁼		<u>如何</u> zi ɦɔ⁼	

遂溪	雷州		
做态 tso⁼ thoi⁼	做态 ⁼tso thoi⁼		

文昌	三亚		
□地样₋ta ₋ɗi ₋io	怎<地样>项₋ɗan <₋ɗio> ₋ɦio		
知样₋tai ₋io	作□toʔ₋ miʔ₋		

下面是例句。

(14) 你究竟怎么啦?

泉州 汝究竟/到底怎仔啰? lɯ⁵⁵ kiu³³ kiŋ⁴¹/tau⁴¹⁻⁵⁵ ti⁵⁵ tsiũ⁴¹⁻⁵⁵ ã⁵⁵⁻²⁴ lɔ⁴¹?

厦门 汝到底<u>按怎</u>/怎样啦? li⁵³⁻⁴⁴ tau²¹⁻⁵³ ti⁵³⁻⁴⁴ an²¹⁻⁵³ tsuã⁵³/tsãi⁵³⁻⁴⁴

iũ²² la²¹？

台中　汝到底是<u>按怎</u>？li⁵³⁻⁴⁴ tau²¹⁻⁵³ te⁵³ si²²⁻²¹ an²¹⁻⁵²⁻⁴⁴ tsuã⁵³？

漳州　汝究竟是<u>按怎</u>啦？li⁵² kiu²¹⁻⁵² kiŋ²¹⁻⁵² si²²⁻²¹ an²¹⁻⁵²⁻⁴⁴ tsuã⁵² la²²？

汕头　汝介做呢吟？lɯ⁵² kai²¹³⁻⁵⁵ tso²¹³⁻⁵⁵ ni⁵⁵ ne⁵²⁻³¹？

揭阳　汝介是做呢？lɯ⁴²⁻⁵³ kai⁵⁵ si³⁵⁻²¹ tso²¹³⁻⁵³ ni⁵⁵？

海丰　汝怎仔？/汝遘底<u>做</u>呢啊？li⁵² tsim⁵²⁻²¹³ ã⁵²⁻²¹³/li⁵² kau²¹³⁻⁵⁵ te⁵² tsɔ²¹³⁻⁵⁵ ni⁵⁵ a³³？

雷州　汝遘底<u>做态</u>啊？lu⁴² kau²¹ toi⁴² tso⁵⁵³ thoi²¹ a³³？

遂溪　汝遘底/究竟<u>做</u>□［mi⁵⁵］啊？lu⁴¹ kau²¹⁴ toi⁴¹/kiu²⁴⁻³³ kiŋ⁴¹ tso⁵⁵ mi⁵⁵ a²¹？

文昌　汝是知样啦？du³¹ ti⁴²⁻¹¹ tai³⁴⁻⁴² io³⁴ la⁵⁵？

三亚　①汝究竟作□［miʔ⁴⁵］了？luʔ³¹ kiu³³ kiŋ³¹ toʔ⁴⁵ miʔ⁴⁵ liau⁴²？②汝遘底<u>怎</u>＜地样＞项了？luʔ³¹ kau²⁴ ɗoi³¹ ɗan²² ＜ɗioʔ³³＞ ɦo³³ liau³¹？

(15) 家乡近来怎么样？

泉州　家乡/伯厝近来/最近<u>怎仔样</u>/<u>怎样</u>？ke³³ hiũ³³/lan⁵⁵⁻²⁴ tshu⁴¹ kun²² lai²⁴/tsue⁴¹⁻⁵⁵ kun²² tsiũ⁴¹⁻⁵⁵ ã⁵⁵⁻²⁴ iũ⁵⁵/tsiũ⁵⁵⁻⁴¹⁻⁵⁵ iũ⁴¹？

厦门　①家乡近来<u>按怎</u>？ka⁴⁴⁻²² hiɔŋ⁴⁴ kun²²⁻²¹ lai²⁴ an²¹⁻⁵³ tsuã⁵³？②乡里/厝里近来<u>怎样</u>？hiũ⁴⁴⁻²² li⁵³/ tshu²¹⁻⁵³ lai²² kun²²⁻²¹ lai²⁴ tsãi⁵³⁻⁴⁴ iũ²²？

台中　故乡近来<u>按怎</u>？kɔ²¹⁻⁵³ hiɔŋ⁴⁴⁻²² kin²²⁻²¹ lai²⁴⁻²² an²¹⁻⁵²⁻⁴⁴ tsuã⁵³？

漳州　侬乡近来<u>按怎</u>？laŋ¹³⁻²² hia³⁴ kin²²⁻²¹ lai¹³ an²¹⁻⁵²⁻⁴⁴ tsuã⁵²？

汕头　许厝只摆□［mĩʔ²⁻⁵］生样？hɯ⁵²⁻²⁴ tshu²¹³ tsi⁵²⁻²⁴ pai⁵² mĩʔ²⁻⁵ sẽ³³ iõ³¹？

揭阳　□［hio⁴²⁻²⁴］/许里只过<u>在生</u>？hio⁴²⁻²⁴/hu⁴²⁻²⁴ lai³⁵ tsi⁴²⁻²⁴ kue²¹³ tsai³⁵⁻²¹ sẽ³³？

海丰　乡里只摆/近来<u>做</u>呢样/如何（啊）？hiɔ̃⁴⁴ li⁵² tsi⁵² pai⁵²/kin²⁵⁻³³ lai⁵⁵ tsɔ²¹³⁻⁵⁵ ni⁵⁵⁻²² iɔ̃²¹⁻³³/zi⁵⁵⁻²² hɔ⁵⁵（a³³）？

雷州　阿家乡□［zia⁵⁵³］向<u>做态</u>啊？a⁵⁵ ke²⁴⁻³³ hiaŋ²⁴ zia⁵⁵³ hiaŋ²¹ tso⁵⁵³ thoi²¹ a³³？

遂溪　老家现旦<u>做态</u>啦？lau⁵⁵ ke²⁴ hiŋ⁵⁵ tã²⁴ tso⁵⁵ thoi⁴¹ la⁴¹？

文昌　汝厝□［ʥia²¹］旦□［ta³⁴⁻⁴²］地样？du³¹ ʃu²¹ ʥia²¹ na³⁴ ta³⁴⁻⁴² ɗi³⁴ io³⁴ ʔ？

三亚　家乡/老家最近<u>怎</u>＜<u>地样</u>＞项？ke³³ hio³³/lau³¹ ke³³ tsui²⁴ kin⁴² ɗan²² ɗioʔ³³ ɦo³³？

(16) 她丈夫长得怎么样？

泉州 伲翁生嘞/生做/生仔甚乜款？in³³ aŋ³³ sĩ³³ lɤʔ⁵⁵/sĩ³³ tsue⁴¹⁻⁵⁵/sĩ³³ a⁵⁵ siã⁵⁵⁻²⁴ mĩʔ⁵⁵ khuan⁵⁵？

厦门 伲翁生（做/遘）甚乜款体？in⁴⁴⁻²² aŋ⁴⁴ sĩ⁴⁴（tsue²¹⁻⁵³/a⁴⁴/e⁴⁴）sim⁵³⁻⁴⁴ mĩʔ⁵ khuan⁵³⁻⁴⁴ the⁵³？

台中 ①伲翁生做甚乜款呃？in⁴⁴⁻²² aŋ⁴⁴ sẽ⁴⁴⁻²² tso²¹⁻⁵³ siã⁵³⁻⁴⁴ mĩʔ³⁻² khuan⁵³ e²¹？②伲翁生着甚乜款呃？in⁴⁴⁻²² aŋ⁴⁴ sẽ⁴⁴⁻²² tioʔ³ siã⁵³⁻⁴⁴ mĩʔ³⁻² khuan⁵³ e²¹？③伲翁生了甚乜款呃？in⁴⁴⁻²² aŋ⁴⁴ sẽ⁴⁴⁻²² liau⁵³ siã⁵³⁻⁴⁴ mĩʔ³⁻² khuan⁵³ e²¹？

漳州 伲翁生做<u>按怎</u>/<u>哪仔态</u>？in³⁴⁻²² aŋ³⁴ sẽ³⁴⁻²² tso²¹⁻⁵² an²¹⁻⁵²⁻⁴⁴ tsuã⁵²/na⁵²⁻³⁴ a⁵²⁻⁴⁴ the²¹？

汕头 ①伊翁生来<u>在生</u>？i³³ aŋ³³ sẽ³³ lai⁵⁵ tsai²⁵⁻³¹ sẽ³³？②伊翁生来□[mĩʔ²⁻⁵]<u>生样</u>？i³³ aŋ³³ sẽ³³ lai⁵⁵ mĩʔ²⁻⁵ sẽ³³ iõ³¹？

揭阳 伊翁生来<u>在生</u>？i³³ aŋ³³ sẽ³³ lai⁵⁵⁻²² tsai³⁵⁻²¹ sẽ³³？

海丰 伊个翁生来<u>做呢样</u>？i⁴⁴ ai⁵⁵⁻²² aŋ⁴⁴ sẽ⁴⁴⁻³³ lai⁵⁵ tsɔ²¹³⁻⁵⁵ ni⁵⁵⁻²² iõ²¹？

雷州 伊个呢倌生得<u>做态</u>啊？i²⁴ e²²⁻³³ ni⁵⁵³ kua²⁴ se²⁴ tik⁵ tso⁵⁵³ thoi²¹ a³³？

遂溪 伊老公生倒<u>做态</u>？i²⁴ lau⁴¹ koŋ²⁴ se²⁴ to⁴¹ tso⁵⁵ thoi⁴¹？

文昌 伊老公生得□[ta³⁴⁻⁴²]<u>地样</u>？i³⁴ lau⁴²⁻¹¹ koŋ³⁴ te³⁴ ɗiet⁵ ta³⁴⁻⁴² ɗi³⁴ io³⁴？

三亚 伊老公生得怎<地样>项？i³³ lau⁴² koŋ³³ te³³ ɗiʔ⁴⁵ ɗan²² <ɗio³³> ɦo³³？

五、问原因的疑问代词

各地多数用问方式的疑问代词来问原因，也有一些地方出现主要用于问原因的词，如：泉州的"干仔（哪）[kanˀ ᶜã（ᶜnã）]"、遂溪的"做□[tsoˀ mi²]"、雷州的"做□[ᶜtso ᶜmi]"、三亚的"作□[ᶜtoʔ miʔ₂]"。

各地形式如下。

泉州	厦门	台中	漳州
怎仔（哪）tsiuˀ ᶜã（ᶜnã）	按怎 anˀ ᶜtsuã	按怎 anˀ ᶜtsuã	按怎 anˀ ᶜtsuã
干仔（哪）kanˀ ᶜã（ᶜnã）	怎样 ᶜtsāi iũˀ	哪解 ᶜna eˀ	
	敢解 ᶜkan eˀ		
	物代 miʔ₂ tai²		

汕头	揭阳	海丰
做呢 tsoˀ ᶜni	做呢 tsoˀ ᶜni	（知）做呢（样）(ᶜtsai) tsɔˀ ᶜni (ᶜiõˀ)
遂溪	雷州	

做□tso² mi²　　　　　　做□⁵tso ⁵mi

文昌　　　　　　　　　三亚
知作ₑtai toʔ₂　　　　　　作□⁵toʔ mi ʔ₂

下面是例句。
(17) 怎么这几天没报纸？

泉州　怎仔/干仔即几日（哪）无报纸？tsiũ$^{41-55}$ ã^{55}/kan^{41} nã$^{55-21}$ tsit^{55} kui$^{55-24}$ lit^{24}（nã^{55}）bo$^{24-22}$ po$^{41-55}$ tsua^{55}？

厦门　按怎/怎样/敢解/物代即几日无报纸？an$^{21-53}$ tsuã$^{53-44}$/tsãi$^{53-44}$ iũ$^{22-21}$/kan$^{53-44}$ e$^{22-21}$/miʔ$^{32-53}$ tai^{22} tsit$^{32-5}$ kui$^{53-44}$ lit^{5} bo$^{24-22}$ po$^{21-53}$ tsua^{53}？

台中　哪解即几工无报纸？na$^{53-44}$ e$^{22-21}$ tsit$^{2-5}$ kui$^{53-44}$ kaŋ^{44} bo$^{24-22}$ po$^{21-53}$ tsua^{53}？

漳州　①按怎即几日仔无报纸？an$^{21-52-44}$ tsuã^{52} tsit$^{32-5}$ kui$^{52-34}$ zit$^{121-21}$ a^{52} bo$^{13-22}$ po$^{21-52}$ tsuã^{52}？②按怎即几日仔报纸□［kaʔ$^{32-5}$］无来？an$^{21-52-44}$ tsuã^{52} tsit$^{32-5}$ kui$^{52-34}$ zit$^{121-21}$ a^{52} po$^{21-52}$ tsuã^{52} kaʔ$^{32-5}$ bo$^{13-22}$ lai$^{13-21}$？

汕头　做呢只几日无报纸？tso$^{213-55}$ ni$^{55-31}$ tsi$^{52-24}$ kua$^{52-24}$ zik^{2} bo$^{55-31}$ po$^{213-55}$ tsua^{52}？

揭阳　做呢只几日无报纸？tso$^{213-42}$ ni$^{55-22}$ tsi$^{42-24}$ kui$^{42-35}$ zek^{5} bo$^{55-22}$ po$^{213-53}$ tsua$^{42-21}$？

海丰　(知）做呢只几日无报纸？（tsai$^{44-33}$）tso$^{213-55}$ ni$^{55-22}$ tsi^{52} kua$^{52-213}$ zit^{4} bɔ$^{55-22}$ bɔ$^{213-55}$ tsua^{52}？

雷州　做□［mi^{553}］□［zia^{553}］几日无报纸？tso^{553} mi^{553} zia^{553} kui^{42} ziek^{2} bo$^{22-33}$ po^{21} tsua^{42}？

遂溪　做□［mi^{55}］若几日无报纸？tso^{55} mi^{55} ia^{55} kui^{41} iet^{3} vo^{22} po$^{214-55}$ tsua^{41}？

文昌　知作□［ʥia$^{21-55}$］几日无报纸？tai^{34} toʔ^{5} ʥia$^{21-55}$ kui$^{31-33}$ ʥiet^{3} bo$^{22-11}$ ɓo$^{31-33}$ tua^{31}？

三亚　作□［miʔ^{45}］几日无报纸？toʔ$^{45-42}$ miʔ^{45} kui^{31} zi^{33} vo^{22} ɓo^{24} tsu^{31}？

(18) 姑娘家怎么穿一双这样的鞋？

泉州　查某团仔怎仔哪/干仔哪颂蜀双＜即样＞个（个）鞋？tsa^{33} bɔ$^{55-24}$ kan$^{55-24}$ ã^{55} tsiũ$^{41-55}$ ã^{55} nã^{55}/kan^{41} ã$^{55-21}$ nã^{55} tsiŋ$^{41-22}$ tsit$^{24-22}$ saŋ^{33} ＜tsiɔŋ$^{55-24}$＞ o^{55}（e$^{24-22}$）ue^{24}？

厦门　①查某团仔按怎/怎样/敢解/物代颂蜀双按呢个鞋？tsa$^{44-22}$ bɔ$^{53-44}$

gin$^{53-44}$ a^{53} an$^{21-53}$ tsuã$^{53-44}$/tsuã$^{53-44}$ iũ$^{22-21}$/kan$^{53-44}$ e$^{22-21}$/mi?$^{32-53}$ tai^{22} tshiŋ$^{22-21}$ tsit$^{5-21}$ siaŋ$^{44-22}$ an$^{53-44}$ ne^{44} e$^{24-22}$ ue^{24}? ②查某囝仔<u>按怎</u>颂蜀双即款样/体个鞋? tsa$^{44-22}$ bɔ$^{53-44}$ gin$^{53-44}$ a^{53} an$^{21-53}$ tsuã^{53} tshiŋ$^{22-21}$ tsit$^{5-21}$ siaŋ$^{44-22}$ tsit$^{32-5}$ khuan$^{53-44}$ iũ^{22}/the^{53} e$^{24-22}$ ue^{24}? ③查某囝仔<u>敢解</u>颂蜀双即款鞋? tsa$^{44-22}$ bɔ$^{53-44}$ gin$^{53-44}$ a^{53} kan$^{53-44}$ e$^{22-21}$ tshiŋ$^{22-21}$ tsit$^{5-21}$ siaŋ$^{44-22}$ tsit$^{32-5}$ khuan$^{53-44}$ ue^{24}?

台中 蜀个<查某>囝仔,<u>哪解</u>颂蜀双即种鞋? tsit$^{3-2}$ e$^{24-22}$ <tsau$^{53-44}$> gin^{44} a^{53}, na$^{53-44}$ e$^{22-21}$ tshiŋ$^{22-21}$ tsit$^{3-2}$ siaŋ^{44} tsit$^{2-5}$ tsiɔŋ$^{53-44}$ e^{24}?

漳州 查某囝仔<u>按怎甲</u>颂蜀双即落仔鞋仔? tsa$^{13-22}$ bo$^{52-34}$ gin$^{52-34}$ na^{52} an$^{21-52-44}$ tsuã^{52} kak$^{52-5}$ tshiŋ$^{34-22}$ tsit$^{121-21}$ siaŋ$^{34-22}$ tsit$^{32-5}$ lo?$^{121-21}$ a^{52} e^{13} a^{52}?

汕头 姿娘囝侬<u>做呢</u>颂双<只样>生个鞋? tsɯ^{33} niõ$^{55-31}$ kiã$^{52-24}$ naŋ^{55} tso$^{213-55}$ ni$^{55-31}$ tsheŋ^{31} saŋ^{33} <tsiõ$^{213-55}$> sẽ^{33} kai$^{55-31}$ oi^{55}?

揭阳 姿娘囝侬<u>做呢</u>颂双鞋<只样>生? tsɯ^{33} niõ$^{55-22}$ kiã$^{42-35}$ naŋ^{55} tso$^{213-42}$ ni$^{55-31}$ tsheŋ$^{22-31}$ saŋ^{33} oi^{55} <tsiõ$^{213-42}$> sẽ^{33}?

海丰 查某囝仔侬<u>(知)做呢样</u>颂双<只样>生个鞋。tsa$^{44-33}$ bɔu$^{52-213}$ kaŋ$^{52-213}$ ã$^{52-213}$ naŋ^{55} (tsai$^{44-33}$) tso$^{213-55}$ ni$^{55-22}$ iɔ̃$^{21-33}$ tshiɔŋ$^{21-33}$ saŋ$^{44-33}$ <tsiɔ̃^{213}> sẽ^{44} ai$^{55-11}$ ei^{55}?

雷州 <查某>囝<u>做能</u>颂蜀双□[zio^{553}]样个鞋。<tseu^{33}> kia^{42} tso^{553} neŋ$^{22-33}$ tshiaŋ$^{553-24}$ ziak^5 siaŋ$^{24-33}$ zio^{553} io^{24} kai$^{22-33}$ oi^{22}?

遂溪 妹囝侬<u>做□[mi^{55}]</u>穿对若样/若/□[ioŋ^{55}]鞋? mui^{55} kia^{41} naŋ^{22} tso^{55} mi^{55} tshiaŋ^{24} tui$^{214-55}$ io^{55} io^{24}/io^{55}/ioŋ^{55} oi^{22}?

文昌 昨姆囝<u>知作</u>颂□[dʑia$^{21-55}$]种个鞋。ta$^{34-42}$ bou^{31} kia^{31} tai^{34} to?^{5} ʃiaŋ^{34} dʑia$^{21-55}$ tʃiaŋ^{31} kai$^{22-11}$ oi^{22}?

三亚 昨姆囝儿<u>作□[mi?^{45}]</u>颂种样蜀双鞋? ta^{33} vou^{31} kio^{31} zi^{22} to?^{45} mi?^{45} tshiaŋ^{33} taŋ^{24} io^{33} io?^{33} tsiaŋ^{33} oi^{22}?

六、问程度的疑问代词

问程度的疑问代词,占压倒优势的疑问语素是"若",汕头、揭阳至今还用"若"单独表示程度疑问,其他地方用"偌"。据李如龙考证是"若夥"合音演变的结果。"夥"义为"多","若夥"就是"若多",与汉语史上"几多",海丰、三亚"几稀"的构词理据是一样的。① 海丰和三亚疑问语素用"几",跟粤语一样,是否有关系有待研究。各地具体形式如下。

---

① 参见李如龙《闽南方言语法研究》,福建人民出版社2007年版,第82页。

1. 偌

泉州、厦门、漳州：偌 lua²①

台中：偌 gua²

遂溪、雷州、文昌：偌 ua²

2. 若

汕头、揭阳：若 zioʔ₂

3. 几

海丰：几（穄）ˀkɔ（tsei²）

三亚：几穄ˀkui ˌtsoi

下面是例句。

(19) 这个井多深？

泉州 即个井偌深？tsit⁵⁵ ge²⁴⁻²² tsĩ⁵⁵ lua⁴¹⁻²² tshim³³？

厦门 □［tsiet⁵］井（有）偌深？tsiet⁵ tsĩ⁵³（u²²⁻²¹）lua²²⁻²¹ tshim⁴⁴？

台中 □［tse⁵³⁻⁴⁴］井偌深？tse⁵³⁻⁴⁴ tsẽ⁵³ gua²²⁻²¹ tshim⁴⁴⁻³¹？

漳州 即井偌深啊？tsit³²⁻⁵ tsẽ⁵² lua²²⁻²¹ tshim³⁴ a²¹？

汕头 个井若深？kai⁵⁵⁻³¹ tsẽ⁵² zioʔ⁵⁻² tshim³³？

揭阳 个井若深？kai⁵⁵⁻²² tseŋ⁴²⁻⁵³ zioʔ⁵⁻² tshim³³？

海丰 只个/者井（有）几（穄）深？tsi⁵² kai⁵⁵⁻²²/tsia⁵² tsẽ⁵²（u²⁵⁻³³）kɔ⁵²⁻²¹³（tsei²¹⁻³³）tshim⁴⁴？

雷州 □［zia⁵⁵³］井偌深？zia⁵⁵³ tse⁴² ua⁵⁵³ tshim²⁴？

遂溪 □［ia⁵⁵］井偌深？ia⁵⁵ tse⁴¹ ua⁵⁵⁻³³ tshem²⁴？

文昌 □［dʒia²¹⁻⁵⁵］枚井偌深？dʒia²¹⁻⁵⁵ mo⁴¹⁻¹¹ tʃe³¹ ua⁴²⁻¹¹ ʃiom³⁴？

三亚 即枚井几穄深？iʔ⁴⁵⁻⁴⁴ mo⁴⁵ tse³¹ kui³¹ tsoi³³ tshen³³？

(20) 从这儿到那儿有多远？

泉州 按/用/尉/对/就/从即搭遘/去迄搭有偌远？an⁴¹⁻⁵⁵/iŋ⁴¹⁻⁵⁵/ui⁴¹⁻⁵⁵/tui⁴¹⁻⁵⁵/tsiũ⁴¹⁻²²/tsiɔŋ²⁴⁻²² tsit⁵⁵⁻⁴⁴ taʔ⁵⁵ kau⁴¹⁻⁵⁵/khɯ⁴¹⁻⁵⁵ hit⁵⁵⁻⁴⁴ taʔ⁵⁵ u²² lua²² hŋ˙²²？

厦门 用/对/按/自□［tsia²⁴］遘□［hia²⁴］有偌远？iŋ²²⁻²¹/tui²¹⁻⁵³/an²¹⁻⁵³/tsu²²⁻²¹ tsia²⁴ kau²¹⁻⁵³ hia²⁴ u²²⁻²¹ lua²²⁻²¹ hŋ˙²²？

---

① 厦门的"偌［lua²］"，新派也说成［gua²］或［ua²］。

台中 为者遘□［hia$^{53-44}$］有偌远。ui$^{21-53}$ tsia$^{53-44}$ kau$^{21-53}$ hia$^{53-44}$ u$^{22-21}$ ua$^{22-21}$ hŋ^{22}？

漳州 对□［tsia^{34}］遘□［hia^{34}］有偌远？tui$^{21-52}$ tsia^{34} kau$^{21-52}$ hia^{34} u$^{22-21}$ lua$^{22-21}$ huĩ$^{52-22}$？

汕头 同只团/块去遘许团/块着耷久？taŋ$^{55-31}$ tsi$^{52-24}$ kiã^{52}/ko^{213} khɯ$^{213-55}$ kau$^{213-55}$ hɯ$^{52-24}$ kiã^{52}/ko^{213} tioʔ$^{5-2}$ zioʔ$^{5-2}$ ku^{52}？

揭阳 通□［tsio$^{42-24}$］块遘□［hio$^{42-24}$］块有耷远？thaŋ$^{213-42}$ tsio$^{42-24}$ ko^{213} kau$^{213-42}$ hio$^{42-24}$ ko^{213} u$^{35-21}$ zioʔ$^{5-2}$ hŋ^{35}？

海丰 着只（搭仔）遘许（搭仔）有几远？tɔʔ$^{4-3}$/tiɔʔ$^{4-3}$ tsi^{52}（tap^3 ã$^{52-213}$）kau$^{213-55}$ hi^{52}（tap^3 ã$^{52-213}$）u$^{25-22}$ kɔ$^{52-213}$ hũi^{25}？

遂溪 伫若乃/□［tie^{41}］遘许乃/□［hu^{41}］有偌远？tu$^{55-33}$ ia^{55} nai^{55}/tie^{41} kau^{214} ha^{55} nai^{55}/hu^{41} u$^{55-33}$ ua$^{55-33}$ hui^{22}？

雷州 通这迹遘许迹有偌远啊？thaŋ^{21} zia^{553} tsia^{553} kau^{21} ha^{553} tsia^{553} u^{33} ua^{553} hui^{33} a^{33}？

文昌 通/从这路/里遘许路/里有偌远？xan^{21}/ʃoŋ^{22} ʥia$^{21-55}$ lau^{34}/le^{34} kau^{21} ɦo$^{21-55}$ lau^{34}/le^{34} u^{42} ua$^{42-11}$ ui^{31}？

三亚 通/从即路遘那路有几（穧）远？thaŋ^{24}/tshoŋ^{22} iʔ^{45} lou^{33} kau^{24} aʔ^{45} lou^{33} u^{42} kui^{31}（tsoi^{33}）hui^{42}？

七、问数量的疑问代词

问数量的疑问代词可分A、B两类，A类只用于量词之前，B类既可用于量词之前，也可用于名词之前，还可以单用。有些名词，如"日（天）、年、侬"是所谓准量词，与数量词结合的时候可不必再加量词，因此A、B两类均可用。三亚的"几钱"似乎例外，其实"几钱"和粤语的"几钱"一样，已经凝固为"几时"一样的词，而且粤语的"几钱"原本就是"几多钱"的省缩，因此"几钱"里的"几"不能算A类，实际上三亚除了"几钱"之类的说法，"几"也不能加在普通名词之前。

B类的"若穧"由程度疑问语素"若"和形容词素"穧"（多）结合而成。而"偌穧"的"偌"本已是"若夥"的合音，和"若穧"的构成要素相似，何以又可再加一个表示"多"的"穧"而说成"偌穧"，且"偌穧"的整体意义仍等于"＜若夥＞（偌）"？这是同质语义兼并机制的作用结果。①

---

① 详见施其生《汉语方言中语言成分的同质兼并》，载《语言研究》2009年第2期。

第一章 闽南方言实词语法特点

形式：若夥 $\xrightarrow{合音}$ <若夥>（偌）$\longrightarrow$ （<若夥>+穄）$\xrightarrow{同义兼并}$ <若夥>穄（偌穄）

语义：AB $\longrightarrow$ AB $\longrightarrow$ （AB+B）$\longrightarrow$ AB

其中，第二个环节"<若夥>（偌）"和第四个环节"偌穄"同义且并存并用的情况在泉州和厦门郊区①等地仍可见到。

各地具体形式如下。

```
        泉州              厦门              台中              漳州              遂溪、雷州           文昌
A  几ᶜkui            几ᶜkui            几ᶜkui            几ᶜkui            几ᶜkui              几ᶜkui
B  偌穄 lua² tsue²    偌穄 lua² tsue²    偌穄 gua² tse²    偌穄 lua² tsɛ²    偌穄 ua² ᶜtsoi       偌穄 ua² ᶜtoi
   偌 lua²
```

汕头、揭阳
A 几ᶜku
B 若穄 zioʔ₂ tsoi²

海丰   三亚
A 几ᶜkɔ   几ᶜkui
B 几穄ᶜkɔ tsei²   几穄ᶜkui ᶜtsoi

下面是例句。

(21) 你来了几天了？

泉州　汝来几日啰？ lɯ⁵⁵ lai²⁴⁻²² kui⁵⁵⁻²⁴ lit²⁴ lɔ⁴¹？

厦门　汝来（了）几日啊？ li⁵³⁻⁴⁴ lai²⁴⁻²² （liau⁵³⁻⁴⁴）kui⁵³⁻⁴⁴ lit⁵ a²¹？

台中　汝来几工啊？ li⁵³⁻⁴⁴ lai²⁴⁻²² kui⁵³⁻⁴⁴ kaŋ⁴⁴ a⁴⁴？

漳州　汝来几日啊？ li⁵²⁻³⁴ lai¹³⁻²² kui⁵²⁻³⁴ zit¹²¹⁻²¹ a²¹？

汕头　汝来了几日了？ lɯ⁵² lai⁵⁵⁻³¹ liau⁵²⁻³¹ kui⁵²⁻²⁴ zik⁵ ou⁵²⁻²¹³？

揭阳　汝来几日了？ lɯ⁴²⁻⁵³ lai⁵⁵⁻²² kui⁴²⁻³⁵ zek⁵ au⁴²⁻²¹³？

海丰　汝来了几日了？ li⁵² lai⁵⁵⁻²² liau⁵² kɔ⁵²⁻²¹³ zit⁴ liau⁵²⁻³³？

雷州　汝来几日啦？ lu⁴² lai²²⁻³³ kui⁴² ziek² la⁵³？

遂溪　汝来几日啦？ lu⁴¹ lai²² kui⁴¹ iet³ la⁴¹？

文昌　汝来偌穄日啦？ du³¹ lai²² ua⁴²⁻¹¹ toi³⁴ ʥiet³ la⁵⁵？

三亚　汝来了几（穄）天？ lu³¹ lai²² liau³¹ kui³¹ （tsoi³³）thi³³？

(22) 你来了多少天了？

---

① 厦门郊区的情况蒙徐睿渊博士告知。

泉州　汝来偌稽日啰？lɯ⁵⁵ lai²⁴⁻²² lua⁴¹⁻²² tsue⁴¹⁻²² lit²⁴ lɔ⁴¹？

厦门　汝来（了）偌稽日啊？li⁵³⁻⁴⁴ lai²⁴⁻²² （liau⁵³⁻⁴⁴） lua²²⁻²¹ tsue²²⁻²¹ lit⁵ a²¹？

台中　汝来偌稽工啊？li⁵³⁻⁴⁴ lai²⁴⁻²² gua²²⁻²¹ tse²²⁻²¹ kaŋ⁴⁴ a⁴⁴？

漳州　汝来偌稽日啊？li⁵²⁻³⁴ lai¹³⁻²² lua²²⁻²¹ tsɛ²²⁻²¹ zit¹²¹ a²¹？

汕头　汝来了若稽日了？lɯ⁵² lai⁵⁵⁻³¹ liau⁵²⁻³¹ zioʔ⁵⁻² tsoi³¹ zik² ou⁵²⁻²¹³？

揭阳　汝来若稽日了？lɯ⁴²⁻⁵³ lai⁵⁵⁻²² zioʔ⁵⁻² tsoi²²⁻²¹ zek⁵ au⁴²⁻²¹³？

海丰　汝来了几（稽）日了？li⁵² lai⁵⁵⁻²² liau⁵² kɔ⁵²⁻²¹³ （tsei²¹） zit⁴ liau⁵²⁻³³？

雷州　汝来偌稽日啦。lu⁴² lai²²⁻³³ ua⁵⁵³ tsoi²⁴⁻³³ ziek² la⁵³？

遂溪　汝来偌稽日啦。lu⁴¹ lai²² ua⁵⁵⁻³³ tsoi²⁴ iet³ la⁴¹？

文昌　汝来几日啦？du³¹ lai²² kui³¹⁻³³ ʤiet³ la⁵⁵？

三亚　汝来了几稽天？lu³¹ lai²² liau³¹ kui³¹ tsoi³³ thi³³？

（23）这家医院有多少医生？

泉州　即间医院有偌稽医生/先生？tsit⁵⁵ kũi³³ i³³ ĩ⁴¹ u²² lua⁴¹⁻²² tsue⁴¹⁻²² i³³ sŋ̍³³/sian³³ sī³³？

厦门　即间医馆有偌稽医生？tsit³²⁻⁵ kiŋ⁴⁴⁻²² i⁴⁴⁻²² kuan⁵³ u²²⁻²¹ lua²²⁻²¹ tsue²²⁻²¹ i⁴⁴⁻²² siŋ⁴⁴？

台中　①即间病院有几个医生？tsit²⁻⁵ kiam⁴⁴⁻²² pẽ²²⁻²¹ ĩ²² u²²⁻²¹ kui⁵³⁻⁴⁴ e²⁴⁻²² i⁴⁴⁻²² siaŋ⁴⁴？②即间病院有偌稽医生？tsit²⁻⁵ tiam⁴⁴⁻²² pẽ²²⁻²¹ ĩ²² u²²⁻²¹ gua²²⁻²¹ tse²²⁻²¹ i⁴⁴⁻²² siaŋ⁴⁴？

漳州　即间医院有偌稽医生？tsit³²⁻⁵ kaŋ³⁴⁻²² i³⁴⁻²² ĩ²² u²²⁻²¹ lua²²⁻²¹ tsɛ²²⁻²¹ i³⁴⁻²² siŋ³⁴？

汕头　只间医院有若稽医生？tsi⁵²⁻²⁴ kõi³³ ui³³ ĩ³¹ u²⁵⁻³¹ zioʔ⁵⁻² tsoi³¹ ui³³ seŋ³³？

揭阳　只间医院有若稽医生？tsi⁴²⁻²⁴ kãi³³ ui³³ ĩ²² u³⁵⁻²¹ zioʔ⁵⁻² tsoi²² ui³³ seŋ³³？

海丰　只间医院有几稽医生？tsi⁵² kãi⁴⁴⁻³³ i⁴⁴⁻³³ ĩ²¹ u²⁵⁻³³ kɔ⁵²⁻²¹³ tsei²¹⁻³³ i⁴⁴⁻³³ seŋ⁴⁴？

雷州　□〔zia⁵⁵³〕间医院有偌稽医生？zia⁵⁵³ kaŋ²⁴ i²⁴⁻³³ zieŋ⁵⁵³ u³³ ua⁵⁵³ tsoi²⁴ i²⁴⁻³³ se²⁴？

遂溪　若间医院有偌稽医生？ia⁵⁵ kai²⁴ i²⁴⁻³³ ien⁵⁵ u⁵⁵⁻³³ ua⁵⁵⁻³³ tsoi²⁴ i²⁴⁻³³ se²⁴？

文昌　□〔ʤia²¹⁻⁵⁵〕间医院有偌稽医生？ʤia²¹⁻⁵⁵ kan³⁴⁻⁴² i³⁴⁻⁴² ʤuan⁴²

u^{42} ua$^{42-11}$ ɗoi^{34} i$^{34-42}$ te^{34}？

三亚 即间医院有<u>几穧</u>医生？i？^{45} kaŋ^{33} i^{33} zuaŋ^{42} u^{42} kui^{31} tsoi^{33} i^{33} te^{33}？

（24）才这么一斤韭黄你知道多少钱？

泉州 □［tsia？^{55}］蜀斤仔韭黄（呢）汝知影<u>偌</u>钱？tsia？^{55} tsit$^{24-22}$ kun^{33} ã$^{55-24}$ ku$^{55-24}$ ŋ$^{·24}$（nĩ^{31}）lɯ^{55} tsai^{33} a$^{55-24}$ lua^{22} tsĩ^{24}？

厦门 □［ka？$^{32-5}$］/□［tsa？$^{32-5}$］蜀斤仔韭菜汝知影<u>偌穧</u>钱？ka？$^{32-5}$/tsa？$^{32-5}$ tsit$^{5-21}$ kun$^{44-22}$ a$^{53-44}$ ku$^{53-44}$ tshai^{21} li$^{53-44}$ tsai$^{·44-22}$ iã$^{53-44}$ lua$^{22-21}$ tsue$^{22-21}$ tsĩ$^{·24}$？

台中 □［tsiat$^{2-5}$］蜀斤仔韭菜花汝敢知影<u>偌穧</u>钱？tsiat$^{2-5}$ tsit$^{3-2}$ kin$^{44-22}$ a$^{53-44}$ ku$^{53-44}$ tsai$^{21-53}$ hue^{44} li$^{53-44}$ kam$^{53-44}$ tsai$^{·44-22}$ iã^{53} lua$^{22-21}$ tse$^{22-21}$ tsĩ$^{·24}$？

漳州 □［ka？$^{32-5}$］蜀斤仔韭菜黄＜呢尔＞汝敢知影<u>偌穧</u>镭？ka？$^{32-5}$ tsit$^{121-21}$ kin^{34} a$^{52-44}$ ku$^{52-34}$ tshai$^{21-52}$ ui^{13}＜niã^{22}＞li$^{52-44}$ ka$^{52-34}$ tsai$^{34-22}$ iã$^{52-34}$ lua$^{22-21}$ tsɛ^{22} lui^{34}？

汕头 正/清只斤囝/囝呢韭菜白定汝知若<u>穧</u>钱？tsiã$^{213-55}$/tsheŋ^{33} tsi$^{52-24}$ kɯŋ^{33} kiã$^{52-24}$/kiã$^{52-24}$ ni$^{55-31}$ ku$^{52-31}$ tshai$^{213-55}$ pe？^{5} tiã^{31} lɯ^{52} tsai^{33} zio？$^{5-2}$ tsoi^{31} tsĩ^{55}？

揭阳 正只斤囝韭菜白汝知若<u>穧</u>银？tsiã$^{213-42}$ tsi$^{42-24}$ keŋ^{33} kiã$^{42-24}$ ku$^{42-24}$ tshai$^{213-53}$ pe？^{5} lɯ^{42} tsai^{33} zio？$^{5-2}$ tsoi$^{22-21}$ ŋeŋ^{55}？

海丰 正只（蜀）斤仔韭黄，汝知爱<u>几穧</u>钱？tsiã$^{213-55}$ tsi^{52}（tsit$^{4-3}$）kin$^{44-33}$ ã^{52} kiu$^{52-213}$ ui$^{·35}$，li^{52} tsai$^{44-33}$ ai$^{213-55}$ kuɔ$^{52-213}$ tsei$^{21-33}$ tsĩ^{55}？

遂溪 □［na^{24}］斤囝韭菜黄，汝知爱<u>偌穧</u>钱喔？na^{24} kien^{24} kia^{41} kau^{41} tshai$^{214-55}$ ui^{22}，lu^{41} tsai^{24} ai^{214} ua$^{55-33}$ tsoi$^{24-33}$ tsi^{22} uo^{21}？

雷州 念念蜀斤韭菜黄，汝知<u>偌穧</u>钱（吗）？niam^{553} niam^{21} ziak^{5} kiŋ$^{24-33}$ kau$^{42-44}$ tshai$^{·21-44}$ ui^{22}，lu^{42} tsai^{24} ua^{553} tsoi$^{24-33}$ tsi^{22}（ma^{21}）？

文昌 但蜀斤韭菜黄，汝知<u>偌穧</u>钱。na$^{42-11}$ ʥiak$^{3-1}$ kien^{34} kau$^{31-33}$ ʃai$^{21-55}$ ui^{22}，du^{31} tai^{34} ua$^{42-11}$ ɗoi$^{34-42}$ tʃi^{22}？

三亚 才蜀斤韭菜，汝知/八<u>几</u>钱？tshai^{22} zio？^{33} kin^{33}（kio^{31}）kou^{31} tshai^{24}，lu^{31} tsai^{33}/vai？^{45} kui^{31} tsi^{22}？

（25）你重了多少？

泉州 汝加<u>偌</u>（<u>穧</u>）重？lɯ^{55} ke^{33} lua^{22}（tsue$^{41-22}$）taŋ^{22}？

厦门 汝加重<u>偌穧</u>啊？li$^{53-44}$ ke$^{44-22}$ taŋ$^{22-21}$ lua$^{22-21}$ tsue^{22} a^{21}？

台中 汝肥<u>偌穧</u>啊？li$^{53-44}$ pui$^{24-22}$ ua$^{22-21}$ tse^{22} a^{21}？

漳州 汝重<u>偌穧</u>？li^{52} taŋ$^{22-21}$ lua$^{22-21}$ tse^{22}？

汕头 汝重了<u>若穧</u>？lɯ^{52} taŋ$^{25-31}$ liau$^{52-24}$ zio？$^{5-2}$ tsoi^{31}？

揭阳　汝重了若穄？lɯ$^{42-53}$ taŋ$^{35-21}$ liau$^{42-24}$ zioʔ$^{5-2}$ tsoi^{22}？
海丰　汝重（了）几穄？li^{52} taŋ$^{25-33}$（liau$^{52-213}$）kue$^{52-213}$ tsei^{21}？
遂溪　①汝重偌穄啦？lu^{41} taŋ^{55} ua$^{55-33}$ tsoi^{24} la^{41}？②汝重倒偌穄啊？lu^{41} taŋ^{55} to^{41} ua$^{55-33}$ tsoi^{24} a^{21}？
雷州　汝沉偌穄（咧）？lu^{42} tem^{22} ua^{553} tsoi^{24}（le^{33}）？
文昌　汝重（了）偌穄？du^{31} ɗaŋ^{42}（liau^{31}）ua$^{42-11}$ ɗoi^{34}？
三亚　汝重了几穄？lu^{31} taŋ^{42} liau^{31} kui^{31} tsoi^{33}？

八、用于反问的疑问代词

很多疑问代词都有反问用法，反问是无疑而问，所以不同的疑问代词用于反问的时候常常变成一样的意思。例如普通话"这东西我哪里用得着？""这东西我怎么用得着？""这东西我哪会儿用得着？"意思差不多。闽南方言表示反问时，多数也是用一般的疑问代词，所用疑问代词以询问处所、方式、时间的居多，不过在有些地方如闽南－台湾片、粤东片的闽语里有一套专用于反问的疑问代词，这种词只能表示无疑而问的反问，不像一般的疑问代词可以表示信疑参半的疑问，在语义和语法功能上类似副词，或可看作与疑问副词如漳州、台中的"敢"及汕头、揭阳的"□［khaʔ。］"有类聚关系的反问副词，不过由于其和疑问代词的反问用法有同样的功能，暂时放在这里。

下面是材料中见到的各地用于反问的疑问代词的用例。

泉州	厦门	台中	漳州
哪^{c}nã	哪^{c}na	哪^{c}na	哪^{c}na
怎仔 tsiũ^ɔ ^{c}ã	按怎 an^ɔ ^{c}tsuã		
	倒（落）^{c}to（loʔ。）		倒落仔^{c}ta loʔ。^{c}a
	倒位^{c}to ui^ɔ		

汕头	揭阳	海丰	
在得^{c}tsai tik。	在得^{c}tsai tik。	在得 tsai^c tit。	
□kaʔ。			
做（呢）tso^ɔ（$_c$ni）	做呢 tso^ɔ $_c$ni	（知）做呢（$_c$tsai）tsɔ^c $_c$ni	
地□ti^ɔ ko^ɔ	地□ti^ɔ ko^ɔ	（地）□ti^ɔ te^c	
地□时 ti^ɔ $_c$tiaŋ $_c$si	□时$_c$tian $_c$si		

遂溪	雷州
地迹$_c$ti tsia^ɔ	地乃$_c$ti ^{c}nai

第一章　闽南方言实词语法特点

做（做）tso² (tso²)　　做做 ⁵tso ⁵tso

文昌　　　　　　三亚
知作 ₌tai to˧˨。　　怎<地样>项 ₌dan <₌dio> ₌ho
□de˧˨　　　　　　地□₌di de˧˨

下面是例句。

（26）我怎么买得起房子？

泉州　①我怎仔买解起厝啊？gua⁵⁵ tsiũ⁴¹⁻⁵⁵ ã⁵⁵ bue⁵⁵⁻²⁴ e²⁴⁻²² khi⁵⁵ tshu⁴¹ a²¹？②我哪有法（度）通买厝啊？gua⁵⁵ nã⁵⁵ u²² huat⁵⁵（tɔ⁴¹）thaŋ³³ bue⁵⁵⁻²⁴ tshu⁴¹ a²¹？

厦门　①我哪买解起厝？gua⁵³⁻⁴⁴ na⁵³⁻⁴⁴ bue⁵³⁻⁴⁴ e²²⁻²¹ khi⁵³⁻⁴⁴ tshu²¹？②我按怎买解起厝？gua⁵³⁻⁴⁴ an²¹⁻⁵³ tsuã⁵³ bue⁵³⁻⁴⁴ e²²⁻²¹ khi⁵³⁻⁴⁴ tshu²¹？③我卜倒买解起厝？gua⁵³⁻⁴⁴ beʔ³²⁻⁵³ to⁵³ bue⁵³⁻⁴⁴ e²²⁻²¹ khi⁵³⁻⁴⁴ tshu²¹？④我卜倒落（有法通）买解起厝？gua⁵³⁻⁴⁴ beʔ³²⁻⁵³ to⁵³⁻⁴⁴ loʔ⁵（u²²⁻²¹ huat³²⁻⁵ thaŋ⁴⁴⁻²²）bue⁵³⁻⁴⁴ e²²⁻²¹ khi⁵³⁻⁴⁴ tshu²¹？

台中　我哪解买解起厝？ua⁵³⁻⁴⁴ na⁵³⁻⁴⁴ e²²⁻²¹ be⁵³⁻⁴⁴ e²²⁻²¹ khi⁵³⁻⁴⁴ tshu²¹？

漳州　我哪买解起厝？gua⁵² na⁵²⁻³⁴ be⁵²⁻³⁴ e²²⁻²¹ khi⁵²⁻³⁴ tshu²¹？

汕头　①我在得有变买厝？ua⁵² tsai²⁵⁻³¹ tik²⁻⁵ u²⁵⁻³¹ piaŋ²¹³⁻⁵⁵ boi⁵²⁻²⁴ tshu²¹³？②我□[kaʔ²⁻⁵]有变买厝？ua⁵² kaʔ²⁻⁵ u²⁵⁻³¹ piaŋ²¹³⁻⁵⁵ boi⁵²⁻²⁴ tshu²¹³？③我做呢有变买厝？ua⁵² tso²¹³⁻⁵⁵ ni⁵⁵⁻³¹ u²⁵⁻³¹ piaŋ²¹³⁻⁵⁵ boi⁵²⁻²⁴ tshu²¹³？

揭阳　①我在得有变买厝？ua⁴²⁻⁵³ tsai³⁵⁻²¹ tek²⁻³ u³⁵⁻²¹ piaŋ²¹³⁻⁴² boi⁴²⁻²⁴ tshu²¹³？②我做呢有变买厝？ua⁴²⁻⁵³ tso²¹³⁻⁴² ni⁵⁵⁻²² u³⁵⁻²¹ piaŋ²¹³⁻⁴² boi⁴²⁻²⁴ tshu²¹³？

海丰　我在得/（知）做呢有变买厝？ua⁵² tsai²⁵⁻³³ tit³⁻⁴/（tsai⁴⁴⁻³³）tsɔ²¹³⁻⁵⁵ ni⁵⁵⁻²² u²⁵⁻³³ piaŋ²¹³⁻⁵⁵ bei⁵²⁻²¹³ tshu²¹³？

雷州　我做（做）/地迹买得起阿厝（呢）？ba⁴²⁻⁴⁴ tso⁵⁵³（tso⁵⁵³）/ti²⁴ tsia⁵⁵³ boi⁴² tiek⁵ khi⁴² a⁵⁵ tshu²¹（ne³³）？

遂溪　我做做买得起厝啊？va⁴¹ tso⁵⁵ tso⁵⁵ voi⁴¹ tiet⁵⁴ khi⁵⁵ tshu²¹⁴ a²¹？

文昌　我知作买得起□[ʥia²¹⁻⁵⁵]件厝？gua³¹ tai³⁴ toʔ⁵ boi³¹⁻³³ diet⁵ xi³¹ ʥia²¹⁻⁵⁵ kan³⁴⁻⁴² ʃu²¹？

三亚　我怎<地样>（项）买得起厝？va³¹ dan²² <dio³³>（ɦio³³）voi³¹ diʔ⁴⁵ khi³¹ tshu²⁴？

（27）这种东西哪里有人要？

泉州 <即样>个物件哪/怎仔有侬卜？<tsiɔŋ$^{55-24}$> o^{55} mũ$^{24-22}$ kiã^{22} nã^{55}/tsiũ$^{41-55}$ ã^{55} u^{22} laŋ$^{24-22}$ bɤʔ^{55}?

厦门 ①即款物件哪有侬卜捱? tsit$^{32-5}$ khuan$^{53-44}$ miʔ$^{5-21}$ kiã^{22} na$^{53-44}$ u$^{22-21}$ laŋ$^{24-22}$ beʔ$^{32-53}$ tiʔ^{5}? ②即款物件卜倒（落）有侬卜捱? tsit$^{32-5}$ khuan$^{53-44}$ miʔ$^{5-21}$ kiã^{22} beʔ$^{32-53}$ to$^{53-44}$（lo^{53}）u$^{22-21}$ laŋ$^{24-22}$ beʔ$^{32-53}$ tiʔ^{5}? ③即款物件倒位有侬卜捱? tsit$^{32-5}$ khuan$^{53-44}$ miʔ$^{5-21}$ kiã^{22} to$^{53-44}$ ui^{22} u$^{22-21}$ laŋ$^{24-22}$ beʔ$^{32-5}$ tiʔ^{5}?

台中 即种物件哪解有侬卜爱? tsit$^{2-5}$ tsiɔŋ$^{53-44}$ mĩʔ$^{3-2}$ kiã^{22} na$^{53-44}$ e$^{22-21}$ u$^{22-21}$ laŋ$^{24-22}$ beʔ$^{2-5}$ ai^{21}?

漳州 即种物件哪/倒啰仔有侬卜? tsit$^{32-5}$ tsiŋ$^{52-34}$ miʔ$^{121-21}$ kiã$^{22-21}$ na$^{52-34}$/ta$^{52-34}$ loʔ$^{121-21}$ a^{52} u$^{22-21}$ laŋ$^{13-22}$ bueʔ^{32}?

汕头 ①者个在得有侬爱? tsia$^{52-24}$ kai^{55} tsai$^{25-31}$ tik$^{2-5}$ u$^{25-31}$ naŋ$^{55-31}$ ãi^{213}? ②者个□[kaʔ$^{2-5}$] 有侬爱? tsia$^{52-24}$ kai^{55} kaʔ$^{2-5}$ u$^{25-31}$ naŋ$^{55-31}$ ãi^{213}? ③者个地□[ko$^{213-55}$] 有侬爱? tsia$^{52-24}$ kai^{55} ti^{31} ko$^{213-55}$ u$^{25-31}$ naŋ$^{55-31}$ ãi^{213}? ④者个做（呢）有侬爱? tsia$^{52-24}$ kai^{55} tso$^{213-55}$（ni$^{55-31}$）u$^{25-31}$ naŋ$^{55-31}$ ãi^{213}?

揭阳 ①者个在得有侬爱? tsia$^{42-24}$ kai^{55} tai$^{35-21}$ tek$^{2-3}$ u$^{35-21}$ naŋ$^{55-22}$ ãi^{213}? ②者个地□[ko$^{213-42}$] 有侬爱? tsia$^{42-24}$ kai^{55} ti$^{22-21}$ ko$^{213-42}$ u$^{35-21}$ naŋ$^{55-22}$ ãi^{213}? ③者个做呢有侬爱 tsia$^{42-35}$ kai^{55} tso$^{213-42}$ ni$^{55-22}$ u$^{35-21}$ naŋ$^{55-22}$ ãi^{213}?

海丰 ①只项/者零细在得有侬爱啊? tsi^{52} haŋ$^{25-33}$/tsia^{52} naŋ$^{55-22}$ sei^{213} tsai$^{25-33}$ tit$^{3-4}$ u$^{25-33}$ naŋ$^{55-22}$ ãi^{213} a^{33}? ②只项/者零细(地)□[te$^{213-55}$]有侬爱啊? tsi^{52} haŋ$^{25-33}$/tsia^{52} naŋ$^{55-22}$ sei^{213}（ti$^{21-33}$）te$^{213-55}$ u$^{25-33}$ naŋ$^{55-22}$ ãi^{213} a^{33}? ③只项/者零细(知)做呢有侬爱啊? tsi^{52} haŋ$^{25-33}$/tsia^{52} naŋ$^{55-22}$ sei^{213}（tsai$^{44-33}$）tsɔ$^{213-55}$ ni$^{55-22}$ u$^{25-33}$ naŋ$^{55-22}$ ãi^{213} a^{33}?

雷州 □[zia^{553}]个物做（做）/地迹有侬爱（呢）? zia^{553} kai$^{22-33}$ mi$^{33-42}$ tso^{553}（tso^{553}）/ti^{24} tsia^{553} u^{33} naŋ^{22} ai^{21}（ne^{33}）?

遂溪 □[ioŋ^{55}] 物做做/地迹/地乃有侬讨哪? ioŋ^{55} mi^{33} tso^{55} tso^{55}/ti$^{41-24}$ tsia^{55}/ti$^{41-24}$ nai^{55} u$^{55-33}$ naŋ^{22} tho^{41} na^{21}?

文昌 □[ʥia$^{21-55}$] 个物 □[ɗe^{21}] 卜 □[toʔ^5] 有侬□[ioʔ^{53}]? ʥia$^{21-55}$ kai$^{22-11}$ mi^{53} ɗe^{21} ɓeʔ^5 toʔ^5 u^{42} naŋ$^{22-11}$ ioʔ^{53}?

三亚 即种物地□[ɗe^{24}]/怎<地样>（项）有侬要? iʔ^{45} tsiaŋ^{31} miʔ^{42} ɗi^{33} ɗe^{24}/ɗan^{22} <ɗio^{33}>（ɓio^{33}）u^{42} naŋ^{22} ioʔ^{45}?

（28）我哪里敢打他？

泉州 我哪/怎仔敢拍伊? gua^{55} nã^{55}/tsiũ$^{41-55}$ ã^{55} kã$^{55-24}$ phaʔ^{55} i^{33}?

厦门 ①我哪敢拍伊? gua$^{53-44}$ na$^{53-44}$ kã$^{53-44}$ phaʔ^{32} i$^{44-21}$? ②我卜倒敢拍伊? gua$^{53-44}$ beʔ$^{32-53}$ to^{53} kã$^{53-44}$ phaʔ^{32} i$^{44-21}$? ③我甚乜时阵敢拍伊? gua$^{53-44}$

sim$^{53-44}$ mi$ʔ^5$ si$^{24-22}$ tsun^{22} kã$^{53-44}$ phaʔ^{32} i$^{44-21}$？

台中　我哪解敢拍伊？ua$^{53-44}$ na$^{53-44}$ e$^{22-21}$ kã$^{53-44}$ phaʔ^2 i$^{44-21}$？

漳州　①我哪敢合伊拍？gua^{52} na$^{52-34}$ kã$^{52-34}$ kaʔ$^{121-21}$ i$^{34-22}$ phaʔ^{32}？②我倒啰仔敢合伊拍？gua^{52} ta$^{52-34}$ lo$ʔ^{121-21}$ a^{52} kã$^{52-34}$ kaʔ$^{121-21}$ i$^{34-22}$ phaʔ^{32}？

汕头　①我在得敢拍伊？ua^{52} tsai$^{25-31}$ tik$^{2-5}$ kã$^{52-24}$ phaʔ^2 i$^{33-31}$？②我□［kaʔ$^{2-5}$］敢拍伊？ua^{52} kaʔ$^{2-5}$ kã$^{52-24}$ phaʔ^2 i$^{33-31}$？③我地□［ko$^{213-55}$］敢拍伊？ua^{52} ti^{31} ko$^{213-55}$ kã$^{52-24}$ phaʔ^2 i$^{33-31}$？④我地□［tian^{33}］时敢拍伊？ua^{52} ti^{31} tian^{33} si$^{55-31}$ kã$^{52-24}$ paʔ^2 i$^{33-31}$？

揭阳　我在得敢拍伊？ua$^{42-53}$ tai$^{35-21}$ tek$^{2-3}$ kã$^{42-24}$ phak$^{2-3}$ i^{33}？

海丰　①我在得敢拍伊？ua^{52} tsai$^{25-33}$ tit$^{3-4}$ kã$^{52-213}$ phaʔ$^{3-4}$ i^{44}？②我（地）□［te$^{213-55}$］敢拍伊？ua^{52}（ti$^{21-33}$）te$^{213-55}$ kã$^{52-213}$ phaʔ$^{3-4}$ i^{44}？③我做呢敢拍伊？ua^{52} tsɔ$^{213-55}$ ni$^{55-22}$ kã$^{52-213}$ phaʔ$^{3-4}$ i^{44}？

雷州　我做（做）/底迹敢拍伊（咧）？ba^{42} tso^{553}（tso^{553}）/ti^{24} tsia^{553} ka^{42} pha^{553} i^{24}（le^{33}）？

遂溪　我做（做）/地乃敢拍伊？va^{41} tso^{55}（tso^{55}）/ti^{24} nai^{55} ka^{41} pha^{55} i^{24}？

文昌　我□［ɗe^{21}］卜敢拍伊？gua^{31} ɗe^{21} ɓe$ʔ^5$ ka$^{31-33}$ xa^{53} i^{34}？

三亚　我怎＜地样＞项敢拍伊？va^{31} ɗan^{22}＜ɗio^{33}＞ɦo^{33} ka^{31} phaʔ^{45} i^{33}？

（29）这种东西怎会有人要？

泉州　＜即样＞个物件哪/怎仔解有侬卜？＜tsiɔŋ$^{55-24}$＞o^{55}/e^{41} mũ$ʔ^{24-22}$ kiã^{22} nã^{55}/tsiũ$^{41-55}$ ã^{55} e^{22} u^{22} laŋ$^{24-22}$ bɤ$ʔ^{55}$？

厦门　①即种物件哪有侬卜挃？tsit$^{32-53}$ tsiɔŋ$^{53-44}$ mi$ʔ^{5-21}$ kiã^{22} na$^{53-44}$ u$^{22-21}$ laŋ$^{24-22}$ be$ʔ^{32-53}$ ti$ʔ^5$？②即种物件卜倒有侬挃？tsit$^{32-53}$ tsiɔŋ$^{53-44}$ mi$ʔ^{5-21}$ kiã^{22} be$ʔ^{32-53}$ to^{53} u$^{22-21}$ laŋ$^{24-22}$ be$ʔ^{32-53}$ ti$ʔ^5$？

台中　即种物件哪解有侬卜爱？tsit$^{2-5}$ tsiɔŋ$^{53-44}$ mĩ$ʔ^{3-2}$ kiã^{22} na$^{53-44}$ e$^{22-21}$ u$^{22-21}$ laŋ$^{24-22}$ be$ʔ^{2-5}$ ai^{21}？

漳州　即落仔物件哪有侬卜？tsit$^{32-5}$ lo$ʔ^{121-22}$ a^{52} mi$ʔ^{121-21}$ kiã^{22} na$^{52-34}$ u$^{22-21}$ laŋ$^{13-22}$ bue$ʔ^{32}$

汕头　①者个在得有侬爱？tsia$^{52-24}$ kai^{55} tsai$^{25-31}$ tik$^{2-5}$ u$^{25-31}$ naŋ$^{55-31}$ ãi$^{:213}$？②者个□［kaʔ$^{2-5}$］有侬爱？tsia$^{52-24}$ kai^{55} kaʔ$^{2-5}$ u$^{25-31}$ naŋ$^{55-31}$ ãi$^{:213}$？③者个地□［ko$^{213-55}$］有侬爱？tsia$^{52-24}$ kai^{55} ti^{31} ko$^{213-55}$ u$^{25-31}$ naŋ$^{55-31}$ ãi$^{:213}$？④者个做（呢）有侬爱？tsia$^{52-24}$ kai^{55} tso$^{213-55}$（ni$^{55-31}$）u$^{25-31}$ naŋ$^{55-31}$ ãi$^{:213}$？

揭阳　①者个在得有侬爱？tsia$^{42-35}$ kai^{55} tai$^{35-21}$ tek$^{2-3}$ u$^{35-21}$ naŋ$^{55-22}$ ãi$^{:213}$？②者个做呢有侬爱？tsia$^{42-35}$ kai^{55} tso$^{213-42}$ ni$^{55-22}$ u$^{35-21}$ naŋ$^{55-22}$ ãi$^{:213}$？③者个地□［ko$^{213-42}$］有侬爱？tsia$^{42-24}$ kai^{55} ti$^{22-21}$ ko$^{213-42}$ u$^{35-21}$ naŋ$^{55-22}$ ãi$^{:213}$？

海丰 ①只项/者零细在得有侬爱啊？tsi⁵²haŋ²⁵⁻³³/tsia⁵²naŋ⁵⁵⁻²²sei²¹³tsai⁴⁵⁻³³tit³⁻⁴u²⁵⁻³³naŋ⁵⁵⁻²²ãi²¹³a³³？②只项/者零细（地）□[te²¹³⁻⁵⁵]有侬爱啊？tsi⁵²haŋ²⁵⁻³³/tsia⁵²naŋ⁵⁵⁻²²sei²¹³（ti²¹⁻³³）te²¹³⁻⁵⁵u²⁵⁻³³naŋ⁵⁵⁻²²ãi²¹³a³³？③只项/者零细（知）做呢有侬爱啊？tsi⁵²haŋ²⁵⁻³³/tsia⁵²naŋ⁵⁵⁻²²sei²¹³（tsai⁴⁴⁻³³）tsɔ²¹³⁻⁵⁵ni⁵⁵⁻²²u²⁵⁻³³naŋ⁵⁵⁻²²ãi²¹³a³³？

雷州 □[zia⁵⁵³]个物做（做）/底迹有侬爱（呢）？zia⁵⁵³kai²²⁻³³mi³³tso⁵⁵³（tso⁵⁵³）/ti²⁴tsia⁵⁵³u³³naŋ²²ai²¹（ne³³）？

遂溪 □[ioŋ⁵⁵]物做做有侬讨哪？ioŋ⁵⁵mi³³tso⁵⁵tso⁵⁵u⁵⁵⁻³³naŋ²²tho⁴¹na²¹？

文昌 □[ʤia²¹⁻⁵⁵]个物□[ɖe²¹]卜有侬□[ioʔ⁵³]？ʤia²¹⁻⁵⁵kai²²⁻¹¹miʔ⁵³ɖe²¹ɓeʔ⁵u⁴²naŋ²²⁻¹¹ioʔ⁵³？

三亚 即种物怎<地样>项有侬□[ioʔ⁴⁵]？iʔ⁴⁵tsiaŋ³¹miʔ⁴²ɗan²²<ɗio³³>ɦo³³u⁴²naŋ²²ioʔ⁴⁵？

九、闽南方言疑问代词表

表1-9为闽南方言疑问代词情况汇总。

表 1-9 闽南方言疑问代词

指代类型		泉州	厦门	台中	漳州	汕头	揭阳	海丰	遂溪	雷州	文昌	三亚
个体	人	<甚依>(仔)<ₑsiaŋ/ₑã>	甚口依<ₑsim/ₑsiã mi?ₒ>、<甚依><ₑsiaŋ>/<ₑsiã>、是谁 tsit₂ tsui²	<谁何><ₑtsia>	(是)<谁何><tsit₂>、<tsua²>	(地)(ti²)、<ₑtiaŋ>、地依 ti² ₑnaŋ	(地)<地依>(ti²)、<ₑtiaŋ>	(地)<地依>(ti²)、<ₑtiaŋ>	<地依>依<ₑtiaŋ> ₑnaŋ	<地依><ₑtiaŋ²>	<地依><dˀiaŋ²>	口依 mi?ₒ ₑnaŋ、<地依><ₑdˀiaŋ>
	事物	倒ᶜto、倒落 to lo?ₒ	倒ᶜto、倒落 to lo?ₒ	倒ᶜto	倒 to	地 ti²	地 ti² ko?	(地)(ti²) te	地 ti	地ᶜti	地ᶜdi	地ᶜdi
	人或事物	甚口<ₑsiam/ₑsiã mi?ₒ>	甚口 sim/ₑsiã mi?ₒ、甚物	甚口 siã mi?ₒ、甚siã	哪(货)仔ᶜna(hueᶜₒᶜa)、甚口(仔)ₑsim mi?ₒ(ₑa)、甚物 ₑsim mi?ₒ	(是)口(ₑsi)mi²?ₒ、(是)个(ₑsi) mi²?ₒ ₑkai	口 mē?ₒ、个 mē?ₒ ₑkai	个 mi² ₑkai	(物)mi²?(ₑmi)	(物)mi²(ₑmi)	口mi²/mi⁵³	(物)mi?(mi?ₒ)
处所		倒落ᶜto lo?ₒ	倒ᶜto、倒落 to lo?ₒ、倒位ᶜto ui²	倒位ᶜto ui²	倒落仔ᶜlo?ₒᶜa	地块 ti² ko?	地块 ti² ko?	(地)(ti²) te	地迹 ti² tsia²、ᶜle	地乃ᶜti ₑnai、te	里 deᶜle、ᶜde	地路ᶜdi ₑlou、地ᶜdi deᶜ、地ᶜdio
时间		底时 ti² ₑsi	底时 ti² ₑsi	口时ᶜtaŋ ₑsi	底时仔ᶜti ₑsi ₑa	(地)(ti²)口ₑtiaŋ ₑsi	口时ₑtiaŋ ₑsi	口时ₑtiaŋ ₑsi	(物)候 mi² ₑhau、地时ᶜti ₑsi	候 ₑmi ₑhau、地时ᶜti ₑsi	<地候><ₑdˀiau>	口时 mi?ₒ ti

续表 1-9

指代类型	泉州	厦门	台中	漳州	汕头	揭阳	海丰	遂溪	雷州	文昌	三亚
方式	怎(仔)样 tsiũ⁵(ã) iũ²	按怎 an⁵ tsuã, 怎样 tsai² iũ²	按怎 an⁵ muã	按怎 an⁵ tsuã	做呢 tso⁵ ni	做呢 tso⁵ ni	(知)做呢(样) (ɕtsai) tsɔ⁵ ni⁵ (iɔ²)	做做 tso² tso², 怎 mi thoi	做做 ₅tso ₅tso	知作 ₅tai to?₂	怎〈地样〉项 ₅dan〈ɕdio〉ɕfio
情状	怎仔(哪)tsiũ²ã(ɕnã)、干(哪)仔 kan²ã(ɕnã)	按怎 an⁵ tsuã、怎样 tsai iũ²	按怎 an⁵ tsuã	按怎 an⁵ tsuã、哪仔 na a thoi	□生样 mi²₅sẽ iɔ², 在生 tsai₅sẽ	在生 tsai ₅sẽ	做呢仔 tsɔ⁵ ni tsim a, 如何 zi ɕhɔ	做怎 tso² ₅thoi	做怎 ₅tso thoi	□地样 ɕdi iɔ, 知样 ₅tai ɕio	怎〈地样〉项 ₅dan〈ɕdio〉ɕfio,作 to?₂ mi?₅
原因	怎仔 tsiũ²ã、干(哪)kan²ã(ɕnã)、敢解物代 kan e、mi² tai²	按怎 an⁵ tsuã、怎样 tsai iũ²	按怎 an⁵ tsuã	按怎 an⁵ tsuã	做呢 tso⁵ ni	做呢 tso⁵ ni	(知)做呢(样) (ɕtsai) tsɔ⁵ ni⁵ (iɔ²), 怎仔 tsim ã	做□ tso² mi²	做 ₅mi	知作 tai to?₂, 知样 ₅tai ɕio	作 to? mi?₅
程度	偌 lua²	偌 lua²	偌 gua²	偌 lua²	若 zio?₂	若 zio?₂	几(稽)ɕkɔ (tsei²)	偌 ua²	偌 ua²	偌 ua²	作 ₅to?
数量	几 ɕkui、偌(稽)lua² (tsue²)	几 ɕkui、偌稽 lua² tsue²	几 ɕkui、偌稽 gua² tse²	几 ɕkui、偌稽 lua² tsɛ²	几 ɕkui、若稽 zio?₂ tsoi²	几 ɕkui、若稽 zio?₂ tsoi²	几(稽)ɕkɔ (tsei²)	几 ɕkui、偌稽 ua² ɕtsoi	几 ɕkui、偌稽 ua² ɕtsoi	几 ɕkui、偌稽 ua² ɕtoi	几稽 ɕkui ɕtsoi
专用反问	哪 ɕnã	哪 na	哪 na	哪 na	在得 tsai tik, □ ka?₂	在得 tsai tik,	在任 tsai tit,	—	—	—	几稽 ɕkui ɕtsoi

参考文献

［1］李如龙. 闽南方言语法研究［M］. 福州：福建人民出版社，2007.

［2］吕叔湘，江蓝生. 近代汉语指代词［M］. 上海：学林出版社，1985.

［3］施其生. 汕头方言的疑问代词［M］//施其生. 方言论稿. 广州：广东人民出版社，1996.

［4］施其生. 汕头方言的代词［M］//李如龙，张双庆. 代词. 广州：暨南大学出版社，1999.

［5］施其生. 汉语方言中语言成分的同质兼并［J］. 语言研究，2009（2）.

第二章　闽南方言的虚词

第一节　闽南方言的副词

　　副词虽然意义上虚实不等，但是常常表示修饰性的语法意义，带定位性（总是在谓词性中心语之前）和粘着性（多数不单说，只能粘附在谓词性成分之前），总体上和助词有很大的共性，我们把它放在虚词里。副词的句法功能比较单一，在句中只能作状语。本节不准备就闽南方言的副词作句法性质上的细致比较，只通过例句中语料的对比，归纳各地的形式并进行比较，显示闽南方言中同一意义的副词在形式上的共性及地域差异。副词使用频率高，一词多义的情况很普遍，如普通话"再""才""还""都""也"都有多种意义，不同的副词在意义和用法上又常有交叉，闽南方言也一样。为便于叙述和比较，文中先分别大的义类，然后以普通话意义相当的副词出条，如遇普通话同一副词有两个较为不同的意义，则分列为两个词。

一、时间、频率副词

（一）先

各地形式非常统一，除漳州用"当"外，都和普通话一样用"先"。

泉州	厦门	台中
先．sūi	先．sin	先．sian

漳州
当．taŋ

汕头	揭阳	海丰
先．sõi	先．sāi	先．sāi

雷州	遂溪	文昌	三亚
先．sieŋ	先．sien	□．tin	先．tai

(1) 先睡睡再说。

泉州 ①先睏（咧）□［tsiaʔ⁵⁵］说/□［tsiaʔ⁵⁵］各说。sũi³³ khun⁴¹（lɤ²¹）tsiaʔ⁵⁵ sɤʔ⁵⁵/tsiaʔ⁵⁵ koʔ⁵⁵ sɤʔ⁵⁵。②（先）睏睏咧□［tsiaʔ⁵⁵］说/□［tsiaʔ⁵⁵］各说。(sũi³³) khun⁴¹⁻⁵⁵ khun⁴¹ lɤ²¹ tsiaʔ⁵⁵ sɤʔ⁵⁵/tsiaʔ⁵⁵ koʔ⁵⁵ sɤʔ⁵⁵。

厦门 ①先睏□［kaʔ³²⁻⁵］讲。siŋ⁴⁴⁻²² khun²¹ kaʔ³²⁻⁵ kɔŋ⁵³。②先睏睏下□［tsiaʔ³²⁻⁵］□［koʔ³²⁻⁵］讲。siŋ⁴⁴⁻²² khun²¹⁻⁵³ khun²¹ e²²⁻²¹ tsiaʔ³²⁻⁵ koʔ³²⁻⁵ kɔŋ⁵³。

台中 ①先睏睏下□［tsiaʔ²⁻⁵］讲。sian⁴⁴ khun²¹⁻⁵³ khun²¹ e²² tsiaʔ²⁻⁵ kɔŋ⁵³。②睏睏下□［tsiaʔ²⁻⁵］讲。khun²¹⁻⁵³ khun²¹ e²² tsiaʔ²⁻⁵ kɔŋ⁵³。③先睏□［tsiaʔ²⁻⁵］讲。sian⁴⁴ khun²¹ tsiaʔ²⁻⁵ kɔŋ⁵³。

漳州 ①当睏甲（各）讲。taŋ³⁴⁻²² khun²¹⁻⁵² kaʔ³²⁻⁵（koʔ³²⁻⁵）kɔŋ⁵²。②当睏睏<蜀下>甲讲。taŋ³⁴⁻²² khun²¹⁻⁵² khun²¹⁻⁵² <e²¹> kaʔ³²⁻⁵ kɔŋ⁵²。

汕头 先□［ĩ²⁵⁻³¹］下了正来。sõi³³ ĩ²⁵⁻³¹ e²⁵⁻³¹ liau⁵² tsiã²¹³⁻⁵⁵ lai⁵⁵。

揭阳 先□［ĩ³⁵］下再咀。sai³³ ĩ³⁵ e³⁵⁻²¹ tsai²¹³⁻⁴² tã²¹³。

海丰 先睏睏/先睏雾仔正（来）讲。sãi⁴⁴⁻³³ khun²¹³⁻⁵⁵ khun²¹³/sãi⁴⁴⁻³³ khun²¹³ siap³ ã⁵²⁻²¹³ tsiã²¹³⁻⁵⁵（lai⁵⁵⁻²²）kɔŋ⁵²。

遂溪 先睏睏那讲。sien²⁴ khoi²¹⁴⁻⁵⁵ khoi²¹⁴⁻⁵⁵ na²⁴⁻³³ ko⁴¹。

雷州 先睏睏乃讲。sieŋ²⁴ khoi⁵⁵³ khoi⁵⁵³ na⁵⁵³ kɔŋ⁴²。

三亚 先睏蜀睏/睏睏再讲。tai³³ khoi⁴⁵ zioʔ³³ khoi⁴⁵/khoi⁴⁵ khoi⁴⁵ tsai²⁴ koŋ³¹。

(2) 这些柴先捆在一起，然后塞到楼梯底下。

泉州 ①□［tsuai⁵⁵/⁵⁵⁻²⁴］个柴先缚做蜀下，（了后/然后）□［tsiaʔ⁵⁵］挃去挎伫楼梯骹嘞/楼梯个底。tsuai⁵⁵/⁵⁵⁻²⁴ e²⁴⁻²² tsha²⁴ sũi³³ pak²⁴⁻²² tsue⁴¹⁻⁵⁵ tsit²⁴⁻²² e⁴¹,（liau⁵⁵⁻²⁴ au²²/lian²⁴⁻²² au²²）tsiaʔ⁵⁵ thueʔ²⁴⁻²² khɯ⁴¹⁻⁵⁵ khua⁴¹⁻⁵⁵ lɤ⁴¹⁻⁵⁵ lau²⁴⁻²² thui³³ kha³³ lɤ⁴¹⁻³¹/lau²⁴⁻²² thui³³ e²⁴⁻²² tue⁵⁵。②□［tsuai⁵⁵/⁵⁵⁻²⁴］个柴先缚做蜀下了，□［tsiaʔ⁵⁵］挃去挎伫楼梯骹嘞/楼梯个底。tsuai⁵⁵/⁵⁵⁻²⁴ e²⁴⁻²² tsha²⁴ sũi³³ pak²⁴⁻²² tsue⁴¹⁻⁵⁵ tsit²⁴⁻²² e⁴¹ liau⁵⁵, tsiaʔ⁵⁵ thueʔ²⁴⁻²² khɯ⁴¹⁻⁵⁵ khua⁴¹⁻⁵⁵ lɤ⁴¹⁻⁵⁵ lau²⁴⁻²² thui³³ kha³³ lɤ⁴¹⁻³¹/lau²⁴⁻²² thui³³ e²⁴⁻²² tue⁵⁵。

厦门 □［tsia²⁴］柴先缚做伙，然后/了后/了□［sueʔ³²⁻⁵³］遘楼梯骹去。tsia²⁴ tsha²⁴ sin⁴⁴⁻²² pat⁵⁻²¹ tsue²¹⁻⁵³ he⁵³, lian²⁴⁻²² au²²/liau⁵³⁻⁴⁴ au²²/liau⁵³ sueʔ³²⁻⁵³ kau²¹⁻⁵³ lau²⁴⁻²² the⁴⁴ kha⁴⁴ khi²¹。

台中 ①□［tsia⁵³⁻⁴⁴］个柴先捆做伙，然后塞伫咧楼梯骹。tsia⁵³⁻⁴⁴ e²⁴⁻²² tsha²⁴ sin⁴⁴⁻²² khun⁵³⁻⁴⁴ tso²¹⁻⁵³ hue⁵³, len²⁴⁻²² au²² sak²⁻⁵ ti²²⁻²¹ e²² lau²⁴⁻²² thui⁴⁴⁻²² kha⁴⁴。②□［tsia⁵³⁻⁴⁴］个柴先合捆起来，然后塞伫咧楼梯骹。tsia⁵³⁻⁴⁴ e²⁴⁻²² tsha²⁴ sin⁴⁴⁻²² kaʔ³⁻² khun⁵³ khi⁵³⁻²¹ lai²⁴⁻²¹, len²⁴⁻²² au²² sak²⁻⁵ ti²²⁻²¹ e²² lau²⁴⁻²²

thui$^{44-22}$ kha^{44}. ③□［tsia$^{53-44}$］个柴先合捆起来，煞落来，□［tsiat$^{2-5}$］塞咧楼梯骹。tsia$^{53-44}$ e$^{24-22}$ tsha^{24} sin$^{44-22}$ kaʔ$^{3-2}$ khun^{53} khi$^{53-21}$ lai$^{24-21}$, sua$^{22-21}$ loʔ$^{3-2}$ lai$^{24-22}$, tsiat$^{2-5}$ sak$^{2-5}$ e^{22} lau$^{24-22}$ thui$^{44-22}$ kha^{44}.

漳州 遮个柴当缚＜起来＞/缚做伙，合伊□［seʔ$^{32-52}$］□［hɛ$^{34-22}$］楼梯骹下。tsiaʔ$^{32-52}$ e$^{13-22}$ tsha^{13} taŋ$^{34-22}$ pak$^{121-32}$＜kɛ̃^{34}＞/pak$^{121-32}$ tso$^{21-5}$ hue^{52}, kaʔ$^{32-5}$ i$^{34-22}$ seʔ$^{32-52}$ hɛ$^{34-22}$ lau$^{13-22}$ thui$^{34-22}$ kha$^{34-22}$ e^{22}.

汕头 撮柴先缚做蜀堆，了塞放楼梯下块。tshoʔ$^{2-5}$ tsha^{55} sõi^{33} pak$^{5-2}$ tso$^{213-55}$ tsek$^{5-2}$ tu^{33}, liau^{52} sak$^{2-5}$ paŋ$^{213-55}$ lau$^{55-31}$ thui^{33} e^{25} ko$^{213-31}$.

揭阳 块柴先缚做蜀堆，□［e^{55}］就塞放楼梯下块。ko$^{213-53}$ tsha^{55} sãi^{33} pak$^{5-2}$ tso$^{213-42}$ tsek$^{5-2}$ tu^{33}, e^{55} tsu$^{35-21}$ sak$^{2-3}$ paŋ$^{213-42}$ lau$^{55-22}$ thui^{33} e^{35} ko$^{213-21}$.

海丰 只乃仔柴先缚做蜀下，然后放/塞遭楼梯骹去。tsi^{52} nai^{55} ã$^{52-213}$ tsha^{55} sãi$^{44-33}$ pak$^{4-3}$ tsɔ$^{213-55}$ tsit$^{4-3}$ e^{21}, ziaŋ$^{55-22}$ au^{25} paŋ$^{213-55}$/sak^3 kau$^{213-55}$ lau$^{55-22}$ thui^{44} kha^{44} khi$^{213-33}$.

遂溪 若里柴先缚成把，然后放遭楼梯底下。ia^{55} li^{41} tsha^{22} sien^{24} pak^3 sia^5 pe^{41}, ien^{22} hau$^{55-33}$ paŋ^{214} kau^{214} lau^{22} thoi^{24} toi^{41} e^{33}.

雷州 这乃柴先缚成□［ha^{22}］，后放遭阿楼梯底下。zia^{553} nai^{553} tsha^{22} sieŋ^{24} pak^2 tsia$^{22-33}$ ha^{22}, au^{42} paŋ^{21} kau^{21} a^{55} lau$^{22-33}$ thui$^{24-33}$ toi^{42} e^{42}.

文昌 这稽柴先缚着＜蜀下＞，（昧）塞稽楼梯下。ʤia$^{21-55}$ ɗoi$^{34-42}$ ʃa^{22} tai^{34} ɓak^2 ɗioʔ^{42}＜e^{34}＞，（bi$^{34-42}$）at^5 lau$^{22-11}$ ɗu$^{42-11}$ xui$^{34-42}$ e^{42}.

三亚 即稽柴先缚伫蜀起，然后塞遭楼梯底下。iʔ^{45} ɗoi^{33} tsha^{22} tin^{33} ɓa^{42} ɗu^{42} ioʔ^{33} khi^{31}, ziaŋ^{22} au^{42} taiʔ^{45} kau^{24} lau^{22} thui^{33} ɗoi^{31} e^{33}.

（二）再

"再"的意义有多个，粗分为"再$_1$"和"再$_2$"。

1. 再$_1$（重复或继续）

这一意义的"再"，闽南-台湾片用"各［koʔ$_\supset$］"，遂溪用"野［^{c}ia］"，其余地方均和普通话一样用"再"。"［koʔ$_\supset$］"和"［^{c}ia］"语源待考，"各""野"只是同音字。各地形式如下。

泉州、厦门、台中、漳州：各 koʔ$_\supset$

汕头、揭阳、海丰：再 tsai$^\supset$

雷州：再 tsai$^\supset$

遂溪：野 ^{c}ia

文昌：再 tai$^\supset$

三亚：再 tsai²

下面是例句。

（3）再拖下去就没机会了。

泉州 各拖落去就无机会啰。koʔ⁵⁵ tua³³ loʔ²⁴⁻³¹ khɯ⁴¹⁻²¹ tsiu⁴¹⁻²² bo²⁴⁻²² ki³³ hue⁴¹ lɔ²¹.

厦门 各拖落去着无机会啊。koʔ³²⁻⁵ thua⁴⁴ loʔ⁵⁻²¹ khi²¹ tioʔ⁵⁻²¹ bo²⁴⁻²² ki⁴⁴⁻²² hue²² a²¹.

台中 各拖落去着无机会啊。koʔ²⁻⁵ thua⁴⁴⁻²² loʔ³⁻² khi²¹ tioʔ³⁻² bo²⁴⁻²² ki⁴⁴⁻²² hue²² a²¹.

漳州 各拖落去着无机会啊。koʔ³²⁻⁵ thua³⁴ loʔ¹²¹⁻²¹ khi²¹ loʔ¹²¹⁻²¹ bo¹³⁻²² ki³⁴⁻²² hue²² a²¹.

汕头 再拖落去就无机会了。tsai²¹³⁻⁵⁵ thua³³ loʔ⁵⁻² khɯ²¹³⁻³¹ tsiu²⁵⁻³¹ bo⁵⁵⁻³¹ ki³³ hue²⁵ ou⁵²⁻²¹³.

揭阳 再拖落去就无机会了。tsai²¹³⁻⁴² thua³³ loʔ⁵⁻² khɯ²¹³⁻²¹ tsu³⁵⁻²¹ bo⁵⁵⁻²² ki³³ hui³⁵ au⁴²⁻²¹³.

海丰 再拖落去就无机会啊。tsai²¹³⁻⁵⁵ thua⁴⁴⁻³³ lɔʔ⁴ khi²¹³⁻³¹ tsu²⁵⁻³³ bɔ⁵⁵⁻²² ki⁴⁴⁻³³ hue²⁵ a²¹.

遂溪 野拖落去就无机会啦。ia⁴¹ thua²⁴ lo³³ khu²¹⁴ tsiu⁵⁵⁻³³ bo²² ki²⁴⁻³³ hui⁵⁵ la⁴¹.

雷州 再拖落去就无机会啦。tsai⁵⁵³ thua²⁴ lo³³ khu²¹ tsiu³³ bo²²⁻³³ ki²⁴⁻³³ hui⁵⁵³⁻²⁴ la³³.

文昌 再拖落去就无机会啦。tai²¹ xua³⁴ lo⁴²⁻¹¹ xu²¹ tʃiu⁴²⁻¹¹ bo²²⁻¹¹ ki³⁴⁻⁴² ɦui⁴² la²¹.

三亚 再拖落去就无机会了。tsai²⁴ thuo³³ loʔ⁴² hu²⁴ tsiu⁴² vo²² ki³³ hui⁴² liau⁴².

2. 再₂（当将于某时实现）

此一意义的"再"，闽南方言所用的形式与"再₁"有些不同，其核心语素主要有四个，呈现出地域差异：闽南-台湾片为"□［tsiaʔ˳］"和"甲［kaʔ˳］"，粤东片为"正［tsiã˳］"，雷州片和海南片为"［na］"。其语源仍有待研究，各地所用的俗写"甲""正""乃""但"等均为同音字或被训读字。这些词也表示"才"，往往又可加上表示"再₁"的语素"各［koʔ˳］"，或改说为"再"，这与"再"和"才"在意义及用法上相交叉有关系。各地形式如下。

泉州　　　　　　　厦门　　　　　　　台中　　　　　　　漳州
□(各)tsiaʔ₃(koʔ₃)　□(各)tsiaʔ₃(koʔ₃)　□(各)tsiaʔ₃(koʔ₃)　甲(各)kaʔ₃(koʔ₃)
　　　　　　　　　甲(各)kaʔ₃(koʔ₃)
　　　　　　　　　□(各)tsaʔ²(koʔ₃)

汕头　　　　　　　揭阳　　　　　　　海丰
正(□)tsiã³(ko³)　正 tsiã³　　　　　正 tsiã³
　　　　　　　　　再 tsai³

雷州　　　　　　　遂溪　　　　　　　文昌　　　　　　　三亚
乃 na²　　　　　　乃⁵na　　　　　　 乃 na³　　　　　　再 tsai³
再 tsai²　　　　　　　　　　　　　　但 na²

（4）先睡睡再说。

泉州　①先睏（咧）□［tsiaʔ⁵⁵］/□［tsiaʔ⁵⁵］各说。sũi³³ khun⁴¹（lɤ²¹）tsiaʔ⁵⁵/tsiaʔ⁵⁵ koʔ⁵⁵ sɤʔ⁵⁵。②（先）睏睏咧□［tsiaʔ⁵⁵］/□［tsiaʔ⁵⁵］各说。(sũi³³) khun⁴¹⁻⁵⁵ khun⁴¹ lɤ²¹ tsiaʔ⁵⁵/tsiaʔ⁵⁵ koʔ⁵⁵ sɤʔ⁵⁵。

厦门　①先睏甲/□［tsaʔ³²⁻⁵］/□［tsaʔ³²⁻⁵］讲。siŋ⁴⁴⁻²² khun²¹ kaʔ³²⁻⁵/tsaʔ³²⁻⁵/tsaʔ³²⁻⁵ kɔŋ⁵³。②先睏睏下□［tsaʔ³²⁻⁵］各/甲各/□［tsaʔ³²⁻⁵］各讲。siŋ⁴⁴⁻²² khun²¹⁻⁵³ khun²¹ e²²⁻²¹ tsaʔ³²⁻⁵ koʔ³²⁻⁵/kaʔ³²⁻⁵ koʔ³²⁻⁵/tsaʔ³²⁻⁵ koʔ³²⁻⁵ kɔŋ⁵³。

台中　①先睏睏下□［tsiaʔ²⁻⁵］讲。sian⁴⁴ khun²¹⁻⁵³ khun²¹ e²² tsiaʔ²⁻⁵ kɔŋ⁵³。②睏睏下□［tsiaʔ²⁻⁵］讲。khun²¹⁻⁵³ khun²¹ e²² tsiaʔ²⁻⁵ kɔŋ⁵³。③先睏□［tsiaʔ²⁻⁵］讲。sian⁴⁴ khun²¹ tsiaʔ²⁻⁵ kɔŋ⁵³。

漳州　①当睏□［kaʔ³²⁻⁵］（各）讲。taŋ³⁴⁻²² khun²¹⁻⁵² kaʔ³²⁻⁵（koʔ³²⁻⁵）kɔŋ⁵²。②当睏睏<蜀下>□［kaʔ³²⁻⁵］讲。taŋ³⁴⁻²² khun²¹⁻⁵² khun²¹⁻⁵²<e²¹> kaʔ³²⁻⁵ kɔŋ⁵²。

汕头　先□[ĩ²⁵⁻³¹]下了正（□[ko²¹³⁻⁵⁵]）来。sõi³³ ĩ²⁵⁻³¹ e²⁵⁻³¹ liau⁵² tsiã²¹³⁻⁵⁵（ko²¹³⁻⁵⁵）lai⁵⁵。

揭阳　先□[ĩ³⁵]下再咀。sai³³ ĩ³⁵ e³⁵⁻²¹ tsai²¹³⁻⁴² tã²¹³。

海丰　先睏睏/先睏霎仔正（来）讲。sãi⁴⁴⁻³³ khun²¹³⁻⁵⁵ khun²¹³/sãi⁴⁴⁻³³ khun²¹³ siap³ ã⁵²⁻²¹³ tsiã²¹³⁻⁵⁵（lai⁵⁵⁻²²）kɔŋ⁵²。

遂溪　先睏睏乃讲。sien²⁴ khoi²¹⁴⁻⁵⁵ khoi²¹⁴⁻⁵⁵ na²⁴⁻³³ ko⁴¹。

雷州　先睏睏乃讲。sieŋ²⁴ khoi⁵⁵³ khoi⁵⁵³ na⁵⁵³ kɔŋ⁴²。

文昌　腴蜀落乃讲。xoi⁵³ ʥie³⁴ lo²¹ na²¹⁻⁵⁵ kɔŋ³¹。

三亚　先睏蜀睏/睏睏再讲。tai^{33} khoi^{45} zio?^{33} khoi^{45}/khoi^{45} khoi^{45} tsai^{24} koŋ^{31}.

（5）大伙儿歇一歇再干。

泉州　逐个侬歇蜀下□［tsia?^{55}］各做。tak$^{24-22}$ e$^{24-22}$ laŋ^{24} hio?^{55} tsit$^{24-22}$ e$^{41-21}$ tsia?^{55} ko?^{55} tsue^{41}.

厦门　逐个歇蜀下甲各/□［tsa?$^{32-5}$］各/□［tsia?$^{32-5}$］各做。tak$^{5-21}$ e$^{24-22}$ hio?^{32} tsit$^{5-21}$ e$^{22-21}$ ka?$^{32-5}$ ko?$^{32-5}$/tsa?$^{32-5}$ ko?$^{32-5}$/tsia?$^{32-5}$ ko?$^{32-5}$ tsue^{21}.

台中　逐个歇睏蜀下□［tsiat$^{2-5}$］各做。tak$^{3-2}$ e^{24} hio?$^{2-5}$ khun^{21} tsit$^{3-2}$ e$^{22-21}$ tsiat$^{2-5}$ ko?$^{2-5}$ tso^{21}.

漳州　逐家歇睏蜀下甲各做。tak$^{121-21}$ ke$^{34-22}$ hɛ?$^{32-52}$ khun^{21} tsit$^{121-21}$ e^{22} ka?$^{32-5}$ ko?$^{32-5}$ tso^{21}.

汕头　撮侬歇下了正作。tsho?$^{2-5}$ naŋ^{55} hia?$^{2-5}$ e$^{25-31}$ liau^{52} tsiã$^{213-55}$ tso?^{2}.

揭阳　大家侬歇下（好）正作。tai$^{22-21}$ ke^{33} naŋ^{55} hia?$^{2-3}$ e$^{35-21}$（ho$^{42-53}$）tsiã$^{213-42}$ tso?^{2}.

海丰　大家侬歇蜀下正做。tai$^{25-33}$ ke$^{44-33}$ naŋ^{55} hia?^{3} tsit$^{4-3}$ e$^{25-33}$ tsiã$^{213-55}$ tsɔ^{213}.

遂溪　大家歇歇/歇歇囝乃做。tua$^{55-33}$ ke^{24} hia^{55} hia^{55}/hia^{55} hia^{55} kia^{41} na^{55} tso^{55}.

雷州　大家歇（蜀）歇再做。tua$^{24-33}$ ke^{24} hiã^{553}（ziek^{2}）hiã^{553} tsai^{553} tso^{553}.

文昌　大家歇＜蜀下＞/歇歇/歇蜀歇但做。ɗua$^{34-42}$ ke^{34} fie^{53}＜ʤie^{34}＞/fie$^{53-33}$ fie^{53}/fie^{53} ʤiak$^{3-21}$ fie^{53} na$^{42-11}$ to^{53}.

三亚　大家歇歇/歇蜀歇（囝）/歇下再做。ɗuo^{33} ke^{33} he?$^{45-44}$ he?^{45}/he?^{45} io?^{33} he?^{45}（kio^{31}）/he?^{45} io?^{33} e^{33} tsai^{24} tso?^{45}.

（三）才

各地所用形式与"再$_2$"的核心语素相同，但都不能再加表示"再$_1$"的"各"等，也不能改说"再"。

泉州	厦门	台中	漳州
□tsia?$_2$	□tsia?$_2$	□tsiat$_2$	甲 ka?$_2$
	甲 ka?$_2$		
	□tsa?$_2$		

汕头、揭阳、海丰

正 tsiã$^{⊃}$

雷州	遂溪	文昌	三亚
乃 na²	乃 ˬna	乃 na²	乃 aʔ˳

下面是例句。

(6) 等到九点钟才走。

泉州 等遘九点钟□［tsiaʔ⁵⁵］行/去。tan⁵⁵⁻²⁴ kau⁴¹⁻⁵⁵ kau⁵⁵⁻²⁴ tiam⁵⁵⁻²⁴ tsiŋ³³ tsiaʔ⁵⁵ kiã²⁴/khɯ⁴¹.

厦门 等遘九点□［tsiaʔ³²⁻⁵］/□［kaʔ³²⁻⁵］/□［tsaʔ³²⁻⁵］行。tan⁵³⁻⁴⁴ kaʔ⁵/a⁴⁴ kau⁵³⁻⁴⁴ tiam⁵³ tsiaʔ³²⁻⁵/kaʔ³²⁻⁵/ tsaʔ³²⁻⁵ kiã²⁴.

台中 等遘九点□［tsiat²⁻⁵］走。tan⁵³⁻⁴⁴ kaʔ²⁻⁵ kau⁵³⁻⁴⁴ tiam⁵³ tsiat²⁻⁵ tsau⁵³.

漳州 听候遘九点□［kaʔ³²⁻⁵］行。thiŋ²¹⁻⁵² hau²²⁻²¹ kau²¹⁻⁵² kau⁵²⁻³⁴ tiam⁵² kaʔ³²⁻⁵ kiã¹³.

汕头 等遘九点正走。taŋ⁵²⁻²⁴ kau²¹³⁻⁵⁵ kau⁵²⁻²⁴ tiam⁵² tsiã²¹³⁻⁵⁵ tsau⁵².

揭阳 等遘九点正走。taŋ⁴²⁻²⁴ kau²¹³⁻⁴² kau⁴²⁻³⁵ tiam⁴²⁻²¹ tsiã²¹³⁻⁵³ tsau⁴²⁻²¹.

海丰 等遘九点（钟）正走。taŋ⁵²⁻²¹³ kau²¹³⁻⁵⁵ kau⁵²⁻²¹³ tiam⁵²⁻²¹³ （tsiɔŋ⁴⁴） tsiã²¹³⁻⁵⁵ tsau⁵².

遂溪 等遘九点钟乃去。taŋ⁴¹ kau²¹⁴ kau⁴¹ tiam⁴¹ tsiaŋ²⁴ na²⁴⁻³³ hu²¹⁴⁻²¹.

雷州 等遘九点钟乃去。taŋ⁴² kau²¹ kau⁴² tiam⁴² tsiaŋ²⁴ na⁵⁵³ khu²¹.

文昌 等遘九点整乃去。ɗaŋ³¹⁻³³ kau²¹⁻⁵⁵ kau³¹⁻³³ ɗiam³¹ tʃiaŋ³⁴ na²¹⁻⁵⁵ xu²¹.

三亚 等遘九点钟乃去。ɗan³¹ au²⁴ ka⁴² ɗeŋ³¹ tsiaŋ³³ aʔ⁴⁵ hu²⁴.

（四）马上

各地形式如下。

泉州	厦门	台中	漳州
煞 suaʔ˳	煞 saʔ˳	马上 ˬma siɔŋ²	马上 ˬma siɔŋ²
现 hian²	现 hian²	现 hiaŋ²	
随时 ˬsui ˬsi			

汕头	揭阳	海丰
即刻 tsiak˳ khek˳	即刻 tsiak˳ khek˳	□就 tã ˬtsu
随时 ˬsui ˬsi		

雷州　　　　　　遂溪　　　　　　文昌　　　　　　三亚
即刻 tsik₂ khek₂　即刻 tsik₂ khek₂　（无）
马上 ᶜma siaŋ²　　　　　　　　　　　　　　　　马上 ᶜma ˤsaŋ
当下 ₌taŋ hiã²

下面是例句。

(7) 厂长叫你马上去。

泉州　厂长叫汝煞/随时/现去。tshiũ⁵⁵⁻²⁴ tiũ⁵⁵ kio⁴¹⁻⁵⁵ lɯ⁵⁵ suaʔ⁵⁵/sui²⁴⁻²² si²⁴/hian⁴¹⁻²² khɯ⁴¹．

晋江　厂长叫说你现去。tshiũ⁵⁵⁻²⁴ tiũ⁵⁵ kio⁴¹⁻⁵⁵ seʔ⁵ li⁵⁵ hian⁴¹⁻²² khi⁴¹．

安溪　厂长叫汝（说）煞去。tshiũ⁴⁴¹⁻⁴⁴ tiũ⁴⁴¹ kio²¹²⁻⁴¹ li⁴⁴¹⁻⁴⁴（səʔ³¹⁻³²）suaʔ³¹⁻³² khɯ²¹²．

厦门　厂长叫汝（讲）即阵现/煞去。tshiũ⁵³⁻⁴⁴ tiũ⁵³ kio²¹⁻⁵³ li⁵³⁻⁴⁴（kɔŋ⁵³⁻⁴⁴）tsit³²⁻⁵ tsun²² hian²²⁻²¹/saʔ³²⁻⁵ khi²¹．

台中　厂长叫汝马上（过）去。tshiũ⁵³⁻⁴⁴ tiũ⁵³ kio²¹⁻⁵³ li⁵³⁻⁴⁴ ma⁵³⁻⁴⁴ siɔŋ²²（kue²¹）khi²¹．

漳州　厂长叫汝（讲）现/马上去。tshiõ⁵²⁻³⁴ tiõ²¹⁻⁵² kio²¹⁻⁵² li⁵²⁻³⁴（kɔŋ⁵²⁻³⁴）hian²²⁻²¹/ma⁵²⁻³⁴ siaŋ²² khi²¹．

汕头　厂长叫汝（呾）即刻/随时去。tshiaŋ⁵²⁻²⁴ tsiaŋ⁵² kio²¹³⁻⁵⁵ lɯ⁵²⁻²⁴（tã²¹³⁻⁵⁵）tsiak²⁻⁵ khek²⁻⁵/sui⁵⁵⁻³¹ si⁵⁵ khɯ²¹³．

揭阳　厂长叫汝（呾）即刻去。tshiaŋ⁴²⁻³⁵ tsiaŋ⁴²⁻²¹ kio²¹³⁻⁴² lɯ⁴²⁻²⁴（tã²¹³⁻⁴²）tsiak²⁻³ khek²⁻³ khɯ²¹³．

海丰　厂长喊汝□［tã⁴⁴⁻³³］就去。tshiaŋ⁵²⁻²¹³ tsiaŋ⁵² ham²¹³⁻⁵⁵ li⁵² tã⁴⁴⁻³³ tsu²⁵⁻³³ khi²¹³．

遂溪　厂长喊汝即刻去。tshiaŋ⁴¹ tsiaŋ⁴¹ hiam⁴¹⁻²⁴ lu⁴¹ tsik⁵⁴ khek⁵⁴ hu²¹⁴．

雷州　阿厂长喊汝马上/即刻/当下去。a⁵⁵ tshiaŋ⁴² tsiaŋ⁴² hiam²¹ lu⁴² ma⁴²⁻⁴⁴ siaŋ⁵⁵³/tsik⁵ khek⁵/taŋ²⁴⁻³³ hiã⁵⁵³ khu²¹．

文昌　厂长叫汝猛猛/快快去。ʃiaŋ³¹⁻³³ tʃiaŋ³¹⁻³³ kio²¹ du³¹ me³¹⁻³³ me³¹/xue²¹⁻⁵⁵ xue²¹ xu²¹．

三亚　厂长喊汝马上去。ɗio³¹ tsiaŋ³¹ haŋ²⁴ lu³¹ ma³¹ saŋ⁴²⁻⁴⁴ hu²⁴．

(五) 刚

各地形式如下。

泉州	厦门	台中	漳州
拄仔 ᶜtu ᶜa	拄仔 ᶜtu ᶜa	拄仔 ᶜtu ᶜa	拄 ᶜtu
拄拄 ᶜtu ᶜtu	拄拄 ᶜtu ᶜtu		
拄个 ᶜtu ᶜo	拄 ᶜtu		
拄拄仔 ᶜtu ᶜtu ᶜa	拄拄仔 ᶜtu ᶜtu ᶜa		

汕头	揭阳	海丰
□正 ᶜtã tsiã˒	□ᶜtsiam	正 tsiã˒
		啱啱 ᶜŋam ᶜŋam

雷州	遂溪
念（念）niam˒（niam˒）	念（念）ᶜŋiam（ᶜŋiam）

文昌	三亚
乃 na˒	刚（刚）ᶜkaŋ（ᶜkaŋ）

下面是例句。

(8) 我刚到，还没吃饭。

泉州 ①我拄仔/拄个/拄拄/拄拄仔遘，野/野各未食饭。gua⁵⁵ tu⁵⁵ a⁵⁵/tu⁵⁵⁻²⁴ o⁵⁵/tu⁵⁵⁻²⁴ tu⁵⁵/tu⁵⁵⁻²⁴ tu⁵⁵ a⁵⁵ kau⁴¹, iã⁵⁵⁻²⁴/iã⁵⁵⁻²⁴ koʔ⁵⁵ bɤ⁴¹⁻²² tsiaʔ²⁴⁻²² pŋ̍⁴¹. ②我（□[tsiaʔ⁵⁵]）随时/随遘，野/野各未食饭。gua⁵⁵（tsiaʔ⁵⁵）sui²⁴⁻²² si²⁴⁻²²/sui²⁴⁻²² kau⁴¹, iã⁵⁵⁻²⁴/iã⁵⁵⁻²⁴ koʔ⁵⁵ bɤ⁴¹⁻²² tsiaʔ²⁴⁻²² pŋ̍⁴¹. ③我□[tsiaʔ⁵⁵]遘，野/野各未食饭。gua⁵⁵ tsiaʔ⁵⁵ kau⁴¹, iã⁵⁵⁻²⁴/iã⁵⁵⁻²⁴ koʔ⁵⁵ bɤ⁴¹⁻²² tsiaʔ²⁴⁻²² pŋ̍⁴¹.

厦门 我拄拄仔/拄仔/拄/拄拄遘，各阿/各阿/野各/各野未食个。gua⁵³⁻⁴⁴ tu⁵³⁻⁴⁴ tu⁵³⁻⁴⁴ a⁵³⁻⁴⁴/tu⁵³⁻⁴⁴ a⁵³⁻⁴⁴/tu⁵³⁻⁴⁴/tu⁵³⁻⁴⁴ tu⁵³⁻⁴⁴ kau²¹, koʔ³²⁻⁵ a⁴⁴/koʔ³²⁻⁵/a⁵³⁻⁴⁴/ia⁵³⁻⁴⁴ koʔ³²⁻⁵/koʔ⁵ ia⁵³⁻⁴⁴ be²² tsiaʔ⁵ e²⁴⁻²¹.

台中 我拄仔好遘，阿未食饭。ua⁵³⁻⁴⁴ tu⁵³⁻⁴⁴ a⁴⁴ ho⁵³ kau²¹, a⁴⁴ bue²²⁻²¹ tsiaʔ³⁻² pŋ̍²².

漳州 我拄遘，夭未食饭。gua⁵² tu⁵²⁻³⁴ kau²¹, iau⁵²⁻³⁴ bue²²⁻²¹ tsiaʔ¹²¹⁻²¹ pui̯²².

汕头 我□[tã³³]正遘，还未食饭。ua⁵² tã³³ tsiã²¹³⁻⁵⁵ kau²¹³, huã⁵²⁻²⁴ bue³¹ tsiaʔ⁵⁻² puŋ³¹.

揭阳 我□[tsiam⁴²⁻²⁴]遘，还未食。ua⁴²⁻⁵³ tsiam⁴²⁻²⁴ kau²¹³, hã⁴²⁻²⁴ bue²²⁻²¹ tsiaʔ⁵.

海丰 我正/啱啱遘，还未食饭。u^{52} tsiã$^{213-55}$/ŋam$^{44-33}$ ŋam$^{44-33}$ kau^{213}, huã$^{52-213}$ bue$^{25-33}$ tsiaʔ$^{4-3}$ bũi^{21}.

遂溪 我念（念）遘，野孱食糜仁。va^{41} ŋiam^{55}（ŋiam^{55}）kau^{214}, ia^{41} meŋ$^{22-33}$ tsia^{33} pui^{214} tu^{55}.

雷州 我念（念）遘，野/都孱食糜仁。ba^{42} niam^{553}（niam$^{553-21}$）kau^{21}, ia^{42}/teu^{24} meŋ^{553} tsia^{553} mue^{22} tu$^{33-42}$.

文昌 我乃遘，还/倘无食糜。gua^{31} na$^{21-55}$ kau^{21}, ɦuan$^{22-11}$/iaŋ^{21} bo$^{22-11}$ ʧia$^{42-11}$ mue^{22}.

三亚 我刚遘/刚刚转来，还无喫糜噜。va^{31} kaŋ^{33} kau^{24}/kaŋ^{33} kaŋ^{33} ɗui^{31} lai^{21}, hai^{22} vo^{22} khai^{31} muo^{22} lu^{42}.

（六）要

表示"将要"的副词，各地都采用与表示主观意愿的主动词同样的形式。

泉州、厦门、台中、漳州：卜 bɤʔ。

汕头、揭阳、海丰：爱 ãi³。

雷州：卜 bue³。

遂溪：讨 ᶜtho。

文昌：卜 ɓeʔ。

三亚：要 iau³。

下面是例句。

(9) 要下雨了，快走！

泉州 天卜落雨啰，紧行/去！t ĩ^{33} bɤʔ^{55} loʔ$^{24-22}$ hɔ^{22} lɔ^{21}, kin$^{55-24}$ kiã^{24}/khɯ^{41}！

厦门 卜落雨啊，紧行！beʔ$^{32-5}$ loʔ$^{5-21}$ hɔ^{22} a^{21}, kin$^{53-44}$ kiã^{24}！

台中 卜下雨啊，紧行！beʔ$^{2-5}$ loʔ$^{3-2}$ hɔ^{22} a^{44}, kin$^{53-44}$ kiã^{24}！

漳州 卜落雨啊，□［khaŋ$^{22-21}$］猛行！beʔ$^{32-5}$ loʔ$^{121-21}$ hɔ^{22} a^{22}, khaŋ$^{22-21}$ me$^{52-34}$ kiã$^{13-22}$！

汕头 爱落雨了，猛猛走！ãi$^{213-55}$ lok$^{5-2}$ hou$^{52-24}$ ou$^{52-213}$, mẽ$^{52-24}$ mẽ^{52} tsau^{52}！

揭阳 爱落雨了，猛猛行！ãi$^{213-42}$ loʔ$^{5-2}$ hou^{35} au$^{42-213}$, me$^{42-35}$ me$^{42-21}$ kiã^{55}！

海丰 爱落雨哦，占猛仔走/猛仔走！ãi$^{213-55}$ lɔʔ$^{4-3}$ hɔu^{25} ɔ^{33}, tsiam$^{213-55}$ me^{52} ã$^{52-213}$ tsau^{52}/me^{52} ã$^{52-213}$ tsau^{52}！

遂溪　讨落雨啦，猛猛行！tho⁴¹ lo³³ heu⁵⁵ la⁴¹，me⁴¹ me⁴¹ kia²²！
雷州　要落雨啦，猛猛行！bue⁵⁵³ lo³³ heu³³ la⁴²，me⁴²⁻⁴⁴ me⁴² kia²²！
文昌　卜落雨啦，猛猛/快快走！ɓeʔ⁵ lo⁴²⁻¹¹ ɦou⁴² la²¹，me³¹⁻³³ me³¹⁻³³/xue²¹⁻⁵⁵ xue²¹ tau³¹！
三亚　要落雨了，快呢囝走！iau²⁴ loʔ⁴² hou⁴² liau³¹，khuo²⁴⁻²² niʔ⁴⁵ kio³¹ tsau³¹！

（七）暂且

各地形式如下。

泉州	厦门	台中	漳州
□ᶜsiã	且ᶜtshiã	暂时 tsiam² ₌si	且ᶜtshiã
			□ᶜsã
			□ᶜsiã

汕头、揭阳
且ᶜtshiã

雷州、遂溪
那ᶜna

文昌　　　　　　　　三亚
暂 ²ʧiam²　　　　　　暂时 tsaŋ² ₌ti

下面是例句。
（10）我进里头看看，你们暂且在外头等一等。
泉州　我入去迄里面/里头看看，恁□［siã⁵⁵⁻²⁴］蹛外面等蜀下。gua⁵⁵ liap²⁴⁻²² khɯ⁴¹⁻⁵⁵ hit⁵⁵ lai²² bin⁴¹⁻²²/lai²² thau²⁴ kuã⁴¹⁻⁵⁵ kuã⁴¹，lin⁵⁵ siã⁵⁵⁻²⁴ tua⁴¹⁻⁵⁵ gua⁴¹⁻²² bin⁴¹⁻²² tan⁵⁵ tsit²⁴⁻²² e⁴¹⁻²¹。
厦门　①我入去（迄）里面看唉下，恁且店外口小等蜀下。gua⁵³⁻⁴⁴ lip⁵⁻²¹ khi²¹⁻⁵³（hit³²⁻⁵）lai²²⁻²¹ bin²² khuã²¹⁻⁵³ mai²² e²²⁻²¹，lin⁵³⁻⁴⁴ tshiã⁵³⁻⁴⁴ tiam²¹⁻⁵³ gua²²⁻²¹ khau⁵³ sio⁵³⁻⁴⁴ tan⁵³ tsit⁵⁻²¹ e²²⁻²¹。②我入去（迄）里面看唉下，恁且小店外口等蜀下。gua⁵³⁻⁴⁴ lip⁵⁻²¹ khi²¹⁻⁵³（hit³²⁻⁵）lai²²⁻²¹ bin²² khuã²¹⁻⁵³ mai²² e²²⁻²¹，lin⁵³⁻⁴⁴ tshiã⁵³⁻⁴⁴ sio⁵³⁻⁴⁴ tiam²¹⁻⁵³ gua²²⁻²¹ khau⁵³ tan⁵³ tsit⁵⁻²¹ e²²⁻²¹。
台中　我入来迄里面看看下，恁暂时□［tam²²⁻²¹］外口等我。ua⁵³⁻⁴⁴

lip$^{3-2}$ lai$^{24-22}$ hit$^{2-5}$ lai$^{22-21}$ bin^{22} khuã$^{21-53}$ khuã^{21} e^{22}, lin$^{53-44}$ tsiam$^{22-21}$ si^{24} tam$^{22-21}$ gua$^{22-21}$ khau^{53} tan^{53} ua$^{53-21}$.

漳州 我入去迄里面仔看看蜀下，恁且/□［sã$^{52-34}$］/□［siã$^{52-34}$］蹛/待（迄）外口听候＜蜀下＞。gua^{52} zip$^{121-32}$ khi$^{21-52}$ hit$^{32-5}$ lai$^{22-21}$ bin^{22} a^{52} khuã$^{21-52}$ khuã$^{21-52}$ tsit$^{121-21}$ ε^{22}, lin^{52} tshia$^{52-34}$/sã$^{52-34}$/siã$^{52-34}$ tua$^{21-52}$/tai$^{52-34}$（hit$^{32-5}$）gua$^{22-21}$ kau^{52} thiŋ$^{21-52}$ hau^{22} ＜tsε^{21}＞.

汕头 我入去许里睇蜀下，恁□［na^{31}］只□且等。ua^{52} zip$^{5-2}$ khɯ$^{213-55}$ hɯ$^{52-24}$ lai$^{55-31}$ tõi^{52} tsek$^{5-2}$ e$^{25-31}$，niŋ^{52} na^{31} tsi$^{52-24}$ khau^{52} tshiã$^{52-24}$ taŋ^{52}.

揭阳 我入去□［hio$^{42-24}$］里睇蜀下，恁且来□［hio$^{42-24}$］外等下。ua$^{42-53}$ zip$^{5-2}$ khɯ$^{213-42}$ hio$^{42-24}$ lai^{35} thoi^{42} tsek$^{5-2}$ e$^{35-21}$，neŋ$^{42-53}$ tshia$^{42-24}$ lai$^{55-22}$ hio$^{42-24}$ gua^{35} taŋ^{42} e$^{35-21}$.

海丰 我入去许里底看下，恁着只外口等霎仔。ua^{52} zip$^{4-3}$ khi$^{213-55}$ hi^{52} la$^{25-33}$ tei^{52} thei^{52} a$^{25-21}$，nin^{52} tiɔ$^{4-3}$ tsi^{52} gua$^{21-33}$ hau^{52} taŋ^{52} siap^{3} ã$^{52-21}$.

遂溪 我入去里面望望，汝群那仂□［pak^{54}］路等缝团。va^{41} ip^{3} hu^{214} li^{41} mien^{24} o^{24} o^{24}, lu^{41} kuŋ^{22} na^{24} tu^{33} pak^{54} leu^{24} taŋ^{41} phaŋ^{22} kia^{41}.

雷州 我入去里望望，汝阿众那仂阿外面等等（阿迫团）。ba^{42} zip^{2} khu^{21} li^{42} o$^{21-44}$ o^{21}, lu^{42} a^{55} thaŋ^{21} na^{24} tu^{33} a^{55} bua^{24} mieŋ^{24} taŋ^{42} taŋ^{42}（a^{55} phe^{553} kia^{42}）.

文昌 我入去许里望，汝蜀家暂仂□［ʥiak$^{3-21}$］外等蜀下/＜蜀下＞。gua^{31} ʥiop$^{3-1}$ xu^{21} fio$^{21-55}$ lai^{42} mo^{34}, du^{31} ʥiak$^{3-21}$ ke^{34} tɕiam^{42} ɗu$^{42-11}$ ʥiak$^{3-21}$ gua^{42} ɗan^{31} ʥiak$^{3-1}$ e^{34}/＜ʥie^{34}＞.

三亚 我落里面（去）望（蜀）望，汝侬暂时仂（□［aʔ^{45}］）外面等蜀下。va^{31} loʔ$^{42/33}$ lai^{42} miŋ$^{42/33}$（hu^{24}）mo^{33}（io^{33}）mo^{33}, lu^{31}/nu^{33} naŋ^{22} tsaŋ^{45} ti^{22} ɗu^{42}（aʔ^{45}）vuo^{33} miŋ^{33} ɗaŋ^{31} zio^{33} e^{33}.

（八）还

闽南-台湾片的"阿［ˊa］"应是由"野"弱化变来的，"野"表示"还"，应是闽南方言本身的特色，至今仍保留在闽南-台湾片和雷州片中。"野"和文昌的"倘［iaŋˊ］"语源待考，写成"野""倘"是用同音字和被训读字。各地形式如下。

泉州	厦门	台中	漳州
野ˊia	野各ˊia koʔ,	野阿ˊia ˊa	夭ˊiau
各阿 koʔ, ˊa	阿ˊa		
阿各ˊa koʔ,	野ˊia		

各 koʔ˚   阿各 ˚a koʔ˚
野 ˚ia
阿 ˚a

汕头   揭阳   海丰
还 ˚huã   还 ˚hã/˚huã   还 ˚huã
                               还 ₌huan

雷州、遂溪
野 ˚ia

文昌   三亚
还 ₌ɦuan   还 ₌hai
倘 iaŋ˚

下面是例句。
(11) 还没有通知小王和小李。

泉州 ①野无通知小王合小李。iã$^{55-24}$ bo$^{24-22}$ thɔŋ^{33} ti^{33} sio$^{55-24}$ ɔŋ$^{24-22}$ kap^{55} sio$^{55-24}$ li^{55}. ②野无共小王合小李说。iã$^{55-24}$ bo$^{24-22}$ kaŋ$^{41-22}$ sio$^{55-24}$ ɔŋ$^{24-22}$ kap^{55} sio$^{55-24}$ li^{55} sɤʔ^{55}. ③野无度小王合小李知影。iã$^{55-24}$ bo$^{24-22}$ thɤ$^{41-22}$ sio$^{55-24}$ ɔŋ$^{24-22}$ kap^{55} sio$^{55-24}$ li^{55} tsai^{33} iã^{55}.

厦门 各阿/阿/各/野各/野未通知小王合小李。koʔ$^{32-5}$ a$^{53-44}$ / a$^{53-44}$ / koʔ$^{32-5}$ / ia$^{53-44}$ koʔ$^{32-5}$ / ia$^{53-44}$ be$^{22-21}$ thɔŋ$^{44-22}$ ti$^{44-22}$ sio$^{53-44}$ ɔŋ^{24} kaʔ$^{32-5}$ sio$^{53-44}$ li^{53}.

台中 (野)阿未通知小王合小李。(ia$^{53-44}$) a$^{53-44}$ bue$^{22-21}$ thɔŋ$^{44-22}$ ti$^{44-22}$ sio$^{53-44}$ ɔŋ^{24} kaʔ$^{2-5}$ sio$^{53-44}$ li^{53}.

漳州 夭未通知小王合小李。iau$^{52-34}$ bue$^{22-21}$ tɔŋ$^{34-22}$ ti$^{34-22}$ sio$^{52-34}$ ɔŋ^{13} kaʔ$^{32-5}$ sio$^{52-34}$ li^{52}.

汕头 还未通知阿小王合阿小李。huã$^{52-24}$ bue^{31} thɔŋ^{33} tsai^{33} a^{33} siau$^{52-24}$ heŋ^{55} kaʔ$^{2-5}$ a^{33} siau$^{52-24}$ li^{52}.

揭阳 还未通知阿小王合阿小李。hã$^{42-24}$ bue$^{22-21}$ toŋ^{33} tsai^{33} a^{33} siau$^{42-35}$ heŋ^{55} kaʔ$^{2-3}$ a^{33} siau$^{42-35}$ li$^{42-21}$.

海丰 还无通知小王捞/合小李。huã$^{52-213}$ bɔ$^{55-22}$ thɔŋ$^{44-33}$ tsai^{44} siau$^{52-213}$ hiɔŋ^{55} lau$^{44-33}$ /ka$^{44-33}$ siau$^{52-213}$ li^{52}.

遂溪 野无通知小王共小李。ia⁴¹ vo²² thoŋ²⁴⁻³³ tsai²⁴ siau⁴¹ hiaŋ²² kaŋ²⁴ siau⁴¹ li⁴¹.

雷州 野无（有）通知小王共小李。ia⁴² bo²²⁻³³（u³³⁻⁴²）thoŋ²⁴⁻³³ tsai²⁴ siau⁴² hiaŋ²² kaŋ²⁴ siau⁴² li⁴².

文昌 倘无话小王共小李。iaŋ²¹ bo²²⁻¹¹ ɦue⁴² tiau³¹⁻³³ uaŋ²² kaŋ³⁴ tiau³¹⁻³³ li³¹.

三亚 还无有通知细王共细李。hai²² vo²² u⁴² thoŋ³³ tsai³³ toi²⁴ ui²² kaŋ³³ toi²⁴ li³¹.

（12）我还不知道你调回来了。

泉州 我野唔知影汝调□［tɯ²¹］来啰。gua⁵⁵ iã⁵⁵⁻²⁴ m̩⁴¹⁻²² tsai³³ iã⁵⁵⁻²⁴ lɯ⁵⁵ tiau⁴¹ tɯ²¹ lai²⁴⁻²² lɔ²¹.

晋江 我唔知影□［kioʔ⁵］汝都调倒来啰。gua⁵⁵ m̩⁴¹⁻²² tsai³³ iã⁵⁵⁻²⁴ kioʔ⁵ li⁵⁵ tɔ³³ tiau⁴¹ to⁴¹⁻²² lai²⁴⁻²² lɔ⁰.

安溪 我野唔知汝调度来咯。gua⁴⁴¹⁻⁴⁴ a⁴⁴¹⁻⁴⁴ m̩²² tsai²³⁻²² li⁴⁴¹⁻⁴⁴ tiau²¹² tɯ²² lai²⁵⁻²¹ loʔ⁻²¹.

厦门 我 阿各/野各/各/阿/野 唔知影讲汝调倒来啊。gua⁵³⁻⁴⁴ a⁵³⁻⁴⁴ koʔ³²⁻⁵/ia⁵³⁻⁴⁴ koʔ³²⁻⁵/koʔ³²⁻⁵/a⁵³⁻⁴⁴/ia⁵³⁻⁴⁴ m̩²²⁻²¹ tsai⁴⁴⁻²² iã⁵³⁻⁴⁴ kɔŋ⁵³⁻⁴⁴ li⁵³⁻⁴⁴ tiau²² to²¹ lai²⁴⁻²¹ a²¹.

台中 我野唔知影汝□［taŋ⁴⁴⁻²²］时调倒转来。gua⁵³⁻⁴⁴ ia⁵³⁻⁴⁴ m̩²²⁻²¹ tsai⁴⁴⁻²² iã⁵³ li⁵³⁻⁴⁴ taŋ⁴⁴⁻²² si²⁴ tiau²¹⁻⁵³ to²¹⁻⁵³ tŋ²¹ lai²⁴⁻²¹.

漳州 我夭唔知影（讲）汝调转来呀。gua⁵² iau⁵²⁻³⁴ m̩²²⁻²¹ tsai³⁴⁻²² iã⁵²（kɔŋ⁵²⁻³⁴）li⁵² tiau¹³⁻²² tun⁵²⁻³⁴ lai¹³⁻²² ia²¹.

汕头 我还唔知咀你调转来了。ua⁵² huã⁵²⁻²⁴ m̩²⁵⁻³¹ tsai³³ tã²¹³⁻⁵⁵ lɯ⁵² thiau⁵⁵ tɯŋ⁵²⁻²¹³ lai⁵⁵⁻³¹ ou⁵²⁻²¹³.

揭阳 我还唔知（咀）汝调转来了。ua⁴²⁻⁵³ huã⁴²⁻²⁴ m̩³⁵⁻²¹ tsai³³（tã²¹³⁻⁴²）lɯ⁴²⁻²⁴ thiau⁵⁵ tɯŋ⁴²⁻²¹³ lai⁵⁵⁻²² au⁴²⁻²¹³.

海丰 我还唔知汝调转来。ua⁵² huan⁵⁵⁻²² m̩²⁵⁻³³ tsai⁴⁴⁻³³ li⁴² thiau⁵⁵⁻²² tui⁵² lai⁵⁵⁻²¹.

遂溪 我野无知汝调转来啦。va⁴¹ ia⁴¹ bo²² tsai²⁴ lu⁴¹ tiau⁵⁵⁻³³ tui⁴¹ lai²² la⁴¹.

雷州 我野无知汝调转来啦。ba⁴² ia⁴² bo²²⁻³³ tsai²⁴ lu⁴² tiau³³⁻⁴² tui lai²² la³³.

文昌 我还/倘无知讲汝调转来。gua³¹ ɦuan²²⁻¹¹/iaŋ²¹ bo²²⁻¹¹ tai³⁴ kɔŋ³¹ du³¹⁻³³ ɗiau⁴² tui³¹⁻³³ lai²².

三亚 我还无八汝调转来。va³¹ hai²² vo²² vaiʔ⁴⁵ lu³¹ ɗiau⁴² ɗui³¹ lai²².

(13) 还有两个人没来。

泉州 野/野各有两个侬未/无来。iã$^{55-24}$/iã$^{55-24}$ koʔ^{55} u^{22} lŋ$^{'22}$ ge$^{24-22}$ laŋ^{24} bɤ$^{41-22}$/bo$^{24-22}$ lai^{24}.

厦门 各/阿各/阿野各/阿野/阿有两股侬未来。koʔ$^{32-5}$/a$^{53-44}$ koʔ$^{32-53}$/a$^{53-44}$ ia$^{53-44}$ koʔ$^{32-5}$/a$^{53-44}$ ia$^{53-44}$/a$^{53-44}$ u$^{22-21}$ nŋ$^{'22-21}$ kɔ$^{53-44-22}$ laŋ^{24} be$^{22-21}$ lai^{24}.

台中 阿各有两个侬阿未来。a$^{53-44}$ koʔ$^{2-5}$ u$^{22-21}$ nŋ$^{'22-21}$ e$^{24-22}$ laŋ^{24} a^{44} bue$^{22-21}$ lai^{24}.

漳州 夭有两侬阿未来。iau$^{52-34}$ u$^{22-21}$ no$^{22-21}$ laŋ$^{13-22}$ a$^{52-34}$ bue$^{22-21}$ lai$^{13-22}$.

汕头 还有两侬未/无来。huã$^{52-24}$ u$^{25-31}$ no$^{25-31}$ naŋ$^{55-31}$ bue^{31}/bo$^{55-31}$ lai^{55}.

揭阳 还有两侬未/无来。hã$^{42-24}$ u$^{35-21}$ no$^{35-21}$ naŋ^{55} bue$^{22-21}$/bo$^{55-22}$ lai^{55}.

海丰 还有两（个）侬无来。huã$^{52-213}$ u$^{25-33}$ nɔ$^{25-33}$（ai$^{55-22}$）naŋ$^{55-22}$ bɔ$^{55-22}$ lai^{55}.

遂溪 野有两个侬斢来亽。ia^{41} u^{55} no^{41} kai^{22} naŋ^{22} meŋ$^{22-33}$ lai^{22} tu^{55}.

雷州 ①野有两个侬无/斢来亽。zia^{42} u^{33} no$^{33-42}$ kai$^{22-33}$ naŋ^{22} bo$^{22-33}$/meŋ^{553} lai^{22} tu$^{33-42}$. ②野欠两个侬亽。zia^{42} khiam^{21} no$^{33-42}$ kai$^{22-33}$ naŋ^{22} tu$^{33-42}$.

文昌 倘有两个侬无来。iaŋ^{21} u^{42} no$^{42-11}$ kai$^{22-11}$ naŋ^{22} bo$^{22-11}$ lai^{22}.

三亚 还有两个侬无来噜。hai^{22} u^{42} no^{42} kai^{22} naŋ^{22} vo^{22} lai^{22} lu^{42}.

(九) 常常

各地形式如下。

泉州	厦门	台中	漳州
定定 tiã² tiã²	定定 tiã² tiã²	定定 tiã² tiã²	定定 tiã² tiã²
常常 ₋siɔŋ ₋siɔŋ	常常 ₋siɔŋ ₋siɔŋ	时行 si₋ kiã	
四常 si² ₋siɔŋ	经常 ₋kiŋ ₋siɔŋ		
长长 ₋tŋ ₋tŋ			
捷捷 tsiap₂ tsaip₂			

汕头、揭阳	海丰
□（□）tiam²（tiam²）	（经）常（₋keŋ）₋siaŋ

遂溪	文昌	三亚
□□₋liu ₋liu	稠稠 ₋tʃiau ₋tʃiau	常常 ₋tshiaŋ ₋tshiaŋ

下面是例句。

(14) 他常常来买东西。

泉州 伊常常/时常/长长/定定/捷捷来买物件。i^{33} ₋siɔŋ$^{24-22}$ ₋siɔŋ$^{24-22}$/

si$^{41-22}$ siɔŋ$^{24-22}$/tŋ$^{'24-22}$ tŋ$^{'24-22}$/tiã$^{41-22}$ tiã$^{41-22}$/tsiap$^{24-22}$ tsaip$^{24-22}$ lai$^{24-22}$ bue$^{55-24}$ mũʔ$^{24-22}$ kiã^{22}.

厦门 伊定定/经常/常常来买物件。i$^{44-22}$ tiã$^{22-21}$ tiã$^{22-21}$/kiŋ$^{44-22}$ siɔŋ$^{24-22}$/siɔŋ$^{24-22}$ siɔŋ$^{24-22}$ lai$^{24-22}$ bue$^{53-44}$ miʔ$^{5-21}$ kiã^{22}.

台中 ①伊定定来买物件。i$^{44-22}$ tiã$^{22-21}$ tiã$^{22-21}$ lai$^{24-22}$ be$^{53-44}$ mĩʔ$^{3-2}$ kiã^{22}。②伊时行来买物件。i$^{44-21}$ si$^{24-22}$ kiã$^{24-22}$ lai$^{24-22}$ be$^{53-44}$ mĩʔ$^{3-2}$ kiã^{22}.

漳州 伊定定来买物件。i^{34} tiã$^{22-21}$ tiã$^{22-21}$ lai$^{13-22}$ be$^{52-34}$ miʔ$^{121-21}$ kiã^{22}.

汕头 伊□［tiam$^{55-31}$］□［tiam$^{55-31}$］来买物件。i^{33} tiam$^{55-31}$ tiam$^{55-31}$ lai$^{55-31}$ boi$^{52-24}$ mueʔ$^{5-2}$ kiã^{25}.

揭阳 伊□［tiam$^{22-21}$］来买物件。i^{33} tiam$^{22-21}$ lai$^{55-22}$ boi$^{42-24}$ mueʔ$^{5-2}$ kiã^{35}.

海丰 伊(经)常来买零细。i$^{44-33}$ (keŋ$^{44-33}$) siaŋ$^{55-22}$/tshaŋ$^{55-22}$ lai$^{55-22}$ be$^{52-213}$ naŋ$^{55-22}$ sei^{213}.

遂溪 伊□［liu$^{55-33}$］□［liu$^{55-33}$］来买物。i^{24} liu$^{55-33}$ liu$^{55-33}$ lai^{22} voi^{41} mi^{33}.

雷州 伊乜候都来买物。i^{24} mi^{553} hau^{24} teu^{24} lai^{22} boi^{42} mi^{33}.

文昌 伊<时候>都/稠稠/勤来买物。i^{34} <ɗiau^{34}> ɗou^{34}/ʧiau$^{22-11}$ ʧiau^{22}/kien^{22} lai$^{22-11}$ boi$^{31-33}$ mi^{42}.

三亚 伊常常来买物。i^{33} tshiaŋ^{22} tshiaŋ^{22} lai^{22} voi^{31} miʔ^{42}.

（十）老是

"老是"和"经常"的词义很接近，各地用词多有相通之处，但是仍有区别，可从下文表 2-1 中看到。闽南-台湾片的"定"与粤东片的"□［tiam^2］"估计是同一个语素，雷州片不用这个语素而用"□［ˌliu］"，显示出闽南方言内部的地域差异。这些词都具有方言特色，其语源一时难以探明。厦门和三亚录得"老是"，估计是后期从共同语引进的，因为闽南方言的口语中"老"未见其他表示频率多的用例，而说"老是"多少带有书面语色彩。各地形式如下。

泉州　　　　　　　厦门　　　　　　　台中　　　　　　　漳州
定定 tiã^2 tiã^2　　　定定 tiã^2 tiã^2　　　定定 tiã^2 tiã^2　　　定(定) tiã^2 (tiã^2)
诚常 ˌtsiã ˌsiɔŋ　　　　逐摆 tak$_2$ ˪pai　　　时行 ˌsi ˪kiã
长长 ˌtŋ ˌtŋ　　　　　　老是 lau^2 si^2　　　总是 ˪tsɔŋ si^2

汕头、揭阳　　　　　　海丰
□(□) tiam^2 (tiam^2)　　□(□) tiam^2 (tiam^2)
　　　　　　　　　　　青□ˌtshẽ tiam^2

遂溪	雷州	文昌	三亚
□□ᶜliu ᶜliu 总是ᶜtsoŋ ᶜsi	□□ᶜliu ᶜliu 常常ₑsiaŋ ₑsiaŋ 总是ᶜtsoŋ ᶜsi	<时候> 都 <ₑɗiau> ₑɗou	老是ᶜlau ᶜti

(15) 那些小流氓老是到学校来寻事。

泉州 □[huai⁵⁵⁻²⁴]个阿瘤仔<u>诚常/定定</u>来即学堂咧吵闹。huai⁵⁵⁻²⁴ e²⁴⁻²² a⁵⁵⁻²⁴ san⁵⁵ a⁵⁵ tsiã²⁴⁻²² sioŋ²⁴⁻²²/tiã⁴¹⁻²² tiã⁴¹⁻²² lai²⁴⁻²² tsit⁵⁵ oʔ²⁴⁻²² tŋ'²⁴ lɤ⁴¹ tsha⁵⁵⁻²⁴ la²²。

厦门 迄阵流氓仔<u>逐摆/定定</u>来学堂吵/生空生损。hit³²⁻⁵ tin²²⁻²¹ lɔ²⁴⁻²² mua²⁴⁻²² a⁵³ tak⁵⁻²¹ pai⁵⁻⁴⁴/ tiã²²⁻²¹ tiã²²⁻²¹ lai²⁴⁻²² oʔ⁵⁻²¹ tŋ'²⁴ tsa⁵³/sĩ⁴⁴⁻²² khaŋ⁴⁴⁻²¹ sĩ⁴⁴⁻²² sŋ'⁵³。

台中 ①□[hia⁵³⁻⁴⁴]个朮仔<u>定定</u>来学校撋事志。hia⁵³⁻⁴⁴ e²⁴⁻²² sut³⁻² a⁵³ tiã²²⁻²¹ tiã²²⁻²¹ lai²⁴⁻²² hak³⁻² hau²² tshue²²⁻²¹ tai²²⁻²¹ tsi²¹。②□[hia⁵³⁻⁴⁴]个朮仔<u>时行</u>来即学校撋事志。hia⁵³⁻⁴⁴ e²⁴⁻²² sut³⁻² a⁵³ si²⁴⁻²² kiã²⁴⁻²² lai²⁴⁻²² tsit²⁻⁵ hak³⁻² hau²² tshue²²⁻²¹ tai²²⁻²¹ tsi²¹。

漳州 □[hiaʔ³²⁻⁵²]个瘪狗仔<u>逐日遘（迄/即）</u>学堂来撋事志。hiaʔ³²⁻⁵² e¹³⁻²² phai⁵²⁻⁴⁴ kau⁵²⁻⁴⁴ a⁵² tak¹²¹⁻²¹ zit¹²¹⁻²¹ kau²¹⁻⁵²（hit³²⁻⁵/tsit³²⁻⁵）oʔ¹²¹⁻²¹ tŋ¹³ lai¹³⁻²² tshue²²⁻²¹ tai²²⁻²¹ tsi²¹。

汕头 撮刺榴囝□[tiam³¹]（□[tiam³¹]）来只学校生事。tshoʔ²⁻⁵ tshi²¹³⁻⁵⁵ liu⁵⁵⁻³¹ kiã⁵² tiam³¹（tiam³¹）lai⁵⁵⁻³¹ tsi⁵²⁻²⁴ haʔ⁵⁻² hau²⁵ sẽ³³ sɯ³¹。

揭阳 许群刺囝□[tiam²²⁻²¹]（□[tiam²¹]）来□[tsio⁴²⁻²⁴]学校生事。hɯ⁴²⁻²⁴ khuŋ⁵⁵⁻²¹ tshi²¹³⁻⁵³ kiã⁴²⁻²¹ tiam²²⁻²¹（tiam²¹）lai⁵⁵⁻²¹ tsio⁴²⁻²⁴ hok⁵⁻² hau³⁵ sẽ³³ sɯ²²。

海丰 许乃郎仔鬼净/□[tiam²¹⁻³³]□[tiam²¹⁻³³]来只学校搅。hi⁵² nai⁵⁵ ŋ'⁵⁵⁻²² ã⁵²⁻²¹³ kui⁵² tseŋ²⁵⁻³³/tiam²¹⁻³³ tiam²¹⁻³³ lai⁵⁵⁻²² tsi⁵² hak⁴⁻³ hau²⁵ ka⁵²。

遂溪 许帮流氓囝□[liu²²]□[liu²²]来学校搅□[la²²]。ha⁵⁵ paŋ²⁴ lau²² maŋ²² kia⁴¹ liu²² liu²² lai²² o⁵⁵ hiau²² ka⁴¹ la²²。

雷州 许乃流氓囝□[liu³³]□[liu³³]/常常遘（这）学校来讨事。ha⁵⁵³ nai⁵⁵³ lau²²⁻³³ maŋ²²⁻³³ kia⁴² liu³³ liu³³/siaŋ²²⁻³³ siaŋ²² kau²¹（zia⁵⁵³）o³³⁻⁴² hiau³³ lai²² tho⁴² su⁵⁵³。

文昌 许穧烂囝<时候>都来学校惹事。ɦio²¹⁻⁵⁵ ɗoi³⁴ nua³⁴⁻⁴² kia³¹ <ɗiau³⁴> ɗou³⁴ lai²² ɦo⁴²⁻¹¹ ɦiau⁴² ʤia⁵³⁻⁴² ʃe⁴²。

三亚 那穧细流氓老是来遘学校搅啦/闹事。aʔ⁴⁵ ɗoi³³ toi²⁴ liu²² maŋ²² lau³¹ ti⁴² lai²² kau²⁴ oʔ³³ hiou⁴² kaʔ³¹ la⁴²/nau²⁴ tshi⁴²。

(16) 我有半年老是不太吃得下饭的样子。

泉州 ①我有半年<u>定定</u>伯亲食<无解>得落去食<无解>得落去。gua⁵⁵ u²² puã⁴¹⁻⁵⁵ nĩ²⁴ tiã⁴¹⁻²² tiã⁴¹⁻²² lan⁵⁵⁻²⁴ tshin³³ tsia²⁴⁻²² <bue²²> tit⁵⁵ lo²⁴⁻²² khɯ⁴¹ tsiaʔ²⁴⁻²² <bue²²> tit⁵⁵ lo²⁴⁻²² khɯ⁴¹。②我有半年<u>定定</u>无法度通食落去迄个势。

gua^{55} u^{22} puã$^{41-55}$ nĩ^{24} tiã$^{41-22}$ tiã$^{41-22}$ bo$^{24-22}$ huat^{55} tɔ^{41} thaŋ^{33} tsiaʔ$^{24-22}$ loʔ$^{24-41}$ khɯ$^{41-21}$ hit^{55} e$^{24-22}$ si^{41}.

厦门　①我有半年定定食＜无解＞落食＜无解＞落。gua$^{53-44}$ u$^{22-21}$ puã$^{21-53}$ nĩ^{24} tiã$^{22-21}$ tiã$^{22-21}$ tsiaʔ$^{5-21}$ ＜bue$^{22-21}$＞ loʔ$^{5-21}$ tsiaʔ$^{5-21}$ ＜bue$^{22-21}$＞ loʔ^{5}. ②我有半年定定食＜无解＞甚乜（解）落。gua$^{53-44}$ u$^{22-21}$ puã$^{21-53}$ nĩ^{24} tiã$^{22-21}$ tiã$^{22-21}$ tsiaʔ$^{5-21}$ ＜bue$^{22-21}$＞ sim$^{53-44}$ miʔ^{5} (e$^{21-21}$) loʔ^{5}.

台中　我有半年拢是食＜无解＞落饭食＜无解＞落饭。ua$^{53-44}$ u$^{22-21}$ puã$^{21-53}$ nĩ^{24} lɔŋ$^{53-44}$ si$^{22-21}$ tsiaʔ$^{3-2}$ ＜be$^{22-21}$＞ loʔ$^{3-2}$ pŋ^{22} tsiaʔ$^{3-2}$ ＜be$^{22-21}$＞ loʔ$^{3-2}$ pŋ^{22}.

漳州　我半年来定定食无落食无落。gua^{52} puã$^{21-52}$ ni$^{13-22}$ lai$^{13-22}$ tiã$^{22-21}$ tiã$^{22-21}$ tsiaʔ$^{121-21}$ be$^{22-21}$ loʔ$^{121-21}$ tsiaʔ$^{121-21}$ be$^{22-21}$ loʔ$^{121-21}$.

汕头　我有半年□［tiam^{31}］食无乜落食无乜落（哙）。ua^{52} u$^{25-31}$ puã$^{213-55}$ ni$^{55-31}$ tiam^{31} tsiaʔ$^{5-2}$ bo$^{55-31}$ miʔ$^{2-5}$ loʔ$^{5-2}$ tsiaʔ$^{5-2}$ bo$^{55-31}$ miʔ$^{2-5}$ loʔ^{5} (ne^{31}).

揭阳　我有半年□［tiam$^{22-21}$］食无乜落食无乜落。ua$^{42-53}$ u$^{35-21}$ puã$^{213-53}$ ni^{55} tiam$^{22-21}$ tsiaʔ$^{5-2}$ bo$^{55-22}$ meʔ$^{2-3}$ loʔ$^{5-2}$ tsiaʔ$^{5-2}$ bo$^{55-22}$ meʔ$^{2-5}$ loʔ^{5}.

海丰　①我有半年食＜无解＞落食＜无解＞落。ua^{52} u$^{25-33}$ puã$^{213-55}$ nĩ$^{55-22}$ tsiaʔ$^{4-3}$ ＜bei$^{25-33}$＞ lɔʔ$^{4-3}$ tsiaʔ$^{4-3}$ ＜bei$^{25-33}$＞ lɔʔ^{4}. ②我有半年□［tiam$^{21-33}$］□［tiam$^{21-33}$］食＜无解＞落。ua^{52} u$^{25-33}$ puã$^{213-55}$ nĩ^{55} tiam$^{21-33}$ tiam$^{21-33}$ tsiaʔ$^{4-3}$ ＜bei$^{25-33}$＞ lɔʔ^{4}.

遂溪　我有半年无食得落饭。va^{41} u^{55} pua^{214} hi^{22} vo^{22} tsia^{33} tiet^{54} lo^{33} pui^{24}.

雷州　我有半年总是无食得落阿糜。ba^{42} u^{33} pua$^{21-44}$ hi^{22} tsoŋ^{42} si$^{33-42}$ bo$^{22-33}$ tsia^{33} tik^{5} lo^{33} a^{55} mue^{22}.

文昌　我有半年＜时候＞都无食得糜。gua^{31} u^{42} ɓua$^{21-55}$ ɦi^{22} ＜ɗiau^{34}＞ ɗou^{34} bo$^{22-11}$ tʃia^{42} ɗiet^{5} mue^{22}.

三亚　我有半年老是喫无落糜个样子。va^{31} u^{42} ɓuo^{24} hi^{22} lau^{31} ti^{42} khai^{31} vo^{52} loʔ^{42} muo^{22} kai^{22} io^{33} tsi^{31}.

(17) 小陈老说人家的坏话。

泉州　小陈定定/长长说侬个否话。sio$^{55-24}$ tan^{24} tiã$^{41-22}$ tiã$^{41-22}$/tŋ$^{24-22}$ tŋ$^{24-22}$ sɤʔ^{55} laŋ$^{24-22}$ e$^{24-21}$ phai$^{55-24}$ ue^{41}.

厦门　小陈定定/逐摆讲侬（个）否话。sio$^{53-44}$ tan^{24} tiã$^{22-21}$ tiã$^{22-21}$/tak$^{5-21}$ pai$^{53-44}$ kɔŋ$^{53-44}$ laŋ$^{24-22}$ (e$^{24-22}$) phai$^{53-44}$ ue^{22}.

台中　①陈仔总是讲侬个否话。tan$^{24-22}$ e$^{53-44}$ tsɔŋ$^{53-44}$ si$^{22-21}$ kɔŋ$^{53-44}$ laŋ$^{24-22}$ e$^{24-22}$ phai$^{53-44}$ ue^{22}. ②陈仔总是合侬讲否话。tan$^{24-22}$ e$^{53-44}$ tsɔŋ$^{53-44}$ si$^{22-21}$ kaʔ$^{3-2}$ laŋ$^{24-22}$ kɔŋ$^{53-44}$ phai$^{53-44}$ ue^{22}.

漳州　小陈定讲侬个□［bai$^{52-34}$］话。sio$^{52-34}$ tan$^{13-22}$ tiã$^{22-21}$ kɔŋ$^{52-22}$ laŋ$^{13-22}$ e$^{13-22}$ bai$^{52-34}$ hua^{22}.

汕头　阿小陈□［tiam^{31}］咀侬（个）孬话。a^{33} siau$^{52-24}$ taŋ^{55} tiam^{31}

tã²¹³⁻⁵⁵ naŋ⁵⁵⁻³¹（kai⁵⁵⁻³¹）mo⁵²⁻²⁴ ue³¹.

揭阳　阿小陈□［tiam²²⁻²¹］咀侬（个）孬话。a³³ siau⁴²⁻²⁴ taŋ⁵⁵ tiam²²⁻²¹ tã²¹⁴⁻⁴² naŋ⁵⁵⁻²²（kai⁵⁵⁻²²）mo⁴²⁻²⁴ ue²².

海丰　小陈青□［tiam²¹⁻³³］讲别侬个孬话。siɔ⁵²⁻²¹³ taŋ⁵⁵ tshẽ⁴⁴⁻³³ tiam²¹⁻³³ kɔŋ⁵²⁻²¹³ pak⁴⁻² naŋ⁵⁵⁻²² kai⁵⁵⁻²² mɔ⁵²⁻²¹³ ue²¹.

遂溪　小陈总是讲侬个无是迹/□［khiap⁵⁴］迹。siau⁴¹ taŋ²² tsoŋ⁴¹ si⁵⁵⁻³³ ko⁴¹ naŋ²² kai²² vo²² si⁵⁵⁻³³ tsia⁵⁵/khiap⁵⁴ tsia⁵⁵.

雷州　小陈<u>总是</u>讲侬阿无/不是迹。siau⁴² taŋ²²⁻³³ tsoŋ⁴² si³³ ko⁴² naŋ²² a⁵⁵ bo²²⁻³³/puk²⁻⁵ si³³ tsia⁵⁵³.

文昌　小陈<时候>都讲侬（个）坏话。tiau³¹⁻³³ ɗan²² <ɗiau³⁴> ɗou³⁴ koŋ³¹ naŋ²²⁻¹¹（kai²²⁻¹¹）fiuai⁴² fiue³⁴.

三亚　细陈<u>老是</u>讲侬个坏话。toi²⁴ tshen²² lau³¹ ti⁴² koŋ³¹ naŋ²² kai²² huai³³ uo³³.

（十一）主要时间、频率副词比较表

表 2-1 为闽南方言中主要的时间、频率副词情况汇总。

表 2–1 闽南方言主要的时间、频率副词

副词	泉州	厦门	台中	漳州	汕头	揭阳	海丰	雷州	遂溪	文昌	三亚
先	先₋sūi	先₋sin	先₋sian	当₋taŋ	先₋sũi	先₋sãi	先₋sãi	先₋sieŋ	先₋sien	□₋tin	先₋tai
再₁	各 koʔ₃	各 koʔ₃	各 koʔ₃	各 koʔ₃	再 tsai²	再 tsai²	再 tsai²	再 tsai²	野ⁱia	再 tai²	再 tsai²
再₂	□(各) tsiaʔ₃ (koʔ₃)	甲(各) kaʔ₃、(各) tsiaʔ₃、(各) tsaʔ₃、(koʔ₃)	□(各) tsiaʔ₃ (koʔ₃)	甲(各) kaʔ₃ (koʔ₃)	正(□) tsiã (koˀ)	正 tsiã、再 tsai²	正 tsiã	乃 na²、再 tsai²	乃ⁱna	但 na²、乃 na²	乃 aʔ₃
才	□tsiaʔ₃	甲 kaʔ₃、□tsiaʔ₃、□tsaʔ₃	□tsiatˢ	甲 kaʔ₃	正 tsiã	正 tsiã	正 tsiã	乃 na²	乃ⁱna	乃 na²	乃 aʔ₃
马上	紧 suaʔ₃、随时₋sui ₋si、现 hian²	现 hian²、紧 saʔ₃	马上 ma sioŋ²	现 hian²、马上 ma sioŋ²	即刻 tsiak₃ khek₃、随时₋sui ₋si	即刻 tsiak₃ khek₃	□就 tã ₋tsu	马上 ma siaŋ²、即刻 tsik₃ khek₃、当下₋taŋ hiã²	即刻 tsik₃ khek₃	—	马上 ma ₋saŋ
要	卜 bəʔ₃	卜 beʔ₃	卜 beʔ₃	卜 beʔ₃	爱 ai²	爱 ai²	爱 ai²	卜 bue²	讨 tho	卜 beʔ₃	要 iau
暂且	□ˢsiã	且 ˢtshiã	暂时 tsiam² ₋si	且 ˢtshiã、□sã、□siã	且 ˢtshiã	且 ˢtshiã	—	那 na	那₋na	暂 tʃiam²	暂时 tsaŋ² ₋ti

第二章　闽南方言的虚词

续表 2—1

副词	泉州	厦门	台中	漳州	汕头	揭阳	海丰	雷州	遂溪	文昌	三亚
还	野 ⸢ia	野各 ko?₅ a ko?₅、各阿 ko?₅ a、阿各 ⸢ia、阿各 ⸢a ko?₅	（野）阿（⸢ia）ₐ、野 ⸢ia、阿各 ⸢a ko?₅	天 ⸢iau	还 ⸢huã	还 ⸢hã/ ⸢huã	还 ⸢huã、还 ⸢huan	野 ⸢ia	野 ⸢ia	倘 ⸢iaŋ、还 ⸢huan	还 ⸢hai
刚	拄仔 ⸢tu ⸢a、拄个 ⸢tu ⸢o、拄拄 ⸢tu ⸢tu、拄仔仔 ⸢tu ⸢tu ⸢a	拄仔 ⸢tu ⸢a、拄拄 ⸢tu ⸢tu、拄拄仔 ⸢tu ⸢tu ⸢a、拄 ⸢tu	拄仔 ⸢tu ⸢a	拄 ⸢tu	□正 ⸢tã ⸢tsiã	□ ⸢tsiam	正 ⸢tsiã、啱啱 ⸢ŋam ⸢ŋam	念（念）niam²（niam²）	念（念）⸢ŋiam（⸢ŋiam）	乃 ⸢na	刚（刚）⸢kaŋ（⸢kaŋ）
常常	诚常 ⸢tsiã ⸢sioŋ、长长 ⸢tŋ ⸢tŋ、定定 tiã² tiã²、捷 tsiap₂ tsaip₂	常常 ⸢sioŋ ⸢sioŋ、四常 si² ⸢sioŋ、长长 ⸢tŋ ⸢tŋ、定定 tiã² tiã²、经常 ⸢kiŋ ⸢sioŋ	定定 tiã² tiã²、时行 ⸢si ⸢kiã	定定 tiã² tiã²	□（□）tiam²（tiam²）	□（□）tiam²（tiam²）	（经）常（⸢keŋ）⸢siaŋ	—	□ ⸢liu、□ ⸢liu	稠稠 ⸢tiau ⸢tiau	常常 ⸢tshiaŋ ⸢tshiaŋ
老是	诚常 ⸢tsiã ⸢sioŋ、定定 tiã² tiã²、长长 ⸢tŋ ⸢tŋ	老是 lau² si²、逐摆 tak₂ ⸢pai、定定 tiã² tiã²	定定 tiã² tiã²、时行 ⸢si ⸢kiã、总是 ⸢tsoŋ si²	定（定）tiã²（tiã²）	□（□）tiam²（tiam²）	□（□）tiam²（tiam²）	□ tiam²（tiam²）、菁 ⸢tshẽ tiam²	□ ⸢liu、常常 ⸢siaŋ ⸢siaŋ、总是 ⸢tsoŋ si²	□ ⸢liu、总是 ⸢tsoŋ si²	<时候>都 <⸢diau> ⸢dou	老是 lau² ⸢ti

二、范围副词

(一) 只

各地形式如下。

泉州	厦门	台中	漳州
若 ₋nã	只 ᶜtsi	只 ᶜtsi	<干若> <₋kã>
孤单 kɔ ₋tan	干焦 kan ₋ta		干□ kan ₋na

汕头	揭阳	海丰
清₋tsheŋ	□ᶜnia	(缺)

雷州、遂溪	文昌	三亚
但₋na	但 na²	只ᶜtsi

漳州"干□ [₋kan ₋na]" "<干若> [₋kã]"应是厦门"干焦 [₋kan ₋ta]"音变及合音的产物。

下面是例句。

(18) 只会说，不会做。

泉州 ①(若/孤单) 解说，<无解>(解) 做/无解做。(nã²² /kɔ³³ tan³³) e²² sɤʔ⁵⁵ , <bue²²> (e²²) tsue⁴¹/bo²⁴⁻²² e²² tsue⁴¹. ②(若/孤单) 解说，<无解>晓做。(nã²² /kɔ³³ tan³³) e²² sɤʔ⁵⁵ , <bue²²> hiau⁵⁵⁻²⁴ tsue⁴¹. ③解说，<无解>做。e²² sɤʔ⁵⁵ , <bue²²> tsue⁴¹.

晋江 孤单解说，<无解>晓做。kɔ³³ tan³³ e⁴¹⁻²² seʔ⁵ , <bue²²> hiau⁵⁵⁻²⁴ tsue⁴¹.

安溪 只解说，<无解>做。tsi⁴⁴¹⁻⁴⁴ e²² səʔ³¹ , <bue²²> tsuei²¹².

厦门 ①只解晓讲，<无解>晓做。tsi⁵³⁻⁴⁴ e²²⁻²¹ hiau⁵³⁻⁴⁴ kɔŋ⁵³ , <bue²²⁻²¹> hiau⁵³⁻⁴⁴ tsue²¹. ②干焦解晓讲，<无解>晓做。kan⁴⁴⁻²² ta⁴⁴⁻²² e²²⁻²¹ hiau⁵³⁻⁴⁴ kɔŋ⁵³ , <bue²²⁻²¹> hiau⁵³⁻⁴⁴ tsue²¹. ③解晓讲呢尔，<无解>晓做。e²²⁻²¹ hiau⁵³⁻⁴⁴ kɔŋ⁵³ nĩ²⁴⁻²² a⁻²¹ , <bue²²⁻²¹> hiau⁵³⁻⁴⁴ tsue²¹. ④讲解<呢尔>，做<无解>啦。kɔŋ⁵³ e²²⁻²¹ <nã²²> , tsue²¹ <bue²²> la²¹.

台中 只(解)晓讲，<无解>晓做。tsi⁵³⁻⁴⁴ (e²²⁻²¹) hiau⁵³⁻⁴⁴ kɔŋ⁵³ , <be²²⁻²¹> hiau⁵³⁻⁴⁴ tso²¹.

漳州　<干若>/干□[na³⁴]解晓讲，<无解>晓做。kã²²/kan³⁴⁻²² na³⁴ e²²⁻²¹ hiau⁵²⁻³⁴ kɔŋ⁵²，<be²²⁻²¹> hiau⁵²⁻³⁴ tso²¹。

汕头　①解晓呾，唔晓做。oi²⁵⁻³¹ hiau⁵²⁻²⁴ tã²¹³，m²⁵⁻³¹ hiau⁵²⁻²⁴ tso²¹³。②解呾<无解>做。oi²⁵⁻³¹ tã²¹³ <boi²⁵⁻³¹> tso²¹³。③清解呾定，<无解>做。tsheŋ³³ oi²⁵⁻³¹ tã²¹³ tiã³¹，<boi²⁵⁻³¹> tso²¹³。

揭阳　①呾□[le³³]解，做□[le³³]<无解>。tã²¹³ le³³ oi³⁵，tso²¹³ le³³ <boi³⁵>。②□[nia⁴²⁻²⁴]解呾，<无解>做。nia⁴²⁻²⁴ oi³⁵⁻²¹ tã²¹³，<boi³⁵⁻²¹> tso²¹³。

海丰　解讲，<无解>做。ei²⁵⁻³³ kɔŋ⁵²，<bei²⁵⁻²³> tsɔ²¹³。

遂溪　但八/解讲，无八/无解做。na²⁴ pak⁵⁴/oiˑ⁵⁵⁻³³ ko⁴¹，vo²² pak⁵⁴/ vo²² oiˑ⁵⁵⁻³³ tso⁵⁵。

雷州　但八/解讲，无八/无解做。na²⁴ pak⁵/oiˑ⁵⁵³ ko⁴，bo²² pak⁵/ bo²² oiˑ⁵⁵³⁻³³ tso⁵⁵³。

文昌　①但八讲，无解做。na⁴² ɓat⁵⁻³ kɔŋ³¹，bo²²⁻¹¹ oiˑ⁴²⁻¹¹ to⁵³。②但解讲，无解做。na⁴² oiˑ⁴²⁻¹¹ kɔŋ³¹，bo²²⁻¹¹ oiˑ⁴²⁻¹¹ to⁵³。

三亚　(只)八讲，无八做。(tsi³¹) vaiʔ⁴⁵ kɔŋ³¹，vo²² vaiʔ⁴⁵ toʔ⁴⁵。

（二）都（总括）

普通话表示总括的"都"，闽南方言雷州片和海南片常用，而其余地方口语里则较少说。较有特色而又常见的是"拢""总"和"拢总"之类。各地形式如下。

泉州	厦门	台中、漳州
拢总 ᶜlɔŋ ᶜtsɔŋ	拢总 ᶜlɔŋ ᶜtsɔŋ	拢 ᶜlɔŋ
都 ᵈtɔ	拢 ᶜlɔŋ	
计 keᵓ	总 ᶜtsɔŋ	
全部 ᵈtsuan ᶜpɔ		
通通 ᵈthɔŋ ᵈthɔŋ		

汕头	揭阳	海丰
拢（总）ᶜlɔŋ (ᶜtsɔŋ)	拢（总）ᶜnoŋ (ᶜtsɔŋ)	左 ᶜtso

雷州	遂溪	文昌	三亚
都 ᵈteu	都 ᵈteu	都 ᵈɗou	都 ᵈɗou
			□ ᶜlu

下面是例句。

(19) 我从路口问起，一家一家地都问过，到这里还是都说没有。

泉州 我按/用/尉/对/就/从路口问起，蜀家蜀家个都问过，遘即搭阿是都说无。gua^{55} an$^{41-55}$/iŋ$^{41-55}$/ui$^{41-55}$/tui$^{41-55}$/tsiu$^{41-22}$/tsiɔŋ$^{24-22}$ lɔ$^{41-22}$ khau^{55} bŋ$^{'41-22}$ khi^{55}, tsit$^{24-22}$ ke^{33} tsit$^{24-22}$ ke^{33} e$^{24-22}$ tɔ^{33} bŋ$^{'41}$ kɤ^{41}, kau$^{41-55}$ tsit$^{55-44}$ taʔ^{55} a$^{55-24}$ si^{22} tɔ^{33} sɤʔ^{55} bo^{24}.

厦门 我按/用/对/尉/自路口问起，蜀家蜀家拢/总问过，遘□〔tsia^{24}〕各是拢/总讲无。gua$^{53-44}$ an$^{21-53}$/iŋ$^{22-21}$/tui$^{21-53}$/ui$^{22-21(-53)}$/tsu$^{22-21}$ lɔ$^{22-21}$ khau^{53} mŋ$^{'22-21}$ khi^{53}, tsit$^{5-21}$ ke$^{44-22}$ tsit$^{5-21}$ ke^{44} lɔŋ$^{53-44}$/ tsɔŋ$^{53-44}$ mŋ$^{'22}$ ke^{21}, kau$^{21-53}$ tsia^{24} koʔ$^{32-53}$ si$^{22-21}$ lɔŋ$^{53-44}$/ tsɔŋ$^{53-44}$ kɔŋ$^{53-44}$ bo^{24}.

台中 我尉路口问起，蜀家蜀家拢问过，遘□〔tsia$^{53-44}$〕野是拢讲无。ua$^{53-44}$ ui$^{21-53}$ lɔ$^{22-21}$ khau^{53} bŋ$^{'22-21}$ khi^{53}, tsit$^{3-2}$ ke^{44} tsit$^{3-2}$ ke^{44} lɔŋ$^{53-44}$ bŋ^{22} kue^{21}, kau$^{21-53}$ tsia$^{53-44}$ ia$^{53-44}$ si$^{22-21}$ lɔŋ$^{53-44}$ kɔŋ$^{53-44}$ bo^{24}.

漳州 我对路口问起，蜀家蜀家个问，遘□〔tsia^{34}〕夭是拢讲无。gua^{52} tui$^{21-52}$ lɔ$^{22-21}$ khau^{52} mui$^{22-21}$ khi^{21}, tsit$^{121-21}$ ke$^{34-22}$ tsit$^{121-21}$ ke$^{34-22}$ e$^{13-22}$ mui^{22}, kau$^{21-55}$ tsia^{34} iau$^{52-34}$ si$^{22-21}$ lɔŋ$^{52-34}$ kɔŋ$^{52-34}$ bo^{13}.

汕头 我伫路头问起，蜀家家问过了，遘只块还是拢（总）呾无。ua^{52} to$^{25-31}$ lou^{31} thau^{55} muŋ^{31} khi^{52}, tsek$^{5-2}$ ke^{33} ke^{33} muŋ^{31} kue$^{213-31}$ ou$^{52-213}$, kau$^{213-55}$ tsi$^{52-24}$ ko^{213} huã$^{52-24}$ si$^{25-31}$ lɔŋ$^{52-24}$（tsoŋ$^{52-24}$）tã$^{213-55}$ bo^{55}.

揭阳 我伫路头问起，蜀家家问过了，遘□〔tsio$^{42-24}$〕块还是拢（总）呾无。ua$^{42-53}$ to$^{35-21}$ lou$^{22-21}$ thau^{55} muŋ$^{22-21}$ khi^{42}, tsek$^{5-2}$ ke^{33} ke^{33} muŋ^{22} kue$^{213-21}$ au$^{42-213}$, kau$^{213-42}$ tsio$^{42-24}$ ko^{213} hã$^{42-24}$ si$^{35-21}$ noŋ$^{42-24}$（tsoŋ$^{42-24}$）tã$^{213-53}$ bo^{55}.

海丰 我着路头问起，蜀间蜀间左问过，遘只搭仔/只□〔e$^{44-33}$〕还是左讲无。ua^{52} tioʔ$^{4-3}$/tɔʔ$^{4-3}$ lɔu$^{21-33}$ thɔu^{55} mũi^{21} khi^{52}, tsit$^{4-3}$ kaĩ$^{44-33}$ tsit$^{4-3}$ kaĩ^{44} tsɔ^{52} mũi^{21} kue^{213}, kau$^{213-55}$ tsi^{52} tap^{3} ã^{52}/tsi^{52} e$^{44-33}$ huã$^{52-213}$ si$^{25-33}$ tsɔ^{52} kɔŋ$^{52-213}$ bɔ^{55}.

遂溪 我伫路口问起，厝厝问过，遘若乃野是讲无有。va^{41} tu$^{55-33}$ leu^{41} khau^{41} mui^{24} khi^{41}, tshu^{214} tshu^{214} mui^{24} kue^{214}, kau^{214} ia^{55} nai^{55} ia^{41} si^{55} kɔ^{41} bo^{22} u^{55}.

雷州 我通阿路头问起，（蜀）家（蜀）家/（蜀）厝（蜀）厝都问过，遘这迹野都讲无（有）。ba^{42} than^{21} a^{55} leu$^{24-33}$ thau^{22} mui^{24} khi^{42},（ziak^{5}）ke^{24}（ziak^{5}）ke^{24}/（ziak^{5}）tshu$^{21-44}$（ziak^{5}）tshu^{21} teu^{24} mui^{24} kue^{21}, kau^{21} zia^{553} tsia^{553} ia^{42} teu^{24} ko^{42} bo$^{22-33}$（u^{33}）.

文昌 我通路口问起，蜀厝蜀厝问，遘这路，倘是讲无有。gua^{31} xan^{21} lou$^{34-42}$ xau$^{31-33}$ mui$^{34-42}$ xi^{31}, ʥia(k)$^{3-21}$ ʃu^{21} ʥia(k)$^{3-21}$ ʃu^{21} mui^{34}, kau^{21} ʥia$^{21-55}$ lau^{34}, iaŋ^{21} ti$^{42-11}$ kɔŋ^{31} bo$^{22-11}$ u^{42}.

三亚 我通路口问起，蜀家蜀家个都问过，遘即路还是讲无有。va³¹ thaŋ²⁴ lou³³ khau³¹ mui³³ khi³¹, ioʔ³³ ke³³ ioʔ³³ ke³³ kai²² ɗou³³ mui³³ kuo²⁴, kau²⁴ iʔ⁴⁵ lou³³ hai²² ti⁴² kɔŋ³¹ vo²² u⁴².

（20）把衣服都收进来。

泉州 将衫裤都/计/拢总/全部/通通收入来。tsioŋ³³ sã³³ khɔ⁴¹ tɔ³³/keʔ⁴/lɔŋ⁵⁵⁻²⁴ tsɔŋ⁴¹/tsuan²⁴⁻²² pɔ²²/thɔŋ³³ thɔŋ³³ siu³³ liaʔ²⁴⁻²² lai²⁴⁻²¹.

厦门 自/将□[hia²⁴]衫裤拢/总/拢总合伊/＜合伊＞收收入来。tsu²²⁻²¹/tsioŋ⁴⁴⁻²²⁻²¹ hia²⁴ sã⁴⁴⁻²² khɔ²¹ lɔŋ⁵³⁻⁴⁴/tsɔŋ⁵³⁻⁴⁴/lɔŋ⁵³⁻⁴⁴ tsɔŋ⁵³⁻⁴⁴ kaʔ⁵⁻²¹ i⁴⁴⁻²²/＜kai²²＞siu⁴⁴⁻²² siu⁴⁴ lip⁵⁻²¹ lai²⁴⁻²¹.

台中 合衫拢收入来。kaʔ³⁻² sã⁴⁴ lɔŋ⁵³⁻⁴⁴ siu⁴⁴ lip³⁻² lai²⁴⁻²¹.

漳州 ①合衫仔拢收入来。kaʔ¹²¹⁻²¹ sã³⁴ a⁵² lɔŋ⁵²⁻³⁴ siu³⁴ zip¹²¹⁻²¹ lai¹³⁻²¹. ②衫仔拢拢收入来。sã³⁴ a⁵² lɔŋ⁵²⁻³⁴ lɔŋ⁵²⁻³⁴ siu³⁴ zip¹²¹⁻²¹ lai¹³⁻²¹.

汕头 撮衫裤拢（总）合伊收入来。tsoʔ²⁻⁵ sã³³ khou²¹³ lɔŋ⁵²⁻²⁴（tsoŋ⁵²⁻²⁴）kaʔ⁵⁻² i³³ siu³³ zip⁵⁻² lai⁵⁵⁻³¹.

揭阳 块衫裤拢（总）(合伊) 收入来。ko²¹³⁻⁴² sã³³ khou²¹³ noŋ⁴²⁻²⁴（tsoŋ⁴²⁻²⁴）(kaʔ⁵⁻² i³³) siu³³ zip⁵⁻² lai⁵⁵⁻²².

海丰 捞衫裤左（收）收入来。lau⁴⁴⁻³³ sã⁴⁴⁻³³ khou²¹³ tsɔ⁵²（siu⁴⁴⁻³³）siu⁴⁴⁻³³ zip⁴ lai⁵⁵⁻²¹.

遂溪 物颂蜀下收转来。mi³³ tshiaŋ²⁴ tse⁴¹ e²⁴ siu²⁴ tui⁴¹ lai²².

雷州 掠阿衫裤总（下）/都收转来。lia³³ a⁵⁵ sa²⁴⁻³³ kheu²¹ tsoŋ⁴²（e²⁴）/teu²⁴⁻³³ siu²⁴ tui⁴² lai²².

文昌 □[ɓue⁴²]衫裤都/做下挈入来。ɓue⁴² ta³⁴⁻⁴² xou²¹ ɗou³⁴⁻⁴²/tɔ⁵³ e³⁴ xioʔ⁵³ ʥiop³⁻²¹ lai²².

三亚 □[ɓui⁴²]衫裤□[lu⁴²]/都收落/入来。ɓui⁴² ta³³ kou²⁴ lu⁴² /ɗou³³ tiu³³ lɔʔ³³/liʔ³³ lai²².

（21）咱们大家都有份儿。

泉州 伯逐个都有份。lan⁵⁵ tak²⁴⁻²² e²⁴ tɔ³³ u²² hun⁴¹.

厦门 伯逐家拢有份。lan⁵³⁻⁴⁴ tak⁵⁻²¹ ke⁴⁴⁻²² lɔŋ⁵³⁻⁴⁴ u²²⁻²¹ hun²².

台中 伯逐个拢有份。lan⁵³⁻⁴⁴ tak³⁻² e²⁴ lɔŋ⁵³⁻⁴⁴ u²²⁻²¹ hun²².

漳州 伯（□[tsiaʔ³²⁻⁵²]个）逐家拢有份。lan⁵²⁻³⁴（tsiaʔ³²⁻⁵² e¹³⁻²²）tak¹²¹⁻²¹ ke³⁴⁻²² lɔŋ⁵²⁻³⁴ u²²⁻²¹ hun²².

汕头 俺撮侬/俺大家（伙）拢（总）有份。naŋ⁵² tshoʔ²⁻⁵ naŋ⁵⁵/naŋ⁵² tai²⁵⁻³¹ ke³³（hue⁵²⁻²¹³）lɔŋ⁵²⁻²⁴（tsoŋ⁵²⁻²⁴）u²⁵⁻³¹ hun³¹.

揭阳 俺大家拢（总）有份。naŋ⁴²⁻⁵³ tai²²⁻²¹ ke³³ noŋ⁴²⁻²⁴（tsoŋ⁴²⁻²⁴）

u³⁵⁻²¹ huŋ²².

海丰 俺大家（侬）/乃侬左有份。naŋ⁵² tai²⁵⁻³³ ke⁴⁴⁻³³（naŋ⁵⁵）/nai⁵⁵ naŋ⁵⁵ tsɔ⁵² u²⁵⁻³³ hun²¹.

遂溪 俫群穧家都有份。naŋ⁴¹⁻²⁴ kuŋ²² tsoi²⁴⁻³³ ke²⁴ teu²⁴ u⁵⁵ huŋ²⁴.

雷州 俫侬穧家都有阿份。naŋ⁴² naŋ²² tsoi²⁴⁻³³ ke²⁴ teu²⁴ u³³⁻⁴² a⁵⁵ huŋ²⁴.

文昌 俫蜀家〈底侬〉都有份。nan³¹ ʤiak³⁻¹ ke³⁴〈ɗiaŋ⁴²〉ɗou³⁴ u⁴²⁻¹¹ xun⁴².

三亚 俫侬（大家/一穧侬）都有份。man³¹ naŋ²²（ɗuo³³ ke³³/iʔ⁴⁵ ɗoi³³ naŋ²²）ɗou³³ u⁴² hun³³.

（三）主要范围副词比较表

表2-2为闽南方言中主要的范围副词情况汇总。

表2-2 闽南方言主要的范围副词

副词	泉州	厦门	台中	漳州	汕头	揭阳	海丰	雷州	遂溪	文昌	三亚
只	若 ₅nã、孤单 ₅kɔ ₅tan	只 ₅tsi、干焦 ₅kan ₅ta	只 ₅tsi	〈干若〉〈₅kā〉、干□ ₅kan ₅na	清 ₅tsheŋ	□ ₅nia	—	但 ₅na	但 ₅na	但 na²	只 ₅tsi
都	都 ₅tɔ、计 ke²、拢总 ₅lɔŋ ˢtsɔŋ、全部 ₅tsuan ˢpɔ、通通 ₅thɔŋ ₅thɔŋ	拢 ˢlɔŋ、拢总 ˢlɔŋ ˢtsɔŋ、总 ˢtsɔŋ	拢 ˢlɔŋ	拢 ˢlɔŋ	拢（总） ˢlɔŋ（ˢtsɔŋ）	拢（总） ˢnoŋ（ˢtsɔŋ）	左 ₅tso	都 ₅teu	都 ₅teu	都 ₅ɗou	都 ₅ɗou、□ ˢlu

三、程度副词

（一）很

表示高程度，闽南方言各地都不用"很"，雷州片用"好"，与相邻的粤语相同，潮汕话用"□［hoʔ˳］"，语源不明，其余地方也有自己独创的词。三亚的"非常"，是比较书面化的说法。各地形式如下。

泉州	厦门	台中	漳州
野 ᶜia	真 ˳tsin	足 tsiɔk˳	生 ˳sẽ
真 ˳tsin			

汕头	揭阳	海丰	
□hoʔ˳	□hoʔ˳	响 ᶜhiaŋ	

雷州	遂溪		
好 ᶜho	好 ᶜho		

文昌	三亚		
但顾 na² ku²	非常 ˳voi ˳tshiaŋ		

下面是例句。

（22）他走路走得很快。

泉州 ①伊行路行（遘）野紧/真紧/紧紧。i³³ kiã²⁴⁻²² lɔ⁴¹ kiã²⁴⁻²² (a⁵⁵) ia⁵⁵⁻²⁴ kin⁵⁵/tsin³³ kin⁵⁵/kin⁵⁵⁻²⁴ kin⁵⁵。②伊行路野紧/真紧/紧紧。i³³ kiã²⁴⁻²² lɔ⁴¹ ia⁵⁵⁻²⁴ kin⁵⁵/tsin³³ kin⁵⁵/kin⁵⁵⁻²⁴ kin⁵⁵。

厦门 ①伊行路（行）真紧。i⁴⁴⁻²² kiã²⁴⁻²² lɔ²² (kiã²⁴⁻²²) tsin⁴⁴⁻²² kin⁵³。②伊行路行遘真紧。i⁴⁴⁻²² kiã²⁴⁻²² lɔ²² kiã²⁴⁻²² kaʔ³²⁻⁵³⁻⁴⁴ tsin⁴⁴⁻²² kin⁵³。

台中 ①伊行路行遘有够紧呃。i⁴⁴⁻²² kiã²⁴⁻²² lɔ²² kiã²⁴⁻²² kau²¹⁻⁵³ u²²⁻²¹ kau²¹⁻⁵³ kin⁵³ e²¹。②伊行路行甲足紧呃。i⁴⁴⁻²² kiã²⁴⁻²² lɔ²² kiã²⁴⁻²² kaʔ²⁻⁵ tsiɔk²⁻⁵ kin⁵³ e²¹。③伊行路行着足紧呃。i⁴⁴⁻²² kiã²⁴⁻²² lɔ²² kiã²⁴⁻²² tioʔ³⁻² tsiɔk²⁻⁵ kin⁵³ e²¹。

漳州 伊行路行生快。i³⁴ kiã¹³⁻²² lɔ²² kiã¹³⁻²² sẽ³⁴⁻²² khuai²¹。

汕头 ①伊行路行来□［hoʔ²⁻⁵］/过猛。i³³ kiã⁵⁵⁻³¹ lou³¹ kiã⁵⁵⁻³¹ lai⁵⁵ hoʔ²⁻⁵/kue²¹³⁻⁵⁵ me⁵²。②伊行路□［hoʔ²⁻⁵］/过猛。i³³ kiã⁵⁵⁻³¹ lou³¹ hoʔ²⁻⁵/kue²¹³⁻⁵⁵ me⁵²。

揭阳 伊行路□［hoʔ²⁻⁵］猛。i³³ kiã⁵⁵⁻²² lou²² hoʔ²⁻⁵ me⁴²⁻²¹。

海丰 伊行路行遘响猛。i⁴⁴⁻³³ kiã⁵⁵⁻²² lɔu²¹ kiã⁵⁵⁻²² ã⁵²⁻²¹³/kau²¹³⁻⁵⁵ hiaŋ⁵²⁻²¹³ me⁵²。

遂溪 伊行路行倒好/八倄猛。i²⁴ kia²² leu²⁴ kia²²⁻³³ to⁴¹ ho⁴¹/pak⁵⁴ uak³ me⁴¹。

雷州 伊行路行得八倄/好猛。i²⁴ kia²²⁻³³ leu²⁴ kia²²⁻³³ tik⁵/tiek⁵ pak⁵ ua⁵⁵³/

ho^{42} me^{42}.
文昌 伊行路<u>但顾</u>快。i^{34} kia$^{22-11}$ lou^{34} na$^{42-11}$ ku$^{21-55}$ xue^{21}.
三亚 伊行路行得<u>非常</u>个<u>猛</u>。i^{33} kio^{22} lou^{33} kio^{22} di^{45} voi^{33} tshiaŋ^{22} kai^{22} me^{22}.

（二）真

"真"也表示高程度，只是还带有一些感叹的色彩，因基本词义和"很"相近，闽南有些地方如厦门、台中、文昌二者不加严格区别，其余地方则另有表示带感情的高程度的词。各地形式如下。

泉州	厦门	台中	漳州
诚 ₌tsiã	真 ₌tsin	足 tsiɔk₋	真 ₌tsin

汕头、揭阳	海丰		
过 kue⁼	恰仔 khaʔ₋ ₌a		

遂溪	雷州		
八活 pak₋ uak₋	八倄 pak₋ ua⁼		

文昌	三亚		
但顾 na⁼ ku⁼	真 ₌tsen/₌ten		

下面是例句。
(23) 她吃饭真慢，几粒几粒慢慢地咽。
泉州 ①伊食糜<u>诚</u>慢，几粒仔几粒仔个慢慢个吞。i^{33} tsiaʔ$^{24-22}$ mãi^{33} tsiã$^{55-24}$ ban^{41}, kui$^{55-24}$ liap$^{24-22}$ a^{55} kui$^{55-24}$ liap$^{24-22}$ a^{55} e$^{24-22}$ ban$^{41-22}$ ban$^{41-22}$ e$^{24-55}$ tun^{33}. ②伊食糜<u>诚</u>慢，几粒仔几粒仔慢慢（个）吞。i^{33} tsiaʔ$^{24-22}$ mãi^{33} tsiã$^{55-24}$ ban^{41}, kui$^{55-24}$ liap$^{24-22}$ a^{55} kui$^{55-24}$ liap$^{24-22}$ a^{55} ban$^{41-22}$ ban$^{41-22}$ (e$^{24-55}$) tun^{33}. ③伊食糜<u>诚</u>慢，几粒几粒慢慢（个）吞。i^{33} tsiaʔ$^{24-22}$ mãi^{33} tsiã$^{55-24}$ ban^{41}, kui$^{55-24}$ liap^{24} kui$^{55-24}$ liap^{24} ban$^{41-22}$ ban$^{41-22}$ (e$^{24-55}$) tun^{33}.
厦门 ①伊食饭<u>真</u>/<u>诚</u>慢，蜀粒蜀粒匀匀仔吞。i$^{44-22}$ tsiaʔ$^{5-21}$ pn̩^{22} tsin$^{44-22}$/tsiã$^{24-22}$ man^{22}, tsit$^{5-21}$ liap$^{5-21}$ tsit$^{5-21}$ liap^{5} un$^{24-22}$ un$^{24-22}$ a$^{53-44}$ thun^{44}. ②伊食饭<u>真</u>/<u>诚</u>慢，数粒仔哺。i$^{44-22}$ tsiaʔ$^{5-21}$ pn̩^{22} tsin$^{44-22}$/tsiã$^{24-22}$ man^{22}, siau$^{21-53}$ liap$^{5-21}$ a$^{53-44}$ pɔ^{22}.
台中 伊食饭<u>足</u>慢个，几粒仔几粒仔慢慢仔吞。i$^{44-22}$ tsiaʔ$^{3-2}$ pn̩^{22} tsiɔk$^{2-5}$

ban^{22} e:$^{24-22}$，kui$^{53-44}$ liap$^{3-2}$ a$^{53-44}$ kui$^{53-44}$ liap$^{3-2}$ a^{53} ban$^{22-21}$ ban$^{22-21}$ a$^{53-44}$ thun^{44}。

漳州 伊食饭真慢，几粒几粒慢慢个吞。i$^{34-22}$ tsia?$^{121-21}$ pui~^{22} tsin$^{34-22}$ ban^{22}，kui$^{52-34}$ liap$^{121-32}$ kui$^{52-34}$ liap$^{121-32}$ ban$^{22-21}$ ban^{22} e^{13} thun^{34}。

汕头 伊食饭过慢，几粒几粒宽宽吞。i^{33} tsia?$^{5-2}$ puŋ^{31} kue$^{213-55}$ maŋ^{31}，kua$^{52-24}$ liap$^{5-2}$ kua$^{52-24}$ liap^{5} khuã^{33} khuã^{33} thuŋ^{33}。

揭阳 伊食饭过慢，几粒几粒宽宽吞。i^{33} tsia?$^{5-2}$ puŋ^{22} kue$^{213-42}$ maŋ^{22}，kui$^{42-24}$ liap$^{5-2}$ kui$^{42-35}$ liap^{5} khuã^{33} khuã^{33} thuŋ^{33}。

海丰 伊食饭恰仔慢，几粒几粒宽宽吞。i$^{44-33}$ tsia?$^{4-3}$ pui~$^{21-33}$ kha?$^{4-3}$ ã$^{52-213}$ man^{21}，kua$^{52-213}$ liap$^{4-3}$ kua$^{52-213}$ liap^{4} khuã$^{44-33}$ khuã$^{44-33}$ tsia?^{4}。

遂溪 伊食饭八偌慢，几粒几粒慢慢阿吞。i^{24} tsia^{33} pui^{24} pak^{54} ua^{41} maŋ^{24}，kui^{41} liap^{3} kui^{41} liap^{3} maŋ$^{24-33}$ maŋ^{24} a$^{24-33}$ thuŋ^{24}。

雷州 伊食糜八偌慢，几粒几粒着吞。i^{24} tsia$^{33-42}$ mue^{22} pak^{5} ua^{553} maŋ^{24}，kui^{42} liap$^{2-5}$ kui^{42} liap$^{2-5}$ to^{42} tuŋ^{24}。

文昌 伊食糜但顾宽，几粒几粒/□［ɗi$^{31-33}$］滴□［ɗi$^{31-33}$］滴宽宽吞。i$^{34-42}$ tɕia$^{42-11}$ mue$^{42-11}$ na$^{42-11}$ ku$^{21-55}$ xua^{34}，kui$^{31-33}$ liap^{3} kui$^{31-33}$ liap^{3}/ɗi$^{31-33}$ ɗi^{53} ɗi$^{31-33}$ ɗi:^{53} xua^{34} xua^{34} xun^{34}。

三亚 伊喫糜真慢，蜀粒（米）蜀粒（米）个慢慢个吞。i^{33} khai^{31} muo^{22} tsen^{33}/ten^{33} maŋ^{33}，io?^{33} le?^{42}（vi^{31}）io?^{33} le?^{42}（vi^{31}）kai^{22} maŋ^{33} maŋ^{33} kai^{22} thun^{33}。

（三）最

表示最高程度，具有闽南方言特色的是"第一"和"上"。但是不少地方，尤其是较为边远的雷州片和海南片，已经接受了在汉语中势力强大的"最"。各地形式如下。

泉州	厦门	台中	漳州	汕头、揭阳
第一ᶜte˦ it₅	＜第一＞	＜te²＞ 上 siɔŋ²	第一 te² it₅	上ᶜsiaŋ
上ᶜsiɔŋ			上 siaŋ²	
最 tsue²				

海丰	遂溪	雷州	文昌	三亚
最 tsui²	最 tsui²	最 tsui²	最 tui²	最 tsui²

下面是例句。

（24）现在什么东西最好？

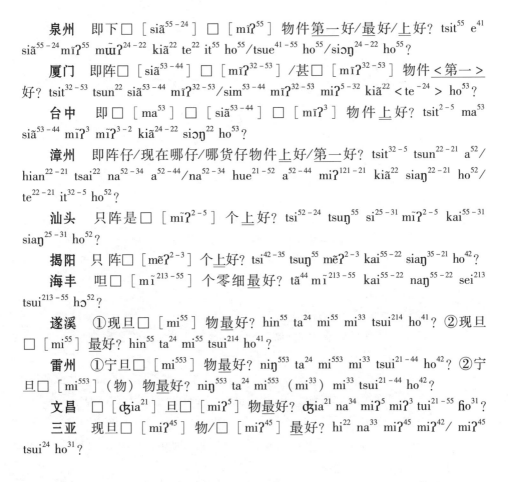

（四）太

表示程度过分，闽南方言虽有逐渐接纳"太"的倾向，但自有本身的用词，最占优势的是"恰 [khaʔ̚]"从闽南、台湾至粤东均出现，"恰 [khaʔ̚]"在闽南－台湾片既可表示"太"，也可表示"比较"，在粤东片只表示"太"。因与"恰"字的意义相差太远，还难以断定其来源就是"恰"。闽南－台湾片更常用的还有"伤"，雷州片则常用"八活"。文昌的"但顾"是一个多义的高程度副词，普通话"很""真""太""比较"，文昌一律说成"但顾"。各地形式如下。

泉州	厦门	台中	漳州
伤 ₌siũ	伤（过）₌siũ（keˀ）	伤 ₌siũ	伤 ₌siũ

恰 khaʔ₃　　　太 thaiˀ　　　　　　　　　　　恰 khaʔ₃

汕头、揭阳　　海丰
恰 khaʔ₃　　　恰 khaʔ₃
　　　　　　　恰两khaʔ₃ ⁼nɔ

遂溪　　　　雷州
八活 pak₃ ua²　八偌 pak₃ uaˀ
太 thaiˀ　　　太 thaiˀ
若 ⁼io

文昌　　　　三亚
但顾 na² kuˀ　太 thaiˀ

下面是例句。

(25) 菜太咸,不好吃。

泉州 菜<u>伤</u>咸,无好食/诚否食。tshai⁴¹ siũ³³ kiam²⁴, bo²⁴⁻²² ho⁵⁵⁻²⁴ tsiaʔ²⁴/tsiã²⁴⁻²² phai⁵⁵⁻²⁴ tsiaʔ²⁴.

厦门 菜<u>伤</u>咸,无好食。tshai²¹ siũ⁴⁴⁻²² kiam²⁴, bo²⁴⁻²² ho⁵³⁻⁴⁴ tsiaʔ⁵.

台中 菜<u>伤</u>咸,否食。tshai²¹ siũ⁴⁴⁻²² kiam²⁴, phai⁵³⁻⁴⁴ tsiaʔ³.

漳州 菜<u>伤</u>咸,□[bai⁵²⁻³⁴] 食。tshai²¹⁻⁵² siɔ̃³⁴⁻²² kiam¹³, bai⁵²⁻³⁴ tsiaʔ¹²¹.

汕头 撮菜 □[khaʔ²⁻⁵] 咸,孬食。tshoʔ²⁻⁵ tshai²¹³ khaʔ²⁻⁵ kiam⁵⁵, mo⁵²⁻²⁴ tsiaʔ⁵.

揭阳 块菜 □[khaʔ²⁻⁵] 咸,孬食。ko²¹³⁻⁴² tshai²¹³ khaʔ²⁻⁵ kiam⁵⁵, mo⁴²⁻³⁵ tsiaʔ⁵.

海丰 菜恰两咸,孬食。tshai²¹³ khaʔ³⁻⁴ nɔ²⁵⁻³³ kiam⁵⁵, mɔ⁵²⁻²¹³ tsiaʔ⁴.

遂溪 菜 若/<u>八活</u>咸,无好食。tshai²¹⁴ io⁵⁵/pak⁵ uaʔ³ kiam²², vo²² ho⁴¹ tsia³³.

雷州 ①阿菜<u>八偌</u>咸,无好食。a⁵⁵ tshai²¹ pak⁵ ua⁵⁵³ kiam²², bo²²⁻³³ ho⁴² tsia⁵⁵³. ②阿菜总咸死阿侬,无好食。a⁵⁵ tshai²¹ tsoŋ⁴² kiam²²⁻³³ si⁴² a⁵⁵ naŋ²², bo²²⁻³³ ho⁴² tsia⁵⁵³. ③阿菜咸死,无好食。a⁵⁵ tshai²¹ kiam²²⁻³³ si⁴², bo²²⁻³³ ho⁴² tsia⁵⁵³.

文昌 菜<u>但顾</u>咸,无好食。ʃai²¹ na⁴²⁻¹¹ ku²¹⁻⁵⁵ kiam²², bo²²⁻¹¹ ɦo³¹ tʃia³.

三亚 菜太咸,无好喫/食。tshai²² thai⁴⁵ keŋ²², vo²² ho³¹ khai³¹/tsio⁴².

(26) 经理嫌他做事太马虎。

泉州 经理嫌伊做事志<u>伤</u>/<u>恰</u>糊涂。kiŋ^{33} li^{55} hiam$^{24-22}$ i^{33} tsue$^{41-55}$ tai$^{41-22}$ tsi^{41} siũ^{33}/khaʔ^{55} hɔ$^{24-22}$ tɔ^{24}。

晋江 经理嫌伊说做事志<u>伤</u>糊涂。kiŋ^{33} li^{55} hiam$^{24-22}$ i^{33} seʔ^{5} tsue$^{41-55}$ tai$^{41-22}$ tsi^{41} siũ^{33} hɔ$^{24-22}$ tɔ^{24}。

安溪 经理嫌伊（说）做事志<u>诚</u>糊涂。kiŋ$^{23-22}$ li^{441} hiam$^{25-22}$ i$^{23-22}$（səʔ$^{31-32}$）tsuei$^{212-41}$ tai^{22} tsi^{212} tsiã$^{25-22}$ ho$^{25-22}$ to^{25}。

厦门 经理嫌伊讲做事志<u>伤过</u>清采。kiŋ$^{44-22}$ li^{53} hiam$^{24-22}$ i$^{44-22}$ kɔŋ$^{53-44}$ tsue$^{21-53}$ tai$^{22-21}$ tsi^{21} siũ$^{44-22}$ ke$^{21-53}$ tshin$^{21-53}$ tshai^{53}。

台中 ①经理嫌讲伊做事志<u>伤</u>清采。kiŋ$^{44-22}$ li^{53} hiam$^{24-22}$ kɔŋ$^{53-44}$ i$^{44-22}$ tso$^{21-53}$ tai$^{22-21}$ tsi^{21} siũ$^{44-22}$ tshin$^{21-53}$ tshai^{53}。②经理嫌讲伊做事志<u>伤</u>马马虎虎。kiŋ$^{44-22}$ li^{53} hiam$^{24-22}$ kɔŋ$^{53-44}$ i$^{44-22}$ tso$^{21-53}$ tai$^{22-22}$ tsi^{21} siũ$^{44-22}$ ma$^{53-44}$ ma^{53} hu$^{44-22}$ hu^{44}。③经理嫌伊讲做事志<u>伤</u>清采。kiŋ^{44} li^{53} hiam$^{24-22}$ i$^{44-22}$ kɔŋ$^{53-44}$ tso$^{21-53}$ tai$^{22-21}$ tsi^{21} siũ$^{44-22}$ tshin$^{21-53}$ tshai^{53}。

漳州 经理嫌伊（讲）做事际<u>恰</u>□［bai$^{52-34}$］势/马虎。kiŋ$^{34-22}$ li^{52} hiam$^{13-22}$ i$^{34-22}$（kɔŋ$^{52-34}$）tso$^{21-52}$ tai$^{22-21}$ tsi^{21} khaʔ$^{32-52}$ bai$^{52-34}$ si^{2}/ma$^{52-34}$ hɔ^{52}。

汕头 阿经理嫌伊咀做事□［khaʔ$^{2-5}$］马虎。a^{33} keŋ^{33} li^{52} hiam$^{55-31}$ i^{33} tã$^{213-55}$ tso$^{213-55}$ sɯ^{31} khaʔ$^{2-5}$ ma^{33} hu^{33}。

揭阳 阿经理嫌伊（咀）做事□［khaʔ$^{2-3}$］马虎。a^{33} keŋ^{33} li$^{42-53}$ hiam$^{55-22}$ i^{33}（tã$^{213-42}$）tso$^{213-42}$ sɯ^{22} khaʔ$^{2-3}$ ma^{33} hu^{33}。

海丰 经理嫌伊做事<u>恰</u>马虎。keŋ$^{44-33}$ li^{52} hiam$^{55-22}$ i$^{44-33}$ tsɔ$^{213-55}$ su^{25} khaʔ$^{3-4}$ ma$^{44-33}$ hu^{44}。

遂溪 经理嫌伊做事<u>太</u>马虎。kiŋ$^{24-33}$ li^{41} hiam^{22} i^{24} tso^{55} su^{55} thai^{214} ma$^{24-33}$ hu^{23}。

雷州 阿经理嫌伊做事<u>太</u>马虎。a^{55} kiŋ$^{24-33}$ li^{42} hiam$^{22-33}$ i^{24} tso^{553} su^{553} thai^{21} ma$^{24-33}$ hu^{42}。

文昌 经理嫌伊做事<u>但</u>顾清采。keŋ$^{34-42}$ li^{42} iam$^{22-11}$ i^{34} to^{53} ʃe^{42} na$^{42-11}$ ku$^{21-55}$ ʃeŋ$^{21-55}$ ʃai^{31}。

三亚 经理嫌伊做事<u>太</u>马虎。keŋ^{33} li^{42} heŋ^{22} i^{33} toʔ^{45} tshi^{42} thai^{24} ma^{31} hu^{33}。

（27）别跟他说得太认真，轻描淡写地说两句就行了。

泉州 唔免合伊说遘/咧野/诚认真，皮皮说两句就会做哩（啰）。m̩$^{41-22}$ bian$^{55-24}$ kap^{55} i^{33} sɤ^{55} a^{55}/le^{55} ia$^{55-24}$/tsiã$^{24-22}$ lin$^{41-22}$ tsin^{33}，pɤ$^{24-22}$ pɤ^{24} sɤ^{55} lŋ̍$^{·}$ ku$^{41-22}$ tsiu$^{41-22}$ e^{22} tsue^{41} li^{21}（lɔ^{21}）。

厦门 ①嫒邀伊讲遘<u>太</u>认真，简单讲两句着好啊。mai$^{21-53}$ kiau$^{44-22}$ i$^{44-22}$ kɔŋ$^{53-44}$ a^{44} thai$^{21-53}$ lin$^{22-21}$ tsin^{44}，kan$^{53-44}$ tan^{44} kɔŋ^{53} nŋ̍$^{22-21}$ ku^{21} tioʔ$^{5-21}$ ho^{53} a^{21}。

②嫒甲伊讲遘伤认真，皮皮仔讲两句着好啊。mai²¹⁻⁵³ ka?³²⁻⁵ i⁴⁴⁻²² kɔŋ⁵³⁻⁴⁴ a⁴⁴ siũ⁴⁴⁻²² lin²²⁻²¹ tsin⁴⁴，phe²⁴⁻²² phe²⁴⁻²² a⁵³⁻⁴⁴ kɔŋ⁵³ nŋ²²⁻²¹ ku²¹ tio?⁵⁻²¹ ho⁵³ a²¹．

台中 ①嫒合伊讲甲□［tsia²¹⁻⁵³］认真，轻轻仔讲两句着好啊。mai²¹⁻⁵³ ka?²⁻⁵ i⁴⁴ kɔŋ⁵³⁻⁴⁴ ka?²⁻⁵ tsia²¹⁻⁵³ lin²²⁻²¹ tsin⁴⁴，khin⁴⁴⁻²² khin⁴⁴⁻²² a⁵³ kɔŋ⁵³ nŋ²²⁻²¹ ku²¹ tio?³⁻² ho⁵³ a²¹． ②嫒合伊讲甲□［tsia²¹⁻⁵³］认真，□［tshən⁴⁴⁻²²］□［tshən⁴⁴⁻²²］仔讲两句着好啊。mai²¹⁻⁵³ ka?²⁻⁵ i⁴⁴ kɔŋ⁵³⁻⁴⁴ ka?²⁻⁵ tsia²¹⁻⁵³ lin²² tsin⁴⁴，tshən⁴⁴⁻²² tshən⁴⁴⁻²² a⁵³ kɔŋ⁵³ nŋ²²⁻²¹ ku²¹ tio?³⁻² ho⁵³ a²¹．

漳州 嫒合伊讲遘伤认真，清采讲两句阿咯。mai⁵² ka?³²⁻⁵² i³⁴⁻²² kɔŋ⁵²⁻³⁴ ka?³²⁻⁵ siɔ³⁴⁻²² zin²²⁻²¹ tsian³⁴，kin²¹⁻⁵² tshai⁵² kɔŋ⁵² no²²⁻²¹ ku²¹ a²² lo?¹²¹．

汕头 嫒合伊呾□［kha?²⁻⁵］所以，皮皮呾两句就好。mai²¹³⁻⁵⁵ ka?²⁻⁵ i³³ tã²¹³⁻⁵⁵ kha?²⁻⁵ so⁵²⁻²⁴ ĩ⁵²，pue⁵⁵⁻³¹ pue⁵⁵ tã²¹³ no²⁵⁻³¹ ku²¹³⁻³¹ tsiu²⁵⁻³¹ ho⁵²．

揭阳 嫒佮伊呾□［kha?⁵⁻²］认真，皮皮呤呾两句就好。mai²¹³⁻⁴² ka?²⁻³ i³³ tã²¹³⁻⁵³ kha?⁵⁻² zeŋ²²⁻²¹ tseŋ³³，phue⁵⁵⁻²² phue⁵⁵ ne²² tã²¹³ no³⁵⁻³¹ ku²¹³⁻⁴² tsu³⁵⁻²¹ ho⁴²⁻⁵³．

海丰 嫒捞伊讲恰真/□［hia⁵²］真，潆潆讲两句仔就好。mai²¹³⁻⁵⁵ lau⁴⁴⁻³³ i⁴⁴⁻³³ kɔŋ⁵²⁻²¹³ kha?³ tsin⁴⁴/hia⁵² tsin⁴⁴，phiɔ⁵⁵⁻²² phiɔ⁵⁵ kɔŋ⁵² nɔ²⁵⁻³³ ku²¹³ ã⁵² tsu²⁵⁻³³ hɔ⁵²．

遂溪 无共伊讲若稽，随随便便讲几句就得啦。vo²² kaŋ⁵⁵ i²⁴ ko⁴¹ io⁵⁵ tsoi²⁴，tshui²² tshui²² pien⁵⁵ pien⁵⁵ ko⁴¹ kui⁴¹ ku²¹⁴ tsiu⁵⁵ tiet⁵ la⁴¹．

雷州 无（爱）共伊稽讲啦，那共伊随随便便讲几句就好啦。bo²² (ai²¹⁻³³) kaŋ⁵⁵³⁻²⁴ i²⁴ tsoi²⁴ ko⁴² la⁴¹，na²⁴ kaŋ⁵⁵³⁻²⁴ i²⁴⁻³³ tshui²²⁻³³ tshui²²⁻³³ phieŋ⁵⁵³ phieŋ⁵⁵³ ko⁴² kui⁴²⁻⁴⁴ ku²¹ tsiu³³ ho⁴² la³¹．

文昌 无用共伊讲得许认真，清采讲两句味罢了。bo²²⁻¹¹ ʤioŋ⁵³ kaŋ³⁴ i³⁴ koŋ³¹⁻³³ ɗiet⁵ ɓio²¹⁻⁵⁵ ʤien⁴²⁻¹¹ tʃien³⁴，ʃeŋ³⁴⁻⁴² ʃai³¹ koŋ³¹ no⁴²⁻¹¹ ku²¹⁻⁵⁵ bi³⁴⁻⁴² ɓa⁴² la²¹．

三亚 嫒共伊讲得太认真，随随便便共伊讲两句就可以啰。vei²⁴ kaŋ⁴² i³³ koŋ³¹ ɗi?⁴⁵ thai²⁴ zen⁴⁵ tseŋ³³，tui²² tui²² ɓeŋ³³ ɓeŋ³³ kaŋ⁴² i³³ koŋ³¹ no⁴² ku²⁴ tsiu⁴² kho³¹ zi²² lo³¹．

（五）比较

各地表示"比较"的形式如下。

泉州、厦门、台中、漳州

恰 kha?。

汕头　　　　　　　　　揭阳　　　　　　　　　海丰
（解）□（⁼oi）⁼iau　　（解）□（⁼oi）⁼iau　　恰 khaʔ₈
　　　　　　　　　　　　□⁼liau

遂溪　　　　　　　　　雷州
比较⁼pi ⁼kiau　　　　　 比较⁼pi kiauᶜ

文昌　　　　　　　　　三亚
但顾 na² kuᶜ　　　　　 比较⁼ɓi kiauᶜ

下面是例句。

(28) 大的鱼肉比较粗。

泉州　①大尾个鱼肉恰粗。tua⁴¹⁻²² bɤ⁵⁵⁻²⁴ e²⁴⁻²²/ɤ²⁴⁻²² hɯ²⁴ hiak²⁴ khaʔ⁵⁵ tshɔ³³。②大隻鱼个肉恰粗。tua⁴¹⁻²² tsiaʔ⁵⁵ hɯ²⁴ e²⁴⁻²² hiak²⁴ khaʔ⁵⁵ tshɔ³³.

厦门　大隻鱼□ [baʔ³²] 恰粗。tua²²⁻²¹ tsiaʔ³²⁻⁵³ hi²⁴ baʔ³² khaʔ³²⁻⁵ tshɔ⁴⁴.

台中　大尾个鱼□ [baʔ²] 恰老。tua²²⁻²¹ bue⁵³ e²⁴⁻²² hi²⁴ baʔ² khaʔ²⁻⁵ lau²².

漳州　大尾鱼仔□ [baʔ²¹] 恰粗。tua²²⁻²¹ bue⁵² hi¹³⁻²² a⁵² baʔ²¹ khaʔ³²⁻⁵ tshɔ³⁴.

汕头　①大条个鱼，肉（解）□ [iau⁵²⁻²⁴] 粗。tua³¹ tiau⁵⁵ kai⁵⁵⁻³¹ hɯ⁵⁵⁻³¹, nek⁵ (oi²⁵⁻³¹) iau⁵²⁻²⁴ tshou³³.

揭阳　大条个鱼，肉（解）□ [iau⁴²⁻²⁴] /□ [liau⁴²⁻²⁴] 粗。tua²²⁻²¹ tiau⁵⁵ kai⁵⁵⁻²² hɯ⁵⁵, nek⁵ (oi³⁵⁻²¹) iau⁴²⁻²⁴/liau⁴²⁻²⁴ tshou³³.

海丰　大条个鱼，□ [baʔ³] 恰粗。tua²¹⁻³³ tiau⁵⁵ kai⁵⁵⁻²² hi⁵⁵⁻²², baʔ³ khaʔ³⁻⁴ tshɔu⁴⁴.

遂溪　大条鱼个肉，比较粗。tua²⁴ tiau²² hu²² a²²⁻³³ hiep³, pi⁴¹ kiau²⁴ tsheu²⁴.

雷州　大个个鱼，阿肉比较粗。tua²⁴⁻³³ kai²²⁻³³ kai²²⁻³³ hu²², a⁵⁵ hip² pi⁴² kiau²¹⁻⁴⁴ tsheu²⁴.

文昌　大枚/大隻/大条个鱼肉粗。ɗua³⁴⁻⁴² mo⁴²/ɗua³⁴⁻⁴² tɕiaʔ⁵/ɗua³⁴⁻⁴² tiau²² kai²²⁻¹¹ ɦu²² iok³⁻¹ ʃou³⁴.

三亚　大条个鱼肉比较粗。ɗuo³³ tiau²² kai²² hu²² hiaʔ⁴² ɓi³¹ kiau²⁴ tshou³³.

(29) 这袋花生米粒儿比较均匀。

泉州　即袋地豆恰□ [tsau²⁴⁻²²] 粒。tsit⁵⁵⁻⁴⁴ tɤ⁴¹⁻⁵⁵ thɔ⁴¹⁻²² tau⁴¹ khaʔ⁵⁵ tsau²⁴⁻²² liap²⁴.

厦门　即袋<落花>生恰□ [tsiau²⁴⁻²²] 粒。tsit³²⁻⁵ te²²⁻²¹ <lua²²> siŋ⁴⁴ khaʔ³²⁻⁵ tsiau²⁴⁻²² liap⁵。

台中 即袋涂豆粒恰□［tsiau²⁴］。tsit²⁻⁵ te²² thɔ²⁴⁻²² tau²² liap³ khaʔ²⁻⁵ tsiau²⁴。

漳州 即袋仔＜落花＞生恰□［tsiau¹³⁻²²］粒。tsit³²⁻⁵ te²¹⁻⁴⁴ a⁵²＜lua³⁴⁻²²＞siŋ³⁴ khaʔ³²⁻⁵ tsiau¹³⁻²² liap¹²¹。

汕头 只袋地豆仁(解)□［iau⁵³⁻²⁴］□［tsau⁵⁵⁻³¹］粒。tsi⁵²⁻²⁴ to³¹ ti³¹ tau³¹ ziŋ⁵⁵（oi²⁵⁻³¹）iau⁵³⁻²⁴ tsau⁵⁵⁻³¹ liap⁵。

揭阳 只袋地豆(解)□［iau⁴²⁻²⁴］/□［liau⁴²⁻²⁴］□［tsau⁵⁵⁻²²］粒。tsi⁴²⁻²⁴ to²²⁻²¹ ti²²⁻²¹ tau²²⁻²¹（oi³⁵⁻²¹）iau⁴²⁻²⁴/liau⁴²⁻²⁴ tsau⁵⁵⁻²² liap⁵。

海丰 只袋地豆米恰□［tsiau⁵⁵⁻²²］粒/粒恰□［tsiau⁵⁵］。tsi⁵² te²¹⁻³³ ti³¹ tau²¹ bi⁵² khaʔ³⁻⁴ tsiau⁵⁵⁻²² liap⁴/liap⁴ khaʔ³⁻⁴ tsiau⁵⁵。

遂溪 若袋番豆仁□［tsiau²²］粒□［tsiau²²］粒。ia⁵⁵ te²⁴ huaŋ²⁴⁻³³ tau⁵⁵ ien²² tsiau²² liap³ tsiau²² liap³。

雷州 这袋番豆仁比较平□［tsiau²²］。zia⁵⁵³ te²⁴ huaŋ²⁴⁻³³ tau²⁴⁻³³ zieŋ²² pi⁴² kiau²¹⁻⁴⁴ pe²² tsiau²²。

文昌 这袋番豆仁但顾平□［ʧiau²²］。ʤiak²¹⁻⁵⁵ ɗe³⁴ ɦun³⁴ ɗau³⁴⁻⁴² ʤien²² na⁴²⁻¹¹ ku²¹⁻⁵⁵ ɓe²²⁻¹¹ ʧiau²²。

三亚 即袋番豆米比较平大。iʔ⁴⁵ te³³ huaŋ³³ tau³³ vi³¹ ɓi³¹ kiau²⁴ ɓe²² ɗuo³³。

（30）这些粉丝做得比较细。

泉州 □［tsuai⁵⁵⁻²⁴］个冬粉做咧恰幼条。tsuai⁵⁵⁻²⁴ e²⁴⁻²² taŋ³³ hun⁵⁵ tsue⁴¹⁻²² le²² khaʔ⁵⁵ iu⁴¹⁻⁵⁵ tiau²⁴。

厦门 □［tsia²⁴］冬粉做咧恰幼条。tsia²⁴ taŋ⁴⁴⁻²² hun⁵³ tsue²¹⁻⁵³ leʔ³²⁻⁵ khaʔ³²⁻⁵ iu²¹⁻⁵³ tiau²⁴。［□［tsia²⁴］，意思是"这里（做/卖）的"］

台中 □［tsia⁵³］个粉丝做咧恰幼条。tsia⁵³ e²⁴⁻²² hun⁵³⁻⁴⁴ si⁴⁴ tso²¹⁻⁵³ le⁴⁴ khaʔ²⁻⁵ iu²¹⁻⁵³ tiau²⁴。

漳州 □［tsiaʔ³²⁻⁵²］个粉丝做了恰幼条。tsiaʔ³²⁻⁵² e¹³⁻²² hun⁵²⁻³⁴ si³⁴ tso²¹⁻⁵² liau⁵² khaʔ³²⁻⁵ iu²¹⁻⁵² tiau¹³。

汕头 只撮粉签做来(解)□［iau⁵²⁻²⁴］幼条。tsi⁵²⁻²⁴ tshoʔ²⁻⁵ huŋ⁵²⁻²⁴ tshiam³³ tso²¹³⁻⁵⁵ lai⁵⁵（oi²⁵⁻³¹）iau⁵²⁻²⁴ ĩu²¹³⁻⁵⁵ tiau⁵⁵。

揭阳 只撮粉签做来(解)□［iau⁴²⁻²⁴］/□［liau⁴²⁻²⁴］细条。tsi⁴²⁻²⁴ tshok²⁻³ huŋ⁴²⁻²⁴ tshiam³³ tso²¹³⁻⁵² lai⁵⁵（oi³⁵⁻²¹）iau⁴²⁻²⁴/liau⁴²⁻²⁴ soi²¹³⁻⁵³ tiau⁵⁵。

海丰 只乃粉丝做得恰细条/幼条。tsi⁵² nai⁵⁵ hun⁵²⁻²¹³ si⁴⁴ tsɔ²¹³⁻⁵⁵ tit³⁻⁴ khaʔ³⁻⁴ sei²¹³⁻⁵⁵ tiau⁵⁵/iu²¹³⁻⁵⁵ tiau⁵⁵。

遂溪 若乃粉团做倒比较细条/呢条。ia⁵⁵ nai⁵⁵ huŋ⁴¹ kia⁴¹ tso⁵⁵ to⁴¹ pi⁴¹

kiau²⁴ soi²¹⁴⁻²⁴ tiau²²/ni⁵⁵ tiau²².

雷州　□[zia⁵⁵³]乃粉团做得比较细条/呢条。zia⁵⁵³ nai⁵⁵³ huŋ⁴²⁻⁴⁴ kia⁴² tso²¹⁻⁴⁴ tiek⁵ pi⁴² kiau²¹⁻⁴⁴ soi²¹⁻⁴⁴ tiau²²/ni⁵⁵³ tiau²².

文昌　□[ʥiak²¹⁻⁵⁵]□[ɗe³⁴⁻⁴²]粉丝但顾幼条。ʥiak²¹⁻⁵⁵ ɗe³⁴⁻⁴² ɦun³¹⁻³³ ti³⁴ na⁴²⁻¹¹ ku⁴²⁻⁵⁵ iu³¹ ɗiau²².

三亚　即穧刺粉做得比较幼条。iʔ³³ tsoi³³ tshi²⁴ hun³¹ tso⁴⁵ ɗiʔ⁴⁵ ɓi³¹ kiau²⁴ iu²⁴ ɗiau²².

(31) 西洋参比较小，短短的，人参比较长。

泉州　西洋参恰细粒，短节短节，人参恰长条。se³³ iɔŋ²⁴⁻²² sɤm³³ khaʔ⁵⁵ sue⁴¹⁻²² liap²⁴, tɤ⁵⁵⁻²⁴ tsat⁵⁵ tɤ⁵⁵⁻²⁴ tsat⁵⁵, lin²⁴ sɤm³³ khaʔ⁵⁵ tŋ˙²⁴⁻²² tiau²⁴.

厦门　洋参恰细粒，短节短节，人参恰长条。iũ²⁴⁻²² sɔŋ⁴⁴ khaʔ³²⁻⁵ sue²¹⁻⁵³ liap⁵, te⁵³⁻⁴⁴ tsat³²⁻⁵ te⁵³⁻⁴⁴ tsat³², lin²⁴⁻²² sɔŋ⁴⁴ khaʔ³²⁻⁵ tŋ˙²⁴⁻²² tiau²⁴.

台中　①洋参恰细粒，短节，人参恰长条。iũ²⁴⁻²² siŋ⁴⁴ khaʔ²⁻⁵ se²¹⁻⁵³ liap³, te⁵³⁻⁴⁴ tsak², lin²⁴⁻²² siŋ⁴⁴ khaʔ²⁻⁵ tŋ˙²⁴⁻²² tiau²⁴. ②洋参恰短节短节，人参恰长条。iũ²⁴⁻²² siŋ⁴⁴ khaʔ²⁻⁵ te⁵³⁻⁴⁴ tsak² te⁵³⁻⁴⁴ tsak², lin²⁴⁻²² siŋ⁴⁴ khaʔ²⁻⁵ tŋ˙²⁴⁻²² tiau²⁴.

漳州　西洋参恰细粒，短节短节，人参恰长条。se³⁴⁻²² iɔ̃¹³⁻²² som³⁴ khaʔ³²⁻⁵ se²¹⁻⁵² liap¹²¹⁻²¹, te⁵²⁻³⁴ tsat³²⁻⁵ te⁵²⁻³⁴ tsat³²⁻⁵, zin¹³⁻²² som³⁴ khaʔ³²⁻⁵ tŋ˙¹³⁻²² tiau¹³.

汕头　洋参(解)□[iau⁵²⁻²⁴]细粒，短节短节，人参(解)□[iau⁵²⁻²⁴]长条。iõ⁵⁵⁻³¹ siam³³ (oi²⁵⁻³¹) iau⁵²⁻²⁴ soi²¹³⁻⁵⁵ liap⁵, to⁵²⁻²⁴ tsak²⁻⁵ to⁵²⁻²⁴ tsak², ziŋ⁵⁵⁻³¹ siam³³ (oi²⁵⁻³¹) iau⁵²⁻²⁴ tɯŋ⁵⁵⁻³¹ tiau⁵⁵.

揭阳　洋参(解)□[iau⁴²⁻²⁴]/□[liau⁴²⁻²⁴]细粒，短节短节，人参(解)□[iau⁴²⁻²⁴]/□[liau⁴²⁻²⁴]长条。iõ⁵⁵⁻²² sim³³ (oi³⁵⁻²¹) iau⁴²⁻²⁴/liau⁴²⁻²⁴ soi²¹³⁻⁵³ liap⁵, to⁴²⁻²⁴ tsak²⁻³ to⁴²⁻²⁴ tsak², zeŋ⁵⁵⁻²² sim³³ (oi³⁵⁻²¹) iau⁴²⁻²⁴/liau⁴²⁻²⁴ tɯŋ⁵⁵⁻²² tiau⁵⁵.

海丰　西洋参恰细条，短节短节，人参恰长条。sai⁴⁴⁻³³ iɔ̃⁵⁵⁻²² sɔm⁴⁴ khaʔ³⁻⁴ sei²¹³⁻⁵⁵ tiau⁵⁵, tie⁵²⁻²⁵ tsak³⁻⁴ tie⁵²⁻²⁵ tsak³, zin⁵⁵⁻²² sɔm⁴⁴ khaʔ³⁻⁴ tŋ˙⁵⁵⁻²² tiau⁵⁵.

遂溪　西洋参比较细条，短节短节，人参比较长条。sai²⁴⁻³³ io²² tsham²⁴ pi⁴¹ kiau²⁴ soi²¹⁴⁻²⁴ tiau²², te⁴¹ tsiet⁵⁴ te⁴¹ tsiet⁵⁴, nan²² tsham²⁴ pi⁴¹ kiau²⁴ to²² tiau²².

雷州　西洋参比较细/比较□[ni⁵⁵]，短节短节，人参(比)较长。sai²⁴⁻³³ io²² sem²⁴ pi⁴² kiau²¹⁻⁴⁴ soi²¹/pi⁴² kiau²¹⁻⁴⁴ ni⁵⁵, te⁴²⁻⁴⁴ tsak⁵ te⁴² tsak⁵⁻², zieŋ²²⁻³³ sem²⁴ (pi⁴²) kiau²¹⁻⁴⁴ to²².

文昌　西洋参挈条，短节，侬参长条。tai³⁴⁻⁴² io²²⁻¹¹ ʃam³⁴ niau⁵³⁻⁴² tiau²², ɗe³¹⁻³³ tat⁵, naŋ²²⁻¹¹ ʃam³⁴ to²²⁻¹¹ ɗiau²².

三亚 西洋参比较细条，短条短条/短短条，人参比较长条。tai³³ io²² tshaŋ³³ ɓi³¹ kiau²⁴ toi²⁴ ɗiau²²，ɗe³¹ ɗiau²² ɗe³¹ ɗiau²²/ɗe³¹ ɗe³¹ ɗiau²²，naŋ²² tshaŋ³³ ɓi³¹ kiau²⁴ ɗo²² ɗiau²².

（六）主要程度副词比较表

表2-3为闽南方言中主要的程度副词情况汇总。

表2-3　闽南方言主要程度副词

副词	泉州	厦门	台中	漳州	汕头	揭阳	海丰	雷州	遂溪	文昌	三亚
很	野ᶜia、真₋tsin	真₋tsin	足 tsiɔk₂	生₋sẽ	口 hoʔ₂、过 kue²	口 hoʔ₂	响ᶜhiaŋ	八偌 pak₂ uaˀ²、好ᶜho	八活 pak₂ uakˀ²、好ᶜho	但顾 naˀ² ku²	非常 ₋voi ₋tshiaŋ
真	诚₋tsiã	真₋tsin	足 tsiɔk₂	真₋tsin	过 kue²	过 kue²	恰仔 khaʔ₂ ᶜã	八偌 pak₂ uaˀ²	八偌 pak₂ uakˀ²	但顾 naˀ² ku²	真 ₋tsen/ ₋ten
最	第一ˀteitˀ、上ᶜsiɔŋ、最 tsueˀ	<第一> <teˀ²>	上 siɔŋˀ	第一 teˀ² itˀ、上 siaŋˀ	上ᶜsiaŋ	上ᶜsiaŋ	最 tsuiˀ	最 tsuiˀ	最 tsuiˀ	最 tuiˀ	最 tsuiˀ
太	伤₋siũ、恰 khaʔ₂	伤(过) ₋siũ (ke²)、太 thaiˀ	伤₋siũ	伤₋siũ、恰 khaʔ₂	恰 khaʔ₂	恰 khaʔ₂	恰(两) khaʔ₂ (ᶜnɔ)	太 thaiˀ、八偌 pak₂ uaˀ²	太 thaiˀ、若 io、八活 pak₂ uaˀ²	但顾 naˀ² ku²	太 thaiˀ
比较	恰 khaʔ₂	恰 khaʔ₂	恰 khaʔ₂	恰 khaʔ₂	(解)□(ᶜoi) iau、□₋liau	(解)□(ᶜoi) ₋liau	恰 khaʔ₂	比较 ᶜpi kiauˀ	比较 ᶜpi ₋kiau	但顾 naˀ² ku²	比较 ɓi kiauˀ

四、语气副词

（一）恐怕、也许

表示揣测语气的副词，闽南方言不用普通话的"恐怕""也许"之类，自有一套方言词。各地形式如下。

泉州
欠采（敢）ʿkhiam ʿtshai (ʿkā)
敢煞ʿkā suaʔ˳
无办（煞）ʿbo panˀ (suaʔ˳)
咧看ˬlɤ ʿkuã
敢ʿkā
□敢ˬaʔ ʿkā

厦门
（恐）惊（ʿkhiɔŋ）ˬkiã
欠采ʿkhiam ʿtshai
无一定ˬbo itˬ tiŋˀ
无定着ˬbo tiãˀ tioʔ˳

台中
恐惊ʿkhiɔŋ ˬkiã

漳州
恐惊ʿkhiɔŋ ˬkiã
无定着ˬbo tiãˀ tioʔ˳
有□uˀ ʿsia
悉□ʿthian ʿtsai
简若ʿkan ˬna

汕头
畏得 uiˀ tik˳
无定着ˬbo tiãˀ tioʔ˳

揭阳
□得 uˀ tek˳
无定着ˬbo tiãˀ tioʔ˳

海丰
惊ˬkiã

雷州
但惊 na ˬkia
野敢ˀia ʿka

遂溪
但惊 na ˬkia
野敢ˀia ʿka
怕□phaˀ ˬkia

文昌
但惊 naˀ ˬkia
阿是ˀa tiˀ

三亚
大概ˬɗuo khaiˀ
概 kaiˀ

下面是例句。

（32）恐怕他已经来了。

泉州 ①欠采（敢）伊煞来啰。khiam⁵⁵⁻²⁴ tshai⁵⁵ (kā⁵⁵⁻²⁴) i³³ suaʔ⁵⁵ lai²⁴ lɔ⁴¹. ②伊敢煞/欠采/无办煞来啰。i³³ kā⁵⁵⁻²⁴ suaʔ⁵⁵/khiam⁵⁵⁻²⁴ tshai⁵⁵/bo²⁴⁻²² pan⁴¹⁻⁵⁵ suaʔ⁵⁵ lai²⁴ lɔ⁴¹.

厦门 ①惊伊已经来啊。kiã⁴⁴⁻²² i⁴⁴⁻²² i²¹⁻⁵³⁻⁴⁴ kiŋ⁴⁴⁻²² lai²⁴ a²¹. ②恐惊伊已经来啊。khiɔŋ⁵³⁻⁴⁴ kiã⁴⁴⁻²² i⁴⁴⁻²² i²¹⁻⁵³⁻⁴⁴ kiŋ⁴⁴⁻²² lai²⁴ a²¹. ③伊欠采已经来啊。i⁴⁴⁻²² khiam²¹⁻⁵³ tshai⁵³⁻⁴⁴ i²²⁻⁵³⁻⁴⁴ kiŋ⁴⁴⁻²² lai²⁴ a²¹.

台中 恐惊伊已经来啊。khiɔŋ⁵³⁻⁴⁴ kiã⁴⁴⁻²² i²⁴ i⁵³⁻⁴⁴ kiŋ⁴⁴⁻²² lai²⁴ a²¹.

漳州 恐惊/无定着伊煞来啊？kiɔŋ⁵²⁻³⁴ kiã³⁴⁻²²/bo¹³⁻²² tiã²²⁻²¹ tioʔ¹²¹⁻²¹ i³⁴⁻²² sak³²⁻⁵/ suaʔ³²⁻⁵² lai¹³⁻²² a²¹?

汕头 伊畏得/无定着 来了。i³³ ui²¹³⁻⁵⁵ tik²⁻⁵/bo⁵⁵⁻³¹ tiã³¹ tioʔ⁵⁻² lai⁵⁵ ou⁵²⁻²¹³.

揭阳 伊□[u⁴²⁻²⁴]得来了。i³³ u⁴²⁻²⁴ tek²⁻⁵ lai⁵⁵ au⁴²⁻²¹³.

海丰 惊伊来了。kiã⁴⁴⁻³³ i⁴⁴⁻³³ lai⁵⁵ liau⁵²⁻³³.

遂溪 但惊伊来哦。na²⁴ kia²⁴ i²⁴ lai²² o⁴¹.

雷州 但惊伊来啦。na²⁴ kia²⁴ i²⁴ lai²²⁻³³ la⁴².

文昌 ①但惊/□[xau²¹⁻⁵⁵]□[ʃai³¹] 伊早/都来啦。na⁴²⁻¹¹ kia³⁴/

xau$^{21-55}$ ʃai^{31} i^{34} ʔta^{31}/ɗou$^{34-42}$ lai^{22} la^{55}. ②但惊/□ [xau$^{21-55}$] 伊来过先啦。na$^{42-11}$ kia^{34}/xau$^{21-55}$ i^{34} lai$^{22-11}$ kue$^{21-55}$ tai^{34} la^{55}.

三亚　可能/大概/概伊已经来了。kho^{31} neŋ^{22}/ɗuo^{33} khai^{24}/kai^{24} i^{33} i^{31} kiŋ^{33} lai^{22} liau^{31}.

(33) 他也许会来。

泉州　伊无办/欠采/敢/□ [aʔ$^{24-22}$] 敢解来。i^{33} bo$^{24-22}$ pan$^{41-55}$/khiam$^{55-24}$ tshai^{55}/kã$^{55-24}$/aʔ$^{24-22}$ kã$^{55-24}$ e^{22} lai^{24}.

厦门　①伊可能解来。i$^{44-22}$ kho$^{53-44}$ liŋ^{24} e$^{22-21}$ lai^{24}. ②伊无一定/无定着解来。i$^{44-22}$ bo$^{24-22}$ it$^{32-5}$ tiŋ^{21}/bo$^{22-21}$ tiã$^{22-21}$ tioʔ$^{5-21}$ e$^{22-21}$ lai^{24}.

台中　(缺)

漳州　伊有□ [sia$^{52-34}$] /忝□ [tsai$^{52-34}$] 解来。i^{34} u$^{22-21}$ sia$^{52-34}$/thian$^{52-34}$ tsai$^{52-34}$ e$^{22-21}$ lai$^{13-22}$.

汕头　伊畏得/无定着解来。i^{33} ui$^{213-55}$ tik$^{2-5}$/bo$^{55-31}$ tiã^{31} tioʔ$^{5-2}$ oi$^{25-31}$ lai^{55}.

揭阳　伊□ [u$^{42-24}$] 得有来。i^{33} u$^{42-24}$ tek$^{2-3}$ u$^{35-21}$ lai^{55}.

海丰　伊无定着会来。i^{44} bɔ$^{55-22}$ tiã$^{21-33}$ tioʔ$^{4-3}$ ei$^{25-33}$ lai^{55}.

遂溪　伊野敢会来。i^{24} ia$^{41-24}$ kã^{41} oi$^{55-33}$ lai^{22}.

雷州　伊野敢会来。i^{24} ia^{24} ka^{42} oi^{553} lai^{22}.

文昌　①(阿是) 伊卜来。(a$^{31-33}$ ti$^{42-11}$) i^{34} ɓe^{53} lai^{22}. ②伊阿是卜来。i^{34} ʔa$^{31-33}$ ti$^{42-11}$ ɓe^{53} lai^{22}.

三亚　伊可能/大概会来。i^{33} kho^{31} neŋ^{22}/ɗuo^{33} khai^{24} oi^{42} lai^{22}.

(34) 那人看起来一副老板娘的派头,恐怕就是她吧?

泉州　迄个侬看起来佀亲头家娘个,嘞看/敢就是伊啰。hit^{55} e$^{24-22}$ laŋ^{24} kuã^{41} khi$^{55-31}$ lai$^{24-21}$ lan$^{55-24}$ tshin^{33} thau$^{24-22}$ ke^{33} niũ^{24} e$^{24-22}$, lɤ^{55} kuã^{41}/kã$^{55-24}$ tsiu$^{41-22}$ si^{22} i^{33} lɔ^{21}.

厦门　迄股侬看起来简若老板娘,可能着是伊。hit$^{32-5}$ kɔ$^{53-44-22}$ laŋ^{24} khuã^{21} khi$^{53-21}$ lai$^{24-21}$ kan$^{53-44}$ nã$^{53-44}$ lau$^{53-44}$ pan$^{53-44}$ niũ^{24}, kho$^{53-44}$ liŋ^{24} tioʔ$^{5-21}$ si$^{22-21}$ i$^{44-22}$.

台中　伊看起来若老板娘个派头,恐惊着是伊啊? i^{44} khuã^{21} khi^{21} lai$^{24-22}$ na$^{53-44}$ thau$^{24-22}$ ke$^{44-22}$ niũ^{24} e$^{24-22}$ pai$^{21-53}$ thau^{24}, khiɔŋ$^{53-44}$ kiã$^{44-22}$ tioʔ$^{3-2}$ si$^{22-21}$ i^{44} a^{21}?

漳州　迄箇侬,看＜起来＞生有老板娘/头家娘个派头,简若着是伊。hit$^{32-5}$ ko$^{21-52}$ laŋ^{34}, kuã$^{21-52}$ ＜kẽ^{52}＞ sɛ̃$^{34-22}$ u$^{22-21}$ lau$^{52-34}$ pan$^{52-34}$ nio$^{13-22}$/thau$^{13-22}$ kɛ$^{34-22}$ nio^{13} e$^{13-22}$ phai$^{21-55}$ thau^{13}, kan$^{52-34}$ na$^{34-22}$ lɔʔ$^{121-21}$ si$^{22-21}$ i^{34}.

汕头　个物睇着头家奶头家奶 (呤),畏得就是伊啊? kai$^{55-31}$ mueʔ^{5}

tõi$^{52-24}$ tioʔ^5 thau$^{55-31}$ ke^{33} nai$^{52-24}$ thau$^{55-31}$ ke^{33} nai^{52}（ne$^{52-31}$），ũi$^{213-55}$ tik$^{2-5}$ tsiu$^{25-31}$ si^{25} i$^{33-31}$ a^{31}？

揭阳 个物睇着头家娘头家娘，□［u$^{42-24}$］得就是伊啊？kai$^{55-22}$ mueʔ^5 tõi$^{42-35}$ tioʔ^5 thau$^{55-22}$ ke^{33} nio$^{55-22}$ thau$^{55-22}$ ke^{33} nio^{55}，u$^{42-24}$ tek$^{2-3}$ tsu$^{35-21}$ si^{35} i$^{33-21}$ a^{21}？

海丰 许个侬睇起来老板娘老板娘＜许样＞生，惊就是伊哦。hi^{52} kai$^{55-22}$ naŋ^{55} thei$^{52-213}$ khi$^{52-213}$ lai^{55} lau$^{25-33}$ paŋ$^{52-213}$ nio$^{55-22}$ lau$^{25-33}$ paŋ$^{52-213}$ nio^{55} ＜hõ^{52}＞ sẽ$^{44-21}$，kiã$^{44-33}$ tsu$^{25-33}$ si^{25} i$^{44-21}$ o^{21}.

遂溪 许个侬望倒似似老板娘，怕惊就是伊哦。ha^{55} kai^{22} naŋ^{22} o^{24} to^{41} tsu^{33} tsu^{33} lau^{55} paŋ^{41} niaŋ^{24}，pha$^{214-55}$ kia^{41} tsiu^{55} si^{55} i^{24} o^5.

雷州 许个侬望起来像个老板娘个唛头，但惊就是伊哦。ha^{553} kai$^{22-33}$ naŋ^{22} o^{21} khi^{42} lai^{22} siaŋ^{21} e$^{22-33}$ lau^{42} paŋ^{42} nio$^{22-33}$ kai$^{22-33}$ mak^5 thau^{22}，na^{24} kia^{24} tsiu$^{33-42}$ si^{33} i^{24} o^{33}.

文昌 许枚侬望来共东家娘呢，但惊是伊嘎？ɦo$^{21-55}$ mo$^{42-11}$ naŋ^{22} mo^{34} lai^{22} kaŋ^{34} ɗoŋ$^{34-42}$ ke$^{34-42}$ nio^{22} ni^{22}，na$^{42-11}$ kia$^{34-42}$ ti$^{42-11}$ i^{34} ka^{31}？

三亚 那枚侬望起来蜀副老板娘个派头，可能就是伊吧。aʔ$^{45-44}$ mo^{45} naŋ^{22} mo^{33} khi^{31} lai^{22} zioʔ^{33} vu^{24} lau^{42} ɓaŋ^{31} nio^{22} kai^{22} phai^{24} thau^{22}，kho^{31} neŋ^{22} tsiu^{42} ti^{42} i^{33} ɓa^{31}.

（二）反正

各地形式如下，雷州片未录得专用词，是否真的没有有待进一步调查。

泉州	厦门	台中	漳州
横直 hũi tit˛	横直 huāi tik˛	反正 ʿhuan tsiŋˀ	反正 ʿhuan tsiŋˀ
	反正 ʿhuaŋ tsiŋˀ		定着 tiã² tioʔ˛

汕头、揭阳	海丰
反正 ʿhuaŋ tsiãˀ	反正 ʿhuaŋ tsiãˀ
正倒 tsiãˀ toˀ	

遂溪	雷州	文昌	三亚
（缺）	（缺）	但顾 na² kuˀ	反正 ʿvan tseŋˀ

下面是例句。
(35) 反正我不去。

泉州 ①横直我唔去。hũi²⁴⁻²² tit²⁴ gua⁵⁵ m̩⁴¹⁻²² khɯ⁴¹。②无管横共直我都唔去。bo²⁴⁻²² kuan⁵⁵⁻²⁴ hũi²⁴ kaŋ⁴¹⁻²² tit²⁴ gua⁵⁵ tɔ³³ m̩⁴¹⁻²² khɯ⁴¹。

厦门 ①反正我唔去。huan⁵³⁻⁴⁴ tsiŋ²¹ gua⁵³⁻⁴⁴ m̩²²⁻²¹ khi²¹。②横直我唔去。huãi²⁴⁻²² tit⁵ gua⁵³⁻⁴⁴ m̩²²⁻²¹ khi²¹。③我 横直 唔去。gua⁵³⁻⁴⁴ huãi²⁴⁻²² tit⁵ m̩²²⁻²¹ khi²¹。

台中 反正我无爱去。huan⁵³⁻⁴⁴ tsiŋ²¹⁻⁵³ ua⁵³ bo²⁴⁻²² ai²¹⁻⁵³ khi²¹。

漳州 反正/定着我唔去。huan⁵²⁻³⁴ tsiŋ²¹/tiã²²⁻²¹ tioʔ¹²¹⁻²¹ gua⁵² m̩²²⁻²¹ khi²¹。

汕头 反正我唔去。huaŋ⁵²⁻²⁴ tsiã²¹³ ua⁵² m̩²⁵⁻³¹ khɯ²¹³。

揭阳 反正我就无爱去。huaŋ⁴²⁻²⁴ tsiã²¹³ ua⁴² tsu³⁵⁻²¹ bo⁵⁵⁻²² ai²¹³⁻⁴² khɯ²¹³。

海丰 （知）做呢/反正我唔去。（tsai⁴⁴⁻³³）tsɔ²¹³⁻⁵⁵ ni⁵⁵/huaŋ⁵²⁻²¹³ tsiã ua⁵²⁻²¹³ m̩²⁵⁻³³ khi²¹³。

遂溪 做做讲/做（做）态我都无去。tso⁵⁵ tso⁵⁵ ko⁴²/tso⁵⁵（tso⁵⁵）thoi⁴¹ va⁴¹ tu²⁴⁻³³ bo²² hu²¹⁴。

雷州 做做讲/做做态/做乜物/讲乜物我都无去。tso⁵⁵³⁻³³ tso⁵⁵³ ko⁴²/tso⁵⁵³⁻³³ tso⁵⁵³ thoi²¹/tso⁵⁵³ mi⁵⁵³ mi³³/ko⁴² mi⁵⁵³ mi³³ ba⁴² teu²⁴⁻³³ bo²²⁻³³ khu²¹。

文昌 但顾我无去。na⁴²⁻¹¹ ku²¹⁻⁵⁵ gua³¹ bo²²⁻¹¹ xu²¹。

三亚 反正我无去。van³¹ tseŋ²⁴ va³¹ vo²² hu²⁴。

（36）要不你去，要不我去，反正得有人去。

泉州 ①若唔是汝去，若唔是我去，横直着有侬去。nã²² m̩⁴¹⁻²² si²² lɯ⁵⁵ khɯ⁴¹，nã²² m̩⁴¹⁻²² si²² gua⁵⁵ khɯ⁴¹，hũi²⁴⁻²² tit²⁴ tioʔ²⁴⁻²² u²² laŋ²⁴⁻²² khɯ⁴¹。②若无汝去，若无我去，横直着有侬去。nã²² bo²⁴⁻²² lɯ⁵⁵ khɯ⁴¹，nã²² bo²⁴⁻²² gua⁵⁵ khɯ⁴¹，hũi²⁴⁻²² tit²⁴ tioʔ²⁴⁻²² u²² laŋ²⁴⁻²² khɯ⁴¹。③若唔是汝去，就着我去，横直着有侬去。nã²² m̩⁴¹⁻²² si²² lɯ⁵⁵ khɯ⁴¹，tsiu⁴¹⁻²² tioʔ²⁴⁻²² gua⁵⁵ khɯ⁴¹，hũi²⁴⁻²² tit²⁴ tioʔ²⁴⁻²² u²² laŋ²⁴⁻²² khɯ⁴¹。

厦门 阿无汝去，阿无我去，反正/横直着有侬去。a⁴⁴ bo²⁴ li⁵³⁻⁴⁴ khi²¹，a⁴⁴ bo²⁴ gua⁵³⁻⁴⁴ khi²¹，huan⁵³⁻⁴⁴ tsiŋ²¹/huãi²⁴⁻²² tit⁵ tioʔ⁵⁻²¹ u²²⁻²¹ laŋ²⁴⁻²² khi²¹。

台中 阿无着汝去，阿无着我去，反正着爱有侬去。a⁴⁴ bo²⁴⁻²² tioʔ³⁻² li⁵³⁻⁴⁴ khi²¹，a⁴⁴ bo²⁴⁻²² tioʔ³⁻² ua⁵³⁻⁴⁴ khi²¹，huan²²⁻²¹ tsiŋ²¹⁻⁵³ tioʔ³⁻² ai²¹⁻⁵³ u²²⁻²¹ laŋ²⁴⁻²² khi²¹。

漳州 无咯汝去，无咯我去，定着咯有侬去。bo¹³⁻²² loʔ¹²¹⁻²¹ li⁵² khi²¹，bo¹³⁻²² loʔ¹²¹⁻²¹ gua⁵² khi²¹，tiã²²⁻²¹ tioʔ¹²¹⁻³² loʔ¹²¹⁻²¹ u²²⁻²¹ laŋ¹³⁻²² khi²¹。

汕头 无哩汝去，无哩我去，正倒着有侬去。bo⁵⁵ li³³ lɯ⁵² khɯ²¹³⁻³¹，bo⁵⁵ li³³ ua⁵² khɯ²¹³⁻³¹，tsiã²¹³⁻⁵⁵ to²¹³⁻⁵⁵ tioʔ⁵⁻² u²⁵⁻³¹ naŋ⁵⁵⁻³¹ khɯ²¹³。

揭阳　无哩汝去，无哩我去，<u>正倒着</u>有侬去。bo⁵⁵ le³³ lɯ⁴² khɯ²¹³⁻²¹, bo⁵⁵ le³³ ua⁴² khɯ²¹³⁻²¹, tsiã²¹³⁻⁴² to²¹³⁻⁴² tioʔ⁵⁻² u³⁵⁻²¹ naŋ⁵⁵⁻²² khɯ²¹³.

海丰　唔就汝去，唔就我去，<u>反正</u>爱有侬去。m̩²⁵ tsu²⁵⁻³³ li⁵² khi²¹³⁻²¹, m̩²⁵ tsu²⁵⁻³³ ua⁵² khi²¹³⁻²¹, huaŋ⁵²⁻²¹³ tsiã²¹³ ãi²¹³⁻⁵⁵ u²⁵⁻³³ naŋ⁵⁵⁻²² khi²¹³.

遂溪　那无汝去，那无我去，做样都爱有侬去。na⁴¹ bo²² lu⁴¹ hu²¹⁴, na⁴¹ bo²² va⁴¹ hu²¹⁴, tso⁵⁵ io²⁴ teu²¹⁴ ai²¹⁴ u⁵⁵⁻³³ naŋ²² hu²¹⁴.

雷州　无汝去，无我去，做做都爱有侬去。bo²²⁻³³ lu⁴² khu²¹, bo²²⁻³³ ba⁴² khu²¹, tso⁵⁵³⁻³³ tso⁵⁵³ teu²⁴⁻³³ ai²¹ u³³ naŋ²² khu²¹.

文昌　卜无汝去，卜无我去，<u>但顾参</u>有侬去。ɓe(ʔ)⁵ ┤ bo²²⁻¹¹ du³¹ xu²¹, ɓe(ʔ)⁵ bo²²⁻¹¹ gua³¹ xu²¹, na⁴²⁻¹¹ ku²¹⁻⁵⁵ ʃam²¹⁻⁵⁵ u⁴² naŋ²²⁻¹¹ xu²¹.

三亚　①要无汝去，要无我去，<u>反正</u>要有侬去。iau²⁴ vo²² lu³¹ hu²⁴, iau²⁴ vo²² va³¹ hu²⁴, van³¹ tseŋ²⁴ iau²⁴ u⁴² naŋ²² hu²⁴. ②阿是汝去，还是我去，<u>反正</u>要有侬去。aʔ⁴⁵ ti⁴² lu³¹ hu²⁴, hai²² ti⁴² va³¹ hu²⁴, van³¹ tseŋ²⁴ iau²⁴ u⁴² naŋ²² hu²⁴.

（三）究竟

各地均使用和共同语一样的词，如下。

泉州　　　　　　厦门　　　　　　台中　　　　　　漳州
究竟 ₋kiu kiŋᵓ　到底 tauᵓ ᵋte　到底 tauᵓ ᵋte　究竟 kiuᵓ kiŋᵓ
到底 tauᵓ ᵋti

汕头　　　　　　揭阳　　　　　　海丰
介 kaiᵓ　　　　　介 ᵋkai　　　　　遘底 kauᵓ ᵋte

雷州　　　　　　遂溪　　　　　　文昌　　　　　　三亚
遘底 kauᵓ ᵋtoi　遘底 kauᵓ ᵋto　遘底 kauᵓ ᵋɗoi　究竟 ₋kiu ᵋkiŋ
　　　　　　　　究竟 ₋kiu kiŋᵓ

下面是例句。
(37) 你究竟怎么啦？
泉州　汝<u>究竟</u>/<u>到底</u>怎仔啰？lɯ⁵⁵ kiu³³ kiŋ⁴¹/tau⁴¹⁻⁵⁵ ti⁵⁵ tsiũ⁴¹⁻⁵⁵ ã⁵⁵⁻²⁴ lɔ⁴¹?
厦门　汝<u>到底</u>按怎/怎样啦？li⁵³⁻⁴⁴ tau²¹⁻⁵³ ti⁵³⁻⁴⁴ an²¹⁻⁵³ tsua⁵³/tsãi⁵³⁻⁴⁴ iũ²² la²¹?
台中　汝<u>到底</u>是按怎？li⁵³⁻⁴⁴ tau²¹⁻⁵³ te⁵³ si²²⁻²¹ an²¹⁻⁵²⁻⁴⁴ tsuã⁵³?

漳州　汝究竟是按怎啦？li⁵² kiu²¹⁻⁵² kiŋ²¹⁻⁵² si²²⁻²¹ an²¹⁻⁵²⁻⁴⁴ tsuã⁵² la²²？

汕头　汝介做呢吟？lɯ⁵² kai²¹³⁻⁵⁵ tso²¹³⁻⁵⁵ ni⁵⁵ ne⁵²⁻³¹？

揭阳　汝介是做呢？lɯ⁴²⁻⁵³ kai⁵⁵ si³⁵⁻²¹ tso²¹³⁻⁵³ ni⁵⁵？

海丰　汝遘底做呢啊？li⁵² kau²¹³⁻⁵⁵ te⁵² tsɔ²¹³⁻⁵⁵ ni⁵⁵ a³³？

雷州　汝遘底做态啊？lu⁴² kau²¹ toi⁴² tso⁵⁵³ thoi²¹ a³³？

遂溪　汝遘底/究竟做□［mi⁵⁵］啊？lu⁴¹ kau²¹⁴ toi⁴¹/kiu²⁴⁻³³ kiŋ⁴¹ tso⁵⁵ mi⁵⁵ a²¹？

文昌　汝是知样啦？du³¹ ti⁴²⁻¹¹ tai³⁴⁻⁴² io³⁴ la⁵⁵？

三亚　①汝究竟作□［miʔ⁴⁵］了？lu³¹ kiu³³ kiŋ³¹ toʔ⁴⁵ miʔ⁴⁵ liau⁴²？②汝遘底怎＜地样＞项了？lu³¹ kau²⁴ ɗoi³¹ ɗan²² ＜ɗioʔ³³＞ ɦo³³ liau³¹？

（四）难道

各地所用副词如下，雷州片未录得专用词。

泉州	厦门	台中	漳州
总无 ᶜtsɔŋ ᶜbo	总无 ᶜtsɔŋ ᶜbo	敢讲 ᶜkam ᶜkɔŋ	敢无 ᶜkã ᶜbo
拢无 ᶜlɔŋ ᶜbo			
难道 ˍlan ᶜtau			

汕头、揭阳	海丰
未是 bueˀ ᶜsi	敢 ᶜkã

遂溪	雷州	文昌	三亚
（缺）	（缺）	总无 ᶜtoŋ ᶜbo	难道 ˍnan ˍɗau

下面是例句。

（38）当司机难道比不上卖香烟？

泉州　①当司机/开车个哪解/怎仔＜无解＞比得卖薰个？tŋ³³ sɯ³³ ki³³/khui²³ tshia³³ e²⁴⁻²² nã⁵⁵ e²²/tsiũ⁴¹⁻⁵⁵ ã⁵⁵ ＜bue²²＞ pi⁵⁵⁻²⁴ leʔ⁵⁵ bue⁴¹⁻²² hun³³ e²⁴⁻²²？②当司机/开车个难道说＜无解＞比得卖薰个？tŋ³³ sɯ³³ ki³³/khui³³ tshia³³ e²⁴⁻²² lan²⁴⁻²² tau⁴¹⁻²² sɤʔ⁵⁵ ＜bue²²＞ pi⁵⁵⁻²⁴ leʔ⁵⁵ bue⁴¹⁻²² hun³³ e²⁴⁻²²？③当司机/开车个总无/拢无（说）煞＜无解＞比得卖薰个？tŋ³³ sɯ³³ ki³³/khui³³ tshia³³ e²⁴⁻²² tsɔŋ⁵⁵⁻²⁴ bo²⁴⁻²²/lɔŋ⁵⁵⁻²⁴ bo²⁴⁻²² （sɤʔ⁵⁵） sua⁵⁵ ＜bue²²＞ pi⁵⁵⁻²⁴ leʔ⁵⁵ bue⁴¹⁻²² hun³³ e²⁴⁻²²？

晋江　开车个总无（□［kioʔ⁵］/说）煞＜无解＞比得卖薰个？khui³³ tshia³³

e^{24-22} tsɔŋ$^{55-24}$ bo$^{24-22}$ (kioʔ^5/seʔ^5) suaʔ^5 <bue$^{33-22}$> pi$^{55-24}$ lit^5 bue$^{41-22}$ hun^{33} e$^{24-22}$?

安溪 ①开车哪解（说）输过卖薰？khuei$^{23-22}$ tshia$^{23-22}$ na$^{441-44}$ e^{22} (səʔ$^{31-32}$) su$^{23-22}$ kə$^{212-41}$ buei^{22} hun$^{23-22}$？②开车个□［toŋ$^{441-44}$］<无解>（说）输过卖薰？khuei$^{23-22}$ tshia^{23} e^{22} toŋ$^{441-44}$ <buei^{22}> (səʔ$^{31-32}$) su$^{23-22}$ kə$^{212-41}$ buei^{22} hun^{23}？

厦门 总无做司机解讲比卖薰恰否？tsoŋ$^{53-44}$ bo$^{24-22}$ tsue$^{21-53}$ su$^{44-22}$ ki^{44} e$^{22-21}$ kɔŋ$^{53-44}$ pi$^{53-44}$ bue$^{22-21}$ hun^{44} khaʔ$^{32-5}$ phai^{53}？

台中 做司机敢讲输过（讲）卖薰个？tso$^{21-53}$ su$^{44-22}$ ki^{44} kam$^{53-44}$ kɔŋ$^{53-44}$ su$^{44-22}$ kue$^{21-53}$ (kɔŋ$^{53-44}$) be$^{22-21}$ hun^{44} e$^{24-22}$？

漳州 开汽车个敢有恰输卖薰个？khui$^{34-22}$ khi$^{21-52}$ tshia$^{34-22}$ e$^{13-22}$ kã$^{52-34}$ u$^{22-21}$ khaʔ$^{32-5}$ su$^{34-22}$ be$^{22-21}$ hun$^{34-22}$ e$^{13-22}$？

汕头 ①做司机未是解输过呾去卖薰囝？tso$^{213-55}$ si^{33} ki^{33} bue$^{25-31}$ si$^{25-31}$ oi$^{25-31}$ su^{33} kue$^{213-55}$ tã$^{213-55}$ khɯ$^{213-55}$ bue^{31} huŋ^{33} kiã^{52}？②做司机未是解比去卖薰囝输？tso$^{213-55}$ si^{33} ki^{33} bue$^{25-31}$ si$^{25-31}$ oi$^{25-31}$ pi$^{52-24}$ khɯ$^{213-55}$ bue^{31} huŋ^{33} kiã^{52} su^{33}？

揭阳 做司机未是解输过（呾）去卖薰囝？tso$^{213-42}$ si^{33} ki^{33} bue$^{35-21}$ si$^{35-21}$ oi$^{35-21}$ su^{33} kue$^{213-42}$ (tã$^{213-42}$) khɯ$^{213-42}$ boi$^{22-21}$ huŋ^{33} kiã^{42}？

海丰 揸车个侬□［tĩ$^{213-55}$］仔解输过卖薰侬仔？tsa$^{44-33}$ tshia$^{44-33}$ kai$^{55-22}$/a$^{55-22}$ naŋ$^{55-22}$ tĩ$^{213-55}$ ã$^{52-213}$ e$^{25-33}$ su$^{44-33}$ kue$^{213-55}$ be$^{21-33}$ hun$^{44-33}$ naŋ^{55} ã$^{52-213}$？

遂溪 做司机野输乞卖薰个讲？tso^{55} su$^{24-33}$ ki^{24} ia^{41} su$^{24-33}$ khi^{55} voi$^{55-33}$ huŋ^{24} kai^{22} ko^{41}？

雷州 做司机野输乞卖薰囝？tso^{553} su$^{24-33}$ ki^{24} ia^{42} su^{24} khi^{553} boi$^{24-33}$ huŋ$^{24-33}$ kia^{42}？

文昌 驶车总无比卖烟囝啊？tai$^{31-42}$ ʃia^{34} toŋ$^{31-33}$ bo$^{22-11}$ ɓe$^{31-33}$ boi$^{34-42}$ in$^{34-42}$ kia^{31} a^{53}？

三亚 做司机个难道无比得上/比无上卖烟个？toʔ^{45}/tsoʔ^{45} tshio^{33} ki^{33} kai^{22} nan^{22} ɗau^{24} vo^{22} ɓi^{31} ɗi^{45} tsio^{42}/ɓi^{31} vo^{22} tsio^{42} voi^{33} in^{33} kai^{22}？

（39）难道连洗菜都不会？

泉州 拢无连/咸洗菜都<无解>哦？lɔŋ$^{55-24}$ bo$^{24-22}$ lian$^{24-22}$/ham$^{24-22}$ sue$^{55-24}$ tshai^{41} tɔ^{33} <bue^{22}> ɔ^{21}？

厦门 总无（咸/连/掺）洗菜着<无解>晓个？tsɔŋ$^{53-44}$ bo$^{24-22}$ (hiam$^{24-22-24}$/ liam$^{24-22-24}$/tsham$^{44-22-21}$) sue$^{53-44}$ tshai^{21} to$^{5-21}$ <bue$^{22-21}$> hiau^{53} e$^{24-21}$？

台中 敢讲连/咸洗菜拢<无解>晓？kam$^{53-44}$ kɔŋ$^{53-44}$ len$^{24-22}$/ham$^{24-22}$

se$^{53-44}$ tshai^{21} lɔŋ$^{53-44}$ <be$^{22-21}$> hiau^{53}?

漳州 敢无咸洗菜煞<无解>晓？kã$^{52-34}$ bo$^{13-22}$ ham$^{13-22}$ se$^{52-34}$ tshai^{21} sak$^{32-5}$ <be$^{22-21}$> hiau^{52}?

汕头 未是咸洗菜啰<无解>？bue^{31} si$^{25-31}$ ham$^{55-31}$ soi$^{52-24}$ tshai^{213} lo$^{55-31}$ <boi$^{25-31}$>?

揭阳 未是咸洗菜多<无解>？bue$^{22-21}$ si$^{35-21}$ ham$^{35-21}$ soi$^{42-24}$ tshai^{213} to$^{33-22}$ <boi$^{35-21}$>?

海丰 敢连洗菜左<无解>啊？kã$^{52-213}$ liaŋ$^{55-22}$ sei$^{52-213}$ tshai^{213} tsɔ$^{52-213}$ <bei$^{25-33}$> a^{21}?

遂溪 做态讲连洗菜都无八？tso^{55} thoi^{41} ko^{41} lien^{22} soi^{41} tshai^{214} tu$^{24-33}$ bo^{22} pak^{54}?

雷州 做做讲连洗菜都无八呢？tso^{553} tso^{553} ko^{42} lieŋ$^{22-33}$ soi^{42} tshai^{21} teu^{24} bo$^{22-33}$ pak^5 ne^{33}?

文昌 连洗菜都无解？lien$^{22-11}$ toi$^{31-33}$ ʃai^{21} ɗou$^{34-42}$ bo$^{22-11}$ oi^{42}?

三亚 难道连洗菜都无八？naŋ^{22} ɗau^{24} leŋ^{22} toi^{31} tshai^{24} ɗou^{33} vo^{22} vaiʔ^{45}?

（五）也、都（强调）

漳州"阿"应是"也"语音弱化的产物。如同其他的一些副词，较为边远的雷州片和海南片主要用"都"，与共同语和粤语一致；其余地方有自己的方言词。各地形式如下。

泉州	厦门	台中	漳州
都 ₌tɔ	也 a²	吗 ma²	阿 ₌a
	着 tioʔ₂/toʔ₂	着拢 tioʔ² ˪lɔŋ	拢 ˪lɔŋ
			煞 sak₌

汕头、揭阳	海丰
都 ₌to	左 ˪tso
拢 ˪lɔŋ	

雷州	遂溪	文昌、三亚
都 ₌teu	都 ₌tu	都 ₌ɗou

下面是例句。

（40）从昨天到现在我饭都没吃过一口。

泉州 按/用/尉/对/就/从昨日遘即下我饭都无食（过）蜀喙。an$^{41-55}$/ iŋ$^{41-55}$/ ui$^{41-55}$/ tui$^{41-55}$/ tsiũ$^{41-22}$/tsiɔŋ$^{24-22}$/ tsa$^{41-22}$ lit^{24} kau$^{41-55}$ tsit^{55} e^{41} gua^{55}

pŋ'⁴¹ tɔ³³ bo²⁴⁻²² tsiaʔ²⁴⁻²² （kɤ⁴¹⁻⁵⁵）tsit²⁴⁻²² tshui⁴¹.

厦门　对/按/自/尉昨昏遘即阵饭<u>着</u>无食着半喙。tui²¹⁻⁵³/an²¹⁻⁵³/tsu²²⁻²¹/ui²²⁻²¹⁽⁻⁵³⁾ tsa⁻²² hŋ'⁴⁴ kau²¹⁻⁵³ tsit³²⁻⁵ tsun²² pŋ'²² toʔ⁵⁻²¹ bo²⁴⁻²² tsiaʔ⁵⁻²¹ tio⁵⁻²¹ puã²¹⁻⁵³ tshui²¹.

台中　①尉昨昏遘即□［ma⁵³］我蜀喙饭<u>吗</u>无食。ui²¹⁻⁵³ tsa⁴⁴⁻²² ŋ'⁴⁴⁻²² kau²¹⁻⁵³ tsit²⁻⁵ ma⁵³ ua⁵³⁻⁴⁴ tsit³⁻² tshui⁵¹⁻⁵³ pŋ'²² ma²² bo²⁴⁻²² tsiaʔ³. ②尉昨昏遘即□［ma⁵³］我饭蜀喙吗无食。ui²¹⁻⁵³ tsa⁴⁴⁻²² ŋ'⁴⁴⁻²² kau²¹⁻⁵³ tsit²⁻⁵ ma⁵³ ua⁵³⁻⁴⁴ pŋ'²² tsit³⁻² tshui²¹ ma²² bo²⁴⁻²² tsiaʔ³.

漳州　对<昨暝>昏遘即阵/即□［te²²⁻²¹］仔我蜀喙饭<u>阿</u>无食。tui²¹⁻⁵² <tsã¹³⁻²²> huĩ³⁴ kau²¹⁻⁵² tsit³²⁻⁵ tsun²²/tsit³²⁻⁵ te²²⁻²¹ a⁵² gua⁵² tsit¹²¹⁻²¹ tshui²¹⁻⁵⁵ puĩ²² a⁵²⁻³⁴ bo¹³⁻²² tsiaʔ¹²¹.

汕头　同昨日遘只阵我饭<u>都</u>未食过蜀喙。taŋ⁵⁵⁻³¹ tsa⁵⁵⁻³¹ zik⁵ kau²¹³⁻⁵⁵ tsi⁵²⁻²⁴ tsuŋ⁵⁵ ua⁵² puŋ³¹ to³³ bue³¹ tsiaʔ⁵⁻² kue²¹³⁻⁵⁵ tsek⁵⁻² tshui²¹³.

揭阳　同昨日遘今日我□［ham³⁵⁻²¹］喙饭<u>拢</u>无食。taŋ⁵⁵⁻²² tsau⁵⁵⁻²² zek⁵ kau²¹³⁻⁴² kim³³ zek⁵ ua⁴²⁻⁵³ ham³⁵⁻²¹ tshui²¹³⁻⁴² puŋ²² loŋ⁴²⁻²⁴ bo⁵⁵⁻²² tsiaʔ⁵.

海丰　着昨日遘旦我还未/无食过蜀喙饭。toʔ⁴⁻³/tioʔ⁴⁻³ tsa⁴⁴⁻³³ zit⁴ kau²¹³⁻⁵⁵ tã⁴⁴ ua⁵² huã⁵²⁻²¹³ bue²⁵⁻³³/bɔ⁵⁵⁻²² tsiaʔ⁴⁻³ kue²¹³⁻⁵⁵ tsit⁴⁻³ tshui²¹³⁻⁵⁵ pũĩ²¹.

遂溪　伫昨日遘现旦我縻都无食过喙。tu⁵⁵⁻³³ tsho²² iet³ kau²¹⁴ hin⁵⁵ ta²⁴ va⁴¹ pui²⁴ tu²⁴⁻³³ bo²² tsia³³ kue²¹⁴ tshui²¹⁴.

雷州　通昨暗遘宁旦我縻都无（有）食过蜀喙。thaŋ²¹ tsa³³⁻⁴² am²¹ kau²¹ niŋ⁵⁵³ ta²⁴ ba⁴² mue⁴² teu²⁴⁻³³ bo²²⁻³³（u⁵³）tsia³³ kue²¹ ziek²⁻⁵ tshui²¹.

文昌　（缺）

三亚　通昨天遘现旦我縻都无喫过蜀喙。thaŋ²⁴ tso⁴² thi³³ kau²⁴ hi²² na³³ va³¹ muo²² ɗou³³ vo²² khai³¹ kuo²⁴ zioʔ³³ tshui⁴⁵.

(41) 连我都不知道。

泉州　连/咸我<u>都</u>唔知影。lian²⁴⁻²²/ham²⁴⁻²² gua⁵⁵ tɔ³³ m̩⁴¹⁻²² tsai³³ iã⁵⁵.

厦门　咸/连/掺我<u>着</u>/<u>也</u>唔知。hiam²⁴⁻²²⁻²⁴/liam²⁴⁻²²⁻²⁴/tsham⁴⁴⁻²²⁻²¹ gua⁵³ tioʔ⁵⁻²¹/a²²⁻²¹ m̩²²⁻²¹ tsai⁴⁴.

台中　连我着<u>拢</u>唔知影。len²⁴⁻²² ua⁵³⁻⁴⁴ tioʔ³⁻² loŋ⁵³⁻⁴⁴ m̩²²⁻²¹ tsai⁴⁴⁻²² iã⁵³.

漳州　咸我<u>拢</u>唔知影。ham¹³⁻²² gua⁵² loŋ⁵²⁻³⁴ m̩²²⁻²¹ tsai³⁴⁻²¹ iã⁵².

汕头　咸我<u>都</u>唔知。ham⁵⁵⁻³¹ ua⁵² lo³³⁻³¹ m̩²⁵⁻³¹ tsai³³⁻³¹.

揭阳　咸我<u>都</u>唔知。ham⁵⁵⁻²² ua⁴² to³³⁻²¹ m̩³⁵⁻²¹ tsai³³.

海丰　连我<u>左</u>唔知。liaŋ⁵⁵⁻²² ua⁵² tso⁵² m̩²⁵⁻³³ tsai⁴⁴.

遂溪　连我都无知。lin²² va⁴¹ tu²⁴⁻³³ bo²² tsai²⁴.
雷州　连我都无知。lieŋ²²⁻³³ ba⁴² teu²⁴⁻³³ bo²²⁻³³ tsai²⁴.
文昌　连我都无知。lien²²⁻¹¹ gua³¹ ɗou³⁴ bo²²⁻¹¹ tai³⁴.
三亚　连我都无八。leŋ²² va³¹ ɗou³³ vo²² vai?⁴⁵.

(42) 难道连洗菜都不会？

泉州　拢无连/咸洗菜都＜无解＞哦？lɔŋ⁵⁵⁻²⁴ bo²⁴⁻²² lian²⁴⁻²²/ham²⁴⁻²² sue⁵⁵⁻²⁴ tshai⁴¹ tɔ³³ ＜bue²²＞ ɔ²¹?

厦门　总无（咸/连/掺）洗菜着/也＜无解＞晓个？tsɔŋ⁵³⁻⁴⁴ bo²⁴⁻²² (hiam²⁴⁻²²⁻²⁴/liam²⁴⁻²²⁻²⁴/tsham⁴⁴⁻²²⁻²¹) sue⁵³⁻⁴⁴ tshai²¹ to?⁵⁻²¹/a²²⁻²¹ ＜bue²²⁻²¹＞ hiau⁵³ e²⁴⁻²¹?

台中　敢讲连/咸洗菜拢＜无解＞晓？kam⁵³⁻⁴⁴ kɔŋ⁵³⁻⁴⁴ len²⁴⁻²²/ham²⁴⁻²² se⁵³⁻⁴⁴ tshai²¹ lɔŋ⁵³⁻⁴⁴ ＜be²²⁻²¹＞ hiau⁵³?

漳州　敢无咸洗菜煞＜无解＞晓？kã⁵²⁻³⁴ bo¹³⁻²² ham¹³⁻²² se⁵²⁻³⁴ tshai²¹ sak³²⁻⁵ ＜be²²⁻²¹＞ hiau⁵²?

汕头　未是咸洗菜都＜无解＞？bue³¹ si²⁵⁻³¹ ham⁵⁵⁻³¹ soi⁵²⁻²⁴ tshai²¹³ lo³³⁻³¹ ＜boi²⁵⁻³¹＞?

揭阳　未是咸洗菜都＜无解＞？boi²²⁻²¹ si³⁵⁻²¹ ham⁵⁵⁻²² soi⁴²⁻²⁴ tshai²¹³ to³³⁻²² boi³⁵⁻²¹?

海丰　敢连洗菜左＜无解＞啊？kã⁵²⁻²¹³ liaŋ⁵⁵⁻²² sei⁵²⁻²¹³ tshai²¹³ tsɔ⁵²⁻²¹³ ＜bei²⁵⁻³³＞ a²¹?

遂溪　做态讲连洗菜都无八？tso⁵⁵ thoi⁴¹ ko⁴¹ lien²² soi⁴¹ tshai²¹⁴ tu²⁴⁻³³ bo²² pak⁵⁴?

雷州　做做讲连洗菜都无八呢？tso⁵⁵³ tso⁵⁵³ ko⁴² lieŋ²²⁻³³ soi⁴² tshai²¹ teu²⁴ bo²²⁻³³ pak⁵ ne³³?

文昌　连洗菜都无解？lien²²⁻¹¹ toi³¹⁻³³ ʃai²¹ ɗou³⁴⁻⁴² bo²²⁻¹¹ oi⁴²?

三亚　难道连洗菜都无八？naŋ²² ɗau²⁴ leŋ²² toi³¹ tshai²⁴ ɗou³³ vo²² vai?⁴⁵?

(43) 家里连一个人都没有。

泉州　家嘞连/咸/合蜀个侬都无。ke³³ lɤ³¹ lian²⁴⁻²²/ham²⁴⁻²²/hap²⁴⁻²² tsit²⁴⁻²² ge²⁴⁻²² laŋ²⁴ tɔ³³ bo²⁴.

厦门　厝里（连）半股侬着/也无。tshu²¹⁻⁵³ lai²² (liam²⁴⁻²²⁻²⁴) puã²¹⁻⁵³ kɔ⁵³⁻⁴⁴⁻²² laŋ²⁴ tio?⁵⁻²¹/a²²⁻²¹ bo²⁴.

台中　厝里连蜀个侬拢无。tshu²¹⁻⁵³ lai²² len²⁴⁻²² tsit³⁻² e²⁴⁻²² laŋ²⁴ lɔŋ⁵³⁻⁴⁴ bo²⁴.

漳州　里面仔咸蜀箇侬拢无。lai²²⁻²¹ bin²²⁻²¹ a⁵² ham¹³⁻²² tsit¹²¹⁻²¹ ko²¹⁻⁵²

laŋ$^{13-22}$ lɔŋ$^{52-34}$ bo$^{13-22}$.

汕头　家内咸蜀个侬<u>拢</u>无。ke^{33} lai^{25} ham$^{55-31}$ tsek$^{5-2}$ kai$^{55-31}$ naŋ^{55} lɔŋ$^{52-24}$ bo^{55}.

揭阳　□[hio$^{42-24}$]里咸个侬<u>都</u>无。hio$^{42-24}$ lai^{35} ham$^{55-22}$ kai$^{55-22}$ naŋ^{55} to$^{33-22}$ bo$^{55-22}$.

海丰　厝里连个侬<u>左</u>哦无。tshu$^{213-55}$ lai^{25} liaŋ$^{55-22}$ kai$^{55-22}$ naŋ^{55} tsɔ$^{52(-213)}$ ɔ^{21} bɔ$^{55-22}$.

遂溪　伫厝连个侬都无有。tu$^{55-33}$ tshu^{214} lien^{22} kai^{22} naŋ^{22} tu$^{24-33}$ bo^{22} u^{55}.

雷州　阿家里连（蜀）个侬都无（有）。a^{55} ke$^{24-33}$ lai^{42} lieŋ^{22}（ziak^{5}）kai$^{22-33}$ naŋ^{22} teu$^{24-33}$ bo$^{22-33}$（u^{33}）.

文昌　厝里连蜀个侬<u>都</u>无有。ʃu^{21} lai^{42} lien^{22} ʤia(k)$^{3-21}$ kai$^{22-11}$ naŋ$^{22-11}$ ɗou$^{34-42}$ bo$^{22-11}$ u^{42}.

三亚　家里连蜀个侬都无有。ke^{33} lai^{42} leŋ^{22} zioʔ^{33} kai^{22} naŋ^{22} ɗou^{33} vo^{22} u^{42}.

（六）当然

各地形式如下。有一些是方言独创的副词，潮汕话的"硬虎"造词理据很特别。

泉州、厦门	台中	漳州
当然 ₋tɔŋ ₋lian	当然 ₋tɔŋ ₋len	定着 tiã² tioʔ₂

汕头、揭阳	海丰
硬虎 ⁼ŋe ⁼hõu	（缺）

雷州	遂溪
定 tiŋ²	定 ⁼tiŋ

文昌	三亚
当然 ₋ɗaŋ ₋ʤien	当然 ₋ɗaŋ ₋zen

下面是例句。

（44）她弟弟打她的耳光，她当然不依呗！

泉州　①個小弟扇伊个喙边，伊<u>当然</u>＜无解＞煞哩！in^{33} sio$^{55-24}$ ti^{22} sian^{33} i^{33} e$^{24-22}$ tshui$^{41-55}$ pĩ^{33}，i^{33} tɔŋ^{33} lian$^{24-22}$ ＜bue^{22}＞ suaʔ^{55} li^{31}！②個小弟扇伊个喙边，伊<u>当然</u>＜无解＞放伊煞！in^{33} sio$^{55-24}$ ti^{22} sian$^{41-55}$ i^{33} e$^{24-22}$ tshui$^{41-55}$ pĩ^{33}，i^{33}

tɔŋ³³ lian²⁴⁻²² < bue³² > paŋ⁴¹⁻⁵⁵ i³³ suaʔ⁵⁵！

厦门　倨小弟合伊□［sai⁵³⁻⁴⁴］落去，伊当然＜无解＞爽！in⁴⁴⁻²² sio⁵³⁻⁴⁴ ti²² kaʔ³²⁻⁵ i⁴⁴⁻²² sai⁵³⁻⁴⁴ loʔ⁵⁻²¹ khi⁵¹，i⁴⁴⁻²² tɔŋ⁴⁴⁻²² lian²⁴ ＜bue²²⁻²¹＞ sɔŋ⁵³！

台中　①倨弟弟合伊扇蜀下喙頓，伊当然嘛唔肯！in⁴⁴⁻²² ti⁴⁴ ti²¹ kaʔ³⁻² i⁴⁴ sŋ²¹⁻⁵³ tsit³⁻² e²⁴⁻²² tshui²¹⁻⁵³ phei⁵³，i⁴⁴⁻²² tɔŋ⁴⁴⁻²² len²⁴⁻²² ma²²⁻²¹ m̩²²⁻²¹ khiŋ⁵³！②倨弟弟扇伊蜀下喙頓，伊当然嘛唔肯！in⁴⁴⁻²² ti⁴⁴ ti²¹ sŋ²¹⁻⁵³ i⁴⁴⁻²² tsit³⁻² e²⁴⁻²² tshui²¹⁻⁵³ phei⁵³，i⁴⁴⁻²² tɔŋ⁴⁴⁻²² len²⁴⁻²² ma²²⁻²¹ m̩²²⁻²¹ khiŋ⁵³！

漳州　①伊小弟扇伊个喙頓，伊定着唔肯！in³⁴⁻³⁴ sio⁵²⁻³⁴ ti²²⁻²¹ siaŋ²¹⁻⁵² i³⁴⁻²² e¹³⁻²² tshui²¹⁻⁵² phe⁵²，i³⁴ tiã²²⁻²¹ tioʔ¹²¹⁻²¹ m̩²²⁻²¹ khan⁵²！②伊小弟合伊扇喙頓，伊定着唔肯！in³⁴⁻²² sio⁵²⁻³⁴ ti²²⁻²¹ kaʔ¹²¹⁻²¹ i³⁴⁻²² siaŋ²¹⁻⁵² tshui²¹⁻⁵² phe⁵²，i³⁴ tiã²²⁻²¹ tioʔ¹²¹⁻²¹ m̩²²⁻²¹ khan⁵²！

汕头　伊阿弟□［oŋ²¹³⁻⁵⁵］伊个□［kiʔ²⁻⁵］沟，伊硬虎唔好哩！i³³ a³³ ti²⁵ oŋ²¹³⁻⁵⁵ i³³ kai⁵⁵⁻³¹ kiʔ²⁻⁵ kau³³，i³³ ŋe²⁵⁻³¹ hõu⁵²⁻²⁴ m̩²⁵⁻³¹ hãu⁵²⁻²⁴ li³³！

揭阳　伊阿弟边伊个□［kiʔ²⁻³］沟，伊硬虎唔好叱！i³³ a³³ ti³⁵ piaŋ³³ i³³ ai⁵⁵⁻²² kiʔ²⁻³ kau³³，i³³ ŋe³⁵⁻²¹ hõu⁴²⁻²⁴ m̩³⁵⁻²¹ hãu²¹³ no²¹！

海丰　伊阿弟拍伊蜀巴掌，伊就无拉伊逐阿□［tsei⁴⁴］！i⁴⁴⁻³³ a⁴⁴⁻³³ thai²¹ phaʔ³⁻⁴ i⁴⁴⁻³³ tsit⁴⁻³ pa⁴⁴⁻³³ tsiɔ̃⁵²，i⁴⁴ tsu²⁵⁻³³ bɔ⁵⁵⁻²² la⁴⁴⁻³³ i⁴⁴ tiɔk³⁻⁴ a⁴⁴⁻³³ tsei⁴⁴！

遂溪　伊老弟拍伊个喙股，伊定是无肯啰！i²⁴ lau⁴¹ ti⁵⁵ pha⁵⁵ i²⁴ kai²² tshui²¹⁴⁻⁵⁵ keu⁴¹，i²⁴ tiŋ⁵⁵⁻³³ si⁵⁵⁻³³ vo²² khiŋ⁴¹ lo⁵⁵！

雷州　伊个老弟拍伊个喙股，伊定无肯啰！i²⁴ e²²⁻³³ lau⁴²⁻⁴⁴ ti⁴² pua²¹ i²⁴ e²²⁻³³ tshui²¹⁻⁴⁴ keu⁴²，i²⁴ tiŋ⁵⁵³ bo²²⁻³³ heŋ⁴² lo³³！

文昌　伊老弟拍伊蜀巴掌，伊当然无肯！i³⁴ lau⁴²⁻¹¹ ɗi⁵³ ɸa⁴² i³⁴ ʥiak³⁻²¹ ɓa³⁴⁻⁴² tʃio³¹，i³⁴ ɗaŋ³⁴⁻⁴² ʥien²² bo²²⁻¹¹ xien³¹！

三亚　伊厝老弟拍了伊蜀巴/拍伊个骸仓，伊当然无□［vou⁴²］（啰）！i³³ tshu²⁴ lau³¹ ɗi⁴² phaʔ⁴⁵ liau³¹ i³³ ioʔ³³ ɓa³³/phaʔ⁴⁵ i³³ kai²² kha³³ tshui³³，i³³ ɗaŋ³³ zeŋ²² vo²² vou⁴²（lo⁴²）！

（七）主要语气副词比较表

表2-4为闽南方言中主要语气副词情况汇总。

表 2-4　闽南方言主要语气副词

副词	泉州	厦门	台中	漳州	汕头	揭阳	海丰	雷州	遂溪	文昌	三亚
恐怕、也许	欠采（敢）｡ʰkhiam ｡tshai（｡ʰka ｡suaʔ₂）, 敢 ｡ka, 煞无（煞） ｡sa ｡bo（｡sua ʔ₂）, 咧看｡ka, ｡ly ｡kua ,敢 [｡ʰka ʔ₂ ｡ka]	（恐）惊（｡ʰkhioŋ）｡kiã, 欠采 ｡ʰkhiam ｡tshai, 无一定着 ｡bo it₂ ｡tiŋ₂ ｡bo tiã² tioʔ₂	恐惊 ｡ʰkhioŋ ｡kiã	恐惊 ｡ʰkhioŋ ｡kiã, 无定着 ｡bo tiã² tioʔ₂ 有口口 u² ｡sia, 忝口 ｡ʰthian ｡tsai, 简若 ｡kan ｡na	畏得 ui² tik₂, 无定着 ｡bo tiã² tioʔ₂	畏得 u² tek₂	惊 ｡kiã, 无定着 ｡bo tiã² tioʔ₂	佝惊 ｡kia ｡na, 野敢 ｡ia ｡ka	佝惊 ｡na ｡kia, 野敢 ｡ia ｡ka, 怕 ʰpha ｡kia	佝惊 ｡kia na², 阿是 ｡a ti²	大概 ｡duo ｡khai², 概 kai²
难道	总无 ｡tsoŋ ｡bo, 拢无 ｡loŋ ｡bo, 难道 ｡lan ｡tau	总无 ｡tsoŋ ｡bo	敢讲 ｡kam ｡koŋ	敢无 ｡ka ｡bo	未是 bue² si	未是 bue² si	敢 ｡ka	—	—	总无 ｡toŋ ｡bo	难道 ｡nan ｡dau
反正	横直 ｡huai tit₂	反正 ｡huan tsiŋ², 横直 ｡huai tik₂	反正 ｡huan tsiŋ²	反正 ｡huan tsiŋ²/定着 tiã² tioʔ₂	反正 ｡huan tsiŋ², 正倒 tsiã² to²	反正 huan tsiã², 正倒 tsiã² to²	反正 ｡huaŋ tsiã²	—	—	但顾 na² ku²	反正 ｡van tseŋ
究竟	究竟 ｡kiu kiŋ², 到底 tau² ｡ti	到底 tau² ｡te	到底 tau² ｡te	究竟 ｡kiu kiŋ²	介 kai²	介 ｡kai	遮底 kau² ｡te	遮底 kau² ｡toi	遮底 kau² to, 究竟 ｡kiu kiŋ²	—	遮底 ｡doi, 究竟 ｡kiu ｡kiŋ
也、都	都 ｡to	也 a², 着 tioʔ₂/toʔ₂	吗 ma², 着拢 tioʔ₂ ｡loŋ	阿 ｡a, 煞 sak₂, 拢 ｡loŋ	都 ｡to, 拢 ｡loŋ	都 to, 拢 ｡loŋ	左 ｡tso	都 ｡teu	都 ｡tu	都 ｡dou	都 ｡dou
当然	当然 ｡toŋ ｡lian	当然 ｡toŋ ｡lian	当然 ｡toŋ ｡len	定着 tiã² tioʔ₂	硬虎 ｡ŋe ｡hou	硬虎 ｡ŋe ｡hou	—	定 tiŋ²	定 ｡tiŋ	当然 ｡daŋ ｡ȡien	当然 ｡daŋ ʑeŋ

五、否定副词

我们在第一章第一节中谈到闽南方言的肯定否定内容多重于情态而非动作行为本身,因此在别的方言里用副词表示的肯定否定,在闽南方言里常常用助动词来表示。这使得普通话里的否定副词在闽南方言里要对应副词和助动词两个词类的成员。例如普通话的"不"在闽南方言里可以对应副词"唔"和助动词"无爱""无解""唔来(不来)""无爱来(不来)""<无解>芳(不香)";"没"可以对应闽南方言的副词"未"和助动词"无""还未去(还没去)""还无去(还没去)"。因此,本节若只论从闽南方言本身严格界定出来的否定副词,会割裂闽南方言肯定否定语义系统的整体性,并且无法与普通话及其他方言作比较。为避免这个问题,本部分所述在普通话是副词,在闽南方言里不限于副词。

(一) 不

表示主观意愿否定的"不",在闽南方言中多用否定义助动词(详见第一章第一节),此处所述是表示单纯否定的"不",这种"不"一般放在形容词和非动作动词之前,闽南方言像很多南方方言一样不用"不",而用"唔"或"无"。闽南-台湾片与粤东片均用"唔",雷州片、海南片则用"无",地理上泾渭分明。"无"兼表存在否定和单纯否定,是粤西粤语的特点,闽南方言的雷州片用"无"表示单纯否定,恐与粤西粤语的影响有关。

各地具体语音形式如下。
泉州、晋江、安溪、厦门、台中、漳州：唔 m̩²
汕头、揭阳、海丰：唔 m̩ᶜ
遂溪、三亚：无 ₌vo
雷州、文昌：无 ₌bo

下面是例句。
(45) 我还不知道你调回来了。
泉州 我野唔知影汝调倒来啰。gua⁵⁵ iã⁵⁵⁻²⁴ m̩⁴¹⁻²² tsai³³ iã⁵⁵⁻²⁴ lɯ⁵⁵ tiau⁴¹ tɯ²¹ lai²⁴⁻²² lɔ²¹.
晋江 我唔知影□[kioʔ⁵]汝都调倒来啰。gua⁵⁵ m̩⁴¹⁻²² tsai³³ iã⁵⁵⁻²⁴ kioʔ⁵ li⁵⁵ tɔ³³ tiau⁴¹ to⁴¹⁻²² lai²⁴⁻²² lɔ⁰.

安溪　我野唔知汝调度来咯。gua$^{441-44}$ a$^{441-44}$ m̩^{22} tsai$^{23-22}$ li$^{441-44}$ tiau^{212} tɷ^{22} lai$^{25-21}$ loʔ$^{-21}$.

厦门　我（阿/野）各唔知影讲汝调倒来啊。gua$^{53-44}$（a^{44}/ia$^{53-44}$）koʔ$^{32-5}$ m̩$^{22-21}$ tsai$^{44-22}$ iã$^{53-44}$ kɔŋ$^{53-44}$ li$^{53-44}$ tiau^{22} to^{21} lai$^{24-21}$ a^{21}.

台中　①我野唔知影汝调转来啊。ua$^{53-44}$ ia$^{53-44}$ m̩$^{22-21}$ tsai$^{44-22}$ iã^{53} li$^{53-44}$ tiau$^{21-53}$ tŋ̍^{53} lai$^{24-21}$ a^{21}.②我野唔知影讲汝已经调转来啊。ua$^{53-44}$ ia$^{53-44}$ m̩$^{22-21}$ tsai$^{44-22}$ iã^{53} kɔŋ$^{53-44}$ li$^{53-44}$ i$^{53-44}$ kiŋ$^{44-22}$ tiau$^{21-53}$ tŋ̍^{53} lai$^{24-21}$ a^{21}.

漳州　我唔知影（讲）汝调转来。gua$^{52-34}$ m̩$^{22-21}$ tsai$^{34-22}$ iã^{52}（kɔŋ$^{52-34}$）li$^{52-34}$ tiau^{22} tun$^{52-21}$ lai$^{13-21}$.

汕头　我还唔知呾汝调转来了。ua^{52} huã$^{52-24}$ m̩$^{25-31}$ tsai^{33} tã$^{213-55}$ lɯ^{52} thiau^{55} tɯŋ$^{52-213}$ lai$^{55-31}$ ou$^{52-213}$.

揭阳　我还唔知（呾）汝调转来了。ua$^{42-53}$ huã$^{42-24}$ m̩$^{35-21}$ tsai^{33}（tã$^{213-42}$）lɯ$^{42-24}$ thiau^{55} tɯŋ$^{42-213}$ lai$^{55-22}$ au$^{42-213}$.

海丰　我还唔知汝调转来。ua^{52} huan$^{55-22}$ m̩$^{25-33}$ tsai$^{44-33}$ li^{42} thiau$^{55-22}$ tuĩ^{52} lai$^{55-21}$.

遂溪　我野无知汝调转来咯。va^{41} ia^{41} vo^{22} tsai^{24} lu^{41} tiau^{22} tui^{41} lai^{22} lo^{41}.

雷州　我还无知汝调转来咯。ba^{42} huaŋ$^{22-33}$ bo$^{22-33}$ tsai^{24} lu^{42} tiau$^{33-42}$ tui$^{42-?}$ lai^{22} lo^{33}.

文昌　我还无知讲汝调转来。gua^{31} ɦuan$^{22-11}$ bo$^{22-11}$ tai^{34} kɔŋ^{31} du$^{31-33}$ ɗiau^{42} tui$^{31-33}$ lai^{22}.

三亚　我还无八/知汝调转来。va^{31} hai^{22} vo^{22} vaiʔ^{45}/tai^{33} lu^{31} ɗiau^{42} ɗui^{31} lai^{22}.

（46）这条鱼不是我的。

泉州　即尾鱼唔是我个。tsit^{55} bɤ$^{55-24}$ hɯ^{24} m̩$^{41-22}$ si^{22} gua^{55} e^{24}.

厦门　即隻鱼唔是我个。tsit$^{32-53}$ tsiaʔ$^{32-53}$ hi^{24} m̩$^{22-21}$ si$^{22-21}$ gua$^{53-44}$ e^{24}.

台中　①即条鱼唔是我个。tsit$^{2-5}$ tiau$^{24-22}$ hi^{24} m̩$^{22-21}$ si$^{22-21}$ ua$^{53-44}$ e^{24}.②□［tset$^{2-5}$］鱼唔是我个。tset$^{2-5}$ hi^{24} m̩$^{22-21}$ si$^{22-21}$ ua$^{53-44}$ e^{24}.

漳州　即尾鱼仔唔是我个。tsit$^{32-5}$ bue$^{52-34}$ hi$^{13-22}$ a^{52} m̩$^{22-21}$ si$^{22-21}$ gua$^{52-34}$ e^{13}.

汕头　（只）尾鱼唔是我个。(tsi$^{52-24}$) bue$^{52-24}$ hɯ^{55} m̩$^{25-31}$ si$^{25-31}$ ua$^{52-24}$ kai^{55}.

揭阳　只尾鱼<唔是>我个。tsi$^{42-24}$ bue$^{42-35}$ hɯ^{55} <mi$^{35-21}$> ua$^{42-35}$ kai^{55}.

海丰　只条鱼唔是我个。tsi^{52} tiau$^{55-22}$ hi^{55} m̩$^{25-33}$ si$^{25-33}$ ua^{52} kai$^{52-21}$.

遂溪　若条鱼无是我个。ia^{55} tiau^{22} hu^{22} vo^{22} si$^{55-33}$ va^{41} kai^{22}.

雷州　这条鱼无是我个。zia^{553} tiau$^{22-33}$ hu^{22} bo$^{22-33}$ si$^{33-42}$ ba^{42} kai^{21}.
文昌　这枚鱼无是我个。ʥia$^{21-55}$ mo$^{42-11}$ ɦu^{22} bo$^{22-11}$ ti^{42} gua^{31} kai^{22}.
三亚　即条鱼无是我个。iʔ^{45} ɗiau^{22} hu^{22} vo^{22} ti^{42} va^{31} kai^{22}.

（47）不敢的那个。
泉州　唔敢个迄个。m̩$^{41-22}$ kã^{55} e$^{24-22}$ hit^{55} ke^{24}.
厦门　唔敢个迄股。m̩$^{22-21}$ kã^{53} e$^{24-22}$ hit$^{32-5}$ kɔ^{53}.
台中　唔敢个迄个。m̩$^{22-21}$ kã^{53} e$^{24-22}$ hit$^{2-5}$ e$^{24-44}$.
漳州　唔敢个迄箇。m̩$^{22-21}$ kã$^{52-34}$ e$^{13-22}$ hit$^{32-5}$ ko^{21}.
汕头　许个唔敢个。hɯ$^{52-24}$ kai$^{55-31}$ m̩$^{25-31}$ kã^{52} kai$^{55-31}$.
揭阳　许个唔敢个。hɯ$^{42-24}$ kai$^{55-22}$ m̩$^{35-21}$ kã^{42} kai$^{55-22}$.
海丰　唔敢个许个。m̩$^{25-33}$ kã^{52} e$^{55-22}$ hi$^{52-213}$ kai$^{55-21}$.
遂溪　无敢无敢许个。vo^{22} ka^{41} vo^{22} ka^{41} ha^{55} kai^{22}.
雷州　无敢个许个。bo$^{22-33}$ ka^{42} kai$^{22-33}$ ha^{553} kai^{22}.
文昌　无敢个许枚。bo$^{22-11}$ ka^{31} kai^{22} ɦo$^{21-55}$ mo^{42}.
三亚　无敢个那枚。vo^{22} ka^{31} kai^{22} aʔ$^{45-44}$ mo^{45}.

（二）没、没有

普通话的"没"和"没有"，在闽南方言里分成两种意思，一种是对动作行为客观存在的否定，一种是对动作行为已然性的否定，分别用不同的词：前者各地均用助动词"无"，后者在闽南-台湾片和粤东片用副词"未"。在雷州片用副词"嬒〔meŋ²〕"，"中嬒〔meŋ²〕"是"未曾"的合音，是粤西粤语里的常用词。各地具体语音形式如下：

泉州	厦门	台中	漳州
无 ₌bo	无 ₌bo	无 ₌bo	无 ₌bo
未 bɤ²	未 be²	未 bue²	未 bue²

汕头	揭阳	海丰	
无 ₌bo	无 ₌bo	无 ₌bɔ	
未 bue²	未 bue²	未 bue²	

遂溪	雷州	文昌	三亚
无 ₌bo	无（有）₌bo ₌u	无 ₌bo	无（有）₌vo ₌u

㑿 meŋ² 　　　　㑿 meŋ²

下面是例句。

(48) 从昨天到现在我饭都没吃过一口。

泉州　按/用/尉/对/就/从昨日遘即下我饭都无食（过）蜀喙。aŋ⁴¹⁻⁵⁵/iŋ⁴¹⁻⁵⁵/ui⁴¹⁻⁵⁵/tui⁴¹⁻⁵⁵/tsiu⁴¹⁻²²/tsiɔŋ²⁴⁻²²/tsa⁴¹⁻²² lit²⁴ kau⁴¹⁻⁵⁵ tsit⁵⁵ e⁴¹ gua⁵⁵ pŋ⁴¹ tɔ³³ bo²⁴⁻²² tsiaʔ²⁴⁻²² (kɤ⁴¹⁻⁵⁵) tsit²⁴⁻²² tshui⁴¹.

厦门　对/按/自/尉昨昏遘即阵饭着无食着半喙。tui²¹⁻⁵³/an²¹⁻⁵³/tsu²²⁻²¹/ui²²⁻²¹⁽⁻⁵³⁾ tsa⁻²² hŋ˙⁴⁴ kau²¹⁻⁵³ tsit³²⁻⁵ tsun²² pŋ˙²² toʔ⁵⁻²¹ bo²⁴⁻²² tsiaʔ⁵⁻²¹ tio⁵⁻²¹ puã²¹⁻⁵³ tshui²¹.

台中　①尉昨昏遘即□［ma⁵³］我蜀喙饭吗无食。ui²¹⁻⁵³ tsa⁴⁴⁻²² ŋ˙⁴⁴⁻²² kau²¹⁻⁵³ tsit²⁻⁵ ma⁵³ ua⁵³⁻⁴⁴ tsit³⁻² tshui⁴¹⁻⁵³ pŋ˙²² ma²² bo²⁴⁻²² tsiaʔ³. ②尉昨昏遘即□［ma⁵³］我饭蜀喙吗无食。ui²¹⁻⁵³ tsa⁴⁴⁻²² ŋ˙⁴⁴⁻²² kau²¹⁻⁵³ tsit²⁻⁵ ma⁵³ ua⁵³⁻⁴⁴ pŋ˙²² tsit³⁻² tshui²¹ ma²² bo²⁴⁻²² tsiaʔ³.

漳州　对＜昨暝＞昏遘即阵/即□［te²²⁻²¹］仔我蜀喙饭阿无食。tui²¹⁻⁵² ＜tsã¹³⁻²²＞ huĩ³⁴ kau²¹⁻⁵² tsit³²⁻⁵ tsun²²/tsit³²⁻⁵ te²²⁻²¹ a⁵² gua⁵² tsit¹²¹⁻²¹ tshui²¹⁻⁵⁵ puĩ²² a⁵²⁻³⁴ bo¹³⁻²² tsiaʔ¹²¹.

汕头　同昨日遘只阵我饭都未食过蜀喙。taŋ⁵⁵⁻³¹ tsa⁵⁵⁻³¹ zik⁵ kau²¹³⁻⁵⁵ tsi⁵²⁻²⁴ tsuŋ⁵⁵ ua⁵² puŋ³¹ to³³ bue³¹ tsiaʔ⁵⁻² kue²¹³⁻⁵⁵ tsek⁵⁻² tshui²¹³.

揭阳　同昨日遘今日我□［ham³⁵⁻²¹］喙饭拢无食。taŋ⁵⁵⁻²² tsau⁵⁵⁻²² zek⁵ kau²¹³⁻⁴² kim³³ zek⁵ ua⁴²⁻⁵³ ham³⁵⁻²¹ tshui²¹³⁻⁴² puŋ²² loŋ⁴²⁻²⁴ bo⁵⁵⁻²² tsiaʔ⁵.

海丰　着昨日遘旦我还未/无食过蜀喙饭。tɔʔ⁴⁻³/tioʔ⁴⁻³ tsa⁴⁴⁻³³ zit⁴ kau²¹³⁻⁵⁵ tã⁴⁴ ua⁵² huã⁵²⁻²¹³ bue²⁵⁻³³/bɔ⁵⁵⁻²² tsiaʔ⁴⁻³ kue²¹³⁻⁵⁵ tsit⁴⁻³ tshui²¹³⁻⁵⁵ puĩ²¹.

遂溪　亻㑒昨日遘现旦我糜都无食过喙。tu⁵⁵⁻³³ tsho²² iet³ kau²¹⁴ hin⁵⁵ ta²⁴ va⁴¹ pui²⁴ tu²⁴⁻³³ bo²² tsia³³ kue²¹⁴ tshui²¹⁴.

雷州　通昨暗遘宁旦我糜都无（有）食过蜀喙。thaŋ²¹ tsa³³⁻⁴² am²¹ kau²¹ niŋ⁵⁵³ ta²⁴ ba⁴² mue⁴² teu³³⁻³³ bo²²⁻³³ (u⁵³) tsia³³ kue²¹ ziek²⁻⁵ tshui²¹.

文昌　（缺）

三亚　通昨天遘现旦我糜都无喫过蜀喙。thaŋ²⁴ tso⁴² thi³³ kau²⁴ hi²² na³³ va³¹ muo²² ɗou³³ vo²² khai³¹ kuo³³ zio³³ tshui⁴⁵.

(49) 二哥病得那么厉害，你也没去看一下。

泉州　二兄病阿□［huaʔ⁵⁵］厉害/严重/重，汝也无去看蜀下。lɯ²² hiã³³ pĩ⁴¹⁻²² a⁵⁵ huaʔ⁵⁵ li⁴¹⁻²² hai⁴¹/giam²⁴⁻²² tioŋ²²/taŋ²², lɯ⁵⁵ a⁵⁵⁻²¹ bo²² khɯ⁴¹⁻⁵⁵ kuã⁴¹ tsit²⁴⁻²² e⁴¹⁻²¹.

晋江 二哥病阿□［huan⁵⁵］严重，汝也无（说）去共伊看蜀下。luɯ²²
hiã³³ pĩ⁴¹⁻²² a⁵⁵ huan⁵⁵ giam²⁴⁻²² tiɔŋ³³，li⁵⁵ a⁵⁵⁻²² bo²⁴⁻²²（seʔ⁵）khi⁴¹⁻⁵⁵ kan⁴¹⁻²²
i³³ kuã⁴¹⁻⁵⁵ tsit²⁴⁻²² e⁴¹⁻²¹．

安溪 二兄病遘□［huaʔ³¹⁻³²］厉害，汝野无（说）去看□［leʔ⁻²¹］。
li²² hiã²³⁻²² pĩ²² kau²¹²⁻⁴¹ huaʔ³¹⁻³² li²² hai²²，luɯ⁴⁴¹⁻⁴⁴ a⁴⁴¹⁻⁴⁴ bo²⁵⁻²²（səʔ³¹⁻³²）
khɯ²¹²⁻⁴¹ khuã²¹² leʔ⁻²¹．

厦门 二兄破病遘□［hiaʔ³²⁻⁵³］呢厉害，汝也无讲去合伊看蜀下。li²²⁻²¹
hiã⁴⁴ phua²¹⁻⁵³ pĩ²²⁻²¹ kaʔ³²⁻⁵ hiaʔ³²⁻⁵³ ni²²⁻²¹ li²²⁻²¹ hai²²，li⁵³⁻⁴⁴ ia²²⁻²¹ bo²⁴⁻²²
kɔŋ⁵³⁻⁴⁴ khi²¹⁻⁵³ kaʔ⁵⁻²¹ i⁴⁴⁻²² khuã²¹ tsit⁵⁻²¹ e²²⁻²¹．

台中 二兄病甲□［tsiat²⁻⁵］厉害，汝也无讲去合看蜀下。li²²⁻²¹ hiã⁴⁴
pẽ²²⁻²¹ kaʔ²⁻⁵ tsiat²⁻⁵ li²²⁻²¹ hai²²，li⁵³⁻⁴⁴ ia²²⁻²¹ bo²⁴⁻²² kɔŋ⁵³⁻⁴⁴ khi²¹⁻⁵³ kaʔ²⁻⁵
khuã²¹ tsit³⁻² e²²．

漳州 二兄破病遘□［hia⁵²］厉害，汝也无（讲）去合伊看＜蜀下＞。
zi²²⁻²¹ kɔ³⁴⁻²² phua²¹⁻⁵² pẽ²²⁻²¹ kaʔ³²⁻⁵ hia⁵² li²²⁻²¹ hai²²，i⁵² a²² bo¹³⁻²²（kɔŋ⁵²⁻³⁴）
khi²¹⁻⁵² kaʔ¹²¹⁻²¹ i³⁴⁻²² khuã²¹⁻⁵² ＜tsɛ²¹＞．

汕头 阿二兄病□［hĩ²¹³⁻⁵⁵］大力，汝也无咀去睇蜀下。a³³ zi²⁵⁻³¹ hiã³³
pẽ³¹ hĩ²¹³⁻⁵⁵ tua³¹ lak⁵，luɯ⁵² a³¹ bo⁵⁵⁻³¹ tã²¹³⁻⁵⁵ khuɯ²¹³⁻⁵⁵ tõi⁵² tsek⁵⁻² e²⁵⁻³¹．

揭阳 阿二兄病遘□［hiõ²¹³⁻⁴²］大力，汝也无咀去睇下。a³³ zi³⁵⁻²¹ hiã³³
pẽ²²⁻²¹ kau²¹³⁻⁴² hiõ²¹³⁻⁴² tua²²⁻²¹ lak⁵，luɯ⁴² ia²²⁻²¹ bo⁵⁵⁻²² tã²¹³⁻⁴² khɯ²¹³⁻⁴²
thõi⁴² e³⁵⁻²¹．

海丰 二兄病遘□［hiaʔ³⁻⁴］忝，汝□［iau⁵²⁻²¹³］无去睇伊蜀下。zi²⁵⁻³³
hiã⁴⁴⁻³³ pĩ²⁵⁻³³ kau²¹³⁻⁵⁵／a²¹³⁻⁵⁵ hiaʔ³⁻⁴ thiam⁵²，li⁵² iau⁵²⁻²¹³ bɔ⁵⁵⁻²² khi²¹³⁻⁵⁵ the⁵²
i⁴⁴⁻²¹ tsit⁴⁻³ e²⁵⁻³¹．

遂溪 二哥病倒□［ho⁵⁵］重，汝野无讲去□［sem⁴¹］困。i²⁴ ko⁵⁵ pe²⁴
to⁴¹ ho⁵⁵ taŋ³³，lu⁴¹ ia⁴¹⁻²⁴ bo²² ko⁴¹ hu²¹⁴⁻⁵⁵ sem⁴¹ kia⁴¹．

雷州 二哥病得□［ho⁵⁵³］重，汝也无去□［thiŋ²²］蜀下。zi²⁴ ko⁵⁵³
pe⁵⁵³⁻²⁴ tik⁵ ho⁵⁵³ taŋ⁵⁵³，lu⁴² ia²⁴ bo²²⁻³³ khu²¹⁻⁴⁴ thiŋ²² ziak⁵ e²⁴⁻²¹．

文昌 哥二病得许做重，汝也无去望伊＜蜀下＞。ko⁵³ ʥi³⁴ ɓe³⁴ ɗiet⁵ fio²¹
to²¹⁻⁵⁵ ɗaŋ⁴²，du³¹ ʥia³¹⁻³³ bo²²⁻¹¹ xu²¹⁻⁵⁵ mo³⁴ i³⁴ ＜ʥie³⁴＞．

三亚 二哥病得种样厉害，汝也无（讲）去望蜀下。zi³³ ko³³ ɓe³³ ɗiʔ⁴⁵
taŋ²⁴ io³³ li⁴² hai⁴²，lu³¹ ia⁴² vo²²（koŋ³¹）hu²⁴ mo³³ ioʔ³³ e³³．

（50）还没有通知小王和小李。

泉州 ①野无通知小王合小李。iã⁵⁵⁻²⁴ bo²⁴⁻²² thɔŋ³³ ti³³ sio⁵⁵⁻²⁴ ɔŋ²⁴⁻²² kap⁵⁵
sio⁵⁵⁻²⁴ li⁵⁵．②野无共小王合小李说。iã⁵⁵⁻²⁴ bo²⁴⁻²² kaŋ⁴¹⁻²² sio⁵⁵⁻²⁴ ɔŋ²⁴⁻²² kap⁵⁵

第二章　闽南方言的虚词　257

sio$^{55-24}$ li^{55} sɤʔ^{55}．③野无度小王合小李知影。iã$^{55-24}$ bo$^{24-22}$ thɔŋ$^{41-22}$ sio$^{55-24}$ ɔŋ$^{24-22}$ kap^{55} sio$^{55-24}$ li^{55} tsai^{33} iã^{55}．

厦门　各阿未通知小王合小李。koʔ$^{32-5}$ a$^{53-44}$ be$^{22-21}$ thɔŋ$^{44-22}$ ti$^{44-22}$ sio$^{53-44}$ ɔŋ^{24} kaʔ$^{32-5}$ sio$^{53-44}$ li^{53}．

台中　（野）阿未通知小王合小李。（ia$^{53-44}$）a^{44} bue$^{22-21}$ thɔŋ$^{44-22}$ ti$^{44-22}$ sio$^{53-44}$ ɔŋ^{24} kaʔ$^{2-5}$ sio$^{53-44}$ li^{53}．

漳州　夭未通知小王合小李。iau$^{52-34}$ bue$^{22-21}$ tɔŋ$^{34-22}$ ti$^{34-22}$ sio$^{52-34}$ ɔŋ^{13} kaʔ$^{32-5}$ sio$^{52-34}$ li^{52}．

汕头　还未通知阿小王合阿小李。huã$^{52-24}$ bue^{31} thoŋ^{33} tsai^{33} a^{33} siau$^{52-24}$ heŋ^{55} kaʔ$^{2-5}$ a^{33} siau$^{52-24}$ li^{52}．

揭阳　还未通知阿小王合阿小李。hã$^{42-24}$ bue$^{22-21}$ toŋ^{33} tsai^{33} a^{33} siau$^{42-35}$ heŋ^{55} kaʔ$^{2-3}$ a^{33} siau$^{42-35}$ li$^{42-21}$．

海丰　还无通知小王捞/合小李。huã$^{52-213}$ bɔ$^{55-22}$ thɔŋ$^{44-33}$ tsai^{44} siau$^{52-213}$ hiɔŋ^{55} lau$^{44-33}$/ka$^{44-33}$ siau$^{52-213}$ li^{52}．

遂溪　野无通知小王共小李。ia^{41} vo^{22} thoŋ$^{24-33}$ tsai^{24} siau^{41} hiaŋ^{22} kaŋ^{24} siau^{41} li^{41}．

雷州　野无（有）通知小王共小李。ia^{42} bo$^{22-33}$（u$^{33-42}$）thoŋ$^{24-33}$ tsai^{24} siau^{42} hiaŋ^{22} kaŋ^{24} siau^{42} li^{42}．

文昌　倘无话小王共小李。iaŋ^{21} bo$^{22-11}$ ɦue^{42} tiau$^{31-33}$ uaŋ^{22} kaŋ^{34} tiau$^{31-33}$ li^{31}．

三亚　还无有通知细王共细李。hai^{22} vo^{22} u^{42} thoŋ^{33} tsai^{33} toi^{24} ui^{22} kaŋ^{33} toi^{24} li^{31}．

（51）他这会儿还没下班呢。

泉州　伊即下/即阵/即节野未落班呢。i^{33} tsit^{55} e^{41}/tsit^{55} tsun^{41}/tsit$^{55-44}$ tsue?^{55} iã$^{55-24}$ bɤ$^{41-22}$ loʔ^{22} pan^{33} nẽ^{31}/nĩ^{31}．

厦门　伊即阵/＜即阵＞各也未落班呃。i$^{44-22}$ tsit$^{32-5}$ tsun^{22}/＜tsun^{53}＞ koʔ$^{32-5}$ a$^{53-44}$ be$^{22-21}$ loʔ$^{5-21}$ pan^{44} e^{21}．

台中　伊即□［ma^{44}］未下班咧。i$^{44-22}$ tsit$^{2-5}$ ma^{44} bue$^{22-21}$ ha$^{22-21}$ pan^{44} le^{21}．

漳州　即□［ta$^{34-33}$］仔伊夭未落班。tsit$^{32-5}$ ta$^{34-22}$ a^{52} i^{34} a$^{52-34}$ bue$^{22-21}$ loʔ$^{121-21}$ pan^{34}．

汕头　伊只□［tsuŋ^{55}］还未落班仁。i^{33} tsi$^{52-24}$ tsuŋ^{55} huã$^{52-24}$ bue^{31} lok$^{5-2}$ paŋ^{33} to$^{25-31}$．

揭阳　伊只□［tsuŋ^{55}］还未落班仁。i^{33} tsi$^{42-24}$ tsuŋ^{55} huã$^{42-24}$ bue$^{22-21}$

lɔʔ⁵⁻² paŋ³³ to³⁵⁻²¹。

海丰 伊只个（时）暑还未/无落班（仔）。i⁴⁴ tsi⁵² kai⁵⁵⁻²²（si⁵⁵⁻²²） su⁵² huã⁵²⁻²¹³ bue²⁵⁻³³/bɔ⁵⁵⁻²² lɔʔ⁴⁻³ paŋ⁴⁴（tsu²¹）。

遂溪 伊若缝囝孲落班。i²⁴ ia⁵⁵ phaŋ²² kia⁴¹ meŋ²²⁻³³ lo³³ paŋ²⁴。

雷州 伊□［zia⁵⁵³］迫（囝）野孲落班。i²⁴ zia⁵⁵³ phe⁵⁵³（kia⁴²） ia⁴² meŋ⁵⁵³ lo³³ paŋ²⁴。

文昌 伊遘□［ʥiau³⁴］倘无落班噜。i³⁴ kau²¹⁻⁵⁵ ʥiau³⁴ iaŋ²¹ bo²²⁻¹¹ lok³⁻²¹ ɓan³⁴ lu²¹。

三亚 伊现旦/即时还无落班噜。i³³ hi²² na³³/iʔ⁴⁵ ti²² hai²² vo²² lɔʔ³³ ɓaŋ³³ lu⁴²。

（三）别

普通话表示禁止的"别"是个副词，闽南方言中的"别"则是助动词。各地用词如下。

泉州	厦门	台中	漳州
唔通 m̩² ˬthaŋ	嫑 mai³	嫑 mai³	<唔通> <baŋ²>
	唔通 m̩² ˬthaŋ		
	汰 thai³		

汕头、揭阳、海丰
嫑 mai³

雷州	遂溪	文昌	三亚
无 ˬbo	无 ˬvo	无用 ˬbo ʥioŋ²	嫑 voi³
无爱 ˬbo ai³			

下面是例句。

（52）名字别写在封面上。

泉州 侬名唔通写嘞/仔/蹛封面（□［e²⁴⁻²²］）顶面/封面顶。laŋ²⁴⁻²² miã²⁴ m̩⁴¹⁻²² thaŋ³³ sia⁵⁵⁻²⁴ lɤʔ⁵⁵/tɯ²²/tua⁴¹⁻⁵⁵ hɔŋ³³ bin⁴¹⁻²²（e²⁴⁻²²） tiŋ⁵⁵⁻²⁴ bin⁴¹/hɔŋ³³ bin⁴¹⁻²² tiŋ⁵⁵。

厦门 名嫑/汰写咧/仔（咧）/蹛（咧）/蹛仔（咧）/店［tiam²¹⁻⁵³］（咧）/店［tiam²¹⁻⁵³］仔（咧）封面□［e²⁴⁻²¹］。miã²⁴ mai²¹⁻⁵³/thai²¹⁻⁵³⁻⁴⁴

sia$^{53-44}$ eʔ$^{32-53-44}$ / ti$^{22-21}$ （eʔ$^{32-53-44}$）/tua$^{21-53}$ （eʔ$^{32-53-44}$）/tua$^{21-53}$ ti$^{22-21}$ （eʔ$^{32-53-44}$）/tiam$^{21-53}$ （eʔ$^{32-53-44}$）/ tiam$^{21-53}$ ti$^{22-21}$ （eʔ$^{32-53-44}$）hoŋ$^{44-22}$ biṇ^{22} e$^{24-21}$.

台中　名嫛写伫册面顶。miã^{24} mai$^{21-53}$ sia$^{53-44}$ ti$^{22-21}$ tsheʔ^2 biṇ$^{22-21}$ tiŋ^{53}.

漳州　名<唔通>写□［he$^{22-21}$］封面□［e$^{22-21}$］。miã$^{13-22}$ <baŋ$^{22-21}$> sia$^{52-34}$ he$^{22-21}$ hoŋ$^{34-22}$ biṇ^{22} e$^{22-21}$.

汕头　个名嫛写放/□［na^{31}］封面块。kai$^{55-31}$ mia^{55} mai$^{213-55}$ sia$^{52-24}$ paŋ$^{213-55}$/na^{31} hoŋ^{33} miṇ^{31} ko$^{213-31}$.

揭阳　个名嫛写放/［lai$^{55-22}$］□［hio$^{42-24}$］封面块。kai$^{55-22}$ mia^{55} mai$^{213-42}$ sia$^{42-24}$ paŋ$^{213-42}$/ lai$^{55-22}$ hio$^{42-24}$ hoŋ^{33} meṇ^{22} ko$^{213-21}$.

海丰　名嫛写着封面□［e$^{44-33}$］。miã$^{55-22}$ mai$^{213-55}$ sia$^{52-213}$ tioʔ$^{4-3}$/tɔʔ$^{4-3}$ hoŋ$^{44-33}$ miṇ^{21} e$^{44-33}$.

遂溪　名无写伫封面上。mia^{22} bo^{22} sia^{41} tu$^{55-33}$ hoŋ$^{24-33}$ mien^{24} tsio^{24}.

雷州　阿名无写伫阿封面上。a^{55} mia^{22} bo$^{22-33}$ sia^{42} tu^{33} a^{55} hoŋ$^{24-33}$ mieŋ^{24} tsio^{33}.

文昌　名无用写伫封面上。mia$^{22-11}$ bo$^{22-11}$ ʥioŋ^{42} tia$^{31-33}$ ɗu^{42} ɓaŋ$^{34-42}$ mien^{13} ʧio^{42}.

三亚　名嫛写伫封面/书面上。mio^{22} voi^{24} tio^{33} ɗu^{42} huaŋ^{33} mie^{33}/tsu^{33} mie^{33} tsio^{42}.

（53）别把自行车弄丢了。

泉州　唔通将骹踏车拍唔见。m̩$^{41-22}$ thaŋ^{33} tsiɔŋ^{33} kha^{33} taʔ$^{24-22}$ tshia^{33} phaʔ^{55} m̩$^{41-22}$ kĩ$^{41-31}$.

厦门　汝唔通自骹踏车<拍唔>见去。li$^{53-44}$ m̩$^{22-21}$ thaŋ$^{44-22}$ tsu$^{22-21}$ kha$^{44-22}$ taʔ$^{5-21}$ tshia^{44} <phaŋ^{53}> kĩ^{21} khi^{21}.

台中　嫛合铁马<拍唔>更。mai$^{21-53}$ kaʔ$^{3-2}$ thiʔ$^{2-5}$ be^{53} <phaŋ^{53}> ken^{21}.

漳州　<唔通>合骹踏车煞<拍唔>去。<baŋ$^{22-21}$> kaʔ$^{121-21}$ kha$^{34-22}$ taʔ$^{121-21}$ tshia^{34} sak$^{32-5}$ <phaŋ$^{21-52}$> khi^{21}.

汕头　①嫛对只骹车合伊物无去。mai$^{213-55}$ tui$^{213-55}$ tsiaʔ$^{2-5}$ kha^{33} tshia^{33} kaʔ$^{5-2}$ i^{33} mueʔ$^{5-2}$ bo^{55} khɯ$^{213-31}$. ②只骹车嫛合伊物无去。tsiaʔ$^{2-5}$ kha^{33} tshia^{33} mai$^{213-55}$ kaʔ$^{5-2}$ i^{33} mueʔ$^{5-2}$ bo^{55} khɯ$^{213-31}$.

揭阳　只骹车嫛（给伊）物无去。tsiaʔ$^{2-3}$ kha^{33} tshia^{33} mai$^{213-42}$（kaʔ$^{5-2}$ i^{33}）mueʔ$^{5-2}$ bo$^{55-22}$ khɯ^{213}.

海丰　嫛拉骹车唔见了。mai$^{213-55}$ la$^{44-33}$ kha$^{44-33}$ tshia^{44} m̩$^{25-33}$ kĩ$^{213-55}$ liau$^{52-213}$.

遂溪 无掠阿单车做无见/□［lak⁵⁴］去。vo²² lia³³ a⁵⁵ taŋ²⁴⁻³³ tshia²⁴ tso⁵⁵ bo²² ki²¹⁴/lak⁵⁴ hu²¹⁴。

雷州 ①无掠阿单车做无见去。bo²²⁻³³ lia³³ a⁵⁵ taŋ²⁴⁻³³ tshia²⁴ tso⁵⁵³ bo²²⁻³³ ki²¹ khu²¹。②无掠阿单车做落去。bo²²⁻³³ lia³³ a⁵⁵ taŋ²⁴⁻³³ tshia²⁴ tso⁵⁵³⁻³³ lak⁵ khu²¹。

文昌 无用□［ɓue⁴²］骹车做无见去/做无知处去。bo²²⁻¹¹ ʤioŋ⁴² ɓue⁴² xa³⁴⁻⁴² ʃia³⁴ to⁵³ bo²²⁻¹¹ ki²¹³ xu²¹⁻⁵⁵/to⁵³ bo²²⁻¹¹ tai³⁴⁻⁴² ɗe²¹ xu²¹⁻⁵⁵。

三亚 嫒□［ɓui⁴²］骹车做落搁。voi²⁴ ɓui⁴² kha³³ tshio³³ toʔ⁴⁵ laʔ⁴⁵ kaʔ⁴²。

（54）慢慢走，别急！

泉州 慢慢（仔）/匀匀（仔）/匀仔/慢仔/僚僚（仔）行，（唔）免急！ban⁴¹⁻²² ban⁴¹⁻²² （a⁵⁵⁻²⁴）/un²⁴⁻²² un²⁴⁻²² （a⁵⁵⁻²⁴）/un²⁴⁻²² a⁵⁵⁻²⁴/ban⁴¹⁻²² a⁵⁵⁻²⁴/liau²⁴⁻²² liau²⁴⁻²² （a⁵⁵⁻²⁴） kiã²⁴，（m⁴¹⁻²²） bian⁵⁵⁻²⁴ kip⁵⁵！

厦门 ①慢慢仔行，嫒急！man²²⁻²¹ man²²⁻²¹ a⁵³⁻⁴⁴ kiã²⁴，mai²¹⁻⁵³ kip³²！②慢慢仔行，唔通急！man²²⁻²¹ man²²⁻²¹ a⁵³⁻⁴⁴ kiã²⁴，m̩²²⁻²¹ thaŋ⁴⁴⁻²² kip³²！

台中 慢慢仔行，嫒着急！man²²⁻²¹ man²²⁻²¹ a⁵³⁻⁴⁴ kiã²⁴，mai²¹⁻⁵³ tioʔ³⁻² kip²！

漳州 慢慢仔/匀仔行，免急！ban²²⁻²¹ ban²²⁻²¹ a⁵²⁻²²/un¹³⁻²² a⁵² kia¹³⁻²²，bian⁵²⁻³⁴ kip³²！

汕头 宽宽行，嫒紧张！khuã³³ khuã³³ kiã³³，mai²¹³⁻⁵⁵ kiŋ⁵²⁻²⁴ tsiaŋ³³！

揭阳 宽呢行，嫒□［tshiʔ⁵⁻²］□［tshoʔ⁵］！khuã³³ ni⁵⁵⁻²² kiã⁵⁵，mai²¹³⁻⁴² tshiʔ⁵⁻² tshoʔ⁵！

海丰 宽宽行，嫒紧/嫒慌张！khuã⁴⁴⁻³³ khuã⁴⁴ kiã⁵⁵，mai²¹³⁻⁵⁵ kiŋ⁵²/mai²¹³⁻⁵⁵ huaŋ⁴⁴⁻³³ tsiaŋ⁴⁴！

遂溪 慢慢行，无狂！maŋ²⁴⁻³³ maŋ²⁴ kia²²，bo²² khuaŋ²²！

雷州 定定行，无狂！tia²⁴⁻³³ tia²⁴ kia²²⁻³³，bo²²⁻³³ khuaŋ²²！

文昌 宽宽行，无用狂！xua³⁴⁻⁴² xua³⁴⁻⁴² kia²²，bo²²⁻¹¹ ʤioŋ⁴² xuan²！

三亚 慢慢行，嫒用/嫒（着）急/惶！maŋ³³ maŋ³³ kio²²，voi²⁴⁻²² zioŋ⁴²/voi²⁴⁻²² （tsau³³） kiʔ⁴⁵/khuaŋ²²！

（55）他的事你别来问我。

泉州 伊个事/事志汝唔免来问我。i³³ e²⁴⁻²² tai⁴¹/tai⁴¹⁻²² tsi⁴¹ lɯ⁵⁵ m̩⁴¹⁻²² bian⁵⁵⁻²⁴ lai²⁴⁻²² bŋ̍⁴¹ gua⁵⁵⁻²¹。

厦门 伊个事志汝嫒/＜无用＞/汰来问我。i⁴⁴⁻²² e²⁴⁻²² tai²²⁻²¹ tsi²¹ li⁵³⁻⁴⁴ mai²¹⁻⁵³/＜bɔŋ²⁴＞/tai²¹⁻⁵³⁻⁴⁴ lai²⁴⁻²² m̩²² gua⁵³⁻²¹。

台中 伊个事志汝嫒来问我。i⁴⁴⁻²² e²⁴⁻²² tai²²⁻²¹ tsi²¹ li⁵³⁻⁴⁴ mai²¹⁻⁵³ lai²⁴⁻²²

bŋ'²²⁻²¹ gua⁵³.

漳州　伊个事志＜唔通＞来问我。i³⁴ e¹³⁻²² tai²²⁻²¹ tsi²¹ ＜baŋ²²＞ lai¹³⁻²² mui²¹ gua³¹.

汕头　伊个事汝嫒来问我。i³³ kai⁵⁵⁻³¹ sɯ³¹ lɯ⁵² mai²¹³⁻⁵⁵ lai⁵⁵⁻³¹ muŋ³¹ ua⁵²⁻²¹³.

揭阳　伊个事汝嫒来问我。i³³ kai⁵⁵⁻²² sɯ²² lɯ⁴²⁻⁵³ mai²¹³⁻⁴² lai⁵⁵⁻²² muŋ²² ua⁴²⁻²¹³.

海丰　伊个事汝嫒/免来问我。i⁴⁴⁻³³ kai⁴⁴⁻²² su²⁵ li⁵² mai²¹³⁻⁵⁵/miaŋ⁵²⁻²¹³ lai⁵⁵⁻²² mui²¹ ua⁵²⁻²¹³.

遂溪　伊事汝无使来问我。i²⁴ su⁵⁵ lu⁴¹ bo²² sai⁴¹ lai²² mui²⁴ va⁴¹.

雷州　伊个事汝无爱来问我。i²⁴ kai²²⁻³³ su⁵⁵³ lu⁴² bo²²⁻³³ ai²¹ lai²² mui²⁴ ba⁴².

文昌　伊个事汝无用问我。i³⁴ kai²²⁻¹¹ ʃe⁴² du³¹ bo²²⁻¹¹ ʤioŋ⁴² mui³⁴ gua³¹.

三亚　伊个事汝嫒来问我。i³³ kai²² tshi⁴² lu³¹ vei²⁴ lai²² mui³³ va³¹.

（四）主要否定副词比较表

表2-5为闽语方言中主要否定副词情况汇总。

表2-5　闽南方言主要否定副词

副词	泉州	厦门	台中	漳州	汕头	揭阳	海丰	雷州	遂溪	文昌	三亚
不	唔m̩²	唔m̩²	唔m̩²	唔m̩²	唔ᶜm	唔ᶜm	唔ᶜm	无ᶜbo	无ᶜvo	无ᶜbo	无ᶜvo
没、没有	无ᶜbo、未bɤ²	无ᶜbo、未be²	无ᶜbo、未bue²	无ᶜbo、未bue²	无ᶜbo、未bue²	无ᶜbo、未bue²	无ᶜbɔ、未bue²	无(有)ᶜbo(ᶜu)、嬒 meŋ²	无ᶜbo、嬒 meŋ²	无ᶜbo	无(有)ᶜvo(ᶜu)
别	唔通 m̩² ᶜthaŋ	嫒 mai、唔通m̩² ᶜthaŋ、汰 thai³	嬒 mai²	＜唔通＞＜baŋ²＞	嬒 mai²	嬒 mai²	嬒 mai²	无ᶜbo、无爱ᶜbo ai²	无ᶜvo	无用ᶜbo ʤioŋ	嬒 voi²

第二节 闽南方言的介词

介词常常一义多形、一形多义，用法上也常交叉。本节先按意义分类比较，最后用表格综合显示各地介词在形式和意义上的关系。

一、介引处所、时间的介词

介引处所、时间的介词，意义上可分所在与所从，普通话用不同的形式，方言里常有相通之处。

（一）介引所在的介词

先看语料，例句中的"佇"一般俗写为训读字"在"，李如龙认为本字应是"佇"，今依李说均写为"佇"①。"店""蹛""咧"也非本字，都是俗写，例句中暂从俗写。

下面是例句。

（1）我在广州有个亲戚。

泉州 我佇广州（迄搭）有蜀个亲情。gua^{55} tɯ^{22} kŋ$^{.55-24}$ tsiu$^{24-33}$（hit$^{55-44}$ ta^{55}）u^{22} tsit$^{24-22}$ ge$^{24-22}$ tshin^{33} tsiã^{24}.

厦门 我佇（咧）/蹛（咧）/蹛佇（咧）/店［tiam$^{21-53}$］（咧）/店［tiam$^{21-53}$］佇（咧）广州有蜀个亲情。gua$^{53-44}$ ti$^{22-21}$（eʔ$^{32-53-44}$）/tua$^{21-53}$（eʔ$^{32-53-44}$）/tua$^{21-53}$ ti$^{22-21}$（eʔ$^{32-53-44}$）/tiam$^{21-53}$（eʔ$^{32-53-44}$）/tiam$^{21-53}$ ti$^{22-21}$（eʔ$^{32-53-44}$）kŋ$^{.53-44}$ tsiu^{44} u$^{22-21}$ tsit$^{5-21}$ e$^{24-22}$ tshin$^{44-22}$ tsiã^{24}.

台中 我佇广州有蜀个亲情。ua$^{53-44}$ ti$^{22-21}$ kŋ$^{.53-44}$ tsiu^{44} u$^{22-21}$ tsit$^{3-2}$ e$^{24-22}$ tshin$^{44-22}$ tsiã^{24}.

漳州 我佇广州有蜀个亲情。gua^{52} ti$^{22-21}$ kuĩ$^{52-34}$ tsiu^{34} u$^{22-21}$ tsit$^{121-21}$ le$^{13-22}$ tsin$^{34-22}$ tsiã^{13}.

汕头 阮佇许广州有个亲情。uaŋ^{52} to$^{25-31}$ hɯ$^{52-24}$ kuaŋ$^{52-24}$ tsiu^{33} u$^{25-31}$ kai$^{55-31}$ tshiŋ^{33} tsiã^{55}.

---

① 参见李如龙、张双庆《介词》，暨南大学出版社 2000 年版。

揭阳 阮伫许广州有个亲情。uaŋ$^{42-52}$ to$^{35-21}$ hɯ$^{42-24}$ kɯŋ$^{42-24}$ tsiu^{33} u$^{35-21}$ kai$^{55-22}$ tsheŋ^{33} tsiã^{55}.

海丰 我□［tɔʔ$^{4-3}$/tiɔʔ$^{4-3}$］许广州有个亲情。ua^{52} tɔʔ$^{4-3}$/tiɔʔ$^{4-3}$ hi^{52} kũi$^{52-213}$ tsiu^{44} u$^{25-33}$ kai$^{55-22}$ tshin$^{44-33}$ tsiã^{55}.

遂溪 我伫广州有个亲情。va^{41} tu^{55} kuaŋ^{41} tsiu^{55} kai^{22} tshiŋ$^{24-33}$ tsia^{22}.

雷州 我伫许广州有个亲情。ba$^{42-44}$ tu^{33} ha^{553} kuaŋ^{42} tsiu^{24} u^{33} kai$^{22-33}$ tshiŋ$^{24-33}$ tsia^{22}.

文昌 我有蜀个亲情伫广州。gua^{31} u^{42} ʥiak$^{3-1}$ kai$^{22-21}$ ʃien$^{34-42}$ ʧia^{22} ɗu^{42} kuaŋ$^{31-33}$ ʧiu^{34}.

三亚 我伫广州有个亲情。va^{31} ɗu^{42} kuan^{31} tsiu^{33} u^{42} kai^{22} tsheŋ^{33} tshi^{22}.

（2）春城在下边儿接水。

泉州 春城伫迄下面咧接/盛水。tshun^{33} siã^{24} tɯʔ^{55}/tɯ^{22} hit^{55} e^{22} bin$^{41-24}$ le^{55} tsiʔ$^{55-22}$/siŋ$^{24-22}$ tsui^{55}.

厦门 春城伫（咧）/蹛（咧）/蹛伫（咧）/店［tiam$^{21-53}$］（咧）/店［tiam$^{21-53}$］伫（咧）迄下底咧承水。tshun$^{44-22}$ siã^{24} ti$^{22-21}$（eʔ$^{32-53-44}$）/tua$^{21-53}$（eʔ$^{32-53-44}$）/tua$^{21-53}$ ti$^{22-21}$（eʔ$^{32-53-44}$）/tiam$^{21-53}$（eʔ$^{32-53-44}$）/tiam$^{21-53}$ ti$^{22-21}$（eʔ$^{32-53-44}$）hit$^{32-5}$ e$^{22-21}$ tue^{53} leʔ$^{32-53-44}$ sin$^{24-22}$ tsui^{53}.

台中 春城伫迄下面接水。tshun$^{44-22}$ siã^{24} ti$^{22-21}$ hit$^{2-5}$ e$^{22-21}$ bin^{22} tsiap$^{2-5}$ tsui^{53}.

漳州 春城蹛下面/迄下面/迄位仔接水。tshun$^{34-22}$ sia^{13} tua$^{21-52}$ ɛ$^{22-21}$ bin^{22}/hit$^{32-5}$ ɛ$^{22-21}$ bin^{22}/hit$^{32-5}$ ui$^{22-21}$ a^{52} tsiap$^{32-5}$ tsui^{52}.

汕头 阿春城伫许下爿承水。a^{33} tshuŋ^{33} siã^{55} to$^{25-31}$ hɯ$^{52-24}$ e$^{25-31}$ põi^{55} siŋ$^{55-31}$ tsui^{52}.

揭阳 阿春城伫许下爿承水。a^{33} tshuŋ^{33} siã^{55} to$^{35-21}$ hɯ$^{42-24}$ e$^{35-21}$ pãi^{55} seŋ$^{55-22}$ sui$^{:42}$.

海丰 春城着许骹下盛水。tshun$^{44-33}$ siã^{55} tɔʔ$^{4-3}$/tiɔʔ$^{4-3}$ hi^{52} kha$^{44-33}$ e$^{25-33}$ seŋ$^{55-22}$ tsui^{52}.

遂溪 春城伫许下面接水。tshuŋ^{24} sia^{22} tu^{33} ha^{55} e^{55} mien^{24} tsiap tsui^{41}.

雷州 春城伫许下爿接水。tsuŋ$^{24-33}$ sia^{22} tu^{33} ha^{553} e$^{24-21}$ pai^{22} tsi^{553} tsui^{42}.

文昌 春城伫许下接水。ʃun$^{34-42}$ tia^{22} ɗu$^{42-11}$ ɦo$^{21-55}$ e^{42} ʧi$^{53-42}$ tui^{31}.

三亚 春城伫（那）下面接水。tshun^{33} tio^{22} ɗu$^{24-22}$（aʔ^{45}）e^{33} miŋ^{33} tsiʔ^{45} tsui^{31}/tui^{31}.

（3）我们在这儿喝茶呢。

泉州 阮伫即搭（仔）嘞啉茶哩。gun^{55} tɯ^{22} tsit$^{55-44}$ taʔ^{55}（a^{55}）lɤʔ^{55} lim^{33}

te²⁴ li:⁴¹.

厦门 阮伫（咧）/蹛（咧）/蹛伫（咧）/店［tiam²¹⁻⁵³］（咧）/店［tiam²¹⁻⁵³］伫（咧）□［tsia²⁴］咧啉茶。gun⁵³⁻⁴⁴ ti²²⁻²¹（eʔ³²⁻⁵³⁻⁴⁴）/tua²¹⁻⁵³（eʔ³²⁻⁵³⁻⁴⁴）/tua²¹⁻⁵³ ti²²⁻²¹（eʔ³²⁻⁵³⁻⁴⁴）/tiam²¹⁻⁵³（eʔ³²⁻⁵³⁻⁴⁴）/tiam²¹⁻⁵³ ti²²⁻²¹（eʔ³²⁻⁵³⁻⁴⁴）tsia²⁴ le²³²⁻⁵³⁻⁴⁴ lim⁴⁴⁻²² te²⁴.

台中 阮伫□［tsia⁵³⁻⁴⁴］啉茶咧。un⁵³⁻⁴⁴ ti²²⁻²¹ tsia⁵³⁻⁴⁴ lim⁴⁴⁻²² te²⁴ le²¹.

漳州 阮伫□［tsia³⁴］/即位仔咧食茶。gun⁵² ti²²⁻²¹ tsia³⁴/tsit³²⁻⁵ ui²² a⁵³ li³⁴ tsiaʔ¹²¹⁻³² te¹³.

汕头 阮伫只块食茶。uaŋ⁵² to²⁵⁻³¹ tsi⁵²⁻²⁴ ko²¹³⁻⁵⁵ tsiaʔ⁵⁻² te⁵⁵.

揭阳 阮伫只块食茶。uaŋ⁴²⁻⁵³ to³⁵⁻²¹ tsi⁴²⁻²⁴ ko²¹³ tsiaʔ⁵⁻² te⁵⁵.

海丰 阮耷只/只搭仔/只担仔/只□［e⁴⁴⁻³³］（伫）食茶。uaŋ⁵² tiɔʔ⁴⁻³ tsi⁵²/tsi⁵² tap³ ã⁵²⁻²¹³/tsi⁵² tam³³ ã⁵²⁻²¹³/tsi⁵² e⁴⁴⁻³³（lɔ⁵²⁻²¹³）tsiaʔ⁴⁻³ te⁵⁵.

遂溪 我群伫□［tie²¹］迹/若迹/若乃/□［tie²¹］啜茶。va⁴¹⁻²⁴ kuŋ²² tu³³ tie²¹ tsia⁵⁵/ia⁵⁵ tsia⁵⁵/ia⁵⁵ nai⁵⁵/tie²¹ tshue⁵⁵ te²².

雷州 伯阿众伫这迹啜茶。naŋ⁴² a⁵⁵ thaŋ²¹ tu³³ zia⁵⁵³ tsia⁵⁵³ tshue⁵⁵³ te²⁴.

文昌 伯伫这里食茶。nan²¹⁻⁵⁵ ɗu⁴²⁻¹¹ ʥia²¹⁻⁵⁵ le³⁴ ʧia⁴²⁻¹¹ ɗe²².

三亚 我侬伫路啜茶。va³¹ naŋ²² ɗu²⁴ lou³³ tshuoʔ⁴⁵ te²².

（4）票在林老师这儿。/票在林老师那儿。

泉州 ①票伫林先即搭/迄搭。phio⁴¹ tɯ²² lim²⁴ sian⁴¹ tsit⁵⁵⁻⁴⁴ taʔ⁵⁵/hit⁵⁵⁻⁴⁴ taʔ⁵⁵. ②票伫林先即择/迄择。phio⁴¹ tɯ²² lim²⁴ sian⁴¹ tsit⁵⁵⁻⁴⁴ tiaʔ⁵⁵/hit⁵⁵⁻⁴⁴ tiaʔ⁵⁵.

厦门 ①票伫（咧）林生□［tsia²⁴］/□［hia²⁴］。phio²¹ ti²²⁻²¹（eʔ³²⁻⁵³⁻⁴⁴）lim²⁴ sian⁴⁴⁻²¹ tsia²⁴/hia²⁴. ②票伫（咧）林生即块/迄块。phio²¹ ti²²⁻²¹（eʔ³²⁻⁵³⁻⁴⁴）lim²⁴ sian⁴⁴⁻²¹ tsit³²⁻⁵ te²¹/hit³²⁻⁵ te²¹.

台中 ①票伫林老师□［tsia⁵³⁻⁴⁴］。phio²¹ ti²²⁻²¹ lin²⁴⁻²² lau²²⁻²¹ sɯ⁴⁴ tsia⁵³⁻⁴⁴. ②票伫林老师□［hia⁵³⁻⁴⁴］。phio²¹ ti²²⁻²¹ lin²⁴⁻²² lau²²⁻²¹ sɯ⁴⁴ hia⁵³⁻⁴⁴.

漳州 票伫林生□［tsia³⁴］/□［hia³⁴］。phio²¹⁻⁵² ti²¹ lin¹³ sẽ³⁴⁻²² tsia³⁴/hia³⁴.

汕头 ①票伫阿林老师只块。（票在林老师这儿）phio²¹³ to²⁵⁻³¹ a³³ lim⁵⁵⁻³¹ lau⁵²⁻²⁴ sɯ⁴⁴ tsi⁵²⁻²⁴ ko²¹³. ②票伫阿林老师许块。（票在林老师那儿）phio²¹³ to²⁵⁻³¹ a³³ lim⁵⁵⁻³¹ lau⁵²⁻²⁴ sɯ³³ hɯ⁵²⁻²⁴ ko²¹³. ③票伫阿林老师块。（不分远近）phio²¹³ to²⁵⁻³¹ a³³ lim⁵⁵⁻³¹ lau⁵²⁻²⁴ sɯ³³ ko²¹³⁻³¹.

揭阳 ①票伫阿林老师□［tsio⁴²⁻²⁴］块。（票在林老师这儿）phio²¹³ to³⁵⁻²¹ a³³ lim⁵⁵⁻²² lau⁴²⁻²⁴ sɯ³³ tsio⁴²⁻²⁴ ko²¹³. ②票伫阿林老师□［hio⁴²⁻²⁴］块。（票在林老师那儿）phio²¹³ to³⁵⁻²¹ a³³ lim⁵⁵⁻²² lau⁴²⁻²⁴ sɯ³³ hio⁴²⁻²⁴ ko²¹³. ③票伫

阿林老师块。（不分远近）phio²¹³ to³⁵⁻²¹ a³³ lim⁵⁵⁻²² lau⁴²⁻²⁴ sɯ³³ ko²¹³⁻²¹。

海丰 ①票着林老师□［e⁴⁴］/只（□［e⁴⁴⁻³³］）/只搭仔。phiɔ²¹³ tiɔʔ⁴⁻³ lim⁵⁵⁻²² lau²⁵ su⁴⁴⁻³³ e⁴⁴/tsi⁵²⁻²¹³（e⁴⁴⁻³³）/tsi⁵²⁻²¹³ tap³ ã⁵²⁻²¹³。②票着林老师□［e⁴⁴］/许（□［e⁴⁴⁻³³］）/许搭仔。phiɔ²¹³ tiɔʔ⁴⁻³ lim⁵⁵⁻²² lau²⁵ su⁴⁴⁻³³ e⁴⁴/hi⁵²⁻²¹³（e⁴⁴⁻³³）/hi⁵²⁻²¹³ tap³ ã⁵²⁻²¹³。

遂溪 票伫林老师许迹/许乃/若迹/若乃/乃/迹。phio²¹⁴⁻²⁴ tu⁵⁵⁻³³ lim²² lau⁴¹ su²⁴ ha⁵⁵ tsia⁵⁵/ha⁵⁵ nai⁵⁵/io⁵⁵ tsia⁵⁵/io⁵⁵ nai⁵⁵/nai⁵⁵/tsia⁵⁵。

雷州 票伫林老师这迹/许迹。phiau²¹ tu³³⁻⁴² lim²² lau³³⁻⁴² su²⁴ zia⁵⁵³ tsia⁵⁵³/ha⁵⁵³ tsia⁵⁵³。

文昌 票伫林老师咧/许路/这路。phio²¹ ɗu⁴² liom²²⁻¹¹ lau⁴²⁻¹¹ ʃe³⁴ le³⁴⁻⁵⁵/ɦio²¹⁻⁵⁵ lau³⁴/ʥia²¹⁻⁵⁵ lau³⁴。

三亚 票伫林老师即路/那路。phie²⁴ ɗu⁴² liŋ²² lau³¹ si³³ iʔ⁴⁵ lou³³/aʔ⁴⁵ lou³³。

(5) 大儿子是在海南岛出生的。

泉州 大囝是伫海南岛出生个。tua⁴¹⁻²² kã⁵⁵ si²² tɯ²² hai⁵⁵⁻²⁴ lam²⁴⁻²² tɔ⁵⁵ tshut⁵⁵ sĩ³³ e²⁴⁻³¹。

厦门 ①大后生是店（咧）海南岛出生个。tua²²⁻²¹ hau²²⁻²¹ sĩ⁴⁴ si²²⁻²¹ tiam²¹⁻⁵³（leʔ³²⁻⁵³⁻⁴⁴）hai⁵³⁻⁴⁴ lam²⁴⁻²² to⁵³ tshut³²⁻⁵ sĩ⁴⁴ e²⁴⁻²¹。②大后生是伫（咧）海南岛出生个。tua²²⁻²¹ hau²²⁻²¹ sĩ⁴⁴ si²²⁻²¹ ti²²⁻²¹（leʔ³²⁻⁵³⁻⁴⁴）hai⁵³⁻⁴⁴ lam²⁴⁻²² to⁵³ tshut³²⁻⁵ sĩ⁴⁴ e²⁴⁻²¹。③大后生是蹛（咧）/蹛伫（咧）/店［tiam²¹⁻⁵³］伫（咧）海南岛出生个。tua²²⁻²¹ hau²²⁻²¹ sĩ⁴⁴ si²²⁻²¹ tua²¹⁻⁵³（e³²⁻⁵³⁻⁴⁴）/tua²¹⁻⁵³ ti²²⁻²¹（eʔ³²⁻⁵³⁻⁴⁴）/tiam²¹⁻⁵³ ti²²⁻²¹（eʔ³²⁻⁵³⁻⁴⁴）hai⁵³⁻⁴⁴ lam²⁴⁻²² to⁵³ tshut³²⁻⁵ sĩ⁴⁴ e²⁴⁻²¹。

台中 大汉后生是伫海南岛出世个。tua²²⁻²¹ han²¹⁻⁵³ hau²²⁻²¹ sẽ⁴⁴ si²²⁻²¹ ti²²⁻²¹ hai⁵³⁻⁴⁴ lam²⁴⁻²² to⁵³ tshut²⁻⁵ si²¹ e²⁴⁻²¹。

漳州 大后生是伫海南岛出世个。tua²²⁻²¹ hau²²⁻²¹ sẽ³⁴ si²²⁻²¹ ti²²⁻²¹ hai⁵²⁻³⁴ lam²²⁻²¹ to⁵³ tshut³²⁻⁵ sĩ²¹⁻⁵² e¹³⁻²²。

汕头 大囝是伫海南岛出世个。tua³¹ kiã⁵² si²⁵⁻³⁰ to²⁵⁻³¹ hai⁵²⁻²⁴ nam⁵⁵⁻³¹ tau⁵² tshuk²⁻⁵ sĩ²¹³ kai⁵⁵⁻³¹。

揭阳 大囝是/介伫海南岛出世个。tua²²⁻²¹ kiã⁴²⁻⁵³ si³⁵⁻²¹/kai⁵⁵ to³⁵⁻²¹ hai⁴²⁻²⁴ nam⁵⁵⁻²² tau⁴² tshuk²⁻³ si²¹³ kai⁵⁵⁻²²。

海丰 大囝是着海南岛出生个。tua²¹⁻³³ kiã⁵² si²⁵⁻²¹ tiɔʔ⁴⁻³ hai⁵²⁻²¹³ nam⁵⁵⁻²² tau⁵² tshut³⁻⁴ si²¹³ kai⁵⁵⁻²¹。

遂溪 大囝伫海南岛出生。tua²⁴ kia⁴¹ tu⁵⁵⁻³³ hai⁴¹ nam²² tau⁴¹ tshuk⁵⁴ se²⁴。

雷州 阿大侬囝是伫海南岛出生个。a⁵⁵ tua²⁴ noŋ⁴² kia⁴² si³³ tu³³⁻⁴² hai⁴² nam²² tau⁴² tshuk⁵ si²⁴⁻³³ kai²².

文昌 大囝是伫海南岛生个。ɗua³⁴ kia³¹ ti⁴²⁻¹¹ ɗu⁴² ɦai³¹⁻³³ nam²²⁻¹¹ ɗau²² te³⁴ kai²².

三亚 大公爹囝是伫海南岛出生个。ɗuo³³ koŋ³³ ɗe³³ kio³¹ ti⁴²⁻⁴⁴ ɗu⁴² hai³¹ naŋ²² ɗau³¹ tshuiʔ⁴⁵ te³³ kai²².

(6) 他的钱就藏在那里。

泉州 伊个钱就囥伫迄搭。i³³ e²⁴⁻²² tsĩ²⁴ tsiu⁴¹⁻²² kŋ'⁴¹⁻⁵⁵ tɯ²² hit⁵⁵⁻⁴⁴ taʔ⁵⁵.

厦门 ①伊个钱着收伫（咧）□［hia²⁴］。i⁴⁴⁻²² e²⁴⁻²² tsĩ²⁴ tioʔ⁵⁻²¹ siu⁴⁴⁻²² ti²²⁻²¹（eʔ³²⁻⁵³⁻⁴⁴）hia²⁴. ②伊个钱就收伫（咧）/蹛（咧）/蹛伫（咧）/店［tiam²¹⁻⁵³］（咧）/店［tiam²¹⁻⁵³］伫（咧）迄块。i⁴⁴⁻²² e²⁴⁻²² tsĩ²⁴ tsiu²²⁻²¹ siu⁴⁴⁻²² ti²²⁻²¹（eʔ³²⁻⁵³⁻⁴⁴）/tua²¹⁻⁵³（eʔ³²⁻⁵³⁻⁴⁴）/tua²¹⁻⁵³ ti²²⁻²¹（eʔ³²⁻⁵³⁻⁴⁴）/tiam²¹⁻⁵³（eʔ³²⁻⁵³⁻⁴⁴）/tiam²¹⁻⁵³ ti²²⁻²¹（eʔ³²⁻⁵³⁻⁴⁴）hit³²⁻⁵ te²¹.

台中 伊个钱着□［tshaŋ⁵³］伫□［hia⁵³⁻⁴⁴］。i⁴⁴⁻²² e²⁴⁻²² tsĩ²⁴ tioʔ³⁻² tshaŋ⁵³ ti²²⁻²¹ hia⁵³⁻⁴⁴.

漳州 伊个镭着囥伫□［hia³⁴］/迄位仔。i³⁴⁻²² e¹³⁻²² lui¹³ loʔ¹²¹⁻²¹ khŋ²¹⁻⁵² ti²²⁻²¹ hia³⁴/hit³²⁻⁵ ui²² a⁵².

汕头 伊撮钱就囥伫许块。i³³ tshoʔ²⁻⁵ tsĩ⁵⁵ tsiu²⁵⁻³¹ kɯŋ²¹³⁻⁵⁵ to²⁵⁻³¹ hɯ⁵²⁻²⁴ ko²¹³.

揭阳 伊撮钱就囥伫□［hio⁴²⁻²⁴］块。i³³ tshoʔ²⁻⁵ tsĩ⁵⁵ tsu³⁵⁻²¹ khɯŋ²¹³⁻⁴² to³⁵⁻²¹ hio⁴²⁻²⁴ ko²¹³.

海丰 伊个钱就囥着许（□［e⁴⁴⁻³³］）。i⁴⁴ ai⁵⁵⁻²² tsĩ⁵⁵ tsu²⁵⁻³³ khŋ'²¹³⁻⁵⁵ tiɔʔ⁴⁻³ hi⁵²（e⁴⁴⁻³³）.

遂溪 伊钱囥伫许迹/许乃。i²⁴ tsi²² kho²¹⁴ tu³³ ha⁵⁵ tsia⁵⁵/ha⁵⁵ nai⁵⁵.

雷州 伊个钱就囥伫许迹。i²⁴ kai²²⁻³³ tsi²² tsiu³³⁻⁴² kho²¹ tu³³ ha⁵⁵³ tsia⁵⁵³.

文昌 伊个钱就□［xio⁵³］囥伫许里。i³⁴⁻⁴² kai²²⁻¹¹ tʃi²¹ tʃiu⁴²⁻¹¹ xio⁵³ xo²¹ ɗu⁴² ɦio²¹⁻⁵⁵ lai⁴².

三亚 伊个钱囥伫那路。i³³ kai²² tsi²² kho²⁴ ɗu⁴²⁻⁴⁴ aʔ⁴⁵ lou³³.

(7) 我进里头看看，你们暂且在外头等一等。

泉州 我入去迄里面/里头看看，恁且蹛外面等蜀下。gua⁵⁵ liap²⁴⁻²² khɯ⁴¹⁻⁵⁵ hit⁵⁵ lai²² bin⁴¹/lai²⁴ thau²⁴ kuã⁴¹⁻⁵⁵ kuã⁴¹, lin⁵⁵⁻²⁴ tua⁴¹⁻⁵⁵ gua⁴¹⁻²² bin⁴¹ tan⁵⁵ tsit²⁴⁻¹² e⁴¹⁻²¹.

厦门 我入去（迄）里面看嗾下，恁先蹛（咧）/蹛伫（咧）/店［tiam²¹⁻⁵³］（咧）/店［tiam²¹⁻⁵³］伫（咧）外口等蜀下。gua⁵³⁻⁴⁴ lip⁵⁻²¹ khi²¹⁻⁵³（hit³²⁻⁵）lai²²⁻²¹ bin²²⁻²⁴ khuã²¹⁻⁵³ mai²²⁻²¹ e²²⁻²¹, lin⁵³⁻⁴⁴ siŋ⁴⁴⁻²² tua²¹⁻⁵³

（eʔ³²⁻⁵³⁻⁴⁴）/tua²¹⁻⁵³ ti²²⁻²¹（eʔ³²⁻⁵³⁻⁴⁴）/tiam²¹⁻⁵³（eʔ³²⁻⁵³⁻⁴⁴）/ tiam²¹⁻⁵³ ti²²⁻²¹（eʔ³²⁻⁵³⁻⁴⁴）gua²²⁻²¹ khau⁵³ taŋ⁵³ tsit⁵⁻²¹ e²²⁻²¹。

台中 我入来迄里面看看下，恁暂时□[tam²²⁻²¹]外口等我。ua⁵³⁻⁴⁴ lip³⁻² lai²⁴⁻²² hit²⁻⁵ lai²²⁻²¹ bin²² khuã²¹⁻⁵³ khuã²¹ e²²，lin⁵³⁻⁴⁴ tsiam²²⁻²¹ si²⁴ tam²²⁻²¹ gua²²⁻²¹ khau⁵³ taŋ⁵³ ua⁵³⁻²¹。

漳州 我入去迄里面仔看看蜀下，恁蹛/□[tai⁵²⁻³⁴]（迄）外口□[sã⁵²⁻³⁴]听候<蜀下>。gua⁵² zip¹²¹⁻³² khi²¹⁻⁵² hit³²⁻⁵ lai²²⁻²¹ bin²² a⁵² khua²¹⁻⁵² khua²¹⁻⁵² tsit¹²¹⁻²¹ ɛ²²，lin⁵² tua²¹⁻⁵²/tai⁵²⁻³⁴（hit³²⁻⁵）gua²²⁻²¹ kau⁵² sã⁵²⁻³⁴ thiŋ²¹⁻⁵² hau²² <tsɛ²¹>。

汕头 我入去许里睇蜀下，恁□[na³¹]只口且等。ua⁵² zip⁵⁻² khɯ²¹³⁻⁵⁵ hɯ⁵²⁻²⁴ lai⁵⁵⁻³¹ tõi⁵² tsek⁵⁻² e²⁵⁻³¹，niŋ⁵² na³¹ tsi⁵²⁻²⁴ khau⁵² tshiã⁵²⁻²⁴ taŋ⁵²。

揭阳 我入去许里睇蜀下，恁且□[lai⁵⁵⁻²²]许外等下。ua⁴²⁻⁵³ zip⁵⁻² khɯ²¹³⁻⁴² hio⁴²⁻²⁴ lai³⁵ thoi⁴² tsek⁵⁻² e³⁵⁻²¹，neŋ⁴²⁻⁵³ tshia⁴²⁻²⁴ lai⁵⁵⁻²² hio⁴²⁻²⁴ gua³⁵ taŋ⁴² e³⁵⁻²¹。

海丰 我入去许里底看下，恁着只外口等霎仔。ua⁵² zip⁴⁻³ khi²¹³⁻⁵⁵ hi⁵² la²⁵⁻³³ tei⁵² thei⁵² ã²⁵⁻²¹，niŋ⁵² tiɔ²⁴⁻³ tsi⁵² gua²¹⁻³³ hau⁵² taŋ⁵² siap³ ã⁵²⁻²¹。

遂溪 我入去阿里面望望，汝群伫□[pak⁵⁴]路等缝囝。va⁴¹ ip³ hu²¹⁴ ha⁵⁵ li⁴¹ mien²⁴ o²⁴ o²⁴，lu⁴¹ kuŋ²² tu³³ pak⁵⁴ leu²⁴ taŋ⁴¹ phaŋ²² kia⁴¹。

雷州 我入去阿里望望，汝阿众那伫阿外面等蜀下。ba⁴² zip² khu²¹ a⁵⁵ li⁴² o²¹⁻⁴⁴ o²¹，lu⁴² a⁵⁵ thaŋ²¹ na²⁴ tu³³ a⁵⁵ bua²⁴ mieŋ²¹ taŋ⁴² ziak⁵ e²⁴。

文昌 我入去许里望，汝蜀家暂伫□[ʤiak³⁻²¹]外等蜀下/<蜀下>。gua³¹ ʤiop³⁻¹ xu²¹⁻⁵⁵ ɦio²¹⁻⁵⁵ lai⁴² mo³⁴，du³¹ ʤiak³⁻²¹ ke³⁴ ʧiam⁴² ɖu⁴²⁻¹¹ ʤiak³⁻²¹ gua⁴² ɖan³¹ ʤiak³⁻¹ e³⁴/<ʤie³⁴>。

三亚 我落里面（去）望望，汝侬暂时伫（那）外面等（蜀）等/等蜀下。va³¹ lo⁴² lai⁴² miŋ⁴²/³³（hu²⁴）mo³³ mo³³，lu³¹/nu³¹ naŋ²² tsaŋ⁴⁵ ti²² ɖu⁴²（aʔ⁴⁵）vuo³³ miŋ³³ ɖaŋ³¹（zioʔ³³）ɖaŋ³¹/ɖaŋ³¹ zioʔ³³ e³³。

（8）搬一块石头顶在这儿才稳。

泉州 搬蜀块石头□[taŋ⁴¹⁻⁵⁵]/顶/挂嘞/伫嘞即搭□[tsiaʔ⁵⁵]稳当。puã³³ tsit⁵⁵⁻⁴⁴ tɤ⁴¹⁻⁵⁵ tsio²⁴⁻²² thau²⁴ taŋ⁴¹⁻⁵⁵/tiŋ⁵⁵⁻²⁴/tu⁵⁵⁻²⁴ lɤ⁴¹⁻⁵⁵/tɯ²² lɤ⁴¹⁻⁵⁵ tsit⁵⁵⁻⁴⁴ taʔ⁵⁵ tsiaʔ⁵⁵ un⁵⁵⁻²⁴ taŋ⁴¹。

厦门 搬蜀块石头□[thuʔ³²⁻⁵³]咧/伫（咧）/蹛（咧）/蹛伫（咧）/店[tiam²¹⁻⁵³]（咧）/店[tiam²¹⁻⁵³] 伫（咧）即块则解在。puã⁴⁴⁻²² tsit⁵⁻²¹ te²¹⁻⁵³ tsioʔ⁵⁻²¹ thau²⁴ thuʔ³²⁻⁵³ eʔ³²⁻⁵³⁻⁴⁴/ ti²²⁻²¹（eʔ³²⁻⁵³⁻⁴⁴）/tua²¹⁻⁵³（eʔ³²⁻⁵³⁻⁴⁴）/tua²¹⁻⁵³ ti²²⁻²¹（eʔ³²⁻⁵³⁻⁴⁴）/tiam²¹⁻⁵³（eʔ³²⁻⁵³⁻⁴⁴）/ tiam²¹⁻⁵³

ti:$^{22-21}$（e?$^{32-53-44}$） tsit$^{32-53}$ te^{21} tsa?$^{32-5}$ e$^{22-21}$ tsai^{22}.

台中 搬蜀块石头拄伫□［tsia$^{53-44}$］□［tsiat$^{2-5}$］解稳。pua$^{44-22}$ tsit$^{3-2}$ te$^{21-53}$ tsio?$^{3-2}$ thau^{24} te$^{53-44}$ ti$^{22-21}$ tsia$^{53-44}$ tsiat$^{2-5}$ e$^{22-21}$ un^{53}.

漳州 搬蜀块仔石头仔□［tu$^{22-21}$］□［hɛ$^{22-21}$］□［tsia^{34}］恰稳。puã$^{34-22}$ tsit$^{121-21}$ te^{21} a^{52} tsio?$^{121-21}$ thau^{13} a^{52} tu$^{22-21}$ hɛ$^{22-21}$ tsia^{34} kha?$^{32-5}$ un^{52}.

汕头 搬块石来堵<u>放</u>/□［na^{31}］只块正解稳。pua^{33} ko$^{213-55}$ tsio?^{5} lai$^{55-31}$ tu$^{52-24}$ paŋ$^{213-55}$/na^{31} tsi$^{52-24}$ ko^{213} tsiã$^{213-55}$ oi$^{25-31}$ uŋ^{52}.

揭阳 搬块石来堵<u>放</u>□［tsio$^{42-24}$］块正解稳。pua^{33} ko$^{213-53}$ tsio?^{5} lai$^{55-22}$ tu$^{42-24}$ paŋ$^{213-42}$ tsio$^{42-24}$ ko^{213} tsiã$^{213-55}$ oi$^{35-21}$ uŋ^{42}.

海丰 搬蜀块石部堵<u>着</u>只□［e$^{44-33}$］正会稳。pua^{44} tsit$^{4-3}$ kai$^{55-22}$ khɔk$^{4-3}$ tsio?$^{4-3}$ pɔu^{25} tu$^{52-213}$ tɔ?$^{4-3}$/tsio?$^{4-3}$ tsi^{52} e$^{44-33}$ tsiã$^{213-55}$ ei$^{25-33}$ un^{52}.

遂溪 搬块石□［keu^{41}］顶伫若乃那稳。pua^{24} khuak^{3} tsio^{33} keu^{41} tiŋ^{41} tu$^{55-33}$ ia^{55} nai^{55} na$^{24-33}$ uŋ^{41}.

雷州 搬蜀块石头抵伫□［zia^{553}］迹那稳。pua^{24} ziak^{5} khuai^{21} tsio$^{33-42}$ thau^{22} ti^{21} tu^{33} zia^{553} tsia^{553} na^{24} uŋ^{42}.

文昌 □［io^{53}］蜀个石头顶伫□［ʥia$^{21-55}$］□［ɗi^{53}］但稳。io?^{53} ʥiak$^{3-21}$ kai^{22} tʃio$^{42-11}$ xau^{42} ɗeŋ^{31} ɗu^{42} ʥia$^{21-55}$ ɗi^{53} na^{53} un^{31}.

三亚 搬蜀块石头顶遘即路才/乃稳定。ɓuo^{33} zio?^{33} khuai^{24} tsie?^{42} thau^{22} ɗeŋ^{31} kau^{24} i?^{45} lou^{33} tshai^{22}/a?^{45} un^{31} ɗio^{33}.

（9）钱要藏在内衣口袋里。

泉州 钱卜囥<u>伫</u>/嘞/伫嘞里衫个袋仔嘞/里头。tsĩ^{24} bɤ?^{55} kŋ$^{·41-55}$ tɯ^{22}/lɤ$^{41-55}$/tɯ^{22} lɤ$^{41-55}$ lai^{22} sã^{33} e$^{24-22}$ tɤ$^{41-22}$ a^{55} lɤ$^{41-21}$/lai^{22} thau^{24}.

厦门 钱着收<u>咧</u>/<u>伫</u>（咧）/<u>蹛</u>（咧）/<u>蹛伫</u>（咧）/<u>店</u>［tiam$^{21-53}$］（咧）/<u>店</u>［tiam$^{21-53}$］<u>伫</u>（咧）里衫袋仔个。tsĩ^{24} tio?$^{5-21}$ siu$^{44-22}$ e?$^{32-53-44}$/ti:$^{22-21}$（e?$^{32-53-44}$）/tua$^{21-53}$（e?$^{32-53-44}$）/tua$^{21-53}$ ti$^{22-21}$（e?$^{32-53-44}$）/tiam$^{21-53}$（e?$^{32-53-44}$）/tiam$^{21-53}$ ti$^{22-21}$（e?$^{32-53-44}$） lai$^{22-21}$ sã$^{44-22}$ te$^{22-21}$ a^{53} e$^{24-21}$.

台中 钱爱□［tshaŋ$^{21-53}$］<u>伫</u>里衫个袋仔里。tsĩ^{24} ai$^{21-53}$ tshaŋ$^{21-53}$ ti$^{22-21}$ lai$^{22-21}$ sã$^{44-44}$ e$^{24-22}$ te$^{22-24}$ a^{53} lai^{22}.

漳州 镭着囥□［he$^{22-21}$］个里衫袋仔底。lui^{34} lo?$^{121-21}$ khŋ$^{·21-55}$ he$^{22-21}$ e$^{13-22}$ lai$^{22-21}$ sã$^{34-22}$ te^{21} a$^{52-44}$ te^{52}.

汕头 钱着囥<u>放</u>/□［na^{31}］里衫个袋底块。tsĩ^{55} tio?$^{5-2}$ kuŋ$^{213-55}$ paŋ$^{213-55}$/na^{31} lai$^{25-31}$ sã^{33} kai$^{55-31}$ to^{31} toi^{52} ko$^{213-31}$.

揭阳 钱着囥<u>放</u>/□［lai$^{55-22}$］□［hio$^{42-24}$］里衫个袋底块。tsĩ^{55} tio?$^{5-2}$ khuŋ$^{213-42}$ paŋ$^{213-42}$/lai$^{55-22}$ hio$^{42-24}$ lai$^{35-21}$ sã^{33} kai$^{55-22}$ to$^{22-21}$ toi^{42} ko$^{213-21}$.

海丰 钱爱囥着底衫袋里。tsĩ⁵⁵ ãi²¹³⁻⁵⁵ khŋ̍²¹³⁻⁵⁵ tɔʔ⁴⁻³/tiɔʔ⁴⁻³ tei⁵²⁻²¹³ sã⁴⁴ te²¹ lai²⁵。

遂溪 钱爱囥佇底衫袋里。tsi²² ai²¹⁴ kho²¹⁴ tu⁵⁵⁻³³ toi⁴¹ sa²⁴ te²⁴ li⁴¹。

雷州 阿钱爱囥佇阿底衫袋里。a⁵⁵ tsi²⁴ ai²¹ kho²¹ tu³³⁻⁴² a⁵⁵ toi⁴² sa²⁴⁻³³ te²⁴ li⁴²。

文昌 钱参放佇里衫衫洞里。tʃi²²⁻¹¹ ʃam²¹⁻⁵⁵ ɓaŋ²¹ ɗu⁴² lai⁴²⁻¹¹ ta³⁴ ta³⁴⁻⁴² ɗoŋ⁴² lai⁴²。

三亚 钱要囥□ [lu⁴²] 里衫个荷包里。tsi²² iau²⁴ kho²⁴ lu⁴² lai⁴² ta³³ kai²² hu²² ɓau³³ lai⁴²。

（10）名字别写在封面上。

泉州 侬名唔通写嘞/佇/蹛封面（个）顶面/封面顶。laŋ²⁴⁻²² miã²⁴ m⁴¹⁻²² than³³ sia⁵⁵⁻²⁴ lɤʔ⁵⁵/tɯ²²/tua⁴¹⁻⁵⁵ hɔŋ³³ bin⁴¹⁻²² (e²⁴⁻²²) tiŋ⁵⁵⁻²⁴ bin⁴¹/hɔŋ³³ bin⁴¹⁻²² tiŋ⁵⁵。

厦门 名嫒写唎/佇（唎）/蹛（唎）/蹛佇（唎）/店 [tiam²¹⁻⁵³] （唎）/店 [tiam²¹⁻⁵³] 佇（唎） 封面个。miã²⁴ mai²¹⁻⁵³ sia⁵³⁻⁴⁴ eʔ³²⁻⁵³⁻⁴⁴/ ti²²⁻²¹ (eʔ³²⁻⁵³⁻⁴⁴) /tua²¹⁻⁵³ (eʔ³²⁻⁵³⁻⁴⁴) /tua²¹⁻⁵³ ti²²⁻²¹ (eʔ³²⁻⁵³⁻⁴⁴) /tiam²¹⁻⁵³ (eʔ³²⁻⁵³⁻⁴⁴) / tiam²¹⁻⁵³ ti²²⁻²¹ (eʔ³²⁻⁵³⁻⁴⁴) hɔŋ⁴⁴⁻²² bin²² e²⁴⁻²¹。

台中 名嫒写佇册面顶。miã²⁴ mai²¹⁻⁵³ sia⁵³⁻⁴⁴ ti²²⁻²¹ tsheʔ̃ bin²²⁻²¹ tiŋ⁵³。

漳州 名<唔通>写□ [he²²⁻²¹] 封面□ [e²²⁻²¹]。miã¹³⁻²² <baŋ²²⁻²¹> sia⁵²⁻³⁴ he²²⁻²¹ hɔŋ³⁴⁻²² bin²² e²²⁻²¹。

汕头 个名嫒写放/□ [na³¹] 封面块。kai⁵⁵⁻³¹ mia⁵⁵ mai²¹³⁻⁵⁵ sia⁵²⁻²⁴ paŋ²¹³⁻⁵⁵/na³¹ hoŋ³³ min³¹ ko²¹³⁻³¹。

揭阳 个名嫒写放/□ [lai⁵⁵⁻²²] □ [hio⁴²⁻²⁴] 封面块。kai⁵⁵⁻²² mia⁵⁵ mai²¹³⁻⁴² sia⁴²⁻²⁴ paŋ²¹³⁻⁴²/lai⁵⁵⁻²² hio⁴²⁻²⁴ hoŋ³³ meŋ²² ko²¹³⁻²¹。

海丰 名嫒写着封面□ [e⁴⁴⁻³³]。miã⁵⁵⁻²² mai²¹³⁻⁵⁵ sia⁵²⁻²¹³ tiɔʔ⁴⁻³/tɔʔ⁴⁻³ hɔŋ⁴⁴⁻³³ min²¹ e⁴⁴⁻³³。

遂溪 名无写佇封面上。mia²² bo²² sia⁴¹ tu⁵⁵⁻³³ hoŋ²⁴⁻³³ mien²⁴ tsio²⁴。

雷州 阿名无写佇阿封面上。a⁵⁵ mia²² bo²²⁻³³ sia⁴² tu³³ a⁵⁵ hoŋ²⁴⁻³³ mieŋ²⁴ tsio³³。

文昌 名无用写佇封面上。mia²²⁻¹¹ bo²²⁻¹¹ ʥioŋ⁴² tia³¹⁻³³ ɗu⁴² ɓaŋ³⁴⁻⁴² mien³⁴ tʃio⁴²。

三亚 名嫒写佇封面/书面上。mio²² voi²⁴ tio³³ ɗu⁴² huaŋ³³ mie³³/tsu³³ mie³³ tsio⁴²。

（11）这辆自行车怎么放在马路当中？

泉州 ①即顶骹踏车怎仔拷/放(伫)嘞路中（央）？tsit^{55} tŋ$^{55-24}$ kha^{33} taʔ$^{24-22}$ tshia^{33} tsiũ$^{41-55}$ ã^{55} khua$^{41-55}$/paŋ$^{41-55}$（tɯ^{22}）lɤ$^{41-55}$ lɔ$^{41-22}$ tioŋ^{33}（hŋ$^{'33}$）？②即顶骹踏车干仔哪拷/放(伫)嘞路中（央）？tsit^{55} tŋ$^{55-24}$ kha^{33} taʔ$^{24-22}$ tshia^{33} kan^{41} ã$^{55-21}$ nã^{55} khua$^{41-55}$/paŋ$^{41-55}$（tɯ^{22}）lɤ$^{41-55}$ lɔ$^{41-22}$ tioŋ^{33}（hŋ$^{'33}$）？

厦门 即把骹踏车安怎下咧/伫（咧）/蹛（咧）/蹛伫（咧）/店[tiam$^{21-53}$]（咧）/店[tiam$^{21-53}$]伫（咧）路中央呃？tsit$^{32-5}$ pe$^{53-44}$ kha$^{44-22}$ taʔ$^{5-21}$ tshia^{44} an$^{21-53}$ tsuã^{53} khe$^{22-21}$/he$^{22-21}$ eʔ$^{32-53-44}$/ti$^{22-21}$（eʔ$^{32-53-44}$）/tua$^{21-53}$（eʔ$^{32-53-44}$）/tua$^{21-53}$ ti$^{22-21}$（eʔ$^{32-53-44}$）/tiam$^{21-53}$（eʔ$^{32-53-44}$）/tiam$^{21-53}$ ti$^{22-21}$（eʔ$^{32-53-44}$）lɔ$^{22-21}$ tioŋ$^{44-22}$ ŋ^{44} eʔ^{21}？

台中 即台铁马哪解园伫路中央咧？tsit$^{2-5}$ tai$^{24-22}$ thiʔ$^{2-5}$ be^{53} na$^{53-44}$ e$^{22-21}$ khŋ$^{'21-53}$ ti$^{22-21}$ lɔ$^{22-21}$ tioŋ$^{44-22}$ ŋ$^{'44}$ le^{21}？

漳州 ①即顶骹踏车安怎合下伫马路当央啊？（非使然）tsit$^{32-5}$ tiŋ$^{52-34}$ kha$^{34-22}$ taʔ$^{121-21}$ tshia^{34} an$^{34-22}$ tsuã^{52} kaʔ$^{32-5}$ hɛ$^{22-21}$ ti$^{22-21}$ be$^{52-34}$ lɔ$^{22-21}$ tioŋ$^{34-22}$ ŋ$^{'34-22}$ a^{22}？②即顶骹踏车安怎合下马路当央啊？（使然）tsit$^{32-5}$ tiŋ$^{52-34}$ kha$^{34-22}$ taʔ$^{121-21}$ tshia^{34} an$^{34-22}$ tsuã^{52} kaʔ$^{32-5}$ hɛ$^{22-21}$ be$^{52-34}$ lɔ$^{22-21}$ tioŋ$^{34-22}$ ŋ$^{'34-22}$ a^{22}？

汕头 ①隻骹车做呢放伫马路镇中块？（非使然）tsiaʔ$^{2-5}$ kha^{33} tshia^{33} tso$^{213-55}$ ni$^{55-31}$ paŋ$^{213-55}$ to$^{25-31}$ be$^{52-24}$ lou^{31} tiŋ$^{213-55}$ taŋ^{33} ko$^{213-31}$？②隻骹车做呢放放/□[na^{31}]马路镇中块？（使然）tsiaʔ$^{2-5}$ kha^{33} tshia^{33} tso$^{213-55}$ ni$^{55-31}$ paŋ$^{213-55}$ paŋ$^{213-55}$/na^{31} be$^{52-24}$ lou^{31} tiŋ$^{213-55}$ taŋ^{33} ko$^{213-31}$？

揭阳 ①隻骹车做呢放伫马路中央块？（非使然）tsiaʔ$^{2-3}$ kha^{33} tshia^{33} tso$^{213-42}$ ni$^{55-22}$ paŋ$^{213-42}$ to^{35} be$^{42-24}$ lou^{22} taŋ^{33} ŋ$^{'33}$ ko$^{213-21}$？②隻骹车做呢放□[lai^{22}]□[hio$^{42-24}$]马路镇中块？（使然）tsiaʔ$^{2-3}$ kha^{33} tshia^{33} tso$^{213-42}$ ni$^{55-22}$ paŋ$^{213-42}$ lai^{22} hio$^{42-24}$ be$^{42-24}$ lou^{22} taŋ^{33} ŋ$^{'33}$ ko$^{213-21}$？

海丰 隻辆骹车做呢放着路中央？tsi^{52} niɔ̃$^{52-213}$ kha$^{44-33}$ tshia^{44} tsɔ$^{213-55}$ ni^{55} paŋ^{213} tɔʔ^3/tioʔ^3 lou^{21} taŋ$^{44-33}$ ŋ$^{'44}$？

遂溪 若部单车做乜放伫路当央？ia^{55} peu$^{55-33}$ taŋ$^{24-33}$ tshia^{24} tso^{55} mi^{55} paŋ^{214} tu$^{55-33}$ leu^{41} taŋ$^{24-33}$ o^{24}？

雷州 这架单车做（做）放伫阿路当央？zia^{553} ke$^{21-44}$ taŋ$^{24-33}$ tshia^{24} tso$^{553-33}$（tso^{553}）paŋ^{21} tu$^{33-42}$ a^{55} leu^{24} ta$^{24-33}$ o^{24}？

文昌 这架骹车知作放伫路当央？ʤia$^{21-55}$ ke^{21} xa$^{34-42}$ ʃia^{34} tai^{34} toʔ^5 ɓaŋ$^{21-55}$ ɗu^{42} lou^{34} ɗa$^{34-42}$ o^{34}？

三亚 即架骹车做乜放伫马路中间？iʔ^{45} ke^{24} kha^{33} tshio^{33} toʔ$^{45-44}$ miʔ^{45} ɓaŋ^{24} ɗu^{42} ve^{31} lou^{33} tsoŋ^{33} kaŋ^{33}？

（12）书放在桌子上。

泉州 册挎/放伫/伫嘞桌顶。tsheʔ⁵⁵ khua⁴¹⁻⁵⁵/paŋ⁴¹⁻⁵⁵ tɯ²²/tɯ²² lɤ⁴¹⁻⁵⁵ toʔ⁵⁵ tiŋ⁵⁵.

厦门 ①册下(伫)咧桌顶。tsheʔ³² he²²⁻²¹ (ti²²⁻²¹) eʔ³²⁻⁵³⁻⁴⁴ toʔ³²⁻⁵³ tiŋ⁵³. ②册下桌顶。tsheʔ³² he²²⁻²¹ toʔ³²⁻⁵³ tiŋ⁵³.

台中 册囥伫桌顶。tsheʔ² khŋ²¹⁻⁵³ ti²²⁻²¹ toʔ²⁻⁵ tiŋ⁵³.

漳州 ①册下桌顶□[e²¹]。（使然）tshɛʔ³² hɛ²²⁻²¹ toʔ³²⁻⁵² tiŋ⁵² e²¹. ②册下伫桌顶□[e²¹]。（非使然）tshɛʔ³² hɛ²¹⁻⁵² ti²²⁻²¹ toʔ³²⁻⁵² tiŋ⁵² e²¹.

汕头 ①本书放伫床顶（块）。（非使然）puŋ⁵²⁻²⁴ tshɯ³³ paŋ²¹³⁻⁵⁵ to²⁵⁻³¹ tshɯŋ⁵⁵⁻³¹ teŋ⁵² (ko²¹³⁻³¹). ②本书放□[na³¹]床顶（块）。（使然）puŋ⁵²⁻²⁴ tshɯ³³ paŋ²¹³⁻⁵⁵ na³¹ tshɯŋ⁵⁵⁻³¹ teŋ⁵² (ko²¹³⁻³¹).

揭阳 ①放伫□[hio⁴²⁻²⁴]床顶块。（非使然）paŋ²¹³⁻⁴² to³⁵⁻²¹ hio⁴²⁻²⁴ tshɯŋ⁵⁵⁻²² teŋ⁴² ko²¹³⁻²¹. ②放□[lai⁵⁵⁻²²]□[hio⁴²⁻²⁴]床顶块。（使然）paŋ²¹³⁻⁴² lai⁵⁵⁻²² hio⁴²⁻²⁴ tshɯŋ⁵⁵⁻²² teŋ⁴² ko²¹³⁻²¹.

海丰 册放着床顶□[e⁴⁴⁻³³]。tsheʔ³ paŋ²¹³⁻⁵⁵ tioʔ⁴⁻³/tɔʔ⁴⁻³ tshŋ⁵⁵⁻²² teŋ⁵² e⁴⁴⁻³³.

遂溪 册放伫床囝面。tshe⁵⁵ paŋ²¹⁴ tu⁵⁵⁻³³ tsho²²⁻³³ kia⁴¹ mien²⁴.

雷州 阿书放伫阿床囝上/面。a⁵⁵ tsu²⁴ paŋ²¹ tu³³⁻⁴² a⁵⁵ tsho²²⁻³³ kia⁴² tsio³³/mien²⁴.

文昌 书放伫/许床上。ʃu³⁴ ɓaŋ²¹⁻⁵⁵ ɗu⁴²/ɦo²¹⁻⁵⁵ ʃo²² ʧio⁴².

三亚 书放伫桌囝上。tsu³³ ɓaŋ²⁴ ɗu⁴² toʔ⁴⁵ kio³¹ tsio⁴².

汉语方言里，介引所在的介词有些地方分两套，意义上有"使然""非然"之分①，已知例如闽南方言、湘方言、徽语、胶辽官话等方言都有这种情况。经调查，闽南方言只有一部分地域有这种分别。上面第（1）—（6）例是"非使然"的"在"，第（7）—（10）例是"使然"的"在"，例（11）、例（12）的"在"则可有"非使然""使然"两种意思。语料中，可以看到有些方言点都用一套介词，有的方言点分别用不同的介词。

下面是从语料中看到的各地的形式，有"使然""非使然"分别的特别标明。

泉州	厦门	台中	漳州
伫（咧）ᶜtɯ (lɤˀ)	伫（咧）ti² (eʔ̚)	伫 ti²	伫 ti²（非使然）
蹛 tua˃	蹛（咧）tua˃ (eʔ̚)	□tam²	蹛 tua˃（非使然）

---

① 参见施其生《汉语方言里的"使然"与"非使然"》，载《中国语文》2006年第4期。

蹛伫（咧）tua² ti²（eʔ₋）　　　　　下 hɛ²（使然）
店（咧）tiam³（eʔ₋）　　　　　　□ᶜtai（使然）
店伫（咧）tiam³ ti²（eʔ₋）

汕头　　　　　　　揭阳　　　　　　　海丰
伫ᶜto（非使然）　　伫ᶜto（非使然）　　着 toʔ₂/tioʔ₂
放 paŋ³（使然）　　放 paŋ³（使然）　　ᶜciʔ₂着
□na²（使然）　　 □lai²（使然）

遂溪、雷州　　　　文昌　　　　　　　三亚
伫ᶜtu　　　　　　 伫 ɗu²　　　　　　伫ᶜɗu/ɗu²

介引所在，普通话用"在"，闽南方言都不用"在"。非使然的多来自有"驻留"意义的动词，如"伫""着"，使然的多来自有搁放义的动词，如"放""下"，也有来自"驻留"义动词的，如"□[na²]"①和"□[lai²]"在汕头和揭阳是"待着"的意思。"咧"本表处所，相当于"处"的意思，"伫咧"的意思本为"在处"，作处所介词时，"伫咧" = "伫" = "在"，这是同质兼并的结果，属同质兼并中的非同一语义兼并。同样的变化在吴语、潮汕话中都可以见到②。如吴语宝山话"勒辣"（在这儿/在那儿）作介词时又相当于"勒"（在），其形成机制如下：

形式：勒辣 + 处所宾语 —同义兼并→ 勒辣 + 处所宾语
语义：AB + B′ —————————→ AB′
（A = 在，B/B′ = 处所）

厦门等地的介词"伫嘞"的形成机制也一样：

形式：伫咧 + 处所宾语 —同义兼并→ 伫咧 + 处所宾语
语义：AB + B′ —————————→ AB′
（A = 在，B/B′ = 处所）

---

① "□[na²]"本字不明，据李如龙《闽南方言的介词》，福建闽南话也有个"□[na³¹⁻²²]"，词义与潮汕的"□[na²]"完全一样，所举作介词的三个例句均带"使然"义，（见李如龙、张双庆《介词》，暨南大学出版社 2000 年版，第 126 页）。既如此则潮汕的"□[na²]"应来自福建。闽南的"□[na³¹⁻²²]"因调查中未见，此处未列，在闽南作介词是否专用于"使然"，仍有待深入调查。

② 参见施其生《汉语方言中语言成分的同质兼并》，载《语言研究》2009 年第 2 期。

(二) 介引所从的介词

"所从"意义上包括"所从来"和"所经由",普通话用同一个形式"从",闽南方言中的粤东片及雷州片的遂溪就用上节表"所在"的介词表示"所从来",也就是说,"所在"和"所从来"不分,但是除海丰外却都用另外一套词表示"所从由",即明确区分"所从来"和"所从由",其余地方则相反,是"所从来"和"所经由"不分,但是区分"所在"和"所从"。

在用表"所在"的介词表"所从来"的汕头、揭阳等地,因为"所在"有"使然""非使然"两套形式,这两套形式表"所从来"的时候也有"使然""非使然"之分。这种情况山东栖霞方言也有①。

1. 表示所从来的介词

下面是例句中所见各地形式,有"使然""非使然"分别的特别标明。

泉州	厦门	台中	漳州
按 an²	按 an²		
用 iŋ²	用 iŋ²		
尉 ui²	尉 ui²	尉 ui²	
对 tui²	对 tui²		对 tui²
就 tsiũ²	自 tsu²		
从 ₅tsiɔŋ			

汕头	揭阳	海丰	遂溪
仜 ₅to(非使然)	仜 ₅to(非使然)	着 tɔʔ⁵/tiɔʔ⁵	仜 ₅tu
同 ₅taŋ(非使然)	同 ₅taŋ(非使然)		
□na²(使然)	□lai²(使然)		

雷州	文昌	三亚
通 thaŋ²	通 xan²	通 thaŋ²

非使然的例句如下。

(13) 他从我这里拿了一千块钱,说是去广州检查一下。

泉州 伊按/用/尉/对/就/从我即搭挒了蜀千箍,说是去广州检查蜀下。

---

① 参见刘翠香《山东栖霞方言中表示处所/时间的介词》,载《方言》2004 年第 2 期。

i³³ an⁴¹⁻⁵⁵/iŋ⁴¹⁻⁵⁵/ui⁴¹⁻⁵⁵/tui⁴¹⁻⁵⁵/tsiũ⁴¹⁻²²/tsiɔŋ²⁴⁻²² gua⁵⁵ tsit⁵⁵⁻⁴⁴ taʔ⁵⁵ thueʔ²⁴⁻²² liau⁵⁵⁻²⁴ tsit²⁴⁻²² tshũi³³ khɔ³³, sɤʔ⁵⁵ si²² khɯ⁴¹⁻⁵⁵ kŋ⁵⁵⁻²⁴ tsiu³³ kiam⁵⁵⁻²⁴ tsa tsit²⁴⁻²² e⁴¹⁻²¹.

厦门 伊用/按/对/尉/自我□［tsia²⁴］挃蜀千箍，讲是卜去广州检查蜀下。i⁴⁴⁻²² iŋ²²⁻²¹/an²¹⁻⁵³/tui²¹⁻⁵³/ui²¹⁻⁵³/tsu²²⁻²¹ gua⁵³⁻⁴⁴ tsia²⁴ theʔ⁵⁻²¹ tsit⁵⁻²¹ tshiŋ⁴⁴⁻²² khɔ⁴⁴, kɔŋ⁵³⁻⁴⁴ si²²⁻²¹ beʔ³²⁻⁵ khiʔ²¹⁻⁵³⁻⁴⁴ kŋ⁵³⁻⁴⁴ tsiu⁴⁴ kiam⁵³⁻⁴⁴ tsa⁴⁴ tsit⁵⁻²¹ e²²⁻²¹.

台中 伊尉我这挈蜀千箍，讲是卜去广州检查蜀下。i⁴⁴⁻²² ui²¹⁻⁵³ ua⁵³⁻⁴⁴ tsia⁵³⁻⁴⁴ khe²²⁻²¹ tsit³⁻² tshiŋ⁴⁴⁻²² khɔ⁴⁴, kɔŋ⁵³⁻⁴⁴ si²²⁻²¹ beʔ²⁻⁵ khiʔ²¹⁻⁵³ kaŋ⁵³⁻⁴⁴ tsiu⁴⁴ kiam⁵³⁻⁴⁴ tsa⁴⁴ tsit³⁻² e²⁴⁻²¹.

漳州 伊对我□［tsia³⁴］挃蜀千箍，讲是卜去广州检查＜蜀下＞。i³⁴ tui²¹⁻⁵² gua⁵²⁻³⁴ tsia³⁴ theʔ¹²¹⁻²¹ tsit¹²¹⁻²¹ tshin³⁴⁻²² khɔ³⁴, kɔŋ⁵²⁻³⁴ si²²⁻²¹ beʔ³²⁻⁵ khiʔ²¹⁻⁵² kui⁵²⁻³⁴ tsiu³⁴ kiam⁵²⁻³⁴ tsɛ¹³ ＜tsɛ²¹＞.

汕头 伊伫我只块挈了蜀千银，呾爱去广州检查蜀下。i³³ to²⁵⁻³¹ ua⁵²⁻²⁴ tsi⁵²⁻²⁴ ko²¹³ khioʔ⁵⁻² liau⁵²⁻²⁴ tsek⁵⁻² tshõi³³ ŋɯŋ⁵⁵, ta²¹³⁻⁵⁵ ãi²¹³⁻⁵⁵ khɯ²¹³⁻⁵⁵ kɯŋ⁵²⁻²⁴ tsiu³³ kiam⁵²⁻²⁴ tshe⁵⁵ tsek⁵⁻² e²⁵⁻³¹.

揭阳 伊伫我□［tsio⁴²⁻²⁴］块挈了蜀千银，呾爱去广州检查蜀下。i³³ to³⁵⁻²¹ ua⁴²⁻²⁴ tsio⁴²⁻²⁴ ko²¹³ khioʔ⁵⁻² liau⁴²⁻²⁴ tsek⁵⁻² tshãi³³ ŋeŋ⁵⁵, ta²¹³⁻⁴² ãi²¹³⁻⁴² khɯ²¹³⁻⁴² kɯŋ⁴²⁻²⁴ tsiu³³ kiam⁴²⁻²⁴ tshe⁵⁵ tsek⁵⁻² e³⁵⁻²¹.

海丰 伊伫/着我只（□［e⁴⁴⁻³³］）挈了蜀千银，讲是去广州检查蜀下。i⁴⁴ toʔ⁴⁻³/tioʔ⁴⁻³ ua⁵² tsi⁵² (e⁴⁴⁻³³) khieʔ⁴⁻³ liau⁵²⁻²¹³ tsit⁴⁻³ tsãi⁴⁴⁻³³ ŋin⁵⁵, kɔŋ⁵²⁻²¹³ si²⁵⁻³³ khi²¹³⁻⁵⁵ kũi⁵²⁻²¹³ tsiu⁴⁴ khiam⁵²⁻²¹³ tshe⁵⁵ tsit⁴⁻³ e²⁵⁻³³.

遂溪 伊伫我若乃掠去蜀千纸，讲爱去广州检查团。i²⁴ tu⁵⁵⁻³³ va⁴¹ ia⁵⁵ nai⁵⁵ lia³³ hu²¹⁴ iak³ tshai²⁴ tsua⁴¹, ko⁴¹ ai²¹⁴ hu²¹⁴⁻⁵⁵ kuan⁴¹ tsiu²⁴ kiam⁴¹ tsha²² kia⁴¹.

雷州 伊通我这迹掠去蜀千银，讲爱去广州检查蜀下。i²⁴ thaŋ²¹ ba⁴² zia⁵⁵³ tsia⁵⁵³ lia³³⁻⁴² khu²¹ ziak⁵ tshai²⁴⁻³³ ŋieŋ²², kho⁴² ai²¹⁻⁴⁴ khu²¹ kuan⁴² tsiu²⁴ kiam⁴²⁻⁴⁴ tsa²² ziek² e²⁴.

文昌 伊通我这里□［ioʔ⁵³］蜀千银，讲去广州检查蜀下。i³⁴ xan²¹ gua³¹ ʥia²¹⁻⁵⁵ le³⁴ ioʔ⁵³ ʥiak³⁻²¹ ʃai³⁴ ŋien²², koŋ³¹ xu²¹ guan³¹⁻³³ ʧiu³⁴ kiam³¹⁻³³ ʃa²² ʥiak³⁻²¹ e³⁴.

三亚 伊通我即路□［ɓui⁴²］了蜀千银，讲去广州检查蜀下。i³³ thaŋ²⁴ va³¹ iʔ⁴⁵ lou³³ ɓui⁴² liau⁴² io³³ tshai⁴² ŋin⁵⁵, koŋ³¹ hu²⁴ kuan³¹ tsiu³³ keŋ³¹ tsha²² zioʔ³³ e³³.

（14）他从书包里摸出一把钥匙来。

泉州 伊按/用/尉/对/就/从册包嘞/里面摸出蜀绾/支锁匙来。i³³ an⁴¹⁻⁵⁵/

第二章 闽南方言的虚词

iŋ⁴¹⁻⁵⁵/ui⁴¹⁻⁵⁵/tui⁴¹⁻⁵⁵/tsiũ⁴¹⁻²²/tsiɔŋ²⁴⁻²² tsheʔ⁵⁵ pau³³ lɤ²² /lai²² bin⁴¹ mɔ³³ tshut⁵⁵ tsit²⁴⁻²² kuã³³/ki³³ so⁵⁵⁻²⁴ si²⁴ lai²⁴⁻⁴¹。

厦门 伊按/用/对/尉/自册包里摸/挒出蜀□［kuã²²⁻²¹］锁匙。i⁴⁴⁻²² an²¹⁻⁵³/iŋ²²⁻²¹/tui²¹⁻⁵³/ui²¹⁻⁵³/tsu²²⁻²¹ tsheʔ³²⁻⁵³ pau⁴⁴⁻²² lai²² bɔŋ⁴⁴⁻²²/theʔ⁵⁻²¹ tshut³²⁻⁵ tsit⁵⁻²¹ kuã²²⁻²¹ so⁵³⁻⁴⁴ si²⁴。

台中 伊尉册泡仔（里）摸出蜀把锁匙（来）。i⁴⁴⁻²² ui²¹⁻⁵³ tsheʔ²⁻⁵ pha²⁴⁻²² a⁵³（lai²²）bɔŋ⁴⁴⁻²² tshut²⁻⁵ tsit³⁻² pe⁵³⁻⁴⁴ so⁵³⁻⁴⁴ si²⁴⁻²²（lai²⁴）。

漳州 伊对册包仔底挒蜀支锁匙出来。i³⁴ tui²¹⁻⁵² tshɛʔ³²⁻⁵² pau³⁴ a⁵²⁻⁴⁴ te⁵² theʔ¹²¹⁻²¹ tsit¹²¹⁻²¹ ki³⁴⁻²² so⁵²⁻³⁴ si¹³⁻²² tshut³²⁻⁵ lai¹³⁻²²。

汕头 伊佇/□［na²¹³⁻⁵⁵]（许）书包底摸（了）支锁匙出来。i³³ to²⁵⁻³¹/na²¹³⁻⁵⁵（hɯ⁵²⁻²⁴）tsɯ³³ pau³³ toi⁵² mou⁵⁵⁻³¹（liau⁵²⁻²⁴）ki³³ so⁵²⁻²⁴ si⁵⁵ tshuk² lai⁵⁵⁻³¹。

揭阳 伊佇书包底摸支锁匙出来。i³³ to³⁵ tsɯ³³ pau³³ tõi⁴² mou⁵⁵⁻²² ki³³ so⁴²⁻²⁴ si⁵⁵ tshuk² lai⁵⁵⁻²²。

海丰 伊着册包里摸（蜀）支锁匙出来。i⁴⁴ tioʔ⁴⁻³/toʔ⁴⁻³ tsheʔ³⁻⁴ pau⁴⁴⁻³³ lai²⁵ mɔŋ⁵⁵⁻²²/mɔŋ⁵⁵⁻²²（tsit⁴⁻³）ki⁴⁴ sɔ⁵²⁻²¹³ si⁵⁵ tshut³⁻⁴ lai⁵⁵⁻²¹。

遂溪 伊佇书包里摸出蜀把锁匙来。i²⁴ tu⁵⁵⁻³³ tsu²⁴⁻³³ pau²⁴ li⁴¹ ma²⁴ tshuk⁵ iak³ pe⁴¹ so⁴¹ si²² lai²²。

雷州 伊通阿书包里摸出蜀把锁匙来。i²⁴ thaŋ²¹ a⁵⁵ tsu²⁴⁻³³ pau²⁴ li⁴² ma²⁴ tshuk⁵ ziak⁵ pe⁴² so⁴²⁻⁴⁴ si²² lai²²。

文昌 伊通书包里，挃出蜀把锁匙。i³⁴ xan²¹ tu³⁴⁻⁴² ɓau³⁴ lai⁴²，tʃioŋ²²⁻¹¹ ʃut⁵ dʑia(k)³⁻²¹ ɓe³¹ to³¹⁻³³ ti²²。

三亚 伊通书包里□［ɓui⁴²］/摸出蜀把锁匙。i³³ thaŋ²⁴ tsu³³ ɓau³³ lai⁴² ɓui⁴²/mou²² tshuiʔ⁴⁵ io³³ ɓe³¹ to³¹ ti²²。

（15）我从路口问起，一家一家地都问过，到这里还是都说没有。

泉州 我按/用/尉/对/就/从路口问起，蜀家蜀家个都问过，遘即搭阿是都说无。gua⁵⁵ an⁴¹⁻⁵⁵/iŋ⁴¹⁻⁵⁵/ui⁴¹⁻⁵⁵/tui⁴¹⁻⁵⁵/tsiũ⁴¹⁻²²/tsiɔŋ²⁴⁻²² lɔ⁴¹⁻²² khau⁵⁵ bŋ̍⁴¹⁻²² khi⁵⁵，tsit²⁴⁻²² ke³³ tsit²⁴⁻²² ke⁵³ e²⁴⁻²² tɔ³³ bŋ̍⁴¹ kɤ⁴¹，kau⁴¹⁻⁵⁵ tsit⁵⁵⁻⁴⁴ taʔ⁵⁵ a⁵⁵⁻²⁴ si²² tɔ³³ sɤʔ⁵⁵ bo²⁴。

厦门 我按/用/对/尉/自路口问起，蜀家蜀家拢问过，遘□［tsia²⁴］各是拢讲无。gua⁵³⁻⁴⁴ an²¹⁻⁵³/iŋ²²⁻²¹/tui²¹⁻⁵³/ui²²⁻²¹⁽⁻⁵³⁾/tsu²²⁻²¹ lɔ²²⁻²¹ khau⁵³ mŋ̍²²⁻²¹ khi⁵³，tsit⁵⁻²¹ ke⁴⁴⁻²² tsit⁵⁻²¹ ke⁴⁴ lɔŋ⁵³⁻⁴⁴ mŋ̍²² ke²¹，kau²¹⁻⁵³ tsia²⁴ koʔ³²⁻⁵³ si²²⁻²¹ lɔŋ⁵³⁻⁴⁴ kɔŋ⁵³⁻⁴⁴ bo²⁴。

台中 我尉路口问起，蜀家蜀家拢问过，遘□［tsia⁵³⁻⁴⁴］野是拢讲无。

ua$^{53-44}$ ui$^{21-53}$ lɔ$^{22-21}$ khau^{53} bŋ$^{22-21}$ khi^{53}, tsit$^{3-2}$ ke^{44} tsit$^{3-2}$ ke^{44} lɔŋ$^{53-44}$ bŋ^{22} kue^{21}, kau$^{21-53}$ tsia$^{53-44}$ ia$^{53-44}$ si$^{22-21}$ lɔŋ$^{53-44}$ kɔŋ$^{53-44}$ bo^{24}.

漳州 我对路口问起，蜀家蜀家个问，遘□[tsia^{34}]夭是拢讲无。gua^{52} tui$^{21-52}$ lɔ$^{22-21}$ khau^{52} mui$^{22-21}$ khi^{21}, tsit$^{121-21}$ ke$^{34-22}$ tsit$^{121-21}$ ke$^{34-22}$ e$^{13-22}$ mui^{22}, kau$^{21-55}$ tsia^{34} iau$^{52-34}$ si$^{22-21}$ lɔŋ$^{52-34}$ kɔŋ$^{52-34}$ bo^{13}.

汕头 我伫路头问起，蜀家家问过了，遘只块还是拢咀无。ua^{52} to$^{25-31}$ lou^{31} thau^{55} muŋ^{31} khi^{52}, tsek$^{5-2}$ ke^{33} ke^{33} muŋ^{31} kue$^{213-31}$ ou$^{52-213}$, kau$^{213-55}$ tsi$^{52-213}$ ko^{213} huã$^{52-24}$ si$^{25-31}$ lɔŋ$^{52-24}$ tã$^{213-55}$ bo^{55}.

揭阳 我伫路头问起，蜀家家问过了，遘□[tsio$^{42-24}$]块还是拢咀无。ua$^{42-53}$ to$^{35-21}$ lou$^{22-21}$ thau^{55} muŋ$^{22-21}$ khi^{42}, tsek$^{5-2}$ ke^{33} ke^{33} muŋ^{22} kue$^{213-21}$ au$^{42-213}$, kau$^{213-42}$ tsio$^{42-24}$ ko^{213} hã$^{42-24}$ si$^{35-21}$ lɔŋ$^{42-24}$ tã$^{213-53}$ bo^{55}.

海丰 我着路头问起，蜀间蜀间左问过，遘只搭仔/只□[e$^{44-33}$]还是左讲无。ua^{52} tioʔ$^{4-3}$/tɔʔ$^{4-3}$ lou$^{21-33}$ thou^{55} mũi^{21} khi^{52}, tsit$^{4-3}$ kaĩ$^{44-33}$ tsit$^{4-3}$ kaĩ^{52} mũi^{21} kue^{213}, kau$^{213-55}$ tsi^{52} tap^{3} ã^{52}/tsi^{52} e$^{44-33}$ huã$^{52-213}$ si$^{25-33}$ tsɔ^{52} kɔŋ$^{52-213}$ bo^{55}.

遂溪 我伫路口问起，厝厝问过，遘若乃野是讲无有。va^{41} tu$^{55-33}$ leu^{41} khau^{41} mui^{24} khi^{21}, tshu^{214} tshu^{214} mui^{24} kue^{214}, kau^{214} ia^{55} nai^{55} ia^{41} si^{55} ko^{41} bo^{21} u^{55}.

雷州 我通阿路头问起，（蜀）家（蜀）家/（蜀）厝（蜀）厝都问过，遘这迹野都讲无（有）。ba^{42} thaŋ^{21} a^{55} leu$^{24-33}$ thau^{22} mui^{24} khi^{42}, (ziak^{5}) ke^{24} (ziak^{5}) ke^{24}/ (ziak^{5}) tshu$^{21-44}$ (ziak^{5}) tshu^{21} teu^{24} mui^{24} kue^{21}, kau^{21} zia^{553} tsia^{553} ia^{42} teu^{24} ko^{42} bo$^{22-33}$ (u^{33}).

文昌 我通路口问起，蜀厝蜀厝问，遘这路，倘是讲无有。gua^{31} xan^{21} lou$^{34-42}$ xau$^{31-33}$ mui$^{34-42}$ xi^{31}, ʤia(k)$^{3-21}$ ʃu^{21} ʤia(k)$^{3-21}$ ʃu^{21} mui^{34}, kau^{21} ʤia$^{21-55}$ lau^{34}, iaŋ$^{42-11}$ ti$^{42-11}$ kɔŋ^{31} bo$^{22-11}$ u^{42}.

三亚 我通路口问起，蜀家蜀家个都问过，遘即路还是讲无有。va^{31} thaŋ^{24} lou^{33} khau^{31} mui^{33} khi^{31}, ioʔ^{33} ke^{33} ioʔ^{33} ke^{33} kai^{22} ɗou^{33} mui^{33} kuo^{24}, kau^{24} iʔ^{45} lou^{33} hai^{22} ti^{42} kɔŋ^{31} vo^{22} u^{42}.

（16）从西藏买来的藏红花，哥哥拿了一点儿，姐姐拿了一点儿。（不知道藏红花的改问："从城里买的金银花，哥哥拿了一点儿，姐姐拿了一点儿。"）

泉州 按西藏买来个藏红花，阿兄挏蜀撮仔，阿姊挏蜀撮仔。an^{33} se^{33} tsɔŋ^{41} bue^{55} lai$^{24-31}$ e$^{24-21}$ tsɔŋ$^{41-22}$ aŋ$^{24-22}$ hue^{33}, a$^{55-24}$ hiã^{33} thueʔ$^{24-22}$ tsit$^{24-22}$ tshɔk^{55} a^{55}, a$^{55-24}$ tsi^{55} thueʔ$^{24-22}$ tsit$^{24-22}$ tshɔk^{55} a^{55}.

厦门 按/对/尉/自西藏买来个红花，阿兄挏蜀撮仔/蜀点仔/蜀点仔囝，阿姊挏蜀撮仔/蜀点仔/蜀点仔囝。an$^{21-53}$/tui$^{21-53}$/ui$^{22-21(-53)}$/tsu$^{22-21}$ se$^{44-22}$

tsoŋ²² bue⁵³ lai²⁴⁻²¹ e²⁴⁻²² aŋ²⁴⁻²² hue⁴⁴, a⁴⁴⁻²² hiã⁴⁴ theʔ⁵⁻²¹ tsit⁵⁻²¹ tshiɔk³²⁻⁵ a⁵³/ tsit⁵⁻²¹ tiam⁵³⁻⁴⁴ a⁵³/ tsit⁵⁻²¹ tiam⁵³⁻⁴⁴ a⁵³⁻⁴⁴ kiã⁵³, a⁴⁴⁻²² tsi⁵³ theʔ⁵⁻²¹ tsit⁵⁻²¹ tshiɔk³²⁻⁵ a⁵³/tsit⁵⁻²¹ tiam⁵³⁻⁴⁴ a⁵³/ tsit⁵⁻²¹ tiam⁵³⁻⁴⁴ a⁵³⁻⁴⁴ kiã⁵³.

台中 尉城里买来个金银花，哥哥挈蜀寡仔，姐姐吗挈蜀寡仔。ui²¹⁻⁵³ siã²⁴⁻²² lai²² be⁵³ lai²⁴⁻²² e²² kim⁴⁴⁻²² gin²⁴⁻²² hue⁴⁴, ko⁴⁴ ko²² khe²²⁻²¹ tsit³⁻² kua⁵³⁻⁴⁴ a⁵³, tse⁵³⁻⁴⁴ tse⁵³ ma²²⁻²¹ khe²²⁻²¹ tsit³⁻² kua⁵³⁻⁴⁴ a⁵³.

漳州 对县城买来个金银花，阿兄挆蜀点仔，阿姊挆蜀点仔。tui²¹⁻⁵² kuan²¹⁻⁵² siã¹³⁻²² be⁵² lai²²⁻¹ e¹³⁻²² kim³⁴⁻²² gin¹³⁻²² hua³⁴, a³⁴⁻²² hiã³⁴ theʔ¹²¹⁻²¹ tsit¹²¹⁻²¹ tiam⁵² a⁵², a³⁴⁻²² tsi⁵² theʔ¹²¹⁻²¹ tsit¹²¹⁻²¹ tiam⁵² a⁵².

汕头 伫许西藏买个藏红花，阿兄挈了蜀撮团，阿姐挈了蜀撮团。to²⁵⁻³¹ hɯ⁵²⁻²⁴ sai³³ tsaŋ²⁵ boi⁵ kai⁵⁵⁻³¹ tsaŋ²⁵⁻³¹ aŋ⁵⁵⁻³¹ hue³³, a³³ hiã³³ khioʔ⁵⁻² liau⁵²⁻²⁴ tsek⁵⁻² tshoʔ²⁻⁵ kiã⁵², a³³ tse⁵² khioʔ⁵⁻² liau⁵²⁻²¹³ tsek⁵⁻² tshoʔ² kiã⁵²⁻²¹³.

揭阳 伫口［hio⁴²⁻²⁴］西藏买个藏红花，阿兄挈了蜀撮，阿姐挈了蜀撮。to³⁵⁻²¹ hio⁴²⁻²⁴ sai³³ tsaŋ³⁵ boi⁴²⁻⁵³ kai⁵⁵⁻²² tsaŋ³⁵⁻²¹ aŋ⁵⁵⁻²² hue³³, a³³ hiã³³ khioʔ⁵⁻² liau⁴²⁻²⁴ tsek⁵⁻² tshoʔ², a³³ tse⁴² khioʔ⁵⁻² liau⁴²⁻²⁴ tsek⁵⁻² tshoʔ².

海丰 着县城买转来个金银花，阿兄挈了乃仔，阿姊挈了乃仔。tioʔ⁴⁻³ kuaĩ²¹⁻³³ siã⁵⁵ be⁵²⁻²¹³ tuĩ⁵² lai⁵⁵⁻²² kai⁵⁵⁻²² kim⁴⁴⁻³³ ŋin⁵⁵⁻²² hue⁴⁴⁻³³, a⁴⁴⁻³³ hiã⁴⁴ khieʔ⁴⁻³ liau⁵²⁻²¹³ nai²¹³⁽⁻⁵⁵⁾ ã⁵²⁻²¹³, a⁴⁴⁻³³ tse⁵² khieʔ⁴⁻³ liau⁵²⁻²¹³ nai²¹³⁽⁻⁵⁵⁾ ã⁵²⁻²¹³.

遂溪 口［tu²⁴］县城买个金银花，哥掠呢团，姊掠呢团。tu²⁴ kuai⁵⁵ sia²² boi⁴¹ a²²⁻² kim²⁴⁻³³ ŋiŋ²² hue²⁴, ko²⁴⁻³³ lia³³ niʔ⁵ kia⁴¹, tse⁴¹ lia³³ niʔ⁵ kia⁵¹.

雷州 ①通西藏买来个藏红花，哥哥掠了（蜀）撮团，姊姊掠了（蜀）撮团。than²¹ sai²⁴⁻³³ tsaŋ³³ boi⁴² lai²² kai²²⁻³³ tsaŋ³³ aŋ²²⁻³³ hue²², ko⁵⁵³⁻²⁴ ko⁵⁵³ lia³³ liau⁴²⁻⁴⁴（iek²）tsep⁵ kia⁴², tsi⁴²⁻⁴⁴ tsi⁴² lia³³ liau⁴²⁻²¹（iek²）tsep⁵ kia⁴²⁻²¹. ②通西藏买来个藏红花，哥哥掠了口［niŋ⁵⁵³］/口［niŋ⁵⁵³］团，姊姊掠了口［niŋ⁵⁵³］/口［niŋ⁵⁵³］团。than²¹ sai²⁴⁻³³ tsaŋ³³ boi⁴² lai²² kai²²⁻³³ tsaŋ³³ aŋ²²⁻³³ hue²⁴, ko⁵⁵³⁻²⁴ ko⁵⁵³ lia³³ liau⁴²⁻⁴⁴ niŋ⁵⁵³/niŋ⁵⁵³ kia⁴², tsi⁴²⁻⁴⁴ tsi⁴² lia³³ liau⁴²⁻²¹ niŋ⁵⁵³/niŋ⁵⁵³ kia⁴².

文昌 向县城买个金银花，哥口［ioʔ⁵³］滴滴，姐口［ioʔ⁵³］滴滴。xan²²⁻¹¹ kuai⁴² tia²² boi³¹ kai²²⁻¹¹ kim³⁴⁻⁴² ŋien²²⁻¹¹ fiue³⁴, ko⁵³ ioʔ⁵³ ɗi⁵³ ɗi⁵³, ʧe⁵³ ioʔ⁵³ ɗi⁵³ ɗi⁵³.

三亚 通西藏买来个藏红花，阿哥口［ɓui⁴²］了蜀呢团/蜀细把团，阿姐口［ɓui⁴²］了蜀呢团/蜀细把团。than²⁴ sai³³/tai³³ tsaŋ⁴²/taŋ⁴² voi³¹ tui³¹ kai²² tsaŋ⁴²/taŋ⁴² aŋ²² huo³³, a⁴⁵ ko³³ ɓui⁴² liau⁴² ioʔ³³ niʔ⁴⁵ kio³¹/ioʔ³³ toi²⁴ ɓe³¹ kio³¹, a⁴⁵ tse³¹ ɓui⁴² liau⁴² ioʔ³³ niʔ⁴⁵ kio³¹/ioʔ³³ toi²⁴ ɓe³¹ kio³¹.

（17）从这儿到那儿有多远？

泉州 按/用/尉/对/就/从即搭遘/去迄搭有偌远？ an$^{41-55}$/iŋ$^{41-55}$/ui$^{41-55}$/tui$^{41-55}$/tsiũ$^{41-22}$/tsiɔŋ$^{24-22}$/tsit$^{55-44}$ ta?^{55} kau$^{41-55}$/khɯ$^{41-55}$ hit$^{55-44}$ ta?^{55} u^{22} lua^{22} hŋ^{22}?

厦门 用/对/按/自/尉□[tsia^{24}]遘□[hia^{24}]有偌远？iŋ$^{22-21}$/tui$^{21-53}$/an$^{21-53}$/tsu$^{22-21}$/ui$^{22-21(-53)}$ tsia^{24} kau$^{21-53}$ hia^{24} u$^{22-21}$ lua$^{22-21}$ hŋ^{22}?

台中 尉者遘□[hia$^{53-44}$]有偌远？ui$^{21-53}$ tsia$^{53-44}$ kau$^{21-53}$ hia$^{53-44}$ u$^{22-21}$ ua$^{22-21}$ hŋ^{22}?

漳州 对□[tsia^{34}]遘□[hia^{34}]有偌远？tui$^{21-52}$ tsia^{34} kau$^{21-52}$ hia^{34} u$^{22-21}$ lua$^{22-21}$ huĩ$^{52-22}$?

汕头 同只团/块去遘许团/块着若久？taŋ$^{55-31}$ tsi$^{52-24}$ kiã^{52}/ko^{213} khɯ$^{213-55}$ kau$^{213-55}$ hɯ$^{52-24}$ kiã^{52}/ko^{213} tio?$^{5-2}$ zio?$^{5-2}$ ku^{52}?

揭阳 通□[tsio$^{42-24}$]块遘□[hio$^{42-24}$]块有若远？thaŋ$^{213-42}$ tsio$^{42-24}$ ko^{213} kau$^{213-42}$ hio$^{42-24}$ ko^{213} u$^{35-21}$ zio?$^{5-2}$ hŋ^{35}?

海丰 着只（搭仔）遘许（搭仔）有几远？tɔ?$^{4-3}$/tio?$^{4-3}$ tsi^{52}（tap^3 ã$^{52-213}$）kau$^{213-55}$ hi^{52}（tap^3 ã$^{52-213}$）u$^{25-22}$ kɔ$^{52-213}$ hũi^{25}?

遂溪 伫若乃/□[tie^{41}]遘许乃/□[hu^{41}]有偌远？tu$^{55-33}$ ia^{55} nai^{55}/tie^{41} kau^{214} ha^{55} nai^{55}/hu^{41} u$^{55-33}$ ua$^{55-33}$ hui^{22}?

雷州 通这迹遘许迹有偌远啊？thaŋ^{21} zia^{553} tsia^{553} kau^{21} ha^{553} tsia^{553} u^{33} ua^{553} hui^{33} a^{33}?

文昌 通/从这路/里遘许路/里有偌远？xan^{21}/ʃoŋ^{22} ʤia$^{21-55}$ lau^{34}/le^{34} kau^{21} fio$^{21-55}$ lau^{34}/le^{34} u^{42} ua$^{42-11}$ ui^{31}?

三亚 通/从即路遘那路有几（稀）远？thaŋ^{24}/tshoŋ^{22} i?^{45} lou^{33} kau^{24} a?^{45} lou^{33} u^{42} kui^{31}（tsoi^{33}）hui^{42}?

（18）从昨天到现在我饭都没吃过一口。

泉州 按/用/尉/对/就/从昨日遘即下我饭都无食（过）蜀喙。an$^{41-55}$/iŋ$^{41-55}$/ui$^{41-55}$/tui$^{41-55}$/tsiũ$^{41-22}$/tsiɔŋ$^{24-22}$ tsa$^{41-22}$ lit^{24} kau$^{41-55}$ tsit^{55} e^{41} gua^{55} pŋ^{41} tɔ^{33} bo$^{24-22}$ tsia?$^{24-22}$（kɤ$^{41-55}$）tsit$^{24-22}$ tshui^{41}.

厦门 对/按/自/尉昨昏遘即阵饭着无食着半喙。tui$^{21-53}$/an$^{21-53}$/tsu$^{22-21}$/ui$^{22-21(-53)}$ tsa^{-22} hŋ^{44} kau$^{21-53}$ tsit$^{32-5}$ tsun^{22} pŋ^{22} to?$^{5-21}$ bo$^{24-22}$ tsia?$^{5-21}$ tio$^{5-21}$ puã$^{21-53}$ tshui^{21}.

台中 ①尉昨昏遘即□[ma^{53}]我蜀喙饭吗无食。ui$^{21-53}$ tsa$^{44-22}$ ŋ$^{44-22}$ kau$^{21-53}$ tsit$^{2-5}$ ma^{53} ua$^{53-44}$ tsit$^{3-2}$ tshui$^{53-44}$ pŋ^{22} ma^{22} bo$^{24-22}$ tsia?^{3}. ②尉昨昏遘即□[ma^{53}]我饭蜀喙吗无食。ui$^{21-53}$ tsa$^{44-22}$ ŋ$^{44-22}$ kau$^{21-53}$ tsit$^{2-5}$ ma^{53} ua$^{53-44}$ pŋ^{22}

tsit³⁻² tshui²¹ ma²² bo²⁴⁻²² tsiaʔ³.

漳州 对<昨暝>昏遘即阵/即□［te²²⁻²¹］仔我蜀喙饭啊无食。tui²¹⁻⁵² <tsã¹³⁻²²> huĩ³⁴ kau²¹⁻⁵² tsit³²⁻⁵ tsun²²/tsit³²⁻⁵ te²²⁻²¹ a⁵² gua⁵² tsit¹²¹⁻²¹ tshui²¹⁻⁵⁵ puĩ²² a⁵²⁻³⁴ bo¹³⁻²² tsiaʔ¹²¹.

汕头 同昨日遘只阵我饭都未食过蜀喙。taŋ⁵⁵⁻³¹ tsa⁵⁵⁻³¹ zik⁵ kau²¹³⁻⁵⁵ tsi⁵²⁻²⁴ tsuŋ⁵⁵ ua⁵² puŋ³¹ to³³ bue³¹ tsiaʔ⁵⁻² kue²¹³⁻⁵⁵ tsek⁵⁻² tshui²¹³.

揭阳 同昨日遘今日我□［ham³⁵⁻²¹］喙饭拢无食。taŋ⁵⁵⁻²² tsau⁵⁵⁻²² zek⁵ kau²¹³⁻⁴² kim³³ zek⁵ ua⁴²⁻⁵³ ham³⁵⁻²¹ tshui²¹³⁻⁴² puŋ²² loŋ⁴²⁻²⁴ bo⁵⁵⁻²² tsiaʔ⁵.

海丰 着昨日遘旦我还未/无食过蜀喙饭。toʔ⁴⁻³/tioʔ⁴⁻³ tsa⁴⁴⁻³³ zit⁴ kau²¹³⁻⁵⁵ tã⁴⁴ ua⁵² huã⁵²⁻²¹³ bue²⁵⁻³³/bɔ⁵⁵⁻²² tsiaʔ⁴⁻³ kue²¹³⁻⁵⁵ tsit⁴⁻³ tshui²¹³⁻⁵⁵ pũi²¹.

遂溪 伫昨日遘现旦我糜都无食过喙。tu⁵⁵⁻³³ tsho²² iet³ kau²¹⁴ hin⁵⁵ ta²⁴ va⁴¹ pui²⁴ tu²⁴⁻³³ bo²² tsia³³ kue²¹⁴ tshui²¹⁴.

雷州 通昨暗遘宁旦我糜都无（有）食过蜀喙。thaŋ²¹ tsa³³⁻⁴² am²¹ kau²¹ niŋ⁵⁵³ ta²⁴ ba⁴² mue²² teu²⁴⁻³³ bo²²⁻³³（u³³）tsia³³ kue²¹ ziek²⁻⁵ tshui²¹.

文昌 （缺）

三亚 通昨天遘现旦我糜都无喫过蜀喙。thaŋ²⁴ tso⁴² thi³³ kau²⁴ hi²² na³³ va³¹ muo²² ɗou³³ vo²² khai³¹ kuo²⁴ zioʔ³³ tshui⁴⁵.

使然的例句如下。

(19) 你从我这里拿一千块钱，去广州检查一下。

泉州 汝按/用/尉/对/就/从我即搭挖了蜀千箍，去广州检查蜀下。lɯ⁵⁵ an⁴¹⁻⁵⁵/iŋ⁴¹⁻⁵⁵/ui⁴¹⁻⁵⁵/tui⁴¹⁻⁵⁵/tsiũ⁴¹⁻²²/tsiɔŋ²⁴⁻²² gua⁵⁵ tsit⁵⁵⁻⁴⁴ taʔ⁵⁵ thueʔ²⁴⁻²² liau⁵⁵⁻²⁴ tsit²⁴⁻²² tshũi³³ khɔ³³, khɯ⁴¹⁻⁵⁵ kŋ⁵⁵⁻²⁴ tsiu³³ kiam⁵⁵⁻²⁴ tsa³³ tsit²⁴⁻²² e⁴¹⁻²¹.

厦门 汝用/按/对/尉/自我□［tsia²⁴］挖蜀千箍，去广州检查蜀下。li⁵³ iŋ²²⁻²¹/an²¹⁻⁵³/tui²¹⁻⁵³/ui²¹⁻⁵³/tsu²²⁻²¹ gua⁵³⁻⁴⁴ tsia²⁴ theʔ⁵⁻²¹ tsit⁵⁻²¹ tshiŋ⁴⁴⁻²² khɔ⁴⁴, khi²¹⁻⁵³⁻⁴⁴ kŋ⁵³⁻⁴⁴ tsiu⁴⁴ kiam⁵³⁻⁴⁴ tsa⁴⁴ tsit⁵⁻²¹ e²²⁻²¹.

台中 汝尉我这挈蜀千箍，去广州检查蜀下。li⁵³ ui²¹⁻⁵³ ua⁵³⁻⁴⁴ tsia⁵³⁻⁴⁴ khe²²⁻²¹ tsit³⁻² tshiŋ⁴⁴⁻²² khɔ⁴⁴, khi²¹⁻⁵³ kaŋ⁵³⁻⁴⁴ tsiu⁴⁴ kiam⁵³⁻⁴⁴ tsa⁴⁴ tsit³⁻² e²⁴⁻²¹.

漳州 汝对我□［tsia³⁴］挖蜀千箍，去广州检查<蜀下>。li⁵² tui²¹⁻⁵² gua⁵²⁻³⁴ tsia³⁴ theʔ¹²¹⁻²¹ tsit¹²¹⁻²¹ tshin³⁴⁻²² kho³⁴, khi²¹⁻⁵² kui⁵²⁻³⁴ tsiu³⁴ kiam⁵²⁻²⁴ tsɛ¹³ <tsɛ²¹>.

汕头 汝伫我只块挈了蜀千银，去广州检查蜀下。lɯ⁵² to²⁵⁻³¹ ua⁵²⁻²⁴ tsi⁵²⁻²⁴ ko²¹³ khioʔ⁵⁻² liau⁵²⁻²⁴ tsek⁵⁻² tshõi³³ ŋɯŋ⁵⁵, khɯ²¹³⁻⁵⁵ kɯŋ⁵²⁻²⁴ tsiu³³ kiam⁵²⁻²⁴ tshe⁵⁵ tsek⁵⁻² e²⁵⁻³¹.

揭阳 汝伫我□［tsio⁴²⁻²⁴］块挈了蜀千银，去广州检查蜀下。lɯ⁴² to³⁵⁻²¹

ua$^{42-24}$ tsio$^{42-24}$ ko^{213} khio$ʔ^{5-2}$ liau$^{42-24}$ tsek$^{5-2}$ tshãi^{33} ŋeŋ^{55}, khɯ$^{213-42}$ kɯŋ$^{42-24}$ tsiu^{33} kiam$^{42-24}$ tshe^{55} tsek$^{5-2}$ e$^{35-21}$.

海丰 汝伫/着我只（□[e$^{44-33}$]）挈了蜀千银，去广州检查蜀下。li^{52} tɔʔ$^{4-3}$/tiɔʔ$^{4-3}$ ua^{52} tsi^{52} (e$^{44-33}$) khieʔ$^{4-3}$ liau$^{52-213}$ tsit$^{4-3}$ tsãi$^{44-33}$ ŋin^{55}, khi$^{213-55}$ kũi$^{52-213}$ tsiu^{44} khiam$^{52-213}$ tshe^{55} tsit$^{4-3}$ e$^{25-31}$.

遂溪 汝伫我若乃掠去蜀千纸，去广州检查团。lu^{41} tu$^{55-33}$ va^{41} ia^{55} nai^{55} lia^{33} hu^{214} iak^3 tshai^{24} tsua^{41}, hu$^{214-55}$ kuan^{41} tsiu^{24} kiam^{41} tsha^{22} kia^{41}.

雷州 汝通我这迹掠去蜀千银，去广州检查蜀下。lu^{42} thaŋ^{21} ba^{42} zia^{553} tsia^{553} lia$^{33-42}$ khu^{21} ziak^5 tshai$^{24-33}$ ŋien^{22}, khu^{21} kuan^{42} tsiu^{24} kiam$^{42-44}$ tsa^{22} ziek^2 e^{24}.

文昌 汝通我这里□[io$ʔ^{53}$]蜀千银，广州检查蜀下。du^{31} xan^{21} gua^{31} ʥia$^{21-55}$ le^{34} ioʔ^{53} ʥiak$^{3-21}$ ʃai^{34} ŋien^{22}, guaŋ$^{31-33}$ tʃiu^{34} kiam$^{31-33}$ ʃa^{22} ʥiak$^{3-21}$ e^{34}.

三亚 汝通我即路□[ɓui^{42}]了蜀千银，广州检查蜀下。lu^{31} thaŋ^{24} va^{31} iʔ^{45} lou^{33} ɓui^{42} liau^{33} io^{33} tshai^{33} ŋin^{22}, kuan^{31} tsiu^{33} keŋ^{31} tsha^{22} zioʔ^{33} e^{33}.

（20）你得从路口问起，一家一家地问。

泉州 汝着按/用/尉/对/就/从路口问起，蜀家蜀家个问。lɯ^{55} tioʔ$^{24-22}$ an$^{41-55}$/iŋ$^{41-55}$/ui$^{41-55}$/tui$^{41-55}$/tsiu$^{41-22}$/tsiɔŋ$^{24-22}$ lɔ$^{41-22}$ khau^{55} bŋ$^{41-22}$ khi^{55}, tsit$^{24-22}$ ke^{33} tsit$^{24-22}$ ke^{33} e$^{24-22}$ bŋ$^{'41}$.

厦门 汝着用/按/对/尉/自路口问起，蜀家蜀家问。li$^{53-44}$ tioʔ$^{5-21}$ iŋ$^{22-21}$/an$^{21-53}$/tui$^{21-53}$/ui$^{22-21(-53)}$/tsu$^{22-21}$ lɔ$^{22-21}$ khau^{53} mŋ$^{22-21}$ khi^{53}, tsit$^{5-21}$ ke$^{44-22}$ tsit$^{5-21}$ ke$^{44-22}$ mŋ$^{'21}$.

台中 汝应该尉路口问起，蜀家蜀家问。li$^{53-44}$ iŋ$^{21-53}$ kai^{44} ui$^{21-53}$ lɔ$^{22-21}$ khau^{53} bŋ$^{22-21}$ khi^{53}, tsit$^{3-2}$ ke^{44} tsit$^{3-2}$ ke^{44} bŋ$^{'22}$.

漳州 汝着对路口问起，蜀家蜀家个问。li^{52} loʔ$^{121-21}$ tui$^{21-52}$ lɔ$^{22-21}$ khau^{52} mui$^{22-21}$ khi^{21}, tsit$^{121-21}$ ke$^{34-22}$ tsit$^{121-21}$ ke^{34} e$^{13-22}$ mui^{22}.

汕头 汝着□[na^{31}]路头问起，蜀家家问。lɯ^{52} tioʔ$^{5-2}$ na^{31} lou^{31} thau^{55} muŋ^{31} khi^{52}, tsek$^{5-2}$ ke^{33} ke^{33} muŋ^{31}.

揭阳 汝着伫□[hio$^{42-24}$]路头问起，蜀家家问。lɯ$^{42-53}$ tioʔ$^{5-2}$ to$^{35-21}$ hio$^{42-24}$ lou$^{22-21}$ thau^{55} muŋ$^{22-21}$ khi$^{42-53}$, tsek$^{5-2}$ ke^{33} ke^{33} muŋ^{22}.

海丰 汝爱着路头问起，蜀间蜀间个问。li^{52} aĩ$^{213-55}$ tioʔ$^{4-3}$/tɔʔ$^{4-3}$ lou$^{21-33}$ thau^{55} mũi^{21} khi^{52}, tsit$^{4-3}$ kai$^{44-33}$ tsit$^{4-3}$ kai^{44} ai$^{55-22}$ mũi^{21}.

遂溪 汝爱伫路口问起，厝厝问。lu^{41} ai^{214} tu$^{55-33}$ leu^{41} khau^{41} mui^{24} khi^{41}, tshu^{214} tshu^{214} mui^{24}.

雷州 汝爱通阿路头问起，厝厝问。lu^{42} ai^{21} thaŋ^{21} a^{55} leu$^{24-33}$ thau^{22} mui^{24}

khi⁴², tshu²¹⁻⁴⁴ tshu²¹ mui²⁴.

文昌　汝参通路口问起，蜀厝蜀厝做问。du³¹ ʃam²¹⁻⁵⁵ xan²¹ lou³⁴⁻⁴² xau³¹⁻³³ mui³⁴⁻⁴² xi³¹, ʥia(k)³⁻²¹ ʃu²¹ ʥia(k)³⁻²¹ ʃu²¹ to⁵³ mui³⁴.

三亚　汝得通路口问起，蜀家蜀家个问。lu³¹ ɗi ʔ⁴⁵ thaŋ²⁴ lou³³ khau³¹ mui³³ khi³¹, ioʔ³³ ke³³ ioʔ³³ ke³³ kai²² mui³³.

2. 表示所经由的介词

各地形式如下。

泉州	厦门	台中	漳州
按 anˀ	按 anˀ		
用 iŋˀ	用 iŋˀ		
尉 uiˀ	尉 uiˀ	尉 uiˀ	
对 tuiˀ	对 tuiˀ	对 tuiˀ	对 tuiˀ
就 tsiũˀ	自 tsuˀ		
从 ₌tsiɔŋ			

汕头	揭阳	海丰	遂溪
对 tuiˀ	对 tuiˀ	着 tɔʔ₌/tiɔʔ₌	共 ₌kaŋ

雷州	文昌	三亚
通 thaŋˀ	通 xanˀ	通 thaŋˀ

下面是例句。

(21) 台风从别处走了。

泉州　台风/风台按别搭/择去啰。thai³³ huaŋ³³/huaŋ³³ thai³³ an⁴¹⁻⁵⁵ pat²⁴⁻²² taʔ⁵⁵/tiaʔ⁵⁵ khɯ⁴¹ lɔ²¹.

厦门　①风台按/对/尉/自别位去啊。hɔŋ⁴⁴⁻²² ai⁴⁴ an²¹⁻⁵³/tui²¹⁻⁵³/ui²²⁻²¹⁽⁻⁵³⁾/tsu²²⁻²¹ pat⁵⁻²¹ ui²² khi²¹ a²¹. ②风台按/对/尉/自别个所在去啊。hɔŋ⁴⁴⁻²² ai⁴⁴ an²¹⁻⁵³/tui²¹⁻⁵³/ui²²⁻²¹⁽⁻⁵³⁾/tsu²²⁻²¹ pat⁵⁻²¹ e²⁴⁻²² sɔ⁵³⁻⁴⁴ tsai²² khi²¹ a²¹.

台中　①台风/风台尉别个所在走啊。thai²⁴⁻²² hɔŋ⁴⁴/hɔŋ⁴⁴⁻²² thai⁴⁴ ui²¹⁻⁵³ pat³⁻² e²⁴⁻²² sɔ⁵³⁻⁴⁴ tsai⁴⁴ tsau⁵³ a²¹. ②台风/风台对别个所在走啊。thai²⁴⁻²² hɔŋ⁴⁴/hɔŋ⁴⁴⁻²² thai⁴⁴ tui²¹⁻⁵³ pat³⁻² e²⁴⁻²² sɔ⁵³⁻⁴⁴ tsai²² tsau⁵³ a²¹.

漳州　风台对别位仔去啊。hɔŋ³⁴⁻²² thai³⁴⁻²² tui²¹⁻⁵² pat¹²¹⁻²¹ ui a⁵² khi²¹ a²¹.

汕头　风台透对别地块去了。huaŋ³³ thai³³ thau²¹³⁻⁵⁵ tui²¹³⁻⁵⁵ pak⁵⁻² ti³¹ ko²¹³⁻⁵⁵ khɯ²¹³ ou⁵²⁻²¹³.

揭阳 风台透对别块去了。huaŋ³³ thai³³ thau²¹³⁻⁴² tui²¹³⁻⁴² pak⁵⁻³ ko²¹³ khɯ²¹³ au⁴²⁻²¹³.

海丰 风台做遘别块去（了）。hɔŋ⁴⁴⁻³³ thai⁴⁴ tsɔ²¹³⁻⁵⁵ kau²¹³⁻⁵⁵ pak⁴⁻³ te⁵²⁻²¹³ khi²¹³⁻⁵⁵（liau⁵²）.

遂溪 风台共□［ko⁵⁵］迹/□［ko⁵⁵］乃去啦。huaŋ²⁴⁻³³ thai²⁴ kaŋ²⁴ ko⁵⁵ tsia⁵⁵/ko⁵⁵ nai⁵⁵ hu²¹⁴ la⁴¹.

雷州 阿风台通□［ko³³］迹去啦。a⁵⁵ huaŋ²⁴⁻³³ thai²⁴ thaŋ²¹ ko³³ tsia⁵⁵³ khu²¹ la³³.

文昌 风台通别处过去了。ɦuaŋ³⁴⁻⁴² hai³⁴ xan²¹⁻⁵⁵ ɓat³⁻²¹ ɗe²¹ kue²¹ xu²¹⁻⁵⁵ la²¹.

三亚 风台吹遘别个路去了/别路了。huaŋ³³ thai³³ tshui³³ kau³³ ɓai⁴² kai²² lou³³ hu²⁴ liau⁴²/ɓai⁴² lou³³ liau⁴².

（22）火灾时有三个人从窗口爬出来，只是受了伤。

泉州 火灾时有三个侬按/用/尉/对/就/从窗口爬出来，孤单受了伤。hɤ⁵⁵⁻²⁴ tsai³³ si²⁴⁻²² u²² sã³³ e²⁴⁻²² laŋ²⁴ an⁴¹⁻⁵⁵/iŋ⁴¹⁻⁵⁵/ui⁴¹⁻⁵⁵/tui⁴¹⁻⁵⁵/tsiũ⁴¹⁻²² tsiɔŋ²⁴⁻²² thaŋ³³ khau⁵⁵ pe²⁴ tshut⁵⁵ lai²⁴⁻³¹, kɔ³³ tan³³ siu⁴¹⁻²² liau⁵⁵⁻²⁴ siɔŋ³³.

厦门 火烧个时阵有三个侬按/用/对/尉/自窗仔题出来，只是小可着伤。he⁵³⁻⁴⁴ sio⁴⁴ e²⁴⁻²² si²⁴⁻²² tsun²² u²²⁻²¹ sã⁴⁴⁻²² e²⁴⁻²² laŋ²⁴ an²¹⁻⁵³/iŋ²²⁻²¹/tui²¹⁻⁵³/ui²²⁻²¹⁽⁻⁵³⁾/tsu²²⁻²¹ thaŋ⁴⁴⁻²² a⁵³ peʔ³² tshut³²⁻²¹ lai²⁴⁻²¹, tsi⁵³⁻⁴⁴ si²²⁻²¹ sio⁵³⁻⁴⁴ khua⁵³⁻⁴⁴ tioʔ⁵⁻²¹ siɔŋ⁴⁴.

台中 火灾个时阵有三个侬尉窗仔口爬出来，只是受伤。hue⁵³⁻⁴⁴ tsai⁴⁴ e²⁴⁻²² si²⁴⁻²² tsun²² u²²⁻²¹ sã⁴⁴⁻²² e²⁴⁻²² laŋ²⁴ ui²¹⁻⁵³ thaŋ⁴⁴⁻²² a⁵³⁻⁴⁴ khau⁵³ pe²⁴ tshut² lai²⁴⁻²¹, tsi⁵³⁻⁴⁴ si²²⁻²¹ siu²²⁻²¹ siɔŋ⁴⁴.

漳州 火烧个时阵有三箇侬对窗仔门题出来，干若受遮伤。hue⁵²⁻³⁴ sio³⁴ e¹³⁻²² si²²⁻²¹ tsun²² u²²⁻²¹ sã³⁴ ko²¹⁻⁵² laŋ¹³⁻²¹² tui²¹⁻⁵² thaŋ³⁴ a⁵² mui¹³⁻²¹² peʔ³² tshut³²⁻⁵ lai¹³⁻²¹², kan³⁴⁻²² na³⁴⁻²² siu²¹ tsia³⁴ siaŋ³⁴.

汕头 火烧厝许阵有三侬伫许窗块爬出来，受伤定。hue⁵²⁻²⁴ sio³³ tshu²¹³ hɯ⁵²⁻²⁴ tsuŋ³³ u²⁵⁻³¹ sã³³ naŋ⁵⁵⁻³¹ to²⁵⁻³¹ hɯ⁵²⁻²⁴ theŋ³³ ko²¹³⁻³¹ pe⁵⁵ tshuk² lai⁵⁵⁻³¹, siu²⁵⁻³¹ siõ³³ tiã³¹.

揭阳 火烧厝许下物有三侬伫许窗块爬出来，受伤定。hue⁴²⁻²⁴ sio³³ tshu²¹³ hɯ⁴²⁻²⁴ e³⁵⁻²¹ mueʔ u³⁵⁻²¹ sã³³ naŋ⁵⁵⁻²² to³⁵⁻²¹ hio⁴²⁻²⁴ theŋ³³ ko²¹³⁻²¹ pe⁵⁵ tshuk² lai⁵⁵⁻²², siu³⁵⁻²¹ siõ³³ tiã²².

海丰 火灾时有三个侬着窗（□［e⁴⁴⁻³³］）爬出来，正受了滴仔伤定。hue⁵²⁻²¹³ tsai⁴⁴ si⁵⁵⁻²² u²⁵⁻³³ sã⁴⁴⁻³³ ai⁵⁵⁻²² naŋ⁵⁵ tioʔ⁴⁻³/tɔʔ⁴⁻³ thioŋ⁴⁴⁻³³（e⁴⁴⁻³³）

pe$^{55-22}$ tshut$^{3-4}$ lai$^{55-21}$，tsiã$^{213-55}$ siu$^{25-33}$ liau$^{52-213}$ tip$^{3-4}$ ã$^{52-213}$ siɔ^{44} tiã$^{21-33}$.

遂溪 火烧厝许候，有三个侬<u>伫</u>窗里□［ŋiau$^{24-33}$］出来，那是受了伤。hue^{41} sio^{24} tshu^{214} ha^{55} hau^{35}，u^{55} sa^{24} kai^{22} naŋ^{22} tu$^{55-33}$ thiaŋ^{24} li^{41} ŋiau$^{24-33}$ tshuk^{54} lai^{22}，na^{24} si^{55} siu^{33} liau$^{41-24}$ siaŋ^{24}.

雷州 阿火烧厝时/火灾时有三个侬<u>通</u>阿窗里□［niau^{33}］出来，但是受了伤。a^{55} hue^{42} sio$^{24-33}$ tshu^{21} si^{22}/hue^{42} tsai^{24} si^{22} u^{33} sa^{24} kai$^{22-33}$ naŋ^{22} thaŋ^{21} a^{55} thiaŋ^{24} li^{42} niau^{33} tshuk^{5} lai^{22}，na^{24} si$^{33-42}$ siu^{33} liau$^{42-44}$ siaŋ^{24}.

文昌 火灾时有三个侬<u>通</u>窗里爬出来，但是伤啦。ɦue$^{31-33}$ tai^{34} ti^{22} u^{42} ta^{34} kai$^{22-11}$ naŋ^{22} xan$^{21-55}$ xiaŋ^{34} lai^{42} ɓe^{21} ʃut^{5} lai^{22}，na^{24} ti$^{42-11}$ tiaŋ^{33} la^{21}.

三亚 火灾时有三个侬<u>通</u>窗口爬出来，只是受了蜀呢团细伤。huo^{31} tshai^{33} ti^{22} u^{42} ta^{33} kai^{22} naŋ^{22} thaŋ^{24} tshuaŋ^{33} khau^{31} phe^{22} tshuiʔ^{45} lai^{22}，tsi^{31} ti^{42} tiu^{42} liau^{31} zioʔ^{33} niʔ^{45} kio^{31} toi^{24} tiaŋ^{33}.

二、介引接受对象的介词

介引接受对象，普通话一般用"给"，闽南各地都不用"给"，但是也有一些来自给予义动词如"度""互""乞""分"等的虚化，有些则由表与事的介词扩大用法而来，如"共""合""替"等，各地具体形式如下。

泉州	厦门	台中	漳州
共 kaŋ²	合 kaʔ₂	合 kaʔ₂	合 kaʔ₂
度 thɔ²	互 hɔ²		互 hɔ²
传 tŋ			

汕头	揭阳	海丰	
合 kaʔ₂	□kai²	合₋ka	
乞 khiʔ₂	乞 kheʔ₂	乞₋khɔ	
分₋puŋ		分₋pun	

遂溪	雷州	文昌	三亚
乞₋khi	乞 khi²	□kiop₂	乞 khiʔ₂
		替 xoi²	共₋kaŋ
		□ti°	

下面是例句。

(23) 快给爸爸打个电话！

泉州　赶紧共老父拍蜀个电话！kuã$^{55-24}$ kin^{55} kaŋ$^{41-22}$ lau^{22} pe^{22} phaʔ^{55} tsit$^{24-22}$ e$^{24-22}$ tian$^{41-22}$ ue^{41}！

厦门　①赶紧合老父拍蜀个电话！kuã$^{53-44}$ kin^{53} kaʔ$^{5-21}$ lau$^{22-21}$ pe^{22} phaʔ$^{32-53}$ tsit$^{5-21}$ e$^{24-22}$ tian$^{22-21}$ ue^{22}！②赶紧拍蜀个电话互老父！kuã$^{53-44}$ kin^{53} phaʔ$^{32-53}$ tsit$^{5-21}$ e$^{24-22}$ tian$^{22-21}$ hue^{22} hɔ$^{22-21}$ lau$^{22-21}$ pe^{22}！

台中　①紧合爸爸敲电话！kin$^{53-44}$ kaʔ$^{3-2}$ pa^{44} pa^{21} kha$^{21-53}$ ten$^{22-21}$ ue^{22}！②紧敲电话合爸爸！kin$^{53-44}$ kha$^{21-53}$ ten$^{22-21}$ ue^{22} kaʔ$^{3-2}$ pa^{44} pa^{21}！

漳州　□［khaŋ$^{22-21}$］仔猛合爸爸拍蜀个仔电话！khaŋ$^{22-21}$ me$^{52-34}$ a$^{52-44}$ kaʔ$^{121-21}$ pa$^{22-21}$ pa^{34} phaʔ$^{32-52}$ tsit$^{121-21}$ le^{13} a$^{52-44}$ tian$^{22-21}$ ua^{22}！

汕头　猛猛拍个电话乞/分阿爸！mẽ$^{52-24}$ mẽ^{52} paʔ$^{2-5}$ kai$^{55-31}$ tiaŋ$^{25-31}$ ue^{31} khiʔ$^{2-5}$/puŋ^{33} a^{33} pa^{33}！

揭阳　猛猛拍个电话乞阿爸！me$^{42-35}$ me$^{42-21}$ phakʔ$^{2-3}$ kai$^{55-22}$ tiaŋ$^{35-21}$ ue^{22} kheʔ$^{2-3}$ a^{33} pa^{55}！

海丰　①猛猛拍个电话乞/分阿爸！me$^{52-213}$ me^{52} phaʔ$^{3-4}$ ai$^{55-22}$ tiaŋ$^{25-33}$ ue^{21} khɔ$^{44-33}$/pun$^{44-33}$ a$^{44-33}$ pa^{25}！②猛猛合阿爸拍个电话！me$^{52-213}$ me^{52} ka$^{44-33}$ a$^{44-33}$ pa^{44} phaʔ$^{3-4}$ ai$^{55-22}$ tiaŋ$^{25-33}$ ue^{21}！

遂溪　猛乞爸拍个电话！me^{41} khi^{55} pa^{55} pha^{55} kai^{22} tien$^{55-33}$ hue^{24}！

雷州　猛（猛）/快（快）乞爸爸拍个电话！(me$^{42-44}$) me^{42}/(khue$^{21-44}$) khue^{21} khi^{553} pa$^{553-33}$ pa^{553} pha^{553} e$^{22-33}$ tieŋ^{33} ue^{24}！

文昌　快快/猛猛/狂狂□［kiop^5］爸爸拍电话！xue$^{21-55}$ xue^{21}/me$^{31-33}$ me$^{31-33}$/xuaŋ$^{22-11}$ xuaŋ^{22} kiop^5 ɓa^{53} ɓa^{53} ɸa^{42} ɗien^{42} ɦue^{34}！

三亚　①快呢囝/快乞/共阿爸拍个电话！khuo$^{24-22}$ niʔ^{45} kio^{31}/khuo^{24} khiʔ^{45}/kaŋ^{33} a^{33} ɓa^{33} phaʔ^{45} kai^{22} ɗeŋ^{24} uo^{33}！②快呢囝/快拍个电话乞/共阿爸！khuo$^{24-22}$ niʔ^{45} kio^{31}/khuo^{24} phaʔ^{45} kai^{22} ɗeŋ^{24} uo^{33} khiʔ^{45}/kaŋ^{33} a^{33} ɓa^{33}！

(24) 我给他倒杯茶。

泉州　我共伊倒蜀杯茶。gua^{55} kaŋ$^{41-22}$ i^{33} to$^{41-55}$ tsit$^{24-22}$ pue^{33} te^{24}。

厦门　我合伊倒蜀杯茶。gua$^{53-44}$ kaʔ$^{5-21}$ i$^{44-22}$ to$^{21-53}$ tsit$^{5-21}$ pue$^{44-22}$ te^{24}。

台中　我合伊倒蜀杯茶。ua$^{53-44}$ kaʔ$^{3-2}$ i$^{44-22}$ to$^{21-53}$ tsit$^{3-2}$ pue$^{44-22}$ te^{24}。

漳州　我 合 伊 倒 蜀 杯 仔 茶。gua^{52} kaʔ$^{121-21}$ i$^{34-22}$ to^{52} tsit$^{121-21}$ pue$^{34-22}$ a$^{52-44}$ te^{13}。

汕头　我合伊倒杯茶。ua^{52} kaʔ$^{5-2}$ i^{33} to$^{213-55}$ pue^{33} te^{55}。

揭阳　我□［kai^{22}］伊倒杯茶。ua$^{42-53}$ kai^{22} i^{33} to^{42} pue^{33} te^{55}。

海丰　①我倒杯茶乞/分伊。ua^{52} tɔ$^{213-55}$ pue$^{44-33}$ te^{55} khɔ$^{44-33}$/pun$^{44-33}$ i^{44}。
②我合伊倒杯茶。ua^{52} ka$^{44-33}$ i^{44} tɔ$^{213-55}$ pue$^{44-33}$ te^{55}。
遂溪　我乞伊倒盅茶。va^{41} khi^{55} i^{24} to$^{41-24}$ tsiaŋ$^{24-33}$ te^{22}。
雷州　我乞伊倒盅茶。ba^{42} khi^{553} i^{24} to^{21} tsiaŋ$^{24-33}$ te^{22}。
文昌　我替伊斟盏茶。gua^{31} xoi^{21} i^{34} tʃiom^{34} tʃiaŋ^{31} ɖe^{22}。
三亚　我乞伊倒杯茶。va^{31} khiʔ^{45} i^{33} ɖo^{24} ɓoi^{33} te^{22}。

（25）我倒杯茶给他。
泉州　我 倒 蜀 杯 茶 度 伊/传 伊。gua^{55} to$^{41-55}$ tsit$^{24-22}$ pue^{33} te^{24} thɔ^{41} i$^{33-21}$/tŋ$^{˙24-22}$ i$^{33-41}$。
厦门　我倒蜀杯茶互伊。gua$^{53-44}$ to$^{21-53}$ tsit$^{5-21}$ pue$^{44-22}$ te^{24} hɔ^{22} i$^{44-21}$。
台中　我倒蜀杯茶合伊。ua$^{53-44}$ to$^{21-53}$ tsit$^{3-2}$ pue$^{44-22}$ te^{24} ha$^{3-2}$ i^{44}。
漳州　我 倒 蜀 杯 仔 茶 互 伊。gua^{52} to^{52} tsit$^{121-21}$ pue$^{34-22}$ a$^{42-44}$ te$^{13-22}$ hɔ$^{22-21}$ i$^{34-22}$。
汕头　我倒杯茶乞/分伊。ua^{52} to$^{213-55}$ pue^{33} te^{55} khiʔ$^{2-5}$/puŋ^{33} i$^{33-31}$。
揭阳　我倒杯茶乞伊。ua$^{42-53}$ to^{42} pue^{33} te^{55} kheʔ$^{2-3}$ i^{33}。
海丰　我倒杯茶乞/分伊。ua^{52} tɔ$^{213-55}$ pue$^{44-33}$ te^{55} khɔ$^{44-33}$/pun$^{44-33}$ i^{44}。
遂溪　我倒盅茶乞伊。va^{41} to$^{41-24}$ tsiaŋ$^{24-33}$ te^{22} khi^{55} i^{24}。
雷州　我倒盅茶乞伊。ba^{42} to^{21} tsiaŋ$^{24-33}$ te^{22} khi^{553} i^{24}。
文昌　我斟盏茶□［ti^{53}］伊。gua^{31} tʃiom^{34} tʃiaŋ^{31} ɖe^{22} ti^{53} i^{34}。
三亚　我倒杯茶乞伊。va^{31} ɖo^{24} ɓoi^{33} te^{22} khiʔ^{45} i^{33}。

三、介引与事的介词

各地形式有一致性，最占优势的是"合"和"共"，海丰的"拉""捞"有可能是从粤语吸收过来的。

泉州	厦门	台中	漳州
合 kap₂	合 kaʔ₂/kaʔ₂	合 kaʔ₂/kaʔ₂	合 kaʔ₂/kaʔ₂
共 kaŋ²			
对 tui²			

汕头	揭阳	海丰
合 kaʔ₂/kaʔ₂	□kai²	合 ₋ka
		拉 ₋la
		捞 ₋lau

遂溪	雷州	文昌	三亚
共 kaŋ	共 kaŋ²	共 kaŋ	共 kaŋ
对 tui²	对 ɗui²	对 ɗui²	

下面是例句。

(26) 我和他说一说。

泉州 我合/共/对伊说蜀下。gua^{55} kap^{55}/kaŋ$^{41-22}$/tui$^{41-55}$ i^{33} sɤʔ^{55} tsit$^{24-22}$ e$^{41-21}$.

厦门 我合伊讲蜀下。gua$^{53-44}$ kaʔ$^{5-21}$ i$^{44-22}$ kɔŋ^{53} tsit$^{5-21}$ e$^{22-21}$.

台中 我合伊讲讲下。ua$^{53-44}$ kaʔ$^{2-5}$ i$^{44-22}$ kɔŋ$^{53-44}$ kɔŋ^{53} e^{22}.

漳州 我合伊讲<蜀下>。gua^{52} kaʔ$^{32-5}$ i$^{34-22}$ kɔŋ^{52} <tsɛ^{21}>.

汕头 我合咀蜀下。ua^{52} kaʔ$^{5-2}$ i^{33} tã$^{213-55}$ tsek$^{5-2}$ e$^{25-31}$.

揭阳 我□[kai^{22}]伊咀蜀下。ua$^{42-53}$ kai^{22} i^{33} tã^{213} tsek$^{5-2}$ e$^{35-21}$.

海丰 我拉/捞/合伊讲(蜀)下。ua^{52} la$^{44-33}$/lau$^{44-33}$/ka$^{44-33}$ i^{44} kɔŋ^{52} (tsit$^{4-3}$) e$^{25-33}$.

遂溪 我共伊讲讲。va^{41} kaŋ$^{24-33}$ i^{24} ko^{41} ko^{41}.

雷州 我共伊讲讲。ba^{42} kaŋ$^{553-24}$ i^{24} ko^{42} ko^{42}.

文昌 我共伊讲<蜀下>。gua^{31} kaŋ$^{34-42}$ i$^{34-42}$ koŋ$^{31-33}$ <ɗie^{34}>.

三亚 我共伊讲蜀下。va^{31} kaŋ^{33} i^{33} koŋ^{31} zioʔ^{33} e^{33}.

(27) 老李跑来问我是不是想跟他换房子。

泉州 老李走来问我是唔是卜合/共伊换厝。lau$^{55-24}$ li^{55} tsau$^{55-24}$ lai$^{24-22}$ bŋ^{41} gua$^{55-21}$ si^{22} m̩$^{41-22}$ si^{22} bɤʔ^{5} kap^{55}/kaŋ$^{41-22}$ i^{33} uã$^{41-22}$ tshu^{41}.

晋江 老李来问我说是唔是卜合伊换厝。lau$^{55-24}$ li^{55} lai$^{24-22}$ bŋ^{41} gua$^{55-24}$ seʔ^{5} si^{22} m̩$^{41-22}$ si^{22} beʔ^{5} kap^{5} i^{33} uã$^{41-22}$ tshu^{41}.

安溪 老李走来问我(说)是唔是卜□[kiau^{22}]伊换厝。lai$^{441-44}$ li$^{441-44}$ tsau$^{441-44}$ lai$^{25-22}$ mŋ^{22} gua$^{441-44}$ (səʔ$^{31-32}$) si^{22} m̩^{22} si^{22} bɯʔ^{5} kiau^{22} i$^{23-22}$ uã^{22} tshu^{212}.

厦门 老李走来问我讲是唔是想卜合伊换厝。lau$^{53-44}$ li^{53} tsau$^{53-44}$ lai$^{24-22}$ bŋ$^{22-21}$ gua$^{53-44}$ kɔŋ$^{53-44}$ si$^{22-21}$ m̩$^{22-21}$ si$^{22-21}$ siũ$^{22-21}$ beʔ$^{32-5}$ kaʔ$^{32-5}$ i$^{44-22}$ uã$^{22-21}$ tshu^{21}.

台中 李生走来问我是唔是想卜合伊换厝。li$^{53-44}$ sen^{21} tsau$^{53-44}$ lai$^{24-22}$ bŋ^{22} ua$^{53-44}$ si$^{22-21}$ m̩$^{22-21}$ si$^{22-21}$ siũ$^{22-21}$ beʔ$^{2-5}$ kaʔ$^{2-5}$ i$^{44-22}$ uã^{21} tshu^{21}.

漳州 老李走来问我敢是卜合伊换厝。lau$^{52-34}$ li^{52} tsau$^{52-34}$ lai$^{13-22}$ mui$^{22-21}$ gua$^{52-34}$ kã$^{52-34}$ si$^{22-21}$ beʔ$^{32-5}$ kaʔ$^{32-5}$ i$^{34-22}$ ua$^{22-21}$ tshu^{21}.

汕头 阿老李走来问我咀□[khaʔ$^{2-5}$]是想爱合伊换厝。a^{33} lau$^{25-31}$ li^{52}

tsau$^{52-24}$ lai$^{55-31}$ muŋ^{31} ua$^{52-24}$ tã$^{213-55}$ khaʔ$^{2-5}$ si$^{25-31}$ siõ$^{25-31}$ ãi$^{213-55}$ kaʔ$^{2-5}$ i^{33} uã^{31} tshu^{213}。

揭阳 阿老李走来问我咀是□［mi^{35}］爱□［kai^{22}］伊换厝。a^{33} lau$^{42-24}$ li$^{42-53}$ tsau$^{42-24}$ lai$^{55-22}$ muŋ$^{22-21}$ ua$^{42-24}$ tã$^{213-42}$ si$^{35-21}$ mi^{35} ai$^{213-42}$ kai^{22} i^{33} uã$^{213-21}$ tshu^{213}。

海丰 老李走来问我是唔是想爱捞伊换厝。lau$^{25-33}$ li^{52} tsau$^{52-213}$ lai$^{55-22}$ muĩ$^{25-33}$ ua^{52} si$^{25-33}$ m$^{25-33}$ si$^{25-33}$ siõ$^{52-213}$ ãi$^{213-55}$ lau$^{44-33}$ i$^{44-33}$ uã$^{21-33}$ tshu^{213}。

遂溪 老李走来问我是无是想共伊换厝。lau^{41} li^{41} tsau^{41} lai^{22} mui^{24} va^{41} si$^{55-33}$ bo^{22} si$^{55-33}$ sio$^{55-33}$ kaŋ^{24} va^{41} ua^{214} tshu^{214}。

雷州 老李走来问我是无是想共伊换厝。lau$^{42-44}$ li^{42} tsau^{42} lai$^{22-33}$ mui^{24} ba^{42} si^{33} bo$^{22-33}$ si$^{33-42}$ sio^{42} kaŋ$^{553-24}$ i^{24} ua$^{24-33}$ tshu^{21}。

文昌 老李来问我是无是想共伊换房。lau$^{42-11}$ li^{31} lai^{22} mui^{34} gua^{31} ti^{42} bo$^{22-11}$ ti^{42} tio^{31} kaŋ^{34} i$^{34-42}$ ua^{42} ɓaŋ^{22}。

三亚 老李走来问我（讲）是无是想共伊换厝。lau^{42} li^{31} tau^{31} lai^{22} mui^{33} va^{31}（koŋ^{31}）ti^{42} vo^{22} ti^{42} tiaŋ^{31} kaŋ^{33} i^{33} vo^{33}/ɓo^{33} tshu^{24}。

（28）向他要。

泉州 <u>共</u>/<u>对</u>伊卜/拕。kaŋ$^{41-22}$/tui$^{41-55}$ i^{33} bɤ^{55}/thueʔ^{24}。

厦门 <u>合</u>伊讨。kaʔ$^{5-21}$ i$^{44-22}$ tho^{53}。

台中 <u>合</u>伊讨。kaʔ$^{3-2}$ i$^{44-22}$ to^{53}。

漳州 <u>合</u>伊拕。kaʔ$^{32-5}$ i$^{34-22}$ theʔ^{121}。

汕头 <u>合</u>伊讨。kaʔ$^{5-2}$ i^{33} tho^{52}。

揭阳 □［kai^{22}］伊讨。kai^{22} i^{33} tho^{42}。

海丰 <u>拉</u>/<u>合</u>伊挈。la$^{44-33}$/ka$^{44-33}$ i^{44} khieʔ^{4}。

遂溪 <u>共</u>伊讨。kaŋ$^{24-33}$ i$^{24-33}$ tho^{41}。

雷州 <u>共</u>伊讨。kaŋ$^{553-24}$ i^{24} tho^{42}。

文昌 <u>共</u>伊□［ioʔ^{53}］。kaŋ$^{34-42}$ i^{34} ioʔ^{53}。

三亚 <u>共</u>伊要。kaŋ^{33} i^{33} ioʔ^{45}。

（29）你得对我说对不起。

泉州 汝着<u>对</u>/<u>共</u>/<u>合</u>我说对不起。lɯ^{55} tioʔ$^{24-22}$ tui$^{41-55}$/kaŋ$^{41-22}$/kap^{55} gua^{55} sɤʔ^{55} tui$^{41-55}$ put^{55} khi^{55}。

厦门 汝着<u>合</u>我下/讲对不住。li$^{53-44}$ tioʔ$^{5-21}$ kaʔ$^{5-21}$ gua$^{53-44}$ he$^{22-21}$/kɔŋ$^{53-44}$ tui$^{21-53}$ put$^{32-5}$ tsu^{22}。

台中 汝应该<u>合</u>我讲否势。li$^{53-44}$ iŋ$^{21-53}$ kai$^{44-22}$ kaʔ$^{3-2}$ ua$^{53-44}$ kɔŋ$^{53-44}$ phaĩ$^{53-44}$ se^{21}。

漳州 汝着合我讲对不起。li^{52} lo$^{121-21}$ ka$^{121-21}$ ua$^{52-34}$ kɔŋ$^{52-34}$ tui$^{21-52}$ put$^{32-5}$ khi^{21}.

汕头 汝着合我呾对唔住。lɯ^{52} tioʔ$^{5-2}$ kaʔ$^{5-2}$ ua$^{52-24}$ tã$^{213-55}$ tui$^{213-55}$ m̩$^{25-31}$ tsu^{25}.

揭阳 汝着□[kai^{22}]我呾对唔住。lɯ$^{42-53}$ tioʔ$^{5-2}$ kai^{22} ua$^{42-24}$ tã$^{213-42}$ tui$^{213-42}$ m̩$^{35-21}$ tsu^{35}.

海丰 汝爱捞/合我讲（声）对唔住。li^{52} aĩ$^{213-55}$ lau$^{44-33}$/ka$^{44-33}$ ua^{52} kɔŋ$^{52-213}$ (siã$^{44-33}$) tui$^{213-55}$ m̩$^{25-33}$ tsu^{25}.

遂溪 汝爱共我讲对无起。lu^{41} ai^{214} kaŋ^{24} va^{41} ko^{41} tui^{214} bo^{22} khi^{41}.

雷州 汝爱对我讲对无起。lu^{42} ai$^{21-44}$ tui^{21} ba^{42} ko^{42} tui$^{21-44}$ bo$^{22-33}$ khi^{42}.

文昌 汝参对我讲，对不起。du^{31} ʃam$^{21-55}$ ɗui^{21} gua^{31} kɔŋ^{31}，ɗui$^{21-55}$ bo$^{22-11}$ xi^{31}.

三亚 汝要/得共/对我讲对无起。lu^{31} iau^{24}/ɗiʔ^{45} kaŋ^{33}/ɗui^{24} va^{31} kɔŋ^{31} ɗui^{24} vo^{22} khi^{31}.

（30）我向老师借了一本书。

泉州 我共先生借蜀本册。gua^{55} kaŋ$^{41-22}$ sian^{33} sĩ^{33} tsioʔ^{55} tsit$^{24-22}$ pun$^{55-24}$ tsheʔ^{55}.

厦门 我合先生借蜀本册。gua$^{53-44}$ kaʔ$^{5-21}$ sian$^{44-22}$ sĩ^{44} tsioʔ$^{32-53}$ tsit$^{5-21}$ pun$^{53-44}$ tsheʔ^{32}.

台中 我合老师借蜀本册。ua$^{53-44}$ kaʔ$^{3-2}$ lau$^{22-21}$ sɯ$^{44-22}$ tsioʔ$^{2-5}$ tsit$^{3-2}$ pun$^{53-44}$ tsheʔ^{2}.

漳州 我合先生借蜀本册。ua^{52} kaʔ$^{121-21}$ sin$^{34-22}$ sẽ^{34} tsioʔ$^{32-52}$ tsit$^{121-21}$ pun$^{52-34}$ tshɛʔ^{32}.

汕头 我合老师借了本书。ua^{52} kaʔ$^{5-2}$ lau$^{52-24}$ sɯ^{33} tsioʔ$^{5-2}$ liau$^{52-24}$ puŋ$^{52-24}$ tsɯ^{33}.

揭阳 我□[kai^{22}]老师借了本书。ua$^{42-53}$ kai^{22} lau$^{42-24}$ sɯ^{33} tsioʔ$^{2-3}$ liau$^{42-24}$ puŋ$^{42-24}$ tsɯ^{33}.

海丰 我捞/合老师借了蜀本册。ua^{52} lau$^{44-33}$/ka$^{44-33}$ lau$^{52-213}$ su^{33} tsiɔʔ$^{3-4}$ liau$^{52-213}$ tsit$^{4-3}$ pun$^{52-213}$ tsheʔ^{3}.

遂溪 我共老师借本册。va^{41} kaŋ^{24} lau^{41} su^{24} tsio^{55} pui^{41} tshe^{55}.

雷州 我共阿老师借了本册。ba^{42} kaŋ$^{553-24}$ a^{55} lau$^{33-42}$ su^{24} tsio^{553} liau^{42} pui^{42} tshe^{553}.

文昌 我共老师借了蜀本书。gua^{31} kaŋ^{34} lau$^{42-11}$ ʃe^{34} tʃio^{53} liau^{31} ʤia(k)$^{3-21}$ ɓui$^{31-33}$ tu^{34}.

三亚 我共老师借了蜀本书。va^{31} kaŋ^{33} lau^{31} si^{33} tsie(ʔ)^{45} liau^{42} ioʔ^{33} ɓui^{31} tsu^{33}.

四、介引服务对象的介词

介引服务对象，普通话口语中一般用"给"和"替"，书面语也可用"为"。闽南方言几乎不用"给"义动词虚化来的介词作此项用途，用得最为广泛的是表与事的介词如"合""共""拉""捞"，此外"替"在闽南-台湾片也普遍使用。"拉""捞""帮"见于海丰和遂溪，都是和粤语区接近的地方，估计是从粤语里吸收来的。各地常见形式如下。

泉州	厦门	台中	漳州
替 thue²	替 thue²	替 the²	替 the²
共 kaŋ²	合 kaʔ₂	合 kaʔ₂	合 kaʔ₂
	为 ui²	为 ui²	

汕头	揭阳	海丰	
合 kaʔ₂/kaʔ₂	□kai²	合 ₌ka	
		替 thei²	
		拉 ₌la	
		捞 ₌lau	

遂溪	雷州	文昌	三亚
共 ₌kaŋ	共 kaŋ²	共 ₌kaŋ	替 thoi²
帮 ₌paŋ			乞 khiʔ₂
替 xoi²			为 vui²

下面是例句。

(31) 你用不着为我担忧。

泉州 汝唔免替我担忧/烦好/擘腹。lɯ^{55} m$^{41-22}$ bian$^{55-24}$ thue$^{41-55}$ gua^{55} tam^{33} iu^{33}/huan$^{24-22}$ ho^{55}/peʔ^{55} pak^{55}.

厦门 汝唔免替/为我烦好/擘腹/担心。li$^{53-44}$ m$^{22-21}$ bian$^{53-44}$ thue$^{21-53}$/ui$^{22-21}$ gua$^{53-44}$ huan$^{24-22}$ ho^{53}/pe$^{32-53}$ pak^{32}/ tan$^{44-22}$ sim^{44}.

台中 汝唔免为我担心。li$^{53-44}$ m$^{22-21}$ men$^{53-44}$ ui$^{22-21}$ ua$^{53-44}$ tan$^{44-22}$ sim^{44}.

漳州 ①汝嫒合我烦恼。li^{52} mai^{52} kaʔ$^{121-21}$ gua$^{52-44}$ huan$^{13-22}$ lo^{52}. ②汝唔免替我烦恼。li^{52} m$^{22-21}$ bian^{52} the$^{21-52}$ gua$^{52-44}$ huan$^{13-22}$ lo^{52}.

汕头　汝免合我烦恼。lɯ⁵² miaŋ⁵²⁻²⁴ kaʔ⁵⁻² ua⁵²⁻²⁴ huaŋ⁵⁵⁻³¹ lo⁵²。
揭阳　汝嫒□［kai²²］我烦恼。lɯ⁴²⁻⁵³ mai²¹³⁻⁴² kai²² ua⁴²⁻²⁴ huaŋ⁵⁵⁻²² lo⁴²。
海丰　①汝免拉/合/替我操心/烦恼。li⁵² miaŋ⁵²⁻²¹³ la⁴⁴/ka⁴⁴⁻³³/thei²¹³⁻⁵⁵ ua⁵² tshau⁴⁴⁻³³ sim⁴⁴/huaŋ⁵⁵⁻²² lɔ⁵²。②汝免操心我。li⁵² miaŋ⁵²⁻²¹³ tshau⁴⁴⁻³³ sim⁴⁴ ua⁵²⁻²¹³。
遂溪　汝无使共我条挂阿穧。lu⁴¹ bo²² sai³¹ kaŋ²⁴⁻³³ va⁴¹ tiau²² khua²¹⁴ a²⁴⁻³³ tsoi²⁴。
雷州　汝无爱忧挂我。lu⁴² bo²²⁻³³ ai²¹ tiau²² khua²¹ ba⁴²。
文昌　汝无用替我挂心/担心。du³¹ bo²²⁻¹¹ ʤioŋ⁴² xoi²¹ gua³¹ kua²¹⁻⁵⁵ tiom³⁴/ɗan³⁴⁻⁴² tiom³⁴。
三亚　汝无用为我担忧。lu³¹ voi²⁴ ioŋ⁴² vui²⁴ va³¹ ɗaŋ³³ iu³³。

（32）他给人当会计。
泉州　伊共侬当/做会计。i³³ kaŋ⁴¹⁻²² laŋ²⁴⁻²² tŋ³³/tsue⁴¹⁻⁵⁵ kue⁴¹⁻⁵⁵ ke⁴¹。
厦门　伊合侬做会计。i⁴⁴⁻²² kaʔ⁵⁻²¹ laŋ²⁴⁻²² tsue²¹⁻⁵³ kue²¹⁻⁵³ ke²¹。
台中　伊合侬做会计。i⁴⁴ kaʔ³⁻² laŋ²⁴⁻²² tso²¹⁻⁵³ hue²²⁻²¹ ke²¹。
漳州　伊合侬做会计。i⁵²⁻³⁴ kaʔ¹²¹⁻²¹ laŋ¹³⁻²² tso²¹⁻⁵² kue²¹⁻⁵² ke²¹。
汕头　伊合侬做会计。i³³ kaʔ⁵⁻² naŋ⁵⁵⁻³¹ tso²¹³⁻⁵⁵ kuai²¹³⁻⁵⁵ koi²¹³。
揭阳　伊□［kai²²］侬做会计。i³³ kai²² naŋ⁵⁵⁻²² tso²¹³⁻⁴² kuai²¹³⁻⁴² koi²¹³。
海丰　伊合/捞/拉侬做会计。i⁴⁴ ka⁴⁴⁻³³/lau⁴⁴⁻³³/la⁴⁴⁻³³ naŋ⁵⁵⁻²² tsɔ²¹³⁻⁵⁵ khue²¹³⁻⁵⁵ ki²¹³。
遂溪　伊共侬做会计。i²⁴ kaŋ²⁴⁻³³ naŋ²² tso⁵⁵ hui⁵⁵⁻³³ ki²¹⁴。
雷州　伊共侬做会计。i²⁴ kaŋ⁵⁵³⁻²⁴ naŋ²² tso⁵⁵³ hui⁵⁵³ ki²¹。
文昌　伊共/替侬做会计。i³⁴ kaŋ³⁴⁻⁴²/xoi²¹ naŋ²² to⁵³ ɦui⁴² ki²¹。
三亚　伊乞侬当会计。i³³ khiʔ⁴⁵ naŋ²² ɗaŋ³³ hui⁴² ki³¹。

（33）我给你画一张像。
泉州　我共汝画蜀张像。gua⁵⁵ kaŋ⁴¹⁻²² lɯ⁵⁵⁻²⁴ ue⁴¹⁻²² tsit²⁴⁻²² tiũ³³ sioŋ²²。
厦门　我合汝画蜀张像。gua⁵³⁻⁴⁴ kaʔ⁵⁻²¹ li⁵³⁻⁴⁴ ui²²⁻²¹ tsit⁵⁻²¹ tiũ⁴⁴⁻²² sioŋ²²。
台中　我合汝画蜀张像。ua⁵³⁻⁴⁴ kaʔ³⁻² li⁵³⁻⁴⁴ ue²²⁻²¹ tsit³⁻² tiũ⁴⁴⁻²² sioŋ²¹。
漳州　我合汝画蜀张影。gua⁵² kaʔ¹²¹⁻²¹ li⁵²⁻³⁴ ua²¹⁻⁵² tsit¹²¹⁻²¹ tio³⁴⁻²² iŋ⁵²。
汕头　我合你画张像。ua⁵² kaʔ⁵⁻² lɯ⁵² ue⁵⁵⁻³¹ tiõ³³ siõ²¹³。
揭阳　我□［kai²²］汝画张像。ua⁴²⁻⁵³ kai²² lɯ⁴²⁻²⁴ ue⁵⁵⁻²² tiõ³³ siõ³⁵。
海丰　我捞/合汝画蜀张像。ua⁵² la⁴⁴/ka⁴⁴⁻³³ li⁵² ue²¹⁻³³ tsit⁴⁻³ tiõ⁴⁴⁻³³ siõ²¹³。
遂溪　我共汝画张像。va⁴¹ kaŋ²⁴ lu⁴¹ hua³³ tio²⁴ sio²¹⁴。
雷州　我共汝画张像。ba⁴² kaŋ⁵⁵³⁻²⁴ lu⁴² hua³³³⁻⁴² tio²⁴⁻³³ sio²¹。

文昌　我替/共汝画蜀幅/枚像。gua³¹ xoi²¹/kaŋ³⁴⁻⁴² du³¹ fiue³⁴ ʤiak³⁻²¹ ɓak⁵⁻³/mo⁴²⁻¹¹ tio²¹.

三亚　我为汝画蜀张相。va³¹ vui²⁴ lu³¹ ui³³ io?³³ tsiaŋ³³ tio²⁴.

(34) 我替他熬药。

泉州　我替/共伊煎药。gua⁵⁵ thue⁴¹⁻⁵⁵/kaŋ⁴¹⁻²² i³³ tsuã³³ io?²⁴.

厦门　我合/替伊煎/燃药。gua⁵³⁻⁴⁴ ka?⁵⁻²¹/thue²¹⁻⁵³ i⁴⁴⁻²² tsuã⁴⁴⁻²²/hiã²⁴⁻²² io?⁵.

台中　我替伊煎药仔。ua⁵³⁻⁴⁴ the²¹⁻⁵³ i⁴⁴⁻²² tsen⁴⁴⁻²² io?³⁻² a⁵³.

漳州　我合伊煎药仔。gua⁵² ka?¹²¹⁻²¹ i³⁴⁻²² tsuã³⁴⁻²² io?¹²¹ a⁵².

汕头　我合伊煸药。ua⁵² ka?⁵⁻² i³³ pu⁵⁵⁻³¹ io?⁵.

揭阳　我□[kai²²]伊煸药。ua⁴²⁻⁵³ kai²² i³³ pu⁵⁵⁻²² io?⁵.

海丰　我合/拉伊煸药。ua⁵² ka⁴⁴⁻³³/la⁴⁴⁻³³ i⁴⁴ pu⁵⁵⁻²² iɔ?⁴.

遂溪　我帮/共伊煲药。va⁴¹ paŋ²⁴/kaŋ²⁴ i²⁴ pau²⁴⁻³³ io³³.

雷州　我替/共伊煲药。ba⁴² thoi²¹/kaŋ⁵⁵³⁻²⁴ i²⁴ pau²⁴⁻³³ io⁵⁵³.

文昌　我替/共伊煲药。gua³¹ xoi²¹/kaŋ³⁴⁻⁴² i³⁴ ɓau³⁴⁻⁴² io?⁵³.

三亚　我替伊煎药。va³¹ thoi²⁴ i³³ tseŋ³³ io?⁴².

(35) 给我走开！

泉州　共我走开/斡去！kaŋ⁴¹⁻²² gua⁵⁵⁻²⁴ tsau⁵⁵⁻²⁴ kui³³/uat⁵⁵ khɯ⁴¹⁻²¹/³¹！

厦门　汝合我徛闪！li⁵³⁻⁴⁴ ka?⁵⁻²¹ gua⁵³⁻⁴⁴ khia²²⁻²¹ siam⁵³！

台中　汝合我闪/闪开！li⁵³⁻⁴⁴ ka?³⁻² ua⁵³⁻⁴⁴ siam⁵³/siam⁵³⁻⁴⁴ khui⁴⁴！

漳州　合我行走！ka?¹²¹⁻²¹ gua⁵²⁻³⁴ kiã¹³⁻²² tsau⁵²！

汕头　合我行开！ka?⁵⁻² ua⁵²⁻²⁴ kiã⁵⁵⁻³¹ khui³³！

揭阳　□[kai⁵⁵⁻²²]我行开！kai⁵⁵⁻²² ua⁴²⁻²⁴ kiã⁵⁵⁻²² khui³³！

海丰　合/拉我走开（去）！ka⁴⁴⁻³³/la⁴⁴⁻³³ ua⁵² tsau⁵²⁻²¹³ khui⁴⁴（khi²¹³⁻⁵⁵）！

遂溪　共我行开！kaŋ²⁴ va⁴¹ kia²² hue²²！

雷州　（无爱伫这迹，）快快走！（bo²²⁻³³ ai²¹ tu³³ zia⁵⁵³ tsia⁵⁵³，）khue²¹⁻⁴⁴ khue²¹ tsau⁴²！

文昌　走去！tau³¹ xu²¹⁻⁵⁵！

三亚　乞我徛起！khi?⁴⁵ va³¹ khio⁴² khi³¹！

(36) 桌子上有一把小刀，你替我拿来。

泉州　桌顶（迄搭/择）有蜀支刀仔，汝共我揭来啦/来。to?⁵⁵ tiŋ⁵⁵（hit⁵⁵⁻⁴⁴ ta?⁵⁵/tia⁵⁵）u²² tsit²⁴⁻²² ki³³ to³³ a⁵⁵，lɯ⁵⁵ kaŋ⁴¹⁻²² gua⁵⁵⁻²⁴ kia?²⁴⁻²² lai²⁴⁻²² lia⁴¹/lai²⁴⁻⁴¹.

厦门　桌顶有蜀丛刀仔，汝合我挓过来。to?³²⁻⁵³ tiŋ⁵³ u²²⁻²¹ tsit⁵⁻²¹ tsaŋ²⁴⁻²²

to^{44} a^{53}，li$^{53-44}$ ka?$^{5-21}$ gua$^{53-44}$ the?^{5} ke^{21} lai$^{24-21}$。

台中 桌顶有蜀支细支个刀仔，汝合我挈来。to?$^{2-5}$ tiŋ^{53} u$^{22-21}$ tsit$^{3-2}$ ki^{44} se$^{21-53}$ ki^{44} e$^{24-22}$ to$^{44-35}$ a^{53}，li$^{53-44}$ ka?$^{3-2}$ ua$^{53-44}$ khe$^{22-21}$ lai$^{24-22}$。

漳州 桌顶（迄位仔）有蜀支小刀仔，汝合我挖过来。to?$^{32-52}$ tiŋ^{52}（hit$^{32-5}$ ui^{22} a^{52}）u$^{22-21}$ tsit$^{121-21}$ ki$^{34-22}$ sio$^{52-34}$ to^{34} a^{52}，li^{52} ka?$^{121-21}$ gua$^{52-34}$ the?$^{121-21}$ kue^{21} lai$^{13-21}$。

汕头 床顶（许块）有支刀团，汝去合我挈来。tshɯŋ$^{55-31}$ teŋ^{52}（hɯ$^{52-24}$ ko^{213}）u$^{25-31}$ ki^{33} to^{33} kiã^{52}，lɯ^{52} khɯ$^{213-55}$ ka?$^{5-2}$ ua$^{52-24}$ khio?^{5} lai$^{55-31}$。

揭阳 床顶（许块）有支刀团，汝去口［kai^{22}］我挈来。tshɯŋ$^{55-22}$ teŋ$^{42-53}$（hio$^{42-24}$ ko^{213}）u$^{35-21}$ ki^{33} to^{33} kiã^{42}，lɯ$^{42-53}$ khɯ$^{213-42}$ kai^{22} ua$^{42-24}$ khio?^{5} lai$^{55-22}$。

海丰 床仔（许/许口［e$^{44-33}$］）有（蜀）支刀仔，汝捞我挈过来。tshŋ$^{55-22}$ ã^{52}（hi$^{52-213}$/hi$^{52-213}$ e$^{44-33}$）u$^{25-33}$（tsit$^{4-3}$）ki$^{44-33}$ tɔ$^{44-33}$ ã^{52}，li$^{44-33}$ lau$^{44-33}$ ua^{52} khie?$^{4-3}$ kue^{213} lai$^{55-22}$。

遂溪 床团（许）乃有把刀团，汝帮我掠来。tsho^{22} kia^{41}（ha^{55}）nai^{55} u^{55} pe^{41} to$^{24-33}$ kia^{41}，lu^{41} paŋ^{24} va^{41} lia^{33} lai^{22}。

雷州 阿床团许迹/阿床团上有阿把刀团，汝乞我掠来/汝掠来乞我。a^{55} tsho^{22} kia^{42} ha^{553} tsia^{553}/a^{55} tsho^{22} kia^{42} tsio^{33} u^{33} a^{55} pe^{42} to$^{24-33}$ kia^{42}，lu^{42} khi^{553} ba^{42} lia^{33} lai^{22}/lu^{42} lia^{33} lai^{22} khi^{553} ba^{42}。

文昌 床上有蜀把刀团，汝替我口［io?^{53}］来/口［ɓue^{42}］来。ʃo^{22} tʃio^{34} u^{42} ʤiak$^{3-21}$ ɓe^{31} ɗo$^{34-42}$ kia^{31}，du^{31} xoi^{21} gua$^{31-33}$ io?^{53} lai^{22}/ɓue^{42} lai^{22}。

三亚 床团上/床团那路有蜀把刀团，汝替我口［ɓui^{42}］来。tsho^{22} kio^{31} tsio^{42}/tsho^{22} kio^{31} ha?^{45} lou^{33} u^{42} zio?^{33} ɓe^{31} ɗo^{33} kio^{31}，lu^{31} thoi^{24} va^{31} ɓui^{42} lai^{22}。

五、介引包括、强调对象的介词

此类介词普通话都用"连"，细分可有三种意义，这里分别举例说明。

（一）不排除某对象

介引不排除的对象，闽南方言的闽南-台湾片和粤东的潮州话一般用"咸"，说"连"可能是后期从共同语进入的；厦门的"掺"恐怕还没有完全虚化；海丰的"连"可能是粤语的影响；雷州片和海南片则是另一种面貌，多用"共"。各地具体形式如下：

泉州	厦门	台中	漳州、汕头、揭阳	海丰
咸 ham	咸 hiam	咸 ham	咸 ham	
连 lian	连 liam	连 len	连 liaŋ	连 leŋ
	掺 tsham			

遂溪	雷州	文昌	三亚
共 kaŋ	共 kaŋ²	共 kaŋ	共 kaŋ
充倒 tshoŋ ˚to			连 leŋ

下面是例句。

(37) 小弟弟把花连根拔出来了。

泉州 小弟仔将/共/对/按/用（即丛）花咸/连根煞拔出来啰。sio$^{55-24}$ ti^{22} a^{55} tsiɔŋ^{33}/kaŋ$^{41-22}$/tui$^{41-55}$/an$^{41-55}$/iŋ$^{41-55}$（tsit^{55} tsaŋ$^{24-22}$）hue^{33} ham$^{24-22}$/lian$^{24-22}$ kun$^{41-55}$ sua^{55} pueʔ$^{24-22}$ tshut^{55} lai$^{24-22}$ lɔ^{21}.

厦门 阿弟甲花咸/连/掺根拔出来。a$^{44-22}$ ti^{24} kaʔ$^{5-21}$ hue^{44} hiam$^{24-22-24}$/liam$^{24-22-24}$/tsham$^{44-22-21}$ kun^{44} puiʔ^{5} tshut$^{32-21}$ lai$^{24-21}$.

台中 小弟弟甲花咸/连根着/拢挽起来。sio$^{53-44}$ ti^{21} ti^{44} kaʔ$^{3-2}$ hue^{44} ham$^{24-22}$/len$^{24-22}$ kin^{44} tioʔ$^{3-2}$/lɔŋ$^{53-44}$ ban^{53} tshut^{2} lai$^{24-21}$.

漳州 小弟仔合花咸根拢□〔giu^{52}〕<起来>。sio$^{52-34}$ ti$^{22-21}$ a^{52} kaʔ$^{121-21}$ hua^{34} ham$^{13-22}$ kiŋ^{34} lɔŋ$^{52-34}$ giu^{52} kɛ̃^{21}.

汕头 阿弟团对丛花合伊咸根挽出来。a^{33} ti$^{25-31}$ kiã^{52} tui$^{213-55}$ tsaŋ$^{55-31}$ hue^{33} kaʔ$^{5-2}$ i^{33} ham$^{55-31}$ kɯŋ^{33} maŋ^{52} tshuk^{2} lai$^{55-31}$.

揭阳 阿弟团通丛花□〔kai^{22}〕伊咸根挽出来了。a^{33} ti$^{35-21}$ kiã$^{42-53}$ thaŋ$^{213-42}$ tsaŋ$^{55-22}$ hue^{33} kai^{33} iʔ^{33} ham$^{55-22}$ keŋ^{33} maŋ^{42} tshuk^{2} lai$^{55-22}$ au$^{42-213}$.

海丰 阿弟仔拉/捞/合/掠花连根左蘖起来。a$^{44-33}$ thai$^{21-33}$ ã^{52} la$^{44-33}$/lau$^{44-33}$/ka$^{44-33}$/liaʔ$^{4-3}$ hue^{44} liaŋ$^{55-22}$ kin^{44} tsɔ^{52} khau$^{44-33}$ khi^{52} lai$^{55-21}$.

遂溪 ①老弟团掠花充倒根掤起来。lau^{41} ti^{55} kia^{41} lia^{33} hue^{24} tshoŋ^{24} to$^{41-24}$ kien^{24} peŋ$^{24-33}$ khi$^{41-21}$ lai^{22}. ②老弟团掠花共根一起掤起来。lau^{41} ti^{55} kia^{41} lia^{33} hue^{24} kaŋ^{24} kien^{24} it^{5} khi^{41} peŋ$^{24-33}$ khi$^{41-21}$ lai^{22}.

雷州 老弟团掠花共丛掤/拔起来。lau$^{42-44}$ ti^{42} kia^{42} lia^{33} hue^{24} kaŋ^{553} tsaŋ^{22} peŋ^{21}/poi^{33} khi^{42} lai^{22}.

文昌 姅弟□〔ɓue^{42}〕花共根做下挽出来。bo$^{21-55}$ ɗi^{53} ɓue^{42} ɦue^{34} kaŋ$^{34-42}$ kien^{34} to(ʔ)^{5} e^{34} man^{31} ʃut$^{5-3}$ lai$^{22-21}$.

三亚 侬团/那枚挈团□〔ɓui^{42}〕花连/共根□〔ɓui^{42}〕起。noŋ^{31} kio^{31}/

aʔ⁴⁵⁻⁴⁴ mo⁴⁵ niauʔ⁴⁵ kio³¹ ɓui⁴² huo³³ leŋ²²/kaŋ³³ keŋ³³ ɓui⁴² khi³¹.

（二）包括、算上某对象

表示包括、算上某一对象，从闽南－台湾片至粤东片闽南方言的用词和上一义项的相同，唯雷州片、海南片有些差异，有些地方如雷州、文昌，"连"代替了"共"。各地形式如下：

泉州	厦门	台中	漳州、汕头、揭阳	海丰
咸 ₌ham	咸 ₌hiam	咸 ₌ham	咸 ₌ham	
连 ₌lian	连 ₌liam	连 ₌len		连 ₌lian
	掺 ₌tsham			

遂溪	雷州	文昌	三亚
共 ₌kaŋ	共 ₌kaŋ		共 ₌kaŋ
	连 ₌lieŋ	连 ₌lien	连 ₌leŋ
充倒 ₌tshoŋ ⁽to		包 ₌ɓau	

下面是例句。

（38）连刚才那一筐，一共有四筐。

泉州 连/咸寝仔迄蜀筐/篮，拢共是/有四筐/篮。lian²⁴⁻²²/ham²⁴⁻²² tshim⁵⁵⁻²⁴ ã⁵⁵ hit⁵⁵ tsit²⁴⁻²² khiŋ³³/nã²⁴, lioŋ⁵⁵⁻²⁴ kiɔŋ⁴¹ si²²/u²² si²⁴¹⁻⁵⁵ kiŋ³³/nã²⁴.

厦门 咸/连/掺头拄仔迄□[laŋ⁵³]，拢总有四□[laŋ⁵³]。hiam²⁴⁻²²⁻²⁴/liam²⁴⁻²²⁻²⁴/tsham⁴⁴⁻²²⁻²¹ thau²⁴⁻²² tu⁵³⁻⁴⁴ a⁵³ hit³²⁻⁵ laŋ⁵³, lɔŋ⁵³⁻⁴⁴ tsɔŋ⁵³ u²²⁻²¹ si²¹⁻⁵³ laŋ⁵³.

台中 咸/连拄仔迄□[sŋ'²⁴]，总共有四□[sŋ'²⁴]。ham²⁴⁻²²/len²⁴⁻²² tu⁵³⁻⁴⁴ a⁵³ hit²⁻⁵ sŋ'²⁴, tsɔŋ⁵³⁻⁴⁴ kiɔŋ²² u²²⁻²¹ si²¹⁻⁵³ sŋ'²⁴.

漳州 咸□[tsin²²⁻²¹]拄仔迄筐仔，拢总有四筐仔。ham¹³⁻²² tsin²²⁻²¹ tu⁵²⁻⁴⁴ a⁵² hit³²⁻⁵ khiŋ³⁴ a⁵², lɔŋ⁵²⁻³⁴ tsɔŋ⁵² u²²⁻²¹ si²¹⁻⁵³ khiŋ³⁴ a⁵².

汕头 咸□[thaŋ⁵⁵⁻³¹]早许蜀筐，拢总有四筐。ham⁵⁵⁻³¹ thaŋ⁵⁵⁻³¹ tsa⁵² hɯ⁵²⁻²⁴ tsek⁵⁻² kheŋ³³, lɔŋ⁵²⁻²⁴ tsoŋ⁵² u²⁵⁻³¹ si²¹³⁻⁴⁴ kheŋ³³.

揭阳 咸□[thaŋ⁵⁵⁻²²]早许蜀筐，拢总有四筐。ham⁵⁵⁻²² thaŋ⁵⁵⁻²² tsa⁴²⁻⁵³ hɯ⁴²⁻²⁴ tsek⁵⁻² kheŋ³³, lɔŋ⁴²⁻²⁴ tsoŋ⁴²⁻²⁴ u³⁵⁻²¹ si²¹³⁻⁴² kheŋ³³.

海丰 连同仔许蜀筐，拢总有四筐。lian⁵⁵⁻²² thaŋ⁵⁵⁻²²/taŋ⁵⁵⁻²² ã⁵²⁻²¹³ hi⁵² tsit⁴⁻³ khiɔŋ⁴⁴, lɔŋ⁵²⁻²¹³ tsoŋ⁵² u²⁵⁻³³ si²¹³⁻⁵⁵ khiɔŋ⁴⁴.

遂溪 ①充倒头前许筐，总共有四筐。tshoŋ²⁴ to⁴¹ thau²² tsai²² ha⁵⁵ khiaŋ²²，tsoŋ⁴¹ koŋ²⁴⁻³³ u⁵⁵⁻³³ si²¹⁴ khiaŋ²²。②共头前许筐一起，总共有四筐。kaŋ²⁴ thau²² tsai²² ha⁵⁵ khiaŋ²² it⁵ khi⁴¹，tsoŋ⁴¹ koŋ²⁴⁻³³ u⁵⁵⁻³³ si²¹⁴ khiaŋ²²。

雷州 连头□［hoŋ⁵⁵³］团许筐，总共（有）四筐。lieŋ²² thau²² hoŋ⁵⁵³ kia⁴² ha⁵⁵³ khiaŋ²⁴，tsoŋ⁴² koŋ⁵⁵³（u³³）si⁴² khiaŋ²⁴。

文昌 包/连刚刚许筐，蜀□［ʃe³¹］/做下有四筐。ɓau³⁴/lien²²⁻¹¹ kiaŋ³⁴⁻⁴² kiaŋ³⁴ ɦo²¹⁻⁵⁵ xian³⁴，dʑia(k)²¹ ʃe³¹/to⁵³ e³⁴ u⁴² ti²¹ xian³⁴。

三亚 共/连刚刚那蜀筐蜀共/总共有四筐。kaŋ³³/leŋ²² kaŋ³³ kaŋ³³ naʔ⁴⁵/aʔ⁴⁵ zioʔ³³ khuaŋ³³ zioʔ³³ ioʔ³³ koŋ⁴²/zoŋ³¹ koŋ⁴² u⁴² ti²⁴ khuaŋ³³。

（三）强调某对象

介引一个需要强调的对象，闽南－台湾片和粤东片，仍和前两个义项一样多用"咸"，也用"连"。雷州片、海南片"连"完全取代了"共"。各地形式如下。

泉州	厦门	台中、漳州、汕头、揭阳	海丰
咸₌ham	咸₌hiam	咸₌ham	咸₌ham
连₌lian	连₌liam	连₌len	连₌liaŋ
合 hap₂	掺₌tsham		

遂溪	雷州	文昌	三亚
连₌lien	连₌lieŋ	连₌lien	连₌leŋ

下面是例句。

(39) 连我都不知道。

泉州 连/咸我都唔知影。lian²⁴⁻²²/ham²⁴⁻²² gua⁵⁵ to³³ m̩⁴¹⁻²² tsai³³ iã⁵⁵。

厦门 咸/连/掺我着/也唔知 hiam²⁴⁻²²⁻²⁴/liam²⁴⁻²²⁻²⁴/tsham⁴⁴⁻²²⁻²¹ gua⁵³ tioʔ⁵⁻²¹/a²²⁻²¹ m̩²²⁻²¹ tsai⁴⁴。

台中 连我着拢唔知影。len²⁴⁻²² ua⁵³⁻⁴⁴ tioʔ³⁻² lɔŋ⁵³⁻⁴⁴ m̩²²⁻²¹ tsai⁴⁴⁻²² iã⁵³。

漳州 咸我拢唔知影。ham¹³⁻²² gua⁵² lɔŋ⁵²⁻³⁴ m̩²²⁻²¹ tsai³⁴⁻²² iã⁵²。

汕头 咸我啰唔知。ham⁵⁵⁻³¹ ua⁵² lo⁵⁵⁻³¹ m̩²⁵⁻³¹ tsai³³⁻³¹。

揭阳 咸我多唔知。ham⁵⁵⁻²² ua⁴² to³³⁻²² m̩³⁵⁻²¹ tsai³³。

海丰 连我左唔知。liaŋ⁵⁵⁻²² ua⁵² tsɔ⁵² m̩²⁵⁻³³ tsai⁴⁴。

遂溪　连我都无知。lien^{22} va^{41} tu$^{24-33}$ bo^{22} tsai^{24}.
雷州　连我都无知。lieŋ$^{22-33}$ ba^{42} teu$^{24-33}$ bo$^{22-33}$ tsai^{24}.
文昌　连我都无知。lien$^{22-11}$ gua^{31} ɗou^{34} bo$^{22-11}$ tai^{34}.
三亚　连我都无八。leŋ^{22} va^{31} ɗou^{33} vo^{22} vaiʔ^{45}.

(40) 难道连洗菜都不会？

泉州　拢无连/咸洗菜都□［bue^{22}］哦？loŋ$^{55-24}$ bo$^{24-22}$ lian$^{24-22}$/ham$^{24-22}$ sue$^{55-24}$ tshai^{41} tɔ^{33} bue^{22} ɔ^{21}？

厦门　总无（咸/连/掺）洗菜着□［bue$^{22-21}$］晓个？tsɔŋ$^{53-44}$ bo$^{24-22}$ (hiam$^{24-22-24}$/liam$^{24-22-24}$/tsham$^{44-22-21}$) sue$^{53-44}$ tshai^{21} tɔ$^{5-21}$ bue$^{22-21}$ hiau^{53} e$^{24-21}$？

台中　敢讲连/咸洗菜拢□［be$^{22-21}$］晓？kam$^{53-44}$ kɔŋ$^{53-44}$ len$^{24-22}$/ham$^{24-22}$ se$^{53-44}$ tshai^{21} lɔŋ$^{53-44}$ be$^{22-21}$ hiau^{53}？

漳州　敢无咸洗菜煞□［be$^{22-21}$］晓？kã$^{52-34}$ u^{22} ham$^{13-22}$ se$^{52-34}$ tshai^{21} sak$^{32-5}$ be$^{22-21}$ hiau^{52}？

汕头　未是咸洗菜啰□［boi$^{25-31}$］？bue^{31} si$^{25-31}$ ham$^{55-31}$ soi$^{52-24}$ tshai^{213} lo$^{55-31}$ boi$^{25-31}$？

揭阳　未是咸洗菜多□［boi$^{35-21}$］？boi$^{22-21}$ si$^{35-21}$ ham$^{55-22}$ soi$^{42-24}$ tshai^{213} to$^{33-22}$ boi$^{35-21}$？

海丰　敢连洗菜左□［bei$^{25-33}$］啊？kã$^{52-213}$ liaŋ$^{55-22}$ sei$^{52-213}$ tshai^{213} tsɔ$^{52-213}$ bei$^{25-33}$ a^{21}？

遂溪　做态讲连洗菜都无八？tso^{55} thoi^{41} ko^{41} lien^{22} soi^{41} tshai^{214} tu$^{24-33}$ bo^{22} pak^{54}？

雷州　做做讲连洗菜都无八呢？tso^{553} tso^{553} ko^{42} lieŋ$^{22-33}$ soi^{42} tshai^{21} teu^{24} bo$^{22-33}$ pak^5 ne^{33}.

文昌　连洗菜都无解。lien$^{22-11}$ toi$^{31-33}$ ʃai^{21} ɗou$^{34-42}$ bo$^{22-11}$ oi^{42}.

三亚　难道连洗菜都无八？naŋ^{22} ɗau^{24} leŋ^{22} toi^{31} tshai^{24} ɗou^{33} vo^{22} vaiʔ^{45}？

(41) 家里连一个人都没有。

泉州　家嘞连/咸/合蜀个侬都无。ke^{33} lɤ^{31} lian$^{24-22}$/ham$^{24-22}$/hap$^{24-22}$ tsit$^{24-22}$ ge$^{24-22}$ laŋ^{24} tɔ^{33} bo^{24}.

厦门　厝里(连) 半箇侬也无。tshu$^{21-53}$ lai^{22}（liam$^{24-22-24}$）puã$^{21-53}$ kɔ$^{53-44-22}$ laŋ^{24} a$^{22-21}$ bo^{24}.

台中　厝里连蜀个侬拢无。tshu$^{21-53}$ lai^{22} len$^{24-22}$ tsit$^{3-2}$ e$^{24-22}$ laŋ^{24} lɔŋ$^{53-44}$ bo^{24}.

漳州　里面仔咸蜀箇侬拢无。lai$^{22-21}$ bin$^{22-21}$ a^{52} ham$^{13-22}$ tsit$^{121-21}$ ko$^{21-52}$ laŋ$^{13-22}$ lɔŋ$^{52-34}$ bo$^{13-22}$.

汕头　家内咸蜀个侬拢无。ke³³ lai²⁵ ham⁵⁵⁻³¹ tsek⁵⁻² kai⁵⁵⁻³¹ naŋ⁵⁵ loŋ⁵²⁻²⁴ bo⁵⁵。

揭阳　□［hio⁴²⁻²⁴］里咸个侬多无。hio⁴²⁻²⁴ lai³⁵ ham⁵⁵⁻²² kai⁵⁵⁻²² naŋ⁵⁵ to³³⁻²² bo⁵⁵⁻²²。

海丰　厝里连个侬左哦无。tshu²¹³⁻⁵⁵ lai²⁵ lian⁵⁵⁻²² kai⁵⁵⁻²² naŋ⁵⁵ tsɔ⁵²⁻²¹³ ɔ²¹ bɔ⁵⁵⁻²²。

遂溪　伫厝连个侬都无有。tu⁵⁵⁻³³ tshu²¹⁴ lien²² kai²² naŋ²² tu²⁴⁻³³ bo²² u⁵⁵。

雷州　阿家里连（蜀）个侬都无（有）。a⁵⁵ ke²⁴⁻³³ lai⁴² lieŋ²²（ziak⁵）kai²²⁻³³ naŋ²² teu²⁴⁻³³ bo²²⁻³³（u³³）。

文昌　厝里连蜀个侬都无有。ʃu²¹ lai⁴² lien²² ʤia(k)³⁻²¹ kai²²⁻¹¹ naŋ²²⁻¹¹ ɗou³⁴⁻⁴² bo²²⁻¹¹ u⁴²。

三亚　家里连蜀个侬都无有。ke³³ lai⁴² leŋ²² zioʔ³³ kai²² naŋ²² ɗou³³ vo²² u⁴²。

六、介引处置对象的介词

闽南方言的处置句另有专文全面论述，为免重复及节省篇幅，这里只选取五个例句，抽取其中使用处置介词的说法、列出各地处置介词以见一斑，相关论述请看第六章第二节。各地介引处置对象的形式如下。

1. 闽南－台湾片

泉州：将 ₋tsiɔŋ/按 anˀ/共 kaŋˀ

厦门：自 tsuˀ/将 ₋tsiɔŋ/合 kaʔ₋/对 tuiˀ/互 hɔˀ

台中：合 kaʔ₋/互 hɔˀ

漳州：合 kaʔ₋

2. 粤东片

汕头：将 ₋tsiaŋ/把将ᶜpa ₋tsiaŋ/对 tuiˀ/掠 liaʔ₋

揭阳：通 thaŋˀ/对 tuiˀ/掠 liaʔ₋

海丰：拉 ₋la/捞 ₋lau

3. 雷州片

遂溪：掠ᶜlia

雷州：掠ᶜlia

4. 海南片

文昌：把 ɓueˀ

三亚：把 ɓui²

下面是例句。

(42) 把桌子擦一擦。

泉州　将/按/共桌拭蜀下。tsiɔŋ³³/an⁴¹⁻⁵⁵/kaŋ⁴¹⁻²² toʔ⁵⁵ tshit⁵⁵ tsit²⁴⁻²² e⁴¹⁻²¹。

厦门　自/将 桌 顶 拭 拭 下。tsu²²⁻²¹/tsiɔŋ⁴⁴⁻²²⁻²¹ toʔ³²⁻⁵³ tiŋ⁵³ tshit³²⁻⁵⁵ tshit³² e²²⁻²¹。

台中　合/互桌仔拭拭下。kaʔ³⁻² hɔ²²⁻²¹ toʔ²⁻⁵ a⁵³ tshit²⁻⁵ tshit² e²²⁻²¹。

漳州　合桌仔拭 < 蜀下 >。kaʔ¹²¹⁻²¹ toʔ³²⁻⁵ a⁵² tshit³²⁻⁵ < tsɛ²¹ >。

汕头　只床合伊拭拭下。tsiaʔ²⁻⁵ tshɯŋ⁵⁵ kaʔ⁵⁻² i³³ tshik²⁻⁵ tshik² e²⁵⁻³¹。

揭阳　只床个伊拭拭下。tsiaʔ²⁻⁵ tshɯŋ⁵⁵ kai⁵⁵⁻²² i³³ tshek²⁻³ tshek² e³⁵⁻²¹。

海丰　拉床头拭拭仔。la⁴⁴⁻³³ tsh̩⁵⁵⁻²² thau⁵⁵ tshit³⁻⁴ tshit³ ã⁵²⁻²¹³。

遂溪　掠阿床团□ [tsut³] □ [tsut³]。lia⁵⁵⁻³³ a²⁴⁻³³ tho²² kia⁴¹ tsut³ tsut³。

雷州　掠阿床团拭蜀下伊/擦擦。lia³³ a⁵⁵ tsho²²⁻³³ kia⁴² tshua⁵⁵³ ziek² e²⁴⁻³³ i²⁴⁻²¹/tshua⁵⁵³ tshua⁵⁵³。

文昌　把床擦 < 蜀下 >/蜀下/擦擦/擦蜀擦。ɓue⁴²⁻¹¹ ʃo²² ʃua⁵³ ʥie³⁴/ʥiak³⁻²¹ e³⁴/ʃua⁵³⁻³³/ʃua⁵³/ʃua⁵³ ʥiak³⁻²¹ ʃua⁵³。

三亚　把床擦（蜀）擦/擦蜀下。ɓui⁴² tsho²² tshuoʔ⁴⁵（io³³）tshuoʔ⁴⁵/tshuoʔ⁴⁵ io³³ e³³。

(43) 别把自行车弄丢了。

泉州　唔通将/度骹踏车拍唔见/无去啰。m̩⁴¹⁻²² than³³ tsiɔŋ³³/thɔ⁴¹⁻²² kha³³ taʔ²⁴⁻²² tshia³³ paʔ⁵⁵ m̩⁴¹⁻²² kĩ⁴¹/bo²⁴ khɯ⁴¹ lɔ²¹。

厦门　汝唔通自骹踏车 < 拍唔 > 见。li⁵³⁻⁴⁴ m̩²²⁻²¹ thaŋ⁴⁴⁻²² tsu²²⁻²¹ kha⁴⁴⁻²² taʔ⁵⁻²¹ tshia⁴⁴ < phaŋ⁵³ > kĩ²¹。

台中　①嫑合铁马 < 拍唔 > 见。①mai²¹⁻⁵³ kaʔ³⁻² thiʔ²⁻⁵ be⁵³ < phaŋ²¹⁻⁵³ > ken²¹。②嫑互铁马 < 拍唔 > 见。mai²¹⁻⁵³ hɔ²²⁻²¹ thiʔ²⁻⁵ be⁵³ < phaŋ²¹⁻⁵³ > ken²¹。

漳州　< 唔通 > 合骹踏车煞 < 拍唔 > 去。< baŋ²²⁻²¹ > kaʔ¹²¹⁻²¹ kha³⁴⁻²¹ tshia³⁴ sak³²⁻⁵ < phaŋ²¹⁻⁵² > khi²¹。

汕头　只骹车嫑合伊物无去。tsiaʔ²⁻⁵ kha³³ tshia³³ mai²¹³⁻⁵⁵ kaʔ⁵⁻² i³³ mueʔ⁵⁻² bo⁵⁵ khɯ²¹³⁻³¹。

揭阳　只骹车嫑个伊唔见去。tsiaʔ²⁻³ kha³³ tshia³³ mai²¹³⁻⁴² kai⁵⁵⁻²² i³³ m̩³⁵⁻²¹ kĩ²¹³ khɯ²¹³⁻²¹。

海丰　嫑拉骹车唔见了。mai²¹³⁻⁵⁵ la⁴⁴⁻³³ kha⁴⁴⁻³³ tshia⁴⁴ m̩²⁵⁻³³ kĩ²¹³⁻⁵⁵ liau⁵²⁻²¹³。

遂溪 无掠阿单车做无见去哦。vo^{22} lia^{33} a$^{24-33}$ taŋ$^{24-33}$ tshia^{24} tso^{55} vo^{22} ki^{214} hu^{214} o^{41}。

雷州 无掠阿单车做无见去（啦）。bo$^{22-33}$ lia^{33} a^{55} taŋ$^{24-33}$ tshia^{24} tso^{553} bo$^{22-33}$ ki^{21} khu^{21}（la^{33}）。

文昌 无用把骹车做无见去/做无知处去。bo$^{22-11}$ ʤioŋ^{42} ɓue^{42} xa$^{34-42}$ ʃia^{34} to^{53} bo$^{22-11}$ ki^{213} xu$^{21-55}$/to^{53} bo$^{22-11}$ tai$^{34-42}$ ɗe^{21} xu$^{21-55}$。

三亚 嫒把骹车做落搁。voi^{24} ɓui^{42} kha^{33} tshio^{33} toʔ^{45} laʔ^{45} kaʔ^{42}。

（44）把房子卖掉，不就有钱了吗？

泉州 ①将厝卖煞，唔就有钱啰（吗）？ tsiɔŋ^{33} tshu^{41} bue$^{41-22}$ saʔ^{55}，m̩$^{41-22}$ tsiu$^{41-22}$ u^{22} tsĩ^{24} lɔ^{41}（ma^{21}）？②厝卖了，唔就有钱啰？ tshu^{41} bue$^{41-22}$ liau^{55}，m̩$^{41-22}$ tsiu$^{41-22}$ u^{22} tsĩ^{24} lɔ^{21}？

厦门 ①厝卖煞，唔着有钱啊？ tshu^{21} bue^{22} sak^{32}，m̩$^{22-21}$ tioʔ$^{5-21}$ u$^{22-21}$ tsĩ^{24} a^{21}？②合厝卖煞，唔着有钱啊？ kaʔ$^{5-21}$ tshu^{21} bue^{22} sak^{32}，m̩$^{22-21}$ tioʔ$^{5-21}$ u$^{22-21}$ tsĩ^{24} a^{21}？

台中 ①合厝卖掉，唔着有钱啊？ kaʔ$^{3-2}$ tshu^{21} be^{22} tiau$^{22-44}$，m̩$^{22-21}$ tioʔ$^{3-2}$ u$^{22-21}$ tsĩ^{24} a^{24}。②厝卖掉，唔着有钱啊？ tshu^{21} be^{22} tiau$^{22-44}$，m̩$^{22-21}$ tioʔ$^{3-2}$ u^{22} tsĩ^{24} a^{24}？

漳州 合厝卖去，伯着有镭啊？ kaʔ$^{121-21}$ tshu$^{21-52}$ be^{22} khi^{21}，lan^{52} loʔ$^{121-21}$ u$^{22-21}$ lui^{34} a^{21}？

汕头 ①对间厝卖掉，么就有钱了？ tui$^{213-55}$ kõi^{33} tshu^{213} boi^{31} tiau^{31}，mo^{33} tsiu$^{25-31}$ u$^{25-31}$ tsĩ^{55} ou$^{52-213}$？②间厝合伊卖掉，么就有钱了？ kõi^{33} tshu^{213} kaʔ$^{2-5}$ i^{33} boi^{31} tiau^{31}，mo^{33} tsiu$^{25-31}$ u$^{25-31}$ tsĩ^{55} ou$^{52-213}$？③对间厝合伊卖掉，么就有钱了？ tui$^{213-55}$ kõi^{33} tshu^{213} kaʔ$^{2-5}$ i^{33} boi^{31} tiau^{31}，mo^{33} tsiu$^{25-31}$ u$^{25-31}$ tsĩ^{55} ou$^{52-213}$？④卖掉间厝，么就有钱了？ boi^{31} tiau^{31} kõi^{33} tshu^{213}，mo^{33} tsiu$^{25-31}$ u$^{25-31}$ tsĩ^{55} ou$^{52-213}$？

揭阳 ①通间厝卖掉，么就有钱了？ thaŋ$^{213-42}$ kãi^{33} tshu^{213} boi$^{22-21}$ tiau$^{22-21}$，mo^{33} tsu$^{35-21}$ u$^{35-21}$ tsĩ^{55} au$^{42-213}$？②间厝个伊卖掉，么就有钱了？ kãi^{33} tshu^{213} kai$^{55-22}$ i^{33} boi$^{22-21}$ tiau$^{22-21}$，mo^{33} tsu$^{35-213}$ u$^{35-21}$ tsĩ^{55} au$^{42-213}$？③通间厝个伊卖掉，么就有钱了？ thaŋ$^{213-42}$ kãi^{33} tshu^{213} kai$^{55-22}$ i^{33} boi$^{22-21}$ tiau$^{22-21}$，mo^{33} tsu$^{35-213}$ u$^{35-21}$ tsĩ^{55} au$^{42-213}$？④卖掉间厝，么就有钱了？ boi$^{22-21}$ tiau$^{22-21}$ kãi^{33} tshu^{213}，mo^{33} tsu$^{35-21}$ u$^{35-21}$ tsĩ^{55} au$^{42-213}$？

海丰 间厝卖了/掉，吗就有钱啰/哦？ kãi$^{44-33}$ tshu^{213} be$^{21-33}$ liau$^{52-213}$/tiau^{21}，ma$^{44-33}$ tsu$^{25-33}$ u$^{25-33}$ tsĩ^{55} lɔ^{33}/ɔ^{33}？

遂溪 掠座厝卖去，无就有钱咯？lia⁵⁵⁻³³ tse³³ tshu²¹⁴ voi²⁴ hu²¹⁴，bo²² tsiu⁵⁵ u⁵⁵⁻³³ tsi²² lo⁵⁵？

雷州 掠阿厝卖去，无是就有钱啦吗？lia³³ a⁵⁵ tshu²¹ boi²⁴ khu²¹，bo²²⁻³³ si³³ tsiu³³ u³³ tsi²² la⁵⁵ ma³³？

文昌 把（间）厝卖去，无是有钱吗？ɓue⁴² (kan³⁴⁻⁴²) ʃu²¹ boi³⁴ xu²¹⁻⁵⁵，bo²²⁻¹¹ ti⁴² u⁴²⁻¹¹ ʧi²² ma⁵⁵？

三亚 把（即间）厝卖落搁，无就有钱了吗？ɓui⁴² (iʔ⁴⁵ kan³³) tshu²⁴ voi³³ laʔ⁴⁵ kaʔ⁴²，vo²² tsiu⁴² u⁴² tsi²² liau⁴² maʔ⁴⁵？

（45）弟弟把饭全倒给鸡吃了。

泉州 小弟将糜/饭拢总倒度鸡食啰。sio⁵⁵⁻²⁴ ti²² tsiɔŋ³³ mãi³³/pŋ̍⁴¹ lɔŋ⁵⁵⁻²² tsɔŋ⁵⁵ to⁴¹⁻⁵⁵ thɔ⁴¹⁻³¹ kue³³ tsiaʔ²⁴⁻²² lo⁴¹.

厦门 小弟合饭全部倒互鸡食。sio⁵³⁻⁴⁴ ti²² kaʔ⁵⁻²¹ pŋ̍²² tsuan²⁴⁻²² pɔ²²⁻²¹ to²¹⁻⁵³ hɔ²²⁻²¹ kue⁴⁴ tsia⁵.

台中 小弟合饭全部倒互鸡食。sio⁵³⁻⁴⁴ ti²¹ kaʔ³⁻² pŋ̍²² tsuan²⁴⁻²² pɔ²² to²¹⁻⁵³ hɔ²²⁻²¹ ke⁴⁴ tsia³.

漳州 小弟合饭拢倒互鸡仔食。sio⁵²⁻³⁴ ti²² kaʔ¹²¹⁻²¹ puĩ²² lɔŋ⁵²⁻³⁴ to⁵² hɔ²² ke³⁴ a⁵²⁻⁴⁴ tsiaʔ¹²¹.

汕头 阿弟对撮饭拢合伊倒分鸡食去。a³³ ti²⁵ tui²¹³⁻⁵⁵ tshoʔ²⁻⁵ puŋ³¹ lɔŋ⁵²⁻²⁴ kaʔ⁵⁻² i³³ to²¹³⁻⁵⁵ puŋ³³ koi³³ tsiaʔ⁵ khɯ²¹³⁻³¹.

揭阳 阿弟通撮饭拢个伊倒乞鸡食去。a³³ ti³⁵ thaŋ²¹³⁻⁴² tshoʔ²⁻³ puŋ²² nɔŋ⁴²⁻²⁴ kai⁵⁵⁻²² i³³ to²¹³⁻⁴² kheʔ²⁻³ koi³³ tsiaʔ⁵ khɯ²¹³⁻²¹.

海丰 阿弟捞乃阿饭（合伊/拉伊）做口 [ɔ²¹] 倒乞鸡食了去。a⁴⁴⁻³³ thai²¹ lau⁴⁴⁻³³ nai²¹³⁻⁵⁵ ã⁵²⁻²¹³ puĩ²¹（kaʔ⁴⁻³ i⁴⁴⁻³³/la⁴⁴⁻³³ i⁴⁴⁻³³）tsɔ²¹³⁻⁵⁵ ɔ²¹ tɔ⁵² khɔ⁴⁴⁻³³ kei⁴⁴⁻³³ tsiaʔ⁴⁻³ liau⁵²⁻²¹³ khi²¹³⁻⁵⁵.

遂溪 老弟蜀下掠阿碗饭倒乞阿个鸡食去。lau⁴¹ ti⁵⁵ tse⁴¹ e²⁴ lia⁵⁵⁻³³ a⁵⁵ ua⁴¹ pui²⁴ to⁴¹ khi⁵⁵ a⁵⁵ kai³³ koi³³ tsia³³ hu²¹⁴⁻²¹.

雷州 老弟掠阿糜总（下）倒乞阿鸡食啦。lau⁴²⁻⁴⁴ ti³³ lia³³ a⁵⁵ mue²² tsoŋ⁴²⁻⁴⁴ (e²⁴) to²¹ khi⁵⁵³ a⁵⁵ koi²⁴ tsia³³ la³³.

文昌 老弟把（碗）糜作下倒口 [ti(ʔ)⁵⁵] 鸡食去啦。lau⁴²⁻¹¹ ɗi⁵³ ɓue⁴² (ua³¹⁻³³) mue³⁴ to⁵⁵ e³⁴ ɗo³¹ ti(ʔ)⁵⁵ koi³⁴ ʧia⁴² xu²¹ la²¹.

三亚 老弟把糜全倒乞鸡喫了。lau³¹ ɗi⁴² ɓui⁴² muo²² tshuan²² ɗo²⁴ khiʔ⁴⁵ koi³³ khai³¹ liau⁴².

（46）他们把我当亲生儿子抚养。

泉州 個口 [huai⁵⁵⁻²⁴] 将我当亲生（个）囝来饲。in³³ huai⁵⁵⁻²⁴ tsiɔŋ³³

gua^{55} tɔŋ$^{41-55}$ tshin^{33} sĩ^{33} (e$^{24-22}$) kã^{55} lai$^{24-22}$ tshi^{41}。

厦门 伊□[hia^{24}] 自/将/合我当做家己个囝来饲。in$^{44-22}$ hia^{24} tsu$^{22-21}$/tsiɔŋ$^{44-22-21}$/kaʔ$^{5-21}$ gua$^{53-44}$ taŋ$^{21-53}$ tsue$^{21-53}$ ka$^{44-22}$ ki$^{22-21}$ e$^{24-22}$ kiã^{53} lai$^{24-22}$ tshi^{22}。

台中 ①伊合我当做亲生个后生饲。in$^{44-22}$ kaʔ$^{3-2}$ ua$^{53-44}$ tɔŋ$^{21-53}$ tso$^{21-53}$ tshin$^{44-22}$ sẽ$^{44-22}$ e$^{24-22}$ hau$^{22-21}$ sẽ$^{44-22}$ tshi^{22}。②伊互我当做亲生个后生饲。in$^{44-22}$ hɔ$^{22-21}$ ua$^{53-44}$ tɔŋ$^{21-53}$ tso$^{21-53}$ tshin$^{44-22}$ sẽ$^{44-22}$ e$^{24-22}$ hau$^{22-21}$ sẽ$^{44-22}$ tshi^{22}。③伊当我做亲生个后生来饲。in$^{44-22}$ tɔŋ$^{21-53}$ ua$^{53-44}$ tso$^{21-53}$ tshin$^{44-22}$ sẽ$^{44-22}$ e$^{24-22}$ hau$^{22-21}$ sẽ$^{44-22}$ lai$^{24-22}$ tshi^{22}。

漳州 伊合我当做亲生后生□[hɛ$^{52-34}$]饲。in$^{34-33}$ kaʔ$^{121-21}$ gua$^{52-34}$ taŋ$^{21-52}$ tso$^{21-52}$ tshin$^{34-33}$ sẽ$^{34-33}$ hau$^{33-21}$ sẽ^{34} hɛ$^{52-34}$ tshi^{33}。

汕头 ①伊侬掠我做亲生囝饲。i^{33} naŋ$^{55-31}$ liaʔ$^{5-2}$ ua$^{52-24}$ tso$^{213-55}$ tshin^{33} sẽ^{33} kiã^{52} tshi^{31}。②伊侬把将/将我当做亲生囝饲。i^{33} naŋ$^{55-31}$ pa$^{52-24}$ tsiaŋ^{33}/tsiaŋ^{33} ua$^{52-24}$ tɯŋ$^{213-55}$ tso$^{213-55}$ tshin^{33} sẽ^{33} kiã^{52} tshi^{31}。

揭阳 伊侬当掠我做亲生囝来饲。i^{33} naŋ$^{55-22}$ tɯŋ$^{213-42}$ liaʔ$^{5-2}$ ua$^{42-24}$ tso$^{213-42}$ tseŋ^{33} seŋ^{33} kiã^{42} lai$^{55-22}$ tshi^{22}。

海丰 伊侬拉我当亲生囝来饲。i$^{44-33}$ naŋ$^{55-22}$ la$^{44-33}$ ua^{52} tŋ$^{213-55}$ tshin$^{44-33}$ sẽ$^{44-33}$ kiã^{52} lai$^{55-22}$ tshi$^{213-55}$。

遂溪 伊群掠我当亲生囝来饲。i^{24} kuŋ^{22} lia^{33} va^{41} taŋ^{214} tso^{55} tshiŋ^{24} se^{24} kia^{41} lai^{22} tshi^{214}。

雷州 伊侬掠我当做亲生囝来饲。i^{24} naŋ^{22} lia^{33} ba^{42} to^{21} tso^{553} tshiŋ$^{24-33}$ se$^{24-33}$ kia^{42} lai$^{22-33}$ tshi^{22}。

文昌 伊蜀家把我当做亲生囝/干己囝/单己囝饲。i^{34} ʤiak$^{3-21}$ ke^{34} ɓue^{42} gua^{31} ɗan^{34} to^{53} ʃien^{34} te$^{34-42}$ kia^{31}/kan$^{21-55}$ ki^{31} kia^{31}/ɗan$^{21-55}$ ki^{31} kia^{31} ʃi^{34}。

三亚 伊侬把我当做亲生囝蜀样来饲。i^{33} naŋ^{22} ɓui^{42} va^{31} ɗaŋ^{33} tsoʔ^{45}/toʔ^{45} tshin^{33} te^{33} kio^{31} io^{33} io^{33} lai^{22} tshi^{33}。

七、介引施动主体的介词

闽南方言被动句中用于介引施动主体的介词，以给予义动词变来的"乞"最为普遍。还有同样来自给予义动词的"度""传""互""分"□[ioʔ^{53}]"，这些词都兼有由给予义发展而来的容让义，被动义是容让义的进一步演变。台中由"乞""互""合"等同义语素又组合出"乞互""乞合"。此外，还有来自与事介词的"合"。各地具体形式如下。

泉州	厦门	台中	漳州
度 thɔ²	互 hɔ²	互 hɔ²	互 hɔ²
乞 khɯʔ₂		乞 khiʔ₂	
传 ₑŋ		合 haʔ₂	
		乞合 khiʔ₂ haʔ₂	
		乞互 khiʔ₂ hoˀ²	

汕头	揭阳	海丰
乞 khiʔ₂	乞 kheʔ₂	乞 ₑkhɔ
分 ₑpuŋ		

雷州	遂溪	文昌	三亚
乞 khi²	乞 ᵉkhi	□ ioʔ⁵³	乞 khiʔ₂
		乞 kiet⁵	

下面是例句。

(47) 鱼被猫叼走了。

泉州 鱼度/乞猫（仔）咬去啰。hɯ²⁴ thɔ⁴¹⁻²²/khɯʔ⁵⁵ niãu³³（a⁵⁵）ka²² khɯ⁴¹⁻³¹ lɔ²¹.

厦门 迄只鱼互猫咬去啊。hit³²⁻⁵ tsiaʔ³²⁻⁵³ hi²⁴ hɔ²² niau⁴⁴ ka⁴⁴ khiʔ²¹ a²¹.

台中 ①鱼仔乞互猫仔咬走啊。hi²⁴ a⁵³ khiʔ²⁻⁵ hɔ²²⁻²¹ niãu⁴⁴⁻²⁴ a⁵³ ka²²⁻²¹ tsau⁵³ a²¹. ②鱼仔互猫仔咬走啊。hi²⁴ a⁵³ hɔ²²⁻²¹ niau⁴⁴⁻²⁴ a⁵³ ka²²⁻²¹ tsau⁵³ a²¹.

漳州 鱼仔互猫仔咬去啊。hi¹³ a⁵² hɔ²²⁻²¹ niau³⁴ a⁵² ka²² khiʔ²¹ a²¹.

汕头 尾鱼分/乞只猫（合伊）咬去了。bue⁵²⁻²⁴ hɯ⁵⁵ puŋ³³/khiʔ²⁻⁵ tsiaʔ²⁻⁵ ŋiau³³（kaʔ⁵⁻² i³³）ka²⁵ kɯ²¹³⁻³¹ ou⁵²⁻²¹³.

揭阳 尾鱼乞只猫咬去了。bue⁴²⁻²⁴ hɯ⁵⁵ kheʔ²⁻³ tsiaʔ²⁻³ ŋiau³³ ka⁵⁵ khɯ²¹³⁻²¹ au⁴²⁻²¹³.

海丰 鱼乞猫咬走了。hi⁵⁵ khɔ²¹⁻³³ ŋiau⁴⁴ ka⁵⁵⁻²² tsau⁵² liau⁵²⁻³³.

遂溪 鱼乞猫衔走啦。hu²² khi⁵⁵ va²² ka²² tsau⁴¹ la⁴¹.

雷州 阿鱼乞阿猫咬去啦。a⁵⁵ hu²² khi⁵⁵³ a⁵⁵ ba²² ka²² khu²¹ la³¹.

文昌 鱼□［ioʔ⁵³］猫咬去啦。fiu²² ioʔ⁵³ niau³⁴ ka⁴²⁻¹¹ xu²¹⁻⁵⁵ la²¹.

三亚 鱼乞猫咬走了/去了。hu²² khiʔ⁴⁵ miau³³ kha²² tsau³¹ liau³¹/hu²⁴ liau⁴².

(48) 小心叫人给卖了！

泉州　细腻/斟酌唔通度侬卖去/卖卖去！sue⁴¹⁻⁵⁵ li⁴¹/tsim³³ tsiɔk⁵⁵ m̩⁴¹⁻²² than³³ thɔ⁴¹⁻²² laŋ²⁴⁻²² bue⁴¹ khɯ⁴¹⁻²¹/bue⁴¹ bue⁴¹ khɯ⁴¹⁻²¹！

厦门　①小心互侬卖煞！sio⁵³⁻⁴⁴ sim⁴⁴ hɔ²²⁻²¹ laŋ²⁴⁻²² bue²²⁻²¹ sak³²！②汝着细腻，无汝互侬甲汝卖卖去！li⁵³ tioʔ⁵⁻²¹ sue²¹⁻⁵³ li²² ，bo²⁴ li⁵³ hɔ²²⁻²¹ laŋ²⁴⁻²² kaʔ⁵⁻²¹ li⁵³⁻⁴⁴ bue²²⁻²¹ bue²² khi²¹！

台中　小心孬合别侬挈去卖！sio⁵³⁻⁴⁴ sim⁴⁴ mo²⁴ haʔ³⁻² pat³⁻² laŋ²⁴ khe²²⁻²¹ khi²¹⁻⁵³ be²²！

漳州　细腻<唔通>互侬合汝卖去/卖卖去。se²¹⁻⁵² zi²²⁻²¹ baŋ²²⁻²¹ hɔ²²⁻²¹ laŋ¹³⁻²² kaʔ¹²¹⁻²¹ li⁵² be²²⁻²¹ khi²¹/be²¹⁻²² be²²⁻²¹ khi²¹！

汕头　知观分/乞侬掠去卖卖掉！tsai³³ kuaŋ³³ puŋ³³/khiʔ²⁻⁵ naŋ⁵⁵⁻³¹ liaʔ⁵⁻² khɯ²¹³⁻⁵⁵ boi³¹ boi³¹ tiau³¹！

揭阳　知观乞侬掠去卖卖/□［beŋ²²⁻²¹］卖掉！tsai³³ kuaŋ³³ kheʔ²⁻³ naŋ⁵⁵⁻²² liaʔ⁵⁻² khɯ²¹³⁻⁴² boi²²⁻²¹ boi²²⁻²¹/beŋ²²⁻²¹ boi²²⁻²¹ tiau²²！

海丰　小心嫒乞侬卖卖了！siɔ⁵²⁻²¹³ sim⁴⁴ mai²¹³⁻⁵⁵ khɔ⁴⁴⁻³³ naŋ⁵⁵⁻²² bei²¹⁻³³ bei²¹ liau⁵²⁻³³！

遂溪　①细心无乞侬掠去卖！soi²¹⁴⁻²⁴ sim²⁴ bo²² khi⁵⁵ naŋ²² lia³³ hu²¹⁴⁻⁵⁵ voi²⁴！②细心无乞侬卖去哦！soi²¹⁴⁻²⁴ sim²⁴ bo²² khi⁵⁵ naŋ²² voi²⁴ hu²¹⁴ o⁴¹！

雷州　①细心喊侬乞卖了！soi⁵⁵³ sim²⁴ hiam³³ naŋ²² khi⁵⁵³ boi²⁴ liau⁴²！②细心无乞侬卖去啦！soi⁵⁵³ sim²⁴ bo²²⁻³³ khia⁵⁵³ naŋ²² boi²⁴ khu²¹ la³³！

文昌　细心无乞侬卖去！toi²¹⁻⁵⁵ tiom³⁴ bo²²⁻¹¹ kiet⁵ naŋ²²⁻¹¹ boi³⁴ xu⁵！

三亚　细心乞侬卖（去）！toi²⁴ tin³³ khiʔ⁴⁵ naŋ²² voi³³（hu²⁴）！

（49）花盆被人搬走了好几个。

泉州　花盆度/乞侬揭/搬去几落个（啰）。hue³³ phun²⁴ thɔ⁴¹⁻²²/khɯʔ⁵⁵ laŋ²⁴⁻²² kiaʔ²⁴⁻²²/puã³³ khɯ⁴¹⁻⁵⁵ kui⁵⁵⁻²⁴ lak⁵⁵ ge²⁴（lɔ⁴¹）。

厦门　花坩互侬偷挔去几偌个。hue⁴⁴⁻²² khã⁴⁴ hɔ²²⁻²¹ laŋ²⁴⁻²² thau⁴⁴⁻²² theʔ⁵⁻²¹ khi²¹⁻⁵³ kui⁵³⁻⁴⁴ nã²² e²⁴。

台中　①花坩乞合侬搬走足稽个。hue⁴⁴⁻²² khã⁴⁴ khiʔ²⁻⁵ haʔ³⁻² laŋ²⁴⁻²² puã⁴⁴⁻²² tsau⁵³⁻⁴⁴ tsiɔk²⁻⁵ tse²² e²⁴。②花坩互侬搬走足稽个。hue⁴⁴⁻²² khã⁴⁴ hɔ²² laŋ²⁴⁻²² puã⁴⁴⁻²² tsau⁵³⁻⁴⁴ tsiɔk²⁻⁵ tse²²⁻²¹ e²⁴。③花坩（互侬）搬走足稽个。hue⁴⁴⁻²² khã⁴⁴（hɔŋ²⁴ laŋ²⁴⁻²²）puã⁴⁴⁻²² tsau⁵³⁻⁴⁴ tsiɔk²⁻⁵ tse²²⁻²¹ e²⁴。

漳州　花盆互侬搬去（了）真稽个。hua³⁴⁻²² phun¹³⁻²² hɔ²²⁻²¹ laŋ¹³⁻²² puã³⁴⁻²² khi²¹⁻⁵²（liau³⁻⁴）tsin³⁴⁻²² tse²²⁻²¹ kɔ⁵²。

汕头　撮花钵分/乞侬搬掉几个去。tshoʔ²⁻⁵ hue³³ puaʔ² puŋ³³/khiʔ²⁻⁵ naŋ⁵⁵⁻³¹ puã³³ tiau³¹ kua⁵²⁻²⁴ kai⁵⁵ khɯ²¹³⁻³¹。

揭阳 块花钵乞侬搬掉几个去。ko²¹³⁻⁴² hue³³ puaʔ² kheʔ²⁻³ naŋ⁵⁵⁻²² puã³³ tiau²²⁻²¹ kua⁴²⁻²⁴ kai⁵⁵ khɯ²¹³⁻²¹.

海丰 花盆互侬搬了响穧个。hue⁴⁴⁻³³ phun⁵⁵ khɔ²¹⁻³³ naŋ⁵⁵⁻²² puã⁴⁴⁻³³ liau⁵²⁻²¹³ hiaŋ⁵²⁻²¹³ tsei²¹⁻³³ kai⁵⁵.

遂溪 花盆乞侬衔去好几个。hue²⁴ phuŋ²² khi⁵⁵ naŋ²² ka²² hu²¹⁴ ho⁴¹ kui⁴¹ kai²².

雷州 ①阿花盆乞人衔好几个去啦。a⁵⁵ hue²⁴⁻³³ phuŋ²²⁻³³ khi⁵⁵³ naŋ²² ka²²⁻³³ ho⁴² kui⁴²⁻⁴⁴ kai²² khu²¹ la³³. ②阿花盆乞人衔（走）了好几个。a⁵⁵ hue²⁴⁻³³ phuŋ²²⁻³³ khi⁵⁵³ naŋ²² ka²²⁻³³（tsau⁴²）liau⁴² ho⁴² kui⁴²⁻⁴⁴ kai²².

文昌 ①花盆□［ioʔ⁵³］侬搬了几个。ɦue³⁴⁻⁴² ɸun²² ioʔ⁵³ naŋ²² ɓua³⁴ liau³¹ kui³¹⁻³³ kai²². ②花盆□［ioʔ⁵³］侬搬去（了）几个。ɦue³⁴⁻⁴² ɸun²² ioʔ⁵³ naŋ²² ɓua³⁴ xu²¹（liau³¹）kui³¹⁻³³ kai²².

三亚 花盆乞侬搬走了好几盆/个。huo³³ phun²² khiʔ⁴⁵ naŋ²² ɓie²² tsau³¹ liau³¹ ho³¹ kui³¹ phun²²/kai²²⁻⁴².

（50）值钱的东西都被偷光了。

泉州 值钱个物件都度侬偷了了/潎潎去啰。tat²⁴⁻²² tsĩ²⁴ e²⁴⁻⁴¹ mũʔ²⁴⁻²² kiã²² tɔ³³ thɔ⁴¹⁻²² laŋ²⁴⁻²² thau³³ liau⁵⁵⁻²⁴ liau⁵⁵/teʔ⁵⁵ teʔ⁵⁵ khɯ⁴¹⁻³¹ lɔ²¹.

厦门 ①值钱个物件拢互侬偷挖去啊/啰。tat⁵⁻²¹ tsĩ²⁴ e²⁴⁻²² miʔ⁵⁻²¹ kiã²² lɔŋ⁵³⁻⁴⁴ hɔ²²⁻²¹ laŋ²⁴⁻²² thau⁴⁴⁻²² theʔ⁵ khi²¹ a²¹/lo²¹. ②值钱个物件拢互侬偷挖了了（啊）。tat⁵⁻²¹ tsĩ²⁴ e²⁴⁻²² miʔ⁵⁻²¹ kiã²² lɔŋ⁵³⁻⁴⁴ hɔ²²⁻²¹ laŋ²⁴⁻²² thau⁴⁴⁻²² theʔ⁵⁻²¹ liau⁵³⁻⁴⁴ liau⁵³（a²¹）.

台中 ①价值个物件拢乞侬偷挖了啊/啰。ke²¹⁻⁵³ tat³⁻² e²⁴⁻²² mĩʔ³⁻² kiã²² lɔŋ⁵³⁻⁴⁴ khiʔ²⁻⁵ laŋ²⁴⁻²² thau⁴⁴⁻²² theʔ³⁻² liau⁵³ a²¹/lo⁻²¹. ②价值个物件拢乞侬偷挖去啊/啰。ke²¹⁻⁵³ tat³⁻² e²⁴⁻²² mĩʔ³⁻² kiã²² lɔŋ⁵³⁻⁴⁴ khiʔ²⁻⁵ laŋ²⁴⁻²² thau⁴⁴⁻²² theʔ khi²¹ a²¹/lo⁻²¹.

漳州 值钱个物件拢互侬偷偷去啊/啰。tat¹²¹⁻²¹ tsĩ¹³⁻²² e¹³⁻²² miʔ¹²¹⁻²¹ kiã²² lɔŋ⁵²⁻³⁴ hɔ²²⁻²¹ laŋ¹³⁻²² thau³⁴⁻²² thau³⁴ khi²¹ a²¹/lo²¹.

汕头 值钱物件拢分/乞侬偷干了去了。tak⁵⁻² tsĩ⁵⁵⁻³¹ mueʔ⁵⁻² kiã²⁵ lɔŋ⁵²⁻²⁴ puŋ³³/khiʔ²⁻⁵ naŋ⁵⁵⁻³¹ thau³³ kaŋ²¹³⁻⁵⁵ liau⁵² khɯ²¹³⁻³¹ ou⁵²⁻²¹³.

揭阳 值钱物件拢乞伊偷干去了。tak⁵⁻² tsĩ⁵⁵⁻²² mueʔ⁵⁻² kiã³⁵ nɔŋ⁴²⁻²⁴ kheʔ²⁻³ i³³ thau³³ kaŋ²¹³ khɯ²¹³⁻²¹ au⁴²⁻²¹³.

海丰 值钱个零细左互（伊）干遘无半粒。tat⁴⁻³ tsĩ⁵⁵⁻²² e⁵⁵⁻²² naŋ⁵⁵⁻²² se²¹³⁻⁵⁵ tsɔ⁵² khɔ⁴⁴⁻³³（i⁴⁴⁻³³）kaŋ⁴⁴⁻³³ kau⁴⁴⁻⁵⁵ bɔ⁵⁵⁻²² puã²¹³⁻⁵⁵ liap⁴.

遂溪 抵钱物蜀下乞侬偷潎去啦。toi⁴¹ tsi²² mi³³ tse³³ e²⁴ khi⁵⁵ naŋ²² thau²⁴ the⁵⁵ hu²¹⁴ la⁴¹.

雷州 阿抵钱个物□［tsek⁵］下乞伊偷潎啦。a⁵⁵ toi⁴² tsi²² kai²²⁻³³ mi³³⁻²¹

tsek⁵ e²⁴ khi⁵⁵³ i²⁴ thau²⁴⁻²¹ the⁵⁵³ la³¹.

文昌　抵钱个物都（□［ioʔ⁵³］侬）偷了去啦。ɗoi³¹⁻³³ tʃi²² kai²²⁻¹¹ miʔ⁵³ ɗou³⁴⁻⁴² （ioʔ⁵³ naŋ²²）xau³⁴⁻⁴² liau³¹ xu²¹⁻⁵⁵ la²¹.

三亚　值钱个乜都乞侬偷光/光光（去）了。tsei⁴² tsi²² kai²² miʔ⁴² ɗou³³ khiʔ⁴⁵ naŋ²² thau³³ kuaŋ³³/kui³³ kui³³（huʔ²⁴）liau⁻²¹.

（51）你被骗了！

泉州　汝传侬骗（去）啰！lɯ⁵⁵ tŋ²⁴⁻²² laŋ²⁴⁻²² phian⁴¹（khɯ⁴¹⁻²¹）lɔ²¹！

厦门　汝＜互侬＞骗去啊/啰！li⁵³⁻⁴⁴＜hɔŋ²²＞phian²¹ khi²¹ a²¹/lo⁻²¹！

台中　汝乞侬骗去啊/啰！li⁵³⁻⁴⁴ khiʔ²⁻⁵ laŋ²⁴⁻²² phen²¹ khi²¹ a²¹/lo⁻²¹！

漳州　①汝互侬骗（去）啊/啰！li⁵²⁻³⁴ hɔ²²⁻²¹ laŋ¹³ phian²¹（khi²¹）a²¹/lo⁻²¹！②汝互侬骗（去）了！li⁵²⁻³⁴ hɔ²²⁻²¹ laŋ¹³ phian²¹（khi²¹）liau⁵²⁻²¹！

汕头　汝分/乞人骗去了！lɯ⁵² puŋ³³/khiʔ²⁻⁵ naŋ⁵⁵⁻³¹ phian²¹³ khɯ²¹³⁻³¹ ou⁵²⁻²¹³！

揭阳　汝乞侬骗去了！lɯ⁴²⁻⁵³ kheʔ²⁻³ naŋ⁵⁵⁻²² phian²¹³ khɯ²¹³⁻²¹ au⁴²⁻²¹³！

海丰　汝乞伊骗倒啰！li⁵² khɔ⁴⁴⁻³³ i⁴⁴⁻³³ phian²¹³ tɔ⁵²⁻²¹³ lɔ³³！

遂溪　汝乞侬諢倒/諢去/厄倒/厄去啦！lu⁴¹ khi⁵⁵ naŋ²² kuŋ²¹⁴ to⁴¹/kuŋ²¹⁴ hu²¹⁴/ŋak⁵⁴ to⁴¹/ŋak⁵⁴ hu²¹⁴ la⁴¹！

雷州　汝乞侬諢啦！lu⁴² khi⁵⁵³ naŋ²²⁻³³ kuŋ²¹ la³¹！

文昌　汝□［ioʔ⁵³］侬诓啦！du³¹⁻³³ ioʔ⁵³ naŋ²²⁻¹¹ ɦuaŋ³⁴⁻⁴² la⁵⁵！

三亚　汝乞侬□［louʔ⁴⁵］了！lu³¹ khiʔ⁴⁵ naŋ²² louʔ⁴⁵ liau⁻²¹！

（52）她今年被选为队长。

泉州　伊今年度/乞侬选做队长。i³³ kin³³ nĩ²⁴ thɔ⁴¹⁻²²/kit⁵⁵ laŋ²⁴⁻²² suan⁵⁵⁻²⁴ tsue⁴¹⁻⁵⁵ tui⁴¹⁻²² tiũ⁵⁵.

厦门　伊今年互侬选做队长。i⁴⁴⁻²² kin⁴⁴ nĩ²⁴ hɔ²² laŋ²⁴⁻²² suan⁵³⁻⁴⁴ tsue²¹⁻⁵³ tui²²⁻²¹ tiũ⁵³.

台中　①伊今年乞＜互侬＞选做队长。i⁴⁴⁻²² kin⁴⁴⁻²² ni²⁴ khiʔ²⁻⁵＜hɔŋ²⁴＞suan⁵³⁻⁴⁴ tso²¹⁻⁵³ tui²²⁻²¹ tiũ⁵³.②伊今年＜互侬＞选做队长。i⁴⁴⁻²² kin⁴⁴⁻²² ni²⁴＜hɔŋ²⁴＞suan⁵³⁻⁴⁴ tso²¹⁻⁵³ tui²²⁻²¹ tiũ⁵³.

漳州　伊今年互侬选做队长。i³⁴ kin³⁴⁻²² ni¹³ hɔ²²⁻²¹ laŋ¹³⁻²² suan⁵²⁻³⁴ tso²¹⁻⁵² tui²²⁻²¹ tiũ⁵².

汕头　伊今年分/乞侬选做队长。i³³ kim³³ ni⁵⁵ puŋ³³/khiʔ²⁻⁵ naŋ⁵⁵⁻³¹ suaŋ⁵²⁻²⁴ tso²¹³⁻⁵⁵ tui³¹ tsiaŋ⁵².

揭阳　伊今年乞侬选做队长。i³³ kim³³ ni⁵⁵ kheʔ²⁻³ naŋ⁵⁵⁻²² suaŋ⁴²⁻²⁴ tso²¹³⁻⁴² tui²²⁻²¹ tsiaŋ⁴².

海丰　伊今年互（侬）选做队长。i⁴⁴⁻³³ kin⁴⁴⁻³³ nĩ⁵⁵ kɔ²¹⁻³³（naŋ⁵⁵⁻²²）suan⁵²⁻²¹³ tsɔ²¹³⁻⁵⁵ tui²¹⁻³³ tsiaŋ⁵².

遂溪　伊今年乞侬选做队长。i²⁴ kiŋ²⁴⁻³³ hi²² khi⁵⁵ naŋ²² sien⁴¹ tso⁵⁵ tui⁵⁵⁻³³ tsiaŋ⁴¹.

雷州　①伊今年选做队长。i²⁴ keŋ²⁴ hi²²⁻³³ sieŋ⁴² tso⁵⁵³ tui⁵⁵³ tsiaŋ⁴².②今年

选伊做队长。keŋ²⁴ hi²²⁻³³ sieŋ⁴² i²⁴ tso⁵⁵³ tui⁵⁵³ tsiaŋ⁴².

文昌　伊今年选做队长。i³⁴⁻⁴² kien³⁴⁻⁴² ɦi²² tuan³¹⁻³³ to⁵³ ɗui⁵³ ʧiaŋ³¹.

三亚　伊今年乞侬选做队长。i³³ kin³³ hi²² khiʔ⁴⁵ naŋ²² tuan³¹ tsoʔ⁴⁵ ɗui²⁴ tsiaŋ³¹.

（53）逃回家里，才知道两只脚被划得东一道西一道的。

泉州　走倒来厝里，□［tsiaʔ⁵⁵］知影两双骹度/乞（侬）□［kueʔ⁵⁵］/割遘即搭蜀迡迡搭蜀迡。tsau⁵⁵⁻²⁴ to⁴¹⁻⁵⁵ lai²⁴⁻⁴¹ tshu⁴¹⁻⁵⁵ lai²², tsiaʔ⁵⁵ tsai³³ iã⁵⁵⁻²⁴ lŋ'²² saŋ³³ khaʔ³³ thɔʔ²²/khit⁵⁵（laŋ²⁴⁻²²）kueʔ⁵⁵/ kua⁵⁵ a⁵⁵ tsit⁵⁵ taʔ⁵⁵⁻²² tsit²⁴⁻²² tsua⁴¹ hit⁵⁵ taʔ⁵⁵⁻²² tsit²⁴⁻²² tsua⁴¹.

厦门　我走倒来，□［tsiaʔ³²⁻⁵³］知影两双骹互侬□［kuiʔ³²⁻⁵³］遘蜀痕蜀痕。gua⁵³⁻⁴⁴ tsau⁵³⁻⁴⁴ to²¹ lai²², tsiaʔ³²⁻⁵³ tsai⁴⁴ iã⁵³⁻⁴⁴ nŋ'²² siaŋ⁴⁴ kha⁴⁴ hɔ³³ laŋ²⁴⁻²² kuiʔ³²⁻⁵³ a⁴⁴ tsit⁵⁻²¹ hun²⁴⁻²² tsit⁵⁻²¹ hun²⁴.

台中　①倒转来厝咧□［tsiat²⁻⁵］知影两支骹乞＜互侬＞划甲蜀巡蜀巡。to⁵³⁻⁴⁴ tŋ⁵³⁻⁴⁴ lai²⁴⁻²² tshu²¹ e²²⁻²¹ tsiat²⁻⁵ tsai⁴⁴⁻²² iã⁵³⁻⁴⁴ nŋ'²²⁻²¹ ki⁴⁴⁻²² kha⁴⁴ khiʔ²⁻⁵ ＜hɔŋ²⁴＞ ueʔ³⁻² kaʔ²⁻⁵ tsit³⁻² sun²⁴ tsit³⁻² sun²⁴⁻²². ②倒转来厝咧□［tsiat²⁻⁵］知影两支骹乞划甲蜀巡蜀巡。to⁵³⁻⁴⁴ tŋ'⁵³⁻⁴⁴ lai²⁴⁻²² tshu²¹ e²²⁻²¹ tsiat²⁻⁵ tsai⁴⁴⁻²² iã⁵³⁻⁴⁴ nŋ'²²⁻²¹ ki⁴⁴⁻²² kha⁴⁴ khiʔ²⁻⁵ ueʔ³⁻² kaʔ²⁻⁵ tsit³⁻² sun²⁴ tsit³⁻² sun²⁴⁻²².

漳州　偷走遘厝咧，甲知影两只骹（互伊）割遘蜀呤啊蜀呤。thau³⁴⁻²² tsau⁵²⁻³⁴ kau²¹⁻⁵² tshu²¹⁻⁵² e¹³⁻²², kaʔ³²⁻⁵ tsai³⁴⁻²² iã⁵²⁻³⁴ no²¹⁻²² ki³⁴⁻²² kha³⁴（hɔ²²⁻²¹ i³⁴）kuaʔ³²⁻⁵² kaʔ³¹⁻⁵ tsit¹²¹⁻²¹ liŋ²²⁻²¹ a³⁴⁻²² tsit¹²¹⁻²¹ liŋ²².

汕头　①走转来里，正知双骹分/乞物件划遘花花。tsau⁵²⁻²⁴ tuŋ⁵² lai⁵⁵⁻³¹ lai²⁵, tsiã²¹³⁻⁵⁵ tsai³³ saŋ³³ kha³³ puŋ³³/khiʔ²⁻⁵ mueʔ⁵⁻² kiã²⁵ ueʔ⁵⁻² kau²¹³⁻⁵⁵ hue³³ hue³³. ②走转来里，正知双骹分/乞伊划遘花花。tsau⁵²⁻²⁴ tuŋ⁵² lai⁵⁵⁻³¹ lai²⁵, tsiã²¹³⁻⁵⁵ tsai³³ saŋ³³ kha³³ puŋ³³/khiʔ²⁻⁵ i³³ ueʔ⁵⁻² kau²¹³⁻⁵⁵ hue³³ hue³³.

揭阳　走转来里，正知双骹乞物件划遘花花。tsau⁴²⁻²⁴ tuŋ⁴²⁻²⁴ lai⁵⁵⁻²² lai³⁵, tsiã²¹³⁻⁴² tsai³³ saŋ³³ kha³³ kheʔ²⁻³ mueʔ⁵⁻² kiã³⁵ ueʔ⁵⁻² kau²¹³⁻⁴² hue³³ hue³³.

海丰　偷走转厝，正知两只骹乞（伊）□［khau⁵⁵⁻²²］遘蜀□［zua²¹⁻³³］蜀□［zua²¹］。thau⁴⁴⁻³³ tsau⁵²⁻²¹³ tuĩ⁵²⁻²¹³ tshu²¹³, tsiã²¹³⁻⁵⁵ tsai⁴⁴⁻³³ nɔ²⁵⁻³³ tsiaʔ³⁻⁴ kha⁴⁴ kɔ²¹⁻³³（i⁴⁴⁻³³）khau⁵⁵⁻²² kau²¹³⁻⁵⁵ tsit⁴⁻³ zua²¹⁻³³ tsit⁴⁻³ zua²¹.

遂溪　走转厝，乃知两爿骹乞划倒生路生路。tsau⁴¹ tui⁴¹ tshu²¹⁴, na⁵⁵ tsai³³ nɔ⁵⁵⁻³³ pai²² kha²⁴ khiʔ⁵⁵ ue²⁴ to⁴¹ se²⁴⁻³³ leu²⁴ se²⁴⁻³³ leu²⁴.

雷州　（缺）

文昌　走转家里，乃知两爿骹□［io⁵³］伊割得这地蜀条，许地蜀条。tau³¹ tui³¹ ke³⁴ lai⁴², na²¹⁻⁵⁵ tai³⁴ no⁴²⁻¹¹ ɓai²¹ xa³⁴ io⁵³ i³⁴ kuat⁵ ɗiet⁵ ʥia²¹ ɗi³⁴⁻⁴² ʥia(k)²¹ ɗiau²², fio³⁴ ɗi³⁴⁻⁴² ʥia(k)²¹ ɗiau²².

三亚　走去/遘厝里，才/乃八两爿骹乞割得呢呢□［naʔ⁴⁵⁻⁴⁴］□［naʔ⁴⁵］个。tsau³¹ hu²⁴⁻²²/kau²⁴⁻²² tshu²⁴ lai⁴², tshai²¹/aʔ⁴⁵ vaiʔ⁴⁵ no⁴² ɓai kha³³ khiʔ⁴⁵ kuoʔ⁴⁵⁻⁴⁴ ɗiʔ⁴⁵ niʔ⁴⁵⁻⁴⁴ niʔ⁴⁵ naʔ⁴⁵⁻⁴⁴ naʔ⁴⁵ kai²².

在很多地方，这类介词有进一步演变的倾向，当施动主体说不出来或没有必要说出来的时候，介词后先是用一个"傀儡宾语"，如"侬""物件"或"伊"填补句法位置，进而"傀儡宾语"完全虚化甚至脱落，整个介词结构就变成一个表被动的副词。如上面（53）例的施动主体是说不清的东西，更不可能是"侬"或"伊"，但是泉州用"乞（侬）"，厦门用"互侬"，漳州用"互伊"，台中用"乞"和"＜互侬＞"，汕头、揭阳用"分/乞物件""乞伊"，海丰用"乞"和"乞伊"，遂溪、三亚用"乞"，文昌用"□[ioʔ⁵³]伊"，原先的介词都已经不同程度地离开了介引施动主体的性质而向表被动的副词转变，有的已经完全变成一个单音副词。

八、闽南方言的介词

表 2–6 是从语料中归纳出来的各地形式，闽南–台湾片处所介词同义形式繁多，不一定都收集齐全。

表 2-6 闽南方言介词

类型			泉州	厦门	台中	漳州	汕头	揭阳	海丰	雷州	遂溪	文昌	三亚
处所	所在	非使然	仁（咧）$_c$tur（lə^5）/蹛 tua^3	仁（咧）ti^2(e?$_3$)/蹛（咧）tua^3 ti^2(e?$_3$)/店 tiam^2(e?$_3$)/店 ti^2(e?$_3$)/咧 e?$_3$	仁 ti^2	仁 ti^2/蹛 tua^3	仁$_c$to	仁$_c$to	着 tɔ?^{2}/ti?^2_c	仁^5_ctu	仁^5_ctu	仁$_c$du^2	仁^5_cdu/du^3
		使然				下 he^2/□$_c$tai	□na^2/放 paŋ^3	□$_c$lai/放 paŋ^3					
	所从	非使然	按 an^2/用 iŋ^2/对 tui^3/就 tsiu^3/从$_c$tsuŋ	按 an^2/用 iŋ^2/对 tui^3/自 tsu^2	蔚 ui^3	对 tui^3	仁$_c$to/同$_c$taŋ	仁$_c$to/同$_c$taŋ	着 tɔ?^{2}/ti?^2_c	通$_c$thaŋ		通 han^3	通$_c$thaŋ
		使然			蔚 ui^3/对 tui^3		□na^2	□$_c$lai			共$_c$kaŋ		
	所经由				蔚 ui^3/对 tui^3		对 tui^3	对 tui^3					
接受对象			共 kaŋ^2/度 thɔ^2/传$_c$tŋ	合 ka?$_2$/互 hɔ^2	合 ka?$_2$	合 ka?$_2$/互 hɔ^2	乞 khi?$_2$/分$_c$pun/合$_c$ka?$_2$	乞 khe?$_2$/分$_c$pun/个$_c$kai	乞 kho/分$_c$pun/合$_c$ka	乞 khi^2	乞 khi^5	□kiop$_2$/替 xoi^3/□ti^{33}	乞 khi?$_2$/共$_c$kaŋ
与事			kap$_2$/合/共 kaŋ^2/对 tui^3	合 ka?$_2$/ka?$_2$	合 ka?$_2$/ka?$_2$	合 ka?$_2$/ka?$_2$	合 ka?$_2$/ka?$_2$	个$_c$kai	拉$_c$la/捞$_c$lau/合$_c$ka	共 kaŋ^2/对 tui^3	共$_c$kaŋ	共$_c$kaŋ/对$_c$dui	共$_c$kaŋ/对$_c$dui

续表 2-6

类型		泉州	厦门	台中	漳州	汕头	揭阳	海丰	雷州	遂溪	文昌	三亚
服务对象		替‚thue²/共‚kaŋ²	替 thue²/合 kaʔ₂/为 ui²	替 the²/合 kaʔ₂/为 ui²	替 the²/合 kaʔ₂	合 kaʔ₂/kaʔ₅	个‚kai	拉‚la/捞‚lau/合‚ka/替‚thei²	共 kaŋ²	共‚kaŋ/帮‚paŋ	共‚kaŋ/替 xoi²	为‚vui²/乞 khiʔ₅/替‚thoi²
包括或强调对象	不排除其对象	咸‚ham/连‚lian							共 kaŋ²	共‚kaŋ	共‚kaŋ	共‚kaŋ/连‚lieŋ
	包括、算上	咸‚ham/连‚lian/合 hap₂	咸‚hiam/连‚liam/掺‚tsham	咸‚ham/连‚len	咸‚ham	咸‚ham	咸‚ham	连‚liaŋ	连‚lieŋ	充倒‚tshoŋ‚to	连‚lien/包‚bau	连‚lieŋ
	强调								连‚lieŋ	连‚lien	连‚lien	
处置对象		将‚tsioŋ/按‚am²/共‚kaŋ²	自 tsu²/将‚tsiaŋ/合 kaʔ₂/互 hɔ²	合 kaʔ₂/互 hɔ²	合 kaʔ₂	将‚tsiaŋ/把将‚tsiaŋ/对 tui²/掠 liaʔ₂	通 thaŋ²/对 tui²/掠 liaʔ₂	拉‚la/捞‚lau	掠⁵lia	掠⁵lia	把 bue²	把 bui²
施动主体		度 thɔ²/乞 khuʔ₂/传‚thŋ	互 hɔ²	互 hɔ²/乞 khiʔ₅/合 haʔ₂/乞互 khiʔ₅/乞合 hoʔ₂, haʔ₂	互 hɔ²	分‚puŋ/乞 khiʔ₅	乞 kheʔ₅	乞‚khɔ	乞 khi²	乞‚khi	□io ʔ⁵³/乞 kiet⁵	乞 khiʔ₅

参考文献

[1] 李如龙. 闽南方言的介词［M］//李如龙，李双庆. 介词. 广州：暨南大学出版社，2000.
[2] 施其生. 汕头方言的介词［M］//李如龙，李双庆. 介词. 广州：暨南大学出版社，2000.
[3] 刘翠香. 山东栖霞方言中表示处所/时间的介词［J］. 方言，2004（2）.
[4] 施其生. 汉语方言里的"使然"与"非使然"［J］. 中国语文，2006（4）.
[5] 施其生. 汉语方言中语言成分的同质兼并［J］. 语言研究，2009（2）.

第三节　闽南方言的助词

助词粘附在语言成分之后，给所粘附的语言成分增添某种语法意义。汉语的助词多数由实词虚化而来，其粘附成分可以是词、词组或句子。本节只谈闽南方言两个比较有特色的助词。

一、修饰性助词

修饰性助词附着在词、词组或句子之后，给被附着成分添加一个修饰性的语法意义，其语法作用接近副词，与副词一前一后而有异曲同工之用；还常常与副词并用，这点与结构性助词有较大不同。

表示体貌意义的修饰性助词（体貌助词）将在本书第五章详述，此处不赘述；表示语气的语气助词因难以进行比较研究，也从略。

（一）进层助词

进层助词粘附在谓词性成分（词、词组或句子）之后，表示已经实施的动作或情况还要进一步实施，常伴有数量或程度更进一步的意思。

闽南各地，在潮汕片及雷州片的遂溪可以见到加在谓语动词后的"加"和"齌"，在海南片则可见到加于句末的"凑"，福建－台湾片和雷州片通常只用动词前加副词的词汇手段。

"加"和"齌"本作形容词，表示"多"，与"减"或"少"相对。因为常放在谓语动词后面作补语，在闽南方言的潮汕片和雷州片的遂溪，这两个词已经语法化而成为一个助词，表示谓语动词在已实施的基础上还要再加实施，这种"加"或"穧"，相当于普通话在动词之前加"再"，没有相对的"减"或"少"的说法。海南的"凑"类似于粤语的进层助词"添"，本为动词，意义也与"添"接近，似由和粤语的"添"相同的演变机制发展而成。

请看例句。

(1) 再吃两碗饭。

汕头　（再）食加两碗饭。(tsai²¹³⁻⁵⁵) tsiaʔ⁵⁻² ke³³ no²⁵⁻³¹ uã⁵²⁻²¹³ puŋ³¹.

揭阳　（再）食加两碗饭。(tsai²¹³⁻⁴²) tsiaʔ⁵⁻² ke³³ no³⁵⁻²¹ uã⁴²⁻²⁴ puŋ²².

海丰　（还）食加两碗饭。(huan⁵⁵⁻²²) tsiaʔ⁴⁻³ ke⁴⁴⁻³³ nɔ²⁵⁻³³ uã⁵²⁻²¹³ puĩ²⁵⁻³¹.

遂溪　野食/穧食/食穧两碗饭。ia⁴¹ tsia³³/tsoi²⁴ tsia³³/tsia³³ tsoi²⁴ no³³ ua⁴¹ pui²⁴.

文昌　①另食两碗糜（凑）。neŋ⁵³ tʃia⁴² no⁴²⁻¹¹ ua³¹⁻³³ mue²² (ʃau²¹).
②食两碗糜凑。tʃia⁴² no⁴²⁻¹¹ ua³¹⁻³³ mue²² ʃau²¹.

三亚　再喫两碗糜（凑）。tsai²⁴ khai³¹ no⁴² uo³¹ muo²² (tshau²⁴).

泉州　各/加食两碗饭。koʔ⁵⁵/ke³³ tsia²⁴⁻²² lŋ̍²² uã⁵⁵⁻²⁴ pŋ̍⁴¹.

厦门　各食两碗饭。koʔ³²⁻⁵³ tsiaʔ⁵⁻²¹ nŋ̍²²⁻²¹ uã⁵³⁻⁴⁴ pŋ̍²².

台中　各食两碗饭。koʔ²⁻⁵ tsiaʔ³ nŋ̍²²⁻²¹ uã⁵³⁻⁴⁴ pŋ̍²².

漳州　各/各加食两碗饭。koʔ³²⁻⁵²/koʔ³²⁻⁵² ke³⁴⁻²² tsiaʔ¹²¹⁻³² no²²⁻²¹ uã⁵²⁻³⁴ puĩ²².

雷州　再食两碗糜。tsai⁵⁵³ tsia⁵⁵³⁻³³ no³³⁻⁴² uaŋ⁴² mue²².

(2) 再买几十斤糠喂猪。

汕头　（再）买加几十斤糠饲猪。(tsai²¹³⁻⁵⁵) boi⁵²⁻²⁴ ke³³ kua⁵²⁻²⁴ tsap⁵⁻² kɯŋ³³ khɯŋ³³ tshi³¹ tɯ³³.

揭阳　（再）买加几十斤糠饲猪。(tsai²¹³⁻⁴²) bue⁴²⁻²⁴ ke³³ kui⁴²⁻²⁴ tsap⁵⁻² keŋ³³ khɯŋ³³ tshi²²⁻²¹ tɯ³³.

海丰　①又买加几十斤糠饲猪。iu²⁵⁻³³ be⁵²⁻²¹³ ke⁴⁴⁻³³ kui⁵²⁻²¹³ tsap⁴⁻³ kin⁴⁴⁻³³ kh ŋ̍⁴⁴⁻³³ tshi²¹³⁻⁵⁵ ti⁴⁴. ②买加几十斤糠饲猪。be⁵²⁻²¹³ ke⁴⁴⁻³³ kui⁵²⁻²¹³ tsap⁴⁻³ kin⁴⁴⁻³³ khŋ̍⁴⁴⁻³³ tshi²¹³⁻⁵⁵ ti⁴⁴.

遂溪　野买/穧买/买穧几十斤糠饲猪。ia⁴¹ voi⁴¹/tsoi²⁴ voi⁴¹/voi⁴¹ tsoi²⁴ kui⁴¹ tsap³ kien²⁴ kho²⁴ tshi²¹⁴⁻⁵⁵ tu²⁴.

文昌　①买几十斤饲猪糠凑。boi³¹ kui³¹⁻³³ tap³ kien³⁴ ʃi²¹⁻⁵⁵ ɗu³⁴⁻⁴² xo³⁴ ʃau²¹. ②另买几十斤饲猪糠（凑）。neŋ⁵³ boi³¹ kui³¹⁻³³ tap³ kien³⁴ ʃi²¹⁻⁵⁵ ɗu³⁴⁻⁴²

xo³⁴（ʃau²¹）.

三亚 再买几十斤糠饲猪。tsai²⁴ voi³¹ kui³¹ tsaiʔ⁴² kin³³ kho³³ tshi³³ ɗu³³.

泉州 各/加买几十斤糠饲猪。koʔ⁵⁵/ke³³ bue⁵⁵⁻²⁴ kui⁵⁵⁻²⁴ tsap²⁴⁻²² kun³³ khŋ³³ tshi⁴¹⁻²² tɯ³³.

厦门 各买几十斤糠来饲猪。koʔ³²⁻⁵³ bue⁵³⁻⁴⁴ kui⁵³⁻⁴⁴ tsap⁵⁻²¹ kun⁴⁴ khŋ⁴⁴ lai²⁴⁻²² tshi²²⁻²¹ ti⁴⁴.

台中 各买几十斤团粗糠饲猪。koʔ²⁻⁵ be⁵³⁻⁴⁴ kui⁵³⁻⁴⁴ tsap³⁻² kin⁴⁴⁻²² a⁵³⁻⁴⁴ tsho⁴⁴⁻²² khŋ˙⁴⁴ tshi²²⁻²¹ ti⁴⁴.

漳州 各/各加买几十斤仔糠去饲猪。koʔ³²⁻⁵²/koʔ³²⁻⁵² ke³⁴⁻²² be⁵²⁻³⁴ kui⁵²⁻³⁴ tsap¹²¹⁻³² kin³⁴⁻²² a⁵² khŋ˙³⁴ khi²¹⁻⁵² tshi¹³⁻²² ti³⁴.

雷州 再买几十斤糠饲猪。tsai⁵⁵³ boi⁴² kui⁴² tsap²⁻⁵ kiŋ²⁴ kho²⁴ tshi²¹⁻⁴⁴ tu²⁴.

（3）再走十里路就到了。

汕头 （再）行加蜀铺路就遘了。（tsai²¹³⁻⁵⁵）kiã⁵⁵⁻³¹ ke³³ tsek⁵⁻² phou²¹³⁻⁵⁵ lou³¹ tsiu²⁵⁻³¹ kau²¹³ ou⁵²⁻²¹³.

揭阳 （再）行加蜀铺路就遘了。（tsai²¹³⁻⁴²）kiã⁵⁵⁻²² ke³³ tsek⁵⁻² phou²¹³⁻⁴² lou²² tsu³⁵⁻²¹ kau²¹³ au⁴²⁻²¹³.

海丰 （再）行加蜀铺路就遘啰。（tsai²¹³⁻⁵⁵）kiã⁵⁵⁻²² ke⁴⁴⁻³³ tsit⁴⁻³ phɔu²¹³⁻⁵⁵ lɔu²⁵⁻³³ tsu²⁵⁻³³ kau²¹³ lɔ²¹.

遂溪 野行/穧行/行穧十里路就遘啦。ia⁴¹ kia²²/tsoi²⁴ kia²²/kia²² tsoi²⁴ tsap³ li⁴¹ leu²⁴ tsiu⁵⁵⁻³³ kau²¹⁴ la⁴¹.

文昌 ①行十里路凑就遘了。kia²² tap³ li³¹⁻³³ lou³⁴ ʃau²¹ tʃiu⁴²⁻¹¹ kau²¹ la²¹.
②另行十里路（凑）就遘了。neŋ⁵³ kia²² tap³ li³¹⁻³³ lou³⁴（ʃau²¹）tʃiu⁴²⁻¹¹ kau²¹ la²¹.

三亚 再行十里路就遘了。tsai²⁴ kio²² tsaiʔ⁴² li³¹ lou³³ tsiu⁴² kau²⁴ liau⁴².

泉州 各/加行十里路就遘啰。koʔ⁵⁵/ke³³ kiã²⁴⁻²² tsap²⁴⁻²² li⁵⁵⁻²⁴ lɔ⁴¹ tsiu⁴¹⁻²² kau⁴¹ lɔ³¹.

厦门 各行十里路着遘啊。ko³²⁻⁵³ kiã²⁴⁻²² tsap⁵⁻²¹ li⁵³ lɔ²² tioʔ⁵⁻²¹ kau²¹ a²¹.

台中 各行十里路着遘啊。koʔ²⁻⁵ kiã²⁴⁻²² tsap³⁻² li⁵³⁻⁴⁴ lɔ²² tioʔ³⁻² kau²¹ a²¹.

漳州 各/各加行十外里仔着遘啊。koʔ³²⁻⁵²/koʔ³²⁻⁵² ke³⁴⁻²² kiã¹³⁻²² tsap¹²¹⁻³² gua²²⁻²¹ li⁵²⁻³⁴ a⁵²⁻⁴⁴ loʔ¹²¹⁻²¹ kau²¹⁻⁵² a²¹.

雷州 再走十里路就遘啦。tsai⁵⁵³ tsau⁴² tsap² li⁴² leu²⁴ tsiu³³ kau²¹ la³¹.

从上面的例句中可以看到，用进层助词的地方，也不排除用词汇手段表示进层，常常两种手段并用。

（二）往小里说的助词

这类助词附着在某个语法成分之后，把事情往小里说，即主观上认为前面所述内容数量不大或事态不大，各地形式不同。

泉州：呢 nĩ²

漳州、厦门、台中：<呢尔> niã²

汕头、揭阳、海丰：定 tiã²

遂溪：只 ꜀tsi

三亚：□꜀ti/꜀i

福建－台湾片、潮汕片的此类助词似乎来自同一个语素；遂溪、三亚两个形式语音上似乎和粤语的"嗻"有关系，是否来自粤语有待考证。

下面是例句。

(4) 来的人很少，连我也算才三个人。

泉州　来个人诚少，连/咸我阿算/煞算□［tsiaʔ⁵⁵］三个侬（呢）。lai²⁴ e²⁴⁻⁴¹ laŋ²⁴ tsiã²⁴⁻²² tsio⁵⁵，lian²⁴⁻²²/ham²⁴⁻²² gua⁵⁵ a⁵⁵⁻²¹ sŋ'⁴¹/suaʔ⁵⁵ sŋ'⁴¹ tsiã⁵⁵ sã³³ e²⁴⁻²² laŋ²⁴（nĩ⁴¹）.

厦门　来个侬真少，连我阿甲三箇。lai²⁴ e²⁴⁻²² laŋ²⁴ tsin⁴⁴ tsio⁵³，liam²⁴⁻²² gua⁵³ a⁴⁴ kaʔ⁵ sã⁴⁴ kɔ²¹.

台中　来个侬足少呃，连我吗算□［lui²¹］□［tsiat²⁻⁵］三个侬。lai²⁴⁻²² e²⁴⁻²² laŋ²⁴ tsiɔk²⁻⁵ tsio⁵³ e²¹，len²⁴⁻²² ua⁵³⁻⁴⁴ ma²¹ sŋ²¹ lui²¹ tsiat²⁻⁵ sã⁴⁴⁻²² e²⁴⁻²² laŋ²⁴.

漳州　来个侬真少，咸我算<起来>拄三个侬。lai¹³⁻²² e¹³⁻²² laŋ¹³⁻²² tsin³⁴⁻²² tsio⁵²，ham¹³⁻²² gua⁵² suĩ²¹⁻⁵² <khɛ²¹>tu⁵²⁻³⁴ sã³⁴⁻²² e¹³⁻²² laŋ¹³.

汕头　来个侬过少，咸我算落正三个侬定。lai⁵⁵ kai⁵⁵⁻³¹ naŋ⁵⁵ kue²¹³⁻⁵⁵ tsio⁵²，ham⁵⁵⁻³¹ ua⁵² sɯŋ²¹³⁻⁵⁵ loʔ⁵ tsiã²¹³⁻⁵⁵ sã³³ kai⁵⁵⁻³¹ naŋ⁵⁵ tiã³¹.

揭阳　来个侬过少，咸我算落正三侬定。lai⁵⁵ kai⁵⁵⁻²² naŋ⁵⁵ kue²¹³⁻⁵³ tsio⁴²⁻²¹，ham⁵⁵⁻²² ua⁴²⁻²⁴ sɯŋ²¹³⁻⁵³ loʔ⁵ tsiã²¹³⁻⁴² sã³³ naŋ⁵⁵ tiã²².

海丰　来个侬极少，连我算落下正三侬。lai⁵⁵ a⁵⁵⁻²² naŋ⁵⁵ kik⁴⁻³ tsiɔ⁵²，liaŋ⁵⁵⁻²² ua⁵² suĩ²¹³⁻⁵⁵ lɔʔ⁴⁻³ e²⁵⁻³³ tsiã²¹³⁻⁵⁵ sã⁴⁴⁻³³ naŋ⁵⁵.

遂溪　来侬八倄少，共我一起算那三个侬只。lai²² naŋ²² pak⁵⁴ ua⁴¹ tsio⁴¹，kaŋ²⁴ va⁴¹ it⁵⁴ khi⁴¹ sui²¹⁴ na²⁴⁻³³ sa²⁴ kai²² naŋ²² tsi⁵⁵.

雷州　来个侬八倄少，连我但三个人。lai²² e²²⁻³³ naŋ²² pak⁵ ua⁵⁵³ tsio⁴²，

lien$^{22-33}$ ba^{42} na^{553} sa^{24} kai$^{22-33}$ naŋ^{22}。

文昌　来个侬但顾少，包我但三个侬。lai^{22} kai$^{22-11}$ naŋ^{22} na$^{42-11}$ ku$^{21-55}$ ʧio^{31}，ɓau^{34} gua^{31} na$^{42-11}$ ta^{34} kai$^{22-11}$ naŋ^{22}。

三亚　来个侬非常个少，连我算落去才/乃三个侬（□［ti^{33}/i^{33}］）。lai^{22} kai^{22} naŋ^{22} voi^{33} tshian^{22} kai^{22} tsio^{31}，leŋ^{22} va^{31} tuan^{24}/tian^{24} loʔ^{42} hu^{24} tshai^{22}/aʔ^{45} ta^{33} kai^{22} naŋ^{22}（ti^{33}/i^{33}）。

（5）才这么一斤韭黄你知道多少钱？

泉州　□［tsiaʔ^{55}］蜀斤仔韭黄（呢）汝知影偌钱？tsiaʔ^{55} tsit$^{24-22}$ kun^{33} ã$^{55-24}$ ku$^{55-24}$ ŋ^{24}（nĩ^{31}）lɯ^{55} tsai^{33} a$^{55-24}$ lua^{22} tsĩ^{24}？

厦门　□［ka$^{32-5}$］/□［tsa$^{32-5}$］蜀斤仔韭菜汝知影偌侪钱？kaʔ$^{32-5}$/tsaʔ$^{32-5}$ tsit$^{5-21}$ kun$^{44-22}$ a$^{53-44}$ ku$^{53-44}$ tshai^{21} li$^{53-44}$ tsai$^{44-22}$ iã$^{53-44}$ lua$^{22-21}$ tsue$^{22-21}$ tsĩ^{24}？

台中　□［tsiat$^{2-5}$］蜀斤仔韭菜花汝敢知影偌侪钱？tsiat$^{2-5}$ tsit$^{3-2}$ kin$^{44-22}$ a$^{53-44}$ ku$^{53-44}$ tsai$^{21-53}$ hue^{44} li$^{53-44}$ kam^{53} tsai$^{44-22}$ iã^{53} lua$^{22-21}$ tse$^{22-21}$ tsĩ^{24}？

漳州　□［kaʔ$^{32-5}$］蜀斤仔韭菜黄＜呢尔＞，汝敢知影偌侪镭？kaʔ$^{32-5}$ tsit$^{121-21}$ kin^{34} a$^{52-44}$ ku$^{52-34}$ tshai$^{21-52}$ ui^{13}＜niã^{22}＞，li$^{52-34}$ ka$^{52-34}$ tsai$^{34-22}$ iã$^{52-34}$ lua$^{22-21}$ tsɛ^{22} lui^{34}？

汕头　只斤囝/囝呢韭菜白定汝知若侪钱？tsi$^{52-24}$ kɯŋ^{33} kiã$^{52-24}$/kiã$^{52-24}$ ni$^{55-31}$ ku$^{52-24}$ tshai$^{213-55}$ peʔ^{5} tiã^{31} lɯ^{52} tsai^{33} zioʔ$^{5-2}$ tsoi^{31} tsĩ^{55}？

揭阳　只斤囝韭菜白汝知若侪银？tsi$^{42-24}$ keŋ^{33} kiã$^{42-24}$ ku$^{42-24}$ tshai$^{213-53}$ peʔ^{5} lɯ^{42} tsai^{33} zioʔ$^{5-2}$ tsoi$^{22-21}$ ŋeŋ^{55}？

海丰　正只（蜀）斤仔韭黄，汝知爱几侪钱？tsiã$^{213-55}$ tsi^{52}（tsit$^{4-3}$）kin$^{44-33}$ ã^{52} kiu$^{52-213}$ ui^{44}，li^{52} tsai$^{44-33}$ aĩ$^{213-55}$ kuɔ$^{52-213}$ tsei$^{21-33}$ tsĩ^{55}？

遂溪　□［na^{24}］斤囝韭菜黄，汝知爱偌侪钱喔？na^{24} kien^{24} kia^{41} kau^{41} tshai$^{214-55}$ ui^{22}，lu^{41} tsai^{24} ai^{214} ua$^{55-33}$ tsoi$^{24-33}$ tsi^{22} uo^{21}？

雷州　念念蜀斤韭菜黄汝知偌侪钱（吗）？niam^{553} niam^{21} ziak^{5} kiŋ$^{24-33}$ kau$^{42-44}$ tshai$^{21-44}$ ui^{22} lu^{42} tsai^{24} ua^{553} tsoi$^{24-33}$ tsi^{22}（ma^{21}）？

文昌　但蜀斤韭菜黄，汝知偌侪钱？na$^{42-11}$ ʥiak$^{3-1}$ kien^{34} kau$^{31-33}$ ʃai$^{21-55}$ ui^{22}，du^{31} tai^{34} ua$^{42-11}$ ɗoi$^{03-42}$ ʧi^{22}？

三亚　才蜀斤韭菜，汝知/八几钱？tshai^{22} zioʔ^{33} kin^{33} kou^{31} tshai^{24}，lu^{31} tsai^{33}/vaiʔ^{45} kui^{31} tsi^{22}？

（6）才三天，那么大一个北京怎么能玩够？

泉州　□［tsiaʔ^{55}］三日呢，□［huaʔ$^{55-44}$］伵/□［huaʔ^{55}］大蜀个北京哪敕桃够呀？tsiaʔ^{55} sã^{33} lit^{24} nĩ^{41}，huaʔ$^{55-44}$ nan^{55}/huaʔ^{55} tua^{41} tsit$^{24-22}$ ge$^{24-22}$

第二章　闽南方言的虚词　315

pak^{55} kiã^{33} nã^{55} thit^{55} tho$^{24-22}$ kau$^{41-55}$ ia^{22}？

厦门　□［kaʔ$^{32-5}$］/□［tsaʔ$^{32-5}$］三日，□［hiaʔ$^{32-53}$］呢大个蜀个北京哪有法敕桃遭够？kaʔ$^{32-5}$/ tsaʔ$^{32-5}$ sã$^{44-22}$ lit^{5}，hiaʔ$^{32-53}$ ni$^{24-22-24}$ tua^{22} e$^{24-22}$ tsit$^{5-21}$ e$^{24-22}$ pak$^{32-5}$ kiã^{44} na$^{53-44}$ u$^{22-21}$ huat$^{32-5}$ tshit$^{32-5}$ tho$^{24-22}$ a$^{21-53-44}$ kau^{21}？

台中　□［tsiat$^{2-5}$］三工＜呢尔＞啊，□［tsiat$^{2-5}$］大个蜀个北京哪解耍有够？tsiat$^{2-5}$ sã$^{44-22}$ kaŋ^{44}＜niã^{22}＞a^{44}，tsiat$^{2-5}$ tua^{22} e^{22} tsit$^{3-2}$ e^{24} pak$^{2-5}$ kiã^{44} na$^{53-44}$ e$^{22-21}$ sŋ$^{'53-44}$ u$^{22-21}$ kau^{21}？

漳州　□［kaʔ$^{32-5}$］三日仔＜呢尔＞，□［tsiaʔ$^{32-5}$］大个北京仔汝敢敕桃解够？kaʔ$^{32-5}$ sã$^{34-22}$ zit^{121} a$^{52-32}$＜niã^{22}＞，tsiaʔ$^{32-5}$ tua^{22} e$^{13-22}$ pak$^{32-5}$ kiã^{34} a$^{52-44}$ li^{52} ka$^{53-34}$ tshit$^{32-5}$ tho$^{13-22}$ e$^{22-21}$ kau^{31}？

汕头　正三日囝物定，□［hĩ$^{213-55}$］大个北京做敕桃会够？tsiã$^{213-55}$ sã^{33} zik$^{5-2}$ kiã$^{52-24}$ mueʔ^{5} tiã^{31}，hĩ$^{213-55}$ tua^{31} kai$^{55-31}$ pak$^{2-5}$ kiã^{33} tso$^{213-55}$ tik$^{2-5}$ tho$^{55-31}$ oi$^{25-31}$ kau^{213}？

揭阳　正三日物，□［hiõ$^{213-42}$］大个北京做呢敕桃解□［la^{35}］？tsiã$^{213-42}$ sã^{33} zek$^{5-2}$ mueʔ^{5}，hiõ$^{213-42}$ tua$^{22-21}$ kai$^{55-22}$ pak$^{2-3}$ kiã^{33} tso$^{213-42}$ ni$^{55-22}$ thek$^{2-3}$ tho$^{55-22}$ oi$^{35-21}$ la^{35}？

海丰　正三日仔定，＜许样＞大个北京怎呢样够□［mak^{3}］啊/够敕桃啊？tsiã$^{213-55}$ sã$^{44-33}$ zit^{4} ã$^{52-213}$ tiã^{21}，＜hiaŋ^{52}＞tua$^{21-33}$ e$^{55-22}$ pak$^{3-4}$ kiã$^{44-33}$ tsã$^{213-55}$ ni$^{55-22}$ iɔ̃$^{21-33}$ kau$^{213-55}$ mak^{3} a^{213}/kau$^{213-55}$ thit$^{3-4}$ thio^{55} a^{31}？

遂溪　□［na^{24}］三日囝，若大个北京做行得完咯？na^{24} sa^{24} iet^{3} kia^{41}，io^{55} tua^{24} kai^{22} pak^{5} kiŋ^{24} tso^{55} kia^{22} tiet^{5} ŋuaŋ^{22} lo^{55}？

雷州　念三日，若大个北京做（能）行得透？niam^{553} sa^{24} ziek^{2}，zio^{553} tua^{24} kai$^{22-33}$ pak^{5} kiŋ^{24} tso^{553}（neŋ$^{22-33}$）kia^{22} tik^{5} thau^{21}？

文昌　但三日，许作大个北京，知作行得了？na$^{42-11}$ ta$^{34-42}$ ɗiet^{3}，fio$^{21-55}$ toʔ^{5} ɗua^{34} kai$^{22-11}$ ɓak$^{5-3}$ keŋ^{34}，tai^{34} toʔ^{5} kia$^{22-11}$ ɗiet$^{3-1}$ liau$^{31-21}$？

三亚　才三天，安样大个北京怎着弄得够？tshai^{22} ta^{33} thi^{33}，aŋ^{24} io^{33} ɗuo^{33} kai^{22} ɓaʔ^{45} kiŋ^{33} ɗan^{22} ɗio^{33} laŋ^{24} ɗiʔ^{45} kau^{24}？

（7）火灾时有三个人从窗口爬出来，只是受了伤。

泉州　火灾时有三个侬按/用/尉/对/就/从窗口爬出来，孤单受了伤。hɤ$^{55-24}$ tsai^{33} si$^{24-22}$ u^{22} sã^{33} e$^{24-22}$ laŋ^{24} an$^{41-55}$/iŋ$^{41-55}$/ui$^{41-55}$/tui$^{41-55}$/tsiu$^{41-22}$/tsiɔŋ$^{24-22}$ thaŋ^{33} khau^{55} peʔ^{5} tshut^{55} lai$^{24-31}$，kɔ^{33} tan^{33} siu$^{41-22}$ liau$^{55-24}$ siɔŋ^{33}。

厦门　火烧个时阵有三个侬按/用/对/尉/自窗仔题出来，只是小可着伤。he$^{53-44}$ sio^{44} e$^{24-22}$ si$^{24-22}$ tsun^{33} u$^{22-21}$ sã$^{44-22}$ e$^{24-22}$ laŋ^{24} an$^{21-53}$/iŋ$^{22-21}$/tui$^{21-53}$/ui$^{22-21(-53)}$/tsu$^{22-21}$ thaŋ$^{44-22}$ a^{53} peʔ^{32} tshut$^{32-21}$ lai$^{24-21}$，tsi$^{53-44}$ si$^{22-21}$ sio$^{53-44}$

khua⁵³⁻⁴⁴ tioʔ⁵⁻²¹ siɔŋ⁴⁴.

台中 火灾个时阵有三个侬尉窗仔口爬出来只是受伤。hue⁵³⁻⁴⁴ tsai⁴⁴ e²⁴⁻²² siː²⁴⁻²² tsun²² u²²⁻²¹ sã⁴⁴⁻²² e²⁴⁻²² laŋ²⁴ uiː²¹⁻⁵³ thaŋ⁴⁴⁻²² aː⁵³⁻⁴⁴ khau⁵³ pe²⁴ tshut² lai²⁴⁻²¹ tsiː⁵³⁻⁴⁴ siː²²⁻²¹ siu²²⁻²¹ siɔŋ⁴⁴.

漳州 火烧个时阵,有三箇侬对窗仔门蹑出来,干若受遮伤。hue⁵²⁻³⁴ sio³⁴ e¹³⁻²² siː²²⁻²¹ tsun²² uː²²⁻²¹ sã³⁴ ko²¹⁻⁵² laŋ¹³⁻²¹² tui²¹⁻⁵² thaŋ³⁴ aː⁵² mui¹³⁻²¹² peʔ³² tshut³²⁻⁵ lai¹³⁻²¹², kan³⁴⁻²² na³⁴⁻²² siu²¹ tsia³⁴ siaŋ³⁴.

汕头 火烧厝许阵有三侬伫许窗块爬出来,受伤定。hue⁵²⁻²⁴ sio³³ tshu²¹³ hɯ⁵²⁻²⁴ tsuŋ³³ u²⁵⁻³¹ sã³³ naŋ⁵⁵⁻³¹ to²⁵⁻³¹ hɯ⁵²⁻²⁴ theŋ³³ ko²¹³⁻³¹ pe⁵⁵ tshuk² lai⁵⁵⁻³¹, siu²⁵⁻³¹ siõ³³ tiã³¹.

揭阳 火烧厝许下物有三侬伫许窗块爬出来,受伤定。hue⁴²⁻²⁴ sio³³ tshu²¹³ hɯ⁴²⁻²⁴ e³⁵⁻²¹ mueʔ⁵ u³⁵⁻²¹ sã³³ naŋ⁵⁵⁻²² to³⁵⁻²¹ hio⁴²⁻²⁴ theŋ³³ ko²¹³⁻²¹ pe⁵⁵ tshuk²⁻³ lai⁵⁵⁻²², siu³⁵⁻²¹ siõ³³ tiã²².

海丰 火灾时有三个侬着窗(□[e⁴⁴⁻³³])爬出来,正受了滴仔伤定。hue⁵²⁻²¹³ tsai⁴⁴ siː⁵⁵⁻²² u²⁵⁻³³ sã⁴⁴⁻³³ aiː⁵⁵⁻²² naŋ⁵⁵ tiɔʔ⁴⁻³/tɔʔ⁴⁻³ thioŋ⁴⁴⁻³³ (e⁴⁴⁻³³) pe⁵⁵⁻²² tshut³⁻⁴ lai⁵⁵⁻²¹, tsiã²¹³⁻⁵⁵ siu²⁵⁻³³ liau⁵²⁻²¹³ tip³⁻⁴ ã⁵²⁻²¹³ siɔ⁴⁴ tiã²¹⁽⁻³³⁾.

遂溪 火烧厝许候有三个侬伫窗里□[ŋiau²⁴⁻³³]出来,那是受了伤。hue⁴¹ sio²⁴ tshu²¹⁴ ha⁵⁵ hau²⁴ u⁵⁵ sa²⁴ kai²² naŋ²² tu⁵⁵⁻³³ thiaŋ²⁴ liː⁴¹ ŋiau²⁴⁻³³ tshuk⁵⁴ lai²², na²⁴ siː⁵⁵ siu³³ liau⁴¹⁻²⁴ siaŋ²⁴.

雷州 阿火烧厝时/火灾时有三个侬通阿窗里□[niau³³]出来,但是受了伤。a⁵⁵ hue⁴² sio²⁴⁻³³ tshu²¹ siː²²/hue⁴² tsai²⁴ siː²² u³³ sa²⁴ kai²²⁻³³ naŋ²² thaŋ²¹ a⁵⁵ thiaŋ²⁴ liː⁴² niau³³ tshuk⁵ lai²², na²⁴ siː³³⁻⁴² siu³³ liau⁴²⁻⁴⁴ siaŋ²⁴.

文昌 火灾时有三个侬通窗里爬出来,但是伤啦。ɦue³¹⁻³³ tai³⁴ tiː²² u⁴² ta³⁴ kai²²⁻¹¹ naŋ²² xan²¹⁻⁵⁵ xiaŋ³⁴ lai⁴² ɓe²² ʃut⁵ lai²², na⁴² tiː⁴²⁻¹¹ tiaŋ³⁴ la²¹.

三亚 火灾时有三个侬通窗口爬出来,只是受了蜀呢团细伤。huo³¹ tshai³³ tiː²² u⁴² ta³³ kai²² naŋ²² thaŋ²⁴ tshuaŋ³³ khau³¹ phe²² tshuiʔ⁴⁵ lai²², tsi³¹ tiː⁴² tiu⁴² liau³¹ zioʔ³³ niʔ⁴⁵ kio³¹ toi²⁴ tiaŋ³³.

(8)只会说,不会做。

泉州 ①(若/孤单)解说,<无解>(解)做/无解做。(nã²²/kɔ³³ tan³³) e²² sɤʔ⁵⁵, <bue²²> (e²²) tsue⁴¹/bo²⁴⁻²² e²² tsue⁴¹. ②(若/孤单)解说,<无解>晓做。(nã²²/kɔ³³ tan³³) e²² sɤʔ⁵⁵, bue²² hiau⁵⁵⁻²⁴ tsue⁴¹. ③解说,<无解>做。e²² sɤʔ⁵⁵, <bue²²> tsue⁴¹.

晋江 孤单解说,<无解>晓做。kɔ³³ tan³³ e⁴¹⁻²² seʔ⁵, bue²² hiau⁵⁵⁻²⁴ tsue⁴¹.

安溪 只解说，<无解>做。tsi$^{441-44}$ e^{22} sə$ʔ^{31}$，bue^{22} tsuei^{212}.

厦门 ①只解晓讲，<无解>晓做。tsi$^{53-44}$ e$^{22-21}$ hiau$^{53-44}$ kɔŋ^{53}，<bue$^{22-21}$> hiau$^{53-44}$ tsue^{21}. ②干焦解晓讲，<无解>晓做。kan$^{44-22}$ ta$^{44-22}$ e$^{22-21}$ hiau$^{53-44}$ kɔŋ^{53}，<bue$^{22-21}$> hiau$^{53-44}$ tsue^{21}. ③解晓讲呢尔，<无解>晓做。e$^{22-21}$ hiau$^{53-44}$ kɔŋ^{53} nĩ$^{24-22}$ a^{-21}，<bue$^{22-21}$> hiau$^{53-44}$ tsue^{21}. ④讲解<呢尔>，做<无解>啦。kɔŋ^{53} e$^{22-21}$ <nĩa^{22}>，tsue^{21} <bue^{22}> la^{21}.

台中 只（解）晓讲，<无解>晓做。tsi$^{53-44}$（e$^{22-21}$）hiau$^{53-44}$ kɔŋ^{53} <be$^{22-21}$> hiau$^{53-44}$ tso^{21}.

漳州 <干若>/干若解晓讲，<无解>晓做。<kã^{22}>/kan$^{34-22}$ na^{34} e$^{22-21}$ hiau$^{52-34}$ kɔŋ^{52}，<be$^{22-21}$> hiau$^{52-34}$ tso^{21}.

汕头 ①解晓呾，唔晓做。oi$^{25-31}$ hiau$^{52-24}$ tã^{213}，m$^{25-31}$ hiau$^{52-24}$ tso^{213}. ②解呾<无解>做。oi$^{25-31}$ tã^{213} <boi$^{25-31}$> tso^{213}. ③清解呾定，<无解>做。tsheŋ^{33} oi$^{25-31}$ tã^{213} tiã^{31}，<boi$^{25-31}$> tso^{213}.

揭阳 ①呾□[le^{33}]解，做□[le^{33}]<无解>。tã^{213} le^{33} oi^{35}，tso^{213} le^{33} <boi^{35}>. ②□[nia$^{42-24}$]解呾,<无解>做。nia$^{42-24}$ oi$^{35-21}$ tã^{213}，<boi$^{35-21}$> tso^{213}.

海丰 解讲，<无解>做。ei$^{25-33}$ kɔŋ^{52}，<bei$^{25-23}$> tsɔ^{213}.

遂溪 但八/解讲，无八/无解做。na^{24} pak^{54}/oi$^{55-33}$ ko^{41}，vo^{22} pak^{54}/ vo^{22} oi$^{55-33}$ tso^{55}.

雷州 但八/解讲，无八/无解做。na^{24} pak^{5}/oi^{553} ko^{4}，bo^{22} pak^{5}/ bo^{22} oi$^{553-33}$ tso^{553}.

文昌 ①但八讲，无解做。na^{42} ɓat$^{5-3}$ kɔŋ^{31}，bo$^{22-11}$ oi$^{42-11}$ to^{53}. ②但解讲，无解做。na^{42} oi$^{42-11}$ kɔŋ^{31}，bo$^{22-11}$ oi$^{42-11}$ to^{53}.

三亚 （只）八讲，无八做。(tsi^{31}) vaiʔ^{45} kɔŋ^{31}，vo^{22} vaiʔ^{45} toʔ^{45}.

（9）只要拿到证据就好说了。

泉州 ①只卜挓遘/着证据就好说啰。tsi$^{55-24}$ bɤʔ^{55} thueʔ$^{24-22}$ kau$^{41-55}$/ tioʔ$^{24-22}$ tsiŋ$^{41-55}$ kɯ^{41} tsiu$^{41-22}$ ho$^{55-24}$ sɤʔ^{55} lɔ^{21}. ②若挓遘/着证据就好说啰。nã^{22} thueʔ$^{24-22}$ kau$^{41-55}$/tioʔ$^{24-22}$ tsiŋ$^{41-55}$ kɯ^{41} tsiu$^{41-22}$ ho$^{55-24}$ sɤʔ^{55} lɔ^{21}.

厦门 只卜挓着证据着好讲啊。tsi$^{53-44}$ beʔ$^{32-53}$ theʔ$^{5-21}$ tioʔ$^{5-21}$ tsiŋ$^{21-53}$ ku^{22} toʔ$^{5-21}$ ho$^{53-44}$ kɔŋ^{53} a^{21}.

台中 只要挈着证据着好讲啊。tsi$^{53-44}$ iau$^{21-53}$ khe$^{22-21}$ tioʔ$^{3-2}$ tsiŋ$^{21-53}$ ku^{21} tioʔ$^{3-2}$ ho$^{53-44}$ kɔŋ^{53} a^{21}.

漳州 只卜挓遘证据着好讲啊。tsi$^{52-34}$ beʔ$^{32-5}$ theʔ$^{121-21}$ kau$^{21-52}$ tsiŋ$^{21-52}$ ki$^{21-52}$ lɔʔ$^{121-21}$ ho$^{52-34}$ kɔŋ^{52} a^{21}.

汕头 ①清爱挈着证据，就有变。tsheŋ^{33} ãi$^{213-55}$ khioʔ$^{5-2}$ tioʔ$^{5-2}$ tseŋ$^{213-55}$

kɯ²⁵, tsiu²⁵⁻³¹ u²⁵⁻³¹ piaŋ²¹³. ②挈着证据定，就有变。khioʔ⁵⁻² tioʔ⁵⁻² tseŋ²¹³⁻⁵⁵ kɯ²⁵ tiã³¹, tsiu²⁵⁻³¹ u²⁵⁻³¹ piaŋ²¹³. ③清爱挈着证据定，就有变。tsheŋ³³ ãi²¹³⁻⁵⁵ khioʔ⁵⁻² tioʔ⁵⁻² tseŋ²¹³⁻⁵⁵ kɯ²⁵ tiã³¹, tsiu²⁵⁻³¹ u²⁵⁻³¹ piaŋ²¹³.

揭阳 ①<蜀下>挈着证据，就有变。<tsek²²> khioʔ⁵⁻² tioʔ⁵⁻² tseŋ²¹³⁻⁴² kɯ²¹³, tsu³⁵⁻²¹ u³⁵⁻²¹ piaŋ²¹³. ②挈着证据定，就有变。khioʔ⁵⁻² tioʔ⁵⁻² tseŋ²¹³⁻⁴² kɯ²⁴ tiã²²⁻²¹, tsu³⁵⁻²¹ u³⁵⁻²¹ piaŋ²¹³.

海丰 只爱挈着证据就好讲咯。tsi⁵²⁻³³ ãi²¹³⁻⁵⁵ kieʔ⁴⁻³ tɔʔ⁴⁻³/tioʔ⁴⁻³ tseŋ²¹³⁻⁵⁵ ki²⁵ tsu²⁵⁻³³ hɔ⁵²⁻²¹³ kɔŋ⁵² lo²¹.

遂溪 那掠倒证据就好讲咯。na²⁴ lia³³ to⁴¹⁻²⁴ tsiŋ²¹⁴⁻⁵⁵ ki²¹⁴⁻⁵⁵ tsiu⁵⁵ ho⁴¹ ko⁴¹ lo⁴¹.

雷州 那爱掠遘/着证据就好讲啦。na²⁴ ai²¹ lia³³⁻⁴² kau²¹/to²¹ tsiŋ²¹⁻⁴⁴ ki³³⁻⁴² tsiu³³⁻⁴² ho⁴² ko⁴² la⁴².

文昌 但参□［ioʔ⁵³］遘证据就好讲啦。na⁴² ʃam²¹⁻⁵⁵ ioʔ⁵³ kau²¹ tʃeŋ²¹⁻⁵⁵ ki²¹ tʃiu⁴²⁻¹¹ ɦo³¹ koŋ³¹⁻³³ la⁵⁵.

三亚 只要□［ɓui⁴²］着材料就好讲啰。tsi³¹ iau²⁴ ɓui⁴² ɗoʔ⁴² tshai²² liau⁴⁵ tsiu⁴² ho³¹ koŋ³¹ lo⁴².

二、结构性助词

结构性助词粘附在语言成分之后，所表示的语法意义是一种结构意义，可使得被粘附成分具有或改变某种结构功能。结构性助词的作用其实更接近连词和介词，而与修饰性助词有很大的不同。

（一）的

相当于普通话"的"的结构助词在闽南话中不用"的"，各地形式先看以下例句。

（10）他的自行车不见了。

泉州 伊个骹踏车无嘞/去啰。i³³ e²⁴⁻²² kha³³ taʔ²⁴⁻²² tshia³³ bo²⁴ lɤ⁴¹/khɯ⁴¹ lɔ²¹.

厦门 ①伊迄把骹踏车<拍唔>见啊。i⁴⁴⁻²² hit³²⁻⁵ pe⁵³⁻⁴⁴ kha⁴⁴⁻²² taʔ⁵⁻²¹ tshia⁴⁴ <phaŋ²¹⁻⁵³> kĩ²¹ a²¹. ②伊个骹踏车<拍唔>见啊。i⁴⁴⁻²² e²⁴⁻²² kha⁴⁴⁻²² taʔ⁵⁻²¹ tshia⁴⁴ <phaŋ²¹⁻⁵³> kĩ²¹ a²¹.

台中 ①伊个骹踏车无去啊。i⁴⁴⁻²² e²⁴⁻²² kha⁴⁴⁻²² taʔ³⁻² tshia⁴⁴ bo²⁴ khi²¹ a²¹.

②伊个骹踏车＜拍唔＞更啊。i$^{44-22}$ e$^{24-22}$ kha$^{44-22}$ ta$^{3-2}$ tshia^{44} phaŋ^{53} ken^{21} a^{21}.

漳州 伊个骹踏车＜拍唔＞去啊。i$^{34-22}$ e$^{13-22}$ kha$^{34-22}$ taʔ$^{121-21}$ tshia^{34} ＜phaŋ$^{21-52}$＞ khi^{21} a^{21}.

汕头 ①伊个/隻骹车（乞/分伊）唔见去。i^{33} kai$^{55-31}$/tsiaʔ$^{2-5}$ kha^{33} tshia^{33}（khiʔ$^{2-5}$/puŋ^{33} i^{33}）m̩$^{25-31}$ kĩ^{213} khɯ$^{213-31}$. ②伊隻骹车（乞/分伊）唔见去。i^{33} tsiaʔ$^{2-5}$ kha^{33} tshia^{33}（khiʔ$^{2-5}$/puŋ^{33} i^{33}）m̩$^{25-31}$ kĩ^{213} khɯ$^{213-31}$.

揭阳 ①伊个骹车（乞伊）唔见去。i^{33} kai$^{55-22}$ kha^{33} tshia^{33}（kheʔ$^{2-3}$ i^{33}）m̩$^{25-21}$ kiaŋ^{213}/kĩ^{213} khɯ$^{213-21}$. ②伊隻骹车（乞伊）唔见去。i^{33} tsiaʔ$^{2-3}$ kha^{33} tshia^{33}（kheʔ$^{2-3}$ i^{33}）m̩$^{25-21}$ kiaŋ^{213}/kĩ^{213} khɯ$^{213-21}$.

海丰 ①伊个/辆骹车唔见了/去。i$^{44-33}$ kai$^{55-22}$/niũ$^{55-22}$ kha$^{44-33}$ tshia$^{44-33}$ m̩$^{25-33}$ kĩ^{213} liau$^{52-55}$/khi$^{213-31}$. ②伊辆骹车唔见了/去。i$^{44-33}$ niũ$^{55-22}$ kha$^{44-33}$ tshia$^{44-33}$ m̩$^{25-33}$ kĩ^{213} liau$^{52-55}$/khi$^{213-31}$.

遂溪 伊部单车无见啦。i^{24} peu^{33} taŋ$^{24-33}$ tshia^{24} bo^{22} ki^{214} la^{41}.

雷州 伊个单车无见啦。i^{24} kai$^{22-33}$ taŋ$^{24-33}$ tshia^{24} bo$^{22-33}$ ki^{21} la^{33}.

文昌 伊个骹车无见去啦。i^{34} ke$^{22-11}$ xa$^{34-42}$ ʃia^{34} bo$^{22-11}$ ki^{21} xu$^{21-55}$ la^{55}.

三亚 伊个骹车无见了。i^{33} ai^{22} kha^{33} tshio^{33} vo^{22} ki^{24} liau^{42}.

(11) 他买了一条三斤重的鲤鱼。

泉州 伊买蜀尾三斤重个鲤鱼。i^{33} bue$^{55-24}$ tsit$^{24-22}$ bɤ^{55} sã^{33} kun^{33} tŋ̍^{22} e$^{24-22}$ lɯ$^{55-24}$ hɯ^{24}.

厦门 伊买蜀尾三斤重个鱼。i$^{44-22}$ bue$^{53-44}$ tsit$^{5-21}$ be$^{53-44}$ sã$^{44-22}$ kun$^{44-22}$ taŋ^{22} e$^{24-22}$ hi^{24}.

台中 伊买蜀条三斤重个鲤仔鱼。i$^{44-22}$ be$^{53-44}$ tsit$^{3-2}$ tiau$^{24-22}$ sã$^{44-22}$ kin$^{44-22}$ taŋ^{22} e$^{24-22}$ li$^{53-44}$ a$^{53-44}$ hi^{24}.

漳州 伊买蜀尾三斤重个鲤鱼。i$^{34-22}$ be^{52} tsit$^{121-21}$ bue^{52} sã$^{34-22}$ kin$^{34-22}$ taŋ^{22} e$^{13-22}$ li$^{52-34}$ hi^{13}.

汕头 伊买了尾三斤重个鲤鱼。i^{33} boi$^{52-24}$ liau$^{52-24}$ bue$^{52-24}$ sã^{33} kɯŋ^{33} taŋ^{25} kai$^{55-31}$ li$^{52-24}$ hɯ^{55}.

揭阳 伊买了尾三斤重个鲤鱼。i^{33} bue$^{42-24}$ liau$^{42-24}$ bue$^{42-24}$ sã^{33} keŋ^{33} taŋ^{35} kai$^{55-22}$ li$^{42-35}$ hɯ^{55}.

海丰 伊买（了）蜀条三斤重个鲤鱼。i^{44} be$^{52-213}$（liau$^{52-213}$）tsit$^{4-3}$ tiau$^{55-22}$ sã$^{44-22}$ kin$^{44-33}$ taŋ^{25} a$^{55-22}$ li$^{52-213}$ hi^{55}.

遂溪 伊买条三斤重鲤鱼。i^{24} boi^{41} tiau^{22} sa^{24} kien^{24} taŋ$^{55-33}$ li^{41} hu^{22}.

雷州 伊买（了）蜀条三斤重个鲤鱼。i^{24} boi^{42}（liau^{42}）iek$^{2-5}$ tiau^{22} sa^{24}

kiŋ²⁴⁻³³ taŋ⁵⁵³ kai²²⁻³³ li⁴² hu²²。

文昌 伊买（了）蜀隻三斤重个鲤鱼。i³⁴ boi³¹（liau³¹）ʥiak³⁻²¹ ʧia⁴² ta⁻ kien³⁴⁻⁴² ɗaŋ⁴² kai²²⁻¹¹ li³¹⁻³³ ɦu²²。

三亚 伊买（了）蜀条三斤重个鲤鱼。i³³ voi³¹（liau³¹）zioʔ³³ ɗiau²² ta³³ kin³³ ɗaŋ⁴² kai²² li²² hu²²。

（12）这条鱼不是我的。

泉州 即尾鱼唔是我个。tsit⁵⁵ bɤ⁵⁵⁻²⁴ hɯ²⁴ m̩⁴¹⁻²² si²² gua⁵⁵ e²⁴。

厦门 即隻鱼唔是我个。tsit³²⁻⁵³ tsiaʔ³²⁻⁵³ hi²⁴ m̩²²⁻²¹ si²²⁻²¹ gua⁵³⁻⁴⁴ e²⁴。

台中 ①即条鱼唔是我个。tsit²⁻⁵ tiau²⁴⁻²² hi²⁴ m̩²²⁻²¹ si²²⁻²¹ ua⁵³⁻⁴⁴ e²⁴。
②□［tset²⁻⁵］鱼唔是我个。tset²⁻⁵ hi²⁴ m̩²²⁻²¹ si²²⁻²¹ ua⁵³⁻⁴⁴ e²⁴。

漳州 即尾鱼仔唔是我个。tsit³²⁻⁵ bue⁵²⁻³⁴ hi¹³⁻²² a⁵² m̩²²⁻²¹ si²²⁻²¹ gua⁵²⁻³⁴ e¹³。

汕头 （只）尾鱼唔是我个。（tsi⁵²⁻²⁴）bue⁵²⁻²⁴ hɯ⁵⁵ m̩²⁵⁻³¹ si²⁵⁻³¹ ua⁵²⁻²⁴ kai⁵⁵。

揭阳 只尾鱼＜唔是＞我个。tsi⁴²⁻²⁴ bue⁴²⁻³⁵ hɯ⁵⁵＜mi³⁵⁻²¹＞ua⁴²⁻³⁵ kai⁵⁵。

海丰 只条鱼唔是我个。tsi⁵² tiau⁵⁵⁻²² hi⁵⁵ m̩²⁵⁻³³ si²⁵⁻³³ ua⁵² kai⁵²⁻²¹。

遂溪 若条鱼无是我个。ia⁵⁵ tiau²² hu²² vo²² si⁵⁵⁻³³ va⁴¹ kai²²。

雷州 这条鱼无是我个。zia⁵⁵³ tiau²²⁻³³ hu²² bo²²⁻³³ si³³⁻⁴² ba⁴² kai²¹。

文昌 这枚鱼无是我个。ʥia²¹⁻⁵⁵ mo⁴²⁻¹¹ ɦu²² bo²²⁻¹¹ ti⁴² gua³¹ kai²²。

三亚 即条鱼无是我个。iʔ⁴⁵ ɗiau²² hu²² vo²² ti⁴² va³¹ kai²²。

（13）他住的那幢房子倒塌了。

泉州 伊倚个迄间厝倒啰。i³³ khia²² e²⁴⁻²² hit⁵⁵ kũi³³ tshu⁴¹ to⁵⁵ lɔ⁴¹。

厦门 伊倚个迄间厝倒去啊。i⁴⁴⁻²² khia²² e²⁴⁻²² hit³²⁻⁵ kin⁴⁴ tshu²¹ to⁵³⁻⁴⁴ khi²¹ a²¹。

台中 伊□［tua²²⁻²¹］个迄幢厝倒去啊。i⁴⁴⁻²² tua²²⁻²¹ e²⁴⁻²² hit²⁻⁵ toŋ²¹⁻⁵³ tshu²¹ to⁵³ khi²¹ a²¹。

漳州 伊倚个迄间厝倒去啊。i³⁴⁻²² khia¹³⁻²² e¹³⁻²² hit³²⁻⁵ kan³⁴⁻²² tshu²¹ to⁵² khi²¹ a²¹。

汕头 伊倚（起）许间厝（分伊）倒去了。i³³ khia²⁵⁻³¹（khi⁵²）hɯ⁵²⁻²⁴ kõi³³ tshu²¹³（puŋ³³ i³³）to⁵² khɯ⁵²⁻³¹ ou⁵²⁻³¹。

揭阳 伊倚起许间厝倒去了。i³³ khia³⁵⁻²¹ khi⁴²⁻⁵³ hɯ⁴²⁻²⁴ kãi³³ tshu²¹³ to⁴² khɯ²¹³⁻²¹ au⁴²⁻²¹³。

海丰 伊扎间厝倒了（去）啰。i⁴⁴ tsap³ kaĩ⁴⁴⁻³³ tshu²¹³ tɔ⁵² liau⁵²⁻²¹³（khi²¹³⁻³¹）lɔ²¹。

遂溪　伊住住许座厝崩啊。i²⁴ tiu²⁴⁻³³ tiu²⁴ ha⁵⁵ tse³³ tshu²¹⁴ paŋ²⁴ a²¹.
雷州　伊徛个厝崩啦。i²⁴⁻³³ khia³³⁻⁴² kai²²⁻³³ tshu²¹ paŋ²⁴ la³¹.
文昌　伊徛个许座厝，崩去啦。i³⁴ xia⁴² kai²² ɦo²¹⁻⁵⁵ to⁴² ʃu²¹，ɓaŋ³⁴ xu²¹ la²¹.
三亚　伊徛个□［aʔ⁴⁵］间厝/那栋楼崩了。i³³ khio⁴² kai²² aʔ⁴⁵ kan³³ tshu²⁴/aʔ⁴⁵ ɗoŋ⁴² lau²² ɓaŋ³³ liau⁴².

(14) 他的钱就藏在那里。

泉州　伊个钱就囥伫迄搭。i³³ e²⁴⁻²² tsĩ²⁴ tsiu⁴¹⁻²² kŋ⁴¹⁻⁵⁵ tɯ²² hit⁵⁵⁻⁴⁴ taʔ⁵⁵.
厦门　伊个钱着收伫□［hia²⁴］/迄位/迄□［te²¹］。i⁴⁴⁻²² e²⁴⁻²² tsĩ²⁴ tioʔ⁵⁻²¹ siu⁴⁴⁻²² ti²²⁻²¹ hia²⁴/hit³²⁻⁵ ui²²/hit³²⁻⁵ te²¹.
台中　伊个钱着□［tshaŋ⁵³］伫□［hia⁵³⁻⁴⁴］。i⁴⁴⁻²² e²⁴⁻²² tsĩ²⁴ tioʔ³⁻² tshaŋ⁵³ ti²²⁻²¹ hia⁵³⁻⁴⁴.
漳州　伊个镭着囥伫□［hia³⁴］/迄位仔。i³⁴⁻²² e¹³⁻²² lui¹³ loʔ¹²¹⁻²¹ khŋ²¹⁻⁵² ti²¹ hia³⁴/hit³²⁻⁵ ui²² a⁵².
汕头　伊撮钱就囥伫许块。i³³ tshoʔ²⁻⁵ tsĩ⁵⁵ tsiu²⁵⁻³¹ kɯŋ²¹³⁻⁵⁵ to²⁵⁻³¹ hɯ⁵²⁻²⁴ ko²¹³.
揭阳　伊撮钱就囥伫□［hio⁴²⁻²⁴］块。i³³ tshoʔ²⁻⁵ tsĩ⁵⁵ tsu³⁵⁻²¹ khɯŋ²¹³⁻⁴² to³⁵⁻²¹ hio⁴²⁻²⁴ ko²¹³.
海丰　伊个钱就囥着许（□［e⁴⁴⁻³³］)。i⁴⁴ ai⁵⁵⁻²² tsĩ⁵⁵ tsu²⁵⁻³³ khŋ²¹³⁻⁵⁵ tioʔ⁴⁻³ hi⁵²（e⁴⁴⁻³³).
遂溪　伊钱囥伫许迹/许乃。i²⁴ tsi²² kho²¹⁴ tu³³ ha⁵⁵ tsia⁵⁵/ha⁵⁵ nai⁵⁵.
雷州　伊个钱就囥伫许迹。i²⁴ kai²²⁻³³ tsi²² tsiu³³⁻⁴² kho²¹ tu³³ ha⁵⁵³ tsia⁵⁵³.
文昌　伊个钱就□［xio⁵³］囥伫许里。i³⁴⁻⁴² kai²²⁻¹¹ tʃi²² tʃiu⁴²⁻¹¹ xio⁵³ xo²¹ ɗu⁴² ɦo²¹⁻⁵⁵ lai⁴².
三亚　伊个钱囥伫□［aʔ⁴⁵］路。i³³ kai²² tsi²² kho²⁴ ɗu⁴²⁻⁴⁴ aʔ⁴⁵ lou³³.

各地所见相当于"的"的形式如下，如下。

泉州、厦门、台中、漳州：个 e
汕头、揭阳、海丰、遂溪、雷州、文昌、三亚：个 kai

以上形式在各地均与相当于个体量词"个"的形式相同，如下。

(15) 一个人。

泉州　蜀个侬。tsit²⁴⁻²²（g）e²⁴⁻²² laŋ²⁴.
厦门　蜀箇/个侬。tsit⁵⁻²¹ ko²¹⁻⁵³/e²⁴⁻²² laŋ²⁴.
台中　蜀个侬。tsit³⁻² e²⁴⁻²² laŋ²⁴.

漳州　①蜀箇侬。tsit$^{121-21}$ ko$^{21-52}$ laŋ^{13}。②蜀个侬。tsit$^{121-21}$ ge$^{13-22}$ laŋ^{13}。
汕头　蜀个侬。tsek$^{5-2}$ kai$^{55-31}$ naŋ^{55}。
揭阳　蜀个侬。tsek$^{5-2}$ kai$^{55-22}$ naŋ^{55}。
海丰　蜀个侬。tsit$^{4-3}$ kai$^{55-22}$ naŋ^{55}。
遂溪　蜀个侬。iak^{3} kai^{22} naŋ^{22}。
雷州　蜀个侬。ziak^{5} kai$^{22-33}$ naŋ^{22}。
文昌　蜀个/枚侬。ʥiak^{21} kai$^{22-11}$/mo$^{42-11}$ naŋ^{22}。
三亚　蜀个侬。zioʔ^{33} kai^{22} naŋ^{22}。

这说明闽南方言相当于"的"的结构助词来自相当于"个"的量词。至于本字是不是"个"只能存疑，"个"与以上量词虽意义全同，但音不合，应该是个训读字，有的学者写作"其"，是否可信待考。

（二）地

使语言成分具有作状语功能的助词，普通话用"de"，书面语写作"地"。相当于普通话"地"的助词，在闽南话中都不用"地"，各地形式如下。

　　泉州、厦门、台中、文昌、三亚：个 kai
　　漳州、汕头、揭阳、海丰、遂溪、雷州：（无）

福建-台湾片（漳州除外）和海南片用"个［ kai］"，其余地方没有专用的状语标记。下面是例句。

（16）风一阵一阵地刮着。
泉州　①风蜀阵蜀阵个吹着。huaŋ^{33} tsit$^{24-22}$ tsun$^{41-55}$ tsit$^{24-22}$ tin^{41} e$^{24-22}$ tshɯ^{33} tioʔ$^{24-31}$。②风蜀阵蜀阵个吹着。huaŋ^{33} tsit$^{24-22}$ tsun$^{41-55}$ tsit$^{24-22}$ tsun^{41} e$^{24-22}$ tshɯ^{33} tioʔ$^{24-31}$。③风蜀阵仔蜀阵仔个吹着。huaŋ^{33} tsit$^{24-22}$ tsun$^{41-55}$ ã^{55} tsit$^{24-22}$ tsun^{41} ã^{55} e$^{24-22}$ tshɯ^{33} tioʔ$^{24-31}$。
厦门　①风蜀阵蜀阵仔/个□［sian^{21}］。hɔŋ^{44} tsit$^{5-21}$ tsun$^{24-22}$ tsit$^{5-21}$ tsun$^{24-22}$ a$^{53-44}$/e$^{24-22}$ sian^{21}。②风直直鼓。hɔŋ^{44} tit$^{5-21}$ tit^{5} kɔ^{53}。
台中　①风蜀阵蜀阵个吹。hɔŋ^{44} tsit$^{3-2}$ tsun$^{24-22}$ tsit$^{3-2}$ tsun$^{24-22}$ e$^{24-22}$ tshue^{22}。②风蜀阵蜀阵吹。hɔŋ^{44} tsit$^{3-2}$ tsun^{24} tsit$^{3-2}$ tsun$^{24-22}$ tshue^{22}。
文昌　风蜀阵蜀阵(个)透啰。xuaŋ^{34} ʥiak$^{3-21}$ tʃun^{34} ʥiak$^{3-21}$ tʃun^{34}（kai^{22}）xau^{21} lo^{55}。
三亚　风蜀阵蜀阵个吹。huaŋ^{33} ioʔ^{33} tsen^{24} ioʔ^{33} tsen^{24} kai^{22} tshui^{33}。
漳州　风蜀阵仔蜀阵仔吹。hɔŋ^{34} tsit$^{121-21}$ tsun$^{22-21}$ a^{52} tsit$^{121-21}$ tsun$^{22-21}$ a^{52}

tshui^{34}.

汕头　□［hia$^{53-24}$］风蜀阵蜀阵青□［pu^{33}］白□［pu^{33}］／青透白透。hia$^{52-24}$ huaŋ^{33} tsek$^{5-2}$ tsuŋ$^{55-31}$ tsek$^{5-2}$ tsuŋ^{55} tshẽ^{33} pu^{33} peʔ$^{5-2}$ pu^{33}／tshẽ^{33} thau$^{213-55}$ peʔ$^{5-2}$ thau^{213}.

揭阳　风蜀阵蜀阵青透白透。huaŋ^{33} tsek$^{5-2}$ tsuŋ$^{55-22}$ tsek$^{5-2}$ tsuŋ^{55} tshẽ^{33} thau$^{213-42}$ peʔ$^{5-2}$ thau^{213}.

海丰　风蜀阵蜀阵＜在块＞吹。hɔŋ^{44} tsit$^{4-3}$ tsun$^{25-33}$ tsit$^{4-3}$ tsun$^{25-33}$ ＜tiɔ^{25}＞ tshue^{44}.

遂溪　阿风阵阵拂。a^{55} huaŋ^{24} tsuŋ^{24} tsuŋ^{24} puk^{54}.

雷州　阿风蜀阵蜀阵倒透。a^{55} huaŋ^{24} iek$^{2-5}$ tsuŋ^{24} iek$^{2-5}$ tsuŋ^{24} to^{42} thau^{21}.

（17）小王热情地拉住我。

泉州　小王野亲热个共我拖嘞。sio$^{55-24}$ ɔŋ^{24} ia$^{55-24}$ tshin^{33} liat^{24} e$^{24-41}$ kaŋ$^{41-22}$ gua$^{55-24}$ tua^{33} lɤ$^{41-31}$.

厦门　小王热情个合我□［khiu^{53}］□［tiau^{21}］。sio$^{53-44}$ ɔŋ^{24} liet$^{5-21}$ tsiŋ^{24} e$^{24-22}$ kaʔ^{32} gua^{53} khiu^{53} tiau^{21}.

台中　小王热情个合我□［giu$^{53-44}$］□［tiau^{21}］嘞。sio$^{53-44}$ ɔŋ^{24} lit$^{3-2}$ tsiŋ$^{24-22}$ e$^{24-22}$ kaʔ$^{3-2}$ ua$^{53-44}$ giu$^{53-44}$ tiau^{21} le^{22}.

文昌　小王但顾拖我啰。tiau$^{31-33}$ uaŋ^{22} na$^{42-11}$ ku$^{21-55}$ xua^{34} gua^{31} lo^{21}.

三亚　细王热情个拉着我。toi^{24} ui^{22} zuo$^{?33}$ tsio^{24} kai^{22} la^{33} ɗo^{42} va^{31}.

漳州　小王古意合我牵。sio$^{52-34}$ ɔŋ$^{13-22}$ kɔ$^{52-34}$ iʔ^{1} kaʔ$^{121-21}$ gua^{52} khaŋ^{34}.

汕头　小王热情遘＜唔爱＞咀，硬留我。siau$^{52-24}$ heŋ^{55} ziak$^{5-2}$ tsheŋ$^{55-31}$ kau$^{213-55}$ ＜mai$^{213-55}$＞ tã^{213}, ŋe$^{25-31}$ lau^{55} ua$^{52-213}$.

揭阳　阿小王热情死，□［tiam$^{22-21}$］牵我。a^{33} siau$^{42-35}$ heŋ^{55} ziak$^{5-2}$ tsheŋ$^{55-22}$ si^{42}, tiam$^{22-21}$ khaŋ^{33} ua$^{42-213}$.

海丰　小王真心真意拖引我。siau$^{52-213}$ uaŋ^{55} tsin$^{44-33}$ sim$^{44-33}$ tsin$^{44-33}$ i^{213} thua$^{44-33}$ in^{52} ua$^{52-213}$.

遂溪　小王亲热拖倒我。siau^{41} hiaŋ^{22} tshiŋ^{24} iet^{3} thua^{24} to^{41} va^{41}.

雷州　小王亲热拖我。siau^{42} uaŋ^{22} tshiŋ$^{24-33}$ iek^{2} thua^{24} ba^{42}.

普通话的状语标记"地"严格说来应分为两个，除以上助词用法外，有时是形尾，也标记状语。闽南方言相当于形尾"地"的形式如下。

泉州、厦门、台中、漳州、海丰、雷州：仔$_c$a

汕头、揭阳：呢$_c$ni

文昌、三亚：个$_c$kai

遂溪：（缺）

下面是例句。

（18）他慢慢地站了起来。

泉州 伊慢慢仔/匀匀仔徛起来（啰）。i^{33} ban$^{41-22}$ ban^{41} ã$^{55-24}$/un$^{24-22}$ un$^{24-22}$ ã$^{55-24}$ khia^{22} khi$^{55-31}$ lai$^{24-21}$（lɔ^{41}）.

厦门 ①伊慢慢仔徛起来。i$^{44-22}$ ban$^{22-21}$ ban$^{22-21}$ a$^{53-44}$ khia^{22} khi$^{53-21}$ lai$^{24-21}$. ②伊慢慢仔徛起来了/啊。i$^{44-22}$ ban$^{22-21}$ ban$^{22-21}$ a$^{53-44}$ khia^{22} khi$^{53-21}$ lai$^{24-21}$ liau$^{53-21}$/a^{21}.

台中 伊慢慢仔着徛起来啊。i$^{44-22}$ ban$^{22-21}$ ban^{22} a$^{53-44}$ tioʔ$^{3-2}$ khiã^{22} khi$^{53-21}$ lai$^{24-21}$ a^{21}.

漳州 伊慢慢仔徛<起来>。i$^{34-22}$ ban$^{22-21}$ ban^{22} a$^{52-34}$ khia$^{13-22}$ <khɛ^{21}>.

海丰 伊宽宽仔徛起来。i$^{44-33}$ khuã$^{44-33}$ khuã$^{44-33}$ ã$^{52-213}$ khiã$^{25-33}$ khi^{52} lai$^{55-21}$.

雷州 伊定定仔徛起来。i^{24} tia$^{24-33}$ tia^{24} a$^{42-44}$ khia^{42} khi^{42} lai^{22}.

汕头 伊宽呢徛起来（了）。i^{33} khuã^{33} ni$^{55-31}$ khia^{25} khi$^{52-213}$ lai$^{55-31}$（ou$^{52-213}$）.

揭阳 伊宽宽呢徛起来。i^{33} khuã^{33} khuã^{33} ni$^{55-22}$ khia^{35} khi$^{42-213}$ lai$^{55-22}$.

文昌 伊宽宽(个)徛起来。i^{34} xua$^{34-42}$ xua^{34}（kai$^{22-11}$）xia^{42} xi$^{31-33}$ lai^{22}.

三亚 伊慢慢(个)徛起来。i^{33} maŋ^{33} maŋ^{33}（kai^{22}）khio^{42} khi^{31} lai^{22}.

遂溪 伊慢慢徛起来。i^{24} maŋ$^{24-33}$ maŋ^{24} khia^{22} khi^{41} lai^{22}.

福建-台湾片、雷州片、潮汕片海丰作状语形尾的"仔[˚a]"及潮汕片汕头、揭阳的"呢[˳ni]"多粘附在重叠式上，而且和小称词尾同形。"仔[˚a]"由"囝"弱化而来，"呢[˳ni]"由"儿"变来。汉语方言中小称词尾扩展用法而成为重叠式形尾的现象不乏其例。

普通话作状语标记的"地"和作定语标记的"的"实际上是同一形式（均为"de"），而且都可分为助词和形尾。闽南方言中用"个"的地方和普通话情况相同，不用"个"的就很不相同，在这些地方，定语标记和状语标记不同形，状语助词和状语形尾不同形。

（三）得

相当于普通话"得"的补语助词，闽南方言的中心地带福建-台湾片以及最接近中心地带的潮汕片分两套，其结构意义有所不同，泾渭分明。

第一类，后接情状补语。各地形式如下。

泉州	厦门	台中
咧 le/lɤʔ₂	咧 leʔ₂	咧 ˚le

汕头	揭阳	海丰	漳州	雷州	三亚	文昌	遂溪
来 ₂lai	来 ₂lai	（未见）	来 ₂lai/得 tit₂	得 tik₂/tiek₂	得 ɗiʔ₂	（未见）	（未见）

下面是例句。

(19) 这些粉丝做得比较细。

泉州 □[tsuai⁵⁵⁻²⁴]个冬粉做咧恰幼条。tsuai⁵⁵⁻²⁴ e²⁴⁻²² taŋ³³ hun⁵⁵ tsue⁴¹⁻²² le⁻²² khaʔ⁵⁵ iu⁴¹⁻⁵⁵ tiau²⁴.

厦门 □[tsia²⁴]（个）冬粉做咧恰幼条。tsia²⁴（e²⁴⁻²²）taŋ⁴⁴⁻²² hun⁵³ tsue²¹⁻⁵³ leʔ³²⁻⁵ khaʔ³²⁻⁵ iu²¹⁻⁵³ tiau²⁴.

台中 □[tsia⁵³]个粉丝做咧恰幼条。tsia⁵³ e²⁴⁻²² hun⁵³⁻⁴⁴ si⁴⁴ tso²¹⁻⁵³ le⁻⁴⁴ khaʔ²⁻⁵ iu²¹⁻⁵³ tiau²⁴.

汕头 只撮粉签做来（解）□[iau⁵²⁻²⁴]幼条。tsi⁵²⁻²⁴ tshoʔ²⁻⁵˙ huŋ⁵²⁻²⁴ tshiam³³ tso²¹³⁻⁵⁵ lai⁵⁵（oi²⁵⁻³¹）iau⁵²⁻²⁴ ĩu²¹³⁻⁵⁵ tiau⁵⁵.

揭阳 只撮粉签做来（解）□[iau⁴²⁻²⁴]/□[liau⁴²⁻²⁴]细条。tsi⁴²⁻²⁴ tshok²⁻³ huŋ⁴²⁻²⁴ tshiam³³ tso²¹³⁻⁵² lai⁵⁵（oi³⁵⁻²¹）iau⁴²⁻²⁴/liau⁴²⁻²⁴ soi²¹³⁻⁵³ tiau⁵⁵.

(20) 他爱人长得小巧玲珑的。

泉州 ①伊爱人生嘞诚幼秀。in³³ ai⁴¹⁻⁵⁵ lin²⁴ sĩ³³ lɤʔ⁵⁵ tsiã²⁴⁻²² iu⁴¹⁻⁵⁵ siu⁴¹. ②伊爱人生遘诚幼秀。in³³ ai⁴¹⁻⁵⁵ lin²⁴ sĩ²⁴ a⁵⁵/aʔ⁵⁵/kaʔ⁵⁵ tsiã²⁴⁻²² iu⁴¹⁻⁵⁵ siu⁴¹.

厦门 ①伊某生遘细粒细粒。in⁴⁴⁻²² bɔ⁵³ sĩ⁴⁴⁻²² a²¹⁻⁵³⁻⁴⁴ sue²¹⁻⁵³ liap⁵⁻²¹ sue²¹⁻⁵³ liap⁵. ②伊某生遘细细粒。in⁴⁴⁻²² bɔ⁵³ sĩ⁴⁴⁻²² a²¹⁻⁵³⁻⁴⁴ sue²¹⁻⁵³ sue²¹⁻⁵³ liap⁵.

台中 伊爱人生遘细粒籽细粒籽。in⁴⁴⁻²² ai²¹⁻⁵³ lin²⁴ sẽ⁴⁴⁻²² kaʔ²⁻⁵ se²¹⁻⁵³ liap³⁻² tsi⁵³⁻⁴⁴ se²¹⁻⁵³ liap³⁻² tsi⁵³.

汕头 伊阿老生来细粒细粒（呤）。i³³ a³³ lau²⁵ sẽ³³ lai⁵⁵ soi²¹³⁻⁵⁵ liap⁵⁻² soi²¹³⁻⁵⁵ liap⁵（nẽ²⁵⁻³¹）.

揭阳 伊阿老生来细粒细粒。i³³ a³³ lau³⁵ sẽ³³ lai⁵⁵ soi²¹³⁻⁴² liap⁵⁻² soi²¹³⁻⁴² liap⁵.

上述句子中的补语，都是描状性的，补充描绘谓语的情状。福建-台湾片的"咧"虽语音形式不太一致，但很可能是同一来源，是否由潮汕片的"来"弱化而来，有待考证。汉语方言中，助词常可见由动结式或动趋式的后半部虚化而来。趋向动词"来"由动趋式后半部演变为结构助词，随着意义的虚化，语音形式再进一步弱化而成为"咧"是很可能的事。

第二类，后接程度补语。各地形式如下。

泉州	厦门	台中	漳州
遘 aʔ₃/kaʔ₃/aʾ	遘 kaʔ₃/ʿa	遘 kaʔ₃	遘 kaʔ₃

汕头	揭阳
遘 kauʾ	遘 kauʾ

海丰
遘 kauʾ/aʾ/ʿã

下面是例句。

(21) 走得脚底都起了泡了。

泉州 ①行遘骹底都□[pauʔ⁵⁵]泡啰。kiã²⁴ a⁵⁵/aʔ⁵⁵/kaʔ⁵⁵ kha³³ tue⁵⁵ tɔ³³ pauʔ⁵⁵ phã²² lɔ²¹.②行遘骹底煞爆泡啰。kiã²⁴ a⁵⁵/aʔ⁵⁵/kaʔ⁵⁵ kha³³ tue⁵⁵ sua⁵⁵ pauʔ⁵⁵ phã²² lɔ²¹.③骹底行遘煞□[pauʔ⁵⁵]泡。kha³³ tue⁵⁵ kiã²⁴ a⁵⁵/aʔ⁵⁵/kaʔ⁵⁵ suaʔ⁵⁵ pauʔ⁵⁵ phã²².④骹底行遘□[pauʔ⁵⁵]泡啰。kha³³ tue⁵⁵ kiã²⁴ a⁵⁵/aʔ⁵⁵/kaʔ⁵⁵ pauʔ⁵⁵ phã²² lɔ²¹.

厦门 ①行遘骹底拢起泡。kiã²⁴⁻²² a⁴⁴ kha⁴⁴⁻²² tue⁵³ lɔŋ⁵³⁻⁴⁴ khi⁵³⁻⁴⁴ pha²².②行遘骹底煞□[phɔŋ²¹⁻⁵³]泡。kiã²⁴⁻²² a⁴⁴ kha⁴⁴⁻²² tue⁵³ saʔ³²⁻⁵³ phɔŋ²¹⁻⁵³ pha²².③骹底行遘拢□[phɔŋ²¹⁻⁵³]泡。kha⁴⁴⁻²² tue⁵³ kiã²⁴⁻²² a⁴⁴ lɔŋ⁵³⁻⁴⁴ phɔŋ²¹⁻⁵³ pha²².④骹底行着解拢□[phɔŋ²¹⁻⁵³]泡。kha⁴⁴⁻²² tue⁵³ kiã²⁴⁻²² tioʔ⁵⁻²¹ e⁵³⁻⁴⁴ lɔŋ⁵³⁻⁴⁴ phɔŋ²¹⁻⁵³ pha²².

台中 行遘骹底拢起蜀粒蜀粒。kiã²⁴⁻²² kaʔ²⁻⁵ kha⁴⁴⁻²² te⁵³ lɔŋ⁵³⁻⁴⁴ khi⁵³⁻⁴⁴ tsit³⁻² liap³⁻² tsit³⁻² liap³.

汕头 行遘骹底拢生泡了。kiã⁵⁵⁻³¹ kau²¹³⁻⁵⁵ kha³³ toi⁵² lɔŋ⁵²⁻²⁴ sẽ³³ pha²⁵ ou⁵²⁻²¹³.

揭阳 行遘骹底拢浮泡了。kiã⁵⁵⁻²² kau²¹³⁻⁴² kha³³ toi⁴²⁻⁵³ nɔŋ⁴²⁻²⁴ phu⁵⁵⁻²² pha³⁵ au⁴²⁻²¹³.

(22) 二哥病得那么厉害，你也没去看一下。

泉州 二兄病遘□[huaʔ⁵⁵]厉害/严重/重，汝也无去看蜀下。li²² hiã³³ pĩ⁴¹⁻²² a⁵⁵ huaʔ⁵⁵ li⁴¹⁻²² hai⁴¹/giam²⁴⁻²² tiɔŋ²²/taŋ²²，lɯ⁵⁵ a⁵⁵⁻²¹ bo²⁴⁻²² khɯ⁴¹⁻⁵⁵ kuã⁴¹ tsit²⁴⁻²² e⁴¹⁻²¹.

晋江 二兄病遘□[huan⁵⁵]严重，汝也无说去共伊看蜀下。li²² hiã³³

pĩ$^{41-22}$ a^{55} huan^{55} giam$^{24-22}$ tiɔŋ^{33}, li^{55} a$^{55-22}$ bo$^{24-22}$ seʔ^{55} khi$^{41-55}$ kan$^{41-22}$ i^{33} kuã$^{41-55}$ tsit$^{24-22}$ e$^{41-21}$.

安溪 二兄病遘□〔huaʔ$^{31-32}$〕厉害，汝野无（说）去看<蜀下>。li^{22} hiã$^{23-22}$ pĩ^{22} kau$^{212-41}$ huaʔ$^{31-32}$ li^{22} hai^{22}, lɯ$^{441-44}$ a$^{441-44}$ bo$^{25-22}$（səʔ$^{31-32}$）khɯ$^{212-41}$ khuã^{212} <leʔ$^{-21}$>.

厦门 二兄破病遘□〔hiaʔ$^{32-53}$〕呢厉害，汝也无讲去合伊看蜀下。li$^{22-21}$ hiã^{44} phua$^{21-53}$ pĩ$^{22-21}$ ka$^{32-5}$ hiaʔ$^{32-53}$ ni$^{22-21}$ li$^{22-21}$ hai^{22}, li$^{53-44}$ ia$^{22-21}$ bo$^{24-22}$ kɔŋ$^{53-44}$ khi$^{21-53}$ kaʔ$^{5-21}$ i$^{44-22}$ khuã^{21} tsit$^{5-21}$ e$^{22-21}$.

台中 二兄病遘□〔tsiat$^{2-5}$〕厉害，汝也无讲去合看蜀下。li$^{22-21}$ hiã^{44} pẽ$^{22-21}$ kaʔ$^{2-5}$ tsiat$^{2-5}$ li$^{22-21}$ hai^{22}, li$^{53-44}$ ia$^{22-21}$ bo$^{24-22}$ kɔŋ$^{53-44}$ khi$^{21-53}$ kaʔ$^{2-5}$ khuã^{21} tsit$^{3-2}$ e^{22}.

漳州 二兄破病遘□〔hia^{52}〕厉害，汝也无（讲）去合伊看<蜀下>。zi$^{22-21}$ kɔ$^{34-22}$ phua$^{21-52}$ pẽ$^{22-21}$ kaʔ$^{32-5}$ hia^{52} li$^{22-21}$ hai^{22}, li^{52} a^{22} bo$^{13-22}$（kɔŋ$^{52-34}$）khi$^{21-52}$ kaʔ$^{121-21}$ i$^{34-22}$ khuã$^{21-52}$ <tsɛ^{21}>.

汕头 阿二兄病遘□〔hĩ$^{213-55}$〕大力，汝也无咀去睇蜀下。a^{33} zi$^{25-31}$ hiã^{33} pẽ^{31} kau$^{213-55}$ hĩ$^{213-55}$ tua^{31} lak^5, lɯ^{52} a^{31} bo$^{55-31}$ tã$^{213-55}$ khɯ$^{213-55}$ tõi^{52} tsek$^{5-2}$ e$^{25-31}$.

揭阳 阿二兄病遘□〔hiõ$^{213-42}$〕大力，汝也无咀去睇下。a^{33} zi$^{35-21}$ hiã^{33} pẽ$^{22-21}$ kau$^{213-42}$ hiõ$^{213-42}$ tua$^{22-21}$ lak^5, lɯ^{42} ia$^{22-21}$ bo$^{55-22}$ tã$^{213-42}$ khɯ$^{213-42}$ thõi^{42} e$^{35-21}$.

海丰 二兄病遘□〔hiaʔ$^{3-4}$〕忝，汝□〔iau$^{52-213}$〕无去睇伊蜀下。zi$^{25-33}$ hiã$^{44-33}$ pĩ$^{25-33}$ kau$^{213-55}$/a$^{213-55}$ hiaʔ$^{3-4}$ thiam^{52}, li^{52} iau$^{52-213}$ bɔ$^{55-31}$ khi$^{213-55}$ the^{52} i$^{44-21}$ tsit$^{4-3}$ e$^{25-31}$.

（23）孩子的脸烧得通红通红的。

泉州 囝仔个面烧遘红红红。kan$^{55-24}$ ã^{55} e$^{24-22}$ bin^{41} sio^{33} a^{55}/kaʔ^{55}/khaʔ^{55} aŋ^{24} aŋ$^{24-22}$ aŋ^{24}.

厦门 囝仔个面烧遘红红红/红□〔kɔŋ$^{21-53}$〕□〔kɔŋ^{21}〕。gin$^{53-44}$ a^{53} e$^{24-22}$ bin^{22} sio$^{44-22}$ a$^{21-53-44}$ aŋ^{24} aŋ$^{24-22}$ aŋ^{24}/aŋ$^{24-22}$ kɔŋ$^{21-53}$ kɔŋ^{21}.

台中 囝仔个面烧遘红红红。gin^{44} a^{53} e$^{24-22}$ bin^{22} sio$^{44-22}$ ka^{44} aŋ$^{24-35}$ aŋ$^{24-22}$ aŋ^{24}.

漳州 囝仔面烧遘红牙牙/红红红/热□〔phe$^{53-34}$〕□〔phe^{53}〕。kin$^{52-44}$ a^{44} bin$^{13-22}$ sio$^{34-22}$ kaʔ$^{32-5}$ aŋ$^{13-22}$ gɛ$^{13-22}$ gɛ$^{13-212}$/aŋ^{13} aŋ$^{13-22}$ aŋ$^{13-212}$/ziak$^{121-32}$ phe$^{53-34}$ phe^{53}.

汕头 个孥囝发烧遘面红红。kai$^{55-31}$ nou^{33} kiã^{52} huak$^{2-5}$ sio^{33} kau$^{213-55}$ miŋ^{31}

aŋ$^{55-31}$ aŋ^{55}.

揭阳 孥囝个面烧遘红红。noŋ^{33} kiã$^{42-53}$ kai$^{55-22}$ meŋ^{22} sio^{33} kau$^{213-42}$ aŋ$^{55-22}$ aŋ^{55}.

海丰 (只)个郎仔面热遘红红/红红红红。(tsi^{52}) kai$^{55-22}$/e$^{55-22}$ nŋ$^{55-22}$ ã^{52} min^{21} ziak$^{4-3}$ a$^{55-22}$ aŋ$^{55-22}$ aŋ^{55}/aŋ$^{55-22}$ aŋ$^{55-22}$ aŋ^{55}.

（24）他走路走得很快。

泉州 ①伊行路行(遘)野紧/真紧/紧紧。i^{33} kiã$^{24-22}$ lɔ^{41} kiã$^{24-22}$ (a^{55}) ia$^{55-24}$ kin^{55}/tsin^{33} kin^{55}/kin$^{55-24}$ kin^{55}. ②伊行路野紧/真紧/紧紧。i^{33} kiã$^{24-22}$ lɔ^{41} ia$^{55-24}$ kin^{55}/tsin^{33} kin^{55}/kin$^{55-24}$ kin^{55}.

厦门 ①伊行路(行)真紧。i$^{44-22}$ kiã$^{24-22}$ lɔ^{22} (kiã$^{24-22}$) tsin$^{44-22}$ kin^{53}. ②伊行路行遘真紧。i$^{44-22}$ kiã$^{24-22}$ lɔ^{22} kiã$^{24-22}$ kaʔ$^{32-53-44}$ tsin$^{44-22}$ kin^{53}.

台中 ①伊行路行遘有够紧呃。i$^{44-22}$ kiã$^{24-22}$ lɔ^{22} kiã$^{24-22}$ kau$^{21-53}$ u$^{22-21}$ kau$^{21-53}$ kin^{53} e^{21}. ②伊行路行遘足紧呃。i$^{44-22}$ kiã$^{24-22}$ lɔ^{22} kiã$^{24-22}$ kaʔ$^{2-5}$ tsiɔk$^{2-5}$ kin^{53} e^{21}. ③伊行路行着足紧呃。i$^{44-22}$ kiã$^{24-22}$ lɔ^{22} kiã$^{24-22}$ tioʔ$^{3-2}$ tsiɔk$^{2-5}$ kin^{53} e^{21}.

漳州 伊行路行遘生快。i^{34} kiã$^{13-22}$ lɔ^{22} kiã$^{13-22}$ kak$^{32-5}$ sẽ$^{34-22}$ khuai^{21}.

汕头 ①伊行路行来□［hoʔ$^{2-5}$］/过猛。i^{33} kiã$^{55-31}$ lou^{31} kiã$^{55-31}$ lai^{55} hoʔ$^{2-5}$/kue$^{213-55}$ me^{52}. ②伊行路遘□［hoʔ$^{2-5}$］/过猛。i^{33} kiã$^{55-31}$ lou^{31} kau$^{213-55}$ hoʔ$^{2-5}$/kue$^{213-55}$ me^{52}.

揭阳 伊行路遘□［hoʔ$^{2-5}$］猛。i^{33} kiã$^{55-22}$ lou^{22} kau$^{213-42}$ hoʔ$^{2-5}$ me$^{42-21}$.

海丰 伊行路行遘响猛。i$^{44-33}$ kiã$^{55-22}$ lɔu^{21} kiã$^{55-22}$ ã$^{52-213}$/kau$^{213-55}$ hiaŋ$^{52-213}$ me^{52}.

上述例句的补语说的都是动作形成的结果，都是某种情况，但还含有动作达到了某种程度的意思，也就是说，表示的是"动作达到了某种情况"。例如，泉州"囝仔个面烧遘红红红"是说"烧"到了脸非常红的情况，而第一类中"□［tsuai^{24}］个冬粉做咧恰幼条"的补语"恰幼条"只是单纯描写做成的"冬粉"的情状是"幼条"。

此类补语句所用的结构助词形式语料中可见多种，但都是"遘"及其弱化形式。"遘"的弱化过程是韵尾的舌面后元音［u］变为舌面后塞音［k］，进而弱化为喉塞音［ʔ］同时脱落声母，最后再脱落喉塞韵尾，舒化为单元音［a］。

kau^{ɔ}→kak^{ɔ}→kaʔ^{ɔ}→aʔ^{ɔ}→^{ɕ}a/a^{ɔ}/^{ɕ}ã/$_{ɕ}$a

"遘"本是个趋向动词，闽南话中是"到"的意思，"到"义动词处在动结式后半部的地位上，虚化而成为标记补语的结构助词。同时，因为"达到"义的语义滞留，演变为专用于程度补语，表示"动作的结果达到了某种情况"，这是很符合语言成分语法化规律的。

粤语用于补语的结构助词也分两套，"得"相当于闽南语的"来"，"到"相当于闽南话的"邀"，而"到"和"邀"的意义正相同。

①你讲得很清楚。
　广州　你讲<u>得</u>好清楚。
　汕头　汝呾<u>来</u>过清楚。

②他冻得嘴唇都青了。
　广州　佢冻<u>到</u>口唇都青口哂。
　汕头　伊寒<u>邀</u>喙唇青青。

方言中不同源而同义的实词，因为相同的演变机制而经历平行的演变过程，形成相似的演变结果，此为典型例子之一。

离中心区较远的地方，情况变得比较复杂。如雷州，是两类补语不分，都用一个相同的形式"得"；海丰、文昌、三亚虽分两套，但是海丰第一类"来"也可以说成"得"，文昌、三亚第二类"邀"也可以说成"得"；而漳州、遂溪、文昌第一类常不用结构助词。

	第一类	第二类
漳州	（未见）	邀 kak˳
海丰	来 ˳lai/得 tit˳	邀 kauˀ/ aˀ/ ˚ã
雷州	得 tik˳/tiek˳	得 tik˳/tiek˳
遂溪	倒 ˚to	邀 ˳a
文昌	（未见）	邀 kauˀ/得 ɗiet˳
三亚	得 ɗiʔ˳	邀 kauˀ/得 ɗiʔ˳

下面是第一类的例句。

(19) 这些粉丝做得比较细。

漳州　□[tsiaʔ$^{32-52}$]个粉丝做了恰幼条。tsiaʔ$^{32-52}$ e$^{13-22}$ hun$^{52-34}$ si^{34} tso$^{21-52}$ liau^{52} khaʔ$^{32-5}$ iu$^{21-52}$ tiau^{13}.

海丰　只乃粉丝做得卡细条/幼条。tsi^{52} nai^{55} hun$^{52-213}$ si^{44} tsɔ$^{213-55}$ tit$^{3-4}$ khaʔ$^{3-4}$ sei$^{213-55}$ tiau^{55}/iu$^{213-55}$ tiau^{55}.

雷州　这乃粉团做得比较细条/呢条。zia^{553} nai^{553} huŋ$^{42-44}$ kia^{42} tso$^{21-44}$ tiek^{5}

pi:42 kiau21 soi21-44 tiau22/ni553 tiau22.

遂溪 若乃粉团做倒比较细条/呢条。ia55 nai55 huŋ41 kia41 tso55 to41 pi41 kiau24 soi:214-24 tiau22/ni55 tiau22.

文昌 这□［ɖe34-42］粉丝但顾幼条。ʥiak21-55 ɖe34-42 ɦuŋ31-33 ti34 na42-11 ku21-55 iu31 ɖiau22.

三亚 即穧刺粉做得比较幼条。iʔ33 tsoi33 tshi24 hun31 tso45 ɖiʔ45 ɓi31 kiau24 iu24 ɖiau22.

(20) 他爱人长得小巧玲珑的。

漳州 ①伲某生做细细个仔。in34-22 bo52 sẽ34-22 tso21-52 se21-52 se21-52 kɔ21 a52. ②伲某生做细粒籽细粒籽。in34-22 bo52 sẽ34-22 tso21-52 se21-52 liap121-21 tsi52-34 se21-52 liap121-21 tsi52. ③伲某生做幼□［lo21］幼□［lo21］。in34-22 bo52 sẽ34-22 tso21-52 iu21-52 lo21 iu21-52 lo21.

海丰 伊个某生来细粒细粒（仔）。i44-33 ai55-22 bɔu52 sẽ44-33 lai55 sei:213-55 liap4-3 sei213-55 liap4 (ã52-213).

雷州 伊个嬷/老婆生得□［ni553］个□［ni553］个。i24 kai22-33 niaŋ24/lau42-44 pho22 se24 tik5 ni553 kai22 ni553 kai22-21.

遂溪 伊老婆生倒呢呢个/呢个呢个囝。i24 lau41 pho22 se24 to41 ni55 ni55 kai22/ni55 kai22 ni55 kai22 kiaʔ3.

文昌 伊老婆挈粒。i34 lau42-11 ɸo22 niau53-42 liap3.

三亚 伊个爱侬生得挈个挈个（个）/细细个。i33 kai22 ai24 naŋ22 te33 ɖiʔ45 niauʔ45 kai22 niauʔ45 kai22 (kai22) /toi24-22 toi24 kai22.

下面是第二类的例句。

(21) 走得脚底都起了泡了。

漳州 行遘骹底拢□［phɔŋ21-52］泡。kiã13-22 kak32-5 kha34-22 te52 lɔŋ52-34 phɔŋ21-52 pha22.

海丰 行遘骹底左起泡。kiã55-22 ã52-213/kau213-55 kha44-33 tei52 tsɔ52 khi:52-213 pha25.

遂溪 行遘骹盘底都起泡啦。kiã22 a24-33 kha24-33 pua22 toi41 tu24-33 khi41 pha55 la41.

雷州 行得阿脚盘底肿起泡啦。kiã22 tiek4 a55 kha24-33 pua22-33 toi42 tsoŋ42 khi42 pha33 la33.

文昌 行遘骹□［ɖoŋ42］泡。kia22-11 kau21-55 xa34 ɖoŋ42 ɸau21.

三亚 行遘骹底/爿都起泡了。kio22 kau24 kha33 ɖoi31/ɓai22 ɖou33 khi31 phau24 liau42.

(22) 二哥病得那么厉害，你也没去看一下。

漳州 二兄破病遘□［hia⁵²］厉害，汝也无（讲）去合伊看＜蜀下＞。zi²²⁻²¹ kɔ³⁴⁻²² phua²¹⁻⁵² pẽ²²⁻²¹ kaʔ³²⁻⁵ hia⁵² li²²⁻²¹ hai²², li⁵² a²² bo¹³⁻²² (kɔŋ⁵²⁻³⁴) khi²¹⁻⁵² kaʔ¹²¹⁻²¹ i³⁴⁻²² khuã²¹⁻⁵² ＜tsɛ²¹＞.

海丰 二兄病遘□［hiaʔ³⁻⁴］忝，汝□［iau⁵²⁻²¹³］无去睇伊蜀下。zi²⁵⁻³³ hiã⁴⁴⁻³³ pĩ²⁵⁻³³ kau²¹³⁻⁵⁵/a²¹³⁻⁵⁵ hiaʔ³⁻⁴ thiam⁵², li⁵² iau⁵²⁻²¹³ bɔ⁵⁵⁻²² khi²¹³⁻⁵⁵ the⁵² i⁴⁴⁻²¹ tsit⁴⁻³ e²⁵⁻³¹.

遂溪 二哥病倒□［ho⁵⁵］重，汝野无讲去□［sem⁴¹］囝。i²⁴ ko⁵⁵ pe²⁴ to⁴¹ ho⁵⁵ taŋ³³, lu⁴¹ ia⁴¹⁻²⁴ bo²² ko⁴¹ hu²¹⁴⁻⁵⁵ sem⁴¹ kia⁴¹.

雷州 二哥病得□［ho⁵⁵³］重，汝也无去□［thiŋ²²］蜀下。zi²⁴ ko⁵⁵³ pe⁵⁵³⁻²⁴ tik⁵ ho⁵⁵³ taŋ⁵⁵³, lu⁴² ia²⁴ bo²²⁻³³ khu²¹⁻⁴⁴ thiŋ²² ziak⁵ e²⁴⁻²¹.

文昌 哥二病得许做重，汝也无去望伊＜蜀下＞。ko⁵³ ʤi³⁴ ɓe³⁴ diet⁵ ɦo²¹ to²¹⁻⁵⁵ ɗaŋ⁴², du³¹ ʤia³¹⁻³³ bo²²⁻¹¹ xu²¹⁻⁵⁵ mo³⁴ i³⁴ ＜ʤie＞.

三亚 二哥病得种样厉害，汝也无（讲）去望蜀下。zi³³ ko³³ ɓe³³ diʔ⁴⁵ taŋ²⁴ io³³ li⁴² hai⁴², lu³¹ ia⁴² vo²² (koŋ³¹) hu²⁴ mo³³ ioʔ³³ e³³.

(23) 孩子的脸烧得通红通红的。

漳州 囝仔面烧遘红牙牙/红红红/热□［phe⁵³⁻³⁴］□［phe⁵³］。kin⁵²⁻⁴⁴ a⁴⁴ bin¹³⁻²² sio³⁴⁻²² kaʔ³²⁻⁵ aŋ¹³⁻²² gɛ¹³⁻²² gɛ¹³⁻²¹²/aŋ¹³ aŋ¹³⁻²² aŋ¹³⁻²¹²/ziak¹²¹⁻³² phe⁵³⁻³⁴ phe⁵³.

海丰 （只）个郎仔面热遘红红/红红红红。(tsi⁵²) kai⁵⁵⁻²²/e⁵⁵⁻²² ŋ˞⁵⁵⁻²² ã⁵² min²¹ ziak⁴⁻³ a⁵⁵⁻²² aŋ⁵⁵⁻²² aŋ⁵⁵/aŋ⁵⁵⁻²² aŋ⁵⁵⁻²² aŋ⁵⁵⁻²² aŋ⁵⁵.

雷州 侬囝个面烧得红红那那。noŋ⁴² kia⁴² kai²²⁻³³ mieŋ²¹⁻²⁴ sio²⁴ tik⁵ aŋ²²⁻³³ aŋ²² na⁴²⁻⁴⁴ na⁴².

遂溪 □［nuŋ⁵⁵］囝个面烧倒红红那那/红红红。nuŋ⁵⁵ kia⁴¹ a²²⁻³³ mien²⁴ sio²⁴ to⁴¹ aŋ²²⁻²⁴ aŋ²² na³³ na³³/aŋ²² aŋ²²⁻²⁴ aŋ²².

文昌 挈囝个面火得红乓红乓/红红。niau⁵³ kia³¹ kai²²⁻¹¹ mien³⁴ ɦo⁵³ diet⁵ aŋ²²⁻¹¹ ɓoŋ³⁴ aŋ²²⁻¹¹ ɓoŋ³⁴/aŋ²²⁻¹¹ aŋ²².

三亚 挈囝个面烧得红红个。niauʔ⁴⁵ kio³¹ kai²² min³³ tio³³ diʔ⁴⁵ aŋ²² aŋ²² kai²².

(24) 他走路走得很快。

漳州 伊行路行遘生快。i³⁴ kiã¹³⁻²² lɔ²² kiã¹³⁻²² kak³²⁻⁵ sẽ³⁴⁻²² khuai²¹.

海丰 伊行路行遘响猛。i⁴⁴⁻³³ kiã⁵⁵⁻²² lou²¹ kiã⁵⁵⁻²² ã⁵²⁻²¹³/kau²¹³⁻⁵⁵ hiaŋ⁵²⁻²¹³ me⁵².

遂溪 伊行路行倒好/八偌猛。i²⁴ kia²² leu²⁴ kia²²⁻³³ to⁴¹ ho⁴¹/pak⁵⁴

uak³ me⁴¹.

雷州 伊行路行<u>得</u>八偌/好猛。i²⁴ kia²²⁻³³ leu²⁴ kia²²⁻³³ tik⁵/tiek⁵ pak⁵ ua⁵⁵³/ho⁴² me⁴².

文昌 伊行路但顾快。i³⁴ kia²²⁻¹¹ lou³⁴ na⁴²⁻¹¹ ku²¹⁻⁵⁵ xue²¹.

三亚 伊行路行<u>得</u>非常个猛。i³³ kio²² lou³³ kio²² ɗiʔ⁴⁵ voi³³ tshiaŋ²² kai²² me²².

调查中，第一类例句漳州、遂溪、文昌未见结构助词，方言的说法实为连动句（漳州的"了"、遂溪的"倒"疑为准体貌助词），汉语动补结构的前身就是连动式，似乎这些地方的部分补语句仍停留在前期阶段。

（四）讲助

闽南方言还有一个具有结构意义的助词，是由相当于普通话"讲""说"的实义动词虚化如"讲""说""呾"而来的，一般放在"V＋VP"的中间，使 VP 成为 V 的内容宾语，本书第六章第四节"闽南方言的'讲'字句及言说义动词的语法化"有详细论述，此处从略。

第四节 闽南方言的连词

一、和

表示并列关系，相当于普通话"和"的连词，在闽南方言中，福建－台湾、潮汕片都用"合"。"合"中古音有"侯阁切""古沓切"两种读法，各地的 [kaʔ₈] 来源于"古沓切"，汕头也见到与"侯阁切"相合的 [kaʔ₂]，与 [kaʔ₈] 成自由变体。形式如下：

泉州	厦门	台中	漳州
合 kap₈	合 kaʔ₈	合 kaʔ₈	合 kaʔ₈

汕头	揭阳
合 kaʔ₂/kaʔ₈	合 kaʔ₈

海丰
合 ₍ka
捞 ₍lau

雷州海南片用"共",形式如下。

遂溪	雷州	文昌	三亚
共 ₍kaŋ	共 ₍kaŋ	共 ₍kaŋ	共 ₍kaŋ

海丰的 [₍ka] 应是"合"的舒化,海丰还见到"捞",因受粤语的影响,粤语区很多地方的相当于普通话"合"的词,就说 [₍lau]。

下面是例句。

(1) 还没有通知小王和小李。

泉州 ①野无通知小王合小李。iã$^{55-24}$ bo$^{24-22}$ thoŋ^{33} ti^{33} sio$^{55-24}$ ɔŋ$^{24-22}$ kap^{55} sio$^{55-24}$ li^{55}。②野无共小王合小李说。iã$^{55-24}$ bo$^{24-22}$ kaŋ$^{41-22}$ sio$^{55-24}$ ɔŋ$^{24-22}$ kap^{55} sio$^{55-24}$ li^{55} sɤʔ^{55}。③野无度小王合小李知影。iã$^{55-24}$ bo$^{24-22}$ thɔ$^{41-22}$ sio$^{55-24}$ ɔŋ$^{24-22}$ kap^{55} sio$^{55-24}$ li^{55} tsai^{33} iã^{55}。

厦门 各阿/阿各/野各/野未通知小王合小李。koʔ$^{32-5}$ a$^{53-44}$/ a$^{53-44}$/ koʔ$^{32-5}$/ ia$^{53-44}$ koʔ$^{32-5}$/ ia$^{53-44}$ be$^{22-21}$ thɔŋ$^{44-22}$ ti$^{44-22}$ sio$^{53-44}$ ɔŋ^{24} kaʔ$^{32-5}$ sio$^{53-44}$ li^{53}。

台中 (野)阿未通知小王合小李。(ia$^{53-44}$) a^{44} bue$^{22-21}$ thɔŋ$^{44-22}$ ti$^{44-22}$ sio$^{53-44}$ ɔŋ^{24} kaʔ$^{2-5}$ sio$^{53-44}$ li^{53}。

漳州 夭未通知小王合小李。iau$^{52-34}$ bue$^{22-21}$ toŋ$^{34-22}$ ti$^{34-22}$ sio$^{52-34}$ ɔŋ^{13} kaʔ$^{32-5}$ sio$^{52-34}$ li^{52}。

汕头 还未通知阿小王合阿小李。huã$^{52-24}$ bue^{31} thoŋ^{33} tsai^{33} a^{33} siau$^{52-24}$ heŋ^{55} kaʔ$^{5-2}$/kaʔ$^{2-5}$ a^{33} siau$^{52-24}$ li^{52}。

揭阳 还未通知阿小王合阿小李。hã$^{42-24}$ bue$^{22-21}$ toŋ^{33} tsai^{33} a^{33} siau$^{42-35}$ heŋ^{55} kaʔ$^{5-2}$ a^{33} siau$^{42-35}$ li$^{42-21}$。

海丰 还无通知小王捞/合小李。huã$^{52-213}$ bɔ$^{55-22}$ thɔŋ$^{44-33}$ tsai^{44} siau$^{52-213}$ hiɔŋ^{55} lau$^{44-33}$/ka$^{44-33}$ siau$^{52-213}$ li^{52}。

遂溪 野无通知小王共小李。ia^{41} vo^{22} thoŋ$^{24-33}$ tsai^{24} siau^{41} hiaŋ^{22} kaŋ^{24} siau^{41} li^{41}。

雷州 野无(有)通知小王共小李。ia^{42} bo$^{22-33}$ (u$^{33-42}$) thoŋ$^{24-33}$ tsai^{24} siau^{42} hiaŋ^{22} kaŋ^{24} siau^{42} li^{42}。

文昌 倘 无话小王共小李。iaŋ^{21} bo$^{22-11}$ fiue^{42} tiau$^{31-33}$ uaŋ^{22} kaŋ^{34}

tiau$^{31-33}$ li^{31}.

三亚 还无有通知细王<u>共</u>细李。hai^{22} vo^{22} u^{42} thoŋ^{33} tsai^{33} toi^{24} ui^{22} kaŋ^{33} toi^{24} li^{31}.

二、或者

相当于普通话"或者"的选择连词，闽南各地口语中较少说"或者""或是"，用"或×"时总带点书面色彩，各地多数用相当于普通话"还是"的"抑是"。不过"抑是"在很多地方的语音已经发生了弱化，[k]尾变成[ʔ]尾，[ʔ]尾进一步丢失：ak₂→aʔ₂→˪a/˪a。各地形式如下。

泉州	厦门	漳州
阿是 ˪a ˫si	抑是 aʔ₂ si²	抑是 ak₂ si²

汕头	揭阳	遂溪
阿是 ˪a ˫si	阿是 ˪a ˫si	阿是 ˪a ˫si

文昌	三亚	
阿是 ˪a ti²	抑是 aʔ˫ ˫ti	

台中	海丰	雷州
也是 ia² si²	或者 hueʔ₂ ˫tse	或是 huek₂ si²

台中"也是"是否也是"抑是"待考。

下面是例句。

(2) 猪肠用盐或者豆面儿来洗。

泉州 猪肠仔用盐<u>阿是</u>豆粉来洗。tɯ^{33} tŋ$^{'24-22}$ ã^{55} si^{22} iŋ$^{41-22}$ iam^{24} a$^{55-24}$ si^{22} tau$^{41-22}$ hun^{33} lai$^{24-22}$ sue^{55}.

厦门 猪肠用盐□[aʔ$^{32-5}$]是豆面来洗。ti^{44} tŋ$^{'24}$ iŋ$^{22-21}$ iam^{24} aʔ$^{32-5}$ si$^{22-21}$ tau$^{22-21}$ mi^{22} lai$^{24-22}$ sue^{53}.

台中 猪肠用盐<u>也是</u>豆面仔来洗拢。ti$^{44-22}$ tŋ$^{'24}$ ioŋ$^{22-21}$ iam^{24} ia$^{22-21}$ si$^{22-21}$ tau$^{22-21}$ min$^{22-24}$ a^{53} lai$^{24-22}$ se^{53} loŋ$^{53-44}$.

漳州 猪肠仔用盐<u>抑是</u>豆粉来洗。ti$^{34-22}$ tŋ$^{'13-22}$ a^{52} ioŋ^{22} iam$^{13-22}$ ak$^{121-32}$ si$^{22-21}$ tau$^{22-21}$ hun^{52} lai$^{13-22}$ se^{52}.

汕头 猪肠用盐<u>阿是</u>豆粉来洗。tɯ^{33} tɯŋ^{55} eŋ^{31} iam^{55} a^{33} si$^{25-31}$ tau^{31} huŋ^{52} lai$^{55-31}$ soi^{52}.

揭阳　猪肠用盐阿是豆粉来洗。tɯ³³ tɯŋ⁵⁵ eŋ²²⁻²¹ iam⁵⁵ a³³ si³⁵⁻²¹ tau²²⁻²¹ huŋ⁴²⁻⁵³ lai⁵⁵⁻²² soi⁴²。

海丰　猪肠用盐或者豆粉来洗。ti⁴⁴⁻³³ tŋ⁵⁵ iɔŋ²¹⁻³³ iam⁵⁵ hueʔ⁴⁻³ tse⁵²⁻²¹³ tau²¹ hun⁵² lai⁵⁵⁻²² sei⁵²。

遂溪　猪肠用盐阿是用豆粉来洗。tu²⁴⁻³³ to²² ioŋ²⁴ iam²² a²⁴⁻³³ si⁵⁵⁻³³ ioŋ²⁴ tau⁵⁵⁻³³ huŋ⁴¹ lai²² soi⁴¹。

雷州　阿猪肠用阿盐或是（用）阿豆粉来洗。a⁵⁵ tu²⁴⁻³³ to²²⁻³³ ioŋ³³ a⁵⁵ iam²² huek² si³³（ioŋ³³）a⁵⁵ tau³³⁻⁴² huŋ⁴² lai²² soi⁴²。

文昌　猪肠用盐共豆粉来洗。ɗu³⁴⁻⁴² ɗo²² ʥioŋ⁴²⁻¹¹ iam²² kaŋ³⁴ ɗau⁴² fiun³¹ lai²²⁻¹¹ toi³¹。

三亚　猪肠要盐或者（要）米粉来洗。ɗu³³ ɗou²² ioʔ⁴⁵ en²² huoʔ⁴⁵ tse³¹（ioʔ⁴⁵）mi³³ hun³¹ lai²² toi³¹。

（3）我去找他或者他来找我。

泉州　我去□［tshɤ⁴¹］伊阿是伊来□［tshɤ⁴¹⁻⁵⁵］我。gua⁵⁵ khɯ⁴¹⁻⁵⁵ tshɤ⁴¹ i³³⁻²¹ a⁵⁵⁻²⁴ si²² i³³ lai²⁴⁻²² tshɤ⁴¹⁻⁵⁵ gua⁵⁵。

厦门　我去□［tshe²²⁻²¹］伊抑是伊来□［tshe²²⁻²¹］我。gua⁵³ khi²¹⁻⁵³ tshe²²⁻²¹ i⁴⁴⁻²² aʔ⁵ si²² i⁴⁴⁻²² lai²⁴⁻²² tshe²²⁻²¹ gua⁵³。

台中　我去□［tshe²²⁻²¹］伊也是伊来□［tshe²²⁻²¹］我。ua⁵³⁻⁴⁴ khi²¹⁻⁵³ tshue²²⁻²¹ i⁴⁴⁻²² ia²²⁻²¹ si²¹⁻²¹ i⁴⁴⁻²² lai²⁴⁻²² tshue²²⁻²¹ ua⁵³。

漳州　我去□［tshue²²］伊抑是伊来□［tshue²²⁻²¹］我。gua⁵²⁻³⁴ khi²¹⁻⁵² tshue²² i³⁴⁻²² ak¹²¹⁻³² si²²⁻²¹ i³⁴⁻²² lai¹³⁻²² tshue²²⁻²¹ gua⁵²。

汕头　我去□［tshue³¹］伊阿是伊来□［tshue³¹］我。ua⁵² khɯ²¹³⁻⁵⁵ tshue³¹ i³³⁻³¹ a³³ si²⁵⁻³¹ i³³ lai⁵⁵⁻³¹ tshue³¹ ua⁵²⁻²¹³。

揭阳　我去□［tshue²²⁻²¹］伊阿是伊来□［tshue²²⁻²¹］我。ua⁴²⁻⁵³ khɯ²¹³⁻⁴² tshue²²⁻²¹ i³³ a³⁵⁻²¹ i³³ lai⁵⁵⁻²² tshue²²⁻²¹ ua⁴²⁻²¹³。

海丰　我去□［tshue²¹⁻³³］伊或者伊来□［tshue²¹⁻³³］我。ua⁵² khi²¹³⁻⁵⁵ tshue²¹⁻³³ i⁴⁴ hueʔ⁴⁻³ tse⁵²⁻²¹³ i⁴⁴ lai⁵⁵⁻²² tshue²¹⁻³³ ua⁵²。

遂溪　我□［tshue²⁴］伊阿是伊□［tshue²⁴］我。va⁴¹ tshue²⁴ i²⁴ a²⁴⁻³³ si⁵⁵ i²⁴ tshue²⁴ va⁴¹。

雷州　我去□［tue²¹］伊或是伊来□［tue²¹］我。ba⁴² khu²¹⁻⁴⁴ tue²¹ i²⁴ huek² si³³ i²⁴ lai²²⁻³³ tue²¹ ba⁴²。

文昌　我去□［ɗue²¹］伊阿是伊来□［ɗue²¹］我。gua³¹ xu²¹⁻⁵⁵ ɗue²¹ i³⁴ a³¹⁻³³ ti⁴²⁻¹¹ i³⁴ lai²² ɗue²¹ gua³¹。

三亚　我去寻伊抑是伊来寻我。va³¹ hu²⁴ theŋ²² i³³ aʔ⁴⁵ ti⁴² i³³ lai²²

theŋ^{22} va^{31}.

三、还是

相当于普通话"还是"的选择连词，各地多数也用"抑是"及其弱化形式，只有"海丰"用"还是"。各地形式如下：

泉州	厦门	漳州
阿是 ⸌a ⸍si	抑是 aʔ⸌ si⸍	抑是 akˀ si⸍

汕头	揭阳	遂溪
阿是 ⸌a ⸍si	阿是 ⸌a ⸍si	阿是 ⸌a ⸍si

雷州	文昌	三亚
阿是 a⸍ ⸍si	阿是 ⸌a ti⸍	抑是 aʔ⸍ ⸍ti

台中	海丰
也是 ia⸍ si⸍	还是 ⸌huã ⸍si

下面是例句。

(4) 你是要吃饭还是要吃面?

泉州 汝是卜食饭/糜阿是卜食面? lɯ^{55} si^{22} bɤʔ^{55} tsiaʔ$^{24-22}$ pŋ^{41}/mãi^{33} a$^{55-24}$ si^{22} bɤʔ^{55} tsiaʔ$^{24-22}$ mĩ^{41}?

厦门 汝卜食饭抑是卜食面? li$^{53-44}$ si^{22} beʔ$^{32-53}$ tsiaʔ$^{5-21}$ pŋ^{22} aʔ^{5} si^{22} beʔ$^{32-53}$ tsiaʔ$^{5-21}$ mĩ^{22}?

台中 ①汝是卜食饭也是卜食面? li$^{53-44}$ si$^{22-21}$ beʔ$^{2-5}$ tsiaʔ$^{3-2}$ pŋ^{22} ia$^{22-21}$ si$^{22-21}$ beʔ$^{2-5}$ tsiaʔ$^{3-2}$ mĩ^{22}? ②汝卜食饭也是食面? li$^{53-44}$ beʔ$^{2-5}$ tsiaʔ$^{3-2}$ pŋ^{22} ia$^{22-21}$ si$^{22-21}$ tsiaʔ$^{3-2}$ mĩ^{22}?

漳州 汝是卜食饭抑是卜食面? li$^{52-34}$ si$^{22-21}$ beʔ$^{32-5}$ tsiaʔ$^{121-21}$ puĩ^{22} ak$^{121-32}$ si$^{22-21}$ beʔ$^{32-5}$ tsiaʔ$^{121-21}$ mi^{22}?

汕头 汝是爱食饭阿是爱食面? lɯ^{52} si$^{25-31}$ ãi$^{213-55}$ tsiaʔ$^{5-2}$ puŋ^{31} a^{33} si$^{25-31}$ ãi$^{213-55}$ tsiaʔ$^{5-2}$ mi^{31}?

揭阳 汝爱食饭阿是爱食面? lɯ$^{42-53}$ ai$^{213-42}$ tsiaʔ$^{5-2}$ puŋ^{22} a^{33} si$^{35-21}$ ai$^{213-42}$ tsiaʔ$^{5-2}$ mi^{22}?

海丰 汝是爱食饭还是爱食面? li^{52} si$^{25-33}$ ãi$^{213-55}$ tsiaʔ$^{4-3}$ puĩ^{21} huã$^{52-213}$

si$^{25-33}$ ai$^{213-55}$ tsia?$^{4-3}$ mi^{21}?

遂溪 汝是讨食饭阿是讨吃糜哪？lu^{41} si^{55} tho^{41} tsia^{33} pui^{24} a$^{24-33}$ si^{55} tho^{41} tsia^{33} mue^{22} na^{21}？

雷州 汝是讨食糜阿是讨吃面？lu^{42} si^{33} tho^{42} tsia$^{33-42}$ mue^{22} a^{553} si^{33} tho^{42} tsia^{33} mi^{24}？

文昌 汝卜食糜，阿是食面？du^{31} ɓe?^{5} ʧia（？）^{21} mue^{22}, a$^{31-33}$ ti$^{42-11}$ ʧia（？）^{21} mi^{34}？

三亚 汝是要喫糜抑是（要）喫面？lu^{31} ti^{42} iau^{24} khai^{31} muo^{22} a?^{45} ti^{42}（iau^{24}）khai^{31} mi^{33}？

四、要不

表示限选，闽南各地要用成对的连词来连接选择项，所用的连词均含有否定语素，各地形式如下。

泉州：若唔 nã^2 m̩^{2}／若无 nã^2 ₋bo

厦门：阿无 a?₋ ₋bo

台中：阿无 ˳a ₋bo

漳州、汕头、揭阳：无 ₋bo

海丰：唔 ˳m̩

遂溪：那无 ˳na ₋bo

雷州：无 ₋bo

文昌：卜无 ɓe(？) ₋bo

三亚：要无 iau^2 ˳vo

双音节的否定语素之前，所加的语素有"若""那""卜""要"等，这些语素都含假设义，有"若是""要是"的意思。

下面是例句。

（5）要不你去，要不我去，反正得有侬去。

泉州 ①若唔是汝去，若唔是我去，横直着有人去。nã$^{42-22}$ m$^{41-22}$ si^{22} lɯ^{55} khɯ^{41}, nã$^{42-22}$ m$^{41-22}$ si^{22} gua^{55} khɯ^{41}, hũi$^{24-22}$ tit^{24} tio?$^{24-22}$ u^{22} laŋ$^{24-22}$ khɯ^{41}. ②若无汝去，若无我去，横直着有侬去。nã$^{42-22}$ bo$^{24-22}$ lɯ^{55} khɯ^{41}, nã$^{42-22}$ bo$^{24-22}$ gua^{55} khɯ^{41}, hũi$^{24-22}$ tit^{24} tio?$^{24-22}$ u^{22} laŋ$^{24-22}$ khɯ^{41}. ③若唔是汝去，就着我去，横直着有侬去。nã$^{42-22}$ m$^{41-22}$ si^{22} lɯ^{55} khɯ^{41}, tsiu$^{41-22}$ tio?$^{24-22}$ gua^{55} khɯ^{41}, hũi$^{24-22}$ tit^{24} tio?$^{24-22}$ u^{22} laŋ$^{24-22}$ khɯ^{41}.

厦门 阿无汝去，阿无我去，反正/横直着有侬去。aʔ³²⁻⁵ bo²⁴ li⁵³⁻⁴⁴ khi²¹，aʔ³²⁻⁵ bo²⁴ gua⁵³⁻⁴⁴ khi²¹，huan⁵³⁻⁴⁴ tsiŋ²¹／huãi²⁴⁻²² tit⁵ tioʔ⁵⁻²¹ u²²⁻²¹ laŋ²⁴⁻²² khi²¹．

台中 阿无着汝去，阿无着我去，反正着爱有侬去。a⁵³⁻⁴⁴ bo²⁴⁻²² tioʔ³⁻² li⁵³⁻⁴⁴ khi²¹，a⁵³⁻⁴⁴ bo²⁴⁻²² tioʔ³⁻² ua⁵³⁻⁴⁴ khi²¹，huan²²⁻²¹ tsiŋ²¹⁻⁵³ tioʔ³⁻² ai²¹⁻⁵³ u²²⁻²¹ laŋ²⁴⁻²² khi²¹．

漳州 无咯汝去，无咯我去，定着咯有侬去。bo¹³⁻²² loʔ¹²¹⁻²¹ li⁵² khi²¹，bo¹³⁻²² loʔ¹²¹⁻²¹ gua⁵² khi²¹，tiã²²⁻²¹ tioʔ¹²¹⁻³² loʔ¹²¹⁻²¹ u²²⁻²¹ laŋ¹³⁻²² khi²¹．

汕头 无哩汝去，无哩我去，正倒着有侬去。bo⁵⁵ li³³ lɯ⁵² khɯ²¹³⁻³¹，bo⁵⁵ li³³ ua⁵² khɯ²¹³⁻³¹，tsia²¹³⁻⁵⁵ to²¹³⁻⁵⁵ tioʔ⁵⁻² u²⁵⁻³¹ naŋ⁵⁵⁻³¹ khɯ²¹³．

揭阳 无哩汝去，无哩我去，正倒着有侬去。bo⁵⁵ li³³ li³³ khɯ²¹³⁻²¹，bo⁵⁵ ua⁴² lɯ⁴² khɯ²¹³⁻²¹，tsiã²¹³⁻⁴² to²¹³⁻⁴² tioʔ⁵⁻² u³⁵⁻²¹ naŋ⁵⁵⁻²² khɯ²¹³．

海丰 唔就汝去，唔就我去，反正爱有侬去。m̩²⁵ tsu²⁵⁻³³ li⁵² khi²¹³⁻²¹，m̩²⁵ tsu²⁵⁻³³ ua⁵² khi²¹³⁻²¹，huan⁵²⁻²¹³ tsiã²¹³ ãi²¹³⁻⁵⁵ u²⁵⁻³³ naŋ⁵⁵⁻²² khi²¹³．

遂溪 那无汝去，那无我去，做样都爱有侬去。na⁴¹ bo²² lu⁴¹ hu²¹⁴，na⁴¹ bo²² va⁴¹ hu²¹⁴，tso⁵⁵ io²⁴ teu²¹⁴ ai²¹⁴ u⁵⁵⁻³³ naŋ²² hu²¹⁴．

雷州 无汝去，无我去，做做都爱有侬去。bo²²⁻³³ lu⁴² khu²¹，bo²²⁻³³ ba⁴² khu²¹，tso⁵⁵³⁻³³ tso⁵⁵³ teu²⁴⁻³³ ai²¹ u³³ naŋ²² khu²¹．

文昌 卜无汝去，卜无我去，但顾参有侬去。ɓe(ʔ)⁵ bo²²⁻¹¹ du³¹ xu²¹，ɓe(ʔ)⁵ bo²²⁻¹¹ gua³¹ xu²¹，na⁴²⁻¹¹ ku²¹⁻⁵⁵ ʃam²¹⁻⁵⁵ u⁴² naŋ²²⁻¹¹ xu²¹．

三亚 ①要无汝去，要无我去，反正要有侬去。iau²⁴ vo²² lu³¹ hu²⁴，iau²⁴ vo²² va³¹ hu²⁴，van³¹ tseŋ²⁴ iau²⁴ u⁴² naŋ²² hu²⁴．②阿是汝去，还是我去，反正要有侬去。aʔ⁴⁵ ti⁴² lu³¹ hu²⁴，hai²² ti⁴² va³¹ hu²⁴，van³¹ tseŋ²⁴ iau²⁴ u⁴² naŋ²² hu²⁴．

五、因为

表因果关系的连接词，闽南方言口语中较少使用，现在也用书面语的"因为"或"因"，汕头、揭阳的"因致"可能保留了闽南方言固有的说法。各地形式如下。

泉州、厦门、漳州：因为 in ui²

台中、海丰：因为 in ui

汕头、揭阳：因致 iŋ ti²

遂溪、雷州：因 iŋ

文昌：因 in／因为 in ui²

第二章　闽南方言的虚词

三亚：因为 ₋en ⁵vui

下面是例句。

(6) 因为我学过英文，公司叫我搞接待。

泉州　因为我学过/着英文，公司叫我去做接待。in³³ ui⁴¹⁻²² gua⁵⁵ oʔ²⁴⁻²² kɤ⁴¹⁻²²/tioʔ²⁴⁻²² iŋ³³ bun²⁴, kɔŋ³³ si³³ kio⁴¹⁻⁵⁵ gua⁵⁵ khɯ⁴¹⁻⁵⁵ tsue⁴¹⁻⁵⁵ tsiap²⁴⁻²² thai⁴¹.

厦门　因为我学过英文，公司（着/就）叫我做接待。in⁴⁴⁻²² ui²¹ gua⁵³ oʔ²⁴⁻²² ke²¹⁻⁵³ iŋ⁴⁴⁻²² bu⁵³, kɔŋ⁴⁴⁻²² si⁴⁴ (tioʔ⁵⁻²¹/tsiu²²⁻²¹) kio²¹⁻⁵³ gua⁵³ tsue²¹⁻⁵³ tsiap³²⁻⁵ tai²².

台中　因为我学过英文/语，公司叫我做接待。in⁴⁴⁻²² ui²⁴⁻²² ua⁵³⁻⁴⁴ oʔ³⁻² kue²¹⁻⁵³ iŋ⁴⁴⁻²² bun²⁴/gi⁵³, kɔŋ⁴⁴⁻²² si⁴⁴⁻²² kio²¹⁻⁵³ ua⁵³⁻⁴⁴ tso²¹⁻⁵³ tsiap²⁻⁵ tai²².

漳州　因为我学过英文，公司叫我搞接待。in³⁴⁻²² ui²²⁻²¹ gua⁵² oʔ¹²¹⁻²¹ kue²¹⁻⁵² iŋ³⁴⁻²² bun¹³, kɔŋ³⁴⁻²² si³⁴ kio²¹⁻⁵² gua⁵²⁻³⁴ kau⁵²⁻³⁴ tsiap³²⁻⁵ thai²².

汕头　我学过英文，公司就叫我物接待。ua⁵² oʔ⁵⁻² kue²¹³⁻⁵⁵ eŋ³³ buŋ⁵⁵, kɔŋ³³ si³³ tsiu²⁵⁻³¹ kio²¹³⁻⁵⁵ ua⁵²⁻²⁴ mueʔ⁵⁻² tsiʔ²⁻⁵ thai²⁵.

揭阳　我学过英文，公司就叫我物接待。ua⁴²⁻⁵³ oʔ⁵⁻² kue²¹³⁻⁴² eŋ³³ buŋ⁵⁵, kɔŋ³³ si³³ tsu³⁵⁻²¹ kio²¹³⁻⁴² ua⁴²⁻²⁴ mueʔ⁵⁻² tsiʔ²⁻³ thai³⁵.

海丰　(因为) 我（八）学过英文，公司就喊我搞接待。(in⁴⁴⁻³³ ui⁵⁵⁻²²) ua⁵² (pak³⁻⁴) ɔʔ⁴⁻³ kue²¹³⁻⁵⁵ eŋ⁴⁴⁻³³ bun⁵⁵, kɔŋ⁴⁴⁻³³ si⁴⁴ tsiu²⁵⁻³³ ham²¹³⁻⁵⁵ ua⁵² kau⁵²⁻²¹³ tsiap³⁻⁴ thai²⁵.

遂溪　因我学过英语，公司喊我搞接待。iŋ²⁴ va⁴¹ o³³ kue²¹⁴ iŋ²⁴⁻³³ ŋi⁴¹, kɔŋ²⁴⁻³³ sɯ²⁴ hiam⁴¹⁻²⁴ va⁴¹ ka⁴¹ tsiap⁵⁴ tai⁵⁵.

雷州　(因) 我学过英文，阿公司喊我搞接待。(iŋ²⁴) ba⁴² o³³⁻⁴² kue²¹⁻⁴⁴ iŋ²⁴⁻³³ bien²², a⁵⁵ kɔŋ²⁴⁻³³ su²⁴ hiam²¹ ba⁴² ka⁴² tsiap⁵ tai³³.

文昌　因为我读过英文，公司叫我做接待。in³⁴⁻⁴² ui⁴² gua³¹ xak³ kue²¹ iŋ³⁴⁻⁴² bun²², kɔŋ³⁴⁻⁴² ʃe³⁴ kio²¹ gua³¹ to⁵³ tʃiap⁵⁻³ ɗai⁴².

三亚　因为我学过英语，公司喊我（去）做接待。en³³ vui⁴² va³¹ oʔ³³ kuo²⁴ eŋ³³ zi²², kɔŋ³³ si³³ haŋ²⁴ va³¹ (huʔ²⁴) tsoʔ⁴⁵ tsiʔ⁴⁵ tai⁴².

(7) 因为昨天晚上我们单位的人去跳舞，回得迟，他就找我吵架。

泉州　因为昨日暗暝阮单位个侬去跳舞，斡来恰晚/恰晚斡到来，伊就合/揲我冤家。in³³ ui⁴¹⁻²² tsa⁴¹⁻²² lit²⁴⁻²² am⁴¹⁻⁵⁵ mĩ²⁴ gun⁵⁵ tuã ui⁴¹ e²⁴⁻²² laŋ²⁴ khɯ⁴¹⁻⁵⁵ thiau⁴¹⁻⁵⁵ bu⁵⁵, uat⁵⁵ lai²⁴⁻²² kha²⁵ uã⁵⁵⁻⁴¹/khaʔ⁵⁵ uã⁵⁵ uat⁵⁵ to⁴¹⁻²² lai²⁴⁻²¹, i³³ tsiu⁴¹⁻²² kap⁵⁵/tshɤ⁴¹⁻⁵⁵ gua⁵⁵ uan³³ ke³³.

厦门 因为昨下昏阮单位个侬去跳舞，倒来恰晏，伊着揲我冤家。in$^{44-22}$ ui$^{24-21}$ tsaŋ$^{53-44}$ e^{22} hŋ^{44} un^{53} tan$^{44-22}$ ui^{22} e$^{24-22}$ laŋ^{24} khi$^{21-53}$ thiau$^{21-53}$ bu^{53}, to^{53} lai^{24} khaʔ$^{32-53}$ uã^{21}, i^{44} tioʔ$^{5-21}$ tshe$^{22-21}$ gua^{53} uan$^{44-22}$ ke^{44}.

台中 ①因为昨暗阮公司个侬去跳舞，转来恰暗，伊着甲我冤家。in$^{44-22}$ ui^{22} tsaŋ$^{44-22}$ am^{21} un$^{53-44}$ kɔŋ$^{44-22}$ si^{44} e$^{24-22}$ laŋ^{24} khi$^{21-53}$ thiau$^{21-53}$ bu^{53}, tŋ$^{53-44}$ lai$^{24-22}$ khaʔ$^{2-5}$ am^{21}, i$^{44-22}$ tioʔ$^{3-2}$ kaʔ$^{2-5}$ ua$^{53-44}$ uan$^{44-22}$ ke^{44}. ②因为昨暗阮公司个侬去跳舞，转来恰暗，伊着揲我冤家。in$^{44-22}$ ui^{22} tsaŋ$^{44-22}$ am^{21} un$^{53-44}$ kɔŋ$^{44-22}$ si^{44} e$^{24-22}$ laŋ^{24} khi$^{21-53}$ thiau$^{21-53}$ bu^{53}, tŋ$^{53-44}$ lai$^{24-22}$ khaʔ$^{2-5}$ am^{21}, i$^{44-22}$ tioʔ$^{3-2}$ tshue$^{22-21}$ ua^{53} uan$^{44-22}$ ke^{44}.

漳州 因为<昨暝>昏下昏，阮单位个侬去跳舞，转来伤晏，伊着甲我冤家。in$^{34-22}$ ui$^{22-21}$ <tsã$^{13-22}$> huĩ$^{34-22}$ ẽ$^{22-21}$ huĩ^{34}, gun$^{52-34}$ tuã$^{34-22}$ ui$^{22-21}$ e$^{13-22}$ laŋ^{13} khi$^{21-52}$ thiau$^{21-52}$ bu^{52}, tun$^{52-34}$ lai$^{13-22}$ siɔ̃$^{34-22}$ uã^{21}, i$^{34-22}$ loʔ$^{121-21}$ kaʔ$^{32-5}$ gua$^{52-34}$ uan$^{34-22}$ kɛ^{34}.

汕头 因致昨暝阮单位撮侬去跳舞，会囗［iau$^{52-24}$］晏转，伊就揲我相骂。iŋ^{33} ti$^{213-55}$ tsa$^{52-24}$ mẽ^{55} uaŋ$^{52-24}$ tuã^{33} ui^{31} tshoʔ$^{2-5}$ naŋ^{55} khɯ$^{213-55}$ thiau$^{213-55}$ bu^{52}, oi$^{25-31}$ iau$^{52-24}$ uã$^{213-55}$ tɯŋ^{52}, i^{33} tsiu$^{25-31}$ tshue^{31} ua$^{52-24}$ sio^{33} me^{31}.

揭阳 因致昨暝阮单位块侬去跳舞，会囗［iau$^{42-24}$］晏转，伊就合我揲相骂。eŋ^{33} ti$^{213-42}$ tsau$^{55-22}$ me^{55} uaŋ^{42} tuã^{33} ui$^{22-21}$ ko$^{213-53}$ naŋ^{55} khɯ$^{213-42}$ tiau$^{213-53}$ bu$^{42-21}$, oi$^{35-21}$ iau$^{42-24}$ am$^{213-53}$ tɯŋ$^{42-21}$, i^{33} tsu$^{35-21}$ kaʔ$^{2-3}$ ua$^{42-24}$ tshue$^{22-21}$ siõ^{33} me^{22}.

海丰 昨暝阮单位个侬去跳舞，晏转，伊就揲我冤家。tsa$^{44-33}$ mẽ^{55} uaŋ^{52} tuã$^{44-33}$ ui^{21} kai$^{55-22}$ naŋ^{55} khi$^{213-55}$ thiau$^{213-55}$ bu^{52}, uã$^{213-55}$ tuĩ^{52}, i^{44} tsu$^{25-33}$ tshue$^{21-33}$ ua^{52} iaŋ$^{44-33}$ ke^{44}.

遂溪 因昨暝昏我单位侬去跳舞，转得迟，伊就共我争交。iŋ^{24} tsho^{33} me^{22} hui^{24} va$^{41-24}$ taŋ^{24} ui$^{55-33}$ naŋ^{22} hu$^{214-55}$ tio^{22} vu^{41}, tu^{41} tiet^{54} ti^{22}, i^{24} tsiu^{55} kaŋ$^{24-33}$ va^{41} tse$^{24-33}$ kiau^{24}.

雷州 因昨暝昏我侬阿单位个侬去跳舞，转得迟，伊就揲我相争。iŋ^{24} tso$^{33-42}$ me$^{22-33}$ hui^{24} ba^{42} naŋ^{22} a^{55} taŋ$^{24-33}$ ui$^{33-42}$ e$^{22-33}$ naŋ^{22} khu$^{21-44}$ tio$^{21-44}$ bu^{42}, tui^{42} tiek^{5} ti^{22}, i^{44} tsiu$^{33-42}$ tue^{21} ba^{42} sio$^{24-33}$ tse^{24}.

文昌 因昨暮昏，俫单位个侬去跳舞，转迟，伊就共我相骂。in^{34} ta$^{42-11}$ bou$^{34-42}$ ui^{34}, nan^{21} ɗan$^{34-42}$ ui^{42} kai$^{22-11}$ naŋ$^{22-11}$ xu$^{21-55}$ xiau$^{21-55}$ mou^{21}, ɗui$^{31-33}$ ɗi^{22}, i^{34} tɕiu$^{42-11}$ kaŋ$^{34-42}$ gua^{31} tio^{31} me^{34}.

三亚 因为昨暝俫侬单位个侬去跳舞，转得迟，伊就共/寻我吵架/相骂。en^{33} vui$^{42-44}$ to^{42}/tso^{42} me^{22} nan^{31} naŋ^{22} ɗaŋ^{33} vui^{31} kai^{22} naŋ^{22} hu^{24} thiau^{24} mou^{42}, ɗui³¹ ɗiʔ⁴⁵ ti²², i³³ tsiu⁴² kaŋ³³／theŋ²² va³¹ tshau³¹ ke²⁴／tio³³ me³³.

六、只有

表示必要条件的连词，前句各地所用连词如下。
泉州、厦门、台中：只有 ₅tsi u²
海丰：只有 ₅tsi ₅u
遂溪、雷州：但有 ₅na ₅u
三亚：只有 ₅tsi ₅u
漳州、汕头、揭阳、文昌：（未见）

这些连词或者是书面语的"只有"，或者是仿照"只有"而造的"但有"，其实口语中此类条件句的前句很少用连词，更多是只在后句句首用相当于普通话"才"的词。各地形式如下。
泉州、厦门：□tsiaʔ₋
台中：□ tsiat₋
漳州：甲 kaʔ₋
汕头、揭阳、海丰：正 tsiã²
遂溪：那 ₅na
雷州：那 na²
文昌：乃 na²
三亚：乃 aʔ₋／才 ₅tshai

下面是例句。
（8）只有拿到证据才好说。
泉州 只有挓遘/着证据□［tsiaʔ⁵⁵］好说。tsi⁵⁵⁻²⁴ u²² thueʔ²⁴⁻²² kau⁴¹⁻⁵⁵／tioʔ²⁴⁻²² tsiŋ⁴¹⁻⁵⁵ kɯ⁴¹ tsiaʔ⁵⁵ ho⁵⁵⁻²⁴ sɤ⁵⁵.
厦门 只有/着挓着证据□［tsiaʔ³²⁻⁵³］好讲。tsi⁵³⁻⁴⁴ u²²／tioʔ⁵⁻²¹ theʔ⁵⁻²¹ tioʔ⁵⁻²¹ tsiŋ²¹⁻⁵³ ku²² tsiaʔ³²⁻⁵³ ho⁵³ koŋ⁵³.
台中 只有挈着证据□［tsiat²⁻⁵］好讲。tsi⁵³⁻⁴⁴ u²²⁻²¹ khe²²⁻²¹ tioʔ³⁻² tsiŋ²¹⁻⁵³ ku²¹ tsiat²⁻⁵ ho⁵³⁻⁴⁴ koŋ⁵³.
漳州 定着挌挓有/遘证据甲好讲。tiã²²⁻²¹ tioʔ¹²¹⁻²¹ loʔ¹²¹⁻²¹ theʔ¹²¹⁻²¹ u²²⁻²¹／kau²¹⁻⁵² tsiŋ²¹⁻⁵² ki²¹⁻⁵² kaʔ³²⁻⁵ ho⁵²⁻³⁴ koŋ⁵².
汕头 着挈着证据正有变。tioʔ⁵⁻² khio⁵⁻² tioʔ⁵⁻² tseŋ²¹³⁻⁵⁵ kɯ²⁵ tsiã²¹³⁻⁵⁵

u$^{25-31}$ piaŋ^{213}.

揭阳 着挈着证据正有变。tioʔ$^{5-2}$ khioʔ$^{5-2}$ tioʔ$^{5-2}$ tseŋ$^{213-42}$ kɯ^{213} tsiã$^{213-42}$ u$^{35-21}$ piaŋ^{213}.

海丰 只有挈着证据正好讲。tsi$^{52-213}$ u$^{25-33}$ khieʔ$^{4-3}$ tɔʔ$^{4-3}$/tioʔ$^{4-3}$ tseŋ$^{213-55}$ ki^{25} tsiã$^{213-55}$ hɔ$^{52-213}$ kɔŋ^{52}.

遂溪 但有掠倒证据那好讲。na^{24} u$^{55-33}$ lia^{33} to$^{41-24}$ tsiŋ$^{214-55}$ ki$^{214-55}$ na$^{24-33}$ ho^{41} ko^{41}.

雷州 但有掠遘证据那好讲。na^{24} u$^{33-42}$ lia$^{33-42}$ kau^{21} tsiŋ$^{21-44}$ ki$^{33-42}$ na$^{553-33}$ ho^{42} ko^{42}.

文昌 硬参□〔ioʔ^{53}〕遘证据，乃好讲。ŋeʔ^{53} ʃam$^{21-55}$ ioʔ^{53} kau^{21} tʃeŋ$^{21-55}$ ki^{21}, na^{42} fio^{31} kɔŋ^{31}.

三亚 只有□〔ɓui^{42}〕/〔ioʔ^{45}〕着/遘材料才/乃好讲。tsi^{31} u^{42} ɓui^{42}/ioʔ^{45} ɗoʔ^{33}/kau^{24} tshai^{22} liau^{45} tshai^{22}/aʔ^{45} ho^{31} kɔŋ^{31}.

七、只要

表示充分条件各地用的是方言中相当于普通话"只要"或"只"的连词。各地形式如下。

泉州：只卜 ₌tsi bɤʔ₌。

厦门、漳州：只卜 ₌tsi beʔ₌。

台中：只要 ₌tsi iau˭

汕头：清 ₌tsheŋ

揭阳：（未见）

海丰：只爱 ₌tsi aĩ˭

遂溪、雷州：那 ₌na

文昌：但参 ₌na ʃam˭

三亚：只要 ₌tsi iau˭

下面是例句。

（9）只要拿到证据就好说了。

泉州 ①只卜挓遘/着证据就好说啰。tsi$^{55-24}$ bɤʔ^{55} thueʔ$^{24-22}$ kau$^{41-55}$/tioʔ$^{24-22}$ tsiŋ$^{41-55}$ kɯ^{41} tsiu$^{41-22}$ ho$^{55-24}$ sɤʔ^{55} lɔ^{21}. ②若挓遘/着证据就好说啰。nã^{22} thueʔ$^{24-22}$ kau$^{41-55}$/tioʔ$^{24-22}$ tsiŋ$^{41-55}$ kɯ^{41} tsiu$^{41-22}$ ho$^{55-24}$ sɤʔ^{55} lɔ^{21}.

厦门 只卜挓着证据着好讲啊。tsi$^{53-44}$ beʔ$^{32-53}$ theʔ$^{5-21}$ tioʔ$^{5-21}$ tsiŋ$^{21-53}$ ku^{22}

toʔ⁵⁻²¹ ho⁵³⁻⁴⁴ kɔŋ⁵³ a²¹.

台中 只要挈着证据着好讲啊。tsi⁵³⁻⁴⁴ iau²¹⁻⁵³ khe²²⁻²¹ tioʔ³⁻² tsiŋ²¹⁻⁵³ ku²¹ tioʔ³⁻² ho⁵³⁻⁴⁴ kɔŋ⁵³ a²¹.

漳州 只卜拕遘证据着好讲啊。tsi⁵²⁻³⁴ beʔ³²⁻⁵ theʔ¹²¹⁻²¹ kau²¹⁻⁵² tsiŋ²¹⁻⁵² ki²¹⁻⁵² loʔ¹²¹⁻²¹ ho⁵²⁻³⁴ kɔŋ⁵² a²¹.

汕头 ①清爱挈着证据，就有变。tsheŋ³³ ãi²¹³⁻⁵⁵ khioʔ⁵⁻² tioʔ⁵⁻² tseŋ²¹³⁻⁵⁵ kɯ²⁵, tsiu²⁵⁻³¹ u²⁵⁻³¹ piaŋ²¹³. ②挈着证据定，就有变。khioʔ⁵⁻² tioʔ⁵⁻² tseŋ²¹³⁻⁵⁵ kɯ²⁵ tiã³¹, tsiu²⁵⁻³¹ u²⁵⁻³¹ piaŋ²¹³. ③清爱挈着证据定，就有变。tsheŋ³³ ãi²¹³⁻⁵⁵ khioʔ⁵⁻² tioʔ⁵⁻² tseŋ²¹³⁻⁵⁵ kɯ²⁵ tiã³¹, tsiu²⁵⁻³¹ u²⁵⁻³¹ piaŋ²¹³.

揭阳 ①<蜀下>挈着证据，就有变。<tse²²>khioʔ⁵⁻² tioʔ⁵⁻² tseŋ²¹³⁻⁴² kɯ²¹³, tsu³⁵²¹ u³⁵⁻²¹ piaŋ²¹³. ②挈着证据定，就有变。khioʔ⁵⁻² tioʔ⁵⁻² tseŋ²¹³⁻⁴² kɯ²⁴ tiã²²⁻²¹, tsu³⁵⁻²¹ u³⁵⁻²¹ piaŋ²¹³.

海丰 只爱挈着证据就好讲咯。tsi⁵²⁻³³ ai̯²¹³⁻⁵⁵ kieʔ⁴⁻³ toʔ⁴⁻³/tioʔ⁴⁻³ tseŋ²¹³⁻⁵⁵ ki²⁵ tsu²⁵⁻³³ hɔ⁵²⁻²¹³ kɔŋ⁵² lo²¹.

遂溪 那掠倒证据就好讲咯。na²⁴ lia³³ to⁴¹⁻²⁴ tsiŋ²¹⁴⁻⁵⁵ ki²¹⁴⁻⁵⁵ tsiu⁵⁵ ho⁴¹ ko⁴¹ lo⁴¹.

雷州 那爱掠遘/着证据就好讲啦。na²⁴ ai²¹ lia³³⁻⁴² kau²¹/to²¹ tsiŋ²¹⁻⁴⁴ ki³³⁻⁴² tsiu³³⁻⁴² ho⁴² ko⁴² la⁴².

文昌 但参□[ioʔ⁵³]到证据就好讲啦。na³⁴⁻⁴² ʃam²¹⁻⁵⁵ ioʔ⁵³ kau²¹ ʧeŋ²¹⁻⁵⁵ ki²¹ ʧiu⁴²⁻¹¹ fio³¹ kɔŋ³¹⁻³³ la⁵⁵.

三亚 只要□[ɓui⁴²]着材料就好讲啰。tsi³¹ iau²⁴ ɓui⁴² ɗoʔ³³ tshai²² liau⁴⁵ tsiu⁴² ho³¹ kɔŋ³¹ lo⁴².

八、如果

表示假设关系的连词，闽南话不用"如果"。各地形式如下。

泉州、漳州：若 nã²
厦门：阿是 a² si²
台中：若 nã²/□讲 ˪tsen ˪kɔŋ
汕头：阿是 a² ˪si
揭阳：料是 liau² ˪si
海丰：爱是 ai̯² ˪si
遂溪、雷州：那 ˪na
文昌：但见 na² ki²

三亚：要是 iau² ˤti/如果 ₌lu ˤkuo

上述各种形式双音节的构词成分大多相当于普通话的"要+是"，单音节的相当于"若"。文昌比较特殊，"但见"相当于说"若见"。台中"□[ˤtsen]讲"构词理据待考。

下面是例句。

(10) 如果明天下雨，我就不来了。

泉州 ①明仔（日）<u>若</u>落雨，我就唔来啰。bin$^{24-22}$ ã$^{55-24}$（lit$^{24-55}$）nã^{22} loʔ$^{24-22}$ hɔ^{55}，gua^{55} tsiu$^{41-22}$ m̩$^{41-22}$ lai^{24} lɔ^{41}。②<u>若（是）</u>明仔（日）落雨，我就唔来啰。nã$^{42-22}$（si^{22}）bin$^{24-22}$ ã$^{55-24}$（lit$^{24-55}$）loʔ$^{24-22}$ hɔ^{55}，gua^{55} tsiu$^{41-22}$ m̩$^{41-22}$ lai^{24} lɔ^{41}。

厦门 <u>阿是</u>明仔载落雨，我着/就唔来啊。a$^{22-21}$ si^{22} mĩ$^{24-22}$ a$^{53-44}$ tsai^{53} loʔ$^{5-21}$ hɔ^{22}，gua^{53} toʔ$^{5-21}$/tioʔ$^{5-21}$/tsiu$^{22-21}$ m̩$^{22-21}$ lai^{24} a^{21}。

台中 ①<u>□[tsen$^{53-44}$]讲</u>明仔载落雨，我着无爱来啊。tsen$^{53-44}$ kɔŋ$^{53-44}$ mĩ$^{24-22}$ a$^{53-44}$ tsai$^{53-44}$ loʔ$^{3-2}$ hɔ^{22}，ua$^{53-44}$ tioʔ$^{3-2}$ bo$^{24-22}$ ai$^{21-53}$ lai^{24} a^{21}。②<u>若是</u>明仔载落雨，我着无爱来啊。nã$^{22-21}$ si$^{22-21}$ mĩ$^{24-22}$ a$^{53-44}$ tsai^{21} loʔ$^{3-2}$ hɔ^{22}，ua$^{53-44}$ tioʔ$^{3-2}$ bo$^{24-22}$ ai$^{21-53}$ lai$^{24-22}$ a^{21}。

漳州 <u>若是</u>明仔载落雨，我着□[bue^{34}]来啊。nã$^{22-21}$ si$^{22-21}$ mĩ$^{13-22}$ a^{53} tsai^{21} loʔ$^{121-21}$ hɔ^{22}，gua^{52} loʔ$^{121-21}$ bue^{34} lai^{21} a^{21}。

汕头 <u>阿是□[ma$^{213-55}$]</u>日落雨，我就唔来。a^{31} si$^{25-31}$ ma$^{213-55}$ zik^{5} loʔ$^{5-2}$ hou^{25}，ua^{52} tsiu$^{25-31}$ m̩$^{25-31}$ lai^{55}。

揭阳 <u>料是□[ma$^{213-53}$]</u>日落雨，我就无爱来。liau$^{22-21}$ si$^{35-21}$ ma$^{213-53}$ zek^{5} loʔ$^{5-2}$ hou^{35}，ua$^{42-53}$ tsu$^{35-21}$ bo$^{55-22}$ ai$^{213-53}$ lai^{55}。

海丰 <u>爱是</u>明早落雨/明早（蜀下）落雨，我就唔来。ai$^{213-55}$ si$^{25-21}$ ma$^{213-55}$ tsa^{52} lɔʔ$^{4-3}$ hɔu^{25}/ma$^{213-55}$ tsa^{52}（tsit$^{4-3}$ e^{21}）lɔʔ$^{4-3}$ hɔu^{25}，ua^{52} tsu$^{25-33}$ m̩$^{25-33}$ lai^{55}。

遂溪 ①<u>猛日那</u>落雨，我就无来。me^{41} iet^{3} na$^{24-33}$ lo^{33} heu^{33}，va^{41} tsiu$^{55-33}$ bo^{22} lai^{22}。②<u>那□[phaŋ^{24}]</u>猛日落雨，我都无来啦。na$^{24-33}$ phaŋ^{24} me^{41} iet^{3} lo^{33} heu^{33}，va^{41} tu$^{24-33}$ bo^{22} lai^{22} la^{41}。

雷州 <u>幸早那</u>落雨，我就无来啦。hiŋ^{553} tsa^{42} na$^{24-33}$ lo^{33} heu^{42}，ba^{42} tsiu$^{33-42}$ bo$^{22-33}$ lai^{22} la^{33}。

文昌 <u>但见</u>现旦天落雨，我就无来啦。na$^{42-11}$ ki$^{21-55}$ fiien$^{42-11}$ nua^{21} xi^{34} lo$^{42-11}$ fiou^{42}，gua^{31} tɕiu^{42} bo$^{22-11}$ lai$^{22-11}$ la^{21}。

三亚 <u>要是/如果</u>遭旦暝落雨，我就无来了。iau^{24} ti^{42}/lu^{22} kuo^{31} kau$^{24-22}$

na?⁴⁵ me²² lo?³³ hou⁴² , va³¹ tsiu⁴² vo²² lai²² liau³¹.

九、即使

表示让步假设的连词，普通话说"即使""就算""就是"，闽南话口语中不说"即使"，大多用本方言的材料构成类似"就算""就是"之类的词。各地所见形式如下。

泉州：就是 tsiu²˒ si˒
厦门：就算 tsiu²˒ sŋ²˒ /着算 tio?˒˒ sŋ²˒
台中：着算 tio?˒˒ sŋ˒
漳州：咯是 lo?˒˒ si²
汕头、揭阳：就做 ᶜtsiu tso˒
海丰：就 ᶜtsu/就做 ᶜtsiu tsɔ˒
遂溪、雷州：就算 ᶜtsiu sui
文昌：□于 io?˒˒ i˒
三亚：就算 ᶜtsiu tuaŋ˒

下面是例句。

(11) 即使刮台风，也不要紧。

泉州 就是起风台，也无要紧。tsiu⁴¹⁻²² si²² khi⁵⁵⁻²⁴ huaŋ³³ thai³³ , a⁵⁵⁻²¹ bo²⁴⁻²² iau⁴¹⁻⁵⁵ kin⁵⁵.

厦门 就算/着算讲有台风，阿□ [bue²⁴⁻²²] 要紧。tsiu²²⁻²¹ sŋ²¹⁻⁵³/tio?⁵⁻²¹ sŋ²¹⁻⁵³ koŋ⁵³ u²²⁻²¹ tai²⁴⁻²² hɔŋ⁴⁴ , a²²⁻²¹ bue²⁴⁻²² (h)iau²¹⁻⁵³ kin⁵³.

台中 着算讲台风/风台，也<无解>要紧。tio?³⁻² sŋ²¹⁻⁵³ kɔŋ⁵³⁻⁴⁴ tai²⁴⁻²² hɔŋ⁴⁴/hɔŋ⁴⁴⁻²² thai⁴⁴ , ia²²⁻²¹ <bue²²⁻²¹> iau²¹⁻⁵³ kin⁵³.

漳州 咯是煞风台，阿无阿紧。lo?¹²¹⁻²¹ si²²⁻²¹ sua?³²⁻⁵² hoŋ³⁴⁻²² thai³⁴ , a²²⁻²² bo¹³⁻²² a³⁴⁻²² kin⁵².

汕头 就做有风台，也无相干。tsiu²⁵⁻³¹ tso²¹³⁻⁵⁵ u²⁵⁻³¹ huaŋ³³ thai³³ , a³¹ bo⁵⁵⁻³¹ siaŋ³³ kaŋ³³.

揭阳 就做有风台，也无相干。tsiu³⁵⁻²¹ tso²¹³⁻⁴² u³⁵⁻²¹ huaŋ³³ thai⁵⁵ , ia²²⁻²¹ bo⁵⁵⁻²² siaŋ³³ kaŋ³³.

海丰 就/就做是做风台，也无相干。tsu²⁵⁻³³/tsiu²⁵⁻³³ tsɔ²¹³⁻⁵⁵ si²⁵⁻³³ tsɔ²¹³⁻⁵⁵ hoŋ⁴⁴⁻³³ thai⁴⁴ , ia²¹³ bɔ⁵⁵⁻²² siaŋ⁴⁴⁻³³ kaŋ⁴⁴.

遂溪 就算做风台，野无关□ [tai²¹⁴]。tsiu⁵⁵⁻³³ sui²¹⁴ tso⁵⁵ huaŋ²⁴⁻³³ thai²⁴ , ia⁴¹⁻²⁴ bo²² kuaŋ²⁴⁻³³ tai²¹⁴.

雷州 就算做风台，也无要紧。tsiu³³⁻⁴² sui²¹ tso⁵⁵³ huaŋ²⁴⁻³³ thai²⁴，ia²⁴ bo²²⁻³³ iau²¹ kiŋ⁴².

文昌 □［ioʔ⁵³］于做风台，阿无相干。ioʔ⁵³ i²² to⁵³ ɦuaŋ³⁴⁻⁴² xai²²，ia³¹ bo²²⁻¹¹ ʃiaŋ³⁴⁻⁴² kan³⁴.

三亚 就算做台风/风台，也无要紧。tsiu⁴² tuaŋ²⁴ tsoʔ⁴⁵ thai²² huaŋ³³/huaŋ³³ thai³³，io³¹ vo²² iau²⁴ keŋ³¹.

十、承接连词

承接连词实际包含多种具体意义，时间的、空间的、场景的、情势的、条件的、因果的等，其中，强调时间上前后连接的闽南各地用词如下。

泉州：了后｡liau ｡au/然后｡lian ｡au

厦门：然后｡lian auˀ/了后｡liau auˀ/了｡liau

台中：然后｡len auˀ/煞落来 suaˀ lo?｡ ｡lai

漳州：（未见）

汕头：了｡liau

揭阳：□｡e

海丰：然后｡ziaŋ ｡au

遂溪：然后｡ien ｡hau

雷州：后｡au

文昌：味｡bi

三亚：然后｡ziaŋ ｡au

下面是例句。

(12) 这些柴先捆在一起，然后塞到楼梯底下。

泉州 ①□［tsuai⁵⁵⁻²⁴］个柴先缚做蜀下，（了后/然后）□［tsiaʔ⁵⁵］拕去拚在楼梯骹嘞/楼梯个底。tsuai⁵⁵⁻²⁴ e²⁴⁻²² tsha²⁴ sũi³³ pak²⁴⁻²² tsue⁴¹⁻⁵⁵ tsit²⁴⁻²² e⁴¹，(liau⁵⁵⁻²⁴ au²²/lian²⁴⁻²² au²²) tsiaʔ⁵⁵ thueʔ²⁴⁻²² khɯ⁴¹⁻⁵⁵ khua⁴¹⁻⁵⁵ lɤ⁴¹⁻⁵⁵ lau²⁴⁻²² thui³³ kha³³ lɤ⁴¹⁻³¹/lau²⁴⁻²² thui³³ e²⁴⁻²² tue⁵⁵. ②□［tsuai⁵⁵⁻²⁴］个柴先缚做蜀下了，□［tsiaʔ⁵⁵］拕去拚在楼梯骹嘞/楼梯个底。tsuai⁵⁵⁻²⁴ e²⁴⁻²² tsha²⁴ sũi³³ pak²⁴⁻²² tsue⁴¹⁻⁵⁵ tsit²⁴⁻²² e⁴¹ liau⁵⁵，tsiaʔ⁵⁵ thueʔ²⁴⁻²² khɯ⁴¹⁻⁵⁵ khua⁴¹⁻⁵⁵ lɤ⁴¹⁻⁵⁵ lau²⁴⁻²² thui³³ kha³³ lɤ⁴¹⁻³¹/lau²⁴⁻²² thui³³ e²⁴⁻²² tue⁵⁵.

厦门 □［tsia²⁴］柴先缚做伙，然后/了后/了□［sueʔ³²⁻⁵³］遘楼梯骹去。tsia^{24} tsha^{24} sin$^{44-22}$ pat$^{5-21}$ tsue$^{21-53}$ he^{53}, lian$^{24-22}$ au^{22}/liau$^{53-44}$ au^{22}/liau^{53} sueʔ$^{32-53}$ kau$^{21-53}$ lau$^{24-22}$ the^{44} kha^{44} khi^{21}。

台中 ①□［tsia$^{53-44}$］个柴先捆做伙，然后塞在咧楼梯骹。tsia$^{53-44}$ e$^{24-22}$ tsha^{24} sin$^{44-22}$ khun$^{53-44}$ tso$^{21-53}$ hue^{53}，len$^{24-22}$ au^{22} sak$^{2-5}$ ti$^{22-21}$ e^{22} lau$^{24-22}$ thui$^{44-22}$ kha^{44}。②□［tsia$^{53-44}$］个柴先合捆起来，然后塞在咧楼梯骹。tsia$^{53-44}$ e$^{24-22}$ tsha^{24} sin$^{44-22}$ kaʔ$^{3-2}$ khun^{53} khi$^{53-21}$ lai$^{24-21}$，len$^{24-22}$ au^{22} sak$^{2-5}$ ti$^{22-21}$ e^{22} lau$^{24-22}$ thui$^{44-22}$ kha^{44}。③□［tsia$^{53-44}$］个柴先合捆起来，煞落来，□［tsiat$^{2-5}$］塞咧楼梯骹。tsia$^{53-44}$ e$^{24-22}$ tsha^{24} sin$^{44-22}$ kaʔ$^{3-2}$ khun^{53} khi$^{53-21}$ lai$^{24-21}$，sua^{21} loʔ$^{3-2}$ lai$^{24-22}$，tsiat$^{2-5}$ sak$^{2-5}$ e^{22} lau$^{24-22}$ thui$^{44-22}$ kha^{44}。

漳州 遮个柴当缚＜起来＞/缚做伙，合伊□［seʔ$^{32-52}$］□［hɛ$^{34-22}$］楼梯骹下。tsiaʔ$^{32-52}$ e$^{13-22}$ tsha^{13} taŋ$^{34-22}$ pak$^{121-32}$＜kɛ̃^{21}＞/pak$^{121-32}$ tso$^{21-5}$ hue^{52}，kaʔ$^{32-5}$ i$^{34-22}$ seʔ$^{32-52}$ hɛ$^{34-22}$ lau$^{13-22}$ thui$^{34-22}$ kha$^{34-22}$ e^{22}。

汕头 撮柴先缚做蜀堆，了塞放楼梯下块。tshoʔ$^{2-5}$ tsha^{55} sõi^{33} pak$^{5-2}$ tso$^{213-55}$ tsek$^{5-2}$ tu^{33}，liau^{52} sak$^{2-5}$ paŋ$^{213-55}$ lau$^{55-31}$ thui^{33} e^{25} ko$^{213-31}$。

揭阳 块柴先缚做蜀堆，□［e$^{42-55}$］就塞放楼梯下块。ko$^{213-53}$ tsha^{55} sãi^{33} pak$^{5-2}$ tso$^{213-42}$ tsek$^{5-2}$ tu^{33}，e$^{42-55}$ tsu$^{35-21}$ sak$^{2-3}$ paŋ$^{213-42}$ lau$^{55-22}$ thui^{33} e^{35} ko$^{213-21}$。

海丰 只乃仔柴先缚做蜀下，然后放/塞遘楼梯骹去。tsi^{52} nai^{55} ã$^{52-213}$ tsha^{55} sãi$^{44-33}$ pak$^{4-3}$ tsɔ$^{213-55}$ tsit$^{4-3}$ e^{21}，ziaŋ$^{55-22}$ au^{25} paŋ$^{213-55}$/sak^{3} kau$^{213-55}$ lau$^{55-22}$ thui^{44} kha^{44} khi$^{213-33}$。

遂溪 若里柴先缚成把，然后放遘楼梯底下。ia^{55} li^{41} tsha^{22} sien^{24} pak^{3} sia^{22} pe^{41}，ien^{22} hau$^{55-33}$ paŋ^{214} kau^{214} lau^{22} thoi^{24} toi^{41} e^{33}。

雷州 这乃柴先缚成□［ha^{22}］，后放遘阿楼梯底下。zia^{553} nai^{553} tsha^{22} sieŋ^{24} pak^{2} tsia$^{22-33}$ ha^{22}，au^{42} paŋ^{21} kau^{21} a^{55} lau$^{22-33}$ thui$^{24-33}$ toi^{42} e^{42}。

文昌 这穚柴先缚着＜蜀下＞，（味）塞穚楼梯下。ʥia$^{21-55}$ ɗoi$^{34-42}$ ʃa^{22} tai^{34} ɓak^{3} ɗioʔ^{42}＜ʥie^{34}＞，（bi$^{34-42}$）at^{5} ɗu$^{42-11}$ lau^{22} xui$^{34-42}$ e^{42}。

三亚 即穚柴先缚在蜀起，然后塞遘楼梯底下。iʔ^{45} ɗoi^{33} tsha^{22} tin^{33} ɓa^{42} ɗu^{42} ioʔ^{33} khi^{31}，ziaŋ^{22} au^{42} tai^{45} kau^{24} lau^{22} thui^{33} ɗoi^{31} e^{33}。

有时不用连词，仅靠句子前后意合；有时也用远指指示词充当连词，如普通话用"那"。闽南方言除了意合，常用下列连词。

泉州：阿ˤa/若ˤnã

厦门：阿ˤa

台中：阿ˤa

漳州：抑 ak。

汕头：了ᶜliau/□ᶜhia

揭阳：□˳e/□ᶜhia/了ᶜliau

海丰：□ᶜhia

遂溪：阿˳a

雷州：那na²

文昌：味˳bi

三亚：那naʔ˳

下面是例句。

(13) 他们你都给安排好了，那我呢？

泉州 個□［huai⁵⁵⁻²⁴］汝都共安排好啰，阿/若我呢？in³³ huai⁵⁵⁻²⁴ luɯ⁵⁵ tɔ³³ kaŋ⁴¹⁻²² an³³ pai²⁴⁻²² ho⁵⁵ lɔ⁴¹，a²²/nã²² gua⁵⁵ nẽ？

厦门 個汝拢安排好，阿我咧？in⁴⁴ li⁵³ lɔŋ⁵³⁻⁴⁴ an⁴⁴⁻²² pai²⁴⁻²² ho⁵³，a⁵³⁻⁴⁴ gua⁵³ le²¹？

台中 個汝拢安排好啊，阿我咧？in⁴⁴ li⁵³⁻⁴⁴ lɔŋ⁵³⁻⁴⁴ an⁴⁴⁻²² pai²⁴⁻²² ho⁵³ a²¹，a⁵³⁻⁴⁴ ua⁵³ le²¹？

漳州 個汝略合伊安排好，抑我呢？in³⁴ li⁵² loʔ¹²¹⁻²¹ kaʔ¹²¹⁻²¹ i³⁴⁻²² an³⁴⁻²² pai¹³⁻²² hɔ⁵²，ak¹²¹⁻³² gua⁵² le²²？

汕头 伊侬汝拢安排好了，了/□［hia⁵²］我吟？i³³ naŋ⁵⁵⁻³¹ luɯ⁵² loŋ⁵²⁻²⁴ uã³³ pai⁵⁵⁻³¹ hɔ⁵² ou⁵²⁻²¹³，liau⁵²/hia⁵² ua⁵² ne³¹？

揭阳 伊侬汝拢［noŋ⁴²⁻²⁴］安排好了，了/□［e⁵⁵］/□［hia⁴²］我吟？i³³ naŋ⁵⁵⁻²² luɯ⁴²⁻⁵³ noŋ⁴²⁻²⁴ uã³³ pai⁵⁵⁻²² ho⁴² au⁴²⁻²¹³，liau⁴²/e⁵⁵/hia⁴² ua⁴² ne²²⁻²¹？

海丰 伊侬汝左安排好了，□［hia⁵²］我咧？i⁴⁴⁻³³ naŋ⁵⁵⁻²² li⁵² tsɔ⁵² aŋ⁴⁴⁻³³ pai⁵⁵ hɔ⁵² liau⁵²⁻²¹³，hia⁵² ua⁵² le³³？

遂溪 伊群汝都安排好啦，阿我呢？i²⁴ kuŋ²² lu⁴¹ teu²⁴ an²⁴⁻³³ phai²² ho⁴¹ la⁴¹，a²² va⁴¹ ni⁵⁵？

雷州 汝都乞伊阿众安排好了，那我呢？lu⁴² teu²⁴ khi⁵⁵³ i²⁴ a⁵⁵ thaŋ²¹ aŋ²⁴⁻³³ pai²² ho⁴² liau⁴²，na⁵⁵³ ba⁴² ni⁵⁵？

文昌 伊蜀家汝都安好啦，味我呢？i³⁴ ʥiak³⁻²¹ ke³⁴ du³¹ dou³⁴⁻⁴² an³⁴ ɦo³¹ la²¹，bi³⁴⁻⁴² gua³¹⁻³³ ne⁵⁵？

三亚 伊侬汝都安排好了，那我呢？i³³ naŋ²² lu³¹ dou³³ aŋ³³ ɓai²² ho³¹ liau³¹，naʔ⁴⁵ va³¹ ni ʔ⁴⁵？

(14) 他们打算连夜骑自行车回去，我不行，你呢？

泉州 個□［huai⁵⁵⁻²⁴］拍算透暝坐/踏骹踏车斡倒个，我无法，(阿) 汝呢？in^{33} huai$^{55-24}$ pa?^{55} sŋ'$^{41-55}$ thau$^{41-55}$ mĩ^{24} tsɤ^{22}/ta?$^{24-22}$ kha^{33} ta?$^{24-22}$ tshia^{33} uat^{55} to^{41} e^{21}，gua^{55} bo$^{24-22}$ huat^{55}，（a^{22}）lɯ^{55} nĩ^{41}？

厦门 伲拍算连暝坐骹踏车倒去，我无法，（阿）汝咧？in^{44} pha?$^{32-53}$ sŋ'$^{21-53}$ lian$^{24-22}$ mĩ^{24} tse$^{22-21}$ kha^{44} la?$^{5-21}$ tshia^{44} to^{21} khi^{21}，gua^{53} bo$^{24-22}$ huat^{32}，（a^{44}）li^{53} le^{21}？

台中 伲拍算通宵骑铁马转去，我＜无解＞用，汝咧？in$^{44-22}$ pha?$^{2-5}$ sŋ'$^{21-53}$ thɔŋ$^{44-22}$ siau^{44} khia$^{24-22}$ thi?$^{2-5}$ be^{53} tŋ'$^{53-44}$ khi^{21}，ua$^{53-44}$ ＜bue$^{22-21}$＞ iɔŋ^{24}，li^{53} le^{21}？

漳州 伲拍算透暝坐骹踏车转去，我＜无解＞使，抑汝呢？in$^{34-22}$ pha?$^{32-52}$ suĩ$^{21-52}$ thau$^{21-52}$ mẽ^{22} tse$^{22-21}$ kha$^{34-22}$ ta?$^{121-21}$ tshia^{34} tun^{52} khi^{21}，gua^{52} ＜be$^{22-21}$＞ sai^{52}，ak$^{121-32}$ li^{52} le^{22}？

汕头 侬拍算乘暝踏骹车转去，我哩无变，了/□［hia^{52}］你吟？naŋ^{31} pha?$^{2-5}$ sɯŋ$^{213-55}$ seŋ$^{25-31}$ me^{55} ta?$^{5-2}$ kha^{33} tshia^{33} tɯŋ^{52} khɯ$^{213-21}$，ua^{52} li^{33} bo$^{55-31}$ piaŋ^{213}，liau^{52}/hia^{52} lɯ^{52} ne^{31}？

揭阳 伊侬拍算乘暝踏骹车转去，我□［le^{33}］无变，了/□［e^{55}］/□［hia^{42}］汝吟？i^{33} naŋ$^{55-22}$ phak$^{2-3}$ sɯŋ$^{213-42}$ seŋ$^{55-22}$ me^{55} ta?$^{5-2}$ kha^{33} tshia^{33} tɯŋ^{42} khɯ$^{213-21}$，ua$^{42-53}$ le^{33} bo$^{55-22}$ piaŋ^{213}，liau^{42}/e^{55}/hia^{42} lɯ^{42} ne$^{22-21}$？

海丰 伊侬拍算离暝踏骹车转去，我＜无解＞得，汝咧？i$^{44-33}$ naŋ$^{55-22}$ pha?$^{3-4}$ suĩ$^{213-55}$ li$^{55-22}$ me^{55} ta?$^{4-3}$ kha$^{44-33}$ tshia^{44} tuĩ^{52} khi$^{213-21}$，ua^{52} ＜bei^{25}＞ tit^{2}，li^{52} le^{33}？

遂溪 伊群拍算透暝踏单车转去，我无得，汝呢？i^{24} kuŋ^{22} pha^{55} sui^{214} thau^{214} me^{22} ta^{33} taŋ$^{24-33}$ tshia^{24} tui^{41} hu^{214}，va^{41} bo^{22} tiet^{54}，lu^{41} ni^{33}？

雷州 伊阿众拍算透暝踏单车转去，我无能，那汝呢？i^{24} a^{55} thaŋ^{21} pha^{553} sui^{21} thau$^{21-44}$ me^{22} ta$^{33-42}$ taŋ$^{24-33}$ tshia^{24} tui^{42} khu^{21}，ba^{42} bo$^{22-33}$ neŋ^{22}，na^{553} lu^{42} ni^{55}？

文昌 伊蜀家想透暝骑驶骹车转去，我无做得，眛汝呢？i^{34} ʥiak$^{3-21}$ ke^{34} tio^{31} xau$^{21-55}$ me^{22} xia^{22} ʃe^{31} xa^{34} ʃia^{34} ɗui$^{31-33}$ xu$^{21-55}$，gua^{31} bo$^{22-11}$ to^{53} ɗiet^{5}，bi^{42} du^{31} ne^{55}？

三亚 伊侬拍算连暝踏骹车转去，我无可以，汝呢？i^{33} naŋ^{22} pha?^{45} tui^{24} leŋ^{22} me^{22} ɗa^{33} kha^{33} tshio^{33} ɗui^{31} hu^{24}，va^{31} vo^{22} kho^{31} zi^{22}，lu^{31} ni?^{45}？

第三章　闽南方言的重叠

第一节 闽南方言形容词的重叠

一、单音节形容词的重叠

闽南方言单音节形容词可以重叠，单音节形容词的重叠形式普遍用二叠式，即和普通话一样作"AA"式重叠，部分地区可有三叠式"AAA"或四叠式"AAAA"。

（一）二叠式（AA）

单音形容词作二叠式（AA）重叠之后就成了状态形容词，可以直接作谓语、补语、状语。作谓语和补语时和普通话有两点不同：一是可以不用状态形容词尾，而且不用词尾是更普通的用法；二是重叠式还可以受低程度修饰语的修饰。

下面是作谓语的例句。

(1) 妹妹脸红红的，发烧呢。

泉州 小妹面<u>红红</u>（个），（伫咧）发烧啰。sio$^{55-24}$ bɤ^{41} bin^{41} aŋ$^{24-22}$ aŋ^{24} (e$^{24-31}$)，(tɯ^{22} lɤ^{55}) huat^{55} sio^{33} lɔ^{21}.

厦门 小妹面<u>红红</u>/面红□[phã^{21}]□[phã^{21}]，发烧啊。sio$^{53-44}$ be^{22} bin^{22} aŋ$^{24-22}$ aŋ^{24}/bin^{22} aŋ$^{24-22}$ phã$^{21-53}$ phã^{21}，huat$^{32-5}$ sio^{44} a^{21}.

台中 妹妹面<u>红红</u>，若发烧咧。mẽ$^{22-35}$ mẽ^{22} bin^{22} aŋ$^{24-35}$ aŋ^{24}，na$^{22-21}$ huat$^{2-5}$ sio^{44} ne^{21}.

漳州 小妹仔面<u>红红</u>，咧发烧。sio$^{52-34}$ mai^{22} a^{52} bin$^{13-22}$ aŋ$^{13-22}$ aŋ^{13}，li$^{34-12}$ huak$^{32-5}$ sio^{34}.

汕头 阿妹个面<u>红红</u>，发热伫块。a^{33} mue^{25} kai$^{55-31}$ miŋ^{31} aŋ$^{55-31}$ aŋ^{55}，huak$^{2-5}$ ziak^{5} to$^{25-31}$ ko$^{213-31}$.

揭阳 阿妹个面<u>红红</u>，发烧伫块。a^{33} mue^{35} kai$^{55-22}$ meŋ^{22} aŋ$^{55-22}$ aŋ^{55}，huak$^{2-3}$ sio^{33} to$^{35-21}$ ko$^{213-21}$.

海丰 阿妹面<u>红红</u>，发热哦。a$^{44-33}$ mue^{25} min^{21} aŋ$^{55-22}$ aŋ^{55}，huak$^{3-4}$ ziak^{4} ɔ^{31}.

雷州 妹囝面<u>红红</u>，发热啦。mue$^{24-33}$ kia$^{42-44}$ mieŋ$^{21-44}$ aŋ$^{22-33}$ aŋ^{22}，huak^5 ziek^2 la^{31}.

遂溪 妹囝面<u>红红</u>，发热啦。mui$^{214-55}$ kia^{41} mien^{214} aŋ^{22} aŋ^{22}，huak^{54} sio^{24} la^{41}.

文昌 姨嬷/姑嬷面<u>红红</u>，发烧。i$^{22-11}$ xiaŋ^{22}/ko$^{34-42}$ xiaŋ^{22} mien^{42} aŋ$^{22-11}$ aŋ^{22}，fiuat^5 tio^{34}.

三亚 姑妹/姨妹/妹面<u>红红</u>（个），发热。kou^{33} mai^{31}/i^{42} mai^{31}/muo^{33} min^{33} aŋ^{22} aŋ^{22}（kai^{22}），huai^{45} zuoʔ^{33}.

（2）额头有点儿发烫，莫非着了凉了？

泉州 头壳有蜀淡仔/淡薄仔<u>烧烧</u>，敢是寒着啰？thau$^{24-22}$ khak^{55} u^{22} tsit$^{24-22}$ tam$^{41-22}$ a$^{55-24}$/tam$^{41-22}$ poʔ$^{24-22}$ a$^{55-24}$ sio^{33} sio^{33}，kã$^{55-24}$ si^{22} kuã^{24} tioʔ^{55} lɔ^{21}？

厦门 头额有淡薄仔<u>烧烧</u>，唔通是寒着？thau$^{24-22}$ hiaʔ^5 u$^{22-21}$ tam$^{22-21}$ poʔ$^{5-21}$ a$^{53-44}$ sio$^{44-22}$ sio^{44}，m̩$^{22-21}$ thaŋ$^{44-22}$ si$^{22-21}$ kuã^{24} tioʔ$^{5-21}$？

台中 头小可<u>烧烧</u>，敢讲是寒着？thau^{24} sio$^{53-44}$ khua$^{53-44}$ sio$^{44-22}$ sio^{44}，kam$^{53-44}$ kɔŋ$^{53-44}$ si$^{22-21}$ kuã^{24} tioʔ^3？

漳州 额有淡薄仔烧/<u>烧烧</u>，敢是去互伊寒着？hiãʔ$^{13-22}$ u$^{22-21}$ tam$^{22-21}$ poʔ$^{121-21}$ a^{52} sio^{34}/sio$^{34-22}$ sio^{34}，kã$^{52-34}$ si$^{22-21}$ khi$^{21-52}$ hɔ$^{22-21}$ i$^{:34}$ kuã^{13} tioʔ$^{121-21}$？

汕头 ①个额（呤）<u>烧烧</u>（呤），未是寒着？kai$^{55-31}$ hiaʔ^5（ne^{25}）sio^{33} sio^{33}（ne$^{25-31}$），bue$^{25-31}$ si$^{25-31}$ kuã^{55} tioʔ$^{5-2}$？②个额有滴囝<u>烧烧</u>（呤），未是寒着？kai$^{55-31}$ hiaʔ^5 u$^{25-31}$ tiʔ$^{2-5}$ kiã$^{52-24}$ sio^{33} sio^{33}（ne$^{25-31}$），bue$^{25-31}$ si$^{25-31}$ kuã^{55} tioʔ$^{5-2}$？

揭阳 ①个额（呤）<u>烧烧</u>（呤），未是寒着？kai$^{55-22}$ hiaʔ^5（ne$^{42-24}$）sio^{33} sio^{33}（ne$^{42-213}$），bue$^{22-21}$ si$^{35-21}$ kuã^{55} tioʔ$^{5-2}$？②个额有点囝<u>烧烧</u>（呤），未是寒着？kai$^{55-22}$ hiaʔ^5 u$^{35-21}$ tiam$^{42-35}$ kiã$^{42-35}$ sio^{33} sio^{33}（ne$^{42-213}$），bue$^{22-21}$ si$^{35-21}$ kuã^{55} tioʔ$^{5-2}$？

海丰 额头有滴仔<u>烧烧</u>，(□［hia^{52}］) 敢是乞寒着咯。hiaʔ$^{4-3}$ thau^{55} u$^{25-33}$ tip$^{3-4}$ ã$^{52-213}$ sio$^{44-33}$ sio^{44}，(hia^{52}) kã$^{52-213}$ si$^{25-33}$ khɔ$^{44-33}$ kuã^{55} tioʔ$^{4-3}$/tɔʔ$^{4-3}$ lɔ^{33}.

雷州 （阿）头额有乃/有宁<u>烧烧</u>/<u>烫烫</u>，定是寒着啦？(a^{55}) thau^{22} hiã^{33} u^{33} nai^{553}/u^{33} niŋ^{553} sio$^{24-33}$ sio^{24}/tho$^{21-44}$ tho^{21}，tiŋ^{553} si^{33} kua^{24} tio^{553} la^{31}？

遂溪 头额有乃<u>烧烧</u>/<u>烫烫</u>，定是寒倒啦。thau^{22} hiã^{55} u^{55} nai^{55} sio$^{24-55}$ sio^{24}/tho$^{214-55}$ tho^{214}，tiŋ^{55} si$^{55-33}$ kua^{22} to^{41} la^{41}.

文昌 头颅<u>烧烧</u>，无做是清嘎/寒嘎？xau$^{22-11}$ le^{22} tio$^{34-42}$ tio^{34}，bo$^{22-11}$ to^{42} ti$^{:42-11}$ ʃien^{21} ka^{34}/kua^{22} ka^{34}？

三亚 头颅有呢团<u>烫烫</u>个，难道发寒了吗？thau²² le²² u⁴²⁻⁴⁴ ni?⁴⁵ kio³¹ tho²⁴⁻²² tho²⁴ kai²²，nan²² ɗau²⁴ huai⁴⁵ kuo²² liau³¹ ma?⁴⁵？

下面是作补语的例句。

（3）那双火筷子烧得红红的。

泉州 迄双火箸烧遘（遘）<u>红红/红□</u>［pha⁴¹⁻⁵⁵］□［pha⁴¹］。hit⁵⁵ saŋ³³ hɤ⁵⁵⁻²⁴ tshɯ⁴¹⁻²² sio³³ a⁵⁵（ka?⁵⁵）aŋ²⁴⁻²² aŋ²⁴/aŋ²⁴⁻²² pha⁴¹⁻⁵⁵ pha⁴¹.

厦门 迄枞火箸烧甲<u>红红/红支支</u>。hit³²⁻⁵ tsaŋ²⁴⁻²² he⁵³⁻⁴⁴ ti²² sio⁴⁴⁻²² ka?³²⁻⁵ aŋ²⁴⁻²² aŋ²⁴/aŋ²⁴⁻²² ki:⁴⁴⁻²² ki⁴⁴.

台中 迄双火镊烧遘<u>红红</u>。hit²⁻⁵ siaŋ⁴⁴⁻²² hue⁵³⁻⁴⁴ ŋe?²⁻⁵ sio⁴⁴⁻²² ka?²⁻⁵ aŋ²⁴⁻²² aŋ²⁴.

漳州 （缺）

汕头 双铁箸烧遘（呤）<u>红红</u>（呤）。saŋ³³ thi?²⁻⁵ tɯ³³ siau³³ kau²¹³⁻⁵⁵（ne⁵²⁻²⁴）aŋ⁵⁵⁻²¹ aŋ⁵⁵（ne⁵²⁻³¹）.

揭阳 双铁箸烧遘（呤）<u>红红</u>。saŋ³³ thi?²⁻³ tɯ³³ sio³³ kau²¹³⁻⁴²（ne⁴²⁻²⁴）aŋ⁵⁵⁻²² aŋ⁵⁵.

海丰 许双火箸烧遘<u>红红</u>。hi⁵² saŋ⁴⁴ hue⁵²⁻²¹³ tshue⁵⁵ sɔ⁴⁴ a²¹³⁻⁵⁵ aŋ⁵⁵⁻²² aŋ⁵⁵.

雷州 许把钳团烧得真红/<u>红红</u>。ha⁵⁵³ pe⁴² khiam²² kia⁴² sio²⁴ tik⁵ tsieŋ²⁴ aŋ²²/aŋ²²⁻³³ aŋ²².

遂溪 许对火钳烧倒<u>红红</u>。ha⁵⁵ tui²¹⁴⁻⁵⁵ hue⁴¹ khiam²² sio²⁴ to⁴¹ aŋ²² aŋ²².

文昌 许把火钳□［ɓu²²⁻¹¹］得<u>红红个</u>。ɦo²¹⁻⁵⁵ ɓe³¹⁻³³ ɦue³¹⁻³³ xiam²² ɓu²²⁻¹¹ ɗiet⁵ aŋ²² aŋ²²⁻¹¹ kai²².

三亚 那个火钳烧得<u>红红个</u>。a?⁴⁵ kai²² huo³¹ kheŋ²² tio³³ ɗi?⁴⁵ aŋ²² aŋ²² kai²².

下面是作状语的例句。

（4）快快儿来！

泉州 <u>紧紧来哦/恰紧来哦</u>！kin⁵⁵⁻²⁴ kin⁵⁵ lai²⁴⁻²² ɔ³¹/kha?⁵⁵ kin⁵⁵ lai²⁴⁻²² ɔ³¹！

厦门 ①赶紧/恰紧来！kuã⁵³⁻⁴⁴ kin⁵³⁻⁴⁴/kha?³²⁻⁵ kin⁵³⁻⁴⁴ lai²⁴！②<u>紧紧来</u>！kin⁵³⁻⁴⁴ kin⁵³⁻⁴⁴ lai²⁴！

台中 紧来/赶紧来！kin⁵³⁻⁴⁴ lai²⁴/kuã⁵³⁻⁴⁴ kin⁵³⁻⁴⁴ lai²⁴！

漳州 ① <u>紧紧来</u>！kiŋ⁵²⁻³⁴ kiŋ⁵²⁻³⁴ lai¹³⁻²²！② □［khaŋ²²⁻²¹］猛来！khaŋ²²⁻²¹ me⁵²⁻³⁴ lai¹³⁻²²！

汕头 <u>猛猛来</u>！me⁵²⁻²⁵ me⁵² lai⁵⁵！

揭阳　猛猛来！me$^{42-35}$ me$^{42-21}$ lai^{55}！
海丰　猛猛/捷猛/恰猛（仔）来！me$^{52-25}$ me^{52}/tsiap^4 me^{52}/khaʔ$^{3-4}$ me^{52}（ã$^{52-213}$）lai^{55}！
雷州　猛猛来/快快来！me$^{42-44}$ me^{42} lai^{22}/khue$^{21-44}$ khue^{21} lai^{22}！
遂溪　猛猛来！me^{41} me^{41} lai^{22}！
文昌　猛猛来/快快来！mẽ$^{31-33}$ mẽ^{31} lai^{22}/xue$^{21-55}$ xue^{21} lai^{22}！
三亚　快快来/快呢团来！khuo$^{24-22}$ khuo^{24} lai^{22}/khuo$^{24-22}$ niʔ^{45} kioʔ^{31} lai^{31}！

作定语时，需加结构助词"个"。下面是例句。

(5) 好冷！去煮一点热热的粥来吃！

泉州　诚寒！去煮蜀淡仔烧烧个饮糜来食！tsiã$^{24-22}$ kuã^{24}！khɯ$^{41-55}$ tsɯ$^{55-24}$ tsit$^{24-22}$ tam^{22} a$^{55-24}$ sio^{33} sio^{33} e$^{24-22}$ am$^{55-24}$ bɤ^{24} lai$^{24-22}$ tsiaʔ^{24}！

厦门　真寒！去煮蜀点烧烧个糜来食！tsin$^{44-22}$ kuã^{24}！khi$^{21-53}$ tsu$^{53-44}$ tam$^{22-21}$ poʔ$^{5-21}$ sio$^{44-22}$ sio^{44} e$^{24-22}$ be^{24} lai$^{24-22}$ tsiaʔ^5！

台中　足寒！去煮蜀寡烧烧个糜来食！tsiɔk$^{2-5}$ kuãi^{24}！khi$^{21-53}$ tsu$^{53-44}$ tsit$^{3-2}$ kua$^{53-44}$ sio$^{44-22}$ sio^{44} e$^{24-22}$ mue^{24} lai$^{24-22}$ tsiaʔ^3！

漳州　□[sɛ$^{34-22}$]寒！去煮□[tsia$^{34-22}$]烧烧个糜来食！sɛ$^{34-22}$ kuã^{13}！khi$^{21-52}$ tsi$^{52-34}$ tsia$^{34-22}$ sio$^{34-22}$ sio$^{34-22}$ e$^{13-22}$ mai$^{13-22}$ lai$^{13-22}$ tsiaʔ^{121}！

汕头　□[ŋaŋ$^{55-31}$]死！去燀块烧烧个糜来食！ŋaŋ$^{55-31}$ si^{52}！khɯ$^{213-55}$ pu$^{55-31}$ ko$^{213-55}$ sio^{33} sio^{33} kai$^{55-31}$ mue^{55} lai$^{55-31}$ tsiaʔ^5！

揭阳　□[ŋaŋ$^{55-22}$]死！去燀块烧烧个糜来食！ŋaŋ$^{55-22}$ si$^{42-53}$！khɯ$^{213-42}$ pu$^{55-22}$ ko$^{213-42}$ sio^{33} sio^{33} kai$^{55-22}$ mue^{55} lai$^{55-22}$ tsiaʔ^5！

海丰　好□[ŋaŋ^{55}]/清！去煮滴仔烧烧个糜来食！hɔ^{52} ŋaŋ^{55}/tsiŋ^{213}！khi$^{213-55}$ tsi$^{52-213}$ tip$^{3-4}$ ã$^{52-213}$ siɔ$^{44-33}$ siɔ^{44} ai$^{55-22}$ mue^{55} lai$^{55-22}$ tsiaʔ^4！

雷州　好凝！去煲乃烧烧个粥来食！ho^{42} kaŋ^{22}！khu$^{21-44}$ pau$^{24-33}$ nai^{553} sio$^{24-33}$ sio^{24} kai$^{22-33}$ tsok^5 lai^{22} tsia$^{553-33}$！

遂溪　好寒！去煲乃烧烧个粥来食！ho^{41} kua^{22}！hu$^{214-55}$ pau^{24} nai^{55} sio$^{24-55}$ sio^{24} kai^{22} tsok^5 lai^{22} tsia^{33}！

文昌　真寒/但顾寒！去煮滴烧烧个粥食！tʃien^{34} kua^{22}/na$^{42-11}$ ku$^{21-55}$ kua^{22}！xu$^{21-55}$ tu^{31} ɗi^{53} tio$^{34-42}$ tio^{34} kai$^{22-11}$ tok^5 tʃia^3！

三亚　好寒/寒死！去煮（蜀）呢团烫烫/热热个粥来喫！ho^{31} kuo^{22}/kuo^{22} ti^{31}！hu^{24} tsu^{31}（zioʔ^3）niʔ^{45} kioʔ^{31} tho^{24} tho^{24}/zuoʔ^{23} zuo^{33} kai^{22} tsouʔ^{45}/touʔ^{45} lai^{22} khai^{31}！

（二）三叠式与四叠式（AAA、AAAA）

三叠式也是状态形容词性的，有描状的语义功能，同时带有"程度很高"的意义，和二叠式一样，除非作定语，都可以不带词尾。语法功能上，除了不作状语，和二叠式是一样的。汉语重叠式在状语位置上普遍程度较高，闽南方言单音形容词二叠式亦然，三叠式不作状语，可能与作状语的重叠式已经是高程度的形态有关。三叠重叠并非在各地都使用，就调查所见，在闽南－台湾片、雷州片的遂溪话都很常用，粤东片中较接近福建话的海丰也有类似的，不过是四叠式（AAAA），海南片的文昌在例（6）中说"长口 [o^{55}] 长"，可能是三叠式的残留痕迹。其余地方，这种重叠形式已经少见。下面是例句。

（6）有一根竹竿很长很长。

泉州 有蜀支竹竿（口 [kaʔ^{55}]）长长长。u^{22} tsit$^{24-22}$ ki^{33} tiak^{55} kuã^{33}（kaʔ^{55}）tŋ$^{'24}$ tŋ$^{'24-22}$ tŋ$^{'24}$.

厦门 有蜀支竹篙长长长。u$^{22-21}$ tsit$^{5-21}$ ki$^{44-22}$ tik$^{32-5}$ ko^{44} tŋ$^{'24}$ tŋ$^{'24-22}$ tŋ$^{'24}$.

台中 即支竹篙长长长。tsit$^{2-5}$ ki^{44} tik$^{2-5}$ ko^{44} tŋ$^{'24-35}$ tŋ$^{'24-22}$ tŋ$^{'24}$.

漳州 有蜀支竹篙仔长长长。u$^{22-21}$ tsit$^{121-21}$ ki$^{34-22}$ tik$^{32-5}$ ko^{34} a^{52} tŋ$^{'13}$ tŋ$^{'13-22}$ tŋ$^{'13-212}$.

汕头 有支竹篙长长。u$^{25-31}$ ki^{33} tek$^{2-5}$ ko^{33} tɯŋ$^{55-31}$ tɯŋ^{55}.

揭阳 有蜀支竹篙呤长长。u$^{35-21}$ tsek$^{5-2}$ ki^{33} tek$^{2-3}$ ko^{33} ne$^{42-24}$ tɯŋ$^{55-22}$ tɯŋ^{55}.

海丰 有一支竹篙长长/长长长长。u$^{25-33}$ tsit$^{4-3}$ ki$^{44-33}$ tiɔk$^{3-4}$ kɔ^{44} tŋ$^{'55-22}$ tŋ$^{'55}$ / tŋ$^{'55-22}$ tŋ$^{'55-22}$ tŋ$^{'55}$.

雷州 有蜀条竹竿好长好长/长长。u^{33} iek^{2} tiau^{22} tip^{5} ko^{24} ho^{42} to^{22} ho^{42} to^{22}/to$^{22-33}$ to^{22}.

遂溪 有条竹篙好长好长/长长南南/长长长。u^{55} tiau^{22} tip^{5} ko^{24} ho^{41} to^{22} ho^{41} to^{22}/to^{22} to^{22} nam^{22} nam^{22}/to$^{22-24}$ to^{22} to^{22}.

文昌 有蜀支竹篙但顾长/长口 [o^{55}] 长。u^{42} ʤiak$^{3-1}$ ki^{34} ɗiok^{5} ko^{34} na$^{42-11}$ ku$^{21-55}$ ɗo^{22}/ɗo$^{22-55}$ o^{55} ɗo^{22}.

三亚 有蜀支竹篙长长条。u^{42} zioʔ^{33} ki^{33} ɗiaʔ^{45} ko^{33} ɗo^{22} ɗo^{22} ɗiau^{22}.

（7）孩子的脸烧得通红通红的。

泉州 囝仔个面烧遘红红红。kan$^{55-24}$ ã^{55} e$^{24-22}$ bin^{41} sio^{33} a^{55}/kaʔ^{55}/khaʔ^{55} aŋ^{24} aŋ$^{24-22}$ aŋ^{24}.

厦门 囝仔个面烧遘红红红/红口 [kɔŋ$^{21-53}$] 口 [kɔŋ^{21}]。gin$^{53-44}$ a^{53}

e$^{24-22}$ bin^{22} sio$^{44-22}$ a$^{21-53-44}$ aŋ^{24} aŋ$^{24-22}$ aŋ^{24}/aŋ$^{24-22}$ kɔŋ$^{21-53}$ kɔŋ^{21}.

台中 囝仔个面烧遘<u>红红红</u>。gin^{44} a^{53} e$^{24-22}$ bin^{22} sio$^{44-22}$ ka^{44} aŋ$^{24-35}$ aŋ$^{24-22}$ aŋ^{24}.

漳州 囝仔面烧遘红牙牙/<u>红红红</u>/热□［phe$^{53-34}$］□［phe^{53}］。kin$^{52-44}$ a^{44} bin$^{13-22}$ sio$^{34-22}$ kaʔ$^{32-5}$ aŋ$^{13-22}$ gɛ$^{13-22}$ gɛ$^{13-212}$/aŋ^{13} aŋ$^{13-22}$ aŋ$^{13-212}$/ziak$^{121-32}$ phe$^{52-34}$ phe^{52}.

汕头 个孥囝发烧遘面红红。kai$^{55-31}$ nou^{33} kiã^{52} huak$^{2-5}$ sio^{33} kau$^{213-55}$ miŋ^{31} aŋ$^{55-31}$ aŋ^{55}.

揭阳 孥囝个面烧遘红红。noŋ^{33} kiã$^{42-53}$ kai$^{55-22}$ meŋ^{22} sio^{33} kau$^{213-42}$ aŋ$^{55-22}$ aŋ^{55}.

海丰 （只）个郎仔面热遘红红/<u>红红红红</u>。（tsi^{52}）kai$^{55-22}$/e$^{55-22}$ nŋ$^{55-22}$ ã^{52} min^{21} ziak$^{4-3}$ a$^{55-22}$ aŋ$^{55-22}$ aŋ^{55}/aŋ$^{55-22}$ aŋ$^{55-22}$ aŋ$^{55-22}$ aŋ^{55}.

雷州 侬囝个面烧得红红那那。noŋ^{42} kia^{42} kai$^{22-33}$ mien$^{21-24}$ sio^{24} tik^{5} aŋ$^{22-33}$ aŋ^{22} na$^{42-44}$ na^{42}.

遂溪 □［nuŋ^{55}］囝个面烧倒红红那那/<u>红红红</u>。nuŋ^{55} kia^{41} a$^{22-33}$ mien^{24} sio^{24} to^{41} aŋ$^{22-24}$ aŋ^{22} na^{33} na^{33}/aŋ^{22} aŋ$^{22-24}$ aŋ^{22}.

文昌 孥囝个面火得红乓红乓/<u>红红</u>。niau^{53} kia^{31} kai$^{22-11}$ mien^{34} fio^{53} ɗiet^{5} aŋ$^{22-11}$ ɓoŋ^{34} aŋ$^{22-11}$ ɓoŋ^{34}/aŋ$^{22-11}$ aŋ^{22}.

三亚 孥囝个面烧得红红个。niauʔ^{45} kio^{31} kai^{22} min^{33} tio^{33} ɗiʔ^{45} aŋ^{22} aŋ^{22} kai^{22}.

二、双音节复合形容词的重叠

（一）一般双音节形容词的重叠

闽南方言的双音节形容词有两种重叠式：ABAB 和 AABB，有些地方 ABAB 式还有缩略的形式 ABB。

1. ABAB 式

ABAB 式描状性较强，但是程度较弱，和 AA 式一样，除非作定语，都可以不加词尾，作谓语或补语时可以接受低程度修饰语的修饰。下面几例都是用 ABAB 式的，第（9）例可看到不少地方用了低程度修饰语。

（8）儿子头脑好像挺清醒的嘛，怎么会去干这种事？

泉州 囝仔个头壳野精气/精灵，怎仔/干仔哪解去创＜即样＞个事？

kan$^{55-24}$ ã^{55} ai$^{24-22}$ thau$^{24-22}$ khak^{55} ia$^{55-24}$ tsiŋ^{33} tsi^{24}/tsiŋ^{33} liŋ^{24}, tsiũ$^{41-55}$ ã^{55}/ kan^{41} ã$^{55-21}$ nã^{55} e$^{24-22}$ khɯ$^{41-55}$ tshɔŋ$^{41-55}$ <tsiɔŋ$^{55-24}$> o^{22} tai^{41}?

厦门 ①恁囝头壳真清醒,怎样解去做即款事志? lin$^{53-44}$ kiã^{53} thau$^{24-22}$ khak^{32} tsin$^{44-22}$ tshiŋ$^{44-22}$ tshĩ^{53}, tsãi$^{53-44}$ iũ^{22} e$^{22-21}$ khi$^{21-53}$ tsue$^{21-53}$ tsit$^{32-5}$ khuan$^{53-44}$ tai$^{22-21}$ tsi^{21}? ②恁囝头脑真清醒,怎样解/哪解去做即款事志? lin$^{53-44}$ kiã^{53} thau$^{24-22}$ nau^{53} tsin$^{44-22}$ tshiŋ$^{44-22}$ tshĩ^{53}, tsãi$^{53-44}$ iũ^{22} e$^{22-21}$/na$^{53-44}$ e$^{22-21}$ khi$^{21-53}$ tsue$^{21-53}$ tsit$^{32-5}$ khuan$^{53-44}$ tai$^{22-21}$ tsi^{2}?

台中 后生个头壳清醒清醒嘛,哪解去做即种事志? hau$^{22-21}$ sẽ^{44} e$^{24-22}$ thau$^{24-22}$ khak^{2} tshiŋ$^{44-22}$ tshẽ$^{53-44}$ tshiŋ^{44} tshẽ^{53} ma^{21}, na$^{53-44}$ e$^{22-21}$ khi$^{21-53}$ tso$^{21-53}$ tsit$^{2-5}$ tsiɔŋ$^{53-44}$ tai$^{22-21}$ tsi^{21}?

漳州 后生头脑清醒清醒着,安怎解去做即落仔事志? hau$^{22-21}$ sẽ$^{34-22}$ thau$^{13-22}$ nau^{52} tshiŋ$^{34-22}$ tshẽ$^{52-34}$ tshiŋ$^{34-22}$ tshẽ^{52} tioʔ^{121}, an$^{34-22}$ tsuã$^{52-34}$ e$^{22-21}$ khi$^{21-52}$ tso$^{21-52}$ tsit$^{32-5}$ loʔ$^{121-21}$ a^{52} tai$^{22-21}$ tsi^{21}?

汕头 个囝灵精灵精哩,做呢解去做者事? kai$^{55-31}$ kiã^{52} leŋ$^{55-31}$ tseŋ^{33} leŋ$^{55-31}$ tseŋ^{33} li^{33}, tso$^{213-55}$ ni$^{55-31}$ oi$^{25-31}$ khɯ$^{213-55}$ tso$^{213-55}$ tsia$^{52-24}$ sɯ^{31}?

揭阳 个囝灵精灵精吟,做呢解去做者事? kai$^{55-22}$ kiã$^{42-53}$ leŋ$^{55-22}$ tseŋ^{33} leŋ$^{55-22}$ tseŋ^{33} ne$^{42-213}$, tso$^{213-42}$ ni$^{55-22}$ oi$^{35-21}$ khɯ$^{213-42}$ tso$^{213-42}$ tsia$^{42-24}$ sɯ^{22}?

海丰 个囝精灵精灵,做解去做者事啊? kai$^{55-22}$ kiã^{52} tseŋ$^{44-33}$ leŋ$^{55-22}$ tseŋ^{44} leŋ^{55}, tsɔ$^{213-55}$ e$^{25-33}$ khi$^{213-55}$ tsɔ$^{213-55}$ tsia^{52} su^{21} aʔ^{33}?

雷州 这侬囝头脑真/甚灵活,做能做这种事呢? zia^{553} noŋ$^{42-44}$ kia^{42}/noŋ^{42} kia$^{42-55}$ thau$^{22-33}$ nau^{42} tsieŋ$^{24-33}$/sim^{33} liŋ$^{24-33}$ huak^{5}, tso^{553} neŋ^{22} tso^{553} zia^{553} tsiaŋ^{553} su^{553} ne^{22}?

遂溪 □[nuŋ^{55}] 囝个头脑真精,做乜去做若种事呢? nuŋ^{55} kia^{41} a^{22} thau^{22} nau^{41} tsin$^{24-33}$ tsiŋ^{24}, tso^{55} mi^{55} hu$^{214-55}$ tso^{55} ia^{55} tsiaŋ^{41} su^{55} ne^{22}?

文昌 我孥/囝个头脑八,知做解去做这个事? gua$^{31-33}$ noŋ^{31}/kia^{31} kai$^{22-11}$ xau$^{22-11}$ nau^{31} ɓat^{5}, tai^{34} to^{53} oi^{42} xu^{21} toʔ^{5} ʤiak^{5} kai$^{22-11}$ ʃe^{42}?

三亚 囝头脑好像挺清醒个嘛,做乜(解)去做(即)种事(□[niu^{42}])? kio^{31} thau^{22} nau^{31} ho^{31} tiaŋ^{24} theŋ^{31} tsheŋ^{33} tshe^{31} kai^{22} ma^{31}, toʔ^{45} miʔ^{45} (oi^{42}) hu^{24} to^{45} (iʔ^{45}) tsiaŋ^{31} tshi^{42} (niu^{42})?

(9) 裙子的颜色带点儿粉红,挺好看的。

泉州 裙仔个颜色有蜀淡仔/有淡薄仔<u>粉红粉红</u>,野好看。kun$^{24-22}$ a^{55} e$^{24-22}$ gan$^{24-22}$ siak^{55} u^{22} tsit$^{24-22}$ tam$^{41-22}$ a$^{55-24}$/u^{22} tam$^{41-22}$ poʔ$^{24-22}$ a$^{55-24}$ hun$^{55-24}$ aŋ^{24} hun$^{55-24}$ aŋ^{24}, ia$^{55-24}$ ho$^{55-24}$ kuã^{41}.

厦门 迄领裙子个色<u>粉红粉红</u>,各是□[bue$^{22-21}$]否看。hit$^{32-5}$ niã$^{53-44}$

kun^{24} e$^{24-22}$ gan$^{24-22}$ sik^{32} huŋ$^{53-44}$ aŋ$^{24-22}$ huŋ$^{53-44}$ aŋ^{24}, koʔ$^{32-5}$ si$^{22-21}$ bue$^{22-21}$ phai$^{53-44}$ khuã^{21}.

台中 迄裙个色小可<u>粉红粉红</u>，诚好看。hit$^{2-5}$ kun^{24} e$^{24-22}$ sit^2 sio$^{53-44}$ khua$^{53-44}$ huŋ$^{53-44}$ aŋ$^{24-22}$ huŋ$^{53-44}$ aŋ^{24}, tsiã$^{24-22}$ ho$^{53-44}$ khuã^{21}.

漳州 裙个颜色<u>粉红（啊）粉红</u>，真好看。kun$^{13-22}$ e$^{13-22}$ ŋan$^{13-22}$ sik$^{32-5}$ huŋ$^{52-34}$ aŋ$^{13-22}$ (a$^{34-22}$) huŋ$^{52-34}$ aŋ^{13}, tsin$^{34-22}$ ho$^{52-34}$ khuã^{21}.

汕头 条裙个色<u>粉红粉红</u>，□[boi$^{25-31}$] 孬睇。tiau$^{55-31}$ kuŋ^{55} kai$^{55-31}$ sek^2 huŋ$^{52-24}$ aŋ$^{55-31}$ huŋ$^{52-24}$ aŋ^{55}, boi$^{25-31}$ mo$^{52-24}$ tõi^{52}.

揭阳 条裙个色<u>粉红粉红</u>，□[hoʔ$^{2-3}$] 好睇。tiau$^{55-22}$ kuŋ^{55} kai$^{55-22}$ sek^2 huŋ$^{42-24}$ aŋ$^{55-22}$ huŋ$^{42-24}$ aŋ^{55}, hoʔ$^{2-3}$ ho$^{42-35}$ thoi$^{42-21}$.

海丰 只条裙个色<u>粉红粉红</u>仔，自恰好睇。tsi^{52} tiau$^{55-22}$ kuŋ^{55} kai$^{55-22}$ sek^3 huŋ$^{52-213}$ aŋ$^{55-22}$ huŋ$^{52-213}$ aŋ^{55} ã$^{52-213}$, tsu$^{21-33}$ khaʔ$^{3-4}$ hɔ$^{52-213}$ thei^{52}.

雷州 裙囝个色有仔乃<u>红囝红囝</u>，真好望啊！kuŋ^{22} kia^{42} kai$^{22-33}$ sik^5 u^{33} a^{55} nai^{553} aŋ^{22} kia$^{42-44}$ aŋ^{22} kia^{42}, tsieŋ^{24} hoʔ^{2} o^{21} a^{21}！

遂溪 裙囝个色有乃<u>红粉红粉</u>，够好望哦！kuŋ^{22} kia^{41} a^{22} sik^5 u$^{55-33}$ nai^{55} aŋ^{22} huŋ^{41} aŋ^{22} huŋ^{41}, kau^{214} hoʔ^{1} o^{24} o^{55}！

文昌 许条裙<u>红</u>□[bue$^{34-42}$] <u>红</u>□[bue^{34}]，但顾好望。fio$^{21-55}$ diau$^{22-11}$ kun^{22} aŋ$^{22-21}$ ɓue$^{34-42}$ aŋ$^{22-21}$ ɓue^{34}, na$^{42-11}$ ku$^{21-55}$ fio$^{31-33}$ mo^{34}.

三亚 裙囝个颜色带呢囝<u>粉红粉红</u>，挺好望个/挺强个。kun^{22} kio^{31} kai^{22} ŋin^{22} teʔ^{45} duo$^{24-22}$ ni^{45} kio^{31} hun^{31} aŋ^{22} hun^{31} aŋ^{22}, theŋ^{31} ho^{31} mo^{33} kai^{22}/theŋ^{31} kiaŋ^{24} kai^{22}.

（10）她的脸蛋粉嫩粉嫩的。

泉州 伊个面（□[kaʔ^{55}]）嫩嫩嫩。i^{33} e$^{24-22}$ bin^{41} (kaʔ^{55}) lun$^{41-24}$ lun$^{41-22}$ lun^{41}.

厦门 伊食□[kaʔ$^{32-5}$] 白皮仔幼面，<u>粉红粉红</u>。i$^{44-22}$ tsia$^{5-21}$ kaʔ$^{32-5}$ peʔ$^{5-21}$ phe$^{24-22}$ a^{53} iu$^{21-53}$ bin^{21}, hun$^{53-44}$ aŋ$^{24-22}$ hun$^{53-44}$ aŋ^{24}.

台中 伊个面仔生甲<u>粉甜粉甜</u>。i^{44} e$^{24-22}$ bin^{22} a^{53} sẽ$^{44-22}$ kaʔ$^{2-5}$ hun$^{53-44}$ tĩ$^{44-22}$ hun$^{53-44}$ tĩ^{44}.

漳州 伊个面幼□[lo^{21}]（啊）幼□[lo^{21}]/<u>粉</u>□[lo^{21}] <u>粉</u>□[lo^{21}]。i^{34} e^{22} bian$^{13-22}$ iu$^{21-52}$ lo^{21} (a^{22}) iu$^{21-52}$ lo^{21}/hun$^{52-34}$ lo^{21} hun$^{52-34}$ lo^{21}.

汕头 伊个面粉粉（呤）。i^{33} kai$^{55-31}$ miŋ^{31} huŋ$^{52-24}$ huŋ^{52} (ne^{-31}).

揭阳 伊个面粉粉。i^{33} kai$^{55-22}$ meŋ^{21} huŋ$^{42-35}$ huŋ$^{42-21}$.

海丰 伊个面粉粉仔。i^{44} kai$^{55-22}$/ai$^{55-22}$ min^{21} hun$^{52-213}$ hun^{52} ã$^{52-213}$.

雷州 伊个面庞<u>幼致幼致</u>/幼幼。i^{24} kai$^{22-33}$ mieŋ$^{21-44}$ phaŋ^{22} iu$^{21-44}$ tsi^{21}

iu²¹⁻⁴⁴ tsi²¹/iu²¹⁻⁴⁴ iu²¹。

遂溪　伊面<u>红粉红粉</u>。i²⁴ mien²⁴ aŋ²² huŋ⁴¹ aŋ²² huŋ⁴¹。

文昌　伊枚面<u>软润软润</u>。i³⁴ mo⁴²⁻¹¹ mien³⁴ nui³¹⁻³³ ʤun⁴²⁻¹¹ nui³¹⁻³³ ʤun⁴²。

三亚　伊个面颔粉粉个/白白幼幼个。i³³ kai²² min³³ kaʔ⁴⁵ hun³¹ hun³¹ kai²²/ɓeʔ³³ ɓeʔ³³ iu²⁴⁻²² iu²⁴ kai²²。

(11) 我那天傻乎乎地跑去摸奖，白白扔了几十块钱。

泉州　我迄日<u>戆煞煞个/瘖酒酒个/戆呆戆呆</u>个走去摸奖，白白了去几十箍。gua⁵⁵ hit⁵⁵ lit⁵⁵ gɔŋ²⁴⁻²² suaʔ⁵⁵ suaʔ⁵⁵ e²⁴⁻²²/am³³ tsiu⁵⁵ tsiu⁵⁵ e²⁴⁻²²/gɔŋ²⁴⁻²² tai³³ gɔŋ²⁴⁻²² tai³³ e²⁴⁻²² tsau⁵⁵⁻²⁴ khɯ⁴¹⁻⁵⁵ bɔ³³ tsiɔŋ⁵⁵，peʔ²⁴⁻²² peʔ²⁴ liau⁵⁵⁻²⁴ khɯ⁴¹⁻⁵⁵ kui⁵⁵⁻²⁴ tsap²⁴⁻²² khɔ³³。

厦门　我迄日<u>憨憨个/戆戆个/戆呆呆</u>走去摸奖，白白了了几十箍。gua⁵³ hit³²⁻⁵ lit⁵ kham⁵³⁻⁴⁴ kham⁵³ e²¹/gɔŋ²²⁻²¹ gɔŋ²² e²¹/gɔŋ²² tai⁴⁴⁻²² tai⁴⁴ tsau⁵³⁻⁴⁴ khi²¹⁻⁵³ mõ⁴⁴⁻²² tshiɔŋ⁵³，peʔ⁵⁻²¹ peʔ⁵⁻²¹ liau⁵³⁻⁴⁴ liau⁵³ kui⁵³⁻⁴⁴ tsap⁵⁻²¹ khɔ⁴⁴。

台中　我迄工<u>戆戆</u>走去买奖券，白白了几十箍。ua⁵³⁻⁴⁴ hit²⁻⁵ kaŋ⁴⁴ gɔŋ²²⁻²¹ gɔŋ²² tsau⁵³⁻⁴⁴ khi²¹⁻⁵³ be⁵³⁻⁴⁴ tsiɔŋ⁵³⁻⁴⁴ kuan²¹，peʔ³⁻² peʔ³ liau⁵³⁻⁴⁴ kui⁵³⁻⁴⁴ tsap³⁻² khɔ⁴⁴。

漳州　我迄日<u>戆戆/戆呆戆呆</u>走去抽奖，白白挓几十箍去批献。gua⁵² hit³²⁻⁵ zit¹²¹⁻²¹ gɔŋ²²⁻²¹ gɔŋ²²⁻²¹/gɔŋ²²⁻²¹ tai³⁴⁻²² gɔŋ²²⁻²¹ tai³⁴⁻²² tsau⁵²⁻³⁴ khi²¹⁻²¹ thiu³⁴⁻²² tsiaŋ⁵²，peʔ¹²¹⁻²¹ peʔ¹²¹⁻²¹ theʔ¹²¹⁻²¹ kui⁵²⁻³⁴ tsap¹²¹⁻³² kɔ³⁴⁻²² khi²¹⁻⁵² pheʔ³⁴⁻²² hian²¹。

汕头　我许日<u>白仁白仁</u>（呤）走去摸奖，白白□［kak⁵⁻²］掉几十银去。ua⁵² hɯ⁵²⁻²⁴ zik⁵ peʔ⁵⁻² ziŋ⁵⁵⁻³¹ peʔ⁵⁻² ziŋ⁵⁵（ne⁻³¹）tsau⁵²⁻²⁴ khɯ²¹³⁻⁵⁵ mou⁵⁵⁻³¹ tsiaŋ²¹³，peʔ⁵⁻² peʔ⁵ kak⁵⁻² tiau³¹ kua⁵²⁻²⁴ tsap⁵⁻² ŋɯŋ⁵⁵ khɯ²¹³⁻³¹。

揭阳　我许日□［koŋ⁵⁵⁻²²］□［koŋ⁵⁵］走去摸奖，白白□［kak⁵⁻²］掉几十银去。ua⁴²⁻⁵³ hɯ⁴²⁻³⁵ zek⁵ koŋ⁵⁵⁻²² koŋ⁵⁵ tsau⁴²⁻²⁴ khɯ²¹³⁻⁴² mou⁵⁵⁻²² tsiaŋ²¹³，peʔ⁵⁻² peʔ⁵ kak⁵⁻² tiau²²⁻²¹ kui⁴²⁻²⁴ tsap⁵⁻² ŋeŋ⁵⁵ khɯ²¹³⁻²¹。

海丰　我许蜀日戆戆仔走去摸奖，白白□［hiak³⁻⁴］了几十银。ua⁵² hi⁵² tsit⁴⁻² zit⁴ ɔŋ²¹³⁻⁵⁵ ɔŋ²¹³ ã⁵²⁻²¹³ tsau⁵²⁻²⁵ khi²¹³⁻⁵⁵ mɔŋ⁵⁵⁻²² tsiaŋ⁵²⁻²¹³，peʔ⁴⁻³ peʔ⁴ hiak³⁻⁴ liau⁵² kui⁵²⁻²⁵ tsap⁴⁻³ ŋin⁵⁵。

雷州　我许日<u>戆戆/傻傻/傻戆</u>走去摸奖，白白□［phien²¹⁻⁴⁴］/练了几十银。ba⁴²⁻⁴⁴ ha⁵⁵³ ziek² ŋoŋ²⁴⁻³³ ŋoŋ²⁴/soŋ²²⁻³³ soŋ³³/soŋ²²⁻³³ ŋoŋ²⁴ tsau⁴²⁻⁴⁴ khu²¹⁻⁴⁴ ma²⁴⁻³³ tsiaŋ⁵⁵³，pe³³⁻⁴² pe³³ phien²¹⁻⁴⁴/lien²⁴⁻³³ liau⁴² kui⁴²⁻⁴⁴ tsap²⁻⁵ ŋieŋ²²。

遂溪　我许日<u>松松/戆戆</u>走去摸奖，白白□［tep³］□［kak³］几十纸。va⁴¹ ha⁵⁵ iet³ soŋ²² soŋ²²/ŋoŋ²⁴⁻³³ ŋoŋ²⁴ tsau⁴¹ hu²¹⁴⁻⁵⁵ ma²¹⁴ tsiaŋ⁴¹，pe⁵⁵ pe⁵⁵ tep³ kak³ kui⁴¹ tsap³ tsua⁴¹.

文昌 我许日但顾笨去掠奖，白白败几十银。gua³¹⁻³³ ɦo²¹⁻⁵⁵ ʥiet³ na⁴²⁻¹¹ ku²¹⁻⁵⁵ ɓun⁴² xu²¹⁻⁵⁵ liaʔ³⁻¹ tʃiaŋ³¹, ɓe⁴²⁻¹¹ ɓe⁴² ɓai³⁴ kui³¹⁻³³ tap³⁻¹ ŋien²².

三亚 我那天戇戇个走去摸奖，白白无了几十银。va³¹ aʔ⁴⁵ thi³³ ŋaŋ³³ ŋaŋ³³ kai²² tau³¹ hu²⁴ mou³³ tsiaŋ⁴⁵, ɓeʔ³³ ɓeʔ³³ vo²² liau³¹ kui³¹ tsai⁴²/tai⁴² ŋin²².

2. AABB 式

用 AABB 式含有高程度的意义。下面是例句。

(12) 我明明和你说得清清楚楚的，你怎么还这样搞？

泉州 我明明合汝说遘<u>清清楚楚</u>（个），汝怎仔/哪野各安呢创？gua⁵⁵ biŋ²⁴⁻²² biŋ²⁴ kaʔ⁵⁵ lɯ⁵⁵ sɤʔ⁴⁵ a⁵⁵ tshiŋ³³ tshiŋ³³ tshɔ⁵⁵⁻²⁴ tshɔ⁵⁵（e²⁴⁻²²），lɯ⁵⁵ tsiũ⁵⁵ ã⁵⁵/nã⁵⁵ ia⁵⁵⁻²⁴ koʔ⁵⁵ an³³ nẽ³³ tshɔŋ⁴¹？

厦门 我明明合/邀汝讲遘<u>清清楚楚</u>，啊汝敢各卜安呢做？gua⁵³⁻⁴⁴ biŋ²⁴⁻²² biŋ²⁴⁻²² kaʔ³²⁻⁵/kiau⁴⁴⁻²² li⁵³⁻⁴⁴ kɔŋ⁵³⁻⁴⁴ a²¹⁻⁵³⁻⁴⁴ tshiŋ⁴⁴⁻²² tshiŋ⁴⁴⁻²² tshɔ⁵³⁻⁴⁴ tshɔ⁵³, a⁴⁴ li⁵³ gan⁵³⁻⁴⁴ koʔ³²⁻⁵ beʔ³²⁻⁵ an⁵³⁻⁴⁴ ni⁴⁴ tsue²¹？

台中 我明明合汝讲遘<u>清清楚楚</u>，汝是啊□［nua²²⁻²¹］各安呢做？ua⁵³ biŋ²⁴⁻²² biŋ²⁴ kaʔ³⁻² li⁵³ kɔŋ⁵³⁻⁴⁴ a⁴⁴ tshiŋ⁴⁴⁻²² tshiŋ⁴⁴⁻²² tshɔ⁵³⁻⁴⁴ tshɔ⁵³, li⁵³ si²²⁻²¹ a⁴⁴⁻²² nua²²⁻²¹ koʔ²⁻⁵ an⁴⁴⁻²² ne⁴⁴⁻²² tso²¹？

漳州 我明明合汝讲遘<u>清清楚楚</u>，汝安怎天安呢仔搞？gua⁵² biŋ¹³⁻²² biŋ¹³⁻²² kaʔ¹²¹⁻²¹ li⁵²⁻³⁴ kɔŋ⁵²⁻³⁴ kaʔ³²⁻⁵ tshiŋ³⁴⁻²² tshiŋ³⁴⁻²² tshɔ⁵²⁻³⁴ tshɔ⁵², li³ an³⁴⁻²² tsua⁵² iau⁵²⁻³⁴ an³⁴⁻²² ne¹³⁻²² a⁵² kau⁵²？

汕头 我明明合汝咀到<u>清清楚楚</u>，汝做呢还□［tsĩ²¹³⁻⁵⁵］生物？ua⁵² meŋ⁵⁵⁻³¹ meŋ⁵⁵ kaʔ⁵⁻² lɯ⁵²⁻³⁴ tã²¹³⁻⁵⁵ kau²¹³⁻⁵⁵ tsheŋ³³ tsheŋ³³ tshɔ⁵²⁻²⁴ tshɔ⁵², lɯ⁵² tso²¹³⁻⁵⁵ ni⁵⁵⁻³¹ huã⁵²⁻²⁴ tsĩ²¹³⁻⁵⁵ sẽ³³ mueʔ⁵？

揭阳 我明明合汝咀到<u>清清楚楚</u>，汝做呢还□［tsiõ²¹³⁻⁴²］生物？ua⁴²⁻⁵³ meŋ⁵⁵⁻²² meŋ⁵⁵ kaʔ²⁻³ lɯ⁴²⁻²⁴ tã²¹³⁻⁴² kau²¹³⁻⁴² tsheŋ³³ tsheŋ³³ tshɔ⁴²⁻³⁵ tshɔ⁴²⁻²¹, lɯ⁴²⁻⁵³ tso²¹³⁻⁴² ni⁵⁵⁻²² hã⁴²⁻²⁴ tsiõ²¹³⁻⁴² sẽ³³ mueʔ⁵？

海丰 我明明捞/拉你讲遘<u>清清楚楚</u>，汝知做呢（样）还＜只样＞生擝？ua⁵² meŋ⁵⁵⁻²² meŋ⁵⁵⁻²² lau⁴⁴⁻³³/la⁴⁴⁻³³ li⁵² kɔŋ⁵² a²¹³⁻⁵⁵ tsheŋ⁴⁴⁻³³ tsheŋ⁴⁴ tshɔ⁵²⁻²¹³ tshɔ⁵², li⁵² tsai⁴⁴⁻³³ tso²¹³⁻⁵⁵ ni⁵⁵⁻²²（iɔ²¹⁻³³）huã⁵²⁻²¹³ ＜tsiõ²¹³＞ sẽ⁴⁴⁻³³ mɔŋ²⁵？

雷州 我明明共汝讲得<u>明明白白/清清白白</u>啦，汝做乜□［zia⁴²］□［zio⁵⁵³］样做？ba⁴² miŋ²²⁻³³ miŋ²² kaŋ⁵⁵³⁻²⁴ lu⁴² kɔŋ⁴² tik⁵ miŋ²²⁻³³ miŋ²² pe³³⁻⁴² pe³³/tshiŋ²⁴⁻³³ tshiŋ²⁴ pe³³⁻⁴² pe³³ la³¹, lu⁴²⁻⁴⁴ tso²¹⁻⁴⁴ mi⁵⁵³ zia⁴² zio⁵⁵³ io²⁴ tso²¹⁻⁵⁵？

文昌 我明明共汝讲<u>清清楚楚</u>，汝倘是这作做？gua³¹ meŋ²²⁻¹¹ meŋ²² kaŋ³⁴ du³¹ kɔŋ³¹ ʃeŋ³⁴⁻⁴² ʃeŋ³⁴ ʃo¹¹⁻³³ ʃoʔ³, du³¹ iaŋ²¹ ti⁴²⁻¹¹ ʥia²¹ toʔ⁵ toʔ⁵³？

三亚 我明明共汝讲得清清楚楚（个），汝做乜还当样做落？va^{31} miŋ^{22} miŋ^{22} kaŋ^{42} lu^{31} koŋ^{31} ɗi^{45} tsheŋ^{33} tsheŋ^{33} tsho^{31} tsho^{31}（kai^{22}），lu^{31} to^{45} mi^{55} hai^{22} ɗaŋ^{24} io^{33} to^{45} lo^{42}？

很多句子两种重叠式都可以用，但是意思不完全相同，AABB 式比 ABAB 式程度高。下面是例句。

（13）那块大石头方方正正的。

泉州 迄块大石头四四正正/四正四正。hit$^{55-44}$ tɤ$^{41-55}$ tua$^{41-22}$ tsio$^{24-22}$ thau^{24} si$^{:41-55}$ si$^{:41-55}$ tsiã$^{41-55}$ tsiã^{41}/si$^{:41-55}$ tsiã$^{41-55}$ si$^{:41-55}$ tsiã^{41}.

厦门 迄个大石头四四角角/四角四角。hit$^{32-5}$ e$^{24-22}$ tua$^{22-21}$ tsio$^{5-21}$ thau^{24} si$^{:21-53}$ si$^{:21-53}$ kak$^{32-5}$ kak^{32}/si$^{:21-53}$ kak$^{32-5}$ si$^{:21-53}$ kak^{32}.

台中 ①迄粒大粒石头四四角角。hit$^{2-5}$ liap^3 tua$^{22-21}$ liap$^{3-2}$ tsio$^{3-2}$ thau^{24} si$^{:21-53}$ si$^{:21-53}$ kak$^{2-5}$ kak^2. ②迄粒大粒石头四角四角。hit$^{2-5}$ liap^3 tua$^{22-21}$ liap$^{3-2}$ tsio$^{3-2}$ thau^{24} si$^{:21-53}$ kak$^{2-5}$ si$^{:21-53}$ kak^2.

漳州 ①迄个大石头仔四角角。hit$^{32-5}$ le^{13} tua$^{22-21}$ tsio$^{121-21}$ thau^{13} a^{52} si$^{:21-52}$ kak$^{32-5}$ kak^{32}. ②迄个大石头仔四角四角。hit$^{32-5}$ le^{13} tua$^{22-21}$ tsio$^{121-21}$ thau^{13} a^{52} si$^{:21-52}$ kak$^{32-5}$ si$^{:21-52}$ kak^{32}. ③迄个大石头仔四四方方/四四角角。hit$^{32-5}$ le^{13} tua$^{22-21}$ tsio$^{121-21}$ thau^{13} a^{52} su$^{21-52}$ su$^{21-52}$ hɔŋ$^{34-22}$ hɔŋ^{34}/si$^{:21-52}$ si$^{:21-52}$ kak$^{32-5}$ kak^{32}.

汕头 ①块大石四四方方。ko$^{213-55}$ tua^{31} tsio^5 si$^{213-55}$ si$^{213-55}$ paŋ^{33} paŋ^{33}. ②块大石四方四方。ko$^{213-55}$ tua^{31} tsio^5 si$^{213-55}$ paŋ^{33} si$^{213-55}$ paŋ^{33}.

揭阳 块大石四四方方。ko$^{213-42}$ tua$^{22-21}$ tsio^5 si$^{213-42}$ si$^{213-42}$ paŋ^{33} paŋ^{33}.

海丰 许□［khɔk$^{3-4}$］大石□［pou^{25}］四四方方/四方四方。hi^{52} khɔk$^{3-4}$ tua$^{21-33}$ tsiɔ$^{4-3}$ pɔu^{25} si$^{213-55}$ si$^{213-55}$ paŋ$^{44-33}$ paŋ^{44}/si$^{213-55}$ paŋ$^{44-33}$ si$^{:213-55}$ paŋ^{44}.

雷州 许□［khuak^2］大石头四方四方。ha^{553} khuak^2 tua^{24} tsio$^{33-42}$ thau^{22} si$^{:21-44}$ paŋ$^{24-33}$ si$^{:21-44}$ paŋ^{24}.

遂溪 许□［khuak^5］大石头四四方方。ha^{55} khuak^5 tua^{24} tsio^{55} thau^{22} si$^{:214-55}$ si^{214} vaŋ$^{24-55}$ vaŋ^{24}.

文昌 许枚石头四方四方/四四方方。ɦo$^{21-55}$ mo$^{42-11}$ ʧio$^{42-11}$ xau^{22} ti$^{21-55}$ ɓaŋ^{34} ti$^{21-55}$ ɓaŋ^{34}/ti$^{21-55}$ ti$^{21-55}$ ɓaŋ^{34} ɓaŋ^{34}.

三亚 那块石头四四方方（个）。a^{45} khuai^{24} tsio^{33} thau^{22} ti$^{24-22}$ ti^{24} ɓaŋ^{33} ɓaŋ^{33}（kai^{22}）.

第（13）例中如文昌，若说"四方四方"，是石头的形状比较接近正方体，说"四四方方"，则是非常方正的意思。

(二) "形量"式形容词的重叠

"形量"式形容词是一类较特别的性质形容词,由一个形容词素加上一个量词素构成,意义的中心在前面的形容词素上。在语法功能上,除了和被说明或修饰的名词在搭配上受量词素的限制,以及不直接作状语,其余和一般的性质形容词相同。① "形量"式形容词和一般的双音节形容词一样可以重叠,重叠之后的语法性质也和一般形容词一样变成状态形容词,并且同样可以不加词尾而作谓语或补语,但是其重叠形式还是和一般的双音节形容词稍有不同。

"形量"式形容词不作 AABB 式重叠,其重叠式是 ABAB 和 AAB 两种,两种重叠式的语义区别相当于一般双音节形容词 ABAB 式和 AABB 式的区别。即前者描状性较强,程度较弱;后者含有程度较高的意义。

1. 着重描状,不强调程度之高,多用 ABAB 式

下面是例句。

(14) 西洋参比较小,短短的,人参比较长。

泉州 西洋参恰细粒,<u>短节短节</u>,人参恰长条。se^{33} iɔŋ$^{24-22}$ sɤm^{33} khaʔ^{55} sue$^{41-22}$ liap^{24}, tɤ$^{55-24}$ tsat^{55} tɤ$^{55-24}$ tsat^{55}, lin^{24} sɤm^{33} khaʔ^{55} tŋ'$^{24-22}$ tiau^{24}.

厦门 洋参恰细粒,<u>短节短节</u>,人参恰长条。iũ$^{24-22}$ sɔŋ^{44} khaʔ$^{32-5}$ sue$^{21-53}$ liap^{5}, te$^{53-44}$ tsat$^{32-5}$ te$^{53-44}$ tsat^{32}, lin$^{24-22}$ sɔŋ^{44} khaʔ$^{32-5}$ tŋ'$^{24-22}$ tiau^{24}.

台中 ①洋参恰细粒,短节,人参恰长条。iũ$^{24-22}$ siŋ^{44} khaʔ$^{2-5}$ se$^{21-53}$ liap^{3}, te$^{53-44}$ tsak^{2}, lin$^{24-22}$ siŋ^{44} khaʔ$^{2-5}$ tŋ'$^{24-22}$ tiau^{24}. ②洋参恰<u>短节短节</u>,人参恰长条。iũ$^{24-22}$ siŋ^{44} khaʔ$^{2-5}$ te$^{53-44}$ tsak^{2} te$^{53-44}$ tsak^{2}, lin$^{24-22}$ siŋ^{44} khaʔ$^{2-5}$ tŋ'$^{24-22}$ tiau^{24}.

漳州 西洋参恰细粒,<u>短节短节</u>,人参恰长条。se$^{34-22}$ iɔ̃$^{13-22}$ som^{34} khaʔ$^{32-5}$ se$^{21-52}$ liap$^{121-21}$, te$^{52-34}$ tsat$^{32-5}$ te$^{52-34}$ tsat$^{32-5}$, zin$^{13-22}$ som^{34} khaʔ$^{32-5}$ tŋ'$^{13-22}$ tiau^{13}.

汕头 洋参解□[iau$^{53-24}$]细粒,<u>短节短节</u>,人参解□[iau$^{53-24}$]长条。iõ$^{55-31}$ siam^{33} oi$^{25-31}$ iau$^{52-24}$ soi$^{213-55}$ liap^{5}, to$^{52-24}$ tsak$^{2-5}$ to$^{52-24}$ tsak^{2}, ziŋ$^{55-31}$ siam^{33} oi$^{25-31}$ iau$^{52-24}$ tɯŋ$^{55-31}$ tiau^{55}.

揭阳 洋参(解)□[iau$^{42-24}$]/□[liau$^{42-24}$]细粒,<u>短节短节</u>,人参(解)□[iau$^{42-24}$]/□[liau$^{42-24}$]长条。ĩo$^{55-22}$ sim^{33}(oi$^{35-21}$)iau$^{42-24}$/liau$^{42-24}$ soi$^{213-53}$ liap^{5}, to$^{42-24}$ tsak$^{2-3}$ to$^{42-24}$ tsak^{2}, zeŋ$^{55-22}$ sim^{33}(oi$^{35-21}$)

---

① 参见本书第一章第二节"闽南方言的'形量'式形容词"。

iau$^{42-24}$/liau$^{42-24}$ tɯŋ$^{55-22}$ tiau^{55}.

海丰 西洋参恰细条，短节短节，人参恰长条。sai$^{44-33}$ iɔ̃$^{55-22}$ sɔm^{44} khaʔ$^{3-4}$ sei$^{213-55}$ tiau^{55}, tie$^{52-25}$ tsak$^{3-4}$ tie$^{52-25}$ tsak^{3}, zin$^{55-22}$ sɔm^{44} khaʔ$^{3-4}$ tŋ$^{55-22}$ tiau^{55}.

雷州 西洋参比较细/比较□［ni^{55}］，短节短节，人参（比）较长。sai$^{24-33}$ io^{22} sem^{34} pi^{42} kiau$^{21-44}$ soi^{21}/pi^{42} kiau$^{21-44}$ ni^{55}, te$^{42-44}$ tsak^{5} te^{42} tsak$^{5-2}$, zieŋ$^{22-33}$ sem^{24}（pi^{42}）kiau$^{21-44}$ to^{22}.

遂溪 西洋参比较细条，短节短节，人参比较长条。sai$^{24-33}$ io^{22} tsham^{24} pi^{41} kiau^{24} soi$^{214-24}$ tiau^{22}, te^{41} tsiet^{54} te^{41} tsiet^{54}, naŋ^{22} tsham^{24} pi^{41} kiau^{24} to^{22} tiau^{22}.

文昌 西洋参挈条，短节，侬参长条。tai$^{34-42}$ io$^{22-11}$ ʃam^{34} niau$^{53-42}$ tiau^{22}, ɗe$^{31-33}$ tat^{5}, naŋ$^{22-11}$ ʃam^{34} to$^{22-11}$ ɗiau^{22}.

三亚 西洋参比较细条，短条短条/短短条，人参比较长条。tai^{33} io^{22} tshaŋ^{33} ɓi^{31} kiau^{24} toi^{24} ɗiau^{22}, ɗe^{31} ɗiau^{22} ɗe^{31} ɗiau^{22}/ɗe^{31} ɗe^{31} ɗiau^{22}, naŋ^{22} tshaŋ^{33} ɓi^{31} kiau^{24} ɗo^{22} ɗiau^{22}.

（15）他爱人长得小巧玲珑的。

泉州 伊个爱人生遘细粒细粒。i^{33} e$^{24-22}$ ai$^{41-55}$ lin^{24} sĩ^{33} ã$^{55-24}$ sue$^{41-55}$ liap$^{24-22}$ sue$^{41-55}$ liap^{24}.

厦门 ①侬某生遘细粒细粒。in$^{44-22}$ bɔ^{53} sĩ$^{44-22}$ a^{44} sue$^{21-53}$ liap$^{5-21}$ sue$^{21-53}$ liap^{5}. ②侬某生遘细细粒。in$^{44-22}$ bɔ^{53} sĩ$^{44-22}$ a^{44} sue$^{21-53}$ sue$^{21-53}$ liap^{5}.

台中 伊个某生着细粒籽细粒籽。i$^{44-22}$ e$^{24-22}$ bɔ^{53} sẽ$^{44-22}$ tioʔ^{3} se$^{21-53}$ liap$^{3-2}$ tsi$^{53-44}$ se$^{21-53}$ liap$^{3-2}$ tsi^{53}.

漳州 ①侬某生做细粒籽细粒籽。in$^{34-22}$ bo^{52} sẽ$^{34-22}$ tso$^{21-52}$ se$^{21-52}$ liap$^{121-21}$ tsi$^{52-34}$ se$^{21-52}$ liap$^{121-21}$ tsi^{52}. ②侬某生做细细个仔。in$^{34-22}$ bo^{52} sẽ$^{34-22}$ tso$^{21-52}$ se$^{21-52}$ se$^{21-52}$ kɔ^{21} a^{52}.

汕头 ①伊阿老生来细粒细粒（呤）。i^{33} a^{33} lau^{25} sẽ^{33} lai^{55} soi$^{213-55}$ liap$^{5-2}$ soi$^{213-55}$ liap^{5}（nẽ$^{-31}$）. ②伊阿老生来细细（呤）。i^{33} a^{33} lau^{25} sẽ^{33} lai^{55} soi$^{213-55}$ soi$^{213-55}$ liap^{5}（nẽ$^{-31}$）.

揭阳 ①伊阿老生来细粒细粒。i^{33} a^{33} lau^{35} sẽ^{33} lai^{55} soi$^{213-42}$ liap$^{5-2}$ soi$^{213-42}$ liap^{5}. ②伊阿老生来细细粒。i^{33} a^{33} lau^{35} sẽ^{33} lai^{55} soi$^{213-42}$ soi$^{213-42}$ liap^{5}.

海丰 伊个某生来细粒细粒（仔）。i$^{44-33}$ ai$^{55-22}$ bɔu^{52} sẽ$^{44-33}$ lai^{55} sei$^{213-55}$ liap$^{4-3}$ sei$^{213-55}$ liap^{4}（ã$^{52-213}$）.

雷州 伊个嫇/老婆生得□［ni^{553}］个□［ni^{553}］个。i^{24} kai$^{22-33}$ niaŋ^{24}/lau$^{42-44}$ pho^{22} se^{24} tik^{5} ni^{553} kai^{22} ni^{553} kai$^{22-21}$.

遂溪 ①伊老婆生倒呢个呢个□［kiaʔ^{31}］。i^{24} lau^{41} pho^{22} se^{24} to^{4} ni^{55} kai^{22}

ni^{55} kai^{22} kia?^{31}。②伊老婆生倒呢呢个□［kia?^{31}］。i^{24} lau^{41} pho^{22} se^{24} to^{42} ni^{55} ni^{55} kai^{22} kia?^{31}。

文昌　伊老婆孶粒。i^{34} lau$^{42-11}$ ɸo^{22} niau$^{53-42}$ liap^{3}。

三亚　伊个爱侬生得<u>孶个孶个</u>（个）。i^{33} kai^{22} ai^{24} naŋ^{22} te^{33} ɗi?^{45} niau?^{45} kai^{22} niau?^{45} kai^{22}（kai^{22}）。

2. 表示程度较高，常用 AAB 式

(16) 那棵树很大。

泉州　迄丛树<u>大大丛</u>。hit^{55} tsaŋ$^{24-22}$ tshiu^{41} tua$^{41-22}$ tua$^{41-22}$ tsaŋ^{24}。

厦门　迄丛树囝真<u>大大丛</u>。hit$^{32-5}$ tsaŋ$^{24-22}$ tshiu$^{22-21}$ a^{53} tsin$^{44-22}$ tua$^{22-21}$ tua$^{22-21}$ tsaŋ^{24}。

台中　迄丛树仔真大丛。hit$^{2-5}$ tsaŋ$^{24-22}$ tshiu^{22} a^{53} tsin$^{44-22}$ tua$^{22-21}$ tsaŋ^{24}。

漳州　迄丛树<u>大大丛</u>。hit$^{32-5}$ tsaŋ$^{13-22}$ tshiu^{22} tua$^{22-21}$ tua$^{22-21}$ tsaŋ^{13}。

汕头　丛树<u>大大丛</u>。tsaŋ$^{55-31}$ tshiu^{31} tua^{31} tua^{31} tsaŋ^{55}。

揭阳　丛树<u>大大丛</u>。tsaŋ$^{55-22}$ tshiu^{22} tua$^{22-21}$ tua$^{22-21}$ tsaŋ^{55}。

海丰　许丛树<u>大大丛</u>。hi^{52} tsaŋ$^{55-22}$ tshiu^{21} tua$^{21-33}$ tua$^{21-33}$ tsaŋ^{55}。

雷州　许丛树<u>大大丛</u>。ha^{553} tsaŋ$^{22-33}$ tshiu$^{553-24}$ tua$^{24-33}$ tua^{24} tsaŋ^{22}。

遂溪　许丛树<u>大大丛</u>。ha^{55} tsaŋ^{22} tshiu^{24} tua$^{24-33}$ tua$^{24-33}$ tsaŋ^{22}。

文昌　这丛树<u>大大丛</u>。ʥia$^{21-55}$ taŋ$^{22-11}$ ʃiu^{34} ɗua$^{34-42}$ ɗua$^{34-42}$ taŋ^{22}。

三亚　那棵树很大。a?^{45} khuo^{33} tshiu^{45} heŋ^{31} ɗuo^{33}。

(17) 买了一斤很细的粉丝。

泉州　买了蜀斤<u>幼幼</u>条个冬粉。bue$^{55-24}$ liau^{55} tsit$^{24-22}$ kun^{33} iu$^{41-55}$ iu$^{41-55}$ tiau^{24} e$^{24-22}$ taŋ^{33} hun^{55}。

厦门　买蜀斤真幼个冬粉。bue$^{53-44}$ tsit$^{5-21}$ kun$^{44-22}$ tsin$^{44-22}$ iu^{21} e$^{24-22}$ taŋ$^{44-22}$ hun^{53}。

台中　买蜀斤足幼个粉丝。be$^{53-44}$ tsit$^{3-2}$ kin^{44} tsiɔk$^{2-5}$ iu$^{21-44}$ e$^{24-22}$ taŋ$^{44-22}$ hun^{53}。

漳州　买了蜀斤<u>幼幼</u>条个粉丝。be$^{52-34}$ liau^{52} tsit$^{121-21}$ kiŋ^{34} iu$^{21-52}$ iu$^{21-52}$ tiau^{13} e$^{13-22}$ hun$^{52-34}$ si^{34}。

汕头　买了蜀斤<u>细细</u>条个粉签。boi$^{52-24}$ liau$^{52-24}$ tsek$^{5-2}$ kɯŋ^{33} soi$^{213-55}$ soi$^{213-55}$ tiau^{55} kai$^{55-31}$ huŋ$^{52-24}$ tshiam^{33}。

揭阳　买了蜀斤<u>细细</u>条个粉签。boi$^{42-24}$ liau$^{42-24}$ tsek$^{5-2}$ keŋ^{33} soi$^{213-42}$ soi$^{213-42}$ tiau^{55} kai$^{55-22}$ huŋ$^{42-24}$ tshiam^{33}。

海丰　买了斤<u>细细</u>条个粉丝。be$^{52-213}$ liau$^{52-213}$ kin$^{44-33}$ se$^{213-55}$ se$^{213-55}$ tiau^{55} ai$^{55-22}$ hun$^{52-213}$ si^{44}。

雷州 买了（蜀）斤□［ni⁵⁵³⁻²⁴］□［ni⁵⁵³］条个粉团。boi⁴²⁻⁴⁴ liau⁴²⁻⁴⁴（iek²⁻⁵）kiŋ²⁴ ni⁵⁵³⁻²⁴ ni⁵⁵³ tiau²² kai²²⁻³³ huŋ⁴²⁻⁴⁴ kia⁴²。

遂溪 买斤呢呢条粉团。voi⁴¹ kien²⁴ ni⁵⁵ ni⁵⁵ tiau²² huŋ⁴¹ kia⁴¹。

文昌 买了蜀斤挐挐条个粉丝。boi³¹ liau³¹ dʑiak³⁻¹ kien³⁴ niau⁵³⁻⁴² niau⁵³ tiau²² kai²²⁻¹¹ ɦun³¹⁻³³ ti³⁴。

三亚 买了蜀斤幼幼条个刺粉。voi³¹ liau³¹ zioʔ³³ keŋ³³ iu²⁴⁻²² iu²⁴ ɗiau²² kai²² tshi²⁴ hun³¹。

3. 两种形式均可，但是意义不同，用 ABAB 式时程度较低，用 AAB 式时程度较高

（18）这种西红柿个儿小小的。

泉州 即种柑仔得（个粒）细细粒。tsit⁵⁵ tsiɔŋ⁵⁵⁻²⁴ kam³³ ã⁵⁵⁻²⁴ tit⁵⁵（e²⁴⁻²² liap²⁴）sue⁴¹⁻⁵⁵ sue⁴¹⁻⁵⁵ liap²⁴。

厦门 ①即款臭柿囝细粒细粒。tsit³²⁻⁵ khuan⁵³⁻⁴⁴ tshau²¹⁻⁵³ khi²²⁻²¹ a⁵³ sue²¹⁻⁵³ liap⁵⁻²¹ sue²¹⁻⁵³ liap⁵。②即款臭柿囝细细粒。（更小）tsit³²⁻⁵ khuan⁵³⁻⁴⁴ tshau²¹⁻⁵³ khi²²⁻²¹ a⁵³ sue²¹⁻⁵³ sue²¹⁻⁵³ liap⁵。

台中 ①即种他吗度细粒细粒。tsit²⁻⁵ tsiɔŋ⁵³⁻⁴⁴ tha⁴⁴⁻²² ma⁴⁴ tɔ²¹ se²¹⁻⁵³ liap³⁻² se²¹⁻⁵³ liap³。②即种他吗度细细粒仔。（更小）tsit²⁻⁵ tsiɔŋ⁵³⁻⁴⁴ tha⁴⁴⁻²² ma⁴⁴ tɔ²¹ se²¹⁻⁵³ se²¹⁻⁵³ liap³ a⁵³。

漳州 ①即种臭柿仔细粒细粒。tsit³²⁻⁵ tsiŋ⁵²⁻³⁴ tshau²¹⁻⁵² khi²²⁻²¹ a⁵² se²¹⁻⁵² liap¹²¹⁻²¹ se²¹⁻⁵² liap¹²¹。②即种臭柿仔细细粒仔。（更小）tsit³²⁻⁵ tsiŋ⁵²⁻³⁴ tshau²¹⁻⁵² khi²²⁻²¹ a⁵² se²¹⁻⁵² se²¹⁻⁵² liap¹²¹⁻²¹ a⁵²。

汕头 ①者番茄细粒细粒。tsia⁵²⁻²⁴ huaŋ³³ kio⁵⁵ soi²¹³⁻⁵⁵ liap⁵⁻² soi²¹³⁻⁵⁵ liap⁵。②者番茄细细粒。（更小）tsia⁵²⁻²⁴ huaŋ³³ kio⁵⁵ soi²¹³⁻⁵⁵ soi²¹³⁻⁵⁵ liap⁵。

揭阳 者番茄细粒细粒。tsio⁴²⁻²⁴ huaŋ³³ kio⁵⁵ soi²¹³⁻⁴² liap⁵⁻² soi²¹³⁻⁵³ liap⁵。

海丰 只项番茄细细个（仔）。tsi⁵² haŋ²⁵⁻³³ huaŋ⁴⁴⁻³³ kiɔ⁵⁵ se²¹³⁻⁵⁵ se²¹³⁻⁵⁵ kai⁵⁵⁻²²（ã⁵²）。

雷州 ①这种番茄细细个。zia⁵⁵³ tsiaŋ⁴² huaŋ²⁴⁻³³ kio²² soi²¹⁻⁴⁴ soi²¹ kai²²⁽⁻²⁵⁾。②这种黄豆细细粒。zia⁵⁵³ tsiaŋ⁴² huaŋ²²⁻³³ tau²⁴ soi²¹⁻⁴⁴ soi²¹ liap²。

遂溪 若种番茄细细个/细细粒/细粒细粒。ia⁵⁵ tsiaŋ⁴¹ huaŋ²⁴⁻³³ kio²² soi²¹⁴⁻⁵⁵ soi²¹⁴⁻⁵⁵ kai²²/soi²¹⁴⁻⁵⁵ soi²¹⁴⁻⁵⁵ liap³/soi²¹⁴⁻⁵⁵ liap³ soi²¹⁴⁻⁵⁵ liap³。

文昌 这种西红柿挐挐个。dʑia²¹⁻⁵⁵ tʃiaŋ³¹ tai³⁴⁻⁴² aŋ²²⁻¹¹ ʃi⁴² niau⁵³⁻⁴² niau⁵³⁻⁴² kai²²。

三亚 即种西红柿挐挐个/挐个挐个。iʔ⁴⁵ tsiaŋ³¹ tai³³ aŋ²² tshi²⁴ niauʔ⁴⁵ niauʔ⁴⁵ kai²²/niauʔ⁴⁵ kai²² niauʔ⁴⁵ kai²²。

三、加缀形容词的重叠

加缀形容词指一个词根加上一个词缀构成的形容词，这种词在语义上由词缀表现出一种约定俗成的形象色彩，亦称形容词的生动形式。其词缀可以是一个或更多的音节，为便于叙述，记为 Axyz 等。加缀形容词的构成方式在汉语方言中有很大的共性，然而其词缀及意义常常因地而异，闽南方言各地这类词在不同地方纷异颇多，难以对齐比较，不过若是多观察几个例句，其语法功能、语义特点和重叠情况还是可以看到的。闽南方言这类词的重叠，有三种方式：一种是重叠词缀成 Axx，一种是整个重叠一次成 Ax(y)Ax(y)，第三种是词根和词缀依次重叠成 AAxx。前两种各地均见，第三种只见于雷州片。

Ax(y)Ax(y) 重叠式和双音节形容词的 ABAB 式在语义和语法功能上很接近，都是常作谓语和补语，可以不带词尾，语义上偏于描状，程度比较低。Axx 则较接近 ABB，程度比较高。下面是例句。

(19) 小猫的脑袋圆乎乎的，真可爱。

泉州 猫仔个头壳（□[kaʔ^{55}]）<u>圆令令/圆滚滚</u>，野水/野剔。niãu^{33} ã^{55} e$^{24-22}$ tau$^{24-22}$ kak^{55}（kaʔ^{55}）ĩ$^{24-22}$ liŋ$^{41-55}$ liŋ^{41}/ĩ$^{24-22}$ kun^{55} kun$^{55-41}$，ia$^{55-24}$ sui^{55}/ia$^{55-24}$ thiak^{55}.

厦门 即只猫仔囝头壳圆圆圆/<u>圆□[kun$^{21-53}$]□[kun^{21}]/圆□[lɔŋ$^{44-22}$]□[lɔŋ^{44}]/圆车车/圆[lin$^{44-22}$]□[lin^{44}]</u>，真□[kɔ$^{53-44}$]□[tsui^{44}]. tsit$^{32-5}$ tsiaʔ$^{32-53}$ niau$^{44-22}$ a$^{53-44}$ kiã^{53} thau$^{24-22}$ khak^{32} ĩ$^{24-22}$ ĩ$^{24-22}$ ĩ$^{24-22}$ kun$^{21-53}$ kun^{21}/ĩ$^{24-22}$ lɔŋ$^{44-22}$ lɔŋ^{44}/ĩ$^{24-22}$ tshia$^{44-22}$ tshia^{44}/ĩ$^{24-22}$ lin$^{44-22}$ lin^{44}，tsin$^{44-22}$ kɔ$^{53-44}$ tsui^{44}.

台中 ①猫仔（个）头<u>圆圆圆</u>，足□[kɔ$^{44-22}$]□[tsui^{22}]。niãu^{44} a^{53}（e$^{24-22}$）thau^{24} ĩ^{24} ĩ^{24} ĩ^{24}，tsiɔk$^{2-5}$ kɔ$^{44-22}$ tsui^{22}. ②猫仔（个）头<u>圆滚滚</u>，足□[kɔ$^{44-22}$]□[tsui^{22}]。niãu^{44} a^{53}（e$^{24-22}$）thau^{24} ĩ$^{24-22}$ kun$^{53-44}$ kun^{53}，tsiɔk$^{2-5}$ kɔ$^{44-22}$ tsui^{22}.

漳州 猫仔头壳圆圆圆/<u>圆囵囵</u>，□[sɛ$^{34-22}$]可爱。niãu^{34} a^{44} thau$^{13-22}$ khak^{32} ĩ^{13} ĩ$^{13-22}$ ĩ$^{13-213}$/ĩ$^{13-22}$ nun$^{34-22}$ nun^{34}，sɛ$^{34-22}$ ko$^{52-34}$ ai^{21}.

汕头 只猫囝个头<u>圆巴□[lau^{33}]圆巴□[lau^{33}]</u>，好惜死。tsiaʔ$^{2-5}$ ŋiau^{33} kiã^{52} kai$^{55-31}$ thau$^{55-31}$ ĩ$^{55-31}$ pa^{33} lau^{33} ĩ$^{55-31}$ pa^{33} lau^{33}，ho$^{52-24}$ sioʔ$^{2-5}$ si^{52}.

揭阳 只猫囝个头<u>圆□[kuak$^{5-2}$]圆□[kuak^{5}]</u>，如死。tsiaʔ$^{2-3}$ ŋiau^{33} kiã$^{42-53}$ kai$^{55-22}$ thau^{55} ĩ$^{55-22}$ kuak$^{5-2}$ ĩ$^{55-22}$ kuak^{5}，u$^{55-22}$ si^{42}.

海丰 （只）只猫仔个头<u>圆括圆括</u>，不则乐。(tsi^{52}) tsiaʔ$^{3-4}$ ŋiau$^{44-33}$ ã^{52}

a$^{55-22}$/kai$^{55-22}$ thau^{55} ĩ$^{55-22}$ kuak$^{3-4}$ ĩ$^{55-22}$ kuak^3, put$^{3-4}$ tsek$^{3-4}$ lɔk^4.

雷州 猫囝个头有乃圆隆圆隆，真好惜。ba^{22} kia^{42} kai$^{22-33}$ thau^{22} u^{33} nai^{553} i^{22} loŋ^{24} i^{22} loŋ^{24}, tsieŋ^{24} ho$^{42-44}$ tshoi^{553}.

遂溪 猫囝个头生倒<u>圆□〔lok^{54}〕圆□〔lok^{54}〕/圆圆□〔lok^{54}〕□〔lok^{54}〕</u>，够好□〔tshoi^{55}〕。va$^{24-33}$ kia$^{41-24}$ a^{22} thau^{22} se^{24} to^{41} i^{22} lok^{54} i^{22} lok^{54}/i^{22} i^{22} lok^{54} lok^{54}, kau^{214} ho^{41} tshoi^{55}.

文昌 猫囝枚头<u>圆扑扑</u>，真可惜。niau$^{34-42}$ kia^{31} mo$^{42-11}$ xau^{22} i$^{22-11}$ poʔ^5 poʔ^5, tʃien^{34} fio$^{31-33}$ ʃoi^{53}.

三亚 猫囝个头颇圆圆个，可爱死了。miau^{33} kio^{31} kai^{22} thau^{22} le^{22} oŋ^{22} oŋ^{22} kai^{22}, kho^{31} ai^{24} ti^{31} liau^{31}.

(20) 这种马铃薯略带长形。

泉州 即种马铃薯恰长。tsit$^{55-44}$ tsiɔŋ^{55} mã$^{55-24}$ liŋ$^{24-22}$ tsɯ^{24} khaʔ^{55} tŋ$^{⋅24}$.

厦门 ①即款番囝番薯长条长条。tsit$^{32-5}$ khuan$^{53-44}$ huan$^{44-22}$ a$^{53-44}$ han$^{44-22}$ tsu^{24} tŋ$^{⋅24-22}$ tiau$^{24-22}$ tŋ$^{⋅24-22}$ tiau^{24}. ②即款番仔番薯有淡薄囝长长。tsit$^{32-5}$ khuan$^{53-44}$ huan$^{44-22}$ a$^{53-44}$ han$^{44-22}$ tsu$^{22-21}$ tam$^{22-21}$ poʔ$^{5-21}$ a$^{53-44}$ tŋ$^{⋅24-22}$ tŋ$^{⋅24}$. ③即款番囝番薯瘠长瘠长。tsit$^{32-5}$ khuan$^{53-44}$ huan$^{44-22}$ a$^{53-44}$ han$^{44-22}$ tsu^{24} san$^{53-44}$ tŋ$^{⋅24-22}$ san$^{53-44}$ tŋ$^{⋅24}$.

台中 即种油薯小可<u>长□〔liau$^{44-22}$〕长□〔liau^{44}〕</u>。tsit$^{2-5}$ tsiɔŋ$^{53-44}$ iu$^{24-22}$ tsi^{24} sio$^{53-44}$ khua$^{53-44}$ tŋ$^{⋅24-22}$ liau$^{44-22}$ tŋ$^{⋅24-22}$ liau^{44}.

漳州 即种马铃薯（淡薄仔）长条长条。tsit$^{32-5}$ tsiŋ$^{52-34}$ ma$^{52-34}$ liŋ$^{13-22}$ tsi$^{52-34}$（tam$^{22-21}$ poʔ$^{121-21}$ a^{52}）tŋ$^{⋅13-22}$ tiau$^{13-22}$ tŋ$^{⋅13-22}$ tiau^{13}.

汕头 只款荷兰薯<u>长哥罗长哥罗</u>。tsi$^{52-24}$ kuaŋ$^{52-24}$ ho$^{55-31}$ laŋ^{33} tsɯ^{55} tɯŋ$^{55-31}$ ko^{33} lo$^{55-31}$ tɯŋ$^{55-31}$ ko^{33} lo^{55}.

揭阳 只款江筒<u>长详长详</u>。tsi$^{42-24}$ khuaŋ$^{42-24}$ kaŋ^{33} taŋ^{55} tɯŋ$^{55-22}$ siaŋ$^{55-22}$ tɯŋ$^{55-22}$ siaŋ^{55}.

海丰 只项马铃薯滴仔长长仔。tsi^{52} haŋ$^{25-33}$ be$^{52-213}$ leŋ$^{44-33}$ tsi^{55} tip$^{3-4}$ ã$^{52-213}$ tŋ$^{⋅55-22}$ tŋ$^{⋅55}$ ã$^{52-213}$.

雷州 这种马铃薯有乃<u>长罗长罗</u>。zia^{553} tsiaŋ$^{42-44}$ be$^{33-42}$ laŋ$^{22-33}$ tsu^{22} u^{33} nai^{553} to$^{22-33}$ lo^{24} to$^{22-33}$ lo^{24}.

遂溪 若种马铃薯有乃<u>长□〔lo$^{55-33}$〕长□〔lo^{55}〕/长囝长囝</u>。ia^{55} tsiaŋ^{41} ve^{41} liŋ^{22} tsu^{22} u^{55} nai^{55} to^{22} lo$^{55-33}$ to^{22} lo^{55}/to^{22} kia^{41} to^{22} kia^{41}.

文昌 这种马铃薯稍长稍长。dʒia$^{21-55}$ tʃian$^{31-33}$ ma$^{31-33}$ leŋ$^{22-11}$ tu^{22} to$^{34-42}$ ɗo$^{22-11}$ to$^{34-42}$ ɗo^{22}.

三亚 即种马铃薯有呢囝长条/长形。iʔ^{33} tsiaŋ^{31} ma^{22} leŋ^{22} tsu^{22} u$^{42-44}$ niʔ^{45}

kio^{31} ɗo^{22} ɗiau^{22}/ɗo^{22} heŋ^{22}.

（21）他弟弟长得矮墩墩的。

泉州　個小弟生遘<u>矮墩矮墩/矮墩墩</u>（个）。in^{33} sio$^{55-24}$ ti^{22} sī^{33} ã^{55} ue$^{55-24}$ tŋ$^{'41-55}$ ue$^{55-24}$ tŋ$^{'41}$/ue$^{55-24}$ tŋ$^{'41-55}$ tŋ$^{'41}$（e$^{24-21}$）.

厦门　個小弟生遘<u>矮墩矮墩/矮□［tshak$^{5-21}$］□［tshak^{5}］</u>。in$^{44-22}$ sio$^{53-44}$ ti^{22} sī$^{44-22}$ a$^{53-44}$ ue$^{53-44}$ tŋ$^{'21-53}$ ue$^{53-44}$ tŋ$^{'21}$/ue$^{53-44}$ tshak$^{5-21}$ tshak^{5}.

台中　①個弟弟生着<u>矮□［tuãi$^{21-53}$］□［tuãi^{21}］</u>。in^{44} ti^{21} ti^{21} sẽ$^{44-22}$ tioʔ^{3} e$^{53-44}$ tuãi$^{21-53}$ tuãi^{21}. ②伊（个）弟弟生着<u>矮□［tua$^{21-53}$］矮□［tuã^{21}］</u>。i^{44}（e$^{24-22}$）ti^{44} ti^{21} sẽ$^{44-22}$ tioʔ^{3} e$^{53-44}$ tuãi$^{21-53}$ e$^{53-44}$ tuãi^{21}.

漳州　個小弟了<u>矮墩墩/矮墩矮墩</u>。in$^{34-22}$ sio$^{52-34}$ ti^{22} tua$^{22-21}$ liau^{52} e$^{52-34}$ tuĩ$^{21-52}$ tuĩ^{21}/e$^{52-34}$ tuĩ$^{21-52}$ e$^{52-34}$ tuĩ^{21}.

汕头　伊阿弟生来<u>矮□［tam$^{52-24}$］矮□［tam$^{42-21}$］</u>。i^{33} a^{33} ti^{25} sẽ^{33} lai^{55} oi$^{.52-24}$ tam$^{52-24}$ oi$^{.52-24}$ tam$^{42-21}$.

揭阳　伊阿弟生来<u>矮□［tam$^{42-24}$］矮□［tam$^{42-21}$］</u>。i^{33} a^{33} ti^{35} sẽ^{33} lai^{55} oi$^{.42-24}$ tam$^{42-24}$ oi$^{.42-35}$ tam$^{42-21}$.

海丰　伊个弟生来<u>矮墩矮墩</u>仔。i$^{44-33}$ ai$^{55-22}$ thai^{21} sẽ$^{44-33}$ lai^{55} ei$^{52-213}$ tun$^{52-213}$ ei$^{52-213}$ tun^{52} ã$^{52-213}$.

雷州　伊个老弟生得<u>矮墩墩/矮矮墩墩/矮墩矮墩</u>。i^{24} e$^{22-33}$ lau$^{42-44}$ ti^{42} se^{24} tik^{5} oi$^{.42-44}$ tsem^{33} tsem^{33}/oi$^{.42-44}$ oi^{42} tsem^{33} tsem^{33}/oi$^{.42-44}$ tsem^{33} oi$^{.42-44}$ tsem^{33}.

遂溪　伊老弟生到<u>矮节墩节/矮矮节节/矮节节</u>。i^{24} lau^{41} ti^{55} se^{24} to^{41} oi$^{.41}$ tsep^{3} oi^{41} tsep^{3}/oi^{41} oi^{41} tsep^{3} tsep^{3}/oi^{41} tsep^{3} tsep^{3}.

文昌　伊枚老弟生得<u>矮核矮核</u>。i^{34} mo$^{42-11}$ lau$^{42-11}$ ɗi^{42} te^{34} ɗiet^{5} oi$^{31-33}$ xut^{5} oi$^{31-33}$ xut^{5}.

三亚　伊厝侬（老）弟生得<u>矮矮个/矮个矮个/矮截矮截个</u>。i^{33} tshu^{24} noŋ^{31}（lau^{31}）ɗi^{42} te^{33} ɗiʔ^{45} oi^{31} oi^{31} kai^{22}/oi^{31} kai$^{22-33}$ oi^{31} kai^{22}/oi^{31} tsa^{42} oi^{31} tsa^{42} kai^{22}.

　　本节所述的加缀形容词，其在重叠前或者不成立，或者不能作为一个自由的语言单位单说或入句，只有重叠式才可以相当于一个性质形容词来使用。也就是说，这些重叠式的"基式"不是已有的语言单位，重叠式不是某个形容词性的"基式"的形态变化。

　　这种现象使我们看到，汉语的重叠式虽然可以在某种意义上和印欧语的形态变化类比，但还是有重要的不同。汉语重叠式构成的机理，不单纯是通过词的变形。以闽南方言形容词的重叠观之，一开始应该是以一般的形容词为"基式"作某种方式的重叠，这种重叠会形成一种范式，这时，范式就成了一种语法手段，有其特定的语法意义①，可以利用别的语言成分，"套入"这一范式，从而赋予该范式语义特征、语义功能和句法功能，成为一个新的语言单位。这个过程不像印欧语的变形，而是一种格式的套用，因为它可以不管那些语言成分原先成不成语言单位、是词根还是词缀，也无所谓构形还是构词，只要最终形式是特定范式的格式，就可以成为一个和一般形容词重叠式有同样语义-语法性质的语言单位。

本节所述各种重叠式，不管具体形式如何不同，有无"基式"，"基式"是否已经含有附加"形态"（带虚词缀）；也不管其形成是属于构形法还是构词法，都是纳入一定范式的结果。根据我们对较多方言的观察，重叠的范式和重叠的方式有密切的关系②。一个范式可以管着一群具体形式不同的重叠式，同一个范式的不同重叠式会有相当一致的语义特点、语义功能和句法性质。现在把语料中所见的各种形容词重叠形式归纳如下。

①第一范式

A. 重叠方式：ABC…ABC…

B. 重叠式：

AA——红红

AB（C…）AB（C…）——四方四方、细粒细粒

Ax（y…）Ax（y…）——长罗长罗、长哥罗长哥罗

ABB③——四角角

Axx——圆图图

C. 语义特征：[＋状态][＋低程度]

D. 语义功能：描写

E. 句法功能：状态形容词性

②第二范式

A. 重叠方式：AABBCC…

B. 重叠式：

AABB——四四方方

AAxx——矮矮墩墩

AAB④——细细粒

---

① 此处"语法意义"是广义的，包括语法在句法和语义层面上的意义。

② 关于"重叠的方式"的概念及其与"重叠形式""重叠式"的区别，详见施其生《论汕头方言中的"重叠"》，载《语言研究》1997年第1期。

③ "ABB"和"Axx"为"ABAB"和"AxAx"的缩略形式，均省去后一个"A"。

④ "AAB"为"AABB"的缩略，省去后一个"B"。

C. 语义特征：[+情状] [+高程度]
D. 语义功能：描写
E. 句法功能：状态形容词性

这两种范式其实都属于一个上位范式，就是"重叠"范式，其语义特征是[+情状]，语义功能是描写，语法功能是状态形容词性。而重叠的方式不同，又使得"重叠"范式分成两个，而有语义上的[+低程度]和[+高程度]之别。汉语的"重叠"范式在各方言中有很大的共性。

参考文献

施其生. 论汕头方言中的"重叠"[J]. 语言研究, 1997 (1).

第二节 闽南方言名词和名词短语的重叠

闽南方言的名词和名词短语有一些可以重叠，重叠后语义和功能完全变成状态形容词性的。

一、名词的重叠

单音节名词重叠的形式是 AA，双音节以上的，其重叠方式是从头到尾反复一次，即 ABAB、ABCABC 等。只有一小部分名词可以重叠，哪些词可以重叠，各方言有自己约定俗成的习惯。名词重叠之后不再用于指称而用于描状，完全失去名词的语法功能，一般不作主语和宾语，常作谓语、补语或状语，这些都是状态形容词的用法，作定语时需加结构助词"个"（的），这也和状态形容词一样。重叠式的词义是新产生的，往往和名词所指称事物的特征有某些联系，但具体词义还靠约定俗成。

（一）单音节名词的重叠

下面是例句。
（1）那小伙子猴模猴样、鼠眉鼠眼的，一点样子也没有。

泉州 迄个小仔（生遘）猴猴，目珠鼠鼠，蜀淡仔款也无。hit^{55} e$^{24-22}$ sio$^{55-24}$ ã^{55}（s ĩ^{33} a^{55}/kaʔ^{55}）kau$^{24-22}$ kau^{24}, bak$^{24-22}$ tsiu^{33} tshɯ$^{55-24}$ tshɯ^{55}, tsit$^{24-22}$ tam$^{41-22}$ ã$^{55-24}$ khuan^{55} a$^{55-21}$ bo^{24}.

厦门 迄股侬猴猴，目珠□［ham^{44}］□［ham^{44}］，真否态。hit$^{32-5}$ kɔ$^{53-44-22}$ laŋ^{24} kau$^{24-22}$ kau^{24}, bak$^{5-21}$ tsiu^{44} ham$^{44-22}$ ham^{44}, tsin$^{44-22}$ phai$^{53-44}$ the^{53}.

台中 即猴囝仔生甲若猴□［e^{21}］，目珠若□［ŋiau$^{44-22}$］鼠仔□［e^{21}］，足□［bai^{53}］看。tsit$^{2-5}$ kau$^{24-22}$ gin^{44} a^{53} sẽ$^{44-22}$ kaʔ$^{2-5}$ na^{22} kau^{24} e^{21}, bak$^{3-7}$ tsiu^{44} na$^{53-44}$ ŋiau$^{44-22}$ tshi$^{53-44}$ a^{53} e^{21}, tsiɔk$^{2-5}$ bai$^{53-44}$ khuã^{21}.

漳州 迄股少年家仔，猴猴猴，蜀点样相阿无。hit$^{32-5}$ kɔ$^{52-34}$ siau^{52} lian$^{13-22}$ kɛ^{34} a^{52}, kau^{13} kau$^{13-22}$ kau^{13}, tsit$^{121-21}$ tiam$^{52-34}$ iõ$^{21-52}$ siõ$^{21-52}$ a^{22} bo^{13}.

汕头 个后生兄块形猴猴，目鼠鼠，做下无架势。kai$^{55-31}$ hau^{31} sẽ^{33} hiã^{33} ko$^{213-55}$ heŋ^{55} kau$^{55-31}$ kau^{55}, mak$^{2-5}$ tshɯ$^{52-24}$ tshɯ^{52}, tso$^{213-55}$ e$^{25-31}$ bo$^{55-31}$ ke$^{213-55}$ si^{213}.

揭阳 个后生囝块形猴猴，目鼠鼠，做下无架势。kai$^{55-22}$ hau$^{35-21}$ sẽ^{33} kiã^{42} ko$^{213-53}$ heŋ^{55} kau$^{55-22}$ kau^{55}, mak$^{2-5}$ tshɯ$^{42-35}$ tshɯ^{42}, tso$^{213-42}$ e$^{35-21}$ bo$^{55-22}$ ke$^{213-42}$ si^{213}.

海丰 许个后生来捞老猴生，双目□［niau$^{52-213}$］鼠目，滴仔形都无。hi^{52} kai$^{55-22}$ hau$^{25-33}$ sẽ$^{44-33}$ lai^{55} lau$^{44-33}$ kau^{55} hɔ̃^{213} sẽ^{44}, saŋ$^{44-33}$ mak^{4} niau$^{52-213}$ tshi$^{52-213}$ mak^{4}, tip$^{3-4}$ ã$^{52-213}$ heŋ^{55} tɔu$^{44-33}$ bɔ^{55}.

雷州 许侬囝生像猴狖囝，生得老鼠目，无像样/无像样子。ha^{553} noŋ^{42} kia^{42} se^{24} siaŋ^{21} kau$^{33-42}$ sui$^{24-33}$ kia^{42}, se^{24} tio^{33} lau^{33} tshu^{42} mak^{2}, bo^{22} siaŋ$^{21-44}$ iaŋ^{24}/bo^{22} siaŋ$^{21-44}$ iaŋ$^{24-33}$ tsu^{42}.

遂溪 许个后生囝生倒共猴狖囝睇，老鼠目，无似样。ha^{55} kai^{22} hau^{55} se^{24} kia^{41} se^{24} to^{41} kaŋ^{55} kau^{41} sui^{24} kia^{41} toi^{41}, lau^{55} tshu^{41} mak^{3}, bo^{22} tsu^{41} io^{24}.

文昌 许枚后生囝猴狖形猴狖像，老鼠眉老鼠目，蜀滴形象都无。ɦo$^{21-55}$ mo$^{42-11}$ au$^{42-11}$ te$^{34-42}$ kia^{31} kau^{22} tui$^{34-42}$ ɦeŋ^{22} kau^{22} tui$^{34-42}$ tio^{21}, lau$^{42-11}$ ʃiu$^{31-33}$ bai^{22} lau$^{42-11}$ ʃiu$^{31-33}$ mak^{3}, ʥiak$^{3-1}$ ti^{53} ɦeŋ$^{22-11}$ tie^{21} ɗou$^{34-42}$ bo^{22}.

三亚 那枚后生哥生得似似猴狖形，贼头贼脑个，蜀呢囝形都无有。aʔ^{45} mo^{45} hau^{31} te^{33} ko^{45} te^{33} ɗi^{45} tshui$^{45-44}$ tshui^{45} kau^{31} tui^{25} heŋ^{22}, tshai^{42} thau^{22} tshai^{42} maʔ^{45} kai^{22}, zioʔ^{33} ni^{45} kio^{31} heŋ^{22} ɗou^{33} vo^{22} u^{42}.

（2）别跟他说得太认真，轻描淡写地说两句就行了。

泉州 唔免合伊说遘/咧野/诚认真，皮皮说两句就会做哩（啰）。m̩$^{41-22}$ bian$^{55-24}$ kap^{55} i^{33} sɤʔ^{55} a^{55}/leʔ^{55} ia$^{55-24}$/tsiã$^{24-22}$ lin$^{41-22}$ tsin^{33}, pɤ$^{24-22}$ pɤ^{55} sɤʔ^{55} lŋ̍^{12}

ku⁴¹⁻²² tsiu⁴¹⁻²² e²² tsue⁴¹ li²¹（lɔ²¹）。

厦门 ①嫑邀伊讲遢太认真，简单讲两句着好啊。mai²¹⁻⁵³ kiau⁴⁴⁻²² i⁴⁴⁻²² kɔŋ⁵³⁻⁴⁴ a⁴⁴ thai²¹⁻⁵³ lin²²⁻²¹ tsin⁴⁴，kan⁵³⁻⁴⁴ tan⁴⁴ kɔŋ⁵³ nŋ'²²⁻²¹ ku²¹ tioʔ⁵⁻²¹ ho⁵³ a²¹。②嫑邀伊讲遢□［tsiaʔ³²⁻⁵³］认真，清采讲两句着好啊。mai²¹⁻⁵³ kiau⁴⁴⁻²² i⁴⁴⁻²² kɔŋ⁵³⁻⁴⁴ a⁴⁴ tsiaʔ³²⁻⁵³ lin²²⁻²¹ tsin⁴⁴，tshin²¹⁻⁵³ tshai⁵³ kɔŋ⁵³ nŋ'²²⁻²¹ ku²¹ tioʔ⁵⁻²¹ ho⁵³ a²¹。③嫑甲伊讲遢伤认真，皮皮仔讲两句着好啊。mai²¹⁻⁵³ kaʔ³²⁻⁵³ i⁴⁴⁻²² kɔŋ⁵³⁻⁴⁴ a⁴⁴ siũ⁴⁴⁻²² lin²²⁻²¹ tsin⁴⁴，phe²⁴⁻²² phe²⁴⁻²² a⁵³⁻⁴⁴ kɔŋ⁵³ nŋ'²²⁻²¹ ku²¹ tioʔ⁵⁻²¹ ho⁵³ a²¹。

台中 ①嫑合伊讲甲□［tsia²¹⁻⁵³］认真，轻轻仔讲两句着好啊。mai²¹⁻⁵³ kaʔ²⁻⁵ i⁴⁴ kɔŋ⁵³⁻⁴⁴ kaʔ²⁻⁵ tsia²¹⁻⁵³ lin²²⁻²¹ tsin⁴⁴，khin⁴⁴⁻²² khin⁴⁴⁻²² a⁵³ kɔŋ⁵³ nŋ'²²⁻²¹ ku²¹ tioʔ³⁻² ho⁵³ a²¹。②嫑合伊讲甲□［tsia²¹⁻⁵³］认真，□［tshən⁴⁴⁻²²］□［tshən⁴⁴⁻²²］仔讲两句着好啊。mai²¹⁻⁵³ kaʔ²⁻⁵ i⁴⁴ kɔŋ⁵³⁻⁴⁴ kaʔ²⁻⁵ tsia²¹⁻⁵³ lin²² tsin⁴⁴，tshən⁴⁴⁻²² tshən⁴⁴⁻²² a⁵³ kɔŋ⁵³ nŋ'²²⁻²¹ ku²¹ tioʔ³⁻² ho⁵³ a²¹。

漳州 嫑合伊讲遢伤认真，清采讲两句阿咯。mai⁵² kaʔ³²⁻⁵² i³⁴⁻²² kɔŋ⁵²⁻³⁴ kaʔ³²⁻⁵ siũ³⁴⁻²² zin²²⁻²¹ tsian³⁴，kin²¹⁻⁵² tshai⁵² kɔŋ⁵² no²²⁻²¹ ku²¹ a²² loʔ¹²¹。

汕头 嫑合伊呾□［khaʔ²⁻⁵］所以，皮皮呾两句就好。mai²¹³⁻⁵⁵ kaʔ⁵⁻² i³³ tã²¹³⁻⁵⁵ khaʔ²⁻⁵ so⁵²⁻²⁴ ĩ⁵²，pue⁵⁵⁻³¹ pue⁵⁵ tã²¹³ no²⁵⁻³¹ ku²¹³⁻³¹ tsiu²⁵⁻³¹ ho⁵²。

揭阳 嫑合伊呾□［khaʔ⁵⁻²］认真，皮皮呤呾两句就好。mai²¹³⁻⁴² kaʔ²⁻³ i³³ tã²¹³⁻⁵³ khaʔ⁵⁻² zeŋ²²⁻²¹ tseŋ³³，phue⁵⁵⁻²² phue⁵⁵ ne⁴²⁻²¹³ tã²¹³ no³⁵⁻²¹ ku²¹³⁻⁴² tsu³⁵⁻²¹ ho⁴²⁻⁵³。

海丰 嫑捞伊讲恰真/□［hia⁵²］真，藻藻讲两句仔就好。mai²¹³⁻⁵⁵ lau⁴⁴⁻³³ i⁴⁴⁻³³ kɔŋ⁵²⁻²¹³ khaʔ³ tsin⁴⁴/hia⁵² tsin⁴⁴，phiɔ⁵⁵⁻²² phiɔ⁵⁵ kɔŋ⁵² no²⁵⁻³³ ku²¹³ ã⁵² tsu²⁵⁻³³ hɔ⁵²。

雷州 无（爱）共伊穧讲啦，那共伊随随便便讲几句就好啦。bo²²（ai²¹⁻³³）kaŋ⁵⁵³⁻²⁴ i²⁴ tsoi²⁴ ko⁴² la⁴¹，na²⁴ kaŋ⁵⁵³⁻²⁴ i²⁴⁻³³ tshui²²⁻³³ tshui²²⁻³³ phieŋ⁵⁵³ phieŋ⁵⁵³ ko⁴² kui⁴²⁻⁴⁴ ku²¹ tsiu³³ ho⁴² la³¹。

遂溪 无共伊讲若穧，随随便便讲几句就得啦。vo²² kaŋ⁵⁵ i²⁴ ko⁴¹ io⁵⁵ tsoi²⁴，tshui²² tshui²² pien⁵⁵ pien⁵⁵ ko⁴¹ kui⁴¹ ku²¹⁴ tsiu⁵⁵ tiet⁵ la⁴¹。

文昌 无用共伊讲得许认真，清采讲两句味罢了。bo²²⁻¹¹ ʤioŋ⁵³ kaŋ³⁴ i³⁴ koŋ³¹⁻³³ diet⁵ fio²¹⁻⁵⁵ ʤien⁴²⁻¹¹ tʃien³⁴，ʃeŋ³⁴⁻⁴² ʃai³¹ koŋ³¹ no⁴²⁻¹¹ ku²¹⁻⁵⁵ bi³⁴⁻⁴² ɓa⁴² la²¹。

三亚 嫑共伊讲得太认真，随随便便共伊讲两句就可以啰。vei²⁴ kaŋ⁴² i³³ koŋ³¹ diʔ⁴⁵ thai²⁴ zen⁴⁵ tseŋ³³，tui²² tui²² ɓeŋ³³ ɓeŋ³³ kaŋ⁴² i³³ koŋ³¹ no⁴² ku²⁴ tsiu⁴² kho³¹ zi²² lo³¹。

(3) 那个猪头猪脑的人就是她丈夫。

泉州 迄个猪猪个侬就是伊个/伲翁。hit⁵⁵ ge²⁴⁻²² tɯ³³ tɯ³³ e²⁴⁻²² laŋ²⁴ tsiu⁴¹⁻²² si²² i³³ e²⁴⁻²²/in³³ aŋ³³.

厦门 迄个猪头猪脑个侬着是伲翁。hit³²⁻⁵ e²⁴⁻²² ti⁴⁴⁻²² thau²⁴⁻²² ti⁴⁴⁻²² nãu⁵³ e²⁴⁻²² laŋ²⁴ tioʔ⁵⁻²¹ si²²⁻²¹ in⁴⁴⁻²² aŋ⁴⁴.

台中 迄个猪头猪脑迄个侬着是伲翁。hit²⁻⁵ e²⁴⁻²² ti⁴⁴⁻²² thau²⁴⁻²² ti⁴⁴⁻²² nau⁵³ hit²⁻⁵ e²⁴⁻²² laŋ²⁴ tioʔ³⁻² si²²⁻²¹ in⁴⁴⁻²² aŋ⁴⁴.

漳州 迄个伲翁侬猪猪。hit³²⁻⁵ kɔ⁵² in³⁴⁻²² aŋ³⁴ laŋ¹³⁻²² ti³⁴⁻²² ti³⁴.

汕头 许个猪猪个物就是伊翁。hɯ⁵²⁻²⁴ kai⁵⁵⁻³¹ tɯ³³ tɯ³³ kai⁵⁵⁻³¹ mueʔ⁵ tsiu²⁵⁻³¹ si²⁵⁻³¹ i³³ aŋ³³.

揭阳 许个猪猪个物就是伊翁。hɯ⁴²⁻²⁴ kai⁵⁵⁻²² tɯ³³ tɯ³³ kai⁵⁵⁻²² mueʔ⁵ tsu³⁵⁻²¹ si³⁵⁻²¹ i³³ aŋ³³.

海丰 许个猪头猪脑个侬就是伊个翁。hi⁵² kai⁵⁵⁻²²/e⁵⁵⁻²² ti⁴⁴⁻³³ thau⁵⁵⁻²² ti⁴⁴⁻³³ nau⁵² e⁵⁵⁻²² naŋ⁵⁵ tsu²⁵⁻³³ si²⁵⁻³³ i⁴⁴⁻³³ a⁵⁵⁻²² aŋ⁴⁴.

雷州 许个傻肥傻肥/傻头傻脑/傻傻戆戆个侬就是伊个呢倌/老公。ha⁵⁵³ kai²²⁻³³ soŋ²²⁻³³ phui²² soŋ²²⁻³³ phui²²/soŋ²²⁻³³ thau²² soŋ²²⁻³³ nau⁴²/soŋ²²⁻³³ soŋ²²⁻³³ ŋoŋ²⁴⁻³³ ŋoŋ²⁴ ke²²⁻³³ naŋ²² tsiu³³⁻⁴² si³ i²⁴ e²²⁻⁵⁵ ni⁵⁵³ kua²⁴/lau⁴² koŋ²⁴.

遂溪 许个傻傻戆戆侬就是伊老公。ha⁵⁵ kai²² so⁵⁵⁻³³ so⁵⁵⁻³³ ŋoŋ²⁴⁻³³ ŋoŋ²⁴ naŋ²² tsiu⁵⁵ si⁵⁵ i²⁴ lau⁵⁵⁻³³ koŋ²⁴.

文昌 许枚猪头猪脑个侬就是伊老公。ɦo²¹⁻⁵⁵ mo⁴²⁻¹¹ ɗu³⁴⁻⁴² xau²² ɗu³⁴⁻⁴² nau³¹⁻³³ kai²²⁻¹¹ naŋ²² ʧiu⁴²⁻¹¹ ti⁴²⁻¹¹ i³⁴⁻⁴² lau⁴²⁻¹¹ koŋ³⁴.

三亚 那枚猪头猪脑个侬就是伊个老公。aʔ⁴⁵⁻⁴⁴ mo⁴⁵ ɗu³³ thau²² ɗu³³ nau³¹ kai²² naŋ²² tsiu⁴² ti⁴² i³³ kai²² lau³¹ koŋ³³.

(二) 多音节名词的重叠

下面是例句。

(4) 那作派公子哥儿似的，一瞧就不顺眼！

泉州 迄个畅仙畅仙个，蜀下看就无顺眼！hit⁵⁵ ge²⁴ thiɔŋ⁴¹⁻⁵⁵ sian³³ thiɔŋ⁴¹⁻⁵⁵ sian³³ e²⁴⁻²², tsit²⁴⁻²² e⁴¹⁻⁵⁵ kuã⁴¹ tsiu⁴¹⁻²² bo²² sun⁴¹⁻²² gat²⁴！

厦门 ①迄个畅舍囝个体，看着真口 [bue²²⁻²¹] 爽！hit³²⁻⁵ e²⁴⁻²² thiɔŋ²¹⁻⁵³ sia²¹⁻⁵³ kiã³ e²⁴⁻²² the⁵³，khuã²¹⁻⁵³ tioʔ⁵ tsin⁴⁴⁻²² bue²²⁻²¹ sɔŋ⁵³！②伊迄体若花花公子个，蜀看着真口 [bue²²⁻²¹] 爽！i⁴⁴⁻²² hit³²⁻⁵ the⁵³ nã⁵³⁻⁴⁴ hue⁴⁴⁻²² hue⁴⁴⁻²² kɔŋ⁴⁴⁻²² tsu⁵³ e²⁴⁻²¹，tsit⁵⁻²¹ khuã²¹ tioʔ⁵⁻²¹ tsin⁴⁴⁻²² bue²²⁻²¹ sɔŋ⁵³！③伊迄

落体 畅囝畅囝，看着真□［bue²²⁻²¹］爽！i⁴⁴⁻²² hit³²⁻⁵ lo²² the⁵³ thiɔŋ²¹⁻⁵³ kiã⁵³⁻⁴⁴ thiɔŋ²¹⁻⁵³ kiã⁵³，khuã²¹⁻⁵³ tioʔ⁵ tsin⁴⁴⁻²² bue²²⁻²¹ sɔŋ⁵³！

台中　①伊做侬阿舍阿舍，蜀看着□［be²²⁻²¹］顺眼！i⁴⁴ tso²¹⁻⁵³ laŋ²⁴ a⁴⁴⁻²² sia²¹⁻⁵³ a⁴⁴⁻²² sia²¹，tsit³⁻² kuã²¹ tioʔ³⁻² be²²⁻²¹ sun²² gan⁵³！②伊做侬着阿舍阿舍，看着□［be²²⁻²¹］顺眼！i⁴⁴ tso²¹⁻⁵³ laŋ²⁴ tioʔ³⁻² a⁴⁴⁻²² sia²¹⁻⁵³ a⁴⁴⁻²² sia²¹，kuã²¹ tioʔ³⁻² be²²⁻²¹ sun²²⁻²¹ gan⁵³！

漳州　迄作派，阿舍阿舍，<蜀下>看着□［be²²⁻²¹］顺目！hit³²⁻⁵ tsɔʔ³²⁻⁵ phai²¹，a³⁴⁻²² sia⁵² a³⁴⁻²² sia⁵²，<tsɛ²¹> kuã²¹ lo²¹ be²²⁻²¹ sun²¹⁻⁵² bak¹²¹！

汕头　块形阿舍阿舍（呤），睇着就□［keʔ⁵⁻²］目！ko²¹³⁻⁵⁵ heŋ⁵⁵ a³³ sia²¹³⁻⁵⁵ a³³ sia²¹³（ne⁵²⁻³¹），tõi⁵² tioʔ⁵⁻² tsiu²⁵⁻³¹ keʔ⁵⁻² mak⁵！

揭阳　块形阿舍阿舍（呤），睇着就□［keʔ⁵⁻²］目！ko²¹³⁻⁵³ heŋ⁵⁵ a³³ sia²¹³⁻⁴² a³³ sia²¹³（ne⁴²⁻²¹），thoi⁴²⁻⁵³ tioʔ⁵⁻² tsu³⁵⁻²¹ keʔ⁵⁻² mak⁵！

海丰　伊只个形捞阿舍生/捞□［pieʔ⁴⁻³］痞仔<许样>生，蜀下睇就唔顺目！i⁴⁴⁻³³ tsi⁵² e²² heŋ⁵⁵ lau⁴⁴⁻³³ a⁴⁴⁻³³ sia²¹³ sẽ⁴⁴/lau⁴⁴⁻³³ pieʔ⁴⁻³ phi⁵²⁻²¹³ ã⁵² <hɔ̃²¹³⁻⁵⁵> sẽ⁴⁴，tsit⁴⁻³ e²² thei⁵² tsu²⁵⁻³³ m̩²⁵⁻³³ sun²⁵ mak⁴！

遂溪　伊□［ioŋ⁵⁵］侬□［tua⁴¹］□［nio⁴¹］像□［tua⁴¹］□［nio⁴¹］像，我无□［toi⁵⁵］得伊！i²⁴ ioŋ⁵⁵ naŋ²² tua⁴¹ nio⁴¹ sio²² tua⁴¹ nio⁴¹ sio²⁴，va⁴¹ vo²² toi⁵⁵ tiet⁵ i²⁴！

雷州　许个侬生个/得大郎囝，无望得入目！ha⁵⁵³ kai²²⁻³³ naŋ²² siaŋ²¹⁻⁴⁴ ke²²⁻³³/tik⁵ tua²⁴⁻³³ nio²²⁻³³ kia⁴²，bo²²⁻³³ o²¹ tik⁵ zip² mak²！

文昌　许枚料鼻公子，但望无入目！fio²¹⁻⁵⁵ mo⁴²⁻¹¹ liau³⁴⁻⁴² ɸi³⁴ koŋ³⁴⁻⁴² tʃi³¹，na⁴² mo³⁴ bo²²⁻¹¹ ʤiop³⁻¹ makʔ³！

三亚　□［ɗo⁴⁵］枚形似公子哥蜀样，蜀望就无顺目！ɗo⁴⁵ mo⁴⁵ heŋ³¹ tshui⁴⁵ koŋ³³ tsi²² ko⁴⁵ ioʔ³³ io³³，zioʔ³³ mo³³ tsiu⁴² vo²² tun⁴² maʔ³³！

（5）她长得像竹竿一样瘦高瘦高的。

泉州　她生遘伯亲竹竿幻瘠/迄款。i³³ sĩ³³ ã⁵⁵ lan⁵⁵⁻²⁴ tshin³³ tik⁵⁵ kuã³³ huan⁴¹⁻⁵⁵/hit⁵⁵⁻⁴⁴ khuan⁵⁵.

厦门　即股侬竹篙竹篙。tsit³²⁻⁵ kɔ⁵³⁻⁴⁴⁻²² laŋ²⁴ tik³²⁻⁵ ko⁴⁴⁻²² tik³²⁻⁵ ko⁴⁴.

台中　伊生甲若竹篙咧，瘠条瘠条。i⁴⁴⁻²² sẽ⁴⁴⁻²² kaʔ²⁻⁵ na⁵³⁻⁴⁴ tik²⁻⁵ ko⁴⁴ le²²，saŋ⁵³⁻⁴⁴ tiau²⁴⁻³⁵ saŋ⁵³⁻⁴⁴ tiau²⁴.

漳州　伊生遘像竹篙仔呢尔，瘠胀瘠胀。i³⁴⁻²² tua²²⁻²¹ kaʔ³²⁻⁵ tshiõ²¹ tik³²⁻⁵ ko³⁴ a⁵² ne¹³ a⁵²，san⁵²⁻³⁴ lo²¹⁻⁵² san⁵²⁻³⁴ lo²¹.

汕头　伊生来竹篙竹篙。i³³ sẽ³³ lai⁵⁵ tek²⁻⁵ ko³³ tek²⁻⁵ ko³³.

揭阳　伊生来个竹篙平样，瘠长瘠长。i³³ sẽ³³ lai⁵⁵ kai⁵⁵⁻²² tek²⁻³ ko³³ pẽ⁵⁵⁻²²

iõ²², saŋ⁴²⁻²⁴ tɯŋ⁵⁵⁻²² saŋ⁴²⁻³⁵ tɯŋ⁵⁵.

海丰 伊生来捞竹篙＜只样＞生瘖瘖悬悬。i⁴⁴ sẽ⁴⁴⁻³³ lai⁵⁵ lau⁴⁴⁻³³ tiɔk³⁻⁴ kɔ⁴⁴＜tsiɔ̃²¹³＞sẽ⁴⁴ saŋ⁵²⁻²¹³ saŋ⁵² kuai⁵⁵⁻²² kuai⁵⁵.

遂溪 伊生倒共阿竹篙睇，瘖悬瘖悬。i²⁴ se²⁴ to²¹ kaŋ⁵⁵ a⁵⁵ tip⁵ ko²⁴ thoi⁴¹, saŋ⁴¹ saŋ⁴⁴ kuai²² kuai²².

雷州 伊生像阿支竹篙瘖悬瘖悬。i²⁴ se²⁴ siaŋ²¹ a⁵⁵ ki²⁴ tip⁵ ko²⁴ saŋ⁴²⁻⁴⁴ kuai²²⁻³³ saŋ⁴²⁻⁴⁴ kuai²².

文昌 伊生得共竹篙枪呢，瘖瘖悬悬。i³⁴ te³⁴ ɗiet⁵ kaŋ³⁴ ɗiok ko³⁴⁻⁴² ʃio³⁴ ni²², tan²¹⁻⁵⁵ tan²¹ kuai²²⁻¹¹ kuai²².

三亚 她生得似竹篙蜀样悬悬瘖瘖个。i³³ te³³ ɗi ʔ⁴⁴ tshui⁴⁵ ɗia ʔ⁴⁵ ko³³ io ʔ³³ io³³ kuai²² kuai²² tan³¹ tan³¹ ai²².

(6) 那人看起来一副老板娘的派头，恐怕就是她吧？

泉州 迄个侬看起来伯亲头家娘个，咧看／敢就是伊啰？hit⁵⁵ e²⁴⁻²² laŋ²⁴ kuã⁴¹ khi⁵⁵⁻³¹ lai²⁴⁻²¹ lan⁵⁵⁻²⁴ tshin³³ thau²⁴⁻²² ke³³ niũ²⁴ e²⁴⁻²², lɤ⁵⁵ kuã⁴¹/kã⁵⁵⁻²⁴ tsiu⁴¹⁻²² si²² i³³ lɔ²¹?

厦门 迄股侬看起来简若老板娘，可能着是伊。hit³²⁻⁵ kɔ⁵³⁻⁴⁴⁻²² laŋ²⁴ khuã²¹ khi⁵³⁻²¹ lai²⁴⁻²¹ kan⁵³⁻⁴⁴ nã⁵³⁻⁴⁴ lau⁵³⁻⁴⁴ pan⁵³⁻⁴⁴ niũ²⁴, kho⁵³⁻⁴⁴ liŋ²⁴ tio ʔ⁵⁻²¹ si²²⁻²¹ i⁴⁴.

台中 伊看起来若老板娘个派头，恐惊着是伊啊！i⁴⁴ khuã²¹ khi²¹ lai²⁴⁻²² na⁵³⁻⁴⁴ thau²⁴⁻²² ke⁴⁴⁻²² niũ²⁴ e²⁴⁻²² pai²¹⁻⁵³ thau²⁴, khiɔŋ⁵³⁻⁴⁴ kiã⁴⁴⁻²² tio ʔ³⁻² si²²⁻²¹ i⁴⁴ a²¹!

漳州 迄股侬，看＜起来＞生有老板娘／头家娘个派头，简若着是伊。hit³²⁻⁵ kɔ⁵²⁻³⁴ laŋ²², kuã²¹⁻⁵²＜kẽ⁵²＞sɛ³⁴⁻²² u²²⁻²¹ lau⁵²⁻³⁴ pan⁵²⁻³⁴ nio¹³⁻²²/thau¹³⁻²² kɛ³⁴⁻²² nio¹³ e¹³⁻²² phai²¹⁻⁵⁵ thau¹³, kan⁵²⁻³⁴ na³⁴⁻²² lo ʔ¹²¹⁻²¹ si²²⁻²¹ i³⁴.

汕头 个物睇着<u>头家奶头家奶</u>（呤），畏得就是伊啊？kai⁵⁵⁻³¹ mue ʔ⁵ tõi⁵²⁻²⁴ tio ʔ⁵ thau⁵⁵⁻³¹ ke³³ nai⁵²⁻²⁴ thau⁵⁵⁻³¹ ke³³ nai⁵² (ne⁵²⁻³¹), ũi²¹³⁻⁵⁵ tik²⁻¹ tsiu²⁵⁻³¹ si²² i³³⁻³¹ a³¹?

揭阳 个物睇着<u>头家娘头家娘</u>（呤），畏得就是伊啊？kai⁵⁵⁻²² mue ʔ⁵ tõi⁴²⁻³⁵ tio ʔ⁵ thau⁵⁵⁻²² ke³³ nio⁵⁵⁻²² thau⁵⁵⁻²² ke³³ nio⁵⁵ (ne⁴²⁻²¹), ũi²¹³⁻⁴² tik²⁻³ tsiu³⁵⁻²¹ si³⁵ i³³⁻²¹ a²¹?

海丰 伊个侬睇起来<u>老板娘老板娘</u>＜许样＞生。hi⁵² kai⁵⁵⁻²² naŋ⁵⁵ thei⁵²⁻²¹³ khi⁵²⁻²¹³ lai⁵⁵ lau²⁵⁻³³ paŋ⁵²⁻²¹³ niɔ⁵⁵⁻²² lau²⁵⁻³³ paŋ⁵²⁻²¹³ niɔ⁵⁵＜hɔ̃⁵²＞sẽ⁴⁴⁻²¹.

遂溪 许个侬望倒似似老板娘，怕□［kia⁴¹］就是伊哦。ha⁵⁵ kai²² naŋ²² o²⁴ to⁴¹ tsu³³ tsu³³ lau⁴¹ paŋ²⁴ niaŋ²⁴, pha²¹⁴⁻⁵⁵ kia⁴¹ tsiu⁵⁵ si⁵⁵ i²⁴ o⁵.

雷州 许个侬望起来像个老板娘个唛头，但惊就是伊哦。ha^{553} kai$^{22-33}$ naŋ^{22} o^{21} khi^{42} lai^{22} siaŋ^{21} e$^{22-33}$ lau^{42} paŋ^{42} nio$^{22-33}$ kai$^{22-33}$ mak^{5} thau^{22}, na^{24} kia^{24} tsiu$^{33-42}$ si^{33} i^{24} o^{33}.

文昌 许枚侬望来共东家娘呢，但惊是伊嘎？ɦo$^{21-55}$ mo$^{42-11}$ naŋ^{22} mo^{34} lai^{22} kaŋ^{34} ɗoŋ$^{34-42}$ ke$^{34-42}$ nio^{22} ni^{22}, na$^{42-11}$ kia$^{34-42}$ ti$^{42-11}$ i^{34} ka^{31}？

三亚 那枚侬望起来蜀副老板娘个派头，可能就是伊吧。aʔ$^{45-44}$ mo^{45} naŋ^{22} mo^{33} khi^{31} lai^{22} zioʔ^{33} vu^{24} lau^{42} ɓaŋ^{31} nio^{22} kai^{22} phai^{24} thau^{22}, kho^{31} neŋ^{22} tsiu^{42} ti^{42} i^{33} ɓa^{31}.

上面各例中，"猴猴"是专用于描绘长相的，长得像猴子一样很瘦又尖嘴猴腮的样子，可以说"猴猴"，至于猴子的其他特征，如好动、机灵等，则不在词义之内；"猪猪"是形容人的身材和相貌像猪一样；"鼠鼠"专用来形容人的眼睛像老鼠一样小而且眼神鬼祟；"皮皮"是轻描淡写、不认真不深入的意思，词义和"皮"在最表面有关系；"竹篙竹篙"形容人又瘦又高；"头家娘头家娘"是行为举止像个老板娘的样子；"阿舍"是旧时对富家公子的称呼，"阿舍阿舍"则有了贬义，形容一个人像公子哥儿一样游手好闲、懒惰而傲慢的样子；"畅囝"指整天吃喝玩乐的人，"畅囝畅囝"形容人不干正事贪图享乐的生活状态。由于这种"重叠"带有很大的词汇性，需要约定俗成，所以各地差异很大，必须用调查词汇的方式才能收集，通过例句，各地很难对齐，以上例子只能见其一斑。笔者熟悉的汕头方言，这样的重叠式词非常丰富，略举几例。

布布：食物韧而嚼来无味

汁汁：湿漉漉的

油油：油乎乎的

纱纱：织物破烂成乱纱状且不结实

水水：成水状的

鼻鼻：鼻涕状的

涂涂：颜色像泥土一样不鲜艳、不好看

卵卵：圆而光秃秃的

云云：眼睛如在云雾中看不清，行踪一去杳然

柴柴：食物像木头一样纤维很粗而且没什么味道，人或动物行动迟钝笨拙

铁铁：像铁一样坚硬

仙仙：懒散而满不在乎的样子

书书：言谈举止带书卷气

可以看出，重叠式的实义部分和原名词所指事物的特征有关，是由其引申或比喻得来的，但是具体意义是约定俗成的，无法通过原名词类推得到，是一种新产生的词汇意义，在词性上也和原来的名词完全不同。所以，这种"重叠"与其说是一种构形法，不如说是一种构词法，因为它等于构造了一个新词，其意义需要在词典中一一解释。

但是除了约定的词汇意义，这些重叠式词语又有一定的共性：语义特征上，都表示一种样态；语义功能上，不再具有名词的指称功能，而是具有状态形容词的描状功能；句法性质上，则完全等同于一个状态形容词。

二、偏正式名词短语的重叠

名词短语能重叠的，限于偏正式构造，而且只有一小部分语义上便于转化为样态的才有可能。具体有哪些可以重叠，各地因约定的习惯不同而不尽相同。名词短语重叠之后，在语义特征、语义功能和句法性质上也变得和形容词重叠式完全一样。先看例句。

（7）这种酒吃起来有点儿臭泔水味。

泉州　即种酒食起来（有淡薄仔）<u>臭潘水味臭潘水味</u>。$tsit^{55}$ $tsiɔŋ^{55-24}$ $tsiu^{55}$ $tsia\text{ʔ}^{24-22}$ khi^{55-41} lai^{24-22} (u^{22} tam^{41-22} $poʔ^{24-22}$ a^{55-24}) $tshau^{41-55}$ $phun^{33}$ $tsui^{55-24}$ bi^{41-55} $tshau^{41-55}$ $phun^{33}$ $tsui^{55-24}$ bi^{41}.

厦门　①即款酒啉起来有淡薄仔臭殕味。$tsit^{32-5}$ $khuan^{53-44}$ $tsiu^{53}$ lim^{44} khi^{21} lai^{24-21} u^{22-21} tam^{22-21} $poʔ^{5-21}$ a^{53-44} $tshau^{21-53}$ phu^{53-44} bi^{22}. ②即款酒啉起来（有淡薄仔）<u>臭殕臭殕</u>。$tsit^{32-5}$ $khuan^{53-44}$ $tsiu^{53}$ lim^{44} khi^{21} lai^{24-21} (u^{22-21} tam^{22-21} $poʔ^{5-21}$ a^{53-44}) $tshau^{21-53}$ phu^{53-44} $tshau^{21-53}$ phu^{53}.

台中　即种酒啉起来小可<u>臭殕臭殕</u>。$tsit^{2-5}$ $tsiɔŋ^{53-44}$ $tsiu^{53}$ lim^{44} khi^{53-21} lai^{24-21} sio^{53-44} $khua^{53-44}$ $tshau^{21-53}$ phu^{53-44} $tshau^{21-53}$ phu^{53}.

漳州　即种酒食<起来>有点仔<u>臭潘味臭潘味</u>。$tsit^{32-5}$ $tsiŋ^{52-34}$ $tsiu^{52}$ $tsiaʔ^{121-21}$ <$khɛ̃^{21}$> u^{22-21} $tiam^{52-34}$ a^{52-44} $tshau^{21-52}$ $phun^{34-22}$ bi^{52-34} $tshau^{21-52}$ $phun^{34-22}$ bi^{52}.

汕头　者酒食着<u>臭潘臭潘</u>。$tsia^{52-24}$ $tsiu^{52}$ $tsiaʔ^{5-2}$ $tioʔ^{5}$ $tshau^{213-55}$ $phuŋ^{33}$ $tshau^{213-55}$ $phuŋ^{33}$.

揭阳　者酒食着<u>臭潘臭潘</u>。$tsia^{42-35}$ $tsiu^{42-21}$ $tsiaʔ^{5-2}$ $tioʔ^{5}$ $tshau^{213-42}$ $phuŋ^{33}$ $tshau^{213-42}$ $phuŋ^{33}$.

海丰　①者酒食起来有滴仔臭酸潘味。$tsia^{52}$ $tsiu^{52}$ $tsiaʔ^{4-3}$ khi^{52-213} lai^{22-55} u^{25-33} $tiʔ^{3-4}$ $ã^{52-213}$ $tshau^{213-55}$ sui^{44-33} $phun^{44-33}$ bi^{21}. ②者酒食起来<u>臭酸潘味臭酸</u>

潘味。tsia^{52} tsiu^{52} tsia$^{4-3}$ khi$^{52-213}$ lai$^{22-55}$ tshau$^{213-55}$ suĩ$^{44-33}$ phun$^{44-33}$ bi$^{21-33}$ tshau$^{213-55}$ suĩ$^{44-33}$ phun$^{44-33}$ bi^{21}.

遂溪 若种酒食倒有呢囝臭酸臭酸/臭气臭气。ia^{55} tsiaŋ^{41} tsiu^{41} tsia^{33} to^{41} u$^{55-33}$ ni^{55} kia^{41} tshiau$^{214-55}$ sui^{214} tshiau$^{214-55}$ sui^{214}/tshiau$^{214-55}$ khui^{214} tshiau^{214} khui^{214}.

雷州 这见酒食着有乃臭潘水臭潘水。zia^{553} kieŋ^{33} tsiu^{42} tsia$^{33-42}$ to^{21} u^{33} nai^{553} tshiu^{553} phuŋ$^{24-33}$ tsui^{42} tshiu^{553} phuŋ$^{24-33}$ tsui^{42}.

文昌 这个酒食来有滴潘水味。ʥia$^{21-55}$ kai$^{22-11}$ ʧiu^{31} ʧia^{42} lai^{22} u$^{42-11}$ ɖi^{53} xun$^{34-42}$ tui^{31} bi^{34}.

三亚 即种酒啜起来有呢囝臭臭潘。iʔ^{45} tsiaŋ^{31} tsiu^{31} tshuoʔ^{45} khi^{31} lai^{22} u$^{42-44}$ niʔ^{45} kio^{31} tshiau$^{24-22}$ tshiau^{24} huaŋ^{33}.

（8）他儿子有点女人样儿。

泉州 伊囝（有淡薄仔）查某体查某体。in^{33} kã^{55}（u^{22} tam$^{41-22}$ poʔ$^{24-22}$ a$^{55-24}$）tsa^{33} bɔ$^{55-24}$ thue^{55}/the^{55} tsa$^{24-22}$ bɔ$^{55-24}$ thue^{55}/the^{55}.

厦门 ①伊囝有淡薄仔查某体。in$^{44-22}$ kiã^{53} u$^{22-21}$ tam$^{22-21}$ poʔ$^{5-21}$ a$^{53-44}$ tsa$^{44-22}$ bɔ$^{53-44}$ the^{53}. ②伊囝（有淡薄仔）查某体查某体。in$^{44-22}$ kiã^{53}（u$^{22-21}$ tam$^{22-21}$ poʔ$^{5-21}$ a$^{53-44}$）tsa$^{44-22}$ bɔ$^{53-44}$ the$^{53-44}$ tsa$^{44-22}$ bɔ$^{53-44}$ the^{53}.

台中 伊个后生小可改姑改姑。i$^{44-22}$ e$^{24-22}$ hau$^{22-21}$ sẽ^{44} sio$^{53-44}$ khua$^{53-44}$ kai$^{53-44}$ kɔ$^{44-22}$ kai$^{53-44}$ kɔ^{44}.

漳州 伊后生仔有点仔查某态查某态。in$^{34-22}$ hau$^{22-21}$ sẽ$^{34-22}$ a^{52} u$^{22-21}$ tiam$^{52-34}$ a^{52} tsa$^{13-22}$ bɔ$^{52-34}$ the$^{21-52}$ tsa$^{13-22}$ bɔ$^{52-34}$ the^{21}.

汕头 伊个囝姿娘形姿娘形。i^{33} kai$^{55-31}$ kiã^{52} tsɯ^{33} nio$^{55-31}$ heŋ$^{55-31}$ tsɯ^{33} nio$^{55-31}$ heŋ^{55}.

揭阳 伊个囝姿娘形姿娘形。i^{33} kai$^{55-22}$ kiã$^{42-53}$ tsɯ^{33} niõ$^{55-22}$ heŋ$^{55-22}$ tsɯ^{33} niõ$^{55-22}$ heŋ^{55}.

海丰 ①伊个囝有点查某侬形。i$^{44-33}$ e$^{55-22}$ kiã^{52} u$^{25-33}$ tiam$^{52-213}$ tsa$^{44-33}$ bɔ$^{52-213}$ naŋ$^{55-22}$ heŋ^{55}. ②伊个囝查某侬形查某侬形。i$^{44-33}$ e$^{55-22}$ kiã^{52} tsa$^{44-33}$ bɔ$^{52-213}$ naŋ$^{55-22}$ heŋ$^{55-22}$ tsa$^{44-33}$ bɔ$^{52-213}$ naŋ$^{55-22}$ heŋ^{55}.

遂溪 伊囝有乃似妹囝侬。i^{24} kia^{41} u$^{55-33}$ nai^{55} tsu^{33} mui^{55} kia^{41} naŋ^{22}.

雷州 伊个囝有乃像阿呢婆侬。i^{24} e$^{22-33}$ kia^{42} u^{33} nai^{553} siaŋ^{21} a^{55} ni^{553} phoŋ^{22} naŋ^{22}.

文昌 伊枚囝有滴咋姤样。i$^{34-42}$ mo$^{42-11}$ kia^{31} u^{42} ɖi^{53} ta$^{34-42}$ bou^{31} io^{34}.

三亚 伊个囝有呢囝似咋姤形。i^{33} ai^{22} kio^{31} u$^{42-44}$ niʔ^{45} kio^{31} tshui^{45} ta^{42} vou^{31} heŋ^{22}.

(9) 这种荔枝的核儿屁股尖尖的。

泉州 ①即种荔枝个籽尖骹仓尖骹仓。tsit^{55} tsiɔŋ$^{55-24}$ nũi$^{41-22}$ tsi^{33} e$^{24-22}$ tsī^{55} tsiam^{33} kha^{33} t sŋ$^{'33}$ tsiam^{33} kha^{33} tsŋ$^{'33}$。②即种荔枝个籽尖尖个。tsit^{55} tsiɔŋ$^{55-24}$ nũi$^{41-22}$ tsi^{33} e$^{24-22}$ tsi^{55} tsiam^{33} tsiam^{33} e$^{24-31}$。

厦门 ①即款荔枝个籽骹仓尖尖。tsit$^{32-5}$ khuan$^{53-44}$ lai$^{22-21}$ tsi^{44} e$^{24-22}$ tsi^{53} kha$^{44-22}$ tshŋ^{44} tsiam$^{44-22}$ tsiam^{44}。②即款荔枝个籽尖骹仓尖骹仓。tsit$^{32-5}$ khuan$^{53-44}$ lai$^{22-21}$ tsi^{44} e$^{24-22}$ tsi^{53} tsiam$^{44-22}$ kha$^{44-22}$ tshŋ$^{44-22}$ tsiam$^{44-22}$ kha$^{44-22}$ tshŋ$^{'44}$。

台中 即款荔枝个籽小可尖骹仓尖骹仓。tsit$^{2-5}$ tsiɔŋ$^{53-44}$ lai$^{22-21}$ tsi^{44} e$^{24-22}$ tsi^{53} sio$^{53-44}$ khua$^{53-44}$ tsiam$^{44-22}$ kha$^{44-22}$ tshŋ$^{'44-24}$ tsiam$^{44-22}$ kha$^{44-22}$ tshŋ$^{'44}$。

漳州 ①即种荔枝核尖骹仓尖骹仓。tsit$^{32-5}$ tsiŋ$^{52-34}$ le$^{22-21}$ tsi$^{34-22}$ hut$^{121-32}$ tsiam$^{34-22}$ kha$^{34-22}$ tshuĩ$^{34-22}$ tsiam$^{34-22}$ kha$^{34-22}$ tshuĩ^{34}。②即种荔枝核骹仓尖尖。tsit$^{32-5}$ tsiŋ$^{52-34}$ le$^{22-21}$ tsi$^{34-22}$ hut$^{121-32}$ kha$^{34-22}$ tshuĩ^{34} tsiam$^{34-22}$ tsiam^{34}。

汕头 只款莲果个核尖骹仓尖骹仓。tsi$^{52-24}$ khuaŋ$^{52-24}$ noi$^{55-31}$ kue^{52} kai$^{55-31}$ huk^{5} tsiam^{33} kha^{33} tshɯŋ^{33} tsiam^{33} kha^{33} tshɯŋ^{33}。

揭阳 只款莲果个核尖骹仓尖骹仓。tsi$^{42-24}$ khuaŋ$^{42-24}$ nai$^{55-22}$ kuai$^{42-53}$ kai$^{55-22}$ huk^{5} tsiam^{33} ka^{33} tshɯŋ^{33} tsiam^{33} ka^{33} tshɯŋ^{33}。

海丰 者荔果核尖尖（个）。tsia^{52} nai$^{55-22}$ kue$^{52-213}$ hut^{4} tsiam$^{44-33}$ tsiam^{44} (e$^{55-21}$)。

遂溪 □[ioŋ^{55}] 种莲□[i^{22}] 核尻仓尖尖。ioŋ^{55} tsiaŋ^{41} nai^{22} i^{22} hu^{24} ka$^{24-33}$ tshui^{24} tsiam^{55} tsiam^{55}。

雷州 这种麻籽阿核阿尻仓尖尖。zia^{553} tsiaŋ^{42} mua$^{22-33}$ tsi^{42} a^{55} hu^{22} a^{55} ka$^{24-33}$ tshui^{24} tsiam$^{24-33}$ tsiam^{24}。

文昌 这个荔枝枚仁尻仓尖尖个。ʤia$^{21-55}$ kai$^{22-11}$ lai^{42} tʃi$^{31-33}$ mo$^{42-11}$ ʤien^{22} ka$^{34-42}$ ʃui^{34} tʃiam$^{34-42}$ tʃiam^{34} kai^{22}。

三亚 即种荔枝个仁骹仓尖尖个。i?^{45} tsiaŋ^{31} li^{45} tsi^{33} kai^{22} zin^{22} kha^{33} tshui^{33} tsen^{33} tsen^{33} kai^{22}。

(10) 这床被子有点儿臭脚汗味。

泉州 即领被（有淡薄仔）臭骹液味臭骹液味。tsit^{55} niã$^{55-24}$ phɤ^{33} (u^{22} tam$^{41-22}$ po?$^{24-22}$ a$^{55-24}$) tshau$^{41-55}$ kha^{33} sio?$^{24-22}$ bi$^{41-55}$ tshuau$^{41-55}$ kha^{33} sio?$^{24-22}$ bi^{41}。

厦门 ①即床被仔有淡薄仔臭骹液味。tsit$^{32-5}$ tshŋ$^{'24-22}$ phe$^{22-21}$ a^{53} u$^{22-21}$ tam$^{22-21}$ po?$^{5-21}$ a^{53} tshau$^{21-53}$ kha$^{44-22}$ sio?$^{5-21}$ bi^{22}。②即床被仔有淡薄仔臭骹液臭骹液。tsit$^{32-5}$ tshŋ$^{'24-22}$ phe$^{22-21}$ a^{53} u$^{22-21}$ tam$^{22-21}$ po?$^{5-21}$ a^{53} tshau$^{21-53}$ kha$^{44-22}$ sio?$^{5-21}$ tshau$^{21-53}$ kha$^{44-22}$ sio?^{5}。

台中　即个眠床个被单小可臭骹液味臭骹液味。tsit$^{2-5}$ e$^{24-22}$ bin$^{24-22}$ tshŋ$^{24-22}$ e$^{24-22}$ phue$^{22-21}$ tuã^{44} sio$^{53-44}$ khua^{53} tshau$^{21-53}$ kha$^{44-22}$ sioʔ$^{3-2}$ bi^{22} tshau$^{21-53}$ kha^{44} sioʔ$^{3-2}$ bi^{22}.

漳州　即领被有点仔臭骹液味臭骹液味。tsit$^{32-5}$ nia$^{52-34}$ pui^{22} u$^{22-21}$ tiam$^{52-34}$ a$^{52-44}$ tshau$^{21-52}$ kha$^{34-22}$ sioʔ$^{121-21}$ bi$^{22-21}$ tshau$^{21-52}$ kha$^{34-22}$ sioʔ$^{121-21}$ bi^{22}.

汕头　领被臭骹液味臭骹液味。nia$^{52-24}$ phue^{25} tshau$^{213-55}$ kha^{33} sioʔ$^{5-2}$ bi^{31} tshau$^{213-55}$ kha^{33} sioʔ$^{5-2}$ bi^{31}.

揭阳　领被臭骹液味臭骹液味。nia$^{42-24}$ phue^{35} tshau$^{213-42}$ kha^{33} sioʔ$^{5-2}$ bi$^{22-21}$ tshau$^{213-42}$ kha^{33} sioʔ$^{5-2}$ bi^{22}.

海丰　①只封被有滴仔臭骹液臭骹液。tsi^{52} huaŋ$^{44-33}$ phue^{25} u$^{25-33}$ tiʔ$^{3-4}$ ã$^{52-213}$ tshau$^{213-55}$ kha$^{44-33}$ siɔʔ$^{4-3}$ tshau$^{213-55}$ kha$^{44-33}$ siɔʔ^{4}。②只封被有滴仔臭骹液味。tsi^{52} huaŋ$^{44-33}$ phue^{25} u$^{25-33}$ tiʔ$^{3-4}$ ã$^{52-213}$ tshau$^{213-55}$ kha$^{44-33}$ siɔʔ$^{4-3}$ bi^{21}.

遂溪　若封被有乃臭汗气臭汗气/臭汗臭汗。ia^{55} huaŋ$^{24-33}$ phue$^{55-33}$ u$^{55-33}$ nai^{55} tshiau$^{214-55}$ haŋ^{33} khui^{214} tshiau$^{214-55}$ haŋ^{33} khui^{214}/tshiau$^{214-55}$ haŋ^{33} tshiau$^{214-55}$ haŋ^{33}.

雷州　这封被有乃臭汗臭汗。zia^{553} huaŋ$^{24-33}$ phue^{33} u^{33} nai^{553} tshiu^{553} haŋ^{33} tshiu^{553} haŋ^{33}.

文昌　这幅/床被有滴臭骹气。ʥia$^{21-55}$ ɓak^{3}/xiaŋ^{22} ɸue^{42} u$^{42-11}$ ɗi^{53} ʃiau^{21} xa$^{34-42}$ xui^{21}.

三亚　即封被有呢团臭骹屎臭骹屎。iʔ^{45} huaŋ^{33} phuo^{42} u$^{42-44}$ niʔ^{45} kio^{31} tshiau^{24} kha^{33} tai^{31} tshiau^{24} kha^{33} tai^{31}.

上面画线的成分，重叠前毫无疑问是一个名词性词组，如例（7）汕头的"臭潘"（臭泔水），重叠为"臭潘臭潘"，就再也不是指称泔水，而是描写那种酒的味道，其用法就和一个普通的形容词重叠式如"臭臭""臭酸臭酸"完全一样。

我们在本书第三章第一节中已经发现，闽南方言的加缀形容词重叠式其实有很多"基式"不是已有的语言单位，不重叠的时候，不成立或者不能作为一个自由的语言单位入句，也就是说，有很多加缀重叠式其实并不存在严格意义的"基式"。但是，由于一般形容词的重叠会构成一种范式，语言成分可以通过在形式上采用这一范式而获得该范式所赋予的语义特征、语义功能和句法功能，成为一个如一般形容词重叠式一般的语言单位。本节所述名词和名词短语的"重叠"，又使我们看到，重叠范式的作用，有时可以不管构成要素的词性，也不管它是词还是短语，不管其作用的结果是构形还是构词。

本节所述的名词和名词短语的重叠，是部分名词或名词短语进入形容词重叠第一种范式的产物，下面试把本节所述各种重叠形式用斜体加入本章第一节所归纳的第一种范式之中，放在一起观察，那么上面所说名词及名词短语重叠式的形成机理、范式的作用及其超越词与词组、构词与构形的界线这一特点，应该可以看得很清楚。

　　A. 重叠方式：ABC…ABC…

　　B. 重叠式：

　　AA——红红（形容词重叠）、猪猪（名词重叠）

　　AB（C…）AB（C…）——四方四方、细粒细粒（形容词重叠）、阿舍阿舍、老板娘老板娘（名词重叠）、臭潘臭潘、臭骹液味臭骹液味、查某侬形查某侬形（名词短语重叠）、生毛生毛、卜落雨卜落雨、无若解行无若解行、□［bue²²］甚解晓得泅□［bue²²］甚解晓得泅、无侬卜来斟骹手无侬卜来斟骹手（动词短语重叠）

　　Ax（y…）Ax（y…）——长罗长罗、长哥罗长哥罗（形容词重叠）

　　ABB①——四角角（形容词重叠）

　　Axx——圆囝囝（形容词重叠）

　　C. 语义特征：［+情状］［+低程度］

　　D. 语义功能：描写

　　E. 句法功能：状态形容词性

参考文献

［1］施其生. 汕头方言动词短语重叠式［J］. 方言，1988（2）.

［2］施其生. 论汕头方言中的"重叠"［J］. 语言研究，1997（1）.

［3］施其生. 汉语方言中词组的"形态"［J］. 语言研究，2011（1）.

---

① "ABB"和"Axx"为"ABAB"和"AxAx"的缩略形式，均省去后一个"A"。

第三节　闽南方言动词和动词短语的重叠

一、动词重叠

闽南方言中单个动词重叠，常常是一个语义功能和句法功能都像状态形容词的成分。严格说来，这种重叠式已经不能算是动词重叠式，因为它已经不能看作一个带着形态的动词。

这种重叠在闽南-台湾片和粤东片非常常用，先看这些地方的例子。
(1) 我有点儿害怕。

泉州　我有蜀淡仔/淡薄仔惊/惊惊。gua^{55} u^{22} tsit$^{24-22}$ tam$^{41-22}$ a$^{55-24}$/tam$^{41-22}$ pɔʔ$^{24-22}$ a$^{55-24}$ kiã^{33}/ kiã$^{33-21}$ kiã$^{33-31}$.

厦门　①我有淡薄（仔）惊惊。gua$^{53-44}$ u$^{22-21}$ tam$^{22-21}$ pɔʔ$^{5-21}$ (a$^{53-44}$) kiã$^{44-22}$ kiã^{44}. ②我惊惊。gua$^{53-44}$ kiã$^{44-22}$ kiã^{44}. ③我有淡薄（仔）惊。gua$^{53-44}$ u$^{22-21}$ tam$^{22-21}$ pɔʔ$^{5-21}$ (a$^{53-44}$) kiã^{44}.

台中　我有小可惊惊。ua^{53} u$^{22-21}$ sio$^{53-44}$ khua$^{53-44}$ kiã$^{44-22}$ kiã^{44}.

漳州　①我有淡薄仔惊。gua^{52} u$^{22-21}$ tam$^{22-21}$ pɔʔ$^{121-21}$ a^{52} kiã^{34}. ②我惊惊。gua^{52} kiã$^{34-22}$ kiã^{34}.

汕头　我惊惊（呤）。ua^{52} kiã^{33} kiã^{33} (ne$^{52-31}$).

揭阳　我惊惊呤。ua$^{42-53}$ kiã^{33} kiã^{33} ne$^{42-213}$.

海丰　我有滴仔惊惊。ua^{52} u$^{25-33}$ tip$^{3-4}$ ã$^{52-213}$ kiã^{44} kiã^{44}.

(2) 傻子走路缩着脖子。

泉州　瘖囝行路颔胫纠纠。am^{33} kã^{55} kiã^{24} lɔ^{41} am^{22} kui^{33} kiu$^{33-32}$ kiu$^{33-31}$.

厦门　迄股憨个行路颔管纠纠。hit$^{32-5}$ kɔ$^{53-21-22}$ kham^{53} e$^{24-21}$ kiã$^{24-22}$ lɔ^{22} am$^{22-21}$ kun$^{53-44}$ kiu$^{44-22}$ kiu^{44}.

台中　迄个戇个行路颔（仔）管纠纠。hit$^{2-5}$ e$^{24-22}$ gɔŋ^{22} e^{22} kiã$^{24-22}$ lɔ^{22} am^{22} (a$^{53-44}$) kun^{53} kiu$^{44-22}$ kiu$^{44-22}$.

漳州　戇仔行路颔仔纠纠。gɔŋ$^{13-22}$ a^{52} kiã$^{13-22}$ lɔ^{22} am$^{22-21}$ a^{52} kiu$^{34-22}$ kiu^{34}.

汕头　阿白仁行路颔纠纠（呤）。a^{33} peʔ$^{5-2}$ ziŋ^{55} kiã$^{55-31}$ lou^{31} am^{25} kiu^{33} kiu^{33} (ne$^{52-31}$).

揭阳　阿戇［koŋ$^{55-22}$］囝行路颔纠纠（呤）。a^{33} koŋ$^{55-22}$ kiã$^{42-53}$ kiã$^{55-22}$

lou²² am³⁵ kiu³³ kiu³³ (ne⁴²⁻²¹³).

海丰 戆仔/戆团行路颔（仔）纠纠。ɔŋ²¹³ ã⁵²⁻²¹³/ɔŋ²¹³⁻⁵⁵ kiã⁵² kiã⁵⁵⁻²² lɔu²¹ am²⁵⁻³³ (ã⁵²⁻²¹³) kiuʔ³⁻⁴ kiuʔ³.

（3）发了几天烧，走路脚下轻飘飘的。

泉州 发了几日烧，行路骹<u>浮浮</u>。huat²² liau⁵⁵ kui⁵⁵⁻²⁴ lit²⁴⁻²² sio³³，kiã²⁴⁻²² lɔ⁴¹ kha³³ phu²⁴⁻²² phu²⁴.

厦门 发烧几日，行路□［saʔ³²⁻⁵］侳侳颠/骹<u>浮浮</u>。huat³²⁻⁵ sio⁴⁴⁻²² kui⁵³⁻⁴⁴ lit⁵，kiã²⁴⁻²² lɔ²² saʔ³²⁻⁵ khɔŋ²²⁻²¹ khɔŋ²²⁻²¹ tian⁴⁴/ kha⁴⁴ phu²⁴⁻²² phu²⁴.

台中 发烧几工，行路骹<u>飞飞</u>/<u>浮浮</u>。huat²⁻⁵ sio⁴⁴ kui⁵³⁻⁴⁴ kaŋ⁴⁴，kiã²⁴⁻²² lɔ²² kha⁴⁴ puei⁴⁴⁻²² puei⁴⁴/phu²⁴⁻²² phu²⁴.

漳州 发烧几日仔，行路骹<u>浮浮</u>。huak³²⁻⁵ sio⁵²⁻³⁴ kui⁵²⁻³⁴ zit¹²¹⁻²¹ a⁵²，kiã¹³⁻²² lɔ²² kha³⁴⁻²² phu¹³⁻²² phu¹³.

汕头 发烧几日，行路骹<u>飞飞</u>（呤）。huak²⁻⁵ sio³³ kua⁵²⁻²⁴ zik⁵，kiã⁵⁵⁻³¹ lou³¹ kha³³ pue³³ pue³³ (ne⁵²⁻³¹).

揭阳 发烧几日，行路骹<u>飞飞</u>（呤）。huak²⁻³ sio³³ kui⁴²⁻³⁵ zek⁵，kiã⁵⁵⁻²² lou²² kha³³ pue³³ pue³³ (ne⁴²⁻²¹³).

海丰 ①烧热了几日，行路骹<u>飞飞</u>。sio⁴⁴⁻³³ ziak⁴ liau⁵²⁻²¹³ kua⁵²⁻²¹³ zit⁴，kiã⁵⁵ lɔu²¹ kha⁴⁴ pue⁴⁴⁻³³ pue⁴⁴. ②烧热了几日，行路骹□［lɔ⁵²⁻²¹³/tɔ⁵²⁻²¹³］飞 □［lɔ⁵²⁻²¹³/tɔ⁵²⁻²¹³］飞。sio⁴⁴⁻³³ ziak⁴ liau⁵²⁻²¹³ kua⁵²⁻²¹³ zit⁴，kiã⁵⁵ lɔu²¹ kha⁴⁴ lɔ⁵²⁻²¹ /tɔ⁵²⁻²¹³ pue⁴⁴ lɔ⁵²⁻²¹³/tɔ⁵²⁻²¹³ pue⁴⁴.

（4）两人紧挨着走。

泉州 两个侬行遘<u>倚倚</u>/□［khueʔ⁵⁵］嘞行/倚嘞行。lŋ²² e²⁴⁻²² laŋ²⁴ kiã²⁴ a⁵⁵ ua⁵⁵⁻²⁴ ua⁵⁵/khueʔ⁵⁵ lɤ⁴¹⁻²² kiã²⁴/ua⁵⁵⁻²⁴ le⁴¹⁻²² kiã²⁴.

厦门 两个侬行遘<u>倚倚</u>。nŋ²²⁻²¹ e²⁴⁻²² laŋ²⁴ kiã²⁴⁻²² a²¹⁻⁵³⁻⁴⁴ ua⁵³⁻⁴⁴ ua⁵³.

台中 两个侬行遘<u>倚倚倚</u>。lŋ²²⁻²¹ e²⁴⁻²² laŋ²⁴ kiã²⁴⁻²² kau²¹⁻⁵³ ua⁵³⁻⁴⁴ ua⁵³⁻⁴⁴ ua⁵³.

漳州 两侬□［kheʔ³²⁻⁵²］□［hɛ³⁴］行。no²²⁻²¹ laŋ¹³ kheʔ³²⁻⁵² hɛ³⁴ kiã¹³.

汕头 两侬行遘<u>磨磨</u>（呤）。no³¹ naŋ⁵⁵ kiã⁵⁵⁻³¹ kau²¹³⁻⁵⁵ mua⁵⁵⁻³¹ mua⁵⁵ (ne⁵²⁻³¹).

揭阳 两侬行遘<u>磨磨</u>。no³⁵⁻²¹ naŋ⁵⁵ kiã⁵⁵⁻²² kau²¹³⁻⁴² bua⁵⁵⁻²² bua⁵⁵.

海丰 两侬行遘<u>磨磨</u>。nɔ²⁵⁻³³ naŋ⁵⁵ kiã⁵⁵⁻²² a²¹³⁻⁵⁵ mua⁵⁵⁻²² mua⁵⁵.

（5）放胆地走吧！

泉州 大胆个行！tua⁴¹⁻²² tã⁵⁵ e²⁴⁻²² kiã²⁴!

厦门 ①放胆去行！paŋ²¹⁻⁵³ tã⁵³ khi²¹⁻⁵³ kiã²⁴！②做汝行！tsue²¹⁻⁵³ li⁵³⁻⁴⁴ kiã²⁴！

台中　大胆去行！tua$^{22-21}$ tã^{53} khi$^{21-53}$ kiã^{24}！
漳州　大胆囗［hɛ^{34}］行！tua$^{22-21}$ tã^{52} hɛ^{34} kiã^{13}！
汕头　<u>敢敢</u>行！kã$^{52-24}$ kã^{52} kiã^{55}！
揭阳　<u>敢敢</u>行！kã$^{42-35}$ kã$^{42-21}$ kiã^{55}！
海丰　<u>敢敢</u>行啦！kã$^{52-213}$ kã^{52} kiã^{55} la^{33}！

以上例子中，画线的 AA（偶见 AAA）重叠式，在句中已经不表示动作行为，不用于叙述，而是表示一种样态，用于描写。

惊（害怕）→惊惊（有点害怕的样子）
倚/靠（靠）→倚倚/靠靠（紧挨着的样子）
磨（靠近）→磨磨（紧挨着的样子）
纠（缩）→纠纠（收缩的样子）
飞→飞飞（不踏实、轻飘飘的样子）
浮→浮浮（不踏实、轻飘飘的样子）
敢→敢敢（大胆的样子）

句法功能上，这些重叠式完全失去了动词的特点，再也不能带宾语，不能带体貌形式，也不像性质形容词可以带补语，而是和状态形容词一样，可以独立用于作谓语［第（1）—（3）例］、补语［第（4）例］、状语［第（5）例］；作谓语和补语时可以带一个词尾（如粤东的"呤"），也可以不带。如果不论其构成成分的差异，我们看到它无论在语义特征、语义功能上，还是在句法功能上，与形容词的 AA、AAA 重叠式是完全相同的。

许多单音节动词都可以通过重叠转化为这样的状态形容词性成分，但是并非所有单音节动词都可以。哪个动词可以，转化之后表示什么意义，各地有一定的约定俗成的习惯。

双音节或多音节动词也可以重叠，其重叠式为 AB(C)AB(C)，下面举厦门和汕头的几个例子。

(6) 我心里有点后悔。

厦门　我心里煞<u>后悔后悔</u>。gua$^{53-44}$ sim$^{44-22}$ lai^{22} suaʔ$^{32-53}$ au$^{22-21}$ hue$^{53-44}$ au$^{22-21}$ hue^{53}.

汕头　我心里有滴囝<u>想周悔想周悔</u>。ua^{52} sim^{33} lai^{25} u$^{25-31}$ tiʔ$^{2-5}$ kiã$^{52-24}$ siõ$^{25-31}$ tsiu^{33} hue$^{213-55}$ siõ$^{25-31}$ tsiu^{33} hue^{213}.

(7) 看他那个样子，是有点妒忌了。

厦门　看伊迄落体，着是<u>怨妒怨妒</u>啊。khuã$^{21-53}$ i$^{44-22}$ hit$^{32-53}$ loʔ$^{53-22}$ the^{53}, tioʔ$^{53-21}$ si$^{22-21}$ uan$^{21-53}$ tɔ$^{21-53}$ uan$^{21-53}$ tɔ^{21} a^{21}.

汕头 睇伊块形，是有滴囝妒忌妒忌了。toĩ$^{52-24}$ i^{33} ko$^{213-55}$ heŋ^{55}, si$^{25-31}$ u$^{25-31}$ tiʔ$^{2-5}$ kiã$^{52-24}$ kou$^{213-55}$ ki$^{25-31}$ kou$^{213-55}$ ki^{25} ou$^{52-213}$.

雷州片、海南片的动词重叠比较复杂，有类似上述闽南方言的现象，也有类似粤西粤语的现象。在雷州片、海南片也可见到类似闽南－台湾片和粤东片的状态形容词化了的动词重叠式。

（8）我有点儿害怕。

遂溪 ①我有乃惊惊。va^{41} u^{55} nai^{55} kia$^{24-33}$ kia^{24}。②我有呢惊惊惊。va^{41} u^{55} ni^{55} kia$^{24-41}$ kia$^{24-33}$ kia^{24}.

雷州 我有乃/有宁/有宁囝惊惊。ba^{42} u^{33} nai^{553}/u^{33} niŋ^{553}/u^{33} niŋ^{553} kia^{42} kia$^{24-33}$ kia^{24}.

文昌 我有滴惊。gua^{31} u$^{42-11}$ ɗi^{53} kia^{22}.

三亚 我有呢囝惊。va^{31} u$^{42-44}$ ni^{45} kio^{31} kio^{33}.

（9）傻子走路缩着脖子。

遂溪 松囝行路头弟□［nok^{54}］□［nok^{54}］。soŋ^{22} kia^{41} kia^{22} leu^{24} tau^{22} ti^{55} nok^{54} nok^{54}.

雷州 松囝行路阿头第缩缩。soŋ$^{22-33}$ kia^{42} kia$^{22-33}$ leu^{24} a^{55} thau$^{22-33}$ ti^{553} sok^{5} sok^{5}.

文昌 戆囝行路胫蒂筋拧拧。ŋaŋ^{31} kia^{31} kia^{22} lou^{34} ɗau^{34} ɗi^{53} kien^{34} neŋ$^{41-11}$ neŋ^{42}.

三亚 憨囝行路头颈缩缩。naŋ^{33} kio^{31} kio^{31} lou^{33} tau^{33} kiŋ^{33} tui^{45} tui^{45}.

（10）发了几天烧，走路脚下轻飘飘的。

遂溪 发烧几日，行路骹飞飞/骹浮浮。huak^{54} sio^{24} kui^{41} iet^{54}, kia^{22} leu^{24} kha^{24} pue$^{24-55}$ pue^{24}/kha^{24} phu^{22} phu^{22}.

雷州 发了几日烧，行路骹飞飞。huak^{5} liau^{42} kui^{42} ziek^{2} sio^{24}, kia$^{22-33}$ leu^{24} kha$^{24-33}$ pue$^{22-33}$ pue^{22}.

文昌 烧几日，行路骹浮浮。tio^{34} kui$^{31-33}$ ʤiet^{3}, kia^{22} lou^{34} xa^{34} ɸou$^{22-11}$ ɸou^{22}.

三亚 发了几天热，行路起来骹飘飘。huai^{45} liau^{42} kui^{31} thi^{33} zuoʔ^{33}, kio^{22} lou^{33} khi^{31} lai^{22} kha^{33} phiau^{33} phiau^{33}.

（11）两人紧挨着走。

遂溪 ①两侬扑倒紧紧行。no$^{55-33}$ naŋ^{22} phok^{54} to^{41} kiŋ^{41} kiŋ^{41} kia^{22}。②两侬紧紧扑倒行。no$^{55-33}$ naŋ^{22} kiŋ^{41} kiŋ^{41} phok^{54} to^{41} kia^{22}.

雷州 两侬靠靠扑着行。no$^{33-42}$ naŋ^{22} kha^{33} kha^{33} phok^{2} tio^{553} kia^{22}.

文昌 两侬相□［ɸo^{42}］/相磨落行。no^{42} naŋ^{22} tio$^{34-42}$ ɸo^{42}/tio$^{34-42}$ bua^{22} lo$^{42-11}$ kia^{22}.

三亚　两个侬靠紧紧个行/□［ma³³］着紧紧。no⁴²⁻⁴⁴ mo⁴⁵ naŋ²² khau²⁴ kin⁴² kin⁴² kai²² kio²²/ma³³ ɗoʔ³³ kin⁴²⁻⁴⁴ kin⁴².

（12）放胆地走吧！

遂溪　大大胆行啦！tua²⁴⁻³³ tua²⁴ ta⁴¹ kia²² lo⁵⁵！
雷州　大胆行啦！tua²⁴ ta⁴² kia²²⁻³³ la⁵⁵！
文昌　大胆行！ɗua³⁴⁻⁴² ta³¹ kia²²！
三亚　放胆大大（个）行吧！ɓaŋ²⁴ ta³¹ ɗuo³³ ɗuo³³（kai²²）kio²² ɓa⁴²！

第（8）—（10）例除了有"惊惊""浮浮""飞飞"，还有"拧拧"（紧拧着的样子）、"缩缩/□［nok⁵⁴］□［nok⁵⁴］"（收缩的样子）、"飘飘"（不踏实、轻飘飘的样子）等。但是第（11）、（12）两例不习惯用动词重叠。

从钱奠香《海南屯昌闽南语法研究》中看到，屯昌也有这种重叠，如以下两例①。

这爿手痛痛去然。（这只手好疼/发痛）
妚侬坐带惊惊去然。（那人坐在那儿露出害怕的样子）

画线的重叠式都失去动词特点，不能带宾语，语义上都是描状的，所以常常可以加个表示描状的助词"去然（……的样子）"。

但是雷州片和海南片动词重叠式有一种用法是比较独特的，就是不用结构助词"个"而直接作定语，表示一种正在持续的状态。

遂溪　想想来许个侬（很想来的那个人）
屯昌　痛痛这爿手（觉得疼痛的这只手）/惊惊这枚（显露出害怕样子的这个）

这和粤西粤语廉江话非常相似，廉江话也是除了用状态形容词化了的动词重叠式作谓语、补语，还常常用它直接作定语。此外，动词重叠式还用于表示短暂-尝试体貌，和普通话、粤语相似。

二、动词短语重叠

（一）一般动词短语重叠

一般动词短语，指除了下文要论述的动补式短语之外的各种动词短语。在

---

①　本节屯昌方言的例子均引自钱奠香《海南屯昌闽语语法研究》，云南大学出版社2002年版，第64-71页。例句及括号中的释义均原文照录。

闽南方言的闽南-台湾片和粤东片,一般的动词短语有相当一部分可以重叠,重叠之后语义特征、语义功能和句法功能均发生变化,不管动词短语多么复杂,整个重叠式就和单个动词所构成的重叠式一样失去动词性特点而具有状态形容词性的特点,变成一个与形容词 ABAB 重叠式性质相同的语言成分。这种现象在雷州片和海南片比较少见,只在遂溪、三亚偶然出现,不过这个区域的闽南方言中还有另一种不同性质的动词短语重叠式,下文再另行交代。以下先看看各个句法位置上这种状态形容词性的动词短语重叠式。

1. 作谓语

作谓语时,描写一种情状,程度较低,可加词尾,也可不加。下面是例句。

(13) 天要下雨的样子。

泉州 ①天卜落雨卜落雨啰。tĩ^{33} bɤʔ^{55} lɔʔ$^{24-22}$ hɔ^{22} bɤʔ^{55} lɔʔ$^{24-22}$ hɔ^{22} lɔ^{21}. ②天卜落雨个款。tĩ^{33} bɤʔ^{55} lɔʔ$^{24-22}$ hɔ^{22} e$^{24-22}$ khuan^{55}. ③天卜落雨啰。tĩ^{33} bɤʔ^{55} lɔʔ$^{24-22}$ hɔ^{22} lɔ^{21}.

厦门 天简若卜落雨卜落雨。thĩ^{44} kan$^{53-44}$ nã$^{53-44}$ beʔ$^{32-53}$ lɔʔ$^{5-21}$ hɔ$^{22-21}$ beʔ$^{32-53}$ lɔʔ$^{5-21}$ hɔ^{22}.

台中 天(看起来)卜落雨卜落雨。thĩ^{44} (khuã^{21} khi$^{53-21}$ lai$^{24-21}$) beʔ$^{2-5}$ lɔʔ$^{3-2}$ hɔ$^{22-24}$ beʔ$^{2-5}$ lɔʔ$^{3-2}$ hɔ$^{22-21}$.

漳州 天卜落雨啊卜落雨。thĩ^{34} beʔ$^{32-5}$ lɔʔ$^{121-21}$ hɔ^{22} a$^{34-22}$ beʔ$^{32-5}$ lɔʔ$^{121-21}$ hɔ^{22}.

汕头 个天爱落雨爱落雨。kai$^{55-31}$ thĩ^{33} ãi$^{213-55}$ lɔʔ$^{5-2}$ hou$^{25-31}$ ãi$^{213-55}$ lɔʔ$^{5-2}$ hou^{25}.

揭阳 个天爱落雨爱落雨。kai$^{55-22}$ thĩ^{33} ãi$^{213-42}$ lɔʔ$^{5-2}$ hou$^{35-21}$ ãi$^{213-42}$ lɔʔ$^{5-2}$ hou^{35}.

海丰 天爱落雨爱落雨。thĩ$^{44-33}$ ãi$^{213-55}$ lɔʔ$^{4-3}$ hou$^{25-33}$ ãi$^{213-55}$ lɔʔ$^{4-3}$ hou^{25}.

遂溪 天讨落雨讨落雨。thi^{24} tho$^{41-33}$ lo^{33} heu^{33} tho$^{41-33}$ lo^{33} heu^{33}.

雷州 ①阿天讨落雨讨落雨。a^{55} thi^{24} tho^{42} lo$^{33-42}$ heu^{42} tho^{42} lo$^{33-42}$ heu^{42}. ②阿天像讨落雨。a^{55} thi^{24} siaŋ^{21} tho^{42} lo$^{33-42}$ heu^{42}.

文昌 天卜落雨个样□ [ʃi^{34}]。xi^{34} 6eʔ^{5} lo$^{42-11}$ fiou^{42} kai^{22} io$^{34-42}$ ʃi^{34}.

三亚 天要落雨落雨个样子。thi^{33} iau^{24} lɔʔ^{42} hou^{42} lɔʔ^{42} hou^{42} kai^{42} io^{33} tsi^{31}.

(14) 我有半年老是不太吃得下饭的样子。

泉州 ①我有半年定定伯亲食□ [bue^{22}] 得落去食□ [bue^{22}] 得落去。gua^{55} u^{22} puã$^{41-55}$ nĩ^{24} tiã$^{41-22}$ tiã$^{41-22}$ lan$^{55-24}$ tshin^{33} tsiaʔ$^{24-22}$ bue^{22} tit^{55} lɔʔ$^{24-22}$ khɯ^{41} tsiaʔ$^{24-22}$ bue^{22} tit^{55} lɔʔ$^{24-22}$ khɯ^{41}. ②我有半年定定无法度通食落去迄个势。gua^{55} u^{22} puã$^{41-55}$ nĩ^{24} tiã$^{41-22}$ tiã$^{41-22}$ bo$^{24-22}$ huat^{55} tɔ^{41} thaŋ^{33} tsiaʔ$^{24-22}$ lɔʔ$^{24-41}$

khɯ⁴¹⁻²¹ hit⁵⁵ e²⁴⁻²² si⁴¹.

厦门 ①我有半年定定食口［bue²²⁻²¹］落食口［bue²²⁻²¹］落。gua⁵³⁻⁴⁴ u²²⁻²¹ puã²¹⁻⁵³ nĩ²⁴ tiã²²⁻²¹ tiã²²⁻²¹ tsiaʔ⁵⁻²¹ bue²²⁻²¹ loʔ⁵⁻²¹ tsiaʔ⁵⁻²¹ bue²²⁻²¹ loʔ⁵. ②我有半年定定食口［bue²²⁻²¹］甚乜（解）落。gua⁵³⁻⁴⁴ u²²⁻²¹ puã²¹⁻⁵³ nĩ²⁴ tiã²²⁻²¹ tiã²²⁻²¹ tsiaʔ⁵⁻²¹ bue²²⁻²¹ sim⁵³⁻⁴⁴ miʔ⁵（e²²⁻²¹）loʔ⁵.

台中 我有半年拢是食口［be²²⁻²¹］落饭食口［be²²⁻²¹］落饭。ua⁵³⁻⁴⁴ u²²⁻²¹ puã²¹⁻⁵³ nĩ²⁴ lɔŋ⁵³⁻⁴⁴ si²²⁻²¹ tsiaʔ³⁻² be²²⁻²¹ loʔ³⁻² pŋ'²² tsiaʔ³⁻² be²²⁻²¹ loʔ³⁻² pŋ'²².

漳州 我半年来定定食无落食无落。gua⁵² puã²¹⁻⁵² ni¹³⁻²² lai¹³⁻²² tiã²²⁻²¹ tiã²²⁻²¹ tsiaʔ¹²¹⁻²¹ be²²⁻²¹ loʔ¹²¹⁻²¹ tsiaʔ¹²¹⁻²¹ be²²⁻²¹ loʔ¹²¹⁻²¹.

汕头 我有半年口［tiam³¹］食无乜落食无乜落（呤）。ua⁵² u²⁵⁻³¹ puã²¹³⁻⁵⁵ ni⁵⁵⁻³¹ tiam³¹ tsiaʔ⁵⁻² bo⁵⁵⁻³¹ miʔ²⁻⁵ loʔ⁵⁻² tsiaʔ⁵⁻² bo⁵⁵⁻³¹ miʔ²⁻⁵ loʔ⁵（ne³¹）.

揭阳 我有半年口［tiam²²⁻²¹］食无乜落食无乜落。ua⁴²⁻⁵³ u³⁵⁻²¹ puã²¹³⁻⁵³ ni⁵⁵ tiam²²⁻²¹ tsiaʔ⁵⁻² bo⁵⁵⁻²² meʔ²⁻³ loʔ⁵⁻² tsiaʔ⁵⁻² bo⁵⁵⁻²² meʔ²⁻⁵ loʔ⁵.

海丰 ①我有半年食口［bei²⁵⁻³³］落食口［bei²⁵⁻³³］落。ua⁵² u²⁵⁻³³ puã²¹³⁻⁵⁵ nĩ⁵⁵⁻²² tsiaʔ⁴⁻³ bei²⁵⁻³³ loʔ⁴⁻³ tsiaʔ⁴⁻³ bei²⁵⁻³³ lɔʔ⁴. ②我有半年掂掂食口［bei²⁵⁻³³］落。ua⁵² u²⁵⁻³³ puã²¹³⁻⁵⁵ nĩ⁵⁵ tiam²¹⁻³³ tiam²¹⁻³³ tsiaʔ⁴⁻³ bei²⁵⁻³³ lɔʔ⁴.

遂溪 我有半年无食得落饭。va⁴¹ u⁵⁵ pua²¹⁴ hi²² vo²² tsia³³ tiet⁵⁴ lo³³ pui²⁴.

雷州 我有半年总是无食得落阿糜。ba⁴² u³³ pua²¹⁻⁴⁴ hi²² tsoŋ⁴² si³³⁻⁴² bo²²⁻³³ tsia³³ tik⁵ lo³³ a⁵⁵ mue²².

文昌 我有半年〈时候〉都无食得糜。gua³¹ u⁴² ɓua²¹⁻⁵⁵ ɦi²² ‹ɗiau³⁴› ɗou³⁴ bo²²⁻¹¹ tʃia⁴² ɗiet⁵ mue²².

三亚 我有半年老是喫无落糜个样子。va³¹ u⁴² ɓuo²⁴ hi²² lau³¹ ti⁴² khai³¹ vo²² lɔʔ⁴² muo²² kai²² io³³ tsi³¹.

(15) 那里头有两个人看样子不大会游泳。

泉州 ①迄里面有两个侬看款＜无解＞甚解晓得泅。hit⁵⁵ lai²² bin⁴¹/thau²⁴ u²² lŋ'²² e²⁴⁻²² laŋ²⁴ khuã⁴¹⁻⁵⁵ khuan⁵⁵ ‹bue²⁴› siã²⁴ e²⁴⁻⁵⁵ hiau⁵⁵⁻²⁴ leʔ⁵⁵ siu²⁴. ②迄里面有两个侬看款（是）＜无解＞甚解晓得泅。hit⁵⁵ lai²² bin⁴¹/thau²⁴ u²² lŋ'²² e²⁴⁻²² laŋ²⁴ khuã⁴¹⁻⁵⁵ khuan⁵⁵（si²²）‹bue²²› siã²⁴ e²⁴⁻⁵⁵ hiau⁵⁵⁻²⁴ leʔ⁵⁵ siu²⁴.

厦门 口［hia²⁴］里面有两个侬简若＜无解＞甚物解晓泅呃。hia²⁴ lai²²⁻²¹ bin²² u²²⁻²¹ nŋ'²² e²⁴⁻²² laŋ²⁴ kan⁵³⁻⁴⁴ nã⁵³⁻⁴⁴ ‹bue²²⁻²¹› sim⁵³⁻⁴⁴ miʔ⁵ e²²⁻²¹ hiau⁵³⁻⁴⁴ siu²⁴ e²¹.

台中 迄里面个两个侬看起来＜无解＞晓游。hit²⁻⁵ lai²²⁻²¹ bin²² hit²⁻⁵ nŋ'²²⁻²¹ e²⁴ laŋ²⁴ khuã²¹ khi⁵³⁻²¹ lai²⁴⁻²¹ ‹be²²⁻²¹› hiau⁵³⁻⁴⁴ iu²⁴⁻²¹.

漳州 迄边头有两个侬看着 <无解> 晓泅。hit³²⁻⁵ pin³⁴⁻²² thau¹³⁻²² u²²⁻²¹ nɔ²²⁻²¹ kɔ⁵²⁻³⁴ laŋ²⁴ khuã²¹⁻⁵² tioʔ¹²¹⁻²¹ <beʔ²²⁻²¹> hiau⁵²⁻³⁴ siu²².

汕头 许底有两侬睇款无乜会泅（哈）。hɯ⁵²⁻²⁴ toi⁵² u²⁵⁻³¹ no²⁵⁻³¹ naŋ⁵⁵⁻³¹ tõi⁵²⁻²⁴ khuaŋ⁵² bo⁵⁵⁻³¹ miʔ²⁻⁵ oi²⁵⁻³¹ siu⁵⁵（ne³¹）.

揭阳 许底有两侬睇着无乜会泅。hio⁴²⁻³⁵ toi⁴²⁻²¹ u³⁵⁻²¹ no³⁵⁻²¹ naŋ⁵⁵⁻²² thõi⁴²⁻²⁴ tioʔ⁵⁻² bo⁵⁵⁻²² meʔ²⁻³ oi³⁵⁻²¹ siu⁵⁵.

海丰 ①许里底有两个侬睇□[hia⁵²⁻²¹³] 形无乜解泅。hi⁵² la²⁵⁻³³ tei⁵² u²⁵⁻³³ nɔ²⁵⁻³³ kai⁵⁵⁻²² naŋ⁵⁵⁻²² the⁵²⁻²¹³ hia⁵²⁻²¹³ heŋ⁵⁵ bɔ⁵⁵⁻²² mi²¹³⁻⁵⁵ e²⁵⁻³³ siu⁵⁵⁻²². ②许里底有两个侬睇□[hia⁵²⁻²¹³] 形无乜解泅水。hi⁵² la²⁵⁻³³ tei⁵² u²⁵⁻³³ nɔ²⁵⁻³³ kai⁵⁵⁻²² naŋ⁵⁵⁻²² the⁵²⁻²¹³ hia⁵²⁻²¹³ heŋ⁵⁵ bɔ⁵⁵⁻²² mi²¹³⁻⁵⁵ e²⁵⁻³³ siu⁵⁵⁻²² tsui⁵².

遂溪 许里有两个侬望伊相图就是无活八泅水。ha⁵⁵ li⁴¹ u³³ no³³ kai²² naŋ²² o²⁴ i²⁴ sio²⁴⁻³³ thu²² tsiu⁵⁵⁻³³ si⁵⁵⁻³³ vo²² ua³³ pak⁵⁴ siu²² tsui⁴¹.

雷州 许里有两个侬望架势无八泅水。ha⁵⁵³ li⁴² u³³ no³³⁻⁴² kai²²⁻³³ naŋ²² o ke²¹⁻⁴⁴ le²¹ bo²²⁻³³ pak⁵ siu²²⁻³³ tsui⁴².

文昌 许里有两个侬望样□[ʃi³⁴] 无八□[ɓoŋ⁴²] □[ɦiak³]。ɦo²¹⁻⁵⁵ lai⁴² u⁴² no⁴² kai²²⁻¹¹ naŋ²² mo³⁴ io³⁴⁻⁴² ʃi³⁴ bo²²⁻¹¹ ɓat⁵ ɓoŋ⁴² ɦiak³.

三亚 那里头有两个侬望起来（好像）无（乜）八游水/无太会游水。aʔ⁴⁵ lai⁴² thau²² u⁴²⁻⁴⁴ no⁴² kai²² naŋ²² mo³³ khi³¹ lai²²（ho³¹ tiaŋ²⁴）vo²²（miʔ⁴⁵⁻⁴⁴）vaiʔ⁴⁵ iu²² tsui³¹/vo²² thai²⁴ oi⁴² iu²² tsui³¹.

（16）看样子没什么人肯来帮忙似的。

泉州 ①看款无甚侬通来帮忙无甚侬通来帮忙。khuã⁴¹⁻⁵⁵ khuan⁵⁵ bo²⁴⁻²² siã²⁴ laŋ²⁴⁻²² thaŋ³³ lai²⁴⁻²² paŋ³³ baŋ²⁴ bo²⁴⁻²² siã²⁴ laŋ²⁴⁻²² thaŋ³³ lai²⁴⁻²² paŋ³³ baŋ²⁴. ②看款无甚/甚乜侬通/卜来帮忙啰。khuã⁴¹⁻⁵⁵ khuan⁵⁵ bo²⁴⁻²² siã²⁴/siã²⁴⁻²² mĩʔ⁵⁵ laŋ²⁴⁻²² thaŋ³³/bɤʔ⁵⁵ lai²⁴⁻²² paŋ³³ baŋ²⁴ lɔ⁴¹.

厦门 看势无甚乜侬解来帮忙。khuã²¹⁻⁵³ se²¹ bo²⁴⁻²² sim⁵³⁻⁴⁴ miʔ⁵ laŋ²⁴ e²²⁻²¹ lai²⁴⁻²² paŋ⁴⁴⁻²² baŋ²⁴.

台中 ①看即种形，无甚乜侬肯来鬬三工。khuã²¹⁻⁵³ tsit²⁻⁵ tsiŋ⁵³⁻⁴⁴ hiŋ²⁴, bo²⁴⁻²² siã⁵³⁻⁴⁴ mĩʔ³ laŋ²⁴ khiŋ⁵³⁻⁴⁴ lai²⁴⁻²² tau²¹⁻⁵³ sã⁴⁴⁻²² kaŋ⁴⁴. ②看起来无甚乜侬解用来鬬三工。khuã²¹ khi⁵³⁻²¹ lai²⁴⁻²¹ bo²⁴⁻²² siã⁵³⁻⁴⁴ mĩʔ³⁻² laŋ²⁴ e²²⁻²¹ iɔŋ²¹ lai²⁴⁻²² tau²¹⁻⁵³ sã⁴⁴⁻²² kaŋ⁴⁴.

漳州 看<起来>无侬卜来鬬骹手无侬卜来鬬骹手。khuã²¹⁻⁵² <kɛ²¹> bo¹³⁻²² laŋ¹³⁻²² beʔ³²⁻⁵ lai¹³⁻²² tau²¹⁻⁵² kha³⁴⁻²² tshiu⁵² bo¹³⁻²² laŋ¹³⁻²² beʔ³²⁻⁵ lai¹³⁻²² tau²¹⁻⁵² kha³⁴⁻²² tshiu⁵².

汕头 睇款无乜侬好来相辅无乜人好来相辅（哈）。thõi⁵²⁻²⁴ khuaŋ⁵²

bɔ$^{55-31}$ miʔ$^{2-5}$ naŋ$^{55-31}$ hãu$^{213-55}$ lai$^{55-31}$ sio^{33} hu$^{25-31}$ bɔ$^{55-31}$ miʔ$^{2-5}$ naŋ$^{55-31}$ hãu$^{213-55}$ lai$^{55-31}$ sio^{33} hu^{25}（ne^{31}）.

揭阳 睇着无乜侬好来相辅无乜侬好来相辅。thõi$^{42-24}$ tioʔ$^{5-2}$ bɔ$^{55-22}$ meʔ$^{2-3}$ naŋ$^{55-22}$ ho$^{42-24}$ lai$^{55-22}$ siõ^{33} hu$^{35-21}$ bɔ$^{55-22}$ meʔ$^{2-3}$ naŋ$^{55-22}$ ho$^{42-24}$ lai$^{55-22}$ siõ^{33} hu^{35}.

海丰 ①睇□［hia^{52}］形无乜侬卜来相共无乜侬卜来相共。the$^{52-213}$ hia^{52} heŋ^{55} bɔ$^{55-22}$ mi$^{213-55}$ naŋ$^{55-22}$ bueʔ$^{3-4}$ lai$^{55-22}$ siɔ$^{44-33}$ kaŋ$^{21-33}$ bɔ$^{55-22}$ mi$^{213-55}$ naŋ$^{55-22}$ bueʔ$^{3-4}$ lai$^{55-22}$ siɔ$^{44-33}$ kaŋ^{21}. ②睇□［hia^{52}］形无乜侬卜来相共。the$^{52-213}$ hia^{52} heŋ^{55} bɔ$^{55-22}$ mi$^{213-55}$ naŋ$^{55-22}$ bueʔ$^{3-4}$ lai$^{55-22}$ siɔ$^{44-33}$ kaŋ^{21}.

遂溪 望样是无侬肯来帮手帮手啦。o^{21} io^{24} si$^{55-33}$ vo^{22} laŋ^{22} kieŋ^{41} lai^{22} paŋ$^{24-33}$ tshiu^{41} paŋ$^{24-33}$ tshiu^{41} la^{41}.

雷州 望阿办头无乜侬肯来帮忙。o^{21} a^{55} paŋ^{33} thau$^{22-33}$ bo$^{22-33}$ mi^{553} naŋ$^{22-33}$ khieŋ^{42} lai^{22} paŋ$^{24-33}$ maŋ^{22}.

文昌 望□［tʃi$^{22-11}$］势是无侬肯来帮忙。mo^{34} tʃi$^{22-11}$ ti^{21} ti$^{42-11}$ bo$^{22-11}$ naŋ^{22} xien^{31} lai^{22} ɓaŋ$^{34-42}$ maŋ^{22}.

三亚 望起来好像无侬肯来帮忙。mo^{33} khi^{31} lai^{22} ho^{32} tiaŋ^{24} vo^{22} miʔ^{45} naŋ^{22} khen^{31} lai^{22} ɓaŋ^{33} maŋ^{22}.

（17）他近来显得无精打采的样子。

泉州 他最近伯亲（就）□［kaʔ^{55}］/□［khaʔ^{55}］无神无采/无气无力哩。i^{33} tsue$^{41-55}$ kun$^{41-22}$ lan$^{55-24}$ tshin^{33}（tshiu$^{41-22}$）kaʔ^{55}/khaʔ^{55} bo$^{24-22}$ sin$^{24-22}$ bo$^{24-22}$ tshai^{55}/bo$^{24-22}$ khui$^{41-55}$ bo$^{24-22}$ lat^{24} li^{41}.

厦门 伊最近看着/看起来瘖瘖。i$^{44-22}$ tsue$^{21-53}$ kun^{22} khuã$^{21-53}$ tioʔ^{5}/khuã^{21} khi$^{53-21}$ lai$^{24-21}$ sian$^{22-21}$ sian^{22}.

台中 伊近来感觉懒尸懒尸。i$^{44-22}$ kin$^{22-21}$ lai^{24} kam$^{53-44}$ kaʔ$^{2-5}$ lan$^{53-44}$ si$^{44-22}$ lan$^{53-44}$ si^{44}.

漳州 伊最近无精神无精神。i$^{34-22}$ tsue$^{21-52}$ kin^{22} bo$^{13-22}$ tsiŋ$^{34-22}$ sin$^{13-22}$ bo$^{13-22}$ tsiŋ$^{34-22}$ sin^{13}.

汕头 伊只摆无精神无精神（吟）。i^{33} tsi$^{52-24}$ pai^{52} bo$^{55-31}$ tseŋ^{33} siŋ$^{55-31}$ bo$^{55-31}$ tseŋ^{33} siŋ^{55}（ne^{31}）.

揭阳 伊只过畏畏。i^{33} tsi$^{42-24}$ kue^{213} ui$^{213-42}$ ui^{213}.

海丰 ①伊只摆无精神无精神。i$^{44-33}$ tsi^{52} pai^{52} bɔ$^{55-22}$ tseŋ$^{44-33}$ sin$^{55-22}$ bɔ$^{55-22}$ tseŋ$^{44-33}$ sin^{55}. ②伊只摆无乜精神。i$^{44-33}$ tsi^{52} pai^{52} bɔ$^{55-22}$ mi$^{213-55}$ tseŋ$^{44-33}$ sin$^{55-22}$.

遂溪 伊若缝团那毛□［seu^{22}］毛□［seu^{22}］/无力无力。i^{24} ia^{55} phaŋ^{22}

kia^{41} na^{24} mo^{22} seu^{22} mo^{22} seu^{22}/vo^{22} lak^3 vo^{22} lak^3.

雷州 伊最近那偻偻。i^{24} tsui$^{21-44}$ kieŋ$^{33-42}$ na^{24} leu$^{21-44}$ leu^{21}。

文昌 伊这旦但顾无精无神个样□[ʃi^{34}]。i^{34} ʤia^{21} na^{34} na$^{42-11}$ ku$^{21-55}$ bo$^{22-11}$ tʃeŋ$^{34-42}$ bo$^{22-11}$ tien^{34} kai$^{22-11}$ io$^{34-42}$ ʃi^{34}。

三亚 伊最近望起来<u>无力无力</u>个（样/蜀样）。i^{33} tsui^{24} keŋ^{42} mo^{33} khi^{31} lai^{22} vo^{22} lai^{42} vo^{22} lai^{42} kai^{22}（io^{33}/ioʔ^{33} io^{33}）。

2. 作补语

作补语时，也是描写一种情状，程度较低，可不加词尾。下面是例句。

(18) 姐妹俩饿得看起来有些走不动了。

泉州 ①姊妹仔两个枵遘□[bue^{22}]行路□[bue^{22}]行路啰。tsi$^{55-24}$ bɤ$^{41-22}$ a^{55} lŋ$^{'22}$ ge^{24} iau^{33} a^{55} bue^{22} kiã$^{24-22}$ lɔ^{41} bue^{22} kiã$^{24-22}$ lɔ^{41} lɔ^{21}。②姊妹仔两个枵遘看起来煞□[bue^{22}]行路啰。tsi$^{55-24}$ bɤ$^{41-22}$ a^{55} lŋ$^{'22}$ ge^{24} iau^{33} a^{55} khuã^{41} khi$^{55-31}$ lai$^{24-22}$ suaʔ^{55} bue^{22} kiã$^{24-22}$ lɔ^{41} lɔ^{21}。③姊妹仔两个饿遘看起来煞行无法啰。tsi$^{55-24}$ bɤ$^{41-22}$ a^{55} lŋ$^{'22}$ ge^{24} go$^{41-22}$ a^{55} khuã^{41} khi$^{55-31}$ lai$^{24-22}$ suaʔ^{55} kiã$^{24-22}$ bo$^{24-22}$ huat^{55} lɔ^{31}。

厦门 姊妹仔枵遘简若行□[bue$^{22-21}$]振动。tsi$^{53-44}$ be$^{22-21}$ a^{53} iau$^{44-22}$ a$^{21-53-44}$ kan$^{53-44}$ nã$^{53-44}$ kiã$^{24-22}$ bue$^{22-21}$ tin$^{53-44}$ taŋ^{22}。

台中 姊妹仔两个枵甲看起来小可行□[be$^{22-21}$]振动。tsi$^{53-44}$ mue$^{22-24}$ a^{53} nŋ$^{'22-21}$ e^{24} iau$^{44-22}$ kaʔ$^{2-5}$ khuã$^{21-53}$ khi$^{53-21}$ lai$^{24-22}$ sio$^{53-44}$ khua$^{53-44}$ kiã$^{24-22}$ be$^{22-21}$ tiŋ$^{44-22}$ taŋ^{22}。

漳州 個两个姊妹仔枵遘行□[be$^{22-21}$]去行□[be$^{22-21}$]去。in$^{34-22}$ no$^{22-21}$ kɔ$^{52-34}$ tsi$^{52-34}$ mai$^{22-21}$ a^{52} iau$^{34-22}$ kaʔ$^{32-52}$ kiã$^{13-22}$ be$^{22-21}$ khi$^{21-52}$ kiã$^{13-22}$ be$^{22-21}$ khi^{21}。

汕头 姐妹团两人饿遘<u>无若解行无若解行</u>（呤）。tse$^{52-24}$ mue$^{25-31}$ kiã^{52} no$^{25-31}$ naŋ^{55} go^{31} kau$^{213-55}$ bo$^{55-31}$ zioʔ$^{5-2}$ oi$^{25-31}$ kiã$^{55-31}$ bo$^{55-31}$ zioʔ$^{5-2}$ oi$^{25-31}$ kiã^{55}（ne$^{52-31}$）。

揭阳 姐妹团两侬饿遘<u>无若解行无若解行</u>。tse$^{42-24}$ mue$^{35-21}$ kiã$^{42-53}$ no$^{35-21}$ naŋ^{55} go$^{22-21}$ kau$^{213-42}$ bo$^{55-22}$ zioʔ$^{5-2}$ oi$^{35-21}$ kiã$^{55-22}$ bo$^{55-22}$ zioʔ$^{5-2}$ oi$^{35-21}$ kiã^{55}。

海丰 ①姊妹仔饿遘行□[be$^{25-33}$]振动行□[be$^{25-33}$]振动。tsi$^{52-213}$ mue$^{21-33}$ ã^{52} gɔ$^{21-33}$ kau$^{213-55}$ kiã$^{55-22}$ be$^{25-33}$ thiŋ$^{52-213}$ thaŋ$^{25-33}$ kiã$^{55-22}$ be$^{25-33}$ thiŋ$^{52-213}$ thaŋ^{25}。②姊妹仔饿遘睇□[hia^{52}]形有滴仔行□[be$^{25-33}$]振动。tsi$^{52-213}$ mue$^{213-55}$ ã^{52} gɔ$^{21-33}$ kau$^{213-55}$ the$^{52-213}$ hia^{52} heŋ^{55} u$^{25-33}$ tip$^{3-4}$ ã$^{52-213}$ kiã$^{55-22}$ be$^{25-33}$ thiŋ$^{52-213}$ thaŋ^{25}。

遂溪 阿两姊妹饿倒无振动啦。a$^{24-33}$ no^{33} tsi^{41} mue^{214} ŋo^{33} to^{41} bo^{22} thiŋ^{33}

thaŋ³³ la⁴¹.

雷州 两姊妹桫得无振动。no³³ tsi⁴² mue²⁴ oi⁵⁵³ tiek⁵ bo²²⁻³³ thiŋ²¹ thaŋ⁵⁵³.

文昌 □ [ɓoi³¹⁻³³] 姊姨嫦两侬困得都无行得去啦。ɓoi³¹⁻³³ tʃi³¹ i²²⁻¹¹ xiaŋ²² no⁴² naŋ²² xun²¹ ɗiet⁵ ɗou³⁴⁻⁴² bo²²⁻¹¹ kia²² ɗiet⁵ xu²¹ la²¹.

三亚 两姊妹困遭有呢囝行无动了。no⁴² tsi³¹ muo³³ khun³¹ kau²⁴ u⁴² niʔ⁴⁵ kio³¹ kio²² vo²² thaŋ⁴² liau³¹.

（19）惠芳被他骂得就要哭出来的样子。

泉州 ①惠芳度伊骂遭卜号卜号啰。hui⁴¹⁻⁵⁵ hɔŋ³³ thɔ⁴¹⁻²² i³³ mã⁴¹⁻²² a⁵⁵ bɤʔ⁵⁵ khau⁴¹⁻⁵⁵ bɤʔ⁵⁵ khau⁴¹ lɔ²¹. ②惠芳度伊骂遭□ [khaʔ⁵⁵] 卜号啰。hui⁴¹⁻⁵⁵ hɔŋ³³ thɔ⁴¹⁻²² i³³ mã⁴¹⁻²² a⁵⁵ khaʔ⁵⁵ bɤʔ⁵⁵ khau⁴¹ lɔ²¹.

厦门 ①惠芳互伊骂遭卜号卜号。hui²²⁻²¹ hɔŋ⁴⁴ hɔ²²⁻²¹ i⁴⁴⁻²² mẽ²²⁻²¹ a²¹⁻⁵³⁻⁴⁴ beʔ³²⁻⁵³ khau²¹⁻⁵³ beʔ³²⁻⁵³ khau²¹. ②惠芳互伊骂遭简若卜号出来。hui²²⁻²¹ hɔŋ⁴⁴ hɔ²²⁻²¹ i⁴⁴⁻²² mẽ²²⁻²¹ a²¹⁻⁵³⁻⁴⁴ kan⁵³⁻⁴⁴ nã⁵³⁻⁴⁴ beʔ³²⁻⁵³ khau²¹ tshut³²⁻²¹ lai²⁴⁻²¹.

台中 ①惠芳合伊骂□ [kaʔ²⁻⁵]（□ [iɔŋ²²⁻²¹]）卜号（□ [iɔŋ²²⁻²¹]）卜号。hui²²⁻²¹ hɔŋ⁴⁴ kaʔ³⁻² i⁴⁴⁻²² me²²⁻²¹ kaʔ²⁻⁵（iɔŋ²²⁻²¹）beʔ²⁻⁵ khau²¹⁻⁴⁴（iɔŋ²²⁻²¹）beʔ²⁻⁵ khau²¹. ②惠芳合伊骂□ [kaʔ²⁻⁵] 伊□ [iɔŋ²²⁻²¹] 卜号出来。hui²²⁻²¹ hɔŋ⁴⁴ kaʔ³⁻² i⁴⁴⁻²² me²²⁻²¹ kaʔ²⁻⁵ i⁴⁴⁻²² iɔŋ²²⁻²¹ beʔ²⁻⁵ khau²¹ tshut² lai²⁴⁻²¹.

漳州 惠芳互伊骂遭卜吼（啊）卜吼。hui²²⁻²¹ hɔŋ³⁴ hɔ²²⁻²¹ i³⁴ me²²⁻²¹ kau²¹⁻⁵² beʔ³²⁻⁵ khau²¹⁻⁵²（a³⁴⁻²²）beʔ³²⁻⁵ khau²¹.

汕头 阿惠芳分伊骂遭爱号爱号（呤）。a³³ hui²⁵⁻³¹ huaŋ³³ puŋ³³ i³³ me³¹ kau²¹³⁻⁵⁵ ãi²¹³⁻⁵⁵ khau²¹³⁻⁵⁵ ãi²¹³⁻⁵⁵ khau²¹³（ne⁵²⁻³¹）.

揭阳 阿惠芳乞伊骂遭爱号爱号。a³³ hui³⁵⁻²¹ huaŋ³³ kheʔ²⁻³ i³³ me²²⁻²¹ kau²¹³⁻⁴² ãi²¹³⁻⁴² khau²¹³⁻⁴² ãi²¹³⁻⁴² khau²¹³.

海丰 惠芳互伊嫖遭卜号卜号/爱号爱号。hui²¹³⁻⁵⁵ huaŋ⁴⁴ khɔ²¹⁻³³ i⁴⁴⁻³³ phiau⁵⁵⁻²² kau²¹⁻⁵⁵ bueʔ³⁻⁴ khau²¹³⁻⁵⁵ bueʔ³⁻⁴ khau²¹³/ãi²¹³⁻⁵⁵ khau²¹³⁻⁵⁵ ãi²¹³⁻⁵⁵ khau²¹³.

遂溪 惠芳乞伊骂倒讨号讨号。hui²⁴ paŋ²⁴ khi⁵⁵ i²⁴ me²⁴ to⁴¹ thɔ⁴¹⁻²² khau²¹⁴⁻²⁴ thɔ⁴¹ khau²¹⁴.

雷州 惠芳乞伊骂得讨号。hui⁵⁵³ paŋ²⁴ khi⁵⁵³ i²⁴ me²⁴ tik⁵ thɔ⁴² khau²¹.

文昌 惠芳□ [ioʔ⁵³] 伊□ [ʃia⁵³] 差滴号起来个样□ [ʃi³⁴]。ɦui⁵³ ɸaŋ³⁴ ioʔ⁵³ i³⁴ ʃia⁵³ ʃa³⁴⁻⁴² ɗi⁵³ xau²¹ xi³¹⁻³³ lai²² kai²²⁻¹¹ io³⁴⁻⁴² ʃi³⁴.

三亚 惠芳乞伊骂遭要啼出来个样子。hui²⁴ vaŋ³³ khiʔ⁴⁵ i³³ me³¹ kau²⁴ iau²⁴ thi²² tshuiʔ⁴⁵ lai²² kai²² io³³ tsi³¹.

3. 作定语

作定语时，需加结构助词"个"。下面是例句。

（20）摸着摸着摸到一只毛乎乎的脚。

泉州 摸着摸着摸着蜀双诚稽毛个骹。bɔ³³ tioʔ²⁴⁻²² bɔ³³ tioʔ²⁴⁻²² bɔ³³ tioʔ²⁴⁻²² tsit²⁴⁻²² saŋ³³ tsiã²⁴⁻²² tsue⁴¹⁻²² bŋ²⁴ e²⁴⁻⁴¹ kha³³.

厦门 摸下摸下摸着蜀丛真侪毛个骹。bɔŋ⁴⁴ e²²⁻²¹ bɔŋ⁴⁴ e²²⁻²¹ bɔŋ⁴⁴⁻²² tioʔ⁵⁻²¹ tsit⁵⁻²¹ tsaŋ²⁴⁻²² tsin⁴⁴⁻²² tsue²²⁻²¹ mŋ²⁴ e²⁴⁻²² kha⁴⁴.

台中 摸摸下去摸着蜀骹生毛生毛个骹。bɔŋ²⁴⁻²² bɔŋ²⁴⁻²² e²²⁻²¹ khi²¹⁻⁵³ bɔŋ²⁴⁻²² tioʔ³⁻² tsit³⁻² kha⁴⁴ sẽ⁴⁴⁻²² mo²⁴ sẽ⁴⁴ mo²⁴⁻²² e²⁴⁻²² kha⁴⁴.

漳州 摸摸摸摸遘骹拢毛□ [liau⁵²⁻³⁴] □ [liau⁵²⁻³⁴]。bɔŋ³⁴ bɔŋ³⁴ bɔŋ³⁴ bɔŋ³⁴⁻²² kau²¹⁻⁵² kha³⁴⁻²² lɔŋ⁵²⁻³⁴ mo¹³⁻²² liau⁵²⁻³⁴ liau⁵²⁻³⁴.

汕头 摸啊摸摸着蜀隻生毛生毛个骹。mou⁵⁵⁻³¹ a³³ mou⁵⁵ mou⁵⁵⁻³¹ tioʔ⁵⁻² tsek⁵⁻² tsiaʔ²⁻⁵ sẽ³³ mo⁵⁵⁻³¹ sẽ³³ mo⁵⁵ kai⁵⁵⁻³¹ kha³³.

揭阳 摸啊摸摸着隻生毛生毛个骹。mou⁵⁵⁻²² a³³ mou⁵⁵ mou⁵⁵⁻²² tioʔ⁵⁻² tsiaʔ²⁻³ sẽ³³ mo⁵⁵⁻²² sẽ³³ mo⁵⁵ kai⁵⁵⁻²² kha³³.

海丰 摸啊摸摸遘蜀隻生毛生毛个骹。mɔŋ⁵⁵⁻²² a⁵²⁻²¹³ mɔŋ⁵⁵ mɔŋ⁵⁵⁻²² kau²¹³⁻⁵⁵ tsit⁴⁻³ tsiaʔ⁴⁻³ sẽ⁴⁴⁻³³ mɔ⁵⁵⁻²² sẽ⁴⁴⁻³³ mɔ⁵⁵ e⁵⁵⁻²² kha⁴⁴.

遂溪 摸啊摸啊摸倒兮生毛生毛骹。ma²⁴ a²⁴⁻⁴¹ ma²⁴ a²⁴⁻⁴¹ ma²⁴ to⁴¹ pai²² se²⁴⁻³³ mo²² se²⁴⁻³³ mo²² kha²⁴.

雷州 摸啊摸啊摸着蜀兮阿毛灰灰个骹。meu²²⁻³³ a³³ meu²²⁻³³ a³³ meu²²⁻³³ to²¹ ziak² pai²¹⁻⁴⁴ a⁵⁵ mo²²⁻³³ hui²⁴⁻³³ hui²⁴ kai²²⁻³³ kha²⁴.

文昌 摸摸摸摸着许兮骹但顾□ [ui³¹] /但顾□ [mou²¹⁻⁵⁵] 但顾 □ [mou²¹] /□ [ui³¹⁻³³] □ [ui³¹] 着。mou²²⁻¹¹ mou²²⁻¹¹ mou²²⁻¹¹ mou²² ɗioʔ⁵ ɓio²¹⁻⁵⁵ ɓai²²⁻¹¹ xa³⁴ na⁴²⁻¹¹ ku²¹⁻⁵⁵ ui³¹/na⁴²⁻¹¹ ku²¹⁻⁵⁵ mou²¹⁻⁵⁵ na⁴²⁻¹¹ ku²¹⁻⁵⁵ mou²¹/ui³¹⁻³³ ui³¹ ɗioʔ⁴².

三亚 摸摸摸着蜀兮生毛生毛个骹。mo³³ mo³³ mo³³ ɗo⁴² ioʔ³³ ɓai²² te³³ mo²² te³³ mo²² kai²² kha³³.

上面句子中加下划线的成分，都是由动词短语重叠而成，偏正短语、动宾短语、动补短语，甚至兼语式套着连谓式的非常复杂的短语，不一而足，都可以重叠为一个新的单位。同一相近的意思，有的地方可看到不用重叠式的说法，相比较可看出这种重叠式在语义上和重叠前有很大的不同。例如第（13）例，泉州说成"③天卜落雨啰"，是在叙述一件将要发生的事——天快要下雨了；说成"②天卜落雨个款"，是表述一种估计——天似乎要下雨的样子，因为有"个款",语气不十分肯定;说成"①天卜落雨卜落雨啰",就成了对当前"天"的状况的描写——天看上去是一种像要下雨的样子,伴随的程度意义也比较弱,即只是有点要下雨的样子。③和②可以用普通话比较准确地对译出来,但是①的说法用普通话很难准确对译。再如例(20),海丰的"生毛"是长毛的意思,"生毛生毛"则是毛乎乎的样子。

动词短语重叠式除了都含有[+情状]的语义,还含有[+程度]语义,作补语的、作定语的一般是[+低程度],作状语的程度高些,例句的普通话说法都只是一个近似的意思。

从上面所述的事实,我们看到闽南方言一般动词短语的重叠式虽然是由动词短语重叠而来的,但是重叠使得其发生语义和语法性质上的质变,整个重叠式与一个多音节形容词的重叠式无异。

我们在第三章第一节中注意到:一般形容词作某种方式的重叠之后,"这种重叠会形成一种范式,这时,范式就成了一种语法手段,有其特定的语法意义①,可以利用别的语言成分,'套入'这一范式而赋予该范式所具有的语义特征、语义功能和句法功能,成为一个新的语言单位。这个过程,不像印欧语的变形,而是一种格式的套用,因为它可以不管那些语言成分原先成不成语言单位,不管它是词根还是词缀,也无所谓构形还是构词,只要最终形式是特定范式的格式,就可以成为一个和一般形容词重叠式有同样语义-语法性质的语言单位"。在第三章第一节中,我们指出:名词及名词短语重叠的情况,除了进一步印证了以上认识,"又使我们看到,重叠范式的作用,有时可以不管构成要素的词性,也不管它是词还是短语,不管其作用的结果是构形还是构词"。本节所述闽南方言动词和动词短语重叠式,其重叠的方式、重叠式的语义-语法性质,又与名词及名词短语的重叠式完全相同,与一般形容词第一范式形成的重叠式完全相同。这种"殊途同归"的现象,再次印证了我们从名词和名词短语重叠式中得到的认识。

现在把上文动词及动词短语重叠的例子再往在第三章第一节中的形容词重叠第一范式里加,用下划粗线表示,比较之下,形容词重叠第一范式在动词及动词短语重叠式形成机制中所起的作用,以及汉语中"范式"的作用往往超越词与词组、构词与构形的界线这一特点,可以看得更清楚。

A. 重叠方式:ABC…ABC…

B. 重叠式

AA——红红(形容词重叠),猴猴(名词重叠),惊惊、靠靠、飞飞(动

---

① 此处"语法意义"是广义的,包括语法在语义层面上的意义。

词重叠）

AB(C…)AB(C…)——粉红粉红、细粒细粒（形容词重叠），阿舍阿舍、老板娘老板娘（名词重叠），变面变面、想周悔想周悔（动词重叠），臭潘臭潘、臭骹液臭骹液、查某侬形查某侬形（名词短语重叠），卜落雨卜落雨、无若解行无若解行、□[bue^{22}]甚解晓得泅□[bue^{22}]甚解晓得泅、无侬卜来斟骹手无侬卜来斟骹手（动词短语重叠）

Ax(y…)Ax(y…)——长罗长罗、长哥罗长哥罗（形容词重叠）

ABB①——四角角（形容词重叠）

Axx——圆囵囵（形容词重叠）

C. 语义特征：[＋情状][＋低程度]

D. 语义功能：描写

E. 句法功能：状态形容词性

在雷州片和海南片，还可以见到另一种动词短语的重叠式，在我们的调查点只是遂溪常说，钱奠香的《海南屯昌闽语语法研究》②中倒可以见到不少例子。下面是遂溪方言和屯昌方言中的例子。

①遂溪

许个卖菜卖菜大嫂（正在卖菜的那位大嫂）

踏车踏车许个后生囝（正在骑车的那个小青年）

无敢无敢许个（不敢的那个）

向后退向后退许部车（正在往后倒车的那辆车）

无□[mua^{24}]书包无□[mua^{24}]书包许个学生（没背书包的那个学生）

无想来食饭无想来食饭许个（不想来吃饭的那个）

野赠食饱野赠食饱许个（还没吃饱的那个）

食无落去食无落去许个（吃不下去的那个）

②屯昌

卖菜卖菜奀嫂（卖菜的那位大嫂）

驶牛驶牛奀伯爹（耕田的那位大伯）

骑车骑车奀青年囝（骑自行车的那个小青年）

无书包无书包奀学生囝（没书包的那个学生）

无拍釉机无拍釉机许几户（没打谷机的那几户）

---

① "ABB"和"Axx"为"ABAB"和"AxAx"的缩略形式，均省去后一个"A"。

② 参见钱奠香《海南屯昌闽语语法研究》，云南大学出版社2002年版。

无嚼无嚼许枚（还没吃的那个）
无嚼糜无嚼糜许枚（还没吃饭的那个）
无想嚼糜无想嚼糜许枚（不想吃饭的那个）
无想来嚼糜无想来嚼糜许枚（不想来吃饭的那个）
无嚼饱无嚼饱许枚（还没吃饱的那个）
无嚼得落无嚼得落许枚（吃不下去的那个）
无拍䄻机拍粟无拍䄻机拍粟许几户（没打谷机打谷的那几户）
无书包载册无书包载册妤学生囝（没书包背书的那个小学生）

这种动词短语重叠式只作定语，总是表示某种持续着的状态；但作定语时不加结构助词"个"，也不作谓语和补语；语义功能主要不在于描状，和状态形容词有较大的不同。

（二）动补短语重叠

这一类重叠指"扫扫白""卖卖掉""拍拍下""收收起来"之类。闽南－台湾片和粤东片常见，雷州片和海南片除遂溪外较少见。之所以不把它看作单音动词重叠"卖卖"再带一个补语"掉"，是因为"卖卖"和本节第一小节所述的单音动词重叠式（"飞飞"之类）根本不是一回事：语法意义完全不同。更重要的是，"卖卖"之类不能像"飞飞"之类一样自由运用于作谓语、补语、定语等，一定要带着后面的补语才能入句；如果去掉补语，或者不成立（如"卖卖"），或者再也不是原来的意思，如"收收"的意思成了"收拢的样子"，再也不是"收收起来里"的"收收"了。这种性质的重叠式不但闽南方言有，别的汉语方言，至少就笔者目前所见，吴语以及和吴语毗邻的南京江淮官话也有，一般都是必须带着补语才能成立。以往，我们没有看到汉语和印欧语不同，汉语的形态常常不管词和词组的界线，因此不敢承认汉语的词组和词一样都可以有形态，也没注意到闽南方言的动词短语就可以有重叠形态，只好把"扫扫"之类也当作动词的重叠来分析。现在，既然我们不得不承认闽南方言的动词短语可以重叠，把"卖卖掉"看作动补结构"卖掉"的 AAB 式重叠就是顺理成章的事。

动补式词组的重叠和基式相比，多了动作时不讲方式但带有"随便""草率""轻松"地行事的附加意义。请看例句。

（21）小心叫人给卖了！
泉州 细腻/斟酌唔通度侬卖去/<u>卖卖去</u>！ sue$^{41-55}$ li^{41}/tsim^{33} tsiɔk^{55} m̩$^{41-22}$

thaŋ³³ thɔ⁴¹⁻²² laŋ²⁴⁻²² bue⁴¹ khɯ⁴¹⁻²¹/bue⁴¹⁻²² bue⁴¹ khɯ⁴¹⁻²¹！

厦门 ①小心互侬卖煞！sio⁵³⁻⁴⁴ sim⁴⁴ hɔ²²⁻²¹ laŋ²⁴⁻²² bue²²⁻²¹ sak³²！②汝着细腻，无汝互侬甲汝卖卖去！li⁵³ tioʔ⁵⁻²¹ sue²¹⁻⁵³ li²²，bo²⁴ li⁵³ hɔ²²⁻²¹ laŋ²⁴⁻²² kaʔ⁵⁻²¹ li⁵³⁻⁴⁴ bue²²⁻²¹ bue²² khi²¹！

台中 ①小心孬合别侬挈去卖！sio⁵³⁻⁴⁴ sim⁴⁴ mo²⁴ haʔ³⁻² pat³⁻² laŋ²⁴ khe²²⁻²¹ khi²¹⁻⁵³ be²²！②小心孬卖合别侬！sio⁵³⁻⁴⁴ sim⁴⁴ mo²⁴ be²²⁻²¹ haʔ³⁻² pat³⁻² laŋ²⁴！③小心孬乞合别侬挈去卖！sio⁵³⁻⁴⁴ sim⁴⁴ mo²⁴ khiʔ²⁻⁵ haʔ³⁻² pat³⁻² laŋ²⁴ khe²²⁻²¹ khi²¹⁻⁵³ be²²！

漳州 细腻＜唔通＞互侬合汝卖去/卖卖去！se²¹⁻⁵² zi²²⁻²¹ ＜baŋ²²⁻²¹＞ hɔ²²⁻²¹ laŋ¹³⁻²² kaʔ¹²¹⁻²¹ li⁵² be²²⁻²¹ khi²¹/be²²⁻²¹ be²²⁻²¹ khi²¹！

汕头 知观分侬掠去卖卖掉！tsai³³ kuaŋ³³ puŋ³³ naŋ⁵⁵⁻³¹ liaʔ⁵⁻² khɯ²¹³⁻⁵⁵ boi³¹ boi³¹ tiau³¹！

揭阳 知观乞侬掠去卖卖掉/□［beŋ²²⁻²¹］卖掉！tsai³³ kuaŋ³³ kheʔ²⁻³ naŋ⁵⁵⁻²² liaʔ⁵⁻² khɯ²¹³⁻⁴² boi²²⁻²¹ boi²²⁻²¹ tiau²²/beŋ²²⁻²¹ boi²²⁻²¹ tiau²²！

海丰 小心嫒乞侬卖卖了！sio⁵²⁻²¹³ sim⁴⁴ mai²¹³⁻⁵⁵ khɔ⁴⁴⁻³³ naŋ⁵⁵⁻²² bei²¹⁻³³ bei²¹ liau⁵²⁻³³！

遂溪 ①细心无乞侬掠去卖！soi²¹⁴⁻²⁴ sim²⁴ bo²² khi⁵⁵ naŋ²² liaʔ³³ hu²¹⁴⁻⁵⁵ voi²⁴．②细心无乞侬卖去哦！soi²¹⁴⁻²⁴ sim²⁴ bo²² khi⁵⁵ naŋ²² voi²⁴ hu²¹⁴ o⁴¹！

雷州 ①细心喊侬乞卖了！soi⁵⁵³ sim²⁴ hiam³³ naŋ²² khi⁵⁵³ boi²⁴ liau⁴²！②细心无乞侬卖去啦！soi⁵⁵³ sim²⁴ bo²²⁻³³ khia⁵⁵³ naŋ²² boi²⁴ khu²¹ la³³！

文昌 细心无乞侬卖去！toi²¹⁻⁵⁵ tiom³⁴ bo²²⁻¹¹ kiet⁵ naŋ²²⁻¹¹ boi³⁴ xũ⁵！

三亚 细心乞侬卖（去）！toi²⁴ tin³³ khiʔ⁴⁵ naŋ²² voi³³（hu²⁴）！

（22）把被子拿出去拍一拍。

泉州 将被挦出去拌拌咧。tsiɔŋ³³ phɤ²² thueʔ²⁴⁻²² tshut⁵⁵ khɯ⁴¹⁻⁵⁵ puã²² puã²² lɤ³¹．

厦门 挦被出去拍蜀下/拍拍下。theʔ⁵⁻²¹ phe²² tshut³²⁻⁵ khi²¹⁻⁵³ phaʔ³² tsit⁵⁻²¹ e²²⁻²¹/phaʔ³²⁻⁵³ phaʔ³² e²²⁻²¹．

台中 （合＜蜀下＞）被单挈出去拍拍下。（kaʔ³⁻²＜tse⁴⁴＞）phue²²⁻²¹ tuã⁴⁴ khe²²⁻¹⁴ tshut²⁻⁵ khi²¹⁻⁵³ phaʔ²⁻⁵ phaʔ² e²¹．

漳州 合被挦出去拍拍下。kaʔ¹²¹⁻²¹ phue²²⁻²¹ theʔ¹²¹⁻²¹ tshut³²⁻⁵ khi²¹ phaʔ³²⁻⁵² phaʔ³²⁻⁵² e²¹．

汕头 领被挈出去拍拍两下。niã⁵²⁻²⁴ pue²⁵ khioʔ⁵⁻² tshuk²⁻⁵ khɯ²¹³⁻⁵⁵ phak²⁻⁵ phak² no²⁵⁻³¹ e²⁵⁻³¹．

揭阳 领被挈出去拍拍下。nia⁴²⁻²⁴ phue³⁵ khioʔ²⁻³ tshuk²⁻³ khɯ²¹³⁻⁴²

phaʔ$^{2-3}$ phaʔ^2 e$^{35-21}$.

海丰　拉/掠/合番被挈出去<u>拍拍仔</u>。la$^{44-33}$/liaʔ$^{4-3}$/ka$^{44-33}$ huaŋ$^{44-33}$ phue^{25} khieʔ$^{4-3}$ tshut$^{3-4}$ khi$^{213-55}$ phaʔ$^{3-4}$ phaʔ^3 ã$^{52-213}$.

遂溪　掠阿被团出去拍拍。lia^{33} a^{55} phue$^{55-33}$ kia^{41} tshuk^{54} hu$^{214-55}$ pha^{55} pha^{55}.

雷州　掠阿被团出去拍拍。lia^{33} a^{55} phue^{33} kia^{42} tshuk^5 khu^{21} pha$^{553-33}$ pha^{553}.

文昌　□［ɓue$^{42-11}$］被出去□［ʃai$^{31-33}$］□［ʃai$^{31-33}$］＜蜀下＞。ɓue$^{42-11}$ xue^{42} ʃuat^5 xu^{21} ʃai$^{31-33}$ ʃai$^{31-33}$ ＜ʤie^{34}＞.

三亚　□［ɓui^{42}］被出去拍蜀拍。ɓui^{42} phuo^{42} tshuʔ^{45} hu^{24} phaʔ^{45} zioʔ^{33} phaʔ^{45}.

（23）先睡睡再说。

泉州　①先睏（咧）□［tsiaʔ^{55}］说/□［tsiaʔ^{55}］各说。sũi^{33} khun^{41}（lɤ^{21}）tsiaʔ^{55} sɤʔ^{55}/tsiaʔ^{55} koʔ^{55} sɤʔ^{55}. ②（先）<u>睏睏咧</u>□［tsiaʔ^{55}］说/□［tsiaʔ^{55}］各说。(sũi^{33}) khun$^{41-55}$ khun^{41} lɤ^{21} tsiaʔ^{55} sɤʔ^{55}/tsiaʔ^{55} koʔ^{55} sɤʔ^{55}.

厦门　①先睏睏□［kaʔ$^{32-5}$］讲。siŋ$^{44-22}$ khun$^{21-53}$ khun^{21} kaʔ$^{32-5}$ kɔŋ^{53}. ②先<u>睏睏下</u>□［tsiaʔ$^{32-5}$］□［koʔ$^{32-5}$］讲。siŋ$^{44-22}$ khun$^{21-53}$ khun^{21} e$^{22-21}$ tsiaʔ$^{32-5}$ koʔ$^{32-5}$ kɔŋ^{53}.

台中　（先）<u>睏睏下</u>□［tsiaʔ$^{2-5}$］讲。(sian^{44}) khun$^{21-53}$ khun^{21} e^{22} tsiaʔ$^{2-5}$ kɔŋ^{53}.

漳州　①当睏□［kaʔ$^{32-52}$］□［koʔ$^{32-52}$］讲。taŋ$^{34-22}$ khun$^{21-52}$ kaʔ$^{32-52}$ koʔ$^{32-52}$ kɔŋ^{52}. ②当睏睏＜蜀下＞□［kaʔ$^{32-52}$］讲。taŋ$^{34-22}$ khun$^{21-52}$ khun$^{21-52}$ ＜tsɛ^{21}＞ kaʔ$^{32-52}$ kɔŋ^{52}.

汕头　先□［ĩ$^{25-31}$］下了正来。sũi^{33} ĩ$^{25-31}$ e$^{25-31}$ liau^{52} tsiã$^{213-55}$ lai^{55}.

揭阳　先□［ĩ^{35}］下再呾。tsai^{33} ĩ^{35} e$^{35-21}$ tsai$^{213-42}$ tã^{35}.

海丰　先睏睏/先睏雯仔正（来）讲。sãi$^{44-33}$ khun$^{213-55}$ khun^{213}/sã$^{44-33}$ khun^{213} siap^3 ã$^{52-213}$ tsiã$^{213-55}$ (lai$^{55-22}$) kɔŋ^{52}.

遂溪　先睏睏那讲。sien^{24} khoi$^{214-55}$ khoi$^{214-55}$ na$^{24-33}$ ko^{41}.

雷州　先睏睏乃讲。sien^{24} khoi^{553} khoi^{553} na^{553} koŋ^{42}.

文昌　睽一落乃讲。xoi^{53} ʤie^{34} lo^{21} na$^{21-55}$ koŋ^{31}.

三亚　先睏蜀睏/睏睏再讲。tai^{33} khoi^{45} zioʔ^{33} khoi^{45}/khoi^{45} khoi^{45} tsai^{24} koŋ^{31}.

（24）这块招牌干脆收起来算了。

泉州　即块招牌干脆<u>收收起来</u>。tsit$^{55-44}$ tɤ$^{41-55}$ tsiau^{33} pai^{24} kan^{33} tshui$^{41-55}$ siu^{33} siu^{33} khi$^{55-31}$ lai$^{24-21}$.

厦门 ①即块招牌干脆合伊收起来。tsit$^{32-5}$ te$^{21-53}$ tsiau$^{44-22}$ pai^{24} kan$^{44-22}$ tshui^{21} kaʔ$^{5-21}$ i$^{44-22}$ siu^{44} khi$^{53-21}$ lai$^{24-21}$。②即块招牌干脆合伊<u>收收起来</u>。tsit$^{32-5}$ te$^{21-53}$ tsiau$^{44-22}$ pai^{24} kan$^{44-22}$ tshui^{22} kaʔ$^{5-21}$ i$^{44-22}$ siu$^{44-22}$ siu^{44} khi$^{53-21}$ lai$^{24-21}$。

台中 ①即块空板归气收起来好啊。tsit$^{2-5}$ te$^{21-53}$ khaŋ$^{44-22}$ paŋ^{53} kui$^{44-22}$ khi^{21} siu^{44} khi$^{53-21}$ lai$^{24-21}$ ho^{53} a^{21}。②即块空板归气合<u>收收起来</u>。tsit$^{2-5}$ te$^{21-53}$ khaŋ$^{44-22}$ paŋ^{53} kui$^{44-22}$ khi^{21} kak$^{3-2}$ siu$^{44-22}$ siu^{44} khi$^{53-21}$ lai$^{24-21}$。

漳州 即块招牌干脆收/<u>收收＜起来＞</u>算了。tsit$^{32-5}$ te$^{21-52}$ tsiau$^{34-22}$ pai$^{13-22}$ kan$^{21-52}$ tshui^{21} siu$^{34-22}$/siu$^{34-22}$ siu$^{34-22}$ ＜khẽ^{52}＞ suan$^{21-52}$ liau^{52}。

汕头 块招牌合侬<u>收收起</u>。ko$^{213-55}$ tsio^{33} pai^{55} kaʔ$^{2-5}$ naŋ^{55} siu^{33} siu^{33} khi$^{52-31}$。

揭阳 块招牌合侬<u>收收起</u>/□［seŋ^{33}］收起。ko$^{213-42}$ tsio^{33} pai^{55} kaʔ$^{2-3}$ naŋ^{55} siu^{33} siu^{33} khi^{213}/seŋ^{33} siu^{33} khi^{213}。

海丰 只块招牌<u>收收起来</u>好/算咯。tsi^{52} te$^{213-55}$ tsiɔ$^{44-33}$ pai^{55} siu$^{44-33}$ siu^{44} khi^{52} lai$^{55-21}$ hɔ^{52}/sũi^{213} lɔ^{21}/ɔ^{21}。

遂溪 ①<u>收收起</u>若块招牌。siu^{24} siu^{24} khi^{41} ia^{55} kuak^{3} tsiau$^{24-33}$ phai^{22}。②若块招牌<u>收收起</u>。ia^{55} kuak^{3} tsiau$^{24-33}$ phai^{22} siu^{24} siu^{24} khi^{41}。

雷州 这个招牌快快收起来好了/啦。zia^{553} kai$^{22-33}$ tsiau$^{24-33}$ pai^{22} khue$^{21-44}$ khue^{21} siu^{24} khi^{42} lai^{22} ho^{42} liau^{42}/la^{33}。

文昌 这枚招牌但顾挈起来味罢啦。ʥia$^{21-55}$ mo$^{42-11}$ tʃiau$^{34-42}$ ɓai^{22} na$^{42-11}$ ku$^{21-55}$ xioʔ^{5} xi$^{31-33}$ lai^{22} bi$^{34-42}$ ɓa^{42} la^{21}。

三亚 即块招牌干脆（□［ɓui^{42}］伊）收起来。iʔ^{45} khuai^{24} tsiau^{33} ɓai^{22} kaŋ^{33} tshui^{24}（ɓui^{42} i^{33}）tiu^{33} khi^{31} lai^{22}。

（25）那些衣服让他一古脑儿捆成一捆运走了。

泉州 □［huai$^{55-24}$］个衫裤度伊做蜀下包包咧运运去啰。huai$^{55-24}$ e$^{24-22}$ sã^{33} khɔ^{41} thɔ$^{41-22}$ i^{33} tsue$^{41-55}$ tsit$^{24-22}$ e$^{41-31}$ pau^{33} pau^{33} lɤ^{21} un$^{41-24}$ un^{41} khɯ^{21} lɔ^{21}。

厦门 ①□［hia^{24}］衫互伊做＜蜀下＞缚缚做蜀捆运出去啊。hia^{24} sã^{44} hɔ$^{22-21}$ i$^{44-22}$ tsue$^{21-53}$ ＜tse^{21}＞ pak$^{5-21}$ pak^{5} tsue$^{21-53}$ tsit$^{5-21}$ khun^{53} un^{22} tshut$^{32-21}$ khi^{21} a^{21}。②□［hia^{24}］衫互伊做＜蜀下＞捆捆做蜀捆载去啊。hia^{24} sã^{44} hɔ$^{22-21}$ i$^{44-22}$ tsue$^{21-53}$ ＜tse^{21}＞ khun$^{53-44}$ khun^{53} tsue$^{21-53}$ tsit$^{5-21}$ khun^{53} tsai^{21} khi^{21} a^{21}。

台中 ①□［hia$^{53-44}$］个衫互伊捆捆下着挈走啊。hia$^{53-44}$ e$^{24-22}$ sã^{44} hɔ$^{22-21}$ i^{44} khun$^{53-44}$ khun^{53} e^{22} tioʔ$^{3-2}$ khe$^{22-21}$ tsau^{53} a^{21}。②□［hia$^{53-44}$］个衫合伊<u>捆捆下</u>着挈走啊。hia$^{53-44}$ e$^{24-22}$ sã^{44} haʔ$^{3-2}$ i^{44} khun$^{53-44}$ khun^{53} e^{22} tioʔ$^{3-2}$ khe$^{22-21}$ tsau^{53} a^{21}。

漳州 □［hiaʔ$^{32-52}$］个衫仔互伊拢总缚缚做蜀捆载去啊。hiaʔ$^{32-52}$ e$^{13-22}$

sã³⁴ a⁵²⁻²² hɔ²²⁻²¹ i³⁴⁻²² lɔŋ⁵²⁻³⁴ tsɔŋ⁵² pak¹²¹⁻³² pak¹²¹⁻³² tso²¹⁻⁵² tsit¹²¹⁻²¹ khun⁵² tsai²¹⁻⁵² khi²¹ a²¹.

汕头 撮衫分伊缚缚做蜀捆载走去了。tshoʔ²⁻⁵ sã³³ puŋ³³ i³³ pak⁵⁻² pak⁵⁻² tso²¹³⁻⁵⁵ tsek⁵⁻² khun⁵² tsai²¹³⁻⁵⁵ tsau⁵² khɯ²¹³⁻³¹ ou⁵²⁻³¹.

揭阳 撮衫乞伊缚缚/□［pek⁵⁻²］缚做蜀捆载走去了。tshok²⁻³ sã³³ kheʔ²⁻³ i³³ pak⁵⁻² pak⁵⁻²/pek⁵⁻² pak⁵⁻² tso²¹³⁻⁴² tsek⁵⁻² khun⁴²⁻⁵³ tsai²¹³⁻⁵³ tsau⁴²⁻²¹ khɯ²¹³⁻²¹ au⁴²⁻²¹³.

海丰 许乃衫裤乞伊<u>缚缚</u>□［tsɔk³⁻⁴］下载走啰。hi⁵² nai⁵⁵ sã⁴⁴⁻³³ khou²¹³⁻²⁴ khɔ⁴⁴⁻³³ i⁴⁴ pak⁴⁻³ pak⁴⁻³ tsɔk³⁻⁴ e²⁵⁻³³ tsai²¹³⁻⁵⁵ tsau⁵² lɔ³¹.

遂溪 许里物颂蜀下乞伊<u>缚缚</u>起运走啦。ha⁵⁵ li⁴¹ mi³³ tshiaŋ²⁴ tse⁵⁵ e²⁴ khi⁵⁵ i²⁴ pak³ pak³ khi⁴¹ iŋ³³ tsau⁴¹ la⁴¹.

雷州 许乃衫裤乞伊□［ha²²⁻³³］成蜀□［ha²²］衔走了/啦。ha⁵⁵³ nai⁵⁵³ sa²⁴⁻³³ kheu²¹ khi⁵⁵³ i²⁴ ha²²⁻³³ tsia²²⁻³³ ziak⁵ ha²² ka²²⁻³³ tsau⁴² liau⁴²/la³³.

文昌 这些衫裤□［ioʔ⁵³］伊缚着下落拖去啦。ʥia²¹⁻⁵⁵ te³⁴⁻⁴² ta³⁴⁻⁴² xou²¹ ioʔ⁵³ i³⁴ ɓak³⁻¹ tioʔ³ e³⁴ loʔ³ xua³⁴ xu²¹ la²¹.

三亚 伊□［ɓui⁴²］那穚衫裤捆成蜀捆□［ɓui⁴²］走了。i³³ ɓui⁴² aʔ⁴⁵ ɗoi³³ ta³³ khou²⁴ khun³¹ tsio²² zioʔ³³ khun³¹ ɓui⁴² tsau³¹ liau²¹.

（26）索性把带子割断吧。

泉州 归气将迄条索仔割断啰/割啰断/共伊割割断。kui³³ khi⁵⁵ tsiɔŋ³³ hit⁵⁵ tiau²⁴⁻²² soʔ⁵⁵ a⁵⁵ kuaʔ⁵⁵ tŋ²² lɔ²¹/kuaʔ⁵⁵⁻⁵³ lɔ³³ tŋ²²⁻²¹/kaŋ⁴¹⁻²² i³³ kuaʔ⁵⁵ kuaʔ⁵⁵ tŋ²²⁻²¹.

厦门 干脆自迄条带（合伊）<u>割割断</u>算啦。kan⁴⁴⁻²² tshui²¹ tsu²²⁻²¹ hit³²⁻⁵ tiau²⁴⁻²² tua²¹ (kaʔ⁵⁻²¹ i⁴⁴⁻²²) kuaʔ³²⁻⁵³ kuaʔ³² tŋ²²⁻²¹ suan²¹ la²¹.

台中 ①归气着合迄条带仔<u>割割咧</u>。kui⁴⁴⁻²² khi²¹ tioʔ² kaʔ² hit²⁻⁵ e²⁴⁻²² tua²¹⁻⁴⁴ a⁵³ kuaʔ²⁻⁵ kuaʔ² le²¹. ②归气着合迄条带仔<u>割割掉</u>。kui⁴⁴⁻²² khi²¹ tioʔ³⁻² kaʔ³⁻² hit²⁻⁵ e²⁴⁻²² tua²¹⁻⁴⁴ a⁵³ kuaʔ²⁻⁵ kuaʔ² tiau²². ③归气着合迄条带团<u>割割互断</u>。kui⁴⁴⁻²² khi²¹ tioʔ³⁻² kaʔ³⁻² hit²⁻⁵ e²⁴⁻²² tua²¹⁻⁴⁴ a⁵³ kuaʔ²⁻⁵ kuaʔ² hɔ²²⁻²¹ tŋ²².

漳州 索性合带仔<u>割割断</u>。sok³²⁻⁵ siŋ²¹ kaʔ¹²¹⁻²¹ tua²¹⁻⁴⁴ a⁵² kuaʔ³²⁻⁵² kuaʔ³²⁻⁵² tuĩ²¹.

汕头 条带合侬合伊<u>割割断</u>。tiau⁵⁵⁻³¹ tua²¹³ kaʔ²⁻⁵ naŋ⁵⁵ kaʔ² i³³ kuaʔ²⁻⁵ kuaʔ²⁻⁵ tɯŋ²⁵.

揭阳 条带宁做合伊<u>割割断</u>/□［kek²⁻³］割断。tiau⁵⁵⁻²² tua²¹³ leŋ⁵⁵⁻²² tso²¹³⁻⁴² kaʔ²⁻³ i³³ kuaʔ²⁻³ kuaʔ²⁻³ tɯŋ³⁵/kek²⁻³ kuaʔ²⁻³ tɯŋ³⁵.

海丰 干脆拉/捞/合带仔（合伊）<u>割割断</u>哦。kaŋ⁴⁴⁻³³ tshui²¹³ la⁴⁴⁻³³/

lau$^{44-33}$/ka$^{44-33}$ tua$^{213-55}$ ã$^{52-213}$（ka?$^{4-3}$ i^{44}）kua?$^{3-4}$ kua?$^{3-4}$ tũi^{25} ɔ^{31}.

  遂溪 掠带团割割断。lia^{33} tua$^{214-24}$ kia^{41} kua^{55} kua^{55} tui^{22}.

  雷州 就掠阿带团割断去啦。tsiu^{33} lia^{33} a^{55} tua^{21} kia^{42} kua^{553} tui^{33} khu^{21} la^{33}.

  文昌 蜀下□［ɓue$^{42-11}$］索□［ʃak$^{3-1}$］断去。ʤiak$^{3-21}$ e^{34} ɓue$^{42-11}$ to^{53} ʃak$^{3-1}$ ɗui^{42} xũ^{5}.

  三亚 干脆□［ɓui^{42}］索割断。kaŋ^{33} tshui^{24} ɓui^{42} to?^{45}/so?^{45} kuo?^{45} ɗui^{42}.

参考文献

［1］钱奠香. 海南屯昌闽语语法研究［M］. 昆明：云南大学出版社，2002.
［2］施其生. 汕头方言动词短语重叠式［J］. 方言，1988（2）.
［3］施其生. 论汕头方言中的"重叠"［J］. 语言研究，1997（1）.
［4］施其生. 汉语方言中词组的"形态"［J］. 语言研究，2011（1）.

第四节 闽南方言方位词的重叠

  闽南方言大部分地区的方位词可以重叠。下面是例句。

  （1）你爬到山的最上头，就可以看到海。

  泉州 汝蹈遘山<u>顶顶</u>头/山个最头<u>顶</u>/山（个）最顶头，就通看着海。lɯ^{55} pe?$^{55-22}$ kau$^{41-55}$ suã^{33} tiŋ$^{55-24}$ tiŋ^{55} thau^{24}/suã^{33} e$^{24-22}$ tsue$^{41-55}$ thau$^{24-22}$ tiŋ^{55}/suã^{33}（e$^{24-22}$）tsue$^{41-55}$ tiŋ$^{55-24}$ thau^{24}，tsiu$^{41-22}$ thaŋ^{33} kuã$^{41-55}$ tio?$^{24-22}$ hai^{55}.

  厦门 ①汝蹈遘山<u>顶顶</u>，着看着海。li^{53} pe?$^{32-53}$ kau$^{21-53}$ suã$^{44-22}$ tiŋ$^{53-44}$ tiŋ^{53}，tio?$^{5-21}$ khuã$^{21-53}$ tio?$^{5-21}$ hai^{53}. ②汝蹈遘山个第一顶头，就有通看着海啰。li^{53} pe?$^{32-53}$ kau$^{21-53}$ suã^{44} e$^{24-22}$ te$^{21-21}$ it$^{32-5}$ tiŋ$^{53-44}$ thau^{24}，tsiu$^{22-21}$ u$^{22-21}$ thaŋ$^{44-22}$ khuã$^{21-53}$ tio?$^{5-21}$ hai^{53} lɔ^{21}.

  台中 ①汝行遘山顶悬着用看着海。li$^{53-44}$ kiã$^{24-22}$ ka?$^{2-5}$ suã$^{44-22}$ tiŋ^{53} kuan^{24} tio?$^{3-2}$ iɔŋ^{24} khuã$^{21-53}$ tio?$^{3-2}$ hai^{53}. ②汝行遘山顶着用看着海。li$^{53-44}$ kiã$^{24-22}$ ka?$^{2-5}$ suã$^{44-22}$ tiŋ^{53} tio?$^{3-2}$ iɔŋ^{24} khuã$^{21-53}$ tio?$^{3-2}$ hai^{53}.

  漳州 汝蹈遘山个上面顶阿/山<u>顶顶</u>阿，着解看着海。li$^{52-44}$ pɛ?^{32} kau$^{21-52}$ sua^{34} e$^{13-22}$ siaŋ$^{22-21}$ min$^{22-21}$ tiŋ^{52} a^{21}/sua$^{34-22}$ tiŋ$^{52-34}$ tiŋ^{52} a^{21}，lo?$^{121-21}$ e$^{22-21}$ kuã$^{21-52}$ tio?$^{121-21}$ hai^{52}.

  汕头 ①汝蹈遘许山<u>顶顶</u>，就有好睇着海。lɯ^{52} pe?$^{2-5}$ kau$^{213-55}$ hɯ$^{52-24}$ suã^{33} teŋ$^{52-24}$ teŋ^{52}，tsiu$^{25-31}$ u$^{25-31}$ ho$^{52-24}$ tõi$^{52-24}$ tio$^{5-2}$ hai^{52}. ②汝蹈遘许山个上

顶顶，就有好睇着海。lɯ⁵² peʔ²⁻⁵ kau²¹³⁻⁵⁵ hɯ⁵²⁻²⁴ suã³³ kai⁵⁵⁻³¹ siaŋ²⁵⁻³¹ teŋ⁵²⁻²⁴ teŋ⁵², tsiu²⁵⁻³¹ u²⁵⁻³¹ ho⁵²⁻²⁴ tõi⁵²⁻²⁴ tio⁵⁻² hai⁵².

揭阳 汝䠆遘许山顶顶，就有好睇着海。lɯ⁴²⁻⁵³ peʔ²⁻³ kau²¹³⁻⁴² hio⁴²⁻²⁴ suã³³ teŋ⁴²⁻³⁵ teŋ⁴²⁻²¹, tsu³⁵⁻²¹ u³⁵⁻²¹ ho⁴²⁻⁵³ thoi⁴²⁻²⁴ tioʔ⁵⁻² hai⁴².

海丰 你爬遘（许个）山顶顶去，就看解着海咯。li⁵² pe⁵⁵⁻²² e⁵⁵⁻²² (hi⁵² e⁵⁵⁻²²) suã⁴⁴⁻³³ teŋ⁵²⁻²¹³ teŋ⁵² khi²¹³⁻³¹, tsu²⁵⁻³³ thei⁵²⁻²¹³ e²⁵⁻³³ tioʔ⁴⁻³ hai⁵² lɔ²¹.

遂溪 汝爬遘山顶顶，就可以望倒海。lu⁴¹ pha²² kau²¹⁴ sua²⁴ tiŋ⁴¹ tiŋ⁴¹, tsiu⁵⁵ kho⁴¹ i⁴¹ o²⁴ to⁴¹ hai⁴¹.

雷州 伊□[niau³³] 遘山顶顶，就可以/能望遘海。i²⁴ niau³³ kau²¹⁻⁴⁴ sua²⁴ tiŋ⁴²⁻⁴⁴ tiŋ⁴², tsiu³³ kho⁴² zi³³/neŋ²²⁻³³ o²¹ kau²¹⁻⁴⁴ hai⁴².

文昌 汝上遘山顶，就可以望见海。du³¹ tʃio⁴² kau²¹ tua³⁴⁻⁴² ɗeŋ³¹, tʃiu⁴² xo³¹⁻³³ dʒi³¹⁻³³ mo³⁴ ki²¹⁻⁵⁵ ɦai³¹.

三亚 汝爬遘山个最顶（最顶），就可以望遘海。lu³¹ phe²² kau²⁴ tuo³³ kai²² tsui²⁴ ɗeŋ³¹ (tsui²⁴ ɗeŋ³¹), tsiu⁴² kho³¹ zi²² mo³³ kau²⁴ hai⁴².

(2) 老婆子坐在最边上。

泉州 ①老仔婆坐啊/伫边边头/最边边头。lau⁵⁵ a⁵⁵ po²⁴ tsɤ²² a⁵⁵/tɯ²² pĩ³³ pĩ³³ thau²⁴⁻³¹/tsue⁴¹⁻⁵⁵ pĩ³³ pĩ³³ thau²⁴⁻³¹。②老仔婆坐仔/伫最边头。lau⁵⁵ a⁵⁵ po²⁴ tsɤ²² a⁵⁵/tɯ²² tsue⁴¹⁻⁵⁵ pĩ³³ thau²⁴⁻³¹.

厦门 ①阿婆/老阿妈坐唎边边（呃）。a⁴⁴⁻²² po²⁴/lau²²⁻²¹ a⁵³⁻⁴⁴ mã⁵³ tse²²⁻²¹ e⁴⁴ pĩ⁴⁴⁻²² pĩ⁴⁴ (e²¹)。②阿婆/老阿妈坐唎第一边（呃）。a⁴⁴⁻²² po²⁴/lau²²⁻²¹ a⁵³⁻⁴⁴ mã⁵³ tse²²⁻²¹ e⁴⁴ te²²⁻²¹ it³²⁻⁵ pĩ⁴⁴ (e²¹).

台中 阿婆坐伫上边□[a⁴⁴]。a⁴⁴⁻²² po²⁴⁻³⁵ tse²²⁻²¹ ti²²⁻²¹ sioŋ²²⁻²¹ pĩ⁴⁴ a⁴⁴.

漳州 老伙仔/老阿姆仔坐伫/坐□[hɛ³⁴] 最边仔/最边边仔/边边仔。lau²²⁻²¹ hue⁵²⁻⁴⁴ a⁵²/lau²²⁻²¹ a³⁴⁻²² m⁵² a²¹ tse²²⁻²¹ ti²²⁻²¹/tse²²⁻²¹ hɛ³⁴ tsue²¹⁻⁵² pĩ³⁴⁻²² a⁴⁴/tsue²¹⁻⁵² pĩ³⁴⁻²² pĩ³⁴⁻²² a⁴⁴/pĩ³⁴⁻²² pĩ³⁴⁻²² a⁴⁴.

汕头 阿老姆坐伫墘墘。a³³ lau²⁵⁻³¹ m̩⁵² tso²⁵⁻³¹ to²⁵⁻³¹ kĩ⁵⁵⁻³¹ kĩ⁵⁵.

揭阳 阿老姆坐伫墘墘。a³³ lau³⁵⁻²¹ m̩⁴²⁻⁵³ tso³⁵⁻²¹ to³⁵⁻²¹ kĩ⁵⁵⁻²² kĩ⁵⁵.

海丰 个老婆仔坐伫（许个）最墘头。kai⁵⁵⁻²² lau²⁵⁻³³ phɔ⁵⁵ ã⁵² tse²⁵⁻³³ tɔʔ⁴⁻³ (hi⁵² e⁵⁵⁻²²) tsue²¹³⁻⁵⁵ kĩ⁵⁵ tau⁵⁵⁻²².

遂溪 若个老婆囝坐伫丬丬墘。ia⁵⁵ kai²² lau⁴¹ pho²² kia⁴¹ tse⁵⁵ tu⁴¹⁻²⁴ pai²² pai²² ki²².

雷州 这个老奶囝坐伫最丬墘。ziak⁵ kai²²⁻³³ lau³³ ne⁴² kia⁴² tse³³ tu³³ tsui²¹⁻⁴⁴ pai²²⁻³³ ki²².

文昌 炸姞老坐伫边墘。ta³⁴⁻⁴² bou³¹ lau⁴² tʃe⁴² ɗu⁴²⁻¹¹ ɦi³⁴⁻⁴² ki²².

三亚　老妈囝坐仛最边（最边）上。lau³¹ ma³³ kio³¹ tse³³ ɗu⁴² tsui²⁴ ɓi³³（tsui²⁴ pi³³）tsio⁴²。

（3）他大学毕业，一下子分配到了最靠北的地方。

泉州　伊大学毕业，蜀下分配遘最靠北/最倚北/第一北个所在。i³³ tua⁴¹⁻²² oʔ²⁴⁻²² pit⁵⁵⁻²² giap²⁴, tsit²⁴⁻²² e⁴¹⁻⁵⁵ hun³³ pue⁴¹⁻⁵⁵ kau⁴¹⁻⁵⁵ tsue⁴¹⁻⁵⁵ khɔ⁴¹⁻⁵⁵ pak⁵⁵/tsue⁴¹⁻⁵⁵ ua⁵⁵⁻²⁴ pak⁵⁵/te⁴¹⁻²² it⁵⁵ pak⁵⁵ e²⁴⁻²² sɔ⁵⁵⁻²⁴ tsai⁴¹⁻²²。

厦门　伊大学毕业着分配去第一北个所在。i⁴⁴⁻²² tua²²⁻²¹ oʔ⁵ pit⁵⁻²¹ giap⁵ tioʔ⁵⁻²¹ hun⁴⁴⁻²² phue²¹⁻⁵³ khi²¹⁻⁵³ te²²⁻²¹ it³²⁻⁵ pak³² e²⁴⁻²² sɔ⁵³⁻⁴⁴ tsai²²。

台中　伊大学毕业，蜀时仔着分配甲上北方个所在。i⁴⁴⁻²² tai²²⁻²¹ hak³ pit³⁻² giap³, tsit³⁻² si²⁴⁻²² a⁵³ tioʔ³⁻² hun⁴⁴⁻²² pue²¹⁻⁵³ kaʔ²⁻⁵ siɔŋ²²⁻²¹ pak²⁻⁵ hŋ⁴⁴ e²⁴⁻²² sɔ⁵³⁻⁴⁴ tsai²²。

漳州　伊大学毕业，蜀下着分配遘最靠北个所在。i³⁴⁻²² tua²²⁻²¹ oʔ¹²¹⁻²¹ pit³²⁻⁵ giap¹²¹, tsit¹²¹⁻²¹ ɛ²² loʔ¹²¹⁻²¹ hun³⁴⁻²² phui²¹⁻⁵² kau²¹⁻⁵² tsue²¹⁻⁵² kho²¹⁻⁵² pak³² e¹³⁻²² sɔ⁵²⁻³⁴ tsai²²。

汕头　伊大学毕业，蜀回分配去遘北北。i³³ tai²⁵⁻³¹ hak⁵⁻² pik⁵⁻² ŋiap⁵, tsek⁵⁻² hue⁵⁵ huŋ³³ phue²¹³⁻⁵⁵ khɯ²¹³⁻⁵⁵ kau²¹³⁻⁵⁵ pak²⁻⁵ pak⁵。

揭阳　伊大学毕业，蜀下分配到上北许块。i³³ tai²²⁻²¹ hak⁵ piak⁵⁻² ŋiap⁵, tsek⁵⁻² e²²⁻²¹ huŋ³³ phui²¹³⁻⁴² kau²¹³⁻⁴² siaŋ²²⁻²¹ pak²⁻³ hio⁴²⁻²⁴ ko²¹³。

海丰　伊大学毕业，蜀下仔就分配遘最北北（个地方）去。i⁴⁴ tua²¹⁻³³ ɔʔ⁴⁻³ piʔ³⁻⁴ giap⁴, tsit⁴⁻³ e²⁵⁻³³ ã⁵² tsu²¹⁻³³ hun⁴⁴⁻³³ phue²¹³⁻⁵⁵ kau²¹³⁻⁵⁵ tsue²¹³⁻⁵⁵ pak³⁻⁴ pak³（e⁵⁵⁻²² ti²¹⁻³³ hŋ⁴⁴）khi²¹³⁻³¹。

遂溪　伊大学毕业，蜀下就乞分配遘最近北□［phi²¹⁴］个地方。i²⁴ tua⁵⁵ o⁵⁵ pik⁵ ŋiap³, iak⁵ e²⁴ tsiu⁵⁵ khi⁵⁵ puŋ²⁴ phui²¹⁴ kau²¹⁴ tsui²¹⁴ kien⁵⁵ pak⁵ phi²¹⁴ kai²² ti⁵⁵ vaŋ²⁴。

雷州　伊阿大学毕业，蜀下团就分配遘阿最北/北爿/北方。i²⁴ a⁵⁵ tai⁵⁵³ o³³ pik⁵ niap², ziak⁵ e²⁴ kia⁴² tsiu³³⁻⁴² puŋ²⁴⁻³³ phui²¹ kau²¹⁻⁴⁴ a⁵⁵ tsui²¹ pak⁵/pak⁵ pai²²/pak⁵ baŋ²⁴。

文昌　伊大学毕业，就分配遘最北个地方。i³⁴⁻⁴² ɗua³⁴⁻⁴² o⁴² ɓiet³⁻¹ ŋiap⁵, tʃiu⁴²⁻¹¹ ɓun³⁴⁻⁴² ɸui²¹ kau²¹ tui²¹ ɓak⁵ kai²²⁻¹¹ ɗi⁴²⁻¹¹ ɸaŋ³⁴。

三亚　伊大学毕业，蜀下团（就）分（配）遘最北最北个地方。i³³ ɗuo³³ o³³ ɓiʔ⁴⁵ ŋe⁴², zioʔ³³ he²² kio³¹（tsiu⁴²）ɓuŋ³³（phoi³¹）kau²⁴ tsui²⁴ ɓaʔ² tsui²⁴ ɓaʔ³³ kai²² ti³¹ vaŋ³³。

（4）这条胡同进去，最里头那间房子就是。

泉州　即条巷仔入去，底底/最里头/最底/第一里头/第一底个迄间厝就是。tsit⁵⁵ tiau²⁴⁻²² haŋ²⁴⁻²² ã⁵⁵ lip²⁴⁻²² khɯ⁴¹, tue⁵⁵⁻²⁴ tue⁵⁵/tsue⁴¹⁻⁵⁵ lai²² thau²⁴/tsue⁴¹⁻⁵⁵ tue⁵⁵/te⁴¹⁻²² it⁵⁵ lai²² thau²⁴/te⁴¹⁻²² it⁵⁵ tue⁵⁵ e²⁴⁻²² hit⁵⁵ kũi³³ tshu⁴¹ tsiu²⁴⁻²² si²².

厦门 ①即条巷仔入去，第一里面迄间厝着是啊。tsit³²⁻⁵ tiau²⁴⁻²² haŋ²²⁻²¹ a⁵³ lip⁵ khi²¹, te²²⁻²¹ it³²⁻⁵ lai²²⁻²¹ bin²² hit³²⁻⁵ kiŋ⁴⁴ tshu²¹ tioʔ⁵⁻²¹ si²² a²¹。②即条巷仔入去，<u>底底</u>/第一<u>底底</u>迄间厝着是啊。tsit³²⁻⁵ tiau²⁴⁻²² haŋ²²⁻²¹ a⁵³ lip⁵ khi²¹, tue⁵³⁻⁴⁴ tue⁵³/te²²⁻²¹ it³²⁻⁵ tue⁵³⁻⁴⁴ tue⁵³ hit³²⁻⁵ kiŋ⁴⁴ tshu²¹ tioʔ⁵⁻²¹ si²² a²¹。

台中 即条巷仔入去，上里面个迄间着是啊。tsit²⁻⁵ tiau²⁴⁻²² haŋ²¹ a⁵³ lip³ khi²¹, sioŋ²² lai²²⁻²¹ bin²² e²⁴⁻²² hit²⁻⁵ kin⁴⁴ tioʔ³⁻² si²² a²¹。

漳州 ①即条巷仔入去，最里面仔迄间厝仔着是啊。tsit³²⁻⁵ tiau¹³⁻²² haŋ²² a⁵² zip¹²¹⁻³² ki²¹, tsue²¹⁻⁵² lai²²⁻²¹ bin²² a⁵² hit³²⁻⁵ kan³⁴⁻²² tshu¹⁻⁴⁴ a⁵² loʔ¹²¹⁻²¹ si²² a²¹。②即条巷仔里<u>底底</u>仔迄间着是啊。tsit³²⁻⁵ tiau¹³⁻²² haŋ²² a⁵² lai²²⁻²¹ te⁵²⁻³⁴ te⁵² a⁵² hit³²⁻⁵ kan³⁴ loʔ¹²¹⁻²¹ si²² a²¹。

汕头 只条巷入去，<u>底底</u>许间厝就是。tsi⁵²⁻²⁴ tiau⁵⁵⁻³¹ haŋ³¹ zip⁵ khɯ²¹³⁻³¹, toi⁵²⁻²⁴ toi⁵² hɯ⁵²⁻²⁴ kõi³³ tshu²¹³ tsiu²⁵⁻³¹ si²⁵。

揭阳 只条巷入去，<u>底底</u>许间厝就是。tsi⁴²⁻²⁴ tiau⁵⁵⁻²² haŋ²² zip⁵ khɯ²¹³⁻²¹, toi⁴²⁻³⁵ toi⁴²⁻²¹ hɯ⁴²⁻²⁴ kãi³³ tshu²¹³ tsu²²⁻²¹ si³⁵。

海丰 只条巷仔行入去，最里底许间房就是哦。tsi⁵² tiau⁵⁵⁻²² haŋ²¹⁻³³ ã⁵² kiã⁵⁵⁻²² zip⁴ khi²¹³⁻⁵⁵, tsue²¹³⁻⁵⁵ la²⁵⁻³³ tei⁵² hi⁵²⁻²¹³ kãi⁴⁴⁻³³ paŋ⁵⁵ tsu²⁵⁻³³ si²⁵ ɔ²¹。

遂溪 若条巷团入去，<u>里里面</u>许个厝团就是。ia⁵⁵ tiau²² ho⁵⁵⁻³³ kia⁴¹ ip³ hu²¹⁴, li⁴¹⁻⁵⁵ li⁴¹ mien²¹⁴ ha⁵⁵ kai²¹ tshu²¹⁴ kia⁴¹ tsiu⁵⁵ si⁵⁵。

雷州 这条/个巷行入去，<u>里里</u>/最里那间厝团就是。zia⁵⁵³ tiau²²⁻³³/kai²²⁻³³ ho⁵⁵³ kia⁴² zip² khu²¹, li⁴²⁻⁴⁴ li⁴²/tsui²¹ li⁴² ha⁵⁵³ kaŋ²⁴⁻³³ tshu²¹ kia⁴² tsiu³³ si³³。

文昌 这条巷入去，到里许间房就是。ʤia²¹⁻⁵⁵ ɗiau²²⁻¹¹ ɦaŋ⁵³ ʤiop³⁻¹ xu²¹/ʤiop³ xu²¹⁻⁵, kau²¹⁻⁵⁵ lai⁴² ɦo²¹⁻⁵⁵ kan³⁴⁻⁴² ɓaŋ²² ʧiu⁴²⁻¹¹ ti⁴²。

三亚 即条街落去，最里头/最底最底那间房就是。iʔ⁴⁵ ɗiau²² koi³³ lo⁴² hu²⁴, tsui²⁴ lai⁴² thau²²/tsui²⁴ ɗoi³¹ tsui²⁴ ɗoi³¹ aʔ⁴⁵ kaŋ³³ ɓaŋ²² tsiu⁴² ti⁴²。

方位词重叠之后，比基式多了一个"最"的意义，即表示方位的极端。例如，"顶顶"是最上头，"里里"是最里头，"墘墘"是最边上，"北北"是最靠北的地方。

带"边""面""头"等的合成方位词也可以重叠，其重叠式是AAB，如例（1）泉州的"顶顶头"，例（2）泉州的"边边头"、漳州的"边边仔"、遂溪的"ᄊᄊ墘"，例（4）漳州的"底底仔"、遂溪的"里里面"，其意义一样是表示方位的极端。

各地能重叠的方位词略有不同,粤东片单纯的方位词较常重叠,汕头、海丰等地"东、西、南、北"也可重叠,合成方位词则较少重叠;闽南-台湾片,以及雷州片的遂溪除了单纯的方位词,合成方位词也常重叠。

方位词重叠式的极端义是语法意义,前面还常常可以用词汇手段,如加上表示"最"的词语强调方位之极端。如例(2)泉州的"最边边头"、漳州的"最边边仔",例(3)海丰的"最北北",例(4)厦门的"第一底底"。

和名词重叠相比,方位词的重叠并未状态形容词化,但是"重叠"的程度意义被赋予了方位词的重叠式。

参考文献

施其生. 论汕头方言中的"重叠"[J]. 语言研究,1997(1).

第四章 闽南方言量词的小称和数量词的小量

闽南方言中的量词有"小称",指所称单位之小者,如"粒囝"指小粒、"块囝"指小块。数量短语也有表示"小量"的形式,如汕头、屯昌的"三斤囝",说的是区区三斤,有"三斤"量小之义,其"小"是对数量而非对单位,即把数量往小里说。

第一节 量词小称

闽南方言的量词有小称,量词的小称表示单位之小者,其构成是在量词后附加一个指小后缀,这个词尾通常和名词的小称词尾一样,在闽南片的泉州、厦门、漳州,台湾片的台中和粤东片中的海丰是[˚a],一般写作"仔";粤东片中的潮汕小片,还有雷州片的遂溪是"囝",汕头、揭阳说成[˚kiã],遂溪说成[˚kia]。"仔[˚a]"应是"囝"的弱化,因此可以说闽南方言的小称形态有很大的一致性,都是加一个后缀"囝"。"囝"当实词用是儿子的意思,引申而表示物之小者,虚化而成小称后缀,是很自然的事。

量词的小称形态在闽南各地方言普遍存在,但是因为表示单位小还可以用词汇手段,有些句子在个别地方如雷州没有记录到量词小称形态,但是可以从其他例句中发现其存在。文昌则全部例句均未见量词小称后缀,小称用的是重叠方式,是否真的不用小称后缀还有待更深入的调查。下面是例句。

(1) 他把那些药做成一小颗一小颗的药丸。

泉州 伊将□[huai^{24}]个药搓做蜀<u>粒仔</u>蜀<u>粒仔</u>/蜀<u>丝仔</u>蜀<u>丝仔</u>个药丸。i^{33} tsioŋ^{33} huai^{55} e$^{24-21}$ ioʔ^{24} so^{33} tsue$^{41-55}$ tsit$^{24-22}$ liap$^{24-22}$ a^{55} tsit$^{24-22}$ liap$^{24-22}$ a^{55}/tsit$^{24-22}$ si^{33} a^{55} tsit$^{24-22}$ si^{33} a^{55} e$^{24-21}$ ioʔ$^{24-22}$ ĩ^{24}.

厦门 ①伊将□[hia^{24}]药捻做蜀<u>粒仔</u>蜀<u>粒仔</u>个药丸。i$^{44-22}$ tsioŋ$^{44-22}$ hia^{24} ioʔ^5 liap$^{5-21}$ tsue$^{21-53}$ tsit$^{5-21}$ liap$^{5-21}$ a$^{53-44}$ tsit$^{5-21}$ liap$^{5-21}$ a^{53} e$^{24-22}$ ioʔ$^{5-21}$ uan^{24}.②伊将□[hia^{24}]药捻做蜀疕仔<u>粒仔</u>蜀疕仔<u>粒仔</u>个药丸。i$^{44-22}$ tsioŋ$^{44-22}$ hia^{24} ioʔ^5 liap$^{5-21}$ tsue$^{21-53}$ tsit$^{5-21}$ phi$^{53-44}$ a$^{53-44}$ liap$^{5-21}$ a^{53} tsit$^{5-21}$ phi$^{53-44}$ a$^{53-44}$ liap$^{5-21}$ a^{53} e$^{24-22}$ ioʔ$^{5-21}$ uan^{24}.

台中 伊合□[hia$^{53-44}$]个药仔做成蜀<u>粒仔</u>蜀<u>粒仔</u>个药丸。i$^{44-22}$ ka$^{3-2}$ hia$^{53-44}$ e^{22} ioʔ$^{3-2}$ a^{53} tso$^{21-53}$ siŋ$^{24-22}$ tsit$^{3-2}$ liap$^{3-2}$ a$^{53-44}$ tsit$^{3-2}$ liap$^{3-2}$ a^{53} e^{22} ioʔ$^{3-2}$ uan^{24}.

漳州 伊将□[hiaʔ$^{32-52}$]药仔做成细细<u>粒仔</u>药丸仔。i^{34} tsiaŋ$^{34-22}$

第四章　闽南方言量词的小称和数量词的小量　409

hia?$^{32-52}$ io?$^{121-21}$ a^{52} tso$^{21-52}$ tsia$^{13-22}$ se$^{21-52}$ se$^{21-52}$ liap^{121} a^{52} io?$^{121-21}$ uan^{13} a^{52}.

汕头　伊将许撮药做做蜀<u>粒团</u>蜀<u>粒团</u>个药丸。i^{33} tsian^{33} huɯ$^{52-24}$ tsho?$^{2-5}$ io?^{5} tso$^{213-55}$ tso$^{213-55}$ tsek$^{5-2}$ liap$^{5-2}$ kiã$^{52-24}$ tsek$^{5-2}$ liap$^{5-2}$ kiã^{52} kai$^{55-31}$ io?$^{5-2}$ ĩ^{55}.

揭阳　伊掠块药做遘蜀<u>粒团</u>蜀<u>粒团</u>。i^{33} lia?$^{5-2}$ ko$^{213-42}$ io?^{5} tso$^{213-42}$ kau$^{213-42}$ tsek$^{5-2}$ liap$^{5-2}$ kiã$^{42-24}$ tsek$^{5-2}$ liap$^{5-2}$ kiã$^{42-53}$.

海丰　伊拉许乃仔药做成蜀<u>粒仔</u>蜀<u>粒仔</u>个药丸。i^{44} la$^{44-33}$ hi^{52} nai^{55} ã$^{52-213}$ io?^{4} tsɔ$^{213-55}$ tsiã$^{55-22}$ tsit$^{4-3}$ liap$^{4-3}$ ã$^{52-213}$ tsit$^{4-3}$ liap$^{4-3}$ ã$^{52-213}$ kai$^{55-22}$/e$^{55-22}$ iɔ?$^{4-3}$ ĩ^{55}.

遂溪　伊掠许里药做成（蜀）<u>粒团</u>（蜀）<u>粒团</u>药仁。i^{24} lia^{33} ha^{55} li^{41} io^{33} tso$^{214-55}$ tsia^{22}（iak^{54}）liap^3 kia^{41}（iak^{54}）liap^3 kia^{41} io^{33} ien^{22}.

雷州　伊掠许乃药做成蜀粒蜀粒细细药仁团。i^{24} lia^{33} ha^{553} nai^{553} io$^{33-42}$ tso^{553} tsia$^{22-33}$ ziak^5 liap^5 ziak^5 liap^5 soi$^{21-44}$ soi$^{33-42}$ zien$^{22-33}$ kia^{42}.

文昌　伊□[ɓue^{42}]许穮药做成蜀粒蜀粒个丸。i^{34} ɓue^{42} ɦo$^{21-55}$ ɗoi^{34} io^{53} to^{53} tʃia^{22} tʃiak$^{3-1}$ liap^3 tʃiak$^{3-1}$ liap^3 kai$^{22-11}$ ʥuan^{22}.

三亚　伊□[ɓui^{42}]那穮药做成蜀<u>粒团</u>蜀<u>粒团</u>个仁。i^{33} ɓui^{42} a?^{5} ɗoi^{33}/tsoi^{33} io?^{42} to^{45} tsio^{22} zio?^{33} le?^{42} kio^{31} zio?^{33} le?^{42} kio^{31} kai^{22} zin^{22}.

（2）从西藏买来的藏红花，哥哥拿了一点儿，姐姐拿了一点儿。（不知道藏红花的改问："从城里买的金银花，哥哥拿了一点儿，姐姐拿了一点儿。"）

泉州　按西藏买来个藏红花，阿兄拕蜀<u>撮仔</u>，阿姊拕蜀<u>撮仔</u>。an^{33} se^{33} tsɔn^{41} bue^{55} lai$^{24-31}$ e$^{24-21}$ tsɔn$^{41-22}$ an$^{24-22}$ hue^{33} a$^{55-24}$ hiã^{33} thue?$^{24-22}$ tsit$^{24-22}$ tshɔk^{55} a^{55}，a$^{55-24}$ tsi^{55} thue?$^{24-22}$ tsit$^{24-22}$ tshɔk^{55} a^{55}.

厦门　按/对/尉/自西藏买来个红花，阿兄拕蜀<u>撮仔</u>/蜀<u>点仔</u>/蜀<u>点仔团</u>，阿姊拕蜀<u>撮仔</u>/蜀<u>点仔</u>/蜀<u>点仔团</u>。an$^{21-53}$/tui$^{21-53}$/ui$^{22-21(-53)}$/tsu$^{22-21}$ se$^{44-22}$ tsɔn^{22} bue^{53} lai$^{24-21}$ e$^{24-22}$ an$^{24-22}$ hue^{44}，a$^{44-22}$ hiã^{44} the?$^{5-21}$ tsit$^{5-21}$ tshiɔk$^{32-5}$ a^{53}/tsit$^{5-21}$ tiam$^{53-44}$ a^{53}/tsit$^{5-21}$ tiam$^{53-44}$ a^{53} kiã^{53}，a$^{44-22}$ tsi^{53} the?$^{5-21}$ tsit$^{5-21}$ tshiɔk$^{32-5}$ a^{53}/tsit$^{5-21}$ tiam$^{53-44}$ a^{53}/tsit$^{5-21}$ tiam$^{53-44}$ a$^{53-44}$ kiã^{53}.

台中　尉城里买来个金银花，哥哥挈蜀<u>寡仔</u>，姐姐吗挈蜀<u>寡仔</u>。ui$^{21-53}$ siã$^{24-22}$ lai^{22} be^{53} lai$^{24-22}$ e^{22} kim$^{44-22}$ gin$^{24-22}$ hue^{44}，ko^{44} ko^{22} khe$^{22-21}$ tsit$^{3-2}$ kua$^{53-44}$ a^{53}，tse$^{53-44}$ tse^{53} ma$^{22-21}$ khe$^{22-21}$ tsit$^{3-2}$ kua$^{53-44}$ a^{53}.

漳州　对县城买来个金银花，阿兄拕蜀<u>点仔</u>，阿姊拕蜀<u>点仔</u>。tui$^{21-52}$ kuan$^{21-52}$ siã$^{13-22}$ be^{52} lai$^{22-21}$ e$^{13-22}$ kim$^{34-22}$ gin$^{13-22}$ hua^{34}，a$^{34-22}$ hiã^{34} the?$^{121-21}$ tsit$^{121-21}$ tiam^{52} a^{52}，a$^{34-22}$ tsi^{52} the?$^{121-21}$ tsit$^{121-21}$ tiam^{52} a^{52}.

汕头　伫许西藏买个藏红花，阿兄挈了蜀<u>撮团</u>，阿姐挈了蜀<u>撮团</u>。to$^{25-31}$ huɯ$^{52-24}$ sai^{33} tsan^{25} boi^5 kai$^{55-31}$ tsan$^{25-31}$ an$^{55-31}$ hue^{33}，a^{33} hiã^{33} khio?$^{5-2}$ liau$^{52-24}$

tsek⁵⁻² tshoʔ²⁻⁵ kiã⁵², a³³ tse⁵² khioʔ⁵⁻² liau⁵²⁻²¹³ tsek⁵⁻² tshoʔ² kiã⁵²⁻²¹³。

揭阳 伫许西藏买个藏红花，阿兄挈了蜀撮，阿姐挈了蜀撮。to³⁵⁻²¹ hio⁴²⁻²⁴ sai³³ tsaŋ³⁵ boi⁴²⁻⁵³ kai⁵⁵⁻²² tsaŋ³⁵⁻²¹ aŋ⁵⁵⁻²² hue³³, a³³ hiã³³ khioʔ⁵⁻² liau⁴²⁻²⁴ tsek⁵⁻² tshoʔ², a³³ tse⁴² khioʔ⁵⁻² liau⁴²⁻²⁴ tsek⁵⁻² tshoʔ²。

海丰 着县城买转来个金银花，阿兄挈了<u>乃仔</u>，阿姊挈了<u>乃仔</u>。tioʔ⁴⁻³ kuai⁻²¹⁻³³ siã⁵⁵ be⁵²⁻²¹³ tuĩ⁵² lai⁵⁵⁻²² kai⁵⁵⁻²² kim⁴⁴⁻³³ ŋin⁵⁵⁻²² hue⁴⁴⁻³³, a⁴⁴⁻³³ hiã⁴⁴ khieʔ⁴⁻³ liau⁵²⁻²¹³ nai²¹³⁻⁵⁵ ã⁵²⁻²¹³, a⁴⁴⁻³³ tse⁵² khieʔ⁴⁻³ liau⁵²⁻²¹³ nai²¹³⁻⁵⁵ ã⁵²⁻²¹³。

遂溪 □[tu²⁴]县城买个金银花，哥掠呢团，姊掠呢团。tu²⁴ kuai⁵⁵ sia²² boi⁴¹ a²²⁻³³ kim²⁴⁻³³ ŋin²² hue²⁴, ko²⁴⁻³³ lia³³ niʔ⁵ kia⁴¹, tse⁴¹ lia³³ niʔ⁵ kia⁵¹。

雷州 ①通西藏买来个藏红花，哥哥掠了（蜀）<u>撮团</u>，姊姊掠了（蜀）<u>撮团</u>。thaŋ²¹ sai²⁴⁻³³ tsaŋ³³ boi⁴² lai²¹⁻³³ kai²¹⁻³³ tsaŋ³³ aŋ²²⁻³³ hue²⁴, ko⁵⁵³⁻²⁴ ko⁵⁵³ lia³³ liau⁴²⁻⁴⁴（iek²）tsep⁵ kia⁴², tsi⁴²⁻⁴⁴ tsi⁴² lia³³ liau⁴²⁻²¹（iek²）tsep⁵ kia⁴²⁻²¹。②通西藏买来个藏红花，哥哥掠了□[niŋ⁵⁵³]/□[niŋ⁵⁵³]团，姊姊掠了□[niŋ⁵⁵³]/□[niŋ⁵⁵³]团。thaŋ²¹ sai²⁴⁻³³ tsaŋ³³ boi⁴² lai²¹ kai²² tsaŋ³³ aŋ²²⁻³³ hue²⁴, ko⁵⁵³⁻²⁴ ko⁵⁵³ lia³³ liau⁴²⁻⁴⁴ niŋ⁵⁵³/niŋ⁵⁵³ kia⁴², tsi⁴²⁻⁴⁴ tsi⁴² lia³³ liau⁴²⁻²¹ niŋ⁵⁵³/niŋ⁵⁵³ kia⁴²。

文昌 向县城买个金银花，哥□[ioʔ⁵³]滴滴，姐□[ioʔ⁵³]滴滴。xan²²⁻¹¹ kuai⁴² tia²² boi³¹ kai²²⁻¹¹ kim³⁴⁻⁴² ŋien²²⁻¹¹ ɦue³⁴, ko⁵³ ioʔ⁵³ ɗi⁵³ ɗi⁵³, tʃe⁵³ ioʔ⁵³ ɗi⁵³ ɗi⁵³。

三亚 通西藏买来个藏红花，阿哥□[ɓui⁴²]了蜀呢团/蜀细把团，阿姐□[ɓui⁴²]了蜀呢团/蜀细把团。thaŋ²⁴ sai³³/tai³³ tsaŋ⁴²/taŋ⁴² voi³¹ tui³¹ kai²² tsaŋ⁴²/taŋ⁴² aŋ²² huo³³, a⁴⁵ ko³³ ɓui⁴² liau²² ioʔ³³ niʔ⁴⁵ kio³¹/ioʔ³³ toi²⁴ ɓe³¹ kio³¹, a⁴⁵ tse³¹ ɓui⁴² liau⁴² ioʔ³³ niʔ⁴⁵ kio³¹/ioʔ³³ toi²⁴ ɓe³¹ kio³¹。

（3）麝香特贵，丁点儿的一小块就几十块钱。

泉州 麝香诚/野贵，蜀<u>点仔</u>/蜀□[tɤ⁴¹⁻⁵⁵]仔/蜀<u>粒仔</u>/蜀<u>丝仔</u>/蜀疕屎膏仔就着几十箍。sia⁴¹⁻²² hiũ³³ tsiã²⁴⁻²²/ia⁵⁵⁻²⁴ kui⁴¹, tsit²⁴⁻²² tiam⁵⁵⁻²⁴ a⁵⁵/tsit²⁴⁻²² tɤ⁴¹⁻⁵⁵ a⁵⁵/tsit²⁴⁻²² liap²⁴⁻²² a⁵⁵/tsit²⁴⁻²² si³³ a⁵⁵/tsit²⁴⁻²² phiʔ⁵⁵ sai⁵⁵⁻²⁴ ko³³ a⁵⁵ tsiuʔ⁴¹⁻²² tio²⁴⁻²² kui⁵⁵⁻²⁴ tsap²⁴⁻²² khɔ³³。

厦门 ①麝香诚贵，蜀□[te²¹⁻⁵³⁻⁴⁴]仔着几偌十箍。sia²²⁻²¹ hiɔŋ⁴⁴ tsiã²⁴⁻²² kui²¹, tsit⁵⁻²¹ te²¹⁻⁵³⁻⁴⁴ a⁵³ tioʔ⁵⁻²¹ kui⁵³⁻⁴⁴ nã²²⁻²¹ tsap⁵⁻²¹ khɔ⁴⁴。②麝香诚贵，蜀疕疕仔□[te²¹]着几偌十箍。sia²²⁻²¹ hiɔŋ⁴⁴ tsiã²⁴⁻²² kui²¹, tsit⁵⁻²¹ phiʔ⁵³⁻⁴⁴ phi⁵³⁻⁴⁴ a⁵³⁻⁴⁴ teʔ tioʔ⁵⁻²¹ kui⁵³⁻⁴⁴ nã²²⁻²¹ tsap⁵⁻²¹ khɔ⁴⁴。③麝香诚贵，蜀疕仔□[te²¹]着几偌十箍。sia²²⁻²¹ hiɔŋ⁴⁴ tsiã²⁴⁻²² kui²¹, tsit⁵⁻²¹ phiʔ⁵³⁻⁴⁴ a⁵³⁻⁴⁴ teʔ²¹ tioʔ⁵⁻²¹ kui⁵³⁻⁴⁴ nã²²⁻²¹ tsap⁵⁻²¹ khɔ⁴⁴。

第四章　闽南方言量词的小称和数量词的小量　411

台中　麝香特别贵，蜀点点仔着几十箍。sia$^{22-21}$ hiũ^{44} tet$^{3-2}$ pet$^{3-2}$ kui^{21}, tsit$^{3-2}$ tiam$^{53-44}$ tiam$^{53-44}$ a^{53} tioʔ$^{3-2}$ kui$^{53-44}$ tsap$^{3-2}$ khɔ^{44}.

漳州　麝香真贵，淡薄仔着几十箍啊。sia$^{13-22}$ hiɔ^{34} tsin$^{34-22}$ kui^{21}, tam$^{22-21}$ poʔ$^{121-21}$ a^{52} loʔ$^{121-21}$ kui$^{52-25}$ tsap$^{121-32}$ kɔ^{34} a^{21}.

汕头　麝香铁贵，蜀块团（呢）/滴团（呢）/□［niʔ$^{2-5}$］团就几十银。sia$^{55-31}$ hiõ^{33} thiʔ$^{2-5}$ kui^{213}, tsek$^{5-2}$ ko$^{213-55}$ kiã$^{52-24}$（ni^{55}）/ tiʔ$^{2-5}$ kiã$^{52-24}$（ni^{55}）/niʔ$^{2-5}$ kiã$^{52-24}$ tsiu$^{25-31}$ kua$^{52-24}$ tsap$^{5-2}$ ŋɯŋ^{55}.

揭阳　麝香□［hoʔ$^{2-3}$］贵，块团（呢）就几十银。sia$^{55-22}$ hiõ^{33} hoʔ$^{2-3}$ kui^{213}, ko$^{213-42}$ kiã$^{42-24}$（ni$^{55-22}$）tsu$^{35-21}$ kui$^{42-24}$ tsap$^{5-2}$ ŋeŋ^{55}.

海丰　麝香不则贵，蜀块仔/滴滴仔就爱几十银。sia$^{21-33}$ hiɔ̃^{44} put$^{3-4}$ tsek$^{3-4}$ kui^{213}, tsit$^{4-3}$ khɔk$^{3-4}$ ã^{52}/tip$^{3-4}$ tip$^{3-4}$ ã^{52} tsu$^{25-24}$ ai$^{213-55}$ kui$^{52-213}$ tsap$^{4-3}$ ŋin^{55}.

遂溪　麝香八活贵，蜀块团就几十纸啦。sia^{22} hio^{24} pak^{54} uak^{3} kui^{214}, iak^{5} khuak^{3} kia^{41} tsiu^{55} kui^{41} tsap^{3} tsua^{41} la^{41}.

雷州　阿麝香八活贵，蜀块团就几十银。a^{55} sia$^{33-42}$ hiõ^{24} pak^{5} uak^{5} kui^{21}, iak^{5} khuak^{5} kia^{42} tsiu^{33} kui$^{42-44}$ tsap^{2} ŋieŋ^{22}.

文昌　麝香但顾贵，滴滴物整几十银。tia$^{22-11}$ ɦio^{34} na$^{42-11}$ ku$^{21-55}$ kui^{213}, ɗi^{53} ɗi^{53} miʔ^{53} ʧeŋ$^{31-33}$ kui$^{31-33}$ tap^{3} ŋien^{22}.

三亚　即种冰糖相当个贵，蜀呢团/蜀块团就几十银。iʔ^{45} tsiaŋ^{31} ɓeŋ^{33} thoŋ^{22} tiaŋ^{33}/siaŋ^{33} ɗaŋ^{33} kai^{22} kui^{24}, zio^{33} ni^{45} kio^{31}/ zioʔ^{33} khuai^{24} kio^{31} tsiu^{42} kui^{31} tsai^{42} ŋin^{22}.（发音人不知道"麝香"，改"冰糖"）

（4）才下了那么一小阵雨，这条马路就得蹚水了。

泉州　□［tsiaʔ^{55}］落迄（蜀）丝仔/（蜀）阵仔雨，即条路就着躔水啰。tsiaʔ^{55} lɔʔ$^{24-22}$ hit^{55}（tsit$^{24-22}$）si^{33} a^{55}/（tsit$^{24-22}$）tin^{33} a^{55} hɔ^{22}, tsit^{55} tiau$^{24-22}$ lɔ^{41} tsiu$^{41-22}$ tioʔ$^{24-22}$ liau$^{24-22}$ tsui^{55} lɔ^{31}.

厦门　□［kaʔ$^{32-5}$］落迄蜀阵仔雨，迄条马路着积水啰。kaʔ$^{32-5}$ lɔʔ$^{5-21}$ hit$^{32-5}$ tsit$^{5-21}$ tsun$^{22-21}$ a$^{53-44}$ hɔ^{22}, hit$^{32-5}$ tiau$^{24-22}$ be$^{53-44}$ lɔ^{22} tioʔ$^{5-21}$ tsik$^{32-5}$ tsui^{53} lɔ^{21}.

台中　□［tsiaʔ$^{2-5}$］落即阵仔雨，即条路着爱用躔解过。tsiaʔ$^{2-5}$ lɔʔ$^{3-2}$ tsit$^{2-5}$ tsun$^{24-22}$ a$^{53-44}$ hɔ^{22}, tsit$^{2-5}$ tiau$^{24-22}$ lɔ^{22} tioʔ$^{3-2}$ ai$^{21-53}$ ioŋ^{22} liau^{24} e$^{22-21}$ kue^{21}.

漳州　拄落蜀阵仔雨，蜀条路着澹漉漉。tu$^{52-44}$ loʔ$^{121-21}$ tsit$^{121-21}$ tsun^{22} a^{52} hɔ^{22}, tsit$^{32-5}$ tiau$^{13-22}$ lɔ^{22} loʔ$^{121-21}$ tam$^{13-22}$ lɔ$^{21-52}$ lɔ^{21}.

汕头　正落许□［tsuŋ$^{55-31}$］团（呢）雨定，条马路就着□［e$^{25-31}$］水。

tsiã²¹³⁻⁵⁵ loʔ⁵⁻² hɯ⁵²⁻²⁴ tsuŋ⁵⁵⁻³¹ kiã⁵²⁻²¹³（ni⁵⁵⁻³¹）hou⁵²⁻²⁴ tiã³¹，tiau⁵⁵⁻³¹ be⁵²⁻²⁴ lou³¹ tsiu²⁵⁻³¹ tioʔ⁵⁻² e²⁵⁻³¹ tsui⁵²。

揭阳　正落许□［tsuŋ⁵⁵⁻²²］团雨定，条马路就着□［e³⁵⁻²¹］水。tsiã²¹³⁻⁴² loʔ⁵⁻² hio⁴²⁻²⁴ tsuŋ⁵⁵⁻²² kiã⁴²⁻²⁴ hou³⁵ tiã²²，tiau⁵⁵⁻²² be⁴²⁻²⁴ lou²² tsu³⁵⁻²¹ tioʔ⁵⁻² e³⁵⁻²¹ tsui⁴²。

海丰　正落了蜀□［lau⁵⁵⁻²²］仔雨，只条路就爱□［lɔp³⁻⁴］水过。tsiã⁴⁴⁻³³ lɔʔ⁴⁻³ liau⁵²⁻²¹³ tsit⁴⁻³ lau⁵⁵⁻²² ã⁵²⁻²¹³ hɔ²⁵，tsi⁵² tiau⁵⁵⁻²² lou²¹ tsu²⁵⁻³³ ai²¹³⁻⁵⁵ lɔp³⁻⁴ tsui⁵² kue²¹³⁻³¹。

遂溪　□［na²⁴］落阵团雨，若条路就乞水浸啦。na²⁴ lo³³ tsun²⁴ kia⁴¹ heu³³，ia⁵⁵ tiau²² leu²⁴ tsiu⁵⁵ khi⁵⁵ tsui⁴¹ tsem²¹⁴ la⁴¹。

雷州　念念落了蜀阵雨团，这条路就乞水浸了/啦。niam⁵⁵³ niam²¹ lo⁵⁵³ liau⁴²⁻⁴⁴ ziak⁵ tsuŋ⁵⁵³⁻²⁴ heu³³⁻⁴² kia⁴²，zia⁵⁵³ tiau²² leu²⁴ tsiu³³ khiek⁵ tsui⁴² tsim²¹⁻⁴⁴ liau⁴²/la³¹。

文昌　但落滴雨，路就□［te⁴²］水啦。na⁴²⁻¹¹ lok³⁻¹ ɗi⁵³ fiou⁵³，lou⁴²⁻¹¹ ʧiu⁴²⁻¹¹ te⁴² tui³¹ lak³。

三亚　才落了蜀阵团（个）雨，即条马路就满水了。tshai²² loʔ³³ liau⁴² ioʔ³¹ tsin²⁴ kio³¹（kai³¹）hou⁴²，iʔ⁴⁵ ɗiau²² ve³¹ lou³³ tsiu⁴² muo³¹ tui³¹/tsui³¹ liau⁴²。

量词的小称形态可以出现在名量词中的个体量词、借用量词、不定量词上，也可以出现在动量词如"阵"上，这些量词表示的单位都可以有同一单位中相对的小者。如"粒"可以有大的粒和小的粒，但是不能出现在度量衡量词上，因为度量衡量词的大小是恒定的，例如没有大的斤和小的斤。

小称是一种语法意义，和词汇意义的"小"是两回事，虽然有时在表达效果上差不多，但是正因为是语法意义上的"小"，所以小称形态还可以在已含有"小"义词汇成分的量词词组中出现。如例（2）中三亚的"细把团"，就是在偏正式量词词组"细把"上再加上"团"构成小称形态。词汇义已含"［+小］"语义特征的，如汕头的"□［niʔ²］""滴"，雷州的"□［niŋ⁵⁵³］"，三亚的"呢"等本已表示很小的不定量，也仍可再加小称形态，说成"□［niʔ²］团""滴团""□［niŋ⁵⁵³］团""呢团"。道理有如普通话"点儿""丁点儿"的构成。

例（2）还可以见到厦门出现"点仔团"，这也是一个量词小称，不过是在小称形态"点仔"上再加一个小称形态。之所以产生这种叠床架屋式的构造，是因为汉语的语言成分常常会发生同质兼并，这类形式就是由同质语义兼并形成的。

形式：点仔 ＋ 囝 —同义要素兼并→ 点仔囝
语义：AB ＋ B ————————→AB（A＝事物单位，B＝小称）

第二节　数量词的小量形

闽南方言的闽南片、台湾片、粤东片，还有雷州片的遂溪都有数量词的小量形式，雷州片的雷州和海南片则少说。数量词小量所用的形式和量词小称一样，福建片、台湾片台中和广东海丰是"仔 [˚a]"，粤东片、雷州片都是"囝 [˚kiã/˚kia]"。同样是放在量词后面，数量词小量表面上和量词小称似乎相同，细加分析，小称形态却是附着在数量短语上的，当量词是度量衡量词时看得尤其清楚。例如下面两句。

（1）才几尺布，别那么抠了，用红布比用红纸好。

泉州　□［tsiaʔ⁵⁵］几尺仔布（呢），唔免发枵鬼，用红布比用红纸好。tsiaʔ⁵⁵ kui⁵⁵⁻²⁴ tshioʔ⁵⁵ a⁵⁵ pɔ⁴¹（nĩ³¹），m⁴¹⁻²² bian⁵⁵⁻²⁴ huat⁵⁵ iau³³ kui⁵⁵, iŋ⁴¹⁻²² aŋ²⁴⁻³³ pɔ⁴¹ pi⁵⁵⁻²⁴ iŋ⁴¹⁻²² aŋ²⁴⁻²² tsua⁵⁵ ho⁴¹.

厦门　□［kaʔ³²⁻⁵］几尺仔布，嫒□［hiaʔ³²⁻⁵³］呢猫，用红布比用红纸（恰）好。kaʔ³²⁻⁵ kui⁵³⁻⁴⁴ tshioʔ³²⁻⁵³ a⁵³⁻⁴⁴ pɔ²¹, mai²¹⁻⁵³ hiaʔ³²⁻⁵³ ni²²⁻²¹ niau⁴⁴, iŋ²²⁻²¹ aŋ²⁴⁻²² pɔ²¹ pi⁵³⁻⁴⁴ iŋ²²⁻²¹ aŋ²⁴⁻²² tsua⁵³ khaʔ³²⁻⁵ ho⁵³.

台中　□［tsiat²⁻⁵］几尺仔布，嫒□［hia⁵³⁻⁴⁴］□［kho²¹］啊啦，用红布比用红纸恰好。tsiat²⁻⁵ kui⁵³⁻⁴⁴ tshioʔ²⁻⁵ a⁵³⁻⁴⁴ pɔ²¹, mai²¹⁻⁵³ hia⁵³⁻⁴⁴ kho²¹ a⁴⁴⁻²² la²¹, ioŋ²²⁻²¹ aŋ²⁴⁻²² pɔ²¹ pi⁵³⁻⁴⁴ ioŋ²²⁻²¹ aŋ²⁴⁻²² tsua⁵³ khaʔ²⁻⁵ ho⁵³.

漳州　□［kaʔ³²⁻⁵］几尺仔布＜呢尔＞，嫒□［hiaʔ³²⁻⁵²］猫啦，用红布比用红纸（恰）好。kaʔ³²⁻⁵ kui⁵²⁻³⁴ tshioʔ³²⁻⁵² a⁵² pɔ²¹ ＜nia²¹＞, mai⁵² hiaʔ³²⁻⁵² ŋiau⁵² la²¹, ioŋ²²⁻²¹ aŋ¹³⁻²² pɔ²¹ pi⁵²⁻³⁴ ioŋ²²⁻²¹ aŋ¹³⁻²² tsuã⁵²（khaʔ³²⁻⁵）ho⁵².

汕头　几尺囝/囝呢布定，嫒俭哪，用红布好过红纸。kua⁵²⁻²⁴ tshioʔ²⁻⁵ kiã⁵²⁻²⁴/kiã⁵²⁻²⁴ ni⁵⁵⁻³¹ pou²¹³ tiã³¹, mai²¹³⁻⁵⁵ khiam²⁵ na³¹, eŋ³¹ aŋ⁵⁵⁻³¹ pou²¹³ ho⁵²⁻²⁴ kue²¹³⁻⁵⁵ aŋ⁵⁵⁻³¹ tsua⁵².

揭阳　几尺囝布，嫒俭哪，用红布好过红纸。kui⁴²⁻²⁴ tshioʔ²⁻³ kiã⁴²⁻²⁴ pou²¹³, mai²¹³⁻⁴² khiam³⁵ na³³, eŋ²²⁻²¹ aŋ⁵⁵⁻²² pou²¹³ ho⁴²⁻²⁴ kue⁸¹³⁻⁴² aŋ⁵⁵⁻²² tsua⁴².

海丰　正几尺仔布定，嫒＜许样＞劫涩，用红布比用红纸好/好过用红纸。tsiã²¹³⁻⁵⁵ kua⁵²⁻²¹³ tshioʔ³⁻⁴ ã⁵²⁻²¹³ pou²¹³ tiã²¹⁻³¹, mai²¹³⁻⁵⁵ ＜hiã⁵²＞ kiap³⁻⁴ siap³, ioŋ²¹⁻³³ aŋ⁵⁵⁻²² pou²¹³ pi⁵²⁻²¹³ ioŋ²¹ aŋ⁵⁵⁻²² tsua⁵² hɔ⁵²/hɔ⁵²⁻²¹³ kuɔ²¹³⁻⁵⁵ ioŋ²¹⁻³³ aŋ⁵⁵⁻²² tsua⁵².

遂溪　□［na²⁴］几尺囥布，无使若悭啦，用红布好过用红纸。na²⁴ kui⁴¹ tshio⁵⁵ kia⁴¹ peu²¹⁴，bo²² sai⁴¹ io⁵⁵ haŋ⁵⁵ la⁴¹，ioŋ²¹⁴⁻⁵⁵ aŋ²² peu²¹⁴ ho⁴¹ kue²¹⁴ ioŋ²¹⁴⁻⁵⁵ aŋ²² tsua⁴¹.

雷州　□［na⁵⁵³］/念/念念几尺布，无爱刻唛（啦），用红布好过用红纸。na⁵⁵³/niam⁵⁵³/niam⁵⁵³ niam²¹ kui⁴²⁻⁴⁴ tshiok⁵ peu²¹，bo²²⁻³³ ai²¹ khak⁵ mak⁵（la³³），zioŋ⁵⁵³ aŋ²²⁻³³ peu²¹ ho⁴² kue²¹ zioŋ⁵⁵³ aŋ²²⁻³³ tsua⁴².

文昌　但几尺布，无用许作咸涩，用红布强过用红纸。na⁴²⁻¹¹ kui³¹⁻³³ ʃio⁵³ ɓou²¹，bo²²⁻¹¹ ʥioŋ⁴² ɦio²¹⁻⁵⁵ toʔ⁵³ kiam²²⁻¹¹ tiap³，ʥioŋ⁵³ ɦiaŋ²²⁻¹¹ ɓou²¹ kio²² kue²¹⁻⁵⁵ ʥioŋ⁴² ɦiaŋ²²⁻¹¹ tua³¹.

三亚　才几尺布，嫒种样□［kau³¹］□［nai⁴⁵］/咸涩，用红布比用红纸好。tshai²² kui³¹ tshioʔ⁴⁵ ɓou²⁴，vei²⁴⁻²² taŋ²⁴ io³³ kau³¹ nai⁴⁵/kaŋ³³ tai²¹，zioʔ⁴⁵ aŋ²² ɓou²⁴ ɓi³¹ zioʔ⁴⁵ aŋ²² tsuo³¹ ho³¹.

（2）才这么一斤韭黄你知道多少钱？

泉州　□［tsiaʔ⁵⁵］蜀斤仔韭黄（呢）汝知影偌钱？tsiaʔ⁵⁵ tsit²⁴⁻²² kun³³ ã⁵⁵⁻²⁴ ku⁵⁵⁻²⁴ ŋ̍²⁴（nĩ³¹）lɯ⁵⁵ tsai³³ a⁵⁵⁻²⁴ lua²² tsĩ²⁴？

厦门　□［kaʔ³²］蜀斤仔韭菜汝知影偌穧钱？kaʔ³²⁻⁵ tsit⁵⁻²¹ kun⁴⁴⁻²² a⁵³⁻⁴⁴ ku⁵³⁻⁴⁴ tshai²¹ li⁵³⁻⁴⁴ tsai⁴⁴⁻²² iã⁵³⁻⁴⁴ lua²²⁻²¹ tsue²²⁻²¹ tsĩ²⁴？

台中　□［tsiat²⁻⁵］蜀斤仔韭菜花汝敢知影偌穧钱？tsiat²⁻⁵ tsit³⁻² kin⁴⁴⁻²² a⁵³⁻⁴⁴ ku⁵³⁻⁴⁴ tsai²¹⁻⁵³ hue⁴⁴ li⁵³⁻⁴⁴ kam⁵³⁻⁴⁴ tsai⁴⁴⁻²² iã⁵³ lua²²⁻²¹ tse²²⁻²¹ tsĩ²⁴？

漳州　□［kaʔ³²⁻⁵］蜀斤仔韭菜黄＜呢尔＞汝敢知影偌穧镭？kaʔ³²⁻⁵ tsit¹²¹⁻²¹ kin³⁴ a⁵²⁻⁴⁴ ku⁵²⁻³⁴ tshai²¹⁻⁵² ui¹³＜niã²²＞li⁵²⁻⁴⁴ ka⁵²⁻³⁴ tsai³⁴⁻²² iã⁵²⁻³⁴ lua²²⁻²¹ tsɛ²² lui³⁴？

汕头　只斤囥/囥呢韭菜白定汝知若穧钱？tsi⁵²⁻²⁴ kɯŋ³³ kiã⁵²⁻²⁴/kiã⁵²⁻²⁴ ni⁵⁵⁻³¹ ku⁵²⁻²⁴ tshai²¹³⁻⁵⁵ peʔ⁵ tiã³¹ lɯ⁵² tsai³³ zioʔ⁵⁻² tsoi³¹ tsĩ⁵⁵？

揭阳　只斤囥韭菜白汝知若穧银？tsi⁴²⁻²⁴ keŋ³³ kiã⁴²⁻²⁴ ku⁴²⁻²⁴ tshai²¹³⁻⁵³ peʔ⁵ lɯ⁴² tsai³³ zioʔ⁵⁻² tsoi²²⁻²¹ ŋeŋ⁵⁵？

海丰　正只（蜀）斤仔韭黄，你知爱几穧钱？tsiã²¹³⁻⁵⁵ tsi⁵²（tsit⁴⁻³）kin⁴⁴⁻³³ ã⁵² kiu⁵²⁻²¹³ uĩ⁵⁵，li⁵² tsai⁴⁴⁻³³ aĩ²¹³⁻⁵⁵ kuɔ⁵²⁻²¹³ tsei²¹⁻³³ tsĩ⁵⁵？

遂溪　□［na²⁴］斤囥韭菜黄，汝知爱偌穧钱喔？na²⁴ kien²⁴ kia⁴¹ kau⁴¹ tshai²¹⁴⁻⁵⁵ uĩ²²，lu⁴¹ tsai²⁴ ai²¹⁴ ua⁵⁵⁻³³ tsoi²⁴⁻³³ tsĩ²² uo²¹？

雷州　念念蜀斤韭菜黄，汝知偌穧钱（吗）？niam⁵⁵³ niam²¹ ziak⁵ kiŋ²⁴⁻³³ kau⁴²⁻⁴⁴ tshai²¹⁻⁴⁴ uĩ²²，lu⁴² tsai²⁴ ua⁵⁵³ tsoi²⁴⁻³³ tsĩ²²（ma²¹）？

文昌 但蜀斤韭菜黄，汝知偌稴钱？na$^{42-11}$ ʥiak$^{3-1}$ kien^{34} kau$^{31-33}$ ʃai$^{21-55}$ ui^{22}，du^{31} tai^{34} ua$^{42-11}$ ɗoi$^{34-42}$ tʃi^{22}？

三亚 才蜀斤（团）韭菜，你知/八几钱？tshai^{22} zio^{33} kin^{33}（kio^{31}）kou^{31} tshai^{24}，lu^{31} tsai^{33}/vai^{45} kui^{31} tsi^{22}？

以上两例中，"尺"和"斤"都是度量衡量词。度量衡量词是一种恒定的单位，不可能有较小的"尺"和较小的"斤"，句中的"三尺仔""（蜀）斤仔"之类说的不是"尺"和"斤"小，而是"三尺"和"一斤"量少。即使省去数词"蜀（一）"，如汕头的"斤团"数词"蜀（一）"是可以随时补出的，"斤团"等同于"蜀斤团"，"团"仍然表示一斤的数量小而非"斤"小，结构上是附着在数量词上而不是附着在量词上的。小量和小称，语法意义上虽然很接近，但毕竟有所不同。量词的小量是指称单位之小者，而数量词的小量则表示数量词在量度特征上小。

下例的"日"表示的也是恒定的时间单位，和度量衡量词一样，"仔/团"构成的是数量短语的小量形。

（3）才三天，那么大一个北京怎么能玩够？

泉州 □［tsia^{55}］三日呢，□［hua$^{55-44}$］伫/□［hua^{55}］大蜀个北京哪敕桃够呀？tsia^{55} sã^{33} lit^{24} nĩ^{41}，hua$^{55-44}$ nan^{55}/hua^{55} tua^{41} tsit$^{24-22}$ ge$^{24-22}$ pak^{55} kiã^{33} nã^{55} thit^{55} tho$^{24-22}$ kau$^{41-55}$ ia^{22}？

厦门 □［kaʔ$^{32-5}$］三日，□［hiaʔ$^{32-53}$］呢大个蜀个北京哪有法敕桃遘够？kaʔ$^{32-5}$ sã$^{44-22}$ lit^{5}，hiaʔ$^{32-53}$ ni$^{24-22-24}$ tua^{22} e$^{24-22}$ tsit$^{5-21}$ e$^{24-22}$ pak$^{32-5}$ kiã^{44} na$^{53-44}$ u$^{22-21}$ huat$^{32-5}$ tshit$^{32-5}$ tho$^{24-22}$ a$^{21-53-44}$ kau^{21}？

台中 □［tsiat$^{2-5}$］三工＜呢尔＞啊，□［tsiat$^{2-5}$］大个蜀个北京哪解耍有够？tsiat$^{2-5}$ sã$^{44-22}$ kaŋ^{44}＜niã^{22}＞a^{44}，tsiat$^{2-5}$ tua^{22} e^{22} tsit$^{3-2}$ e^{24} pak$^{2-5}$ kiã^{44} na$^{53-44}$ e$^{22-21}$ sŋ$^{˙53-44}$ u$^{22-21}$ kau^{21}？

漳州 □［kaʔ$^{32-5}$］三日仔＜呢尔＞，□［tsiaʔ$^{32-5}$］大个北京仔，汝□［ka$^{53-34}$］敕桃解够？kaʔ$^{32-5}$ sã$^{34-22}$ zit^{121} a$^{52-32}$＜niã^{22}＞，tsiaʔ$^{32-5}$ tua^{22} e$^{13-22}$ pak$^{32-5}$ kiã^{34} a$^{52-44}$，li^{52} ka$^{53-34}$ tshit$^{32-5}$ tho$^{13-22}$ e$^{22-21}$ kau^{31}？

汕头 正三日团物定，□［hĩ$^{213-55}$］大个北京做敕桃解够？tsiã$^{213-55}$ sã^{33} zik$^{5-2}$ kiã$^{52-24}$ mueʔ^{5} tiã^{31}，hĩ$^{213-55}$ tua^{31} kai$^{55-31}$ pak$^{2-5}$ kiã^{33} tso$^{213-55}$ tik$^{2-5}$ tho$^{55-31}$ oi$^{25-31}$ kau^{213}？

揭阳 正三日物，□［hiõ$^{213-42}$］大个北京做呢敕桃解□［la^{35}］？tsiã$^{213-42}$ sã^{33} zek$^{5-2}$ mueʔ^{5}，hiõ$^{213-42}$ tua$^{22-21}$ kai$^{55-22}$ pak$^{2-3}$ kiã^{33} tso$^{213-42}$ ni$^{55-22}$ thek$^{2-3}$ tho$^{55-22}$ oi$^{35-21}$ la^{35}？

海丰 正三日仔定，＜许样＞大个北京怎呢样够□［mak^{3}］啊/够敕桃啊? tsiã²¹³⁻⁵⁵ sã⁴⁴⁻³³ zit⁴ ã⁵²⁻²¹³ tiã²¹, < hiaŋ⁵² > tua²¹⁻³³ e⁵⁵⁻²² pak³⁻⁴ kiã⁴⁴⁻³³ tsã²¹³⁻⁵⁵ ni⁵⁵⁻²² iɔ̃²¹⁻³³ kau²¹³⁻⁵⁵ mak³ a²¹³/kau²¹³⁻⁵⁵ thit³⁻⁴ thiɔ⁵⁵ a³¹?

遂溪 □[na²⁴]三日囝,若大个北京,做行得完咯? na²⁴ sa²⁴ iet³ kia⁴¹ io⁵⁵ tua²⁴ kai²² pak⁵ kiŋ²⁴, tso⁵⁵ kia²² tiet⁵ ŋuaŋ²² lo⁵⁵?

雷州 念三日,若大个北京做（能）行得透? niam⁵⁵³ sa²⁴ ziek², zio⁵⁵³ tua²⁴ kai²²⁻³³ pak⁵ kiŋ²⁴ tso⁵⁵³（neŋ²²⁻³³）kia²² tik⁵ thau²¹?

文昌 但三日,许作大个北京,知作行得了? na⁴²⁻¹¹ ta³⁴⁻⁴² ʥiet³, ɦo²¹⁻²¹ toʔ⁵ ɗua³⁴ kai²²⁻¹¹ ɓak⁵⁻³ keŋ³⁴, tai³⁴ toʔ⁵ kia²²⁻¹¹ ɗiet³⁻¹ liau³¹⁻²¹?

三亚 才三天,安样大个北京怎着弄得够? tshai²² ta³³ thi³³, aŋ²⁴ io³³ ɗuo³³ kai²² ɓaʔ⁴⁵ kiŋ³³ ɗan²² ɗioʔ³³ laŋ²⁴ ɗiʔ⁴⁵ kau²⁴?

由非度量衡量词的个体量词、借用量词、集体量词构成的数量短语,后面若加上"仔/囝",同样可以构成小量形。

(4) 找了半天才找到了三个钉子,顶什么用?去买去吧!

泉州 揅了半日□[tsiaʔ⁵⁵]揅着三粒仔钉仔,有甚（乜）路用?去买啰! tshɤ⁴¹⁻²² liau⁵⁵⁻²⁴ puã⁴¹⁻⁵⁵ lit²⁴ tsia²⁵⁵ tshɤ⁴¹⁻²² tioʔ²⁴⁻²² sã³³ liap²⁴⁻²² a⁵⁵ taŋ³³ ã⁵⁵, u²² siã²⁴/siã²⁴⁻²²（mĩʔ⁵⁵）lɔ⁴¹⁻²² iŋ⁴¹? khɯ⁴¹⁻⁵⁵ bue⁵⁵ lɔ²¹!

厦门 □[tshe²²⁻²¹]半日□[kaʔ³²⁻⁵]□[tshe²²⁻²¹]着三粒仔钉仔（<呢尔>）,有甚乜路用?去买啦! tshe²²⁻²¹ puã²¹⁻⁵³ lit⁵ kaʔ³²⁻⁵ tshe²²⁻²¹ tioʔ⁵⁻²¹ sã⁴⁴⁻²² liap⁵⁻²¹ a⁵³⁻⁴⁴ tiŋ⁴⁴⁻²² a⁵³（<nĩa²²>）, u²²⁻²¹ sim⁵³⁻⁴⁴ miʔ⁵ lɔ²²⁻²¹ iŋ²²? khi²¹⁻⁵³ bue⁵³ la²¹!

台中 揅[tshue²²⁻²¹]规半晡,□[tsiat²⁻⁵]揅着即三支仔钉仔,有甚乜路用?去买啦! tshue²²⁻²¹ kui⁴⁴⁻²² puã²¹⁻⁵³ pɔ⁴⁴, tsiat²⁻⁵ tshue²²⁻²¹ tioʔ³⁻² tsit²⁻¹ sã⁴⁴⁻²² ki⁴⁴⁻²² a⁵³⁻⁴⁴ tiŋ⁴⁴⁻²² a⁵³, u²²⁻²¹ siã⁵³⁻⁴⁴ mĩʔ³ lɔ²²⁻²¹ iɔŋ²²? khi²¹⁻⁵³ be⁵³ la²¹!

漳州 揅了半日仔□[kaʔ³²⁻⁵]揅着三支仔铁钉仔,无若用啦?去买啦! tshue²²⁻²¹ liau⁵²⁻³⁴ puã²¹⁻⁵² zit²¹⁻² a⁵² kaʔ³²⁻⁵ tshue²²⁻²¹ tioʔ¹²¹⁻²¹ sã³⁴⁻²² ki³⁴⁻²² a⁵² thiʔ³²⁻⁵² tiŋ³⁴ a⁵², bo¹³⁻²² na³⁴⁻²² iɔŋ²² la²¹? khi²¹⁻⁵² be⁵² la²¹!

汕头 揅通挂正揅着三粒囝铁钉定,好做呢?去买哪! tshue³¹ thaŋ²¹³⁻⁵⁵ kua²¹³ tsia²¹³⁻⁵⁵ tshue³¹ tioʔ²⁻⁵ sã³³ liap⁵⁻² kiã⁵²⁻²⁴ thiʔ²⁻⁵ teŋ³³ tiã³¹, ho⁵²⁻²⁴ tso²¹³⁻⁵⁵ ni⁵⁵? khɯ²¹³⁻⁵⁵ boi²² na³¹!

揭阳 揅通挂正揅着三粒囝铁钉!好做呢?去买哪! tshue²²⁻²¹ thaŋ²¹³⁻⁴² kua²¹³ tsia²¹³⁻⁴² tshue²²⁻²¹ tioʔ²⁻⁵ sã³³ liap⁵⁵⁻²² kiã⁴²⁻²⁴ tiʔ²⁻³ teŋ³³! ho⁴²⁻²⁴ tso²¹³⁻⁵³ ni⁵⁵? khɯ²¹³⁻⁴² boi²² na³¹!

海丰 揅了论通昼正揅着许三粒仔钉仔定,有甚个用啊?去买哦! tshue²¹⁻³³ liau⁵²⁻²¹³ lun²⁵⁻³³ thaŋ⁴⁴⁻³³ tau²¹³ tsia²¹³⁻⁵⁵ tshue²¹⁻³³ tioʔ⁴⁻³ hi⁵² sã⁴⁴⁻³³

liap⁴⁻³ ã⁵²⁻²¹³ teŋ⁴⁴⁻³³ ã⁵² tiã²¹, u²⁵⁻³³ mi²¹³⁻⁵⁵ kai⁵⁵⁻²² iɔŋ²⁵ a³¹ʔ khi²¹³⁻⁵⁵ be⁵² ɔu²¹！

遂溪　（缺）

雷州　揩了半日□［na⁵⁵³］揩着三个钉囝，无有乜物用？去买喽！tue²¹ liau⁴² pua²¹⁻⁴⁴ zik⁵ na⁵⁵³ tue²¹ o²¹ sa²⁴ kai²²⁻³³ taŋ²¹⁻⁴⁴ kia⁴², bo²²⁻³³ u³³ mi⁵⁵³ mi³³ ziɔŋ³³ʔ khu²¹ boi⁴² lo²¹！

文昌　揩这半挂，但揩三支钉，有乜用？去买啦！ɗue²¹ ʥia²¹⁻⁵⁵ ɓua²¹⁻⁵⁵ kua²¹, na²¹⁻⁵⁵ ɗue²²⁻²¹ ta³⁴ ki³⁴⁻⁴² ɗan³⁴, u⁴²⁻¹¹ miʔ⁵³ ʥiɔŋ⁴²？ xu²¹⁻⁵⁵ boi³¹ lak³！

三亚　寻了半天才寻了三个钉囝，有甚乜用？去买！theŋ²² liau³¹ ɓuo²⁴ thi³³ tshai²² theŋ²² liau³¹ ta³³ kai²² teŋ³³ kio³¹, u⁴² miʔ⁴⁵ miʔ³³ ziɔŋ⁴²？ hu²⁴ voi³¹！

（9）吝啬鬼，那么一瓶可口可乐开给人喝就心疼得要命。

泉州　柯鬼，蜀瓶仔可口可乐（□［li⁴¹］）开度侬啉汝就烧疼/克筋仔（遘）卜死。iau³³ kui⁵⁵, tsit²⁴⁻²² pan²⁴⁻²² ã⁵⁵ kɔ̃⁵⁵⁻²⁴ kio⁵⁵ kɔ̃⁵⁵⁻²⁴ lɔk²⁴⁻²²（li⁴¹）khui³³ thɔ⁴¹⁻²² laŋ²⁴⁻²² lim³³ lɯ⁵⁵ tsiu⁴¹⁻³¹ sio³³ thiã⁴¹⁻⁵⁵/khat⁵⁵ kun³³ ã⁵⁵（kaʔ⁵⁵）boʔ⁵⁵⁻⁴⁴ si⁵⁵。

厦门　猫神鬼，□［kaʔ³²］蜀矸囝可口可乐开互侬啉着心疼遘卜死。niau⁴⁴⁻²² sin²⁴⁻²² kui⁵³, kaʔ³²⁻⁵ tsit⁵⁻²¹ kan⁴⁴⁻²² a⁵³⁻⁴⁴ khɔ⁵³⁻⁴⁴ khau⁵³⁻⁴⁴ khɔ⁵³⁻⁴⁴ lɔk⁵ khui⁴⁴⁻²² hɔ²²⁻²¹ laŋ²⁴⁻²² lim⁴⁴ tioʔ⁵⁻²¹ sim⁴⁴ thiã²¹⁻⁵³ a²¹⁻⁵³⁻⁴ beʔ³²⁻⁵ si⁵³。

台中　冻霜鬼，□［tsiat²⁻⁵］开蜀罐囝可乐＜互侬＞啉着□［tsiat²⁻⁵］唔甘。taŋ²¹⁻⁵³ sŋ̍⁴⁴⁻²² kui⁵³, tsiat²⁻⁵ kui⁴⁴⁻²² tsit³⁻² kuan²¹⁻⁴⁴ a⁵³⁻⁴⁴ khɔ²¹⁻⁵³ lak²＜haŋ²²＞lim⁴⁴ tioʔ³⁻² tsiat²⁻⁵ m̩²²⁻²¹ kam⁴⁴。

漳州　挠涌鬼，开蜀瓶仔可乐互侬食就/着□［hiaʔ³²⁻⁵²］心疼。ŋiauʔ³²⁻⁵² siau¹³ kui⁵², khui³⁴⁻²² tsit¹²¹⁻²¹ pan¹³ a⁵²⁻²² khɔ⁵²⁻³⁴ lɔk¹²¹ hɔ²² laŋ¹³⁻²² tsiaʔ¹²¹ tsiu²²⁻²¹/loʔ²¹ hiaʔ³²⁻⁵² sim³⁴⁻²² thiã²²。

汕头　咸涩鬼，樽囝/囝呢可乐开分侬食就着疼死。kiam⁵⁵⁻³¹ siap²⁻⁵ kui⁵², tsuŋ³³ kiã⁵²⁻²⁴/kiã⁵²⁻²⁴ ni⁵⁵⁻³¹ khɔ⁵²⁻²⁴ lak⁵ khui³³ puŋ³³ naŋ⁵⁵⁻³¹ tsiaʔ⁵ tsiu²⁵⁻³¹ tioʔ⁵⁻² tiã²¹³⁻⁵⁵ si⁵²。

揭阳　咸涩佬，□［taŋ³⁵⁻²¹］囝可乐开乞侬食就着疼死。kiam⁵⁵⁻²² siap²⁻³ lau³⁵, taŋ³⁵⁻²¹ kiã⁴²⁻²⁴ khɔ⁴²⁻²⁴ lak⁵ khui³³ kheʔ²⁻³ naŋ⁵⁵⁻²² tsiaʔ⁵ tsu³⁵⁻²¹ tioʔ⁵⁻² thiã²¹³⁻⁵³ si⁴²⁻²¹。

海丰　劫涩鬼，许瓶仔可乐开乞侬食就不则着疼。kiap³⁻⁴ siap³⁻⁴ kui⁵², hi⁵² paŋ⁵⁵⁻²² ã⁵²⁻²¹³ khɔ⁵²⁻²¹³ lɔk⁴ khui⁴⁴⁻³³ kuo⁴⁴⁻³³/khu⁴⁴⁻³³ naŋ⁵⁵⁻²² tsiaʔ⁴ tsu²⁵⁻³³ put³⁻⁴ tsek³⁻⁴ tioʔ⁴⁻³ thiã²¹³。

遂溪　咸涩鬼，□［na²⁴］瓶囝可口可乐开乞侬啜，就心疼倒讨命啦。ham²² sap⁵ kui⁴¹, na²⁴ phiŋ²² kia⁴¹ khɔ⁴¹ khau⁴¹ khɔ⁴¹ lok⁵⁴ khui²⁴ khi⁵⁵ naŋ²² tshue⁵⁵, tsiu^{55} sim$^{24-33}$ thia^{214} to^{41} tho^{41} mia^{24} la^{55}.

雷州 刻唛鬼，<u>蜀瓶囝</u>可口可乐开乞侬食就疼肚死啦。khak^5 mak^5 kui^{42}, ziak^5 paŋ$^{22-33}$ kia^{42} kho$^{42-44}$ khau^{42} kho$^{42-44}$ lok^2 khui$^{24-33}$ hi^{553} naŋ^{22} tsia$^{553-33}$ tsiu^{33} thia$^{22-33}$ teu^{42} si$^{42-21}$ la^{33}.

文昌 咸涩鬼，但蜀瓶可口可乐开□［tiʔ^5］侬食，就心疼卜死去。kiam$^{22-11}$ tiap^3 kui^{31}, na$^{42-11}$ ʥiak$^{3-1}$ ɓan^{22} xo$^{31-33}$ xou$^{31-33}$ xo$^{31-33}$ lok^3 xui$^{34-42}$ tiʔ^5 naŋ$^{22-121}$ ʧia^{53}, ʧiu$^{42-11}$ tiom^{34} xia$^{22-11}$ beʔ^5 ti$^{31-33}$ xu$^{21-5}$.

三亚 □［kau^{31}］□［nai^{45}］鬼/吝啬鬼，<u>蜀瓶囝</u>可口可乐开乞侬喫就心疼遘□［ioʔ^{45}］命。kau^{31} nai^{45} kui^{31}/lin^{33} tai^{45} kui^{31}, zioʔ^{33} pheŋ^{22} kio^{31} kho^{31} khou^{31} kho^{31} loʔ^{45} khui^{33} khiʔ^{45} naŋ^{22} khai^{31} tsiu^{42} tiŋ^{33} thio$^{24-22}$ kau^{24} ioʔ^{45} mio^{33}.

如上所述，量词小称的结构是"数＋［量＋仔/囝］"，数量词小量的结构则是"［数＋量］＋仔/囝"。因此，在某种情况下可能会出现同形异构的歧义句。举汕头方言的例子，下面这句话可能会有两个意思：

□［tsa^{33}］暝我三杯囝酒就灌遘伊醉醉。（昨晚我才三杯酒就把他灌得烂醉/昨晚我三小杯酒就把他灌得烂醉。）

"三杯囝"作前一解时是"［三杯］＋囝"，"囝"是数量词的小量形；作后一解时是"三＋［杯囝］"，"囝"是量词的小称形式。

歧义的存在正是量词小称和数量词小量两种有区别的形态存在的明证。

从本节所列举的语料，我们看到，量词的"小称"和数量短语的"小量"语法意义有差别，带"小称"和"小量"形态的语言成分，在语法功能上也有区别。然而，二者在语法意义上很接近，其形式常常相同或同源，显然有密切的关系，应属于同一个上位范畴。

参考文献

［1］施其生. 汕头方言量词和数量词的小称［J］. 方言，1997（3）.
［2］施其生. 汉语方言中语言成分的同质兼并［J］. 语言研究，2009（2）.

第五章　闽南方言的体貌

第一节 闽南方言表实现体貌的"了"

汉语的体貌意义不限于动作本身,语法上也不是动词专有的范畴,本节"实现体貌"指由特定语法形式表示的过程的实现。"过程"既可以是由一个动词所表示的动作行为的过程、一个形容词所表示的变化的过程,也可以是一个动词性词语所述事态的过程,或是一个句子所述事件(情况)的过程。闽南方言这一范畴具体包括三种体貌:第一种是由动作或变化本身实现,体貌形式附着在词上,基本上属于词层面,类似印欧语的"完成体",相当于普通话"了$_1$"所表现的体貌,本节称为"动作实现体貌";第二种是句子所述事件(情况)作为一种新情况实现,体貌形式附着在句子上,基本上属于句层面,类似普通话"了$_2$"所表现的体貌,本节称为"新情况实现体貌";还有一种如近代白话的"吃茶了佛前礼拜"的"了",普通话已经不用但某些方言还可见到,表示的是句中某一谓词性词语所述的事态实现,这个体貌形式是附着在一个动词性词组上的,基本上属于词组层面,本节称为"事态实现体貌"。

闽南方言表示上述三种体貌的专用形式都是"了"或其弱化形式,本节以"了$_1$""了$_2$""了$_3$"相区别。"了"之外,和实现体貌有关的还有"好"和"去",但这两个词都未完全虚化,准备另文探讨。

本节通过考察"了"在不同地域、不同句法环境中的分布,对闽南方言实现体貌的现状及其发展演变进行探讨。

一、各种"了"的分布

(一) 动作实现体貌"了$_1$"的分布

闽南各地表动作实现体貌的"了$_1$"是否出现,一方面和地域有关,另一方面又和不同的句法环境有关,差异比较复杂。下面我们找出和"了$_1$"的分布有密切关系的句法条件,举例说明"了$_1$"在各地的分布情况。

1. **数量宾语前**

动词带数量宾语时,除了泉州、厦门、漳州和遂溪,其他各地都可加"了$_1$"。下面是例句。

(1) 三个梨子我吃了两个了。

A. 出现"了₁"的

台中 ①三粒梨仔我食<u>了</u>两个啊。sã$^{44-22}$ liap^3 lai^{24} a^{53} ua$^{53-44}$ tsiaʔ$^{3-2}$ liau$^{53-44}$ nŋ$^{22-21}$ e^{24} a^{21}. ②三粒梨仔我食掉两个啊。sã$^{44-22}$ liap^3 lai^{24} a^{53} ua$^{53-44}$ tsiaʔ$^{3-2}$ tiau$^{22-21}$ nŋ$^{22-21}$ e^{24} a^{21}. ③三粒梨仔我食掉两个去啊。sã$^{44-22}$ liap^3 lai^{24} a^{53} ua$^{53-44}$ tsiaʔ$^{3-2}$ tiau$^{22-21}$ nŋ$^{22-21}$ e^{24} khi^{21} a^{21}.

汕头 三粒梨我食掉/<u>了</u>两粒去。sã^{33} liap$^{5-2}$ lai^{55} ua^{52} tsiaʔ$^{5-2}$ tiau^{31}/liau$^{52-24}$ no$^{25-31}$ liap^5 khɯ$^{213-31}$.

揭阳 三粒梨我食掉/<u>了</u>两粒去。sã^{33} liap$^{5-2}$ lai^{55} ua^{42} tsiaʔ$^{5-2}$ tiau^{22}/liau$^{42-24}$ no$^{35-21}$ liap^5 khɯ$^{213-21}$.

海丰 三个梨我食（<u>了</u>）两个了。sã$^{44-33}$ kai$^{55-22}$ lai^{55} ua^{52} tsiaʔ$^{4-3}$ (liau$^{52-213}$) nɔ$^{25-33}$ kai^{55} liau$^{52-213}$.

雷州 ①三个梨子我食<u>了</u>两个。sa^{24} kai$^{22-33}$ li$^{22-33}$ tsi^{42} ba^{42} tsia^{553} liau^{42} no$^{33-42}$ kai^{22}. ②三个梨子我食两个去啦。sa^{24} kai$^{22-33}$ li$^{22-33}$ tsi^{42} ba^{42} tsia^{553} no$^{33-42}$ kai^{22} khu^{21} la^{33}.

文昌 三个梨我食<u>了</u>两个啦。ta^{34} kai$^{22-11}$ li$^{34-42}$ gua^{31} tʃia^{42} liau^{31} no^{42} kai^{22} la^{21}.

三亚 三个梨我喫<u>了</u>/喫去两个。ta^{33} kai^{22} li^{22} va^{31} khai^{31} liau^{31}/khai^{31} hu^{24} no^{42} kai^{22}.

B. 未出现"了₁"的

泉州 ①三粒梨仔我食去两粒（啰）。sã^{33} liap$^{24-22}$ lai$^{24-22}$ a^{55} gua^{55} tsiaʔ$^{24-22}$ khɯ$^{41-55}$ lŋ^{22} liap^{24} (lɔ^{41}). ②三粒梨仔我食两粒啰。sã^{33} liap$^{24-22}$ lai$^{24-22}$ a^{55} gua^{55} tsiaʔ$^{24-22}$ lŋ^{22} liap^{24} lɔ^{31}.

厦门 ①三粒梨仔我食去两粒啊。sã$^{44-22}$ liap$^{5-21}$ lai$^{24-22}$ a^{53} gua$^{53-44}$ tsiaʔ$^{5-21}$ khi$^{21-53}$ nŋ$^{22-21}$ liap^5 a^{21}. ②三粒梨仔我食两粒（去）啊。sã$^{44-22}$ liap$^{5-21}$ lai$^{24-22}$ a^{53} gua$^{53-44}$ tsiaʔ$^{5-21}$ nŋ$^{22-21}$ liap^5 (khi^{21}) a^{21}.

漳州 三个梨仔我食两粒去啊。sã$^{34-22}$ e$^{13-22}$ lai^{13} a^{52} gua^{52} tsiaʔ$^{121-21}$ no$^{22-21}$ liap^{121} khi^{21} a^{21}.

遂溪 三个梨子我食倒两个。sa^{24} kai^{22} li^{22} tsi^{41} va^{41} tsia^{33} to^{41} no$^{55-33}$ kai^{22}.

2. 一般宾语前

动词带一般宾语时可加"了₁"的有汕头、揭阳、海丰、文昌、三亚，不加"了₁"的有泉州、厦门、台中、漳州、遂溪、雷州。下面是例句。

(2) 他踢了我一下。

A. 出现"了₁"的

汕头　伊踢了我蜀下。i³³ tak⁵⁻² liau⁵²⁻²⁴ ua⁵² tsek⁵⁻² e⁵⁵.
揭阳　伊踢了我蜀下。i³³ thak²⁻³ liau⁴²⁻²⁴ ua⁴² tsek⁵⁻² e³⁵⁻²¹.
海丰　伊踢(了)我蜀下。i⁴⁴⁻³³ thek³⁻⁴ (liau⁵²⁻²¹³) ua⁵² tsit⁴⁻³ e²¹.
文昌　伊踢(了)我蜀下。i³⁴ xat⁵ (liau³¹) gua³¹ dʑia(k)²¹ e³⁴.
三亚　伊踢了我蜀下。i³³ thoiʔ⁴⁵ liau⁴² va³¹ ioʔ³³ e³³.

B. 未出现"了₁"的

泉州　伊踢我蜀下。i³³ that⁵⁵⁻⁴⁴ gua⁵⁵ tsit²⁴⁻²² e⁴¹.
厦门　伊合我踢蜀下。i⁴⁴⁻²² kaʔ⁵⁻²¹ gua⁵³⁻⁴⁴ that³²⁻⁵ tsit⁵⁻²¹ e²².
台中　①伊踢我蜀下。i⁴⁴⁻²² that²⁻⁵ ua⁵³⁻⁴⁴ tsit³⁻² e²².　②伊合我踢蜀下啊。i⁴⁴⁻²² kaʔ³⁻² ua⁵³⁻⁴⁴ that²⁻⁵ tsit³⁻² e²² a²¹.
漳州　伊合我踢蜀下。i³⁴⁻²² kaʔ¹²¹⁻²¹ gua⁵²⁻³⁴ tat³²⁻⁵ tsit¹²¹⁻²¹ e²².
遂溪　伊踢倒我下。i²⁴ thak⁵⁴ to⁴¹ ua⁴¹ e²⁴.
雷州　伊踢我蜀下。i²⁴ thak⁵ ba⁴² ziak⁵ e²⁴.

(3) 他买了一条三斤重的鲤鱼。

A. 出现"了₁"的

汕头　伊买了尾三斤重个鲤鱼。i³³ boi⁵²⁻²⁴ liau⁵²⁻²⁴ bue⁵²⁻²⁴ sã³³ kɯŋ³³ taŋ²⁵ kai⁵⁵⁻³¹ li⁵²⁻²⁴ hɯ⁵⁵.
揭阳　伊买了尾三斤重个鲤鱼。i³³ bue⁴²⁻²⁴ liau⁴²⁻²⁴ bue⁴²⁻²⁴ sã³³ keŋ³³ taŋ³⁵ kai⁵⁵⁻²² li⁴²⁻³⁵ hɯ⁵⁵.
海丰　伊买(了)蜀条三斤重个鲤鱼。i⁴⁴ be⁵²⁻²¹³ (liau⁵²⁻²¹³) tsit⁴⁻³ tiau⁵⁵⁻²² sã⁴⁴⁻³³ kin⁴⁴⁻³³ taŋ²⁵ a⁵⁵⁻²² li⁵²⁻²¹³ hi⁵⁵.
雷州　伊买(了)蜀条三斤重个鲤鱼。i²⁴ boi⁴² (liau⁴²) iek²⁻⁵ tiau²² sa²⁴ kin²⁴⁻³³ taŋ⁵⁵³ kai²²⁻³³ li⁴² hu²².
文昌　伊买(了)蜀隻三斤重个鲤鱼。i³⁴ boi³¹ (liau³¹) dʑiak³⁻²¹ tɕia⁴² ta³⁴ kien³⁴⁻⁴² ɗaŋ⁴² kai²²⁻¹¹ li³¹⁻³³ ɦu²².
三亚　伊买(了)蜀条三斤重个鲤鱼。i³³ voi³¹ (liau³¹) zioʔ³³ ɗiau²² ta³³ kin³³ taŋ⁴² kai²² li²² hu²².

B. 未出现"了₁"的

泉州　伊买蜀尾三斤重个鲤鱼。i³³ bue⁵⁵⁻²⁴ tsit²⁴⁻²² bɤ⁵⁵ sã³³ kun³³ tŋ²² e²⁴⁻²² lɯ⁵⁵⁻²⁴ hɯ²⁴.
厦门　伊买蜀尾三斤重个鱼。i⁴⁴⁻²² bue⁵³⁻⁴⁴ tsit⁵⁻²¹ be⁵³⁻⁴⁴ sã⁴⁴⁻²² kun⁴⁴⁻²² taŋ²² e²⁴⁻²² hi²⁴.
台中　伊买蜀条三斤重个鲤仔鱼。i⁴⁴⁻²² be⁵³⁻⁴⁴ tsit³⁻² tiau²⁴⁻²² sã⁴⁴⁻²² kin⁴⁴⁻²² taŋ²² e²⁴⁻²² li⁵³⁻⁴⁴ a⁵³⁻⁴⁴ hi²⁴.

漳州 伊买蜀尾三斤重个鲤鱼。i$^{34-22}$ be^{52} tsit$^{121-21}$ bue^{52} sã$^{34-22}$ kin$^{34-22}$ taŋ^{22} e$^{13-22}$ li$^{52-34}$ hi^{13}。

遂溪 伊买条三斤重鲤鱼。i^{24} boi^{41} tiau^{22} sa^{24} kieŋ^{24} taŋ$^{55-33}$ li^{41} hu^{22}。

3. 时量补语前

动词带时量补语时可加"了$_1$"的有台中、汕头、揭阳、海丰、雷州、文昌、三亚，不加"了$_1$"的有泉州、厦门、漳州、遂溪。下面是例句。

(4) 他走了一个多月了。

A. 出现"了$_1$"的

台中 伊走了蜀股外月啊。i$^{44-22}$ tsau$^{53-44}$ liau$^{53-44}$ tsit$^{3-2}$ kɔ$^{53-44}$ gua$^{22-21}$ gueʔ^3 a^{22}。

汕头 伊走了个外月了。i^{33} tsau$^{52-24}$ liau$^{52-24}$ kai$^{55-31}$ gua^{31} gueʔ^5 liau$^{52-213}$。

揭阳 伊走了个外月了。i^{33} tsau$^{42-24}$ liau$^{42-24}$ kai$^{55-22}$ gua$^{22-21}$ gueʔ^5 au$^{42-213}$。

海丰 伊走了蜀个外月啰。i^{44} tsau$^{52-213}$ liau$^{52-213}$ tsit$^{4-3}$ kai$^{55-22}$ gua$^{21-33}$ gueʔ^4 ɔ^{33}。

雷州 伊走了股穧月啦。i^{24} tsau^{42} liau^{42} keu^{42} tsoi$^{24-33}$ bue^{33} la^{31}。

文昌 伊行了蜀个月啦。i^{34} kia^{22} liau^{31} ʤia(k)^{21} kai$^{22-11}$ gueʔ^{42} la^{21}。

三亚 ①伊行了蜀个多月。i^{33} kio^{22} liau^{31} ioʔ^{33} kai^{22} toi^{33} vuoʔ^{33}。②伊行去蜀个多月了。i^{33} kio^{22} hu^{24} ioʔ^{33} kai^{22} toi^{33} vuoʔ^{33} liau^{31}。

B. 未出现"了$_1$"的

泉州 伊行蜀股外月啰。i^{33} kiã$^{24-22}$ tsit$^{24-22}$ kɔ$^{41-55}$ gua$^{41-22}$ gɤʔ^{24} lɔ^{41}。

厦门 伊去箇外月啰。i$^{44-22}$ khi$^{21-53-44}$ kɔ$^{21-53}$ gua$^{22-21}$ geʔ^5 lo^{21}。

漳州 伊行蜀箇外月去啊。i$^{34-22}$ kiã$^{13-22}$ tsit$^{121-21}$ kɔ$^{21-52}$ gua$^{22-21}$ gueʔ^{121} khi^{21} a^{21}。

遂溪 伊走个穧月啦。i^{24} tsau^{41} kai^{22} tsoi^{24} ue^{33} la^{41}。

4. 趋向补语前

动词带趋向补语时，各地都不可加"了$_1$"。下面是例句。

(5) 门一开就有几只苍蝇飞了进来。

A. 出现"了$_1$"的

(无)

B. 未出现"了$_1$"的

泉州 门蜀下开就有几隻胡蝇飞入来（啰）。bŋ̇^{24} tsit$^{24-22}$ e$^{41-21}$ kui^{33} tsiu$^{41-22}$ u^{22} kui$^{55-24}$ tsiaʔ^{55} hɔ$^{24-22}$ siŋ^{24} pɤ^{33} liaʔ$^{24-33}$ lai$^{24-21}$（lɔ^{21}）。

厦门 门蜀开着有几隻胡蝇飞入来。mŋ̇^{24} tsit$^{5-21}$ khui^{44} tioʔ$^{5-21}$ u$^{22-21}$

kui$^{53-44}$ tsia$ʔ^{32-53}$ hɔ$^{24-22}$ siŋ^{24} pe^{44} lip$^{5-21}$ lai$^{24-21}$.

台中 ①门蜀拍开着有几隻胡蝇走入来啊。bŋ$^{'24}$ tsit$^{3-2}$ phaʔ$^{2-5}$ khui^{44} tioʔ$^{3-2}$ u$^{22-21}$ kui$^{53-44}$ tsiaʔ$^{2-5}$ hɔ$^{22-21}$ siŋ^{24} tsau^{53} lip$^{3-2}$ lai$^{24-21}$ a^{21}. ②门蜀拍开着有几隻胡蝇飞入来啊。bŋ$^{'24}$ tsit$^{3-2}$ phaʔ$^{2-5}$ khui^{44} tioʔ$^{3-2}$ u$^{22-21}$ kui$^{53-44}$ tsiaʔ$^{2-5}$ hɔ$^{22-21}$ siŋ^{24} pe^{44} lip$^{3-2}$ lai$^{24-21}$ a^{21}.

漳州 门蜀下开着有几隻仔雨蝇飞入来。mui$^{13-22}$ tsit$^{121-21}$ e$^{13-22}$ khui^{34} loʔ$^{121-21}$ u$^{22-21}$ kui$^{52-34}$ tsiaʔ$^{32-52}$ a^{52} hɔ$^{22-21}$ siŋ^{34} pue^{34} zip$^{121-21}$ lai$^{13-21}$.

汕头 门蜀下开就有几隻胡蝇飞入来。muŋ^{55} tsek$^{5-2}$ e$^{25-31}$ khui^{33} tsiu$^{25-31}$ u$^{25-31}$ kua$^{52-24}$ tsiaʔ$^{2-5}$ hou$^{55-31}$ siŋ^{55} pue^{33} zip^{5} lai$^{55-31}$.

揭阳 门蜀下开就有几隻胡蝇飞入来。muŋ^{55} tsek$^{5-2}$ e$^{35-21}$ khui^{33} tsu$^{35-21}$ u$^{35-21}$ kui$^{42-24}$ tsiaʔ$^{2-3}$ hou$^{55-22}$ seŋ^{55} pue^{33} zip^{5} lai$^{55-22}$.

海丰 门蜀下开就有几隻胡蝇飞□〔nin^{52}〕入。muĩ^{55} tsit$^{4-3}$ e$^{25-33}$ khui^{44} tsu$^{25-33}$ u$^{25-33}$ kua$^{52-213}$ tsiaʔ^{4} hɔu$^{25-33}$ siŋ^{44} pue$^{44-33}$ nin^{52} zip^{4}.

遂溪 门蜀开就有几个胡蝇飞入来。mui^{22} iak^{3} khui^{24} tsiu^{55} u^{55} kui^{41} kai^{22} heu^{22} sien^{22} pue^{24} ip$^{54-3}$ lai^{22}.

雷州 阿门蜀开就有几个胡蝇飞入来。a^{55} mui^{22} ziak^{5} khui^{24} tsiu^{33} u^{33} kui^{42} kai$^{22-33}$ heu$^{22-33}$ sieŋ^{22} pue^{24} zip$^{2-5}$ lai^{22}.

文昌 门蜀开就有几隻胡蝇飞入来。mui^{22} ʥia(k)^{21} xui^{34} ʧiu$^{42-11}$ u^{42} kui$^{31-33}$ ʧia^{42} gu$^{22-11}$ tien^{22} ɓue^{34} ʥiop^{3} lai^{22}.

三亚 门蜀开就有几个胡蝇飞落来。mui^{22} ioʔ^{33} khui^{33} tsiu$^{42-44}$ u^{42} kui^{31} kai^{22} hu^{22} teŋ^{22} ɓuo^{33} lɔʔ^{42} lai^{22}.

（6）他慢慢地站了起来。

A. 出现"了$_1$"的

（无）

B. 未出现"了$_1$"的

泉州 伊慢慢仔/匀匀仔徛起来（啰）。i^{33} ban$^{41-22}$ ban^{41} ã$^{55-24}$/un$^{24-22}$ un$^{24-22}$ ã$^{55-24}$ khia^{22} khi$^{55-31}$ lai$^{24-21}$（lɔ^{41}）.

厦门 ①伊慢慢仔徛起来。i$^{44-22}$ ban$^{22-21}$ ban$^{22-21}$ a$^{53-44}$ khia^{22} khi$^{53-21}$ lai$^{24-21}$. ②伊慢慢仔徛起来了/啊。i$^{44-22}$ ban$^{22-21}$ ban$^{22-21}$ a$^{53-44}$ khia^{22} khi$^{53-21}$ lai$^{24-21}$ liau$^{53-21}$/a^{21}.

台中 伊慢慢仔着徛起来啊。i$^{44-22}$ ban$^{22-21}$ ban^{22} a$^{53-44}$ tioʔ$^{3-2}$ khiã^{22} khi$^{53-21}$ lai$^{24-21}$ a^{21}.

漳州 伊慢慢仔徛<起来>。i$^{34-22}$ ban$^{22-21}$ ban^{22} a$^{52-34}$ khia$^{13-22}$ <khɛ^{21}>.

汕头 伊宽呢徛起来（了）。i^{33} khuã^{33} ni$^{55-31}$ khia^{25} khi$^{52-213}$ lai$^{55-31}$

（ou$^{52-213}$）。

揭阳 伊宽宽呢徛起来。i^{33} khuã^{33} khuã^{33} ni$^{55-22}$ khia^{35} khi$^{42-213}$ lai$^{55-22}$.

海丰 伊宽宽仔徛起来。i$^{44-33}$ khuã$^{44-33}$ khuã$^{44-33}$ ã$^{52-213}$ khiã$^{25-33}$ khi^{52} lai$^{55-21}$.

遂溪 伊慢慢徛起来。i^{24} maŋ$^{24-33}$ maŋ^{24} khia^{22} khi^{41} lai^{22}.

雷州 伊定定阿徛起来。i^{24} tia$^{24-33}$ tia^{24} a^{55} khia^{42} khi^{42} lai^{22}.

文昌 伊宽宽（个）徛起来。i^{34} xua$^{34-42}$ xua^{34}（kai$^{22-11}$）xia^{42} xi$^{31-33}$ lai^{22}.

三亚 伊慢慢（个）徛起来。i^{33} maŋ^{33} maŋ^{33}（kai^{22}）khio^{42} khi^{31} lai^{22}.

5. 带数量补语的形容词后

在带数量补语的形容词后，可加"了$_1$"的有汕头、揭阳、海丰、文昌、三亚，不加"了$_1$"的有泉州、厦门、台中、漳州、遂溪、雷州。下面是例句。

(7) 你重了多少？

A. 出现"了$_1$"的

汕头 你重了若穧？lɯ^{52} taŋ$^{25-31}$ liau$^{52-24}$ zioʔ$^{5-2}$ tsoi^{31}?

揭阳 汝重了若穧？lɯ$^{42-53}$ taŋ$^{35-21}$ liau$^{42-24}$ zioʔ$^{5-2}$ tsoi^{22}?

海丰 汝重(了) 几穧？li^{52} taŋ$^{25-33}$（liau$^{52-213}$）kue$^{52-213}$ tsei^{21}?

文昌 汝重(了) 偌穧？du^{31} ɗaŋ^{42}（liau^{31}）ua$^{42-11}$ ɗoi^{34}?

三亚 汝重了几穧？lu^{31} taŋ^{42} liau^{31} kui^{31} tsoi^{33}?

B. 未出现"了$_1$"的

泉州 汝加偌（穧）重？lɯ^{55} ke^{33} lua^{22}（tsue$^{41-22}$）taŋ^{22}?

厦门 汝加重偌穧？li$^{53-44}$ ke$^{44-22}$ taŋ$^{22-21}$ lua$^{22-21}$ tsue^{22}?

台中 汝肥偌穧啊？li$^{53-44}$ pui$^{24-22}$ ua$^{22-21}$ tse^{22} a^{21}?

漳州 汝重偌穧？li^{52} taŋ$^{22-21}$ lua$^{22-21}$ tse^{22}?

遂溪 ①汝重偌穧啦？lu^{41} taŋ^{55} ua$^{55-33}$ tsoi^{24} la^{41}? ②汝重倒偌穧啊？lu^{41} taŋ^{55} to^{41} ua$^{55-33}$ tsoi^{24} a^{21}?

雷州 汝沉偌穧（咧）？lu^{42} tem^{22} ua^{553} tsoi^{24}（le^{33}）？

以上只是"了$_1$"分布的梗概，还有一些细节不能尽列。例如，动结式带一般宾语，在有成熟的"了$_1$"的地方本是可以用"了$_1$"的，如汕头：

(8) 阿小陈扣破了十外个碗。（小陈打破了十几只碗）

但如果这个结果补语是"着"（遂溪是"倒"，"倒"相当于其他地方的"着"），就都不再用"了$_1$"。

(9) 他逮到了一只鸟儿。

A. 出现"了$_1$"的

（无）

B. 未出现"了₁"的

泉州　伊<u>掠着</u>蜀隻鸟仔。i³³ liaʔ²⁴⁻²² tioʔ²⁴⁻²² tsit²⁴⁻²² tsiaʔ⁵⁵ tsiau⁵⁵⁻²⁴ a⁵⁵.

厦门　伊<u>掠着</u>蜀隻鸟仔。i⁴⁴⁻²² liaʔ⁵⁻²¹ tioʔ⁵⁻²¹ tsit⁵⁻²¹ tsiaʔ³²⁻⁵³ tsiau⁵³⁻⁴⁴ a⁵³.

台中　伊<u>掠着</u>蜀隻鸟仔。i⁴⁴⁻²² liaʔ³⁻² tioʔ³⁻² tsit³⁻² tsiaʔ²⁻⁵ tsiau⁵³⁻⁴⁴ a⁵³.

漳州　伊 <u>掠 着</u> 蜀 隻 鸟 仔。i³⁴ liaʔ¹²¹⁻²¹ tioʔ¹²¹⁻²¹ tsit¹²¹⁻²¹ tsiaʔ³²⁻⁵² tsiau⁵²⁻³⁴ a⁵².

汕头　伊<u>掠着</u>隻鸟。i³³ liaʔ⁵⁻² tioʔ⁵⁻² tsiaʔ²⁻⁵ tsiau⁵².

揭阳　伊<u>掠着</u>隻鸟。i³³ lia⁵⁻² tio⁵⁻² tsiaʔ²⁻⁵ tsiau⁴²⁻²¹.

海丰　伊<u>掠着</u>蜀隻鸟仔。i⁴⁴⁻³³ liaʔ⁴⁻³ tioʔ⁴⁻³ tsit⁴⁻³ tsiaʔ³⁻⁴ tsiau⁵²⁻²¹³ ã⁵².

遂溪　伊<u>掠倒</u>蜀个鸟。i²⁴ lia⁵⁵ to⁴¹ iak³ kai²² tsiau⁴¹.

雷州　伊<u>掠着</u>蜀个鸟。i²⁴ lia⁵⁵³ to⁴² ziak⁵ kai²²⁻³³ tsiau⁴².

文昌　伊<u>掠着</u>蜀隻鸟。i³⁴ lia⁴² ɗioʔ⁴² ʤia(k)²¹ ʧia⁴² ʧiau³¹.

三亚　伊<u>掠着</u>蜀隻鸟。i³³ zieʔ⁴² ɗoʔ³³ ioʔ³³ tsie⁴⁵ tsiau³¹.

(10) 前面的汽车撞了人了。

A. 出现"了₁"的

（无）

B. 未出现"了₁"的

泉州　前廾个汽车<u>拚着</u>侬啰。tsũi²⁴⁻²² bin²⁴ e²⁴⁻⁴¹ khi⁴¹⁻⁵⁵ tshia³³ lɔŋ⁴¹⁻⁵⁵ tioʔ²⁴⁻²² laŋ²⁴ lɔ⁴¹.

厦门　头前个汽车<u>拚着</u>侬啊。thau²⁴⁻²² tsiŋ²⁴ e²⁴⁻⁴¹ khi²¹⁻⁵³ tshia⁴⁴ lɔŋ²¹⁻⁵³ tioʔ⁵⁻²¹ laŋ²⁴ a²¹.

台中　头前个车<u>拚着</u>侬啊。thau²⁴⁻²² tsin²⁴ e²⁴⁻²² tshia⁴⁴ lɔŋ²¹⁻⁵³ tioʔ³⁻² laŋ²⁴ a²¹.

漳州　头前个汽车□［tshai²²⁻²¹］着 侬 （了）。thau¹³⁻²² tsin¹³⁻²² e¹³⁻²² khi²¹⁻⁵² tshia³⁴⁻²² tshai²²⁻²¹ tioʔ¹²¹⁻²¹ laŋ¹³ (liau⁵²).

汕头　头前隻汽车<u>撞着</u>侬了。thau⁵⁵⁻³¹ tsõi⁵⁵ tsiaʔ²⁻⁵ khi²¹³⁻⁵⁵ tshia³³ tsuaŋ²⁵⁻³¹ tioʔ⁵⁻² naŋ⁵⁵ ou⁵²⁻²¹³.

揭阳　头前隻汽车<u>撞着</u>侬了。thau⁵⁵⁻²² tsãi⁵⁵ tsiaʔ²⁻³ khi²¹³⁻⁴² tshia³³ tsuaŋ³⁵⁻²¹ tioʔ⁵⁻² naŋ⁵⁵ au⁴²⁻²¹³.

海丰　头 前 辆 车 <u>撞着</u> 侬。thau⁵⁵⁻²² tsai˜⁵⁵ niõ⁵²⁻²¹³ tshia⁴⁴ tsɔŋ²⁵⁻³³ tioʔ⁴⁻³ naŋ⁵⁵.

遂溪　前面汽车<u>碰倒</u>侬啦。tsai²² mien²⁴ khi²¹⁴⁻⁵⁵ tshia²⁴ phoŋ²¹⁴ to⁴¹ naŋ²² la⁴¹.

雷州　阿前汽车<u>碰了</u>侬。a⁵⁵ tsai²²⁻³³ khi²¹⁻⁴⁴ tshia²⁴ phoŋ²¹ liau⁴²⁻⁴⁴ naŋ²².

文昌 前面个车碰着侬啦。tai²² mien³⁴ kai²²⁻¹¹ ʃia³⁴ ɸoŋ²¹⁻⁵⁵ ɗioʔ⁴² naŋ²² la²¹.

三亚 前面个汽车撞了侬。tai²² min³³ kai²² khui²⁴ tshio³³ tsiaŋ³³ liau³¹ naŋ²².

（二）新情况实现体貌"了₂"的分布

新情况实现体貌的意义是句子叙述的事件或情况作为一种新情况实现，其体貌形式"了₂"均出现在句末。由于处在句末，常有弱化的语音形式，这里把在句末出现的、粘附在全句上的、有新情况实现体貌意义的、语音上与"了"有关系的形式，如汕头的"了［liau/ou］"，揭阳的"了［liau/au］"，泉州、厦门、漳州、海丰的"啰［lo］"，遂溪、雷州、文昌的"啦［la］"，无论其是否与句末语气词合音、写成什么字，都统称"了₂"。

"了₂"在闽南各地普遍出现，下面是例句。

（11）前面的汽车撞了人了。

A. 出现"了₂"的

泉州 前爿个汽车拚着侬啰。tsũi²⁴⁻²² bin²⁴ e²⁴⁻⁴¹ khi⁴¹⁻⁵⁵ tshia³³ lɔŋ⁴¹⁻⁵⁵ tioʔ²⁴⁻²² laŋ²⁴ lɔ⁴¹.

厦门 头前个汽车拚着侬啊/啰。thau²⁴⁻²² tsiŋ²⁴ e²⁴⁻²² khi²¹⁻⁵³ tshia⁴⁴ lɔŋ²¹⁻⁵³ tioʔ⁵⁻²¹ laŋ²⁴ a²¹/lo⁻²¹.

台中 头前个车拚着侬啊/啰。thau²⁴⁻²² tsin²⁴ e²⁴⁻²² tshia⁴⁴ lɔŋ²¹⁻⁵³ tioʔ³⁻² laŋ²⁴ a²¹/lo⁻²¹.

漳州 头前个汽车□［tshai²²⁻²¹］着侬（啰/啊）。thau¹³⁻²² tsin¹³⁻²² e¹³⁻²² khi²¹⁻⁵² tshia³⁴⁻²² tshai²²⁻²¹ tioʔ¹²¹⁻²¹ laŋ¹³ (lo⁻²¹/a²¹).

汕头 头前隻汽车撞着侬了。thau⁵⁵⁻³¹ tsõi⁵⁵ tsiaʔ²⁻⁵ khi²¹³⁻⁵⁵ tshia³³ tsuaŋ²⁵⁻³¹ tioʔ⁵⁻² naŋ⁵⁵ liau⁵²⁻²¹³/au⁵²⁻²¹³/ou⁵²⁻²¹³.

揭阳 头前隻汽车撞着侬了。thau⁵⁵⁻²² tsãi⁵⁵ tsiaʔ²⁻³ khi²¹³⁻⁴² tshia³³ tsuaŋ³⁵⁻²¹ tioʔ⁵⁻² naŋ⁵⁵ au⁴²⁻²¹³.

海丰 头前辆车撞着侬啰。thau⁵⁵⁻²² tsai⁵⁵ niɔ̃⁵²⁻²¹³ tshia⁴⁴ tsɔŋ²⁵⁻³³ tioʔ⁴⁻³ naŋ⁵⁵ lɔ³¹.

遂溪 前面汽车碰倒侬啦。tsai²² mien²⁴ khi²¹⁴⁻⁵⁵ tshia²⁴ phoŋ²¹⁴ to⁴¹ naŋ²² la⁴¹.

雷州 阿前汽车碰侬啦。a⁵⁵ tsai²²⁻³³ khi²¹⁻⁴⁴ tshia²⁴ phoŋ²¹⁻⁴⁴ naŋ²² la³¹.

文昌 前面个车碰着侬啦。tai²² mien³⁴ kai²²⁻¹¹ ʃia³⁴ ɸoŋ²¹⁻⁵⁵ ɗioʔ⁴² naŋ²² la²¹.

三亚 前面个汽车撞侬了。tai^{22} min^{33} kai^{22} khui^{24} tshio^{33} tsiaŋ^{33} naŋ^{22} liau^{-21}.

B. 未出现"了$_2$"的

（无）

（12）你被骗了！

A. 出现"了$_2$"的

泉州 汝传侬骗（去）啰！lɯ^{55} tŋ$^{24-22}$ laŋ$^{24-22}$ phian^{41}（khɯ$^{41-21}$）lɔ^{21}！

厦门 汝<互侬>骗去啊/啰！li$^{53-44}$ <hɔŋ^{22}> phian^{21} khi^{21} a^{21}/lo^{-21}！

台中 汝乞侬骗去啊/啰！li$^{53-44}$ khi$^{2-5}$ laŋ$^{24-22}$ phen^{21} khi^{21} a^{21}/lo^{-21}！

漳州 ①汝互侬骗（去）啊/啰！li$^{52-34}$ hɔ$^{22-21}$ laŋ^{13} phian^{21}（khi^{21}）a^{21}/lo^{-21}！②汝互侬骗（去）了！li$^{52-34}$ hɔ$^{22-21}$ laŋ^{13} phian^{21}（khi^{21}）liau$^{52-21}$！

汕头 汝分侬骗去了！lɯ^{52} puŋ^{33} naŋ$^{55-31}$ phiaŋ^{213} khɯ$^{213-31}$ ou$^{52-213}$！

揭阳 汝乞侬骗去了！lɯ$^{42-53}$ khe$^{2-3}$ naŋ$^{55-22}$ phiaŋ^{213} khɯ$^{213-21}$ au$^{42-213}$！

海丰 汝乞伊骗倒啰！li^{52} khɔ$^{44-33}$ i$^{44-33}$ phiaŋ^{213} tɔ$^{52-213}$ lɔ^{33}！

遂溪 汝乞侬騉倒/騉去/厄倒/厄去啦！lu^{41} khi^{55} naŋ^{22} kuŋ^{214} to^{41}/kuŋ^{214} hu^{214}/ŋak^{54} to^{41}/ŋak^{54} hu^{214} la^{41}！

雷州 汝乞侬騉啦！lu^{42} khi^{553} naŋ$^{22-33}$ kuŋ^{21} la^{31}！

文昌 汝囗［ioʔ^{53}］侬诓啦！du$^{31-33}$ ioʔ^{53} naŋ$^{22-11}$ ɦuan$^{34-42}$ la^{55}！

三亚 汝乞侬囗［louʔ^{45}］了！lu^{31} khiʔ^{45} naŋ^{22} louʔ^{45} liau^{-21}！

B. 未出现"了$_2$"的

（无）

（13）三个梨子我吃了两个了。

A. 出现"了$_2$"的

泉州 ①三粒梨仔我食去两粒(啰)。sã^{33} liap$^{24-22}$ lai$^{24-22}$ a^{55} gua^{55} tsiaʔ$^{24-22}$ khɯ$^{41-55}$ lŋ^{22} liap^{24}（lɔ^{41}）。②三粒梨仔我食两粒啰。sã^{33} liap$^{24-22}$ lai$^{24-22}$ a^{55} gua^{55} tsiaʔ$^{24-22}$ lŋ^{22} liap^{24} lɔ^{31}。

厦门 三粒梨仔我食去两粒啊/啰。sã$^{44-22}$ liap$^{5-21}$ lai$^{24-22}$ a^{53} gua$^{53-44}$ tsiaʔ$^{5-21}$ khi$^{21-53}$ nŋ$^{22-21}$ liap^{5} a^{21}/lo^{21}。

台中 ①三粒梨仔我食了两个啊/啰。sã$^{44-22}$ liap^{3} lai^{24} a^{53} ua$^{53-44}$ tsiaʔ$^{3-2}$ liau$^{53-44}$ nŋ$^{22-21}$ e^{24} a^{21}/lo^{-21}。②三粒梨仔我食掉两个（去）啊/啰。sã$^{44-22}$ liap^{3} lai^{24} a^{53} ua$^{53-44}$ tsiaʔ$^{3-2}$ tiau$^{22-21}$ nŋ$^{22-21}$ e^{24}（khi^{21}）a^{21}/lo^{-21}。

漳州 三个梨仔我食（了）两个(啰)。sã$^{34-22}$ e$^{13-22}$ lai^{13} a^{52} gua^{52} tsiaʔ$^{121-21}$（liau$^{52-34}$）no$^{22-21}$ e^{13}（lɔ^{21}）。

汕头 三粒梨我食掉两粒去(了)。sã^{33} liap$^{5-2}$ lai^{55} ua^{52} tsiaʔ$^{5-2}$ tiau^{31} no$^{25-31}$ liap^{5} khɯ$^{213-31}$（liau$^{52-213}$/au$^{52-213}$/ou$^{52-213}$）。

海丰 三个梨我食（了）两个了。sã⁴⁴⁻³³ kai⁵⁵⁻²² lai⁵⁵ ua⁵² tsiaʔ⁴⁻³（liau⁵²⁻²¹³）nɔ²⁵⁻³³ kai⁵⁵ liau⁵²⁻²¹³.

雷州 ①三个梨子我食两个去啦。sa²⁴ kai²²⁻³³ li²²⁻³³ tsi⁴² ba⁴² tsia⁵⁵³ no³³⁻⁴² kai²² khu²¹ la³³. ②三个梨子我食了两个。sa²⁴ kai²²⁻³³ li²²⁻³³ tsi⁴² ba⁴² tsia⁵⁵³ liau⁴² no³³⁻⁴² kai²².

文昌 三个梨我食了两个啦。ta³⁴ kai²²⁻¹¹ li³⁴⁻⁴² gua³¹ tʃia⁴² liau³¹ no⁴² kai²² la²¹.

B. 未出现"了₂"的

揭阳 ①三粒梨我食掉两粒去。sã³³ liap⁵⁻² lai⁵⁵ ua⁴² tsiaʔ⁵⁻² tiau²² no³⁵⁻²¹ liap⁵ khɯ²¹³⁻²¹. ②三粒梨我食了两粒去。sã³³ liap⁵⁻² lai⁵⁵ ua⁴² tsiaʔ⁵⁻² liau⁴²⁻²⁴ no³⁵⁻²¹ liap⁵ khɯ²¹³⁻²¹.

遂溪 三个梨子我食倒两个。sa²⁴ kai²² li²² tsi⁴¹ va⁴¹ tsia³³ to⁴¹ no⁵⁵⁻³³ kai²².

三亚 三个梨我喫了/喫去两个。ta³³ kai²² li²² va³¹ khai³¹ liau³¹/ kai³¹ hu²⁴ no⁴² kai²².

(14) 他走了一个多月了。

A. 出现"了₂"的

泉州 伊行了蜀股外月啰。i³³ kiã²⁴⁻²² liau⁵⁵⁻²⁴ tsit²⁴⁻²² ko⁴¹⁻⁵⁵ gua⁴¹⁻²² gɤʔ²⁴ lɔ⁴¹.

厦门 伊去（甲）蜀箇外月啊/啰。i⁴⁴⁻²² khi²¹⁻⁵³（a⁴⁴）tsit⁵⁻²¹ ko²¹⁻⁵³ gua²²⁻²¹ geʔ⁵ a²¹/lo²¹.

台中 伊行了蜀股外月啊/啰。i⁴⁴⁻²² kiã²⁴⁻²² liau⁵³⁻⁴⁴ tsit³⁻² kɔ⁵³⁻⁴⁴ gua²²⁻²¹ gueʔ³ a²²/lo⁻²¹.

漳州 伊行了蜀股外月（啰）。i³⁴⁻²² kiã¹³⁻²² liau⁵²⁻³⁴ tsit¹²¹⁻²¹ kɔ⁵² gua²²⁻²¹ gueʔ¹²¹（lo⁻²¹）.

汕头 伊走了个外月了。i³³ tsau⁵²⁻²⁴ liau⁵²⁻²⁴ kai⁵⁵⁻³¹ gua³¹ gueʔ⁵ liau⁵²⁻²¹³/ au⁵²⁻²¹³/ou⁵²⁻²¹³.

揭阳 伊走了个外月了。i³³ tsau⁴²⁻²⁴ liau⁴²⁻²⁴ kai⁵⁵⁻²² gua²²⁻²¹ gueʔ⁵ au⁴²⁻²¹³.

海丰 伊走了蜀个外月啰。i⁴⁴ tsau⁵²⁻²¹³ liau⁵²⁻²¹³ tsit⁴⁻³ kai⁵⁵⁻²² gua²¹⁻³³ gueʔ⁴ ɔ³³.

遂溪 伊走个穧月啦。i²⁴ tsau⁴¹ kai²² tsoi²⁴ ue³³ la⁴¹.

雷州 伊走了股穧月啦。i²⁴ tsau⁴² liau⁴² keu⁴² tsoi²⁴⁻³³ bue³³ la³¹.

文昌 伊行了蜀个月啦。i³⁴ kia²² liau³¹ ʥia(k)²¹ kai²²⁻¹¹ gueʔ⁴² la²¹.

三亚 伊行去蜀个多月(了)。i³³ kio²² hu²⁴ ioʔ³³ kai²² toi³³ vuoʔ³³（liau⁻²¹）.

B. 未出现"了₂"的

（无）

（15）买菜了吗？——买了。

A. 出现"了₂"的

泉州 买菜未——买（好）啰。bue⁵⁵⁻²⁴ tshai⁴¹ bɤ⁴¹⁻²¹? bue⁵⁵⁻²⁴（ho⁵⁵）lɔ⁴¹.

厦门 买菜未/菜买好未？——买啰/买啊/买好啊/买了啊。bue⁵³⁻⁴⁴ tshai²¹ be²²⁻²¹/tshai²¹ bue⁵³⁻⁴⁴ ho⁵³ be²²⁻²¹? ——bue⁵³ lo²¹/bue⁵³ a²¹/bue⁵³⁻⁴⁴ ho⁵³ a²¹/bue⁵³⁻⁴⁴ liau⁵³ a²¹.

台中 菜 买 啊 未？——买 啊/啰。tshai²¹ be⁵³ a⁴⁴⁻²¹ be²²⁻²¹? ——be⁵³ a²¹/lo⁻²¹.

漳州 买菜阿未？——买（好）啊/啰。be⁵²⁻³⁴ tshai²¹ a³⁴⁻²² bue²²? ——be⁵²⁻³⁴ ho⁵² a²¹/lo²¹.

汕头 菜买好未？——买好了。tshai²¹³ boi⁵²⁻²⁴ ho⁵² bue³¹? ——boi⁵²⁻²⁴ ho⁵² liau⁵²⁻²¹³/au⁵²⁻²¹³/ou⁵²⁻²¹³.

揭阳 菜买好未？——买好了。tshai²¹³ bue⁴²⁻²⁴ ho⁴² bue²²⁻²¹? ——bue⁴²⁻²⁴ ho⁴² au⁴²⁻²¹³.

海丰 买菜＜无有＞？——买了。bei⁵²⁻²¹³ tshai²¹³ ＜bɔu²⁵＞? ——bei⁵² liau⁵²⁻²¹³.

遂溪 买菜嬲咧？——买啦。voi⁴¹ tshai²¹⁴ meŋ²² le³³? voi⁴¹ la⁴¹.

雷州 买菜嬲咧？——买啦。boi⁴² tshai²¹ meŋ⁵⁵³ le³³? ——boi⁴²⁻⁴⁴ la³¹.

文昌 买菜啦无咧？——买啦。boi³¹⁻³³ ʃai²¹ la²¹ bo²² le⁵³? ——boi³¹ la²¹.

三亚 买菜（了）未？——买了。voi³¹ tshai²⁴（liau⁴²）voi³³? —— voi³¹ liau⁻²¹.

B. 未出现"了₂"的

（无）

（16）衣服洗了没有？——洗了。

A. 出现"了₂"的

泉州 衫裤洗好未？——洗（好）啰。sã³³ khɔ⁴¹ sue⁵⁵ ho⁵⁵ bɤ⁴¹? ——sue⁵⁵⁻²⁴（ho⁵⁵）lɔ⁴¹.

厦门 衫洗未/洗好未？——洗啰/洗好啊/洗啊/洗了啊。sã⁴⁴ sue⁵³ be²²⁻²¹/sue⁵³⁻⁴⁴ ho⁵³ be²²⁻²¹? ——sue⁵³ lo²¹/sue⁵³⁻⁴⁴ ho⁵³ a²¹/sue⁵³ a²¹/sue⁵³⁻⁴⁴ liau⁵³ a²¹.

台中 衫洗好啊未？——洗啊/啰。sã⁴⁴⁻²² se⁵³⁻⁴⁴ ho⁵³ a²¹ be²²⁻²¹? ——se⁵³ a²¹/lo⁻²¹.

漳州 衫仔洗了啊未？——洗好啊/啰。sã³⁴⁻²² a⁵² se⁵²⁻³⁴ liau⁵² a³⁴⁻²² bue²²? ——se⁵²⁻³⁴ ho⁵² a²¹/lo²¹.

汕头　衫洗好未？——洗好了。sã^{33} soi$^{52-24}$ ho^{52} bue^{31}? ——soi$^{52-24}$ ho^{52} liau$^{52-213}$/au$^{52-213}$/ou$^{52-213}$.

揭阳　衫洗好未？——洗好了。sã^{33} soi$^{42-24}$ ho^{42} bue$^{22-21}$? ——soi$^{42-24}$ ho^{42} au$^{42-213}$.

三亚　衫裤洗好未？洗（好）了。ta^{33} khou^{24} toi^{31} ho^{31} voi^{33}? ——toi^{31}（ho^{31}）liau^{-21}.

海丰　衫裤洗了无？——洗好啦/洗了。sã$^{44-33}$ khɔu^{213} sei^{52} liau$^{52-213}$ bɔ$^{55-22}$? ——sei$^{52-213}$ hɔ^{52} la^{21}/sei^{52} liau$^{52-213}$.

遂溪　物颂洗去蹭咧。——洗啦。mi^{33} tshiaŋ^{24} soi^{41} hu^{214} meŋ^{22} le^{33}? ——soi^{41} la^{41}.

雷州　洗阿衫裤去蹭咧。——洗啦。soi$^{42-44}$ e^{55} sa$^{24-33}$ kheu^{21} khu^{21} meŋ^{553} le^{33}? ——soi^{42} la^{33}.

文昌　衫裤洗啦无咧？——洗啦。ta$^{34-42}$ xou^{21} toi^{31} la^{21} bo^{22} le^{53}? —— toi^{31} la^{21}.

B. 未出现"了$_2$"的

（无）

（17）澡洗了。

A. 出现"了$_2$"的

泉州　①洗身啰。sue$^{55-24}$ sin^{33} lɔ^{31}. ②身洗好啰。sin^{33} sue$^{55-24}$ ho^{55} lɔ^{41}.

厦门　身躯洗（好/了）啊/啰。siŋ$^{44-22}$ khu^{44} sue$^{53-44}$（ho^{53}/liau^{53}）a^{21}/lo^{-21}.

台中　胸躯洗啊/啰。hiŋ$^{44-22}$ khu^{44} se^{53} a^{21}/lo^{-21}.

漳州　洗好啊/啰。se$^{52-34}$ ho^{52} a^{21}/lo^{-21}.

汕头　浴洗好了。ek^5 soi$^{52-24}$ ho^{52} liau$^{52-213}$/au$^{52-213}$/ou$^{52-213}$.

揭阳　洗浴好了。soi$^{42-24}$ ek^5 ho^{42} au$^{42-213}$.

海丰　浴洗了。iɔk^4 sei^{52} liau$^{52-213}$.

三亚　①洗浴了。toi^{31} iaʔ^{42} liau^{-21}. ②身/浴洗好了。tin^{33}/iaʔ^{42} toi^{31} ho^{31} liau^{-21}.

遂溪　冲凉啦。tshoŋ$^{24-33}$ lio^{22} la^{41}.

雷州　冲凉（去）啦。tshoŋ^{24} lio^{22}（khu^{21}）la^{33}.

文昌　①漀浴去啦。ʃiaŋ$^{22-11}$ ʤiak^3 xu$^{21-55}$ la^{21}. ②洗热（去）啦。toi^{31} ʤua^{42}（xu$^{21-55}$）la^{21}. ③洗去啦。toi^{31} xu$^{21-55}$ la^{21}.

B. 未出现"了$_2$"的

（无）

(18) 值钱的东西都被偷光了。

A. 出现"了₂"的

泉州　值钱个物件都度侬偷了了/澈澈去啰。tat²⁴⁻²² tsĩ²⁴ e²⁴⁻⁴¹ mɯ̃ʔ²⁴⁻²² kiã²² tɔ³³ thɔ⁴¹⁻²² laŋ²⁴⁻²² thau³³ liau⁵⁵⁻²⁴ liau⁵⁵/te⁵⁵ te⁵⁵ khɯ⁴¹⁻³¹ lɔ²¹.

厦门　①值钱个物件拢互侬偷挖去啊/啰。tat⁵⁻²¹ tsĩ²⁴ e²⁴⁻²² miʔ⁵⁻²¹ kiã²² lɔŋ⁵³⁻⁴⁴ hɔ²²⁻²¹ laŋ²⁴⁻²² thau⁴⁴⁻²² theʔ⁵ khiʔ²¹ a²¹/lo². ②值钱个物件拢互侬偷挖了了（啊）。tat⁵⁻²¹ tsĩ²⁴ e²⁴⁻²² miʔ⁵⁻²¹ kiã²² lɔŋ⁵³⁻⁴⁴ hɔ²²⁻²¹ laŋ²⁴⁻²² thau⁴⁴⁻²² theʔ⁵⁻²¹ liau⁵³⁻⁴⁴ liau⁵³（a²¹）.

台中　①价值个物件拢乞侬偷挖了啊/啰。ke²¹⁻⁵³ tat³⁻² e²⁴⁻²² mĩʔ³⁻² kiã²² lɔŋ⁵³⁻⁴⁴ khiʔ²⁻⁵ laŋ²⁴⁻²² thau⁴⁴⁻²² theʔ³⁻² liau⁵³ a²¹/lo⁻²¹. ②价值个物件拢乞侬偷挖去啊/啰。ke²¹⁻⁵³ tat³⁻² e²⁴⁻²² mĩʔ³⁻² kiã²² lɔŋ⁵³⁻⁴⁴ khiʔ²⁻⁵ laŋ²⁴⁻²² thau⁴⁴⁻²² theʔ³ khiʔ²¹ a²¹/lo⁻²¹.

漳州　值钱个物件拢互侬偷偷去啊/啰。tat¹²¹⁻²¹ tsĩ¹³⁻²² e¹³⁻²² miʔ¹²¹⁻²¹ kiã²² lɔŋ⁵²⁻³⁴ hɔ²²⁻²¹ laŋ¹³⁻²² thau³⁴⁻²² thau³⁴ khiʔ²¹ a²¹/lo²¹.

汕头　值钱物件拢分侬偷干了去了。tak⁵⁻² tsĩ⁵⁵⁻³¹ mueʔ⁵⁻² kiã²⁵ lɔŋ⁵²⁻²⁴ puŋ³³ naŋ⁵⁵⁻³¹ thau³³ kaŋ²¹³⁻⁵⁵ liau⁵² khɯ²¹³⁻³¹ liau⁵²⁻²¹³/au⁵²⁻²¹³/ou⁵²⁻²¹³.

揭阳　值钱物件拢乞伊偷干了去了。tak⁵⁻² tsĩ⁵⁵⁻²² mueʔ⁵⁻² kiã³⁵ nɔŋ⁴²⁻²⁴ kheʔ²⁻³ i³³ thau³³ kaŋ²¹³ liau⁴² khɯ²¹³⁻²¹ au⁴²⁻²¹³.

遂溪　抵钱物蜀下乞侬偷澈去啦。toi⁴¹ tsi²² mi³³ tse³³ e²⁴ khi⁵⁵ naŋ²² thau²⁴ the⁵⁵ hu²¹⁴ la⁴¹.

雷州　阿抵钱个物□[tsek⁵]下乞伊偷澈啦。a⁵⁵ toi⁴² tsi²² kai²²⁻³³ mi³³⁻¹¹ tsek⁵ e²⁴ khiʔ⁵⁵³ i²⁴ thau²⁴⁻²¹ the⁵⁵³ la³¹.

文昌　抵钱个物都（□[ioʔ⁵³]侬）偷了去啦。ɗoi³¹⁻³³ ʧi²² kai²²⁻¹¹ miʔ⁵³ ɗou³⁴⁻⁴²（ioʔ⁵³ naŋ²²）xau³⁴⁻⁴² liau³¹ xu²¹⁻⁵⁵ la²¹.

三亚　值钱个乜都乞侬偷光/光光（去）了。tsei⁴² tsi²² kai²² miʔ⁴² ɗou³³ khiʔ⁴⁵ naŋ²² thau³³ kuaŋ³³/kui³³/kui³³ kui³³（hu²⁴）liau⁻²¹.

B. 未出现"了₂"的

海丰　值钱个零细左互（伊）干遭无半粒。tat⁴⁻³ tsĩ⁵⁵⁻²² e⁵⁵⁻²² naŋ⁵⁵⁻²² se²¹³⁻⁵⁵ tsɔ⁵² khɔ⁴⁴⁻³³（i⁴⁴⁻³³）kaŋ⁴⁴⁻³³ kau²¹³⁻⁵⁵ bɔ⁵⁵⁻²² puã²¹³⁻⁵⁵ liap⁴.

（三）事态实现体貌"了₃"的分布

"了₃"表现的是事态实现，而非动作本身或全句所述事件的实现，在闽南各地多读本调或前变调，不读后变调或轻声，意义上仍多少带有一些"完毕"

的意思，可以算作一种不成熟的体貌。

"了$_3$"的附着对象多为动词性词组，如果是个动宾词组，"了$_3$"在宾语之后，如汕头：

(19a) 食药了［liau^{52}］正囗［ĩ^{25}］。(吃了药再睡)

也可以放在动补词组之后，如：

(20a) 帖药食几日了［liau^{52}］正来。(这副药先吃它几天再说)

但是当宾补语省略或宾语挪前的时候，"了$_3$"也可以直接跟在动词后面，如说成：

(19b)（药）食了［liau^{52}］正囗［ĩ^{25}］。［（药）吃了再睡］

(20b) 帖药食了［liau^{52}］正来。(这副药先吃它几天再说)

上面两个b句的"了"和两个a句的"了"并无不同，仍然读本调，仍然是"了$_3$"。

这种动词后的"了$_3$"虽然可和"了$_1$""了$_2$"出现在同样的句法位置上，但是有区别。语音上，"了$_3$"永远读本调而"了$_1$"和"了$_2$"永远不读本调；意义上，"了$_3$"是把"食"当作一种事态，表示"食"的事态实现，和"了$_1$""了$_2$"都不相同。比较：

(19b)（药）食了［liau^{52}］正囗［ĩ^{25}］。［（药）吃了再睡］(了$_3$)

(20b) 帖药食了［liau^{52}］正来。(这副药先吃它几天再说)(了$_3$)

(21) 食了［liau$^{52-24}$］药正囗［ĩ^{25}］。(吃了药再睡)(了$_1$)

(22) 帖药食了［ou$^{52-213}$］。(那副药吃了)(了$_2$)。

上面例（21）中是把"食"当成一种动作，"了"表示这个动作的实现（完成），是"了$_1$"；例（22）中的"了"是粘附在全句上的，表示一种新情况的实现，是"了$_2$"。这两句的"了"和例(19b)(20b)中的两个"了"无论是语音还是语法意义都不相同。

这种"了$_3$"在近代白话常见而现代方言中多数已经消失，却仍普遍存在于闽南方言中。下面的调查材料中，完全未见"了$_3$"的只有遂溪、雷州和文昌。

(23)（别急!）吃了晚饭再回去。

A. 出现"了$_3$"的

泉州 （唔免急!）食暗（饭）了囗［tsia ʔ^{55}］（斡）倒去。(m̩$^{41-22}$ bian$^{55-24}$ kip^{55}!) tsia ʔ$^{24-22}$ am$^{41-55}$ (bŋ$^{'41}$) liau^{55} tsia ʔ^{55} (uat^{55}) to^{41} khɯ$^{41-21}$.

厦门 食下昏(了) 甲去。tsia $^{5-21}$ e^{22} hŋ$^{'44}$ (liau^{53}) ka ʔ$^{32-5}$ khi^{21}.

台中 嫚急，食暗顿了囗［tsiat$^{2-5}$］转去。mai$^{21-53}$ kip^2, tsia ʔ$^{3-2}$ am$^{21-53}$

tŋ'²¹ liau⁵³ tsiat²⁻⁵ tŋ'⁵³⁻²¹ khi²¹.

汕头 食暝暗（好）了/好正转去。tsiaʔ⁵⁻² me³³ am²¹³⁻⁵⁵（ho⁵²⁻²⁴）liau⁵²/ho⁵² tsia²¹³⁻⁵⁵ tɯŋ⁵² khɯ²¹³⁻³¹.

揭阳 食暝暗了/好正转。tsiaʔ⁵⁻² me⁴²⁻²⁴ am²¹³⁻⁵³ liau⁴²⁻²¹/ho⁴²⁻²¹ tsiã²¹³⁻⁵³ tɯŋ⁴²⁻²¹.

B. 未出现"了₃"的

漳州 食了下昏甲转去。tsiaʔ¹²¹⁻²¹ liau⁵² ẽ¹³⁻²² huĩ³⁴ kaʔ³²⁻⁵ tun⁵² khi²¹.

海丰 食了冥昏正去转/转去。tsiaʔ⁴⁻³ liau⁵²⁻²¹³ mẽ⁵⁵⁻²² huĩ⁴⁴ tsiã²¹³⁻⁵⁵ tuĩ⁵² khi²¹³⁻⁵⁵/khi²¹³⁻⁵⁵ tuĩ⁵².

遂溪 （无狂!）食完暝昏那转去。（vo²² khuaŋ²²!）tsia³³ ŋua²² me²² hui²⁴ na⁵⁵ tui⁴¹ hu²¹⁴.

雷州 食阿暝昏糜来转。tsia⁵⁵³⁻³³ a⁵⁵ me²²⁻³³ huŋ²⁴⁻³³ mue²² lai²² tui⁴².

文昌 食暝昏乃转去。tɕia⁴² mue²²⁻¹¹ ɦui³⁴ na²¹⁻⁵⁵ tui³¹⁻³³ xu²¹⁻⁵⁵.

三亚 喫（了）暝昏再转去。khai³¹（liau³¹）me²² hui³³ tsai²⁴ ɗui³¹ hu²⁴.

(24) 等我问过了他再告诉你。

A. 出现"了₃"的

泉州 ①等我问伊了□[tsiaʔ⁵⁵]共汝说。tan⁵⁵⁻²⁴ gua⁵⁵ bŋ'⁴¹⁽⁻²²⁾ i³³ liau⁵⁵ tsiaʔ⁵⁵ kaŋ⁴¹⁻²² lɯ⁵⁵ sɤʔ⁵⁵. ②等我问过伊□[tsiaʔ⁵⁵]共汝说。tan⁵⁵⁻²⁴ gua⁵⁵ bŋ'⁴¹⁻²² kɤ⁴¹⁻⁵⁵ i³³ tsiaʔ⁵⁵ kaŋ²² lɯ⁵⁵ sɤʔ⁵⁵.

厦门 等我问伊了/问了伊□[tsiaʔ³²⁻⁵]合汝讲。tan⁵³⁻⁴⁴ gua⁵³⁻⁴⁴ mŋ'²²⁻²¹ i⁴⁴⁻²² liau⁵³/mŋ'²²⁻²¹ liau⁵³⁻⁴⁴ i⁴⁴⁻²² tsiaʔ³²⁻⁵ kaʔ⁵⁻²¹ li⁵³⁻⁴⁴ kɔŋ⁵³.

台中 等我问过伊(了)□[tsiat²⁻⁵]合汝讲。tan⁵³⁻⁴⁴ ua⁵³⁻⁴⁴ bŋ'²²⁻²¹ kue²¹⁻⁵³ i⁴⁴⁻²² (liau⁵³) tsiat²⁻⁵ kaʔ³⁻² li⁵³⁻²² kɔŋ⁵³.

漳州 听候我问过伊了甲合汝讲。thiŋ²¹⁻⁵² hau²²⁻²¹ gua⁵² muĩ²²⁻²¹ kue²¹⁻⁵² i³⁴⁻²² liau⁵² kaʔ³²⁻⁵ kaʔ¹²¹⁻²¹ li⁵²⁻³⁴ kɔŋ⁵².

汕头 等我问伊了正合汝呾。tan⁵²⁻²¹³ ua⁵²⁻²⁴ muŋ³¹ i³³ liau⁵² tsia²¹³⁻⁵⁵ kaʔ⁵⁻² lɯ⁵²⁻²⁴ tã²¹³.

揭阳 等我问伊好/了正个汝呾。taŋ⁴²⁻²⁴ ua⁴²⁻²⁴ muŋ²²⁻²¹ i³³ ho⁴²/liau⁴² tsiã²¹³⁻⁴² kai⁵⁵⁻²² lɯ⁴²⁻²⁴ tã²¹³.

三亚 等我问过伊/问伊了再讲乞汝听。ɗaŋ³¹ va³¹ mui³³ kuo²⁴ i³³/mui³³ i³³ liau³¹ tsai²⁴ koŋ³¹ khiʔ⁴⁵ lu³¹ thio³³.

B. 未出现"了₃"的

海丰 等我问了伊正讲乞汝听。taŋ⁵²⁻²¹³ ua⁵² muĩ²¹⁻³³ liau⁵²⁻²¹³ i⁴⁴ tsiã²¹³⁻⁵⁵ kɔŋ⁵²⁻²¹³ khɔ²¹⁻³³ li⁵² thiã⁴⁴.

遂溪 等我问过伊那讲乞汝听。taŋ⁴¹ va⁴¹ mui²⁴ kue²¹⁴⁻⁵⁵ i²⁴ na⁵⁵ ko⁴¹ khi⁵⁵ lu⁴¹ thia²⁴.

雷州 等我问过伊再/但讲乞汝。taŋ⁴² ba⁴² mui²⁴ kue²¹ i²⁴ tsai²¹⁻⁴⁴/na⁵⁵³⁻³³ ko⁴² khi⁵⁵³⁻³³ lu⁴².

文昌 等我问了伊,(昧) 但话汝。ɗan³¹⁻³³ gua³¹ mui³⁴ kue²¹⁻⁵⁵ i³⁴, (bi³⁴⁻⁴²) na⁴² ɦue³⁴⁻⁴² du³¹.

(25) 他天天做半个钟头的气功之后再去买菜。

A. 出现"了₃"的

泉州 伊逐日都做半点钟个气功了□〔tsiaʔ⁵⁵〕去买菜。i³³ tak²⁴⁻²² lit²⁴ tɔ³³ tsue⁴¹⁻⁵⁵ puã⁴¹⁻⁵⁵ tiam⁵⁵⁻²⁴ tsiŋ³³ e²⁴⁻²² khi⁴¹⁻⁵⁵ kaŋ³³ liau⁵⁵ tsiaʔ⁵⁵ khɯ⁴¹⁻⁵⁵ bue⁵⁵⁻²⁴ tshai⁴¹.

厦门 伊逐日做半点钟个气功了甲去买菜。i⁴⁴⁻²² tak⁵⁻²¹ lit⁵⁻²¹ tsue²¹⁻⁵³ puã²¹⁻⁵³ tiam⁵³⁻⁴⁴ tsiŋ⁴⁴ e²⁴⁻²² khi²¹⁻⁵³ kaŋ⁴⁴ liau⁵³ kaʔ³²⁻⁵ khi²¹⁻⁵³ bue⁵³⁻⁴⁴ tshai²¹.

台中 伊逐工做半点钟个气功了□〔tsiat²⁻⁵〕去买菜。i⁴⁴⁻²² tak³⁻² kaŋ⁴⁴ tso²¹⁻⁵³ puã²¹⁻⁵³ tiam⁵³⁻⁴⁴ tsiŋ⁴⁴ e²⁴⁻²² khi²¹⁻⁵³ kaŋ⁴⁴⁻²² liau⁵³ tsiat²⁻⁵ khi²¹⁻⁵³ be⁵³⁻⁴⁴ tshai²¹.

漳州 伊逐日做半点钟气功了甲去买菜。i³⁴⁻²² tak¹²¹⁻²¹ zit²¹ ts²¹⁻⁵² puã²¹⁻⁵² tiam⁵²⁻³⁴ tsiŋ³⁴ khi²¹⁻⁵² kaŋ³⁴ liau⁵² kaʔ³²⁻⁵ khi²¹⁻⁵² be⁵²⁻³⁴ tshai²¹.

汕头 伊日日做半点钟气功了正去买咸。i³³ zik⁵⁻² zik⁵⁻² tso²¹³⁻⁵⁵ puã²¹³⁻⁵⁵ tiam⁵²⁻²⁴ tseŋ³³ khi²¹³⁻⁵⁵ koŋ³³ liau⁵² tsiã²¹³⁻⁵⁵ khɯ²¹³⁻⁵⁵ boi⁵²⁻²⁴ kiam⁵⁵.

海丰 伊排日做半个钟头个气功了正去买菜。i⁴⁴ pai⁵⁵⁻²² zit⁴ tsɔ²¹³⁻⁵⁵ puã²¹³⁻⁵⁵ kai⁵⁵⁻²² tsiɔŋ⁴⁴⁻³³ thau⁵⁵ a⁵⁵⁻²² khi²¹³⁻⁵⁵ kɔŋ⁴⁴⁻³³ liau⁵² tsiã²¹³⁻⁵⁵ khi²¹³⁻⁵⁵ bei⁵²⁻²¹³ tshai²¹³.

B. 未出现"了₃"的

揭阳 伊日日做半点钟气功好正去买菜。i³³ zek⁵⁻² zek⁵⁻² tso²¹³⁻⁴² puã²¹³⁻⁴² tiam⁴²⁻²⁴ tseŋ³³ khi²¹³⁻⁴² koŋ³³ ho⁴² tsiã²¹³⁻⁴² khɯ²¹³⁻⁴² boi⁴²⁻²⁴ tshai²¹³.

遂溪 伊日日做半个钟头气功后那去买菜。i²⁴ iet³ iet³ tso⁵⁵ pua²¹⁴ kai²² tsiaŋ²⁴⁻³³ thau²² khi²¹⁴⁻⁵⁵ koŋ²⁴ au⁵⁵ na⁵⁵ hu²¹⁴⁻⁵⁵ voi⁴¹ tshai²¹⁴.

雷州 伊日日做半个钟头气功后再去买菜。i²⁴ ziek² ziek² tso⁵⁵³ pua²¹ kai²²⁻³³ tsiaŋ²⁴⁻³³ thau²² khi²¹⁻⁴⁴ koŋ²⁴ au⁵⁵³ tsai⁵⁵³ khu²¹ boi⁴² tshai²¹.

文昌 伊按日做半点钟气功后昧但去买菜。i³⁴ an²¹⁻⁵⁵ ʤiet³ to⁵³ ɓua²¹⁻⁵⁵ ɗiam³¹⁻³³ ʧiaŋ³⁴ xui²¹⁻⁵⁵ kaŋ³⁴ ɦau⁴² bi³⁴ na⁴² xu²¹⁻⁵⁵ boi³¹⁻³³ ʃai²¹.

三亚 伊天天做半个钟头个气功(以后)乃去买菜。i³³ thi³³ thi³³ toʔ⁴⁵ ɓuo²⁴ kai²² tsiaŋ³³ thau²⁴ kai²² khui²⁴ kaŋ³³ (i²² au⁴²) aʔ⁴⁵ hu²⁴ voi³¹ tshai²⁴.

(四) 三种"了"的地域、句法分布概貌

为显示三种"了"句法分布的地域差异，我们把以上情况归纳为表 5-1。表中横行是"了"的语法意义及出现的句法环境，从上至下大致按分布地域的大小排列；竖栏是方言点，根据地缘及语言关系的亲疏排列。"○"表示该地点在该句法环境下未出现该种"了"；"了/○"表示该句法环境下可用"了"，也可不用"了"。

表 5-1 "了"在各地的句法分布

地点	事态实现"了₃"	新情况实现"了₂"	动作实现"了₁"				
			时量补语前	数量宾语前	带数量补语的形容词后	一般宾语前	趋向补语前
泉州	了	啰/○	○	○	○	○	○
厦门	了	啰/○	○	○	○	○	○
台中	了	啰/○	了	了	○	○	○
漳州	了	啰/○	○	○	○	○	○
汕头	了	了/○	了	了	了	了	○
揭阳	了	了/○	了	了	了	了	○
海丰	了	啰/○	了	了/○	了/○	了/○	○
遂溪	○	啦/○	○	○	○	○	○
雷州	○	啦/○	了	了/○	○	○	○
文昌	○	啦/○	了	了	了/○	了/○	○
三亚	了	了/○	了	了	了	了/○	○

表 5-1 中粗黑线所框住的范围，是表实现的"了"出现的地方及句法条件。从这个框，我们看到闽南方言"了"的分布因地缘和句法环境而呈现差异。

看三种"了"的分布，是"了₂"分布最广，各地均已普遍使用；"了₃"次之，除遂溪、雷州、文昌外其余地区仍见；"了₁"分布最窄，许多地方还不能出现在一般宾语之前，在闽南方言的源头地带泉州、厦门、漳州，还有较晚播散到粤西的遂溪闽南话则完全未见。

再看其中分布差异最大的"了₁"，其差异与语言的播散时间及不同句法条件两个因素有关。闽南方言的源头地带漳州、泉州、厦门至今仍未见"了₁"。

较晚进入粤西的遂溪至今还如漳州、泉州、厦门一样付之阙如。台中和雷州可看到带数量补语和数量宾语的动词后出现"了$_1$",是"了$_1$"的萌芽。而最早从源头分出的粤东汕头、揭阳等地闽南方言,还有较早分出的海南等地闽南方言,其"了$_1$"的句法分布范围最大,可接受的句法格式最多,已可自由使用于"动……一般宾语"之间,而这是动作体貌最典型的句法环境,也就是说已经有了成熟的"了$_1$"。总的来说,呈现出一种离开闽南方言的源头越早,则"了$_1$"越发达的情况。

从"了$_1$"分布扩大的句法条件看,可大致排出一个优先顺序:时量补语前、数量宾语前、带数量补语的形容词后、一般宾语前、趋向补语前。

二、表实现体貌的"了"的发展演变

现代闽南方言中,"了"在不同地域有不同的句法分布,是由于各地"了"语法化过程的进度不平衡所造成的,通过比较研究,可追溯这一过程的轨迹。

由于语言的渐变性,在语言成分语法化的过程中,除了意义渐变,句法分布应该也是渐变的。在充分考虑这两方面的渐变性后,我们认为,关于闽南方言"了"的语法化过程,从动宾后的"了$_3$"直接跳到宾语前而变成"了$_1$"的推测不太合理。从表5-1虽然可看出"了$_2$"的出现早于"了$_1$",但由此作出"了$_1$"由"了$_2$"演变而来的推论也不可信,因为还有"了$_3$"的存在,况且"了$_2$"结构上是粘附于全句,意义上与"了$_1$"相去较远。

现代闽南方言的"了$_3$"普遍还未退出,有些地方的"了$_1$"又尚未形成,这让我们得以看到"了"演变过程更早期的情况。从闽南方言的情况看,当"了$_2$"形成之时,"了$_3$"不一定马上退出,此后形成的"了$_1$"不排除也来自"了$_3$"的可能,但是应该不是从宾语后"跳到"宾语前这样的突变,中间还应该有个过渡。比较合理的推测是"了$_3$"从两个不同的句法位置上开始其进一步的语法化过程。

A过程:处在句末的"了$_3$",在前面有宾语和补语的条件下进一步虚化,粘附对象从词组扩展至整个句子,意义上也从表示词组所述事态的"实现"变成表示全句所述事件(情况)的"实现",至此形成"了$_2$"。"了$_2$"更进一步地虚化为表示确认语气的语气助词,如普通话说"非洲象当然比亚洲象大了""这汤鲜极了"。

B过程:句末的"了$_3$"有可能因宾补语缺位而紧接动词,成为上面例(19b)和(20b)汕头的那种"了$_3$"。由于紧接着单个的动词,把动词所表现的过程当成"事态"和当成"动作"其实差不多,这种"了₃"得以逐渐由表示事态的实现转而表示动作本身的实现,意义进一步虚化,完全失去"毕"义的痕迹,形成"了₁"的雏形。此后,先从接受时量补语和数量宾语开始,逐步扩展至各种句式,到了对一般宾语都能接受的时候,就成为动作实现体貌的成熟标记。这个过程往往还伴随着语音上的变化,由于虚化而失去在连调组中充当核心的地位,和其他后置虚化成分一样不再读本调。进一步发展,还可如普通话一样,再扩展到对趋向补语的接受。

从闽南方言的情况看,A过程先于B过程。两个过程如下所示:

【1】了₃—$\begin{bmatrix} A(宾补后,句末)→【2】了_2→【3】了_{语}. \\ B(动词后,句末)→【2】"了_1+①"→【3】"了_1+①②"→【4】"了_1+①②③" \end{bmatrix}$

注:①为时量补语/数量宾语,②为一般宾语,③为趋向补语。

上述演变中,A过程为新情况体貌形成的过程,以A【2】为成熟阶段;B过程为动作实现体貌形成的过程,以B【3】为成熟阶段。

演变的过程在各地进度不平衡,新旧层次并存并用的情况也不尽相同,由此造成本节表5-1所见到的地域与句法分布上的差异。闽南各地的状况,均可在我们设想的这个演变模式中得到解释。

闽南-台湾片和粤西的遂溪是发展最慢的,有一个事实可以让我们看清其所处的历史层次:闽南-台湾片的"了₃"常常用于没有后续动作的单个动词之后表示"完毕",后面还可以用相当于"了₂"的"啰",如例(17)中,厦门是这样说的:

身躯洗(好/了[liau⁵³])啰。(澡洗了)

这句话的"了"是个"了₃",句中的"了₃"和"好"都表示动作的完成,并且可以和"啰(了₂)"连用。"了啰"和普通话"澡洗了"的"了"非常接近,而普通话"澡洗了"的"了"是个"了₁₊₂"。朱德熙先生认为,原先应是"了₁"和"了₂"两个"了",因为同音而省略一个"了"。① 如此,则厦门的"了"除了意义上不如"了₁"虚化得那么彻底,已经非常接近"了₁"。上面我们已经看到厦门还没有出现动宾之间的"了₁",这个例子证明了我们的推断,即并不是由"了₃"跳到动宾之间而产生"了₁",而是在"了₃"身上分别发生了上述A、B两种演变过程,A过程先于B过程。厦门现今所处的阶段,是A过程已经完成(可见A【2】)而B过程刚刚发轫(可见

---

① 参见朱德熙《语法讲义》,商务印书馆1982年版。笔者视为同音兼并,参见施其生《汉语方言中语言成分的同质兼并》,载《语言研究》2009年第2期。

层次【1】B，已接近 B【2】）。

台中、雷州稍进一步，已可见到 A【2】和 B【2】，显示其 A 过程已完成，而 B 过程刚刚走了第一步，动作完成体貌虽未成熟却已开始萌芽。

汕头、揭阳、文昌、三亚更进一步，可见到层次【1】和 A【2】、B【2】、B【3】，显示其 A 过程已完成，B 过程也基本完成，新情况实现体貌和动作实现体貌均已发展成熟。

遂溪、雷州和文昌不见最早的层次【1】（"了"$_3$阶段），是"了$_3$"比其他地方早退出并存并用局面。

总体而言，闽南方言"了"的发展演变过程比普通话较迟或较慢，表现在：①至今仍普遍存在"了$_3$"；②大片地方至今仍未形成成熟的动作实现体貌；③所有调查点的"了$_1$"到现在仍未如普通话般后面可以接受趋向补语，即"了$_1$"仍未达到 B【4】的发展阶段；④"了$_2$"基本未见进一步虚化为表确认语气的"了$_语$"；⑤"了$_1$"和"了$_2$"至今仍有一些"地盘"为"好""去""了"等未完全虚化的"准实现体貌形式"所占据，或如例（9）、例（10）受其他句法因素的限制而不使用。

参考文献

[1] 朱德熙. 语法讲义［M］. 北京：商务印书馆，1982.
[2] 李如龙. 泉州方言的体［M］//张双庆. 动词的体. 香港：香港中文大学中国文化研究所吴多泰中国语文研究中心，1996.
[3] 施其生. 汕头方言的体［M］//张双庆. 动词的体. 香港：香港中文大学中国文化研究所吴多泰中国语文研究中心，1996.
[4] 施其生. 汕头方言的"了"及其语源关系［J］. 语文研究，1996（3）.
[5] 施其生. 汉语方言中语言成分的同质兼并［J］. 语言研究，2009（2）.
[6] 施其生. 汉语方言中词组的"形态"［J］. 语言研究，2011（1）.

第二节　闽南方言的持续体貌

本节通过对福建、台湾、广东、海南四省 11 个方言点的调查，考察闽南方言的持续体貌，并探讨闽南方言持续体貌形式的直接语源。

汉语的体貌和印欧语的体（aspect）不同，考察汉语的体貌，不宜拘泥于词法和句法的界线，本节把几种与"持续"相关的体貌归为一个范畴，称为"持续体貌"。持续体貌是体貌的一个子范畴，包括三种语法意义：第一种是动作行为本身的持续，如普通话的"在哭"、广州话的"写紧"，与印欧语的"进行体"很接近，以"动作持续"称述；第二种是动作所形成的状态或动作所形成的状态性结果的持续，前者如普通话的"坐着"、广州话的"写住"，后者如汕头话的"洗在"，以"状态持续"称述；第三种是句子所述事件的持续，如普通话"他正睡觉呢"、广州话"重未走得住"（还不能走呢）之类，以"事件持续"称述。文中还涉及一种特殊的持续体貌，类似普通话的"走着走着（看见前面有灯光）"，姑称之为"伴随的持续体貌"。

一、闽南方言的三种持续体貌

（一）动作持续体貌

福建-台湾片、粤东片，以及雷州片、海南片的遂溪和文昌的闽南方言，都有专用于表示动作持续体貌的副词。下面是例句。

（1）外面在下雨，要带雨伞。

泉州 ①外丬□［tɯ^{22}］咧落雨，着带雨伞。gua$^{41-22}$ bin^{24} tɯ^{22} lɤʔ^{55} loʔ$^{24-2}$ hɔ^{22}，tioʔ$^{22-22}$ tua$^{41-55}$ hɔ^{22} suã^{41}. ②外丬咧落雨，着带雨伞。gua$^{41-22}$ bin^{24} lɤʔ^{55} loʔ$^{24-22}$ hɔ^{22}，tioʔ$^{24-22}$ tua$^{41-55}$ hɔ^{22} suã^{41}.

厦门 外面咧落雨，着带雨伞。gua$^{22-21}$ bin^{22} leʔ$^{32-53-44}$ loʔ$^{5-21}$ hɔ^{22}，tioʔ$^{5-21}$ tua$^{21-53}$ hɔ$^{22-21}$ suã^{21}.

台中 外口咧落雨，爱□［tsaʔ$^{2-5}$］雨伞。gua$^{22-21}$ khau^{53} leʔ$^{2-5}$ loʔ$^{3-2}$ hɔ^{22}，ai$^{21-53}$ tsaʔ$^{2-5}$ hɔ$^{22-21}$ suã^{21}.

漳州 口外咧落雨，着带雨伞。khau$^{52-34}$ gua$^{22-21}$ li$^{52-34}$ loʔ$^{121-21}$ hɔ^{22}，loʔ$^{121-21}$ tua$^{21-52}$ hɔ$^{22-21}$ suã^{52}.

汕头 口丬□［to$^{52-24}$/lo$^{52-24}$］落雨，着□［tsaʔ$^{2-5}$］雨遮。khau$^{52-24}$ põi^{55} to$^{52-24}$/lo$^{52-24}$ loʔ$^{5-2}$ hou^{25}，tio$^{5-2}$ tsaʔ$^{2-5}$ hou$^{25-31}$ tsia^{33}.

揭阳 口丬□［to$^{42-24}$］落雨，着□［tsaʔ$^{2-3}$］雨遮。khau$^{42-35}$ pãi^{55} to$^{42-24}$ loʔ$^{5-2}$ hou^{35}，tio$^{5-2}$ tsaʔ$^{2-3}$ hou$^{35-21}$ tsia^{33}.

海丰 外口□［tɔ$^{52-213}$］落雨，爱带雨伞。gua$^{21-33}$ hau^{52} tɔ$^{52-213}$ lɔʔ$^{4-3}$ hou^{25}，ai$^{213-55}$ tua$^{213-55}$ hou$^{25-33}$ suã^{213}.

文昌 ①许外(□[ɗu$^{42-11}$]) 落雨，参担伞。ɦo$^{21-55}$ gua^{34} （ɗu$^{42-11}$） lo$^{42-11}$ ɦou^{42}，ʃam$^{21-55}$ ɗa$^{34-42}$ tua^{21}。②许外(□[ɗu$^{42-11}$]) 落雨噜，参担伞。ɦo$^{21-55}$ gua^{34}（ɗu$^{42-11}$） lo$^{42-11}$ ɦou^{42} lu$^{42-21}$，ʃam$^{21-55}$ ɗa$^{34-42}$ tua^{21}。③许外 □[ɗu$^{42-11}$] 落雨，参担伞。ɦo$^{21-55}$ gua^{34} ɗu$^{42-11}$ lo$^{42-11}$ ɦou^{42}，ʃam$^{21-55}$ ɗa$^{34-42}$ tua^{21}。④许外□[ɗu$^{42-11}$] 落雨噜，参担伞。ɦo$^{21-55}$ gua^{34} ɗu$^{42-11}$ lo$^{42-11}$ ɦou^{42} lu$^{42-21}$，ʃam$^{21-55}$ ɗa$^{34-42}$ tua^{21}。

遂溪 ①□[pa^{55}] 路落倒雨，爱带布伞。pa^{55} leu^{24} lo^{33} to$^{41-24}$ heu^{55}，ai^{214} ta^{214} peu$^{214-55}$ sua^{41}。②□[pa^{55}] 路落雨□[tu^{55}]，爱带布伞。pa^{55} leu^{24} lo^{33} heu^{55} tu^{55}，ai^{214} tua^{214} peu$^{214-55}$ sua^{41}。③□[pa^{55}] 路野亻乃落雨，爱带布伞。pa^{55} leu^{24} ia^{41} tu$^{55-33}$ nai^{55} lo^{33} heu^{55}，ai^{214} tua^{214} peu$^{214-55}$ sua^{41}。

（2）她还在哭。

泉州 伊野(□[tɯ^{22}]) 咧号。i^{33} iã$^{55-24}$（tɯ^{22}）lɤʔ^{55} khau^{41}。

厦门 ①伊各(□[ti$^{22-21}$]) 咧号。i$^{44-22}$ koʔ$^{32-5}$（ti$^{22-21}$）(l) eʔ$^{32-53-44}$ khau^{21}。②伊各咧号。i$^{44-22}$ koʔ$^{32-5}$ leʔ$^{32-44}$ khau^{21}。

台中 伊各咧号。i$^{44-22}$ koʔ$^{2-5}$ leʔ$^{2-5}$ khau^{21}。

漳州 伊禾咧号。i^{34} iau$^{52-34}$ li$^{52-34}$ khau^{21}。

汕头 ①伊还 □[to$^{52-24}$]（块）号。（非使然）i^{33} huã$^{52-24}$ to$^{52-24}$（ko$^{213-55}$）khau^{213}。②伊还 □[lo$^{52-24}$] 号。（非使然）i^{33} huã$^{52-24}$ lo$^{52-24}$ khau^{213}。③伊还放块号。（使然）i^{33} huã$^{52-24}$ paŋ$^{213-55}$ ko$^{213-55}$ khau^{213}。④伊还 □[na^{31}] 块号。（使然）i^{33} huã$^{52-24}$ na^{31} ko$^{213-55}$ khau^{213}。

揭阳 伊还□[to$^{42-24}$] 号。i^{33} hã$^{42-24}$ to$^{42-24}$ khau^{213}。

海丰 伊还□[tɔ$^{52-213}$] 号。i^{44} huã$^{52-213}$ tɔ$^{52-213}$ khau^{213}。

文昌 ①伊倘号噜。i^{34} iaŋ^{31} xau^{21} lu$^{42-21}$。②伊倘□[ɗu$^{42-11}$] 号。i^{34} iaŋ^{31} ɗu$^{42-11}$ xau^{21}。③伊倘□[ɗu$^{42-11}$] 号噜。i^{34} iaŋ^{31} ɗu$^{42-11}$ xau^{21} lu$^{42-21}$。

遂溪 ①伊野□[tu$^{55-33}$] 乃号。i^{24} ia^{41} tu$^{55-33}$ nai^{55} khau^{214}。②伊野□[tu$^{55-33}$] 乃号□[tu^{55}]。i^{24} ia^{41} tu$^{55-33}$ nai^{55} khau^{214} tu^{55}。③伊野号□[tu^{55}]。i^{24} ia^{41} khau^{214} tu^{55}。

但是雷州和三亚没有这样的副词，常常说成无体貌句，或者只用一个表示事件持续的句末助词（雷州用"□[tu^{33}]"，三亚用"□[lu^{42}]"），实际上是改说成事件持续。三亚也可用"着"，而这个"着"和普通话的"着"一样是不分动作持续与状态持续的。

（1）外面在下雨，要带雨伞。

雷州 阿外落雨□[tu^{33}]，爱带布伞。a^{55} bua^{553} lo^{33} heu$^{33-42}$ tu^{33}，ai^{21} ta^{21} peu$^{21-44}$ sua^{21}。

三亚 ①外面现旦落雨，要带雨伞。vuo^{33} min^{33} hi^{22} na^{33} loʔ^{33} hou^{42}, iau$^{24-22}$ ɗuo^{24} hou^{42} tuo^{24}.②外面现旦落着雨，要带雨伞。vuo^{33} min^{33} hi^{22} na^{33} loʔ^{33} ɗo^{42} hou^{42}, iau$^{24-22}$ ɗuo^{24} hou^{42} tuo^{24}.

（2）她还在哭。

雷州 伊野号□［tu^{33}］。i^{24} ia^{42} khau^{21} tu^{33}.

三亚 伊现旦啼□［lau^{22}］□［lu^{42}］。i^{33} hi^{22} na^{33} thi^{22} lau^{22} lu^{42}.

（二）状态持续体貌

闽南方言的状态持续体貌各地比较一致，都是在动词后用一个体貌形尾表示，各地的具体形式有些不同，见例句中加下划线的成分。

（3）门开着，里面没人。

泉州 门开咧，里爿无侬。bŋ̍^{24} kui^{33} lɤ(ʔ)$^{55-53}$, lai^{22} bin^{24} bo$^{24-22}$ laŋ^{24}.

厦门 ①门开□［ti^{22}］咧，里爿无侬。mŋ̍^{24} khui^{44} ti^{22} e^{-21}, lai$^{22-21}$ bin^{24} bo$^{24-22}$ laŋ^{24}.②门开牢，里面无侬。mŋ̍^{24} khui^{44} tiau$^{24-21}$, lai$^{22-21}$ bin^{22} bo$^{24-22}$ laŋ^{24}.

台中 门开咧，里面无侬。mŋ̍^{24} khui^{44} e^{-44}, lai$^{22-21}$ bin^{24} bo$^{24-22}$ laŋ^{24}.

漳州 门开□［hɛ$^{22-21}$］，里面仔无侬。muĩ$^{13-22}$ khui$^{34-22}$ hɛ$^{22-21}$, lai$^{22-21}$ bin$^{22-21}$ a^{52} bo$^{13-22}$ laŋ^{13}.

汕头 个门开□［to$^{25-31}$］（块），许里无侬。kai$^{55-31}$ muŋ^{55} khui^{33} to$^{25-31}$ (ko$^{213-31}$), hɯ$^{52-24}$ lai^{25} bo$^{55-31}$ naŋ^{55}.

揭阳 个门开□［to$^{35-21}$］（块），□［hio$^{42-35}$］底无侬。kai$^{55-22}$ muŋ^{55} khui^{33} to$^{35-21}$ (ko$^{213-21}$), hio$^{42-35}$ toi$^{42-21}$ bo$^{55-22}$ naŋ^{55}.

海丰 门开□［nin^{52}］，里底无侬。muĩ^{55} khui$^{44-33}$ nin^{52}, la$^{25-33}$ te^{52} bɔ$^{55-22}$ naŋ^{55}.

遂溪 门开倒/□［tu^{55}］，里无侬。mui^{22} khui^{24} to^{41}/ tu^{55}, li^{41} bo^{22} naŋ^{22}.

雷州 阿门开着，阿里无侬。a^{55} mui$^{22-33}$ khui^{24} to$^{41-21}$, a^{55} li^{42} bo$^{22-33}$ naŋ^{22}.

文昌 门开开，许里无侬。mui^{22} xui$^{34-42}$ xui^{34}, fio$^{21-55}$ lai^{42} bo$^{22-11}$ naŋ^{22}.

三亚 门开着，里面无侬。mui^{22} khui^{33} ɗoʔ^{42}, lai^{42} min^{22} vo^{22} naŋ^{22}.

（4）行李还放着呢。

泉州 行李野（各）放咧。hiŋ$^{24-22}$ li^{55} iã$^{55-24}$ (koʔ^{55}) paŋ^{41} lɤʔ$^{55-21}$.

厦门 行李阿各□［he^{22}］□［ti$^{22-21}$］咧。hiŋ$^{24-22}$ li^{53} a$^{53-44}$ koʔ$^{32-5}$ he^{22} ti$^{22-21}$ e^{-21}.

台中　行李野囥咧咧。hiŋ$^{24-22}$ li^{53} ia$^{53-44}$ khŋ̍^{21} e^{-21} le^{21}.
漳州　行李夭□［hɛ$^{22-21}$］□［ti$^{22-21}$］□［tsia^{34}］。hiŋ$^{13-22}$ li^{52} iau$^{52-34}$ hɛ$^{22-21}$ ti$^{22-21}$ tsia^{34}.
汕头　撮行李还放□［to$^{25-31}$］块□［to$^{25-31}$］。tshoʔ$^{2-5}$ heŋ$^{55-31}$ li^{52} huã$^{52-24}$ paŋ^{213} to$^{25-31}$ ko$^{213-31}$ to$^{25-31}$.
揭阳　行李还放□［to$^{35-21}$］块□［to$^{35-21}$］。heŋ$^{55-22}$ li^{42} hã$^{42-24}$ paŋ^{213} to$^{35-21}$ ko$^{213-21}$ to$^{35-21}$.
海丰　行李还放□［nin^{52}］□［tue^{213}］。heŋ$^{55-22}$ li^{52} huã$^{52-213}$ paŋ$^{213-55}$ nin^{52} tue^{213}.
遂溪　行李野放倒□［tu^{55}］。hiŋ$^{22-33}$ li^{41} ia^{41} paŋ^{214} to^{41} tu^{55}.
雷州　阿行李野放着。a^{55} hiŋ$^{22-33}$ li^{42} ia^{42} paŋ^{21} to^{21}.
文昌　行李□［iaŋ^{21}］放着。ɦeŋ$^{22-11}$ li^{31} iaŋ^{21} ɓaŋ^{21} lo^{-31}.
三亚　行李还放着。heŋ^{22} li^{31} hai^{22} ɓaŋ^{24} ɗoʔ^{42}.

(5) 行李暂且放着。
泉州　行李且放咧。hiŋ$^{24-22}$ li^{55} siã$^{55-24}$ paŋ^{41} lɤʔ$^{55-21}$.
厦门　行李先□［he^{22}］咧/□［he^{22}］牢。hiŋ$^{24-22}$ li^{53} siŋ$^{44-22}$ he^{22} e^{-21}/he^{22} tiau$^{24-21}$.
台中　行李暂时囥咧。hiŋ$^{24-22}$ li^{53} tsiam$^{22-21}$ si^{24} khŋ̍^{21} e^{-21}.
漳州　行李□［sã$^{52-34}$］□［hɛ$^{22-21}$］□［ɛ^{22}］□［tsia^{34}］。hiŋ$^{22-21}$ li^{52} sã$^{52-34}$ hɛ$^{22-21}$ ɛ^{22} tsia^{34}.
汕头　行李且放□［na^{31}］块。heŋ$^{55-31}$ li^{52} tshiã$^{52-24}$ paŋ^{213} na^{31} ko$^{213-31}$.
揭阳　行李且放放块。heŋ$^{55-22}$ li^{42} tshia$^{42-24}$ paŋ^{213} paŋ$^{213-21}$ ko$^{213-21}$.
海丰　行李先□［hiaʔ$^{3-4}$］遘许。heŋ$^{55-22}$ li^{52} sai$^{44-33}$ hiaʔ$^{3-4}$ kau^{213} hi$^{52-213}$.
遂溪　行李暂时放倒。hiŋ^{22} li^{41} tsiam$^{55-33}$ si^{22} paŋ^{214} to^{41}.
雷州　阿行李暂时放着。a^{55} hiŋ$^{22-33}$ li^{42} tsiam^{553} si$^{22-33}$ paŋ^{21} to^{21}.
文昌　行李暂放着。ɦeŋ$^{22-11}$ li^{31} tɕiam^{21} ɓaŋ^{21} lo^{-31}.
三亚　行李暂时放着。heŋ^{22} li^{31} tsaŋ^{45} ti^{22} ɓaŋ^{24} ɗoʔ^{42}.

(6) 坐着讲。
泉州　坐咧说/讲。tsɤ^{22} lɤʔ$^{55-21}$ sɤʔ^{55}/kaŋ^{55}.
厦门　①坐咧讲。tse$^{22-21}$ eʔ$^{32-53-44}$ kɔŋ^{53}.②坐牢讲。tse$^{22-21}$ tiau$^{24-22}$ kɔŋ^{53}.
台中　坐咧讲。tse$^{22-21}$ leʔ$^{2-5}$ kɔŋ^{53}.
漳州　坐□［ɛ$^{22-21}$］讲。tse$^{22-21}$ ɛ$^{22-21}$ kɔŋ^{52}.
汕头　坐放块/□［na^{31}］块咀。tso^{25} paŋ$^{213-31}$ ko$^{213-31}$/na^{31} ko$^{213-31}$ tã$^{213-31}$.

揭阳　坐放块咀。tso³⁵ paŋ²¹³⁻²¹ ko²¹³⁻²¹ tã²¹³⁻²¹.
海丰　坐□[nin⁵²]讲。tsie²⁵⁻³³ nin⁵² kɔŋ⁵²⁻²¹³.
遂溪　坐倒讲。tse⁵⁵⁻³³ to⁴¹ ko⁴¹.
雷州　坐着讲。tse³³ to²¹ ko⁴².
文昌　坐着讲。tɕie⁴² lo⁻³³ koŋ³¹.
三亚　坐着讲。tse⁴² lo（ʔ)⁴² koŋ³¹.

例（4）—例（6）的持续，都是动作完成之后转变而成的状态的持续。有些地方，状态持续体貌形式还可以用于"洗""切"等动词之后，表示的不是动作本身的持续，也不是动作完成后转变而成的状态的持续，而是动作完成之后形成的状态性结果的持续。下面是例句。

（7）西红柿洗好了放着。（大意）

汕头　①撮番茄洗伫块。（陈述）tshoʔ²⁻⁵ huaŋ³³ kio⁵⁵ soi⁵² to²⁵⁻³¹ ko²¹³⁻³¹.
②撮番茄洗放块/□[na³¹]伫块。（祈使）tshoʔ²⁻⁵ huaŋ³³ kio⁵⁵ soi⁵² paŋ²¹³ ko²¹³⁻³¹/na³¹ to²⁵⁻³¹ ko²¹³⁻³¹.

揭阳　①块番茄洗伫块。（陈述）ko²¹³⁻⁴² huaŋ³³ kio⁵⁵ soi⁴² to³⁵⁻²¹ ko²¹³⁻²¹.
②块番茄洗放块。（祈使）ko²¹³⁻⁴² huaŋ³³ kio⁵⁵ soi⁴² paŋ²¹³⁻²¹ ko²¹³⁻²¹.

状态持续体貌形式后面是否出现宾语，则以厦门、台中、漳州、汕头、揭阳、海丰为一方，以泉州和雷州片、海南片的遂溪、雷州、文昌、三亚为另一方，呈现出不同的情况。厦门等地当后面有宾语时，前面的动词一般不用状态持续体貌的标记。下面是例句。

（8）床上躺着一个人。

厦门　眠床有侬咧倒。bin²⁴⁻²² tshŋ'²⁴ u²²⁻²¹ laŋ²⁴⁻²² leʔ³²⁻⁵ to⁵³.
台中　眠床顶倒蜀个侬。bin²⁴⁻²² tshŋ'²⁴⁻²² tiŋ⁵³ to⁵³⁻⁴⁴ tsit³⁻² e²⁴⁻²² laŋ²⁴.
漳州　眠床咧倒□[ti²²⁻²¹]蜀股侬。bun¹³⁻²² tshŋ'¹³⁻²² e¹³⁻²² to⁵²⁻³⁴ ti²²⁻²¹ tsit¹²¹⁻²¹ kɔ⁵²⁻³⁴ laŋ³⁴.
汕头　眠床顶□[ĩʔ⁵⁻²]个侬。muɯ⁵⁵⁻³¹ tsɯ⁵⁵⁻³¹ teŋ⁵² ĩʔ⁵⁻² kai⁵⁵⁻³¹ naŋ⁵⁵.
揭阳　眠床顶□[ĩ³⁵⁻²¹]个侬。meŋ⁵⁵⁻²² tshuɯ⁵⁵⁻²² teŋ⁴²⁻⁵³ ĩ³⁵⁻²¹ kai⁵⁵⁻²² naŋ⁵⁵.
海丰　铺顶睏个侬伫许。phou⁴⁴⁻³³ teŋ⁵² khun²¹³⁻⁵⁵ kai⁵⁵⁻²² naŋ⁵⁵ tɔʔ² hi⁵²⁻²¹³.

而泉州、遂溪、雷州、文昌、三亚是另一种情况，状态持续体面标记后头可以有宾语，这和普通话的"着"、广州话的"住"相同而和其他地方的闽南方言不同。

（8）床上躺着一个人。

泉州　①床顶倒着蜀个侬。tshŋ'²⁴⁻²² tiŋ⁵⁵ to⁵⁵⁻²⁴ tioʔ²⁴⁻²² tsit²⁴⁻²² ge²⁴⁻²² laŋ²⁴.②床顶倒咧蜀个侬。tshŋ'²⁴⁻²² tiŋ⁵⁵ to⁵⁵⁻²⁴ lɤʔ⁵⁵ tsit²⁴⁻²² ge²⁴⁻²² laŋ²⁴.③床咧

倒蜀个侬咧。tshŋ$^{24-22}$ lɤ(ʔ)$^{55-53}$ to$^{55-24}$ tsit$^{24-22}$ ge$^{24-22}$ laŋ^{24} lɤ(ʔ)$^{55-53}$.

遂溪 床上瞓倒个侬。tsho^{22} tsio^{24} khoi$^{214-55}$ to^{41} kai^{22} naŋ^{22}.

雷州 阿床上瞓倒个侬。a^{55} tsho^{22} tsio^{24} khoi^{553} to$^{41-21}$ kai$^{22-33}$ naŋ^{22}.

文昌 床上睡着蜀枚侬。ʃo^{22} tʃio^{34} xoi^{53} ɗio^{42} ʤia(k)^{21} mo$^{42-11}$ naŋ^{22}.

三亚 床上瞓/偃着蜀个侬。tsho^{22} tsio^{42} khoiʔ^{45}/ai^{31} loʔ^{42} io^{33} kai^{22} naŋ^{22}.

状态持续与动作持续是否有严格的分别关系到持续体貌小系统的格局，是一个有类型学意义的特征。从上面的语料中，我们看到可严格区分这两种持续的有泉州、厦门、台中、漳州、汕头、揭阳、海丰、文昌八个点，这些点都有一个专用于表示动作持续的副词和一个专用于表示状态持续的形尾。不能严格区分这两种持续的，有遂溪、雷州和三亚。雷州和三亚未见专表动作持续的副词，只有不区分动作持续和状态持续的"倒"和"着"，因此没有动作持续与状态持续之分。遂溪虽有一个专门表示动作持续的"□［ᶜtu］乃"（相当于普通话副词"在"），但是持续形尾"倒"既可以表示状态持续，也可以表示动作持续，仍然不能严格区分动作持续和状态持续，和普通话是一样的格局。

还有一种不能独立出现的状态持续体貌，类似于普通话"走着走着碰到一个人"的"走着走着"，表示动作或是一种状态在持续之中出现了另一个事态，前者的持续过程与后一事态的过程形成一个密不可分的伴随过程，这里姑称之为"伴随的持续体貌"。"伴随的持续体貌"可以看作一种特殊的持续体貌，在汉语方言中，其表示形式与一般的持续体貌往往有联系又有所不同。闽南方言中，无论原先的持续体貌是否区别动作持续和状态持续，到了伴随的持续体貌，都不再分别动作本身的持续与状态的持续。构成伴随的持续体貌的语法手段离不开重叠，有的还在重叠时加上虚成分。加虚成分的又分两种情况，一种就是原来表示状态持续的虚成分，一种是另用别的虚成分。单纯重叠与重叠再加虚成分的手段常常在一个方言里并用。

1. **单纯用重叠**

（9）说着说着她就哭起来了。

泉州 ①说说伊就号起来（啰）。sɤʔ$^{55-44}$ sɤʔ^{55} i^{33} tsiu$^{41-22}$ khau^{41} khi$^{55-31}$ lai$^{24-21}$（lɔ^{21}）。②说说说伊就/煞号起来（啰）。sɤʔ$^{55-44}$ sɤʔ^{55} sɤʔ^{55} i^{33} tsiu$^{41-22}$/suaʔ^{55} khau^{41} khi$^{55-31}$ lai$^{24-21}$（lɔ^{21}）.

厦门 讲讲讲伊煞号起来啊。koŋ^{53} koŋ^{53} koŋ^{53} i$^{44-22}$ saʔ$^{32-5}$ khau^{21} khi$^{53-21}$ lai$^{24-21}$ a^{21}.

文昌 讲讲讲，伊就号起来。koŋ^{31} koŋ^{31} koŋ^{31}, i$^{34-42}$ tʃiu$^{42-11}$ xau^{21} xi$^{31-33}$ lai^{22}.

三亚 讲讲伊就啼起来了。koŋ^{31} koŋ^{31} i^{33} tsiu^{42} thi^{22} khi^{31} lai^{22} liau^{31}.

(10) 走着走着不知道走到哪儿了。

泉州　行行行唔知行去倒落。kiã^{24} kiã$^{24-55}$ kiã^{24} m̩$^{41-22}$ tsai^{33} kiã$^{24-22}$ khɯ$^{41-55}$ to$^{55-24}$ loʔ$^{24-41}$.

厦门　行行行唔知影行去倒落啊。kiã^{24} kiã^{24} kiã^{24} m̩$^{22-21}$ tsai$^{44-22}$ iã$^{53-55}$ kiã$^{24-22}$ khi$^{21-53}$ to$^{53-44}$ loʔ^5 a^{21}.

文昌　行行行，无知行去地。kia^{22} kia^{22} kia^{22}，bo$^{22-11}$ tai^{34} kia$^{22-11}$ xu$^{21-55}$ ɗe^{34}.

三亚　行行就无八行遘底□［ɗio^{22}］了。kio^{22} kio^{22} tsiu^{42} vo^{22} vaiʔ^{45} kio^{22} kau^{24} ɗi^{42} ɗio^{22} liau^{31}.

(11) 吃着吃着吃出一颗钉子来。

泉州　食食食食出蜀粒钉仔（出）来。tsiaʔ^{24} tsiaʔ$^{24-55}$ tsiaʔ^{24} tsiaʔ$^{24-22}$ tshut^{55} tsit$^{24-22}$ liap$^{24-22}$ tan^{33} ã^{55}（tshut^{55}）lai$^{24-31}$.

厦门　食食食食着蜀丛钉仔。tsiaʔ^5 tsiaʔ^5 tsiaʔ^5 tsiaʔ$^{5-21}$ tioʔ$^{5-21}$ tsit$^{5-21}$ tsaŋ$^{24-22}$ tiŋ$^{44-22}$ a^{53}.

遂溪　食食食出蜀粒钉囝来。tsia^{33} tsia^{33} tsia^{33} tshuk^{54} iak^3 liap^3 tiŋ$^{24-33}$ kia^{41} lai^{22}.

文昌　食食食食趁蜀支铁钉□［ʨioʔ^5］。ʨia^{42} ʨia^{42} ʨia^{42} ʨia^{42} xan$^{21-55}$ ʥia(k)^{21} ki$^{34-42}$ xi^{53} ɗan^{34} ʨioʔ^5.

三亚　喫喫就喫出蜀枚钉囝。khai^{31} khai^{31} tsiu^{42} khai^{31} tshuiʔ^{45} ioʔ^{33} mo^{45} ɗeŋ^{33} kio^{31}.

(12) 你们怎么唱着唱着又停了？

海丰　恁做呢唱唱唱□［tiam^{21}］了去？nin^{52} tsa$^{213-55}$ ni$^{55-22}$ tshiõ$^{213-55}$ tshiõ^{213} tshiõ$^{213-55}$ tiam^{21} liau$^{52-213}$ khi$^{213-21}$？

遂溪　汝群做□［mi^{55}］唱唱又停啦？lu$^{41-24}$ kuŋ^{22} tso^{55} mi^{55} tshio^{214} tshio^{214} iu$^{55-33}$ tiŋ^{22} la^{41}？

文昌　汝蜀家知作唱唱唱就□［nut^5］/□［nun^{53}］啰？du^{31} ʥiak$^{3-21}$ ke^{34} tai^{34} toʔ^5 ʃio^{21} ʃio^{21} ʃio^{21} ʨiu$^{42-11}$ nut^5/nun^{53} lo^{21}？

三亚　汝侬做□［miʔ^{45}］唱唱又停落来/停啰？lu^{31} naŋ^{22} toʔ$^{45-44}$ miʔ^{45} tshaŋ$^{24-22}$ tshaŋ^{24} ziu^{42} theŋ^{22} loʔ^{42} lai^{22}/theŋ^{22} lo^{42}？

(13) 我睡着睡着被雷声惊醒了。

海丰　我睏睏乞雷□［tsak$^{3-4}$］醒了去。ua^{52} khun$^{213-55}$ khun^{213} kɔ$^{21-33}$ lui^{55} tsak$^{3-4}$ tshiẽ^{52} liau$^{52-55}$ khi$^{213-55}$.

遂溪　我睏睏就乞雷声惊醒啦。va^{41} khoi$^{214-55}$ khoi$^{214-55}$ tsiu^{55} khi^{55} lui^{22} sia^{24} kia^{24} tshe^{41} la^{41}.

文昌 我睡睡睡□〔io‽^{53}〕雷公做醒来。gua^{31} xoi^{53} xoi^{53} xoi^{53} io‽^{53} li$^{22-11}$ koŋ^{34} to^{53} ʃe$^{31-33}$ lai^{22}.

三亚 我睏睏就乞雷声惊醒了。va^{31} khoi‽^{45} khoi‽^{45} tsiu^{42} khi‽^{45} lui^{22} tio^{33} kio^{33} tshe^{31} liau^{31}.

2. 重叠再加虚成分

A. 用状态持续形尾作虚成分

(9) 说着说着她就哭起来了。

泉州 ①说着说着伊就号起来（啰）。sɤ‽^{55} tio‽$^{24-21}$ sɤ‽^{55} tio‽$^{24-21}$ i^{33} tsiu$^{41-22}$ khau^{41} khi$^{55-31}$ lai$^{24-21}$（lɔ^{21}）。②说咧说咧伊就号起来（啰）。sɤ‽^{55} lɤ‽$^{55-21}$ sɤ‽^{55} lɤ‽$^{55-21}$ i^{33} tsiu$^{41-22}$ khau^{41} khi$^{55-31}$ lai$^{24-21}$（lɔ^{21}）。③说说咧伊就号起来（啰）。sɤ‽$^{55-44}$ sɤ‽^{55} lɤ‽$^{55-21}$ i^{33} tsiu$^{41-22}$ khau^{41} khi$^{55-31}$ lai$^{24-21}$（lɔ^{21}）。④说说说咧伊就/煞号起来（啰）。sɤ‽$^{55-44}$ sɤ‽^{55} sɤ‽^{55} lɤ‽$^{55-21}$ i^{33} tsiu$^{41-22}$/sua‽^{55} khau^{41} khi$^{55-31}$ lai$^{24-21}$（lɔ^{21}）。

遂溪 讲倒讲倒伊就号起来啦。ko^{41} to^{41} ko^{41} to^{41} i^{24} tsiu^{55} khau^{214} khi^{41} lai^{22} la^{41}.

雷州 ①讲倒讲倒伊就号起来。ko^{42} to$^{41-21}$ ko^{42} to$^{41-21}$ i^{24} tsiu$^{33-42}$ khau^{21} khi^{42} lai^{22}. ②讲讲倒伊就号起来。ko$^{42-44}$ ko^{42} to$^{41-21}$ i^{24} tsiu$^{33-42}$ khau^{21} khi^{42} lai^{22}.

三亚 讲着讲着伊就啼起来了。koŋ^{31} ɗo‽^{42} koŋ^{31} ɗo‽^{42} i^{33} tsiu^{42} thi^{22} khi^{31} lai^{22} liau^{31}.

(10) 走着走着不知道走到哪儿了。

泉州 ①行咧行咧唔知行去倒落。kiã^{24} lɤ‽$^{55-41}$ kiã^{24} lɤ(‽)$^{55-53}$ m$^{41-22}$ tsai^{33} kiã$^{24-22}$ khɯ$^{41-55}$ to$^{55-24}$ lo‽$^{24-41}$. ②行行行咧唔知行去倒落。kiã^{24} kiã$^{24-55}$ kiã^{24} lɤ(‽)$^{55-53}$ m$^{41-22}$ tsai^{33} kiã$^{24-22}$ khɯ$^{41-55}$ to$^{55-24}$ lo‽$^{24-41}$.

遂溪 行倒行倒无知行遘□〔te^{214}〕嘞。kia^{22} to^{41} kia^{22} to^{41} vo^{22} tsai^{24} kia^{22} kau$^{214-55}$ te^{214} le^{41}.

雷州 ①走倒走倒无知走遘底迹啦。tsau^{42} to$^{41-21}$ tsau^{42} to^{41} bo$^{22-33}$ tsai^{24} tsau^{42} kau$^{21-44}$ ti^{24} tsia^{553} la^{33}. ②走走倒无知走遘底迹啦。tsau$^{42-44}$ tsau^{42} to$^{41-21}$ bo$^{22-33}$ tsai^{24} tsau^{42} kau$^{21-44}$ ti^{24} tsia^{553} la^{34}.

三亚 行着行着就无八行遘底□〔ɗio^{22}〕了。kio^{22} ɗo‽^{42} kio^{22} ɗo‽^{42} tsiu^{42} vo^{22} vai‽^{45} kio^{22} kau^{24} ɗi^{42} ɗio^{22} liau^{31}.

(11) 吃着吃着吃出一颗钉子来。

泉州 食咧食咧食出蜀粒钉仔来。tsia‽^{24} lɤ(‽)$^{55-53}$ tsia^{24} lɤ‽$^{55-41}$ tsia‽$^{24-22}$ tshut^{55} tsit$^{24-22}$ liap$^{24-22}$ tan^{33} ã^{55} lai$^{24-31}$.

遂溪 食倒食倒食出蜀粒钉囝来。tsia^{33} to^{41} tsia^{33} to^{41} tsia^{33} tshuk^{54} iak^{3} liap^{3}

tiŋ$^{24-33}$ kia^{41} lai^{22}.

雷州 食倒食倒食出蜀粒钉囝来。tsia^{553} to$^{41-21}$ tsia^{553} to$^{41-21}$ tsia$^{553-33}$ tshuk^5 ziak^5 liap^5 taŋ$^{24-33}$ kia^{42} lai^{22}.

三亚 喫着喫着就喫出蜀枚钉囝。khai^{31} ɗoʔ^{42} khai^{31} ɗoʔ^{42} tsiu^{42} khai^{31} tshuiʔ^{45} ioʔ^{33} mo^{45} ɗeŋ^{33} kio^{31}.

（12）你们怎么唱着唱着又停了？

泉州 恁□［huai$^{55-24}$］怎仔唱咧唱咧各停啰。lin^{55} huai$^{55-24}$ tsiũ$^{41-55}$ ã^{55} tshiũ^{41} lɤʔ$^{55-21}$ tshiũ^{41} lɤʔ$^{55-21}$ kɔ^{55} tiŋ^{24} lɔ^{41}?

遂溪 汝群做□［mi^{55}］唱倒唱倒又停啦？lu$^{41-24}$ kuŋ^{22} tso^{55} mi^{55} tshio^{214} to^{41} tshio^{214} to^{41} iu$^{55-33}$ tiŋ^{22} la^{41}?

雷州 ①汝阿众做□［mi^{553}］唱倒唱倒又歇咧？lu$^{42-44}$ a^{55} taŋ^{21} tso$^{553-33}$ mi^{553} tshio^{21} to$^{41-21}$ tshio^{21} to$^{41-21}$ iu^{22} hiã^{553} le^{33}？②汝阿众做□［mi^{553}］唱唱倒又歇咧。lu$^{42-44}$ a^{55} taŋ^{21} tso$^{553-33}$ mi^{553} tshio$^{21-44}$ tshio^{21} to$^{41-21}$ iu^{22} hiã^{553} le^{21}？

三亚 汝侬做□［miʔ^{45}］唱着唱着又停落来/停啰？lu^{31} naŋ^{22} toʔ$^{45-44}$ miʔ^{45} tshaŋ^{24} ɗoʔ^{42} tshaŋ^{24} ɗoʔ^{42} ziu^{42} theŋ^{22} loʔ^{42} lai^{22}/theŋ^{22} lo^{42}？

（13）我睡着睡着被雷声惊醒了。

泉州 我睏咧睏咧被雷声惊醒啰。gua^{55} khun^{41} lɤʔ$^{55-21}$ khun^{41} lɤʔ$^{55-21}$ thɔ$^{41-22}$ lui$^{24-33}$ siã^{33} kiã^{33} tshĩ^{55} lɔ^{31}.

遂溪 我睏倒睏倒就乞雷声惊醒啦。va^{41} khoi$^{214-55}$ to^{41} khoi$^{214-55}$ to^{41} tsiu^{55} khi^{55} lui^{22} sia^{24} kia^{24} tshe^{41} la^{41}.

雷州 ①我睏倒睏倒乞阿雷公惊醒啊。ba^{42} koi^{553} to$^{41-21}$ koi^{553} to$^{41-21}$ khi^{553} a^{55} lui$^{22-33}$ koŋ^{24} kia^{22} tshe^{42} a^{21}。②我睏睏倒乞阿雷公惊醒啊。ba^{42} koi$^{553-24}$ koi^{553} to$^{41-21}$ khi^{553} a^{55} lui$^{22-33}$ koŋ^{24} kia^{22} tshe^{42} a^{21}。

三亚 我睏着睏着就乞雷声惊醒了。va^{31} khoiʔ^{45} ɗoʔ^{42} khoiʔ^{45} ɗoʔ^{42} tsiu^{42} khiʔ^{45} lui^{22} tio^{33} kio^{33} tshe^{31} liau^{31}.

B. 用其他虚成分

（9）说着说着她就哭起来了。

厦门 讲下讲下伊煞号起来啊。kɔŋ^{53} e$^{22-21}$ kɔŋ^{53} e$^{22-21}$ i$^{44-22}$ saʔ$^{32-5}$ khau^{21} khi$^{53-21}$ lai$^{24-21}$ a^{21}.

台中 讲讲下伊着号起来啊。kɔŋ$^{53-44}$ kɔŋ^{53} e$^{22-21}$ i$^{44-22}$ tioʔ$^{3-2}$ khau^{21} khi$^{53-21}$ lai$^{24-21}$ a^{21}.

漳州 讲啊讲伊（煞）号出来。kɔŋ$^{52-34}$ a$^{34-22}$ kɔŋ^{52} i$^{34-22}$（sap$^{32-5}$）khau^{21} tshut$^{32-21}$ lai$^{13-21}$.

汕头 呾啊呾伊□［sua$^{213-55}$］落去号。tã$^{213-55}$ a^{33} tã$^{213-55}$ i^{33} sua$^{213-55}$ loʔ$^{5-2}$

khɯ$^{213-55}$ khau^{213}.

揭阳 呾下呾伊口［tshua$^{213-42}$］号。ta$^{213-42}$ e$^{35-21}$ ta^{213} i^{33} tshua$^{213-42}$ khau^{213}.

海丰 讲啊讲啊 伊 就 号 哦。kɔŋ$^{52-213}$ a$^{44-33}$ kɔŋ^{52} a^{44} i$^{44-33}$ tsu$^{25-33}$ khau^{213} ɔ^{33}.

文昌 讲啊讲伊就号起来。koŋ^{31} a^{11} koŋ^{31} i$^{34-42}$ tʃiu$^{42-11}$ xau^{21} xi$^{31-33}$ lai^{22}.

（10）走着走着不知道走到哪儿了。

厦门 行下行下唔知影行去倒落啊。kiã^{24} e$^{22-21}$ kiã^{24} e$^{22-21}$ m̩$^{22-21}$ tsai$^{44-22}$ iã$^{53-55}$ kiã$^{24-22}$ khi$^{21-53}$ to$^{53-44}$ loʔ^{5} a^{21}.

台中 行行下唔知行去倒位啊。kiã$^{24-22}$ kiã$^{24-22}$ e^{22} m̩$^{22-21}$ tsai$^{44-22}$ kiã$^{24-22}$ khi$^{21-53}$ to$^{53-44}$ ui^{22} a^{21}.

漳州 行啊行（煞）唔知影行遭倒落仔。kiã$^{13-22}$ a$^{34-22}$ kiã$^{13-22}$（sap$^{32-5}$）m̩$^{22-21}$ tsai$^{34-22}$ iã$^{13-22}$ kiã$^{13-22}$ kau$^{21-52}$ ta$^{52-34}$ lo$^{13-22}$ a^{52}.

汕头 行啊行唔知行对地块去。kiã$^{55-31}$ a^{33} kiã^{55} m̩$^{25-31}$ tsai^{33} kiã$^{55-31}$ tui$^{213-55}$ ti$^{25-31}$ ko$^{213-55}$ khɯ^{213}.

揭阳 行下行唔知行对地块去。kiã$^{55-22}$ e$^{35-21}$ kiã^{55} m̩$^{35-21}$ tsai^{33} kiã$^{55-22}$ tui$^{213-42}$ ti$^{22-21}$ ko$^{213-42}$ khɯ^{213}.

海丰 行啊行啊，唔知行遭地块去啊。kiã$^{55-22}$ a$^{44-33}$ kiã^{55} a$^{44-21}$，m̩$^{25-33}$ tsai$^{44-33}$ kiã$^{55-22}$ a$^{52-213}$ ti$^{21-33}$ te$^{213-55}$ khi$^{213-21}$ a^{21}.

文昌 行啊行，无知行去地。kia^{22} a^{11} kia^{22}，bo$^{22-11}$ tai^{34} kia$^{22-11}$ xu$^{21-55}$ ɖe^{34}.

（11）吃着吃着吃出一颗钉子来。

厦门 食下食下/食啊食啊食着蜀丛钉仔。tsiaʔ^{5} e$^{22-21}$ tsiaʔ^{5} e$^{22-21}$/tsiaʔ^{5} a^{21} tsiaʔ^{5} a^{21} tsiaʔ$^{5-21}$ tio$^{5-21}$ tsit$^{5-21}$ tsaŋ$^{24-22}$ tiŋ$^{44-22}$ a^{53}.

台中 食食下食出蜀支钉仔来。tsiaʔ$^{3-2}$ tsiaʔ$^{3-2}$ e$^{22-2}$ tsiaʔ$^{3-2}$ tshut$^{2-5}$ tsit$^{3-2}$ ki$^{44-22}$ tiŋ$^{44-22}$ a^{53} lai^{24}.

漳州 食啊食煞食着蜀支铁钉仔。tsiaʔ$^{121-32}$ a$^{34-22}$ tsiaʔ^{121} sap^{32} tsiaʔ$^{121-21}$ tioʔ$^{121-21}$ tsit$^{121-21}$ ki$^{34-22}$ thi$^{32-52}$ tiŋ^{34} a^{52}.

汕头 食啊食食着粒铁钉。tsiaʔ$^{5-2}$ a^{33} tsiaʔ^{5} tsiaʔ$^{5-2}$ tioʔ$^{5-2}$ liap$^{5-2}$ thiʔ$^{2-5}$ teŋ^{33}.

揭阳 食下食食着粒铁钉。tsiaʔ$^{5-2}$ e$^{35-21}$ tsiaʔ^{5} tsiaʔ$^{5-2}$ tioʔ$^{5-2}$ liap$^{5-2}$ tiʔ$^{2-3}$ teŋ^{33}.

海丰 食啊食啊食蜀支钉出来。tsia$^{4-3}$ a$^{44-33}$ tsia$^{4-3}$ a^{44} tsiaʔ$^{4-3}$ tsit$^{4-3}$

ki$^{44-33}$ teŋ^{44} tshut^3 lai$^{55-21}$。

遂溪　①食啊食食出蜀粒钉囝来。tsia^{33} a$^{24-33}$ tsia^{33} tsia^{33} tshuk^{54} iak^3 liap^3 tiŋ$^{24-33}$ kia^{41} lai^{22}。②食食囝食出蜀粒钉囝来。tsia^{33} tsia^{33} kia^{41} tsia^{33} tshuk^{54} iak^3 liap^3 tiŋ$^{24-33}$ kia^{41} lai^{22}。

文昌　食啊食/食食食食趁蜀支铁钉□［tʃio?^{5}］。tʃia^{42} a^{21} tʃia^{42}/tʃia^{42} tʃia^{42} tʃia^{42} tʃia^{42} xan$^{21-55}$ ʥia(k)^{21} ki$^{34-42}$ xi^{53} ɗan^{34} tʃio?^{5}。

(12) 你们怎么唱着唱着又停了？

厦门　①恁哪/敢解唱下唱下各停去啊？lin$^{53-44}$ na$^{53-44}$/kan$^{53-44}$ e$^{22-21}$ tshiũ^{21} e$^{22-21}$ tshiũ^{21} e$^{22-21}$ ko?$^{32-5}$ thiŋ^{24} khi^{21} a^{21}？②恁哪/敢解唱唱下各停去啊？lin$^{53-44}$ na$^{53-44}$/kan$^{53-44}$ e$^{22-21}$ tshiũ$^{21-53}$ tshiũ^{21} e$^{22-21}$ ko?$^{32-5}$ thiŋ^{24} khi^{21} a^{21}？

台中　汝哪解唱唱下着停呀？li$^{53-44}$ na$^{53-44}$ e$^{22-21}$ tshiũ$^{21-44}$ tshiũ^{21} e$^{22-21}$ tio?$^{3-2}$ thiŋ^{24} ia^{21}？

漳州　恁安怎唱啊唱煞定去？lin^{52} an$^{34-22}$ tsuã$^{52-34}$ tshiɔ$^{21-52}$ a$^{34-22}$ tshiɔ$^{21-52}$ sap$^{32-5}$ tiã^{22} khi^{21}？

汕头　恁唱啊唱做呢分伊歇去？niŋ^{52} tshiaŋ$^{213-55}$ a^{33} tshiaŋ$^{213-55}$ tso$^{213-55}$ ni$^{55-31}$ puŋ^{33} i^{33} hia?^{2} khɯ$^{213-31}$？

揭阳　恁唱下唱做呢乞伊歇去？neŋ$^{42-53}$ tshiaŋ$^{213-42}$ e$^{35-21}$ tshiaŋ^{213} to$^{213-42}$ ni^{55} khe?$^{2-3}$ i^{33} hia?$^{5-2}$ khɯ^{213}？

海丰　恁做呢唱啊唱□［tiam^{21}］了去？nin^{52} tsa$^{213-55}$ ni$^{55-22}$ tshiɔ̃$^{213-55}$ a$^{44-33}$ tshiɔ̃^{213} tiam^{21} liau$^{52-213}$ khi$^{213-21}$？

遂溪　①汝群做□［mi^{55}］唱啊唱又停啦？lu$^{41-24}$ kuŋ^{22} tso^{55} mi^{55} tshio^{214} a$^{24-33}$ tshio^{214} iu$^{55-33}$ tiŋ^{22} la^{41}？②汝群做□［mi^{55}］唱唱囝又停啦？lu$^{41-24}$ kuŋ^{22} tso^{55} mi^{55} tshio^{214} tshio^{214} kia^{41} iu$^{55-33}$ tiŋ^{22} la^{41}？

文昌　汝蜀家知作唱啊唱就□［nut^5］/□［nun^{53}］啰？du^{31} ʥiak$^{3-21}$ ke^{34} tai^{34} to?^{5} ʃio?^{5} a^{21} ʃio?^{5} tʃiu$^{42-11}$ nut^5/nun^{53} lo^{21}？

(13) 我睡着睡着被雷声惊醒了。

厦门　①我睏下睏下煞互雷声惊醒啊。gua$^{53-44}$ khun^{21} e$^{22-21}$ khun^{21} e$^{22-21}$ sa?$^{32-5}$ hɔ$^{22-21}$ lui$^{24-22}$ siã^{44} kiã^{44} tshĩ$^{53-21}$ a^{21}。②我睏睏下煞互雷声惊醒啊。gua$^{53-44}$ khun$^{21-53}$ khun^{21} e$^{22-21}$ sa?$^{32-5}$ hɔ$^{22-21}$ lui$^{24-22}$ siã^{44} kiã^{44} tshĩ$^{53-21}$ a^{21}。

台中　我睏睏下着乞合雷声惊醒啊。ua$^{53-44}$ khun$^{21-53}$ khun^{21} e$^{22-21}$ tio?$^{3-2}$ khi?$^{2-5}$ ha$^{3-2}$ lui$^{24-22}$ siã^{44} kiã$^{44-22}$ tshĩ^{53} a^{21}。

漳州　我睇啊睇互雷声惊＜蜀下＞煞醒。gua$^{52-34}$ bi$^{34-22}$ a$^{34-22}$ bi^{34} hɔ$^{22-21}$ lui$^{13-22}$ siã^{34} kiã$^{34-22}$ ＜tsɛ^{21}＞ sap$^{32-5}$ tsh ɛ̃^{52}。

汕头　我□［ŋ̍?$^{5-2}$］啊□［ŋ̍?^{5}］分雷声惊醒。ua^{52} ŋ̍?$^{5-2}$ a^{33} ŋ̍?^{5} puŋ^{33}

lui$^{55-31}$ siã^{33} kiã^{33} tshẽ^{52}.

揭阳 我□［ĩ$^{35-21}$］下□［ĩ^{35}］乞雷声惊醒。ua$^{42-53}$ ĩ$^{35-21}$ e$^{35-21}$ ĩ^{35} khe$?^{2-3}$ lui$^{55-22}$ sẽ^{33} kiã^{33} tshẽ^{42}.

遂溪 ①我睏啊睏就乞雷声惊醒啦。va^{41} khoi$^{214-55}$ a$^{24-33}$ khoi$^{214-55}$ tsiu^{55} khi^{55} lui^{22} sia^{24} kia^{24} tshe^{41} la^{41}. ②我睏睏囝就乞雷声惊醒啦。va^{41} khoi$^{214-55}$ khoi$^{214-55}$ kia^{41} tsiu^{55} khi^{55} lui^{22} sia^{24} kia^{24} tshe^{41} la^{41}.

文昌 我睡啊睡□［io$?^{53}$］雷公做醒来。gua^{31} xoi^{53} a^{21} xoi^{53} io$?^{53}$ li$^{22-11}$ koŋ^{34} to^{53} ʃe$^{31-33}$ lai^{22}.

语义上,动作和状态有着密切的关系,前者常常转化为后者。伴随的持续体貌中,一个动作的持续进行成为另一事态的伴随过程,也就变成了一种状态,因此,即使在严格区分动作进行与状态持续的福建、台湾、粤东等地,其伴随的持续体貌也不再有动作持续与状态持续的分别,所有伴随的持续都只属于状态持续。重叠常常有一种使被重叠的成分状态形容词化的倾向①,而状态持续形尾则原本就是表示状态持续的,这两种语法手段所具有的语义特征正好符合伴随的持续体貌的语义要求,结合使用而形成闽南方言伴随持续貌的表现形式也就不奇怪了。

(三) 事件持续体貌

事件持续体貌表示全句所述事件持续着。闽南方言在句末用一个持续体标记来表示。下面是例句。

(14) 天还早呢。

泉州 天野(各)早。thĩ^{33} iã$^{55-24}$（ko$?^{55}$）tsa^{55}.

厦门 天阿各早咧。thĩ^{44} a$^{53-44}$ ko$?^{32-5}$ tsa^{53} le^{-21}.

台中 天野各早咧。thĩ$^{44-22}$ ia$^{53-44}$ ko$?^{2-5}$ tsa^{53} le^{-21}.

漳州 天夭早着啦。thĩ^{34} iau$^{52-34}$ tsa^{52} tio$?^{121-21}$ la^{21}.

汕头 日还早伫。zik^5 huã$^{52-24}$ tsa^{52} to$^{25-31}$.

揭阳 日还早伫。zek^5 hã$^{42-35}$ tsa$^{42-21}$ to$^{35-21}$.

海丰 天时还早住。thĩ$^{44-33}$ si^{55} huã$^{52-213}$ tsa^{52} tsu$^{21-31}$.

遂溪 天野早□［tu^{55}］。thi^{24} ia^{41} tsa^{41} tu^{55}.

雷州 阿天野早□［tu^{33}］。a^{55} thi^{24} ia^{42} tsa^{42} tu^{33}.

文昌 天倘早噜咧。xi^{34} iaŋ^{31} ta^{31} lu^{-21} le^{-31}.

---

① 参见施其生《论汕头方言中的"重叠"》,载《语言研究》1997年第1期。

三亚　天还早噜。thi²² hai²² tsa³¹ lu⁴²。

(15) 他这会儿还没下班呢。

泉州　伊即阵仔野未落班咧。i³³ tsit⁵⁵⁻⁴⁴ tsun⁴¹⁻⁵⁵ ã⁵⁵ ia⁵⁵⁻²⁴ bɤ⁴¹⁻²² loʔ²⁴⁻²² pan³³ lɤ⁵⁵⁻²¹。

厦门　伊即阵啊各未落班咧。i⁴⁴⁻²² tsit³²⁻⁵ tsun²² a⁵³⁻⁴⁴ koʔ³²⁻⁵ be²²⁻²¹ loʔ⁵⁻²¹ pan⁴⁴ e⁻²¹。

台中　伊即□[ma⁵³⁻⁴⁴]未下班咧。i⁴⁴⁻²² tsit²⁻⁵ ma⁵³⁻⁴⁴ bue²²⁻²¹ ha²²⁻²¹ pan⁴⁴ le⁻²¹。

漳州　伊即阵仔夭未落班着。i³⁴⁻²² tsit³²⁻⁵ tsun²²⁻²¹ a⁵² iau⁵²⁻³⁴ be²²⁻²¹ loʔ¹²¹⁻²¹ pan³⁴ tioʔ¹²¹⁻²¹。

汕头　伊只阵还未落班伫。i³³ tsi⁵²⁻²⁴ tsuŋ⁵⁵ huã⁵²⁻²⁴ bue²⁵⁻³¹ loʔ⁵⁻²¹ paŋ⁵⁵ to²¹³。

揭阳　伊只阵还未落班伫。i³³ tsi⁴²⁻³⁵ tsuŋ⁵⁵ huã⁴²⁻²⁴ bue²²⁻²¹ loʔ⁵⁻² paŋ³³ to³⁵⁻²¹。

海丰　伊只下仔还无落班住。i⁴⁴ tsi⁵² e²⁵⁻³³ ã⁵² huã⁵²⁻²¹³ bɔ⁵⁵⁻²² loʔ⁴⁻¹¹ paŋ⁴⁴ tsu²¹⁻³¹。

遂溪　伊若缝囝野孻落班□[tu⁵⁵]。i²⁴ ia⁵⁵ phaŋ²² kia⁴¹ ia⁴¹ meŋ²²⁻³³ lo³³ paŋ²⁴ tu⁵⁵。

雷州　伊这迫囝野无落班。i²⁴ zia⁵⁵³ phe⁵⁵³ kia⁴² ia⁴² bo²²⁻³³ lo³³ paŋ²⁴。

文昌　伊这候倘无落班噜。i³⁴ ʥia(k)²¹⁻⁵⁵ fiau³⁴ iaŋ³¹ bo²²⁻¹¹ lok³⁻²¹ ɓan³⁴ lu⁻²¹。

三亚　伊现旦还无落班噜。i³³ hi²² na³³ hai²² vo²² loʔ³³ ɓaŋ³³ lu⁴²。

二、闽南方言持续体貌中的"使然""非使然"

汉语有些方言，尤其是东部和南部的方言如胶辽官话、徽语、闽语、湘语等，表所在的介词，以及由表所在的介词结构演变而来的持续体貌形式分两套，有"使然""非使然"之别。① 这种情况在闽南方言的潮汕片表现得非常典型，"非使然"的用"伫块/伫/□[ˬto]"，"使然"的用"放块/□[na²]块/<□[na²]块>[ˬna]/□[na²]"。下面是例句。

(4) 行李还放着呢。(非使然)

汕头　撮行李还放□[to²⁵⁻³¹]块伫。tshoʔ²⁻⁵ heŋ⁵⁵⁻³¹ li⁵² huã⁵²⁻²⁴ paŋ²¹³

---

① 详见施其生《汉语方言里的"使然"与"非使然"》，载《中国语文》2006年第4期。

to$^{25-31}$ ko$^{213-31}$ to$^{25-31}$.

揭阳 行李还放□［to$^{35-31}$］块仔。heŋ$^{55-22}$ li^{42} hã$^{42-24}$ paŋ^{213} to$^{35-21}$ ko$^{213-21}$ to$^{35-21}$.

(5) 行李暂且放着。（使然）

汕头 行李且放□［na^{31}］块。heŋ$^{55-31}$ li^{52} tshiã$^{52-24}$ paŋ^{213} na^{31} ko$^{213-31}$.

揭阳 行李且放<u>放块</u>。heŋ$^{55-22}$ li^{42} tshia$^{42-24}$ paŋ^{213} paŋ$^{213-21}$ ko$^{213-21}$.

(6) (别急！) 坐着讲。（使然）

汕头 <u>坐 放 块</u>/□［na^{31}］块咀。tso^{25} paŋ$^{213-31}$ ko$^{213-31}$/na^{31} ko$^{213-31}$ tã$^{213-31}$.

揭阳 <u>坐放块</u>咀。tso^{35} paŋ$^{213-21}$ ko$^{213-21}$ tã$^{213-21}$.

(16) 帽子戴着。（使然或非使然）

汕头 ①顶帽戴仔块。（陈述，非使然）teŋ$^{52-24}$ bo^{31} ti^{213} to$^{25-31}$ ko$^{213-31}$.
②顶帽戴<u>放块</u>/□［na^{31}］块。（祈使，使然）teŋ$^{52-24}$ bo^{31} ti^{213} paŋ$^{213-31}$ ko$^{213-31}$/na^{31} ko$^{213-31}$.

揭阳 ①顶帽戴仔块。（陈述，非使然）teŋ$^{42-24}$ bo$^{55-22}$ ti^{213} to$^{35-21}$ ko$^{213-21}$.
②顶帽戴<u>放块</u>。（祈使，使然）teŋ$^{42-24}$ bo$^{55-22}$ ti^{213} paŋ$^{213-21}$ ko$^{213-21}$.

(17) 你等着！（使然）

汕头 你 <u>放 块</u>/□［na$^{52-24}$］（块）等！lɯ^{52} paŋ$^{213-55}$ ko$^{213-55}$/na$^{52-24}$ (ko$^{213-55}$) taŋ^{52}!

揭阳 汝<u>放块</u>等！lɯ$^{42-53}$ paŋ$^{213-42}$ ko$^{213-53}$ taŋ$^{42-21}$!

(18) 你们先守着，别乱跑！（使然）

汕头 恁且□［na$^{52-24}$］块掌，嫒散走！niŋ^{52} tshiã$^{52-24}$ na$^{52-24}$ ko$^{213-55}$ tsiõ^{52}, mai$^{213-55}$ suã$^{213-55}$ tsau^{52}!

揭阳 恁且掌<u>放块</u>，嫒散走！neŋ$^{42-53}$ tshia$^{42-35}$ tsiõ$^{42-21}$ paŋ$^{213-21}$ ko$^{213-21}$, mai$^{213-42}$ suã$^{213-53}$ tsau$^{42-21}$!

(19) 鸽子怎么能天天关着？（使然）

汕头 粉鸟做呢好日日禁<u>放块</u>/[□na^{31}] 块？huŋ$^{52-24}$ tsiau^{52} tso$^{213-55}$ ni$^{55-31}$ ho$^{52-24}$ zik$^{5-2}$ zik$^{5-2}$ kim^{213} paŋ$^{213-31}$ ko$^{213-31}$/na^{31} ko$^{213-31}$?

揭阳 粉鸟做呢好日日禁<u>放块</u>？huŋ$^{42-35}$ tsiau$^{42-21}$ tso$^{213-42}$ ni$^{55-22}$ ho$^{42-24}$ zek$^{5-2}$ zek$^{5-2}$ kim^{213} paŋ$^{213-21}$ ko$^{213-21}$?

(20) 那就让他蹲着吧！（使然）

汕头 □［hia^{53}］哩待伊跍<u>放块</u>！hia^{52} li^{33} thai$^{25-31}$ i^{33} ku^{55} paŋ$^{213-31}$ ko$^{213-31}$!

揭阳 □［hia$^{24-53}$］□［le^{33}］还伊跍<u>放块</u>！hia$^{24-53}$ le^{33} hã$^{42-24}$ i^{33} khu^{55} paŋ$^{213-21}$ ko$^{213-21}$!

(21) 你的手得捏着才行！（使然）

汕头　你个手么着□［tẽ²⁵］放块正好！lɯ⁵² kai⁵⁵⁻³¹ tshiu⁵² me³³ tioʔ⁵⁻² tẽ²⁵ paŋ²¹³⁻³¹ ko²¹³⁻³¹ tsia²¹³⁻⁵⁵ ho⁵²!

揭阳　汝个手么着□［tẽ³⁵］放块正好！lɯ⁴² kai⁵⁵⁻²² tshiu⁴²⁻⁵³ mo³³ tioʔ⁵⁻² tẽ³⁵ paŋ²¹³⁻²¹ ko²¹³⁻²¹ tsia²¹³⁻⁵³ ho⁴²⁻²¹!

福建漳州还可以见到这一现象的残余，动作持续体貌还有"使然""非使然"之别。下面例（1）（2）是"非使然"的，用"咧［li⁵²⁻³⁴］"；例（17）（18）（20）是"使然"的，用的是"□［ˆtai］"。

（1）外面在下雨，要带雨伞。（非使然）

漳州　口外咧落雨，着带雨伞。khau⁵²⁻³⁴ gua²²⁻²¹ li⁵²⁻³⁴ loʔ¹²¹⁻²¹ hɔ²², loʔ¹²¹⁻²¹ tua²¹⁻⁵² hɔ²²⁻²¹ suã⁵².

（2）她还在哭。（非使然）

漳州　伊夭咧号。i³⁴ iau⁵²⁻³⁴ li⁵²⁻³⁴ khau²¹.

（17）你等着！（使然）

漳州　汝□［tai⁵²⁻³⁴］等！li⁵² tai⁵²⁻³⁴ taŋ⁵²!

（18）你们先守着，别乱跑！（使然）

漳州　汝□［siã⁵²⁻³⁴］□［tai⁵²⁻³⁴］守□［ɛ²²⁻²¹］，嫚滥殊走！li⁵²⁻³⁴ siã⁵²⁻³⁴ tai⁵²⁻³⁴ tsiu⁵² ɛ²²⁻²¹, mai⁵² lam²¹⁻⁵² su³⁴ tsau⁵²!

（20）那就让他蹲着吧！（使然）

漳州　□［ak³²⁻⁵］互伊□［tai⁵²⁻³⁴］跍□［ɛ²²⁻²¹］！ak³²⁻⁵ hɔ²²⁻²¹ i³⁴⁻²² tai⁵²⁻³⁴ khu¹³⁻²¹ ɛ²²⁻²¹!

状态持续体貌的专用形式则已经不分"使然"和"非使然"，但是未完全虚化（仍残留处所义，却主要用于表状态持续）的介词结构，仍有"使然""非使然"之别，"非使然"的用"伫遮"，"使然"的用"□［tai⁵²⁻³⁴］遮"或"□［hɛ²²⁻²¹］□［ɛ²²］遮"。下面是例句。

（16）帽子戴着。（使然或非使然）

漳州　①帽仔戴伫遮。（陈述，非使然）bo²²⁻²¹ a⁵² ti²¹⁻⁵² ti²²⁻²¹ tsia³⁴. ②帽仔戴□［tai⁵²⁻³⁴］遮。（祈使，使然）bo²²⁻²¹ a⁵² ti²¹⁻⁵² tai⁵²⁻³⁴ tsia³⁴. ③帽仔戴□［hɛ²²⁻²¹］□［ɛ²²］遮。（祈使，使然）bo²²⁻²¹ a⁵² ti²¹⁻⁵² hɛ²²⁻²¹ ɛ²² tsia³⁴.

闽南方言其他地方的持续体貌形式，以及漳州的状态持续体貌形尾，调查中已经见不到"使然"与"非使然"的分别。从下面语料中，可以看到无论是"使然"还是"非使然"，用的都是同一套形式。

（4）行李还放着呢。（非使然）

泉州　行李野（各）放咧。hiŋ²⁴⁻²² li⁵⁵ iã⁵⁵⁻²⁴（koʔ⁵⁵）paŋ⁴¹ lɤʔ⁵⁵⁻²¹.

厦门　行李阿各下牢咧/□［ti$^{22-21}$］咧。hiŋ$^{24-22}$ li^{53} a$^{53-44}$ koʔ$^{32-53}$ he^{22} tiau$^{24-21}$ e^{-21}/ti$^{22-21}$ e^{-21}.

台中　行李野园咧咧。hiŋ$^{24-22}$ li^{53} ia$^{53-44}$ khŋ$^{'21}$ e^{-21} le^{-21}.

漳州　行李夭□［hɛ$^{22-21}$］伫□［tsia^{34}］。hiŋ$^{13-22}$ li^{52} iau$^{52-34}$ hɛ$^{22-21}$ ti$^{22-21}$ tsia^{34}.

海丰　行李还放□［nin^{52}］□［tue^{213}］。heŋ$^{55-22}$ li^{52} huã$^{52-213}$ paŋ$^{213-55}$ nin^{52} tue^{213}.

遂溪　行李野放倒□［tu^{55}］。hiŋ$^{22-33}$ li^{41} ia^{41} paŋ^{214} to^{41} tu^{55}.

雷州　阿行李野放倒。a^{55} hiŋ$^{22-33}$ li^{42} ia^{42} paŋ^{21} to$^{41-21}$.

文昌　行李□［iaŋ^{21}］放着。ɸieŋ$^{22-11}$ li^{31} iaŋ^{21} ɓaŋ^{21} lo^{-31}.

三亚　行李还放着。heŋ^{22} li^{31} hai^{22} ɓaŋ^{24} ɗoʔ^{42}.

（5）行李暂且放着。（使然）

泉州　行李且放咧。hiŋ$^{24-22}$ li^{55} siã$^{55-24}$ paŋ^{41} lɤʔ$^{55-21}$.

厦门　行李先□［he^{22}］咧/牢。hiŋ$^{24-22}$ li^{53} siŋ$^{44-22}$ he^{22} e^{-21}/tiau$^{24-21}$.

台中　行李暂时园咧。hiŋ$^{24-22}$ li^{53} tsiam$^{22-21}$ si^{24} khŋ$^{'21}$ e^{-21}.

漳州　行李□［sã$^{52-34}$］□［hɛ$^{22-21}$］□［ɛ^{22}］□［tsia^{34}］。hiŋ$^{22-22}$ li^{52} sã$^{52-34}$ hɛ$^{22-21}$ ɛ^{22} tsia^{34}.

海丰　行李先歇遘许。heŋ$^{55-22}$ li^{52} saĩ$^{44-33}$ hiaʔ$^{3-4}$ kau^{213} hi$^{52-213}$.

遂溪　行李暂时放倒。hiŋ^{22} li^{41} tsiam$^{55-33}$ si^{22} paŋ^{214} to^{41}.

雷州　阿行李暂时放倒。a^{55} hiŋ$^{22-33}$ li^{42} tsiam^{553} si$^{22-33}$ paŋ^{21} to$^{41-21}$.

文昌　行李暂放着。ɸieŋ$^{22-11}$ li^{31} ʧiam^{21} ɓaŋ^{21} lo^{-31}.

三亚　行李暂时放着。heŋ^{22} li^{31} tsaŋ^{45} ti^{22} ɓaŋ^{24} ɗoʔ^{42}.

（6）（别急！）坐着讲。（使然）

泉州　坐咧说/讲。tsɤ^{22} lɤʔ$^{55-21}$ sɤʔ^{55}/kaŋ^{55}.

厦门　坐咧讲。tse$^{22-21}$ eʔ$^{32-5}$ kɔŋ^{53}.

台中　坐咧讲。tse$^{22-21}$ leʔ$^{2-5}$ kɔŋ^{53}.

漳州　坐□［ɛ$^{22-21}$］讲。tse$^{22-21}$ ɛ$^{22-21}$ kɔŋ^{52}.

海丰　坐□［nin^{52}］讲。tsie$^{25-33}$ nin^{52} kɔŋ$^{52-213}$.

遂溪　坐倒讲。tse$^{55-33}$ to^{41} ko^{41}.

雷州　坐倒讲。tse^{33} to$^{41-21}$ ko^{42}.

文昌　坐着讲。ʧie^{42} lo^{-33} kɔŋ^{31}.

三亚　坐着讲。tse^{42} loʔ^{42} kɔŋ^{31}.

（16）帽子戴着。（使然或非使然）

泉州　帽仔戴咧。bo$^{41-22}$ a^{55} ti^{41} lɤʔ$^{55-21}$.

厦门　帽仔戴咧/牢。bo²²⁻²¹ a⁵³ ti²¹⁻⁵³ e⁻²¹/tiau²⁴⁻²¹.
台中　帽仔戴咧。bo²² a⁵³ ti²¹ leʔ².
海丰　帽仔戴□［nin⁵²］。bɔ²¹⁻³³ ã⁵² ti²¹³⁻⁵⁵ nin⁵².
遂溪　①帽戴倒□［tu⁵⁵］。（陈述）mau⁵⁵ tua²¹⁴ to⁴¹ tu⁵⁵. ②帽戴倒。（祈使）mau⁵⁵ tua²¹⁴ to⁴¹.
雷州　阿帽戴倒。a⁵⁵ mau⁵⁵³ ti²¹ to⁴¹⁻²¹.
文昌　笠戴着。loi⁵³ ti²¹ lo⁻³³.
三亚　帽戴着。mau²⁴ ɖuo²⁴ ɖoʔ⁴².

(17) 你等着！（使然）
泉州　①汝等咧！lɯ⁵⁵ tan⁵⁵ lɤʔ⁵⁵⁻²¹/tɤʔ⁵⁵⁻²¹！②汝等着！lɯ⁵⁵ tan⁵⁵ tioʔ²⁴⁻²¹！
厦门　汝等咧！li⁵³⁻⁴⁴ tan⁵³ e³²⁻²¹！
台中　汝等咧！li⁵³⁻⁴⁴ tan⁵³ e⁻²¹！
海丰　汝等□［nin⁵²］！li⁵² taŋ⁵²⁻²¹³ nin⁵²！
遂溪　汝等倒！lu⁴¹ taŋ⁴¹ to⁴¹！
雷州　汝等倒哪！lu⁴² taŋ⁴² to⁴¹⁻²¹ na⁵⁵！
文昌　汝等着！du³¹ ɖan³¹ lo⁻⁴²！
三亚　汝等着！lu³¹ ɖaŋ³¹ ɖoʔ⁴²！

(18) 你们先守着，别乱跑！（使然）
泉州　恁（□［tsuai⁵⁵⁻²⁴］）先看咧，唔通乱走！lin⁵⁵（tsuai⁵⁵⁻²⁴）sũi⁻³³ khuã⁴¹ lɤʔ⁵⁵⁻²¹, m̩⁴¹⁻²² thaŋ³³ luan⁴¹⁻²² tsau⁵⁵！
厦门　恁先守咧/牢，唔通乱走！lin⁵³⁻⁴⁴ sin⁴⁴⁻²² tsiu⁵³ e⁻²¹/tiau²⁴⁻²¹, m̩²²⁻²¹ thaŋ⁴⁴⁻²² luan²²⁻²¹ tsau⁵³！
台中　恁先看咧，嫒乌白走！lin⁵³⁻⁴⁴ sin⁴⁴⁻²² khuã²¹ le⁻²¹, mai²¹⁻⁵³ ɔ⁴⁴⁻²² peʔ³⁻² tsau⁵³！
海丰　恁先掌□［nin⁵²］，嫒四散走！nin⁵² sãi⁴⁴⁻³³ tsiɔ̃⁵²⁻²¹³ nin⁵², mai²¹³⁻⁵⁵ si²¹³⁻⁵⁵ suã²¹³⁻⁵⁵ tsau⁵²！
遂溪　汝群先望倒，无乱懵走！lu⁴¹ kuŋ²² sien²⁴ o²⁴ to⁴¹, vo²² luan⁵⁵⁻³³ moŋ⁴¹ tsau⁴¹！
雷州　汝侬先望倒，无乱走！lu⁴² naŋ²²⁻³³ sien²⁴ o²¹ to⁴¹⁻²¹, bo²²⁻³³ luan⁵⁵³ tsau⁴²！
文昌　汝望着，无用游走！du³¹ mo³⁴ lo⁻³³, bo²²⁻¹¹ ʤioŋ⁴² ʤiu²²⁻¹¹ tau³¹！
三亚　汝侬先守着，嫒（用）乱走！lu³¹ naŋ²² tai³³ tsie³¹ ɖoʔ⁴², voi²⁴（zioŋ⁴²）luan⁴² tsau³¹⁻⁴²！

(19) 鸽子怎么能天天关着？（使然）

泉州 鸽仔怎仔解逐日（都）关咧？ kap$^{55-44}$ a^{55} tsiũ$^{41-55}$ ã$^{55-24}$ e^{22} tak$^{24-22}$ lit$^{24-22}$（tɔ^{33}）kũi^{33} lɤʔ$^{55-21}$？

厦门 鸽仔敢解使逐日关咧/□［ti$^{22-21}$］咧/牢？ kap$^{32-5}$ a^{53} kan$^{53-44}$ e$^{22-21}$ sai$^{53-44}$ tak$^{5-21}$ lit$^{5-21}$ kuãi^{44} e^{-21}/ti$^{22-21}$ e^{-21}/tiau$^{24-21}$？

台中 鸟仔哪解用逐工关咧？ tsiau$^{53-44}$ a^{53} na$^{53-44}$ e$^{22-21}$ iɔŋ^{24} tak$^{3-2}$ kaŋ$^{44-22}$ kuã$^{44-22}$ e^{-21}？

漳州 粉鸟安怎解使排日关□［hɛ$^{22-31}$］？ hun$^{52-34}$ tsiau^{52} an$^{34-22}$ tsuã$^{52-34}$ e$^{22-21}$ sai$^{52-34}$ pai$^{34-22}$ zit$^{121-21}$ kuã$^{34-22}$ hɛ$^{22-31}$？

海丰 白鸽做呢好排日关□［nin^{52}］？ pieʔ$^{4-3}$ kap^{3} tsa$^{213-55}$ ni$^{55-22}$ hɔ$^{52-213}$ pai$^{55-22}$ zit^{4} kuẽ$^{44-33}$ nin^{52}？

遂溪 飞鸽做能日日关倒？ pue$^{24-33}$ kap^{54} tso^{55} neŋ^{22} iek^{3} iek^{3} kue^{24} to^{41}？

雷州 阿飞鸽做能日日关倒？ a^{55} pue$^{24-33}$ kap^{5} tso^{553} neŋ^{22} ziek^{2} ziek^{2} kue^{24} to$^{41-21}$？

文昌 鸽知作按日都关着？ kap^{5} tai^{34} to^{5} an$^{21-55}$ ɟiet^{3} ɗou$^{34-42}$ kue^{34} lo^{-33}？

三亚 鸽囝怎着可以天天关着？ kaiʔ^{45} kio^{31} ɗan^{22} ɗioʔ^{33} kho^{31} zi^{22} thi^{33} thi^{33} kuo^{33} ɗoʔ^{42}？

（20）那就让他蹲着吧！（使然）

泉州 那就度伊跍咧！ nã$^{41-55}$ tsiu$^{41-22}$ thɔ$^{41-22}$ i^{33} khu^{24} lɤ(ʔ)$^{55-53}$！

厦门 无就互伊跍咧/牢啊！ bo^{24} tsiu$^{22-21}$ hɔ$^{22-21}$ i$^{44-22}$ khu^{24} e^{-21}/tiau$^{24-21}$ a^{21}！

台中 安呢着合伊跍咧好啊！ an$^{44-22}$ ne^{44} tioʔ$^{3-2}$ haʔ$^{3-2}$ i$^{44-22}$ khu$^{22-21}$ leʔ hoʔ^{53} a^{21}！

海丰 □［hia^{52}］就乞伊跍□［nin^{52}］！ hia^{52} tsu$^{21-22}$ khɔ$^{21-33}$ i$^{44-33}$ khu$^{44-33}$ nin^{52}！

遂溪 □［ho^{55}］/□［io^{55}］就喊伊垂倒！ ho^{55}/io^{55} tsiu$^{55-33}$ hiam$^{41-24}$ i^{24} tshui^{22} to^{41}！

雷州 □［ho^{553}］就喊/乞伊垂倒！ ho^{553} tsiu$^{33-42}$ hiam^{21}/khi^{553} i^{24} tshui^{22} to$^{41-21}$！

文昌 □［xeŋ$^{21-55}$］□［xai^{31}］伊□［toŋ^{22}］着吧！ xeŋ$^{21-55}$ xai^{31} i^{34} toŋ^{22} lo^{-33} ɓa^{21}！

三亚 那就要伊蹲着吧！ na^{45} tsiu^{42} ioʔ^{45} i^{33} ɗun^{33} ɗoʔ^{42} ɓa^{42}！

（21）你的手得捏着才行。（使然）

泉州 ①汝个手着捏着□［tsiaʔ^{55}］解做。 lɯ^{55} e$^{24-22}$ tshiu^{55} tioʔ$^{24-22}$ nĩ^{24} tioʔ$^{24-53}$ tsiaʔ^{55} e^{22} tsue$^{41-31}$. ②汝个手着捏咧□［tsiaʔ^{55}］解做。 lɯ^{55} e$^{24-22}$

tshiu⁵⁵ tioʔ²⁴⁻²² nĩ²⁴ lɤ(ʔ)⁵⁵⁻⁵³ tsiaʔ⁵⁵ e²² tsue⁴¹⁻³¹.

厦门 汝个手着捏咧/捏牢□[tsiaʔ³²⁻⁵] 解使。li⁵³⁻⁴⁴ e²⁴⁻²² tshiu⁵³ toʔ⁵⁻²¹ niʔ⁵ e³²⁻²¹/niʔ⁵ tiau²⁴⁻²¹ tsiaʔ³²⁻⁵ e²²⁻²¹ sai⁵³.

台中 汝个手着爱□[tẽ²²] □[tsiat²⁻⁵] 解用哩。li⁵³⁻⁴⁴ e²² tshiu⁵³ tioʔ³⁻² ai²¹⁻⁵³ tẽ²² tsiat²⁻⁵ e²²⁻²¹ ioŋ²² li²¹.

海丰 汝个手爱□[khiu⁵⁵⁻²²] □[nin⁵²] 正解做得。li⁵² e⁵⁵⁻²² tshiu⁵² aĩ²¹³⁻⁵⁵ khiu⁵⁵⁻²² nin⁵² tsiã²¹³⁻⁵⁵ e²⁵⁻³³ tsɔ²¹³ tiet⁴⁻³.

遂溪 汝对手爱搞倒那得。lu⁴¹ tui²¹⁴⁻⁵⁵ tshiu⁴¹ ai²¹⁴ khok³ to⁴¹ na⁵⁵ tiet⁵.

雷州 汝个手得□[te³³] 倒但得。lu⁴²⁻⁴⁴ e²²⁻³³ tshiu⁴² tik⁵ te³³ to⁴¹⁻²¹ na⁵⁵³⁻³³ tiek⁵.

文昌 汝枚手参捏着，但作得。du³¹ mo⁴²⁻¹¹ ʃiu³¹ ʃam²¹⁻⁵⁵ ɖe⁴² lo⁻³³, na⁴²⁻¹¹ toʔ⁵ ɖiet³.

三亚 汝个手要捏着乃可以。lu³¹ kai²² tshiu³¹ iau²⁴ neʔ⁴² ɖoʔ⁴² aʔ⁴⁵ kho³¹ zi²².

三、闽南方言持续体貌形式的语源

上文所述闽南各地持续体貌的形式可归纳为表5-2。

表5-2 闽南方言持续体貌的形式

地点	动作持续（副词或形尾）	状态持续（形尾）	事件持续（句末助词）
泉州	□咧[ᶜtɯ²² lɤʔ²⁻⁵⁵]（副），咧[lɤʔ²⁻⁵⁵]（副）	咧[lɤ(ʔ)₂⁵⁵]，□[tioʔ₂²⁴]	□[lɤ²⁵⁵⁻²¹]
厦门	□咧[ti²²²⁻²¹ leʔ³²⁻⁵³⁻⁴⁴/eʔ³²⁻⁵³⁻⁴⁴]（副），咧[leʔ₂³²]（副）	□咧[ti²²² e⁻²¹]，咧[e⁻²¹]，咧[eʔ₂³²⁻⁵³⁻⁴⁴]	咧[le⁻²¹/e⁻²¹]
台中	咧[leʔ₂²]（副）	咧[leʔ₂²/e⁻²¹]，咧[e⁻⁴⁴]	咧[le⁻²¹]
漳州	非使然：咧[ᶜli⁵²]（副） 使然：□[ᶜtai⁵²⁻³⁴]（副）	□[hɛ⁻³¹]，□[ɛ²²²⁻²¹]，□□[ti²²²⁻²¹ ᶜtsia³⁴]，□□[ɛ²²²⁻²¹ ᶜtsia³⁴]	着[tioʔ₂¹²¹⁻²¹]

续表5-2

地点	动作持续(副词或形尾)	状态持续(形尾)	事件持续(句末助词)
汕头	非使然：□[ᶜto⁵²/ᶜlo⁵²]（副） 使然：□块[ᶜna⁵²⁻²⁴ ko²¹³⁻⁵⁵]（副），放块[paŋ²¹³⁻⁵⁵ ko²¹³⁻⁵⁵]（副），□[na²³¹]（副）	非使然：□[ᶜto²⁵⁻³¹]，□块[ᶜto²⁵⁻³¹ ko²¹³⁻³¹]（副） 使然：放块[paŋ²¹³⁻³¹ ko²¹³⁻³¹]，□块[na²³¹ ko²¹³⁻³¹]（副）	□[ᶜto²⁵⁻³¹]，□块[ᶜto²⁵⁻³¹ ko²¹³⁻³¹]
揭阳	非使然：□[ᶜto⁴²]（副） 使然：放块[paŋ²¹³⁻⁴² ko²¹³]（副）	非使然：□[ᶜto³⁵⁻²¹]，□块[ᶜto³⁵⁻²¹ ko²¹³⁻²¹] 使然：放块[paŋ²¹³⁻²¹ ko²¹³⁻²¹]	□[ᶜto³⁵⁻²¹]，□块[ᶜto³⁵⁻²¹ ko²¹³⁻²¹]
海丰	□[ᶜtɔ⁵²⁻²¹³]（副）	□[nin⁻⁵²]	住[ᶜtsu²⁵⁻³¹]
遂溪	□乃[ᶜtu⁵⁵⁻³³ ᶜnai⁵⁵]（副），倒[ᶜto⁴¹]（形尾）	倒[ᶜto⁴¹]	□[ᶜtu⁵⁵]
雷州	—	倒[ᶜto⁴¹]	□[ᶜtu³³]
文昌	□[ɗu²⁴²]（副）	着[ɗioʔ₂³/lo(ʔ)₂⁻³¹]	噜[lu²⁴²⁻²¹] 噜咧[lu²⁴²⁻²¹ le⁻³¹]
三亚	—	着[ɗoʔ₂⁴²/lo(ʔ)⁴²]	□[ᶜlu⁴²]

各地持续体貌形式的来源，福建、台湾、潮汕是一种情况，雷州、海南是另外一种情况，以下重点讨论作为闽南方言主流的前一种情况。

福建、台湾、潮汕的持续体貌形式，绝大多数和表处所的介词结构有关。

泉州的"□[ᶜtɯ²²]"也是介词，相当于普通话的"在"，"咧[lɤʔ⁵⁵]"是"咧[tɤʔ⁵⁵]"的弱化形式，而"咧[lɤʔ⁵⁵]"又可作方所词，例如说：

春城□[tɯ²²]迄下面咧接水。（春城在下边接水）tshun³³ siã²⁴ tɯ²² hit⁵⁵ e²² bin⁴¹⁻²⁴ lɤʔ⁵⁵ tsiʔ⁵⁵⁻²² tsui⁵⁵.

"□咧[ᶜtɯ²² lɤʔ⁵⁵]"本是表处所的介词结构，和唐宋白话中的"在里"无论是意义还是结构都极其相似。现代泉州话中"□咧[ᶜtɯ²² lɤʔ⁵⁵]"又可作介词而相当于"在"，是同义兼并的结果（施其生，2009）。总之，泉州的持续体貌形式的来源离不开表处所的介词结构"□咧[ᶜtɯ²² lɤʔ⁵⁵]"。

厦门、台中持续体貌形式中的语素"□[ti²²²⁻²¹]"原来也相当于介词

"在",有时干脆就写作"在"。

例:我在广州有个亲戚。

厦门 我伫广州有蜀个亲情。ua$^{53-44}$ ti$^{22-21}$ kŋ$^{53-44}$ tsiu^{44} u$^{22-21}$ tsit$^{5-21}$ e$^{24-22}$ tshin$^{44-22}$ tsiã^{24}。

台中 我伫广州有蜀个亲情。ua$^{53-44}$ ti$^{22-21}$ kŋ$^{53-44}$ tsiu^{44} u$^{22-21}$ tsit$^{3-2}$ e$^{24-22}$ tshin$^{44-22}$ tsiã^{24}。

两地"唎〔leʔ̚〕"及其弱化形式"唎〔e^{-21}〕",和泉州的"唎〔lɤʔ̚^{55}〕"是一回事,原先都是一个方所词,例如厦门可以说:

春城□〔ti$^{22-21}$〕迄下底唎接水。(春城在下边接水)tshun$^{44-22}$ siã^{24} ti$^{22-21}$ hit$^{32-5}$ e$^{22-21}$ tue^{53} leʔ$^{32-44}$ tsiap$^{32-5}$ tsui^{53}。

汕头、揭阳持续体貌形式中的〔ᶜto〕、遂溪的□〔ᶜtu〕都常常写成训读字"在",其实本字不是"在",应该和泉州的〔ᶜtɯ〕是同一个成分,但无论如何在方言里是一个表所在的介词,相当于普通话的"在"。

例:我在广州有个亲戚。

汕头 阮伫许广州有个亲情。uaŋ^{52} to$^{25-31}$ hɯ$^{52-24}$ kuŋ$^{52-24}$ tsiu^{33} u$^{25-31}$ kai$^{55-31}$ tshiŋ^{33} tsiã^{55}.

揭阳 阮伫许广州有个亲情。uaŋ$^{42-52}$ to$^{35-21}$ hio$^{42-24}$ kuŋ$^{42-24}$ tsiu^{33} u$^{35-21}$ a$^{55-22}$ tsheŋ^{33} tsiã^{55}.

汕头、揭阳的"块〔koʔ〕"和遂溪的"乃〔ᶜnai〕"都不是本字,在当地方言里,都是一个表照应的处所词,意义相当于"处"。例如"这里、那里"潮汕话说成"只块、许块",遂溪话说成"若乃、许乃",又可加在名词后面指代不分远近的处所。

例:票在林老师处。

汕头 票伫阿林老师块。phio^{213} to$^{25-31}$ a^{33} lim$^{55-31}$ lau$^{52-24}$ sɯ^{33} ko$^{213-31}$.

揭阳 票伫阿林老师块。phio^{213} to$^{35-21}$ a^{33} lim$^{55-22}$ lau$^{42-24}$ sɯ^{33} ko^{213}.

遂溪 票伫林老师乃。phio$^{214-24}$ tu$^{55-33}$ lim^{22} lau^{41} su^{24} nai^{55}.

"伫块〔ᶜto koʔ〕"也和闽南片的"伫唎〔ti² leʔ̚〕"一样,本是表处所的介词结构,和唐宋白话中的"在里"无论意义还是结构都极其相似。

表使然的"放块〔paŋ koʔ〕""□块〔na² koʔ〕"中的"放〔paŋ〕"和"□〔na²〕",在潮汕方言中也都可作介词,是"在"的意思,不过还带有

"使然"义。①

例：钱要藏在内衣口袋里。

汕头　钱着囥放/□［na³¹］里衫个袋底块。tsĩ⁵⁵ tioʔ⁵⁻² kuŋ²¹³⁻⁵⁵ paŋ²¹³⁻⁵⁵/na³¹ lai²⁵⁻³¹ sã³³ kai⁵⁵⁻³¹ to³¹ toi⁵² ko²¹³⁻³¹.

揭阳　钱着囥放□［hio⁴²⁻²⁴］里衫个袋底块。tsĩ⁵⁵ tioʔ⁵⁻² khuŋ²¹³⁻⁴² paŋ²¹³⁻⁴² hio⁴²⁻²⁴ lai³⁵⁻²¹ sã³³ kai⁵⁵⁻²² to²²⁻²¹ toi⁴² ko²¹³⁻²¹.

"放块［paŋ² ko²］""□块［na² ko²］"本来也是一个类似"在里"的表处所的介词结构。

"□［ᶜto］"有人也写成"在"，实际上是"□［ᶜto］块"的合音，拙文（施其生，2009）已有论证，此处不赘。"□［ᶜna］"是"□［na²］块"的合音，过程和"□［ᶜto］"的形成完全平行。漳州的"□［ᶜli］"估计也是"□咧［ti² leʔ̚］"之类的合音。

漳州的"□［ε⁻²¹］"应和厦门等地的"咧［e⁻²¹］"同源，"□［ᶜtai］"可能和汉语方言中写作"待"的"在"是一个东西。"□［hε⁻³¹］"则和汕头、揭阳的"放"同义，在漳州话里也用作处所介词，例如：

老伙仔坐□［hε⁵²⁻³⁴］最边仔。（老婆子坐在最边上）lau³³⁻²¹ hue⁵²⁻⁴⁴ a⁵² tse³³⁻²¹ hε³⁴ tsue²¹⁻⁵² pĩ³⁴⁻³³ a⁵²⁻⁴⁴.

海丰方言虽属广义的潮汕方言，但地位特殊，既有潮州闽语的特点，又有较多的福建闽语特点，在一定程度上还受到粤语的影响。其动作持续体貌形式"□［ᶜɔ］"有可能来自潮汕方言的"□［ᶜto］"；事件持续体貌形式"住［ᶜtsu］"则有可能来自粤语的"住"，与表处所的介词结构没有关系；状态持续体貌形式"□［ᶜnin］"也看不出与表处所的介词结构的关系，其来源仍有待探讨。

遂溪、文昌的动作进行体貌和事件持续体貌形式的构成语素不外"□［ᶜtu］""□［ɗu²］/噜［lu²］"和"乃［nai⁵⁵］""咧［le⁻³¹］"。前者是个相当于"在"的介词，应和从泉州到揭阳的处所介词同源；后者是个相当于"处"的处所语素。

例：票在林老师处。

遂溪　票□［tu⁵⁵⁻³³］林老师乃。phio²¹⁴⁻²⁴ tu⁵⁵⁻³³ lim²² lau⁴¹ su²⁴ nai⁵⁵.

---

① "□［na²］"本字不明，据李如龙《闽南方言的介词》，福建闽南话也有个"□［na³¹⁻²²］"，所言词义与潮汕的"□［na²］"完全一样，所举作介词的三个例句均带"使然"义（见李如龙、张双庆《介词》，暨南大学出版社2000年版，第126页），如此则潮汕的"□［na²］"应来自福建。至于闽南的"□［na³¹⁻²²］"作介词是否专用于"使然"，仍有待深入调查。

文昌　票□〔ɗu⁴²〕林老师□〔le³⁴⁻⁵⁵〕。phio²¹ ɗu⁴² liom²²⁻¹¹ lau⁴²⁻¹¹ ʃe³⁴ le³⁴⁻⁵⁵。

雷州和三亚的事件持续体貌形式的构成语素是"□〔ᶜtu〕"和"噜〔lu²〕",应该和上述闽南各地相当于"在"的介词是同一个来源,在两地都作处所介词用。

例:票在林老师处。

雷州　票伫林老师□〔zia⁵⁵³〕迹/许迹。phiau²¹ tu³³⁻⁴² lim²² lau³³⁻⁴² su²⁴ zia⁵⁵³ tsia⁵⁵³/ha⁵⁵³ tsia⁵⁵³。

三亚　票伫林老师即路/□〔aʔ⁴⁵〕路。phie²⁴ ɗu⁴² liŋ²² lau³¹ si³³ iʔ⁴⁵ lou³³/aʔ⁴⁵ lou³³。

但是上述四地的状态持续体貌形式就都和表处所的介词结构没有关系了。例如,遂溪、雷州用"倒〔ᶜto〕",文昌、三亚用"着〔ɗioʔ₂/lo(ʔ)₂〕",都是由动结式后半部虚化而来。

根据上面的分析,若以"A"代表相当于"在"的介词,以"B"代表类似于"处"的方所词,闽南方言各地持续体貌形式的构成要素便如表5-3所示。

表5-3　闽南方言各地持续体貌形式的构成要素

地点	动作持续	状态持续	事件持续
泉州	AB:伫咧〔ᶜtɯ²² lɤʔ₂⁵⁵〕 B:咧〔lɤʔ₂⁵⁵〕	B:咧〔lɤʔ₂⁵⁵〕,□〔tioʔ₂²⁴〕	B:□〔lɤ⁵⁵⁻²¹〕
厦门	AB:伫咧〔ti²²²⁻²¹ leʔ₂³²⁻⁴⁴〕/〔ti²²²⁻²¹ eʔ₂³²⁻⁴⁴〕 B:咧〔leʔ₂³²〕	AB:伫咧〔ti²²²⁻²¹ e⁻²¹〕 B:咧〔e⁻⁴⁴〕,咧〔e⁻²¹〕	B咧:〔le⁻²¹/e⁻²¹〕
台中	B:咧〔leʔ₂²〕	B:咧〔leʔ₂²〕 B:咧〔e⁻²¹〕 B:咧〔e⁻⁴⁴〕	B:咧〔le⁻²¹〕
漳州	<AB>(非使然):咧〔ᶜli⁵²〕 A(使然):□〔ᶜtai⁵²⁻³⁴〕	B:□〔ɛ⁻²¹〕 A:□〔ᶜhɛ⁻³¹〕	着〔tioʔ₂¹²¹⁻²¹〕

续表 5-3

地点	动作持续	状态持续	事件持续
汕头	<AB>（非使然）：□[ᶜto⁵²/ᶜlo⁵²] AB（使然）：□块[ᶜna⁵²⁻²⁴ ko²¹³⁻⁵⁵]，放块[paŋ²¹³⁻³¹ ko²¹³⁻³¹] <AB>（使然）：□[na²³¹]	A:仝[ᶜto²⁵⁻³¹] AB（非使然）：仝块[ᶜto²⁵⁻³¹ ko²¹³⁻³¹] AB（使然）：放块[paŋ²¹³⁻³¹ ko²¹³⁻³¹]，□块[na²³¹ ko²¹³⁻³¹]	A:仝[ᶜto²⁵⁻³¹] AB:仝块[ᶜto²⁵⁻³¹ ko²¹³⁻³¹]
揭阳	<AB>（非使然）：□[ᶜto⁴²] AB（使然）：放块[paŋ²¹³⁻⁴² ko²¹³]	A:仝[ᶜto³⁵⁻²¹]， AB（非使然）：仝块[ᶜto³⁵⁻²¹ ko²¹³⁻²¹] AB（使然）：放块[paŋ²¹³⁻²¹ ko²¹³⁻²¹]	A:仝[ᶜto³⁵⁻²¹] AB:仝块[ᶜto³⁵⁻²¹ ko²¹³⁻²¹]
海丰	<AB>：□[ᶜto⁵²⁻²¹³]	□[nin⁻⁵²]	住[ᶜtsu²⁵⁻³¹]
遂溪	AB:仝乃[ᶜtu⁵⁵⁻³³ ᶜnai⁵⁵]（副），倒[ᶜto⁴¹]（形尾）	倒[ᶜto⁴¹]	A:仝[ᶜtu⁵⁵]
雷州	—	倒[ᶜto⁴¹]	A:仝[ᶜtu³³]
文昌	A:仝[ᶜdu²⁴²]（副）	着[ɗioʔ₂³/lo(ʔ)₂⁻³¹]	A:噜[lu²⁴²⁻²¹]， AB:噜咧[lu²⁴²⁻²¹ le³¹]
三亚	—	着[ɗoʔ₂⁴²/lo(ʔ)₂⁴²]	A:噜[ᶜlu⁴²]

如表 5-3 所示，泉州、厦门、台中、漳州、汕头、揭阳的持续体貌形式的构成要素均来源于类似"在里"的介词结构"AB"，这意味着介词结构"AB"是这些闽南方言持续体貌形式的直接语源。介词结构"AB"在语义虚化（由处所义向持续义转变）的同时，形式上也趋向简化，产生了单音节化倾向，于是形成省略式"A""B"或合音形式"<AB>"；并在语音上有弱化的倾向，如[ᶜto]变[ᶜlo]、[leʔ₂]变[e(ʔ)₂]之类。

汉语方言中，由表所在介词结构虚化而形成的持续体貌系统会有一些普遍的特征，如：形式的构成离不开"A""B"两种语素及其弱化形式；有一个同出一源的"副词-形尾-句末助词"的形式系列，分别表示"动作持续""状态持续"和"事件持续"；状态持续形尾后面大多不出现宾语（施其生，1996）。

海丰、遂溪、雷州、文昌、三亚则很不相同，这些地方不像闽南方言的中心地域有一个同出一源的"副词-形尾-句末助词"的形式系列，其持续体貌系统中的状态持续体貌形式在构成要素上与"AB"无关，不是来自表所在的介词结构，而是由动结式的后半部虚化而成。而动作持续和事件持续体貌的形式，在海丰既有来自表所在介词结构的"□［tɔ$^{52-213}$］"（<AB>），也有借自粤语的"住"（来自动结式后半部的虚化）；在雷州片和海南片则均与"AB"有关，显然是表处所的介词结构虚化的产物。也就是说，这些地方的持续体貌形式有两个不同的来源，这和普通话是一样的，普通话的情况如下。

动作持续："在$_{副}$"，来自表所在的介词结构。

状态持续："着"，来自动结式的后半部。

事件持续："呢"，来自表所在的介词结构。

参考文献

［1］吕叔湘. 释景德传灯录中在、著二助词［M］//吕叔湘. 汉语语法论文集. 北京：科学出版社，1955.

［2］李如龙. 闽南方言的介词［M］//李如龙，张双庆. 介词. 广州：暨南大学出版社，2000.

［3］李如龙. 泉州方言的体［M］//张双庆. 动词的体. 香港：香港中文大学中国文化研究所吴多泰中国语文研究中心，1996.

［4］施其生. 汕头方言的体［M］//张双庆. 动词的体. 香港：香港中文大学中国文化研究所吴多泰中国语文研究中心，1996.

［5］施其生. 汕头方言的持续情貌［J］. 中山大学学报（社会科学版），1984（3）.

［6］施其生. 闽吴方言持续貌形式的共同特点［M］//施其生. 方言论稿. 广州：广东人民出版社，1996.

［7］施其生. 论汕头方言中的"重叠"［J］. 语言研究，1997（1）.

［8］施其生. 汉语方言里的"使然"与"非使然"［J］. 中国语文，2006（4）.

［9］施其生. 汉语方言中语言成分的同质兼并［J］. 语言研究，2009（2）.

［10］施其生. 汉语方言中词组的"形态"［J］. 语言研究，2011（1）.

第三节 闽南方言的经历体貌

经历体貌在闽南方言里可见到四种形式：①紧附在动词后的形尾"过"，本节称为"过₁"；②和"过₁"语法意义语法功能相同的"着"；③用在句末的事态助词"过"，本节称为"过₂"；④用在述语前的助动词"八"。这些语法手段的使用有明显的地理差异。雷州片、海南片和普通话一样只见"过₁"；闽南-台湾片和粤东片除用"过₁"外还用"八"，其中泉州、厦门也用"着"，台中还出现"过₂"。这些形式在某些区域还可以并用，意义和功能上有所分工，形式的差异以及多种形式并用的情况，造成各地经历体貌在系统上的差异。

我们把"过₁"严格地界定为紧附在动词后的形尾，其经历的语法意义是针对动作行为本身的，即表示某个动作行为的经历，是语法化程度最高的一个体貌标记，是在现代汉语方言中使用情况最为一致的体貌标记。只用"过₁"表示经历体貌的地方遍布全国各地，闽南方言中的雷州片、海南片就是这种情况。下面是例句。

（1）我曾经来过。

遂溪 我（有）来过。va^{41}（u$^{55-33}$）lai^{22} kue^{214}.

雷州 我来过。ba^{42} lai^{22} kue^{21}.

文昌 我来过。gua^{31} lai$^{22-11}$ kue^{21}.

三亚 我曾经来过。va^{31} tsheŋ^{22} kiŋ^{33} lai^{22} kuo^{24}.

（2）他去过上海，没去过北京。

遂溪 伊去过上海，无去过北京。i^{24} hu^{214} kue^{214} siaŋ$^{55-33}$ hai^{41}，vo^{22} hu^{214} kue^{214} pak^{54} kiŋ^{24}.

雷州 伊去过上海，无去过北京。i^{24} khu^{21} kue^{21} siaŋ$^{33-42}$ hai^{42}，bo$^{22-33}$ khu^{21} kue^{21} pak^{5} kiŋ^{24}.

文昌 伊去过上海，无去过北京。i^{34} xu^{21} kue$^{21-55}$ ʃiaŋ$^{31-33}$ ɦai^{31}，bo$^{22-11}$ xu^{21} kue^{21} ɓak$^{5-3}$ keŋ^{34}.

三亚 伊去过上海，无去过北京。i^{33} hu$^{24-22}$ kuo^{24} saŋ^{42} hai^{31}，vo^{22} hu$^{24-22}$ kuo^{24} ɓaʔ^{45} keŋ^{33}.

（3）因为我学过英文，公司叫我搞接待。

遂溪 因我学过英语，公司喊我搞接待。iŋ^{24} va^{41} o^{33} kue^{214} iŋ$^{24-33}$ ŋi^{41}, koŋ$^{24-33}$ sɯ^{24} hiam$^{41-24}$ va^{41} ka^{41} tsiap^{54} tai^{55}.

雷州 （因）我学过英文，阿公司喊我搞接待。（iŋ^{24}） ba^{42} o$^{33-42}$ kue$^{21-44}$ iŋ$^{24-33}$ bieŋ^{22}，a^{55} koŋ$^{24-33}$ su^{24} hiam^{21} ba^{42} ka^{42} tsiap^{5} tai^{33}.

文昌 因为我学过英文，公司叫我做接待。in$^{34-42}$ ui^{42} gua^{31} xak^{3} kue^{21} iŋ$^{34-42}$ bun^{22}，koŋ$^{34-42}$ ʃe^{33} kio^{21} gua^{31} to^{53} ʧiap$^{5-3}$ ɗai^{42}.

三亚 因为我学过英语，公司喊我（去）做接待。en^{33} vui^{42} va^{31} oʔ^{33} kuo^{24} eŋ^{33} zi^{22}，koŋ^{33} si^{33} haŋ^{24} va^{31}（hu^{24}） tsoʔ^{45} tsiʔ^{45} tai^{42}.

（4）我曾经两天两夜没吃过一口饭。

遂溪 我两日两瞑无食过蜀喙糜。va^{41} no$^{55-33}$ iet^{3} no$^{55-33}$ me^{22} vo^{22} tsia^{33} kue^{214} iak^{3} tshui^{214} mue^{22}.

雷州 我曾经两日两瞑无食过蜀喙糜。ba^{42} tsheŋ$^{22-33}$ kiŋ^{24} no$^{33-42}$ ziek^{2} no$^{33-42}$ me^{22} bo$^{22-33}$ tsia$^{33-42}$ kue^{21} ziek^{2} tsui$^{21-44}$ mue^{22}.

文昌 我曾两日两瞑无食过蜀喙糜。gua^{31} ʧeŋ^{22} no$^{42-11}$ ʤiet^{3} no$^{42-11}$ me^{22} bo$^{22-11}$ ʧia^{42} kue^{21} ʤiak$^{3-21}$ ʃui$^{21-55}$ mue^{22}.

三亚 我两日两瞑无喫过蜀喙糜。va^{31} no^{42} ziʔ^{45} no^{42} me^{22} vo^{22} khai^{31} kuo^{24} ioʔ^{42} tshui^{24} muo^{22}.

（5）从昨天到现在我饭都没吃过一口。

遂溪 仝昨日遘现旦我糜都无食过喙。tu$^{55-33}$ tsho^{22} iet^{3} kau^{214} hin^{55} ta^{24} va^{41} pui^{24} tu$^{24-33}$ bo^{22} tsia^{33} kue^{214} tshui^{214}.

雷州 通昨暗遘宁旦我阿糜都无（有）食过蜀喙。thaŋ^{21} tsa$^{33-42}$ am^{21} kau^{21} niŋ^{553} ta^{24} ba^{42} a^{55} mue^{22} teu$^{24-33}$ bo$^{22-33}$（u^{33}）tsia^{33} kue^{21} ziek$^{2-5}$ tshui^{21}.

文昌 （缺）

三亚 通昨天遘现旦我糜都无喫过蜀喙。thaŋ^{24} tso^{42} thi^{33} kau^{24} hi^{22} na^{33} va^{31} muo^{22} ɗou^{33} vo^{22} khai^{31} kuo^{24} zioʔ^{33} tshui^{45}.

（6）我从路口问起，一家一家地都问过，到这里还是都说没有。

遂溪 我仝路口问起，厝厝问过，遘若乃野是讲无有。va^{41} tu$^{55-33}$ leu^{41} khau^{41} mui^{24} khi^{41}，tshu^{214} tshu^{214} mui^{24} kue^{214}，kau^{214} ia^{55} nai^{55} ia^{41} si^{55} ko^{41} bo^{22} u^{55}.

雷州 我通阿路头问起，（蜀）家（蜀）家/（蜀）厝（蜀）厝都问过，遘这迹野都讲无（有）。ba^{42} thaŋ^{21} a^{55} leu$^{24-33}$ thau^{22} mui^{24} khi^{42}，（ziak^{5}） ke^{24}（ziak^{5}） ke^{24}/（ziak^{5}） tshu$^{21-44}$（ziak^{5}） tshu^{21} teu^{24} mui^{24} kue^{21}，kau^{21} zia^{553} tsia^{553} ia^{42} teu^{24} ko^{42} bo$^{22-33}$（u^{33}）.

文昌 我通路口问起，蜀厝蜀厝问，遘这路，倘是讲无有。gua^{31} xan^{21} lou$^{34-42}$ xau$^{31-33}$ mui$^{34-42}$ xi^{31}，ʤia（k）$^{3-21}$ ʃu^{21} ʤia（k）$^{3-21}$ ʃu^{21} mui^{34}，kau^{21} ʤia$^{21-55}$ lau^{34}，iaŋ^{21} ti$^{42-11}$ koŋ^{31} bo$^{22-11}$ u^{42}.

三亚 我通路口问起，蜀家蜀家个都问过，遘即路还是讲无有。va^{31} thaŋ^{24} lou^{33} khau^{31} mui^{33} khi^{31}，io^{33} ke^{33} io^{33} ke^{33} kai^{22} ɗou^{33} mui^{33} kuo^{24}，kau^{24} iʔ^{45} lou^{33} hai^{22} ti^{42} koŋ^{31} vo^{22} u^{42}.

闽南－台湾片至粤东片除了用"过$_1$"，还常常在述语的前头加用一个表经历的"八"。上面例（1）－（6）在这些地方全部可以用"过$_1$"，泉州、厦门还有个"着"相当于"过$_1$"；其中，例（1）－（4）又可以用"八"，"八"可以单独用，也可以和"过"一起用。台中除了和闽南一样的用法，还出现事态助词"过$_2$"，放在后面单独讨论。

（1）我曾经来过。

泉州 ①我有来<u>着</u>。gua^{55} u^{22} lai^{24} tioʔ^{55}. ②我<u>八</u>来<u>着</u>。gua^{55} pat^{55} lai^{24} tioʔ^{55}.

厦门 ①我有来<u>过/着</u>。gua$^{53-44}$ u$^{22-21}$ lai^{24} ke^{21}/tioʔ$^{5-21}$. ②我以前来<u>过</u>。gua$^{53-44}$ i$^{53-44}$ tsiŋ^{24} lai^{24} ke^{21}. ③我<u>八</u>来<u>过/着</u>。gua$^{53-44}$ bat$^{32-5}$ lai^{24} ke^{21}/tioʔ$^{5-21}$.

台中 我<u>八</u>来<u>过</u>。ua$^{53-44}$ bat$^{2-5}$ lai^{24} kue^{21}.

漳州 我<u>八</u>来<u>过</u>。gua^{52} bak$^{32-5}$ lai$^{13-22}$ kue^{21}.

汕头 ①我（有）来<u>过</u>。ua^{52}（u$^{25-31}$）lai^{55} kue$^{213-31}$. ②我<u>八</u>来。ua^{52} pak$^{2-5}$ lai^{55}. ③我<u>八</u>来<u>过</u>。ua^{52} pak$^{2-5}$ lai^{55} kue$^{213-31}$.

揭阳 ①我（有）来<u>过</u>。ua$^{42-53}$（u$^{35-21}$）lai^{55} kue$^{213-21}$. ②我<u>八</u>来。ua$^{42-53}$ pak$^{2-5}$ lai^{55}. ③我<u>八</u>来<u>过</u>。ua$^{42-53}$ pak$^{2-5}$ lai^{55} kue$^{213-21}$.

海丰 我<u>八</u>来<u>过</u>。ua^{52} pak$^{3-4}$ lai^{55} kuɔ$^{213-21}$.

（2）他去过上海，没去过北京。

泉州 ①伊去过上海，<u>无</u>去过北京。i^{33} khɯ$^{41-55}$ kɤ$^{41-55}$ sioŋ^{22} hai^{55}，bo$^{24-22}$ khɯ$^{41-55}$ kɤ$^{41-55}$ pak^{55} kiã^{33}. ②伊<u>八</u>去<u>着</u>上海，<u>唔八</u>去<u>着</u>北京。i^{33} pat$^{55-44}$ khɯ$^{41-55}$ tioʔ$^{24-22}$ sioŋ^{22} hai^{55}，m$^{41-22}$ pat$^{55-44}$ khɯ$^{41-55}$ tioʔ$^{24-22}$ pak^{55} kiã^{33}. ③伊有去<u>着</u>上海，<u>无</u>去<u>着</u>北京。i^{33} u^{22} khɯ$^{41-55}$ tioʔ$^{24-22}$ sioŋ^{22} hai^{55}，bo$^{24-22}$ khɯ$^{41-55}$ tioʔ$^{24-22}$ pak^{55} kiã^{33}.

厦门 ①伊（八）去过上海，唔八去过北京。i$^{44-22}$（bat$^{32-5}$）khi$^{21-53}$ ke$^{21-53}$ sioŋ$^{22-21}$ hai^{53}，m$^{22-21}$ bat$^{32-5}$ khi$^{21-53}$ ke$^{21-53}$ pak$^{32-5}$ kiã^{44}. ②伊（八）去<u>着</u>上海，唔八去<u>着</u>北京。i$^{44-22}$（bat$^{32-5}$）khi$^{21-53}$ tioʔ$^{5-21}$ sioŋ$^{22-21}$ hai^{53}，m$^{22-21}$ bat$^{32-5}$ khi$^{21-53}$ tioʔ$^{5-21}$ pak$^{32-5}$ kiã^{44}. ③伊（有）去<u>过</u>上海，<u>无</u>去<u>过</u>北京。i$^{44-22}$（u$^{22-21}$）khi$^{21-53}$ ke$^{21-53}$ sioŋ$^{22-21}$ hai^{53}，bo$^{24-22}$ khi$^{21-53}$ ke$^{21-53}$ pak$^{32-5}$ kiã^{44}. ④伊（有）去<u>着</u>上海，<u>无</u>去<u>着</u>北京。i$^{44-22}$（u$^{22-21}$）khi$^{21-53}$ tioʔ$^{5-21}$ sioŋ$^{22-21}$ hai^{53}，bo$^{24-22}$ khi$^{21-53}$ tioʔ$^{5-21}$ pak$^{32-5}$ kiã^{44}. ⑤伊<u>八</u>去上海，唔八去北京。i$^{44-22}$ bat$^{32-5}$ khi$^{21-53}$ sioŋ$^{22-21}$ hai^{53}，m$^{22-21}$ bat$^{32-5}$ khi$^{21-53}$ pak$^{32-5}$ kiã^{44}.

台中 ①伊(八)去过上海,唔八去过北京。i⁴⁴⁻²² (bat²⁻⁵) khi²¹⁻⁵³ kue²¹⁻⁵³ siɔŋ²²⁻²¹ hai⁵³, m̩²²⁻²¹ bat²⁻⁵ khi²¹⁻⁵³ kue²¹⁻⁵³ pak²⁻⁵ kiã⁴⁴. ②伊(八)去过上海,唔八去过北京。i⁴⁴⁻²² (bat²⁻⁵) khi²¹⁻⁵³ kue²¹⁻⁵³ siɔŋ²²⁻²¹ hai⁵³, m̩²²⁻²¹ bat²⁻⁵ khi²¹⁻⁵³ kue²¹⁻⁵³ pak²⁻⁵ kiã⁴⁴. ③伊八去上海过,唔八去北京过。i⁴⁴⁻²² bat²⁻⁵ khi²¹⁻⁵³ siɔŋ²²⁻²¹ hai⁵³ kue²¹, m̩²²⁻²¹ bat²⁻⁵ khi²¹⁻⁵³ pak²⁻⁵ kiã⁴⁴⁻²² kue²¹.

漳州 ①伊八去(过)上海,唔八去(过)北京。i³⁴⁻²² bak³²⁻⁵ khi²¹⁻⁵² (kue²¹⁻⁵²) siaŋ²²⁻²¹ hai⁵², m̩²²⁻²¹ bak³²⁻⁵ khi²¹⁻⁵² (kue²¹⁻⁵²) pak³²⁻⁵ kiã³⁴. ②伊去过上海,唔去过北京。i³⁴⁻²² khi²¹⁻⁵² kue²¹⁻⁵² siaŋ²²⁻²¹ hai⁵², m̩²²⁻²¹ khi²¹⁻⁵² kue²¹⁻⁵² pak³²⁻⁵ kiã³⁴.

汕头 ①伊八去过上海,唔八去过北京。i³³ pak²⁻⁵ khɯ²¹³⁻⁵⁵ kue²¹³⁻⁵⁵ siaŋ²⁵⁻³¹ hai⁵², m̩²⁵⁻³¹ pak²⁻⁵ khɯ²¹³⁻⁵⁵ kue²¹³⁻⁵⁵ pak²⁻⁵ kiã³³. ②伊八去上海,唔八去北京。i³³ pak²⁻⁵ khɯ²¹³⁻⁵⁵ siaŋ²⁵⁻³¹ hai⁵², m̩²⁵⁻³¹ pak²⁻⁵ khɯ²¹³⁻⁵⁵ pak²⁻⁵ kiã³³. ③伊八去上海,无去过北京。i³³ pak²⁻⁵ khɯ²¹³⁻⁵⁵ kue²¹³⁻⁵⁵ siaŋ²⁵⁻³¹ hai⁵², bo⁵⁵⁻³¹ khɯ²¹³⁻⁵⁵ kue²¹³⁻⁵⁵ pak²⁻⁵ kiã³³.

揭阳 伊八去上海,唔八去北京。i³³ pak²⁻³ khɯ²¹³⁻⁴² siaŋ³⁵⁻²¹ hai⁴², m̩³⁵⁻²¹ pak²⁻³ khɯ²¹³⁻⁴² pak²⁻³ kiã³³.

海丰 ①伊八去上海,唔八去北京。i⁴⁴ pak³⁻⁴ khi²¹³⁻⁵⁵ siaŋ²⁵⁻³³ hai⁵², m̩²⁵⁻³³ pak³⁻⁴ khi²¹³⁻⁵⁵ pak³⁻⁴ kiã⁴⁴. ②伊八去过上海,唔八去过北京。i⁴⁴ pak³⁻⁴ khi²¹³⁻⁵⁵ kue²¹⁻⁵⁵ siaŋ²⁵⁻³³ hai⁵², m̩²⁵⁻³³ pak³⁻⁴ khi²¹³⁻⁵⁵ kue²¹⁻⁵⁵ pak³⁻⁴ kiã⁴⁴. ③伊去过上海,唔去过北京。i⁴⁴ khi²¹³⁻⁵⁵ kue²¹³⁻⁵⁵ siaŋ²⁵⁻³³ hai⁵², m̩²⁵⁻³³ khi²¹³⁻⁵⁵ kue²¹³⁻⁵⁵ pak³⁻⁴ kiã⁴⁴.

(3) 因为我学过英文,公司叫我搞接待。

泉州 因为我学过/着英文,公司叫我去做接待。in³³ ui⁴¹⁻²² gua⁵⁵ oʔ²⁴⁻²² kɤ⁴¹⁻²²/tioʔ²⁴⁻²² iŋ³³ bun²², kɔŋ³³ si³³ kio⁴¹⁻⁵⁵ gua⁵⁵ khɯ⁴¹⁻⁵⁵ tsue⁴¹⁻⁵⁵ tsiap²⁴⁻²² thai⁴¹.

厦门 因为我(八/有)学过英文,公司(着/就)叫我做接待。in⁴⁴⁻²² ui²²⁻²¹ gua⁵³⁻⁴⁴ (u²²⁻²¹/bat³²⁻⁵) oʔ⁵⁻²¹ ke²¹⁻⁵³ iŋ⁴⁴⁻²² bu⁵³, kɔŋ⁴⁴⁻²² si⁴⁴ (tioʔ⁵⁻²¹/tsiu²²⁻¹) kio²¹⁻⁵³ gua⁵³⁻⁴⁴ tsue²¹⁻⁵³ tsiap³²⁻⁵ tai²².

台中 因为我学过英文/语,公司叫我做接待。in⁴⁴⁻²² ui²²⁻²¹ ua⁵³⁻⁴⁴ oʔ³⁻² kue²¹⁻⁵³ iŋ⁴⁴⁻²² bun²⁴/gi⁵³, kɔŋ⁴⁴⁻²² si⁴⁴⁻²² kio²¹⁻⁵³ ua⁵³⁻⁴⁴ tso²¹⁻⁵³ tsiap²⁻⁵ tai²².

漳州 因为我学过英文,公司叫我搞接待。in³⁴⁻²² ui²²⁻²¹ gua⁵² oʔ¹²¹⁻²¹ kue²¹⁻⁵² iŋ³⁴⁻²² buŋ¹³, kɔŋ³⁴⁻²² si³⁴ kio²¹⁻⁵² gua⁵²⁻³⁴ kau⁵²⁻³⁴ tsiap³²⁻⁵ thai²².

汕头 我(八)学过英文,公司就叫我物接待。ua⁵² (pak²⁻⁵) oʔ⁵⁻²

kue$^{213-55}$ eŋ^{33} buŋ^{55}，kɔŋ^{33} si^{33} tsiu$^{25-31}$ kio$^{213-55}$ ua$^{52-24}$ mueʔ$^{5-2}$ tsiʔ$^{2-5}$ thai^{25}.

揭阳 我(八)学过英文，公司就叫我物接待。ua$^{42-53}$（pak$^{2-3}$）oʔ$^{5-2}$ kue$^{213-42}$ eŋ^{33} buŋ^{55}，kɔŋ^{33} si^{33} tsu$^{35-21}$ kio$^{213-42}$ ua$^{42-24}$ mueʔ$^{5-2}$ tsiʔ$^{2-3}$ thai^{35}.

海丰 （因为）我(八)学过英文，公司就喊我搞接待。(in$^{44-33}$ ui$^{55-22}$) ua^{52}（pak$^{3-4}$）ɔʔ$^{4-3}$ kue$^{213-55}$ eŋ$^{44-33}$ bun^{55}，kɔŋ$^{44-33}$ si^{44} tsiu$^{25-33}$ ham$^{213-55}$ ua^{52} kau$^{52-213}$ tsiap$^{3-4}$ thai^{25}.

(4) 我曾经两天两夜没吃过一口饭。

泉州 我八两日两暝无食着/过蜀喙饭。gua^{55} pat$^{55-24}$ lŋ̍^{22} lit^{24} lŋ̍^{22} mĩ^{24} bo$^{24-22}$ tsiaʔ$^{24-22}$ tioʔ$^{24-22}$/kɤ$^{41-55}$ tsit$^{24-22}$ tshui$^{41-55}$ bŋ̍^{41}.

厦门 我八两暝两日无食过/着蜀喙饭。gua$^{53-44}$ bat$^{32-5}$ nŋ̍$^{22-21}$ mĩ$^{24-22}$ nŋ̍$^{22-21}$ lit^{5} bo$^{24-22}$ tsiaʔ$^{5-21}$ ke$^{21-53}$/tioʔ$^{5-21}$ tsit$^{5-21}$ tshui$^{21-53}$ pŋ̍^{22}.

台中 ①我八两工两暝无食过蜀喙饭。ua$^{53-44}$ bat$^{2-5}$ nŋ̍$^{22-21}$ kaŋ^{44} nŋ̍$^{22-21}$ mĩ^{24} bo$^{24-22}$ tsiaʔ$^{3-2}$ kue$^{21-53}$ tsit$^{3-2}$ tshui$^{21-53}$ pŋ̍^{22}. ②我八两工两暝无食蜀喙饭过。ua$^{53-44}$ bat$^{2-5}$ nŋ̍$^{22-21}$ kaŋ^{44} nŋ̍$^{22-21}$ mĩ^{24} bo$^{24-22}$ tsiaʔ$^{3-2}$ tsit$^{3-2}$ tshui$^{21-53}$ pŋ̍^{22} kue$^{21-53}$.

漳州 ①我八两日两暝无食过蜀喙饭。gua^{52} bak$^{32-5}$ no$^{22-21}$ zit$^{121-21}$ no$^{22-21}$ me$^{11-22}$ bo$^{13-22}$ tsiaʔ$^{121-21}$ kue$^{21-52}$ tsit$^{121-21}$ tshui$^{21-52}$ puĩ^{22}. ②我八两日两暝咸蜀喙饭啊无食。gua^{52} bak$^{32-5}$ no$^{22-21}$ zit$^{121-21}$ no$^{22-21}$ me$^{11-22}$ ham$^{13-22}$ tsit$^{121-21}$ tshui$^{21-52}$ puĩ^{22} a$^{34-22}$ bo$^{13-22}$ tsiaʔ^{121}.

汕头 我八两日两暝无食(过)蜀喙饭。ua^{52} pak$^{2-5}$ no$^{25-31}$ zik$^{5-2}$ no$^{25-31}$ me$^{55-31}$ bo$^{55-31}$ tsiaʔ$^{5-2}$（kue$^{213-55}$）tsek$^{5-2}$ tshui$^{213-55}$ puŋ^{31}.

揭阳 我八两暝两日无食(过)（蜀）喙饭。ua$^{42-53}$ pak$^{2-3}$ no$^{35-21}$ me$^{55-22}$ no$^{35-21}$ zek^{5} bo$^{55-22}$ tsiaʔ$^{5-2}$（kue$^{213-42}$）（tsek$^{5-2}$）tshui$^{213-42}$ pɯŋ^{22}.

海丰 我八两暝两日无食(过)蜀喙饭。ua^{52} pak$^{3-4}$ nɔ$^{25-33}$ mẽ$^{55-22}$ nɔ$^{25-33}$ zit^{4} bɔ$^{55-22}$ tsiaʔ$^{4-3}$（kue$^{213-55}$）tsit$^{4-3}$ tshui$^{213-55}$ puĩ^{21}.

对用"过$_1$"的经历体貌的否定，普通话是在动词前用"没"，否定的是带经历体貌的动作行为，"没"表示动作行为的经历不存在或者未成为事实。闽南方言对用"过$_1$"的经历体貌的否定，用的是"无"和"未"，把经历"不存在"与"未成为事实"分开。

从以上例句我们看到，闽南-台湾片和粤东片表示经历体貌，多了一种用"八"的语法手段。细加考察，两种手段虽然多数情况下可以自由选择使用或一并使用，但无论在语义上还是在语法上都是有差别的，下面两例就只能用"过"不用"八"。

(5) 从昨天到现在我饭都没吃过一口。

泉州 昨日遘即下我饭都无食(过)蜀喙。tsa$^{41-22}$ lit^{24} kau$^{41-55}$ tsit^{55} e^{41}

gua⁵⁵ pŋ⁴¹ tɔ³³ bo²⁴⁻²² tsiaʔ²⁴⁻²² （kɤ⁴¹⁻⁵⁵）tsit²⁴⁻²² tshui⁴¹.

厦门 用/对/按/自昨昏遘即阵饭也无食过蜀喙。iŋ²²⁻²¹/tui²¹⁻⁵³/an²¹⁻⁵³/tsu²²⁻²¹ tsa²²⁻²² hŋ̍⁴⁴ kau²¹⁻⁵³ tsit³²⁻⁵ tsun²² pŋ̍²² a²²⁻²¹ bo²⁴⁻²² tsiaʔ⁵⁻²¹ ke²¹⁻⁵³ tsit⁵⁻²¹ tshui²¹.

台中 为昨昏遘即□［ma⁵³］我蜀喙饭吗无食/饭蜀喙吗无食。ui²¹⁻⁵³ tsa⁴⁴⁻²² ŋ̍⁴⁴⁻²² kau²¹⁻⁵³ tsit²⁻⁵ ma⁵³ ua⁵³⁻⁴⁴ tsit³⁻² tshui²¹⁻⁵³ pŋ̍²² ma²² bo²⁴⁻²² tsiaʔ³/pŋ̍²² tsit³⁻² tshui²¹ ma²² bo²⁴⁻²² tsiaʔ³.

漳州 对□［tsã¹³⁻²²］昏遘即阵/即□［te²²⁻²¹］我蜀喙饭啊无食。tui²¹⁻⁵² tsã¹³⁻²² huĩ³⁴ kau²¹⁻⁵² tsit³²⁻⁵ tsun²²/tsit³²⁻⁵ te²²⁻²¹ gua⁵² tsit¹²¹⁻²¹ tshui²¹⁻⁵⁵ puĩ²² a⁵²⁻³⁴ bo¹³⁻²² tsiaʔ¹²¹.

汕头 同昨日遘只阵我饭都未食过蜀喙。taŋ⁵⁵⁻³¹ tsa⁵⁵⁻³¹ zik⁵ kau²¹³⁻⁵⁵ tsi⁵²⁻²⁴ tsuŋ⁵⁵ ua⁵² puŋ³¹ to³³ bue³¹ tsiaʔ⁵⁻² kue²¹³⁻⁵⁵ tsek⁵⁻² tshui²¹³.

揭阳 同昨日遘今日我□［ham³⁵⁻²¹］喙饭拢无食。taŋ⁵⁵⁻²² tsau⁵⁵⁻²² zek⁵ kau²¹³⁻⁴² kim³³ zek⁵ ua⁴²⁻⁵³ ham³⁵⁻²¹ tshui²¹³⁻⁴² puŋ²² loŋ⁴²⁻²⁴ bo⁵⁵⁻²² tsiaʔ⁵.

海丰 着昨日遘旦我还未/无食过蜀喙饭。tɔʔ⁴⁻³/tiɔʔ⁴⁻³ tsa⁴⁴⁻³³ zit⁴ kau²¹³⁻⁵⁵ tã⁴⁴ ua⁵² huã⁵²⁻²¹³ bue²⁵⁻³³/bɔ⁵⁵⁻²² tsiaʔ⁴⁻³ kue²¹³⁻⁵⁵ tsit⁴⁻³ tshui²¹³⁻⁵⁵ pũi²¹.

（6）我从路口问起，一家一家地都问过，到这里还是都说没有。

泉州 我按/用/尉/对/就/从路口问起，蜀家蜀家个都问过，遘即搭阿是都说无。gua⁵⁵ an⁴¹⁻⁵⁵/iŋ⁴¹⁻⁵⁵/ui⁴¹⁻⁵⁵/tui⁴¹⁻⁵⁵/tsiũ⁴¹⁻²²/tsiɔŋ²⁴⁻²² lɔ⁴¹⁻²² khau⁵⁵ bŋ̍⁴¹⁻²² khi⁵⁵, tsit²⁴⁻²² ke³³ tsit²⁴⁻²² keʔ³³ e²⁴⁻²² tɔ³³ bŋ̍⁴¹ kɤ⁴¹, kau⁴¹⁻⁵⁵ tsit⁵⁵⁻⁴⁴ taʔ⁵⁵ a⁵⁵⁻²⁴ si²² tɔ³³ sɤʔ⁵⁵ bo²⁴.

厦门 我按/用/对/尉/自路口问起，蜀家蜀家拢问过，遘□［tsia²⁴］各是讲无。gua⁵³⁻⁴⁴ an²¹⁻⁵³/iŋ²²⁻²¹/tui²¹⁻⁵³/ui²²⁻²¹⁽⁻⁵³⁾/tsu²²⁻²¹ lɔ²²⁻²¹ khau⁵³ mŋ̍²²⁻²¹ khi⁵³, tsit⁵⁻²¹ ke⁴⁴⁻²² tsit⁵⁻²¹ ke⁴⁴ lɔŋ⁵³⁻⁴⁴ m̍²² keʔ²¹, kau²¹⁻⁵³ tsia²⁴ kɔʔ³²⁻⁵³ si²²⁻²¹ kɔŋ⁵³⁻⁴⁴ bo²⁴.

台中 我尉路口问起，蜀家蜀家拢问过，遘□［tsia⁵³⁻⁴⁴］野是拢讲无。ua⁵³⁻⁴⁴ ui²¹⁻⁵³ lɔ²²⁻²¹ khau⁵³ bŋ̍²²⁻²¹ khi⁵³, tsit³⁻² ke⁴⁴ tsit³⁻² ke⁴⁴ lɔŋ⁵³⁻⁴⁴ bŋ̍²² kue²¹, kau²¹⁻⁵³ tsia⁵³⁻⁴⁴ ia⁵³⁻⁴⁴ si²²⁻²¹ lɔŋ⁵³⁻⁴⁴ kɔŋ⁵³⁻⁴⁴ bo²⁴.

漳州 我对路口问起，蜀家蜀家个问，遘□［tsia³⁴］夭是拢讲无。gua⁵² tui²¹⁻⁵² lɔ²²⁻²¹ khau⁵² mui²²⁻²¹ khi²¹, tsit¹²¹⁻²¹ ke³⁴⁻²² tsit¹²¹⁻²¹ ke³⁴⁻²² e¹³⁻²² mui²², kau²¹⁻⁵⁵ tsia³⁴ iau⁵²⁻³⁴ si²²⁻²¹ lɔŋ⁵²⁻³⁴ kɔŋ⁵²⁻³⁴ bo¹³.

汕头 我伫路头问起，蜀家家问过了，遘只块还是拢呾无。ua⁵² to²⁵⁻³¹ lou³¹ thau⁵⁵ muŋ³¹ khi⁵², tsek⁵⁻² ke³³ ke³³ muŋ³¹ kue²¹³⁻³¹ ou⁵²⁻²¹³, kau²¹³⁻⁵⁵ tsi⁵²⁻²⁴ ko²¹³ huã⁵²⁻²⁴ si²⁵⁻³¹ loŋ⁵²⁻²⁴ tã²¹³⁻⁵⁵ bo⁵⁵.

揭阳 我伫路头问起,蜀家家问过了,遘□[tsio$^{42-24}$]块还是拢咀无。ua$^{42-53}$ to$^{35-21}$ lou$^{22-21}$ thau^{55} muŋ$^{22-21}$ khi^{42}, tsek$^{5-2}$ ke^{33} ke^{33} muŋ^{22} kue$^{213-21}$ au$^{42-213}$, kau$^{213-42}$ tsio$^{42-24}$ ko^{213} hã$^{42-24}$ si$^{35-21}$ loŋ$^{42-24}$ tã$^{213-53}$ bo^{55}.

海丰 我着路头问起,蜀间蜀间左问过,遘只搭仔/只□[e$^{44-33}$]还是左讲无。ua^{52} tiɔʔ$^{4-3}$/tɔʔ$^{4-3}$ lou$^{21-33}$ thou^{55} mũi^{21} khi^{52}, tsit$^{4-3}$ kaĩ$^{44-33}$ tsit$^{4-3}$ kaĩ^{44} tsɔ^{52} mũi^{21} kue^{213}, kau$^{213-55}$ tsi^{52} tap^{3} ã^{52}/tsi^{52} e$^{44-33}$ huã$^{52-213}$ si$^{25-33}$ tsɔ^{52} kɔŋ$^{52-213}$ bɔ^{55}.

之所以有上述现象,是因为"八"和"过$_1$"在语义和语法功能上有细微差异,在用法上有所分工。

"八"是闽南方言的一个特征词,原本是个动词,指"认识""知晓""会"的意思,例如,"我八伊"(我认得他)、"伊八法语"(他会法语)、"伊八拳"(他会拳术)。动词演变为助动词,语法功能和语义发生变化,汉语中屡见不鲜。闽南方言的"八"作助动词用的时候,意义上变成了"曾经经历"。

"八"与"过$_1$"的不同有三点。其一,"过"是粘附在前面的动词上的,所表示的经历是动作行为本身的经历,而"八"是粘附在其后的整个动词性词组上的,所表示的经历是整个事态。如例(3)海丰说"我八两暝两日无食(过)蜀喙饭","过"可用可不用而"八"必须用,是因为"过"表示"食"的行为曾经经历,而"八"则表示"两暝两日无食(过)蜀喙饭"这种事态曾经经历。曾经经历"两天两夜没吃过一口饭"的事,理所当然地,在那两天两夜里吃的行为也没有经历,因此,可用"无食过"同时表示行为没经历,更强调经历的意义,也可以不用"过";但是如果去掉"八",说成"我两暝两日无食过蜀喙饭",整句话意思就变了,成了"我两天两夜没有吃过一口饭"的意思,只是否定了吃的行为的经历,没有对"两天两夜没吃过一口饭"这种事情表示经历,"两天两夜"的时间不在经历的事态里面,通常就只是指说话前的一段。

其二,是语义上"过"只单纯表示某一次经历实现过,"八"则侧重于这种事态的经历有过,已经实现了"'零'的突破"。所以例(5)和例(6)必须用"过"而不能用"八",因为这两例要说的都是一次行为(从昨天到现在"食"的行为和这次从路口起"问"的行为)是否经历,而不是要说"食"的经历和问的经历是否实现"'零'的突破"。

解释了极端的例子,回头才能看清例(1)。例(1)的谓语只有一个动词"来",以记录得比较详尽的汕头话为例,可以有三种说法。这三种说法如果从普通话的体系来看似乎都是一个意思,但是汕头方言中它们的意义并不完全相等，可适应不同的表达的需要：

我（有）来过。——"来"视作行为，一次行为的经历。

我八来。——"来"视作事态，曾经经历此种事态。

我八来过。——"来"既视作行为也视作事态，曾经经历此行为和此种事态。

其三，对"过"的否定用"无"，对"八"的否定用"唔"。因为"过"是动词的形尾，粘附在动词之后，故否定词要放在动词之前（如"无食过"）；"八"是助动词，以后面的动词性短语为宾语，故否定词紧接在"八"之前。

"八"虽然也可翻译成共同语的"曾经"，但是"曾经"一般不能离开"过"而独立使用，"八"可以；"曾经"不能用肯定否定并用的方式构成反复问句，而"八"可以；"曾经"不能单独回答问题，而"八"可以。

普通话：

你曾经吃过蛇吗？（曾不曾经吃过蛇/曾经吃过蛇没有？）

——吃过/没吃过。（曾经/不曾经/没曾经。）

汕头话：

汝八食蛇啊唔八？

——八/唔八。

可见，"八"作为一种表示经历体貌的手段，独立性较强，词性上，是助动词而非副词。

从以上例句可看到，台中还有用"过$_2$"的说法。

（2）他去过上海，没去过北京。

③伊八去上海过，唔八去北京过。i$^{44-22}$ bat$^{2-5}$ khi$^{21-53}$ sioŋ$^{22-21}$ hai^{53} kue^{21}, m̩$^{22-21}$ bat$^{2-5}$ khi$^{21-53}$ pak$^{2-5}$ kiã$^{44-22}$ kue^{21}.

（4）我曾经两天两夜没吃过一口饭。

②我八两工两暝无食蜀喙饭过。ua$^{53-44}$ bat$^{2-5}$ nŋ̍$^{22-21}$ kaŋ^{44} nŋ̍$^{22-21}$ mĩ^{24} bo$^{24-22}$ tsiaʔ$^{3-2}$ tsit$^{3-2}$ tshui$^{21-53}$ pŋ̍^{22} kue$^{21-53}$.

这种"过$_2$"也表示经历，但是不粘附在动词上而是粘附在前面的动词性短语上，表示的是这个短语所述事态的经历，如这两句中分别表示"去上海""去北京""两工两暝无食蜀喙饭"等事态的经历。其体貌意义和"八"有相同之处，表示都是事态的经历而非动作行为本身的经历；但是，和"八"相比，并没有侧重于表示事态经历是"'零'的突破"的意思。语法功能上，则与"八"都是粘附在短语上的，一前一后"异曲而同工"。这种性质的经历体形式，在很多方言中也有，有的是"过"，有的是"来"，都是趋向动词变来的，例如汨罗湘语就可以说"她读过高中过"①，也是"过₁"和"过₂"并用，和台中完全一样。汉语史上，"过₂"是比"过₁"还要早的经历体助词，何以在台中出现仍有待考究。台中是我们调查中碰到的三种形式都有的方言，试提取例（3）中前半句加以比较，可以看到三个形式都表示经历，但是各有细微差异，各司其职又可互相协同。

① 伊去过上海。
② 伊八去过上海。
③ 伊八去上海过。

参考文献

[1] 李如龙. 泉州方言的体［M］//张双庆. 动词的体. 香港：香港中文大学中国文化研究所吴多泰中国语文研究中心，1996.
[2] 施其生. 汕头方言的体［M］//张双庆. 动词的体. 香港：香港中文大学中国文化研究所吴多泰中国语文研究中心，1996.
[3] 施其生. 汉语方言中词组的"形态"［J］. 语言研究，2011（1）.

---

① 例句由陈山青提供。

第六章 闽南方言的句式特点

第一节　闽南方言的比较句

一、闽南方言各代表点的比较句

（一）差比句

差比句可以分为两种，一种表示"过之"，一种表示"不及"。

1. 表示"过之"的差比句

闽南方言表示"过之"的差比句可以见到的句式有五种。

A. 甲比乙 VP。（我比伊大。）
B. 甲比乙恰 VP。（我比伊恰大。）
C. 甲恰 VP 乙。（我恰大伊。）
D. 甲 VP 过乙。（我大过伊。）
E. 甲恰 VP 过乙。（我恰大过伊。）

各地都有不同句式并用的现象，但是不同句式的使用有地域分布上的差异。闽南片口语里一般是 B 和 C 并用，下面是例句。

（1）我比他高。

泉州　①我比伊恰大汉/账。（B）gua^{55} pi$^{55-24}$ i^{33} kha?^{55} tua$^{41-22}$ han^{41}/lio^{41}. ②我恰账伊。（C）gua^{55} kha?^{55} lio^{41} i$^{33-21}$.

厦门　①我比伊恰账。（B）gua$^{53-44}$ pi$^{53-44}$ i$^{44-22}$ kha?$^{32-5}$ lo^{21}. ② 我恰账伊。（C）gua$^{53-44}$ kha?$^{32-5}$ lo^{21} i$^{44-21}$.

漳州　①我比/平伊恰账。（B）gua^{52} pi$^{52-34}$/ piŋ$^{13-22}$ i$^{34-22}$ kha?$^{32-5}$ lo^{21}. ②我恰账伊。（C）gua^{52} kha?$^{32-5}$ lo^{21} i$^{34-22}$.

（2）这儿比那儿凉快一点儿。

泉州　①即搭比迄搭恰秋清淡薄。（B）tsit$^{55-44}$ ta?^{55} pi$^{55-24}$ hit$^{55-44}$ ta?^{55} kha?^{55} tshiu^{33} tshin^{41} tam$^{41-22}$ po?$^{24-21}$. ②即搭恰秋清迄搭。（C）tsit$^{55-44}$ ta?^{55} kha?^{55} tshiu^{33} tshin^{41} hit$^{55-44}$ ta?^{55}.

厦门　①□〔tsia^{24}〕比□〔hia^{24}〕恰秋清。（B）tsia^{24} pi$^{53-44}$ hia^{24}

khaʔ³²⁻⁵³ tshiu⁴⁴⁻²² tshin²¹。②□〔tsia²⁴〕恰秋清□〔hia²⁴〕。（C）tsia²⁴ khaʔ³²⁻⁵³ tshiu⁴⁴⁻²² tshin²¹⁻⁵³ hia²⁴。

漳州　①□〔tsia³⁴〕比□〔hia³⁴〕恰秋清淡薄仔。（B）tsia³⁴ pi⁵²⁻³⁴ hia³⁴ khaʔ³²⁻⁵ tshiu³⁴⁻²² tshiŋ²¹⁻⁵² tam²²⁻²¹ poʔ¹²¹⁻²¹ a⁵²。②□〔tsia³⁴〕恰秋清□〔hia³⁴〕。（C）tsia³⁴ khaʔ³²⁻⁵ tshiu³⁴⁻²² tsiŋ²¹⁻⁵² hia³⁴。

（3）弟弟比哥哥还高。

泉州　①小弟比/平阿兄恰粻/大汉。（B）sio⁵⁵⁻²⁴ ti²² pi⁵⁵⁻²⁴/piŋ²² a⁵⁵⁻²⁴ hiã³³ khaʔ⁵⁵ lio⁴¹/tua⁴¹⁻²² han⁴¹。②小弟恰粻阿兄。（C）sio⁵⁵⁻²⁴ ti²² khaʔ⁵⁵ lio⁴¹⁻⁵⁵ a⁵⁵⁻²⁴ hiã³³。

厦门　①小弟比阿兄恰粻。（B）sio⁵³⁻⁴⁴ ti²² pi⁵³⁻⁴⁴ a⁴⁴⁻²² hiã⁴⁴ khaʔ³²⁻⁵³ lo²¹。②小弟恰粻阿兄。（C）sio⁵³⁻⁴⁴ ti²² khaʔ³²⁻⁵³ lo²¹⁻⁵³ a⁴⁴⁻²² hiã⁴⁴。

漳州　①小弟比阿兄夭恰粻。（B）sio⁵²⁻³⁴ ti²²⁻²¹ pi⁵²⁻³⁴ a³⁴⁻²² hiã³⁴ iau⁵²⁻³⁴ khaʔ³²⁻⁵ lo²¹。②小弟恰粻阿兄。（C）sio⁵²⁻³⁴ ti²²⁻²¹ khaʔ³²⁻⁵ lo²¹ a³⁴⁻²² hiã³⁴。

粤东片、雷州片和海南片是 A 和 D 并用，下面是例句。

（1）我比他高。

汕头　①我比伊悬。（A）ua⁵² pi⁵²⁻²⁴ i³³ kũi⁵⁵。②我悬过伊。（D）ua⁵² kũi⁵⁵ kue²¹³⁻³¹ i³³⁻³¹。

揭阳　①我比伊悬。（A）ua⁴²⁻⁵³ pi⁴²⁻²⁴ i³³ kũi⁵⁵。②我悬过伊。（D）ua⁴²⁻⁵³ kũi⁵⁵ kue²¹³⁻²¹ i³³⁻²²。

海丰　①我比伊悬。（A）ua⁵² pĩ⁵²⁻²¹³ i⁴⁴⁻³³ kuãi⁵⁵。②我悬过伊。（D）ua⁵² kuãi⁵⁵ kue²¹³⁻⁵⁵/kɔ²¹³⁻⁵⁵ i⁴⁴。

遂溪　①我比伊悬。（A）va⁴¹ pi⁴¹ i²⁴ kuai²²。②我悬过伊。（D）va⁴¹ kuai²² kue²¹⁴ i²⁴。

雷州　①我比伊悬。（A）ba⁴² pi⁴² i²⁴ kuai²²。②我悬过伊。（D）ba⁴² kuai²²⁻³³ kue²¹⁻⁴⁴ i²⁴。

文昌　①我比伊悬。（A）gua³¹ ɓi³¹ i³⁴ kuai²²。②我悬过伊。（D）gua³¹ kuai²²⁻¹¹ kue²¹⁻⁵⁵ i³⁴。

三亚　①我比伊悬。（A）va³¹ ɓi³¹ i³³ kuai²²。②我悬过伊。（D）va³¹ kuai²² kuo²⁴ i³³。

（2）这儿比那儿凉快一点儿。

汕头　①只囝/块比许囝/块凉滴囝。（A）tsi⁵²⁻²⁴ kiã⁵²/ko²¹³ pi⁵²⁻²⁴ hɯ⁵²⁻²⁴ kiã⁵²/ko²¹³ liaŋ⁵⁵ tiʔ² kiã⁵²⁻²¹³。②只囝/块凉过许囝/块滴囝。（D）tsi⁵²⁻²⁴ kiã⁵²/ko²¹³ liaŋ⁵⁵⁻³¹ kue²¹³⁻⁵⁵ hɯ⁵²⁻²⁴ kiã⁵²/ko²¹³ tiʔ² kiã⁵²⁻²¹³。

揭阳　①□〔tsio⁴²⁻²⁴〕块比□〔hio⁴²⁻²⁴〕块凉滴囝。（A）tsio⁴²⁻²⁴ ko²¹³

pi$^{42-24}$ hio$^{42-24}$ ko^{213} liaŋ^{55} ti?^{2} kiã$^{42-213}$. ②□ [tsio$^{42-24}$] 块凉过□ [hio$^{42-24}$] 块滴囝。(D) tsio$^{42-24}$ ko^{213} liaŋ^{55} kue$^{213-21}$ hio$^{42-24}$ ko^{213} ti?^{2} kiã$^{42-213}$.

海丰 ①只仔比同仔凉滴仔。(A) tsi^{52} ã$^{52-213}$ pĩ$^{52-213}$ taŋ$^{55-22}$ ã^{52} liaŋ^{55} tip^3 ã$^{52-213}$. ②只仔凉过同仔滴仔。(D) tsi^{52} ã$^{52-213}$ liaŋ$^{55-22}$ kue$^{213-55}$ taŋ$^{55-22}$ ã^{52} tip^3 ã$^{52-213}$.

遂溪 ①若乃比许乃凉呢囝。(A) ia^{55} nai^{55} pi^{41} ha^{55} nai^{55} lio^{22} ni^{55} kia^{41}. ②若迹凉过许迹呢囝穊。(D) ia^{55} tsia^{55} lio^{22} kue^{214} ha^{55} tsia^{55} ni^{55} kia^{41} tsoi^{24}.

雷州 ①这迹比许迹凉宁囝。(A) zia^{553} tsia^{553} pi^{42} ha^{553} tsia^{553} lio$^{22-33}$ niŋ^{553} kia$^{42-21}$. ②这迹凉过许迹宁囝。(D) zia^{553} tsia^{553} lio$^{22-33}$ kue^{21} ha^{553} tsia^{553} niŋ^{553} kia$^{42-21}$.

文昌 ①这里比许里清滴(滴)。(A) dʒia$^{21-55}$ le^{34} ɓi^{31} ɦo$^{21-55}$ le^{34} ʃien^{21} ɗi^{53} (ɗi^{53}). ②这里清过许里滴(滴)。(D) dʒia$^{21-55}$ le^{34} ʃien^{21} kue$^{21-55}$ ɦo$^{21-55}$ le^{34} ɗi^{53} (ɗi^{53}).

三亚 ①即路比那路凉呢囝。(A) i?^{45} lou^{33} ɓi^{31} a?^{45} lou^{33} lio^{22} ni?^{45} kio^{31}. ②即路凉过那路呢囝。(D) i?^{45} lou^{33} lio^{22} kuo^{24} a?^{45} lou^{33} ni?^{45} kio^{31}.

(3) 弟弟比哥哥还高。

汕头 ①阿弟还比阿兄悬。(A) a^{33} ti^{25} huã$^{52-24}$ pi$^{52-24}$ a^{33} hiã^{33} kũi^{55}. ②阿弟比阿兄还悬。(A) a^{33} ti^{25} pi$^{52-24}$ a^{33} hiã^{33} huã$^{52-24}$ kũi^{55}. ③阿弟还悬过阿兄。(D) a^{33} ti^{25} huã$^{52-24}$ kũi^{55} kue$^{213-55}$ a^{33} hiã^{33}.

揭阳 ①阿弟还比阿兄悬。(A) a^{33} ti^{35} hã$^{42-24}$ pi$^{42-24}$ a^{33} hiã^{33} kũi^{55}. ②阿弟比阿兄还悬。(A) a^{33} ti^{35} pi$^{42-24}$ a^{33} hiã^{33} hã$^{42-24}$ kũi^{55}. ③阿弟还悬过阿兄。(D) a^{33} ti^{35} hã$^{42-24}$ kũi$^{55-22}$ kue$^{213-42}$ a^{33} hiã^{33}.

海丰 ①阿弟比阿兄还爱悬。(A) a$^{44-33}$ thai^{21} pĩ$^{52-213}$ a$^{44-33}$ hiã^{44} huã$^{52-213}$ aĩ$^{213-55}$ kuãi^{55}. ②阿弟还爱悬过阿兄。(D) a$^{44-33}$ thai^{21} huã$^{52-213}$ aĩ$^{213-55}$ kuãi^{55} kue$^{213-55}$ a$^{44-33}$ hiã^{44}.

遂溪 ①老弟比哥野悬。(A) lau^{41} ti^{55} pi^{41} ko^{55} ia^{41} kuai^{22}. ②老弟野悬过阿哥。(D) lau^{41} ti^{55} ia^{41} kuai^{22} kue^{214} a$^{24-33}$ ko^{55}.

雷州 ①阿老弟比阿呢兄野悬。(A) a^{55} lau$^{42-44}$ ti^{42} pi$^{42-44}$ a^{55} niŋ^{553} hia^{24} ia^{42} kuai^{22}. ②阿老弟野悬过阿呢兄。(D) a^{55} lau$^{42-44}$ ti^{42} ia^{42} kuai$^{22-33}$ kue^{21} a^{55} niŋ^{553} hia^{24}.

文昌 ①老弟比□ [ia^{53}] 哥倘悬。(A) lau$^{42-11}$ ɗi^{53} ɓi^{31} ia^{53} ko^{34} iaŋ^{21} kuai^{22}. ②老弟悬过□ [ia^{53}] 哥。(D) lau$^{42-11}$ ɗi^{53} kuai^{22} kue^{21} ia^{53} ko^{34}.

三亚 ①老弟比阿哥还要悬/□ [iaŋ^{24}] 悬(噜)。(A) lau^{31} ɗi^{42} ɓi^{31} a^{45} ko^{33} hai^{22} iau^{24} kuai^{22}/iaŋ^{24} kuai^{22} (lu^{42}). ②老弟还要/□ [iaŋ^{24}] 悬过阿哥

（噜）。（D）lau^{31} ɖi^{42} hai^{22} iau^{24}/iaŋ^{24} kuai^{22} kuo^{24} a^{45} ko^{33}（lu^{42}）.

以上所说，只是一般的情况，不排除有类型上的渗透，例如偶尔可以在闽南片见到 D。

（4）叫奶奶来带比去请个陌生人来带好。

安溪 叫阿妈来㧣好过说请蜀个唔□［sã$^{23-22}$］八个来㧣恰好。（D）kio$^{212-41}$ a?^{5} ma$^{441-44}$ lai$^{25-22}$ tshua^{22} ho$^{441-44}$ kə?$^{212-41}$ sə?$^{31-32}$ tshiã^{441} tsik$^{5-2}$ ge$^{25-22}$ m̩^{22} sã$^{23-22}$ pat$^{5-2}$ ge$^{25-22}$ lai$^{25-22}$ tshua^{22} kha?$^{31-32}$ ho^{441}.

漳州 叫姆妈来㧣赢过讲请蜀个生分侬来㧣。（D）kio$^{21-52}$ m̩$^{52-34}$ ma^{52} lai$^{13-22}$ tshua$^{22-21}$ iã$^{13-22}$ kue$^{21-52}$ kɔŋ$^{52-34}$ tshiã$^{52-34}$ tsit$^{121-21}$ kɔ$^{52-34}$ sẽ$^{34-22}$ hun$^{33-21}$ laŋ^{13} lai$^{13-22}$ tshua^{22}.

（5）有老婆比没老婆还糟。

安溪 有某歹过说无某。（D）u^{22} bo^{441} phai$^{441-44}$ kə$^{212-41}$ sə?$^{31-32}$ bo$^{25-22}$ bo^{441}.

而台中更是所有句式都可以见到，不过 A 式比较少用。

（1）我比他高。

台中 ①我比伊悬。（A）ua$^{53-44}$ pi$^{53-44}$ i^{44} kuan^{24}. ②我比伊恰悬。（B）ua$^{53-44}$ pi$^{53-44}$ i^{44} kha?$^{2-5}$ kuan^{24}. ③我恰悬伊。（C）ua$^{53-44}$ kha?$^{2-5}$ kuan^{24} i^{44}. ④我悬过伊。（D）ua$^{53-44}$ kuan^{24} kue$^{21-53}$ i^{44}. ⑤我恰悬过伊。（E）ua$^{53-44}$ kha?$^{2-5}$ kuan^{24} kue$^{21-53}$ i^{44}.

（2）这儿比那儿凉快一点儿。

台中 ①□［tsia$^{53-44}$］比□［hia$^{53-44}$］恰凉蜀寡仔。（B）tsia$^{53-44}$ pi$^{53-44}$ hia$^{53-44}$ kha?$^{2-5}$ liaŋ^{24} tsit$^{3-21}$ kua$^{53-44}$ a^{44}. ②□［tsia$^{53-44}$］凉过□［hia$^{53-44}$］蜀寡仔。（D）tsia$^{53-44}$ liaŋ$^{24-22}$ kue^{21} hia$^{53-44}$ tsit$^{3-21}$ kua$^{53-44}$ a^{44}. ③□［tsia$^{53-44}$］恰凉过□［hia$^{53-44}$］蜀寡仔。（E）tsia$^{53-44}$ kha?$^{2-5}$ liaŋ$^{24-22}$ kue^{21} hia$^{53-44}$ tsit$^{3-21}$ kua$^{53-44}$ a^{44}.

（3）弟弟比哥哥还高。

台中 ①弟弟比哥哥恰悬。（B）ti^{44} ti^{21} pi$^{53-44}$ kɯ^{44} kɯ^{21} kha?$^{2-5}$ kuan^{24}. ②弟弟悬过哥哥。（D）ti^{44} ti^{21} kuan^{24} kue$^{21-53}$ kɯ^{44} kɯ^{21}. ③弟弟恰悬过哥哥。（E）ti^{44} ti^{21} kha?$^{2-5}$ kuan^{24} kue$^{21-53}$ kɯ^{44} kɯ^{21}.

当比较对象（"乙"）是任指的疑问代词时，闽南各地都要用"比"字式，即 A 式和 B 式，闽南片 B 式占优势，粤东片、雷州片和海南片 A 式占优势。

（6）他做事比谁都稳当。

泉州 ①伊做事志比/平＜甚侬＞仔都稳当。（A）i^{33} tsue$^{41-55}$ tai$^{41-22}$ tsi^{41} pi$^{55-24}$/piŋ^{22} ＜siaŋ$^{24-22}$＞ ã$^{55-24}$ tɔ^{33} un$^{55-24}$ taŋ^{41}. ②伊做事志比/平＜甚侬＞仔

都恰稳当。（B）i³³ tsue⁴¹⁻⁵⁵ tai⁴¹⁻²² tsi⁴¹ pi⁵⁵⁻²⁴ / piŋ²² <siaŋ²⁴⁻²²> ã⁵⁵⁻²⁴ tɔ³³ khaʔ⁵⁵ un⁵⁵⁻²⁴ taŋ⁴¹.

厦门 伊做事志比<甚侬>拢稳当。（A）i⁴⁴⁻²² tsue²¹⁻⁵³ tai²²⁻²¹ tsi²¹ pi⁵³⁻⁴⁴ siaŋ²⁴ lɔŋ⁵³⁻⁴⁴ un⁵³⁻⁴⁴ taŋ²¹.

台中 伊做事志比□[tsia²⁴]恰妥当。（B）i⁴⁴ tso²¹⁻⁵³ tai²² tsi²¹ pi⁵³ tsia²⁴ khaʔ²⁻⁵ tho⁵³⁻⁴⁴ tɔŋ²¹.

漳州 伊做事志比<甚侬>侬/<甚侬>/哪仔侬拢恰在步。（B）i³⁴⁻²² tso²¹⁻⁵² tai²²⁻²¹ tsi²¹ pi⁵²⁻³⁴ <tsua¹³⁻²²> lɔŋ⁵²⁻³⁴/<tsua¹³>/na⁵²⁻³⁴ a⁵²⁻⁴⁴ laŋ¹³ lɔŋ⁵²⁻³⁴ khaʔ³¹⁻⁵ tshai²²⁻²¹ pɔ²².

汕头 伊做事比□[zuaŋ²⁵]地个拢妥当。（A）i³³ tso²¹³⁻⁵⁵ sɯ³¹ pi⁵²⁻²⁴ zuaŋ²⁵ ti³¹ kai⁵⁵⁻³¹ lɔŋ⁵²⁻²⁴ tho⁵²⁻²⁴ taŋ²¹³.

揭阳 伊做事比□[zuaŋ³⁵]地□[tiaŋ⁵⁵⁻²²]拢妥当。（A）i³³ tso²¹³⁻⁴² sɯ²² pi⁴²⁻²⁴ zuaŋ³⁵ ti²²⁻²¹ tiaŋ⁵⁵⁻²² nɔŋ⁴²⁻²⁴ tho⁴²⁻²⁴ taŋ²¹³.

海丰 伊做事比<地侬>都爱稳润。（A）i⁴⁴⁻³³ tsɔ²¹³⁻⁵⁵ su²⁵ pi⁵²⁻²¹³ <tiaŋ²⁵> tɔ⁴⁴ aĩ²¹³⁻⁵⁵ un⁵²⁻²¹³ zun²¹.

遂溪 伊做事比<底侬>都稳当。（A）i²⁴ tso⁵⁵ su⁵⁵⁻³³ pi⁴¹ <tiaŋ²²> teu²⁴ uŋ⁴¹ taŋ²¹⁴.

雷州 伊做事比<底侬>都稳当。（A）i²⁴ tso⁵⁵³ su⁴² pi⁴² <tiaŋ⁵⁵³> teu²⁴⁻³³ uŋ⁴² taŋ²¹.

文昌 伊做事比<底侬>都妥当。（A）i³⁴ to⁵³ ʃe⁴² ɓi³¹ <ɗiaŋ⁴²> ɗou³⁴ xo³¹⁻³³ ɗaŋ³⁴.

三亚 伊做事比乜侬都稳定。（A）i³³ toʔ⁴⁵⁻⁴⁴ tshi⁴² ɓi³¹ miʔ⁴⁵ naŋ²² ɗou³³ un³¹ ɗio³³.

表示"过之"的差比句，其否定式是在前四种的基础上构成的。

A. 甲无比（平）乙 VP。（我无比伊大。）

B. 甲无比乙恰 VP。（我无比伊恰大。）

C. 甲无恰 VP 乙。（我无恰大伊。）

D. 甲无（无好、□[boi³⁵⁻²¹]）VP 过乙。（我无大过伊。）

以下举一例说明。

(7) 他不比我胖。

泉州 ①伊无平我恰肥。（B）i³³ bo²⁴⁻²² piŋ²² gua⁵⁵ khaʔ⁵⁵ pui²⁴. ②伊无恰肥我。（C）i³³ bo²⁴⁻²² khaʔ⁵⁵ pui²⁴ gua⁵⁵⁻⁴¹.

厦门 伊无比我恰肥。（B）i⁴⁴⁻²² bo²⁴⁻²² pi⁵³⁻⁴⁴ gua⁵³⁻⁴⁴ khaʔ³²⁻⁵³ pui²⁴.

台中　①伊无比我大颗。（A）i^{44} bo^{24-22} pi^{53-44} ua^{53-44} tua^{21} $khɔ^{44}$. ②伊无比我恰大颗。（B）i^{44} bo^{24-22} pi^{53-44} ua^{53-44} $khaʔ^{2-5}$ tua^{21} $khɔ^{44}$. ③伊无大颗过我。（D）i^{44} bo^{24-22} tua^{21} $khɔ^{44}$ kue^{21-53} ua^{53}.

漳州　伊无比我恰肥。（B）i^{34} bo^{13-22} pi^{52-34} gua^{52-34} $khaʔ^{32-5}$ pui^{13}.

汕头　①伊无好比我肥。（B）i^{33} bo^{55-31} ho^{52-24} pi^{52-24} ua^{52-24} pui^{55}. ③伊无好肥（过）我。（D）i^{33} bo^{55-31} ho^{52-24} pui^{55}（kue^{213-31}）ua^{52-213}.

揭阳　①伊□[boi^{35-21}]比我肥。（A）i^{33} boi^{35-21} pi^{42-24} ua^{42-35} pui^{55}. ②伊□[boi^{35-21}]肥过我。（D）i^{33} boi^{35-21} pui^{55} kue^{213-21} ua^{42-213}.

海丰　①伊无比我肥。（A）i^{44} $bɔ^{55-22}$ pi^{52-213} ua^{52} pui^{55}. ②伊无肥过我。（D）i^{44} $bɔ^{55-22}$ pui^{55} $kɔ^{213}$ ua^{52-213}.

遂溪　伊无比我肥。（A）i^{24} vo^{22} pi^{41} va^{41} pui^{22}.

雷州　①伊无比我肥。（A）i^{24} bo^{22-33} pi^{42} ba^{42} pui^{22}. ②伊无肥过我。（D）i^{24} bo^{22-33} pui^{22} kue^{21-44} ba^{42}.

文昌　①伊无平我肥。（A）i^{34} bo^{22-11} $ɕe^{22}$ gua^{31-33} $ɕui^{22}$. ②伊无肥过我。（D）i^{34} bo^{22-11} $ɕui^{22}$ kue^{21-55} gua^{31}.

三亚　①伊无比我肥。（A）i^{33} vo^{22} $ɕi^{31}$ va^{31} $ɕui^{22}$. ②伊无肥过我。（D）i^{33} vo^{22} $ɕui^{22}$ kuo^{24} va^{31}.

2. 表示"不及"的差比句

表示"不及"的差比句，各地格式非常一致，主流句式是和普通话同一类型的"甲无乙VP"，但在有些地方（台中、漳州、雷州、文昌）还出现一种衍生的句式，在比较对象之前加上"像""共""平"等动词或介词。

(8) 他没我胖。

泉州　伊无我（个）肥。i^{33} bo^{24-22} gua^{55}（e^{24-55}）pui^{24}.

厦门　伊无我肥。i^{44-22} bo^{24-22} gua^{53-44} pui^{24}.

台中　伊无我大箍。i^{44} bo^{24-22} ua^{53} tua^{21} $khɔ^{44}$.

漳州　伊无我个肥。i^{34-22} bo^{13-22} gua^{52-34} e^{13-22} pui^{13}.

汕头　伊无（有）我肥。i^{33} bo^{55-31}（u^{25-31}）ua^{52-24} pui^{55}.

揭阳　伊无我□[$tsiõ^{213-53}$]肥。i^{33} bo^{55-22} ua^{42-24} $tsiõ^{213-53}$ pui^{55}.

海丰　伊无我肥。i^{44} $bɔ^{55-22}$ ua^{52} pui^{55}.

遂溪　伊无肥得过我。i^{24} vo^{22} pui^{22} $tiet^{54}$ kue^{214} va^{41}.

雷州　伊无我肥。i^{24} bo^{22-33} ba^{42} pui^{22}.

文昌　①伊无我肥。i^{34} bo^{22-11} gua^{31} $ɕui^{22}$. ②伊无我这稽肥。i^{34} bo^{22-11} gua^{31} $ʥia^{21}$ $toʔ^5$ $ɕui^{22}$. ③伊无共我这稽肥。i^{34} bo^{22-11} $kaŋ^{34}$ gua^{31} $ʥia^{21}$ $toʔ^5$ $ɕui^{22}$.

三亚　伊无（有）我肥。i^{33} vo^{22}（u^{42}）va^{31} $ɕui^{22}$.

（9）他没有我这么高。

泉州　伊无我□［tsuaʔ⁵⁵⁻⁴⁴］伯/□［tsuaʔ⁵⁵］悬。i³³ bo²⁴⁻²² gua⁵⁵ tsuaʔ⁵⁵⁻⁴⁴ nan⁵⁵/tsuaʔ⁵⁵ lio⁴¹.

厦门　伊无我□［tsiaʔ³²⁻⁵³］（呢）悬。i⁴⁴⁻²² bo²⁴⁻²² gua⁵³⁻⁴⁴ tsiaʔ³²⁻⁵³ (ni²²⁻²¹) lo²¹.

台中　①伊无我□［tsia⁵³］悬。i⁴⁴ bo²⁴⁻²² ua⁵³ tsia⁵³ kuan²⁴. ②伊无像我□［tsia⁵³］悬。i⁴⁴ bo²⁴⁻²² tshiũ²² ua⁵³ tsia⁵³ kuan²⁴.

漳州　伊无我□［tsiaʔ³²⁻⁵²］（呢尔）悬。i³⁴ bo¹³⁻²² gua⁵²⁻³⁴ tsiaʔ³²⁻⁵² (ni¹³⁻²² a³⁴⁻²²) lo²¹.

汕头　伊无我□［tsiõ²¹³⁻⁵⁵］悬。i³³ bo⁵⁵⁻³¹ ua⁵²⁻²⁴ tsiõ²¹³⁻⁵⁵ kuĩ⁵⁵.

揭阳　伊无我□［tsiõ²¹³⁻⁵³］悬。i³³ bo⁵⁵⁻²² ua⁴²⁻²⁴ tsiõ²¹³⁻⁵³ kuĩ⁵⁵.

海丰　伊无我□［tsiaʔ³⁻⁴］悬。i⁴⁴ bɔ⁵⁵⁻²² ua⁵² tsiaʔ³⁻⁴ kuãi⁵⁵.

遂溪　伊无有我若悬。i²⁴ vo²² u⁵⁵ va⁴¹ io⁵⁵ kuai²².

雷州　伊无有我若悬。i²⁴ bo²²⁻³³ u³³ ba⁴² zio⁵⁵³ kuai²².

文昌　①伊无我这穧悬。i³⁴ bo²²⁻¹¹ gua³¹ dzia²¹ toʔ⁵ kuai²². ②伊无平我悬。i³⁴ bo²²⁻¹¹ ɓe²² gua³¹ kuai²².

三亚　伊无有我种样悬。i³³ vo²² u⁴² va³¹ taŋ²⁴ io³³ kuai²².

（10）我没有他那么爱喝酒。

泉州　我无伊□［huaʔ⁵⁵⁻⁴⁴］伯/□［huaʔ⁵⁵］爱啉（烧）酒。gua⁵⁵ bo²⁴⁻²² i³³ huaʔ⁵⁵⁻⁴⁴ nan⁵⁵/huaʔ⁵⁵ ai⁴¹⁻⁵⁵ lim³³ (sio³³) tsiu⁵⁵.

厦门　我无伊□［hiaʔ³²⁻⁵³］呢爱啉酒。gua⁵³⁻⁴⁴ bo²⁴⁻²² i⁴⁴⁻²² hiaʔ³²⁻⁵³ ni²²⁻²¹ ai²¹⁻⁵³ lim⁴⁴⁻²² tsiu⁵³.

台中　①我无伊□［hia⁵³⁻⁴⁴］爱啉酒。ua⁵³⁻⁴⁴ bo²⁴⁻²² i⁴⁴ hia⁵³⁻⁴⁴ ai²¹⁻⁵³ lim⁴⁴ tsiu⁵³. ②我无像伊□［hia⁵³⁻⁴⁴］爱啉酒。ua⁵³⁻⁴⁴ bo²⁴⁻²² tsiũ²² i⁴⁴ hia⁵³⁻⁴⁴ ai²¹⁻⁵³ lim⁴⁴ tsiu⁵³.

漳州　我无像伊□［hiaʔ³²⁻⁵²］（呢尔）爱食酒/啉酒。gua⁵² bo¹³⁻²² tshiɔ̃²²⁻²¹ i³⁴⁻²² hiaʔ³²⁻⁵² (ni¹³⁻²² a⁴⁴) ai²¹⁻⁵² tsiaʔ¹²¹⁻²¹ tsiu⁵²/lim¹³⁻²² tsiu⁵².

汕头　我无伊□［hiõ²¹³⁻⁵⁵］好食酒。ua⁵² bo⁵⁵⁻³¹ i³³ hiõ²¹³⁻⁵⁵ hãu²¹³⁻⁵⁵ tsiaʔ⁵⁻² tsiu⁵².

揭阳　我无伊□［hiõ²¹³⁻⁴²］爱食酒。ua⁴²⁻⁵³ bo⁵⁵⁻²² i³³ hiõ²¹³⁻⁴² ãi²¹³⁻⁴² tsiaʔ⁵⁻² tsiu⁴².

海丰　我无伊□［hiaʔ³⁻⁴］爱食酒。ua⁵² bɔ⁵⁵⁻²² i⁴⁴ hiaʔ³⁻⁴ ãi²¹³⁻⁵⁵ tsiaʔ⁴⁻³ tsiu⁵².

遂溪　我无有/共伊□［ho⁵⁵］惜啜酒。va⁴¹ bo²² u⁵⁵/kaŋ⁵⁵⁻³³ i²⁴ ho⁵⁵ se⁵⁵

tshue^{55} tsiu^{41}.

雷州 ①我无有伊□［ho^{553}］嗜啜酒。ba^{42} bo$^{22-33}$ u^{33} i^{24} ho^{553} se^{553} tshue^{553} tsiu^{42}. ②我无共/像伊□［ho^{553}］嗜啜酒。ba^{42} bo$^{22-33}$ kaŋ$^{553-24}$/siaŋ^{21} i^{24} ho^{553} se^{553} tshue^{553} tsiu^{42}.

文昌 我无平/共伊许作尚食酒。gua^{31} bo$^{22-21}$ xeŋ^{22}/kaŋ^{34} i^{34} ɦo$^{21-55}$ toʔ^{5} tiaŋ^{42} ʧia$^{3-21}$ ʧiu^{31}.

三亚 我无有伊种样瘾啜酒。va^{31} vo^{22} u^{42} i^{33} taŋ^{24} io^{33} zen^{31} tshuoʔ^{45} tsiu^{31}.

（二）平比句

平比句的句式和普通话的格式"甲和乙一样VP"相同，只是相当于"和"的介词和相当于"一样"的形容词有所不同。例如：

(11) 我跟他一样高。

泉州 ①我合伊平平□［huaʔ^{55}］朘/悬 gua^{55} kap^{55} i^{33} pĩ$^{24-22}$ pĩ$^{24-22}$ huaʔ^{55} lio^{41}/kũi^{24}. ②我合伊平（平）朘/悬 gua^{55} kap^{55} i^{33} pĩ$^{24-22}$（pĩ$^{24-22}$）lio^{41}/kũi^{24}.

厦门 ①我邀伊平朘。gua$^{53-44}$ kiau$^{44-22}$ i$^{44-22}$ pĩ$^{24-22}$ lo^{21}. ②我合伊平朘。gua$^{53-44}$ kaʔ$^{32-53}$ i$^{44-22}$ pĩ$^{24-22}$ lo^{21}.

台中 ①我合伊平悬。ua$^{53-44}$ kaʔ$^{2-5}$ i^{44} pẽ$^{24-22}$ kuan^{24}. ②我合伊共宽悬。ua$^{53-44}$ kaʔ$^{2-5}$ i^{44} kaŋ^{22} khuaŋ^{44} kuan^{24}.

漳州 我合伊平（平）朘。gua^{52} kaʔ$^{32-5}$ i$^{34-22}$ pẽ$^{13-22}$（pẽ$^{13-22}$）lo^{21}.

汕头 我合伊平悬。ua^{52} kaʔ$^{2-5}$ i^{33} pẽ$^{55-31}$ kũi^{55}.

揭阳 我合伊平悬。ua$^{42-53}$ kaʔ$^{5-2}$ i^{33} pẽ$^{55-22}$ kũi^{55}.

海丰 我拉伊平悬。ua^{52} la$^{44-33}$ i^{44} pẽ$^{55-22}$ kuãi^{55}.

遂溪 我共伊平悬。va^{41} kaŋ$^{55-33}$ i^{24} pe^{22} kuai^{22}.

雷州 我共伊平悬。ba^{42} kaŋ$^{553-24}$ i^{24} pe$^{22-33}$ kuai^{22}.

文昌 ①我共伊平悬。gua^{31} kaŋ$^{34-42}$ i^{34} ɓe$^{22-11}$ kuai^{22}. ②我共伊这穚悬。gua^{31} kaŋ$^{34-42}$ i^{34} ʥia^{21} toʔ^{5} kuai^{22}.

三亚 我共伊蜀样悬/平悬。va^{31} kaŋ^{33} i^{33} ioʔ^{33} io^{33} kuai^{22}/ɓe^{22} kuai^{22}.

否定式也和普通话一样，在肯定式的"一样VP"之前加个否定词。

(12) 两条裤腿不一样长。

泉州 ①两条骹腿无平平□［huaʔ^{55}］长。lŋ^{22} tiau$^{24-22}$ kha^{33} thui^{55} bo$^{24-22}$ pĩ$^{24-22}$ pĩ$^{24-22}$ huaʔ^{55} tŋ^{24}. ②两条骹腿无平/平平长。lŋ^{22} tiau$^{24-22}$ kha^{33} thui^{55} bo$^{24-22}$ pĩ$^{24-22}$/pĩ$^{24-22}$ pĩ$^{24-22}$ tŋ^{24}.

厦门 ①两丛裤骹无相长。nŋ$^{22-21}$ tsaŋ$^{24-22}$ khɔ$^{21-53}$ kha^{44} bo$^{24-22}$ siaŋ$^{24-22-21}$

tŋ˙²⁴. ②两丛裤骹<无解>平长。nŋ˙²²⁻²¹ tsaŋ²⁴⁻²² khɔ²¹⁻⁵³ kha⁴⁴ <bue²²⁻²¹> pĩ²⁴⁻²² tŋ˙²⁴.

台中 ①两条裤骹无平长。nŋ˙²² tiau²⁴⁻²² khɔ²¹ kha⁴⁴ bo²⁴⁻²² pẽ²⁴⁻²² tŋ˙²⁴. ②两条裤骹无共款长。nŋ˙²² tiau²⁴⁻²² khɔ²¹ kha⁴⁴ bo²⁴⁻²² kaŋ²² khuan⁵³⁻⁴⁴ tŋ˙²⁴.

漳州 两囗 [piŋ²²⁻²¹] 个裤骹无平长。nŋ˙²²⁻²¹ piŋ²²⁻²¹ e¹³⁻²² khɔ²¹⁻⁵² kha³⁴ bo¹³⁻²² pẽ¹³⁻¹³ tŋ˙¹³.

汕头 两隻裤骹<无解>平长。no³⁵⁻³¹ tsiaʔ²⁻⁵ khou⁴⁴⁻³³ kha⁴⁴⁻³³ <boi⁵⁵⁻²²> pẽ⁵⁵⁻³¹ tɯŋ⁵⁵.

揭阳 两个裤骹唔平长。no³⁵⁻²¹ tiau⁵⁵⁻²² khou²¹³⁻⁴² kha³³ m̩³⁵⁻²¹ pẽ⁵⁵⁻²² tɯŋ⁵⁵.

海丰 两隻裤骹无平长。nɔ²⁵⁻³³ tsiaʔ³⁻⁴ khɔu⁴⁴⁻³³ kha⁴⁴⁻³³ bɔ⁵⁵⁻²² pẽ⁵⁵⁻²² tŋ˙⁵⁵.

遂溪 两条裤骹无平长。no⁵⁵ tiau²² kheu²¹⁴ kha²⁴ vo²² pe²² to²².

雷州 两条裤骹无平长。no³³⁻⁴² tiau²²⁻³³ kheu²¹⁻⁴⁴ kha²⁴ bo²²⁻³³ pe²²⁻³³ to²².

文昌 两条裤骹无平长。no⁴² ɗiau²² xou²¹⁻⁵⁵ xa³⁴ bo²² ɓe²²⁻¹¹ ɗo²².

三亚 两条裤骹无蜀样长/无平长。no⁴² ɗiau²² khou²⁴ kha³³ vo²² ioʔ³³ io³³ ɗo²²/vo²² ɓe²² ɗo²².

二、关于表"过之"差比句的讨论

平比句和表"不及"的差比句在句式上和普通话差不多,这里主要讨论表"过之"的差比句。

语义上,这种差比句含有两个语义要素:"比较"与"过之",表示这两个要素的语法手段,一是语法标记——"比""恰"和"过";二是语序,主要是比较对象("乙")的句法位置——在VP前作介宾或在VP后作宾语。如果要对闽南方言的这五种差比句进行分类,两种标准可分出两种结果。根据标记,可分为三类。

第一,"比"字式。

A. 甲比乙VP。(我比伊大。)

B. 甲比乙恰VP。(我比伊恰大。)

第二,"恰"字式。

B. 甲比乙恰VP。(我比伊恰大。)

C. 甲恰VP乙。(我恰大伊。)

E. 甲恰VP过乙。（我恰大过伊。）

第三，"过"字式。
D. 甲VP过乙。（我大过伊。）
E. 甲恰VP过乙。（我恰大过伊。）

跨类的可以看作混合式，去掉混合式，我们得到闽南方言比较句的三种基本句式。
"比"字式：A. 甲比乙VP。（我比伊大。）
"恰"字式：C. 甲恰VP乙。（我恰大伊。）
"过"字式：D. 甲VP过乙。（我大过伊。）

"比"字式是普通话的句式，据我们的观察，它在很多方言中都和方言固有的比较句式并用，应该是各方言受近代以来的共同语，尤其是书面语影响的结果。如此，闽南方言原有的句式，在闽南片是"恰"字式，在广东和海南（原本也属广东省）则是"过"字式。台中两种基本式都有，比较特殊，是不是和台湾的新派闽语受所谓"国语"或客家话的影响较大有关，尚待进一步的考察。① 安溪、漳州偶尔也说的"过"字式，估计也是受外来的影响。

按照语序的标准，五种句式可分两种类型。

第一，"乙"在VP前作介宾。
A. 甲比乙VP。（我比伊大。）
B. 甲比乙恰VP。（我比伊恰大。）

第二，"乙"在VP后作全句的宾语。
C. 甲恰VP乙。（我恰大伊。）
D. 甲VP过乙。（我大过伊。）
E. 甲恰VP过乙。（我恰大过伊。）

如果抛开混合式，可以发现语序的标准和标记的标准其实是严格相关的。

第三，"乙"在VP前作介宾。
"比"字式：A. 甲比乙VP。（我比伊大。）

---

① 台中的发音人廖郁雯小姐比较年轻。

第四,"乙"在 VP 后作全句的宾语。

"恰"字式:C. 甲恰 VP 乙。(我恰大伊。)

"过"字式:D. 甲 VP 过乙。(我大过伊。)

如前所述,"恰"字式和"过"字式是闽南方言固有的句式,那么我们还可以说,比较对象("乙")放在形容词性谓语后作宾语是闽南方言比较句固有的特点。

比较句里的 VP 大多是形容词或形容词性的谓词。按照汉语的词类特点,形容词是不带宾语的(除非"动用",如"两口子从来没有红过脸""好了伤疤忘了痛"之类)。但是这里带宾语的已不是个单纯的形容词,而是"恰 VP""VP 过"或二者的混合结构"恰 VP 过"。

"恰"本字未明,在闽南片里均为[khaʔ₂],是个程度副词,义为"比较"。

(13) 大的鱼肉比较粗。

泉州　大隻鱼个肉恰粗。tua$^{41-22}$ tsiaʔ^{55} hɯ^{24} e$^{24-22}$ hiak^{24} khaʔ^{55} tshɔ^{33}.

厦门　大隻鱼肉恰粗。tua$^{22-21}$ tsiaʔ$^{32-53}$ hi^{24} baʔ^{32} khaʔ$^{32-5}$ tshɔ^{44}.

台中　大尾个鱼肉恰粗。tua$^{22-21}$ bue^{53} e$^{24-22}$ hi^{24} ba^{22} khaʔ$^{2-5}$ tshɔ^{44}.

漳州　大尾鱼仔肉恰粗。tua$^{22-21}$ bue^{52} hi$^{13-22}$ a^{52} baʔ$^{121-21}$ khaʔ$^{32-5}$ tshɔ^{34}.

海丰　大条个鱼,肉恰粗。tua$^{21-33}$ tiau^{55} kai$^{55-22}$ hi$^{55-22}$, baʔ^{3} khaʔ$^{3-4}$ tshou^{44}.

"过"在广东、海南闽语里本是个趋向动词,作补语,表示"经过"或"跨越"。如汕头话:

(14) 行过只条桥就是百货公司。(走过这条桥就是百货公司) kiã$^{55-31}$ kue$^{213-55}$ tsi$^{52-24}$ tiau$^{55-31}$ kio^{55} tsiu$^{25-31}$ si$^{25-31}$ peʔ$^{2-5}$ hue$^{213-55}$ koŋ^{33} si^{33}.

(15) 趋过只座山就是林厝乡。(爬过这座山就是林厝乡)peʔ^{5} kue$^{213-55}$ tsi$^{52-24}$ tso^{31} suã^{33} tsiu$^{25-31}$ si$^{25-31}$ lim$^{55-31}$ tshu$^{213-55}$ hiõ^{33}.

"恰"和形容词组合成为"恰 VP",无论在语义上还是在功能上都有点像印欧语的形容词比较级,形容词比较级是可以带一个宾语的。比较"我比他高"这一句子。

泉州　我恰悬伊。(C) gua^{55} khaʔ^{55} lio^{41} i$^{33-21}$.

厦门　我恰悬伊。(C) gua$^{53-44}$ khaʔ$^{32-5}$ lo^{21} i$^{44-21}$.

漳州　我恰悬伊。(C) gua^{52} khaʔ$^{32-5}$ lo^{21} i$^{34-22}$.

俄语　Я　выше　　　　　　　　его.

　　　我　较高(высокий 的比较级)　他(он 的宾格)

"过"在形容词后变成了比较虚的"超过"义。"VP 过"也可以带一个宾语。"过"不是介词,而是个虚化了的趋向动词,可看作表比较的助词,"乙"是"VP 过"的宾语,语义上是"VP 过"的内容。拙文《从汕头话的结构助词"咀"看汉语中的某些"VP + VP"》以某些比较句里"VP 过"的后面可以加一个标记内容宾语的结构助词"咀"来证明"过"字句里的比较对象"乙"是个宾语。① 看来,闽南方言比较句语序和标记的严格相关性,无论在语义上还是在语法功能上都有其深层的根源。

正因为如此,上述闽南方言句式中的 VP 并不局限于由形容词充当,例如汕头话:

(16) 我趁钱趁减过汝。(我挣钱比你少) ua^{52} thaŋ$^{213-55}$ tsĩ^{55} thaŋ$^{213-55}$ kiam^{52} kue$^{213-31}$ lɯ$^{52-213}$.

(17) 阿张伯剃头收钱收□[phĩ^{33}]过侬。(张大爷剃头收钱比别人便宜) a^{33} tiõ^{33} peʔ^2 thi$^{213-55}$ thau^{55} siu^{33} tsĩ^{55} siu^{33} phĩ^{33} kue$^{213-31}$ naŋ$^{55-31}$.

上述两句充当 VP 的是一个动补结构。

闽南各地虽然有自己固有的比较句式"恰"字式和"过"字式,但是都普遍引入了共同语的"比"字式,两种不同类型的比较句一般情况下都可以自由地换用。据我们观察,老年人或文化教育水平较低的人多用固有的句式,不过"比"字式似乎有越来越普及的趋向。这除了共同语及其书面语的强大影响之外,似乎有一些语言结构内部的原因,一个突出的例子是上述例(6)("他做事比谁都稳当")。各地都只用"比"字式 A 或其混合式 B。

例(6)的比较对象"乙"是个表示任指的疑问代词,表任指的疑问代词总是在需要强调的时候才用,为此必须提到 VP 之前,这符合"比"字句的句法要求而有违"恰"字式和"过"字式的句法要求。所以会说"比"字式的人都用了"比"字式或其混合式。不会说"比"字式的人遇到这样的句子只好改用其他说法,说成表示"不及"的句式。例如在汕头,老奶奶们一般会改用下面的说法:

(18) □[zuaŋ^{35}]地伫做事拢无伊妥当。(谁做事都没他稳当) zuaŋ^{35} ti^{31} tiaŋ$^{55-31}$ tso$^{213-55}$ sɯ^{31} loŋ$^{52-24}$ bo$^{55-31}$ i^{33} tho$^{52-24}$ taŋ^{213}.

同样,接受"比"字式的人会说出"心情好比□[zuaŋ^{35}]乜个拢切要"(心情好比什么都重要),不习惯用"比"字式的人只好改说成:

(19) □[zuaŋ^{35}]乜个拢无心情好切要。(什么都比不上心情好重要)

---

① 参见施其生《从汕头话的"咀"看汉语的某些"VP + VP"》,收入北京大学汉语语言研究中心、《语言学论丛》编委会编《语言学论丛》(第三十四辑),商务印书馆 2006 年版,第 160 – 174 页。

zuaŋ³⁵ mi$\int$² kai⁵⁵⁻³¹ loŋ⁵²⁻²⁴ bo⁵⁵⁻³¹ sim³³ tsheŋ⁵⁵ ho⁵² tshiak²⁻⁵ iau²¹³.

换成表"不及"的比较句来说，任指代词（"地伶" "□［zuaŋ³⁵］乜个"）就从"乙"项变成了"甲"项，既保持了原来"强调"的语义，又可以放在 VP 之前。

若论闽南方言比较句固有句式最主要的类型学特质，我们认为还在于"乙"项在 VP 后作宾语。理由有三。

其一，各地比较标记可有不同，但"乙"项在 VP 后作宾语的特点相同。如果眼界再放宽一些，其他方言还有其他标记，如山东方言不用"过"而用"起"，但同样是"乙"项在 VP 后作宾语。[1]

其二，各地比较标记有的在 VP 前（"恰"）有的在 VP 后（"过"），但"乙"项在 VP 后作宾语是共同的。

其三，有时比较标记可以省略，但"乙"项在 VP 后作宾语是共同的。例如当人称代词做"乙"项，而 VP 又是个单音节形容词时，部分句子可省略比较标记，"乙"仍在 VP 之后作宾语。例如汕头话：

（20）我悬汝。（我比你高） ua⁵² kuĩ⁵⁵ lɯ⁵²⁻²¹³.

（21）阿娥肥我。（阿娥比我胖） a³³ ŋõ⁵⁵ pui⁵⁵ ua⁵²⁻²¹³.

闽南方言差比句固有句式（"恰"字式和"过"字式）的特点，既和普通话的"比"字式有重要差异，又和古代汉语"甲 VP 于乙"（"青出于蓝而青于蓝"）有重要差异。

参考文献

［1］施其生. 从汕头话的"呾"看汉语的某些"VP + VP"［M］//北京大学汉语语言研究中心，《语言学论丛》编委会. 语言学论丛：第三十四辑. 北京：商务印书馆，2006.

［2］施其生. 汕头方言两种比较句使用情况调查研究［M］. 中国方言学报：第一期. 北京：商务印书馆，2006.

［3］李蓝. 现代汉语方言差比句的语序类型［J］. 方言，2003（3）.

---

① 如：沂水"打工强起种地"。

第二节　闽南方言的处置句

一、闽南方言处置句的特点

闽南方言的处置句有自己的特色，内部有共性也有差异。先看一组例句。

（1）把桌子擦一擦。

泉州　①将/按/共桌拭蜀下。tsiɔŋ^{33}/an$^{41-55}$/kaŋ$^{41-22}$ toʔ^{55} tshit^{55} tsit$^{24-22}$ e$^{41-21}$. ②桌拭蜀下。toʔ^{55} tshit^{55} tsit$^{24-22}$ e$^{41-21}$.

厦门　①自/将桌顶拭拭下。tsu$^{22-21}$/tsiɔŋ$^{44-22-21}$ toʔ$^{32-53}$ tiŋ^{53} tshit$^{32-5}$ tshit^{32} e$^{22-21}$. ②自/将桌顶合伊拭拭下。tsu$^{22-21}$/tsiɔŋ^{44} toʔ$^{32-53}$ tiŋ^{53} kaʔ$^{5-21}$ i$^{44-22}$ tshit$^{32-5}$ tshit^{32} e$^{22-21}$. ③桌顶拭拭下。toʔ$^{32-53}$ tiŋ^{53} tshit$^{32-5}$ tshit^{32} e$^{22-21}$.

台中　①合/互桌仔拭拭下。kaʔ$^{3-2}$/hɔ$^{22-21}$ toʔ$^{2-5}$ a^{53} tshit$^{2-5}$ tshit^{2} e$^{22-21}$. ②桌仔拭拭下。toʔ$^{2-5}$ a^{53} tshit$^{2-5}$ tshit^{2} e$^{22-21}$.

漳州　合桌仔拭<蜀下>。kaʔ$^{121-21}$ toʔ$^{32-5}$ a^{52} tshit$^{32-5}$ <tsɛ^{21}>.

汕头　①隻床合伊拭拭下。tsiaʔ$^{2-5}$ tshɯŋ^{55} kaʔ$^{5-2}$ i^{33} tshik$^{2-5}$ tshik^{2} e$^{25-31}$. ②隻床拭拭下。tsiaʔ$^{2-5}$ tshɯŋ^{55} tshik$^{2-5}$ tshik^{2} e$^{25-31}$.

揭阳　隻床个伊拭拭下。tsiaʔ$^{2-5}$ tshɯŋ^{55} kai$^{55-22}$ i^{33} tshek$^{2-3}$ tshek^{2} e$^{35-21}$.

海丰　拉床头拭拭仔。la$^{44-33}$ tshŋ$^{55-22}$ thau^{55} tshit$^{3-4}$ tshit^{3} ã$^{52-213}$.

遂溪　掠阿床囝□[tsut^{3}] □[tsut^{3}]。lia$^{55-33}$ a$^{24-33}$ tho^{22} kia^{41} tsut^{3} tsut^{3}.

雷州　①掠阿床囝拭蜀下伊。lia^{33} a^{55} tsho$^{22-33}$ kia^{42} tshua^{553} ziek^{2} e$^{24-33}$ i$^{24-21}$. ②掠阿床囝擦擦。lia^{33} a^{55} tsho$^{22-33}$ kia^{42} tshua^{553} tshua^{553}.

文昌　把床擦<蜀下>/蜀下/擦擦/擦蜀擦。ɓue$^{42-11}$ ʃo^{22} ʃua^{53} <ʤie^{34}>/ʤiak$^{3-21}$ e^{34}/ʃua$^{53-33}$ ʃua^{53}/ʃua^{53} ʤiak$^{3-21}$ ʃua^{53}.

三亚　把床擦（蜀）擦/擦蜀下。ɓui^{42} tsho^{22} tshuoʔ^{45}（ioʔ^{33}）tshuoʔ^{45}/tshuoʔ^{45} ioʔ^{33} e^{33}.

（2）把衣服都收进来。

泉州　①将衫裤都/计/拢总/全部/通通收入来。tsiɔŋ^{33} sã^{33} khɔ^{41} tɔ^{33}/ke^{4}/lɔŋ$^{55-24}$ tsɔŋ^{41}/tsuan$^{24-22}$ pɔ^{22}/thɔŋ^{33} thɔŋ^{33} siu^{33} liaʔ$^{24-22}$ lai$^{24-21}$. ②衫裤收收入来。sã^{33} khɔ^{41} siu^{33} siu^{33} liaʔ$^{24-22}$ lai$^{24-21}$.

厦门　自/将□[hia^{24}]衫裤拢合/<合伊>收收入来。tsu$^{22-21}$/

tsiɔŋ$^{44-22-21}$ hia^{24} sã$^{44-22}$ khɔ^{21} lɔŋ$^{53-44}$ kaʔ$^{5-21}$/< kai$^{22-21}$ > siu$^{44-22}$ siu^{44} lip$^{5-21}$ lai$^{24-21}$.

台中 ①合衫拢收/收收入来。kaʔ$^{3-2}$ sã^{44} lɔŋ$^{53-44}$ siu^{44}/siu$^{44-22}$ siu^{44} lip$^{3-2}$ lai$^{24-21}$。②衫拢收/收收入来。sã^{44} lɔŋ$^{53-44}$ siu^{44}/siu$^{44-22}$ siu^{44} lip$^{3-2}$ lai$^{24-21}$。

漳州 ①合衫仔拢收入来。kaʔ$^{121-21}$ sã^{34} a^{52} lɔŋ$^{52-34}$ siu^{34} zip$^{121-21}$ lai$^{13-21}$。②衫仔拢拢收入来。sã^{34} a^{52} lɔŋ$^{52-34}$ lɔŋ$^{52-34}$ siu^{34} zip$^{121-21}$ lai$^{13-21}$。

汕头 撮衫裤拢合伊收入来。tsoʔ$^{2-5}$ sã^{33} khou^{213} lɔŋ$^{52-24}$ kaʔ$^{5-2}$ i^{33} siu^{33} zip$^{5-2}$ lai$^{55-31}$。

揭阳 块衫裤拢个伊收入来。ko$^{213-42}$ sã^{33} khou^{213} noŋ$^{42-24}$ kai$^{55-22}$ i^{33} siu^{33} zip$^{5-2}$ lai$^{55-22}$。

海丰 拉衫裤左收/收收入来。la$^{44-33}$ sã$^{44-33}$ khɔu^{213} tsɔ^{52} siu$^{44-33}$/siu$^{44-33}$ siu$^{44-33}$ zip^{4} lai$^{55-21}$。

遂溪 掠阿物颂蜀下收入来。lia$^{55-33}$ a$^{24-33}$ mi^{33} tshiaŋ^{24} tse^{55} e^{24} siu^{24} ip^{3} lai^{22}。

雷州 掠阿衫裤总挈入来。lia^{33} a^{55} sa$^{24-33}$ kheu^{21} tsoŋ^{42} khio^{553} zip^{2} lai^{22}。

文昌 把衫裤都/做下挈入来。ɓue^{42} ta$^{34-42}$ xou^{21} ɗou$^{34-42}$/to^{53} e^{34} xioʔ^{53} ʥiop$^{3-21}$ lai^{22}。

三亚 把衫裤拢/都收落/入来。ɓui^{42} ta^{33} kou^{24} lu^{42}/ɗou^{33} tiu^{33} loʔ^{33}/li^{33} lai^{22}。

(3) 他把桌子擦得干干净净的。

泉州 伊将/按桌擦/拭邋清清气气。i^{33} tsiɔŋ^{33}/an$^{41-55}$ toʔ^{55} tshat$^{55-44}$/tshit$^{55-44}$ a^{55} tshiŋ^{33} tshiŋ^{33} khi$^{41-55}$ khi^{41}。

厦门 伊自桌顶合/< 合伊 > 拭邋清清气气。i$^{44-22}$ tsu$^{22-21}$ toʔ$^{32-53}$ tiŋ^{53} kaʔ$^{5-21}$/< kai$^{22-21}$ > tshat$^{32-5}$ a^{44} tshiŋ$^{44-22}$ tshiŋ$^{44-22}$ khi$^{21-53}$ khi^{21}。

台中 ①伊合桌仔拭口［kaʔ$^{2-5}$］清清气气/清气清气。i$^{44-22}$ kaʔ$^{3-2}$ toʔ$^{2-5}$ a^{53} tshit$^{2-5}$ kaʔ$^{2-5}$ tshiŋ$^{44-22}$ tshiŋ$^{44-22}$ khi$^{21-53}$ khi^{21}/tshiŋ$^{44-22}$ khi$^{21-53}$ tshiŋ$^{44-22}$ khi^{21}。②伊互桌仔拭口［kaʔ$^{2-5}$］清清气气/清气清气。i$^{44-22}$ hɔ$^{22-21}$ toʔ$^{2-5}$ a^{53} tshit$^{2-5}$ kaʔ$^{2-5}$ tshiŋ$^{44-22}$ tshiŋ$^{44-22}$ khi$^{21-53}$ khi^{21}/tshiŋ$^{44-22}$ khi$^{21-53}$ tshiŋ$^{44-22}$ khi^{21}。③伊桌仔拭口［kaʔ$^{2-5}$］清清气气/清气清气。i$^{44-22}$ toʔ$^{2-5}$ a^{53} tshit$^{2-5}$ kaʔ$^{2-5}$ shiŋ$^{44-22}$ tshiŋ$^{44-22}$ khi$^{21-53}$ khi^{21}/tshiŋ$^{44-22}$ khi$^{21-53}$ tshiŋ$^{44-22}$ khi^{21}。

漳州 伊合桌仔揉口［kaʔ$^{32-5}$］口［sɛ$^{34-22}$］清气。i^{34} kaʔ$^{121-21}$ toʔ$^{32-5}$ a^{52} ziu$^{13-22}$ kaʔ$^{32-5}$ sɛ$^{34-22}$ tshiŋ$^{34-22}$ khi^{21}。

汕头 ①伊将/把将/对隻床拭邋口［ne$^{52-24}$］白白口［ne^{31}］。i^{33} tsiaŋ^{33}/pa$^{52-24}$ tsiaŋ^{33}/tui$^{213-55}$ tsiaʔ$^{2-5}$ tshɯŋ^{55} tshik$^{2-5}$ kau$^{213-55}$ ne$^{52-24}$ peʔ$^{5-2}$ peʔ^{5} ne^{31}。

②伊将/把将/对隻床合伊拭遘□［ne$^{52-24}$］白白□［ne^{31}］。i^{33} tsian^{33}/pa$^{52-24}$ tsian^{33}/tui$^{213-55}$ tsia?$^{2-5}$ tshɯŋ^{55} ka?$^{5-2}$ i^{33} tshik$^{2-5}$ kau$^{213-55}$ ne$^{52-24}$ pe?$^{5-2}$ pe?^{5} ne^{31}.

揭阳 伊通隻床拭遘吟白白。i^{33} than$^{213-42}$ tsia?$^{2-5}$ tshɯŋ^{55} tshik$^{2-3}$ kau$^{213-42}$ ne$^{42-24}$ pe?$^{5-2}$ pe?^{5}.

海丰 伊拉阿床头拭遘清清气气/清气清气。i^{44} lai^{44} a$^{44-33}$ tsh'n$^{55-22}$ thau^{55} tshit$^{3-4}$ kau$^{213-55}$ tshen$^{44-33}$ tshen$^{44-33}$ khi$^{213-55}$ khi^{213}/then$^{44-33}$ khi$^{213-55}$ tshen$^{44-33}$ khi^{213}.

遂溪 伊掠阿床团□［tsut^{3}］倒澈澈□［koi^{55}］□［koi^{55}］。i^{24} lia$^{55-33}$ a$^{24-33}$ tsho^{22} kia^{41} tsut^{3} to^{41} the^{55} the^{55} koi^{55} koi^{55}.

雷州 ①伊掠阿床团擦得澈澈洁洁。i^{24} lia^{33} a^{55} tsho$^{22-33}$ kia^{42} tshua^{553} tik^{5} the$^{553-33}$ the^{553} koi$^{553-33}$ koi^{553}. ②伊擦得阿床团澈澈洁洁。i^{24} tshua^{553} tik^{5} a^{55} tsho$^{22-33}$ kia^{42} the^{553} the^{553} koi$^{553-33}$ koi^{553}.

文昌 伊把床擦得澈澈/但顾澈。i^{34} ɓue^{42} ʃo^{22} ʃua^{53} ɗiet^{5} xe$^{53-33}$ xe^{53}/na$^{42-11}$ ku$^{21-55}$ xe^{53}.

三亚 伊把床团擦得澈澈洁洁个。i^{33} ɓui^{42} tsho^{22} kio^{31} tshuo?^{45} ɗi?^{45} the?$^{45-44}$ the?^{45} koi?$^{45-44}$ koi?^{45} kai^{22}.

（4）别把自行车弄丢了。

泉州 ①唔通将/度骹踏车拍唔见/无去啰。m̩$^{41-22}$ than^{33} tsiɔŋ^{33}/thɔ$^{41-22}$ kha^{33} ta?$^{24-22}$ tshia^{33} pa?^{55} m̩$^{41-22}$ kĩ^{41}/bo^{24} khɯ^{41} lɔ^{21}. ②骹踏车唔通创度无去啰。kha^{33} ta?$^{24-22}$ tshia^{33} m̩$^{41-22}$ than^{33} tshɔŋ$^{41-55}$ thɔ$^{41-22}$ bo^{24} khɯ^{41} lɔ^{21}. ③骹踏车唔通变弄度无去啰。kha^{33} ta?$^{24-22}$ tshia^{33} m̩$^{41-22}$ than^{33} pĩ$^{41-55}$ lan^{41} thɔ$^{41-22}$ bo^{24} khɯ^{41} lɔ^{21}.

厦门 汝唔通自骹踏车＜拍唔＞见。li$^{53-44}$ m̩$^{22-21}$ than$^{44-22}$ tsu$^{22-21}$ kha$^{44-22}$ ta?$^{5-21}$ tshia^{44} ＜phan^{53}＞ kĩ^{21}.

台中 ①嫒合铁马＜拍唔＞见。mai$^{21-53}$ ka?$^{3-2}$ thi?$^{2-5}$ be^{53} ＜phan$^{21-53}$＞ ken^{21}. ②嫒互铁马＜拍唔＞见了。mai$^{21-53}$ hɔ$^{22-21}$ thi?$^{2-5}$ be^{53} ＜phan$^{21-53}$＞ ken^{21} liau^{21}. ③嫒铁马＜拍唔＞见了。mai$^{21-53}$ thi?$^{2-5}$ be^{53} ＜phan$^{21-53}$＞ ken^{21} liau^{21}.

漳州 ＜唔通＞合骹踏车煞＜拍唔＞去。＜ban$^{22-21}$＞ ka?$^{121-21}$ kha$^{34-22}$ ta?$^{121-21}$ tshia^{34} sak$^{32-5}$ ＜phan$^{21-52}$＞ khi^{21}.

汕头 ①嫒对隻骹车合伊物无去。mai$^{213-55}$ tui$^{213-55}$ tsia?$^{2-5}$ kha^{33} tshia^{33} ka?$^{5-2}$ i^{33} mue?$^{5-2}$ bo^{55} khɯ$^{213-31}$. ②隻骹车嫒合伊物无去。tsia?$^{2-5}$ kha^{33} tshia^{33} mai$^{213-55}$ ka?$^{5-2}$ i^{33} mue?$^{5-2}$ bo^{55} khɯ$^{213-31}$.

揭阳　隻骹车媛个伊唔见去。tsia?²⁻³ kha³³ tshia³³ mai²¹³⁻⁴² kai⁵⁵⁻²² i³³ m̩³⁵⁻²¹ kĩ²¹³ khɯ²¹³⁻²¹.

海丰　媛拉骹车唔见了。mai²¹³⁻⁵⁵ la⁴⁴⁻³³ kha⁴⁴⁻³³ tshia⁴⁴ m̩²⁵⁻³³ kĩ²¹³⁻⁵⁵ liau⁵²⁻²¹³.

遂溪　无掠阿单车做无见去哦。vo²² lia³³ a²⁴⁻³³ taŋ²⁴⁻³³ tshia²⁴ tso⁵⁵ vo²² ki²¹⁴ hu²¹⁴ o⁴¹.

雷州　无掠阿单车做无见去（啦）。bo²²⁻³³ lia³³ a⁵⁵ taŋ²⁴⁻³³ tshia²⁴ tso⁵⁵³ bo²²⁻³³ ki²¹ khu²¹（la³³）.

文昌　无用把骹车做无见去/做无知处去。bo²²⁻¹¹ ʥioŋ⁴² ɓue⁴² xa³⁴⁻⁴² ʃia³⁴ to⁵³ bo²²⁻¹¹ ki²¹³ xu²¹⁻⁵⁵/to⁵³ bo²²⁻¹¹ tai³⁴⁻⁴² ɗe²¹ xu²¹⁻⁵⁵.

三亚　媛把骹车做落搁。voi²⁴ ɓui⁴² kha³³ tshio³³ to?⁴⁵ la?⁴⁵ ka?⁴².

（5）把房子卖掉，不就有钱了吗？

泉州　①将厝卖煞，唔就有钱啰（吗）？tsiɔŋ³³ tshu⁴¹ bue⁴¹⁻²² sa?⁵⁵, m̩⁴¹⁻²² tsiu⁴¹⁻²² u²² tsĩ²⁴ lɔ⁴¹（ma²¹）？②厝卖了唔就有钱啰？tshu⁴¹ bue⁴¹⁻²² liau⁵⁵ m̩⁴¹⁻²² tsiu⁴¹⁻²² u²² tsĩ²⁴ lɔ²¹？

厦门　合厝卖煞，唔着有钱啊？ka?⁵⁻²¹ tshu²¹ bue²²⁻²¹ sak³², m̩²²⁻²¹ tio?⁵⁻²¹ u²²⁻²¹ tsĩ²⁴ a²¹？

台中　①合厝卖掉唔着有钱啊？ka?³⁻² tshu²¹ be²² tiau²²⁻⁴⁴ m̩²²⁻²¹ tio?³⁻² u²²⁻²¹ tsĩ²⁴ a²⁴？②厝卖掉唔着有钱啊？tshu²¹ be²² tiau²²⁻⁴⁴ m̩²²⁻²¹ tio?³⁻² u²² tsĩ²⁴ a²⁴？

漳州　合厝卖去，伯着有镭啊？ka?¹²¹⁻²¹ tshu²¹⁻⁵² be²² khi²¹, lan⁵² lo?¹²¹⁻²¹ u²²⁻²¹ lui³⁴ a²¹？

汕头　①对间厝卖掉，么就有钱了？tui²¹³⁻⁵⁵ kõi³³ tshu²¹³ boi³¹ tiau³¹, mo³³ tsiu²⁵⁻³¹ u²⁵⁻³¹ tsĩ⁵⁵ ou⁵²⁻²¹³？②间厝合伊卖掉，么就有钱了？kõi³³ tshu²¹³ ka?²⁻⁵ i³³ boi³¹ tiau³¹, mo³³ tsiu²⁵⁻³¹ u²⁵⁻³¹ tsĩ⁵⁵ ou⁵²⁻²¹³？③对间厝合伊卖掉，么就有钱了？tui²¹³⁻⁵⁵ kõi³³ tshu²¹³ ka?²⁻⁵ i³³ boi³¹ tiau³¹, mo³³ tsiu²⁵⁻³¹ u²⁵⁻³¹ tsĩ⁵⁵ ou⁵²⁻²¹³？④卖掉间厝，么就有钱了？boi³¹ tiau³¹ kõi³³ tshu²¹³, mo³³ tsiu²⁵⁻³¹ u²⁵⁻³¹ tsĩ⁵⁵ ou⁵²⁻²¹³？

揭阳　①通间厝卖掉，么就有钱了？thaŋ²¹³⁻⁴² kãi³³ tshu²¹³ boi²²⁻²¹ tiau²², mo³³ tsu³⁵⁻²¹ u³⁵⁻²¹ tsĩ⁵⁵ au⁴²⁻²¹³？②间厝个伊卖掉，么就有钱了？kãi³³ tshu²¹³ kai⁵⁵⁻²² i³³ boi²²⁻²¹ tiau²², mo³³ tsu³⁵⁻²¹³ u³⁵⁻²¹ tsĩ⁵⁵ au⁴²⁻²¹³？③通间厝个伊卖掉，么就有钱了？thaŋ²¹³⁻⁴² kãi³³ tshu²¹³ kai⁵⁵⁻²² i³³ boi²²⁻²¹ tiau²², mo³³ tsu³⁵⁻²¹³ u³⁵⁻²¹ tsĩ⁵⁵ au⁴²⁻²¹³？④卖掉间厝，么就有钱了？boi²²⁻²¹ tiau²²⁻²¹ kãi³³ tshu²¹³, mo³³ tsu³⁵⁻²¹ u³⁵⁻²¹ tsĩ⁻⁵⁵ au⁴²⁻²¹³?

海丰 间厝卖了/掉,吗就有钱啰/哦? kãi⁴⁴⁻³³ tshu²¹³ be²¹⁻³³ liau⁵²⁻²¹³/tiau²¹, ma⁴⁴⁻³³ tsu²⁵⁻³³ u²⁵⁻³³ tsĩ⁵⁵ lɔ³³/ɔ³³?

遂溪 掠座厝卖去,无就有钱咯? lia⁵⁵⁻³³ tse³³ tshu²¹⁴ voi²⁴ hu²¹⁴, bo²² tsiu⁵⁵ u⁵⁵⁻³³ tsi²² lo⁵⁵?

雷州 掠阿厝卖去,无是就有钱啦吗? lia³³ a⁵⁵ tshu²¹ boi²⁴ khu²¹, bo²²⁻³³ si³³ tsiu³³ u³³ tsi²² la⁵⁵ ma³³?

文昌 把(间)厝卖去,无是有钱吗? ɓue⁴² (kan³⁴⁻⁴²) ʃu²¹ boi³⁴ xu²¹⁻⁵⁵, bo²²⁻¹¹ ti⁴² u⁴²⁻¹¹ tʃi²² ma⁵⁵?

三亚 把(即间)厝卖落搁,无就有钱了吗? ɓui⁴² (iʔ⁴⁵ kan³³) tshu²⁴ voi³³ laʔ⁴⁵ ka⁴², vo²² tsiu⁴² u⁴² tsi²² liau⁴² maʔ⁴⁵?

(6) 你把自行车借我骑几天。

泉州 ①汝将骹踏车借我坐几日。lɯ⁵⁵ tsiɔŋ³³ kha³³ taʔ²⁴⁻²² tshia³³ tsioʔ⁵⁵ gua⁵⁵ tsɤ²² kui⁵⁵⁻²² lit²⁴⁻²¹。②汝骹踏车借我坐几日。lɯ⁵⁵ kha³³ taʔ²⁴⁻²² tshia³³ tsioʔ⁵⁵ gua⁵⁵ tsɤ²² kui⁵⁵⁻²¹ lit²⁴⁻²¹。

厦门 汝迄隻骹踏车借我用几日。li⁵³⁻⁴⁴ hit³²⁻⁵³ tsiaʔ³²⁻⁵³ kha⁴⁴⁻²² taʔ⁵⁻²¹ tshia⁴⁴ tsioʔ³²⁻⁵³ gua⁵³⁻⁴⁴ iŋ²² kui⁵³⁻²¹ lit⁵⁻²¹。

台中 ①汝合铁马借我骑几工仔。li⁵³⁻⁴⁴ kaʔ³⁻² thiʔ²⁻⁵ beʔ⁵³ tsioʔ²⁻⁵ ua⁵³⁻⁴⁴ khia²⁴⁻²² kui⁵³⁻⁴⁴ kaŋ⁴⁴⁻²² a⁵³。②汝互铁马借我骑几工仔。li⁵³⁻⁴⁴ hɔ²²⁻²¹ thiʔ²⁻⁵ beʔ⁵³ tsioʔ²⁻⁵ ua⁵³⁻⁴⁴ khia²⁴⁻²² kui⁵³⁻⁴⁴ kaŋ⁴⁴⁻²² a⁵³。③汝铁马借我骑几工仔。li⁵³⁻⁴⁴ thiʔ²⁻⁵ beʔ⁵³ tsioʔ²⁻⁵ ua⁵³⁻⁴⁴ khia²⁴⁻²² kui⁵³⁻⁴⁴ kaŋ⁴⁴⁻²² a⁵³。

漳州 汝骹踏车借我坐两日啊。li⁵² kha³⁴⁻²² taʔ¹²¹⁻²¹ tshia³⁴ tsioʔ³²⁻⁵² gua⁵²⁻³⁴ tse²²⁻²¹ no²²⁻²¹ zit¹²¹ a²¹。

汕头 ①汝将/把将隻骹踏车借我踏几日。lɯ⁵² tsiaŋ³³/paʔ⁵²⁻²⁴ tsiaŋ³³ tsiaʔ²⁻⁵ kha³³ tshia³³ tsioʔ²⁻⁵ ua⁵²⁻²⁴ taʔ⁵ kua⁵²⁻²¹³ zik⁵⁻²。②汝隻骹踏车借我踏几日。lɯ⁵² tsiaʔ²⁻⁵ kha³³ tshia³³ tsioʔ²⁻⁵ ua⁵²⁻²⁴ taʔ⁵ kua⁵²⁻²¹³ zik⁵⁻²。

揭阳 汝隻骹车借我踏几日。lɯ⁴² tsiaʔ²⁻³ kha³³ tshia³³ tsioʔ²⁻³ ua⁴²⁻²⁴ taʔ⁵ kui⁴²⁻²¹³ zek⁵⁻²。

海丰 汝个阿骹车借我踏几日仔。li⁵² e⁵⁵⁻²² a⁴⁴⁻³³ kha⁴⁴⁻³³ tshia⁴⁴ tsiɔʔ³⁻⁴ ua⁵² taʔ⁴ kua⁵²⁻²¹³ zit⁴ ã⁵²⁻²¹³。

遂溪 汝掠阿单车借乞我踏几日。lu⁴¹ lia³³ a²⁴⁻³³ taŋ²⁴⁻³³ tshia²⁴ tsio⁵⁵ khi⁵⁵ va⁴¹ ta³³ kui⁴¹ iet³。

雷州 汝掠阿单车借乞我踏几日。lu⁴² lia³³ a⁵⁵ taŋ²⁴⁻³³ tshia²⁴ tsio⁵⁵³ khi⁵⁵³ bo⁴² ta⁵⁵³ khui⁴² ziek²。

文昌 ①汝把骸车借我踏几日。du³¹ ɓue⁴² xa³⁴⁻⁴² ʃia³⁴ tʃio⁵³ gua³¹ ɗa⁴² kui³¹⁻³³ ʥiet³。②汝□［ioʔ⁵³］骸车我踏几日。du³¹ ioʔ⁵³ xa³⁴⁻⁴² ʃia³⁴ gua³¹ ɗa⁴² kui³¹⁻³³ ʥiet³。

三亚 汝把骸车借（乞）我踏几日。lu³¹ ɓui⁴² kha³³ tshio³³ tsieʔ⁴⁵（khiʔ⁴⁵）va³¹ ɗaʔ⁴² kui³¹ ziʔ³³/ziʔ⁴²。

（7）弟弟把饭全倒给鸡吃了。

泉州 小弟将糜/饭拢总倒度鸡食啰。sio⁵⁵⁻²⁴ ti²² tsiɔŋ³³ mãi³³/pŋ̍⁴¹ lɔŋ⁵⁵⁻²⁴ tsɔŋ⁵⁵ to⁴¹⁻⁵⁵ thɔ⁴¹⁻³¹ kue³³ tsiaʔ²⁴⁻²² lɔ⁴¹。

厦门 小弟合饭全部倒互鸡食。sio⁵³⁻⁴⁴ ti²² kaʔ⁵⁻²¹ pŋ̍²² tsuan²⁴⁻²² pɔ²²⁻²¹ to²¹⁻⁵³ hɔ²²⁻²¹ kue⁴⁴ tsiaʔ⁵。

台中 小弟合饭全部倒互鸡食。sio⁵³⁻⁴⁴ ti²¹ kaʔ³⁻² pŋ̍²² tsuan²⁴⁻²² pɔ²² to²¹⁻⁵³ hɔ²²⁻²¹ ke⁴⁴ tsiaʔ³。

漳州 小弟合饭拢倒互鸡仔食。sio⁵²⁻³⁴ ti²² kaʔ¹²¹⁻²¹ puĩ²² lɔŋ⁵²⁻³⁴ to⁵² hɔ²² ke³⁴ a⁵²⁻⁴⁴ tsiaʔ¹²¹。

汕头 阿弟对撮饭拢合伊倒分鸡食去。a³³ ti²⁵ tui²¹³⁻⁵⁵ tshoʔ²⁻⁵ puŋ³¹ lɔŋ⁵²⁻²⁴ kaʔ⁵⁻² i³³ to²¹³⁻⁵⁵ puŋ³³ koi³³ tsiaʔ⁵ khɯ²¹³⁻³¹。

揭阳 阿弟通撮饭拢个伊倒乞鸡食去。a³³ ti³⁵ thaŋ²¹³⁻⁴² tshoʔ²⁻³ puŋ²² noŋ⁴²⁻²⁴ kai⁵⁵⁻² i³³ to²¹³⁻⁴² kheʔ²⁻³ koi³³ tsiaʔ⁵ khɯ²¹³⁻²¹。

海丰 阿弟捞乃饭（合伊/拉伊）做□［ɔ²¹］倒乞鸡食了去。a⁴⁴⁻³³ thai²¹ lau⁴⁴⁻³³ nai²¹³⁻⁵⁵ puĩ²¹（kaʔ⁴⁻³ i⁴⁴⁻³³/la⁴⁴⁻³³ i⁴⁴⁻³³）tsɔ²¹³⁻⁵⁵ ɔ²¹ to⁵² khɔ⁴⁴⁻³³ kei⁴⁴⁻³³ tsiaʔ⁴⁻³ liau⁵²⁻²¹³ khi²¹³⁻⁵⁵。

遂溪 老弟蜀下掠阿碗饭倒乞阿个鸡食去。lau⁴¹ ti⁵⁵ tse⁴¹ e²⁴ lia⁵⁵⁻³³ a⁵⁵ ua⁴¹ pui²⁴ to⁴¹ khi⁵⁵ a⁵⁵ kai²² koi²⁴ tsia³³ hu²¹⁴⁻²¹。

雷州 老弟掠阿糜总（下）倒乞阿鸡食啦。lau⁴²⁻⁴⁴ ti³³ lia³³ a⁵⁵ mue²² tsoŋ⁴²⁻⁴⁴（e²⁴）to²¹ khi⁵⁵³ a⁵⁵ koi²⁴ tsia³³ la³³。

文昌 老弟把（碗）糜作下倒□［ti(ʔ)⁵⁵］鸡食去啦。lau⁴²⁻¹¹ ɗi⁵³ ɓue⁴²（ua³¹⁻³³）mue³⁴ to⁵⁵ e³⁴ ɗo³¹ ti(ʔ)⁵⁵ koi³⁴ tʃia⁴² xu²¹ la²¹。

三亚 老弟把糜全倒乞鸡喫了。lau³¹ ɗi⁴² ɓui⁴² muo²² tshuan²² ɗo²⁴ khiʔ⁴⁵ koi³³ khai³¹ liau⁴²。

从例句可以看到，闽南方言表示处置的手段主要是两种。一种是和普通话用"把"字句一样，用一套处置介词，介词后的宾语是处置对象。例如台中：

伊互桌仔拭□［kaʔ²⁻⁵］清清气气。（他把桌子擦得干干净净的）

不过闽南方言的处置介词除海南片外很少用"把"，所用介词表现出一定的地域共性和差异。就材料所见，各地处置介词的形式如下：

①闽南-台湾片
泉州：将 ₋tsiɔŋ/按 anˀ/共 kaŋˀ
厦门：自 tsuˀ/将 ₋tsiɔŋ/合 kaʔ₋/互 hɔˀ
台中：合 kaʔ₋/互 hɔˀ
漳州：合 kaʔ₋

②粤东片
汕头：将 ₋tsiaŋ/把将ᶜpa ₋tsiaŋ/对 tuiˀ/掠 liaʔ₋
揭阳：通 thaŋˀ/对 tuiˀ/掠 liaʔ₋
海丰：拉 ₋la/捞 ₋lau

③雷州片
遂溪：掠 ᶜlia
雷州：掠 ᶜlia

④海南片
文昌：把 ɓueˀ
三亚：把 ɓuiˀ

另一种手段是在动词前紧贴着加一个副词表示处置，前面的主语成了处置对象，例如汕头：

间厝合伊卖掉，么就有钱了？（把房子卖了，不就有钱了吗？）

有处置副词的地方，处置副词和处置介词常常同时使用，这种格式的处置意义更为突出，例如上面那句话，汕头方言还可以说成：

对间厝合伊卖掉，么就有钱了？

下面是调查材料所见的处置副词形式。

厦门：合（伊）kaʔ₋（₋i）、<合伊>kai²²⁻²¹
汕头：合伊 kaʔ₋ ₋i
揭阳：个伊 ₋kai ₋i
海丰：拉伊 ₋la ₋i/捞伊 ₋lau ₋i

在实际使用中，似乎闽南方言的处置句不如北京话用得多。上面例句中，我们可以看到，有些说法是全句都没有画出处置标记的，就是用了一般的主谓句来表达普通话处置句的意思。普通话"把"字后面的成分，闽南方言在以一般主谓句表达的时候，都放在主语的句法位置上，说成受事主语句。这有两个原因，一个是如朱德熙先生所言，汉语的受事主语句和处置句有密切的关系，受事主语在意念上总是有定的，受事主语句的谓语动词不能是单纯的①，这与处置句的处置对象有定而且谓语动词不能是光杆动词的要求一致。另外一个原因，就是上面所举例子都是动词后还有连带成分的，有些甚至连带成分很复杂，或者是个复杂谓语，处置对象放在动词前比较方便。如果谓语比较简单，例如下面的句子，情况就有些不同。

(8) 你把猫踩了！

泉州　汝将猫踩着啰！ lɯ⁵⁵ tsioŋ³³ niãu³³ taʔ²⁴⁻²² tioʔ⁵⁵ lɔ²¹！

厦门　汝合猫仔踏着啊！ li⁵³⁻⁴⁴ kaʔ⁵⁻²¹ niau⁴⁴⁻²² a⁵³ taʔ⁵ tioʔ⁵⁻²¹ a²¹！

台中　汝合猫仔踏着啊！ li⁵³⁻⁴⁴ kaʔ³⁻² niãu⁴⁴⁻²² a⁵³ taʔ³⁻² tioʔ³⁻² a²¹！

漳州　汝合猫仔踏着啊啦！ li⁵² kaʔ¹²¹⁻²¹ niau³⁴ a⁵² taʔ¹²¹⁻²¹ tioʔ¹²¹ a²¹ la²¹！

汕头　汝踏着隻猫了！ lɯ⁵² taʔ⁵⁻² tioʔ⁵⁻² tsiaʔ²⁻⁵ ŋiau³³ ou⁵²⁻²¹³！

揭阳　汝踏着隻猫了！ lɯ⁴²⁻⁵³ taʔ⁵⁻² tioʔ⁵⁻² tsiaʔ²⁻³ ŋiau³³ au⁴²⁻²¹³！

海丰　你踏着隻猫！ li⁵² taʔ⁴⁻³ tioʔ⁴⁻³ tsiaʔ³⁻⁴ ŋiau⁴⁴⁻³³！

遂溪　汝踏着个猫啦！ lu⁴¹ ta³³ to³³ a⁻⁵⁵ va²² la⁴¹！

雷州　汝踏着猫啦！ lu⁴² ta³³⁻⁴² to⁴² ba²² la³¹！

文昌　汝踏着隻猫！ du³¹ ɗa⁴² ɗioʔ⁴² tɕia⁴² niau³⁴！

三亚　汝把（枚）猫踏了！ lu³¹ ɓui⁴²（mo⁴⁵）miau³³ ɗa⁴² liau⁴²！

这个句子动词后没有什么后续成分，动作对象相对比较方便后置。我们看到的情况是，闽南－台湾片在不用处置标记的时候仍倾向于用有标记的处置句，而粤东片、雷州片、海南片则倾向于把动作对象（猫）加上一个量词构成"量名"组合放到宾语位置上去。之所以出现这种情况，是因为闽南－台湾片不存在有定的"量名"组合，而从汕头至海南则存在有定的"量名"组合，这种"量名"组合放到宾语位置上仍是有定的②，仍能满足处置对象有定的要求。粤语也有这种有定的"量名"组合，所以粤语也常常用普通的宾语句的形式来表示处置，例如说"食咗啲药先喇"（把药吃了再说），这种句子虽然表面上和一般的宾语句相似，但是因为宾语是有定的，整个句义还是比较接近处置句。在没有有定的"量名"组合的地方，虽然用一般的宾语句并非不能说，例如台中也可以说：

汝踏着猫仔啊！（你踩了猫了）

---

① 参见朱德熙《语法讲义》，商务印书馆1982年版，第188–189页。

② 参见本书第一章第三节。

第六章　闽南方言的句式特点　497

但是这个位置上的"猫"是无定的，不是特定的某只猫，完全不可能成为处置对象，这样说时和普通话处置句的意义距离还是比较大的，所以调查材料中我们看到闽南－台湾片多不采用这种句式来对译普通话的处置句。

由于多种形式常常在一地并存并用，例句少了不一定见到全面的情况，下面再举不同构造的例句以便观察。

（9）你把我的自行车钥匙弄哪儿去了？

泉州　汝将我个骹踏车锁匙弄去倒落啰？lɯ^{55} tsiɔŋ^{33} gua^{55} e$^{24-22}$ kha^{33} taʔ$^{24-22}$ tshia^{33} so$^{55-24}$ si^{24} lɔŋ$^{41-55}$ khɯ$^{41-55}$ to$^{55-24}$ lo?^{55} lɔ^{21}?

厦门　汝合/自我个骹踏车锁匙练去倒落？li$^{53-44}$ kaʔ$^{5-21}$/tsu$^{22-21}$ gua$^{53-44}$ e$^{24-22}$ kha$^{44-22}$ taʔ$^{5-21}$ tshia$^{44-22}$ so$^{53-44}$ si^{24} lian$^{22-21}$ khi$^{21-53}$ to$^{53-44}$ lo?^{5}?

台中　汝合我个骹踏车个锁匙挈去倒位啊？li$^{53-44}$ kaʔ$^{3-2}$ ua$^{53-44}$ e$^{24-22}$ kha$^{44-22}$ taʔ$^{3-2}$ tshia^{44} e$^{24-22}$ so$^{53-44}$ si^{24} khe$^{22-21}$ khi$^{21-53}$ to$^{53-44}$ ui^{22} a^{21}?

漳州　汝合我个骹踏车锁匙挓去倒落仔？li^{52} kaʔ$^{121-21}$ gua^{52} e$^{13-22}$ kha$^{34-22}$ taʔ$^{121-21}$ tshia$^{34-22}$ so$^{52-34}$ si$^{13-22}$ theʔ$^{121-21}$ khi$^{21-52}$ taʔ$^{32-52}$ lo$^{13-22}$ a^{52}?

汕头　汝对我支骹车锁匙合伊物对地块去？lɯ^{53} tui$^{213-55}$ ua$^{52-24}$ ki^{33} kha^{33} tshia^{33} so$^{52-24}$ si^{55} kaʔ$^{5-2}$ i^{33} mueʔ$^{5-2}$ tui$^{213-55}$ ti^{31} ko$^{213-55}$ khɯ^{213}?

揭阳　汝对/通我支骹车锁匙个伊物对地块去？lɯ$^{42-53}$ tui$^{213-42}$/thaŋ$^{213-42}$ ua$^{42-24}$ ki^{33} kha^{33} tshia^{33} so$^{42-24}$ si^{55} kai$^{55-22}$ i^{33} mueʔ$^{5-2}$ tui$^{213-42}$ ti$^{22-21}$ ko^{213} khɯ$^{213-21}$?

海丰　汝捞我支骹车锁匙放地块（去）？li^{52} lau$^{44-33}$ ua^{52} ki$^{44-33}$ kha$^{44-33}$ tshia$^{44-33}$ sɔ$^{52-213}$ si^{55} paŋ$^{213-55}$ ti$^{21-33}$ te$^{213-55}$（khi^{213}）？

雷州　汝掠我单车锁匙□［phieŋ^{33}］去地啦？lu$^{42-44}$ lia^{33} ba$^{42-44}$ taŋ$^{24-33}$ tshia$^{24-33}$ so$^{42-44}$ si^{22} phieŋ^{33} khu$^{21-44}$ te^{21} la^{33}?

遂溪　汝掠我部单车锁匙放□［te^{214}］去啦？lu^{41} lia^{33} ua^{41} peu^{55} taŋ$^{24-33}$ tshia^{24} so^{41} si^{22} paŋ^{214} te^{214} hu$^{214-21}$ la^{41}?

文昌　汝把我个骹车锁匙去处去？du^{31} ɓue^{42} gua^{31} kai$^{22-11}$ xa$^{34-42}$ ʃia^{34} to$^{31-33}$ ti^{22} xu$^{21-55}$ ɗe^{24} xu$^{21-55}$?

三亚　汝把我个骹车锁匙驳去地□［ɗio^{33}］去？lu^{31} ɓui^{42} va^{31} ai^{22} kha^{33} tshio^{33} to^{31} ti^{31} ɓo^{31} hu^{24} ɗi^{33} ɗio^{33} hu^{24}?

（10）他把我吓了一跳。

泉州　伊共/将我惊蜀大下。i^{33} kaŋ$^{41-22}$/tsiɔŋ^{33} gua$^{55-24}$ kiã^{33} tsit$^{24-22}$ tua$^{41-22}$ e^{41}.

厦门　伊互我惊蜀□［tio^{24}］。i$^{44-22}$ hɔ$^{22-21}$ gua$^{53-44}$ kiã$^{44-22}$ tsit$^{5-21}$ tio^{24}.

台中　①伊合我□［tshua$^{21-53}$］蜀□［tiau^{24}］。i$^{44-22}$ kaʔ$^{3-2}$ ua$^{53-44}$

tshua$^{21-53}$ tsit$^{3-2}$ tiau^{24}. ②伊互我□[tshua$^{21-53}$] 蜀□[tiau^{24}]。i$^{44-22}$ hɔ$^{22-21}$ ua$^{53-44}$ tshua$^{21-53}$ tsit$^{3-2}$ tiau^{24}. ③伊惊我蜀□[tiau^{24}]。i$^{44-22}$ kiã$^{44-22}$ ua$^{53-44}$ tsit$^{3-2}$ tiau^{24}.

漳州 ①伊合我惊<蜀下>。i$^{34-22}$ kaʔ$^{121-21}$ gua$^{52-34}$ kiã$^{34-22}$ <tsɛ^{21}>. ②伊互我惊<蜀下>。i$^{34-22}$ hɔ$^{22-21}$ gua$^{52-34}$ kiã$^{34-22}$ <tsɛ^{21}>.

汕头 伊将我惊遘□[pok$^{5-2}$]下跳。i^{33} tsiaŋ^{33} ua^{52} kiã^{33} kau$^{213-55}$ pok$^{5-2}$ e$^{25-31}$ thiau^{213}.

揭阳 伊对我惊到□[pok$^{5-2}$]□[pok$^{5-2}$]跳。i^{33} tui$^{213-42}$ ua$^{42-53}$ kiã^{33} kau$^{213-42}$ pok$^{5-2}$ pok$^{5-2}$ thiau^{213}.

海丰 伊拉我惊遘蜀跳仔。i$^{44-33}$ la$^{44-33}$ ua^{52} kiã$^{44-33}$ kau$^{213-55}$ tsit$^{4-3}$ thiau^{213} ã$^{52-213}$.

遂溪 伊做我惊心头总哗落卟去哦。i^{24} tso^{55} va^{41} kia^{24} sim$^{24-33}$ thau^{22} tsoŋ^{41} pik^{54} lok^3 pok^{54} hu^{214} o^{33}.

雷州 伊吓我阿心头总哗落卟。i^{24} hek^5 ba^{42} a^{55} sim^{24} thau$^{22-33}$ tsoŋ^{42} pi^{33} lok^5 pok^5.

文昌 ①伊做我都□[ɗut^5]起来/狂起来。i^{34} to^{53} gua^{31} ɗou$^{34-42}$ ɗut^5 xi$^{31-33}$ lai^{22}/xuaŋ^{22} xi$^{31-33}$ lai^{22}. ②伊做我都惊败处去。i^{34} to^{53} gua^{31} ɗou$^{34-42}$ kia^{34} ɓai$^{34-42}$ ɗe^{21} xu$^{21-55}$.

三亚 伊把我吓了蜀下。i^{33} ɓui^{42} va^{31} heʔ^{45} liau^{31} ioʔ^{33} e^{33}.

(11) 怎么把那一幅弄丢了？

泉州 怎仔/干仔哪将迄蜀幅创无去啰？tsiũ$^{41-55}$ ã^{55}/kan^{41} ã$^{55-21}$ nã^{55} tsiɔŋ^{33} hit^{55} tsit$^{24-22}$ pak^{55} tshɔŋ$^{41-55}$ bo^{24} khɯ^{41} lɔ^{21}？

厦门 安怎/哪解合迄幅拚<拍唔>见/拚无去？an$^{21-53}$ tsuã^{53}/na$^{53-44}$ e$^{22-21}$ kaʔ$^{5-21}$ hit$^{32-5}$ pak^{32} lɔŋ$^{21-53}$ <phaŋ$^{21-53}$> kĩ^{21}/lɔŋ$^{21-53}$ bo^{24} khi^{21}？

台中 哪解合迄幅<拍唔>见啊？na$^{53-44}$ e$^{22-21}$ kaʔ$^{3-2}$ hit$^{2-5}$ pak^2 <phaŋ^{53}> ken^{21} a^{21}？

漳州 安哪合迄幅<拍唔>去？an$^{34-22}$ na$^{52-34}$ kaʔ$^{121-21}$ hit$^{32-5}$ pak$^{32-5}$ <phaŋ$^{21-52}$> khi^{21}？

汕头 做呢对许幅物(合伊) 物唔见去？tso$^{213-55}$ ni$^{55-31}$ tui$^{213-55}$ hɯ$^{52-24}$ pak$^{2-5}$ mueʔ^5 (kaʔ$^{5-2}$ i^{33}) mueʔ$^{5-2}$ m̩$^{55-31}$ kĩ^{213} khɯ$^{213-31}$？

揭阳 做呢通许幅物(个伊) 物唔见去？tso$^{213-42}$ ni$^{55-22}$ thaŋ$^{213-42}$ hɯ$^{42-35}$ pak$^{2-5}$ mueʔ^5 (kai$^{55-22}$ i^{33}) mueʔ$^{5-2}$ m̩$^{35-21}$ kĩ^{213} khɯ$^{213-21}$？

海丰 (知) 做呢捞许(蜀)幅㩼唔见(去)啊？(tsai^{44}) tsɔ$^{213-55}$ ni$^{55-22}$ lau$^{44-33}$ hi^{52} (tsit$^{4-3}$) pak^3 mɔŋ$^{25-33}$ m̩^{25} kĩ^{213} (khi^{213}) a^{21}？

遂溪 做乜掠许幅做无见去啊？tso⁵⁵ mi⁵⁵ lia³³ ha⁵⁵ hok⁵ tso⁵⁵ bo²² ki²¹⁴ hu²¹⁴⁻²¹ a⁴¹？

雷州 ①做乜掠许幅做落去啊？tso⁵⁵³⁻³³ mi⁵⁵³ lia³³ ha⁵⁵³ pak⁵ tso⁵⁵³ lak⁵ khu²¹ a²¹？②做乜掠许幅做无见去啦？tso⁵⁵³⁻³³ mi⁵⁵³ lia³³ ha⁵⁵³ pak⁵ tso⁵⁵³ bo²²⁻³³ ki²¹ khu²¹ la²¹？

文昌 知作把许幅做无知处去？tai³⁴ toʔ⁵ ɓue⁴² ɦo²¹⁻⁵⁵ ɓak³ to⁵³ bo²²⁻¹¹ tai³⁴⁻⁴² ɗe²¹ xu²¹⁻⁵⁵？

三亚 做乜把口[aʔ⁴⁵]幅做落搁了？toʔ⁴⁵ miʔ⁴⁵ ɓui⁴²⁻⁴⁴ aʔ⁴⁵ vu²⁴ t(s)o⁴⁵ laʔ⁴⁵ kaʔ⁴² liau³¹？

（12）你把哪一张弄破了？

泉州 汝将迄（蜀）张拚破啰？lɯ⁵⁵ tsiɔŋ³³ hit³³（tsit²⁴⁻²²）tiũ³³ lɔŋ⁴¹⁻⁵⁵ phua⁴¹ lɔ²¹？

厦门 汝合迄张拚破去啊？li⁵³⁻⁴⁴ kaʔ⁵⁻²¹ hit³²⁻⁵ tiũ⁴⁴ lɔŋ²¹⁻⁵³ phua²¹ khi²¹ a²¹？

台中 汝合迄张拚破啊？li⁵³⁻⁴⁴ kaʔ³⁻² hit²⁻⁵ tiũ⁴⁴ lɔŋ²¹⁻⁵³ phua²¹ a²¹？

漳州 汝合即张仔拚破啊？li⁵² kaʔ¹²¹⁻²¹ tsit³²⁻⁵ tiɔ³⁴ a⁵² lɔŋ²²⁻²¹ phua²¹ a²¹？

汕头 汝对许张物合伊物破去口[hẽ³¹]？lɯ⁵² tui²¹³⁻⁵⁵ hɯ⁵²⁻²⁴ tiõ³³ mueʔ⁵ kaʔ⁵⁻² i³³ mueʔ⁵⁻² pua²¹³ khɯ²¹³⁻³¹ hẽ³¹？

揭阳 汝通许张物（个伊）物破去啊？lɯ⁴²⁻⁵³ thaŋ²¹³⁻⁴² hɯ⁴²⁻²⁴ tiõ³³ mueʔ⁵（kai⁵⁵⁻²² i³³）mueʔ⁵⁻² phua²¹³ khɯ²¹³⁻²¹ a³⁵？

海丰 汝捞许（蜀）张攆破了（去）啊？li⁵² lau⁴⁴⁻³³ hi⁵²（tsit⁴⁻³）tiõ⁴⁴ mɔŋ²⁵⁻³³ phua²¹³ liau⁵²⁻²¹³（khi²¹³）a²¹？

遂溪 汝掠许张做烂去啦？lu⁴¹ lia³³ ha⁵⁵ tio²⁴ tso⁵⁵ nua²⁴ hu²¹⁴⁻²¹ la⁵⁵？

雷州 汝掠阿许张做破啦？lu⁴² lia³³ a⁵⁵ ha⁵⁵³ tio²⁴ tso⁵⁵³ phua²¹ la³¹？

文昌 汝把许张做败去？du³¹ ɓue⁴² ɦo²¹⁻⁵⁵ ɗio⁵³ toʔ⁵ ɓai³⁴ xu²¹⁻⁵⁵？

三亚 汝把那张做破了？lu³¹ ɓui⁴² aʔ⁴⁵ tsiaŋ³³ to⁴⁵ phuo²⁴ liau⁴²？

（13）那阵风把房顶掀掉了一角。

泉州 迄阵风将厝顶掀去蜀角。hit⁵⁵⁻⁴⁴ tin⁵⁵ huaŋ³³ tsiɔŋ³³ tshu⁴¹⁻⁵⁵ tiŋ⁵⁵ hian³³ khɯ⁴¹⁻⁵⁵ tsit²⁴⁻²² kak⁵⁵.

厦门 迄阵风合厝盖/顶掀蜀角去。hit³²⁻⁵ tsun²⁴⁻²² hɔŋ⁴⁴ kaʔ⁵⁻²¹ tshu²¹⁻⁵³ kua²¹/tiŋ⁵³ hian⁴⁴⁻²² tsit⁵⁻²¹ kak³² khi²¹.

台中 迄阵风合厝顶掀掉蜀角。hit²⁻⁵ tsun²⁴⁻²² hɔŋ⁴⁴ kaʔ³⁻² tshu²¹⁻⁵³ tiŋ⁵³ hen⁴⁴⁻²² tiau²²⁻²¹ tsit³⁻² kak².

漳州 迄阵风合厝顶掀蜀角去。hit³²⁻⁵ tin²²⁻²¹ hɔŋ³⁴ kaʔ¹²¹⁻²¹ tshu²¹⁻⁵² tiŋ⁵² hian³⁴⁻²² tsit¹²¹⁻²¹ kak³² khɛ⁵².

汕头 阵风对个厝顶(合伊)掀掉一角去。tsuŋ⁵⁵⁻³¹ huaŋ³³ thaŋ²¹³⁻⁵⁵ kai⁵⁵⁻³¹ tshu²¹³⁻⁵⁵ teŋ⁵² (kaʔ⁵⁻² i³³) hiaŋ³³ tiau³¹ tsek⁵⁻² kak²⁻⁵ khɯ²¹³⁻³¹.

揭阳 阵风通个厝顶掀掉蜀角去。tsuŋ⁵⁵⁻²² huaŋ³³ thaŋ²¹³⁻⁴² kai⁵⁵⁻²² tshu²¹³⁻⁵³ teŋ⁴²⁻²¹ hiak²⁻³ tiau²² tsek⁵⁻² kak²⁻³ khɯ²¹³⁻²¹.

海丰 阵风捞/拉个厝尾顶掀了个角去。tsun²¹⁻³³ hɔŋ⁴⁴ lau⁴⁴⁻³³/la⁴⁴⁻³³ kai⁵⁵⁻²² tshu²¹³⁻⁵⁵ bue⁵²⁻²¹³ teŋ⁵² hiaŋ⁴⁴⁻³³ liau⁵²⁻²¹³ kai⁵⁵⁻²² kak⁵ khi²¹³⁻³¹.

遂溪 许阵风掠阿个厝顶拂个角去。ha⁵⁵ tsuŋ³³ huaŋ²⁴ lia⁵⁵⁻³³ a⁵⁵ kai²² tshu²¹⁴⁻⁵⁵ tiŋ⁴¹ puk⁵⁴ kai²² kak⁵⁴ hu²¹⁴⁻²¹.

雷州 许阵风拂去阿厝顶蜀个角。ha⁵⁵³ tsuŋ³³⁻⁴² huaŋ²⁴ puk⁵ khu²¹ a⁵⁵ tshu²¹⁻⁴⁴ tiŋ⁴² ziak² kai²²⁻³³ kak⁵.

文昌 许阵风把间厝顶攦蜀角。ɦo²¹⁻⁵⁵ tun³⁴⁻⁴² ɦuaŋ³⁴ ɓue⁴² kan³⁴⁻⁴² ʃu²¹⁻⁵⁵ ɗeŋ³¹ li⁵³ ʥiak³⁻²¹ kak⁵.

三亚 那阵风把厝顶嗑/掀落搁一爿。aʔ⁴⁵ tsin²⁴ huaŋ³³ ɓui⁴² tshu²⁴ ɗeŋ³¹ ɓun²²/tiŋ³³ la⁴⁵ kaʔ⁴² io³³ ɓai²².

(14)他们把我当亲生儿子抚养。

泉州 倻□[huai⁵⁵⁻²⁴]将我当亲生(个)囝来饲。in³³ huai⁵⁵⁻²⁴ tsioŋ³³ gua⁵⁵ tɔŋ⁴¹⁻⁵⁵ tshin³³ sĩ³³ (e²⁴⁻²²) kã⁵⁵ lai²⁴⁻²² tshi⁴¹.

厦门 倻□[hia²⁴]自/将/合我当做家已个囝来饲。in⁴⁴⁻²² hia²⁴ tsu²²⁻²¹/tsioŋ⁴⁴⁻²²⁻²¹/kaʔ⁵⁻² gua⁵³⁻⁴⁴ taŋ²¹⁻⁵³ tsue²¹⁻⁵³ ka⁴⁴⁻²² ki²²⁻²¹ e²⁴⁻²² kiã⁵³ lai²⁴⁻²² tshi²².

台中 ①倻合我当做亲生个后生饲。in⁴⁴⁻²² kaʔ³⁻² ua⁵³⁻⁴⁴ tɔŋ²¹⁻⁵³ tso²¹⁻⁵³ tshin⁴⁴⁻²² sẽ⁴⁴⁻²² e²⁴⁻²² hau²²⁻²¹ sẽ⁴⁴⁻²² tshi²². ②倻互我当做亲生个后生饲。in⁴⁴⁻²² hɔ²²⁻²¹ ua⁵³⁻⁴⁴ tɔŋ²¹⁻⁵³ tso²¹⁻⁵³ tshin⁴⁴⁻²² sẽ⁴⁴⁻²² e²⁴⁻²² hau²²⁻²¹ sẽ⁴⁴⁻²² tshi²². ③倻当我做亲生个后生来饲。in⁴⁴⁻²² tɔŋ²¹⁻⁵³ ua⁵³⁻⁴⁴ tso²¹⁻⁵³ tshin⁴⁴⁻²² sẽ⁴⁴⁻²² e²⁴⁻²² hau²²⁻²¹ sẽ⁴⁴⁻²² lai²⁴⁻²² tshi²².

漳州 倻合我当做亲生后生□[hɛ⁵²⁻³⁴]饲。in³⁴⁻²² kaʔ¹²¹⁻²¹ gua⁵²⁻³⁴ taŋ²¹⁻⁵² tso²¹⁻⁵² tshin³⁴⁻²² sẽ³⁴⁻²² hau²²⁻²¹ sẽ³⁴ hɛ⁵²⁻³⁴ tshi²².

汕头 ①伊侬掠我做亲生囝饲。i³³ naŋ⁵⁵⁻³¹ liaʔ⁵⁻² ua⁵²⁻²⁴ tso²¹³⁻⁵⁵ tshiŋ³³ sẽ³³ kiã⁵² tshi³¹. ②伊侬把将/将我当做亲生囝饲。i³³ naŋ⁵⁵⁻³¹ pa⁵²⁻²⁴ tsiaŋ³³/tsiaŋ³³ ua⁵²⁻²⁴ tɯŋ²¹³⁻⁵⁵ tso²¹³⁻⁵⁵ tshiŋ³³ sẽ³³ kiã⁵² tshi³¹.

揭阳 伊侬掠我做亲生囝来饲。i³³ naŋ⁵⁵⁻²² liaʔ⁵⁻² ua⁴²⁻²⁴ tso²¹³⁻⁴² tseŋ³³ seŋ³³ kiã⁴² lai⁵⁵⁻²² tshi²².

海丰 伊侬拉我当亲生囝来饲。i⁴⁴⁻³³ naŋ⁵⁵⁻²² la⁴⁴⁻³³ ua⁵² tŋ²¹³⁻⁵⁵ tshin⁴⁴⁻³³ sẽ⁴⁴⁻³³ kiã⁵² lai⁵⁵⁻²² tshi²¹³⁻⁵⁵.

遂溪　伊群掠我当做亲生囝来饲。i²⁴ kuŋ²² lia³³ va⁴¹ taŋ²¹⁴ tso⁵⁵ tshiŋ²⁴ se²⁴ kia⁴¹ lai²² tshi²¹⁴.

雷州　伊侬掠我当做亲生囝来饲。i²⁴ naŋ²² lia³³ ba⁴² to²¹ tso⁵⁵³ tshiŋ²⁴⁻³³ se²⁴⁻³³ kia⁴² lai²²⁻³³ tshi²².

文昌　伊蜀家把我当做亲生/单己囝/干己囝饲。i³⁴ ʥiak³⁻²¹ ke³⁴ ɓue⁴² gua³¹ ɗaŋ³⁴ to⁵³ ʃien³⁴ te³⁴⁻⁴² kia³¹/kan²¹⁻⁵⁵ ki³¹ kia³¹/ɗan²¹⁻⁵⁵ ki³¹ kia³¹ ʃi³⁴.

三亚　伊侬把我当做亲生囝一样来饲。i³³ naŋ²² ɓui⁴² va³¹ ɗaŋ³³ tsoʔ⁴⁵/toʔ⁴⁵ tshin³³ te³³ kio³¹ ioʔ³³ io³³ lai²² tshi³³.

(15) 你怎么把个脸盆当小凳子坐？

泉州　汝怎仔将这个面桶当（做）椅仔来坐？ lɯ⁵⁵ tsiũ⁴¹⁻⁵⁵ ã⁵⁵⁻²⁴ tsiɔŋ³³ tsit⁵⁵ ge²⁴⁻²² bin⁴¹⁻²² thaŋ⁵⁵ tɔŋ⁴¹⁻⁵⁵ (tsue⁴¹⁻⁵⁵) i⁵⁵⁻²⁴ a⁵⁵ lai²⁴⁻²² tsɤ²²⁻⁴¹ ?

厦门　汝怎样自/将/佮迄个面盆当做细隻椅仔来坐。li⁵³⁻⁴⁴ tsãi⁵³⁻⁴⁴ iũ²²⁻²¹ tsu²²⁻²¹/tsiɔŋ⁴⁴⁻²²⁻²¹/kaʔ⁵⁻³² hit³²⁻⁵ e²⁴⁻²² bin²²⁻²¹ phun²⁴ taŋ²¹⁻⁵³ tsue²¹⁻⁵³ sue²¹⁻⁵³ tsiaʔ³²⁻⁵³ i⁵³⁻⁴⁴ a⁵³ lai²⁴⁻²² tse²² ?

台中　①汝哪解佮＜即个＞面桶做/当做椅仔坐？li⁵³⁻⁴⁴ na⁵³⁻⁴⁴ e²²⁻²¹ kaʔ³⁻²＜tse⁴⁴＞ bin²²⁻²¹ thaŋ⁵³ tso²¹⁻⁵³/tɔŋ²¹⁻⁵³ tso²¹⁻⁵³ i⁵³⁻⁴⁴ a⁵³ tse²² ? ②汝哪解互＜即个＞面桶做/当做椅仔坐？li⁵³⁻⁴⁴ na⁵³⁻⁴⁴ e²²⁻²¹ hɔ²²⁻²¹＜tse⁴⁴＞ bin²²⁻²¹ thaŋ⁵³ tso²¹⁻⁵³/tɔŋ²¹⁻⁵³ tso²¹⁻⁵³ i⁵³⁻⁴⁴ a⁵³ tse²² ?

漳州　汝安怎佮面盆做椅仔□［hɛ³⁴⁻²²］坐？li⁵²⁻³⁴ an⁵²⁻³⁴ tsuã⁵² kak²¹⁻² bin²²⁻²¹ phun¹³ tso²¹⁻⁵² i⁵²⁻⁴⁴ a⁵² hɛ³⁴⁻²² tse²² ?

汕头　汝做呢掠个面盆做椅囝坐？lɯ⁵² tso²¹³⁻⁵⁵ ni⁵⁵⁻³¹ liaʔ⁵⁻² kai⁵⁵⁻³¹ miŋ²⁵⁻³¹ phun⁵⁵ tso²¹³⁻⁵⁵ ĩ⁵²⁻²⁴ kiã⁵² tso²⁵⁻³¹ ?

揭阳　汝做呢掠个面盆做椅囝坐？lɯ⁴²⁻⁵³ tso²¹³⁻⁴² ni⁵⁵⁻²² liaʔ⁵⁻² kai⁵⁵⁻²² miŋ²²⁻²¹ phun⁵⁵ tso²¹³⁻⁴² ĩ⁴²⁻³⁵ kiã⁴²⁻²¹ tso³⁵ ?

海丰　汝做呢/做呢/知做呢拉（个）面盆做椅囝来坐？li⁵² tsa⁴⁴⁻³³ ni⁵⁵⁻²²/tsɔ²¹³⁻⁵⁵ ni⁵⁵⁻²²/tsai⁴⁴⁻³³ tsɔ²¹³⁻⁵⁵ ni⁵⁵⁻²² la⁴⁴⁻³³ (kai⁵⁵⁻²²) min²¹⁻³³ phun⁵⁵ tsɔ²¹³⁻⁵⁵ ĩ⁵²⁻²¹³ a⁵² lai⁵⁵⁻²² tse²⁵⁻³³ ?

遂溪　汝做乜掠阿面盆当做凳囝坐？lu⁴¹ tso⁵⁵ mi⁵⁵ lia³³ a²⁴⁻³³ mieŋ⁵⁵⁻³³ phuŋ²² taŋ²¹⁴ tso⁵⁵ tiŋ²¹⁴⁻⁵⁵ kia⁴¹ tse³³ ?

雷州　汝做乜掠个面盆当凳囝坐？lu⁴² tso⁵⁵³⁻³³ mi⁵⁵³ lia³³ kai²²⁻³³ mieŋ³³ pun²² to²¹ tien²¹⁻⁴⁴ kia⁴² tse³³ ?

文昌　汝知作把面盆（来）当做凳囝坐？du³¹ tai³⁴ to⁵ ɓue⁴² mien³⁴⁻⁴² ɸun²² (lai²²⁻¹¹) ɗaŋ³⁴ to⁵³ ɗeŋ³¹⁻³³ kia³¹ ʧie⁴² ?

三亚　汝做乜把枚面盆做凳囝来坐？lu³¹ toʔ⁴⁵⁻⁴⁴ miʔ⁴⁵ ɓui⁴² mo⁴⁵ min³³

phun^{24} tso?^{45} ɗeŋ^{24} kio^{31} lai^{22} tse^{42}?

二、闽南方言的处置标记

现在把调查材料中所见的处置标记归纳为表 6-1。

表 6-1　闽南方言的处置标记

处置标记	泉州	厦门	台中	漳州	汕头	揭阳	海丰	雷州	遂溪	文昌	三亚
处置介词	将 ₋tsioŋ/ 按 an²/ 共 kaŋ²	自 tsu²/ 将 ₋tsioŋ/ 合 ka?₂/ 互 hɔ²	合 ka?₂/ 互 hɔ²	合 ka?₂	将 ₋tsiaŋ/ 把将 ᶜpa ₋tsiaŋ/ 对 tui²/ 掠 lia?₂	通 thaŋ²/ 对 tui²/ 掠 lia?₂	拉 ₋la/ 捞 ₋lau	掠ᶜlia	掠ᶜlia	把 ɓue²	把 ɓui²
处置副词	—	合(伊) ka?₂(₋i)/ ＜合伊＞ kai²	—	—	合伊 ka?₂ ₋i	个伊 ᶜkai ₋i	拉伊 ₋la ₋i/ 捞伊 ₋lau ₋i/ 合伊 ka?₂ ₋i	—	—	—	—

汉语的处置介词一般由动词演变而来,其来源和演变理据丰富多彩,有些和与事介词、给予介词、被动介词同形。闽南方言的处置介词,从其来源来说可分四类。

第一类,"将""把将""把"。这一类与握持义动词密切相关,在闽南方言分布地域较广,使用的句法条件也没什么限制,这是现代官话、近代白话里很占优势的一类处置介词。但是,在闽南方言用这些词作处置介词的地方,其握持义动词一般并不说"将"或"把",用作处置介词时,有的发音人还会觉得带一点"文"的色彩。我们推测这些处置介词不是方言自身演变的产物,而是近代白话书面语强大影响的产物。

第二类,"合""共""互""捞""拉"。这一类在方言中也兼作与事介词(包括表服务、受物对象的给予介词,相当于普通话"和""跟""同""与""替""给"之类),分布于闽南-台湾片和粤东片的海丰小片,是当地方言口语中比较强势的处置介词。其中"捞""拉"出现于海丰方言,海丰方言是粤东片中和福建话最接近的方言,又受粤语影响较多。"捞""拉"在粤方言中是个与事介词,但是未见作处置介词用。海丰方言有不少词汇受粤方言影响,可能词汇上从粤方言"泊来",把与事介词当处置介词用则是福建本土话的传承。

第三类,"按""自""对""通"。这一类在出现的方言中也兼作表示从由、经由的介词(相当于普通话"从"之类),"按""自"见于闽南-台湾片,"对""通"见于粤东片的潮汕小片,是潮汕话口语中最为强势的处置介词。这些词都包含[+方向]的语义要素,处置介词有针对某一对象施以处置的意义,也许就是这个语义要素打通了其发展为处置介词的机制。

第四类,"掠"。这一类来自抓捕义动词,由抓捕义动词虚化为相当于普通话"拿"的介词和处置介词。抓捕义与握持义相当接近,所以这类词很容易虚化为处置介词。普通话介词"拿"有时可以用来表示把什么东西当作动作行为的材料、工具和对象等,和"把"有某些相通之处。例如,"拿脸盆当凳子坐"和"把脸盆当凳子坐"、"拿我和他比"和"把我和他比",可以看到这一点。

闽南方言的处置副词多用"合伊""捞伊"或其音变形式,其构成均为一个处置介词加上单数第三人称代词,但已失去原先介词结构的实义而虚化为一个表示处置的标记,语音上也有缩略的趋向,如厦门已可以说成合音的"<合伊>[kai^{22}]"或单音节的"合[kaʔ^5]",揭阳的"个伊"其实就是"合伊"合音的第一步:

合伊[kaʔ$^{5-2}$ i^{33}] → [kai^{-22} i^{33}],变调还原写成"个伊[kai$^{55-22}$ i^{33}]"。

这些处置副词的形成过程,应该先是一个复指处置对象的介词结构,即起初是"把他(它)"的意思。"他(它)"复指被处置对象,由于其表达功能本在于加强处置,"他(它)"的意义是个羡余信息,容易虚化,例如汕头的"合伊"已经看不出多少复指的意义,可以说"唔听话我对汝合伊缚起来"(不听话我把你给捆起来),显然"伊"已不是第二人称的"汝"的复指。随着意义的虚化,语音上也发生缩略,合音或脱落为一个单音节词,厦门的"<合伊>[kai^{22}]"和"合[kaʔ^5]"就是语音缩略的结果。到了这个阶段,已经完全没有了语素"伊"的意义而只留下一个处置义,原先的介词结构也就完全变成一个副词。由复指处置对象的介词结构虚化为处置副词,在汉语方言中相当普遍。例如湖南汨罗方言"把火车票给买了",既可以说"把火车票把他买哒",也可以说"把火车票把买哒"。前句"把他"是一个复指处置对象的介词结构,后句后一个"把"是个处置副词,后者分明是前者语法化的结果。

闽南方言各地的处置副词,也不一定都是在闽南方言各地独自演变形成的,有的是在源头上就形成了,尔后随着移民传承播散,或互相渗透。粤东片的处置介词并不用"合",但是处置副词在潮汕却普遍用"合伊",海丰偶尔也用"合伊"。潮汕的"合伊"应该是保留了福建闽南话中的说法，即使后来自身的处置介词有独立的发展，处置副词也未为所动。海丰的"捞伊/拉伊"当属自家的产物，因为"捞""拉"闽南方言不用而粤语里用，海丰受粤语影响较大，应是先从粤语引进了"捞/拉"来表示"和"，然后像闽南方言表示"和"的"合"一样扩大用法而作处置介词，"捞/拉 + 伊"再由介词结构演变为处置副词。这个过程和闽南方言完全平行，只是语素用了从粤语引进的"捞/拉"。海丰的"合伊"则很可能是从潮汕话来的，因为海丰话虽不属狭义的潮汕话而被称为"福佬话"，但是海丰长期以来和潮汕地区同属一个行政、经济、文化区域，海丰话受潮汕话的影响是最大的。

参考文献

[1] 朱德熙. 语法讲义［M］. 北京：商务印书馆，1982.
[2] 李如龙. 泉州方言的动词谓语句［M］//李如龙，张双庆. 动词谓语句. 广州：暨南大学出版社，1997.
[3] 施其生. 汕头方言的动词谓语句［M］//李如龙，张双庆. 动词谓语句. 广州：暨南大学出版社，1997.

第三节 闽南方言的"有 VP"句

本节"有 VP"句指"我有去""即种花有芳"之类的句式，否定的说法是"我无去""即种花无芳"。其特点是在谓语前面加一个表示肯定或否定的助动词"有"，说成"有 VP"，相对的否定形式是"无 VP"。普通话只有表面上和"无 VP"一样的"没 VP"，如说"我没买票"，却没有"有 VP"，例如不说"我有买票"。但是在中国东南部的方言里"有 VP"却是非常常见的说法。由于"有 VP"才是方言特点的所在，本节重点考察的是"有 VP"的有关问题，必要的时候才提及"无 VP"。

闽南方言里"有 VP"句的分布，海南片是一种情况，和普通话基本一样；其余地方是另一种情况，普遍存在"有 VP"句。

一、VP 为动作动词性

当 VP 的核心为动作动词时，闽南-台湾片、粤东片、雷州片全都用

"有"构成"有VP"句,否定的形式是"无VP"。海南片一般没有"有VP",只有"无VP"。下面是例句。

(1) 你买了票没有?——我买了票了。

泉州 ①汝买票未?——我买啰。lɯ^{55} bue$^{55-24}$ phio^{41} bɤ$^{41-21}$? ——gua^{55} bue^{55} lɔ^{21}. ②汝有买票无?——我有买啰。lɯ^{55} u^{22} bue$^{55-24}$ phio^{41} bo$^{24-21}$? ——gua^{55} u^{22} bue^{55} lɔ^{21}. ③汝有买票无?——我有买票。lɯ^{55} u^{22} bue$^{55-24}$ phio^{41} bo$^{24-21}$? ——gua^{55} u^{22} bue$^{55-24}$ phio^{41}.

厦门 汝有买票无?——我买了啊/我有买啊。li$^{53-44}$ u$^{22-21}$ bue$^{53-44}$ phio^{21} bo$^{24-21}$? ——gua$^{53-44}$ bue$^{53-44}$ liau^{53} a^{21}/gua$^{53-44}$ u$^{22-21}$ bue^{53} a^{21}.

台中 汝有买票无?——我有买票。li$^{53-44}$ u$^{22-21}$ be$^{53-44}$ phio^{21} bo^{24}? ——ua$^{53-44}$ u$^{22-21}$ be$^{53-44}$ phio^{21}.

漳州 ①汝敢有买票(无)?——我有买票。li^{52} ka$^{52-34}$ u$^{22-21}$ be$^{52-34}$ phio^{21} (bo^{13})? ——gua^{52} u$^{22-21}$ be$^{52-34}$ phio^{21}. ②汝有买票啊无?——我有买票。li^{52} u$^{22-21}$ be$^{52-34}$ phio^{21} a$^{34-22}$ bo^{13}? ——gua^{52} u$^{22-21}$ be$^{52-34}$ phio^{21}.

汕头 ①汝有买票无?——我有买票。lɯ^{52} u$^{25-31}$ boi$^{52-24}$ phio^{213} bo^{55}? ——ua^{52} u$^{25-31}$ boi$^{52-24}$ phio^{213}. ②汝有买票无?——有。lɯ^{52} u$^{25-31}$ boi$^{52-24}$ phio^{213} bo^{55}? —u^{25}.

揭阳 ①汝有买票无?——我有买票。lɯ$^{42-53}$ u$^{35-21}$ boi$^{42-24}$ phio^{213} bo$^{55-22}$? ——ua^{42} u$^{35-21}$ boi$^{42-24}$ phio^{213}. ②汝有买票无?——有。lɯ$^{42-53}$ u$^{35-21}$ boi$^{42-24}$ phio^{213} bo$^{55-22}$? ——u^{35}.

海丰 汝有买票无啊?——我(咧)买票啰/我买了。li^{52} u$^{25-33}$ be$^{52-213}$ phiɔ^{213} bɔ$^{55-22}$ a^{33}? ——ua^{52} (le^{21}) be$^{52-213}$ phiɔ^{213} lɔ^{33}/ua^{52} be$^{52-213}$ liau$^{52-213}$.

遂溪 汝有买票无?——我有买票啦。lu^{41} u^{55} voi^{41} phiau^{214} vo^{22}? ——va^{41} u^{55} voi^{41} phiau^{214} la^{41}.

雷州 汝有买票孬?——我买票啦。lu^{42} u^{33} boi^{42} phiau^{21} meŋ^{553}? ba^{42} boi^{42} phiau^{21} la^{31}.

文昌 汝买票啦无(咧)?——我买(去)啦。du$^{31-33}$ boi$^{31-33}$ ɸio^{21} la^{21} bo^{22} (le$^{22/42}$)? ——gua^{31} boi^{31} (xu^{21}) la^{21}.

三亚 汝买票去无/买(着)啰)票未?——我买(了/着)啰)票了。lu^{31} voi^{31} phie^{24} hu^{24} vo^{22}/voi^{31} (ɗo^{31}/lo^{31}) phie^{24} voi^{33}? ——va^{31} voi^{31} (liau^{31}/ɗo^{31}/lo^{31}) phie^{24} liau^{42}.

(2) 你们养鸡没有?

泉州 恁有饲鸡无? lin^{55} u^{22} tshi$^{41-22}$ kue^{33} bo$^{24-41}$?

厦门 恁有饲鸡无? lin$^{53-44}$ u$^{22-21}$ tshi$^{22-21}$ kue^{44} bo$^{24-21}$?

台中 恁有饲鸡无？lin$^{53-44}$ u$^{22-21}$ tshi$^{22-21}$ ke^{44} bo$^{24-21}$？

漳州 ①恁敢有饲鸡仔？lin^{52} kã$^{52-34}$ u$^{22-21}$ tshi$^{22-21}$ ke^{34} a^{52}？②恁有饲鸡无？lin^{52} u$^{22-21}$ tshi$^{22-21}$ ke^{34} bo^{13}？③恁饲鸡仔无？lin^{52} tshi$^{22-21}$ ke^{34} a^{52} bo^{13}？

汕头 恁有饲鸡无？niŋ^{52} u$^{25-31}$ tshi^{31} koi^{33} bo$^{55-31}$？

揭阳 恁有饲鸡无？neŋ$^{42-53}$ u$^{35-21}$ tshi$^{22-21}$ koi^{33} bo$^{55-22}$？

海丰 恁有饲鸡无啊？nin^{52} u$^{25-33}$ tshi$^{213-55}$ kei^{44} bɔ$^{55-22}$ a^{33}？

遂溪 汝群有饲鸡无？lu^{41} kuŋ^{22} u^{55} tshi^{214} koi^{24} vo^{22}？

雷州 汝阿众有饲鸡嚠？lu$^{42-44}$ a^{55} thaŋ^{21} u$^{33-42}$ tshi$^{21-44}$ koi^{24} meŋ^{553}？

文昌 汝蜀家饲鸡无？du^{31} ʥiak$^{3-21}$ ke^{34} ʃi$^{21-55}$ koi^{34} bo^{22}？

三亚 汝侬饲鸡去无？lu^{31} naŋ^{22} tshi^{33} koi^{33} hu^{24} vo^{22}？

（3）小弟弟穿了裤子了嘛。

泉州 ①小弟仔有颂裤啰。sio$^{55-24}$ ti^{22} a^{55} u^{22} tshiŋ$^{41-22}$ khɔ^{41} lɔ^{21}．②小弟仔颂裤啰。sio$^{55-24}$ ti^{22} a^{55} tshiŋ$^{41-22}$ khɔ^{41} lɔ^{21}．

厦门 ①小弟有颂裤啊。sio$^{53-44}$ ti^{22} u$^{22-21}$ tshiŋ$^{22-21}$ khɔ^{21} a^{21}．②小弟裤颂了啊。sio$^{53-44}$ ti^{22} khɔ^{21} tshiŋ$^{22-21}$ liau^{53} a^{21}．

台中 弟弟有颂裤啊。ti^{44} ti^{21} u$^{22-21}$ tshiŋ$^{22-21}$ khɔ^{21} a^{21}．

漳州 小弟仔有颂裤。sio$^{52-34}$ ti$^{22-21}$ a^{52} u$^{22-21}$ tshiŋ$^{22-21}$ kɔ^{21}．

汕头 ①阿弟弟有颂裤哩。a^{33} ti$^{25-31}$ ti^{25} u$^{25-31}$ tsheŋ^{31} khou^{213} li^{33}．②阿弟弟颂好裤了哩。a^{33} ti$^{25-31}$ ti^{25} tsheŋ^{31} ho$^{52-24}$ khou^{213} liau$^{52-213}$ li^{33}．

揭阳 ①阿弟仔有颂裤□［le^{33}］。a^{33} ti$^{35-21}$ kiã$^{42-53}$ u$^{35-21}$ tsheŋ$^{22-21}$ khou^{213} le^{33}．②阿弟仔颂裤好了。a^{33} ti$^{35-21}$ kiã$^{42-53}$ tsheŋ$^{22-21}$ khou$^{213-53}$ ho$^{42-213}$ au$^{42-213}$．

海丰 阿弟有颂裤。a$^{44-33}$ thai^{21} u$^{25-33}$ tshiɔŋ$^{213-55}$ khɔu^{213}．

遂溪 老弟囝有颂裤啊。lau^{41} ti^{55} kia^{41} u^{55} tshiaŋ^{214} keu^{214} a^{21}．

雷州 ①妃弟颂裤啦。bi$^{24-33}$ ti^{42} tshiaŋ$^{553-33}$ kheu^{21} la^{31}．②妃弟有颂裤。bi$^{24-33}$ ti^{42} u^{33} tshiaŋ$^{553-33}$ kheu^{21}．

文昌 奵弟颂裤啦。bo$^{21-55}$ ɗi^{53} ʃiaŋ^{42} xou^{21} la^{21}．

三亚 老弟颂了裤了。lau^{31} ɗi^{42} tshiaŋ^{33} liau^{42} khou^{24} liau^{42}．

（4）二哥病得那么厉害，你也没去看一下。

泉州 二兄病啊□［huaʔ^{55}］厉害/严重/重，汝也无去看蜀下。lɯ^{22} hiã^{33} pĩ$^{41-22}$ a^{55} huaʔ^{55} li$^{41-22}$ hai^{41}/giam$^{24-22}$ tiɔŋ^{22}/taŋ^{22}，lɯ$^{55-21}$ bo$^{24-22}$ khɯ$^{41-55}$ kuã^{41} tsit$^{24-22}$ e$^{41-21}$．

晋江 二兄病啊□［huan^{55}］严重，汝也无去共伊看蜀下。lɯ^{22} hiã^{33} pĩ$^{41-22}$ a^{55} huan^{55} giam$^{24-22}$ tiɔŋ^{33}，li^{55} a$^{55-22}$ bo$^{24-22}$ khi$^{41-55}$ kan$^{41-22}$ i^{33} kuã$^{41-55}$ tsit$^{24-22}$ e$^{41-21}$．

安溪 二兄病遘□[huaʔ$^{31-32}$]厉害,汝野无(说)去看<蜀下>。li^{22} hiã$^{23-22}$ pĩ^{22} kau$^{212-41}$ huaʔ$^{31-32}$ li^{22} hai^{22}, lɯ$^{441-44}$ a$^{441-44}$ bo$^{25-22}$ (səʔ$^{31-32}$) khɯ$^{212-41}$ khuã^{212} <leʔ$^{-21}$>.

厦门 二兄破病遘□[hiaʔ$^{32-53}$]呢厉害,汝也无(讲)去合伊看蜀下。li$^{22-21}$ hiã^{44} phua$^{21-53}$ pĩ$^{22-21}$ ka$^{21-53-44}$ hiaʔ$^{32-53}$ ni^{21} li$^{22-21}$ hai^{22}, li$^{53-44}$ ia$^{22-21}$ bo$^{24-22}$ (kɔŋ$^{53-44}$) khi$^{21-53}$ kaʔ$^{5-21}$ i$^{44-22}$ khuã^{21} tsit$^{5-21}$ e$^{22-21}$.

台中 二兄病甲[tsiat$^{2-5}$]厉害,汝也无讲去合看蜀下。li$^{22-21}$ hiã^{44} pẽ$^{22-21}$ kaʔ$^{2-5}$ tsiat$^{2-5}$ li$^{22-21}$ hai^{22}, li$^{53-44}$ ia$^{22-21}$ bo$^{24-22}$ kɔŋ$^{53-44}$ khi$^{21-53}$ kaʔ$^{2-5}$ khuã^{21} tsit$^{3-2}$ e^{22}.

漳州 二哥破病遘□[hia^{52}]厉害,汝也无(讲)去合伊看<蜀下>。zi$^{22-21}$ kɔ$^{34-22}$ phua$^{21-52}$ pẽ$^{22-21}$ kaʔ$^{32-5}$ hia^{52} li$^{22-21}$ hai^{22}, li^{52} a^{22} bo$^{13-22}$ (kɔŋ$^{52-34}$) khi$^{21-52}$ kaʔ$^{121-21}$ i$^{34-22}$ khuã$^{21-52}$ <tsɛ^{21}>.

汕头 阿二兄病□[hĩ$^{213-55}$]大力,汝也无咀去睇蜀下。a^{33} zi$^{25-31}$ hiã^{33} pẽ^{31} hĩ$^{213-55}$ tua^{31} lak^{5}, lɯ^{52} a^{31} bo$^{55-31}$ tã$^{213-55}$ khɯ$^{213-55}$ tõi^{52} tsek$^{5-2}$ e$^{25-31}$.

揭阳 阿二兄病遘□[hiõ$^{213-42}$]大力,汝也无咀去睇下。a^{33} zi$^{35-31}$ hiã^{33} pẽ$^{22-21}$ kau$^{213-42}$ hiõ$^{213-42}$ tua$^{22-21}$ lak^{5}, lɯ^{42} ia$^{22-21}$ bo$^{55-22}$ tã$^{213-42}$ khɯ$^{213-42}$ thõi^{42} e$^{35-21}$.

海丰 二兄病遘□[hiaʔ$^{3-4}$]忝,汝□[iau$^{52-213}$]无去睇伊蜀下。zi$^{25-33}$ hiã$^{44-33}$ pĩ$^{25-33}$ kau$^{213-55}$ hiaʔ$^{3-4}$ thiam^{52}, li^{52} iau$^{52-213}$ bɔ$^{55-22}$ khi$^{213-55}$ the^{52} i$^{44-21}$ tsit$^{4-3}$ e$^{25-31}$.

遂溪 二哥病倒□[ho^{55}]重,汝野无讲去□[sem^{41}]囝。i^{24} ko^{55} pe^{24} to^{41} ho^{55} taŋ^{33}, lu^{41} ia$^{41-24}$ bo^{22} ko^{41} hu$^{214-55}$ sem^{41} kia^{41}.

雷州 二哥病得□[ho^{553}]重,汝也无去□[thiŋ^{22}]蜀下。zi^{24} ko^{553} pe$^{553-24}$ tik^{5} ho^{553} taŋ^{553}, lu^{42} ia^{24} bo$^{22-33}$ khu$^{21-44}$ thiŋ^{22} ziak^{5} e$^{24-21}$.

文昌 哥二病得许做重,汝也无去望伊<蜀下>。ko^{53} ʥi^{34} ɓe^{34} ɗiet^{5} fio^{21} to$^{21-55}$ ɗaŋ^{42}, du^{31} ʥia$^{31-33}$ bo$^{22-11}$ xu$^{21-55}$ mo^{34} i^{34} <ʥie^{34}>.

三亚 二哥病得种样厉害,汝也无(讲)去望蜀下。zi^{33} ko^{33} ɓe^{33} ɗi^{45} taŋ^{24} io^{33} li^{42} hai^{42}, lu^{31} ia^{42} vo^{22} (kɔŋ^{31}) hu^{24} mo^{33} ioʔ^{33} e^{33}.

比较上面例句中的普通话说法和方言说法,可以看到"有VP"是方言中有特色的句式。"有VP"普通话常常说成"VP了",但是不能因此说闽南方言的"有"就是个表示完成的、相当于普通话"了"的语法成分。普通话和方言的语法各自成系统,不能通过简单的比照来给方言中的语法成分定性。在闽南方言里,"有"并非体貌副词,而是一个情态助动词。"有"的作用是肯定后面"VP"所述的内容是客观存在的,例如"买票"是一种行为,"有买票"就是肯定"买票"的行为是客观存在的。相反的,"无买票"是"买票"的行为不存在。在方言里,例如在汕头方言里,说"买了票了"和说"有买票"意思很不相同。"有"的这种意义,是情态上的而不是体貌上的,和事态的可能性、现实性等有关而和过程无关,因此可用于下面经常性的、排斥完成体貌的句子中。

（5）他天天去打太极拳的。

泉州 ①伊逐日都去拍/练太极拳（个）。i³³ tak²⁴⁻²² lit²⁴ tɔ³³ khɯ⁴¹⁻⁵⁵ paʔ⁵⁵/lian⁴¹⁻²² thai⁴¹⁻⁵⁵ kiak²⁴⁻²² kun²⁴（e²⁴⁻⁴¹）. ②伊逐日都有去拍/练太极拳（个）。i³³ tak²⁴⁻²² lit²⁴ tɔ³³ u²² khɯ⁴¹⁻⁵⁵ paʔ⁵⁵/lian⁴¹⁻²² thai⁴¹⁻⁵⁵ kiak²⁴⁻²² kun²⁴（e²⁴⁻⁴¹）.

厦门 ①伊逐日去拍太极拳。i⁴⁴⁻²² tak⁵⁻²¹ lit⁵⁻²¹ khi²¹⁻⁵³ phaʔ³²⁻⁵³ thai²¹⁻⁵³ kik⁵⁻²¹ kun²⁴. ②伊有逐日去拍太极拳。i⁴⁴⁻²² u²²⁻²¹ tak⁵⁻²¹ lit⁵⁻²¹ khi²¹⁻⁵³ phaʔ³²⁻⁵³ thai²¹⁻⁵³ kik⁵⁻²¹ kun²⁴. ③伊逐日有去拍太极拳。i⁴⁴⁻²² tak⁵⁻²¹ lit⁵⁻²¹ u²²⁻²¹ khi²¹⁻⁵³ phaʔ³²⁻⁵³ thai²¹⁻⁵³ kik⁵⁻²¹ kun²⁴.

台中 ①伊有逐工去拍太极拳。i⁴⁴⁻²² u²²⁻²¹ tak³⁻² kaŋ⁴⁴ khi²¹⁻⁵³ phaʔ²⁻⁵ thai²¹⁻⁵³ kik²⁻⁵ kuan²⁴. ②伊逐工去拍太极拳。i⁴⁴⁻²² tak³⁻² kaŋ⁴⁴ khi²¹⁻⁵³ phaʔ²⁻⁵ thai²¹⁻⁵³ kik²⁻⁵ kuan²⁴.

漳州 伊有逐日去拍/行太极拳。i³⁴ u²²⁻²¹ tak¹²¹⁻²¹ zit¹²¹⁻²¹ khi²¹⁻⁵² phaʔ³²⁻⁵²/kiã¹³⁻²² thai²¹⁻⁵² kik¹²¹⁻²¹ kun¹³.

汕头 ①伊日日有去拍太极拳。i³³ zik⁵⁻² zik⁵ u²⁵⁻³¹ khɯ²¹³⁻⁵⁵ phaʔ²⁻⁵ thai²¹³⁻⁵⁵ kek⁵⁻² khuŋ⁵⁵. ②伊有日日去拍太极拳。i³³ u²⁵⁻³³ zik⁵⁻² zik⁵ khɯ²¹³⁻⁵⁵ phaʔ²⁻⁵ thai²¹³⁻⁵⁵ kek⁵⁻² khuŋ⁵⁵.

揭阳 ①伊日日有去拍太极拳 i³³ zek⁵⁻² zek⁵⁻² u³⁵⁻²¹ khɯ²¹³⁻⁴² phaʔ²⁻³ thai²¹³⁻⁴² kek⁵⁻² khuŋ⁵⁵. ②伊有日日去拍太极拳。i³³ u³⁵⁻²¹ zek⁵⁻² zek⁵⁻² khɯ²¹³⁻⁴² phaʔ²⁻³ thai²¹³⁻⁴² kek⁵⁻² khuŋ⁵⁵.

海丰 伊日日/囗［pai⁵⁵⁻²²］日有去拍太极拳。i⁴⁴ zit⁴⁻³ zit⁴/pai⁵⁵⁻²² zit⁴ u²⁵⁻³³ khi²¹³⁻⁵⁵ phaʔ³⁻⁴ thai²¹³⁻⁵⁵ kek⁴⁻³ kun⁵⁵.

遂溪 （他天天去打球的。）①伊日日有去拍球。i²⁴ iet³ iet³ u⁵⁵ hu²¹⁴ pha⁵⁵ khiu²². ②伊有日日去拍球。i²⁴ u⁵⁵ iet³ iet³ hu²¹⁴⁻⁵⁵ pha⁵⁵ khiu²².

雷州 伊有日日去拍太极拳。i²⁴ u³³ ziek² zeik² khu²¹ pha⁵⁵³ thai²¹ kik² khieŋ²².

文昌 伊按日都去拍太极拳。i³⁴ an²¹⁻⁵⁵ ʥiet³ dou³⁴ xu²¹⁻⁵⁵ ɸa⁴² xai²¹⁻⁵⁵ kiet³ kien²².

三亚 伊每日/天天去拍太极拳。i³³ mui³¹ ziʔ⁴²/thi³³ thi³³ hu²⁴ phaʔ⁴⁵ thai²⁴ ki?⁴⁵ kheŋ²².

也可以放在已含其他体貌的 VP 之前，下面是例句。

（6）他来过我家里。

泉州 伊有来着/过阮厝里。i³³ u²² lai²⁴⁻²² tio?²⁴⁻²²/kɤ⁴¹⁻⁵⁵ gun⁵⁵ tshu⁴¹⁻⁵⁵ lai²².

厦门 ①伊来过/着阮兜（啊）。i⁴⁴⁻²² lai²⁴⁻²² ke²¹⁻⁵³/tio?⁵⁻²¹ gun⁵³⁻⁴⁴ tau⁴⁴（a²¹）. ②伊有来过/着阮兜（啊）。i⁴⁴ u²²⁻²¹ lai²⁴⁻²² ke²¹⁻⁵³/tio?⁵⁻²¹ gun⁵³⁻⁴⁴ tau⁴⁴（a²¹）.

台中 ①伊有来过阮兜。i⁴⁴⁻²² u²²⁻²¹ lai²⁴⁻²² kue²¹⁻⁵³ un⁵³⁻⁴⁴ tau⁴⁴. ②伊来过阮兜。i⁴⁴⁻²² lai²⁴⁻²² kue²¹⁻⁵³ un⁵³⁻⁴⁴ tau⁴⁴.

漳州 伊有/八来过阮兜。i³⁴⁻²² u²²⁻²¹/bak³²⁻⁵ lai¹³⁻²² kue²¹⁻⁵² gun⁵²⁻³⁴ tau³⁴.

汕头 ①伊有来过我只里。i³³ u²⁵⁻³¹ lai⁵⁵⁻³¹ kue²¹³⁻⁵⁵ ua⁵²⁻²⁴ tsi⁵²⁻²⁴ lai²⁵. ②伊来过我只里。i³³ lai⁵⁵⁻³¹ kue²¹³⁻⁵⁵ ua⁵²⁻²⁴ tsi⁵²⁻²⁴ lai²⁵.

揭阳 ①伊有来过我□［tsio⁴²⁻²⁴］里。i³³ u³⁵⁻²¹ lai⁵⁵⁻²² kue²¹³⁻⁴² ua⁴²⁻²⁴ tsio⁴²⁻²⁴ lai³⁵. ②伊来过我□［tsio⁴²⁻²⁴］里。i³³ lai⁵⁵⁻²² kue²¹³⁻⁴² ua⁴²⁻²⁴ tsio⁴²⁻²⁴ lai³⁵.

海丰 ①伊有来过我仔厝。i⁴⁴ u²⁵⁻³³ lai⁵⁵⁻²² kue²¹³⁻⁵⁵ ua⁵² ã⁵²⁻²¹³ tshu²¹³. ②伊来过我仔厝。i⁴⁴ lai⁵⁵⁻²² kue²¹³⁻⁵⁵ ua⁵² ã⁵²⁻²¹³ tshu²¹³.

遂溪 伊有来过我厝。i²⁴ u⁵⁵ lai²² kue²¹⁴ va⁴¹⁻²⁴ tshu²¹⁴.

雷州 伊有来过我□［tam²⁴］。i²⁴ u³³ lai²²⁻³³ kue²¹ ba⁴² tam²⁴.

文昌 伊来过我厝。i³⁴ lai²² kue²¹ gua³¹⁻³³ ʃu²¹.

三亚 ①伊有来过我厝。i³³ u⁴² lai²² kuo²⁴ va³¹ tshu²⁴. ②伊来过我厝。i³³ lai²² kuo²⁴ va³¹ tshu²⁴.

"有""无"肯定或否定的是后面整个 VP 所述的事态，不是针对某一动作而言，下例可以看得很清楚，"有""无"肯定或否定的是"边走边听收音机"事态的存在与否，而不是"走"或"听"。

（7）你是不是边走边听收音机了？

泉州 ①汝是唔是若行若听收音机？lɯ⁵⁵ si²² m⁴¹⁻²² si²² nã⁵⁵⁻²⁴ kiã²⁴ nã⁵⁵⁻²⁴ thiã³³ siu³³ im³³ ki³³？②汝有若行若听收音机无？lɯ⁵⁵ u²² nã⁵⁵⁻²⁴ kiã²⁴ nã⁵⁵⁻²⁴ thiã³³ siu³³ im³³ ki³³ bo²⁴⁻⁴¹？

厦门 汝有若行若听收音机无？li⁵³⁻⁴⁴ u²²⁻²¹ nã⁵³⁻⁴⁴ kiã²⁴ nã⁵³⁻⁴⁴ thiã⁴⁴⁻²² siu⁴⁴⁻²² im⁴⁴⁻²² ki⁴⁴ bo²⁴⁻²¹？

台中 ①汝是唔是若行若听收音机？li⁵³⁻⁴⁴ si²²⁻²¹ m̩²²⁻²¹ si²²⁻²¹ na⁵³⁻⁴⁴ kiã²⁴ na⁵³⁻⁴⁴ thiã⁴⁴⁻²² siu⁴⁴⁻²² im⁴⁴⁻²² ki⁴⁴？②汝敢有若行若听收音机？li⁵³⁻⁴⁴ kam⁵³⁻⁴⁴ u²²⁻²¹ na⁵³⁻⁴⁴ kiã²⁴ na⁵³⁻⁴⁴ thiã⁴⁴⁻²² siu⁴⁴⁻²² im⁴⁴⁻²² ki⁴⁴？③汝有若行若听收音机？

li$^{53-44}$ u$^{22-21}$ na$^{53-44}$ kiã^{24} na$^{53-44}$ thiã$^{44-22}$ siu$^{44-22}$ im$^{44-22}$ ki^{44}？

漳州 汝敢有/是若行若听收音机？li^{52} kã$^{52-34}$ u$^{22-21}$/si$^{22-21}$ na$^{52-34}$ kiã$^{13-22}$ na$^{52-34}$ thiã$^{34-22}$ siu$^{34-22}$ im$^{34-22}$ ki^{34}？

汕头 汝口［khaʔ$^{2-5}$］有口［tshe$^{55-31}$］行口［tshe$^{55-31}$］听收音机啊？lɯ^{52} khaʔ$^{2-5}$ u$^{25-31}$ tshe$^{55-31}$ kiã$^{55-31}$ tshe$^{55-31}$ thiã^{33} siu^{33} im^{33} ki^{33} a^{31}？

揭阳 汝有口［tsho$^{55-22}$］行口［tsho$^{55-22}$］听收音机无？lɯ$^{42-53}$ u$^{35-21}$ tsho$^{55-22}$ kiã^{55} tsho$^{55-22}$ thiã^{33} siu^{33} im^{33} ki^{33} bo$^{55-22}$？

海丰 汝有同仔行同仔听收音机无？li^{52} u$^{25-33}$ taŋ$^{55-22}$ ã$^{52-213}$ kiã^{55} taŋ$^{55-22}$ ã$^{52-213}$ thiã^{44} siu$^{44-33}$ im$^{44-33}$ ki^{44} bɔ$^{55-21}$？

遂溪 汝有无有头行头听收音机？lu^{41} u^{55} bo^{22} u^{55} thau^{22} kia^{22} thau^{22} thia^{24} siu$^{24-33}$ im$^{24-33}$ ki^{24}？

雷州 汝是无是/有无有头行头听收音机？lu$^{42-44}$ si^{33} bo$^{22-33}$ si$^{33-42}$/u$^{33-42}$ bo$^{22-33}$ bu$^{33-42}$ thau$^{22-33}$ kia$^{22-33}$ thau$^{22-33}$ thia^{24} siu$^{24-33}$ im$^{24-33}$ ki^{24}？

文昌 汝是无是也行也听收音机？du^{31} ti^{42} bo$^{22-11}$ ti^{42} ʤia^{42} kia^{22} ʤia^{42} xia^{34} tiu$^{34-42}$ im$^{34-42}$ ki^{34}？

三亚 汝是无是边行边听收音机？lu^{31} ti^{42} vo^{22} ti^{42} ɓi^{33} kio^{22} ɓi^{33} thio^{33} tiu^{33} in^{33}/eŋ^{33} ki^{33}？

二、VP 为形容词性或状态动词性

形容词、心理活动动词等构成的 VP 不表示行为而表示状态，但是也可以用"有 VP""无 VP"来表示某种状态是不是存在的事实。不过 VP 前面的助动词不是各地一律用"有/无"，而是有地域的差异。闽南－台湾片主要用"有/无"，除泉州外，也可以用"解/＜无解＞"，粤东片只用"解/＜无解＞"，雷州片和泉州一样只用"有/无"，海南片则一般没有"有 VP"或"解 VP"的格式。下面是例句。

（8）饭熟不熟？

泉州 饭有熟未？bŋ^{41} u^{22} siak$^{24-22}$ bɤ^{41}？

厦门 ①饭有熟无？pŋ^{22} u$^{22-21}$ sik^{5} bo$^{24-21}$？②饭解熟＜无解＞？pŋ^{22} e$^{22-21}$ sik^{5} ＜bue$^{22-21}$＞？

台中 （缺）

漳州 ①饭有熟无？puĩ^{22} u$^{22-21}$ sik$^{121-21}$ bo^{13}？②饭敢有熟？puĩ^{22} kã$^{52-34}$ u$^{22-21}$ sik^{121}？

汕头 撮饭解熟＜无解＞？tshoʔ$^{2-5}$ puŋ^{31} oi$^{25-31}$ sik^{5} ＜boi^{25}＞？

揭阳　块饭解熟<无解>？ko²¹³⁻⁴² puŋ²² oi³⁵⁻²¹ sek⁵ <boi³⁵⁻²¹>？

海丰　饭解熟<无解>？puĩ²¹ e²⁵ sioŋ⁴ <bei²⁵>？

遂溪　阿饭有熟无？a²⁴⁻³³ pui²⁴ u⁵⁵ siak³ vo²²？

雷州　①阿糜熟无熟？a⁵⁵ mue²² siak² bo²² siak²？②阿糜有熟无（熟）？a⁵⁵ mue²² u³³⁻⁴² siak² bo²²（siak²）？

文昌　糜熟无熟？mue²²⁻¹¹ tiap³ bo²²⁻¹¹ tiap³？

三亚　饭熟无熟？muo²² tia⁴² vo²² tia⁴²？

（9）这种花香不香？

泉州　①<即样>个花芳啊无芳？<tsioŋ⁵⁵⁻²⁴> ɔ⁵⁵ hue³³ phaŋ³³ a⁵⁵⁻²⁴ bo²⁴⁻²² phaŋ³³？②<即样>个花有芳啊无芳？<tsioŋ⁵⁵⁻²⁴> ɔ⁵⁵ hue³³ u²² phaŋ³³ a⁵⁵⁻²⁴ bo²⁴⁻²² phaŋ³³？③<即样>个花有芳无？<tsioŋ⁵⁵⁻²⁴> ɔ⁵⁵ hue³³ u²² phaŋ³³ bo²⁴⁻³¹？

厦门　①即款花有芳无？tsit³²⁻⁵ khuan⁵³⁻⁴⁴ hue⁴⁴ u²²⁻²¹ phaŋ⁴⁴ bo²⁴⁻²¹？②即款花解芳<无解>？tsit³²⁻⁵ khuan⁵³⁻⁴⁴ hue⁴⁴ e²²⁻²¹ phaŋ⁴⁴ <bue²²⁻²¹>？．

台中　①即种花芳无芳？tsit²⁻⁵ tsioŋ⁵³⁻⁴⁴ hue⁴⁴ phaŋ⁴⁴ bo²⁴⁻²² phaŋ⁴⁴？②即种花有芳无？tsit²⁻⁵ tsioŋ⁵³⁻⁴⁴ hue⁴⁴ u²²⁻²¹ phaŋ⁴⁴ bo²⁴⁻²¹？③即种花敢有芳？tsit²⁻⁵ tsioŋ⁵³⁻⁴⁴ hue⁴⁴ kam⁵³⁻⁴⁴ u²²⁻²¹ phaŋ⁴⁴？④即种花敢有芳无？tsit²⁻⁵ tsioŋ⁵³⁻⁴⁴ hue⁴⁴ kam⁵³⁻⁴⁴ u²²⁻²¹ phaŋ⁴⁴ bo²⁴⁻²¹？

漳州　①即落仔花敢有芳？tsit³²⁻⁵ loʔ¹²¹⁻²¹ a⁵² hua³⁴ kã⁵²⁻³⁴ u²²⁻²¹ phaŋ³⁴？②即落仔花敢解芳？tsit³²⁻⁵ loʔ¹²¹⁻²¹ a⁵² hua³⁴ kã⁵²⁻³⁴ e²²⁻²¹ phaŋ³⁴？③即落仔花有芳啊无？tsit³²⁻⁵ loʔ¹²¹⁻²¹ a⁵² hua³⁴ u²²⁻²¹ phaŋ³⁴ a³⁴⁻²² bo¹³？④即落仔花解芳啊<无解>？tsit³²⁻⁵ loʔ¹²¹⁻²¹ a⁵² hua³⁴ e²²⁻²¹ phaŋ³⁴ a³⁴⁻²² <be²²⁻²¹>？

汕头　①者花解芳啊<无解>？tsia⁵²⁻²⁴ hue³³ oi²⁵⁻³¹ phaŋ³³ a³³ <boi²⁵>？②者花□［khaʔ²⁻⁵］解芳？tsia⁵²⁻²⁴ hue³³ khaʔ²⁻⁵ oi²⁵⁻³¹ phaŋ³³？③者花□［khaʔ²⁻⁵］解芳（啊）<无解>？tsia⁵²⁻²⁴ hue³³ khaʔ²⁻⁵ oi²⁵⁻³¹ phaŋ³³（a³³）<boi²⁵>？④者花□［khaʔ²⁻⁵］解芳解（啊）<无解>？tsia⁵²⁻²⁴ hue³³ khaʔ²⁻⁵ oi²⁵⁻³¹ phaŋ³³ oi²⁵（a³³）<boi²⁵>？

揭阳　者花解芳啊<无解>？tsia⁴²⁻²⁴ hue³³ oi³⁵⁻²¹ phaŋ³³ a³³ <boi³⁵/³⁵⁻²¹>？

海丰　只项花解芳<无解>？tsi⁵² haŋ²⁵⁻³³ hue⁴⁴ ei²⁵⁻³³ phaŋ⁴⁴⁻³³ <bei²⁵>？

雷州　①这种花芳无？zia⁵⁵³ tsiaŋ⁴² hue²⁴ phaŋ²⁴ bo²²⁻³³？②这种花芳无芳？zia⁵⁵³ tsiaŋ⁴² hue²⁴ phaŋ²⁴ bo²²⁻³³ phaŋ²⁴⁻²¹？③这种花有芳无？zia⁵⁵³ tsiaŋ⁴² hue²⁴ u³³⁻⁴² phaŋ²⁴ bo²²⁻³³？④这种花有芳无芳？zia⁵⁵³ tsiaŋ⁴² hue²⁴ u³³⁻⁴² phaŋ²⁴ bo²²⁻³³ phaŋ²⁴⁻²¹？

遂溪　若种花有芳无？ia⁵⁵ tsiaŋ⁴¹ hue²⁴ u⁵⁵ phaŋ²⁴ vo²²？

文昌　①这个花芳无芳？ʥia²¹⁻⁵⁵ kai²²⁻¹¹ ɦue³⁴ ɸaŋ³⁴ bo²²⁻¹¹ ɸaŋ³⁴？②这个花芳无（咧）？ʥia²¹⁻⁵⁵ kai²²⁻¹¹ ɦue³⁴ ɸaŋ³⁴ bo²²（le²²）？

三亚　①即种花芳无？iʔ⁴⁵ tsiaŋ³¹ huo³³ phaŋ³³ vo²²？②即种花芳无芳？iʔ⁴⁵ tsiaŋ³¹ huo³³ phaŋ³³ vo²² phaŋ³³？

(10) 他高不高兴？

泉州　①伊欢喜啊无欢喜？i³³ huã³³ hi⁵⁵ a bo²⁴⁻²² huã³³ hi⁵⁵？②伊有欢喜啊无欢喜？i³³ u²² huã³³ hi⁵⁵ a bo²⁴⁻²² huã³³ hi⁵⁵？③伊有欢喜无？i³³ u²² huã³³ hi⁵⁵ bo²⁴⁻³¹？

厦门　①伊有欢喜无？i⁴⁴⁻²² u²²⁻²¹ huã⁴⁴⁻²² hi⁵³ bo²⁴⁻²¹？②伊解欢喜＜无解＞？i⁴⁴⁻²² e²²⁻²¹ huã⁴⁴⁻²² hi⁵³ ＜bue²²⁻²¹＞？

台中　①伊有欢喜无？i⁴⁴⁻²² u²²⁻²¹ huã⁴⁴⁻²² hi⁵³ bo²⁴⁻²¹？②伊欢喜无？i⁴⁴⁻²² huã⁴⁴⁻²² hi⁵³ bo²⁴⁻²¹？

漳州　①伊敢有欢喜？i³⁴⁻²² kã⁵²⁻³⁴ u²²⁻²¹ huã³⁴⁻²² hi⁵²？②伊有欢喜无？i³⁴⁻²² u²²⁻²¹ huã³⁴⁻²² hi⁵² bo¹³？

汕头　伊解欢喜＜无解＞？i³³ oi²⁵⁻³¹ huã³³ hi⁵² ＜boi²⁵⁻³¹＞？

揭阳　伊解欢喜＜无解＞？i³³ oi³⁵⁻²¹ huã³³ hi⁴² ＜boi³⁵⁻²¹＞？

海丰　伊解欢喜＜无解＞？i⁴⁴ e²⁵⁻³³ huã⁴⁴⁻³³ hi⁵² ＜bei²⁵＞？

遂溪　伊有欢喜无？i²⁴ u⁵⁵ hua²⁴⁻³³ hi⁴¹ vo²²？

雷州　①伊欢喜无欢喜？i²⁴ huaŋ²⁴⁻³³ hi⁴² bo²²⁻³³ huaŋ²⁴⁻³³ hi⁴²？②伊有无欢喜？i²⁴ u³³⁻⁴² bo²²⁻³³ huaŋ²⁴⁻³³ hi⁴²？③伊有欢喜无？i²⁴ u³³⁻⁴² huaŋ²⁴⁻³³ hi⁴² bo²²？

文昌　伊冲无冲/欢喜无欢喜？i³⁴ ʃoŋ³⁴ bo²²⁻¹¹ ʃoŋ³⁴/xua³⁴⁻⁴² xi³¹ bo²²⁻¹¹ xua³⁴⁻⁴² xi³¹？

三亚　①伊高无高兴？i³³ kau³³ vo²² kau³³ heŋ²⁴？②伊有高兴无？i³³ u⁴² kau³³ heŋ²⁴ vo²²？③伊高兴无？i³³ kau³³ heŋ²⁴ vo²²？

(11) 我听了心里害怕。

泉州　我听啰/了腹里解惊。gua⁵⁵ tiã³³ lɔ⁴¹/liau⁵⁵ pak⁵⁵ lai²² e²² kiã³³.

厦门　我听了心里解惊。gua⁵³⁻⁴⁴ thia⁴⁴⁻²² liau⁵³ sim⁴⁴⁻²² lai²² e²²⁻²¹ kiã⁴⁴.

台中　我(有)□［ka⁵³］□［i²¹］□［i²¹］。ua⁵³⁻⁴⁴（u²²⁻²¹）ka⁵³ i²¹ i²¹.

漳州　我听了心里解惊。gua⁵² thiã³⁴⁻²² liau⁵² sim³⁴⁻²² lai²² e²²⁻²¹ kiã³⁴.

汕头　我听了心里解惊。ua⁵² thiã³³ liau⁵² sim³³ lai²⁵ oi²⁵⁻³¹ kiã³³.

揭阳　我听好心里解惊。ua⁴² thiã³³ ho⁴² sim³³ lai³⁵ oi³⁵⁻²¹ kiã³³.

海丰　我听了心里解惊。ua⁵² thiã⁴⁴⁻³³ liau⁵²⁻²¹³ sim⁴⁴⁻³³ lai²⁵ e²⁵⁻³³ kiã⁴⁴.

遂溪　我听完心有惊。va⁴¹ thia²⁴ ŋuaŋ²² sim²⁴ u⁵⁵ kia²⁴.

雷州 我 听 了 阿 心 里（有）惊。ba^{42} thia^{24} liau^{42} a^{55} sim^{24} li^{42} (u$^{33-42}$) kia^{24}.

文昌 我听了心里但顾惊。gua^{31} xia^{34} liau^{31} tiom^{34} lai^{42} na$^{42-11}$ ku$^{21-55}$ kia^{34}.

三亚 我 听 了/啰 心 里 惊（惊）。va^{31} thio^{33} liau^{31}/lo^{31} tiŋ^{33} lai^{22} kio^{33} (kio^{33}).

厦门至粤东的"解"（会）和"＜无解＞"（不会），原先都是表示主观能力、客观可能的助动词，例如汕头说"伊解泅"（他会游泳）"＜无解＞落雨"（不会下雨）。但是用在这里，变成了对状态存在的肯定或否定，和"有""无"并无二致。例如：

（泉州）伊<u>有</u>欢喜<u>无</u>？＝（汕头）伊<u>解</u>欢喜<u>＜无解＞</u>？＝（普通话）他高不高兴？

"有 VP"句中的助动词"有/解"和后面 VP 的语法关系是一种动宾关系，VP 是"有/解"的内容宾语，闽南方言大部分地方有一个由言说义动词"讲/说/呾$_{动}$"虚化而来的内容宾语标记"讲/说/呾$_{助}$"，在一定的条件下可以出现在助动词之后①，这些地方的"有 VP 句"，只要 VP 符合"讲/说/呾$_{助}$"的要求，"有/解"的后面也可以加上"讲/说/呾$_{助}$"。下面是例句。

(12) 在舅舅家里，你勤手勤脚帮人家洗碗什么的没有？

晋江 伫阿舅個里，汝<u>有</u>说野□［kut^5］力去鬭人洗碗啊创甚乜无？ti^{22} a$^{55-24}$ ku^{33} in^{33} lai^{33}, li^{55} u$^{55-22}$ se?^{5} ia$^{55-24}$ kut^5 lat^{24} khi$^{41-55}$ tau$^{41-55}$ laŋ$^{24-22}$ sue$^{55-24}$ uã^{55} a$^{55-24}$ tshɔŋ$^{41-55}$ siam$^{24-22}$ mi?^{5} bo$^{24-0}$？

安溪 伫阿舅個厝咧，汝<u>有</u>（说）勤骸勤手共個洗碗□［se^{22}］<u>无</u>？tɯ^{22} a?^{5} ku^{22} in$^{23-22}$ tshu^{212} le?$^{31-21}$, lɯ$^{441-44}$ u^{22} (sə?$^{31-32}$) kɯn$^{25-22}$ kha$^{23-22}$ khɯn$^{25-22}$ tshiu^{441} kaŋ$^{23-22}$ sue$^{441-44}$ uã^{441} se^{22} bo$^{25-21}$？

厦门 伫咧阿舅個兜，汝<u>有</u>（讲）捷骸捷手合侬鬭洗碗甚乜<u>无</u>？ti$^{22-21}$ e^{44} a$^{44-22}$ ku^{22} in$^{44-22}$ tau^{44}, li$^{53-44}$ u$^{22-21}$ (kɔŋ$^{53-44}$) tsiap$^{5-21}$ kha$^{44-22}$ tsiap$^{5-21}$ tshiu^{53} ka?$^{5-21}$ laŋ$^{24-22}$ tau$^{21-53}$ sue$^{53-44}$ uã^{53} sim$^{53-44}$ mi?^{5} bo$^{24-21}$？

台中 伫阿舅個兜，汝敢<u>有</u>讲力骸力手帮侬洗碗甚乜呢？ti$^{22-21}$ a$^{44-22}$ ku$^{24-22}$ in$^{44-22}$ tau^{44}, li$^{53-44}$ kam$^{53-44}$ u$^{22-21}$ kɔŋ$^{53-44}$ lat$^{3-2}$ kha$^{44-22}$ lat$^{3-2}$ tshiu^{53} paŋ$^{44-22}$ laŋ$^{24-22}$ se$^{53-44}$ uã^{53} siã$^{53-21}$ mi?$^{3-2}$ e^{21}？

漳州 蹛恁阿舅兜，汝敢<u>有</u>讲□［kik$^{32-5}$］□［ke?$^{32-52}$］侬鬭洗碗？tua$^{21-52}$ lin$^{52-34}$ a$^{34-22}$ ku^{22} tau^{34}, li^{52} kã$^{52-34}$ u$^{22-21}$ kɔŋ$^{52-34}$ kik$^{32-5}$ ke?$^{32-52}$ laŋ$^{13-22}$ tau$^{21-52}$ se$^{52-34}$ uã^{52}？

---

① 详见本书"闽南方言言说义动词的语法化"。

汕头 仜阿舅许里，汝口［khaʔ²⁻⁵］有（咭）力骹力手相辅侬洗碗乜个？
to²⁵⁻³¹ a³³ ku²⁵ hɯ⁵²⁻²⁴ lai²⁵, lɯ⁵² khaʔ²⁻⁵ u²⁵⁻³¹（tã²¹³⁻⁵⁵）lak⁵⁻² kha³³ lak⁵⁻² tshiu⁵² sio³³ hu²⁵⁻³¹ naŋ⁵⁵⁻²² soi⁵²⁻²⁴ uã⁵² mĩʔ² kai⁵⁵⁻³¹？

揭阳 仜阿舅口［hio⁴²⁻²⁴］里，汝有（咭）力骹力手相辅侬洗碗乜个无？
to³⁵⁻²¹ a³³ ku³⁵ hio⁴²⁻²⁴ lai²⁵, lɯ⁴² u³⁵⁻²¹（tã²¹³⁻⁴²）lak⁵⁻² kha³³ lak⁵⁻² tshiu⁴² siõ³³ hu³⁵⁻²¹ naŋ⁵⁵⁻²² soi⁴²⁻²⁴ uã⁴²⁻²¹³ mẽʔ²⁻³ kai⁵⁵⁻²² bo⁵⁵⁻²²？

海丰 汝<仜咧>阿舅个厝有无力口［siɔ̃⁵²⁻²¹³］帮伊洗碗箸无？li⁵² <tiɔ²⁵> a⁴⁴⁻³³ ku²⁵ a⁵⁵⁻²² tshu²¹³ u²⁵⁻³³ bɔ⁵⁵⁻²² lak⁴⁻³ siɔ̃⁵²⁻²¹³ paŋ⁴⁴⁻³³ i⁴⁴⁻³³ se⁵²⁻²¹³ uã⁵²⁻²¹³ ti²¹ bɔ⁵⁵⁻²¹？

遂溪 仜舅厝，汝有无有讲勤骹勤手帮侬洗碗做乃乜物嘞？tu⁵⁵ ku⁵⁵ tshu²¹⁴, lu⁴¹ u⁵⁵⁻³³ bo²² u⁵⁵ ko⁴¹ khien²² kha²⁴ khien²² tshiu⁴¹ paŋ²⁴ naŋ²² soi⁴¹ ua⁴¹ tso⁵⁵ nai⁵⁵ mi⁵⁵ mi³³ le⁴³³？

雷州 仜呢舅兜，汝有勤骹勤手帮人家洗碗乜物都无？tu³³ ni⁵⁵³ ku⁵⁵³ tau²⁴, lu⁴² u³³ kheŋ²²⁻³³ kha²⁴ kheŋ²²⁻³³ tshiu⁴² paŋ²⁴ naŋ²² ke²⁴ soi⁴¹ ua⁴² mi⁵⁵³ mi³³ teu²⁴⁻³³ bo²²？

文昌 仜舅爹厝，汝有无有骹轻手快帮侬家做口［miʔ⁵］？ɗu⁴² ku⁴²⁻¹¹ ɗe³⁴ ʃu²¹³, du³¹ u⁴² bo⁻²² u² xa³⁴⁻⁴² xieŋ³⁴ ʃiu³¹ xue²¹ ɓaŋ³⁴ naŋ²²⁻¹¹ ke²⁴ to⁵³ miʔ⁵？

三亚 仜舅厝，汝有无有口［lau³¹］帮侬洗碗（口［lai⁴²］无）？ɗu⁴² ku⁴² tshu²⁴, lu³¹ u⁴² vo²¹ u⁴² lau³¹ ɓaŋ³³ naŋ²² toi³¹ uo³¹（lai⁴²⁻vo²²）？

以上例子证明，"有 VP"中的"有""无"和"解""<无解>"的确都是助动词，"有"与 VP 的语法关系是一种动宾关系。

参考文献

［1］施其生. 汕头方言的结构助词"咭"［M］//中山大学中文系《语言文字论集》编委会. 语言文字论集. 广州：广东人民出版社，1990.

［2］施其生. 从汕头话的"咭"看汉语的某些"VP + VP"［M］//北京大学汉语语言研究中心，《语言学论丛》编委会. 语言学论丛：第三十四辑. 北京：商务印书馆，2006.

［3］施其生. 论"有"字句［J］. 语言研究，1996（1）.

第四节　闽南方言的"讲"字句及言说义动词的语法化

　　言说义动词，指的是表示"说"的动词。言说义动词语法化而成为一个虚词成分，是语言中比较普遍的现象，汉语方言中也一样。但是言说义动词是否语法化，语法化之后具体的语法意义和语法性质，在不同方言中并不相同，例如廉江方言的"讲"可以用于句首作为"自我表述"：
　　李经理，讲你好啊，借电话机我打只电话正。（李经理，你好啊，借电话我打一个）
也可以放在句末标记转述的内容：
　　（复述向别人喊话）"出来正，抑无出来就做你世界"讲。（说"先出来，要不就有你好瞧的"）
　　阿妈吆你交电费讲。（妈妈叫你交电费；说是妈妈叫你交电费）
或做假设/虚拟的话题标记：
　　抑落水讲，就湿了□[tɛ²¹]咯。（要是下雨的话，就全湿了啊）
还可以用在句中的谓语动词和内容宾语之间：
　　做□[tɛ²¹]几十单生意，无有讲赚过乜嘢钱。（做了几十桩买卖，没赚过什么钱）
　　惠州话的"话""讲"或"讲话"，广州话由"话啊"变来的"喎"也有位于句末表示转述的情况。① 古代汉语已有类似的情况，例如："说道……"的"道"和"……云""……云云"的"云""云云"。
　　拙文《汕头方言的结构助词"哩"》论述过结构助词"哩"由言说义动词"哩"虚化而成，描述了"哩"在各种句法环境中的分布。汕头话中的虚词"哩"出现于某些谓语和内容宾语之间，谓语动词有一定的限制，内容宾语必须具有表述性，通常由一个较复杂的谓词性成分充当，也可以说是一种"小句"。
　　汕头话属闽南方言，在闽南方言的其他地方，言说义动词是否都有语法化的倾向？语法化所形成的虚词在功能和语义上是否完全一样？为了了解言说义动词在闽南方言中语法化的现状，推测其过程，我们对闽南方言13个点进行

---

　　① 参见林华勇、马喆《廉江方言言说义动词"讲"的语法化》，载《中国语文》2007年第2期，第151–158页。

了专题调查。本节就本次调查的材料进行比较、归纳和分析。

闽南方言中,言说义动词在泉州用"说"或"讲",晋江、安溪用"说",厦门、漳州、台中、海丰、遂溪、雷州、文昌、三亚用"讲",潮汕片如汕头、揭阳用"呾[tã²]"。下面是例句。

(1) 只会说,不会做。

泉州 孤单解说,□[bue²²]解做。kɔ³³ tan³³ e²² sɤʔ⁵⁵, bue²² e²² tsue⁴¹.

晋江 孤单解说,□[bue²²]晓做。kɔ³³ tan³³ e⁴¹⁻²² seʔ⁵, bue²² hiau⁵⁵⁻²⁴ tsue⁴¹.

安溪 只解说,□[bue²²]做。tsi⁴⁴¹⁻⁴⁴ e²² sɤʔ³¹, bue²² tsuei²¹².

厦门 乾焦解晓讲,□[bue²²⁻²¹]晓做。kan⁴⁴⁻²² ta⁴⁴⁻²² e²²⁻²¹ hiau⁵³⁻⁴⁴ kɔŋ⁵³, bue²²⁻²¹ hiau⁵³⁻⁴⁴ tsue²¹.

台中 只晓讲,□[be²²⁻²¹]晓做。tsi⁵³⁻⁴⁴ hiau⁵³⁻⁴⁴ kɔŋ⁵³, be²²⁻²¹ hiau⁵³⁻⁴⁴ tso²¹.

漳州 干若解晓讲,□[be²²⁻²¹]晓做。kan³⁴⁻²² na³⁴ e²²⁻²¹ hiau⁵²⁻³⁴ kɔŋ⁵², be²²⁻²¹ hiau⁵²⁻³⁴ tso²¹.

汕头 解晓呾,唔晓做。oi²⁵⁻³¹ hiau⁵²⁻²⁴ tã²¹³, m̩²⁵⁻³¹ hiau⁵²⁻²⁴ tso²¹³.

揭阳 呾□[le³³]解,做□[le³³]袋。tã²¹³ le³³ oi³⁵, tso²¹³ le³³ boi³⁵.

海丰 解讲,袋做。ei²⁵⁻³³ kɔŋ⁵², bei²⁵⁻²³ tsɔ²¹³.

遂溪 但八/解讲,无八/解做。na²⁴ pak⁵⁴/oi⁵⁵⁻³³ ko⁴¹, vo²² pak⁵⁴/oi⁵⁵⁻³³ tso⁵⁵.

雷州 但八讲,无八做。na²⁴ pak⁵ ko⁴, bo²² pak⁵ tso⁵⁵³.

文昌 但解讲,无解做。na⁴² oi⁴²⁻¹¹ kɔŋ³¹, bo²²⁻¹¹ oi⁴²⁻¹¹ to⁵³.

三亚 八讲无八做。vaiʔ⁴⁵ kɔŋ³¹ vo²² vaiʔ⁴⁵ toʔ⁴⁵.

(2) 坐着说。

泉州 坐咧说/讲。tsɤ²² lɤʔ⁵⁵⁻²¹ sɤʔ⁵⁵/kaŋ⁵⁵.

晋江 坐咧说。tse³³⁻²² leʔ⁵ seʔ⁵.

安溪 坐咧说。tsə²² leʔ³¹⁻³² səʔ³¹.

厦门 坐□[eʔ³²⁻⁵³⁻⁴⁴]讲。tse²²⁻²¹ eʔ³²⁻⁵³⁻⁴⁴ kɔŋ⁵³.

台中 坐咧讲。tse²²⁻²¹ leʔ²⁻⁵ kɔŋ⁵³.

漳州 坐□[ɛ²²⁻²¹]讲。tse²²⁻²¹ ɛ²²⁻²¹ kɔŋ⁵².

汕头 坐□[na³¹]块呾。tso²⁵ na³¹ ko²¹³⁻³¹ tã²¹³⁻³¹.

揭阳 坐放块呾。tso³⁵ paŋ²¹³⁻²¹ ko²¹³⁻²¹ tã²¹³⁻²¹.

海丰 坐□[nin⁵²]讲。tsie²⁵⁻³³ nin⁵² kɔŋ⁵²⁻²¹³.

遂溪 坐倒讲。tse⁵⁵⁻³³ to⁴¹ ko⁴¹.

雷州　坐着讲。tse³³ to²¹ ko⁴²．
文昌　坐啰讲。tʃie⁴² lo³³ koŋ³¹．
三亚　坐啰讲。tse⁴² lo³¹ koŋ³¹．

晋江还有一个"□［kioʔ˳］"，虽然不能单独作言说义动词，但是作为语素含有言说意义。例如"听说"可以说成"听□［kioʔ˳］"。

本节要讨论的是由上述言说义动词虚化而成的助词，为表述方便，下文用"讲助"统称各地由"说""讲""□［kioʔ˳］""咀"等虚化而来的助词。

下面对闽南各地的句法分布进行比较，"讲助"的分布和谓语动词的类型以及谓语的句法结构有关，这里归纳为九种情况分述之。

1. "＋表达"

含"＋表达"语义特征的动词如"说""问""保证""表示"等，常常带一个谓词性的、有表述意义的内容宾语，闽南各地如泉州、晋江、安溪、厦门、台中、漳州、汕头、揭阳、遂溪、三亚都可在中间插入"讲助"，只有海丰、雷州、文昌不能。下面是例句。

(3) 陈局长保证两个月内解决你们厂的供电问题。

A. 可加"讲助"的

泉州　陈局长保证说伫两个月里解决恁厂个供电问题。tan²⁴⁻²² kiak²⁴⁻²² tiũ⁵⁵ po⁵⁵⁻²⁴ tsiŋ⁴¹⁻⁵⁵ sɤʔ⁵⁵ tɯ²² lŋ²² ko⁴¹⁻⁵⁵ gɤʔ²⁴⁻²² lai²² kai⁵⁵⁻²⁴ kuat⁵⁵ lin⁵⁵ tshiũ⁵⁵ e²⁴⁻²² kiɔŋ³³ tian⁴¹⁻²² bun⁴¹⁻²² tue²⁴．

晋江　陈局长保证说伫两个月里解决恁厂个供电问题。tan²⁴⁻²² kiak²⁴⁻²² tiũ⁵⁵ po⁵⁵⁻²⁴ tsiŋ⁴¹⁻⁵⁵ seʔ⁵ tiˈ²² lŋ³³⁻²⁴ ko⁴¹⁻⁵⁵ gɛʔ²⁴⁻² lai³³ kai⁵⁵⁻²⁴ kuat⁵ lin⁵⁵ tshiũ⁵⁵ e²⁴⁻²² kiɔŋ³³ tian⁴¹⁻²² bun⁴¹⁻²² tue²⁴．

安溪　陈局长保证说两股月内解决恁厂个供电问题。tan²⁵⁻²² kiak⁵⁻² tiũ⁴⁴¹ po⁴⁴¹⁻⁴⁴ tsiŋ²¹²⁻⁴¹ səʔ³¹⁻³² n ŋˈ²² ko²¹²⁻⁴¹ gəʔ⁵⁻² lai²⁵⁻²² kai⁴⁴¹⁻⁴⁴ kuat³¹⁻³ lin⁴¹⁻⁴⁴ tshiũ⁴⁴¹⁻⁴⁴ e²⁵⁻²² kiɔŋ²² tien²² muŋ²² tuei²⁵．

厦门　陈局长保证讲两个月里解决恁厂个供电问题。tan²⁴⁻²² kik⁵⁻²¹ tiũ⁵³ po⁵³⁻⁴⁴ tsiŋ²¹⁻⁵³ kɔŋ⁵³⁻⁴⁴ nŋˈ²²⁻²¹ ko²¹⁻⁵³ geʔ⁵⁻²¹ lai²² kai⁵³⁻⁴⁴ kuat³²⁻⁵ lin⁵³⁻⁴⁴ tshiũ⁵³ e²⁴⁻²² kiɔŋ⁴⁴⁻²² tian²²⁻²¹ bun²²⁻²¹ tue²⁴．

台中　陈局长保证讲□［tsit²⁻⁵］两股月里解决恁工场个电个问题。tan²⁴⁻²² kiɔk³⁻² tiũ⁵³ pɔ⁵³⁻⁴⁴ tsiŋ²¹⁻⁵³ kɔŋ⁵³⁻⁴⁴ tsit²⁻⁵ nŋˈ²²⁻²¹ kɔ⁵³⁻⁴⁴ gueʔ³⁻² lai²² kai⁵³⁻⁴⁴ kuat²⁻⁵ lin⁵³⁻⁴⁴ kaŋ⁴⁴⁻²² tiũ²⁴ e²⁴⁻²² ten²² e²⁴⁻²² bŋ²²⁻²¹ te²⁴．

漳州　陈局长保证讲两股月里解决恁厂个供电问题。tan¹³⁻²² kiɔk¹²¹⁻³² tiõ⁵² po⁵²⁻³⁴ tsiŋ²¹⁻⁵² kɔŋ⁵²⁻³⁴ no²²⁻²¹ kɔ⁵² gueʔ¹²¹⁻²¹ lai²² kai⁵²⁻³⁴ kuak³²⁻⁵ lin⁵²⁻³⁴ tshiɔ̃⁵² e¹³⁻²² kiɔŋ³⁴⁻²² tian²²⁻²¹ muiˈ²²⁻²¹ te¹³．

汕头 陈局长保证<u>呾</u>两个月里解决恁厂个供电问题。taŋ$^{55-31}$ kek$^{5-2}$ tsiaŋ^{52} po$^{52-24}$ tseŋ$^{213-55}$ tã$^{213-55}$ no$^{25-31}$ kai$^{55-31}$ gueʔ$^{5-2}$ lai^{25} koi$^{52-24}$ kuak$^{2-5}$ niŋ$^{52-24}$ tshiaŋ^{52} kai$^{55-31}$ keŋ^{33} tiaŋ$^{25-31}$ muŋ^{31} toi^{55}.

揭阳 陈局长保证<u>呾</u>两个月里解决恁厂个供电问题。taŋ$^{55-22}$ kek$^{5-2}$ tsiaŋ$^{42-53}$ po$^{42-24}$ tseŋ$^{213-42}$ tã$^{213-42}$ no$^{35-21}$ kai$^{55-22}$ gueʔ$^{5-2}$ lai^{35} kai$^{42-24}$ kuak$^{2-3}$ neŋ$^{42-24}$ tshiaŋ^{42} kai$^{55-22}$ keŋ^{33} tiaŋ$^{35-21}$ muŋ$^{22-21}$ toi^{55}.

遂溪 陈局长保证<u>讲</u>两个月里解决汝侬工厂供电问题。taŋ^{22} khok^3 tsiaŋ^{41} pau^{41} tsiŋ^{214} ko^{41} no^{33} kai^{22} ue^{33} lai$^{55-33}$ kai^{41} khiet^5 lu^{41} naŋ^{22} koŋ^{24} tshiaŋ^{41} koŋ$^{55-33}$ tien$^{55-33}$ mui$^{24-33}$ toi^{22}.

三亚 陈局长保证<u>讲</u>两个月里解决汝侬厂个供电问题。tshin^{22} kho^{42} tsiaŋ^{31} ɓo^{33} tseŋ^{24} koŋ^{31} no^{42} kai^{22} vuoʔ^{42} lai^{42} koi^{31} keʔ^{45} lu^{31} naŋ^{22} tio^{31} kai^{22} koŋ^{33} ɗeŋ^{24} mui^{33} ɗoi^{22}.

B. 不加"讲助"的

海丰 陈局长保证两个月里解决恁厂个供电问题。tan$^{55-22}$ kiɔk$^{4-3}$ tsiaŋ^{52} pau$^{52-213}$ tseŋ$^{213-55}$ nɔ^{25} kai$^{52-22}$ gueʔ$^{4-3}$ lai$^{25-33}$ kei$^{52-213}$ kiak$^{3-4}$ nin^{52} tshiaŋ^{52} kai$^{55-22}$ kiɔŋ$^{44-33}$ tiaŋ$^{25-33}$ muĩ$^{-1-33}$ te^{55}.

雷州 陈局长保证两个月里解决汝侬个厂个供电问题。taŋ$^{22-33}$ khok^2 tsiaŋ^{42} pau^{42} tsiŋ^{21} no$^{33-42}$ ke$^{22-33}$ bue^{33} lai^{42} kai^{42} khiek^5 lu^{42} naŋ^{22} e$^{22-33}$ tshiaŋ^{42} e$^{22-33}$ koŋ$^{24-33}$ tiaŋ^{553} mui$^{24-33}$ thi^{22}.

文昌 陈局长保证两个月里解决汝蜀家厂个供电问题。ɗan^{22} kok$^{3-21}$ tʃiaŋ^{31} ɓo$^{31-33}$ ke^{34} no^{42} kai$^{22-11}$ gueʔ^{42} lai^{42} koi$^{31-33}$ kiet^5 du^{31} ʥiak$^{3-21}$ ke^{34} ʃiaŋ^{31} kai^{22} koŋ$^{42-11}$ ɗien^{42} mui$^{34-42}$ ɗoi^{22}.

2. "问"

"问"也含"+表达"义,由"问"构成的双宾句情形基本相同,前述能加"讲助"的地方只有泉州和遂溪不太能加"讲助"。下面是例句。

(4) 老李跑来问我是不是想跟他换房子。

A. 可加"讲助"的

晋江 老李来问我<u>说</u>是唔是卜合伊换厝。lau$^{55-24}$ li^{55} lai$^{24-22}$ bŋ̍^{41} gua$^{55-24}$ seʔ^5 si^{22} m̩$^{41-22}$ si^{22} beʔ^5 kap^5 i^{33} uã$^{41-22}$ tshu^{41}.

安溪 老李走来问我<u>说</u>是唔是卜□[kiau^{22}]伊换厝。lau$^{441-44}$ li$^{441-44}$ tsau$^{441-44}$ lai$^{25-22}$ mŋ̍^{22} gua$^{441-44}$ sɔʔ$^{31-32}$ si^{22} m̩^{22} si^{22} bɯʔ^5 kiau^{22} i$^{23-22}$ uã^{22} tshu^{212}.

厦门 老李走来问我<u>讲</u>是唔是想卜合伊换厝。lau$^{53-44}$ li^{53} tsau$^{53-44}$ lai$^{24-22}$ bŋ̍$^{22-21}$ gua$^{53-44}$ kɔŋ$^{53-44}$ si$^{22-21}$ m̩$^{22-21}$ si$^{22-21}$ siu$^{22-21}$ beʔ$^{32-5}$ kaʔ$^{32-5}$ i$^{44-22}$ uã$^{22-21}$ tshu^{21}.

台中 李生走来问我讲是唔是想卜合伊换厝。li:⁵³⁻⁴⁴ sen²¹ tsau⁵³⁻⁴⁴ lai²⁴⁻²² bn̩²² ua⁵³⁻⁴⁴ kɔŋ⁵³⁻⁴⁴ si²²⁻²¹ m̩²²⁻²¹ si²²⁻²¹ siũ²²⁻²¹ beʔ²⁻⁵ ka²⁻⁵ i⁴⁴⁻²² uã²²⁻²¹ tshu²¹.

漳州 老李走来问我讲是唔是卜合伊换厝。lau⁵²⁻³⁴ li⁵² tsau⁵²⁻³⁴ lai¹³⁻²² mui²²⁻²¹ gua⁵²⁻³⁴ kɔŋ⁵²⁻³⁴ si²²⁻²¹ m̩²²⁻²¹ si²²⁻²¹ beʔ³²⁻⁵ ka³²⁻⁵ i³⁴⁻²² uã²²⁻²¹ tshu²¹.

汕头 阿老李走来问我呾□〔khaʔ²⁻⁵〕是想爱合伊换厝。a³³ lau²⁵⁻³¹ li⁵² tsau⁵²⁻²⁴ lai⁵⁵⁻³¹ muŋ³¹ ua⁵²⁻²⁴ tã²¹³⁻⁵⁵ khaʔ²⁻⁵ si²⁵⁻³¹ siõ³¹ ãi²¹³⁻⁵⁵ kaʔ⁵⁻² i³³ uã²⁵⁻³¹ tshu²¹³.

揭阳 阿老李走来问我呾是□〔mi³⁵〕爱个伊换厝。a³³ lau⁴²⁻²⁴ li⁴²⁻⁵³ tsau⁴²⁻²⁴ lai⁵⁵⁻²² muŋ²²⁻²¹ ua⁴²⁻²⁴ tã²¹³⁻⁴² si³⁵⁻²¹ mi³⁵ ai²¹³⁻⁴² kai⁵⁵⁻²² i³³ uã²²⁻²¹ tshu²¹³.

三亚 老李走来问我讲是无是想共伊换厝。lau⁴² li³¹ tau³¹ lai²² mui³³ va³¹ koŋ³¹ ti⁴² vo²² ti⁴² tiaŋ³¹ kaŋ³³ i³³ vo³³ tshu²⁴.

B. 不加"讲助"的

泉州 老李走来问我是唔是卜共伊换厝。lau⁵⁵⁻²⁴ li⁵⁵ tsau⁵⁵⁻²⁴ lai²⁴⁻²² bn̩⁴¹ gua⁵⁵⁻²¹ si²² m̩⁴¹⁻²² si²² bɤʔ⁵⁵ kaŋ⁴¹⁻²² i⁵⁵ uã⁴¹⁻²² tshu⁴¹.

海丰 老李走来问我是唔是想爱捞伊换厝。lau²⁵⁻³³ li⁵² tsau⁵²⁻²¹³ lai⁵⁵⁻²² muĩ²⁵⁻³³ ua⁵² si²⁵⁻³³ m̩²⁵⁻³³ si²⁵⁻³³ siõ⁵²⁻²¹³ ãi²¹³⁻⁵⁵ lau⁴⁴⁻³³ i⁴⁴⁻³³ uã²¹⁻³³ tshu²¹³.

遂溪 老李走来问我是无是想共伊换房间。lau⁵⁵ li⁴¹ tsau⁴¹ lai²² mui²⁴ va⁴¹ si⁵⁵⁻³³ bo²² si⁵⁵⁻³³ sio⁵⁵⁻³³ kaŋ²⁴ i²⁴ ua²⁴ paŋ²² kai²⁴.

雷州 老李走来问我是无是想共伊换房。lau⁴²⁻⁴⁴ li⁴² tsau⁴² lai²²⁻³³ mui²⁴ ba⁴² si³³ bo²²⁻³³ si³³⁻⁴² sio⁴² kaŋ⁵⁵³⁻²⁴ i²⁴ huaŋ⁵⁵³ paŋ²².

文昌 老李来问我是无是想共伊换房。lau⁴²⁻¹¹ li³¹ lai²² mui³⁴ gua³¹ ti⁴² bo²²⁻¹¹ ti⁴² tio³¹ kaŋ³⁴ i³⁴⁻⁴² ua⁴² ɓaŋ²².

3. "嫌""叫"

"嫌""叫"之类也含"+表达"义,多组成兼语句,闽南方言的晋江、安溪、厦门、台中、漳州、汕头、揭阳等地都可在"兼语"之后插入"讲助",泉州、海丰、遂溪、雷州、文昌、三亚则不加"讲助"。下面是例句。

(5)经理嫌他做事太马虎。

A. 可加"讲助"的

晋江 经理嫌伊说做事志伤糊涂。kiŋ³³ li⁵⁵ hiam²⁴⁻²² i³³ seʔ⁵ tsue⁴¹⁻⁵⁵ tai⁴¹⁻²² tsi⁴¹ siũ³³ hɔ²⁴⁻²² tɔ²⁴.

安溪 经理嫌伊说做事志诚糊涂。kiŋ²³⁻²² li⁴⁴¹ hiam²⁵⁻²² i²³⁻²² səʔ³¹⁻³² tsuei²¹²⁻⁴¹ tai²² tsi²¹² tsiã²⁵⁻²² ho²⁵⁻²² to²⁵.

厦门　经理嫌伊讲做事志伤过清采。kiŋ⁴⁴⁻²² li⁵³ hiam²⁴⁻²² i⁴⁴⁻²² kɔŋ⁵³⁻⁴⁴ tsue²¹⁻⁵³ tai²²⁻²¹ tsi²¹ siũ⁴⁴⁻²² ke²¹⁻⁵³ tshin²¹⁻⁵³ tshai⁵³.

台中　经理嫌伊讲做事志伤清采。kiŋ⁴⁴ li⁵³ hiam²⁴⁻²² i⁴⁴⁻²² kɔŋ⁵³⁻⁴⁴ tso²¹⁻⁵³ tai²²⁻²¹ tsi²¹ siũ⁴⁴⁻²² tshin²¹⁻⁵³ tshai⁵³.

漳州　经理嫌伊讲做事志恰□［bai⁵²⁻³⁴］势。kiŋ³⁴⁻²² li⁵² hiam¹³⁻²² i³⁴⁻²² kɔŋ⁵²⁻³⁴ tso²¹⁻⁵² tai²²⁻²¹ tsi²¹ khaʔ³¹⁻⁵² bai⁵²⁻³⁴ si²¹.

汕头　阿经理嫌伊咡做事［khaʔ²⁻⁵］马虎。a³³ keŋ³³ li⁵² hiam⁵⁵⁻³¹ i³³ tã²¹³⁻⁵⁵ tso²¹³⁻⁵⁵ sɯ³¹ khaʔ²⁻⁵ ma³³ hu³³.

揭阳　阿经理嫌伊咡做事［khaʔ²⁻³］马虎。a³³ keŋ³³ li⁴²⁻⁵³ hiam⁵⁵⁻²² i³³ tã²¹³⁻⁴² tso²¹³⁻⁴² sɯ²² khaʔ²⁻³ ma³³ hu³³.

B. 不加"讲助"的

泉州　经理嫌伊做事志伤/恰糊涂。kiŋ³³ li⁵⁵ hiam²⁴⁻²² i³³ tsue⁴¹⁻⁵⁵ tai⁴¹⁻²² tsi⁴¹ siũ³³/khaʔ⁵⁵ hɔ²⁴⁻²² tɔ²⁴.

海丰　经理嫌伊做事恰马虎。keŋ⁴⁴⁻³³ li⁵² hiam⁵⁵⁻²² i⁴⁴⁻³³ tsɔ²¹³⁻⁵⁵ su²⁵ khaʔ³⁻⁴ ma⁴⁴⁻³³ hu⁴⁴.

遂溪　经理嫌伊做事太马虎。kiŋ²⁴⁻³³ li⁴¹ hiam²² i²⁴ tso⁵⁵ su⁵⁵ thai²¹⁴ ma²⁴⁻³³ hu³³.

雷州　阿经理嫌伊做事太马虎。a⁵⁵ kiŋ²⁴⁻³³ li⁴² hiam²²⁻³³ i²⁴ tso⁵⁵³ su⁵⁵³ thai²¹ ma²⁴⁻³³ hu⁴².

文昌　经理嫌伊做事但顾清采。keŋ³⁴⁻⁴² li⁴² iam²²⁻¹¹ i³⁴ to⁵³ ʃe⁴² na⁴²⁻¹¹ ku²¹⁻⁵⁵ ʃeŋ²¹⁻⁵⁵ ʃai³¹.

三亚　经理嫌伊做事太马虎。keŋ³³ li⁴² heŋ²² i³³ toʔ⁴⁵ tshi⁴² thai²⁴ ma³¹ hu³³.

(6) 厂长叫你马上去。

A. 可加"讲助"的

晋江　厂长叫说汝现去。tshiũ⁵⁵⁻²⁴ tiũ⁵⁵ kio⁴¹⁻⁵⁵ seʔ⁵ li⁵⁵ hian⁴¹⁻²² khi⁴¹.

安溪　厂长叫汝说煞去。tshiũ⁴⁴¹⁻⁴⁴ tiũ⁴⁴¹ kio²¹²⁻⁴¹ li⁴⁴¹⁻⁴⁴ səʔ³¹⁻³² suaʔ³¹⁻³² khɯ²¹².

厦门　厂长叫汝讲即阵现去。tshiũ⁵³⁻⁴⁴ tiũ⁵³ kio²¹⁻⁵³ li⁵³⁻⁴⁴ kɔŋ⁵³⁻⁴⁴ tsit³²⁻⁵ tsun²² hian²²⁻²¹ khi²¹.

台中　厂长叫汝讲马上去。tshiũ⁵³⁻⁴⁴ tiũ⁵³ kio²¹⁻⁵³ li⁵³⁻⁴⁴ kɔŋ⁵³⁻⁴⁴ ma⁵³⁻⁴⁴ siɔŋ²² kue²¹.

漳州　厂长叫汝讲□［kham²²⁻²¹］猛去。tshiɔ̃⁵²⁻³⁴ tiɔ⁵² kio²¹⁻⁵² li⁵²⁻³⁴ kɔŋ⁵²⁻³⁴ kham²²⁻²¹ mẽ⁵²⁻³⁴ khi²¹.

汕头　厂长叫汝咡即刻去。tshiaŋ⁵²⁻²⁴ tsiaŋ⁵² kio²¹³⁻⁵⁵ lɯ⁵²⁻²⁴ tã²¹³⁻⁵⁵ tsiak²⁻⁵ khek²⁻⁵ khɯ²¹³.

揭阳 厂长叫汝呾即刻去。tshiaŋ$^{42-35}$ tsiaŋ$^{42-21}$ kio$^{213-42}$ lɯ$^{42-24}$ tã$^{213-42}$ tsiak$^{2-3}$ kek$^{2-3}$ khɯ^{213}.

B. 不加"讲$_助$"的

泉州 厂长叫汝随时去。tshiũ$^{55-24}$ tiũ^{55} kio$^{41-55}$ lɯ^{55} sui$^{24-22}$ si^{24} khɯ^{41}.

海丰 厂长喊汝□[tã$^{213-55}$]就去。tshiaŋ$^{52-213}$ tsiaŋ^{52} ham$^{213-55}$ li^{52} tã$^{213-55}$ tsu$^{25-33}$ khi^{213}.

遂溪 厂长喊汝即刻去。tshiaŋ^{41} tsiaŋ^{41} hiam$^{41-24}$ lu^{41} tsik^{54} khek^{54} hu$^{214-21}$.

雷州 阿厂长喊汝即刻去。a^{55} tshiaŋ^{42} tsiaŋ^{42} hiam^{21} lu^{42} tsik^{5} khek^{5} khu^{21}.

文昌 厂长叫汝猛猛去。ʃiaŋ$^{31-33}$ tʃiaŋ$^{31-33}$ kio^{21} du^{31} me$^{31-33}$ me^{31} xu^{21}.

三亚 厂长喊汝马上去。ɖio^{31} tsiaŋ^{31} haŋ^{24} lu^{31} ma^{31} saŋ$^{42-44}$ hu^{24}.

4. "等于"

"等于"之类的动词后面也常常带一个谓词性的、有表述意义的内容宾语,闽南各地如泉州、安溪、厦门、台中、漳州、漳州、汕头、揭阳、遂溪、三亚都可在中间插入"讲$_助$",只有晋江、海丰、雷州、文昌不能。下面是例句。

(7) 这么搞等于白白借钱给人做资本。

A. 可加"讲$_助$"的

泉州 安呢创等去说白白借钱度侬去做本。an$^{33-24}$ nẽ^{55} tshɔŋ^{41} tiŋ$^{55-24}$ i$^{24-22}$ sɤʔ^{55} peʔ$^{24-22}$ peʔ$^{24-22}$ tsioʔ^{55} tsĩ^{24} thɔ$^{41-22}$ laŋ$^{24-22}$ khɯ$^{41-55}$ tsue$^{41-55}$ pŋ^{55}.

安溪 □[hai^{22}]创等于说白白借钱□[hoŋ^{22}]人做资本。hai^{22} tshoŋ^{212} tiŋ$^{441-44}$ khɯ^{212} səʔ$^{31-32}$ peʔ$^{5-2}$ peʔ$^{5-2}$ tsioʔ$^{31-32}$ tsĩ^{25} hoŋ^{22} naŋ$^{25-22}$ tsuei$^{212-41}$ tsɯ$^{23-22}$ pun^{441}.

厦门 安呢创等于讲白白借钱互侬做资本。an$^{53-44}$ ne^{44} tshɔŋ^{21} tiŋ$^{53-44}$ i$^{24-22}$ kɔŋ$^{53-44}$ peʔ$^{5-21}$ peʔ$^{5-21}$ tsioʔ$^{32-53}$ tsĩ^{24} hɔ$^{22-21}$ laŋ$^{24-22}$ tsue$^{21-53}$ tsu$^{44-22}$ pun^{53}.

台中 安呢创等于讲白白借钱合侬做资本。an$^{44-22}$ ne$^{44-22}$ tshɔŋ^{21} tiŋ$^{53-44}$ i$^{44-22}$ kɔŋ$^{53-44}$ peʔ$^{3-2}$ peʔ$^{3-2}$ tsioʔ$^{2-5}$ tsĩ^{24} ha$^{3-2}$ laŋ$^{24-22}$ tso$^{21-53}$ tsu$^{44-22}$ pun^{53}.

漳州 即安呢仔创等于讲白白借镭互侬做本钱。tsit$^{32-5}$ an$^{34-22}$ ne$^{34-22}$ a$^{52-44}$ tshɔŋ^{21} tiŋ$^{52-34}$ i$^{13-22}$ kɔŋ$^{52-34}$ peʔ$^{121-21}$ peʔ^{121} tsioʔ$^{32-52}$ lui^{34} hɔ$^{22-21}$ laŋ$^{13-22}$ tso$^{21-12}$ pun$^{52-34}$ tsĩ$^{13-21}$.

汕头 □[tsĩ$^{213-55}$]生物等于呾白白借钱分侬做资本。tsĩ$^{213-55}$ sẽ^{33} mueʔ^{5} teŋ$^{52-24}$ i^{55} tã$^{213-55}$ peʔ$^{5-2}$ peʔ^{5} tsioʔ$^{2-5}$ tsĩ^{55} puŋ^{33} naŋ$^{55-31}$ tso$^{213-55}$ tsɯ^{33} puŋ^{52}.

揭阳 □[tsiõ$^{213-42}$]生物等于呾白白借钱乞侬做资本。tsiõ$^{213-42}$ sẽ^{33} mueʔ^{5} teŋ$^{42-24}$ i$^{55-22}$ tã$^{213-42}$ peʔ$^{5-2}$ peʔ^{5} tsioʔ$^{2-5}$ tsĩ^{55} kheʔ$^{2-3}$ naŋ$^{55-22}$ tso$^{213-42}$ tsɯ^{33} puŋ^{42}.

遂溪 若态做等于讲白白借钱乞侬做本钱。io⁵⁵ thoi⁴¹ tso⁵⁵ teŋ⁴¹ i̍²²⁻³³ ko⁴¹ peʔ³³ peʔ³³ tsio⁵⁵ tsi²² khi⁵⁵ naŋ²² tso²¹⁴⁻⁵⁵ pui⁴¹ tsi²².

三亚 种样作等于讲白白借钱乞侬做资本。taŋ²⁴ io³³ tsoʔ⁴⁵ ɖeŋ³¹ (z)i²² koŋ³¹ ɓeʔ³³ ɓeʔ³³ tshie(ʔ)⁴⁵ tsi²² khi²⁴⁵/hi²⁴⁵ naŋ²² tsoʔ⁴⁵ tsi³³ ɓui³¹.

B. 不加"讲ₐ"的

晋江 安呢创等于白白借钱度人去做本。an³³ ni⁵⁵ tshɔŋ⁴¹ tŋ̍⁵⁵⁻²⁴ i³³ peʔ²⁴⁻² peʔ²⁴⁻² tsioʔ⁵ tsĩ²⁴ thɔ⁴¹⁻²² laŋ²⁴⁻²² khi⁴¹⁻⁵⁵ tsue⁴¹⁻⁵⁵ pŋ̍⁵⁵.

海丰 <只样>生做当做白白借钱分人做本钱。<tsiɔ̃⁵²⁻²¹³> sẽ⁴⁴⁻³³ tsɔ²¹³ tŋ̍²¹³⁻⁵⁵ tsɔ²¹³⁻⁵⁵ peʔ⁴⁻³ peʔ²⁴ tsiɔ³⁻⁴ tsĩ⁵⁵ pun⁴⁴⁻³³ naŋ⁵⁵⁻²² tsɔ²¹³⁻⁵⁵ pun⁵²⁻²¹³ tsĩ⁵⁵.

雷州 若体搞等于白白借钱乞侬做本。zio⁵⁵³ thi⁴²⁻⁴⁴ ka⁴² teŋ⁴² i²² pe³³ pe³³ tsio²¹⁻⁴⁴ tsi²² khi⁵⁵³ naŋ²² tso⁵⁵³ pui⁴².

文昌 这作做,等于白借/□[ioʔ⁵³]钱侬做本。ʥia²¹ toʔ⁵ to⁵³, ɖeŋ³¹⁻³³ i²² ɓe⁴² ʧio⁴²/ioʔ⁵³ ʧi²²⁻¹¹ naŋ²² to⁵³ ɓui³¹.

5. "知道" "想" "以为"

"知道""想""以为"等心理活动动词后面通常带谓词性宾语,表示心理活动的内容,能在中间插入"讲ₐ"的地方有晋江、厦门、台中、漳州、汕头、揭阳、文昌,不能插入"讲ₐ"的地方有泉州、安溪、海丰、遂溪、雷州、三亚。下面是例句。

(8) 我还不知道你调回来了。

A. 可加"讲ₐ"的

晋江 我唔知影□[kioʔ⁵]汝都调倒来啰。gua⁵⁵ m̍⁴¹⁻²² tsai³³ iã⁵⁵⁻²⁴ kioʔ⁵ li⁵⁵ tɔ³³ tiau⁴¹ to⁴¹⁻²² lai²⁴⁻²² lɔ⁰.

厦门 我啊各唔知影讲汝调倒来啊。gua⁵³⁻⁴⁴ a⁴⁴ koʔ³²⁻⁵³ m̍²²⁻²¹ tsai⁴⁴⁻²² iã⁵³⁻⁴⁴ kɔŋ⁵³⁻⁴⁴ li⁵³⁻⁴⁴ tiau²² to²¹ lai²⁴⁻²¹ a²¹.

台中 我野唔知影讲汝已经调转来啊。ua⁵³⁻⁴⁴ iã⁵³⁻⁴⁴ m̍²²⁻²¹ tsai⁴⁴⁻²² iã⁵³ kɔŋ⁵³⁻⁴⁴ li⁵³⁻⁴⁴ i⁵³⁻⁴⁴ kiŋ⁴⁴⁻²² tiau²¹⁻⁵³ tŋ̍⁵³ lai²⁴⁻²¹ a²¹.

漳州 我唔知影讲汝调转来。gua⁵²⁻³⁴ m̍²²⁻²¹ tsai³⁴⁻²² iã⁵² kɔŋ⁵²⁻³⁴ li⁵²⁻³⁴ tiau²² tun⁵²⁻²¹ lai¹³⁻²¹.

汕头 我还唔知呾汝调转来了。ua⁵² huã⁵²⁻²⁴ m̍²⁵⁻³¹ tsai³³ tã²¹³⁻⁵⁵ lɯ⁵² thiau⁵⁵ tɯŋ⁵²⁻²¹³ lai⁵⁵⁻³¹ ou⁵²⁻²¹³.

揭阳 我还唔知呾汝调转来了。ua⁴²⁻⁵³ huã⁴²⁻²⁴ m̍³⁵⁻²¹ tsai³³ tã²¹³⁻⁴² lɯ⁴²⁻²⁴ thiau⁵⁵ tɯŋ⁴²⁻²¹³ lai⁵⁵⁻²² au⁴²⁻²¹³.

文昌 我还无知讲汝调转来。gua³¹ ɦuan²²⁻¹¹ bo²²⁻¹¹ tai³⁴ kɔŋ³¹ du³¹⁻³³ ɖiau⁴² tuĩ³¹⁻³³ lai²².

B. 不加"讲₍助₎"的

泉州　我野唔知影汝调□［tɯ²²］来啰。gua⁵⁵ iã⁵⁵⁻²⁴ m̩⁴¹⁻²² tsai³³ iã⁵⁵⁻²⁴ lɯ⁵⁵ tiau⁴¹ tɯ²² lai²⁴⁻²² lɔ²¹.

安溪　我野唔知汝调度来咯。gua⁴⁴¹⁻⁴⁴ a⁴⁴¹⁻⁴⁴ m̩²² tsai²³⁻²² li⁴⁴¹⁻⁴⁴ tiau²¹² tɷ²² lai²⁵⁻²¹ loʔ⁻²¹.

海丰　我还唔知汝调转来。ua⁵² huan⁵⁵⁻²² m̩²⁵⁻³³ tsai⁴⁴⁻³³ li⁴² thiau⁵⁵⁻²² tuĩ⁵² lai⁵⁵⁻²¹.

遂溪　我野无知汝调转来咯。va⁴¹ ia⁴¹ vo²² tsai²⁴ lu⁴¹ tiau²² tui⁴¹ lai²² lo⁴¹.

雷州　我还无知汝调转来啰。ba⁴² huaŋ²²⁻³³ bo²²⁻³³ tsai²⁴ lu⁴² tiau³³⁻⁴² tui⁴⁴⁻²¹ lai²² lɔ³³.

三亚　我还无八/知汝调转来。va³¹ hai²² vo²² vaiʔ⁴⁵/tai³³ lu³¹ ɗiau⁴² ɗui³¹ lai²².

晋江活中，虽然此句通常插"□［kioʔ⁵］"不插"说"，但是同类的心理活动动词如"想""当作（认为）"还是可以加的，例如：

我想说下年钱够额嘞则起厝。（我想明年钱凑够了才盖房子）gua⁵⁵ siũ³³⁻²² seʔ⁵ e³³⁻²² nĩ²⁴ tsi²⁴ kau⁴¹⁻⁵⁵ giaʔ²⁴ leʔ⁰ tsiaʔ⁵ khi⁵⁵⁻²⁴ tshu⁴¹.

6. 一般动词

一般动词尤其是带尝试体貌的一般动词，如果后面有一个谓词性的内容宾语，在厦门、台中、漳州、汕头等地可插入"讲₍助₎"，泉州、晋江、安溪、海丰、遂溪、雷州、文昌、三亚等地不能。揭阳处于汕头和海丰之间，虽可插入"讲₍助₎"，但是有时觉得说起来不太顺。下面是例句。

（9）我去看看车来了没有。

A. 可加"讲₍助₎"的

厦门　我来去看讲车来未。gua⁵³⁻⁴⁴ lai²⁴⁻²² khi²¹⁻⁵³ khuã²¹⁻⁵³ kɔŋ⁵³⁻⁴⁴ tshia⁴⁴ lai²⁴ be²²⁻²¹.

台中　我去看讲车有来无。ua⁵³⁻⁴⁴ khi²¹⁻⁵³ khuã²¹⁻⁵³ kɔŋ⁵³⁻⁴⁴ tshia⁴⁴⁻²² u²²⁻²¹ lai²⁴ bo²⁴⁻²¹.

漳州　我去看看讲车来啊未。gua⁵²⁻³⁴ khi²¹⁻⁵² khuã²¹⁻⁵² khuã²¹⁻⁵² kɔŋ⁵²⁻³⁴ tshia³⁴ lai¹³⁻²² a³⁴⁻²² bue²².

汕头　我来睇呾车来未。ua⁵² lai⁵²⁻²⁴ tõi⁵²⁻²⁴ tã²¹³⁻⁵⁵ tshia³³ lai⁵⁵ bue²⁵⁻³¹.

揭阳　我来睇呾车来未。ua⁴²⁻⁵³ lai⁴²⁻²⁴ thõi⁴²⁻²⁴ tã²¹³⁻⁴² tshia³³ lai⁵⁵ bue²²⁻²¹.

B. 不加"讲₍助₎"的

泉州　我去看喽车来啰啊无。gua⁵⁵ khɯ⁴¹⁻⁵⁵ khuã⁴¹⁻⁵⁵ bai⁴¹ tshia³³ lai²⁴ lɔ⁴¹ a⁵⁵ bo²⁴.

晋江 我来去看唛嘞看车来啊未。gua⁵⁵ lai⁵⁵⁻⁰ khi⁴¹⁻⁵⁵ khuã⁴¹⁻⁵⁵ bai⁴¹ leʔ⁰ khuã⁴¹⁻⁵⁵ tshia³³ lai²⁴ a⁵⁵ be⁴¹⁻²².

安溪 我去看唛嘞车来未。gua⁴⁴¹⁻⁴⁴ khɯ²¹²⁻⁴¹ khuã²¹²⁻⁴¹ mai²² leʔ⁻²¹ tshia²³⁻²² lai²⁵⁻²² be²².

海丰 我去睇车有来无。ua⁵² khi²¹³⁻⁵⁵ the⁵²⁻²¹³ tshia⁴⁴⁻³³ u²⁵⁻³³ lai²²⁻⁵⁵ bɔ⁵⁵.

遂溪 我去望望车来孻。va⁴¹ hu²¹⁴⁻⁵⁵ o²⁴ o²⁴ tshia²⁴ lai²² meŋ²².

雷州 我去□［thiŋ²²⁻³³］□［thiŋ²²］阿车来孻。ba⁴² khu²¹⁻⁴⁴ thiŋ²²⁻³³ thiŋ²² a⁵⁵ tshia²⁴ lai²² meŋ⁵⁵³.

文昌 我去望蜀下/望望车来啦无。gua³¹⁻³³ xu²¹⁻⁵⁵ mo³⁴ ʥiak³⁻²¹ e³⁴/mo³⁴⁻⁴² mo³⁴ ʃia³⁴ lai²²⁻¹¹ la²¹ bo²².

三亚 我去望望车来去无。va³¹ hu²⁴ mo³³ mo³³ tshio³³ lai²² hu²⁴ vo²².

(10) 你闻一闻这茶叶发霉了没有。

A. 可加"讲助"的

厦门 汝鼻看讲遮茶箬有臭殕无。li⁵³⁻⁴⁴ phĩ²²⁻²¹ khuã²¹⁻⁵³ kɔŋ⁵³⁻⁴⁴ tsia²⁴ te²⁴⁻²² hioʔ⁵ u²²⁻²¹ tshau²¹⁻⁵³ phu⁵³ bo²⁴⁻²¹.

台中 汝鼻看讲即个茶有生菇无。li⁵³⁻⁴⁴ phĩ²²⁻²¹ khuã²¹⁻⁵³ kɔŋ⁵³⁻⁴⁴ tsit²⁻⁵ e²⁴⁻²² te²⁴⁻²² u²²⁻²¹ sẽ⁴⁴⁻²² kɔ⁴⁴ bo²⁴⁻²¹.

漳州 汝鼻蜀下讲即茶米有无臭殕啊无。li⁵² pĩ²²⁻²¹ tsit¹²¹⁻²¹ e²²⁻²¹ kɔŋ⁵²⁻³⁴ tsit³²⁻⁵ te¹³⁻²² bi⁵² u²²⁻²¹ bo¹³⁻²² tshau²¹⁻⁵² phu⁵² a³⁴⁻²² bo¹³.

汕头 汝鼻下睇呾撮茶米□［khaʔ²⁻⁵］解生菇。lɯ⁵² phĩ³¹ e²⁵⁻³¹ tõi⁵²⁻²⁴ tã²¹³⁻⁵⁵ tshoʔ²⁻⁵ te⁵⁵⁻³¹ biʔ⁵² khaʔ²⁻⁵ oi²⁵⁻³¹ sẽ³³ kou³³.

B. 不加"讲助"的

泉州 汝鼻蜀下唛□［tsuai⁵⁵⁻²⁴］茶箬上殕啊无。lɯ⁵⁵ phi⁴¹⁻²² tsit²⁴⁻²² e⁴¹⁻²² bai⁴¹ tsuai⁵⁵⁻²⁴ te²⁴⁻²² hioʔ²⁴ tshiũ²² phu⁵⁵ a⁵⁵⁻²⁴ boʔ²⁴.

晋江 汝鼻唛嘞看□［tsuai⁵⁵⁻²⁴］茶箬有上殕啊无。li⁵⁵ phi⁴¹⁻²² bai⁴¹ leʔ⁰ khuã⁴¹⁻⁵⁵ tsuai⁵⁵⁻²⁴ te²⁴⁻²² hioʔ²⁴ u⁵⁵⁻²⁴ tshiũ²² phu⁵⁵ a⁵⁵ boʔ⁰.

安溪 汝鼻唛嘞□［tsuai²²］茶发殕无。lɯ⁴⁴¹⁻⁴⁴ phi²² mai²² leʔ⁻²¹ tsuai²² te²⁵ huat³¹⁻³ phu²² bo²⁵⁻²¹.

揭阳 汝鼻下睇□［tsio⁴²⁻²⁴］茶米生菇未。lɯ⁴²⁻⁵³ pĩ³⁵⁻²¹ e³⁵⁻²¹ thõi⁴²⁻²⁴ tsio⁴²⁻²⁴ te⁵⁵⁻²² bi⁴² sẽ³³ kou³³ bue²²⁻²¹.

海丰 汝鼻鼻者茶箬有菇味无。li⁵² phĩ²⁵⁻³³ phĩ²⁵⁻³³ tsia⁵² te⁵⁵⁻²² hiɔʔ³⁻⁴ u²⁵⁻³³ kɔu⁴⁴⁻³³ bi²¹ bɔ⁵⁵⁻²¹.

遂溪 汝鼻鼻望若茶箬生菇孻。lu⁴¹ phi²⁴ phi²⁴ o²⁴ ia⁵⁵ te²² hio³³ se²⁴⁻³³

keu^{24} meŋ^{22}。

雷州 汝鼻蜀鼻这茶箬生菇蹭。lu^{42} phi^{24} ziek$^{2-5}$ phi^{24} zia^{553} te$^{22-33}$ hiõ^{553} se$^{24-33}$ keu^{24} meŋ^{553}。

文昌 汝鼻<蜀下>这稀茶箬生菇无。du^{31} ɸi^{34} <ʤie^{34}> ʤia$^{21-55}$ ɗoi^{34} ɗe$^{22-11}$ ɦioʔ^{42} te$^{34-42}$ kau^{34} bo^{22}。

三亚 汝鼻蜀鼻即个茶箬发霉去无。lu^{31} phi^{33} ioʔ^{33} phi^{33} iʔ^{45} kai^{22} te^{22} hioʔ^{42} huaiʔ^{45} vuo^{31} hu^{24} vo^{22}。

7. 助动词和谓词性宾语

助动词和它的谓词性宾语之间，在晋江、安溪、厦门、台中、漳州、汕头、揭阳、三亚等地普遍可以加"讲$_{助}$"，泉州、海丰、雷州、文昌不加。下面是例句。

(11) 内蒙古春天会不会和我们这里一样，有时一下雨就下个一二十天不停?

A. 可加"讲$_{助}$"的

安溪 内蒙古春天解说口［kiau^{22}］伯口［tsia^{441}］<相同><无解>，有时蜀落雨就落一二十工<无解>停。nai^{22} muŋ$^{25-22}$ ko^{441} tshun$^{23-22}$ thĩ^{23} e^{22} səʔ$^{31-32}$ kiau^{22} lan$^{441-44}$ tsia^{441} <saŋ^{25}> <bue$^{22-21}$>，u^{22} si$^{25-22}$ tsit$^{5-2}$ loʔ$^{5-2}$ ho^{22} tsiu^{22} loʔ$^{5-2}$ it$^{31-3}$ li^{22} tsap$^{5-2}$ kaŋ^{23} <bue^{22}> thiŋ^{25}。

厦门 内蒙古个春天有/解讲合伯口［tsia^{24}］<相同><无解>，有时落雨着落遘一二十日无停? lai$^{22-21}$ bɔŋ$^{24-22-24}$ kɔ^{53} e$^{24-22}$ tshun$^{44-22}$ thĩ^{44} u$^{22-21}$/e$^{22-21}$ kɔŋ$^{53-44}$ kaʔ$^{32-5}$ lan$^{53-44}$ tsia^{24} <siaŋ^{24}> <bo$^{24-21}$>，u$^{22-21}$ si$^{24-21}$ loʔ$^{5-21}$ hɔ^{22} tioʔ$^{5-21}$ loʔ$^{5-21}$ ka$^{21-53-44}$ it$^{32-5}$ li$^{22-21}$ tsap$^{5-21}$ lit^5 bo$^{24-22}$ thiŋ^{24}?

台中 内蒙古个春天敢解讲咸伯口［tsia^{44}］共款，有时蜀落雨着落一二十工着落<无解>停。lai$^{22-21}$ mɔŋ$^{24-22}$ kɔ^{53} e$^{24-22}$ tshun$^{44-22}$ thĩ^{44} kam$^{53-44}$ e$^{22-21}$ kɔŋ$^{53-44}$ ham$^{24-22}$ lan$^{53-44}$ tsia^{44} kaŋ$^{22-21}$ khuan^{53}，u$^{22-21}$ si^{24} tsit$^{3-2}$ loʔ$^{3-2}$ hɔ^{22} tioʔ$^{3-2}$ loʔ$^{3-2}$ it$^{2-5}$ li$^{22-21}$ tsap$^{3-2}$ kaŋ^{44} tioʔ$^{3-2}$ loʔ$^{3-2}$ <be$^{22-21}$> thiŋ^{24}。

漳州 内蒙古春天解<无解>解讲共伯遮共口［ho^{22}］，有时蜀下落雨就落一廿日仔<无解>停。lai$^{22-21}$ bɔŋ$^{13-22}$ kɔ^{52} tshun$^{34-22}$ thĩ^{34} e$^{22-21}$ <be$^{22-21}$> e$^{22-21}$ kɔŋ$^{52-34}$ kaʔ$^{32-5}$ lan$^{52-34}$ tsia$^{52-34}$ kaŋ$^{22-21}$ ho^{22}，u$^{22-21}$ si$^{13-22}$ tsit$^{121-32}$ e^{22} loʔ$^{121-21}$ hɔ^{22} tsiu$^{22-21}$ loʔ$^{121-21}$ it$^{32-5}$ ziap$^{121-32}$ zit^{121} a$^{52-44}$ <be$^{22-21}$> thiŋ^{13}。

汕头 内蒙古春天时口［khaʔ$^{2-5}$］解呾合俺只块平样，零下口［hia$^{52-24}$］雨蜀落落着够日唔歇? lai$^{25-31}$ muŋ$^{55-31}$ kou^{52} tshuŋ^{33} thĩ^{33} si^{55} khaʔ$^{2-5}$ oi$^{25-31}$ tã$^{213-55}$ kaʔ$^{5-2}$ naŋ$^{52-24}$ tsi$^{52-24}$ ko^{213} pẽ$^{55-31}$ iõ^{31}，laŋ$^{55-31}$ e$^{25-31}$ hia$^{52-24}$ hou^{25} tsek$^{5-2}$ loʔ^5 loʔ$^{5-2}$ tioʔ^5 kau$^{213-55}$ zik^5 m̩$^{25-31}$ hiaʔ^2?

揭阳　内蒙古春天时解＜无解＞呾个俺□［tsio⁴²⁻²⁴］平样，零下雨蜀落落着趁日＜无解＞歇？lai³⁵⁻²¹ muŋ⁵⁵⁻²² kou⁴² tshuŋ³³ thĩ³³ si⁵⁵ oi³⁵⁻²¹ ＜boi³⁵⁻²¹＞ tã²¹³⁻⁴² kai⁵⁵⁻²² naŋ⁴²⁻²⁴ tsio⁴²⁻²⁴ pẽ⁵⁵⁻²² iõ²², laŋ⁵⁵⁻²² e³⁵⁻²¹ hou³⁵ tsek⁵⁻² loʔ⁵ loʔ⁵⁻² tioʔ⁵ thaŋ²¹³⁻⁴² zek⁵⁻² ＜boi³⁵⁻²¹＞ hiaʔ²？

三亚　内蒙古个春天解无解讲共伯侬即路蜀样，有时蜀落雨就落十几二十天？nai⁴² moŋ²² kou³¹ kai²² tshun³⁴ thi³³ oi⁴² vo²² oi⁴² koŋ³¹ kaŋ³³ man³¹ naŋ²² iʔ⁴⁵ lou³³ ioʔ³³ io³³, u⁴² ti²² ioʔ³³ loʔ³³ hou⁴² tsiu⁴² loʔ³³ tai⁴² kui³¹ zi³³ tsaiʔ³³ thi³³？

晋江　（此句因为不用助动词，未列）

B. 不加"讲助"的

泉州　内蒙古春天合伯即搭有相像无，有时蜀下落雨就落去一二十日都/野＜无解＞停。lue⁴¹⁻²² bɔŋ²⁴⁻²² kɔ⁵⁵ tshun³³ thi³³ kap⁵⁵/kaʔ⁵ lan⁵⁵ tsit⁵⁵⁻⁴⁴ taʔ⁵⁵ u²² sã³³ saŋ²⁴ bo²⁴⁻⁴¹, u²² si²⁴ tsit²⁴⁻²² e⁴¹ loʔ²⁴⁻²² hɔ⁵⁵ tsiu⁴¹⁻²² loʔ²⁴⁻²² khɯ⁴¹⁻²² it⁵⁵ lɯ²² tsap²⁴⁻²² lit²⁴ tɔ³³/iã⁵⁵⁻²⁴ ＜bue²²＞ thiŋ²⁴.

海丰　内蒙古春天解＜无解＞捞伯只蜀样，蜀下落雨就落一廿日无歇。lai²⁵⁻³³ mɔŋ⁵⁵⁻²² kɔ⁵² tshun⁴⁴⁻³³ thĩe²⁵⁻³³ e²⁵⁻³³ ＜bei³⁵⁻³³＞ lau⁴⁴⁻³³ naŋ³¹ tsi⁵² tsit⁴⁻³ iɔ̃²¹³, tsit⁴⁻³ e²⁵⁻³³ lɔʔ⁴⁻³ hɔu²⁵ tsu²⁵⁻³³ lɔʔ⁴⁻³ it³⁻⁴ tsiap⁴⁻³ zit⁴⁻³ bɔ⁵⁵⁻²² hiaʔ⁴.

遂溪　内蒙古春天解无解共侎若乃若态，□［sak⁵⁴］候落雨就落十几二十日无停。lai⁵⁵ muŋ²² ku⁴¹ tshun²⁴ thi²⁴ oi⁵⁵⁻³³ bo²² oi⁵⁵⁻³³ kaŋ²⁴ naŋ⁴² ia⁵⁵ nai⁵⁵ io⁵⁵ thoi⁴¹, sak⁵⁴ hau²⁴ lo³³ heu³³ tsiu⁵⁵⁻³³ lo³³ tsap³ kui⁴¹ i²⁴ tsap³ iet³ vo²² tiŋ²².

雷州　内蒙古阿春天解无解共侬这团蜀样/相同，有时落雨就落个十二十日无过。nui⁵⁵³ muŋ²² ku⁴² a⁵⁵ tshun²⁴ thi²⁴ oi⁵⁵³ bo²²⁻³³ oi⁵⁵³ kaŋ⁵⁵³⁻²⁴ naŋ²²⁻³³ zie⁴² kia⁴⁴⁻²¹ ziek² io²⁴/sio²⁴⁻³³ taŋ²², u³³ si²²⁻³³ loʔ³³ heu³³ tsiu³³⁻⁴² loʔ³³⁻⁴² kai²²⁻³³ tsap² zi²²⁻³³ tsap² ziek² bo²²⁻³³ kue²¹.

文昌　内蒙古春天解无解共伯蜀家这样，有时蜀落雨就落到一二十日都不停。lai⁴² mɔŋ²²⁻¹¹ kou³¹ ʃun³⁴ xi³⁴ oi⁴² bo²²⁻¹¹ oi⁴² kaŋ³⁴ nan²¹ ʥia²¹⁻⁵⁵ lai³⁴ ʥia²¹ io³⁴, u⁴² ti²²⁻¹¹ ʥia(k)²¹ lo⁴²⁻¹¹ fiou⁴² ʧiu⁴²⁻¹¹ lo⁴² kau²¹⁻⁵⁵ iet³ ʥi³⁴⁻⁴² tap³⁻²¹ ʥiet³ dou³⁴⁻⁴² bo²²⁻¹¹ xeŋ²².

(12) 你怎么能两句话听着不顺耳就发脾气？

A. 可加"讲助"的

晋江　汝哪解做得说/□［kioʔ⁵］侬说两句话汝听无顺耳就发脾气？li⁵⁵ nã⁵⁵ e³³⁻²² tsue⁴¹⁻⁵⁵ lit⁵ seʔ⁵/kioʔ⁵ laŋ²⁴⁻²² seʔ⁵ lŋ̩'³³⁻²² ku⁴¹⁻⁵⁵ ue⁴¹ li⁵⁵ tiã³³ bo²⁴⁻²² sun⁴¹⁻²² hi²² tsiu⁴¹⁻²² huat⁵ pi²⁴⁻²² khi⁴¹？

安溪　汝□［ni²²］□［thaŋ²²］说两句话听＜无解＞顺就发脾气？li⁴⁴¹⁻⁴⁴ ni²² thaŋ²² sɔʔ³¹⁻³² ŋ̍'³¹ ku²¹²⁻⁴¹ ue²² thiã²³⁻²² ＜buei²²＞ sun²¹² tsiu²² huat³¹⁻³

pi$^{25-22}$ khi^{212}？

厦门 汝敢解讲听两句话＜无解＞顺耳着发脾气？li$^{53-44}$ kan$^{53-44}$ e$^{22-21}$ kɔŋ$^{53-44}$ thiã$^{44-22}$ nŋ$^{'22-21}$ ku$^{21-53}$ ue^{22} ＜bue$^{22-21}$＞ sun$^{22-21}$ hi^{22} tioʔ$^{5-21}$ huat$^{32-5}$ phi$^{24-22}$ khi^{21}？

台中 汝哪解用讲两句话听无顺眼着发脾气？li$^{53-44}$ na$^{53-44}$ e$^{22-21}$ iɔŋ^{24} kɔŋ$^{53-44}$ nŋ$^{'22-21}$ ku$^{21-53}$ ue^{22} thiã$^{44-22}$ bo$^{24-22}$ sun$^{22-21}$ gan^{53} tioʔ$^{3-2}$ huat$^{2-5}$ phi$^{24-22}$ khi^{21}？

漳州 汝安怎解讲两句话听＜无解＞顺耳着发脾气啊？li^{52} an$^{34-22}$ tsuã$^{52-34}$ e$^{22-21}$ kɔŋ$^{52-34}$ no$^{22-21}$ ku$^{21-52}$ ua^{22} thiã$^{34-22}$ ＜be$^{22-21}$＞ sun$^{21-52}$ hi^{22} loʔ$^{121-21}$ huak$^{32-5}$ phi$^{13-22}$ khi^{21} a^{21}？

汕头 汝做好呾两句话听着□［keʔ$^{5-2}$］耳就浮性？lɯ^{52} tso$^{213-55}$ ho$^{52-24}$ tã$^{213-55}$ no$^{25-31}$ ku$^{213-55}$ ue^{31} thiã^{33} tioʔ^{5} keʔ$^{5-2}$ hĩ^{25} tsiu$^{25-31}$ phu$^{55-31}$ sẽ^{213}？

揭阳 汝做好呾两句话听着□［keʔ$^{5-2}$］耳就气？lɯ^{42} tso$^{213-42}$ ho$^{42-24}$ tã$^{213-42}$ no$^{35-21}$ ku$^{213-42}$ ue^{22} thiã^{33} tioʔ^{5} keʔ$^{5-2}$ hĩ^{35} tsu$^{35-21}$ khi^{213}？

B. 不加"讲$_{助}$"的

泉州 汝怎仔/干仔哪解依说两句话唔中汝听就发脾气？lɯ^{55} tsiũ$^{41-55}$ ã^{55}/kan^{41} ã$^{55-21}$ nã^{55} e^{22} laŋ$^{24-22}$ sɤʔ^{55} lŋ$^{'22}$ ku$^{41-55}$ ue^{41} m$^{41-22}$ tiŋ$^{41-55}$ lɯ$^{55-24}$ tiã^{33} tsiu$^{41-22}$ huat^{55} phi$^{24-22}$ khi^{41}？

海丰 汝做呢样好听两句唔顺耳个话就发癖性？li^{52} tso$^{213-55}$ ni$^{55-22}$ iɔ̃^{213} hɔ$^{52-213}$ thiã$^{44-33}$ nɔ$^{25-33}$ ku$^{213-55}$ m$^{25-33}$ sun$^{213-55}$ hi^{25} a$^{55-22}$ ue^{21} tsu$^{25-33}$ huak$^{3-21}$ phiaʔ$^{3-4}$ seŋ^{213}？

遂溪 汝做乜两句话听倒无顺耳就发狗猎？lu^{41} tso^{55} mi^{55} no$^{55-33}$ ku$^{214-55}$ ue^{24} thia^{24} to^{41} vo^{22} sun$^{55-33}$ hi^{55} tsiu$^{55-33}$ huak^{54} kau^{41} ŋaŋ^{55}？

雷州 汝做能两句话听着无顺耳就发狗猎？lu^{42} tso^{553} neŋ^{22} no$^{33-42}$ ku$^{21-44}$ ue^{24} thia^{24} to^{42} bo$^{22-33}$ suŋ^{33} hi^{33} tsiu^{33} huak^{5} kau^{42} naŋ^{553}？

文昌 汝知作两句话听着无入耳味发屎火？du^{31} tai^{34} toʔ^{5} no^{42} ku$^{21-55}$ fiue^{34} xia^{34} ɗo^{5} bo$^{22-11}$ ʥiop$^{3-21}$ fii^{42} bi$^{34-42}$ uat$^{5-3}$ ɗe$^{31-33}$ fiue^{31}？

三亚 汝做乜讲两句话听无顺耳就发脾气/发火呢？lu^{32} toʔ^{45} miʔ^{45} kɔŋ^{31} no^{42} ku^{24} vuo^{33} thio^{33} vo^{22} toŋ^{33} hi^{42} tsiu^{42} huaiʔ^{45} phi^{22} khui^{24}/huaiʔ^{45} huo^{31} niʔ^{45}？

（13）补他两百块，老头儿肯不肯把墙脚往里头挪一挪？

A. 可加"讲$_{助}$"的

晋江 贴两百箍度伊，即个老岁仔解说将墙骸徙□［khaʔ^{5}］入去＜无解＞？tiap^{5} lŋ$^{33-22}$ paʔ^{5} khɔ^{33} tho^{33} i$^{33-0}$，tsit^{5} ge$^{24-22}$ lau$^{33-22}$ he$^{41-55}$ a^{55} e^{22} seʔ^{5} tsiɔŋ^{33} tshiũ$^{24-22}$ kha^{33} sua^{55} khaʔ^{5} lip^{24} khi^{41} ＜bue$^{33-0}$＞？

安溪 补伊两百箍，迄个老岁仔解说将墙骹向里面煞入＜无解＞？ pɔ⁴⁴¹⁻⁴⁴ i²³⁻²² nŋ̍²² paʔ³¹⁻³² khɔ²³, hit³¹⁻³² gi²⁵⁻²² lau²² huɯ²¹²⁻⁴¹ a⁴⁴¹ e²² sə³¹⁻³² tsiɔŋ²³⁻²² tshiũ²⁵⁻²² kha²³⁻²² hiɔŋ²¹²⁻⁴¹ lai²⁵⁻²² bin²⁵ sua³¹⁻³² lip⁵⁻² ＜buei²²＞？

厦门 补互伊两百箍，老伙仔解卜讲将墙骹向里面徙蜀下无？ pɔ⁵³⁻⁴⁴ hɔ²²⁻²¹ i⁴⁴⁻²² nŋ̍²²⁻²¹ paʔ³²⁻⁵³ khɔ⁴⁴, lau²²⁻²¹ he⁵³⁻⁴⁴ a⁵³ e²²⁻²¹ be³²⁻⁵³ kɔŋ⁵³⁻⁴⁴ tsiɔŋ⁴⁴⁻²²⁻²¹ tshiũ²⁴⁻²² kha⁴⁴ hiɔŋ²¹⁻⁵³ lai²²⁻²¹ bin²² sua⁵³⁻⁴⁴ tsit⁵⁻²¹ e²²⁻²¹ bo²⁴⁻²¹？

台中 贴伊两百箍，迄个老猴唔知肯讲合壁骹往里面徙蜀下无？ thiap²⁻⁵ i⁴⁴⁻²² nŋ̍²²⁻²¹ paʔ²⁻⁵ khɔ⁴⁴, hit²⁻⁵ e²⁴⁻²² lau²²⁻²¹ kau²⁴ m̩²²⁻²¹ tsai⁴⁴⁻²² khiŋ⁵³⁻⁴⁴ kɔŋ⁵³⁻⁴⁴ kaʔ³⁻² piaʔ²⁻⁵ kha⁴⁴ ɔŋ⁵³⁻⁴⁴ lai²²⁻²¹ bin²² sua⁵³ tsit³⁻² e²²⁻²¹ bɔ²¹？

漳州 补伊两百箍，老伙仔敢解肯讲合墙骹往里面仔摸＜蜀下＞？ pɔ⁵²⁻³⁴ i³⁴⁻²² no²²⁻²¹ peʔ³²⁻⁵² khɔ³⁴, lau²²⁻²¹ hue⁵²⁻³⁴ a⁵² kã⁵²⁻³⁴ e²²⁻²¹ khiŋ⁵²⁻³⁴ kɔŋ⁵²⁻³⁴ kaʔ¹²¹⁻²¹ tshiɔ̃¹³⁻²² kha³⁴⁻²² ɔŋ⁵²⁻³⁴ lai²²⁻²¹ bin²²⁻²¹ a⁵² kiu⁵²⁻³⁴ ＜tsɛ²¹＞？

汕头 贴伊两百银，阿老伯□［khaʔ²⁻⁵］好呾个墙□［tsek²⁻⁵］入滴囝？ thiap²⁻⁵ i³³ no²⁵⁻³¹ peʔ²⁻⁵ ŋɯŋ⁵⁵, a³³ lau²⁵⁻³¹ peʔ khaʔ²⁻⁵ hãu²¹³⁻⁵⁵ tã²¹³⁻⁵⁵ kai⁵⁵⁻³¹ tshiõ⁵⁵ tsek²⁻⁵ zip⁵ tiʔ² kiã⁵²⁻²¹³？

揭阳 贴伊两百银，阿老伯好呾个墙个伊□［tsek²⁻⁵］入滴囝么？ thiap²⁻³ i³³ no³⁵⁻²¹ peʔ²⁻⁵ ŋeŋ⁵⁵, a³³ lau³⁵⁻²¹ peʔ² hãu²¹³⁻⁴² tã²¹³⁻⁴² kai⁵⁵⁻²¹ tshiõ⁵⁵ kai⁵⁵⁻²² i³³ tsek²⁻⁵ zip⁵ tiʔ²⁻³ kiã⁴²⁻²¹³ me³³⁻²¹？

B. 不加"讲_助"的

泉州 补（度）伊两百箍，即个老岁仔解将墙骹向里面小安呢徙蜀下？ pɔ⁵⁵⁻²⁴（thɔ⁴¹⁻²²）i³³ lŋ̍²² paʔ⁵⁵ khɔ³³, tsit⁵⁵ e²⁴⁻²² lau²² hɤ⁴¹⁻⁵⁵ a⁵⁵ e²² tsiɔŋ³³ tshiũ²⁴⁻²² kha³³ hiɔŋ⁴¹⁻⁵⁵ lai²² bin⁴¹⁻²⁴ sio⁵⁵⁻²⁴ an³³ nẽ⁵⁵ sua⁵⁵ tsit²⁴⁻²² e²⁴⁻²¹？

海丰 补伊两百银，老侬家肯唔肯将伊家己个墙骹徙入蜀下？ pou⁵²⁻²¹³ i⁴⁴⁻³³ nɔ²⁵⁻³³ peʔ³⁻⁴ ŋin⁵⁵, lau²⁵⁻³³ naŋ⁵⁵⁻²² ke⁴⁴⁻³³ khiaŋ⁵²⁻²¹³ m̩²⁵⁻³³ khiaŋ⁵²⁻²¹³ tsiaŋ⁴⁴⁻³³ i⁴⁴⁻³³ ka⁴⁴⁻³³ ki⁵²⁻²¹³ e⁵⁵⁻²² tshiɔ̃⁵⁵⁻²² kha⁴⁴⁻³³ sua⁵²⁻²¹³ zip⁴⁻³ tsit⁴⁻³ e²⁵？

遂溪 补二百钱乞伊，许老头肯无肯将阿墙骹向里□［suaŋ³³］□［suaŋ⁴¹］？ peu⁴¹ no⁵⁵⁻³³ pe⁵⁵ tsi²² khi⁵⁵ i²⁴, ha⁵⁵ lau⁵⁵ thau²² kieŋ⁴¹⁻²⁴ vo²² kieŋ⁴¹ tsiaŋ²⁴ a²⁴⁻³³ tshio²² kha²⁴ hio²⁴ li⁴¹ suaŋ³³ suaŋ⁴¹？

雷州 补二百银乞伊，阿老个肯无肯将阿墙脚向里蹬啊蹬？ peu⁴² no³³ pe⁵⁵³ ŋien²² khi⁵⁵³ i²⁴, a⁵⁵ lau⁴²⁻⁴⁴ kai²²⁻³³ khien⁴² bo²²⁻³³ khien⁴² tsiaŋ²⁴ a⁵⁵ tshio²²⁻³³ kio⁵⁵³ hio²¹ li⁴² tsaŋ⁴² a⁵⁵ tsaŋ⁴²？

文昌 补伊两百银，妎老肯无肯□［ɓue⁴²］墙骹徙遘许里滴？ ɓou³¹ i³⁴ no⁴²⁻¹¹ ɓe⁴² ŋien²², bo²¹⁻⁵⁵ lau⁴² xien³¹⁻³³ bo²²⁻¹¹ xien³¹ ɓue⁴² ʃio²²⁻¹¹ xa³⁴ tua³¹ kau³¹ ɦio²¹⁻⁵⁵ lai⁴²⁻¹¹ di⁵³？

三亚 穧乞伊两百银，□ [aʔ⁴⁵⁻⁴⁴] 枚老头肯无肯□ [ɓui⁴²] 墙骹往里面挪蜀挪？ɗoi³³ khiʔ⁴⁵ i³³ no⁴² ɓeʔ⁴⁵ ŋin²², aʔ⁴⁵⁻⁴⁴ mo⁴⁵ lau⁴² thau²² khen³¹ vo²² khen³¹ ɓui⁴² tshio²² kha³³ uaŋ³¹ lai⁴² min³³ nuo²² ioʔ³³ nuo²²？

8. "有"字句

闽南方言"有"字句（"有/无 + VP"句）中的"有/无"是个"助动词"①，"有/无"和它的谓词性宾语之间能否插入"讲助"的情况和一般助动词基本一样，只是遂溪也可以加了。下面是例句。

(14) 在舅舅家里，你勤手勤脚帮人家洗碗什么的没有？

A. 可加"讲助"的

晋江 亻因阿舅家咧，汝有说野□ [kut⁵] 力去㨁人洗碗啊创甚物无？ti²² a⁵⁵⁻²⁴ ku³³ in³³ lai³³, li⁵⁵ u⁵⁵⁻²² seʔ⁵ ia⁵⁵⁻²⁴ kut⁵ lat²⁴ khi⁴¹⁻⁵⁵ tau⁴¹⁻⁵⁵ laŋ²⁴⁻²² sue⁵⁵⁻²⁴ uã⁵⁵ a⁵⁵⁻²⁴ tshɔŋ⁴¹⁻⁵⁵ siam²⁴⁻²² miʔ⁵ bo²⁴⁻⁰？

安溪 亻因阿舅個厝咧，汝有说勤骹勤手共個洗碗□ [se²²] 无？tɯ²² aʔ⁵ ku²² in²³⁻²² tshu²¹² leʔ³¹⁻²¹, lɯ⁴⁴¹⁻⁴⁴ u²² səʔ³¹⁻³² kɯn²⁵⁻²² kha²³⁻²² khɯn²⁵⁻²² tshiu⁴⁴¹ kaŋ²² in²³⁻²² sue⁴⁴¹⁻⁴⁴ uã⁴⁴¹ seʔ² boʔ²⁵⁻²¹？

厦门 亻咧阿舅個兜，汝有讲捷骹捷手合侬㨁洗碗甚物无？ti²²⁻²¹ e⁴⁴ a⁴⁴⁻²² ku²² in⁴⁴⁻²² tau⁴⁴, li⁵³⁻⁴⁴ u²²⁻²¹ kɔŋ⁵³⁻⁴⁴ tsiap⁵⁻²¹ kha⁴⁴⁻²² tsiap⁵⁻²¹ tshiu⁵³ kaʔ⁵⁻²¹ laŋ²⁴⁻²² tau²¹⁻⁵³ sue⁵³⁻⁴⁴ uã⁵³ sim⁵³⁻⁴⁴ miʔ⁵ bo²⁴⁻²¹？

台中 亻因阿舅個兜，汝□ [kaʔ²⁻⁵] 有讲力骹力手帮侬洗碗甚物个？ti²²⁻²¹ a⁴⁴⁻²² ku²⁴⁻²² in⁴⁴⁻²² tau⁴⁴, li⁵³⁻⁴⁴ kaʔ²⁻⁵ u²²⁻²¹ kɔŋ⁵³⁻⁴⁴ lat³⁻² kha⁴⁴⁻²² lat³⁻² tshiu⁵³ paŋ⁴⁴⁻²² laŋ²⁴⁻²² se⁵³⁻⁴⁴ uã⁵³ siã⁵³⁻²¹ mĩʔ³⁻² e²¹？

漳州 蹛恁阿舅兜，汝敢有讲□ [kik³²⁻⁵] □ [keʔ³²⁻⁵²] 侬㨁洗碗？tua²¹⁻⁵² lin⁵²⁻³⁴ a³⁴⁻²² ku³⁴ tau³⁴, li⁵² kã⁵²⁻³⁴ u²²⁻²¹ kɔŋ⁵²⁻³⁴ kik³²⁻⁵ keʔ³²⁻⁵² laŋ¹³⁻²² tau²¹⁻⁵² se⁵²⁻³⁴ uã⁵²？

汕头 亻因阿舅许里，汝□ [khaʔ²⁻⁵] 有(呾) 力骹力手相辅侬洗碗乜个？to²⁵⁻³¹ a³³ ku²⁵ hɯ⁵²⁻³¹ lai²⁵, lɯ⁵² khaʔ²⁻⁵ u²⁵⁻³¹ (tã²¹³⁻⁵⁵) lak⁵⁻² kha³³ lak⁵⁻² tshiu⁵² sio³³ hu²⁵⁻³¹ naŋ⁵⁵⁻³¹ soi⁵²⁻²⁴ uã⁵² mĩʔ² kai⁵⁵⁻³¹？

揭阳 亻因阿舅□ [hio⁴²⁻²⁴] 里，汝有呾力骹力手相辅侬洗碗乜个无？to³⁵⁻²¹ a³³ ku³⁵ hio⁴²⁻²⁴ lai³⁵, lɯ⁴² u³⁵⁻²¹ tã²¹³⁻⁴² lak⁵⁻² kha³³ lak⁵⁻² tshiu⁴² sio³³ hu³⁵⁻²¹ naŋ⁵⁵⁻²² soi⁴²⁻²⁴ uã⁴²⁻²¹³ mẽʔ²⁻³ kai⁵⁵⁻²² bo⁵⁵⁻²²？

遂溪 亻因舅厝，汝有无有讲勤骹勤手帮侬洗碗做乃乜物嘞？tu⁵⁵ ku⁵⁵ tshu²¹⁴, lu⁴¹ u⁵⁵⁻³³ bo²² u⁵⁵ ko⁴¹ khien²² kha²⁴ khien²² tshiu⁴¹ paŋ²⁴ naŋ²² soi⁴¹ ua⁴¹

---

① 参见施其生《论"有"字句》，载《语言研究》1996年第1期。

tso⁵⁵ nai⁵⁵ mi⁵⁵ mi³³ le³³?

B. 不加"讲助"的

泉州 伫阿舅家咧，汝有野□［kut⁵⁵］（啊）力去替/斟人洗碗啊创甚物无？tɯ²² a⁵⁵⁻²⁴ ku²² ke³³ lɤ⁴¹⁻³¹, lɯ⁵⁵ u²² ia⁵⁵⁻²⁴ kut⁵⁵（a⁵⁵）lat²⁴⁻²² khɯ⁴¹⁻⁵⁵ thue⁴¹⁻⁵⁵/tau⁴¹⁻⁵⁵ laŋ²⁴⁻²² sue⁵⁵⁻²⁴ uã⁵⁵ a⁵⁵⁻²⁴ tshɔŋ⁴¹⁻⁵⁵ siã²⁴⁻²² miʔ⁵⁵ bo²⁴⁻²¹?

海丰 汝<伫咧>阿舅个厝有无力□［siɔ̃⁵²⁻²¹³］帮伊洗碗箸无？li⁵² <tiɔ²⁵> a⁴⁴⁻³³ ku²⁵ a⁵⁵⁻²² tshu²¹³ u²⁵⁻³³ bɔ⁵⁵⁻²² lak⁴⁻³ siɔ̃⁵²⁻²¹³ paŋ⁴⁴⁻³³ i⁴⁴⁻³³ se⁵²⁻²¹³ uã⁵²⁻²¹³ ti²¹ bɔ⁵⁵⁻²¹?

雷州 伫呢舅兜，汝有勤骹勤手帮人家洗碗乜物都无？tu³³ ni⁵⁵³ ku⁵⁵³ tau²⁴, lu⁴² u³³ kheŋ²²⁻³³ kha²⁴ kheŋ²²⁻³³ tshiu⁴² paŋ²⁴ naŋ²² ke²⁴ soi⁴² uaˑ⁴² miˑ⁵⁵³ mi³³ teu²⁴⁻³³ bo²²?

文昌 伫舅爹厝，汝有无有骹轻手快帮侬家做乜？ɗu⁴² ku⁴²⁻¹¹ ɗe³⁴ ʃu²¹³, du³¹ u⁴² bo⁻²² u⁴² xa³⁴⁻⁴² xieŋ³⁴ ʃiu³¹ xue²¹ ɓaŋ³⁴ naŋ²²⁻¹¹ ke³⁴ to⁵³ miʔ⁴²?

三亚 伫舅厝，汝有无有帮侬洗碗□［lai⁴²］无？ɗu⁴² ku⁴² tshu²⁴, lu³¹ u⁴² vo²² u⁴² ɓaŋ³³ naŋ²² toi³¹ uo³¹ lai⁴² vo²²?

（15）二哥病得那么厉害，你也没去看一下。

A. 可加"讲助"的

晋江 二哥病啊□［huan⁵⁵］严重，叫汝也无说去共伊看一下。lɯ²² hiã³³ pĩ⁴¹⁻²² a⁵⁵ huan⁵⁵ giam²⁴⁻²² tiɔŋ³³, kioʔ⁵ li⁵⁵ a⁵⁵⁻²² bo²⁴⁻²² seʔ⁵ khi⁴¹⁻⁵⁵ kan⁴¹⁻²² iˑ²¹ kuã⁴¹⁻⁵⁵ tsit²⁴⁻²² e⁴¹⁻²¹.

安溪 二兄病遘□［huaʔ³¹⁻³²］厉害，汝野无说去看<蜀下>。li²² hiã²³⁻²² pĩ²² kau²¹²⁻⁴¹ huaʔ³¹⁻³² li²² hai²², lɯ⁴⁴¹⁻⁴⁴ a⁴⁴¹⁻⁴⁴ bo²⁵⁻²² səʔ³¹⁻³² khɯ²¹²⁻⁴¹ khuã²¹² <leʔ⁻²¹>.

厦门 二兄破病遘□［hiaʔ³²⁻⁵³］呢厉害，汝也无讲去合伊看蜀下。li²²⁻²¹ hiã⁴⁴ phua²¹⁻⁵³ pĩ²²⁻²¹ kaʔ⁵ hiaʔ³²⁻⁵³ ni²²⁻²¹ li²²⁻²¹ hai²², li⁵³⁻⁴⁴ ia²²⁻²¹ bo²⁴⁻²² kɔŋ⁵³⁻⁴⁴ khi²¹⁻⁵³ kaʔ⁵⁻²¹ i⁴⁴⁻⁴⁴ khuã²¹ tsit⁵⁻²¹ e²²⁻²¹.

台中 二兄病甲□［tsiat²⁻⁵］厉害，汝也无讲去合看蜀下。li²²⁻²¹ hiã⁴⁴ pẽ²²⁻²¹ kaʔ²⁻⁵ tsiat²⁻⁵ li²²⁻²¹ hai²², li⁵³⁻⁴⁴ ia²²⁻²¹ bo²⁴⁻²² kɔŋ⁵³⁻⁴⁴ khi²¹⁻⁵³ kaʔ²⁻⁵ khuã²¹ tsit³⁻² e²².

漳州 二兄破病遘□［hia⁵²］厉害，汝也无讲去合伊看<蜀下>。zi²²⁻²¹ kɔ³⁴⁻²² phua²¹⁻⁵² pẽ²²⁻²¹ kaʔ³²⁻⁵ hia⁵² li²²⁻²¹ hai²², li⁵² a²² bo¹³⁻²¹ kɔŋ⁵²⁻³⁴ khi²¹⁻⁵² kaʔ¹²¹⁻²¹ i³⁴⁻²² khuã²¹⁻⁵² <tsɛ²¹>.

汕头 阿二兄病□［hi²¹³⁻⁵⁵］大力，汝也无哩去睇一下。a³³ zi²⁵⁻³¹ hiã³³ pẽ³¹ hi²¹³⁻⁵⁵ tua³¹ lak⁵, lɯ⁵² a³¹ bo⁵⁵⁻³¹ tã²¹³⁻⁵⁵ khɯ²¹³⁻⁵⁵ tõi⁵² tsek⁵⁻² e²⁵⁻³¹.

揭阳 阿二兄病遘□ [hiõ$^{213-42}$] 大力, 汝也无<u>呾</u>去睇下。a^{33} zi$^{35-21}$ hiã^{33} pẽ$^{22-21}$ kau$^{213-42}$ hiõ$^{213-42}$ tua$^{22-21}$ lak^5, lɯ^{42} ia$^{22-21}$ bo$^{55-22}$ tã$^{213-42}$ khɯ$^{213-42}$ thõi^{42} e$^{35-21}$.

遂溪 二哥病倒□ [ho^{55}] 重, 汝野无讲去□ [sem^{41}] 囝。i^{24} ko^{55} pe^{24} to^{41} ho^{55} taŋ^{33}, lu^{41} ia$^{41-24}$ bo^{22} ko^{41} hu$^{214-55}$ sem^{41} kia^{41}.

三亚 二哥病得种样厉害, 汝也无讲去望蜀下。zi^{33} ko^{33} ɓe^{33} ɗiʔ^{45} taŋ^{24} io^{33} li^{42} hai^{42}, lu^{31} ia^{42} vo^{22} koŋ^{31} hu^{24} mo^{53} ioʔ^{33} e^{33}.

B. 不加"讲$_助$"的

泉州 二兄病阿□ [huaʔ^{55}] 重, 汝也无去看蜀下。lɯ^{22} hiã^{33} pĩ$^{41-22}$ a^{55} huaʔ^{55} taŋ^{22}, lɯ^{55} a$^{55-21}$ bo$^{24-22}$ khɯ$^{41-55}$ kuã^{41} tsit$^{24-22}$ e$^{41-21}$.

海丰 二兄病遘□ [hiaʔ$^{3-4}$] 忝, 汝□ [iau$^{52-213}$] 无去睇伊蜀下。zi$^{25-33}$ hiã$^{44-33}$ pĩ$^{25-33}$ kau$^{213-55}$/a$^{213-55}$ hiaʔ$^{3-4}$ thiam^{52}, li^{52} iau$^{52-213}$ bɔ$^{55-22}$ khi$^{213-55}$ the^{52} i$^{44-21}$ tsit$^{4-3}$ e$^{25-31}$.

雷州 二哥病得□ [ho^{553}] 重, 汝也无去□ [thiŋ^{22}] 蜀下。zi^{24} ko^{553} pe^{24} tik^5 ho^{553} taŋ^{553}, lu^{42} ia^{24} bo$^{22-33}$ khu$^{21-44}$ thiŋ^{22} ziak^5 e$^{24-21}$.

文昌 哥二病得许做重, 汝也无去望伊<蜀下>。ko^{53} ʥi^{34} ɓe^{34} ɗiet^5 fio^{21} to$^{21-55}$ ɗaŋ^{42}, du^{31} ʥia$^{31-33}$ bo$^{22-11}$ xu$^{21-55}$ mo^{34} i^{34} <ʥie^{34}>.

9. 比较句

比较句的比较 B 项如果是一个具有表述性的较复杂的谓词性成分, 若为"过"字式 ("A+形容词·过+B"), 有的地方可以在"形容词·过"和作宾语的"B"之间加上"讲$_助$", 如台中、安溪、汕头、揭阳、三亚, 有的不能, 如海丰、雷州、文昌。若为"比"字式 ("A 比 B+形容词") 或"恰"字式 ("恰·形容词+B"), 有的地方如晋江、厦门、台中也可以见到在"比"或"恰·形容词"之后出现"讲$_助$"。而海丰、遂溪、雷州、文昌等地则无论何种句式, 均未见这种"讲$_助$"出现, 不过其中的遂溪另有句末助词"讲$_助$", 下文再谈。"讲$_助$"在比较句中的情况见下面的调查记录。

(16) 叫奶奶来带比去请个陌生人来带好。

A. 可加"讲$_助$"的

晋江 叫□ [am$^{55-24}$] 妈来夹比<u>叫</u>去请蜀个生分侬来夹恰好。kio$^{41-55}$ am$^{55-24}$ mã^{55} lai$^{24-22}$ kap^{55} pi$^{55-24}$ kioʔ^5 khi$^{41-55}$ tshiã$^{55-24}$ tsit$^{24-22}$ ge$^{24-22}$ sĩ^{33} hun$^{41-22}$ laŋ^{24} lai$^{24-22}$ kap^5 khaʔ^5 ho^{55}.

安溪 叫阿妈来擝好过说请蜀个无□ [sã$^{23-22}$] 八个来擝恰好。kio$^{212-41}$ aʔ^5 ma$^{441-44}$ lai$^{25-22}$ tshua^{22} ho$^{441-44}$ kəʔ$^{212-41}$ səʔ$^{31-32}$ tshiã^{441} tsik$^{5-2}$ ge$^{25-22}$ m̩^{22} sã$^{23-22}$ pat$^{5-2}$ ge$^{25-22}$ lai$^{25-22}$ tshua^{22} khaʔ$^{31-32}$ ho^{441}.

厦门 叫阿妈来撨比起讲请蜀股生分侬来撨恰好。kio²¹⁻⁵³ a⁴⁴⁻²² mã⁵³ lai²⁴⁻²² tshua²² pi⁵³⁻⁴⁴ khi⁵³⁻⁴⁴ kɔŋ⁵³⁻⁴⁴ tshiã⁵³⁻⁴⁴ tsit⁵⁻²¹ kɔ⁵³⁻⁴⁴ sĩ⁴⁴⁻²² hun²²⁻²¹ laŋ²⁴ lai²⁴⁻²² tshua²² khaʔ³²⁻⁵³ ho⁵³.

台中 叫阿妈来撨比讲请蜀个无熟识个侬来撨恰好。kio²¹⁻⁵³ a⁴⁴⁻²² ma⁵³ lai²⁴⁻²² tshua²² pi⁵³⁻⁴⁴ kɔŋ⁵³⁻⁴⁴ kio²¹⁻⁵³ tsit³⁻² e²⁴⁻²² bo²⁴⁻²² sik³⁻² sak³⁻² e²⁴⁻²² laŋ²⁴ lai²⁴⁻²¹ tshua²²⁻²¹ khaʔ²⁻⁵ ho⁵³.

漳州 叫姆妈来撨赢过讲请蜀个生分侬来撨。kio²¹⁻⁵² m⁵²⁻³⁴ ma⁵² lai¹³⁻²² tshua²²⁻²¹ iã¹³⁻²² kue²¹⁻⁵² kɔŋ⁵²⁻³⁴ tshiã⁵²⁻³⁴ tsit¹²¹⁻²¹ kɔ⁵²⁻³⁴ sẽ³⁴⁻²² hun²²⁻²¹ laŋ¹³ lai¹³⁻²² tshua²².

汕头 ①叫阿妈来□[kiau³³] 赢过呾去雇个生分侬来□[kiau³³⁻³¹]。kio²¹³⁻⁵⁵ a³³ ma⁵² lai⁵⁵⁻³¹ kiau³³ iã⁵⁵⁻³¹ kue²¹³⁻⁵⁵ tã²¹³⁻⁵⁵ khɯ²¹³⁻⁵⁵ kou²¹³⁻⁵⁵ kai⁵⁵⁻³¹ tshẽ³³ huŋ³¹ naŋ⁵⁵ lai⁵⁵⁻³¹ kiau³³⁻³¹。②叫阿妈来□[kiau³³] 比去雇个生分侬来□[kiau³³⁻³¹] 好。kio²¹³⁻⁵⁵ a³³ ma⁵² lai⁵⁵⁻³¹ kiau³³ pi⁵²⁻²⁴ khɯ²¹³⁻⁵⁵ kou²¹³⁻⁵⁵ kai⁵⁵⁻³¹ tshẽ³³ huŋ³¹ naŋ⁵⁵ lai⁵⁵⁻³¹ kiau³³⁻³¹ ho⁵².

揭阳 叫阿妈来□[kiau³³] 赢过呾去雇个生分侬来□[kiau³³]。kio²¹³⁻⁴² a³³ ma⁴²⁻⁵³ lai⁵⁵⁻²² kiau³³ iã⁵⁵⁻²² kue²¹³⁻⁴² tã²¹³⁻⁴² khɯ²¹³⁻⁴² kou²¹³⁻⁴² kai⁵⁵⁻²² tshẽ³³ huŋ²²⁻²¹ naŋ⁵⁵ lai⁵⁵⁻²² kiau³³.

三亚 ①喊阿妈来带好过讲请个无八谱个侬来带。haŋ³¹ a⁴⁵ ma³³ lai²² ɗuo²⁴ ho³¹ kuo²⁴ kɔŋ³¹ tshio³¹ kai²² vo²² vaiʔ⁴⁵ phuo⁴² kai²² naŋ²² lai²² ɗuo²⁴⁻²². ②喊阿妈来带比请个无八谱个侬带更好。haŋ³¹ a⁴⁵ ma³³ lai²² ɗuo²⁴ ɓi³¹ tshio³¹ kai²² vo²² vaiʔ⁴⁵ phuo⁴² kai²² naŋ²² ɗuo²⁴⁻²² ken²⁴ ho³¹.

B. 不加"讲助"的

泉州 叫引妈来夹比去请蜀个生分侬来夹恰好。kio⁴¹⁻⁵⁵ in⁵⁵⁻²⁴ mã⁵⁵ lai²⁴⁻²² kap⁵⁵ pi⁵⁵⁻²⁴ khɯ⁴¹⁻⁵⁵ tshiã⁵⁵⁻²⁴ tsit²⁴⁻²² e²⁴⁻²² sĩ³³ hun³³ laŋ²⁴ lai²⁴⁻²² kap⁵⁵ khaʔ⁵⁵ ho⁵⁵.

遂溪 喊汝妈来共强过请个生面侬来共。hiam⁴¹⁻²⁴ lu⁴¹ ma⁴¹ lai²² kaŋ²⁴ kio²² kue²¹⁴ tshia⁴¹ kai²² se²⁴⁻³³ mien²¹⁴ naŋ²² lai²² kaŋ²⁴.

海丰 ①喊阿姆来撨强过去请个生分侬。ham²¹³⁻⁵⁵ a⁴⁴⁻³³ ma⁵² lai⁵⁵⁻²² tshua²¹ kiɔ̃⁵⁵⁻²² kue²¹³⁻⁵⁵ khi²¹³⁻⁵⁵ tshia⁵²⁻²¹³ kai⁵⁵⁻²² tshẽ⁴⁴⁻³³ hun²⁵⁻³³ naŋ⁵⁵。②喊阿姆来撨比去请个生分侬更好。ham²¹³⁻⁵⁵ a⁴⁴⁻³³ ma⁵² lai⁵⁵⁻²² tshua²¹ pi⁵²⁻²¹³ khi²¹³⁻⁵⁵ tshia⁵²⁻²¹³ kai⁵⁵⁻²² tshẽ⁴⁴⁻³³ hun²⁵⁻³³ naŋ⁵⁵⁻²² ken²¹³⁻⁵⁵ ho⁵².

雷州 ①喊汝妈来□[kaŋ²⁴] 比去请个陌生侬来□[kaŋ²⁴] 好。hiam²¹ ni⁵⁵³ ma²⁴ lai²²⁻³³ kaŋ²⁴ pi⁴² khu²¹⁻⁴⁴ tshia⁴² kai²²⁻³³ pe⁶³ se²⁴ naŋ²² lai²² kaŋ²⁴ ho⁴². ②喊汝妈来□[kaŋ²⁴] 强过请个陌生侬来□[kaŋ²⁴]。hiam²¹ ni⁵⁵³ ma²⁴ lai²²⁻³³

kaŋ²⁴ kio²²⁻³³ kue²¹ tshia⁴² kai²²⁻³³ pe⁵³ se²⁴ naŋ²² lai²² kaŋ²⁴.

文昌 叫婆来□〔ʃua³⁴〕强过去请陌生侬□〔ʃua³⁴〕。kio²¹ ɸo²² lai²²⁻¹¹ ʃua³⁴ kio²² kue²¹⁻⁵⁵ xu²¹⁻⁵⁵ ʃia³¹ ɓo⁴² te³⁴ naŋ²²⁻¹¹ ʃua³⁴.

（17）有老婆比没老婆还糟。

A. 可加"讲助"的

安溪 有某歹过说无某。u²² bɔ⁴⁴¹ phai⁴⁴¹⁻⁴⁴ kə²¹²⁻⁴¹ sə̆ʔ³¹⁻³² bo²⁵⁻²² bo⁴⁴¹.

台中 有某惨过讲无某个。u²²⁻²¹ bɔ⁵³ tsham⁵³⁻⁴⁴ kue²¹⁻⁵³ kɔŋ⁵³⁻⁴⁴ bo²⁴⁻²² bo⁵³ e²⁴⁻²¹.

汕头 ①有老婆还死过呾无老婆。u²⁵⁻³¹ lau²⁵⁻³¹ phua⁵⁵ huã⁵²⁻²⁴ si⁵²⁻²⁴ kue²¹³⁻⁵⁵ tã²¹³⁻⁵⁵ bo⁵⁵⁻³¹ lau²⁵⁻³¹ phua⁵⁵. ②有老婆比无老婆还惨。u²⁵⁻³¹ lau²⁵⁻³¹ phua⁵⁵ pi⁵²⁻²⁴ bo⁵⁵⁻³¹ lau²⁵⁻³¹ phua⁵⁵ huã⁵²⁻²⁴ tsham⁵².

揭阳 有老婆还死过呾无老婆。u³⁵⁻²¹ lau³⁵⁻²¹ phua⁵⁵ hã⁴²⁻²⁴ si⁴²⁻²⁴ kue²¹³⁻⁴² tã²¹³⁻⁴² bo⁵⁵⁻²² lau³⁵⁻²¹ phua⁵⁵.

三亚 ①有老婆惨过讲无（有）老婆噜。u⁴²⁻⁴⁴ lau⁴² pho²² tshaŋ³¹ kuo²⁴ koŋ³¹ vo²² （u⁴²⁻⁴⁴） lau⁴² pho²² lu⁴². ②有老婆比无（有）老婆惨。u⁴²⁻⁴⁴ lau⁴² pho²² ɓi³¹ vo²² （u⁴²⁻⁴⁴） lau⁴² pho²² tshaŋ³¹.

B. 不加"讲助"的

泉州 有某比无某恰否。u²² bɔ⁵⁵ pi⁵⁵⁻²⁴ bo²⁴⁻²² bo⁵⁵ khaʔ⁵⁵ phai⁵⁵.

晋江 ①有某比无某恰害。u⁵⁵⁻²² bɔ⁵⁵ pi⁵⁵⁻²⁴ bo²⁴⁻²² bo⁵⁵ khaʔ⁵ hai⁴¹. ②有某恰惨无某。u⁵⁵⁻²² bɔ⁵⁵ khaʔ⁵ tsham⁵⁵⁻²⁴ bo²⁴⁻²² bo⁵⁵.

漳州 ①有某比无某恰□〔bai⁵²〕。u²²⁻²¹ bo⁵² pi⁵²⁻³⁴ bo¹³⁻¹² bo⁵² khaʔ³²⁻⁵ bai⁵². ②有某恰输无某。u²²⁻²² bo⁵² khaʔ³²⁻⁵ su³⁴⁻²² bo¹³⁻¹² bo⁵².

海丰 有查某输过无查某。u²⁵⁻³³ tsa⁴⁴⁻³³ bɔ⁵² su⁴⁴⁻³³ kue²¹³⁻⁵⁵ bɔ⁵⁵⁻²² tsa⁴⁴⁻³³ bɔ⁵².

遂溪 ①有老婆惨过无老婆讲。u⁵⁵⁻³³ lau⁵⁵⁻³³ pho²² tsham⁴¹ kue²¹⁴ vo²² lau⁵⁵⁻³³ pho²² ko⁴¹. ②有老婆比无老婆野惨。u⁵⁵⁻³³ lau⁵⁵⁻³³ pho²² pi⁴¹ vo²² lau⁵⁵⁻³³ pho²² ia⁴¹ tsham⁴¹. ③有老婆惨过无老婆。u⁵⁵⁻³³ lau⁵⁵⁻³³ pho²² tsham⁴¹ kue²¹⁴ vo²² lau⁵⁵⁻³³ pho²².

雷州 ①有老婆比无老婆野惨。u³³ lau³³ pho²²⁻³³ pi⁴² bo²²⁻³³ lau³³ pho²² ia⁴² tsham⁴². ②有老婆野惨过无老婆。u³³ lau³³ pho²²⁻³³ ia⁴² tsham⁴² kue²¹ bo²²⁻³³ lau³³ pho²².

文昌 有老婆惨过无老婆。u⁴² lau⁴²⁻¹¹ ɸo²² ʃam³¹⁻³³ kue²¹⁻⁵⁵ bo²²⁻¹¹ lau⁴²⁻¹¹ ɸo²².

厦门此句说成"有某比无某恰悾 u²²⁻²¹ bɔ⁵³ pi⁵³⁻⁴⁴ bo²⁴⁻²² bɔ⁵³ khaʔ³²⁻⁵³

thiam⁵³"时不加"讲",说成"有某恰忝讲无某"也不很顺,但有些"恰"字式比较句是可以加的,例如:

伊归日懊头懊面,恰惨讲家伙去互侬骗骗去。(他成天愁眉苦脸的,好像比家当被人骗光了还惨)i⁴⁴⁻²² kui⁴⁴⁻²² lit⁵ au²¹⁻⁵³ thau²⁴⁻²² au²¹⁻⁵³ bin²², khaʔ³²⁻⁵ tsham⁵³⁻⁴⁴ koŋ⁵³⁻⁴⁴ ke⁴⁴⁻²² he⁵³ khi²¹⁻⁵³ hɔ²²⁻²¹ laŋ²⁴⁻²² phian²¹⁻⁵³ phian²¹ khi²¹.

(18) 当司机难道比不上卖香烟?

A. 可加"讲助"的

台中 做司机敢讲输过讲卖薰个?tso²¹⁻⁵³ su⁴⁴⁻²² ki⁴⁴ kam⁵³⁻⁴⁴ kɔŋ⁵³⁻⁴⁴ su⁴⁴⁻²² kue²¹⁻⁵³ kɔŋ⁵³⁻⁴⁴ be²²⁻²¹ hun⁴⁴ e²⁴⁻²²?

汕头 ①做司机未是解输过呾去卖薰囝?tso²¹³⁻⁵⁵ si³³ ki³³ bue²⁵⁻³¹ si²⁵⁻³¹ oi²⁵⁻³¹ su³³ kue²¹³⁻⁵⁵ tã²¹³⁻⁵⁵ khɯ²¹³⁻⁵⁵ bue³¹ huŋ³³ kiã⁵²?②做司机未是解比去卖薰囝输?tso²¹³⁻⁵⁵ si³³ ki³³ bue²⁵⁻³¹ si²⁵⁻³¹ oi²⁵⁻³¹ pi⁵²⁻²⁴ khɯ²¹³⁻⁵⁵ bue³¹ huŋ³³ kiã⁵² su³³?

揭阳 做司机未是解输过呾去卖薰囝?tso²¹³⁻⁴² si³³ ki³³ bue²²⁻²¹ si³⁵⁻²¹ oi³⁵⁻²¹ su³³ kue²¹³⁻⁴² khɯ²¹³⁻⁴² tã²¹³⁻⁴² boi²²⁻²¹ huŋ³³ kiã⁴²?

B. 不加"讲助"的

泉州 ①当司机哪解比得卖薰个?tŋ³³ sɯ³³ ki³³ nã⁵⁵ e²² pi⁵⁵⁻²⁴ leʔ⁵⁵ bue⁴¹⁻²² hun³³ e²⁴⁻²²?②当司机总/拢无说煞<无解>比得卖薰个?tŋ³³ sɯ³³ ki³³ tsɔŋ⁵⁵⁻²⁴/lɔŋ⁵⁵⁻²⁴ bo²⁴⁻²² sɤ⁵⁵ suaʔ⁵⁵<bue²²>pi⁵⁵⁻²⁴ leʔ⁵⁵ bue⁴¹⁻²² hun³³ e²⁴⁻²²?

晋江 开车个总无(□[kioʔ˳]/说)煞<无解>比得卖薰个?khui³³ tshia³³ e²⁴⁻²² tsɔŋ⁵⁵⁻²⁴ bo²⁴⁻²²(kioʔ⁵/seʔ⁵)suaʔ⁵<bue³³⁻²²>pi⁵⁵⁻²⁴ lit⁵ bue⁴¹⁻²² hun³³ e²⁴⁻²²?

安溪 开车□[e²²]□[toŋ⁴⁴¹⁻⁴⁴]<无解>说输过卖薰?khuei²³⁻²² tshia²³ e²² toŋ⁴⁴¹⁻⁴⁴<buei²²>səʔ³¹⁻³² su²³⁻²² kə²¹²⁻⁴¹ buei²² hun²³?

厦门 做司机敢解讲比卖薰恰否?tsue²¹⁻⁵³ su⁴⁴⁻²² ki⁴⁴ kan⁵³⁻⁴⁴ e²²⁻²¹ kɔŋ⁵³⁻⁴⁴ pi⁵³⁻⁴⁴ bue²²⁻²¹ hun⁴⁴ khaʔ³²⁻⁵ phai⁵³?

漳州 开汽车个敢有恰输卖薰个?khui³⁴⁻²² khi²¹⁻⁵² tshia³⁴⁻²² e¹³⁻²² kã⁵²⁻³⁴ u²²⁻²¹ khaʔ³²⁻⁵ su³⁴⁻²² be²²⁻²¹ hun³⁴⁻²² e¹³⁻²²?

海丰 揸车个侬□[tĩ²¹³⁻⁵⁵]仔解输过卖薰侬仔?tsa⁴⁴⁻³³ tshia⁴⁴⁻³³ kai⁵⁵⁻²²/a⁵⁵⁻²² naŋ⁵⁵⁻²² tĩ²¹³⁻⁵⁵ ã⁵² e²⁵⁻³³ su⁴⁴⁻³³ kue²¹³⁻⁵⁵ be²¹⁻³³ hun⁴⁴⁻³³ naŋ⁵⁵ ã⁵²⁻²¹³?

遂溪 做司机野输乞卖薰个讲?tso⁵⁵ su²⁴⁻³³ ki²⁴ ia⁴¹ su²⁴⁻³³ khi⁵⁵ voi⁵⁵⁻³³ hun²⁴ kai²² ko⁴¹?

雷州 做司机野输乞卖薰囝?tso⁵⁵³ su²⁴⁻³³ ki²⁴ ia⁴² su²⁴ khi⁵⁵³ boi²⁴⁻³³ hun²⁴⁻³³ kia⁴²?

文昌 驶车总无比卖烟囝啊？tai$^{31-33}$ ʃia^{34} toŋ$^{31-33}$ bo$^{22-11}$ ɓe$^{31-33}$ boi$^{34-42}$ in$^{34-42}$ kia^{31} a^{53}？

三亚 做司机个难道无比得上卖烟个？toʔ^{45} tshio^{33} ki^{33} kai^{22} nan^{22} ɗau^{24} vo^{22} ɓi^{31} ɗi^{45} tsio^{42} voi^{33} in^{33} kai^{22}？

为显示"讲助"句法分布的地域差异，我们把以上情况归纳为表6-2。表中横行是句法环境，从左至右大致按各句法环境中"讲助"的分布地域从大到小排列；竖栏是方言点，根据地缘及语言关系的亲疏排列。"+"表示可插入"讲助"，"-"表示不可插入，虽可插入但接受度较弱的用"+-"表示，方言中缺少的句法环境标以"—"。

表6-2 闽南方言"讲助"句法的分布

地点	"保证"类动词之后	"等于"类动词之后	"问+N"类动词之后	"形·过"之后	一般助动词之后	助动词"有、无"之后	"嫌/叫+N"类之后	"知道"类动词之后	一般动词之后	"比"之后/"恰·形"之后
泉州	+	+	-	—	-	-	-	-	-	-
晋江	+	-	+	—	+	+	+	+	-	+-
安溪	+	+	+	+	+	+	+	-	-	-
厦门	+	+	+	-	+	+	+	+	+	+
台中	+	+	+	-	+	+	+	+	+	+
漳州	+	+	+	+	+	+	+	+	+	-
汕头	+	+	+	+	+	+	+	+	+	-
揭阳	+	+	+	+	+	+	+	+	+	-
海丰	-	-	-	-	-	-	-	-	-	-
遂溪	+	+	-	-	-	+	-	-	-	-
雷州	-	-	-	-	-	-	-	-	-	-
文昌	-	-	-	-	-	-	-	-	-	-
三亚	+	+	+	+	+-	+-	-	-	-	-

表6-2反映的是在当代的共时平面上各地是否已经产生"讲助"以及所产生的"讲助"在不同句法环境中的分布情况。黑线封闭的部分基本上是有"讲助"分布的地域及句法条件，右边缘的参差反映了"讲助"在各地句法分布的差异与地缘的关系：厦门至汕头一带"讲助"的句法分布最广，揭阳、晋

江、安溪次之,三亚、泉州再次之,海丰至雷州半岛的雷州以及海南岛的文昌则未见"讲$_{助}$"。遂溪地处粤西,比较特殊,处于一种混合的状态。一方面,在部分句法条件下如"保证"类、"等于"类动词之后和助动词"有""无"之后,还像闽南片和潮汕话一样可以加上作为内容宾语标记的"讲$_{助}$";另一方面,又有和屯昌闽南方言、廉江粤语一样放在句末的"讲$_{助}$",这种句末的"讲$_{助}$"也是言说义动词虚化的结果。

表中所见地理上的差异,应该是由各地发展演变速度的不平衡造成的,因此,我们可以从这个表看到作为内容宾语标记的"讲$_{助}$"在演变开始之后经历了一个在不同的句法环境中逐步扩散的过程。从地域上看,可以推测大致上是闽南方言的中心地带产生较早或扩展较快,边缘地带产生较迟或扩展较慢,至海丰-雷州-文昌一带则至今仍未产生这种"讲$_{助}$"。从"讲"在用法上扩展的过程看,则有一个句法条件的顺序——一个对"讲$_{助}$"接受性的顺序,这个顺序就是表中从左至右的顺序,越靠左的句法条件越容易插入"讲$_{助}$"。表中有标虚线的地方,反映的是扩展的过程正在进行之中。

就调查的方言点所见,闽南方言言说义动词虚化后所形成的多为这种位于句中的"讲$_{助}$",不过上面例(17)、例(18)中我们已经看到遂溪有句末的"讲$_{助}$",据钱奠香(2002,188)所述,海南屯昌方言(闽语)中也有这种句末的"讲$_{助}$",其作用是为句子所陈述的内容加上一个"意外或揣测"的语法意义。如遂溪:

(17)有老婆惨过无老婆讲。(有老婆比没老婆还糟。)

(18)做司机野输乞卖薰个讲?(当司机难道比不上卖香烟?)

屯昌[①]:

喂,伊都去去喽讲。(咦!他怎么已经去了。)

伊无是来去吗嘞讲?(难道他不是已经来了吗?)

许间楼映起来是□[ve^{55}]崩啦喽讲。(那幢楼看起来像要倒掉的样子。)

这种"讲$_{助}$"和本节开头所引廉江粤语的"讲"比较接近,廉江、遂溪、屯昌三地在地缘上也较接近。闽南方言还有哪些地方存在这一语法化方向的"讲"仍有待更深入的调查。

参考文献

[1]刘丹青. 汉语里的一个内容宾语标句词:从"说道"的"道"说起[M]//中国社会科学院语言研究所,《中国语文》编辑部. 庆祝《中国

---

① 屯昌例句引自钱奠香《海南屯昌闽语语法研究》,云南大学出版社2002年版,第188页。

语文》创刊50周年学术论文集. 北京：商务印书馆，2004.
[2] 钱奠香. 海南屯昌闽语语法研究. 昆明：云南大学出版社，2002.
[3] 施其生. 汕头方言的结构助词"咧"[M]//中山大学中文系《语言文字论集》编委会. 语言文字论集. 广州：广东人民出版社，1990.
[4] 施其生. 论"有"字句[J]. 语言研究，1996（1）.
[5] 施其生. 从汕头话的"咧"看汉语的某些"VP＋VP"[M]//北京大学汉语语言研究中心，《语言学论丛》编委会. 语言学论丛：第三十四辑. 北京：商务印书馆，2006.
[6] 林华勇，马喆. 2007廉江方言言说义动词"讲"的语法化[M]. 中国语文，2007（2）.

按：关于闽南方言的中性问句，笔者曾于1992年参与余霭芹先生的项目，做过9个点的调查，于1998年以亲自调查的材料及余霭芹先生补充提供的3个点的材料写成《闽南方言中性问句的类型及其变化》一文，在"语言变化与汉语方言——纪念李方桂先生国际研讨会"（西雅图，华盛顿大学，1998年）上宣读，后发表于《语言变化与汉语方言——李方桂先生纪念论文集》（台湾"中研院"语言学研究所筹备处、美国华盛顿大学联合出版，2000年9月）。本课题的研究开始以后，又于2007年起重新进行了11个点的调查。新一轮调查材料与上述论文的结论基本一致，某些文中所未论及的问题又有据本课题的调查结果写成的《台中方言的中性问句》（《语文研究》2008年第3期）进一步阐述，所以此部分研究结果没有必要重新撰写，下面录入经与新材料参照进行过必要修改的《闽南方言中性问句的类型及其变化》（修改稿），与《台中方言的中性问句》一并作为中性问句方面的研究结果。

第五节 闽南方言的中性问句

本节相关的问题，笔者已在《闽南方言中性问句的类型及其变化》及《台中方言的中性问句》两篇文章中做过比较深入的描写和分析，这里着眼于四省面上情况的描述和比较，有些说法直接引用上述两篇文章的文字，不一一注明，语料则主要使用2007年以后的田野调查材料。

汉语方言中性问句的类型，根据疑问语义的负载形式是用肯定否定相叠还是用疑问副词，有"VP－neg－[VP]"（去不[去]）型和"k－VP"（可去）型两大类别。式中"neg"代表否定词，"k"代表疑问副词，方括号

"〔 〕"表示括号里的成分或用或不用。这是类型学上第一层次的分类。"VP-neg-VP"型之下，根据后一"VP"是否出现，可分为"VP-neg-VP"（去不去）与"VP-neg"（去不）两种类型，这是第二层次。其中的"VP-neg-VP"在 VP 含宾语的情况下，又可根据宾语的位置分为"VO-neg-V"（吃饭不吃）与"V-neg-VO"（吃不吃饭）两种类型，这是第三层次。如图 7-1 所示。

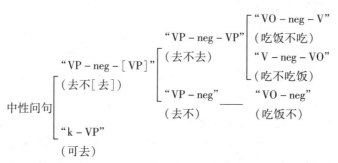

图 7-1 中性问句的类型

第一层次上的分类，是把肯定否定相叠的手段还是用疑问副词的手段作为分类标准，前者用"VP-neg-〔VP〕"的结构式表示，后者用"k-VP"。以这个标准观察，闽南方言所有的地方都用到"VP-neg-〔VP〕"，只有厦门、漳州、台中、汕头也用"k-VP"。

第二个层次的分类是在"VP-neg-〔VP〕"的大类下，又可分两种具体形式：一种是"VP-neg-VP"，一种是"VP-neg"。"VP-neg"所有的闽南方言点都用，是闽南方言固有的中性问格式，但在雷州片和海南片，也常用"VP-neg-VP"，其他地方则只有少数几个动词充当 VP 的时候，才有"VP-neg-VP"的说法。

"VP-neg-VP"型中性问句中当"VP"含有宾语，即"VP"是个"VO"的时候，是"VO-neg-V"还是"V-neg-VO"也有类型学的意义。

有关"VP-neg-VP"与"VP-neg"及"VO-neg-V"与"V-neg-VO"在闽南方言中的分布，笔者在《闽南方言中性问句的类型及其变化》及《台中方言的中性问句》中已有详细论述，为节省篇幅，本部分只就类型学上最重要的特征——是"VP-neg-〔VP〕"还是"k-VP"考察和分析各地的情况。

在下文的分析中，常需用到结构式来说明问题。归纳结构式时，有两个问题先要加以说明。

第一,区分"VP – neg – VP"和"VP – neg"的时候,句末的"否定词+助动词"算"neg – VP"还是"neg",笔者在《闽南方言中性问句的类型及其变化》一文中有专门论证,结论是"闽南方言中性问句的否定部分有一种强烈的单纯词化的倾向","我们只好把'neg'界定为'含有否定语义特征的单纯词'",也就是说,"否定词+助动词"应作为"neg"看。

第二,闽南方言中性问句有一个特点,就是疑问的焦点在情态而不在 VP 所述的事件。当 VP 是一个助动词短语(相当于普通话"能不能来"之类),这个特点看不出来。但是当 VP 是一般的动词短语或形容词短语时,闽南方言常常在前面加一个表示情态的助动词,这个助动词是疑问的焦点。回答问题的时候可以看出来。例如汕头:

(1) 哥哥在不在家?

aVP – neg 阿兄<u>有</u>在里无? ——有。/无。

k – aVP 阿兄□[kaʔ²⁻⁵]<u>有</u>在里? ——有。/无。

k – aVP – neg 阿兄□[kaʔ²⁻⁵]<u>有</u>在里无? ——有。/无。

(2) 看得见看不见那些人?

V – aVP – neg 睇<u>解</u>着许个侬<无解>? ——解/睇解着。/睇唔着。

k – aVP – neg □[kaʔ²⁻⁵]睇<u>解</u>着许个侬<无解>? ——解/睇解着。/睇唔着。

k – aVP – a – neg □[kaʔ²⁻⁵]睇<u>解</u>着许个侬解阿<无解>? ——解/睇解着。/睇唔着。

(3) 这种花香不香?

aVP – neg 者花<u>解</u>芳<无解>? ——解(芳)。/<无解>(芳)。

k – aVP 者花□[kaʔ²⁻⁵]睇<u>解</u>芳? ——解(芳)。/<无解>(芳)。

k – aVP – neg 者花□[kaʔ²⁻⁵]睇<u>解</u>芳阿<无解>? ——解(芳)。/<无解>(芳)。

(4) 你相不相信我?

aVP – neg 汝<u>解</u>相信我<无解>? ——解。/<无解>。

k – aVP 汝□[kaʔ²⁻⁵]<u>解</u>相信我? ——解。/<无解>。

k – aVP – neg 汝□[kaʔ²⁻⁵]<u>解</u>相信我<无解>? ——解。/<无解>。

闽南方言的这种特点造成中性问句的具体结构和其他方言有所不同,为显示这一特点,归纳结构式时,我们把 VP 前的情态助动词之类从 VP 分离出来,写成"a – VP","a"代表情态助动词。而上面谈到的"否定词+助动词"本应写成"neg + a",为便于与其他方言的类型接轨,仍从简写成"neg",如上面例句所标。

一、不用"k – (a) VP"的

闽台片（除漳州、台中、厦门）、潮汕片（除汕头外）、雷州片、海南片都不用"k – VP"，而普遍使用"VP – neg"，"VP – neg – VP"在雷州片、海南片也常用。

(一) (a) VP – neg

下面是例句。

(1) 你去不去？

泉州 汝卜去唔？ lɯ^{55} bɤʔ^{55} khɯ^{41} m$^{41-21}$？

揭阳 汝爱去（阿）＜唔爱＞？ lɯ$^{42-53}$ ãi$^{213-42}$ khɯ^{213}（a^{33}）＜mai^{213}＞？

海丰 汝卜去唔？ li^{52} bue$^{3-4}$ khi^{213} m^{25}？

遂溪 汝去无（去）？ lu^{41} hu^{214} vo^{22}（hu^{214}）？

雷州 汝去无？ lu^{42} khu^{21} bo^{22}？

文昌 汝去无？ du^{31} xu^{21} bo^{22}？

三亚 汝去无？ lu^{31} hu^{24} vo^{22}？

(2) 他来了没有？

泉州 ①伊来啰阿无？ i^{33} lai^{24} lɔ^{41} a^{55} bo^{24}？②伊来未？ i^{33} lai^{24} bɤ^{41}？③伊有来无？ i^{33} u^{22} lai^{24} bo$^{24-41}$？

揭阳 伊有来（阿）无？ i^{33} u$^{35-21}$ lai^{55}（a^{33}）bo^{55}？

海丰 ①伊有来（了）无？ i^{44} u$^{25-33}$ lai^{55}（liau$^{52-213}$）bɔ$^{55-25}$？②伊来了无？ i^{44} lai^{55} liau$^{52-213}$ bɔ$^{55-25}$？

遂溪 ①伊来无？ i^{24} lai^{22} vo^{22}？②伊来媵？ i^{24} lai^{22} meŋ^{55}？③伊有来无？ i^{24} u^{55} lai^{22} vo^{22}？

雷州 ①伊来了无？ i^{24} lai$^{22-33}$ liau^{42} bo^{22}？②伊来无？ i^{24} lai$^{22-33}$ bo^{22}？③伊来媵？ i^{24} lai$^{22-33}$ meŋ^{553}？④伊有来无？ i^{24} u^{44} lai$^{22-33}$ bo^{22}？⑤伊有来媵？ i^{24} u^{44} lai$^{22-33}$ meŋ^{553}？

文昌 ①伊来啦无（咧）？ i^{34} lai$^{22-11}$ la^{21} bo^{22}（le$^{22/53}$）？②伊来无？ i^{34} lai$^{22-11}$ bo^{22}？

三亚 ①伊来去无？ i^{33} lai^{22} hu^{24} vo^{22}？②伊来未？ i^{33} lai^{22} voi^{33}？

(3) 水开了没有？

泉州 ①水滚未？ tsui^{55} kun^{55} bɤ^{41}？②水滚啰阿无？ tsui^{55} kun^{55} lɔ^{41} a^{55} bo^{24}？

③水有滚无？tsui⁵⁵ u²² kun⁵⁵ bo²⁴⁻⁴¹？④水有滚阿无？tsui⁵⁵ u²² kun⁵⁵ a⁵⁵ bo²⁴？

揭阳　水滚未？tsui⁴²⁻⁵³ kuŋ⁴² bue²²⁻²¹？

海丰　①水滚了无啊？tsui⁵² kun⁵² liau⁵²⁻²¹³ bɔ⁵⁵⁻²² a³³？②水有滚无啊？tsui⁵² u²⁵⁻³³ kun⁵² bɔ⁵⁵⁻²² a³³？

遂溪　①水沸燏？tsui⁴¹ pui²¹⁴ meŋ⁵⁵？②水沸无？tsui⁴¹ pui²¹⁴ vo²²？③水有沸无？tsui⁴¹ u⁵⁵ pui²¹⁴ vo²²？

雷州　①（阿）水沸无？(a⁵⁵) tsui⁴² pui²¹ bo²²？②（阿）水沸燏？(a⁵⁵) tsui⁴² pui²¹ meŋ⁵⁵³？③（阿）水有沸无？(a⁵⁵) tsui⁴² u⁴⁴ pui²¹ bo²²？④（阿）水有沸燏？(a⁵⁵) tsui⁴² u⁴⁴ pui²¹ meŋ⁵⁵³？

文昌　①水沸（去）无？tui³¹ ɓui²¹ (xu²¹⁻⁵⁵) bo²²？②水沸无？tui³¹ ɓui²¹ bo²²？③水沸啦无（咧）？tui³¹ ɓui²¹ la²¹ bo²² (le²²/⁵³)？

三亚　①水沸去无？tui³¹ ɓui²⁴ hu²⁴ vo²²？②水沸未 tui³¹ ɓui²⁴ voi³³？

(4) 她唱歌好不好听？

泉州　①伊唱歌有好听阿无？i³³ tshiũ⁴¹⁻⁵⁵ kua³³ u²² ho⁵⁵⁻²⁴ thiã³³ a⁵⁵ bo²⁴⁻³¹／bo²⁴？②伊唱歌有好听无？i³³ tshiũ⁴¹⁻⁵⁵ kua³³ u²² ho⁵⁵⁻²⁴ thiã³³ bo²⁴⁻³¹？

揭阳　伊唱歌好听阿孬？i³³ tshiaŋ²¹³⁻⁴² ko³³ ho⁴²⁻²⁴ thiã³³ a³³ mo⁴²？

海丰　①伊唱歌（解）听得＜无解＞？i⁴⁴ tshiɔ²¹³⁻⁵⁵ kua⁴⁴ (e²⁵⁻³³) hɔ⁵²⁻²¹³ thiã⁴⁴ ＜bei²⁵＞？②伊唱歌好听孬？i⁴⁴ tshiɔ̃²¹³⁻⁵⁵ kua⁴⁴ hɔ⁵²⁻²¹³ thiã⁴⁴ mɔ̃⁵²⁻²¹³？

遂溪　①伊唱歌好听无？i²⁴ tshio²¹⁴⁻⁵⁵ kua²⁴ ho⁴¹ thia²⁴ vo²²？②伊唱歌有好听无？i²⁴ tshio²¹⁴⁻⁵⁵ kua²⁴ u⁵⁵ ho⁴¹ thia²⁴ vo²²？

雷州　①伊唱歌好听无？i²⁴ tshio²¹⁻⁴⁴ kua²⁴ ho⁴² thia²⁴ bo²²？②伊唱歌有好听无？i²⁴ tshio²¹⁻⁴⁴ kua²⁴ u³³ ho⁴² thia²⁴ bo²²？

文昌　伊唱歌好听无（咧）？i³⁴ ʃio²¹⁻⁵⁵ ko³⁴ ɦo³¹⁻³³ xia³⁴ bo²² (le²²/⁵³)？

三亚　伊唱歌好听无？i³³ tshiaŋ²⁴ ko³³ ho³¹ thio³³ vo²²？

(5) 饭熟不熟？

泉州　饭有熟未？bŋ⁴¹ u²² siak²⁴⁻²² bɤ⁴¹？

揭阳　块饭解熟＜无解＞？ko²¹³⁻⁴² puŋ²² oi³⁵⁻²¹ sek⁵ ＜boi³⁵⁻²¹＞？

海丰　饭解熟＜无解＞？pui²¹ e²⁵ siɔk⁴ ＜bei²⁵＞？

遂溪　阿饭有熟无？a²⁴⁻³³ pui²⁴ u⁵⁵ siak³ vo²²？

雷州　阿糜有熟无？a⁵⁵ mue²² u³³⁻⁴² siak² bo²²？

(6) 这种花香不香？

泉州　＜即样＞个花有芳无？＜stiɔŋ⁵⁵⁻²⁴＞ ɔ⁵⁵ hue³³ u²² phaŋ³³ bo²⁴⁻³¹？

揭阳　者花解芳啊＜无解＞？tsia⁴²⁻²⁴ hue³³ oi³⁵⁻²¹ phaŋ³³ a³³ ＜boi³⁵＞？

海丰　只项花解芳＜无解＞？tsi⁵² haŋ²⁵⁻³³ hue⁴⁴ ei²⁵⁻³³ phaŋ⁴⁴⁻³³ ＜bei²⁵＞？

雷州　①这种花芳无？zia⁵⁵³ tsiaŋ⁴² hue²⁴ phaŋ²⁴ bo²²⁻³³？②这种花有芳无？zia⁵⁵³ tsiaŋ⁴² hue²⁴ u³³⁻⁴² phaŋ²⁴ bo²²⁻³³？③这种花有芳无芳？zia⁵⁵³ tsiaŋ⁴² hue²⁴ u³³⁻⁴² phaŋ²⁴ bo²²⁻³³ phaŋ²⁴⁻²¹？

遂溪　若种花有芳无？ia⁵⁵ tsiaŋ⁴¹ hue²⁴ u⁵⁵ phaŋ²⁴ vo²²？

文昌　这个花芳无（咧）？ʥia²¹⁻⁵⁵ kai²²⁻¹¹ ɦue³⁴ ɸaŋ³⁴ bo²²（le²²）？

三亚　即种花芳无？iʔ⁴⁵ tsiaŋ³¹ huo³³ phaŋ³³ vo²²？

（7）他高不高兴？

泉州　伊有欢喜？i³³ u²² huã³³ hi⁵⁵ bo²⁴⁻³¹？

揭阳　伊解欢喜＜无解＞？i³³ oi³⁵⁻²¹ huã³³ hi⁴²＜boi³⁵⁻²¹＞？

海丰　伊解欢喜＜无解＞？i⁴⁴ e²⁵⁻³³ huã⁴⁴⁻³³ hi⁵²＜bei²⁵＞？

遂溪　伊有欢喜无？i²⁴ u⁵⁵ hua²⁴⁻³³ hi⁴¹ vo²²？

雷州　伊有欢喜？i²⁴ u³³⁻⁴² huaŋ²⁴⁻³³ hi⁴² bo²²？

三亚　①伊有高兴无？i³³ u⁴² kau³³ heŋ²⁴ vo²²？②伊高兴无？i³³ kau³³ heŋ²⁴ vo²²？

（8）他有你高没有？

泉州　伊有汝（个）脹无？i³³ u²² lɯ⁵⁵（e²⁴⁻²²）lio⁴¹ bo²⁴⁻²¹？

揭阳　伊有汝□［tsiõ²¹³⁻⁵³］悬无/伊有汝□［tsiõ²¹³⁻⁵³］悬阿无？i³³ u³⁵⁻²¹ lɯ⁴²⁻²⁴ tsiõ²¹³⁻⁵³ kuĩ⁵⁵ bo⁵⁵⁻²²/i³³ u³⁵⁻²¹ lɯ⁴²⁻²⁴ tsiõ²¹³⁻⁵³ kuĩ⁵⁵ a³³ bo⁵⁵？

海丰　伊拉/有汝□［hiaʔ³⁻⁴］悬无？i⁴⁴ la⁴⁴⁻³³/u²¹³⁻⁵⁵ li⁵² hiaʔ³⁻⁴ kuãi⁵⁵ bɔ⁵⁵⁻²¹³？

遂溪　伊有汝悬无？i²⁴ u⁵⁵ lu⁴¹⁻²⁴ kuai²² vo²²？

雷州　伊有汝阿悬无？i²⁴ u³³ lu⁴²⁻⁴⁴ a⁵⁵ kuai²² bo²²？

文昌　①伊有汝悬无？i³⁴ u⁴² du³¹ kuai²² bo²²？②伊平/相汝悬无？i³⁴ ɓe²²⁻¹¹/ʃiaŋ³⁴⁻⁴² du³¹ kuai²² bo²²？

三亚　伊有汝悬无？i³³ u⁴² lu³¹ kuai²² vo²²？

（9）（明天）你能不能来？

泉州　①明仔日汝解来＜无解＞？bin²⁴⁻²² a⁵⁵⁻²⁴ lit²⁴ lɯ⁵⁵ e²² lai²⁴ ＜bue²²⁻⁴¹＞？②明仔日汝有法通来无？bin²⁴⁻²² a⁵⁵⁻²⁴ lit²⁴ lɯ⁵⁵ u²² huat⁵⁵ thaŋ³³ lai²⁴ bo²⁴⁻⁴¹？③明仔日汝有法通来阿无？bin²⁴⁻²² a⁵⁵⁻²⁴ lit²⁴ lɯ⁵⁵ u²² huat⁵⁵ thaŋ³³ lai²⁴ a⁵⁵⁻²⁴ bo²⁴？④明仔日汝解得通来＜无解＞？bin²⁴⁻²² a⁵⁵⁻²⁴ lit²⁴ lɯ⁵⁵ e²² lit²⁴ thaŋ³³ lai²⁴ ＜bue²²⁻⁴¹＞？⑤明仔日汝解通来＜无解＞？bin²⁴⁻²² a⁵⁵⁻²⁴ lit²⁴ lɯ⁵⁵ e²² thaŋ³³ lai²⁴ ＜bue²²⁻⁴¹＞？

揭阳　①汝有变来无？lɯ⁴²⁻⁵³ u³⁵⁻²¹ piaŋ²¹³⁻⁵³ lai⁵⁵ bo⁵⁵⁻²²？②汝有变来啊

无? lɯ⁴²⁻⁵³ u³⁵⁻²¹ piaŋ²¹³⁻⁵³ lai⁵⁵ a³³ bo⁵⁵?

海丰 汝解来得<无解>? li⁵² e²⁵⁻³³ lai⁵⁵ tit⁴⁻³ <bei²⁵>?

遂溪 ①<明仔>日汝来得无? <me⁴¹> iet³ lu⁴¹ lai²² tiet⁵⁴ vo²²? ②<明仔>日汝有来得无? <me⁴¹> iet³ lu⁴¹ u⁵⁵ lai²² tiet⁵⁴ vo²²?

雷州 ①幸早汝来得无? hiŋ⁵⁵³ tsa⁴² lu⁴²⁻⁴⁴ lai²²⁻³³ tiek⁵ bo²²? ②幸早汝能来无? hiŋ⁵⁵³ tsa⁴² lu⁴² neŋ²²⁻³³ lai²²⁻³³ bo²²?

文昌 现旦汝能/卜来无? ɦien⁴²⁻¹¹ nua²¹ du³¹ neŋ²²/ɓe?⁵ lai²² bo²²?

三亚 ①汝能来无? lu³¹ neŋ²² lai²² vo²²? ②汝可以来无? lu³¹ kho³¹ zi²² lai²² vo²²?

（10）你打算不打算去?

泉州 ①汝拍算/想卜去无? lɯ⁵⁵ pa?⁵⁵ sŋ̍⁴¹⁻⁵⁵/siũ⁴¹ bɤ?⁵⁵ khɯ⁴¹ bo²⁴⁻²¹? ②汝有拍算卜去无? lɯ⁵⁵ u²² pa?⁵⁵ sŋ̍⁴¹⁻⁵⁵ bɤ?⁵⁵ khɯ⁴¹ bo²⁴⁻²¹? ③汝有拍算去无? lɯ⁵⁵ u²² pa?⁵⁵ sŋ̍⁴¹⁻⁵⁵ khɯ⁴¹ bo²⁴⁻²¹? ④汝拍算卜去阿无? lɯ⁵⁵ pa?⁵⁵ sŋ⁴¹⁻⁵⁵ bɤ?⁵⁵ khɯ⁴¹ a⁵⁵⁻²⁴ bo²⁴? ⑤汝有拍算卜去阿无? lɯ⁵⁵ u²² pa?⁵⁵ sŋ̍⁴¹⁻⁵⁵ bɤ?⁵⁵ khɯ⁴¹ a⁵⁵⁻²⁴ bo²⁴?

揭阳 汝有拍算去阿无? lɯ⁴²⁻⁵³ u³⁵⁻²¹ pha?²⁻³ sɯŋ²¹³⁻⁴² khɯ²¹³ a³³ bo⁵⁵?

海丰 汝（有）拍算去无? li⁵² (u²⁵⁻³³) pha?³⁻⁴ suĩ²¹³⁻⁵⁵ khi²¹³ bɔ⁵⁵⁻²¹³?

遂溪 ①汝安倒去无? lu⁴¹ aŋ²⁴ to⁴¹ hu²¹⁴ vo²²? ②汝有安倒去无? lu⁴¹ u⁵⁵ aŋ²⁴ to⁴¹ hu²¹⁴ vo²²?

雷州 汝安倒去无? lu⁴² aŋ²⁴ to⁴² khu²¹ bo²²⁻³³?

文昌 ①汝卜去无? du³¹ ɓe?⁵ xu²¹ bo²²? ②汝拍算/想去无? du³¹ ɸa⁴² tui²¹/tio³¹ xu²¹ bo²²?

三亚 ①汝拍算去无? lu³¹ pha?⁴⁵ tui²⁴⁻²² hu²⁴ vo²²? ②汝想去无? lu³¹ tiaŋ³¹ hu²⁴ vo²²?

（11）看得见看不见那些人?

泉州 ①汝有看见□［huai⁵⁵⁻²⁴］个侬阿无? lɯ⁵⁵ u²² khuã⁴¹⁻⁵⁵ kĩ⁴¹⁻⁵⁵ huai⁵⁵⁻²⁴ e²⁴⁻²² laŋ³⁴ a⁵⁵⁻²⁴ bo²⁴? ②汝解看见□［huai⁵⁵⁻²⁴］个侬阿<无解>? lɯ⁵⁵ e²² khuã⁴¹⁻⁵⁵ kĩ⁴¹⁻⁵⁵ huai⁵⁵⁻²⁴ e²⁴⁻²² laŋ³⁴ a⁵⁵⁻²⁴ <bue²²>?

揭阳 睇解着许撮侬阿<无解>? thõi⁴²⁻²⁴ oi³⁵⁻²¹ tio?⁵⁻² hɯ⁴²⁻²⁴ tsho?²⁻³ naŋ⁵⁵ a³³ <boi³⁵/boi³⁵⁻²¹>?

海丰 看解着许□［nai²¹³⁻⁵⁵］侬<无解>? the⁵²⁻²¹³ e²⁵⁻³³ tɔ?⁴⁻³ hi⁵² nai²¹³⁻⁵⁵ naŋ⁵⁵ <bei²⁵>?

遂溪 ①望望许乃侬无? o²⁴ to⁴¹ ha⁵⁵ nai⁵⁵ naŋ²² vo²²? ②有望倒许乃侬无? u⁵⁵ o²⁴ to⁴¹ ha⁵⁵ nai⁵⁵ naŋ²² vo²²?

三亚 望得见那穑侬无？mo³³ ɗiʔ⁴⁵ ki²⁴ aʔ⁴⁵ ɗoi³³ naŋ²² vo²²？

（12）哥哥在不在家？

泉州 ①阿兄伫家嘞无？a⁵⁵⁻²⁴ hiã³³ tɯ²² ke³³ lɤ³¹ bo²⁴⁻²¹？②阿兄有伫家嘞无？a⁵⁵⁻²⁴ hiã³³ u²² tɯ²² ke³³ lɤ³¹ bo²⁴⁻²¹？③阿兄有伫家嘞阿无？a⁵⁵⁻²⁴ hiã³³ u²² tɯ²² ke³³ lɤ³¹ a⁵⁵⁻³⁴ bo²⁴？

揭阳 ①阿兄（有）伫里阿无？a³³ hiã³³（u³⁵⁻²¹）to³⁵⁻²¹ lai³⁵ a³³ bo⁵⁵？②阿兄（有）伫里无？a³³ hiã³³（u³⁵⁻²¹）to³⁵⁻²¹ lai³⁵ bo⁵⁵⁻²²？

海丰 阿兄有着厝无？a⁴⁴⁻³³ hia⁴⁴ u²⁵⁻³³ tɔʔ⁴⁻³ tshu²¹³ bɔ⁵⁵⁻²¹³？

遂溪 ①阿哥伫厝无？a²⁴⁻³³ ko⁵⁵ tu⁵⁵ tshu²¹⁴ vo²²？②阿哥有伫厝无？a²⁴⁻³³ ko⁵⁵ u⁵⁵ tu⁵⁵⁻³³ tshu²¹⁴ vo²²？

雷州 呢哥（有）伫厝无？ni⁵⁵³ ko⁵⁵³（u³³）tu³³⁻⁴² thsu²¹ bo²²？

文昌 ①哥伫厝无？ko⁵³ ɗu⁴²⁻¹¹ ʃu²¹ bo²²？②哥伫厝阿是无？ko⁵³ ɗu⁴² ʃu²¹ a³¹⁻³³ ti⁴²⁻¹¹ bo²²？

三亚 阿哥伫厝无？a⁴⁵ ko³³ ɗu⁴² tshu³⁴ vo²²？

（13）他到了北京没有？

泉州 ①伊遘了北京阿无？i³³ kau⁴¹⁻⁵⁵ liau⁵⁵ pak⁵⁵ kiã³³ a⁵⁵⁻²⁴ bo²⁴？②伊遘北京啰阿未？i³³ kau⁴¹⁻⁵⁵ pak⁵⁵ kiã³³ lɔ²¹ a⁵⁵⁻²⁴ bɤ⁴¹？

揭阳 伊遘北京阿未？i³³ kau²¹³⁻⁴² pak²⁻³ kiã³³ a³³ bue²²/bue²²⁻²¹？

海丰 伊遘北京（了）<无有>/无？i⁴⁴ kau²¹³⁻⁵⁵ pak³⁻⁴ kiã⁴⁴（liau⁵²⁻²¹³）<bɔu²⁵>/bɔ⁵⁵⁻²¹？

遂溪 ①伊有遘北京无？i²⁴ u⁵⁵ kau²¹⁴ pak⁵⁴ kiŋ²⁴ vo²²？②伊遘北京无？i²⁴ kau²¹⁴ pak⁵⁴ kiŋ²⁴ vo²²？

文昌 （缺）

雷州 伊（有）遘北京无？i²⁴（u³³⁻⁴²）kau²¹ pak⁵ kiŋ²⁴ bo²²？

三亚 ①伊遘了北京未？i³³ kau²⁴ liau³¹ ɓaʔ⁴⁵ keŋ³³ voi³³？②伊遘了北京去无？i³³ kau²⁴ liau³¹ ɓaʔ⁴⁵ keŋ³³ hu²⁴ vo²²？

（14）我要不要去？不去行不行？

泉州 ①我卜去阿唔去？唔去解做（得）<无解>？gua⁵⁵ bɤʔ⁵⁵ khɯ⁴¹ a⁵⁵⁻²⁴ m̩⁴¹⁻²² khɯ⁴¹？m̩⁴¹⁻²² khɯ⁴¹ e²² tsue⁴¹（lit⁵⁵⁻²²）<bue²²>？②我着去阿唔（免）去？唔去解做（得）<无解>？gua⁵⁵ tio²⁴⁻²² khɯ⁴¹ a⁵⁵⁻²⁴ m̩⁴¹⁻²²（bian⁵⁵⁻²⁴）khɯ⁴¹？m̩⁴¹⁻²² khɯ⁴¹ e²² tsue⁴¹（lit⁵⁵⁻²²）<bue²²>？

揭阳 ①我用去么？<唔爱>去好阿孬？ua⁴²⁻⁵³ eŋ²²⁻²¹ khɯ²¹³ me²¹？<mai²¹³⁻⁴²> khɯ²¹³ ho⁴² a³³ mo⁴²？②我用去阿免？<唔爱>去好？ua⁴²⁻⁵³ eŋ²²⁻²¹ khɯ²¹³ a³³ meŋ⁴²？<mai²¹³⁻⁴²> khɯ²¹³ ho⁴² me²¹？

海丰 ①我爱唔爱去？唔去解得＜无解＞？ ua^{52} ãi$^{213-55}$ m̩$^{25-33}$ ãi$^{213-55}$ khi^{213}？ m̩$^{25-33}$ khi^{213} e$^{25-33}$ tit$^{4-3}$ ＜bei^{25}＞？ ②我爱去唔？唔去解得＜无解＞？ ua^{52} ãi$^{213-55}$ khi^{213} m̩^{25}？ m̩$^{25-33}$ khi^{213} e^{25} tit$^{4-3}$ ＜bei^{25}＞？

遂溪 我爱去无？无去得无？ va^{41} ai^{214} hu^{214} vo^{22}？ vo^{22} hu^{214} tiet^{54} vo^{22}？

雷州 ①我爱无爱去？无去得无？ ba^{42} ai^{21} bo$^{22-33}$ ai$^{21-44}$ khu^{21}？ bo$^{22-33}$ khu^{21} tiek^{5} bo^{22}？ ②我有无有爱去？无去得无？ ba^{42} u^{33} bo$^{22-33}$ u^{33} ai$^{21-44}$ khu^{21}, bo$^{22-33}$ khu^{21} tiek^{5} bo^{22}？

文昌 ①我卜去无？无去做无做得？ gua^{31} ɓeʔ^{5} xu^{21} bo^{22}？ bo$^{22-11}$ xu^{21} to^{53} bo$^{22-11}$ to^{53} ɗiet^{5}？ ②我卜去无？无去做得无？ gua^{31} ɓeʔ^{5} xu^{21} bo^{22}？ bo$^{22-11}$ xu^{21} to^{53} ɗiet^{5} bo^{22}？

三亚 我要去无？无去做得无？ va^{31} iau$^{24-22}$ hu^{24} vo^{22}？ vo^{22} hu^{24} toʔ$^{45-44}$ ɗiʔ^{45} vo^{22}？

（二）（a） VP–neg–VP

下面是例句。

（1）你去不去？

泉州 汝卜去阿唔去？ lɯ^{55} bɤʔ^{55} khu^{41} a$^{55-24}$ m̩$^{41-22}$ khɯ^{41}？

遂溪 汝去无去？ lu^{41} hu^{214} vo^{22} hu^{214}？

雷州 汝去无去？ lu^{42} khu^{21} bo$^{22-33}$ khu^{21}？

文昌 汝去无去？ du^{31} xu^{21} bo$^{22-11}$ xu^{213}？

三亚 ①汝去无去？ lu^{31} hu^{24} vo^{22} hu^{24}？ ②汝去还/阿是无去？ lu^{31} hu^{24} hai^{22}/a^{45} ti^{42} vo^{22} hu^{24}？

（2）他来了没有？

泉州 伊有来阿无来？ i^{33} u^{22} lai^{24} a^{55} bo$^{24-22}$ lai^{24}？

厦门 伊有来阿无来？ i^{44} u$^{22-21}$ lai$^{24-22}$ a^{44} bo$^{24-21}$ lai^{24}？

遂溪 伊有无有来？ i^{24} u^{55} vo^{22} u^{55} lai^{22}？

（3）水开了没有？

遂溪 水有无有沸？ tsui^{41} u^{55} vo^{22} u^{55} pui^{214}？

（4）她唱歌好不好听？

遂溪 ①伊唱歌好无好听？ i^{24} tshio$^{214-55}$ kua^{24} ho^{41} vo^{22} ho^{41} thia^{24}？ ②伊唱歌有无有好听？ i^{24} tshio$^{214-55}$ kua^{24} u^{55} vo^{22} u^{55} ho^{41} thia^{24}？

雷州 ①伊唱歌好无好听？ i^{24} tshio$^{21-44}$ kua^{24} ho^{42} bo^{22} ho^{42} thia^{24}？ ②伊唱歌有无有好听？ i^{24} tshio$^{21-44}$ kua^{24} u$^{33-42}$ bo^{22} u$^{33-42}$ ho^{42} thia^{24}？

文昌 ①伊唱歌好无好听？i^{34} ʃio$^{21-55}$ ko^{34} ɦo$^{31-33}$ bo$^{22-11}$ ɦo$^{31-33}$ xia^{34}？②伊唱歌好听无好听？i^{34} ʃio$^{21-55}$ ko^{34} ɦo$^{31-33}$ xia^{34} bo$^{22-11}$ ɦo$^{31-33}$ xia^{34}？

三亚 伊唱歌好无好听？i^{33} tshiaŋ^{24} ko^{33} ho^{31} vo^{22} ho^{31} thio^{33}？

(5) 饭熟不熟？

雷州 ①阿糜熟无熟？a^{55} mue^{22} siak^{2} bo^{22} siak^{2}？②阿糜有熟无熟？a^{55} mue^{22} u$^{33-42}$ siak^{2} bo^{22} siak^{2}？

文昌 糜熟无熟？mue$^{22-11}$ tiak^{3} bo$^{22-11}$ tiak^{3}？

三亚 饭熟无熟？muo^{22} tia^{42} vo^{22} tia^{42}？

(6) 这种花香不香？

泉州 ①<即样>个花芳啊无芳？<tsiɔŋ$^{55-24}$>ɔ^{55} hue^{33} phaŋ^{33} a$^{55-24}$ bo$^{24-22}$ phaŋ^{33}？②<即样>个花有芳啊无芳？<tsiɔŋ$^{55-24}$>ɔ^{55} hue^{33} u^{22} phaŋ^{33} a$^{55-24}$ bo$^{24-22}$ phaŋ^{33}？

雷州 ①这种花芳无芳？zia^{553} tsiaŋ^{42} hue^{24} phaŋ^{24} bo$^{22-33}$ phaŋ$^{24-21}$？②这种花有芳无芳？zia^{553} tsiaŋ^{42} hue^{24} u$^{33-42}$ phaŋ^{24} bo$^{22-33}$ phaŋ$^{24-21}$？

文昌 这个花芳无芳？ʥia$^{21-55}$ kai$^{22-11}$ ɦue^{34} ɸaŋ^{34} bo$^{22-11}$ ɸaŋ^{34}？

三亚 即种花无芳？iʔ^{45} tsiaŋ^{31} huo^{33} phaŋ^{33} vo^{22} phaŋ^{33}？

(7) 他高不高兴？

泉州 ①伊欢喜啊无欢喜？i^{33} huã^{33} hi^{55} a bo$^{24-22}$ huã^{33} hi^{55}？②伊有欢喜啊无欢喜？i^{33} u^{22} huã^{33} hi^{55} a bo$^{24-22}$ huã^{33} hi^{55}？

雷州 ①伊欢喜无欢喜？i^{24} huaŋ$^{24-33}$ hi^{42} bo$^{22-33}$ huaŋ$^{24-33}$ hi^{42}？②伊有无欢喜？i^{24} u$^{33-42}$ bo$^{22-33}$ huaŋ$^{24-33}$ hi^{42}？

文昌 ①伊冲无冲？i^{34} ʃoŋ^{34} bo$^{22-11}$ ʃoŋ^{34}？②伊欢喜无欢喜？i^{34} xua$^{34-42}$ xi^{31} bo$^{22-11}$ xua$^{34-42}$ xi^{31}？

三亚 伊高无高兴？i^{33} kau^{33} vo^{22} kau^{33} heŋ^{24}？

(8) 他有你高没有？

遂溪 伊有无有汝悬？i^{24} u$^{55-33}$ vo^{22} u$^{55-33}$ lu$^{41-24}$ kuai^{22}？

雷州 伊有无有汝阿悬？i^{24} u^{33} bo$^{22-33}$ u^{33} lu$^{42-44}$ a^{55} kuai^{22}？

(9) （明天）你能不能来？

泉州 明仔日汝解来阿<无解>来？bin$^{24-22}$ a$^{55-24}$ lit^{8} lɯ^{55} e^{22} lai^{24} a$^{55-24}$ <bue^{22}> lai^{24}？

遂溪 ①<明仔>日汝来无来得？<me^{41}> iet^{3} lu^{41} lai^{22} vo^{22} lai^{22} tiet^{54}？②<明仔>日汝有无有来得？<me^{41}> iet^{3} lu^{41} u^{55} vo^{22} u^{55} lai^{22} tiet^{54}？③<明仔>日汝来得无来得？<me^{41}> iet^{3} lu^{41} lai^{22} tiet^{54} vo^{22} lai^{22} tiet^{54}？

雷州 ①幸早汝来得无来得？hiŋ^{553} tsa^{42} lu^{42} lai$^{22-33}$ tiek^{5} bo$^{22-33}$ lai^{22} tiek^{5}？

②幸早汝来无来得？hiŋ⁵⁵³ tsa⁴² lu⁴² lai²²⁻³³ bo²²⁻³³ lai²² tiek⁵？③幸早汝能无能来？hiŋ⁵⁵³ tsa⁴² lu⁴² neŋ²²⁻³³ bo²²⁻³³ neŋ²²⁻³³ lai²²？

文昌 现旦汝能无能来？fien⁴²⁻¹¹ nua²¹ du³¹ neŋ²² bo²²⁻¹¹ neŋ²² lai²²？

三亚 ①汝能无能来？lu³¹ neŋ²² vo²² neŋ²² lai²²？②汝可无可以来？lu³¹ kho³¹ vo²² kho³¹ zi²² lai²²？

（10）你打算不打算去？

海丰 汝有无拍算去？li⁵² u²⁵⁻³³ bɔ⁵⁵⁻²² phaʔ³⁻⁴ suĩ²¹³⁻⁵⁵ khi²¹³？

遂溪 ①汝安倒去无去？lu⁴¹ aŋ²⁴ to⁴¹ hu²¹⁴ vo²² hu²¹⁴？②汝安倒无安倒去？lu⁴¹ aŋ²⁴ to⁴¹ vo²² aŋ²⁴ to⁴¹ hu²¹⁴？

雷州 ①汝安倒去无安倒去？lu⁴² aŋ²⁴ to⁴² khu²¹ bo²²⁻³³ aŋ²⁴ to⁴² khu²¹？②汝安倒无安倒去？lu⁴² aŋ²⁴ to⁴² bo²²⁻³³ aŋ²⁴ to⁴² khu²¹？

文昌 汝想无想去？du³¹ tio³¹ bo²²⁻¹¹ tio³¹ xu²¹？

三亚 ①汝拍无拍算去？lu³¹ phaʔ⁴⁵ vo²² phaʔ⁴⁵ tui²⁴⁻²² hu²⁴？②汝想无想去？lu³¹ tiaŋ³¹ vo²² tiaŋ³¹ hu²⁴？

（11）看得见看不见那些人？

泉州 汝有看见□［huai²⁴］个侬阿无看见？lɯ⁵⁵ u²² khuã⁴¹⁻⁵⁵ kĩ⁴¹⁻⁵⁵ huai⁵⁵⁻²⁴ e²⁴⁻²² laŋ²⁴ a⁵⁵⁻²² bo²⁴⁻²² khuã⁴¹ kĩ⁴¹⁻²¹？

海丰 看解＜无解＞着许□［nai²¹³⁻⁵⁵］侬？the⁵²⁻²¹³ e²⁵⁻³³ ＜bei²⁵＞ tɔʔ⁴⁻³ hi⁵² nai²¹³⁻⁵⁵ naŋ⁵⁵？

遂溪 ①望无望倒许乃侬？o²⁴ vo²² o²⁴ to⁴¹ ha⁵⁵ nai⁵⁵ naŋ²²？②望倒望无倒许乃侬？o²⁴ to⁴¹ o²⁴ vo²² to⁴¹ ha⁵⁵ nai⁵⁵ naŋ²²？

雷州 ①望见望无见许乃侬？o²¹⁻⁴⁴ ki²¹ o²¹⁻⁴⁴ bo²²⁻³³ ki²¹ ha⁵⁵³ ne⁵⁵³ naŋ²²？②望无望见许乃侬？o²¹⁻⁴⁴ bo²²⁻³³ o²¹⁻⁴⁴ ki²¹ ha⁵⁵³ ne⁵⁵³ naŋ²²？

文昌 ①望无望得着许穧侬？mo³⁴ bo²²⁻¹¹ mo³⁴ ɗiet⁵ ɗioʔ⁴² fio²¹⁻⁵⁵ ɗoi³⁴⁻⁴² naŋ²²？②望得着阿是望无着许穧侬？mo³⁴ ɗiet⁵ ɗioʔ⁴² a³¹⁻³³ ti⁴²⁻¹¹ mo³⁴ bo²²⁻¹¹ ɗioʔ⁴² fio²¹⁻⁵⁵ ɗoi³⁴⁻⁴² naŋ²²？

三亚 望无望得见那穧侬？mo³³ vo²² mo³³ ɗiʔ⁴⁵ ki²⁴ aʔ⁴⁵ ɗoi³³ naŋ²²？

（12）哥哥在不在家？

泉州 阿兄有伫家嘞阿无伫家嘞？a⁵⁵⁻²⁴ hiã³³ u²² tɯ²² ke³³ lɤ³¹ a⁵⁵⁻³⁴ bo²⁴⁻²² tɯ²² ke³³ lɤ³¹？

海丰 阿兄有无着厝？a⁴⁴⁻³³ hiã⁴⁴ u²⁵⁻³³ bɔ⁵⁵⁻²² tɔʔ⁴⁻³ tshu²¹³？

遂溪 ①阿哥伫无伫厝？a²⁴⁻³³ ko⁵⁵ tu⁵⁵⁻³³ vo²² tu⁵⁵⁻³³ tshu²¹⁴？②阿哥有无有伫厝？a²⁴⁻³³ ko⁵⁵ u⁵⁵ vo²² u⁵⁵ tu⁵⁵ tshu²¹⁴？③阿哥伫厝有无？a²⁴⁻³³ ko⁵⁵ tu⁵⁵ tshu²¹⁴ u⁵⁵ vo²²？

雷州 ①呢哥仵无仵厝？ni⁵⁵³ ko⁵⁵³ tu³³⁻⁴² bo²²⁻³³ tu³³⁻⁴² tshu²¹？②呢哥有无有仵厝？ni⁵⁵³ ko⁵⁵³ u³³ bo²²⁻³³ u³³ tu³³⁻⁴² tshu²¹？

文昌 哥仵无仵厝？ko⁵³ ɗu⁴² bo²²⁻¹¹ ɗu⁴²⁻¹¹ ʃu²¹³？

三亚 阿哥仵无仵厝？a⁴⁵ ko³³ ɗu⁴² vo²² ɗu⁴² tshu²⁴？

（13）他到了北京没有？

遂溪 ①伊有无有遘北京？i²⁴ u⁵⁵ vo²² u⁵⁵ kau²¹⁴ pak⁵⁴ kiŋ²⁴？②伊遘无遘北京？i²⁴ kau²¹⁴ vo²² kau²¹⁴ pak⁵⁴ kiŋ²⁴？③伊遘北京有无？i²⁴ kau²¹⁴ pak⁵⁴ kiŋ²⁴ u⁵⁵ vo²²？

雷州 伊有无有遘北京？i²⁴ u³³⁻⁴² bo²²⁻³³ u³³⁻⁴² kau²¹ pak⁵ kiŋ²⁴？

（14）我要不要去？不去行不行？

泉州 ①我卜去阿唔去？唔去解做（得）＜无解＞？gua⁵⁵ bɤʔ⁵⁵ khɯ⁴¹ a⁵⁵⁻²⁴ m̩⁴¹⁻²² khɯ⁴¹？m̩⁴¹⁻²² khɯ⁴¹ e²² tsue⁴¹（lit⁵⁵⁻²²）＜bue²²＞？②我着去阿唔（免）去？唔去解做（得）＜无解＞？gua⁵⁵ tio²⁴⁻²² khɯ⁴¹ a⁵⁵⁻²⁴ m̩⁴¹⁻²²（bian⁵⁵⁻²⁴）khɯ⁴¹？m̩⁴¹⁻²² khɯ⁴¹ e²² tsue⁴¹（lit⁵⁵⁻²²）＜bue²²＞？

海丰 我爱唔爱去？唔去解得＜无解＞？ua⁵² ãi²¹³⁻⁵⁵ m̩²⁵⁻³³ ãi²¹³⁻⁵⁵ khi²¹³ m̩²⁵⁻³³ khi²¹³ e²⁵⁻³³ tit⁴⁻³＜bei²⁵＞？

遂溪 我爱无爱去？无去得无得？va⁴¹ ai²¹⁴ vo²² ai²¹⁴ hu²¹⁴？vo²² hu²¹⁴ tiet⁵⁴ vo²² tiet⁵⁴？

雷州 ①我爱无爱去？无去得无（得）？ba⁴² ai²¹ bo²²⁻³³ ai²¹⁻⁴⁴ khu²¹？bo²²⁻³³ khu²¹ tiek⁵ bo²²（tiek⁵）？②我有无有爱去？无去得无（得）？ba⁴² u³³ bo²²⁻³³ u³³ ai²¹⁻⁴⁴ khu²¹？bo²²⁻³³ khu²¹ tiek⁵ bo²²（tiek⁵）？

文昌 我卜去无？无去做无做得？gua³¹ ɓeʔ⁵ xu²¹ bo²²？bo²²⁻¹¹ xu²¹ to⁵³ bo²²⁻¹¹ to⁵³ ɗiet⁵？

三亚 我要无要去？无去做无做得？va³¹ iau²⁴ vo²² iau²⁴⁻²² hu²⁴？vo²² hu²⁴ toʔ⁴⁵ vo²² toʔ⁴⁵⁻⁴⁴ ɗiʔ⁴⁵？

饶平、汕尾、海口也不用"k－VP"。笔者在《闽南方言中性问句的类型及其变化》一文中对此有论述。

二、"k－(a) VP"与"VP－neg－VP"并用的

漳州、厦门、台中、汕头等地，出现了用疑问副词表达疑问的"k－VP（可去）"式，各地的疑问副词"k"形式不尽一致，如下。

厦门	漳州	台中	汕头
敢ᶜkā	敢ᶜkā	敢ᶜkam	□khaʔ₅

厦门、漳州、台中的疑问副词虽语音有异，应是同一个语素，汕头的"□［khaʔ₋］"语源不明，是否与苏州的"□［aʔ₋］"、江淮官话及近代汉语书面作品里的"可"有语源关系尚待考究。

上述有"k‐VP"式的地方也并用"VP‐neg"和"VP‐neg‐VP"，还产生了二者的混合式"k‐VP‐neg""k‐VP‐neg‐VP"等，一句话常有好多种说法。如汕头：

他来了没有？

k‐VP：伊□［khaʔ²］有来？

VP‐neg：伊有来（阿）无？

k‐VP‐neg：伊□［khaʔ²］有来（阿）无？

k‐VP‐neg：伊□［khaʔ²］有来有（阿）无？

上述事实中，可以看见，"k‐VP"式只出现在少数地域。有"k‐VP"式的方言，似乎都与漳州话有关：厦门话底子上有漳州话的成分，台中话基本上属于漳州腔。潮汕话因历史上潮州府与漳州府有密切的关系，也和漳州话关系较密，但是，潮汕片只有汕头临近的少数地方有"k‐VP"，其"k"的形式和漳州有所不同，并且地理上与漳州也不相接，中间隔着一个饶平。闽南方言"k‐VP"的来源及其扩散途径仍有待进一步研究。下面是例句。

（1）你去不去？

厦门 ① aVP‐neg：汝卜去（阿）唔？li^{53} $beʔ^{32-53}$ khi^{21} (a^{44}) $m̩^{22-21}$？

② k‐aVP：汝敢卜去？li^{53} $kã^{53-44}$ $beʔ^{32-53}$ khi^{21}？

台中 ① k‐aVP：汝敢卜去？li^{53-44} kam^{53-44} $beʔ^{2-5}$ khi^{21}？

② k‐aVP：汝敢有卜去？li^{53-44} kam^{53-44} u^{22-21} $beʔ^{2-5}$ khi^{21}？

③ k‐aVP‐neg：汝敢卜去无？li^{53-44} kam^{53-44} $beʔ^{2-5}$ khi^{21} bo^{24-21}？

④ k‐aVP‐neg：汝敢有卜去无？li^{53-44} kam^{53-44} u^{22-21} $beʔ^{2-5}$ khi^{21} bo^{24-21}？

漳州 ① aVP‐neg：汝卜去阿唔？li^{52-34} $beʔ^{32-5}$ khi^{21} a^{34-22} $m̩^{22-21}$？

② k‐aVP：汝敢卜去？li^{52-34} $kã^{52-34}$ $beʔ^{32-5}$ khi^{21}？

汕头 ① aVP‐neg：你爱去（阿）唔/＜唔爱＞？$lɯ^{52}$ $ãi^{213-55}$ $khɯ^{213}$ (a^{33}) $m̩^{25-31}$/＜mai^{213}＞？

② k‐aVP：你□［khaʔ²］爱去？$lɯ^{52}$ $khaʔ^{2-5}$ $ãi^{213-55}$ $khɯ^{213}$？

③ k‐aVP‐neg：你□［khaʔ²⁻⁵］爱去（阿）唔/＜唔爱＞？$lɯ^{52}$ $khaʔ^{2-5}$ $ãi^{213-55}$ $khɯ^{213}$ (a^{33}) $m̩^{25-31}$/＜mai^{213}＞？

（2）他来了没有？

厦门 ① VP‐neg：伊来阿未？i^{44} lai^{24-44} a^{44} be^{22}？

②aVP - neg：伊有来阿无？i^{44} u$^{22-21}$ lai$^{24-22}$ a^{44} bo$^{24-21}$？

③k - aVP：伊敢有来？i^{44} kã$^{53-44}$ u$^{22-21}$ lai^{24}？

台中　①VP - neg：伊来阿无？i$^{44-22}$ lai$^{24-22}$ a$^{44-22}$ bo$^{24-21}$？

②k - aVP：伊敢有来（啊）？i$^{44-22}$ kam$^{53-44}$ u$^{22-21}$ lai^{24}（a^{44}）？

漳州　①VP - neg：伊来阿未？i$^{34-22}$ lai$^{13-22}$ a$^{34-22}$ bue^{22}？

②aVP - neg：伊有来阿无？i$^{34-22}$ u$^{22-21}$ lai$^{13-22}$ a$^{34-22}$ bo^{13}？

③k - VP：伊敢来？i$^{34-22}$ kã$^{52-34}$ lai$^{13-22}$ a^{21}？

④k - aVP - neg：伊敢有来（阿）无？i$^{34-22}$ kã$^{52-34}$ u$^{22-21}$ lai^{13}（a$^{34-22}$）bo^{13}？

汕头　①k - aVP：伊□［khaʔ$^{2-5}$］有来？i^{33} khaʔ$^{2-5}$ u$^{25-31}$ lai^{55}？

②aVP - neg：伊有来（阿）无？i^{33} u$^{25-31}$ lai^{55}（a^{33}）bo^{55}？

③k - aVP - neg：伊□［khaʔ$^{2-5}$］有来（阿）无？i^{33} khaʔ$^{2-5}$ u$^{25-31}$ lai^{55}（a^{33}）bo^{55}？

④k - aVP - a - neg：伊□［khaʔ$^{2-5}$］有来有（阿）无？i^{33} khaʔ$^{2-5}$ u$^{25-31}$ lai^{55} u^{25}（a^{33}）bo^{55}？

(3) 水开了没有？

厦门　①VP - neg：滚水滚未？kun$^{53-44}$ tsui^{53} kun^{53} be$^{22-21}$？

②VP - neg：水滚阿未？tsui^{53} kun^{53} a^{44} be^{22}？

③aVP - neg：水有滚阿无？tsui^{53} u^{22} kun^{53} a^{44} bo$^{24-21}$？

④k - aVP：水敢有滚？tsui^{53} kã$^{53-44}$ u$^{22-21}$ kun^{53}？

台中　①VP - neg：水开阿未？tsui^{53} khui$^{44-22}$ a$^{44-22}$ bue$^{22-21}$？

②aVP - neg：水有开阿无？tsui^{53} u$^{22-21}$ khui$^{44-22}$ a$^{44-22}$ bo$^{24-21}$？

漳州　①VP - neg：水滚（阿）未？tsui^{52} kun^{52}（a$^{34-22}$）bue^{22}？

②k - VP：水敢滚啊？tsui^{52} kã$^{52-34}$ kun^{52} a^{21}？

③k - aVP - neg：水（敢）有滚阿无？tsui^{52}（kã$^{52-34}$）u$^{22-21}$ kun^{52} a$^{34-22}$ bo^{13}？

汕头　①VP - neg：水滚（阿）未？tsui^{52} kuŋ^{52}（a^{33}）bue$^{25-31}$？

②k - aVP：水□［khaʔ$^{2-5}$］有滚？tsui^{52} khaʔ$^{2-5}$ u$^{25-31}$ kuŋ^{52}？

③k - aVP - neg：水□［khaʔ$^{2-5}$］有滚（阿）无？tsui^{52} khaʔ$^{2-5}$ u$^{25-31}$ kuŋ^{52}（a^{33}）bo^{55}？

(4) 她唱歌好不好听？

厦门　①VP - neg：伊唱歌好听无？i^{44} tshiũ$^{21-53}$ kua^{44} ho$^{53-44}$ thiã^{44} bo$^{24-22}$？

②aVP - neg：伊唱歌有好听无？i^{44} tshiũ$^{21-53}$ kua^{44} u$^{22-21}$ ho$^{53-44}$ thiã^{44} bo$^{24-22}$？

③k－aVP：伊唱歌敢有好听？i^{44} tshiũ$^{21-53}$ kua^{44} kã$^{53-44}$ u$^{22-21}$ ho$^{53-44}$ thiã^{44}？

台中 k－（a）VP：伊唱歌敢（有）好听？i$^{44-22}$ tshiũ$^{21-53}$ kua$^{44-22}$ kam$^{53-44}$（u$^{22-21}$）ho$^{53-44}$ thiã？

漳州 ①k－aVP：伊唱歌敢觧好听？i$^{34-22}$ tshiɔ̃$^{21-52}$ kua^{34} kã$^{52-34}$ e$^{22-21}$ ho$^{52-34}$ thiã^{34}？

②VP－neg：伊唱歌好听阿□[be^{22}]？i$^{34-22}$ tshiɔ̃$^{21-52}$ kua^{34} ho$^{52-34}$ thiã^{34} a$^{34-22}$ be^{22}？

汕头 ①aVP－neg：伊唱歌觧好听阿<无觧>？i^{33} tshiaŋ$^{213-55}$ ko^{33} oi$^{25-31}$ ho$^{52-24}$ thiã^{33} a^{33}<boi^{25}>？

②k－VP：伊唱歌□[khaʔ$^{2-5}$]好听？i^{33} tshiaŋ$^{213-55}$ ko^{33} khaʔ$^{2-5}$ ho$^{52-24}$ thiã^{33}？

③k－aVP：伊唱歌□[khaʔ$^{2-5}$]觧好听？i^{33} tshiaŋ$^{213-55}$ ko^{33} khaʔ$^{2-5}$ oi$^{25-31}$ ho$^{52-24}$ thiã^{33}？

④k－aVP－neg：伊唱歌□[khaʔ$^{2-5}$]觧好听阿<无觧>？i^{33} tshiaŋ$^{213-55}$ ko^{33} khaʔ$^{2-5}$ oi$^{25-31}$ ho$^{52-24}$ thiã^{33} a^{33}<boi^{25}>？

（5）饭熟不熟？

厦门 ①aVP－neg：饭有熟无？pŋ̍^{22} u$^{22-21}$ sik^5 bo$^{24-21}$？

②aVP－neg：饭觧熟<无觧>？pŋ̍^{22} e$^{22-21}$ sik^5<bue$^{22-21}$>？

③k－aVP：饭敢觧熟？pŋ̍^{22} kã$^{53-44}$ e$^{22-21}$ sik^5？

台中 （缺）

漳州 ①aVP－neg：饭有熟无？puĩ^{22} u$^{22-21}$ sik$^{121-21}$ bo^{13}？

②k－aVP：饭敢有熟？puĩ^{22} kã$^{52-34}$ u$^{22-21}$ sik^{121}？

汕头 ①aVP－neg：撮饭觧熟<无觧>？tshoʔ$^{2-5}$ puŋ^{31} oi$^{25-31}$ sik^5<boi^{25}>？

②k－Avp：撮饭□[khaʔ$^{2-5}$]觧熟？tshoʔ$^{2-5}$ puŋ^{31} khaʔ$^{2-5}$ oi$^{25-31}$ sik^5？

③k－aVP－neg：撮饭□[khaʔ$^{2-5}$]觧熟（阿）<无觧>？tshoʔ$^{2-5}$ puŋ^{31} khaʔ$^{2-5}$ oi$^{25-31}$ sik^5（a^{33}）<boi^{25}>？

（6）这种花香不香？

厦门 ①aVP－neg：即款花有芳无？tsit$^{32-5}$ khuan$^{53-44}$ hue^{44} u$^{22-21}$ phaŋ^{44} bo$^{24-21}$？

②aVP－neg：即款花觧芳<无觧>？tsit$^{32-5}$ khuan$^{53-44}$ hue^{44} e$^{22-21}$ phaŋ^{44}<bue$^{22-21}$>？

③k－aVP：即款花敢有/觧芳？tsit$^{32-5}$ khuan$^{53-44}$ hue^{44} kã$^{53-44}$ u$^{22-21}$/

e$^{22-21}$ phaŋ^{44}？

台中　①aVP–neg：即种花有芳无？tsit$^{2-5}$ tsioŋ$^{53-44}$ hue^{44} u$^{22-21}$ phaŋ^{44} bo$^{24-21}$？

②VP–neg–VP：即种花芳无芳？tsit$^{2-5}$ tsioŋ$^{53-44}$ hue^{44} phaŋ^{44} bo$^{24-22}$ phaŋ^{44}？

③k–aVP：即种花敢有芳？tsit$^{2-5}$ tsioŋ$^{53-44}$ hue^{44} kam$^{53-44}$ u$^{22-21}$ phaŋ^{44}？

④k–aVP–neg：即种花敢有芳无？tsit$^{2-5}$ tsioŋ$^{53-44}$ hue^{44} kam$^{53-44}$ u$^{22-21}$ phaŋ^{44} bo$^{24-21}$？

漳州　①aVP–neg：即落仔花有芳啊无？tsit$^{32-5}$ loʔ$^{121-21}$ a^{52} hua^{34} u$^{22-21}$ phaŋ^{34} a$^{34-22}$ bo^{13}？

②aVP–neg：即落仔花解芳啊＜无解＞？tsit$^{32-5}$ loʔ$^{121-21}$ a^{52} hua^{34} e$^{22-21}$ phaŋ^{34} a$^{34-22}$ ＜be$^{22-21}$＞？

③k–aVP：即落仔花敢有芳？tsit$^{32-5}$ loʔ$^{121-21}$ a^{52} hua^{34} kã$^{52-34}$ u$^{22-21}$ phaŋ^{34}？

④k–aVP：即落仔花敢解芳？tsit$^{32-5}$ loʔ$^{121-21}$ a^{52} hua^{34} kã$^{52-34}$ e$^{22-21}$ phaŋ^{34}？

汕头　①aVP–neg：者花解芳啊＜无解＞？tsia$^{52-24}$ hue^{33} oi$^{25-31}$ phaŋ^{33} a^{33} ＜boi^{25}＞？

②k–aVP：者花□［khaʔ$^{2-5}$］解芳？tsia$^{52-24}$ hue^{33} khaʔ$^{2-5}$ oi$^{25-31}$ phaŋ^{33}？

③k–aVP–neg：者花□［khaʔ$^{2-5}$］解芳（啊）＜无解＞？tsia$^{52-24}$ hue^{33} khaʔ$^{2-5}$ oi$^{25-31}$ phaŋ^{33}（a^{33}）＜boi^{25}＞？

④k–aVP–a–neg：者花□［khaʔ$^{2-5}$］解芳解（啊）＜无解＞？tsia$^{52-24}$ hue^{33} khaʔ$^{2-5}$ oi$^{25-31}$ phaŋ^{33} oi^{25}（a^{33}）＜boi^{25}＞？

(7) 他高不高兴？

厦门　①aVP–neg：伊有欢喜无？i$^{44-22}$ u$^{22-21}$ huã$^{44-22}$ hi^{53} bo$^{24-21}$？

②aVP–neg：伊解欢喜＜无解＞？i$^{44-22}$ e$^{22-21}$ huã$^{44-22}$ hi^{53} ＜bue$^{22-21}$＞？

③k–aVP：伊敢有欢喜？i$^{44-22}$ kã$^{53-44}$ u$^{22-21}$ huã$^{44-22}$ hi^{53}？

台中　①VP–neg：伊欢喜无？i$^{44-22}$ huã$^{44-22}$ hi^{53} bo$^{24-21}$？

②aVP–neg：伊有欢喜无？i$^{44-22}$ u$^{22-21}$ huã$^{44-22}$ hi^{53} bo$^{24-21}$？

漳州　①k–aVP：伊敢有欢喜？i$^{34-22}$ kã$^{52-34}$ u$^{22-21}$ huã$^{34-22}$ hi^{52}？

②aVP–neg：伊有欢喜无？i$^{34-22}$ u$^{22-21}$ huã$^{34-22}$ hi^{52} bo^{13}？

汕头　①aVP–neg：伊解欢喜＜无解＞？i^{33} oi$^{25-31}$ huã^{33} hi^{52} ＜boi$^{25-31}$＞？

②k－aVP：伊□［khaʔ²⁻⁵］解欢喜？i³³ khaʔ²⁻⁵ oi²⁵⁻³¹ huã³³ hi⁵²？

③k－aVP－neg：伊□［khaʔ²⁻⁵］解欢喜＜无解＞？i³³ khaʔ²⁻⁵ oi²⁵⁻³¹ huã³³ hi⁵² ＜boi²⁵⁻³¹＞？

④k－aVP－a－neg：伊□［khaʔ²⁻⁵］解欢喜解（阿）＜无解＞？i³³ khaʔ²⁻⁵ oi²⁵⁻³¹ huã³³ hi⁵² oi²⁵（a³³）＜boi²⁵＞？

（8）他有你高没有？

厦门 ①aVP－neg：伊有比汝恰悬/㾂无？i⁴⁴ u²²⁻²¹ pi⁵³⁻⁴⁴ li⁵³ khaʔ³²⁻⁵ kuãi²⁴/lo²¹ bo²⁴⁻²¹？

②aVP－neg：伊有汝个悬/㾂（阿）无？i⁴⁴ u²²⁻²¹ li⁵³ e²⁴⁻²² kuãi²⁴/lo²¹（a⁴⁴）bo²⁴⁻²¹？

③aVP－neg：伊有汝㾂无？i⁴⁴ u²²⁻²¹ li⁵³⁻⁴⁴ lo²¹ bo²⁴⁻²¹？

④k－aVP：伊敢有汝㾂？i⁴⁴ kã⁵³⁻⁴⁴ u²²⁻²¹ li⁵³⁻⁴⁴ lo²¹？

台中 ①aVP－neg：伊有汝悬无？i⁴⁴⁻²² u²²⁻²¹ li⁵³⁻⁴⁴ kuan²⁴ bo²⁴⁻²¹？

②k－aVP－neg：伊敢有汝悬（无）？（少说）i⁴⁴⁻²² kam⁵³⁻⁴⁴ u²²⁻²¹ li⁵³⁻⁴⁴ kuan²⁴（bo²⁴⁻²¹）？

漳州 ①k－aVP：伊敢有像你□［hiaʔ³²⁻⁵²］㾂？i³⁴⁻²² kã⁵²⁻³⁴ u²²⁻²¹ tshiɔ̃²²⁻²¹ li⁵²⁻³⁴ hiaʔ³²⁻⁵² lo²¹？

②k－aVP：伊敢有合你平㾂。i³⁴⁻²² kã⁵²⁻³⁴ u²²⁻²¹ kaʔ³²⁻⁵ li⁵²⁻³⁴ pẽ¹³⁻²² lo²¹？

汕头 ①aVP－neg：伊有汝悬有（阿）无？i³³ u²⁵⁻³¹ lɯ⁵²⁻²⁴ kuĩ⁵⁵ u²⁵（a³³）bo⁵⁵？

②k－aVP：伊□［khaʔ²⁻⁵］有汝悬？i³³ khaʔ²⁻⁵ u²⁵⁻³¹ lɯ⁵²⁻²⁴ kũi⁵⁵？

③k－aVP－neg：伊□［khaʔ²⁻⁵］有汝悬（阿）无？i³³ khaʔ²⁻⁵ u²⁵⁻³¹ lɯ⁵²⁻²⁴ kuĩ⁵⁵（a³³）bo⁵⁵？

④k－aVP－a－neg：伊□［khaʔ²⁻⁵］有汝悬有（阿）无？i³³ khaʔ²⁻⁵ u²⁵⁻³¹ lɯ⁵²⁻²⁴ kuĩ⁵⁵ u²⁵（a³³）bo⁵⁵？

（9）（明天）你能不能来？

厦门 ①aVP－neg：明仔载汝有法通来（啊）无？mĩ²⁴⁻²² a⁵³⁻⁴⁴ tsai²¹ li⁵³⁻⁴⁴ u²²⁻²¹ huat³²⁻⁵ thaŋ⁴⁴⁻²² lai²⁴（a⁴⁴）bo²⁴⁽⁻²¹⁾？

②aVP－neg：明仔载汝解来＜无解＞？mĩ²⁴⁻²² a⁵³⁻⁴⁴ tsai²¹ li⁵³⁻⁴⁴ e²²⁻²¹ lai²⁴ ＜bue²²⁻²¹＞？

台中 ①aVP－neg：明仔载汝解用来无？mi²⁴⁻²² a⁵³⁻⁴⁴ tsai²¹ li⁵³⁻⁴⁴ e²²⁻²¹ iɔŋ²⁴ lai²⁴ bo²⁴⁻²¹？

②k－aVP：明仔载汝敢解用来？mi²⁴⁻²² a⁵³⁻⁴⁴ tsai²¹ li⁵³⁻⁴⁴ kam⁵³⁻⁴⁴

e$^{22-21}$ iɔŋ^{24} lai^{24}？

③k－aVP－neg：明仔载汝敢解用来无？mi$^{24-22}$ a$^{53-44}$ tsai^{21} li$^{53-44}$ kam$^{53-44}$ e$^{22-21}$ iɔŋ^{24} lai^{24} bo$^{24-21}$？

漳州 ①aVP－neg：明仔载汝有法来啊无？mi$^{13-22}$ a$^{52-44}$ tsai^{21} li^{52} u$^{22-21}$ huak$^{32-5}$ lai^{13} a$^{34-22}$ bo^{13}？

②aVP－neg：明仔载汝解（闲）来（啊）＜无解＞？mi$^{13-22}$ a$^{52-44}$ tsai^{21} li^{52} e$^{22-21}$（hian^{13}）lai^{13}（a$^{34-22}$）＜be^{22}＞？

③k－aVP：明仔载汝敢解闲来？mi$^{13-22}$ a$^{52-44}$ tsai^{21} li^{52} kã$^{52-34}$ e$^{22-21}$ hian^{13} lai$^{13-22}$？

④k－aVP－neg：明仔载汝敢有法来？mi$^{13-22}$ a$^{52-44}$ tsai^{21} li^{52} kã$^{52-34}$ u$^{22-21}$ huak$^{32-5}$ lai$^{13-22}$？

汕头 ①aVP－neg：汝有变来（有）（啊）无？lɯ^{52} u$^{25-31}$ piaŋ$^{213-55}$ lai^{55}（u^{25}）（a^{33}）bo^{55}？

② k － aVP：汝 □［khaʔ$^{2-5}$］有 变 来？lɯ^{52} khaʔ$^{2-5}$ u$^{25-31}$ piaŋ$^{213-55}$ lai^{55}？

③k－aVP－neg：汝□［khaʔ$^{2-5}$］有变来（啊）无？lɯ^{52} khaʔ$^{2-5}$ u$^{25-31}$ piaŋ$^{213-55}$ lai^{55}（a^{33}）bo^{55}？

(10) 你打算不打算去？

厦门 ①aVP－neg：汝有拍算卜去无？li^{53} u$^{22-21}$ phaʔ$^{32-53}$ sŋ̍$^{21-53}$ beʔ$^{32-53}$ khi^{21} bo$^{24-21}$？

②aVP－neg：汝有拍算去阿无？li^{53} u$^{22-21}$ phaʔ$^{32-53}$ sŋ̍$^{21-53}$ khi^{21} a^{44} bo$^{24-21}$？

③k－aVP：汝敢有拍算去？li^{53} kã$^{53-44}$ u$^{22-21}$ phaʔ$^{32-53}$ sŋ̍$^{21-53}$ khi^{21}？

台中 ① aVP － neg：汝拍算卜去无？li$^{53-44}$ phaʔ$^{2-5}$ sŋ̍$^{21-53}$ beʔ$^{2-5}$ khi^{21} bo$^{24-21}$？

②VP－neg－VP：汝拍算无拍算去？li$^{53-44}$ phaʔ$^{2-5}$ sŋ̍$^{21-53}$ bo$^{24-22}$ phaʔ$^{2-5}$ sŋ̍$^{21-53}$ khi^{21}？

③k－aVP：汝敢（有）拍算卜去？li$^{53-44}$ kam$^{53-44}$（u$^{22-21}$）phaʔ$^{2-5}$ sŋ̍$^{21-53}$ beʔ$^{2-5}$ khi^{21}？

④k－aVP－neg：汝敢有拍算卜去无？li$^{53-44}$ kam$^{53-44}$ u$^{22-21}$ phaʔ$^{2-5}$ sŋ̍$^{21-53}$ beʔ$^{2-5}$ khi^{21} bo$^{24-21}$？

漳州 ①aVP－neg：汝有拍算卜去阿无？li^{52} u$^{22-21}$ phaʔ$^{32-5}$ suĩ$^{21-52}$ beʔ$^{32-5}$ khi^{21} a$^{34-22}$ bo$^{13-22}$？

②k － aVP：汝敢有拍算卜去？li^{52} kã$^{52-34}$ u$^{22-21}$ phaʔ$^{32-52}$ suĩ$^{21-52}$

beʔ$^{32-5}$ khi^{21}？

汕头　①aVP－a－neg：汝有拍算爱去有（阿）无？lɯ^{52} u$^{25-31}$ phaʔ$^{2-5}$ sɯŋ$^{213-55}$ ãi$^{213-55}$ khɯ^{213} u^{25}（a^{33}）bo^{55}？

　　②aVP－neg：汝有拍算爱去（阿）无？lɯ^{52} u$^{25-31}$ phaʔ$^{2-5}$ sɯŋ$^{213-55}$ ãi$^{213-55}$ khɯ^{213}（a^{33}）bo^{55}？

　　③k－VP：汝□［khaʔ$^{2-5}$］有拍算爱去？lɯ^{52} khaʔ$^{2-5}$ u$^{25-31}$ phaʔ$^{2-5}$ sɯŋ$^{213-55}$ ãi$^{213-55}$ khɯ^{213}？

　　④k－VP－neg：汝□［khaʔ$^{2-5}$］有拍算爱去（阿）无？lɯ^{52} khaʔ$^{2-5}$ u$^{25-31}$ phaʔ$^{2-5}$ sɯŋ$^{213-55}$ ãi$^{213-55}$ khɯ^{213}（a^{33}）bo^{55}？

　　⑤k－aVP－a－neg：汝□［khaʔ$^{2-5}$］有拍算爱去有（阿）无？lɯ^{52} khaʔ$^{2-5}$ u$^{25-31}$ phaʔ$^{2-5}$ sɯŋ$^{213-55}$ ãi$^{213-55}$ khɯ^{213} u^{25}（a^{33}）bo^{55}？

(11) 看得见看不见那些人？

厦门　①aVP－neg：有看着□［hia^{24}］侬无？u$^{22-21}$ khuã$^{21-53}$ tioʔ$^{5-21}$ hia^{24} laŋ^{24} bo$^{24-21}$？

　　②aVP－neg：看解着□［hia^{24}］侬＜无解＞？khuã$^{21-53}$ e$^{22-21}$ tioʔ$^{5-21}$ hia^{24} laŋ^{24}＜bue$^{22-21}$＞？

台中　①aVP－neg：看解着□［hia$^{53-44}$］个侬无？khuã$^{21-53}$ e$^{22-21}$ tioʔ$^{3-2}$ hia$^{53-44}$ e$^{24-22}$ laŋ^{24} bo$^{24-21}$？

　　②k－aVP：敢看解着□［hia$^{53-44}$］个侬？kam$^{53-44}$ khuã$^{21-53}$ e$^{22-21}$ tioʔ$^{3-2}$ hia$^{53-44}$ e$^{24-22}$ laŋ^{24}？

漳州　①aVP－neg：看解见□［hiaʔ$^{32-52}$］个侬阿＜无解＞？khuã$^{21-52}$ e$^{13-22}$ kĩ$^{21-52}$ hiaʔ$^{32-52}$ e$^{13-22}$ laŋ^{13} a$^{34-22}$＜beʔ^{22}＞？

　　②VP－neg－VP：看□［hiaʔ$^{32-5}$］个侬有阿无？khuã$^{21-52}$ hiaʔ$^{32-5}$ e$^{13-22}$ laŋ^{13} u$^{22-21}$ a$^{34-22}$ bo^{13}？

　　③k－VP－neg：看敢有□［hiaʔ$^{32-52}$］个侬阿无？khuã$^{21-52}$ kã$^{52-34}$ u$^{33-21}$ hiaʔ$^{32-52}$ e$^{13-22}$ laŋ^{13} a$^{34-22}$ bo^{13}？

　　④k－VP：看敢有□［hiaʔ$^{32-52}$］个侬？khuã$^{21-52}$ kã$^{52-34}$ u$^{33-21}$ hiaʔ$^{32-52}$ e$^{13-22}$ laŋ^{13}？

　　⑤k－VP：敢看解见□［hiaʔ$^{32-52}$］个侬？kã$^{52-34}$ khuã$^{21-52}$ e$^{22-21}$ kĩ$^{21-52}$ hiaʔ$^{32-52}$ e$^{13-22}$ laŋ^{13}？

汕头　①aVP－neg：睇解着许撮侬阿＜无解＞？tõi$^{52-24}$ oi$^{25-31}$ tioʔ$^{5-2}$ hɯ$^{52-24}$ tshoʔ$^{2-5}$ naŋ^{55} a^{33}＜boi^{25}＞？

　　②k－aVP：睇□［khaʔ$^{2-5}$］解着许撮侬？tõi$^{52-24}$ khaʔ$^{2-5}$ oi$^{25-31}$ tioʔ$^{5-2}$ hɯ$^{52-24}$ tshoʔ$^{2-5}$ naŋ^{55}？

③k－aVP－neg：睇□［kha?²⁻⁵］解着许撮侬阿＜无解＞？tõi⁵²⁻²⁴ kha?²⁻⁵ oi²⁵⁻³¹ tio?⁵⁻² hɯ⁵²⁻²⁴ tsho?²⁻⁵ naŋ⁵⁵ a³³ ＜boi²⁵＞？

④k－aVP：□［kha?²⁻⁵］睇解着许撮侬？kha?²⁻⁵ tõi⁵²⁻²⁴ oi²⁵⁻³¹ tio?⁵⁻² hɯ⁵²⁻²⁴ tsho?²⁻⁵ naŋ⁵⁵？

⑤k－aVP－neg：□［kha?²⁻⁵］睇解着许撮侬阿＜无解＞？kha?²⁻⁵ tõi⁵²⁻²⁴ oi²⁵⁻³¹ tio?⁵⁻² hɯ⁵²⁻²⁴ tsho?²⁻⁵ naŋ⁵⁵ a³³ ＜boi²⁵＞？

⑥k－aVP－a－neg：睇□［kha?²⁻⁵］解着许撮侬解阿＜无解＞？tõi⁵²⁻²⁴ kha?²⁻⁵ oi²⁵⁻³¹ tio?⁵⁻² hɯ⁵²⁻²⁴ tsho?²⁻⁵ naŋ⁵⁵ oi²⁵ a³³ ＜boi²⁵＞？

⑦k－aVP－a－neg：□［kha?²⁻⁵］睇解着许撮侬解阿＜无解＞？kha?²⁻⁵ tõi⁵²⁻²⁴ oi²⁵⁻³¹ tio?⁵⁻² hɯ⁵²⁻²⁴ tsho?²⁻⁵ naŋ⁵⁵ oi²⁵ a³³ ＜boi²⁵＞？

(12) 哥哥在不在家？

厦门 ①VP－neg：阿兄（有）伫咧厝（阿）无？a⁴⁴ hiã⁴⁴（u²²）ti²²⁻²¹ e⁴⁴ tshu²¹（a⁴⁴⁻²¹）bo²⁴⁻²¹？

②aVP－neg：阿兄有伫厝咧（阿）无？a⁴⁴ hiã⁴⁴ u²² ti²²⁻²¹ tshu²¹ e²¹（a⁴⁴）bo²⁴？

③k－VP：阿兄□［ka?⁵］有伫厝咧？a⁴⁴ hiã⁴⁴ ka?⁵ u²²⁻²¹ ti²²⁻²¹ tshu²¹ e²¹？

台中 ①k－aVP：阿兄敢有着厝咧？a⁴⁴⁻²² hiã⁴⁴ kam⁵³⁻⁴⁴ u²²⁻²¹ ti²²⁻²¹ tshu²¹ e²¹？

②aVP－neg：阿兄有着厝咧无？a⁴⁴⁻²² hiã⁴⁴ u²²⁻²¹ ti²²⁻²¹ tshu²¹ e²²⁻²¹ bo²⁴⁻²¹？

③k－aVP－neg：阿兄敢有着厝咧无？a⁴⁴⁻²² hiã⁴⁴ kam⁵³⁻⁴⁴ u²²⁻²¹ ti²²⁻²¹ tshu²¹ e²²⁻²¹ bo²⁴⁻²¹？

漳州 ①k－aVP：阿兄敢有伫伯兜？a³⁴⁻²² hiã³⁴ kã⁵²⁻³⁴ u²²⁻²¹ ti²²⁻²¹ lan⁵²⁻³⁴ tau³⁴？

②aVP－neg：阿兄有伫伯兜阿无？a³⁴⁻²² hiã³⁴ u²²⁻²¹ ti²²⁻²¹ lan⁵²⁻³⁴ tau⁵²⁻³⁴ a³⁴⁻²² bo¹³？

汕头 ①(a) VP－neg：阿兄（有）伫里阿无？a³³ hiã³³（u²⁵⁻³¹）to²⁵⁻³¹ lai²⁵ a³³ bo⁵⁵？

②(a) VP－neg：阿兄（有）伫里无？a³³ hiã³³（u²⁵⁻³¹）to²⁵⁻³¹ lai²⁵ bo³¹？

③k－aVP：阿兄□［kha?²⁻⁵］有伫里？a³³ hiã³³ kha?²⁻⁵ u²⁵⁻³¹ to²⁵⁻³¹ lai²⁵？

④k－aVP－neg 阿兄□［kha?²⁻⁵］有伫里阿无？a³³ hiã³³ kha?²⁻⁵

u$^{25-31}$ to$^{25-31}$ lai^{25} a^{33} bo^{55}？

（13）他到了北京没有？

厦门 ①VP－neg：伊遘（□[te$^{21-53}$]）北京（阿）未？i^{44} kau$^{21-53}$（te$^{21-53}$）pak$^{32-5}$ kiã^{44}（a^{44}）be$^{22-21}$？

②k－aVP：伊敢有遘□[te$^{21-53}$]北京？i^{44} kã$^{53-44}$ u$^{22-21}$ kau$^{21-53}$ te$^{21-53}$ pak$^{32-5}$ kiã^{44}？

台中 ①VP－neg：伊遘北京阿未？i$^{44-22}$ kau$^{21-53}$ pak$^{2-5}$ kiã^{44} a^{44} bue$^{22-21}$？

②k－VP：伊敢遘北京？i$^{44-22}$ kam$^{53-44}$ kau$^{21-53}$ pak$^{2-5}$ kiã^{44}？

③k－aVP：伊敢有遘北京？i$^{44-22}$ kam$^{53-44}$ u$^{22-21}$ kau$^{21-53}$ pak$^{2-5}$ kiã^{44}？

漳州 ①k－VP：伊敢遘北京？i$^{34-22}$ kã$^{52-34}$ kau$^{21-52}$ pak$^{32-5}$ kiã^{34}？

②VP－neg：伊遘北京阿未？i$^{34-22}$ kau$^{21-52}$ pak$^{32-5}$ kiã^{34} a$^{34-22}$ bue^{22}？

汕头 ①VP－neg：伊遘北京（阿）未？i^{33} kau$^{213-55}$ pak$^{2-5}$ kiã^{33}（a^{33}）bue$^{25-31}$？

②k－aVP：伊□[khaʔ$^{2-5}$]有遘北京了？i^{33} khaʔ$^{2-5}$ u$^{25-31}$ kau$^{213-55}$ pak$^{2-5}$ kiã^{33} ou$^{52-213}$？

（14）我要不要去？不去行不行？

厦门 ①aVP－neg：我着去阿是唔免去，唔去解使＜无解＞？ gua^{53} tioʔ$^{5-21}$ khi^{21} a^{44} si$^{22-21}$ m̩$^{22-21}$ bian$^{53-44}$ khi^{21}，m̩$^{22-21}$ khi^{21} e$^{22-21}$ sai^{53} ＜bue$^{22-21}$＞？

②aVP－a－neg：我着去阿免去，唔去解使解＜无解＞？ gua^{53} tioʔ$^{5-21}$ khi^{21} a^{44} bian$^{53-44}$ khi^{21}，m̩$^{22-21}$ khi^{21} e$^{22-21}$ sai^{53} e$^{22-21}$ ＜bue$^{22-21}$＞？

③VP－neg：我着去阿免去，唔去解使阿＜无解＞？ gua^{53} tioʔ$^{5-21}$ khi^{21} a^{44} bian$^{53-44}$ khi^{21}，m̩$^{22-21}$ khi^{21} e$^{22-21}$ sai^{53} a^{44} ＜bue$^{22-21}$＞？

④VP－neg，aVP－neg：我着去唔，唔去解使□[bue$^{22-21}$]？ gua^{53} tioʔ$^{5-21}$ khi^{21} m̩$^{22-21}$，m̩$^{22-21}$ khi^{21} e$^{22-21}$ sai^{53} bue$^{22-21}$？

⑤VP－neg，k－aVP：我着去唔，唔去敢/□[kã$^{53-44}$]解使？ gua^{53} tioʔ$^{5-21}$ khi^{21} m̩$^{22-21}$，m̩$^{22-21}$ khi^{21} kam^{44}/kã$^{53-44}$ e$^{22-21}$ sai^{53}？

台中 ①aVP－neg：我爱/卜去无？无爱去＜无解＞用哩吗？ua$^{53-44}$ ai$^{21-53}$/beʔ$^{2-5}$ khi^{21} bo$^{24-21}$？ bo$^{24-22}$ ai$^{21-53}$ khi^{21} ＜be$^{22-21}$＞ ioŋ^{22} li^{21} ma^{44}？

②k－aVP，k－VP：我敢爱/卜去？无爱去敢＜无解＞用哩？ua$^{53-44}$ kam$^{53-44}$ ai$^{21-53}$/beʔ$^{2-5}$ khi^{21}？ bo$^{24-22}$ ai$^{21-53}$ khi^{21} kam$^{53-44}$ ＜be$^{22-21}$＞ ioŋ^{22} li^{21}？

漳州 ①k－VP，k－VP：我敢着去？唔去敢解使？gua^{52} kã$^{52-34}$ tioʔ$^{121-21}$ khi^{21}？ m̩$^{22-21}$ khi^{21} kã$^{52-34}$ e$^{22-21}$ sai^{52}？

②aVP-neg, k-VP：我着去阿（唔）免？唔去敢解使？gua^{52} tio?$^{121-21}$ khi^{21} a$^{34-33}$（m̩$^{33-21}$）bian^{52}？m̩$^{33-21}$ khi^{21} kã$^{52-34}$ e$^{33-21}$ sai^{52}？

汕头 ①aVP-（a）-neg, VP-neg：我爱去（爱）（阿）＜唔爱＞？＜唔爱＞去好（阿）孬？ua^{52} ãi$^{213-55}$ kɯ^{213}（ãi^{213}）（a^{33}）＜mai^{213}＞？＜mai$^{213-55}$＞kɯ^{213} ho^{52}（a^{33}）mo^{52}？

②k-aVP-（a）-neg, k-VP：我□［khaʔ$^{2-5}$］爱去（爱）（阿）＜唔爱＞？＜唔爱＞去□［khaʔ$^{2-5}$］好？ua^{52} khaʔ$^{2-5}$ ãi$^{213-55}$ kɯ^{213}（ãi^{213}）（a^{33}）＜mai^{213}＞？＜mai$^{213-55}$＞kɯ^{213} khaʔ$^{2-5}$ ho^{52}？

③k-aVP-（a）-neg, VP-neg：我□［khaʔ$^{2-5}$］爱去（爱）（阿）＜唔爱＞？＜唔爱＞去好（阿）孬？ua^{52} khaʔ$^{2-5}$ ãi$^{213-55}$ kɯ^{213}（ãi^{213}）（a^{33}）＜mai^{213}＞？＜mai$^{213-55}$＞kɯ^{213} ho^{52}（a^{33}）mo^{52}？

④aVP-（a）-neg, k-VP：我爱去（爱）（阿）＜唔爱＞？＜唔爱＞去□［khaʔ$^{2-5}$］好？ua^{52} ãi$^{213-55}$ kɯ^{213}（ãi^{213}）（a^{33}）＜mai^{213}＞？＜mai$^{213-55}$＞kɯ^{213} khaʔ$^{2-5}$ ho^{52}？

宜兰及潮州部分地方也用过"k-VP"式，详见拙文《闽南方言中性问句的类型及其变化》。

参考文献

[1] 施其生. 汕头方言的反复问句［J］. 中国语文，1990（3）.

[2] 施其生. 论广州方言虚成分的分类［J］. 语言研究，1995（1）.

[3] 施其生. 论"有"字句［J］. 语言研究，1996（1）.

[4] 施其生. 闽南方言中性问句的类型及其变化［C］. 美国华盛顿大学，台湾"中研院"语言学研究所筹备处. 语言变化与汉语方言：李方桂先生纪念文集，2000.

[5] 施其生. 台中方言的中性问句［J］. 语文研究，2008（3）.

[6] 余霭芹. 广东开平方言的中性问句［J］. 中国语文，1992（4）.

[7] 朱德熙. 汉语方言里的两种反复问句［J］. 中国语文，1985（1）.

[8] 朱德熙. "V-neg-VO"与"VO-neg-V"两种反复问句在汉语方言里的分布［J］. 中国语文，1991（5）.

后　　记

　　对四省闽南方言的语法作一番比较研究，是我三四十年前就形成的一个夙愿。1981年，因为撰写硕士论文，需要先对汕头方言的语法特点作一番全面的考察，再从中找到合适的题目。一番乐此不疲的"研究"过后，手头的材料和想法，似乎马上就可以写一本《汕头方言语法研究》的专著了。日后才知道，这是一个多么自以为是的"似乎"。到今天，我的《汕头方言语法研究》还没面世，因为几十年过去，自己觉得仍有很多地方"没把握"。至于学位论文，当时选定了《汕头方言的持续情貌》，这是一个小题目，而硕士论文已经不算小文章，需要小题大做。小题大做比大题小做难，需要洞幽烛微，需要"上穷碧落下黄泉"地探究，需要细密的思辨和一定的理论素养。就在这小题大做的过程中，我越来越感觉到研究方言语法，想要看得准看得深，常常需要"跳开来看"。一方面，不能只盯着一个成分/现象/特点冥思苦想，要跳开来看它在本语法系统中的意义和作用，要找同类的成分/现象/特点来比较。另一方面，就是不能只埋头于现时的本方言，还要跳开来看看普通话、姐妹方言，甚至其他语言是什么情况；最好还能跳开来看别处是否有与它的来龙去脉相平行的例子可作佐证。道理很简单，"不识庐山真面目，只缘身在此山中"，人的认识，常常需要扩大视野才能有真知新见。那篇硕士论文的主要内容后来分成三篇文章发表［《汕头方言的持续情貌》，《中山大学学报（社会科学版)》1984年第3期；《闽、吴方言持续貌形式的共同特点》，《中山大学学报（社会科学版)》1985年第4期；《汕头方言表示"在"的介词》，《中山大学学报（社会科学版)》1996年第4期］，有兴趣的朋友可以找来看看其中有哪些东西是需要跳开来看才能得到的。

　　不断地扎进去又跳开来，是要多费点劲的。这篇硕士论文，母语汕头方言的语料收集及处理、描写、分析，不到10天就做完并且写了个初稿。但是跳开来又去做厦门、福州、海康、上海、苏州、长沙等地的专题调查，还有查阅汉语史相关论著，前后竟然用了好几个月。非母语方言的语法，到了微妙之处，往往因为缺乏语感不好拿捏，虽很小心，每个点都找过多人反复问询、核对、甄别，最后成文时还是有些拿不准的。我做学问有条底线，骗人骗自己的话一句都不能写到文章里。那些拿不准的点只好一刀割爱——删掉。可见方言语法比较要做好还挺不容易。不过那毕竟只是一个专题，凭一己之努力好歹还能做。硕士论文之后，想要完成《汕头方言语法研究》的书，就没办法处处"跳开来"了。那是要对有代表性的若干方言点进行相当数量（比如几十个）的专题调查才行的，没有经费寸步难行。而那个年代，文科几乎没有什么科研资助，对四省闽南方言的语法作一番比较研究的想法只能是一个愿望。好不容易，1991年，《汕头方言语法研究》得到国家社科基金立项资助，可是经费只有7000元，跳出去作四省比较研究仍只能是个"夙愿"。

终于，15年后，2006年，《闽南方言语法比较研究》获得国家社科基金的立项资助（项目号06BYY010），有6万元经费可用，本书的研究得以启动。

屈指算来，自本研究启动至今日本书面世，前后竟又历经17年！除因出版无门而束之高阁虚度的时日，费力费时的原因还在于固执地坚持两种做法。

一是田野调查从大纲制订到问询过程要争取最大限度地获知方言语法特点在各地的表现。为此，大纲必须立足于闽南方言可能有的语法特点来设计例句，用方言"出条"，而不是从普通话语法例句或一般的方言语法调查例句中选取。调查时有多种说法的尽量记录，宁滥勿缺，后期再作选择合并。这样做，调查及前后期的工作量自然大大增加，但是今天看来，值得。

二是调查所得语料全部标音，标音力求高质量。面上的多点调查，标音难度比单点大得多。尤其是闽南方言，语句中绝大多数音节都会发生连读变调。变与不变，如何变，各地规律比较复杂。有些变调与本调，或不同的变调差别甚微，稍不留意很容易记错。我们还要求要从变调推知本调，一并标明，这个有时也颇有难度，例如厦门有二次变调，揭阳阴上除根据连调地位而变的前变调、后变调外，还另有一些变调规律。有些虚词，则由于从不处于本调地位而难以推知本调……一旦要求全部记音并追求高质量，各环节的工作量就成若干倍地增加，尤其到了后期，前后核改，校对不下十遍，仍不时发现漏网的差错。一个"高质量的标音"，简直把人弄得苦不堪言，多耗的时间不止十倍。但是只有这样做，才能保证整个语法比较研究的材料质量，避免因材料不实而误判，避免汉字的误导，避免缺乏根据的主观臆测。若想通过语法成分的共时比较探求其语源及演变过程，则准确的标音语料是必不可少的。还有，大量多点对齐的成句标音语料得之不易，除用作本课题语法比较研究，或者还可为闽语词汇、语音研究者所利用，发挥其更大的作用。尽管最后还难免有差错，但是已经尽力而为，便只有小遗憾而没有大遗憾；虽吃力却并非不讨好，属于苦尽甘来，自然也就没有什么可以后悔的。

17年间，为本书出过力的人不少。这里特别要感谢的，首先是金健、徐馥琼、黄婷婷三位当年的博士生。她们分别参加过多个点的田野调查，材料录入时又出了大力。尤其是金健，后来大量的工作，如语料数据库的核对校改，书稿写作时打字排版，只有她可以帮忙，我们在电脑前共同度过的紧张时日有多少，至今数不清了。其次是后来中文系几位来自闽南方言区的博士生——姚琼姿、颜铌婷、沈冰、黄燕旋、洪妍，她们在书稿又一次全面校核时帮了很大的忙。还要感谢中山大学出版社的编校人员，他们认真负责的工作态度、严谨细致的工作作风，使本书避免了不少"永远的遗憾"，令我感激莫名。

《闽南方言语法比较研究》，书海中之一粟，区区几十万字，成似容易却艰辛。若得以充汉语研究之一砖一瓦，足矣！

施其生记于中山大学广州南校区寓所
2023 年 3 月 28 日